Rainer Krack
Tom Vater

Thailand

008th.at

Impressum

Rainer Krack, Tom Vater
REISE KNOW-HOW Thailand

erschienen im
REISE KNOW-HOW Verlag Peter Rump GmbH
Osnabrücker Str. 79
33649 Bielefeld

© REISE KNOW-HOW Verlag Peter Rump GmbH 1989, 1990,
1991, 1993, 1994, 1995, 1996, 1998, 1999, 2000, 2001,
2004, 2006, 2009, 2011

**16., neu bearbeitete und komplett aktualisierte
Auflage September 2013**

Alle Rechte vorbehalten.

Gestaltung
Umschlag: G. Pawlak, P. Rump (Layout),
   André Pentzien (Realisierung)
Inhalt: G. Pawlak (Layout);
   André Pentzien (Realisierung)
Karten: der Verlag, B. Spachmüller
   (vordere Umschlagklappe, Umgebungskarten)
Fotonachweis: Rainer Krack (rk),
   Aroon Thaewchatturat (at), Tom Vater (tv),
   fotolia (S. 170, 186, 207, 209, 286, 302, 565, 669)
Titelfoto: Aroon Thaewchatturat (Motiv: Mönche beim
   Spaziergang auf Ko Phangan)

Lektorat (Aktualisierung): André Pentzien

Druck und Bindung: MediaPrint, Paderborn

ISBN 978-3-8317-2322-5
Printed in Germany

Dieses Buch ist erhältlich in jeder Buchhandlung
Deutschlands, der Schweiz, Österreichs, Belgiens
und der Niederlande.
Bitte informieren Sie Ihren Buchhändler
über folgende Bezugsadressen:
Deutschland
   Prolit GmbH, Postfach 9,
   D–35461 Fernwald (Annerod)
   sowie alle Barsortimente
Schweiz
   AVA-buch 2000
   Postfach, CH–8910 Affoltern
Österreich
   Mohr Morawa Buchvertrieb GmbH
   Sulzengasse 2, A–1230 Wien
Niederlande, Belgien
   Willems Adventure,
   www.willemsadventure.nl

Wer im Buchhandel trotzdem kein Glück hat, bekommt
unsere Bücher auch über unseren **Büchershop
im Internet: www.reise-know-how.de**

Wir freuen uns über Kritik, Kommentare
und Verbesserungsvorschläge, gern auch
per E-Mail an info@reise-know-how.de.

Alle Informationen in diesem Buch sind von
den Autoren mit größter Sorgfalt gesammelt
und vom Lektorat des Verlages gewissenhaft
bearbeitet und überprüft worden.

Da inhaltliche und sachliche Fehler nicht
ausgeschlossen werden können, erklärt der
Verlag, dass alle Angaben im Sinne der
Produkthaftung ohne Garantie erfolgen
und dass Verlag wie Autoren keinerlei
Verantwortung und Haftung für inhaltliche
und sachliche Fehler übernehmen.

Die Nennung von Firmen und ihren Produkten und ihre Reihenfolge sind als Beispiel
ohne Wertung gegenüber anderen anzusehen. Qualitäts- und Quantitätsangaben sind
rein subjektive Einschätzungen der Autoren
und dienen keinesfalls der Bewerbung von
Firmen oder Produkten.

Bangkok Zentrum

Die Namen der Sehenswürdigkeiten und Orientierungspunkte
in Thai-Schrift zum Draufzeigen

■Bangkok Christian Hospital, C3
โรงพยาบาลกรุงเทพคริส์เตียน
■Bank of Thailand, B1
ธนาคารแห่งประเทศไทย
■Busbahnhof Nord, D1
สถานีขนส่งสายเหนือ
■Chitlada-Palast, C1
พระราชวังจิตรลคา
■Chulalongkorn Hospital, D3
โรงพยาบาลจุฬา ฯ
■Democracy Monument, B2
อนุสาวรีย์ประชาธิปไตย
■Deutsche Botschaft, D3
สถานทูตเยอรมัน
■Erawan-Schrein, D2
ศาลพระพรหม (โรงแรมเอราวัน)
■G.P.O. (Post), C3
ไปรษณีย์กลาง
■Golden Mount, B2
ภูเขาทอง
■Hualampong Station, C3
สถานีรถไฟหัวลำโพง
■Imaging Technol. Museum, C3
พิพิธภัณฑ์เทคโนโลยีแห่งแดนภาค
■Information TAT (ⓘ), B1
การท่องเที่ยวแห่งประเทศไทย
■Jim Thompson Haus, C2
บ้านจิมทอมสัน
■Khao San Road Market, A1
ตลาดถนนข้าวสาร
■King Chulalongkorn Monu., B1
พระบรมรูปทรงม้า (รัชกาลที่ 5)
■Lak Muang, A2
ศาลเจ้าพ่อ หลักเมือง
■Lohaphrasat, B2
โลหะปราสาท
■Lumpini-Park (Suan Lump.), D3
สวนลุมพินี (สวนลุม)
■Mission Hospital, C1/2
โรงพยาบาล มิชชัน
■National-Bibliothek, B1
หอสมุดแห่งชาติ
■National History Museum, C3
พิพิธภัณฑ์ประวัติศาสตร์แห่งชาติ
■Nationalmuseum, A1
พิพิธภัณฑ์สถานแห่งชาติ
■Nationaltheater, A1
โรงละครแห่งชาติ
■Oriental Hotel, B3
โรงแรมโอเรียนเตล
■Österreichische Botschaft, D3
สถานทูตออสเตรีย
■Pahurat-Markt, B2
ตลาดพาหุรัด

■Phak Khlong Market, A2-3
ปากคลองตลาด
■Phra Buddha Yodfa Monu., A3
อนุสาวรีย์พระพุทธยอดฟ้าฯละพานพุทธ
■Rama VI Statue, D3
พระบรมรูปรัชกาลที่ 6 (สวนลุมพินี)
■Rommani Nart Park, B2
สวนรมณีนารถ
■Royal Barges, A1
อู่เรือหลวง (ท่าเรือบางกอกน้อย)
■Royal Grand Palace, A2
วัดพระแก้ว
■Sanam Luang, A2
สนามหลวง
■Schlangenfarm, D3
ฟาร์มงู (ถนนพระรามสี่)
■Schweizer Botschaft, D2
สถานทูตสวิท
■Siam Centre, D2
สยามเซ็นเตอร์
■Tammasat-Universität, A2
มหาวิทยาลัยธรรมศาสตร์
■Thai Airways, B2
การบินไทย (ถนนหลานหลวง)
■Thewet-Blumenmarkt, B1
ตลาดดอกไม้เทเวศร์
■Victory Monument, D1
อนุสาวรีย์ ชัยสมรภูมิ
■Wat Arun, A2
วัดอรุณ
■Wat Benchamabophit, B1
วัดเบญจมบพิตร
■Wat Boworniwet, B1
วัดบวรนิเวศน์
■Wat Indraviharn, B1
วัดอินทรวิหาร
■Wat Mahathat, A2
วัดมหาธาตุ
■Wat Monkrut, B1
วัดมงกุฎ
■Wat Pho, A2
วัดโพธิ์
■Wat Phra Kaeo, A2
วัดพระแก้ว
■Wat Prayunwong, A3
วัดประยุรวงศ์
■Wat Suthat, B2
วัดสุทัศน์
■Wat Trimit, B3
วัดไตรมิตร
■Weekend Market, D1
สวนจตุจักร
■Zoo, C1
สวนสัตว์ดุสิต

Rainer Krack
Tom Vater

THAILAND

Vorwort

In Thailand findet man alles, was sich Touristen oder Globetrotter nur wünschen können: zahllose herrliche Strände, grandios-schöne Inseln und Buchten, einsame Berglandschaften, romantische, palmengesäumte Klongs und Flüsse, vor Waren berstende Shopping-Center und eine der raffiniertesten Küchen der Welt. Dazu kommen anmutige Tempel, die zur Weltarchitektur gehören, und imposante Ruinenstädte. Nur wenige Länder haben so vielfältige Attraktionen zu bieten wie Thailand.

Als eines der attraktivsten Reiseziele Asiens hatte Thailand in der jüngsten Vergangenheit fast ständig wachsende Touristenzahlen verbuchen können. Im Jahre 2012 wurden über 15 Mio. erwartet. Das letzte Jahrzehnt war für Thailand allerdings nicht das glücklichste: 2004 verwüstete ein Tsunami zahlreiche Küstenregionen und forderte Tausend von Todesopfern. Von Mitte 2008 bis Mitte 2010 wurde das „Land des Lächelns" immer wieder von politischen Krisen erschüttert, und gelegentlich drohte die Lage, in bürgerkriegsähnliche Zustände auszuarten. Darüber hinaus erlebte Thailand 2011 die schlimmsten Überschwemmungen seiner Geschichte, weite Teile Zentral-Thailands wirkten wie ein riesiges Binnenmeer, und die Wassermassen drangen bis nach Bangkok vor und legten sogar den Don Mueang Airport lahm.

Aber Thailand ist nun mal Thailand, und nach den Tagen und Jahren der Katastrophen war im Land schon bald fast alles wieder beim Alten. Die Thais, scheinen einen naturgegebenen Mechanismus in sich zu tragen, durch den sie auch nach schwersten Zeiten rasch zu ihrem althergebrachten Lebensstil zurückfinden. Wie sie das genau machen wissen wir auch nicht so recht – aber wenn man alles wüsste, wäre ein Land auch nicht mehr so interessant. Vielleicht können Sie, lieber Leser, es ja herausfinden. Es gibt viele Traumstrände, unter dessen wogenden Palmen man darüber nachsinnen kann – am besten mit einem kühlen Longdrink in der Hand.

In diesem Sinne: *„Hay döörn taang dooy plort pay!"* – das ist der thailändische Zungenbrecher für „Gute Reise!"

Rainer Krack und Tom Vater,
Sommer 2013

036th at

Inhalt

6 Der Nordosten

7 Der Süden

8 Vor der Reise
(unter Mitarbeit
von E.H.M. Gilissen)

9 Praktische Reisetipps A–Z

(unter Mitarbeit
von E.H.M. Gilissen)

10 Land und Natur

11 Kultur und Gesellschaft

Exkurse

Hinweise zur Benutzung

Da Reiseführer leider nicht so aktuell wie Zeitungen erscheinen können, liegt es nahe, dass einige der Informationen in diesem Buch schon beim Kauf veraltet sein können. Das gilt besonders für die angegebenen Preise für Dienstleistungen oder Verkehrsmittel. Thailand hat derzeit eine jährliche Inflationsrate von ca. 5 %, und diese macht auch vor touristischen Einrichtungen oder Dienstleistungen nicht halt. Im touristischen Bereich können die Preise sogar noch schneller steigen, vor allem an Orten, die gerade besonders populär sind.

Preise für Unterkünfte werden in diesem Buch anhand von Kategorien angegeben: Die günstigsten Übernachtungsmöglichkeiten bekommen einen Stern, die teuersten fünf. Die Erklärung dieser Preiskategorien findet sich in der hinteren Umschlagklappe.

Bei den Preisangaben ist die Landeswährung Baht oft mit „B" abgekürzt.

Ein besonders kniffliges Problem in Thailand ist die **Transkription von Thai-Schrift** in unser Schriftsystem. Die thailändischen Behörden sind sich selbst nicht schlüssig darüber, wie z. B. ein bestimmter Ortsname zu transkribieren ist, und so mag der Reisende im Verlauf seines Aufenthalts auf viele verschiedene Schreibweisen desselben Namens stoßen. Die in vielen Städten vorzufindende „Königs-" oder „Hauptstraße" kann auf den Straßenschildern in vielen verschiedenen Varianten anzutreffen sein: z. B. als *Ratchadamnoen, Ratdamnoen, Rajdamnoen* oder *Rajdamnern*, um nur

die geläufigsten Versionen zu nennen (gesprochen etwa „Ratdamnöhn").

Die unterschiedlichen Schreibweisen resultieren oft aus dem Unterschied, wie Thai-Namen in Thai *geschrieben* und wie sie *gesprochen* werden, und ob es sich um eine auf dem Englischen basierende Transkribierung handelt oder eine andere.

In diesem Buch sind die Straßennamen oft so wiedergegeben, wie sie auf den Straßenschildern stehen, oder aber wie es linguistisch sinnvoll erscheint.

Die korrekte **Aussprache von Thai-Begriffen** ist dem Laien schlichtweg unmöglich, und wenn man z. B. auf der Busstation bei der Angabe des gewünschten Zielortes nicht verstanden wird, schlage man das am Ende des Buches befindliche Ortsverzeichnis auf. Dort zeige man auf die Thai-Schrift des betreffenden Orts.

Einige **Stadtpläne** im Buch sind selber „erlaufen" und vor Ort handgezeichnet worden, nämlich dann, wenn keine offiziellen Pläne erhältlich waren. Diese Karten weisen wahrscheinlich Fehler im Maßstab oder in anderen Details auf, dennoch sind sie hoffentlich hilfreich.

Die **Symbole für Tauchen** in den Landkarten geben gute Tauchreviere an.

Was man unbedingt wissen muss

Ein **Visum** ist für Bürger aus Deutschland, der Schweiz und Österreich **nicht nötig.** Bei der Einreise per Flugzeug wird eine Aufenthaltsgenehmigung (offiziell

Transit Visa genannt) von 30 Tagen erteilt. Diese kann in der Regel höchstens um eine Woche verlängert werden. Bei Einreise über Land oder Wasser bekommt man nur eine Aufenthaltsgenehmigung von 15 Tagen.

Internationale Flugverbindungen bestehen in erster Linie zur Hauptstadt Bangkok, die von über 70 Fluglinien angeflogen wird, und nach Phuket, in geringerem Maße nach Chiang Mai, Hat Yai, Krabi und Ko Samui.

Zur Einreise besteht **keinerlei Impfpflicht,** es sei denn, man reist aus einem aktuellen Seuchengebiet ein. Bei Besuchen der Dschungelgebiete nahe der myanmarischen und kambodschanischen Grenze wie auch der Insel Ko Chang ist eine **Malaria-Prophylaxe** anzuraten.

Thailand hat eine **hohe AIDS-Rate** (ca. 1 Mio. HIV-Träger), und **Sextourismus** ist, auch wenn es etwas dramatisiert klingt, **lebensgefährlich.**

In Thailand herrschen Tageshöchsttemperaturen **von 30–35 °C** und eine z. T. **sehr hohe Luftfeuchtigkeit.**

In den Monaten **Mai bis Oktober** herrscht in den meisten Gebieten **Regenzeit.** Das bedeutet zumeist keinen Dauerregen, eher einige Minuten oder Stunden anhaltende Regenfälle, abwechselnd mit Trockenperioden.

Die **beste Reisezeit** sind die „kühlen" Monate **November bis Februar.** Bei Besuchen des Nordens ist warme Kleidung (Jacke oder Pullover) mitzubringen.

Das **Preisniveau** liegt in Thailand weit unter dem europäischen (Ausnahme: Luxushotels und Nobel-Boutiquen).

Wechselkurs: 1 Euro = ca. 42 Baht. (Stand: August 2013).

Bankautomaten (ATMs): Bei Geldabhebungen von nicht-thailändischen Konten wird eine Gebühr von 150 Baht eingezogen, unabhängig davon, wieviel die heimatliche Bank schon abkassiert. Gebührenfreies Abheben ist nur bei den wenigen Automaten der Finanzgesellschaft *Aeon* möglich (www.aeon.co.th/en). Die Angaben zu den Standorten der ATMs auf der Homepage sind leider nicht immer aktuell.

In allen klimatisierten Restaurants, Bars und Discos, Geschäften, Shopping-Centern, Büros, Parks etc. besteht seit 2002 **Rauchverbot. Strafe:** 2000 Baht für den Raucher und 10.000 Baht für das Establissement, das das Rauchen zulässt. Das Verbot wird jedoch nicht überall konsequent umgesetzt.

Aufgrund eines etwas dubiosen Gesetzes, das Jugendliche vom Alkohol fernhalten soll, darf **zwischen Mitternacht und 11 Uhr sowie zwischen 14 und 17 Uhr kein Alkohol verkauft** werden. Für Großhandelsmengen im Supermarkt (also z. B. eine Kiste Wein) gilt dies allerdings nicht – haben wir nicht gerade etwas von einem dubiosen Gesetz gesagt? Alkoholkonsum in Parks ist untersagt.

Nachtclubs, Bars, Discos etc. müssen aufgrund einer „Kampagne zur sozialen Ordnung" zumeist **um 1 Uhr,** bzw. in bestimmten Entertainment-Zonen um 2 Uhr, **schließen.** Einige Etablissements bleiben aufgrund „guter Beziehungen" zu den Behörden über diese Zeit hinaus geöffnet.

Auch bei Ortsgesprächen muss die **Vorwahl** des Ortes mitgewählt werden.

Kartenverzeichnis

Ortspläne und Inselkarten

Übersichtskarten

Thematische Karten

Bangkok

Die asiatische Metropole polarisiert. Während ein Teil der zahllosen Touristen, die alljährlich ihren Thailandurlaub hier beginnen, auf dem schnellsten Wege weiterreisen, werfen sich andere erst einmal ins Getümmel und genießen den besonderen Flair dieser Stadt. Und Bangkok hat wahrlich viel zu bieten, allein 400 Tempel warten auf Besucher. Nicht nur die gigantischen Einkaufszentren locken potentielle Kunden, sondern auch die berühmten Märkte wie der **Weekend Market** am Chatuchak (**S. 75**) oder der **Patpong Market (S. 76)** sind ein Erlebnis. Traveller aus aller Welt treffen sich in der **Khao San Road (S. 86**) mit ihrer unüberschaubaren Zahl von Night-Spots,

Bars und Restaurants, und sobald die Sonne untergeht, erwacht Bangkok mit Tausenden von Bars, Clubs, Discos und Cafés zur asiatischen Metropole des **Nachtlebens (S. 61).**

Die über **10.000 Restaurants** der Stadt lassen keine kulinariaschen Wünsche offen. Für jedes Reisebudget gibt es ein reichhaltiges Angebot, nicht zuletzt an den unzähligen Straßenständen in und um das Marktgeschehen.

2 **Die Umgebung Bangkoks**

Nur relativ kurzer Strecken mit Bus oder Bahn bedarf es, um ein ganz anderes Thailand zu erleben, alles scheint ein wenig gemächlicher zuzugehen.

Hier erwarten den Besucher imposante Landschaften und historische Städte wie **Kanchanaburi (S. 137)** oder die frühere Hauptstadt Siams, **Ayutthaya (S. 158).** Die größte buddhistische Stupa der Welt kann in **Nakhon Pathom (S. 130)** besichtigt werden.

Die Ostküste

Viel Gegensätzliches begegnet dem Reisenden hier. Neben beschaulichen kleinen Küstenorten, an denen die Touristenströme weitgehend vorbeizufließen scheinen, gilt **Pattaya (S. 177)** als „Sündenpfuhl Thailands". Hier boomt nach wie vor der Sextourismus und zieht alljährlich neben einer Schar harmloser Neu-

gieriger auch eine Vielzahl schräger Vögel aus aller Welt an.

Wer eher Badespaß sucht, dessen Nahziel sollten die Inseln **Ko Samet (S. 184)** oder **Ko Chang (S. 195)** mit den besten Stränden in der weiteren Umgebung Bangkoks sein. Von hier aus bieten sich auch Kurztrips zu den vorgelagerten, teilweise winzigen Traum-Eilanden an.

Fortsetzung S. 18

Zentralthailand

Diese an Sehenswürdigkeiten arme Region ist das Zentrum des Reisanbaus. Und doch findet der Besucher hier eines der spektakulärsten Highlights Thailands: **Sukhothai (S. 213),** die erste Hauptstadt der Thais. In der monumentalen Ruinenstadt können bis zu 200 Tempel besichtigt werden.

Ruhiger, aber nicht minder historisch geht es im **Si Satchanalai Chaliang Historical Park (S. 219)** zu. Die Ruinen des Ortes liegen auf einem Hügel, umgeben von malerischer Natur, die Besucherzahlen sind hier deutlich geringer als in Sukhothai.

Die Nähe zur myanmarischen Grenze macht den besonderen Reiz **Mae Sots (S. 224)** aus. Zwar gibt es kaum Sehenswertes, doch lohnt ein Ausflug, um die eigentümliche Atmosphäre der „internationalen Bruderschaft von Schmugglern, Händlern und Glücksrittern" zu erleben, die in bunter Schar das Straßenbild prägen.

Üppige, nahezu unberührte Natur erwartet den Besucher in der Umgebung von **Umphang (S. 228)** und gewährt Einblicke in eines der allerletzten intakten Dschungelgebiete des Landes.

Stadt suchen und täglich spannende Ausflüge in die nähere Umgebung unternehmen.

Interessante und sehr unterschiedliche Orte hat der Norden zu bieten. In dem idyllisch gelegenen Ort **Lamphun (S. 285)** beispielsweise steht der **Wat Phra That Haripunjai,** dessen Baubeginn auf das 11. Jahrhundert zurückgeht.

Auf halbem Weg zwischen Chiang Mai und Mae Hong Son liegt der Ort **Pai (S. 314)** in einem verschlafenen Tal, in dessen Umgebung sich Dörfer der Bergvölker befinden. Jahrelang wurde der Ort von Travellern besucht, die nicht selten viel länger blieben, als geplant. Pai galt als „Paradies zum Abhängen". Der Ort befindet sich allerdings im Umbruch; Rucksacktouristen sollen durch eine wohlhabendere Klientel abgelöst werden.

Zahlreiche **Nationalparks** können besucht werden, so beispielsweise der **Doi-Inthanon-Nationalpark (S. 295)** mit schönen Wasserfällen und über 400 Vogelarten, der **Khun-Chae-Nationalpark (S. 297)** mit einem der schönsten und dichtesten Dschungelgebieten Nordthailands und nicht zuletzt der **Nam-Tok-Mae-Surin-Nationalpark (S. 313),** dessen Mae-Surin-Wasserfall in einer einzigen Kaskade 80 m in die Tiefe stürzt.

 Der Norden

Bis zum Anfang des letzten Jahrhunderts war der Norden vom Rest des Landes abgeschnitten. Nur einige Elefantenpfade führten von Bangkok in die Region. Die landschaftliche Vielfalt des Nordens ist beeindruckend. Das teilweise von großflächigen subtropischen Wäldern bewachsene Gebiet eignet sich beispielsweise hervorragend für **Trekking-Touren.** Doch auch das Großstadtflair kommt hier nicht zu kurz: **Chiang Mai (S. 237)** ist immerhin die fünftgrößte Stadt Thailands und doch so ganz anders als Bangkok. Nach nur einer halben Stunde Fahrzeit befindet man sich inmitten malerischer Naturszenarien, und wer sich die Zeit nehmen möchte, kann sich für einige Tage eine Unterkunft in der

 Der Nordosten

Die Region grenzt an Laos und Kambodscha und hat kulturell viele Gemeinsamkeiten mit den Nachbarländern. Wer die Tempelruine in **Phimai (S. 396)** oder den Tempelkomplex **Prasat Khao Phanom Rung (S. 449)** besucht, bekommt eine Ahnung von der Hochkultur der Khmer, die sich hier vor allem in der einzigartigen Architektur präsentiert.

Der touristisch noch kaum erschlossene *Issan,* wie der Nordosten von den Thai auch genannt wird, ist die ärmste Region Thailands und geprägt von Landflucht. Viele junge Menschen verdingen sich in Bangkok oder anderen großen Städten Asiens.

Wer fernab der touristischen Hauptrouten Tage der Ruhe und Entspannung benötigt, sollte die be-

sondere Atmosphäre des Mekong für sich entdecken. Kleine Ortschaften wie **Nong Khai (S. 412)**
oder **Chiang Khan (S. 426)** bieten wunderschöne
Aussichten über den mächtigen Fluss hinüber nach
Laos.

 Der Süden

Endlose Traumstrände, tiefblaues Meer, Palmenhaine, Wassersportmöglichkeiten bis zum Abwinken,
grandiose Tauchgründe und eine fantastische Inselwelt bietet der Süden Thailands dem Besucher. Die
Palette der Superlative ließe sich problemlos erwei-
tern. Man ist hier nicht allein, aber wer will das
schon? Freunde des Abfeierns bis der Morgen graut
zieht es jeden Monat zu Tausenden zu den weltweit
bekannten **Full Moon Parties** auf **Ko Phangan
(S. 544),** die zu den größten Dance Festivals der
Welt zählen. Schon Tage vorher gibt es einen Run
auf die Insel, wer zu dieser Zeit eine Unterkunft er-
gattert, kann sich glücklich schätzen.

**Phuket (S. 584), Ko Samui (S. 509), Ko Tao
(S. 560)** und zahlreiche weitere Inseln zählen zu
den schönsten Badeinseln der Welt, jeder muss für
sich selbst seinen persönlichen Favoriten küren.

Doch der Süden bietet nicht nur Sonne, Sand und
Meer – in den Nationalparks bestehen Wander- und
Trekkingmöglichkeiten, das **Banthat-Gebirge
(S. 693)** zählt zu den landschaftlich reizvollsten
Gebieten Südthailands und ist mit dichtem Wald
bewachsen. Seine Berge erreichen eine Höhe von
über 1300 m.

Nicht verpassen!

Diese Tipps erkennt man an der **gelben
Hinterlegung**.

Auf in den Trubel:

1 Bangkok

Die Hauptstadt Bangkok wird

bei Touristenumfragen oft zu einem der

beliebtesten Reiseziele der Welt gekürt.

◁ Rituale am Erawan-Schrein

BANGKOK

Gleichauf mit Jakarta ist Bangkok die **bevölkerungsreichste Stadt Südostasiens** und sicher auch eine der turbulentesten und „exotischsten" Städte der Region. Kaum irgendwo sind **Tradition und Moderne** so eng miteinander verknüpft wie hier, und kaum irgendwo liegen Hektik (siehe den unglaublichen Verkehr) und Ruhe (z. B. auf den zahlreichen Tempelgeländen) so nah nebeneinander. Ganz zu schweigen vom berühmten Nachtleben der Stadt, das per Gesetz teilweise gar nicht existieren dürfte. Paradoxe gehören in Bangkok zum Alltag. Für Touristen ist die Stadt, samt all ihrer urbanen Probleme und ihres dahinter verborgenen Charmes, sicher ein Mega-Abenteuer.

NICHT VERPASSEN!

➡ **Rattanakosin Island:** So heißt der alte Stadtkern Bangkoks, der mit zahlreichen prächtigen Tempeln übersät ist, von denen viele zu den sehenswertesten des Landes gehören | **33**

➡ Sehenswerte Stadtteile: **Sanam Luang** | **37** **Sao Ching-Chaa** (Giant Swing) | **43**

➡ **Khao San Road:** die verrückteste Traveller-Meile Asiens, nicht für jedermann zum Übernachten geeignet, aber auf jeden Fall einen Besuch wert | **86**

Diese Tipps erkennt man an der gelben Hinterlegung.

▷ Wat Rajabophit

1

Überblick

Bangkok – Paradies oder Katastrophe? Diese Frage mag sich manch Neuankömmling stellen. Einerseits hat Thailands Hauptstadt alles, was Touristen begehren: Unzählige **Sehenswürdigkeiten** (allein ca. 400 Tempel), günstige **Einkaufsmöglichkeiten** in gigantischen Einkaufszentren an jeder Straßenecke, **Nachtleben** aller Schattierungen und Tausende von **Restaurants,** die alle namhaften Küchen der Welt servieren. Bangkok ist heute zweifellos die pulsierendste und aufregendste Metropole Südostasiens, oft aber auch die aufreibendste.

Schuld an Letzterem sind vor allem der **chaotische Verkehr** und die damit verbundene Luftverschmutzung und der ohrenbetäubende Lärm. Über 3 Millionen Fahrzeuge quälen sich durch Bangkoks völlig überlastete Straßen; in den Jahren des thailändischen Wirtschaftsbooms wuchs die Zahl der Fahrzeuge in Bangkok jährlich um etwa 200.000 bis 300.000. Zu ihren schlimmsten Zeiten wurden die berüchtigten Verkehrsstaus Bangkoks sogar als „nationaler Notstand" betrachtet, durch den täglich Millionen von Baht verloren gingen.

Ganz so schlimm ist es heute jedoch nicht mehr. Zahlreiche auf Hochtrassen errichtete **Expressways** erleichtern den

Bangkok Übersicht

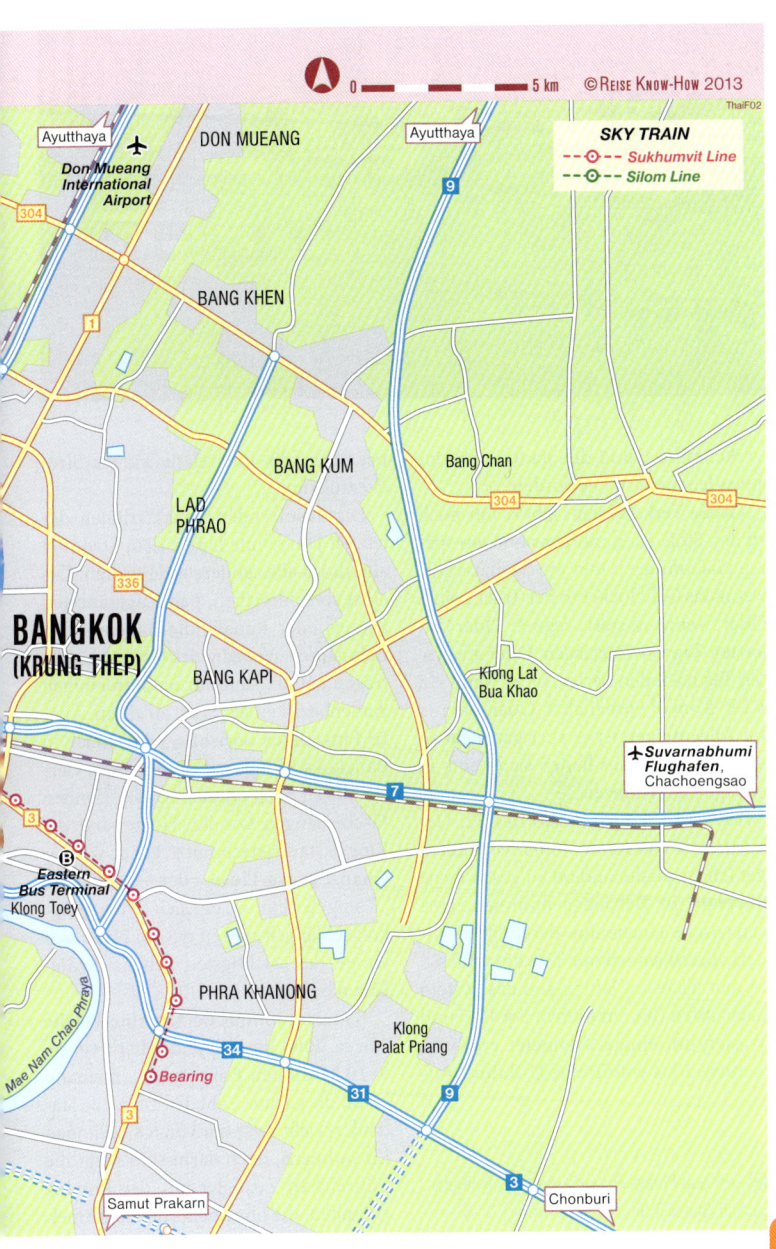

SKY TRAIN

- - ⊙ - - *Sukhumvit Line*
- - ⊙ - - *Silom Line*

© REISE KNOW-HOW 2013

ThaiF02

0 ———— 5 km

Ayutthaya

Don Mueang International Airport

DON MUEANG

Ayutthaya

BANG KHEN

BANG KUM

Bang Chan

LAD PHRAO

BANGKOK (KRUNG THEP)

BANG KAPI

Klong Lat Bua Khao

✈ *Suvarnabhumi Flughafen*, Chachoengsao

Ⓑ *Eastern Bus Terminal* Klong Toey

Mae Nam Chao Phraya

PHRA KHANONG

Klong Palat Priang

Bearing

Samut Prakarn

Chonburi

Bangkok

1

Verkehrsfluss, und die Stadt ist wieder etwas lebenswerter geworden.

Große Verkehrsstaus gibt es nur noch zu den Stoßzeiten morgens und am späten Nachmittag. Oder am Monatsende, wenn das Geld locker in der Tasche sitzt. Oder wenn es stark regnet. Oder am letzten Tag vor Feiertagen. Oder am ersten Tag nach den Ferien. Oder wenn ein V.I.P.-Konvoi vorbeifährt. Oder, oder … Im Allgemeinen ist es aber gar nicht so schlimm, die Staus halten sich heute in erträglichen Grenzen.

1999 wurde aus Anlass des 72. Geburtstages von *König Bhumipol* endlich der lang geplante und oft aufgeschobene **Skytrain** in Betrieb genommen, eine elektrische Hochbahn, deren Streckennetz vorerst jedoch nur 23½ km umfasst. In den nächsten Jahren soll das System nach Osten (bis Sukhumvit Soi 107) und Westen um einige Kilometer erweitert werden. 2004 wurde eine **U-Bahn** eröffnet, ebenfalls mit relativ kurzer Streckenführung.

Die ausufernden Bauaktivitäten der letzten Jahrzehnte haben dem Stadtbild allerdings alles andere als gutgetan. Die einst so zahlreichen, palmengesäumten Klongs oder Kanäle, die Bangkok den Beinamen „Venedig des Ostens" eingetragen hatten, sind nur noch in einigen Außenbezirken der Stadt zu sehen. Ältere Einwohner berichten, dass man in Bangkoks Klongs vor dreißig oder vierzig Jahren noch mit den bloßen Händen Fische fangen konnte. Heute sind die Klongs stark verschmutzt, genau wie der **Chao-Phraya-Fluss,** der sogenannte „König der Flüsse", der sich durch Bangkok schlängelt und in dessen Nähe sich einige der wichtigsten Sehenswürdigkeiten befinden.

Bangkok nimmt derzeit eine **Fläche** von ca. **2000 km²** ein und beherbergt **ca. 9–10 Millionen Einwohner** – niemand kennt die genaue Zahl. Die offizielle Statistik spricht zwar nur von 6,8 Millionen Einwohnern, doch darin sind nicht die zahlreichen Zuzügler aus der Provinz enthalten, die ohne behördliche Anmel-

⌂ Der Chao-Phraya-Fluss, gesehen von der Brücke Saphan Phut in Richtung Chinatown

dung in der Stadt wohnen. Der größte Zustrom wird aus der verarmten Nordostprovinz Issaan verzeichnet.

Aufgrund der Wirtschaftskrise und dem damit in vielen Fällen verbundenen Verlust des Arbeitsplatzes war in den letzten Jahren aber auch eine Rückwanderung in die ländlichen Gebiete zu verzeichnen.

Trotzdem bietet Bangkok als **Wirtschafts-, Verkehrs- und Industriezentrum** immer noch zahlreiche Arbeitsmöglichkeiten, und die Löhne liegen weit höher als in den meisten anderen Landesteilen. Bangkok ist in jeder Beziehung das Herz Thailands oder, vielleicht besser gesagt, sein Motor.

Auf den Besucher wirkt die Stadt extrem verwirrend. Es gibt kein konkretes Stadtzentrum, alles ist ein einziger, endloser **Beton-Dschungel.** Aus dem Wirrwald an Hochhäusern ragt bestenfalls der Baiyoke 2 Tower im Stadtteil Pratunam heraus, das mit 320 m derzeit höchste Gebäude Thailands (eigentlich sollte es das höchste der Welt werden, doch aufgrund von Thailands Wirtschaftskrise begnügte man sich mit dieser verkleinerten Version!).

Die Sehenswürdigkeiten liegen zum Teil weit auseinander, und von einem Punkt zum anderen zu gelangen ist oft ein kleines Abenteuer. Bangkok, als Paradebeispiel ungezügelten, unkontrollierten Wachstums, kann die Nerven arg strapazieren. Wenn man sich aber aufrafft, hinter die Fassade des Molochs zu sehen, entdeckt man ein anderes Bangkok: **fesselnd, faszinierend und dynamisch.** Wer es nicht glaubt, frage einen der zahlreichen Westler, die als Traveller nach Bangkok kamen und sich dann dauerhaft oder für sehr lange Zeit dort

Der längste Städtename der Welt

Bangkok heißt heute offiziell *Krung Thep Mahanakhon* („die große Stadt der Engel"), was oft zu *Krung Thep* verkürzt wird. Der volle Name der Stadt lautet aber so:

Krungthep-mahanakhorn-
bowornrattanakosinthara-
mahintarayutthaya-
mahadilokpop-
noppharatchathani-
burirom-udomratchaniwet-
sanamahasthan-
amonphimanawatanansathit-
Vishnukamprasit!

niederließen und anscheinend zufrieden sind.

Kurz gesagt ist Bangkok ein großes Chaos mit viel Kultur, Charme und Charakter. Das Beste ist, sich einfach kopfüber hineinzustürzen.

Geschichte

Bangkok heißt übersetzt „Dorf der Oliven" und war zunächst ein unbedeutendes Dorf, in dem sich einige chinesische Händler angesiedelt hatten und das als Zollposten diente. **1782** beschloss Rama 1. die Hauptstadt von Thonburi auf die andere Flussseite nach Bangkok zu verlegen, da dessen Lage strategisch günstiger war. Bangkok lag in einer Flussschlaufe, und durch das Graben einiger Kanäle wäre die gesamte Stadt von Wasser umgeben – ganz wie zuvor das legendäre Ayutthaya. Der Königspalast wurde gebaut, und zwar an einer Stelle, die als einzige niemals von Hochwasser erreicht wurde. Die dort zuvor angesiedelten Chinesen mussten weichen und wurden in neuen Quartieren untergebracht. Der Stadtteil, in den sie zogen, ist heute als Chinatown bekannt.

Hunderte von Tempeln wurden errichtet, die den Glanz des alten Ayutthaya wiederaufleben lassen sollten, und Kanäle gezogen, die – mangels eines Straßennetzes – als Transportwege dienten. **1855** unterzeichnete *König Mongkut* (Rama 4.) ein Handelsabkommen mit den Engländern, worauf Verträge mit anderen europäischen Staaten und den USA folgten. Botschaften und Handelsniederlassungen wurden errichtet, und Hunderte von Fremden ließen sich in Bangkok nieder. Als diese sich beim König über die schlechten Transportwege innerhalb der Stadt beschwert hatten, ordnete der König **1861** den Bau der ersten Straße der Stadt an: Die New Road (Charoen Krung Road) sollte vom südlichen Bangkok entlang des Flusses bis zum königlichen Palast führen. 1864 war die Straße schließlich fertiggestellt, und weitere sollten folgen. Bangkoks Aufstieg als Handelsstadt war nun unaufhaltsam. Um die Jahrhundertwende war die Bevölkerung auf eine halbe Million angewachsen. Etwa 1000 waren Ausländer, denen zum Teil Verwaltungsaufgaben anvertraut waren. Zahlreiche Handelsgesellschaften bauten ihre Kontore aus, und deren Baustil ist noch heute entlang des Chao Phraya zu bewundern.

Die alten Wasserstraßen, die Klongs, sind mittlerweile fast verschwunden: Beim gewaltigen Bauboom, der die Stadt umfunktioniert, sind sie zum größten Teil zugebaut worden. Nur in Thonburi, das mittlerweile mit Bangkok zusammengewachsen ist und in dem die radikale Entwicklung der letzten Jahrzehnte langsamer vor sich ging, dienen sie noch als Transportwege für Menschen und Material.

Ankunft

Der Flughafen Suvarnabhumi

Im September 2006 wurde südöstlich von Bangkok der neue internationale Flughafen Suvarnabhumi in Betrieb genommen, ein ehrgeiziges Großprojekt, das vom ehemaligen Premierminister *Thaksin* in die Wege geleitet wurde. Pläne zu einem neuen Flughafen gab es seit Jahrzehnten, *Thaksin* aber, ein Mann der Tat – nach Meinung seiner Kritiker auch immer mit einer offenen Hand für Nebeneinkünfte – vollendete das Werk endlich. Der Bau war von Anfang an umstritten, und nach der Fertigstellung musste man feststellen, dass vieles im Flughafen keine Verbesserung gegenüber dem alten Flughafen Don Mueang war. Kritisiert wird vor allem der Mangel an Toiletten und Sitzplätzen, aber auch die langen Gehwege, die die Passagiere in den Abfertigungshallen zurückzulegen haben. Der Suvarnabhumi Airport ist optisch ein imposantes modernes Gebilde aus unendlich viel Stahl und Glas, die Funktionalität lässt teilweise jedoch zu wünschen übrig. Die AoT, *Airport*

▷ Transit-Schlaf im Suvarnabhumi Airport

1

Bangkok

Authority of Thailand, hat ihre Absicht bekundet, den Flughafen in den nächsten Jahren zu verbessern.

Suvarnabhumi spricht sich übrigens **Suwannaphuum.** Der Name ist Thai-Sanskrit für „Goldenes Land" und wurde vom thailändischen König ausgesucht.

Alle internationalen Flüge sowie einige Inlandsflügen werden von Suvarnabhumi aus durchgeführt. Der alte **Flughafen Don Mueang** ist für einige nationale Flüge weiter in Betrieb.

Vor der Landung werden **Embarkation Cards** ausgegeben, die ausgefüllt samt dem Pass an den Immigrationsschaltern vorzulegen sind. Die **Passkontrolle** kann an schlechten Tagen 30–40 Minuten oder noch länger dauern. Meistens dürften es jedoch 10–15 Minuten sein.

Gleich hinter der Passkontrolle befinden sich die **Gepäckbänder.** Hier wird man in der Regel nochmal 10–20 Minuten warten müssen.

Danach geht es durch die **Zollkontrolle.** Einige Passagiere, die durch den „grünen" Schalter (nichts zu verzollen) gehen, werden von den Beamten aufgefordert das Gepäck vorzuzeigen. Es wird dann durchleuchtet, und im Zweifelsfall muss es geöffnet werden. Wer größere Mengen Alkohol (mehr als 1 Liter Wein oder Spirituosen) oder Zigaretten (200 Stck.) bei sich hat, sollte lieber gleich durch den „roten" Kanal gehen und diese Waren anmelden. Die Geldstrafen für eingeschmuggelte Waren sind sehr hoch. Meist wird ein Vielfaches des Wertes als Steuer und Strafe abkassiert. Allerdings wird nur von sehr wenigen Passagieren das Gepäck kontrolliert.

Gleich hinter der Zollkontrolle erreicht man die **Ankunftshalle,** in der sich Schalter zur Buchung von Hotels, Geldwechselschalter und Schalter von Limousinengesellschaften befinden. In der relativ engen Halle drängen sich zudem einige Dutzend Schlepper, die die

356th rk

ankommenden Fluggäste zu Taxifahrten in die Innenstadt überreden wollen. Einige dieser unseriösen Kundenfänger sind weiblich und tragen sogar Uniformen, was ihnen ein offizielles Aussehen verleiht. Aber: Diese Schlepper gehören allesamt zu Bangkoks berüchtigter **Flughafentaxi-Mafia** und sollten unter allen Umständen ignoriert werden. Die Thais nennen die von ihnen angebotenen, im Grunde illegalen Taxis, „Geistertaxis", und das nicht ohne Grund: Die Fahrer kassieren absolute Wucherpreise und oft nötigen sie die Passagiere zu weiteren Zahlungen oder werden anderweitig unangenehm. Die Schlepper sind also **auf jeden Fall zu ignorieren.**

Weiterfahrt per Taxi

Stattdessen folge man in der Ankunftshalle den Schildern „Public Taxi". Über Rolltreppen geht es zwei Etagen hinunter, bis man zu den Schaltern gelangt, von denen normale Taxameter-Taxis fahren. Es wird einfach der Taxameterpreis gezahlt zuzüglich eines Flughafenaufpreises von 50 Baht und einer eventuell angefallenen Highway-Gebühr. Vor der Fahrt bekommt man einen Zettel ausgehändigt, auf dem die Fahrzeugnummer des Taxis angegeben ist und mit dem man im Notfall Beschwerde einlegen kann. Manche Fahrer versuchen bei Passagieren, von denen sie meinen, dass sie sie leicht einschüchtern können, ein Zugeld herauszuschinden. Auf Geldforderungen sollte man sich auf keinen Fall einlassen. Die **Fahrt in die Khao San Road** (36 km) kostet z. B. ca. 240–260 Baht für das Taxi plus 50 Baht Flughafenzuschlag plus Highway-Gebühren von insgesamt ca. 100 Baht (an zwei verschiedenen Kassenschaltern). Macht also ca. 390–410 Baht.

Weiterfahrt per Limousine

In der Ankunftshalle finden sich einige Schalter, an denen Limousinen für die Fahrt in die Innenstadt angeboten werden. Insgesamt stehen sechs verschiedene Arten von Limousinen zur Verfügung. Zu empfehlen sind diese Transportmittel nicht sonderlich, da die Wagen meist nicht so gut wie versprochen sind; manche sind sogar unbequemer

◁ Verkehrsstau auf der Sathorn Road

▷ Eine verwirrende Anzahl unterschiedlicher Busarten durchkreuzt Bangkok, und nicht nur Neuankömmlinge haben es schwer, das „System" zu durchschauen

oder älter als ein normales Taxi. Zudem sind die Preise unverschämt hoch. So kann eine Fahrt in die Khao San Road 800–1000 Baht kosten. Da diese Fahrzeuge gegenüber den normalen Taxis keinen Vorteil bieten, ist von ihnen abzuraten.

Weiterfahrt per Airport-Bus

Auf Level 1 des Flughafens, nahe Gate Nummer 8, befindet sich ein Schalter zur Buchung von **Expressbussen in die Innenstadt.** Die Busse fahren zwischen 5.00 und 24.00 Uhr, Abfahrt: ca. jede halbe Stunde. Kosten: 150 Baht.

Bus AE1 fährt zur Silom Road; Aussteigsmöglichkeit z. B. auch am Central-World Department Store, nahe Pratunam (sprich: Pattunam) und Siam Square.

Bus AE2 fährt zur Khao San Road; Aussteigsmöglichkeit auch an der Petchaburi Road nahe Pratunam.

Bus AE3 fährt die Sukhumvit Road entlang bis zum ihrem Westende an der Ploenchit Road.

Bus AE4 fährt zur Hualamphong Station (Bangkoks Hauptbahnhof); Aussteigsmöglichkeit auch am Siam Square und Victory Monument.

Weiterfahrt per City-Bus

Mit dem Normalbus geht's etwas umständlich weiter. Zunächst bringt einen der kostenlose Shuttle-Bus vom Flughafen zu einem 3 km entfernten „**Transportation Center**". Von dort fahren City-Busse für 35 Baht in die Innenstadt. Es gibt zehn Buslinien, die meisten fahren jedoch nicht in die klassischen Touristen-Gegenden. Ausnahmen sind eventuell die Busse zum Victory Monument (Nr. 551) und zum (Inlands-)Flughafen Don Mueang (Nr. 554 und 555); Fahrzeit nach Don Mueang gut 1½ Std.

Mit dem Taxi schafft man es in unter 1 Std. (Fahrpreis ca. 280–300 Baht, plus Highway-Gebühren).

Vom „Transportation Center" fahren auch Busse nach Pattaya, Chonburi, Samut Prakarn und in einige andere Städte.

Weiterfahrt per Zug

Im August 2010 wurde der **Airport Rail Link** in Betrieb genommen, eine auf einer Hochtrasse fahrende Schnellbahn, die die Innenstadt mit dem Suvarnabhumi Airport verbindet (www.bangkokairporttrain.com).

Es gibt **zwei Linien,** die *Express Line* und die *City Line.* Erstere fährt ab der Station Makkasan (Stadtteil Pratunam) ohne Stopp zum Flughafen; Fahrpreis derzeit 150 Baht, Fahrzeit 15 Min., Abfahrt alle 30 Min. Die zweite Linie führt von der Station Phaya Thai über die Bahnhöfe Ratchaprarob, Ramkhamhaeng, Hua Mak, Ban Thap Chang und Lat Krabang zum Suvarnabhumi Airport; Fahrpreis je nach Entfernung 15–45 Baht, Fahrzeit ab Phaya Thai 30 Min., Abfahrt alle 15 Min.

Lohnt sich die Fahrt mit dem Airport Link? Falls man zu zweit oder mit mehreren reist, lohnt die teure *Express Line* vom Preis her sicher nicht, denn für 200–250 Baht gelangt man auch mit dem Taxi zum Flughafen, und ohnehin müsste man erst per Taxi zur Makkasan Station fahren, um den Zug zu nehmen. Für Einzelreisende lohnt der Zug wohl nur, wenn man keine lange Anfahrt zur Makkasan Station zu bewältigen hat und falls man es besonders eilig hat. Eine Taxifahrt von der Khao San Road z. B. nach Makkasan kostet je nach Tageszeit ca.

80–85 Baht. Andererseits ist die Fahrt mit dem Schnellzug – der modernste Thailands – sicher ein Erlebnis.

Die *City Line* ist preislich sicher eine gute Alternative zu den Taxis. Eine Fahrt per Taxi z. B. von der Khao San zur nächstgelegenen Station Phya Thai kostet ca. 70–75 Baht; hinzu kommt der Zugpreis von 45 Baht (ab Anfang 2011). Das ist dann zusammen etwa die Hälfte des Taxipreises von der Khao San Road zum Flughafen. Allerdings muss man bei beiden Stationen nicht selten das Gepäck über längere Strecken schleppen, und bei der Ankunft an den Stationen findet man oft kein Taxi, das nach Taxameter fährt. Kurz gesagt, die Idee ist an sich nicht schlecht, in der Praxis wäre es kein Verlust, wenn es den Airport Link nicht gäbe. Die meisten Passagiere sind Thais auf dem Weg quer durch die Stadt oder zur Arbeit im Flughafen.

Pendelverkehr zwischen Suvarnabhumi Airport und Don Mueang Airport

Einige Reisende, die in Suvarnabhumi landen, werden einen **Anschlussflug** im Don Mueang Airport haben, bzw. umgekehrt. Zwischen den Flughäfen pendelt ein orangefarbener, kostenloser „**Shuttle Bus**" (so die Aufschrift). Abfahrt zwischen 6.00 und 22.00 Uhr ca. alle 20–30 Min.; Fahrzeit je nach Tageszeit und Verkehrsverhältnissen 1–2 Std. Die Busse halten in Suvarnabhumi auf Level 2, zwischen Eingang 2 und 3; in Don Mueang vor Terminal 1.

Eine weitere Möglichkeit bietet sich mit den normalen **Stadtbussen** Nr. 554 und 555. Die Busse fahren zwischen 4.00

Bangkok

und 23.00 Uhr; Kostenpunkt 34 Baht. Abfahrt vom „Suvarnabhumi Public Transportation Centre" vor dem Flughafen, zudem man wiederum erst mit einem kostenlosem Zubringerbus gelangt.

Weiterhin böten sich **private Minibusse** an, die die beiden Flughäfen miteineinader verbinden. Abfahrt Suvarnabhumi Level 2, Eingang 1 und 8; Fahrtkosten: 45 Baht. Der Fahrstil der Minibuslenker ist in Bangkok allerdings berüchtigt, und dies ist somit nicht die beste Wahl.

Mit dem **Taxi** geht es natürlich auch: Fahrtkosten inklusive Highway-Gebühren ca. 300–350 Baht.

Erste Orientierung in der Stadt

Bangkok unterteilt sich, grob gesagt, in **zwei Teile:** Einen westlich des Chao-Phraya-Flusses, genannt **Thonburi,** und einen östlich davon, das **eigentliche Bangkok.** Beide Teile zusammen machen das „Greater Bangkok" aus, auch wenn Thonburi administrativ separat behandelt wird. Thonburi ist der provinzieller wirkende Teil von Bangkok, hier gibt es sogar noch die Klongs, die die Stadt einst so berühmt machten.

Der östlich vom Fluss gelegene Teil ist das modernere Bangkok, hier finden sich die wichtigsten touristischen Einrichtungen, wie Shopping-Center, Büros und die meisten Sehenswürdigkeiten.

Das Herzstück dieses östlichen Teiles ist die sogenannte Rattanakosin Island oder Alt-Bangkok. Dieses ursprüngliche Bangkok wird im Westen und Süden vom Chao Phraya begrenzt, im Norden

vom Klong Banglamphoo, und im Osten von Klong Ong Ang. Da der Stadtteil somit von Wasser umgeben ist, bezeichnete man ihn früher als „Insel"; davon ist allerdings heute, wo den Klongs kaum mehr Bedeutung zugemessen wird, nur noch selten die Rede.

Historisch gesehen ist Alt-Bangkok der interessanteste Stadtteil. Hier finden sich die wichtigsten und schönsten Tempel als auch das Touristenviertel **Banglamphoo** mit seinen zahllosen Guest Houses. Als wichtige und unübersehbare Anhalts- oder Orientierungspunkte in diesem Viertel kann das Democracy Monument dienen, oder der **Sanam Luang,** eine weite Rasenfläche, die von wichtigen historischen Gebäuden flankiert wird.

Nordöstlich, östlich und südöstlich von Alt-Bangkok erstreckt sich die moderne Innenstadt, die alles bietet außer einem: einem Stadtzentrum. Bei Bangkoks planlosem Wachstum hat sich kein Viertel als Stadtzentrum herauskristallisieren können.

Die Bankenstraße **Silom Road,** die sogenannte „Wall Street Thailands", ist genauso „Zentrum" wie die touristische **Sukhumvit Road** oder das Einkaufsviertel **Siam Square** oder das Viertel um das Hauptpostamt herum, **Bangrak.** Oder, oder …

Um sich in der Riesenstadt nicht zu verlaufen, ist ein **Stadtplan** unabdingbar. Die gibt es in allen Touristenvierteln – überall da, wo sich mehrere Hotels oder Guest Houses nahe beieinander finden – dazu in fast jedem Buchladen und bei der *Tourist Authority of Thailand* (TAT). Am besten sind solche Stadtpläne, bei denen die Nummern der Buslinien eingezeichnet sind, da man

1

sich so gut per Bus bewegen kann. Die Busrouten ändern sich aber gelegentlich, und außerdem kommen laufend neue Bussysteme dazu. Es gilt also, einen möglichst druckfrischen Plan zu ergattern, auf dem die wichtigsten Stadtteile auch in Thai stehen sollten. Einfaches Draufzeigen erspart meist aufregende Kommunikation in Thai.

Um wieder zu seinem Wohnort zurückzufinden, lasse man sich vom Personal eine **Visitenkarte des Hotels/Guest House** aushändigen, auf der die Adresse auf Thai angegeben ist. Diese lässt sich notfalls einem Taxi- oder Tuk-Tuk-Fahrer präsentieren, die in der Regel nur über minimale (wenn überhaupt) Englischkenntnisse verfügen. Ihnen Stadtpläne unter die Nase zu halten hat übrigens gar keinen Zweck: Für die meisten Thais sind Stadtpläne ein Buch mit sieben Siegeln.

Informationsstellen

Die Tourist Authority of Thailand oder **TAT,** das thailändische **Fremdenverkehrsbüro,** betreibt eine Reihe von Informationsstellen im Lande, deren Zentrale sich in Bangkok befindet. Sie liegt relativ günstig nahe dem Touristenviertel Banglamphoo:

● **TAT:** 4 Rajdamoen Nok Avenue, Bangkok 10100, Tel. 02-2829773, Fax 02-2829775.

Das offizielle **Hauptbüro** befindet sich für die meisten Touristen relativ ungünstig an der Petchaburi Road nahe Einmündung Soi Asoke. Aufgrund der Einbahnstraßen in der Gegend kommt man nicht immer leicht hin/zurück:

● **TAT:** 1600 New Petchaburi Rd., Bangkok 10310, Tel. 02-2505500, Fax 02-2505511, center@tat.or.th.

Weitere Nebenstellen der TAT gibt es in der Ankunftshalle des Suvarnabhumi Airport, in der Ankunftshalle des Don-Mueang-Flughafens (Tel. 02-5042701, 8.00–24.00 Uhr), gegenüber dem Eingang zu Wat Phra Kaeo (1 Na Phralan Rd., tägl. 8.30–19.30 Uhr) und am Jatujak (Chatuchak) Market (Kamphaeng Phet 2 Road, tägl. 8.30–19.30 Uhr).

In der TAT gibt es Informationsbroschüren: Busfahrpläne, Hotellisten, Broschüren zu diversen Reisezielen u. v. m. Allerdings muss man eventuell mehrmals nachhaken, um das Gewünschte zu bekommen. Angeschlossen ist der TAT die für Touristen zuständige **Tourist Police,** Tel. 1155. Die Hauptstelle der Tourist Police befindet sich in 26/56 TPI Tower Building, 23 St., Tung Mahamek, Sathorn Rd., Tel. 02-6786800-9, Fax 02-6786829, tourist@police.go.th.

Im Touristenviertel Banglamphoo, nahe dem weiß getünchten Sumen Fort, befindet sich das **Bangkok Tourist Bureau** (Phra Arthit Rd., Tel. 02-2257612-4, Fax 02-2257616). Dieses initiiert diverse touristische Aktivitäten. So werden z. B. Besichtigungs-Touren der Ratanakosin Island organisiert (die historisch bedeutende Gegend um Wat Phra Kaeo mit dem Royal Grand Palace), die per traditionellem altem Samlor absolviert werden, der guten alten Fahrrad-Riksha. Siehe auch unter Wat Phra Kaeo, Bangkok. Samstags um 18.00 Uhr werden Fahrrad-Touren durch die historische Gegend durchgeführt, bei denen die Teilnehmer der Verkehrssicherheit wegen von Polizeiwagen eskortiert werden (290 Baht/Pers.).

Bangkok

Kommunikationshilfe für Bangkok

Auch in Bangkok kann es Verständigungsprobleme geben, der Neuankömmling merkt es schnell. Kaum jemand spricht flüssig Englisch, die Kommunikation erfolgt häufig mit Händen und Füßen. Das kann bei Verkäufern oder Taxifahrern zum Problem werden. Und erst recht, wenn man sich verlaufen hat (das passiert jedem Touristen in Bangkok!) und das Hotel nicht mehr wiederfindet. Was tun also?

Im Taxi

Taxifahrer können die Anweisungen des Touristen meistens nicht verstehen. Wie sollten sie auch, wenn die Reisenden die Thai-Namen so unverständlich hervorstammeln! Das ist halt das spezifische Problem des Thai, dass man es anfangs nie richtig aussprechen kann. Versteht der Taxifahrer die Anweisung nicht, so sollte man versuchen, den Orts- oder Straßennamen in allen möglichen Tonvarianten (siehe Sprachhilfe im Anhang) auszusprechen. Mit etwas Glück trifft man nach dem zehnten Mal den richtigen Ton. Englischsprachige Stadtpläne können die Fahrer meist nicht entziffern.

Will man zu irgendeiner obskuren Seitenstraße, so sollte man besser einen in der Nähe befindlichen bekannten Ort nennen. Wats sind da recht günstig, die kennen die Fahrer meistens. Auf der ersten Seite des Buches stehen die wichtigsten Sehenswürdigkeiten Bangkoks in **Thai-Schrift**. Man kann also auf das

entsprechende Wort und die Stelle im Stadtplan zeigen.

Im Hotel

Verlässt man sein Hotel, sollte man dessen Visitenkarte in der Tasche tragen. Und die sollte natürlich in Thai sein! Ist sie nur englischsprachig, kann man einen Hotelangestellten bitten, die Adresse in Thai auf die andere Seite zu schreiben. Zudem kann man sich wichtige Hilfspunkte in der Nähe des Hotels merken, z. B. einen bekannten Wat. Von dem kann man dann zur Not zu Fuß zum Hotel finden.

Vom Hotelpersonal sollte man sich auch den Standort des Hotels in den Stadtplan einzeichnen lassen. Und ohne diesen nicht aus dem Haus gehen! Jedenfalls in den ersten Tagen nicht – danach wird man feststellen, dass die Stadt gar nicht so verwirrend ist. Kann der Taxifahrer die Anweisung zum Hotel nicht verstehen, kann man auch gemeinsam mit ihm das Hotel anrufen und sich vom Personal lotsen lassen.

Telefonieren

Wer seine Airline oder das Tourist Office anruft, wird keine Probleme haben, dort spricht man Englisch. Ansonsten könnte es schwierig werden, weil die Kommunikation per Telefon immer problematischer ist: Die hilfreiche Gestik fehlt! Bei wichtigen Anrufen am besten dem Hotelpersonal (das im Durchschnitt weit mehr Englisch versteht als der Rest der Bevölkerung) erklären, worum es geht. Dann einen Thai anrufen lassen.

1

0 ▬▬▬▬ 200 m

■ **Übernachtung**
2 Boonsiri Place
3 Royal Hotel
(Rattanakosin Hotel)

■ **Essen und Trinken**
5 Na Phra
Lan Restaurant

Wang Doem Road

Wat Arun

Chao Phraya

Tha Thien

Wat
Kanlayanamit

Maharat Road

Royal Grand
Palace ★

Tai Wang Road

Tha Rachini

Wat Po

Chetuphon Road

Soi Sethakarn

Sanamchai Road

Klong Lord

Ratchabopit Rd.

Tha
Saphan
Phut

Wat
Rajapradit

Phra-Buddha-
Yodfa-
Statue ★

Phra Buddha
Yodfa Bridge

Ban Mo Road

Pahurat Road

Atsadang Road

Rachini Road

Wat
Rajabopit

Tri Pech
Road

Sehenswertes

Bangkok bietet eine solche Vielfalt an Sehenswürdigkeiten, dass ein normaler touristischer Aufenthalt längst nicht für alles reicht. Hinzu kommt der stockende Verkehr, der den Transport zwischen den oft weit auseinander liegenden Sehenswürdigkeiten erschwert. Daher eine

Übersicht über das, was man unbedingt gesehen haben sollte:

- Wat Phra Kaeo und Royal Grand Palace
- Wat Po
- National Museum
- Wat Arun
- Wat Suthat
- Wat Rajanadta mit Amulettmarkt und Lohaprasad

1

Einkaufen
1 Pak Klong Talaat (Großmarkt)
4 Foto-Läden
6 Amulett-Markt

◆ Expressboot-Anleger

Tha Prannok

Bangkok-Noi
Bahnhof

Tha Chang

Tha
Phrachan

Chao Phraya

Königliche
Barken

Naphralan Road

6

6   6

5

Wat
Mahathat

Phra Chan Road

Thammasat-
Universität

Dept.
of Fine Arts

4

National-
theater

Phra Pinklao Bridge

i

National-
museum

M

Rachini Road

Phra Arthit Road

Wat
Phra Kaeo

Naphratad Road

Sanam Luang

National-
galerie

M

Verteidigungs-
ministerium

Lak
Muang

Ratchadamnoen Nai Road

Thorani-
Brunnen

Wat
Chanasongkhram

Kanlaja Nimit Road

Lak Muang Road

3

Ratchadamnoen Klang Rd.

Chakrapong Road

Khao San Rd.

Schweine-
Schrein

Boonsiri Road

2

■ **Wat Saket und Golden Mount**
■ **Wat Benchamabophit (Marmortempel)**
■ **Vimarnmek Palace**

Im Bereich Sanam Luang

Der Bereich um den Sanam Luang ist
der ursprüngliche Stadtkern Bangkoks,
der aufgrund seiner „Insellage" – umgeben vom Fluss und von Klongs – auch
Rattanakosin Island genannt wird. Rattanakosin ist die Bezeichnung für die
Epoche von der Gründung Bangkoks im
Jahre 1782 bis zur Gegenwart.

Derzeit sind Bestrebungen im Gange,
den **Stadtteil zu verschönern,** um so das
kulturelle Erbe Bangkoks zu würdigen,
ihn damit aber auch attraktiver für Touristen zu machen. Der Gesamtplan be-

steht aus 25 Einzelprojekten und soll 7,25 Mrd. Baht kosten. Als erstes widmet man sich den Bereichen entlang des Flusses, vom Blumen- und Obstmarkt Phak Klong Talaat bis nördlich zum Bootspier Tha Phrachan. Die **Straßenhändler** an mehreren Bootspiers entlang der Strecke mussten ihre Plätze schon räumen, darunter auch der bekannte Amulett-Markt am Wat Mahathat. Baufällige Gebäude in der Gegend werden abgerissen, um Platz für Parks oder andere erholsame Einrichtungen zu schaffen.

Sanam Luang

Der große, weite Rasenplatz diente seit je her königlichen Zeremonien. So wird hier die *ploughing ceremony* abgehalten (siehe „Feste & Feiertage"), oder am 5. Dezember 1987 erschien hier z. B. der König, um an diesem seinem 60. Geburtstag die Huldigung seines Volkes entgegenzunehmen. Zur Zeit Rama 3. hatte der Platz sogar einmal als Reisfeld gedient, damit andere Länder sähen, wie fruchtbar und reich Thailand sei.

Im Frühjahr lässt man hier heute Drachen steigen, was in Thailand nicht nur ein Spaß für Kinder ist. Besonders an Wochenenden finden sich hier Tausende von Menschen ein und halten auf dem Platz ihr Picknick ab.

Nachts dient der Sanam Luang vielen aus der Provinz Zugereisten als temporärer Schlafplatz. Unter den Tamarinden- und Jackfruit-Bäumen, die den Sanam Luang flankieren, warten abends Prostituierte auf Freier, weshalb man sie auch „Geister des Tamarinden-Baums" *(phii makhaam)* bzw. „Geister des Jackfruit-Baums" *(phii kanun)* nennt.

An der Nordostseite des Sanam Luang befindet sich der **Thorani-Brunnen.** Gemäß einer Legende vertrieb die Göttin Thorani Buddhas Feinde, indem sie sich Fluten von Wasser aus dem Haarzopf wrang. Die Figur der Göttin ist das Wappenzeichen der Democrat Party.

Um den Brunnen herum versammeln sich in jüngster Zeit einige **Künstler,** und für 100 Baht kann man sich von einem Porträtmaler zeichnen lassen.

Wat Arun

Dieser Tempel, in Thonburi gelegen, hieß zunächst Wat Makok, doch als eines Tages König *Taksin* bei Morgengrauen an dem Tempel vorbeisegelte und die im frühen Sonnenlicht strahlenden *Prangs* (Chedis im Khmer-Stil) sah, nannte er ihn „Tempel der Morgenröte" (Wat Chiang oder Wat Arun). Die Prangs sind mit Stücken farbig lackierten chinesischen Porzellans dekoriert, die das Sonnenlicht reflektieren. Der höchste Prang ist 74 m hoch und durch enge und steile Treppen zu besteigen.

Wie in vielen Tempeln in Bangkok (z.B. Wat Suthat) stehen auch hier eine Reihe chinesischer Statuen, die als Schiffsballast von China nach Thailand gebracht wurden. Die Schiffe hatten Reis nach China geliefert. Viele der Statuen zeigen Europäer in den Uniformen des 18. und 19. Jahrhunderts.

Vorsicht! Am Wat Arun treiben sich einige Ganoven herum, die unter allen möglichen Vorwänden „Spenden" für den Tempel einsammeln. Die Spenden landen natürlich in ihren Taschen.

■ **Geöffnet** tägl. 8.30–16.30 Uhr, 50 Baht.

1

Auf einem Tisch liegen Opfergaben für die Stadtgeister, darunter auch rotgefärbte Eier und Schweinsköpfe, denen man respektlos Räucherstäbchen in die Nasenlöcher gesteckt hat! Hier finden täglich kostenlose Aufführungen klassischen Thai-Tanzes statt.

◼ **Geöffnet** tägl. 6.00–17.00 Uhr, Eintritt frei.

Wat Po

Dieser Wat beherbergt den 45 m langen und 15 m hohen, mit Goldplättchen verzierten **„Liegenden Buddha"**. Die Figur zeigt Buddha in dem Moment, in dem er ins Nirvana hinübergeht. An seinen Füßen sind symbolisch die 108 Zeichen eingearbeitet, an dem man einen Buddha (= Erleuchteten) erkennen

Lak Muang

Dies ist der offielle Mittelpunkt Bangkoks, die Stelle von der aus alle Entfernungen gemessen werden und hier steht der Tempel, der den Schutzgeistern der Stadt gewidmet ist. Das Haupheiligtum ist ein Pfeiler aus dem Holz des Chaiyapruk-Baumes *(Cassia renigera),* der mit Goldplättchen beklebt und um den ein eindrucksvoller Gebetsraum eingerichtet worden ist. Hierhin kommen auch Frauen, die bisher keine Kinder haben konnten, und wer die Form des Pfeilers gesehen hat, erkennt den Zusammenhang!

⌃ Der liegende Buddha im Wat Po

⌐ Wat Arun: der „Tempel der Morgenröte"

kann. Die um den Buddha gebaute Wandelhalle ist leider recht knapp bemessen, sodass man keine gute Perspektive von der Dimension der Figur erhält.

Auf dem Tempelgelände befinden sich weitere 400 Buddhafiguren aus den verschiedensten Epochen sowie mit Porzellanstücken bedeckte Chedis. Der Tempel ist ein Zentrum der traditionellen Medizin und der Massage, und zahlreiche Masseure und Masseurinnen bieten ihre Dienste an. Die kraftvoll ausgeführten Massagen (für Ausländer 1 Std. 300 Baht, ½ Std. 180 Baht, Fußmassagen 45 Minuten 300 Baht) verursachen nicht selten zunächst einmal Schmerzen, aber danach setzt der Frischeeffekt ein. Es ist auch möglich hier an einem Massagekurs teilzunehmen (7–10 Tage, Tel. 02-2213686).

Ein zweisprachiges Schild auf dem Tempelgelände weist darauf hin, dass die Mönche nicht mit den ausländischen Touristen sprechen dürfen.

Zusammen mit Wat Phra Kaeo ist dies wohl der touristischste Wat Bangkoks. Hierher werden die Touristen busweise herangekarrt.

■ **Geöffnet** tägl. 8.30–17.00 Uhr, Eintritt 100 Baht.

Wat Phra Kaeo und Royal Grand Palace

Einer der berühmtesten Wats des Landes (und so etwas wie ein Wahrzeichen) beherbergt den *Emerald Buddha* oder „smaragdenen Buddha", der aber wahrscheinlich aus Jade besteht.

Im Jahre 1434 schlug ein Blitz in die Pagode des Wat Phra Kaeo in Chiang Rai ein und zerstörte einen Gipsbuddha. Unter dem gebrochenen Gips kam plötzlich ein grün leuchtender Buddha zum Vorschein. Der Herrscher von Chiang Mai brachte die Statue 1486 in sein Reich, und in einer Kette von Ereignissen landete der Buddha schließlich in Vientiane, wo er 215 Jahre verblieb. 1778 wurde Vientiane von der Thai-Armee eingenommen, und der Buddha kam zurück nach Thailand. Zunächst brachte man ihn nach Thonburi, später nach Bangkok in den Wat Phra Kaeo, das gleichzeitig mit der Gründung der Stadt im Jahre 1782 erbaut wurde.

Heute sitzen Dutzende oder Hunderte von Thais andächtig betend vor dem Emerald Buddha, die Füße nach Thai-Sitte zur Seite gewendet, damit die Fußsohlen respektvoll von ihm wegzeigen. Westliche Besucher sollten es ähnlich halten. Die Statue steht in einer prunkvollen Halle, hoch auf einem reich geschmückten Thron. Fotografieren ist hier streng verboten.

Die Anlagen um die Halle herum sind nicht minder interessant – da stehen furchterregende Yaks, die dämonisch aussehenden, steinernen Tempelwächter; die Chedis sind mit Kinaris oder Fabelwesen verziert, und es gibt großartige Wandmalereien zu bestaunen. Wenn jemand nur Zeit für eine einzige Sehenswürdigkeit in Thailand hätte, so sollte es Wat Phra Kaeo sein! Störend wirken leider die vielen japanischen oder anderen ostasiatischen Reisegruppen, die nichts besseres zu tun haben, als sich vor den diversen Attraktionen gegenseitig abzu-

▷ Eine Bronzefigur halb Mensch halb Reh im Wat Phra Kaeo

lichten, und andere Besucher dazu aus der „Schussbahn" zu scheuchen.

Der nebenan gelegene Königspalast – fast wirkt er bescheiden neben den anderen Anlagen – wird heute nicht mehr als Residenz für die königliche Familie genutzt, sondern nur für einige zeremonielle Ereignisse.

Leute in unpassender Kleidung (Shorts, tief ausgeschnittene Blusen etc.) werden vom Personal wieder zurückgeschickt. Die so entstandene Marktlücke hat ein Geschäft genau gegenüber dem Eingang von Wat Phra Kaeo genutzt, das lange Hosen verleiht! Gegen Vorlage des Reisepasses werden aber auch an der Eintrittskasse kostenlos Kleidungsstücke verliehen.

■ **Geöffnet** 8.30–15.30 Uhr. Eintritt 500 Baht, darin ist auch eine Eintrittskarte zum Vimarnmek Palace enthalten. **Vorsicht!** Um den Tempel herum gibt es viele Tuk-Tuk-Fahrer, die „Stadtrundfahrten für 20 Baht" oder ähnlich absurde Angebote machen (für 20 Baht können auch Thais bestenfalls einen halben Kilometer mit dem Tuk-Tuk fahren). In Wahrheit werden die Passagiere zu Läden befördert, wo der Fahrer gleich einen Benzingutschein oder etwas Geld erhält. Die Verkaufsmethoden in den Läden sind dann sehr rabiat. Außerdem laufen viele „nette Leute" herum, die einen unter allem möglichen Süßholzgeraspel ebenfalls in ein Geschäft schleppen wollen. Auf keinen Fall darauf eingehen!

■ **Fahrrad-Riksha-Touren ab Wat Phra Kaeo**
Das *Bangkok Tourist Bureau* in der Phra Arthit Road (Tel. 02-2257612-4) hat Samlor- oder Fahrrad-Riksha-Touren ins Leben gerufen, mit der Touristen die historisch bedeutsame Gegend um Wat Phra Kaeo relativ geruhsam erkunden können. Die Touren beginnen am Wat Phra Kaeo und kosten für Ausländer 50 Baht/Pers.; durchgeführt werden sie Mo–Fr 15.00–20.00 Uhr, Sa, So & Fei 10.00–20.00 Uhr. Die Fahrer, gekleidet in traditionelle blaue *mor-hom*-Hemden, haben grundlegende Englischkurse absolviert.

Wat Rajabopit

Dieser Tempel wurde 1863 von *König Chulalongkorn* nach dem Vorbild des Phra Pathom Chedi in Nakhon Pathom errichtet. So wird der Mittelpunkt wie dort von einem hohen goldenen Chedi gebildet; darin ist ein auf einer Naga sitzender Buddha aus Lopburi untergebracht.

Der Chedi wird von Tempelgebäuden mit einem zweistöckigen Dach umgeben. Besondere Aufmerksamkeit sollte den Details geschenkt werden; Türen

1

und Fenster sind mit Perlmutt-Arbeiten besetzt, Wände und Säulen mit bunten Kacheln bedeckt. Auf der der Atsadang Road zugewandten Seite des Tempelgeländes ist ein kleiner Friedhof mit eng aneinandergereihten Gräbern angelegt. Man beachte auch die hölzernen Eingangstüren in den eingearbeiteten Tempelwächtern, die Soldaten des 19. Jhs. nachempfunden scheinen.

■ **Geöffnet** tägl. 9.00–17.00 Uhr; Eintritt frei.

Royal Barges

Die „königlichen Barken" sind in einem Bootsschuppen nahe der Phra-Pinklao-Brücke auf der Thonburi-Seite untergebracht. Die großartig gearbeiteten Barken, die zu festlichen Anlässen benutzt wurden, kamen zuletzt 1999 aus Anlass des „Sechsten Lebenszyklus" von *König Bhumipol* (6 mal 12 Jahre) zum Einsatz. In einer besonders feierlichen Zeremonie wurden 52 Barken von 2082 in traditionelle Gewänder gekleideten Bootsleuten den Fluss hinabgerudert. Das Ganze wurde begleitet von sonorem, lautsprecherverstärktem Priestergesang und am Flussufer sahen Zigtausenden von Menschen zu, die meisten mit gelben Hemden bekleidet. Gelb ist traditionell die Farbe, die den Montag symbolisiert, der Tag, an dem der König geboren wurde.

Die wichtigste Barke, in der die Könige zu sitzen pflegen, ist der Suwannahongse (das End-s wird nicht gesprochen), der „Goldene Schwan". Auf diesem ist eine Art goldener Pavillon errichtet. Eine weitere prächtige Barke ist die Anantanagaraja („Unendlicher Schlangenkönig"), dessen Bug wie eine

siebenköpfige Schlange geformt ist. Diese Barke stammt aus dem Jahre 1914; das Original wurde während der Regierungszeit von *König Rama 4.* (1851–68) gebaut.

Den Schuppen mit den Barken erreicht man mit dem Express-Boot; aussteigen am Pier nahe der Thonburi Station (Bangkok Noi Stn.), dann links der Gleise 200 m geradeaus gehen, danach rechts über eine Klong-Brücke.

■ **Geöffnet** Mo–Sa 9.00–17.00 Uhr, Eintritt 100 Baht, Fotoerlaubnis weitere 100 Baht.

Thammasat-Universität

Hier begann der blutige Aufstand von 1976, und die Universität gilt als die Hochburg linksgerichteter Intellektueller. Staatsstreiche oder versuchte Staatsstreiche – und derer gab es im letzten halben Jahrhundert mehr als ein Dutzend – kündigten sich häufig durch aufgeregte Studentenversammlungen an, was der Uni den Ruf einbrachte, die Nase immer im (politischen) Wind zu haben.

Viele Reisende dürften sich aber mehr für die Uni-Kantine interessieren, die jedermann zugänglich ist und die gutes und preiswertes Essen serviert.

Nationalmuseum

Auf dem Gelände des Museums hat einst der Palast des „stellvertretenden" oder „zweiten" Königs gestanden. Diese wohl einmalige Einrichtung geht auf eine Gepflogenheit aus der Zeit Ayutthayas zurück. Teile des Palastes sind noch erhal-

Bangkok

ten. Am Eingang des Geländes steht Wat Buddhaisawan, ein Tempel vom Ende des 18. Jahrhunderts. (Schuhe, die ordnungsgemäß vor dem Tempel ausgezogen wurden, werden häufig gestohlen. Also besser in eine Umhängetasche stecken!)

Das Nationalmuseum ist das größte Museum Südostasiens und der beste Ort, einen Gesamteinblick in thailändische Geschichte und Kultur zu erhalten. Die Exponate umfassen alle kulturellen Epochen des Landes, von Dvaravati bis Rattanakosin. Außerdem sind zahlreiche noch ältere Funde zu sehen, z. B. aus den ersten Jahrhunderten unserer Zeitrechnung, als weite Teile Südostasiens unter indischem Einfluss standen. Einige Ausstellungsstücke sind gar römischen Ursprungs.

■ **Geöffnet** Mi–So außer an Nationalfeiertagen 9.00–16.00 Uhr; Eintritt 50 Baht. Donnerstags finden um 9.30 Uhr kostenlose Führungen in Deutsch statt. Englische Führungen gibt es mittwochs (Buddhismus) und donnerstags (thailändische Kunst, Religion und Kultur) ebenfalls um 9.30 Uhr. Informationen unter Tel. 02-2158173 und 02-2241370.

Wat Mahathat

Dieser Tempel wurde während der Ayutthaya-Periode gebaut und später von Rama 1. und Rama 4. restauriert. Hier ist ein Zentrum der Mahanikai-Sekte des Buddhismus, und an buddhistischen Feiertagen wird ein Markt abgehalten, auf dem es traditionelle Arzneien zu kaufen gibt. In Section 5 des Tempels befindet sich ein Meditationszentrum, das nach Voranmeldung auch Ausländer

aufnimmt. Am Tempel befindet sich ein gut gehender Markt, in dem Buddha-Amulette verkauft werden. Die teuersten Exemplare können Hunderttausende von Baht kosten.

■ **Geöffnet** tägl. 9.00–19.00 Uhr, Eintritt frei.

Im Bereich Giant Swing

Wat Suthat

Dies ist ein relativ wenig besuchter Wat, doch einer der schönsten. Um eine große Wandelhalle thronen Dutzende von Buddhas, und das Gelände ist mit vielen Statuen übersät, die meisten davon aus China. Die kleine parkähnliche Anlage rund um den Tempel lädt zur Erholung ein. Der Bau des Tempels wurde von Rama 1. begonnen und von Rama 3. vollendet.

An der Ostseite von Wat Suthat in der Unakan Road befindet sich ein kleiner Hindu Tempel, **Vishnu Mandir,** der aus den 1960er Jahren stammt und von indischen Priestern instand gehalten wird.

■ Der Wat ist **unregelmäßig geöffnet,** etwa 8.30–21.00 Uhr; Eintritt 20 Baht.

Giant Swing

Zwischen Wat Suthat und dem massiven weißen Gebäude des Rathauses befindet sich die leuchtendrot gestrichene Giant Swing oder **„große Schaukel"** *(sao ching-chaa).* Hier fanden früher vom Brahmanismus geprägte **Feste** zu Ehren des Hindu-Gottes Shiva statt.

1

Giant Swing und Umgebung

© REISE KNOW-HOW 2013
0 ———— 200 m
THAI007

■ Übernachtung	■ Essen und Trinken	5 Sorn Daeng
3 The Bhutorn	2 Raan Chika-Chaa	Restaurant
	4 Restaurants,	8 Thipsamai Restaurant
	Essensstände	

Khao San Road

Democracy Monument (Anusaweri Pracha Thipatai)
Rajdamnoen Road
Rama 3. Memorial Park

14 October Memorial ★
Tanao Road
Klong
Rattanakosin Exhibition Hall Ⓜ
Wat Saket (Golden Mount)

Wat Mahanopp ★
Dinso Rd.
Wat Ratchanadta 7
Mahachai Road

Sanjao Por Sua (chin. Tempel) ★
Rathaus
Wat Theptidaram ★

Mahanopp Rd.
Vorplatz

SOI PHRAENG PHUTON 2
Bot Phram (Brahmanen-Tempel)
Buddha-Fabrik ●

Bamrung Muang Road

Sao Ching-Chaa (Giant Swing) ★
Vishnu Mandir
Polizei

Wat Suthat ★

Thong Road
Dev Mandir Tempel

9

Einkaufen/Sonstiges
1 Musikinstrumenteladen
6 Thai-Bharata Library
7 Amulett-Markt
9 Pokalgeschäfte

Sammeltaxis nach Kanchanaburi ✕
Romanni-Nart-Park
Prison Museum Ⓜ

Pahurat

Neben der Schaukel befand sich ein 25 m hoher Pfahl, an dem ein Beutel mit Geld befestigt war. Die Teilnehmer des Festes mussten sich hochschaukeln und versuchen, den Geldbeutel mit dem Mund vom Pfahle zu klauben. Wie nicht anders zu erwarten, kamen viele der Teilnehmer dabei ums Leben. Aus diesem Grund wurde das Fest 1935 verboten.

Die heute an dieser Stelle befindliche Schaukel ist nur eine **originalgetreue Kopie,** die im Lauf der Jahre auch schon etwas morsch geworden war. Deshalb wurde sie zunächst renoviert, und im Jahre 2004 dann gänzlich durch ein neues Exemplar ersetzt. Da die beiden Pfeiler jeweils aus einem einzigen Baumstamm zu bestehen haben, war die Beschaffung des Holzes nicht einfach.

Bot Phram

Etwa 50 m nordwestlich von Wat Suthat, in der Ban Dinso Road, befindet sich Bot Phram, ein Tempel der **Thai-Brahmanen.** Diese Brahmanen stammten eigentlich aus Südindien, kamen dann über Angkor in Kambodscha nach Thailand und sind bis heute für alle religiösen Zeremonien am Königshofe verantwortlich. Die Thai-Brahmanen haben im Laufe der Zeit ihr indisches Aussehen verloren, kleiden sich aber mit indischen Wickelgewändern *(dhoti),* tragen einen Haarknoten und sind traditionell Vegetarier – die sechs verbliebenen Priester werden aber gelegentlich an den Fleisch verkaufenden Essensständen in der Nachbarschaft gesehen.

Auf dem Tempelgelände stehen mehrere Gebäude, in denen sich Figuren von Hindugöttern befinden, u. a. auch *Shiva-Lingams,* die phallischen Symbole des Gottes Shiva. Nach Absprache mit den Brahmanen kann man die Gebäude besichtigen.

In der Gasse hinter dem Brahmanen-Tempel (Westseite) befindet sich eine größere **Fabrik für Buddha-Statuen.** Hier kann man den Arbeitern gerne über die Schulter sehen; überall stehen Buddha-Statuen verschiedener Größenordnung und in unterschiedlichen Fertigungsstadien herum. Sie werden zusammen mit anderen buddhistischen Devotionalien in vielen Geschäften an der nahen Bamrung Muang Road verkauft.

■ **Unregelmäßige Öffnungszeiten,** Eintritt frei.

Das besondere Viertel: Soi Phraeng Phuton

Ein paar hundert Meter westlich von Sao-Ching-Chaa, zwischen Thanon Tanao und Atsadang Rd., befindet sich das kleine Viertel um Soi Phraeng Phuton, das aus zahlreichen **kleinen alten chinesischen Wohn- und Geschäftshäusern** besteht. Die Bewohner sind stolz auf ihre Viertel und sichtlich bemüht, seinen altertümlichen Charme so gut wie möglich zu erhalten. Eine Gasse weiter nördlich, in Soi Phraeng Nara, befindet sich ein ehemaliger kleiner **Palast von König Rama 5.** Das grüne, schrullig wirkende Gebäude, das so gar nicht in das Stadtbild des heutigen Bangkok passen will, beherbergt heute eine Schule. In Soi Phraeng Phuton sieht man passenderweise auch eine Sammlung von **Oldtimer-Autos;** diese werden hier von einer Werkstatt wieder hergerichtet. Ein paar alte Karossen parken hier zu jeder Zeit. Ein Spaziergang durch die Gassen um Soi Phuton Phraeng ist wie ein Gang in ein Bangkok vergangener Tage.

Einen Besuch wert ist vielleicht auch das kleine Restaurant *Chote Chitr* (146 Soi Phraeng Phuton, Thanon Tanao, Tel. 02-2214082, Mo–Sa. 11–21 Uhr). Das Haus befindet sich seit über 100 Jahren im Besitz derselben Familie und ist, bzw. war, lange eine Legende in Sachen Thai-Küche. Heute beschweren sich viele Besucher über rüden Service, man sei also gewarnt. An einem guten Tag ist das Essen jedoch hervorragend. Ein paar Meter weiter westlich befindet sich *The BhuthornLLL,* ein winziges Boutique-Hotel, das von einem Architektenehepaar in einem der alten Häuser eingerichtet worden ist (96–98 Soi Phraeng Phuton, Tel. 02-6222270, 085-1807100, www.thebhu torn.com). Es gibt nur 3 Zimmer, die aber sind standesgemäß eingerichtet wie das Haus eines Feudalherren des 19. Jhs. Origineller kann man in Bangkok kaum wohnen. Preise ab ca. 4000 Baht. Etwas weiter südwestlich, mit Blick auf den romantischen, wenn auch etwas reinigungsbedürftigen Klong Lod, betreibt dasselbe Ehepaar das ähnlich gelagerte *The AsadangLLL* (94/1 Atsadang Rd., Tel. 085-1807100, www.theasadang.com).

Wer eine Erfrischung benötigt ist gut im *Chika-Chaa* aufgehoben, einem gemütlichen kleinen Café an der Ecke Thanon Tanao/Soi Phraeng Phuton (Schild nur auf Thai; geöffnet Mo–Fr 8.15–15.15 Uhr). Die Besitzerin ist supernett, serviert Kaffee und Tee zu Niedrigpreisen, und von dem offenen kleinen Lokal

1

lässt sich gut das Straßengeschehen überblicken.

Wat Saket (Golden Mount)

Schon vor der Gründung Bangkoks hatte an dieser Stelle ein Tempel gestanden, der eigentliche Wat Saket wurde aber von Rama 1. erbaut und ist somit einer der ältesten der Stadt.

Als im Jahre 1782 der Heerführer *Chao Phraya Mahakasatsuk* nach längerer Abwesenheit in die Stadt zurück-kehrte, wählte er diesen Tempel für die **Zeremonie des Haarewaschens,** die heimkehrende Soldaten laut Tradition durchführten. Von da an wurde der Tempel *Wat Saket* genannt, von *Sa* (waschen) und *Ket* (Haar). Die Thais sprechen *Ket* eher „Kes" aus).

Der Tempel wurde auf einem aufgeschütteten Hügel errichtet, da der Boden immer wieder absank. Auf diese Erhebung wurde ein **goldener Chedi** gesetzt, der dem Hügel den Namen gab. Der Chedi enthält Relikte des Buddha, die die Britische Regierung Indiens 1899

König *Chulalongkorn* überlassen hatte. Die goldene Kuppel des Chedi ist am Spätnachmittag der Traum eines jeden Fotografen (am fotogensten von Rajdamnoen).

Die Plattform um den Chedi kann bestiegen werden (20 Baht), von dort ergibt sich ein ausgezeichneter **Ausblick auf Bangkok.**

Das Gelände um Wat Saket wurde bis ins letzte Jahrhundert als Exekutionshof genutzt, auf dem Verbrecher öffentlich hingerichtet, zerhackt und den Geiern zum Fraß vorgeworfen wurden. Jedes

Jahr im November findet auf dem Tempelgelände ein vielbesuchter **Jahrmarkt** statt, mit Essensständen, Schaustellern, Magiern u. Ä.

■ Der Eintritt zu Wat Saket ist frei; **geöffnet** etwa 7.30–17.00 Uhr.

Amulettmarkt

Bangkoks berühmtester Amulettmarkt liegt am **Wat Ratchanatda,** gegenüber Wat Saket (Ecke Rajdamnoen/Mahachai Road). Hier werden kleine Anhänger verkauft, denen man nachsagt, dass sie wundersame Dinge vollbringen. Bestimmte Amulette sollen jeweils eine bestimmte Art von Schutz herbeizaubern können. Besonders beliebt sind Amulette, die den Träger so unverwundbar machen, dass ihm weder Messer noch Kugeln etwas anhaben können. Buddhastatuen und allerlei religiöses Zubehör werden hier ebenfalls verkauft.

Das auffallendste bauliche Merkmal von Wat Rachanatda ist jedoch der **Lohaprasad** oder „Eisenturm", ein 33½ m hohes Steingebäude, das unter Rama 3. errichtet wurde. Es wurde einem Tempel aus dem 2. Jh. auf Sri Lanka nachempfunden und ist vom Stil her für Thailand einmalig. Das etwas klobig wirkende Gebäude ist mit zahlreichen kleinen Eisentürmen versehen – daher sein Name – und neben den eleganten Tempelbauten im Thai-Stil wirkt es fast deplatziert, bizarr. Irgendwie sieht es aus wie ein gigantischer Geburtstagskuchen!

055h at

◁ Mönch am Goldenen Chedi des Wat Saket

`1`

An der Nordseite der Tempelanlage befindet sich der hübsche kleine **Rama 3. Memorial Park,** der erst im Jahr 1990 angelegt wurde. Dieser beherbergt eine überlebensgroße Statue des Monarchen, einen filigran verzierten Pavillon und einige Sitzbänke für die Rast. Der Ausblick von hier, auf Wat Saket und Wat Rachanatda, ist sicher einer der fotogensten der Stadt. An der Stelle des Parks hatte sich zuvor das traditionsreiche Chaloerm Thai Cinema befunden, ehemals ein bekanntes Theaterhaus, das unter zahlreichen Bürgerprotesten abgerissen wurde.

Wat Theptidaram

Genau an der anderen Seite von Wat Rachanatda, der Südseite, steht ein weiterer Tempel, Wat Theptidaram. Darin befindet sich ein winziges, unausgeschildertes **Museum,** das *Sunthorn Phu* (1786–1855), Thailands berühmtestem Dichter, gewidmet ist. *Sunthorn Phu* hatte einige Zeit als Mönch in diesem Tempel zugebracht – andere Lebensphasen verbrachte der Exzentriker dagegen in Zecherei und Frohsinn. Das Museum besteht nur aus der *Kuti* oder Mönchsunterkunft, die der Dichter seinerzeit bewohnt hat. Darin sind einige seiner Utensilien ausgestellt. Der Raum ist normalerweise verschlossen, und man sollte einen der Mönche bitten, hineinsehen zu dürfen.

Rattanakosin Exhibition Hall

Dieses neue (2010), von der Königsfamilie ins Leben gerufene Museum widmet sich der **Geschichte des alten Bangko-** ker Stadtkerns, auch „**Rattanakosin Island**" genannt. Es befindet sich in einem großen, gelben Gebäude am Rajdamnoen, rechts neben dem Rama 3. Park (www.nitasrattanakosin.com). In sehenswerten Multimedia-Shows wird die Geschichte des alten Bangkoks zum Leben erweckt, dazu gibt es Ausstellungsstücke zum thailändischen Tanz und Theater, sowie Miniaturnachbildungen von Wat Phra Kaeo und dem Royal Grand Palace.

■ **Geöffnet** Mo–Fr 11.00–20.00 Uhr, Sa–So 10.00–20.00 Uhr; Eintritt 100 Baht.

In anderen Stadtteilen

Marmortempel (Wat Benchamabophit)

Dieser Tempel besteht, wie der Name treffend angibt, zu großen Teilen aus italienischem Carrara-Marmor und ist sicher einer der schönsten Tempel Bangkoks. Der Thai-Name bedeutet „Fünf Prinzen" und bezieht sich auf einen alten Tempel, der einst an dieser Stelle gestanden und fünf Chedis besessen hatte. 1899 ließ König *Chulalongkorn* diese, die zu einem größeren Tempelkomplex gehörten, abreißen, um Platz für eine Palasterweiterung zu schaffen. Dafür ließ er Wat Benchamabopit errichten, womit er den Prinzen *Narisaranuwatiwongse,* kurz *Naris* genannt, beauftragte. Das Ergebnis war eine wunderschöne Konstruktion mit harmonisch ineinander verschachtelten, eleganten Dächern, die

▷ Junge Mönche in Wat Benchamabophit

mit gelben Ziegeln gedeckt wurden. Im Inneren des Tempels befindet sich eine Nachbildung des Phra Buddha Chinnarat, einer hochverehrten Buddha-Figur aus Phitsanulok.

■ **Geöffnet** täglich 6.00–18.00 Uhr.

Vimarnmek Palace

Ende des 19. Jahrhunderts hatte König *Chulalongkorn* einen Palastbau auf der Insel Ko Si Chang nahe Si Ratcha in Auftrag gegeben. Schon kurz nach Baubeginn wurde das Vorhaben jedoch aufgrund politischer Spannungen mit Frankreich aufgegeben. Im Jahre 1901 stattete Chulalongkorn der Insel einen erneuten Besuch ab und beschloss, den begonnenen Palast nach Bangkok transportieren und dort weiterbauen zu lassen. Der verantwortliche Architekt sollte wiederum Prinz *Narisaranuwatiwongse* sein, der bis heute als Vater der thailändischen Architektur gilt. Aus ungeklär-

ten Gründen wurde die Arbeit später einem deutschen Architekten namens *Sandreczki* übertragen.

Es entstand ein L-förmiger Prachtbau mit 81 Zimmern, gefertigt aus dem heute raren goldfarbenen Teakholz. Der Vimarnmek Palace ist die weltgrößte Teakholzkonstruktion.

Heute ist der Palast ein Museum, in dem ein wunderbares Sammelsurium von Objekten zu bewundern ist; darunter sind auch Souvenirs, die der König von seinen Auslandsreisen mitgebracht hat, und die Räumlichkeiten selber sind von betörender „thai-viktorianischer" Eleganz.

Der Palast hat übrigens noch einen weiteren Superlativ aufzuweisen: So besaß das Badezimmer des Königs die erste Dusche Thailands. Bedienstete mussten Wasser in einen Tank gießen, von dem aus es hinab durch den Duschkopf floss.

■ **Geöffnet** tägl. 9.30–16.00 Uhr; Eintritt 100 Baht; beim Besuch des Royal Grand Palace/Wat Phra Kaeo erhält man eine Freikarte für den Palast.

359th rk

Chitlada-Palast

Der Palast König *Bhumipols* und seiner Familie befindet sich auf einem fast quadratisch angelegten, weitläufigen Gelände von ca. 1 km² im Stadtteil Dusit. Der Palast liegt hinter Bäumen versteckt und kann nicht eingesehen werden, auch sind Besucher in der Regel nicht erlaubt. Eine Ausnahme besteht zum Geburtstag des Königs (5. Dezember), wenn Tausende von Thais zum Palast strömen, ihrem Herrscher ihre Aufwartung zu machen. Westliche Besucher sind zwar unüblich, werden aber nicht abgewiesen.

Auf dem Palastgelände werden auch Forschungsprojekte betrieben, und von außen sieht man einige Nutzgebäude, die wohl solchen Zwecken dienen.

Der Palast ist von einem Wassergraben umgeben, an dessen Eckpunkten sich Wachposten befinden.

Wat Bowornivet

Der Tempel wurde von Rama 3. begründet, diente seinem Sohn König *Monkut* als Ort der Sammlung und ist das Zentrum der von *Mongkut* begründeten strengen Thammayut-Sekte des Buddhismus. Der Tempel war von Anfang an mit der Chakri-Dynastie verbunden, und König *Bhumipol* verbrachte die Fastenperiode des Jahres 1956 als Mönch in Bowornivet. Vor ihm hatten schon sein Urgroßvater König *Mongkut* und sein Großvater König *Chulalongkorn* eine Zeit als Mönch in dem Tempel verbracht.

■ **Geöffnet** tägl. 9.00–17.00 Uhr, Eintritt frei.

Wat Indraviharn

Am Nordrand von Banglamphoo, an der Visutkasat Road, überragt der 41 m hohe Stehende Buddha von Wat Indraviharn die Szenerie. 1867 hatte ein Mönch mit der Konstruktion der riesenhaften Figur begonnen, wobei er als Stütze 16 Teakholzstämme verwendete, die mit Stein ummauert wurden. Nachdem das Projekt etliche Male zum Stillstand gekommen war, wurde die Figur 1967 endlich fertiggestellt – lange nach dem Tod des so baufreudigen Mönches. Zur 200-Jahr-Feier Bangkoks im Jahre 1982 wurde die Statue mit einer Goldschicht überzogen. Im überdimensionalen Haarknoten der Figur befindet sich angeblich ein Teil der Asche Buddhas, die 1978 von Mönchen aus Sri Lanka herbeigeschafft wurde.

Aufgrund der nahe dem Tempel verlaufenden Zubringer zur Rama 8. Bridge ist das Ambiente der Gegend mittlerweile stark gestört. Um die Visutkasat Road nahe dem Tempel treiben sich viele Tuk-Tuk-Fahrer herum, die Touristen zu Geschäften oder andern Orten schleppen wollen. Auf jeden Fall ablehnen!

■ **Geöffnet** tägl. 8.30–20.00 Uhr, Eintritt frei.

Phallus-Schrein

Auf dem Gelände des Nai Lert Park Hotels (vormals Hilton; Wireless Road oder auf Thai *Thanon Witthayu*) am Klong Saen Sap befindet sich ein merkwürdiger Schrein, der aus Hunderten von Phalli unterschiedlichster Größe besteht. Der Schrein ist der Göttin *Chao Mae Tabtim* geweiht, und die Phalli (in Indien würde man sie *lingam* nennen) sind Opfergaben an die Göttin. Niemand weiß, warum gerade diese Form der Opfergabe gewählt wurde. Sicher ist, dass die Gläubigen Chao Mae Tabtim allerlei Wundertaten zutrauen. Dazu gehört das Fruchtbarmachen von bisher kinderlosen Frauen (das könnte die Phalli erklären), aber auch das Glücksbringen im Allgemeinen. Eine Verbindung zum hinduistischen Shiva-Kult mit dem Phallussymbol *lingam* ist nicht auszuschließen. BTS-Station Chitlom oder Ploenchit.

Suan Pakkard Palace

Dieser „Palast im Kohlgarten" – so lautet die Übersetzung – ist eine Ansammlung aus sechs traditionellen Thai-Häusern samt einem wunderschönen Pavillon, die 1952 von *Prinz Chumbhot* von Nakhon Sawan und seiner Frau als Privatresidenz errichtet wurde. Die hölzernen Bauteile dazu sind aber noch mindestens ein Jahrhundert älter und dienten Vorfahren des Prinzen als Wohnsitz. Thai-Häuser wurden früher so angelegt, dass sie leicht transportabel waren.

Die Häuser, denen auch eine neu hinzugebaute Kunstgalerie angeschlossen ist, dienen heute als Museum. Das Museum besitzt eine sehr vielfältige Sammlung von Exponaten. Zu sehen sind Fotos der königlichen Familie (zumeist aus dem 20. Jh.), sitzende Buddha-Figuren (13./14. Jh.), ein Torso der Hindu-Göttin Uma aus dem 7. Jh. (von der Prinzessin selbst nahe der kambodschanischen Grenze entdeckt), religiöse Texte, Betelgefäße, Urnen u. v. m. In der angeschlossenen Kunstgalerie werden die Werke zeitgenössischer thailändischer Künstler ausgestellt. Mit seiner Vielfalt an Aus-

stellungsstücken und seiner idyllischen Lage mitten im chaotischen Herzen von Bangkok ist die Anlage sicher einen Besuch wert. Sie befindet sich an der Südseite der Sri Ayutthaya Road, am Nordrand des Stadtteils Pratunam. Vom weithin sichtbaren Baiyoke 2 Tower ist es nur ein kurzer Fußweg dorthin.

● **Geöffnet** Mo–Sa 9.00–16.00 Uhr, außer an Feiertagen; Eintritt 100 Baht, www.suanpakkad.com.

Wat Chakrawat

An der Chakrawat Road, etwa zwischen dem indischen Viertel Pahurat und Chinatown liegt Wat Chakrawat, ein Tempel aus dem 17. Jahrhundert, der zunächst Wat Samphlum hieß – „Der Tempel der drei Freuden". Damit waren die drei Grundpfeiler des Buddhismus gemeint: der Buddha, der Mönchsstand und Dhamma, das religiöse Gesetz. Ende des 18. Jahrhunderts wurde der Wat von einem ehemaligen Adligen erneuert, der kurz zuvor ohne ersichtlichen Grund aus dem Adelsstand enthoben worden war, und der sich nun mit aller Energie der Religion zuwandte. Nach einigen Jahren wurde er in den Adelsstand zurückberufen, und sein Sohn setzte die Tempelrenovierung fort. Im Jahre 1849 wurde der Tempel in Wat Chakrawat umbenannt, „Der Tempel des großen Führers", eine Hommage an König Rama 1.

Wat Chakrawat ist heute ein wunderbar ruhiger Tempel, inmitten eines der geschäftigsten Viertel der Stadt. Sein heiligster Aspekt ist ein Schatten des Buddhas, den der Erleuchtete bei einer seiner astralen Reisen auf einer Felswand hinterlassen haben soll. An diesem

Wat Kanikaphon – ohne Hurerei, kein Tempel

Eine kleine Besonderheit unter Bangkoks Tempeln ist Wat Kanikaphon, wörtlich **„Der Tempel, der aus Hurenlohn erbaut wurde".** Er befindet sich in der Maitrichit Road in Chinatown, schräg gegenüber einer Polizeiwache.

Wat Kanikaphon wurde Ende des 19. Jh. von der aus China stammenden Prostituierten *Yai Fang* erbaut, die damit für ihre „Sünden" Abbitte leisten wollte. Zu jener Zeit war Chinatown voll von Bordellen, die vor allem die chinesischen Männer bedienten, die ohne ihre Familien ins damalige Siam ausgewandert waren. Nicht weniger Bordelle gab es in den angrenzenden oder nahen Stadtbezirken Sam Yot, Sao-Ching-Chaa, Banglamphoo und Bang Khun Phrom. In Pratunam paddelten Prostituierte auf Booten einher und suchten sich ihre Kunden. Es bedarf nicht viel historischer Recherche, um zu dem Ergebnis zu gelangen, dass Prostitution in Thailand beileibe nicht erst durch den Tourismus oder durch die im Vietnam-Krieg stationierten GIs entstanden ist. Bangkok war schon im 19. und frühen 20. Jh. ein Paradies für lustwandelnde Männer.

Noch heute wird Wat Kanikaphon von Prostituierten aufgesucht, die in den Billigbordellen des nahegelegenen Circle of 22nd July oder in anderen Bordellen der Umgebung ihren Dienst tun. Der Wat unterscheidet sich optisch nicht von Abertausenden von Wats in Thailand – besonderes zu Sehen gibt es nicht – als historisches Monument ist er jedoch eine kleine Besonderheit.

■ **Anfahrt:** MRT Hualamphong.

Schatten wurde ein kleiner Schrein errichtet, an dem die Thais beten und Opfergaben ablegen.

In einer anderen Ecke des Geländes befindet sich ein Krokodilsteich, an dessen Seite ein Glaskasten mit einem ausgestopften Krokodil zu sehen ist. Dieses war einäugig und irgendwann in den 1930er Jahren von jemandem zum Tempel gebracht worden. Der Abt nahm das Tier auf und brachte es in einem Teich unter. Die Geschichte des einäugigen Krokodils machte die Runde, und nun brachten auch andere Leute Krokodile zum Tempel, die der Abt ebenfalls aufnahm. Das aber bedeutete den Tod des einäugigen Krokodils, das in einem Kampf mit einem Rivalen starb. Heute leben nur einige kleinere Krokodile in dem Teich, die sich aber nur selten über der Wasseroberfläche sehen lassen.

■ **Geöffnet** tägl. 8.00–18.00 Uhr, Eintritt frei.

Wat Prayunwong

Dieser Tempel mit einer interessanten Vorgeschichte steht in Thonburi, etwas westlich der Memorial Bridge *(sapan phut)*. Der Legende nach soll Rama 3. eines Nachts bei Kerzenschein gelesen haben, als sein Berater bemerkte, dass sich das geschmolzene Wachs zu einem bizarren Klumpen geformt hatte. Man beschloss, ein Wat in der Form dieses

Bangkok

Wachsklumpens zu bauen. Dieser Hügel ist heute am Wat Prayunwong zu bewundern, und darauf befinden sich kleine Häuschen, in denen die Asche von Verstorbenen aufbewahrt wird.

■ **Geöffnet** 9.00–17.00 Uhr, Eintritt frei.

Wat Kanlayanimit

Läuft man von Wat Prayunwong weiter in nordwestlicher Richtung, sieht man die **Santa-Cruz-Kirche** aus dem 18. Jh., die von einer idyllischen, von Christen gegründeten Wohnkolonie umgeben ist. Daran schließt sich einige Fußminuten weiter nordwestlich Wat Kanlayanimit an, einer der vielen Tempel, die von Rama 3. begründet wurden. Sein auffallendstes Merkmal ist die enorm hohe Vihara, in der sich eine massive, riesige Buddha-Figur befindet. Auf dem Tempelgelände ist eine Bronzeglocke aufgestellt, die größte Thailands, die in den 1920er Jahren in Japan gegossen wurde.

Wat Paknam Phasi Charoen

Ebenfalls in Thonburi befindet sich der ruhige Wat Paknam, in dessen Gebetsraum eine Figur des Watgründers, *Luang Pho Sod Chandasaro* (1883–1959), steht. Dieser war der Begründer der derzeit umstrittenen Dhammakaya-Sekte, die nördlich von Bangkok, in Nonthaburi, einen gigantischen Tempel unterhält. Das Hauptgebäude sieht etwa aus wie ein riesiges UFO und hat 30 Mrd. Baht gekostet. Der Tempel wird aufgrund seines ostentativen Materialismus häufig kriti-

siert. In Wat Paknam geht es aber beschaulich und bieder zu.

Die Figur des ehemaliges Abtes von Wat Paknam thront auf einem Altar, vor dem die Gläubigen beten. Dem Wat, der als einer der wichtigsten Meditations-Wats gilt, ist ein prächtiges Wohngebäude für die dort lebenden Mönche angeschlossen. Das Gebäude ist aus poliertem Teakholz und erinnert an die Architektur des Nordens. Ein dahinter gelegenes Wohngebäude für die ansässigen Nonnen ist weitaus schlichter.

Der Wat liegt nahe der Endstation des Busses Nr. 4 in Thonburi. Von der Haltestelle etwa 200 m nach rechts gehen (entweder am Klong entlang oder durch die kleine Straße rechts). Bus Nr. 4 lässt sich z. B. ab Kreuzung Soi Ngam Duphli/Rama 4 nehmen (in westl. Richtung) oder von der Chrakrawat Road im Norden von Pahurat (dann südl. Richtung).

Wat Nang Chi

Geht man von der Endstation des Busses Nr. 4 etwa 100 m zurück (aus Fahrtrichtung des Busses gesehen), überquert die Hauptstraße und geht an der anderen Seite derselben die kleine Straße entlang, kommt man zu Wat Nang Chi (nach dem Wat fragen, er liegt etwas verborgen). In einer Ecke der Mauer, die den Wat umgibt, befindet sich ein gläserner Sarg mit der Mumie einer verehrten Nonne. Während oder nach der Regenzeit liegt diese Ecke des Tempels meist unter Wasser.

Von diesem Wat bietet sich noch ein **kleiner Ausflug** an: Geht man den kleinen Weg weiter, der direkt hinter dem Sarg mit der Mumie abzweigt, auf dem

`1`

man einen Klong überquert, landet man urplötzlich in einer Ko Samui ähnlichen Landschaft. Palmen, Palmen und ländliche Idylle! Man glaubt kaum, sich noch mitten in Bangkok zu befinden! In der herrlichen Landschaft liegt auch ein kleiner **Privatzoo,** und meistens wird man von Einheimischem angesprochen, die einen dahin führen wollen. Der Zoo zeigt u. a. Elefanten und Schlangen. Der Eintrittspreis beruht allerdings mehr oder weniger auf Verhandlungen. Der Handel beginnt so etwa bei 100 Baht, was aber zuviel des Guten ist. 30–50 Baht pro Person sind okay.

Wat Trimit (Wat Traimit)

Dieser Wat an der Trimit Road in Chinatown (MRT Hualamphong) beherbergt den berühmten **„Goldenen Buddha",** eine 3 m hohe Buddha-Statue aus 5,5 Tonnen Gold. Verschiedenen Quellen zufolge besteht der Buddha entweder aus reinem Gold oder aus 75 % Gold. Die Figur wurde erst 1955 entdeckt, als man einen vermeintlichen Gipsbuddha mit dem Kran transportieren wollte. Der Buddha löste sich, fiel runter und unter der Gipsschicht kam der wahre Buddha zum Vorschein. Es wird angenommen, dass die Gipsschicht dazu diente, den Buddha vor feindlichen Armeen zu tarnen. Seine Entstehungsgeschichte ist unbekannt, wahrscheinlich stammt er aus der Ayutthaya-Periode (1361–1767). 2010 wurde ein neues prächtiges Gebäude eröffnet, das **Phra Maha Mondop,** in dessen höchstem (4.) Stockwerk der Buddha nun untergebracht ist. Im 2. Stock befindet sich das **Yaowarat Heritage Museum,** das sich mit der Geschichte der chinesischen Einwanderer Bangkoks befasst.

■ **Geöffnet** 8.00–17.00 Uhr, Eintritt 100 Baht.

Jim Thompson House

Der Amerikaner *Jim Thompson* hat sich nach dem 2. Weltkrieg um die thailändische Seidenindustrie verdient gemacht. Durch seine Anstrengungen erlebte die Seidenweberei eine unerwartete Renaissance, und allein ihm ist es wohl zu verdanken, dass das Handwerk heute noch nicht ausgestorben ist. 1967 verschwand er bei einem Spaziergang spurlos in den

▽ Touristin vor goldenem Buddha im Wat Trimit

Cameron Highlands von Malaysia, und bis heute ist sein Verschwinden eines der asiatischen Mysterien des 20. Jh. Einer Theorie nach wurde er von einem Tiger gefressen, einer anderen zufolge war er ein Spion, der umgebracht wurde.

In dem in traditioneller Bauweise errichteten Haus sind Kunstschätze zu sehen, die *Thompson* zusammengetragen hatte, aber auch das Haus allein ist schon einen Besuch wert. Wer sich mit dem Rätsel um den eifrigen Kunstmäzen beschäftigen möchte, dem sei das Buch „Jim Thompson – An Unsolved Mystery" von *William Warren* empfohlen (erschienen bei Archipelago Press, Singapur, in einigen Buchhandlungen Bangkoks erhältlich).

Das Haus befindet sich in Soi Kasemsan 2, eine Gasse, die schräg gegenüber des Tokyu Shopping Center/Mah Boonkrong Center (MBK) von der Rama 1. Road abzweigt (BTS National Stadium oder Siam); www.jimthompsonhouse.com.

■ **Geöffnet** Mo–Fr 9.00–17.00 Uhr, Eintritt 100 Baht, Studenten 50 Baht.

Mariammam-Tempel

An der Silom Road/Ecke Pan Road steht der auffällige Mariammam-Tempel (auch Sri-Mariamman-Tempel). Dieser in den 60er Jahren des 19. Jh. von südindischen Einwanderern erbaute Tempel wird von den Einheimischen *Wat Khaek* genannt oder „Tempel der Gäste". *Khaek* bedeutet „Gast", bezeichnet aber üblicherweise Araber und Bewohner Südasiens oder auch einfach Hindus oder Moslems. Der Tempel, dessen Hauptbe-

sucher Thais sind, ist der Hindu-Göttin *Mariammam* oder *Umadevi* geweiht.

Freitagmorgens finden spezielle Gebetsstunden im Tempel statt, und danach, etwa um 11.30 Uhr, gibt es ein südindisches, vegetarisches Essen. Gäste sind dabei herzlich willkommen.

In den 90er Jahren des 20. Jh. wurde der Tempel von südindischen Handwerkern restauriert und ausgebaut, und nun erstrahlt er in neuem Glanz. Die Gopurams oder Tempeltürme sind mit Heerscharen von kunterbunten Götterfiguren verziert, genau wie man es von Tempeln in Südindien her kennt. Der Eintritt ist frei. Innen ist fotografieren verboten. BTS-Station Chong Nonsi.

Wat Thammamongkhon

Dieser erst Ende des 20. Jahrhunderts fertiggestellte Tempel besitzt Bangkoks höchsten Chedi (95 m). Der Chedi hat 14 Stockwerke, und mit einem Fahrstuhl kann man bis zur Spitze gelangen. Im Chedi werden Reliquien des Buddhas aufbewahrt, darunter ein Haar, die vom buddhistischen Oberhaupt von Bangladesch gestiftet wurden. Die Anlage befindet sich weit außerhalb in Sukhumvit Soi 101, und es ist fraglich, ob sich die lange Fahrt dorthin lohnt.

Erawan-Schrein

Der Erawan-Schrein ist im Grunde genommen ein überdimensionales Geisterhäuschen, das für das ehemals danebenliegende Erawan-Hotel gebaut wurde. Die Thais glauben, dass beim Bau eines Hauses, den Geistern, die das Stück

1

hen. Bei Nacht ist die Atmosphäre besonders faszinierend. Hier werden auch klassische Tanzaufführungen mit Musikbegleitung dargeboten, die nichts kosten. Die Tänzer und Musiker werden von Gläubigen engagiert, die sich dafür etwas von den Göttern erhoffen.

Der Schrein ist eigentlich *Indra* gewidmet, dem hinduistischen Regen- und Wettergott. Indras geliebtes Reittier war der Erawan, der mystische Ur-Elefant, der in den Tiefen des Ozeans entstand. Aus diesem Grunde spenden viele Besucher hölzerne Elefantenfiguren am Schrein, und einige Straßenhändler bieten diese recht aufdringlich an. Erawan (von Sanskrit *Airawata*) bedeutet „der Wasser-Besitzende" und bezieht sich auf das Wasser, das der Elefant mit seinem Rüssel versprüht.

2005 kam es am Schrein zu einem folgenschweren Zwischenfall: Ein geistig verwirrter junger Mann schlug mit einem Hammer auf die Indra-Statue ein und zerstörte sie komplett. Auf seiner Flucht wurde er von einer aufgebrachten Menschenmenge zu Tode geprügelt. Der junge Mann war Moslem, was die Gemüter im Nachhinein zusätzlich erhitzte. Die zwei Hauptbeteiligten an der Lynchjustiz wurden kurzzeitig in Haft genommen, dann aber gegen Kaution auf freien Fuß gesetzt.

Die heutige Statue ist eine **originalgetreue Kopie** der Ursprünglichen, die schon wenige Wochen nach dem Ereignis von Premierminister *Thaksin* eingeweiht wurde. Viele Thais sahen in der Zerstörung der Statue ein böses Omen für ihr Land. Die nachfolgenden politischen Ereignisse, nicht zuletzt verursacht durch *Thaksin*, schienen ihnen Recht zu geben.

Land bewohnt haben, eine neue Bleibe geschaffen werden muss. Beim Bau des Hotels soll es zu vielen schweren Unfällen gekommen sein, die erst aufhörten, als den Geistern ein prächtiges neues Haus gebaut worden war. Der Schrein, obwohl erst 1956 gebaut, ist einer der heiligsten Orte der Stadt, und zu jeder Tages- oder Nachtzeit kann man Trauben von gläubigen Thais beim Gebet sehen.

⌃ Tänzerin am Erawan Schrein

1

Der Schrein steht an der Kreuzung Ploenchit Road/Rajdamri Road, schräg gegenüber dem gigantischen Central World. Das legendäre Erawan-Hotel, mit dem alles begonnen hatte, wurde 1988 abgerissen. An seiner Stelle steht heute das bombastische Bangkok Hyatt Erawan. BTS-Staion Rajdamri.

■ **Geöffnet** täglich 7.00–23.00 Uhr; Eintritt frei. Besonders reizvoll ist der Schrein nach Anbruch der Dunkelheit, wenn dicke Schwaden von Räucherwerk über dem Platz hängen und sich noch mehr Gläubige als sonst darum drängen.

Lumpini-Stadion

Hier finden die berühmten **Thai-Boxkämpfe** statt, bei denen fast alles erlaubt ist. Beginnt der Kampf noch zurückhaltend mit einem *wai khru,* einem Gruß im Geiste an den Lehrmeister des jeweiligen Boxers, bricht danach die Hölle los – zu infernalischer Musikbegleitung und den Anfeuerungsrufen der Zuschauer. (Preise und Termine siehe Exkurs Thai-Boxen im Kapitel „Kultur und Gesellschaft".) MRT-Station Lumpini.

Dusit-Zoo

Dieser Zoo an der Rama 5. Road, an der Westseite des Chitlada-Palastes, ist nicht gerade ein Muss auf der Besichtigungstour. Etwas Besonderes gibt es nicht zu sehen, und viele Thais kommen nur für einen geruhsamen Spaziergang in die parkähnliche Anlage. Ausländer erregen sich oft über die wenig professionelle, zum Teil unwürdige Art der Tierhaltung. Auf dem Gelände befinden sich mehrere

Restaurants und Essensstände, darunter auch KFC.

■ **Geöffnet** tägl. 8.00–19.00 Uhr, Fr–Sa bis 21.00 Uhr Nachtsafari (Beobachtung nachtaktiver Tiere); Eintritt 100 Baht, Kinder 50 Baht.

Schlangenfarm (Queen Saovabha Memorial Institute)

Die „Snake Farm" wurde 1923 gegründet und ist somit die zweitälteste Schlangenfarm in der Welt (die erste entstand in Brasilien). Hier wird zweimal täglich den giftigsten Schlangen, die das zoologische Wörterbuch kennt, das Gift abgemolken, um daraus Antiserum zu gewinnen. Die beiden Shows (11.00 und 14.00 Uhr, Sa, So/Fei nur 11.00 Uhr) sind für Besucher zugänglich. Unter den Schlangen sind Kobras, Kraits und verschiedene Vipernarten. Wer will, kann sich mit einer Schlange um den Hals fotografieren lassen. Die Farm befindet sich an der Ecke Henri Dunant Road/Rama 4. Road, einige hundert Meter westlich der großen Kreuzung Rajdamri Road/ Silom Road/Rama 4. Road und des Lumpini-Parks. BTS-Station Sala Daeng.

■ **Geöffnet** Mo–Fr 8.30–16.30 Uhr, Sa, So/Feiertage 8.30–12.00 Uhr, Eintritt 200 Baht, Kinder 50 Baht.

Siam Ocean World

Das Siam Ocean World (www.siam oceanworld.co.th) ist Teil des gigantischen Siam Paragon Shopping Centers und eine Art riesiges, **begehbares Aquarium**

1

(BTS-Station Siam). Auf zwei Etagen und 10.000 Quadratmetern Fläche werden 400 Meeresspezies vorgestellt. Leider sind viele der „Meerespflanzen" aus Plastik, und Gerüchte sprechen von vielen vorzeitig verendeten Tieren. Störend sind die vielen lauten Besucher, ebenso die Guides, die ihre maritimen Erkenntnisse per Lautsprecher zum besten geben. Ansonsten ist ein Besuch durchaus lohnenswert, wenn man noch vom hohen Eintrittspreis absieht.

■ Eintritt überteuerte 900 Baht, Kinder 700 Baht, 20 % preiswerter bei Online-Ticket-Buchung. **Geöffnet** tägl. 9.00–22.00 Uhr. **Pinguinfütterungen** um 12.30 und 16.30 Uhr, **Haifütterungen** um 13.30 und 17.30 Uhr.

Parks

Lumpini-Park

Dies ist die „Lunge" der Innenstadt von Bangkok, einige der wenigen größeren **grünen Oasen** in der Stadt. Frühmorgens sieht man hier alte Chinesen bei ihren Tai-Chi-Übungen. Ansonsten kann man joggen, ein paar Gewichte stemmen, sich ein Tretboot mieten oder ganz einfach ein Nickerchen machen, so wie viele Thais es tun.

Der Park ist bestens angelegt, alle hundert Meter steht ein Toilettenhäuschen, und an den Zugängen werden Obst und Getränke verkauft. An Wochenenden wimmelt es von Thai-Familien, die entspannen wollen. Störend wirkt oft die laute Musik, mit der manche Leute meinen, die Umwelt beschallen zu müssen.

■ **Geöffnet** 6.00–19.00 Uhr. Der Park befindet sich zwischen Rajdamri Rd., Witthayu (Wireless) Rd., Rama 4 Rd. und Soi Sarasin und kann mit zahlreichen Buslinien angefahren werden. BTS-Station Sala Daeng; BTS Silom oder Lumpini.

Chatuchak-Park

An der Phaholyothin Road, nördlich an den Chatuchak oder Weekend Market (siehe „Einkaufen/Märkte") anschließend, befindet sich dieser weitläufige Park, der etwa dieselben Attraktionen bietet wie der Lumpini Park. An Wochentagen ist es hier relativ ruhig, am Wochenende dafür recht überlaufen, es treffen sich hier vor allem Bewohner der Nordostprovinz Issaan. MRT-Station Kamphaengphet oder BTS Chatuchak und einige Minuten Fußweg.

■ **Geöffnet** 5.00–20.00 Uhr.

Railway Park (Suan Rot-Fay)

Der Suan Rot-Fay oder „Railway Park" befindet sich auf dem Gelände des ehemaligen Golfplatzes der *Railway Authority of Thailand* am Northern Bus Terminal (Morchit) an der Phahonyothin Road. Der Park ist sehr gepflegt und ausgezeichnet zum **Joggen** oder zur Erholung geeignet. BTS-Station Morchit.

■ **Geöffnet** 5.00–20.00 Uhr.

Rama-9.-Park

Gut 20 km außerhalb der Innenstadt befindet sich dieser Park. Er wurde 1987 zu

Bangkok

Anlass des 60. Geburtstag König Bhumi-pols angelegt. Es ist wohl der ruhigste aller Parks in Bangkok, zumindest an Wochentagen. Es gibt einen künstlich angelegten fischreichen Lotus-See, an dessen Ufern Wasservögel nisten, und in einigen Pavillons werden exotische Pflanzen ausgestellt, darunter eine umfassende Sammlung von Kakteen. Der Romaneeya Garden wurde den fünf geografischen Hauptregionen Thailands nachempfunden und präsentiert so ein anschauliches Bild der Geografie des Landes. Das Zentrum des Parks bildet die futuristische Rajamonkol Hall, die etwa wie ein zukünftiges Raumschiff-Terminal aussieht, und in der gelegentlich kulturelle Veranstaltungen stattfinden.

■ **Geöffnet** 6.00–18.00 Uhr. Der Park ist der Entfernung entsprechend etwas umständlich zu erreichen: Man nehme zunächst einen Bus bis Sukhumvit, Soi 103, und fahre von dort mit einem beliebigen Bus weiter in Richtung Norden bis zum Parkeingang. Einfacher wäre ein Taxi, Fahrtkosten ab Khao San Rd. ca. 160–200 Baht, aus zentraleren Bereichen weniger.

Rommani-Nart-Park

Dieser für Bewohner der Khao San Road nächstgelegene Park befindet sich zwischen der Mahachai Road und der Unankan Road an der Ostseite von Wat Suthat. Auf dem relativ kleinen Gelände hatte sich bis vor einigen Jahren ein Durchgangsgefängnis befunden, von dem heute nur noch ein paar Wachtürme übrig sind; diese überblicken nun die 4 Ecken des Parks.

Um ca. 18.00 Uhr wird der Park mit lauter Disco- oder **Techno**-Musik be-

schallt, und einige Hundert Fitnessbewusste hüpfen sich unter Anleitung eines Aerobic-Trainers dazu die Seele aus dem Leib. An der Ostseite des Parks, an der Mahachai Road, ist ein ehemaliges Gefängnisgebäude vom Corrections Department, dem Amt für Strafvollzug, zu einem **„Gefängnis-Museum"** (Corrections Museum) umgewandelt worden, leider scheint dieses aber nie geöffnet zu sein.

■ Der Park ist **geöffnet** von 5.00–20.00 Uhr. Man erreicht ihn mit den roten oder blauen **Bussen** Nr. 35, 42, 89 und 96 oder von Banglamphoo aus mit grünem Minibus Nr. 56.

Das Indische Viertel Pahurat

Das kleine indische Viertel Pahurat, am Südwestrand von Chinatown gelegen, erstreckt sich entlang der Chakraphet Road, von der aus mehrere kleine Gassen ausgehen. Dort könnte man sich fast nach Old Delhi versetzt fühlen. Es gibt Dutzende kleiner Restaurants, preiswerte Stoffgeschäfte, Reisebüros und sogar einige Betelhändler.

Die meisten Geschäfte gehören thailändischen Sikhs. Aufgrund des hohen Sikh-Anteils befindet sich hier auch Thailands größter **Sikh-Tempel,** Siri Guru Singh Sabha, der gut einen Besuch wert ist. Frühmorgens wird dort das traditionelle *langar* abgehalten – das gemeinsame, kostenlose Essen der Sikhs (vegetarisch), zu dem jedermann willkommen ist.

Gleich am Tempel (die Sikhs nennen ihre Tempel *gurudwara*, „Tor zum Gu-

1

ru") liegt der **Pahurat Market,** mit zahllosen Stoffgeschäften. Im zweiten Stock, zugänglich von einer ziemlich versteckten Treppe an der Pahurat Road, finden sich einige Geschäfte, die Kleinkram aus Indien verkaufen (Räucherstäbchen, Schmuck etc.).

Das Zentrum des Viertels bildet das **India Emporium,** ein kleines Kaufhaus, das vor allem Kleidung und Textilien anbietet. Im obersten Stock gibt es einen preiswerten Food-Court mit indischen und thailändischen Speisen.

Aufgrund der vielen indischen Geschäfte und Restaurants ist Pahurat gut eine Stunde Aufenthalt wert. Neben Geschäften mit indischen Nahrungsmitteln und Kleinkram findet man hier etwa ein Dutzend Läden, die **Bollywood-DVDs** verkaufen. Die DVDs kosten in der Regel 70 Baht und sind Raubkopien. In der Gasse an der Südseite des India Emporium befinden sich zwei DVD-Geschäfte.

Das beste Restaurant im Viertel ist das altgediente **Royal India.** Das kleine Restaurant ein paar Meter links neben *Tania Travel* (Gasse gegenüber India Emporium), genannt *Narula's,* nach seinem Besitzer, hat die vielleicht beste indisch-vegetarische Küche im Viertel. Es ist bei den Indern in Bangkok dafür bekannt, das beste *Puri-Chole* zu machen: Kichererbsen-Curry mit aufgeblähten, gebratenen Teigballons. Das Essen ist billig und superlecker. Viele Inder in Pahurat nennen den Besitzer „Puri-Wallah" („der, der die Puris macht"), und jeder kennt ihn. Das *Royal India* hat eine Zweigstelle in Soi Rambutri in Banglamphoo und einen Stand im Food Court im Untergeschoss des Siam Paragon. Die Filiale in Pahurat aber ist die beste.

Links in der Gasse neben dem India Emporium befindet sich *Lucky Shop,* der **hinduistische Götterfiguren** aller Größen verkauft. Die Figuren werden originellerweise nach Gewicht verkauft: ein Kilo kostet 700 Baht.

Geschichte des Viertels

Nachdem Rama 1. dem vietnamesischen König bei der Unterdrückung eines Aufstandes geholfen hatte, waren viele Vietnamesen ins Land gekommen. Diese siedelten sich im Gebiet des heutigen Pahurat an und bildeten dort „Baan Yuan" („Dorf der Vietnamesen"). Mitte des 19. Jh. brannte das gesamte Dorf ab, wurde wieder aufgebaut und vom Rama 1. nach seiner verstorbenen Tochter benannt – Pahurat.

Auf die Vietnamesen folgten die Inder. Hauptsächlich Sikhs kamen zuerst, mittellos, aber mit dem Vorsatz, hart zu arbeiten. Einige Sikhs wurden um die Jahrhundertwende Polizisten, ganz im Geiste ihrer kämpferischen Tradition. Andere wurden kleine Geschäftsleute, und ein oder zwei Generationen später wurde aus den armen Immigranten eine wohlhabende Schicht.

Hindus aus Nordindien kamen nun und verdingten sich als Arbeiter oder wurden kleine Händler. Man konzentrierte sich in Pahurat, machte es zum „indischen Viertel".

⊳ Im Billard Club „Ball In Hand"

Nachtleben

... in Bangkok, das bedeutet nicht nur die Go-Go-Bars von Patpong, Nana Plaza oder Soi Cowboy, deren leichtgeschürzte Tänzerinnen ihr Haupteinkommen aus anderen, außerfahrplanmäßigen Aktivitäten beziehen. Neben diesen Etablissements gibt es jede Menge „normale" Bars oder Discos.

Doch noch ein paar Sätze zu **Patpong,** das eigentlich aus zwei parallel verlaufenden kleinen Straßen besteht, Patpong 1 und Patpong 2. Die Gegend ist voll auf Tourismus eingestellt, und so mancher Spaziergänger wird von den Türstehern/-steherinnen fast ins Lokal gezogen.

Häufig kommt es zu unliebsamen Zwischenfällen, vor allem bei den sogenannten „Live Shows", bei denen dem ausländischen Gast regelmäßig um ein Vielfaches **überhöhte Rechnungen** präsentiert werden. Das Beste ist, sich vorher genau nach den Preisen der Getränke zu erkundigen, und dann jedes Getränk nach Erhalt sofort zu bezahlen. So merkt man dann schnell, wie der Hase läuft. Überhöhte Preise auf keinen Fall zahlen! Eine Drohung mit der Tourist Police macht sich ganz gut. Die Stimmung ist dann mit Sicherheit hin, und man sollte den Club schnellstens verlassen, um nicht noch mehr Ärger zu bekommen.

Patpong ist heute nicht nur Sündenmeile sondern auch ein quirliger **Markt:** In und um die beiden Straßen herum finden sich zahllose Stände mit Imitationswaren, Kleidung, Uhren u. v. m. Unbedingt handeln! Die Händler zahlen hohe Mieten und ebenso hohe Schmier-

gelder an die Polizei, und so versuchen sie die Unkosten durch überhöhte Preise wett zu machen.

Soi Cowboy, eine kleine Verbindungsstraße zwischen Sukhumvit Soi 21 und Soi 23, ist voll mit Go-Go-Bars, und da das Personal hier weit unaufdringlicher als in Patpong ist, und überhöhte Rechnungen außerordentlich selten sind, finden sich hier zahlreiche in Bangkok ansässige Westler oder „wissende" Touristen ein. BTS Asok.

Nana Plaza ist ein Gebäudekomplex in Sukhumvit Soi 4, in dem sich ebenfalls viele Go-Go-Bars befinden. Das mittlerweile reichlich abgetakelte Gebäude soll demnächst renoviert werden. Aufgepasst, in zweien davon tanzen ausschließlich Gathoeys, einige von Thai-

lands berühmt-berüchtigten Transsexuellen oder Transvestiten. Zu erkennen sind sie meist an ihrem großen Körperwuchs und ihren riesigen Silikon-Busen. BTS Nana.

Discos

Bangkok beherbergt eine stattliche Anzahl von Discos, und für viele Nachtschwärmer ist die Stadt **das Unterhaltungs-Zentrum Südostasiens.** Aufgrund der Tatsache aber, dass die Unterhaltungsstätten je nach Lokalität um 1.00 oder 2.00 Uhr schließen müssen, läuft Bangkok Gefahr, den Ruf eines Nightlife-Mekkas zu verlieren.

Noch ein **Tipp an männliche Reisende:** Discos sind keine Anmach-Bars, und die lokale Damenwelt ist besonders Ausländern gegenüber schüchtern und zurückhaltend. Viele Thais kommen in einem großen Freundeskreis, und man tanzt nur miteinander. Ausnahmen bestätigen die Regel, und in vielen vor allem von Ausländern besuchten Discos finden sich zahllose käufliche Damen ein. Diese sind für in Bangkok ansässige Westler (und natürlich auch Thais) schon aus weiter Distanz auszumachen; Touristen lassen sich jedoch durch die Beteuerungen der Damen, „anständige" Mädchen zu sein („Ich bin heute zum ersten Mal in einer Disco") zumeist blenden. In Wahrheit kann sich kaum eine normale Thai-Frau leisten, die Nächte in einer Disco durchzumachen, sowohl aus finanziellen als auch beruflichen Gründen.

Die Discos mit derartigem Personal sind unter anderem: *Hard Rock Café, Concept CM²* im Novotel Bangkok, *Spas-*

Gut kopiert: eine Beatles-Revival-Band bei einem Straßenfestival

1

so, *Nana Liquid Disco* im Nana Hotel, *Hollywood* und *Dance Fever* an der Ratchadapisek Rd. u. v. m. Die Konzentration von „Nachtarbeiterinnen" ist unterschiedlich und in den meisten Discos dürften sich westliche Besucherinnen kaum gestört fühlen. Eine Ausnahme ist vielleicht die Angel Disco, in der so gut wie alle weiblichen Besucher auf Freiersuche sind. Westliche Besucherinnen dürften sich hier deplaziert fühlen und sich bestenfalls zu soziologischen Studien hingerissen fühlen.

Männliche Besucher dürften ansonsten sehr erstaunt darüber sein, dass in manchen Herrentoiletten **„Masseure"** bereitstehen, dem Wasserlasser während seiner Aktion eine Schulter- und Rückenmassage zu verpassen! Das mag zwar dem thailändischen Sinn des *sabai-sabai* (angenehm, entspannend) entsprechen, die meisten Westler dürften da aber eher Berührungsängste haben. Die Floskel *mai ao!* („Das will ich nicht!") erspart dem Toilettenbesucher die unerwünschte Rückenbehandlung. Aus verständlichen Gründen ist ein großer Teil der Toilettenmasseure schwul.

Eine „typische" Thai-Disco hat übrigens keine reguläre Tanzfläche; der durchschnittliche Thai ist vielleicht zu schüchtern, um sich wie auf einer Bühne auf der Tanzfläche zu präsentieren. Stattdessen befinden sich überall im Saal kleine runde Tische, auf denen die Getränke stehen, und um die man im Freundeskreis herumtanzt. Auf Thai nennt man so etwas *khrua thek*, „Disco-Küche", weil man wie um einen kleinen Küchentisch tanzt.

Das **Mindestalter** zum Besuch von Unterhaltungsetablissements ist 20 und gelegentlich werden Ausweiskontrollen

durchgeführt. Ab und zu kommt es zu Drogenkontrollen (siehe Kap. Drogen) und wessen Urin sich violett färbt, der bekommt Probleme.

■ Eine der Top-Discos der Stadt ist **Spasso** im Grand Hyatt Erawan Hotel an der Rajdamri Rd. BTS-Station Rajdamri. Dies ist eine Mischung aus Disco, Bar und Restaurant, in der recht gute westliche Bands spielen. Die Preise sind relativ hoch (das Hyatt ist eines der teuersten Hotels Bangkoks). Die Drinks kosten um 300 Baht. Eintritt 700 Baht, inbegriffen sind 2 Drinks. Ein Teil des weiblichen Publikums gehört dem „hochklassigeren" Gunstgewerbe an.

■ **Concept CM²** im Untergeschoss des Novotel Bangkok (Siam Sq., Soi 6) ist eine riesengroße, etwas finstere und „grottig" wirkende Disco. Abends ab 22.00 Uhr spielt eine (zumeist westliche) Band. Angeschlossen sind eine Karaoke-Bar, eine Bar nur für Frauen *(Femme le Club)* und das sehr gute italienische *Facazzio* Restaurant. Der Großteil des weiblichen Publikums sind „freelancers" auf Freiersuche, eine Tatsache, die zahlreiche männliche Westler anzieht. Eintritt an Wochenenden 600 Baht, inklusive zwei Drinks, ansonsten 400 Baht; an besonderen Tagen (Halloween, Valentinstag u. a.) 500 Baht. BTS-Station Siam.

■ Das **Hard Rock Café** in Soi 11 des Siam Square (BTS Siam) ist leicht von außen zu erkennen: Über dem Eingang hängt ein Tuk-Tuk in der Wand. Das Hard Rock ist eine gelungene Mischung aus Restaurant und Rock-Kneipe; geboten werden recht gute amerikanische Speisen (in Riesenportionen!), und ab 22.00 Uhr spielen sehr gute, zumeist philippinische Bands. Die Stimmung ist meist ausgezeichnet, und an so manchem Wochenende tanzen die Besucherinnen auf Tischen und Stühlen! Manchen Leuten ist die Musik allerdings zu laut – das Lokal ist ziemlich klein, und die Leute von der Band drehen ordentlich auf. Die Drinks kosten ca. 260 Baht; für 350 Baht gibt es eine Mitgliedskarte, die zu Preisnachlässen von 15 % berechtigt. Geöffnet 11.00–2.00 Uhr. Auch hier sind „freelancers" am Werk.

■ Ganz etwas anderes ist **Lucifer** in Radio City in Patpong 1 (BTS-Station Sala Daneg, MRT Silom). Dies ist ein Rave-Club mit „satanischem" Ambiente: Überall hängen leuchtende Teufelsmasken in dem ansonsten nur notdürftig beleuchteten Club, das Personal ist als lebende Deibel verkleidet, und die Musik, nun ja, die ist höllisch lauter Techno. Manchem Besucher mag unerklärlich sein, wie das ganze nüchtern zu ertragen ist, andere mögen's teuflisch gern. Preis für einen Drink ca. 250 Baht. Links neben dem Luficer gibt es einen ganz besonderen Spaß: In lockerer Kneipenatmosphäre singen sich **ein Elvis-Presley- und ein Tom-Jones-Imitator** durch die Geschichte der Popmusik. Die beiden machen ihren Job ausgezeichnet und die Stimmung ist gut.

■ **Hollywood** und **Dance Fever** an der Ratchadapisek Road (MRT Huai Khwang) werden hauptsächlich von jungen Thais besucht. Es spielen thailändische Bands, die Sängerinnen zumeist in gewagten Outfits, die sie fast für Aufnahmen in einem Herrenmagazin geeignet machen, und man tanzt um die kleinen runden Tische herum. Einige der weibliche Besucher sind Angestellte aus den zahlreichen Massage-Salons der Ratchadapisek Road, die hier wohlverdient in den Feierabend tanzen. Eintritt 300 Baht, inklusive eines Drinks. Ähnlich das **Sparks** im Emerald Hotel an der Ratchadapisek Road (MRT Huai Khwang), in dem sich aber auch viele chinesische und japanische Gäste einfinden. Eintritt 500 Baht (2 Drinks). In allen drei Discos findet sich ein nicht unerheblicher Prozentsatz weiblicher „freelancers".

■ **DJ Station** in Soi 2 der Silom Road (BTS Sala Daeng, MRT Silom) ist Bangkoks beliebteste Schwulen- und Lesben-Disco. Das Publikum ist zum Teil extravagant bis bizarr gekleidet, und auf erhöhten Plattformen im Tanzsaal können „Exhibitionisten" ihre Tanzkünste zur Schau stellen.

■ Die **RCA** oder Royal City Avenue (MRT Phraram 9) ist eine schier unendlich lange Unterhaltungsmeile, gelegen im Nordosten von Bangkoks Innenstadt, mit zahleichen Bars und Discos. Diese konkurrieren miteinander, was dazu führt, dass sie alle durch laute Musik auf sich aufmerksam zu machen versuchen, was wiederum zu ungeheurem Lärm in

363th rk

der Straße führt. Die Musik ist zumeist Techno, das Publikum sehr jung und fast ausschließlich Thai. Westler sind eine Seltenheit, und wer über 35 ist, könnte sich wie auf dem falschen Planeten fühlen. Zu den beliebtesten Discos hier gehört das **Route 66,** das auch meist zum Bersten voll ist. Viele der Etablissements bieten auch Sitzgelegenheit draußen. Nicht wenige der jungen Gäste in der RCA nehmen Ecstasy oder *yaa baa,* Amphetamine. Einige der jungen Mädchen sind käuflich – in Bangkok ist diese Szene nie außer Reichweite – und wenn um 1.00 oder 2.00 Uhr die Lokale schließen und die Kunden ausgeblieben sind, versuchen sie es noch mal in einem der einschlägigen, 24 Std. geöffneten Coffee-Shops der Stadt.

■ Eine ganz junge Szene – viele Thais, die soeben offiziell das Alter erreicht haben, in eine Disco zu gehen – findet sich in **Soi 4 der Ratchadapisek Road.** Einige der Bars schaffen es, auch länger als die offizielle Sperrstunde geöffnet zu bleiben.

■ **Suzy Pub** (eher Disco als Pub) befindet sich in einer kleinen Gasse an der Nordseite der Khao San Road und zieht – erstaunlicherweise in dieser Gegend – weit mehr Thais als Ausländer an. Die kleine Disco ist meist proppevoll, die Musik ohrenbetäubend laut, die Preise sind mäßig.

Bars, Pubs und Clubs

■ Das **Brown Sugar** in Soi Sarasin an der Nordseite des Lumpini Parks ist fast schon eine Institution. In dem gemütlichen kleinen Lokal spielen Jazz-, Blues- oder Rockbands, und da nicht viel Platz ist, nehme man sich vor dem Gitarrenhals des Bassspielers oder der wild ausschwingenden Trompete in Acht. Die Preise sind nicht ganz niedrig, ca. 250 Baht für einen Drink. Dazu gibt es recht gutes Essen.

■ Ähnlich, aber größer ist das **Saxophone** an der Nordostseite des Victory Monument an der Phya Thai Road (BTS Victory Monument). Hier spielen abends Rock-, Blues-, Jazz- oder Reggaebands, und das ganze Ambiente erinnert an eine europäische

Rockkneipe. Mäßige Preise. Wer mitjammen möchte, sollte sich unter Tel. 02-2474295 bis 18.00 Uhr zuvor anmelden.

■ Heavy-Metal-Bands spielen im **Rock Pub** an der Phya Thai Rd. gegenüber dem Asia Hotel (BTS Ratchathewi).

■ Die **Q Bar** in Sukhumvit Soi 11 zeichnet sich durch ihr modernes, unterkühltes Ambiente aus, man könnte sich hier auch in einen Club in New York versetzt fühlen. Gespielt werden Techno und House Music. Das Publikum ist eine Mischung aus modischen, betuchten jungen Thais und ebenso modischen und nicht immer ganz so betuchten jungen Westlern. Man munkelt, dass manche der Gäste Ecstasy nehmen sollen. Die Polizei hat den Gerüchten geglaubt und schon mal erfolgreich nachgecheckt. Leicht erhöhte Drink-Preise.

■ **Gulliver's Tavern** in Sukhumvit Soi 5 (BTS Nana) ist ein blitzsauberer neuer Unterhaltungskomplex bestehend aus einer Art gediegener Kneipe, einem Pool-Raum mit acht Billardtischen und einem Raum für Live-Musik. Auffallend ist auch die effizient arbeitende Klimaanlage. Die Getränke kosten ab ca. 150 Baht, und es gibt relativ preiswertes Essen, von Falafel bis Steak.

■ **Faith Club** in einem Unter-Soi von Sukhumvit Soi 23 (96/4–5 Sukhumvit Soi 23, BTS Asok) ist eine hochmoderne Bar und ein Tummelplatz von bekannten thailändischen Persönlichkeiten. Für die Innenausstattung wurde viel Metall und Beton verwendet, was „cooles" Ambiente ausstrahlt. Dennoch ein guter Platz für einen Drink.

■ Die **Banana Bar** in der Khao San Road (nahe dem Chart G.H.) ist ein beliebter Treffpunkt für Leute, die auf Hip-Hop, Acid-Jazz oder Indie-Musik stehen. Gelegentlich kam schon die Polizei vorbei, um den Gästen in die Taschen zu schauen. Derzeit ist aber auch in anderen Lokalen mit überraschenden Drogenkontrollen zu rechnen.

◁ Schilderwald in der Khao San Road

■ **The Club** in der Khao San Rd., ist morgens ein gediegener Platz um sein Frühstück einzunehmen, abends gegen 20.00 Uhr geht jedoch richtig die Post ab, mit Musik, Lichteffekten und Tanz. Kein Platz für Low-Budget-Traveller, die meisten Gäste sind besser betuchte Thais. Abends Eintritt 300 Baht. Von allen Besuchern wird das Vorzeigen eines Ausweises verlangt.

■ **Gulliver's** in der Khao San Road (Ecke Chakrabongse Road, gegenüber der Polizeiwache) ist ein lauter, verqualmter Treff von Backpackern, freischaffenden Damen und gelegentlich einige Uni-Studenten oder sonstigen Thai-Normalbürgern. Oft ist es nett, wenn aber manche Backpacker richtig Singha-Bier getankt haben, kann es auch schon mal unangenehm werden. Vorsicht, hier sind Taschendiebe (genauer gesagt Taschendiebinnen) am Werk!

■ Ums Eck von Gulliver's an der Chakrabongse Rd., liegt **Gazebo** (www.gazebobkk.com), ein gemütliches, wenn auch ausgedientes Lokal, mit marokkanisch-orientalischem Ambiente, bestehend aus Open-Air-Restaurant und Bar mit Live-Musik. 2009 wurde Gazebo von Lonely Planet zur „zweitbesten Bar der Welt" gekürt, was allerdings etwas übertrieben scheint. Der Co-Sponsor der Umfrage war der thailändische Bierbrauer Singha, was die Wahl beeinflusst haben dürfte. Dennoch: sehr empfehlenswert. Geöffnet 11.00–2.00 Uhr; je nach Event wird in der Bar Eintritt erhoben, bis zu 350 Baht.

■ Einen kurzen Fußweg nördlich der Khao San Road liegt die **Adhere 13th Blues Bar** (13 Samsen Rd.). Hier spielt eine tolle Bluesband, und der winzige Laden ist meist so voll, dass einige Gäste ihre Drinks draußen auf der Straße einnehmen.

■ **The Overstay** – tja, wie soll man es nennen: Bar, Restaurant, Absteige, Spelunke, Freak-Schuppen, Party-Zone, Hippie- oder Punk-Reservat? The Overstay ist ganz passend in einem ehemaligen Bordell untergebracht und ist wohl alles oben genannte zusammen. Es gibt eine Bar, in der wilde Partys gefeiert werden und Punk- oder Reggae-Bands spielen, dazu ein kleines Kino, und ab 100 Baht kann übernachtet werden; wer kein Geld hat,

darf sogar umsonst sein müdes Haupt niederlegen. Einige ehemalige Overstay-Gäste berichten von apokalyptischem Schmutz, den andere wiederum vehement verneinen – Abenteuer Overstay. Das Haus liegt an der 80–82 Charan Sanitwong Rd., auf der linken Flussseite (Tel. 02-8834836). Von der Khao San Rd. aus ist es eine etwa 15-minütige Taxifahrt.

■ **Irish X Change** in der Convent Road (südlich von der Silom Rd. ausgehend) ist ein irischer Pub, der natürlich das dazu gehörende Guinness serviert. Irische Live-Musik kann man hier montags und donnerstags hören. Sonntags um 18.30 Uhr werden Filme gezeigt, danach gibt es Live-Jazz. BTS Sala Daeng, MRT Silom.

■ Ähnlich ist der nahe gelegene **O'Reilly's Irish Pub** an der 62/1–4 Silom Road, nahe Einmündung Soi Thaniya. Neben einer irischen Band gibt es einen Zauberer, der mit seinen Tricks von Tisch zu Tisch tourt. BTS Sala Daeng, MRT Silom.

■ **Bobby's Arms** in Patpong 2 ist so etwas wie das britische Pendant dazu und – umgeben von den zahlreichen Go-Go-Bars von Patpong – ist es regelrecht eine Oase der Normalität in diesem Lotterviertel. Entgegen britischer Tradition ist sogar das Essen hier gar nicht mal schlecht, und eine Vielzahl der Kunden sind britische und australische Airline-Crews (hoffentlich *nach* dem Flug). BTS Sala Daeng, MRT Silom.

■ Ebenfalls unverkennbar britisch ist **The Londoner Brew Pub** im Untergeschoss des UBC 2 Building der Ecke Sukhumvit/Soi 31. Das Lokal zieht vornehmlich Thais an, die sich an einen der zahlreichen Tische setzen, Bier trinken, eine britische oder westliche Mahlzeit zu sich nehmen (recht teuer) und der Pop-Musik der Hausband lauschen. Dieses ist ein „anständiges" Lokal, in das man auch seine Eltern mitnehmen könnte. Mittwochabend ist Happy Evening, dann gibt es für jedes Getränk, das man bestellt, einmal dasselbe kostenlos dazu. BTS Phrom Phong.

■ Ähnliches gutbürgerliches Ambiente, dazu sehr gute Live-Musik, bietet der **Huntsman's Pub** im

Wohin nach der Sperrstunde?

Bangkoks Nacht-Etablissements müssen je nach Konzession und Lage um 1.00 oder 2.00 Uhr schließen, was vielen Nachtschwärmern zu früh ist. Einige Läden schaffen es – wie auch immer – über die Zeit geöffnet zu bleiben. Es ist zu vermuten, dass die „Lizenz" mit Hilfe von Schmiergeldern großzügig erweitert wird.

Es gibt somit Clubs, die bis in die frühen Morgenstunden, bis 5.00 oder 6.00 Uhr, geöffnet haben. Dazu gehören **Spicy** in der Rong Muang Rd. Soi 1 (zwischen Mah Boonkrong Shopping Centre und Hualamphong Station), **Bossy Club** (Stadtteil Pratunam, im Soi, der direkt nördlich der Eisenbahnlinie westlich von der Rajprarob Road abgeht), **The Tunnel** in Soi 5, Lang Suan, und **Spice Club** in Sukhumvit Soi 11. **Buddy Beer Bar** in der Buddy Lodge (265 Khao San Rd., östliches Ende der Khao San Road) hat 24. Std. geöffnet, allerdings darf ab Mitternacht offiziell kein Alkohol ausgeschenkt werden. Die **Nana Liquid Disco** im Nana Hotel, eine berühmt-berüchtigte Disco und Kontakthof, hat manchmal bis 3.00 Uhr auf. Siehe auch oben *Wong's Place*, in dem es im Vergleich zu den anderen Bars recht gesittet zugeht.

Die Taxifahrer kennen die Clubs. Bei einigen kassieren sie eine Kommission, wenn sie Gäste anliefern, was für den Gast aber keinen Einfluss auf den Eintrittspreis hat.

Es liegt in der Natur der Sache, dass sich in den bis früh in den Morgen geöffneten Club viele „Freelancer" einfinden und ebenso Touristen, die genau solche suchen. In Bangkok ist diese Szene unvermeidlich. Wer einen wahren nächtlichen „Zirkus" erleben will, sollte sich nach 1.00 oder 2.00 Uhr im westlichen Bereich von Sukhumvit einfinden. Wenn die Bars schließen, machen zahlreiche Straßenstände auf, an denen sich betrunkene Touristen, Prostituierte und sonstige schlaflose Nachtschwärmer einfinden. Der Parkplatz vor dem Nana Hotel mutiert zu einem riesigen Kontakthof. Es ist ein trunkenes Straßenfest, von dem die meisten Touristen und Einwohner der Stadt nichts mitbekommen. Langweilig wird es hier sicher nicht. Weibliche Touristen werden sich vielleicht etwas deplatziert fühlen.

Vorsicht vor den gathoeys, die gerne in Gruppen auftauchen, Touristen umzingeln und ihnen die Börse aus der Tasche lupfen. Einige „Freelancer" verpassen ihren Kunden auf dem Hotelzimmer einen Schlaftrunk, und die Wertsachen sind am anderen Morgen verschwunden.

Kellergeschoss des Landmark Hotels in Sukhumvit, nahe Einmündung Soi 4. BTS Nana.

■ Heiß Latino geht's zu im **Salsa Club** im Untergeschoss des Pathumwan Princess Hotels an der 444 Phya Thai Road, links neben dem Mah Boonkrong Center. Gehobene Preislage. Live-Musik und Latino-Küche. Geöffnet tägl. 18.00–2.00 Uhr. Nebenbei gibt's Unterricht im Salsa-Tanz. BTS Siam.

■ Der **Bus Stop** in Sukhumvit Soi 4, etwas südlich des Nana Hotels, ist eine Art Open-Air-Bar mit kleinem Garten. Trotz des Namens hat der australische Besitzer des Lokals seinem weiblichen Personal keine Busschaffneruniformen verpasst, sondern die Outfits der Singapore Airlines-Stewardessen!

Abends wird hier zu guter Rockmusik (vom CD-Player) ordentlich gezecht, morgens aber gibt es ausgezeichnetes westliches Frühstück. Über den Großbildschirm laufen Sportübertragungen. Die Bar ist nicht besonders empfehlenswert für weibliche Reisende; die Singapore-Airline-Hostessen sowie das andere weibliche Personal ist zum größten Teil für „Privatflüge" zu mieten. BTS Nana.

■ Der **Biergarten** in Sukhumvit Soi 7 ist beinahe eine kleine Legende, weniger wegen dem tollen Ambiente (hat es beileibe nicht), eher wegen der zahlreichen Damen, die auf Vertreter des männlichen Chromosomenpools warten. Das soll ja nicht stören, die Preise sind niedrig und das rustikale deutsche Essen, das in echten Schwerstarbeiterportionen daher kommt, billig. Wenn man „Glück" hat, gibt's sogar noch deutsche Schunkelmusik im Hintergrund. Kein Ort für weibliche Reisende oder Leute mit Germanenallergie. BTS Nana.

■ Ein ganz anderes Kaliber ist die **Bamboo Bar** im Oriental Hotel, 48 Oriental Avenue. Das Ambiente ist dschungelinspiriert, mit Palmen und viel Bambus, und die abends gebotene Jazz-Musik ist vom Feinsten. Ein toller Platz für einen besonderen Abend. Entsprechend den Preisen im *Oriental,* oft zum „besten Hotel der Welt" erkoren, ist viel Kleingeld mitzubringen. Geöffnet So−Do 11.00−1.00 Uhr, Fr und Sa 11.00−2.00 Uhr.

■ Ebenfalls Live-Jazz erschallt allabendlich in der Cocktail-Lounge des Banyan Tree Westin Hotels in 210/100 South Sathorn Road, der **Compass Rose.** Die Lounge befindet sich im 59. Stock und bietet eine großartige Aussicht auf die Skyline von Bangkok.

■ Einen ähnlich guten Ausblick bietet die **Roof Top Bar** im 83. Stock des Baiyoke 2 Hotels im Stadtteile Pattunam. Weder Ambiente noch Musik sind aber so gut wie im Banyan Tree; dafür ist's etwas erschwinglicher.

■ Die **Bar@494** ist die Wein- und Champagner-Bar im Grand Hyatt Erawan Hotel an der Rajdamri Road, eine der wenigen Wein-Bars der Stadt. Die Innenarchitektur ist modern, Metall prägt das Bild. Es gibt zumeist hochpreisige Weine, dazu Havanna-Zigarren. BTS Rajdamri.

■ **Wong's Place** in 27/3 Soi Sri Bumphen, abseits Rama 4. Rd., ist eine winzige, gemütliche und urige Bar, die von 20.00 Uhr bis sehr spät oder in die frühen Morgenstunden geöffnet ist. Oft spielt eine japanische Band Beatles-Hits, mit relativ mäßigem Können aber umso mehr Enthusiasmus. MRT Lumpini.

Transvestiten-Shows

Für viele Touristen gehört zum Bangkok-Trip ein Besuch in einer der bekannten Transvestiten-Shows;

viele andere können den überkandidelt aufgemotzten, grellen *gathoeys* nichts abgewinnen.

■ Eines der besten Transvestiten-Kabaretts ist das **Calypso Cabaret** im Asia Hotel (296 Phya Thai Rd.). Die in fantastische Gewänder gehüllten Transvestiten tanzen zu bekannten Songs. Show-Time 20.15 und 21.45 Uhr. Eintritt für Ausländer 1000 Baht inkl. 1 Getränk; Thais zahlen weniger. Das Calypso ist oft von Tourgruppen belegt, und Voranmeldungen sind ratsam, besonders für die besseren Plätze vorne und in der Mitte. Tel. 02-6533960. BTS Ratchathewi.

■ Ein weiteres Transvestiten-Kabarett ist **Mambo Cabaret,** das sich allerdings etwas außerhalb der Innenstadt befindet (59 Sathupradit-Phraram 3 Rd., BTS Surasak, Shows um 19.15, 20.30 und 22.00 Uhr).

Kinos

Eine ganze Reihe von Kinos in Bangkok zeigt amerikanische Filme in Originalsprache, andere zeigen sie auf Thai synchronisiert. Ausländische Filme erfreuen sich bei jungen Thais steigender Beliebtheit, und in diesem Zuge hat sich auch der Standard der Kinos in den letzten Jahren stark verbessert. Filmtickets kosten üblicherweise 120–140 Baht. In vielen der besseren Kinos gibt es Deluxe-Räume mit nur 50–60 Sitzen, in denen die Plätze 400–500 Baht kosten. Annoncen mit den aktuellen Programmen finden sich in den Tageszeitungen *Bangkok Post* und *The Nation.*

Zu den besten Kinos gehört das **Grand EGV** (6. & 7. St., Discovery Center, Rama 1 Rd., BTS Siam), ein Kinokomplex mit sieben Leinwänden, einem Shopping-Center und einem Restaurant. Die Gesamtfläche beträgt 8000 m². Zwei der darin enthaltenen Kinos sind Super-

1

Deluxe-Kinos, mit Sitzen wie in der First Class im Flugzeug (Ticketpreise bis zu 500 Baht).

Im 5. Stock des **Siam Paragon Shopping Center** an der Rama 1 Road (BTS Siam) befinden sich gleich 14 Leinwände, darunter einige Deluxe-Vorführräume und ein IMAX-Kino.

Das **Thai IMAX Theatre** (1837 Phaholyothin Rd.) präsentiert unter anderem Filme in IMAX-Projektion (zum Preis von 140 Baht), als auch dreidimensionale Produktionen (300 Baht).

Vor der Vorstellung wird übrigens die königliche Hymne abgespielt, und Bilder der Königsfamilie werden gezeigt. Dabei haben alle Zuschauer aufzustehen. Der ausländische Gast kann dabei für sich keine Ausnahmeregel beanspruchen und sollte dem Beispiel folgen. Das gleiche gilt, wenn morgens um 8.00 und abends um 18.00 Uhr landesweit über öffentliche Lautsprecher die Nationalhymne gespielt wird. Wie die Thais auch, so sollte der Reisende während des Abspielens stehen bleiben bzw. aufstehen.

Thai-Tanz

Liebhaber klassischen Thai-Tanzes können die Vorstellungen besuchen, die von einigen Restaurants angeboten werden, was eine reichhaltige Mahlzeit mit beinhaltet. Die Preise sind allerdings nicht niedrig, ca. 700–1000 Baht oder noch mehr in Nobel-Etablissements.

■ Allen voran steht hier das **Sala Rim Nam** des Mandarin Oriental Hotel, gelegen auf der anderen Flussseite gegenüber dem Mandarin Oriental (www.mandarinoriental. com). Geöffnet 19.30–22.00 Uhr, Tanz 20.30–21.30 Uhr; Kostenpunkt 2500 Baht inklusive mehrgängigem Menü. Das ist nicht wenig, aber wenn schon, denn schon. Das Ambiente des Restaurants ist großartig.

■ Eines der besseren Restaurants ist das **Supatra River House,** an der westlichen Flussseite gegenüber dem Maharat-Pier gelegen. (266 Soi Wat Rakhang, Arun-Amarin Rd., Tel. 02-4110305). Anfahrt per Fähre oder Taxi. Shows Fr und Sa um 20.30 Uhr.

■ Daneben gibt es noch die Möglichkeit des **kostenlosen Zuschauens,** so am Erawan-Schrein oder am Lak Muang. An beiden werden den ganzen Tag über Vorstellungen gegeben. Die Auftraggeber sind Gläubige, die die Götter durch die ihnen dargebotene Unterhaltung gnädig stimmen wollen.

364th rk

> Traditioneller Thai-Tanz bei einer Open-Air-Veranstaltung

Shopping

Einkaufen kann man in kleinen Läden, an Straßenständen, auf Märkten oder in den großen Department Stores, von denen einige wohl alles in den Schatten stellen, was wir diesbezüglich von zu Hause kennen.

Kaufhäuser

Riesige Kaufhäuser gibt es in Bangkok heute in jedem Stadtviertel, die meisten sehen nicht anders aus als ihre Gegenstücke im Westen. In den letzten Jahren sind einige gigantische Center hinzu gekommen, und das Einkaufen macht heute mehr Spaß denn je. Die **größte zusammenhängende Einkaufszone** befindet sich zwischen dem Mah Boon Krong Shopping Center an der Phya Thai Road und dem Gaysorn Plaza an der Rajdamri Road/ Ploenchit Road, und weiter nördlich bis Panthip Plaza. In diesem ca. 3 km² großen Bereich warten etwa ein halbes Dutzend große Shopping-Center auf locker sitzende Kreditkarten. Hier findet man eigentlich alles, was man braucht – und vielleicht auch nicht braucht, dafür aber unbedingt haben will.

Die üblichen **Öffnungszeiten** der Kaufhäuser sind 10.00–22.00 Uhr, einige kleinere – vor allem außerhalb des Zentrums – schließen schon um 20.00 oder 21.00 Uhr.

Das **Siam Discovery Center** an der Ecke Phya Thai Road/Rama 1 Road beherbergt einige Boutiquen, dazu Kunstgeschäfte, einen Foto- und einen Buchladen (*Asia Books,* 4. Etage), Läden für Gitarren und andere Instrumente, dazu einige Restaurants. Im 4. Stock, neben *Asia Books,* führt eine Glaspassage ins benachbarte **Siam Center,** das vor allem Kleidungsboutiquen beherbergt. Bangkoks weibliche Jugend shoppt hier ausgesprochen gerne. Dazu gibt es einige Restaurants und im 4. Stock einen etwas übermodern-kalt wirkenden, aber preiswerten Food Court. Wer sehen will, wie thailändische Studenten und Studentinnen Hausarbeiten machen, sollte es sich für längere Zeit im Starbucks im Erdgeschoss bequem machen. Das Siam Center ist durch eine Brücke direkt mit der Skytrain-Station Siam Square verbunden.

Gleich an der Ostseite des Siam Center schließt sich das **Siam Paragon** an, das bei seiner Eröffnung Ende 2005 gefeiert wurde, als wären Buddha und Jesus gemeinsam Hand in Hand zurück auf die Erde gekommen und hätten eine neue Religion verkündet. Der protzige Riesenkomplex war schon lange vorher als neue, ultimative Shopping-Destination in Thailand angekündigt worden, und wer die Thais kennt, vor allen die weiblichen, der weiß, welche Ekstase ein gut angefüllter Shopping-Komplex auslösen kann.

Das Siam Paragon (www.siampara gon.co.th) bietet auf sechs Etagen und 800.000 Quadratmetern ein unvergessliches Shopping-Erlebnis. Im Erdgeschoss kann man sich an Food Courts oder in noblen Restaurants laben, und dann geht's ab in die höheren Stockwer-

▷ Moderner Einkaufspalast:
das Siam Paragon Shopping Centre

1

ke, wo man viel Geld auszugeben kann. Man findet Kleiderboutiquen, Elektronik- und CD-Geschäfte, Kunsthandwerkliches, und in speziellen Showrooms kann man sogar einen Maserati oder Porsche bewundern und natürlich auch bestellen. Eigentlich bräuchte man nirgends anders einkaufen – es gibt einfach alles. Einen sehr positiven Eindruck macht der Buchladen *Kinokuniya* im 3. Stock, der das größte Buchgeschäft Thailands ist.

Das Siam Paragon ist so riesig, dass man einige Kilometer darin wandern und so in gut klimatisierter Atmosphäre seine täglichen Bewegungseinheiten ablaufen kann. Am besten lässt man sich an einem der Informationsschalter einen Plan des Kauftempels geben, denn ansonsten verläuft man sich womöglich und endet wimmernd in einer der Toiletten, in denen die Verrichtung der Notdurft durch Fernsehschirme mit Reklamespots verschönt wird.

Von der Skytrain Station Siam Square führen Brückenverbindungen direkt ins Siam Paragon.

Die Eröffnung des Siam Paragon löste einen Renovierungsrausch bei den nahebei gelegenen Department Stores aus, die durch die neue Konkurrenz um ihre Kunden bangen mussten. Fünf Minuten Fußweg weiter östlich, an der Ecke Rama 1 Road und Rajdamri Road, liegt das vor einigen Jahren gründlich renovierte und erweiterte **CentralWorld Plaza.** Dies ist das Flaggschiff der Central-Kette (www.central.co.th) und ist von der Verkaufsfläche her noch ein wenig größer als das Paragon. Auch das CentralWorld Plaza ist schön gemacht, die Architektur ist hell, modern und freundlich. Erwähnenswert ist der Buchladen *B2S* im 3. Stock, mit einer Riesenauswahl Büchern und Magazinen. Wie im Siam Paragon so funktioniert auch hier die Klimaanlage vorzüglich, und man kann kilometerweit laufen, ohne mineralhaltige Wie-

355th rk

derbelebungsmittel zu benötigen. Der nördliche Teil des Riesenkomplexes wird vom japanischen Kaufhaus **Isetan** eingenommen (viele japanische Restaurants und Lebensmittel), der südliche Teil vom **Zen Department Store,** einem Kaufhaus mit modischer Kleidung und Accessoires.

Auf dem Vorplatz des CentralWorld (Nordostecke) befinden sich **Schreine,** darunter einige mit dem Elefantengott Ganesh, die dem Erawan-Schrein schräg gegenüber unheilige Konkurrenz machen sollen. Der hinduistische Elefantengott Ganesh gilt als Glücksbringer. Der Schrein etwas weiter links von Ganesh ist der Trimurti-Schrein und dieser steht bei jungen Leuten in dem Ruf, den Wunsch nach einem geliebten Partner zu erfüllen – daher die vielen roten Rosen, die vor dem Schrein abgelegt werden.

Nördlich gegenüber des Erawan-Schreins, auf der anderen Seite der Rajdamri Road und neben dem Intercontinental Hotel, liegt das **Gaysorn Plaza** (www.gaysorn.com). Dies ist nicht der Mittelpunkt der Schwulenszene Bangkoks, wie man vermuten könnte (*gaysorn* heißt Safran), sondern ein kleineres Kaufhaus, das sich auf absolute Nobelmarken spezialisiert hat. Meist ist das Center verhältnismäßig menschenleer, denn nicht jeder Thai kann sich eine 50.000-Baht-Louis-Vuitton-Handtasche leisten. (Dagegen scheint jede zweite Frau in Bangkok mit einer billigen LV-Kopie umherzulaufen!)

Etwa 100 m südlich des Erawan-Schreins an der Rajdamri Road befindet sich das **Peninsula Plaza,** ebenfalls ein recht gehobenes Kaufhaus, vor allem mit Kleidungs-Boutiquen. Etwas um die Ecke, an der Ploenchit Rd., einige Schritte östlich des Erawan-Schreines liegt das **Amarin Plaza** und gleich daneben das kleine Shoppingcenter des Hyatt Erawan Hotels, das sich vor allem Nobelmarken gewidmet hat. Mit dabei ist eine Boutique der Designerin Stella McCartney.

Der **Central Department Store** an der Ecke Soi Chitlom/Ploenchit Rd. (auch **Central Chitlom** genannt) bietet ein sehr gutes Rundumangebot – vergleichbar mit Karstadt – darunter viele westliche Nahrungsmittel im Supermarkt im Erdgeschoss. Ein besonderes Lob verdient die **Weinabteilung** im Supermarkt; sie ist gut bestückt und wie bei allen Central-Läden sind die Weine relativ preiswert, da die Central-Kette teilweise Selbstimporteur ist. Wer vorhat, Dauerkunde zu werden, kann sich eine Mitgliedskarte aushändigen lassen, durch die manche Lebensmittel verbilligt werden.

Im 6. Stock liegt das **Food Loft,** ein nobler Food Court mit Ständen diverser Küchen: Thai, vietnamesisch, chinesisch, indonesisch, indisch und italienisch. Beim Betreten wird einem eine elektronische Karte ausgehändigt, auf dem die Speisen per Computer verzeichnet werden. Am Ende zeigt man die Karte an der Kasse vor und bezahlt die darauf verbuchte Summe. Verliert man die Karte, kostet das 1000 Baht, was die Höchstsumme ist, die man darauf verbuchen kann! Im Food Loft kann man sich die Gerichte selber von den Ständen holen, oder aber einen der Bediensteten damit beauftragen. Das sollte man vielleicht tun, denn auf die Preise kommt ohnehin eine zehnprozentige Service Charge.

Das Central Departement Store ist ein sehr angenehmes, ruhiges, und unprätentiöses Kaufhaus, ohne viel Schnickschnack, aber mit guter Leistung. Von der Skytain-Station Chitlom führt eine Verbindung ins Kaufhaus.

Das **Panthip Plaza** an der Petchaburi Road, etwas westlich der Kreuzung mit der Rajaprarop (Ratprarop) Road, ist Bangkoks Zentrum für Computer und Software-Piratenware. Kopierte Computer-Programme werden ebenso verkauft wie Raubkopien von CDs und DVDs – vor allem Pornofilme, und als westlicher Besucher wird man alle paar Meter von einem Verkäufer mit dem lockenden Spruch „Sexy movie?" angesprochen. Angeboten werden auch preiswerte DVD-Player, Digitalkameras und anderes technisches Gerät. Besonders preiswert für Kameras und Objektive: *Cameras & Lenses* im 3. Stock und die beiden Läden *Camera VS* im 2. Stock, die – mit drei weiteren Läden im Panthip – alle zur gleichen Kette gehören.

Einen Preis für Originalität verdient das **Old Siam Plaza** im Stadtteil Pahurat, zwischen der Pahurat Road und der New Road (Charoen Krung Rd.). Die Architektur des Hauses ist dem Talaat („Markt") Ming Muang nachempfunden, der Anfang des 20. Jahrhunderts an dieser Stelle stand, mit einer hohen, gewölbten Halle, von der altertümlich-gemütliche Shopping-Arkaden ausgehen. Zu kaufen gibt es vor allem Kunsthandwerkliches und Antiquitäten, aber auch Schmuck und Kleidung. Im 3. Stock finden sich einige sehr dezent eingerichtete Cafés, im Erdgeschoss einige Restaurants mit Thai- und westlichen Speisen sowie Essensstände. Eine besondere Spezialität sind die Stände im Erdgeschoss, die alte traditionelle Thai-Süßigkeiten verkaufen. Da gibt es Süßspeisen, die

Der besondere Tipp

Asiatique The Riverfront, 2194 Charoen Krung Rd., www.thaiasiatique.com, 17–24 Uhr, Zone 5 (Geschäfte) 10–24 Uhr. Dieses für Bangkok ungewöhnliche Einkaufs- und Restaurant-Center ist die Fortsetzung des einstigen Suam Lum Night Bazaars, der 2011 seine Pforten schloss – eine Fortsetzung, gleichzeitig aber auch eine gewaltige Verbesserung. Asiatique ist ein weitläufiges, aus renovierten alten Lagerhäusern bestehendes Areal am Chao Phraya-Fluss, und zwischen den Verkaufsständen mit Handwerksartikeln, Souvenirs, Kleidung, Schmuck, Möbeln, Wohnungsdekorationen und allerlei Tand finden sich zahlreiche schicke (teilweise auch überteuerte) Restaurants und Pubs (Zone 6 und 10). In Zone 4 befindet sich das Joe Louis Puppet Theatre, ein international preisgekröntes traditionelles thailändisches Puppentheater. Bezüglich des Vorstellungsprogramms siehe die Homepage www.joelouistheatre.com. Eine weitere Attraktion ist das 60 m hohe Riesenrad (www.asiatique-sky.com). Fahrten zu 250 Baht, Kinder 150 Bath bzw. ab 1000 Baht in einer der diversen „Privat"-Gondeln.

Anfahrt mit der BTS bis zur Station Saphan Taksin, von wo kostenlose Zubringerboote weiter nach Asiatique fahren. Besonders an Wochenenden muss jedoch mit längeren Wartezeiten bzw. mit überladenen Booten gerechnet werden. Ansonsten Anfahrt per Taxi; an Wochenenden weigern sich manche Taxifahrer hierhin zu fahren, da es aufgrund des großen Besucherstroms zu massiven Staus kommt.

man sonst kaum noch irgendwo findet. Lecker!

Das Nonplusultra eines Budget-Kaufhauses ist das **Mah Boon Krong Center** (MBK) an der Phya Thai Road, nahe

Ecke Rama 1, das mit dem Tokyu Department Store zusammengewachsen ist. Zwischen beiden Häusern bestehen Durchgänge. Das Mah Boonkrong Center ist mehr als nur ein Kaufhaus: Man kann sich die Haare schneiden oder sich tätowieren lassen, sein Portrait malen lassen, sich eine Brille, eine Fußmassage oder einen Haarschnitt verpassen lassen, Visitenkarten drucken lassen, oder auf Hunderte andere Arten Geld ausgeben und sich die Zeit vertreiben. Im 6. Stock lockt ein preiswerter Food Court mit thailändischen, thai-vegetarischen, chinesischen, westlichen, indischen und vietnamesischen Gerichten. Man könnte einen ganzen Tag im Mah Boonkrong verbringen. Viele junge Thais scheinen das auch zu tun und nicht wenige Touristen ebenso. Vorsicht bei den Handy-Verkäufern im 4. Stock: Den angebotenen Handys werden manchmal Originalbestandteile entnommen, und diese werden dann durch billige Imitate ersetzt. Im selben Stockwerk gibt es auch jede Menge Raub-CDs, -DVDs und -Computerprogramme. Von der Skytrain-Station National Stadium führt eine Brücke direkt ins Tokyu Department Store, und von da geht's weiter ins MBK.

The Emporium an der Sukhumvit Road/Ecke Soi 24 ist ein hochklassiges und etwas teureres Kaufhaus, das vor allem die in der Umgebung wohnenden wohlhabenden Thais und westlichen „Expats" bedient. Neben teurer Boutiquen-Ware findet sich auch Handwerkliches, und im 5. Stock locken ein sehr gutes Food-Center mit zahlreichen Ständen und Restaurants und ein teurer Nobel-Food-Court, der ähnlich funktioniert wie der im Central Chitlom (s. o.).

Von der Phrong Phong Station des Skytrain führt eine Fußgängerbrücke direkt ins Emporium.

In Sukhumvit Soi 49, nahe der Einmündung Soi 33 und an der Ploenchit Road finden sich Filialen von **Villa Supermarket,** der zahlreiche westliche Nahrungsmittel führt – Käse, Wurst, Brot u. v. m. Die Filiale an der Sukhumvit Soi 33 (schräg gegenüber Emporium) bietet im Obergeschoss die größte Weinabteilung Thailands, angeblich 4000 Sorten.

Ebenfalls sehr viele westliche Lebensmittel sind im **Foodland** erhältlich, in Sukhumvit Soi 5. Außerdem gibt es **deutsche Magazine und Zeitungen.** Das Geschäft ist 24 Std. geöffnet.

Eine sehr große Auswahl an westlichen und sonstigen exotischen Nahrungsmitteln führen die eleganten Filialen von **Gourmet Market** im Erdgeschoss des Siam Paragon und im 5. Stock des Emporium Shopping Center. Bangkoks neustes Shoppincenter ist **Terminal 21** in Sukhumvit, direkt an der BTS-Station Asok. Es bietet das übliche Sortiment, gibt sich aber so etwas wie „Flughafen-Ambiente". Die Informationsdamen sind wie Flugbegleiterinnen gekleidet, die Hinweisschilder an den Rolltreppen besagen „Sie erreichen nun Terminal ... (statt Stockwerk)", und die Gänge sind mit einigen „internationalen" ikonischen Gebilden geschmückt, darunter ein Leuchtturm und ein Londoner Doppeldeckerbus. Das Beste sind allerdings die Toiletten: Prachtvollere, noblere Räume zur Verrichtung der Notdurft gibt es im öffentlichen Bereich in ganz Thailand nicht.

▷ Auf dem Nachtmarkt in Patpong

1

Märkte

Auf dem berühmten Wochenendmarkt oder **Weekend Market** am Chatuchak (auch *Jatujak Park* geschrieben), gegenüber dem Northern Bus Terminal, gibt es so gut wie alles: von der Topfpflanze bis zum Kampfhahn, von der secondhand Elektronik bis zum Büffelschädel, auch fast neue Magazine wie *Stern* und *Spiegel* an den Buchständen an der Südwestseite des Marktes. Der Markt ist immer brechend voll. **Vorsicht vor Taschendieben!** Geöffnet ist er Mittwoch bis Sonntag ca. 7.00–18.00 Uhr; Mittwoch und Donnerstag sind jedoch nur die Geschäfte mit landwirtschaftlichen Produkten sowie Restaurants und Getränkestände geöffnet.

Der **Bobay (Bo Bae) Markt** an der Krung Kasem Road, gut einen Kilometer nördlich von Hualamphong Station, ist der billigste Markt in Sachen Kleidung, auch sehr gut dafür ist der **Pattunam Markt** an der Kreuzung Rajdamri/ Petchaburi Road. Hier handelt sich bei einem Teil der Ware um Kopien von Designerwaren.

Auf dem **Theves Markt,** am Nordende der Lak Luang Road, nahe dem Klong gibt's Blumen aller Gattungen und Sorten, auf dem **Bangrak Markt** an der New Road, südlich der Einmündung Silom Road, ebenfalls Blumen sowie Obst und Textilien.

Der **Pak Klong Talaat** („Markt an der Klong-Mündung") nahe der Memorial Bridge (Nähe Stadtteil Pahurat) ist ein Großmarkt für Gemüse, Blumen und Süßigkeiten, und dem Fotografen bieten sich hier zahlreiche kunterbunte Motive. Am aktivsten ist der Markt einige Stunden vor dem Morgengrauen. Nachmittags, wenn dem Markt etwas der Dampf ausgeht, lassen sich riesige Blumensträuße zu Centbeträgen kaufen. Der Markt sollte vor einiger Zeit geschlossen und verlegt werden, was aufgrund von Protesten jedoch vorläufig verworfen wurde.

Bangkok

061 ba at

Der **Klong Toey Markt** (auch **Penang Market** genannt) an der Ratchadapisek Road, etwas nördlich der Highway-Überführung ist besonders günstig für Obst, Gemüse, Kleidung und billige Elektronikartikel. Wer die unter dem Autobahnkreuz verlaufende Eisenbahnlinie in südwestlicher Richtung verfolgt und dann an der ersten Weiche rechts abbiegt, erreicht nach einigen Minuten Klong Toey, Bangkoks berüchtigten Slum. Das Viertel ist kein Vergleich zu den Slums Kalkuttas, aber dennoch ist es hier aufgrund der vielen Amphetaminsüchtigen nicht ganz ungefährlich.

Ein einziger großer Markt ist **Chinatown,** wo es absolut alles an Kleinkram gibt, und das zu den oft günstigsten Preisen der Stadt. Interessant sind die vielen Geschäfte mit traditioneller chinesischer Medizin, die von der Ginseng-Wurzel (genau so teuer wie bei uns) bis zu eingelegten Schlangenbabys ein merkwürdiges Sortiment an Heilmitteln bieten. Wer an einer Erkältung leidet, sollte sich dort aus den samowarähnlichen Gefäßen *yaa khom* (10 Baht pro Glas) ausschenken lassen, ein kaffeeartiges, bitteres Gebräu (*yaa khom* = „bittere Medizin"). Das bringt einen enorm zum Schwitzen und vertreibt die Erkältung. Viele Thais trinken die Medizin auch als Stärkungsmittel, kippen aber gleich ein paar Schluck *yaa waan* (= „süße Medizin") hinterher – um den Geschmack wegzukriegen! Yaa waan ist ein goldfarbenes, gesüßtes Getränk, das nach Kamille schmeckt. (Die Anweisung „Chinatown" wird von nicht vielen Taxifahrern verstanden. Am besten, man sagt „Sampeng" oder „Yaowarat".) Chinatown ist das, was in Reiseführern gerne als „quirliges Stadtviertel" bezeichnet

wird – mit anderen Worten, es ist Stress pur, zumindest tagsüber. Verkehr, Lärm und Abgase sind immens, und die Bürgersteige der Hauptstraßen sind durch die zahlreichen dort abgestellten Waren und Straßenstände nur schwer begehbar. Manche Touristen halten es nicht lange dort aus. Am besten ist vielleicht ein Besuch spätabends oder gar nachts, wenn entlang der Yaowarat Road zahlreiche Essensstände ihr Köchelwerk betreiben.

Der **Pahurat Markt** liegt genau im **indischen Viertel,** und hier verkaufen indische Händler Stoffe und Kleidung. In der zweiten Etage des zum Bersten vollen Marktes gibt es zudem Schmuck, Räucherwerk und Kunstgegenstände aus Indien. In der Gasse links neben dem Kaufhaus *India Emporium* verkaufen zwei Läden preiswert Bollywood-DVDs. Die *Chakraphet Pharmacy,* an der Chakraphet Road gegenüber dem *India Emporium* ist Thailands bestgehende Apotheke: Der Andrang ist so groß, dass sich die Kunden eine Wartenummer ziehen müssen. Die Medikamente sind hier sehr preiswert.

Gleich vom Pahurat Markt, unter der Fußgängerbrücke an der Chakrapet Road, geht die **Sampeng Lane** (Soi Wanit) ab. Diese schmale Gasse, die sich bis tief nach Chinatown hineinzieht, bietet wieder ein absolutes Allround-Angebot. Besonders nützlich: die für etwa 100 Baht erhältlichen (wirklich funktionierenden) **Kakerlakenfallen** *(baan malängsaab)!* Die Gasse ist immer brechend voll mit Menschen und man fühlt sich äußerst beengt.

In Patpong 1 abseits der Silom Road, in Bangkoks berüchtigster Rotlichtstraße hat sich der **Patpong Market** angesiedelt. Mitten in der schmalen Straße,

1

059th at

flankiert von zahlreichen Go-Go-Bars und Bars, in den „Live-Shows" präsentiert werden, warten dutzende von Straßenständen auf Kunden. Verkauft werden vor allem Imitate von Designerkleidung oder -lederwaren, Uhren, Audio-CDs und DVDs u. v. m. Das Gedränge ist riesig und immer wieder wird beanstandet, dass der Markt so etwas wie eine „Feuerfalle" ist – sollte es einmal zu einem Brand kommen, dürfte er katastrophale Auswirkungen haben. Außerdem sind die Händler oft sehr aggressiv, die Waren überteuert und Käufe lohnen kaum.

Spezialgeschäfte

Braucht jemand eine **Mönchskutte?** Oder einen **Hausaltar?** Religiöses (buddhistisches) Zubehör gibt es beiderseits der Giant Swing (Sao Ching-Chaa), entlang der Bamrung Muang Road. Weiterhin werden **Riesenkerzen, Gongs** in allen Größen, **Räucherstäbchen** und bunte **Fächer** verkauft. Goldene Buddha-Statuen sind ebenfalls zu bewundern, die dürfen aber bekanntermaßen nicht ausgeführt werden.

Wer der Mönchsrobe eine **Armee-** oder **Marineuniform** vorzieht, kann diese in Geschäften entlang der Atsadang Road (an der Ostseite des Klong Lord, südlich des Royal Hotel) erstehen. Thais lieben Uniformen und Fotografen haben stets allerlei Uniformen zur Hand, in denen man sich fotografieren lassen kann.

⌂ Hemden aus Thai-Seide

1

An derselben Straße verkaufen zahlreiche Läden **Secondhand-Schreibmaschinen, Secondhand-Kameras,** außerdem (neue) Hi-Fi-Waren und Musikinstrumente.

Wer nicht die passenden **Schuhe** findet, kann sich in der Thanon Tanao (zwischen Thanon Mahanopp und der Kanlaya Nimit Road) in mehreren Läden Schuhe maßarbeiten lassen. Ein Paar kostet um die 2000 Baht; dafür gibt's zu Hause so gerade noch Schuhwerk vom Regal. Zwei weitere Schuhmacher befinden sich in der schmalen Straße (kein Straßenschild) rechts vom Thai-Brahmanen Tempel (Bot Phram). Die Geschäfte liegen im Schatten eines unglaublich schmalen rosafarbenen Hauses. Das Haus ist an seiner schmalsten Seite nur 50 cm breit.

Teurere Schneiderläden liegen an Sukhumvit und dessen Sois sowie an der Silom Road. Auch hier sind die meisten Schneider Inder.

Jede Menge **Korbwaren,** vom Bastsofa bis hin zum Blumentopfuntersatz, gibt es an der Mahachai Road, etwas südlich der Einmündung Bamrung Muang Road. Hier liegen gleich mehrere Geschäfte nebeneinander. Auf dem Gelände des nahe gelegenen Rommani-Nart-Parks befand sich einst ein Gefängnis und so kann man erahnen, wie das Flechtgewerbe in diesem Viertel seinen Einzug hielt.

Die **Bettelgefäße,** in denen die Mönche bei ihren morgendlichen Rundgängen Speisen einsammeln, werden etwas südlich des Wat Saket in Handarbeit hergestellt. Südöstlich der Kreuzung Boriphat/Mahachai Road liegt eine kleine Handwerkersiedlung, in der die Gefäße gefertigt werden. Die Siedlung heißt *baan baat* oder „Das Dorf der Bettelgefäße". Ein dort hergestelltes Bettelgefäß *(baat)* kostet mehrere hundert Baht, industriell gefertigte allerdings nur ca. 100–200 Baht. Die handgearbeiteten sind aber haltbarer und können zur Not auch repariert werden. Das Handwerk der Bettelgefäßmacherei steht aufgrund der übermächtigen Konkurrenz durch die Industrie aber kurz vor dem Aussterben.

Chinesische Medizin, darunter zum großen Teil (angebliche) Aphrodisiaka und sonstige Stärkungsmittel, verkaufen zahlreiche Geschäfte entlang der Charoen Krung Road in Chinatown (also etwa zwischen Chakrawat Rd. und Mitsamphan Rd.).

Entlang der Charoen Krung Road in Chinatown liegen zahlreiche **Münzgeschäfte** und -stände, die alte (vielleicht nur gezinkte?) Münzen und Geldscheine verkaufen.

Modische und preiswerte **Kleidung** gibt es an den Straßenständen im Stadtteil Banglamphoo zwischen der Travellerstraße Khao San Rd. und der Phra Sumen Rd., im Pratunam-Markt, in den Shopping-Arkaden am Siam Square (Rama 1, gegenüber dem Siam Center und Siam Paragon) oder an Ständen, die abends an der Silom Road aufgebaut werden (etwa 18.00–23.00 Uhr, zwischen dem Robinson Department Store und Patpong).

Edelsteine können in Geschäften entlang der Silom Road erstanden werden, ebenfalls **Kunstgegenstände, Schmuck** etc. Im Bereich um Silom Road und Petchaburi Road haben sich viele Edelsteinbetriebe angesiedelt, nicht wenige werden von Indern aus traditionellen Händlerkasten betrieben. Die Käufe

1

Bangkok

können sehr günstig sein – falls Sie aber nichts von Edelsteinen verstehen: Hände weg! Die Chance, Verlust zu machen, ist weit höher als die Aussicht auf ein gutes Geschäft.

Eine großartige Auswahl von **Kunstgegenständen** und **Handwerksartikeln** führt das Rasi Sayam in 32 Sukhumvit Soi 23, und das zu erstaunlich vernünftigen Preisen.

Die berühmte **Thai-Seide** gibt es sehr gut (aber nicht so billig) bei *Jim Thompson's Thai Silk Co.,* 9 Suriwong Road. In derselben Straße (Nummer 23/15–6) befindet sich *P. Shinawatra Thai Silk,* ebenfalls mit Seide, Baumwollstoffen etc. Um übrigens echte Seide von Polyester-Gemischen unterscheiden zu können, lässt man sich am besten ein kleines Stück des zu kaufenden Materials geben und brennt es an – echte Seide verbrennt zu einem feinen Pulver und riecht wie angebranntes Fleisch. Polyester-Gemische riechen dagegen eindeutig nach Plastik.

CDs und DVDs gibt es im *Gramophone* im 4. Stock des Siam Paragon und im *B2S* im CentralWorld (1.–3. Stock). Eine CD kostet etwa zwischen 390 und 500 Baht. Wer nicht das übliche Hitparadenfutter sucht, wird möglicherweise im *Do Re Mi* (Siam Sq. Soi 3) fündig. Die ältere Dame, die den Laden betreibt, bietet ein gutes Sortiment an Rock, Blues und Jazz. Schwülstige thailändische Schlagermusik aus den 1950er oder 1960er Jahren findet man bei *Mae Mai Pleng Thai* im Erdgeschoss des MBK. Da weiß man dann, wie die thailändischen Pendants zu *Peter Kraus* und *Elvis Presley* klangen und aussahen. Allein die Cover könnten so manchen Sammler entzücken.

Stadtverkehr

Außer den im Kapitel „Verkehrsmittel" erwähnten Taxis und Tuk-Tuks verfügt Bangkok über ein hervorragendes Busnetz, eine elektrische Hochbahn (Skytrain), eine U-Bahn sowie über Fähr- und Expressboote.

Bus

Bangkoks Busnetz ist flächendeckend und sehr dicht, durch die hohe Anzahl verschiedener – und verschieden-farbiger – Busse auch **sehr verwirrend.**

Es gibt blau-beige und rot-beige Busse ohne Klimaanlage, dazu orangefarbene und gelb-orangene Busse, die statt mit Benzin mit Gas fahren (die erstgenannten werden von Privatleuten betrieben), dazu orangefarbene, gelbe und blaue Busse mit Klimaanlage. Das Ganze ist extrem verwirrend und wer nicht die letzten Euros in der Tasche klimpern hat, sollte lieber auf Taxis zurückgreifen. Wer es dennoch wagen will, sollte sich einen Stadtplan kaufen, auf denen die Buslinien eingezeichnet sind; das hilft zwar auch nicht immer, aber manchmal.

Die **preiswertesten Busse** sind die orangefarbenen, gasbetriebenen Privatbusse zu 6,50 Baht je Fahrt, egal wie weit. Danach kommen die blau-beigen und rot-beigen Busse zu 8 und 10 Baht. Auch hier ist der Fahrpreis pauschal. Bei den Bussen mit Klimaanlage richtet sich der Fahrpreis nach der Entfernung; ca. 10–25 Baht.

Die Busse fahren in der Regel ca. zwischen 6.00 und 24.00 Uhr, einige auch darüber hinaus.

1

Boot

Die **Expressboote** auf dem Chao-Phraya-Fluss sind die wohl angenehmste und zugleich spannendste Art durch Bangkok zu fahren (www.chaophraya expressboat.com/en). Die Boote bedienen eine Strecke von ca. 21 km zwischen dem Pier Ratsingkorn im Stadtteil Yannawa im Süden bis Pak Kret im Norden, nicht alle Boote fahren jedoch die gesamte Strecke. Die Expressboote sind mit farbigen Fahnen versehen, die sowohl die Strecke als auch die Fahrfrequenz anzeigen:

■ **orange:** ganztägig, von Yannawa nach Nonthaburi im Norden
■ **gelb:** von Yannawa nach Nonthaburi, nur zur Rushhour morgens und nachmittags
■ **grün-gelb:** von Yannawa nach Pak Kret, nur zur Rushhour
■ **blaue Linie:** von Tha Sathon an der Sathon Rd. zum Wat Phra Kaeo & Grand Palace, spezielles Touristenboot zu 60 Baht, mit englischsprachigen Erklärungen

Die Boote fahren wochentags von 6.00 bis 19.00 Uhr, sonntags von 6.00 bis 18.30 Uhr. Der Fahrpreis – außer bei der blauen Linie – beträgt je nach Entfernung ca. 10–40 Baht, bezahlt wird beim Schaffner im Boot (www.chaophrayaboat.co.th).

Ein weiterer Expressverkehr, allerdings mit den **schmalen Klongbooten,** bietet sich auf dem Klong Mahanak: Ab Wat Saket fahren die Boote über Pratunam (Halt gegenüber dem Central-World/Isetan Dep. Store) bis zum nordöstlichen Vorort Bangkapi, Kostenpunkt bis dort 20 Baht, bei kürzeren Strecken entsprechend weniger. Aber Vorsicht,

speziell auf diesem Streckenabschnitt stinkt der Klong streckenweise ganz erbärmlich! Empfindlichen Nasen ist die Mitnahme eines Taschentuches als Geruchschutz anzuraten.

Auf den in Bangkok erhältlichen Stadtplänen sind zumeist die Routen und Anlegestellen der Boote auf dem Chao Phraya eingezeichnet, nicht aber die der Klongboote.

An vielen Piers entlang des Chao Phraya setzen **Fährboote** auf die andere Flussseite über, Preis 3 Baht.

Taxameter-Taxi

Es gibt ca. **100.000 Taxis** in Bangkok, sie alle sind mit Taxameter und Klimaanlage ausgestattet. Die Taxis sind so zahlreich und immer präsent, dass man meist keine Minute warten muss, um eines zu bekommen. Einfach an der Straße warten und die Hand ausstrecken, wenn man im Fenster vorne ein rot leuchtendes Schild in Thai-Schrift sieht; dies besagt *waang* = frei. Sitzt ein Passagier im Taxi und das Taxameter ist eingeschaltet, ist das Licht ausgeschaltet. Auf dem Dach befindet sich ein Schild „Taxi-Meter". Die Taxis gibt es in allen erdenklichen Farben, von rosa bis gelb-grün, jedes Unternehmen und jeder Privatbesitzer kann tun was er will. Viele der grüngelben Taxis gehören Privatbesitzern, die anderen werden von den Fahrern meist zu Tagesmieten (d. h. eine 12-Std.-Schicht) von 500–600 Baht gemietet. Die meisten Taxifahrer stammen aus dem Issaan, die allermeisten dort aus der Gegend um Roi-Et.

Sollte es Ärger mit dem Fahrer geben (z. B. eine überlange „Stadtrundfahrt"), kann man **sich beschweren** – theoretisch zumindest – beim *Land and Transport Department,* Tel. 02-2725489. Z. B. auch darüber, dass ein Taxifahrer eine Fahrt ablehnt; ihm droht dafür eine Geldstrafe von 2000 Baht. Mit 2000 Baht wird es auch geahndet, wenn der Fahrer den Passagier vor dem vereinbarten Fahrtziel aus dem Wagen komplimentiert. Ob beim Transport Department aber jemand das Telefon abnimmt und dann noch des Englischen mächtig ist, ist sehr fraglich.

Die **Preiskalkulation** der Taxameter-Taxis sieht wie folgt aus: Anfangsgebühr (bis 1 km) 35 Baht; jeder weitere Kilometer bis 12 km kostet 5 Baht, 13–20 km: 5,50 Baht, darüber: 6 Baht/km. Standzeiten werden mit 1,50 Baht pro Minute berechnet. Beim Befahren der Schnellstraßen, was viel Zeit einsparen kann, muss die **Straßengebühr** (25–45 Baht) vom Fahrgast getragen werden. In der Regel sind Taxis preiswerter als Tuk-Tuks.

Die Taxifahrer *müssen* laut Gesetz nach Taxameter fahren, solange man sich im Großraum Bangkok bewegt. Dazu gehören auch Bangkoks Nachbarprovinzen Nonthaburi, Pathum Thani und Samut Prakarn. Wer aber z. B. nach Ayutthaya oder Pattaya fahren will, muss mit dem Fahrer einen Preis aushandeln.

Taxameter-Taxis können gegen einen Aufpreis von 30 Baht auch **per Telefon** gebucht werden.

Es gibt mittlerweile zahlreiche Unternehmen mit Funk-Taxis. Man versuche beispielsweise Tel. 1661, 3545 oder 02-8789998. Die Funkzentrale beordert das Taxi, das dem Abholort am nächsten gelegen ist. Mit einer Wartezeit von mindestens einer halben Stunde ist zu rechnen.

Meist lohnt der Anruf nicht, denn fast überall in Bangkok kann man zu jeder Tages- und Nachtzeit in kürzester Zeit auf der Straße ein Taxi antreffen.

Tuk-Tuk

Der Fahrpreis für Bangkoks Tuk-Tuks ist vor Fahrtbeginn auszuhandeln. Eine Kurzstrecke per Tuk-Tuk (1–2 km) sollte theoretisch etwa 30 Baht kosten. Bei langen Strecken sind die Tuk-Tuks meist teurer als die Taxis! Einige Tuk-Tuk-Fahrer, besonders in der Khao San Road, neigen zu Wucherpreisen. **Vorsicht** auch vor Fahrern, die sich anbieten, für 20 Baht oder gar umsonst eine Stadtrundfahrt zu veranstalten – die Passagiere werden oft bereits nach wenigen Minuten in einem Edelsteingeschäft abgeladen, wo der Tuk-Tuk-Fahrer einen Tankgutschein über 200 Baht erhält. Das Geld will vom Geschäft natürlich wieder hereingeholt werden, folglich werden die unfreiwilligen „Gäste" oft unschön zu Käufen genötigt. Generell möchten wir vom Gebrauch der Tuk-Tuks abraten: Sie sind teurer als Taxis, da krumme Touren bei Touristen (horrende Überpreise) fast die Regel sind. Außer ihrem optischen „Exotenwert" haben die Tuk-Tuks nichts Positives zu bieten.

Faustregel Taxis und Tuk-Tuks: Nehmen Sie nie ein Taxi oder Tuk-Tuk, das irgendwo parkt, immer nur eins, das gerade vorbeifährt. Die Dauerparker lauern meist nur auf Touristen, die sie ausnehmen können. Vor allem sieht man sie an der Khao San Road, in Patpong und vor vielen Hotels. Hotelangestellte, die den Taxis Kunden zuschieben, verdienen sich damit ein Zubrot, dafür schalten die Taxis das Taxameter nicht ein und die Fahrer verlangen Halsabschneiderpreise.

Motorrad-Taxi

Vor Kaufhäusern oder an Zugängen zu längeren Sois (Gassen) finden sich oft Motorrad-Taxis, deren Fahrer zumeist rote oder blaue Westen tragen. Die Motorrad-Taxis sind günstig, um schnell die Staus zu durchfahren, dafür ist die **Unfallgefahr** relativ hoch, und sie **kosten** fast genauso viel wie Tuk-Tuks oder Taxis. Die Fahrer werden oft von Polizisten zu hohen Schmiergeldzahlungen genötigt und müssen sich das Geld irgendwie zurückverdienen.

043ba at

Einige der Fahrer sind keine unbeschriebenen Blätter, und **Frauen** sollten Fahrten in einsame Gebiete oder während der Dunkelheit vermeiden.

Skytrain (BTS)

Ende 1999 wurde die lang geplante **elektrische Hochbahn** oder Skytrain eröffnet (auf Thai *rot-fay fay-fa loy* = „schwebender Elektro-Zug"). In der Amtssprache nennt er sich auch BMTS oder *Bangkok Mass Transit System*.

Die **Preise** liegen je nach Fahrstrecke bei 15–42 Baht und sind somit für die meisten Einwohner Bangkoks zumindest für die längeren Strecken zu hoch; außerdem ist das Streckennetz noch zu kurz (55 km), aber im Ausbau begriffen.

Für die meisten Reisenden aber dürften die vollklimatisierten und sehr schnellen Züge Marke Siemens eine ausgezeichnete Alternative zu den Bussen sein, besonders auf der touristisch wichtigen Strecke zwischen Sukhumvit, Siam Square und der Silom Road. Für die Strecke Siam Square – Phrom Phong (Emporium Shopping Ctr.) benötigt man 6½ Minuten; mit dem Taxi dauert es je nach Tageszeit drei- oder viermal so lange. Der Fahrpreis per Skytrain beträgt 25 Baht, mit dem Taxi bei normalem Verkehr ca. 50–60 Baht. Ein Nachtteil des Skytrain ist, dass einige Stationen nicht über Rolltreppen verfügen, sodass man bis zu 84 Stufen zu Fuß erklimmen muss – daher sieht man vor allem junge und relativ fit-

◁ An der Skytrain-Station Siam Square

Bangkok U-Bahn und Skytrains

© REISE KNOW-HOW 2013

THAI129

Legende:

- ● U-Bahn-Station
- ● Skytrain-Station
- ▲ Expressboot-Station
- ◉ Schnittpunkte (Interchange) von U-Bahn und Skytrain
- ◉ Interchange Siam (Schnittpunkt der Skytrainlinien)
- — U-Bahn-Strecke
- — Skytrain-Strecke
- — Straße
- — Klong bzw. Fluss (Chao Phraya)

te Menschen in den Zügen! Außerdem sind die Züge in den letzten Jahren immer beliebter geworden, und besonders am späten Nachtmittag und frühen Abend sind die Waggons vollgestopft wie Sardinenbüchsen. Die **elektronischen Plastik-Tickets** für Einzelfahrten werden an Automaten gezogen. Dazu gibt es kostengünstigere und praktischere Tickets für Vielfahrer. Mit dem „**30 Day Smart Pass**" kann man innerhalb von 30 Tagen 15, 25, 40 oder 50 Fahrten absolvieren; Preis 300/450/640/750 Baht

respektive. Außerdem ist ein „**One Day Pass**" erhältlich, der für 130 Baht zu beliebig vielen Fahrten innerhalb des Tages berechtigt. Ansonsten bietet sich der „**Sky Smart Pass**" (oder „Stored Value Ticket") an, ein Ticket, das man jederzeit um beliebige Summen aufladen und immer wieder neu verwerten kann. Einen preislichen Vorteil bietet dieses jedoch nicht. Alle diese Sonder-Tickets erhält man an den Ticketschaltern in den BTS-Stationen. Die Züge fahren von 6.00–24.00 Uhr. Siehe auch www.bts.co.th.

1

Es existieren zwei **Linien,** die auf recht unansehnlichen Hochtrassen durch die Stadt führen: Die Silom-Linie, die vom National Stadium (nahe Mah Boonkrong Shop. Ctr.) über die Ratchdamri Road und Silom Road zur Sathorn Bridge führt. Die zweite Linie, die Sukhumvit-Linie, führt vom Bahn-Depot in Morchit (relativ nah am Northern und Northeastern Bus Terminal) über das Victory Monument, National Stadium und die Ploenchit Road bis zu Soi Onnuj an der Sukhumvit Road.

U-Bahn (MRT)

Seit 2004 ist eine U-Bahn in Betrieb, deren Streckennetz derzeit 43,7 km beträgt. Die Linie führt von der Hualamphong Station über die Silom Road am Dusit Hotel und dem dem Lumpini Park vorbei weiter über die Rama 4 Road, Soi Asoke/Sukhumvit und über die Ratchadapisek Road nach Morchit zum **Northern & Northeastern Bus Terminal.**

An der Silom Road kreuzen sich U-Bahn und Skytrain beinahe; zwischen der U-Bahn-Station Silom und der Skytrain-Station Sala Daeng liegen nur ca. 100–150 m Fußweg (je nachdem welchen Aus- oder Zugang man nimmt).

Die **Fahrpreise** betragen je nach Strecke 14–36 Baht. Ähnlich wie beim Skytrain kann man sich ein „Stored-Value-Ticket" ausstellen lassen und braucht dann nicht bei jeder Fahrt neu am Schalter um ein Ticket anzustehen.

Die U-Bahn und der Skytrain sind leider nicht integriert, d. h. Tickets des einen Systems können auf dem anderen System nicht benutzt werden. Dies soll sich jedoch „in Zukunft" irgendwann ändern. Siehe auch www.mrta.co.th/eng.

Unterkunft

Die Auswahl an Unterkünften in Bangkok ist riesig, doch sind die Distanzen in der Stadt gewaltig, und man sollte bei der Ankunft eine Vorstellung davon haben, wo man wohnen möchte. Über 80.000 Hotelzimmer gibt es derzeit in Bangkok.

Die wichtigsten Hotelbezirke

Bangrak: Der Stadtteil um das Hauptpostamt (G.P.O.) herum, mit einigen zum Teil dubiosen Guest Houses (vorwiegend pakistanisches Publikum), aber auch einigen recht guten Mittelklasse-Hotels. In den Guest Houses wird öfters von Diebstählen berichtet.

Chinatown: Hier finden sich einige Hotels der oberen Mittelklasse und auch zahlreiche billige Absteigen. Aufgrund der enormen Verkehrslautstärke und der Abgasbelastung braucht man hier aber sowohl Nerven als auch Lungen aus Stahl. Einige lärmisolierte Top-Hotels sind wohltuende Ausnahmen.

Hualamphong Station: Am Ostrand von Chinatown, mit denselben Lärm- und Abgasproblemen. Nur eventuell für Leute, die am nächsten Tag früh einen Zug nehmen müssen.

Khao San Road (Banglamphoo): Die günstigste Wohngegend, in der Nähe zahlreicher Sehenswürdigkeiten gele-

Bangkok

gen. Es gibt Dutzende von sehr preiswerten Guest Houses und einige Hotels der unteren Mittelklasse. Die Khao San Road selber leidet aufgrund vieler lauter Bars und Straßenständen unter beachtlicher Lärmbelastung. Besser sind heute die Unterkünfte westlich der Khao San Road, in und um Soi Rambutri sowie in der weiteren Umgebung des Stadtteils Banglamphoo. Ein paar sehr gute Unterkünfte finden sich etwa 2 km nordöstlich der Khao San Road, nahe dem National Museum. Gelegentlich werden Diebstähle in den preiswerten Guest Houses gemeldet: begangen oft von Travellern!

Pratunam (sprich Pattunam): Einige teurere Hotels, umgeben von viel Verkehrschaos und einem lebendigen Markt. Asiatische Textilexporteure lassen sich hier gerne nieder. Viele Gäste in den billigeren Unterkünften sind Nigerianer in zweifelhafter Mission.

Siam Square: Ein lebendiges, modernes Viertel, ein Treffpunkt der Jugend mit unzähligen Shopping- und Essgelegenheiten. Eine der besten Wohngegenden der Stadt, aber mit begrenzter Zahl von Unterkünften im mittleren und hohen Bereich.

Silom Road: Bangkoks quirlige „Wall Street", mit einigen zumeist teuren Hotels. Abseits der Straße liegt der berühmt-berüchtigte Barbezirk Patpong.

Soi Ngam Duphli: Die erste Traveller-Straße der Stadt, die heute allerdings einen etwas verlassenen Eindruck macht. Es gibt mehrere preiswerte Guest Houses. Ein Vorteil ist die Nähe zur Silom Rd./Patpong, so man denn dort unbedingt hin muss.

Sukhumvit: Eine schier endlos lange Ausfallstraße in Richtung Osten, mit internationalem Flair. In den zahlreichen von Sukhumvit abzweigenden Sois (Gassen) finden sich Dutzende von Hotels der Mittel- und Oberklasse; diese gehören zu den besten Wohnmöglichkeiten in der Stadt. Preiswerte Guest Houses wie in der Khao San Road gibt es allerdings bis auf ein oder zwei Ausnahmen nicht.

Suriwong Road: Eine Parallelstraße der Silom Road, allerdings hässlicher und lauter. Es gibt hier ein paar teure Hotels. Der Bereich nahe Patpong ist Bangkoks Schwulenzentrum.

Zimmersuche

Wer am Bangkoker Flughafen ankommt, sollte eine ungefähre Vorstellung haben, wie viel Geld er für ein Zimmer auszugeben bereit ist. Danach kann er sich aus den Stadtteilbeschreibungen einen Be-

Preiskategorien

Für die Kennzeichnung des Preisniveaus der einzelnen Unterkünfte wird die folgende Einteilung verwendet, die sich aber ausschließlich auf die Preisgruppe und nicht auf den Service bzw. die Qualität bezieht.

Klassifizierung der Unterkünfte

*	bis 150 Baht
**	150–300 Baht
***	300–600 Baht
****	600–1200 Baht
*****	1200–2400 Baht
LLL	Luxusklasse, über 2400 Baht

1

Khao San Road:

Von der „Hundekot-Straße" zum internationalen Traveller-Treff

Die Entwicklung, die die Khao San Road in den letzten Jahrzehnten erlebt hat, ist in der Tat erstaunlich. Gebaut wurde die Straße zur Regierungszeit von *König Rama 5.* (1868–1920), und zunächst bestand sie nur aus einigen einfachen Holzhäusern. Der Name der Straße (khao san = „geschälter Reis") beruht wohl darauf, dass sich dort kleine Reishändler angesiedelt hatten. Später war die Gegend bekannt für die dort befindlichen Geschäfte mit Hochzeitsaustattungen und religiösen Paraphernalia. Noch heute kaufen Bräute hier ihre Hochzeitskleider ein.

Das erste Hotel der Gegend war das Vieng Tai Hotel in der Rambutri Road, das in den 60er Jahren des 20. Jhs. von einer adligen Thai-Dame errichtet wurde, *Khunying* („Edle Dame") *Raem Promobol Bunyaprasop.* Zu dieser Zeit nannten viele Thais die Khao San Road scherzhaft Thanon Kii-Maa oder „Hundekot-Straße" – aufgrund der zahlreichen Hundeköttel, die die streunenden Hunde hinterließen, die von den Mönchen von Wat Chanasongkhram gefüttert wurden.

Da sich die Straße günstig nahe zu den wichtigsten Sehenswürdigkeiten der Stadt befand, erschien die Khao San Road Anfang der siebziger Jahre des 20. Jhs. zum ersten Mal in einem Reiseführer. Von nun an sollte die Straße nie wieder dieselbe sein. Einige der ersten Traveller, die sich einfanden, konnten sich die damals bestehenden zwei Hotels des Viertels nicht leisten und mieteten sich zu Niedrigstpreisen in Privathäusern ein. Bald kamen die Hausbesitzer auf die Idee, kleine Guest Houses einzurichten. Und der Rest, nun ja, der ist thailändische Tourismus-Geschichte.

Von der Khao San Road aus breiteten sich die Guest Houses in den 1990er Jahren auch in die Umgebung aus, so in die Gegend der Phra Arthit Road, in Soi 1, 2, 3, 5 und 6 der Samsen Road und sogar bis in die zwei Kilometer entfernte Sri Ayutthaya Road (nahe National Library).

1999 wurden einige Szenen des Filmes „The Beach" mit *Leonardo DiCaprio* in der Khao San Road gedreht, und die daraus entstandene Publicity sorgte für weiteren Zustrom. Einige der durch den Film angelockten Traveller zeigten sich aber enttäuscht darüber, dass sich die Straße als regelrecht modern entpuppte, und nicht – wie erhofft – als staubige Dritte-Welt-Landstraße mit abendlichem Laternenschein.

Derzeit ist die Khao San Road auch bei vielen unternehmungslustigen jungen Thais „in". Vor einigen Jahren noch fürchteten sich viele Thais vor den wild aussehenden und nicht immer frisch geduschten Travellern; die meisten Thais erlitten in der Khao San Road einen erheblichen Kulturschock.

zirk aussuchen und diesen am Taxischalter im Flughafen nennen.

Die Taxifahrer am Flugplatz kennen die Hotelgegenden sehr gut, so wird es da keine Probleme geben. Doch Vorsicht, gelegentlich behaupten die Fahrer, dass gerade das Hotel der Wahl „bis an die Decke voll" ist, weil sie den Touristen lieber in ein Hotel schleppen würden, das ihnen Kommission zahlt. Bangkok ist voll von Hotels, und man sollte sich durch solche Bemerkungen nicht verängstigen lassen. Niemand muss auf der Straße schlafen! Ist das gewünschte Ho-

In den letzten Jahren ist die Straße zunehmend smarter geworden, und es gibt zahlreiche gediegene Night-Spots, Bars und Restaurants; und auch das Niveau der Klientel ist dementsprechend etwas gehobener als zuvor. Zu den besten Night-Spots gehört Gulliver's Traveller Tavern (Ecke Khao San Rd./Chakrabong Rd.), eine Art Rock-Kneipe, jeden Abend gerammelt voll, die Lava Bar mit ihrer Techno-Musik, die smarte Silk Bar, mit Sitzgelegenheit unter anderem im Freien, und die große, blitze-saubere Buddy's Bar, die 24 Std. lang geöffnet ist. Dem Gesetz nach darf nach 2.00 Uhr kein Alkohol ausgeschenkt werden, Cocktails, die nicht nach Alkohol aussehen, werden jedoch fröhlich weiter ausgegeben. Vorsicht, abends finden sich neben den zahlreichen weiblichen „freelancers" auch einige Dutzend gathoeys ein. Auch in der Khao San Road ist nicht alles Frau, was nach Frau aussieht!

Am turbulentesten geht es in der Straße zum Songkran-Fest zu (13. April), wenn sich hier hunderte von Thais einfinden, um vor allem die Ausländer mit Wasser zu bespritzen. Einige kommen dazu von weit hergereist. Wer zufällig an diesem Tag ankommt und ein Guest House sucht, oder wer gerade abreisen muss, tut gut daran, alle Wertsachen wasserdicht verpackt zu halten. Der Rucksack wird sicher etliche Liter Wasser abbekommen. Am allerbesten, man meidet diesen Tag sowohl für Ankunft und Abfahrt.

tel tatsächlich belegt, so liegen in dessen Umgebung bestimmt noch eine Menge anderer Unterkünfte.

Die **beste Zeit,** ein Zimmer zu suchen, ist morgens oder um 12.00 Uhr mittags, weil dann viele Gäste auschecken. Wer spät abends eintrifft, ist nicht

so gut dran, das gewünschte Hotel könnte belegt sein. Dann: Einfach ein Zimmer in der Nähe für nur eine Nacht nehmen und am nächsten Morgen etwas Besseres suchen.

Das Viertel um die Khao San Road

Dies ist der **größte Traveller-Treff** der Stadt, und daran wird sich vorläufig auch nichts ändern. In der ein paar hundert Meter langen Straße befinden sich über 100 Guest Houses oder Hotels, in der weiteren Umgebung noch mindestens drei Dutzend mehr. Die Häuser sind durchweg sauber und zudem sehr preiswert. Die große Konkurrenz hält die Preise tief. Wer in der Hauptsaison am späten Abend eintrifft, kann das Pech haben, alles voll vorzufinden und sollte dann bei den Guest Houses in der Umgebung auf die Suche gehen.

In der Straße befinden sich mehrere **Wechselschalter,** die meist von 8.00 bis 20.00 Uhr geöffnet sind.

Das dort eingewechselte Geld kann immer leichter in der Khao San Road ausgegeben werden, finden sich dort doch zunehmend teure Bekleidungsgeschäfte – allesamt von indischen Sikhs geleitet – und Restaurants. In den letzten Jahren hat sich das Flair der Straße stark auf das des nobleren Sukhumvit zubewegt, alles wird etwas gepflegter, glatter und leider auch teurer. Moden gehen an der Khao San Road kaum vorbei – der letzte Schrei sind die „Fish Spas", Wasserbecken, in denen man sich von Guppys die toten Hautzellen von den Füßen fressen lassen kann. Vorsicht vor den

Khao San Road & Umgebung (Banglamphoo)

© Reise Know-How 2013
THAI008

■ Übernachtung
1 New World Lodge
2 Diamond House
5 Swana Hotel
6 Trang Hotel
7 Baan Chantra
12 Apple G.H. 2
13 Lamphu House
14 Rambutri Village Inn
15 My House G.H.
16 Merry V. G.H.
17 Green G.H.
18 New Siam G.H.
20 Phra Arthit Mansion
21 New Merry V. G.H.
22 Peachy G.H.
23 Roof Garden Sun G.H.
24 New Siam 2 G.H.
25 Apple G.H.
28 Au Thong Restaurant
   und Guest-House

31 J. & Joe House
32 Sawadee Khao
   San Inn
34 Barn Thai G.H.
35 Chart G.H.
37 D&D Inn
38 Lek G.H.
40 New Joe House
41 Kawin Place
42 Sawadee
   Bangkok Inn
43 Khao San Palace Inn
44 Centre Point
   Plaza Hotel
45 Nith Charoen Hotel
46 Viengtai Hotel
48 Marco Polo Hostel
49 Nat G.H.
50 Siam Oriental Inn
51 Top G.H.
54 Buddy Lodge

■ Essen und Trinken
3 May Kaidee Restaurant
4 Adhere 13th Blues Bar
8 Baghdad Cafe
9 Primavera Restaurant
10 Joy Luck Club
11 Siam Café/Internet
19 Ricky's Coffee Shop
26 Bombay Blues
   Bar u. Rest.
27 Starbucks
28 Au-Thong Restaurant
29 Gulliver's Bar
30 Gazebo Bar
   und Restaurant
36 Banana Bar
39 Khao San Restaurant
47 Chabad Restaurant
48 Marco Polo Restaurant
52 Reggae Bar
53 Pub Bayon

Tuk-Tuk-Fahrern, die dort Wucherpreise verlangen. Es gilt: Handeln und nochmals handeln! Die an der Straße parkenden Taxifahrer wollen das Taxameter nicht anstellen und fordern ebenfalls Wucherpreise. Ein paar Meter von der Straße weggehen und ein vorbeifahrendes Taxi anhalten! Die guten Verdienstmöglichkeiten in dem Viertel haben sogar ein paar „Wahrsager" angelockt, indische Sikhs aus der Kaste der Bhatare, eine Art Gaukler-Kaste. Wer ihnen glaubt, glaubt alles.

Die preiswerten Unterkünfte ähneln sich alle mehr oder weniger. Die Preise haben sich in den letzten Jahren stetig nach oben bewegt, und ein gutes Mittelklassezimmer kostet ca. 500–700 Baht. Betten im Dorm kosten ca. 100–120 Baht. Aufgrund zahlreicher ungepflegter und kulturell rücksichtsloser Traveller sind die Thais im Viertel nicht immer die lächelnden, freundlichen Menschen, die die Werbebroschüren versprechen. Das Treiben in der Khao San Road ist für viele Thais ein Kulturschock. Kein Wunder, wenn sich die Angestellten in den Unterkünften oder Restaurants manchmal etwas herablassend geben.

Khao San Road und Nebengassen

Hier gibt es jede Menge Unterkünfte, Restaurants, Bars, Reisebüros, Geschäfte und Wechselstuben. Zahlreiche Unterkünfte finden sich auch in Trok Mayom, einer zwischen der Khao San Road und dem Rajdamnoen verlaufenden Gasse; diese sind meist ruhiger. Einige Guest Houses liegen in den kurzen Verbindungsgassen zwischen Khao San Road und Trok Mayom. Die Auswahl ist riesig. Ein großer Nachteil der Khao San Road ist der Lärm, der bis nachts um 2.00 Uhr aus zahlreichen Bars und Res-

taurants schallt. In dieser Beziehung sind die westlich der Khao San Road gelegenen Unterkünfte (nahe Wat Chanasongkhram, s. u.) vorzuziehen. Khao San wird gelegentlich auch *Kao Sarn* oder in anderen Varianten geschrieben.

■ Sehr gut ist das **Top Guest House**–*** (126/1 Khao San Rd., Tel. 02-2819954, top housebkk@gmail.com), mit sauberen Zimmern (Bad).

■ Das **Barn Thai Guest House**–*** (27 Trok Mayom Chakraphong Rd., Tel. 02-2819041) hat ordentliche Zimmer (Bad) für bis zu vier Personen. Sehr gut ist die Lage ein paar Schritte von Khao San entfernt, doch auffallend ruhig.

■ Ausgesprochen gut für seinen Preis ist das **D&D Inn**–***** (68–70 Khao San Rd., Tel. 02-6290526-8, Fax 02-6290529); es gibt Zimmer mit Bad, A.C., TV, Telefon und einen Swimmingpool.

■ Relativ ruhig hinter der Straße liegt das **Kawin Place**–*** (86 Khao San Rd., Tel. 02-2817512, Fax 02-2814708, kawinplace@yahoo.com); akzeptable Zimmer ohne und mit Bad.

■ Recht gute Zimmer hat das **Marco Polo Hostel & Restaurant***** , gelegen in einer Seitengasse (108/7–10 Khao San Rd., Tel. 02-2811715, www. marcopologuesthouse.khaosanroad.com); Zimmer mit Bad und A.C.

■ In einer kleinen Soi zwischen Khao San Rd. und Rajdamnoen liegt das **Sawadee Bangkok Inn** ***–**** (126/2 Khao San Rd., Tel. 02-2817818), Internet Service, Zimmer mit A.C., TV und Safe.

■ Das **Khao San Palace Inn**–**** (139 Khao San Rd., Tel. 02-2820578, 02-2813272) ist eine der ältesten Unterkünfte in der Straße, mittlerweile ist sie jedoch gründlich renoviert. Ein bescheidenes Einkaufszentrum ist angeschlossen. Es gibt ordentliche Zimmer mit Bad, dazu Kabelfernsehen und einen Swimmingpool.

■ Relativ neu ist das **Centre Point Plaza Hotel******–***** (183–185 Khao San Rd., Tel. 02-26293232, Fax 02-26295599, www.centerpointplaza.co.th. Alle Zimmer mit A.C., Bad, Kabelfernsehen, Telefon und Wi-Fi.

1

„Little Vietnam" am Chao-Phraya-Fluss

Neben einem chinesischen und einem indischen Viertel existiert in Bangkok auch ein kleines, weitgehend unbekanntes **vietnamesisches Viertel.** Dieses befindet sich in den kleinen Gassen um Soi 13 der Samsen Road herum (ca. 3 km nördl. der Khao San Road), am Ostufer des Chao-Phraya-Flusses. Zwar unterscheidet sich das Viertel optisch kaum von anderen Stadtteilen, der vietnamesische Einfluss zeigt sich aber an zwei katholischen Kirchen. Viele Vietnamesen sind Katholiken und verließen einst ihr Land aufgrund religiöser Verfolgung. Die meisten der Nachfahren der vietnamesischen Einwanderer sprechen mittlerweile nur

Thai. In so manchem Gesicht allerdings sieht man noch den vietnamesischen Einfluss. Ein Mitbringsel der vietnamesischen Einwanderer ist, wie auch im Falle der Chinesen und Inder, ihre Küche. Wer preiswert und gut vietnamesisch essen möchte, ist in dieser Gegend gut aufgehoben.

Es gibt mehrere einfache, aber gute Restaurants. Das Orawan Inter, größtes und gediegendstes Lokal am Ort, bietet beispielsweise einige vietnamesische Standardspeisen, z. B. verschiedene Frühlingsrollen, Prawns auf Zuckerrohr, Naem-Nueng-Würste u. a. Das Raan Naem Nueng Baa Gey ist ein weiterer guter Ort, um vietnamesische Küche zu probieren.

■ **Orawan Inter,** 244/2 Samsen Rd. Soi 13, Tel. 02 6697480, 6.00–18.00 Uhr
■ **Raan Naem Nueng Baa Gey,** 268/6 Soi Chaiyot (Ratwithi Soi 19), 7.00–18.00 Uhr

■ Das **Siam Oriental Inn****–**** (190 Khao San Rd., Tel. 02-6290311, 02-6290312, www.siamorientalgroup.com) hat gute Zimmer (Bad). Sehr beliebt ist das Restaurant des Hauses, das meist gerammelt voll ist.

■ Das **Buddy Lodge*******, das „Boutique Hotel" der Khao San Road (256 Khao San Rd., Tel. 02-6294477, www.buddylodge.com) bietet A.C., TV, Wi-Fi-Internet, Safe, Minibar, Telefon in allen Zimmern sowie ein Restaurant und ein kleines Shopping Center, komplett mit McDonald's, Bar, Restaurant, Schmuckgeschäft, Tätowierstudio und Nachtclub. Da muss man während des Urlaubs gar nicht mehr raus.

■ Einfache Zimmer ohne eigenes Bad hat das **Nat Guest House**** (217–219 Khao San Rd., Tel. 02-2826401).

■ Das **New Joe House*****–**** (81 Trok Mayom, Tel. 02-2812948, www.newjoeguesthouse.com.de) hat einen kleinen Garten. Internet-Service, Zimmer mit Bad, die teureren mit A.C., Reisebüro. Ab 450 Baht.

■ **Lek Guest House**** (125–127 Khao San Rd., Tel. 02-2818441), preiswerte Zimmer ohne eigenes Bad.

■ Besser ist das **Chart Guest House****–*** (58–62 Khao San Rd., Tel. 02-2820171, chartguesthouse@hotmail.com) mit Zimmern mit und ohne eig. Bad, kann aber nachts recht laut werden (Musik). Internet im Haus.

■ Das **Sawadee Khao San Inn*****–****, nicht weit von der Ecke Khao San Road/Chakraphong Rd. in Richtung Rajdamnoen (18 Chakraphong Rd., Tel. 02-6294798) hat Zimmer mit Bad, TV und wenn die

Bangkok

Airway Bar auf dem Dach offen ist, auch einen Blick auf den Royal Palace.

■ Das **Viengtai Hotel*******–ᒪᒪᒪ liegt in der nördlichen Parallelstraße zur Khao San Road (42 Rambutri Road, Tel. 02-2805434-45, Fax 02-2818 153, www. viengtai.co.th) und bietet sehr komfortable Zimmer (Bad, A.C., TV, Tel., Kühlschrank), günstigstenfalls (in der Nebensaison) ab 1600 Baht.

Nahe Wat Chanasongkhram und Phra Arthit Road

Am Westende der Khao San Road sieht man an der Chakrabong Road den Tempel Wat Chanasongkhram, und dahinter finden sich einige der besten und vor allem ruhigsten Unterkünfte des Viertels. Die Chakrabong Road wird auch oft *Chakrabongse* geschrieben, das *se* am Ende wird in Thai aber nicht ausgesprochen.

■ Gute und preiswerte Zimmer mit eigenem Bad (ab 300 Baht) und einen sehr freundlichen Besitzer hat das **Roof Garden Sun Guest House****–*** (62 Soi Rambutri, Phra Arthit Road, Tel. 02-6290626, roofgarden1@hotmail.com).

■ Preiswerte und ordentliche Zimmer ohne eigenes Bad im **Green Guest House***–** (27 Soi Chanasongkhram, Phra Arthit Rd., Tel. 02-6293025).

■ Das **New Siam Guest House****–*** hat sehr ruhige Zimmer. (21 Soi Chanasongkhram, Phra Arthit Rd., Tel. 02-2824554, www.newsiam.net).

■ Nördlich des Tempels liegt das saubere **Sawasdee House****–*** (147 Soi Rambutri, Chakrapong Rd., Tel. 02-2818138) mit ordentlichen aber kleinen Zimmern ohne eigenes Bad, dazu A.C.-Räume mit Bad.

■ Gut und preiswert ist das **Peachy Guest House***–*** (10 Phra Arthit Rd., Tel. 02-2816471) mit Einzelzimmern ohne eigenes Bad sowie Doppelzimmern ohne Bad aber mit A.C.

■ Das **New Siam 2 Guest House****** (10/1 Phra Arthit Rd., Tel. 02-2822795) hat neue, komfortable Zimmer mit Bad, TV, Telefon.

■ Das **Apple Guest House****–*** (10/1 Phra Arthit Rd., Tel. 02-2816838) hat Zimmer ohne eigenes Bad sowie Betten im Dorm.

■ Das **Apple Guest House 2***–*** (11 Phra Sumen Rd., Trok Kai Chae, Tel. 02-2811219) hat Einzelzimmer ohne eig. Bad, Doppel und Dorm-Betten, alles extrem preiswert, dazu einige Zimmer auch mit A.C.

■ Sauber und ruhig ist das **Merry V. G.H.****–*** (33–35 Soi Chanasongkhram, Phra Arthit Rd., Tel. 02-2829267-8); Zimmer ohne eigenes Bad.

■ Direkt nebenan liegt das **My House G.H.****–*** (37 Soi Chanasongkhram, Phra Arthit Rd., Tel. 02-2829263) hat Zimmer mit und ohne eigenem Bad und A.C.

■ Das **New Merry V. Guest House****–*** (18–20 Phra Arthit Road, Tel. 02-2803315) hat ordentliche Zimmer ohne eigenes Bad sowie Doppel mit Bad und Doppel mit Bad, A.C und TV.

■ Ganz ausgezeichnet ist das ruhig gelegene **Lamphu House*****–****, in einer winzigen Gasse abseits von Soi Rambutri (75 Soi Rambutri, Tel. 02-6295861-2, Fax 02-629586, www.lamphuhouse.com). Sehr saubere und gemütliche Zimmer, teilweise mit A.C. Die billigsten Zimmer (420 Baht) haben kein eigenes Bad.

■ Das **Rambutri Village Inn*****–***** in 75 Soi Rambutri (Tel. 02-2829162-3, www.rambuttrivillage.com) ist eine besonders große Anlage, und auch wenn die Zimmer relativ einfach und funktional gehalten sind, so hat man den Vorteil, dass man hier wahrscheinlich jederzeit noch ein Zimmer bekommt. Die besseren Zimmer haben A.C. und TV.

■ Das **Phra Arthit Mansion******–***** (22 Phra Arthit Rd., Tel. 02-2800744-48, Fax 02-2800749, www.phraarthitmansion.com) hat sehr komfortable Zimmer mit Bad, A.C., TV und Kühlschrank ab 800 Baht.

■ Das **Riverline Guest House****–*** liegt sehr ruhig nahe dem Fluss und dennoch nahe dem Geschehen von Khao San Rd., 59/1 Samsen Soi 1, Tel. 02-2827464; ordentliche Zimmer ohne eigenes Bad ab 300 Baht. Sehr empfehlenswert.

1

Unterkünfte an der Samsen- und Visutkasat Road, nahe Rama 8. Bridge

■ **Diamond House****–***** in Samsen Soi 4 (Tel. 02-6294008, www.diamondhousebangkok. com) ist eine der besten Möglichkeiten. Helle und dennoch sehr gemütliche Zimmer mit Bad, A.C., TV, Wi-Fi-Internet. Manche Zimmer sind größer als andere, vorher ansehen. Sehr gut sind die teureren Suiten. Man findet das Haus leicht: An der Südwestseite des Gebäudes, gleich am Klong, sieht man einen bunten chinesischen Tempel, der dort irgendwie gar nicht hinzupassen scheint.

■ **Baan Chantra*****–ᴸᴸᴸ** ist ein wunderbares kleines Boutique-Hotel an der Samsen Road, zwischen Einmündung Soi 6 und Soi 8. Das Haus befindet sich ca. 5 Min. Fußweg vom nördlichen Ende der Khao San Road entfernt (120/1 Samsen Rd., Tel. 02-6286988-9, www.baanchantra.com). Es ist ein striktes Nichtraucherhotel! Die Zimmer sind unter Verwendung von viel Holz eingerichtet und urgemütlich. Einige haben Balkon und überblicken einen kleinen Garten. Das Deluxe-Zimmer hat sogar einen eigenen kleinen Garten. Kostenloses Wi-Fi. Sehr empfehlenswert.

Baan Chantra

2014 soll in diesem Bereich der Samsen Rd. eine **neue U-Bahnstation** gebaut werden, wobei zahlreiche Gebäude abgerissen werden sollen. Was stehen bleibt, wird aufgrund der Bauaktivitäten nicht allzu wohnlich sein. Die Anwohner wollen die U-Bahn-Station nicht und kämpfen gegen den Plan an. Am besten vorher telefonisch oder per Mail abklären, was der Stand der Dinge in obigen Unterkünften ist. Viele Pläne in Thailand werden – glücklicherweise vielleicht – nie in die Tat umgesetzt oder nur mit großer Zeitverzögerung.

■ Das **Swana Hotel****–***** ist ebenfalls ein kleines Boutique-Hotel, gelegen an der Visutkasat Road, schräg gegenüber von Wat Indraviharn, ansonsten aber in wenig ansehnlicher Umgebung – um nicht zu sagen, das Umfeld mit der Rama 8.-Brücke vor der Nase sieht erstaunlich hässlich aus (Tel. 02-2828899, Fax 02-28 17816, info@swana-bangkok.com). Die Zimmer haben A.C. und TV und sind geschmackvoll eingerichtet.

■ Auf der anderen Straßenseite an der Visutkasat Road, etwas zurückversetzt, liegt das **Trang Hotel****–ᴸᴸᴸ** (99/1 Visutkasat Rd., Tel. 02-28114002-3, Fax 02-2803610, sales@tranghotel bangkok.com). Das Hotel ist etwas älter aber gut renoviert und die Lage ist ausgesprochen ruhig für diesen Stadtteil. Zimmer in verschiedenen Preisklassen mit A.C., TV und Kühlschrank. Mit Swimmingpool, Restaurant und Coffee-Shop. Eine gute Wahl.

Guest Houses nahe dem Nationalmuseum

Einige gute Guest Houses befinden sich nahe dem Nationalmuseum an der Sri Ayutthaya Road, ca. 1½ km nordöstlich der Khao San Road. Der Stadtteil nennt sich *Thewet* (oft Thewes geschrieben). Die Lage ist ausgesprochen ruhig. Eine Taxifahrt ab der Khao San Road kostet nach Taxameter ca. 45 Baht. Es fahren von dort auch zahlreiche Busse entlang der Strecke (Samsen Rd.)

■ **Sri Ayutthaya Guest House***–**** (23/12 Sri Ayutthaya Rd., Tel. 02-2825942), gute Zimmer mit und ohne A.C.

■ **Tavee Guest House***–**** (83 Sri Ayutthaya Rd., Tel. 02-2808856-8), saubere, mit viel Holz ausgestatte Zimmer ab preiswerten 350 Baht.

■ **Shanti Lodge**–**** (37 Sri Ayutthaya Rd., Tel. 02-2812497, www.shantilodge.com). Gemütlich und mit viel Grün drumherum, eine gute Wahl. Es gibt ein Penthouse mit eigenem Garten. Zimmer ab 400 Baht, Betten im Schlafsaal zu 250 Baht.

1

Übernachtung

2 YWCA
6 ETC Guest House und ETC Travel
7 Pinnacle Hotel Lumpinee & Spa
8 Charlie House
9 Anna Guest House
10 Natural Place Suite (Condominium)
12 Malaysia Hotel
16 Thung Mahamek Privacy Hotel

17 T.T.O. Guest House
18 Sri Bumphen Condominium (Apartmentanlage)
19 Penguin House/
20 Lee Guest House
21 Sala Thai
22 Lee Guest House 3
23 Madam Guest House, Lee Guest House 4

Essen und Trinken

1 Baan Kanitha
5 Chandrphen Rest.
11 Mali Restaurant
13 Just One
14 Wong's Place
15 Trajai Steak House

Einkaufen/ Sonstiges

3 Sathorn Car Rent Autovermietung
4 Lumpini Night Bazaar

Soi Ngam Duphli

Diese kleine Straße, mit dem Malaysia Hotel als ihrem berühmt-berüchtigten Mittelpunkt, war der erste Traveller-Treffpunkt der Stadt, ist aber seit dem Aufstieg der Khao San Road beinah belanglos geworden.

■ Legendär ist das **Malaysia Hotel ****–******* (54 Soi Ngam Duphli, Tel. 02-67 97127-36, Fax 02- 2871457-8, www.malaysiahotelbkk.com), in dem einst amerikanische Vietnam-Soldaten ihren Urlaub verbrachten, in den 1970er und 1980er Jahren dann viele Junkies. Das ist vorbei, das Haus wurde mehrfach renoviert, und die Zimmer (A.C., TV, Bad) sind ihr Geld (ab ca. 700 Baht) wert. Mit Pool.

■ Nicht weit weg vom Malaysia Hotel liegt das **Thung Mahamek Privacy Hotel****–******* (31 Soi Ngam Duphli, Tel. 02-2862339), Zimmer mit Bad. Wie der Name schon sagt, wird hier Wert auf Privatsphäre gelegt.

1

● Sehr wohnlich ist das **Sala Thai****–*** (15 Soi Si Bamphen, Tel. 02-2871436), Eingang über den Hinterhof; gute Zimmer ohne Bad.

● Auch gut ist das direkt daneben gelegene gemütliche **Madam Guest House**** (11 Soi Saphan Khu, Tel. 02-2869289); Zimmer mit und ohne Bad, z.T. mit Balkon.

● Daneben liegt das **Lee Guest House 3***–** (13 Soi Saphan Khu, Tel. 02-6797045), Zimmer mit Gemeinschaftsbad.

● Sehr sauber ist das **Lee Guest House 4**** (9 Soi Saphan Khu, Tel. 02-2867874); Zimmer mit Bad für bis 3 Personen.

● Das **Charlie House***** (1034/36–37 Soi Saphan Khu, Tel. 02-6798330, Fax 02-6797308) ist ein Hotel für Nichtraucher, sauber und mit Zimmern mit A.C. und TV.

● Das **T.T.O. Guest House**** (2–48 Soi Sri Bumpen, Tel. 02-2866783) liegt sehr ruhig in einer kleinen Seiten-Soi der Soi Sri Bhumpen.

● Das **Penguin House****** (44–6 Soi Sri Bumphen, Tel. 02-6799809) bietet große, komfortable Zimmer mit A.C. und Bad, ist dafür etwas teurer als die Konkurrenz. Kostenloses Wi-Fi in der Lobby.

● Das komfortable **YWCA****** (13 Sathorn Tai Road, Tel. 02-2861936, 02-2873136) bietet A.C.-Räume und Shopping Plaza.

● Das **Pinnacle Hotel Lumpinee*******–ᴸᴸᴸ (17 Soi Ngam Duphli, Tel. 02-2870111-30, www. pinnaclehotels.com/lumpinee) ist die nobelste Unterkunft in der Straße. Meist gibt es Rabatte.

Chinatown

Bangkoks Chinatown lässt sicher keine Assoziationen mit dem alten Shanghai aufkommen, ein chinesisches Flair findet sich nur noch versteckt in einigen Gassen, wo an manch taoistischem Schrein Bündel von Räucherstäbchen glimmen. Chinatown ist ein unglaublich quirliges Geschäftsviertel mit einem noch unglaublicheren Verkehr, gegen deren Abgase auch die Weihrauchbündel nichts auszurichten vermögen. Das Viertel verwandelt sich zur Hauptverkehrszeit in ein reines Chaos. Andererseits bieten sich hier viele Einkaufsmöglichkeiten (Elektroartikel, Kameras, Uhren, Goldschmuck, chinesische Medizin, Antiquitäten, Kitsch u. v. m.), und wer nachts durch die engen Gassen jenseits der Yaowarat Road oder Charoen Krung Road schlendert, entdeckt die stille, geheime Seite Chinatowns, mit alten chinesischen Wohnhäusern und dubiosen Spelunken. Vorsicht, die alten chinesischen „Hotels" – *(Roong-Rääm)* – sind allesamt Billigbordelle, ebenso die sogenannten „Teehäuser", *Rong-Naam-Chaa*. Soi Texas, am südlichen Ende der Yaowarat Road, ist heute das Zentrum der nicht immer legalen nächtlichen Aktivitäten. Besonders besuchenswert ist die **Yaowarat Road** abends und nachts, wenn Hunderte von Essensständen die Bürgersteige belagern.

Unterkunft

Das Wohnen in Chinatown ist wohl kaum etwas für Leute auf Erholungs-Urlaub, denn Straßenlärm und Luftverschmutzung setzen arg zu. In den teureren Hotels ist man vom Lärm einigermaßen gut isoliert, dennoch sollte man immer auf Zimmer nach hinten hinaus beharren.

Viele der sehr billigen chinesischen Hotels in dem Viertel sind **Bordelle** der untersten Kategorie, also Vorsicht.

● Sehr gut ist das **Chinatown Hotel******– ***** (526 Yaowarat Road, Tel. 02-2250204-26, Fax 02-2261295, www.chinatownhotel.co.th), gegenüber einer der verruchtesten Gassen Chinatowns gelegen, der Soi Texas. Sehr komfortable Zimmer (A.C.,

Chinatown

0 — 100 m ©Reise Know-How 2013
THAI010

Übernachtung
- 2 Burapha Hotel
- 4 Grande Ville Hotel
- 10 Grand China Princess Hotel
- 15 White Orchid Hotel
- 17 Chinatown Hotel
- 18 River View G.H.

Essen und Trinken
- 7 Pae Tiang Restaurant
- 8 Schwalbennester-Restaurant
- 9 Hah Seng Restaurant
- 12 Cuppatoo Café
- 14 Schwalbennester Restaurant
- 16 Haifischflossen-Restaurant

Einkaufen/Sonstiges
- 1 Klong Thom Market
- 3 Antiquitäten
- 5 Department Store
- 6 ChinaWorld Department Store
- 10 Business Center
- 11 Hare Ram Hare Krishna Shop
- 13 The Old Market

TV, Video etc.). Frühstück inklusive, dazu kostenloses Wi-Fi.

■ Das **Grand China Princess Hotel*******–LLL (215 Yaowarat Rd., Tel. 02-2249977, Fax 02-2247999, www.grandchina.com) bietet Luxus im Herzen Chinatowns, dazu einige ausgezeichnete Restaurants. Das Hotel befindet sich im Grand China Trade Tower, direkt an der Kreuzung Ratchawong

und Yaowarat Road, also nahe der Einkaufsgassen und Restaurants. Im Hotel befinden sich das chinesische Siang Ping Loh Restaurant und das Club Lounge Revolving Restaurant mit gutem Ausblick. Die beste Unterkunft in Chinatown.

■ Recht gut ist das **Grande Ville Hotel******* am Westende von Chinatown (903 Mahachai Road, Tel. 02-2250050, Fax 02-2257593), mit einem guten

Ausblick von den oberen Stockwerken. Zimmer mit allem Drum und Dran; Luxus-Suite vorhanden.

■ Am Südwestende von Chinatown, schon nahe der Gegend um das General Post Office (G.P.O.), liegt das sehr gute **River View Guest House***–**** (768 Soi Phanunrangsi, Tel. 02-2345429, www. riverviewbkk.com). Das Haus befindet sich, wie der Name andeutet, gleich am Fluss, in einer recht interessanten Umgebung aus kleinen Gassen, chinesischen Tempeln und gar einer Kirche. Zimmer mit Bad, teilweise A.C. Ab 400 Baht, dazu Betten im Schlafsaal zu 250 Baht und sehr günstiges Restaurant mit guter Aussicht im 8. Stock. Probleme könnte allerdings das Auffinden bereiten. Am besten, man schlage sich vom *Royal Orchid Sheraton* durch, von wo man der dort nach Norden verlaufenden Gasse folge (den Fluss entlang). Nach einigen hundert Metern taucht dann das Guest House auf.

■ Gar nicht schlecht ist das **Burapha Hotel*** (160/14 Charoen Krung Road, Tel. 02-2213545-9, Fax 02-2261723), das an einer belebten Kreuzung zwischen Chinatown und Pahurat steht. Die Fenster sind relativ schalldicht und die Zimmer bei Preisen ab 600 Baht ziemlich in Ordnung, dazu gibt es ein schlicht aufgemachtes, jedoch preiswertes und gutes Restaurant. Von Außen sieht das Haus allerdings grässlich abgetakelt aus.

Hualamphong Station

Wie zuvor erwähnt – die folgenden Hotels seien nur Leuten empfohlen, die unbedingt am Bahnhof übernachten müssen. Die Hotels, die sich alle an der **Rongmuang Road,** direkt an der Ostseite des Bahnhofes befinden (rechts, wenn man vor dem Bahnhof steht) machen einen dekadenten Eindruck. Vorsicht, die Reisebüros, die allesamt ein TAT-Zeichen an der Tür haben, haben nichts mit der TAT zu tun. Es ist der alte Trick, vertrauenserweckend wirken zu wollen.

■ **Krung Kasem Hotel**** (1860 Krung Kasem Road, Tel. 02-2250132); komfortable Zimmer (A.C., TV), Frühstück inklusive, für den Preis ab 750 Baht eine gute Wahl. Etwa 100 m links vom Bahnhof gelegen.

■ **Bangkok Centre Hotel**ᴸᴸᴸ (328 Rama 4 Rd,. Tel. 02-2384980-99, Fax 02-2361862, www.bangkok centrehotel.com). Alle Zimmer mit A.C., TV, Video, Kühlschrank und Frühstück; Swimmingpool vorhanden. Dies ist die beste Übernachtungsmöglichkeit am Bahnhof. Die Zimmer im alten Flügel sind etwas abgewohnt, und man sollte auf einem Zimmer im neuen Flügel bestehen.

■ Eine beliebte Traveller-Unterkunft ist das **T.T. Guest House** (138 Soi Wat Mahaphuttaram, off Mahanakhorn Rd., Tel. 02-236294, Fax 02-2363054, ttguesthouse@hotmail.com), das allerdings ca. 1 km vom Bahnhof entfernt und nicht allzu leicht zu finden ist. Vom Bahnhof aus kommend, gehe man die Rama 1 Road links hinunter (östliche Richtung), bis auf der rechten Straßenseite die Abzweigung zur Mahanakhorn Road auftaucht. Dort biege man ein und folge der Straße bis zur Soi Wat Mahaphuttaram. Entlang der Route gibt es einige Hinweisschilder zum Guest House; gut darauf achten! Die Zimmer sind angenehm und sauber. Im Haus gibt es einen Gepäckaufbewahrungs-Service.

■ Wer ganz in der Nähe des Bahnhofs sehr preiswert unterkommen will, sollte das **FF Guest House** (338–10 Trok La-O, Rama 4 Rd., Tel. 02-2334168, 02-2362227) versuchen. Einfache Zimmer ohne Bad.

Siam Square

Die Gegend um den Siam Square ist eines der lebendigsten Einkaufsviertel der Stadt, mit zahlreichen Imbissstuben, gehobeneren Restaurants, Cafés, Boutiquen und einigen Shopping-Centers. Hier finden sich die **Einkaufspaläste** Mah Boonkrong (MBK), Tokyu Shop-

1

Bangkok

ping Centre, Discovery Centre, Siam Centre und – einige hundert Meter entfernt – die gigantischen Siam Paragon und CentralWorld Plaza. Darüber hinaus ist das Viertel von kleinen Gassen durchzogen, in denen vor allem modische Kleidung angeboten wird. Siam Square ist das „In"-Viertel der Jugend Bangkoks, und abends wird die Gegend von tausenden Studenten der nahen Chulalongkorn-Universität überflutet. An der Skytrain-Station Siam Square kreuzen sich die beiden Linien der Hochbahn, verkehrstechnisch liegt man hier sehr gut.

Es gibt einige sehr ordentliche Unterkünfte in dem Viertel. Die folgenden befinden sich in den beiden Sois, die nördlich des Tokyu Shopping Centre/Mah Boon Krong Centre von der Rama 1. Rd. abzweigen.

■ **White Lodge*****–***** (Soi Kasemsan 1, Tel. 02-2168867); saubere und ordentliche Zimmer, teilweise mit A.C.
■ **Reno Hotel******–***** (Soi Kasemsan 1, Tel. 02-2150026 bis 7), ordentliche Zimmer mit A.C.
■ Preiswert ist **Wendy House*****–**** (Soi Kasemsan 1, Tel. 02-2162436, Fax 02-2168053), dessen Zimmerpreise am unteren Ende der Preiskategorie beginnen; saubere Zimmer mit A.C. und TV.
■ Das **Muangphol Mansion******–***** (Soi Kasemsan 1, Tel. 02-2194445, www.muangpholmansion.com) ist für den Preis sehr gut; alle Zimmer mit A.C. Das Haus befindet sich allerdings an der Ecke zur verkehrsreichen Rama 1 Road, und möglicherweise könnte der Verkehrslärm stören.
■ Dazu kommt das luxuriöse, günstig mitten im Siam Square gelegene **Novotel Bangkok**ᴸᴸᴸ (Siam Sq., Soi 6, Tel. 02-2556888, Fax 02-2552445). Zimmer mit allem Komfort, wenn auch etwas klein. Ein Plus ist die im Kellergeschoss gelegene Disco CM2.

■ Die beste Wohnmöglichkeit ist das neue **Siam@Siam Design Hotel & Spa**ᴸᴸᴸ, das sich etwa gegenüber dem National Stadium befindet (865 Rama 1 Rd., Tel. 02-2173000, Fax 02-2173030, www.siamatsiam.com). Die Zimmer sind superkomfortabel und mit allen Schikanen ausgestattet, u. a. Internetanschluss. Sehr empfehlenswert.

Sukhumvit, New Petchaburi Road, Silom Road, Suriwong Road, Sathorn Road

In diesen Straßen befinden sich zumeist teurere Unterkünfte, es gibt aber auch einige preiswerte Ausnahmen. Die zentrale Lage, hautnah am Geschäfts- und Nachtleben hat etwas für sich. Wenn man überhaupt sagen kann, dass Bangkok ein Zentrum hat, so ist es wahrscheinlich hier. Die Straßen wirken modern und geschäftig, sind aber auch teilweise sehr laut. Unter der Trasse des Skytrain schallt der Lärm besonders laut. Die nächste Skytrain-Station für diese Gegend ist Sala Daeng (für Silom und Petchaburi Rd.) oder Taksin Bridge (für Sathorn Rd). Die U-Bahn hält an der Station Silom Road.

■ **The Urban Age****–*** ist ein kleines Hotel in 130/6 Silom Soi 8, Tel. 02-6342680, www.theurbanagebangkok.com. Preis und Lage sind sehr gut, die Zimmer sind sauber, haben aber kein eigenes Bad (aber A.C.). Dazu gibt es Betten im Schlafsaal. Es darf nur in der Open-Air-Zone geraucht werden, einige Zimmer haben kein Fenster, und Gäste dürfen nicht über 50 Jahre alt sein, da man ihnen nicht zumuten möchte, in dem fahrstuhllosen Haus die Treppen steigen zu müssen! Soi 8 befindet sich ge-

1

Sukhumvit

0 ▬▬ 100 m © REISE KNOW-HOW 2013

BANGK14

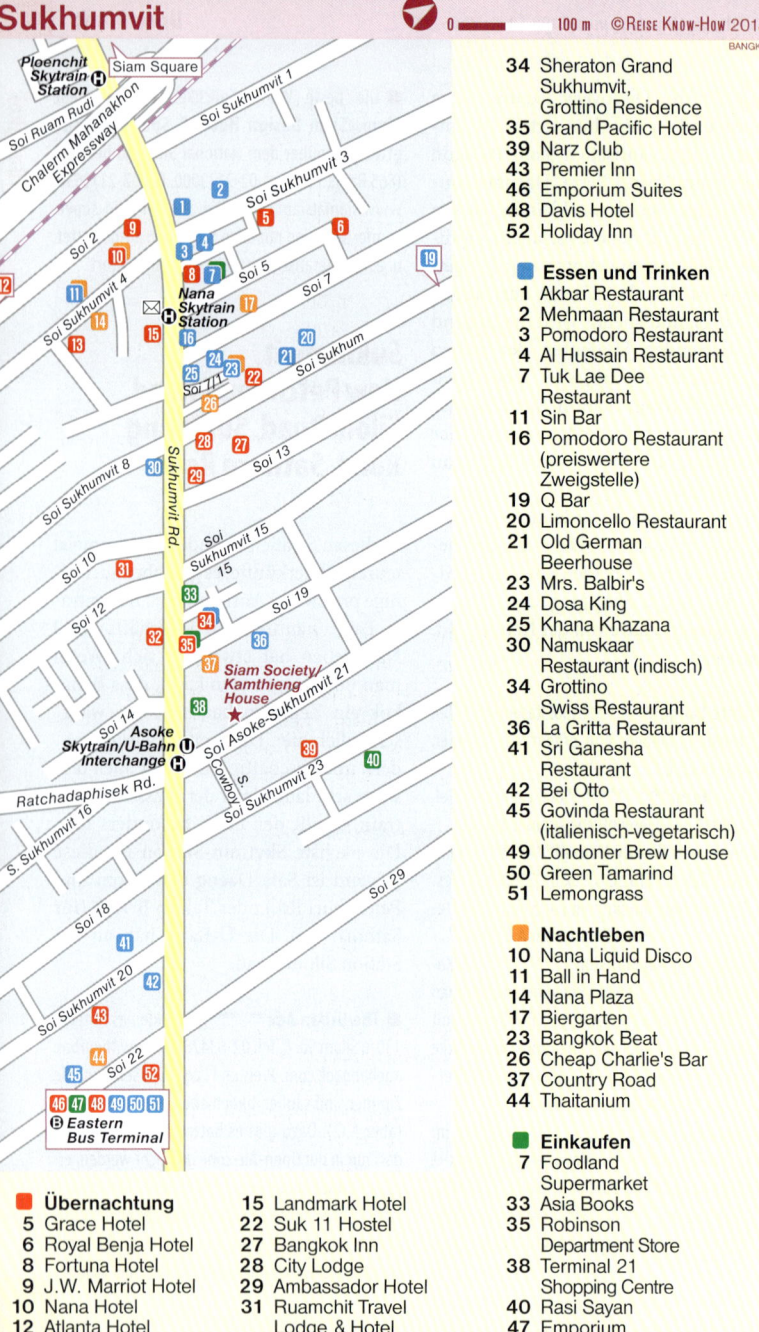

34 Sheraton Grand Sukhumvit, Grottino Residence
35 Grand Pacific Hotel
39 Narz Club
43 Premier Inn
46 Emporium Suites
48 Davis Hotel
52 Holiday Inn

🟦 Essen und Trinken
1 Akbar Restaurant
2 Mehmaan Restaurant
3 Pomodoro Restaurant
4 Al Hussain Restaurant
7 Tuk Lae Dee Restaurant
11 Sin Bar
16 Pomodoro Restaurant (preiswertere Zweigstelle)
19 Q Bar
20 Limoncello Restaurant
21 Old German Beerhouse
23 Mrs. Balbir's
24 Dosa King
25 Khana Khazana
30 Namuskaar Restaurant (indisch)
34 Grottino Swiss Restaurant
36 La Gritta Restaurant
41 Sri Ganesha Restaurant
42 Bei Otto
45 Govinda Restaurant (italienisch-vegetarisch)
49 Londoner Brew House
50 Green Tamarind
51 Lemongrass

🟧 Nachtleben
10 Nana Liquid Disco
11 Ball in Hand
14 Nana Plaza
17 Biergarten
23 Bangkok Beat
26 Cheap Charlie's Bar
37 Country Road
44 Thaitanium

🟩 Einkaufen
7 Foodland Supermarket
33 Asia Books
35 Robinson Department Store
38 Terminal 21 Shopping Centre
40 Rasi Sayan
47 Emporium Shopping Centre

🟥 Übernachtung
5 Grace Hotel
6 Royal Benja Hotel
8 Fortuna Hotel
9 J.W. Marriot Hotel
10 Nana Hotel
12 Atlanta Hotel
13 Dynasty Inn
15 Landmark Hotel
22 Suk 11 Hostel
27 Bangkok Inn
28 City Lodge
29 Ambassador Hotel
31 Ruamchit Travel Lodge & Hotel
32 Ruamchit Travel Lodge

genüber der großen Hauptstelle der Bangkok Bank in der Silom Road.

■ Eine stilvolle, gehobene Unterkunft ist die **Swiss Lodge**LLL (3 Convent Road, Tel. 02-2335345, Fax 02-2369425, www.swisslodge.com); alle Zimmer mit A.C., Riesenfernseher, Video, Minibar. Für Behinderte stehen besonders ausgerüstete Räume zur Verfügung. Ein Teil des Rezeptionspersonals spricht deutsch. Reduzierte Preise bei Aufenthalten ab 1 Woche. Angeschlossen ist das Swiss Café, mit vielen schweizerischen Spezialitäten. Bemerkenswert übrigens: Der Strom im Haus wird ausschließlich aus Sonnenenergie gewonnen. Preis ab 3800 Baht.

■ Das **Dusit Hotel**LLL an der Ecke Silom Rd./ Rama 4. Rd. ist eine der edelsten Luxusherbergen der Stadt und das beste Hotel in diesem Stadtbereich (946 Rama 4 Rd., Tel. 02-2009000, Fax 02-2366400, www.dusit.com). Lage und Komfort könnten nicht besser sein, und wer das Geld hat sollte die 320 m^2 große Majesty Suite ausprobieren. Hierfür sind aber umgerechnet ca. 1500 € bereitzuhalten. Zimmer bei Internetbuchungen ansonsten ab ca. 4–5000 Baht, was bei der Qualität des Hauses ein ausgezeichneter Preis ist.

■ Das **Niagara Hotel*****–**** liegt tief in einem Soi zwischen Silom Road und Sathorn Road, die Lage ist außerordentlich ruhig (29 Soi 9, oder Soi Sukhsawitthaya, Silom Rd., Tel. 02-2335783-4. Wenn das Haus wie ein Stundenhotel aussieht, dann liegt es daran, dass es ursprünglich auch mal eines war; heute ist es eine relativ normale Low-Budget-Unterkunft, auch wenn es gelegentlich noch für „Short-time"-Aktivitäten genutzt wird. Die Porno-Filme auf dem hauseigenen Videokanal passen bestens dazu. Die Lage ist gut und die Zimmer (A.C. und TV) ab ca. 700 Baht sind zumeist sauber und wohnlich.

■ Das **Holiday Inn Crown Plaza**LLL am Westende der Silom Road (981 Silom Rd., Tel. 02-2384300, Fax 02-2385289) besitzt neben Luxus-Zimmern eines der besten und teuersten indischen Restaurants der Stadt, das Tandoor. Zum Essen gibt es Live-Musik von einem kleinen indischen Orchester.

■ **Intown Residence*****–**** befindet sich an der Charoen Krung Road, etwas südöstlich der Einmündung mit der Si Phraya Road an der Westseite der Charoen Krung Road und nördlich des Hauptpostamtes (1086/6 Charoen Krung Rd., Tel. 02-2333596, Fax 02-2366886); es hat saubere, sehr angenehme Zimmer mit A.C. und TV. Die Preise beinhalten Frühstück, wer keines haben will, kann den Preis etwas herunterhandeln.

■ **Woodlands Inn******–***** (1158/5–7 New Road, Bangrak, Bangkok 10500, Tel. 02-2353766/ 02-2356640, Fax 02-2240805, www.woodlands inn.org) – am Hauptpostamt gelegen, mit Komfortzimmern (A.C., Satelliten-TV, Kühlschrank); unten im Haus gutes indisches Restaurant. Ab 500 Baht.

Weitere gute Unterkünfte

Viele der besseren Unterkünfte liegen in Sukhumvit und deren Seitengassen. Der westliche Bereich von Sukhumvit ist ein Zentrum des Nachtlebens. Allerdings nerven hier viele Schlepper und der Bürgersteig wird von zahllosen Ständen mit Souvenirs, DVDs und nutzlosem Zeugs zugestellt. Spät nachts verwandeln sich weite Teile des westlichen Sukhumvit in einen riesigen Kontakthof, und es werden Restaurants und mobile Bars auf dem Bürgersteig aufgebaut.

■ **The Atlanta Hotel******–*****, 78 Sukhumvit Soi 2 Tel. 02-2526069, Fax 02-6568123, www. theatlantahotelbangkok.com. Es ist schon etwas besonderes, wenn ein Hotel in Bangkok warnt: „Sextouristen nicht willkommen!" und dann weiter verkündet: „Grenzfälle sind nicht zulässig, im Zweifelsfall werden (die Zimmersuchenden) als Sextouristen behandelt und nicht zugelassen". Das Atlanta ist ein schrulliger Einzelgänger in der Hotelszene, mit Zimmern und Foyer im Retro-Look, genauso retro wie die beinharte Einstellung des Managements.

Das Hotel wurde 1952 vom Deutschen *Dr. Max Henn,* einem Disziplinfanatiker, gegründet und wird heute von seinem Sohn in ähnlich preußisch-strammer Weise geführt. Die Zimmer haben teilweise keine Klimaanlage, sind dafür preiswert. Außerdem ist das Haus von einem tropischen Garten umgeben und hat zwei Swimmingpools (einen für Kinder) sowie ein Restaurant mit einer vegetarischen Speisekarte, die so lang ist wie die Verbotsliste des Hauses. Internet ist ebenfalls leicht verpönt, trotzdem hat man den Gästen zähneknirschend eine kleine Internetecke eingerichtet. BTS Nana.

■ **Bangkok City Hotel****_******* (268 Petchaburi Rd., Ratchathewi, Tel. 02-2152929, Fax 02-2152918, www.bangkokcityhotel.com) – neues Hotel nahe der BTS-Station Ratchathewi, keine sonderlich schöne aber eine günstige Lage, dazu mit sehr komfortablen und für den Standard preiswerten Zimmern.

■ **Boonsiri Place****_******* (55 Buranasart Rd., Tel. 02-6222189-91, Fax 02-6221414, www.boonsiriplace.com) liegt abseits jeglicher typischer Hotelgegend, ein paar hundert Meter östlich des Sanam Luang und ca. 10 Min. Fußweg vom Grand Palace entfernt. Das direkte Umfeld aber ist gar nicht „touristisch", hat aber viel Lokalambiente. Ganz nah liegt der baumgesäumte, beinah romantisch anmutende Klong Lord. Die Zimmer (A.C., TV, Kühlschrank) sind sauber und funktionell, nicht grandios, aber für den Preis ab 1200 Baht gut. Geeignet für Leute, die zwar nahe Khao San Road, aber nicht direkt in dessen Trubel wohnen möchten.

■ **Baiyoke 2 Tower Hotel**ᴸᴸᴸ im Baiyoke 2 Tower (222 Ratchaprarob Road, Tel. 02-6563 000, 02-6563456, Fax 02-6563555, 02-6563 555; baiyoke@mozart.inet.co.th). Es gibt 673 Zimmer und bei geringer Auslastung könnte man evtl. versuchen, um den Preis zu feilschen, besonders bei längeren Aufenthalten. Von den höher gelegenen Zimmern ergeben sich großartige Ausblicke auf die Stadt. Die Rezeption befindet sich im 19. Stock.

■ Das **Grottino Residence******* & Restaurant hinter dem Robinson Department Store (Tel. 02-

2536024, www.grottino.com) hat saubere und ordentliche Zimmer, mit A.C., TV und kostenloses Wi-Fi. Preise ab 1900 Baht. Im Untergeschoss befindet sich ein sehr gutes schweizerisch-deutsches Restaurant, und entsprechend kommen die meisten Gäste aus deutschsprachigen Gefilden. Gute zentrale und doch ruhige Lage, sehr empfehlenswert. BTS Asok.

■ Das **Ambassador Hotel****_**ᴸᴸᴸ (171 Soi Sukhumvit 11–13, Tel. 02-2540444, 02-2550444, Fax 02-2534123, www.amtel.co.th) ist zwar nicht mehr die beste Unterkunft in Sukhumvit, dafür liegt es relativ ruhig in Mitten des Trubels und bei Internet- oder Reisebürobuchungen gibt's die Zimmer oft ab ca. 1000/1200 Baht. BTS Nana/Asok.

■ **Bangkok Inn****** (155/12–13 Sukhumvit, Soi 11/1, Tel. 02-2544834-7, Fax 02-2543545, www.bangkok-inn.com) – schöne Zimmer (A.C., TV, Kühlschrank); das Haus wird von einem deutsch-indischen Ehepaar geleitet. BTS Nana.

■ **Bossotel****_******* (55/12–14 Soi Charoen Krung, Charoen Krung Rd., Tel. 02-2358001, 02-2332474, www.bossotelinn.com) – ordentliches, ruhig aber zentral gelegenes Hotel im Stadtteil Bangrak, nahe dem Westende der Silom Road und dem Shangri-La Hotel.

■ **Dynasty Inn****_******* (5/4–5 Soi 4, Sukhumvit, Tel. 02-2501397, Fax 02-2529930, www.dynastyinn.com) – saubere Zimmer (A.C., TV, Radio). BTS Nana.

■ **Grand Business Inn****_**ᴸᴸᴸ, (Sukhumvit Soi 11, Tel. 02-2557155-8, Fax 02-2557259, www.grandbusinessinn.net), gepflegtes neues Business-Hotel mit gut eingerichteten Zimmern, A.C., TV, Kühlschrank. Wenige Schritte von der Skytrain-Station Nana entfernt.

■ **Jim's Lodge****_******* (Soi Ruam Rudee, abseits der Ploenchit Rd., Tel. 02-2553100, 02-2550190, www.jimslodge.com); angenehme Zimmer mit A.C., TV und Kühlschrank in relativ zentraler und teurer Lage; nahe Central Dep. Store Chitlom, auf halbem Weg zwischen Siam Square und Sukhumvit. BTS Ploenchit/Chitlom.

Bangkok

■ **Oriental Hotel**ᴸᴸᴸ (48 Oriental Ave., Tel. 02-2360400; 02-23060420, www.mandarinoriental.com), 210–2100 US$, dazu 10 % Steuern und 10 % Service Charge (das Hotel ist eines der wenigen in Thailand, die ihre Preise in Dollar nennen). Dieses über 130 Jahre alte Hotel wurde des Öfteren zum besten Hotel der Welt gekürt, der Service ist legendär. Die meisten Gebäude sind neuere Zubauten, in der bekannten „Authors' Lounge" herrscht aber noch der Geist der alten Tage. Wer sich das Wohnen hier nicht leisten kann, könnte dort zumindest auf einen Tee vorbeischauen. Das Oriental war früher die bevorzugte Herberge von Schriftstellern, darunter *William Somerset Maugham*. Das Hotel heißt heute offiziell Mandarin Oriental, jedoch kaum jemand nennt es so.

■ **Royal Benja Hotel**ᴸᴸᴸ (Sukhumvit Soi 5, Tel. 02-6552-9054, Fax -8579, www.royalbenja.th.com), Großhotel mit 30 Stockwerken und 388 Zimmern, günstige und ruhige Lage, am Ende von Soi 5; besonders große, komfortable Zimmern mit A.C., TV, Kühlschrank, Tel. etc. Angeschlossen sind ein großer Swimmingpool, Health Club, Massage-Salon, Sauna, ein 24-Std.-Restaurant und eine Snooker-Halle. Die Preise werden auf Anfrage oft gesenkt, und dann ergibt sich hier ein außerordentlich gutes Preis/ Leistungsverhältnis. BTS Nana.

■ **Siam Kempinski**ᴸᴸᴸ (991/9 Rama 1 Rd., Tel. 02-162900, www.kempinksi.com/en) – grandioses Luxushotel in allerbester Shoppinglage: Es liegt direkt hinter dem Siam Paragon und in unmittelbarer Nähe zahlreicher anderer Shoppingpaläste. Die Kempinski-Gruppe befindet sich mehrheitlich im Besitz der thailändischen Krone, und so ist es gewiss kein Zufall, dass sich das Hotel auch gleich neben dem Sra Pathum Palace befindet, in dem Kronprinzessin *Sirindhorn* residiert.

■ **Stable Lodge*****(39 Sukhumvit, Soi 8, Bangkok 10100, Tel. 02-25-334101, Fax -25125, www.stablelodge.com) – angenehmes Hotel unter dänischer Leitung. BTS Nana.

■ **Suk 11 Hostel** ***–*****, 33/1 Sukhumvit Soi 11, etwas versteckt hinter dem 7-Eleven-Laden an der westlichen Straßenseite gelegen (Tel. 02-2535927/8, Fax 02-2535929, www.suk11.com). Das zum Großteil aus Naturmaterialien errichtete sympathische Guest House ist von viel Grün umgeben, eine willkommene Rarität im Bereich von Sukhumvit. Nur für Nichtraucher, Zimmer mit A.C. und TV. In Sukhumvit Soi 13 unterhält das Unternehmen das Suk11@13 Serviced Apartment mit modernen Apartments inkl. DVD-Player, Kaffeemaschine und sonstigen Annehmlichkeiten. Beide Unterkünfte sehr zu empfehlen. BTS Nana.

■ **The Eugenia** (267 Sukhumvit Soi 31; Tel. 02-2599017, www.theeugenia.com), wundervoll restauriertes Haus aus dem 19. Jh., im öffentlichen Bereich stilvoll mit asiatischen Kunstobjekten ausgestattet und mit romantisch, charmant eingerichteten Zimmern, Swimmingpool. Sehr empfehlenswert. Ab ca. 6000 Baht.

■ **Town Lodge***** (106 Sukhumvit Soi 18, Tel. 02-6637712, Fax 02-6637711, www.bkktown lodge.com/) – preiswertes kleines Hotel in sehr ruhiger Lage in Sukhumvit. Ordentliche Zimmer mit A.C. und TV ab 1200 Baht, inkl. Frühstück. Sehr empfehlenswert. BTS Asok.

Essen und Trinken

Bangkok hat über **10.000 Restaurants,** die praktisch jede Küche der Welt offerieren: von Burmesisch bis Kantonesisch, von Balinesisch bis Koscher. Dazu kommen noch **Zigtausende von Essensständen** in den Straßen sowie einige Food Center in den größeren Department Stores. Es gibt wohl kaum eine Metropole auf der Welt, in der überall solche riesigen Essensberge auf Verzehr warten wie in Bangkok – überall und zu jeder Tages- und Nachtzeit findet sich etwas Essbares.

1

Empfehlenswerte Restaurants

Thai

■ Einige der besten Thai-Restaurants befinden sich in Sukhumvit, so das **Green Tamarind** (Soi 39, Sub-Soi Pormjai, Tel. 02-2615698-9, 02-2615727-8) und das **Lemongrass** (Soi 24, Tel. 02-2588637). Beide servieren so etwas wie „Thai-Nouvelle-Cuisine" und sind sehr beliebt bei in Bangkok ansässigen Westlern. Tischreservierungen empfohlen.

■ Sehr gut ist auch das originell betitelte **Cabbages & Condoms** (in der Soi 12, Telefon 02-2523960 bis 4), das von der Planed Parenthood Association of Thailand geleitet wird, einer Geburtenkontroll-Organisation. Das erklärt dann auch die zum Kauf dort ausliegenden Kondome! Das Essen ist aber hervorragend, es gibt hier gehobene Thai-Kost zu erträglichen Preisen.

■ Hochklassige Thai-Cuisine zu moderaten Preisen bietet **Ban Khanitha** (Sukhumvit Soi 23); ca. 800 Baht/2 Pers. Eine neuere Filiale, **Ban Khanitha & Gallery,** befindet sich in Soi Ruam Rudee 2, abseits der Ploenchit Road; diese ist vollgestopft mit Kunstobjekten aus einer im Obergeschoss gelegenen Galerie.

■ Relativ preiswert ist das für Bewohner der Khao San Road günstig gelegene **Sorn Daeng** (Rajdamoen/Ecke Dinso Rd., Tel. 02-2243210) direkt im Schatten des Democracy Monument. Es gibt traditionelle Thai-Küche und Seafood.

■ Noch näher an der Khao San Road liegt das **Hemlock** (56 Phra Arthit Rd.), das besonders bei den Studenten der nahen Thammasat-Universität beliebt ist und dementsprechend leichtes Bohème-Ambiente ausstrahlt. Es gibt sehr gute thailändische Küche (darunter hervorragende Seafood) und eine sehr umfangreiche Weinkarte.

■ Das **Harmonique** befindet sich in Soi 34 der Charoen Krung Road, etwas südlich des Hauptpostamtes; es ist ein stilvolles kleines Restaurant mit viel Grün drumherum – eine absolute Rarität in dieser hektischen und abgasvernebelten Gegend. Zu dem entspannten Ambiente kommt sehr gutes

167th at

Thai-Essen in mittlerer Preislage, dazu Milk-Shakes, Säfte etc. Es werden auch Antiquitäten zum Kauf angeboten.

■ **Ban Lao** in 49 Sukhumvit Soi 36 kredenzt die Küche aus Thailands Nordosten und ist in einem scheunenähnlichen traditionellen Gebäude untergebracht, mit niedrigen Tischen und Sitzkissen für die Gäste. Zu den beliebtesten Gerichten gehört *khaeng pak waan khai mot daeng* (süßes Gemüse-Curry mit den Eiern roter Ameisen). Das Restaurant ist immer gut besucht, und an Wochenenden empfiehlt sich eine Voranmeldung. Tel. 02-2566096.

■ Sehr gute Seafood und andere Thai-Küche im gemütlichen **Orchid Kitchen,** in dem innen ein kleiner Wasserfall plätschert. Das Lokal befindet sich in Soi 5 der Samsen Road, ca. einen halben Kilometer nördlich des New World Dep. Store in Banglamphoo, neben Wat Sam Phraya; von der Khao San Road ist es ein ca. zehnminütiger Fußweg hierhin.

■ Beschaulicher ist da ein **Essen auf einem Flussboot:** Mehrere Restaurants entlang des Chao Phraya bieten abendliche Bootsfahrten, auf denen ausgiebig diniert werden kann. Zu den empfehlenswerteren gehört das **Rim Naam,** das sich direkt neben der Phra Pinklao Bridge nahe Banglamphoo befindet. Die Boote fahren gegen 20.00 Uhr ab, schippern über den abendlichen Chao Phraya und kehren gegen 22.00 Uhr zum Ausgangspunkt zurück. Zum Essen wird pro Person ein „Bootszuschlag" von 50 Baht erhoben.

■ Sehr gute Ausblicke auf Wat Arun und Wat Phra Gaew eröffnen sich vom ausgezeichneten **Supatra River House.** Dieses aus zwei Gebäuden bestehende Restaurant befindet sich in 266 Soi Wat Rakhang,

◁ Tom Yam Seafood

Arun-Amarit Road, Stadtteil Thonburi; vom Maharat-Pier kann man per Fährboot dorthin übersetzen. Der Fährbetrieb ist seit fast 100 Jahren im Besitz der Familie, die auch das Restaurant betreibt. In eleganter Umgebung werden traditionelle Thai-Speisen geboten, darunter viel Seafood. Gehobenere Preislage, ca. 1000–2000 Baht/2 Pers.; geöffnet tägl. 11.30– 14.30 und 18.00–23.00 Uhr. Dem Restaurant ist ein kleines Familien-Museum angeschlossen, und nebenan gelegen ist das Patravadi Theatre, in dem zeitgenössische Theaterstücke aufgeführt werden (Sa/So, 20.00 Uhr).

Chinesisch

■ Eines der beliebtesten chinesischen Restaurants ist das **Chandraphen** an der 1030/1 Rama 4. Rd,/Ecke Soi Ngam Duphli. Das Essen ist so gut, dass selbst Tourgruppen aus Hongkong hierhin befördert werden. Besonders begehrt sind die Huhn- und Entengerichte, aber auch das Seafood fällt sehr gut aus. Das Barbecue Chicken ist der Renner des Restaurants, der Erfolg soll auf die unnachahmliche Soße, eine Erfindung des Hauses, zurückzuführen sein. Tel. 02-2871535-6. Geöffnet 11.00–14.00 und 18.00–22.00 Uhr.

■ Etwas weiter nördlich von Banglamphoo, in Samsen Soi 3, liegt das **Kinlom Chomsaphan,** das ausgezeichnetes thai-chinesisches Seafood kredenzt. Ein weiterer Vorteil ist die malerische Lage am Chao Phraya, mit Ausblick auf die beleuchtete Rama 8.-Brücke. Geöffnet 11.00–2.00 Uhr, abends mit Live-Musik. Tel 02-6288382-3.

■ Das **Peking Restaurant** in Chinatown (Lotus Discount Store, 2.St., Yaowarat Rd.) bietet ausgezeichnete und relativ preiswerte Sichuan-Küche.

■ Ansonsten bieten sich **Chinatowns Straßenstände** an: Entlang der Yaowarat Rd., im mittleren Bereich von Chinatown, brauen abends zahlreiche Brutzelhütten Leckeres zusammen. Einige Stände offerieren geröstete Kastanien, Fleischspieße oder andere kleine Magenfüller.

1

■ Im 8. Stock des Grand China Princess Hotels, 215 Yaowarat Road, befindet sich das **Siang Ling Poh.**

Indisch

Die indische Küche ist in Bangkok gut vertreten, insgesamt gibt es um die 100 Restaurants, hauptsächlich mit nord-indischer Küche. Die preiswertesten Restaurants befinden sich im indischen Viertel Pahurat, wo sich gleich ca. 25 auf engstem Raum drängen.

■Das beste Restaurant hier ist das kleine **Royal India Restaurant** (zwecks Ortung siehe Karte Pahurat) mit Gerichten ab 60 Baht. Besonders gut ist das *Shahi Panir Korma,* ein cremiges Käse-Curry und die *Bhaigan Bharta,* ein Auberginen-Curry. Das Royal India unterhält auch eine sehr gute Zweigstelle in der Khao San Road (in dem Innenhof hinter dem Rambutri Village Hotel) und Stände in den Food Courts der Shopping-Center Paragon Siam und Emporium.

■ Das wohl beste Preis-/Leistungsverhältnis bietet das **Indian Hut** in der Suriwong Road links neben dem Manora Hotel (das Restaurant ist 2012 ein paar Meter umgezogen). Geboten werden nordindische Gerichte, auch vegetarisch, alles ganz ausgezeichnet. Unbedingt probieren: das *Paneer Pasanda,* Käsestücke mit Minzpaste in einer sehr schmackhaften Soße. Ca. 600–800 Baht/2 Personen.

■ Die vielleicht besten *Masalla Dosas* (Reisfladen mit Gemüsefüllung) der Stadt kreiert **Dosa King** in Sukhumvit Soi 11. Preis: 120 Baht. Dazu gibt es weitere süd- und nordindische Gerichte, alles allerdings vegetarisch.

■ Zu den teuersten indischen Restaurants gehört das **Rang Mahal** im Rembrandt Hotel (Sukhumvit Soi 18). Das Essen ist von höchster Qualität, aber auch recht teuer, ab ca. 3000 Baht/2 Pers. Lohnenswert sind die sonntagmittags gebotenen Buffets zu ca. 1200 Baht, mit nord- und südindischen Gerich-

ten, indischen Salaten, Nachspeisen u. v. m. Hier kann man einige Stunden lang schlemmen. So 11.00–14.30 Uhr.

■ Gute Live-Musik und hochklassiges, teures Essen bietet das **Tandoor** im Holiday Inn an der Silom Road.

■ Preiswerte südindische (vegetarische) Küche kredenzt das **Chennai Kitchen** in der 48/6 Pan Rd., abseits der Silom Road (ca. 100 m hinter dem Mariammam-Tempel). Ausgezeichnet sind z. B. die *Idlis,* gedämpfte Reiskuchen, die mit Kokos-Chutney und einer scharfen Soße serviert werden. Überteuerte Getränke.

■ Zahlreiche weitere gute indische Restaurants finden sich in Sukhumvit, so z. B. **Akbar's, Mehmaan** (beide Soi 1) und **Mrs. Balbir's** (Soi 11) und **Khana Khazana** (Sukhumvit; Ecke Soi 11). Ganz besonders preiswert ist das vegetarische **Sri Ganesh** in einer kleinen Verbindungsgasse zwischen Sukhumvit Soi 18 und Soi 20. Es gibt füllende Thalis (verschiedene Gemüse, Fladenbrote, Reis und weitere Zutaten) zu 150 Baht.

Chinesisch-Indisch

■ Mit sehr origineller Küche begeistert das preisgekrönte **Xing Fu** im Novotel Lotus Hotel (1 Soi Saeng Udom, Sukhumvit Soi 33). Kredenzt wird ausgezeichnete chinesische Cuisine (kantonesisch und Szechuan), dazu Essen, wie es von den Chinesen in Kalkutta zubereitet wird. Der Chefkoch ist Nepalese, was die internationale Mixtur noch etwas erweitert. Gehobene Preislage, für die Qualität jedoch angemessen; ca. 2000 Baht/2 Pers.

Westlich

Restaurants mit westlicher Küche gibt es jede Menge, die größte Dichte herrscht entlang Sukhumvit und in dessen Sois. Da die bei den Speisen verwendeten Zutaten zum Teil importiert werden müssen, sind die Preise meist relativ hoch, wobei aber zudem wohl noch ein gewisser „Snob-Bonus" eine Rolle spielt.

■ **Italienisch:** Wer nicht ohne Pizza auskommt, findet im Siam Square etliche Fast-Food-Restaurants (Shakey's, Pizza Hut), die halbwegs verdauliche Versionen davon kreieren. Die Preise sind hier relativ niedrig, doch sollte man nicht allzuviel erwarten.

Das beste italienische Essen der Stadt kredenzt wohl **Zanotti** im Erdgeschoss der Saladaeng Colonnade (Soi Saladaeng, am Ostende der Silom Rd., nahe der Skytrain Station Soi Saladaeng). Es gibt hervorragende Pizzen, Pasta, Risotto, dazu Steaks und Meeresfrüchte, die über einem Grill mit Orangenbaumholz gegrillt werden. Gehobene Preislage.

Der Besitzer des Zanotti ist auch Teilhaber **Pizzeria Limoncello** in 17 Sukhumvit Soi 11 (von der Abzweigung Sukhumvit ca. 200 m in den Soi, linke Straßenseite, etwas zurückversetzt). Dort serviert man großartige Pizzen und Pasta. Das piekfeine Ambiente ist das eines gehobenen Restaurants in Italien, der Service ist effizient und zuvorkommend, und besonders die Pizzen (ab 190 Baht) sind sehr gut. Ausgesprochen gut gewählt ist auch der Hauswein, italienischer Cabernet Sauvignon (160 Baht/Glas). Insgesamt sehr empfehlenswert. Ca. 1500 Baht/2 Pers. Viele Gäste sind thailändische Prominente, Politiker sowie Schauspieler. Geöffnet Di–So 12.00–14.00 und 18.00–24.00 Uhr, Tel. 02-6510707.

Der ehemalige Chef-Pizzabäcker des Limoncellos eröffnete 2004 sein eigenes Restaurant, **Basilico,** in Sukhumvit Soi 31, gegenüber dem Novotel. Die Pizzen sind großartig, ebenso die anderen italienischen Gerichte. Kein Wunder, dass das große Restaurant (300 Plätze) fast jeden Abend voll ist. Auch der Service ist exzellent – Chef *Sergio* wirbelt persönlich zwischen den Tischen umher und sorgt dafür, dass alles reibungslos läuft. In Sukhumvit Soi 20 befindet sich seit 2008 eine Zweigstelle.

Des Weiteren zu empfehlen sind **Sara Jane's** (Convent Rd., ab dem Ostende der Silom Rd.) und **Paesano** (Soi Tonson, bei Soi Lang Suan, an der Nordseite des Lumpini Parks).

Pomodoro in Sukhumvit, einige Schritte westlich der Einmündung Soi 5, bietet hochklassige italienische Küche, allerdings zu hohem Preis. Ab ca. 1500 Baht/2 Pers. Pizzen gibt es hier nicht; für diese, als auch für andere italienische Gerichte, sind zwei preiswertere Filialen von Pomodoro zuständig: Eine befindet sich nahe bei, in Sukhumvit, genau vor den Treppen zur Skytrain-Station Nana (etwas östlich von Einmündung Soi 7), eine weitere im Emporium Shopping Center, Sukhumvit, Ecke Soi 24.

Am Ostende der Khao San Road befindet sich **La Casa,** mit sehr guten Pizzen und anderen italienischen Gerichten.

Siehe weiterhin auch **Govinda** in der Rubrik „Vegetarisch".

■ **Französisch:** Exzellente französische Küche, dazu eine gute Auswahl an Weinen gibt es im **Aubergine,** das in einer wunderbar renovierten Villa untergebracht ist. Man kann auch draußen im Garten speisen. Adresse: 71/1 Soi Sala Daeng, Silom Rd. (etwas weiter südl. als Zanotti s. o.), Tel. 02-2342226. Gehobene Preislage, ab ca. 2000 Baht/2 Pers., ohne Wein.

■ **Englisch:** Bobby's Arms, Patpong 2; die englische Küche ist nicht gerade für ihre Raffinesse bekannt, die gemütliche Pub-Atmosphäre dieses Etablissements, mitten im dekadenten Patpong, hat aber etwas für sich.

Londoner Brew Pub, UBC 2 Bldg., Sukhumvit Soi 33/Ecke Sukhumvit Rd.; beliebtes Pub und Restaurant, abends mit Live-Musik und gutem, wenn auch etwas teurem Essen. Happy Hour 16.00–19.00 und 23.00–1.00 Uhr. Kostenloses Wi-Fi-Internet.

■ **Schweizerisch:** siehe Grottino Residence unter „Weitere gute Unterkünfte".

Gute westliche Küche – wenn auch mit etwas schwankendem Standard – kredenzt das von einem Österreicher geleitete, gemütliche **Primavera** an der 65 Phra Sumen Road, ein paar Minuten von der

1

Khao San Road und nur ein paar Schritte von Soi Rambutri entfernt. Es gibt Crêpes, Pizzas, Steak, Kuchen (guten Apfelstrudel) und hausgemachtes Eis. Sehr preiswert.

Deutsch

■ **Bei Otto,** Sukhumvit Soi 20 (eine Bäckerei ist angeschlossen; Schwarzbrot!);
■ **Biergarten,** Sukhumvit Soi 7;
■ **Old German Beer House,** Sukhumvit Soi 11;
■ **Heidelberg,** Sukhumvit Soi 4 (dem Namen zum Trotz Schweizer Besitzer und großenteils Schweizer Gäste);
■ **Ratsstube,** 18/1 Soi Attakarnprasit (im Gebäude des Goethe-Instituts, zwischen South Sathorn Rd. und Soi Ngam Duphli); Zur Taverne, Sukhumvit Soi 3.

Pizza/Backwaren/Eiscreme etc.

Die vielleicht besten Backwaren der Stadt finden sich im sehr professionell geführten Oriental Shop, der vom Oriental Hotel betrieben wird; es gibt Filialen im Siam Paragon (Rama 1. Rd., Untergeschoss), im Isetan Shopping Centre (CentralWorld, Rajadamri Rd., Erdgeschoss), Central Department Store Chitlom (Soi Chitlom, Ecke Ploenchit Rd., Erdgeschoss), im Emporium Shopping Ctr. (Sukhumvit, Ecke Soi 24, 5.St.), im Siam Paragon (Rama 1 Rd., Erdgeschoss) sowie im Oriental Hotel selber. Geboten werden ausgezeichnete Brote (z. B. Walnuss-, Sesam-Brot, Rosinenbrot etc.), Croissants, Kuchen, Pralinen, Schokolade, Eiscreme, das alles zu leicht gehobenen, aber durchaus gerechtfertigten Preisen. Verkauft werden auch bessere Weine, Konfitüre, Wurstwaren, Kaffee und Tee. Man kann die Waren auch an Ort und Stelle verzehren. Liefer-Service Tel. 02-2640931-2.
■ Sehr beliebt zum Frühstück ist **Maria's Bakery & Restaurant** (909–911 Silom Rd.), gegenüber Central Dep. Store); neben sehr guten Backwaren und Kaffee gibt es thailändische, vietnamesische, italienische und vegetarische Speisen, dazu hausgemachten italienischen Käse.
■ **Le Boulange** in 2–1/2 Convent Road (nahe dem Ostende der Silom Road) verkauft sehr gute, stets frisch gebackene Brote, Baguettes, Sandwiches und Kuchen, die auch gleich im dortigen Café verzehrt werden können. Außerdem erhältlich sind Salate, Omelettes und ein täglich wechselndes Lunch-Set.

Bier, deutsche Küche und Musik

■ Deutsche und thailändische Küche serviert das **Tawandaeng Brew House,** etwas außerhalb der Stadtmitte an der Rama 3. Road gelegen (ca. 60–70 Baht per Taxi ab der Silom Rd.); gehobenere Preislage. Die meisten Gäste kommen aber wohl wegen des an Ort und Stelle gebrauten Bieres; es gibt vollmundiges Weizen, Pils und Dunkel, gebraut von einem deutschen Braumeister. Zum Bier gibt es verschiedene Sorten von Brezeln.

Das geräumige, zweistöckige Tawandaeng („Rote Sonne") bietet angeblich Platz für 4000 Personen, dennoch sind an Wochenenden kaum ein paar Quadratzentimeter frei. Dann hat man am Eingang seinen Namen in eine Warteliste einzutragen, und nach einiger Zeit – manchmal eine Stunde oder mehr – wird man aufgerufen. Zur Beliebtheit des Bierhauses trägt auch das gebotene Unterhaltungsprogramm bei. Es spielen ausgezeichnete thailändische Bands (Folklore, Blues oder Rock), dazu der Amerikaner *Bruce Gaston* mit seinem Ensemble Fong Nam, das eine originelle Mischung aus klassischer Thai-Musik und Jazz präsentiert. Die Musik ist allgemein sehr laut. Es gibt aber auch Sitzgelegenheit an der Peripherie des Gebäudes, und dort kann man etwas besser kommunizieren. Für Freude von Bier und guter Küche ist das Tawandaeng sicher ein Muss auf dem Besuchsprogramm.

1

Vegetarisch

Bangkok besitzt über 100 vegetarische Restaurants oder Essensstände, die meisten sind jedoch klein, unauffällig und oft in Vororten angesiedelt. Viele der Restaurants werden von Anhängern der Santi-Asoke-Sekte geführt, deren Mitglieder allesamt Vegetarier sind. Sie bieten erstklassige vegetarische Thai-Kost zu Tiefstpreisen ab 25 oder 30 Baht. Diese Restaurants nennen sich alle schlichtweg **Sala Mangsawirat** oder „Vegetarisches Restaurant".

■ Bangkoks größtes vegetarisches Restaurant befindet sich an der Südseite des Chatuchak Parks. Fragen nach Sala Mangsawirat. Hier wird eine Riesenauswahl an köstlichen Gerichten geboten. Ein Paradies für Vegetarier! Di–So 6.00–14.00 Uhr.

■ Das alteingesessene **Whole Earth Restaurant** befindet sich in Soi Lang Suan (zwischen Lumpini Park und Ploenchit Rd.). Geboten wird gehobene vegetarische Thai-Küche zu leicht gehobenen Preisen. Das Essen ist sehr gut, einige indische Gerichte stehen ebenfalls auf der Speisekarte. Zudem gibt es auch einige Fleischgerichte, was bei einer Restaurant-Kette, die sich als Vorreiter des Vegetarismus versteht, vielleicht etwas merkwürdig wirkt. Eine Zweigstelle befindet sich in Chiang Mai.

■ Ein absoluter Hit ist **Govinda,** ein italienisches, vegetarisches Restaurant (mit indischem Namen). Das Restaurant befindet sich in Sukhumvit Soi 22, etwa 100 m südlich der Einmündung des Soi in Sukhumvit. Es gibt hervorragende Pizzas, Lasagne, Überbackenes, Salate, einen göttlichen Tiramisu u. v. m. Alles ist von höchster Qualität. Hohe Preislage, ca. 1500 Baht/2 Pers. Dienstags geschlossen.

⌂ Wer verkaufen will, muss die Sprache der Kundschaft sprechen

■ **May Kaidee** hat drei Filialen in der Nähe der Khao San Road und bietet sehr gute thailändische vegetarische Gerichte zu Preisen ab ca. 40 Baht (www.maykaidee.com). Zwei Restaurants befinden sich am Ostende der Khao San Road, in der kleinen Gasse hinter Burger King, einige Schritte nördlich der Einmündung Khao San Road, das andere an der Samsen Road, ca. 500 m nördlich der Khao San Road, wenige Meter südlich von Samsen Soi 1.

■ Außerdem führen alle indischen Restaurants in und um Khao San Road zahlreiche vegetarische Gerichte, derzeit gibt es dort etwa ein Dutzend indische Restaurants, die besten sind: **Royal India** und **Bombay Blues** (beide in Soi Rambutri).

■ Weitere Möglichkeiten: Die Kantine des **Bangkok Mission (Adventist) Hospital,** Phitsanuloke Road, rein vegetarisch; **Sala Mangsawirat,** Phaholyothin Road, Sapan Khwai, gegenüber dem Paolo Hospital; **Sala Mangsawirat,** Phaholyothin Road, ca. 1 km nördl. des Victory Monument; **Veg House,** Sukhumvit Soi 3; **Ambassador Food Center,** Sukhumvit Soi 11; **Metro's Gourmet Corner,** New Petchaburi Rd. Soi 35; **Mah Boonkrong Food Center,** Mah Boonkrong Department Store, Phya Thai Road; **Punjab Sweet Restaurant & Sweets,** Pahurat (siehe Karte Pahurat), dazu mehrere kleine Restaurants oder Essensstände in Pahurat mit Thai- oder chinesisch-vegetarischer Küche.

■ Südindische vegetarische Gerichte im **Chennai Hotel** in der Pan Rd. (zwischen Silom Rd. und Sathorn Rd.), ca. 100 m südlich des hinduistischen Sri-Mariammam-Tempel (Wat Khaek). Für 120 Baht gibt eine *Thali,* einen großen Teller voll verschiedener Gemüse-Currys, Reis und andere Zugaben.

Food Centers

Viele Department Stores reservieren der Schlemmerei eine ganze Etage, in der sich dann Stand an Stand reiht. Diese Food Centers sind eine sehr preisgünstige Essensmöglichkeit.

■ Das Center mit der wohl besten Auswahl ist das **Mah Boon Krong Center (MBK),** in dessen 6. Stock etwa 50 Essensstände aufwarten. Von Seafood über Moslemkost, Fast Food und Gourmetküche ist alles vorhanden – ein wahrhaftes Essparadies! Die Preise sind etwas höher als an entsprechenden Straßenständen, da die Stände ein Drittel ihrer Einnahmen als Miete an das Kaufhaus abführen müssen. Tägl. 10.00–20.00 Uhr geöffnet.

■ Im 5. Stock des **MBK** gibt es ein etwas teureres Food Center, **Food on Fifth.** Hier gibt es Stände mit thailändischem, chinesischem italienischem, griechischem und indischem Essen. Beim Betreten erhält man eine elektronische Karte, auf der die verzehrten Speisen elektronisch verbucht werden.

■ Nach gleichem Prinzip agiert **The Food Loft** im Obergeschoss des Central Chitlom Department Store (s. o.), wo ebenfalls mit einer großen Auswahl an Speisen aufgewartet wird.

■ Einen ähnlich smarten Food Court bietet das **Emporium Shopping Center** in Sukhumvit, Ecke Soi 24.

Bangkoks höchstes Restaurant

ist das **Baiyoke Sky Restaurant** im alles überragenden Baiyoke 2 Tower im Stadtteil Pattunam. An klaren Tagen kann man von hier angeblich bis Pattaya sehen. Es gibt Buffets (kein à-la-carte) mit westlicher und asiatischer Küche zu 220 Baht (Lunch) und 320 Baht (Dinner), zuzüglich Steuer und Bedienungsgebühr. Leider ist das Essen alles andere als gut. Geöffnet 11.00–14.00 und 18.00–22.00 Uhr; nach 22.00 Uhr metamorphost das Restaurant zu einer Cocktail-Longe mit Live-Musik. Das mit 320 m und 84 Stockwerken **höchste Gebäude Thailands** ist schon von Weitem zu sehen. Im 77. Stockwerk befindet sich eine Aussichtsplattform (Eintritt 200 Baht in-

1

klusive Freigetränk im Café), und von dort – sowie vom Restaurant – bietet sich ein einzigartiger Ausblick auf die architektonisch so malträtierte Stadt. Der Tower beinhaltet auch das **Baiyoke Sky Hotel**LLL**,** das höchste Hotel der Welt (s. a. „Unterkunft").

Adressen

Botschaften (Auswahl)

Achtung! Die Visaabteilungen in den Botschaften schließen meist schon um 11.30 oder 12.00 Uhr.

■ **Deutschland:** 9 South Sathorn Rd., Bangkok 10120. Tel. 02-2879000, Notfallnummer außerhalb der Geschäftszeit 081-8456224, Passstelle 02-2879068 (bei Passverlust), Fax 02-2871776; Mo–Fr 8.00–12.00 Uhr
■ **Indien:** 46 Sukhumvit Soi 23, Tel. 02-2580 300-5; Achtung: Visa Service nur bei VFS Ltd, 15th Floor, Glas Haus, Room 1503, Sukhumvit Soi 25, www.ivac-th.com
■ **Kambodscha:** 185 Rajdamri Rd., Bangkok 10330, Tel. 02-2546630, Fax 02-2539859; Mo–Fr 9.00–17.00 Uhr
■ **Laos:** 520, 502/1–3 Soi Sahakarnpramoon, Pracha-Uthit Rd., Bangkok 10310, Tel. 02-5396667, 02-5396679, Fax 02-5393827; Mo–Fr 8.00–16.00 Uhr
■ **Myanmar:** 132 North Sathorn Rd., Bangkok 10500, Tel. 02-2332237, 02-2340278, Fax 02-2366898; 8.30–16.30 Uhr
■ **Österreich:** 14 Sathorn Soi 1, Bangkok 10120, Tel. 02-3036057-9, 02-2873970-2, Fax 02-2873925; Mo–Fr 9.00–12.00 Uhr
■ **Schweiz:** 35 North Wireless Rd., Bangkok 10330, Tel. 02-2530156-60, Fax 02-2554481; Mo–Fr 7.45–16.30 Uhr

■ **Vietnam:** 83/1 Wireless Rd., Bangkok 10330, Tel. 02-2517202, 02-2515835, Fax 02-2517201; Mo–Fr 8.30–16.30 Uhr

Tourist Police

Der Zentrale der TAT ist auch die Tourist Police angeschlossen, eine Polizeitruppe, die speziell für die Klagen von Touristen eingerichtet wurde. Landesweit umfasst sie etwa 1000 Polizisten. Die Truppe ist nicht immer unkorrupt (wie die normale Polizei auch), bei schwerwiegenden Fällen sollte die Heimatbotschaft eingeschaltet werden.

Bei allen Klagen bei der Tourist Police sollte man höflich auftreten – sonst läuft gar nichts in Thailand – aber gleichzeitig auch mit dem richtigen Nachdruck.

■ **Tourist Police** Tel. 1699. Die **normale Polizei** kann landesweit unter Tel. 191 erreicht werden.
■ Die **Hauptstelle der Tourist Police** befindet sich im Unico House, 29/1 Soi Lang Suan, Ploenchit, Pathumwan, Bangkok 10330, Tel. 02-6521721.
■ Eine **Zweigstelle** ist an der Kreuzung Rama 4 Rd./Rajdamri Rd./Silom Rd. gelegen. Günstig für Nachtschwärmer, die sich im nahen Rotlichtviertel Patpong über den Tisch haben ziehen lassen! All zu viel Hilfe seitens der Ordnungshüter ist allerdings nicht zu erwarten, die engen Verbindungen zwischen Dunkelmännern und Polizei in Thailand sind ein offenes Geheimnis.

Krankenhäuser (Auswahl)

In **Notfällen** dürften die unten aufgeführten Krankenhäuser die besten sein. Es gilt jedoch zu bedenken, dass Krankenhäuser in Thailand so gut wie immer **rein kommerzielle Unternehmen** sind, der Profit steht weit vor der Nächsten-liebe. Ohne Vorbezahlung oder Dar-legung einer Versicherungs-Police wird man oft gar nicht erst aufgenommen. Falls eine gravierende Diagnose ausge-stellt wird, sollte man – sofern möglich – immer eine zweite oder dritte Meinung einholen. Viele Ärzte und Chirurgen sind schnell mit dem Skalpell zur Hand, weil sie an der Operation u. U. mitver-dienen.

■ **Bangkok Christian Hospital,**
124 Silom Rd., Tel. 02-6259000, www.bangkok christianhospital.org.

■ **Bangkok Mission (Adventist) Hospital,**
43 Phitsanulok Rd., Tel. 02-2821100, www.mission-hospital.org; gut, aber preiswerter als das Top-Hos-pital Bamrungrad (s. u.).

■ **Bumrungrad**
International Medical Centre,
33 Soi 3 Sukhumvit, Tel. 02-6862700, www.bnh hospital.com; Bangkoks beste Adresse für Auslän-der, aber auch teuer.

■ **Chulalongkorn Hospital,**
Chulalongkorn University, Rama 4. Rd., Tel. 02-2564000, das der Chulalongkorn-Universität ange-schlossene Hospital, recht kompetent.

■ **Samitiwei Hospital,**
133 Soi 49 Sukhumvit, Tel. 02-71181818, www.samitivejhospitals.com; gut geführtes Kranken-haus, aber nicht billig.

■ **Siriraj Hospital,**
Phran Nok Rd., Thonburi, Tel. 02-4199465/6, www.si.mahidol.ac.th/eng; vom Königshaus geför-dertes Krankenhaus, preiswert und kompetent, aber u. U. sind lange Wartezeiten in Kauf zu neh-men. Falls kein dringender Notfall besteht, sollte dies die erste Wahl sein.

Fluggesellschaften (Auswahl)

■ **Air Asia,** 1st Floor, OSC Bldg., 99 Moo 5, Kin kaew Rd. Samut Prakan, Tel. 02-515999, www.air asia.com

Bangkok

■ **Air Berlin,** 17th Floor, 849 Silom Rd., Voravat Bldg., Tel. 02-2369779

■ **Air India,** c/o S.S: Travel Service, 128 Phyathai Plaza Bldg., Tel. 02-2165695

■ **Alitalia,** 8th Floor, Boonmitr Bldg., 138 Silom Rd., Tel. 02-2334004-4, www.airindia.com

■ **Austrian Airlines,** 18th Floor, Wall Street Tower, 33/90 Suriwong Rd., Tel. 02-670873-6, www.austrian.com

■ **Bangkok Airways,** Bangkok Airways Bldg, M 14, Vipavadee Ransit Rd., Lardprao, Bangkok 10900, Tel. 02-22706699

■ **British Airways,** Abdulrahim Place, 990 Rama 4 Road, Tel. 02-6361747, www.ba.com

■ **Cathay Pacific,** 11th Floor, Ploenchit Tower, 898 Ploenchit Rd., Tel. 02-2630606, www.cathay-pacific.com

■ **China Airlines,** 4th Floor, Peninsula Plaza, 153 Rajdamri Rd., Tel. 02-2509888, www.china-airlines.com/en

■ **Emirates,** B.B. Bldg., 54 Asoke Rd., Sukhumvit 21, Tel. 02-6641040

■ **Etihad Airways**, 11th Floor, Tonson Tower, 900 Ploenchit Rd., Tel. 02-2530099, www.etihadairways.com

■ **EVA Airways,** 2nd Floor, Green Tower, Rama 4 Rd., Tel. 02-2400890, 02-22696288, www.evaair.com

■ **Garuda,** 27th Floor, Lumpini Tower, 1168 Rama 4 Rd., Tel. 02-2856470-3, www.garuda-indonesia.com

■ **Gulf Air,** 20th Floor, Voravat Bldg., 849 Silom Rd., Tel. 02-2547931 bis 4, www.gulfair.com

■ **Japan Airlines,** Room G2-076, 2nd Floor, Consourse G, Suvarnabhumi Airport, Tel. 02-1313300, www.jal.com

■ **KLM,** 21st Floor, Unit 2103, Vorawat Bldg., 849 Silom Rd., Tel. 02-6100808, www.klm.com

■ **Kuwait Airways,** c/o Arabia Aviation, 22nd Floor, M Thai Tower, All Seasons Place, 87 Wireless Road, nahe der US Botschaft, Tel. 02-6540545, www.kuwaitairways.com

■ **Lao Airlines,** Ground Floor, Silom Plaza, Silom Rd., Tel. 02-2369822-3, www.laoairlines.com

■ **Lufthansa,** 18th Floor, Q. House Asoke Bldg., 66 Sukhumvit Soi 21, Tel. 02-6546800, www.lufthansa.com

■ **MAS Malaysia Airlines,** Unit 332B, 3rd Floor, All Seasons Place, 87/192 Wireless Rd., Tel. 02-2506 568-74, www.malaysia-airlines.com.my

■ **Myanmar Airways,** 8th Floor, Unit 3808, BB Bldg, 54 Asoke Rd., Bangkok 10110, Tel. 02-261 5060, www.maiair.com

■ **Nepal Airlines,** 1/7 Sibunruang 2 Bldg., 5th Floor, Room 501, Tel. 02-2667146-7, www.nepalairlines.com.np

■ **Qantas,** Abdulrahim Place, 990 Rama 4 Rd., Tel. 02-6271701, www.quantas.com

■ **SAS,** 8th Floor, Glas Haus Bldg., 1 Sukhumvit Soi 25, Tel. 02-6458200, www.flysas.com

■ **Singapore Airlines,** 12th Floor, Silom Center Bldg., 2 Silom Rd., Tel. 02-3536000, www.singaporeair.com

■ **Silk Air,** c/o Singapore Airlines (s. o.), www.silkair.com

■ **Srilankan Airlines,** 942/34–35 Charn Issara Tower, Rama 4 Rd., Tel. 02-2368450, www. srilankan.com

■ **Swiss,** 18th Floor, Q. House Asoke Bldg., 66 Sukhumvit Soi 21, Tel. 02-6546868, www.swiss.com

■ **Vietnam Airlines,** 10th Floor Wave Place Bldg., 55 Wireless Rd., Tel. 02-6554137-40, www.vietnamairlines.com

◁ Posieren für Facebook: Jugendliche auf dem Vorplatz des Siam Paragon Shopping Centre

Thai Airways

■ **Head Office,** 89 Vibhavadhi Rangsit Rd., Bangkok 10900, Tel. 02-5451000

`1`

■ **Silom Office,** 485 Silom Rd., Bangkok 10500, Reservierung: (24 Std.) Tel. 02-3561111, www.thaiair.com

■ **Pattaya Office,** Dusit Resort Hotel, 240/2 Pattaya Beach Rd., Tel. 038-420995-7

Sonstige Adressen

■ **Immigration Office,** Building B, Bangkok Government Center, Mu 3, 120 Chaengwattana Rd., Soi 7, Bangkok 10120, Tel. 02-1419889; Mo–Fr 8.30–12.00 und 13.00–16.30 Uhr. Neues Amt weit im Norden der Stadt, Anfahrt mit Bus Nr. 166 ab Victory Monument oder Taxi. Taxikosten ab Khao San Rd. ca. 200–220 Baht.

■ **Fine Arts Department,** Naphratad Road (nahe dem National Museum), Tel. 02-2217811, 02-223976 (zwecks Ausfuhrgenehmigung für Antiquitäten)

■ **G.P.O. (Hauptpostamt),** Charoen Krung Road (New Road), etwas nördlich der Einmündung Suriwong Road. Geöffnet Mo–Fr: 8.00–20.00 Uhr, Sa: 9.00–13.00 Uhr. Die Abteilung für Telex, Fax und Ferngespräche (in einem Gebäude rechts neben dem Hauptgebäude) ist 24 Stunden geöffnet.

■ **Goethe-Institut,** Soi Goethe, South Sathorn (Sathorn Tai) Road, Tel. 02-2870942-4, Fax 02-2871829, www.goethe.de/ins/th/ban/deindex.htm.

Hier gibt es ein paar Tage alte deutsche Zeitungen und Magazine zu lesen, und häufig werden auch kulturelle Veranstaltungen geboten. Geöffnet Di–Mi 8.00–18.00 Uhr, Do 9.30–17.00 Uhr, Fr 9.30–13.00 Uhr, Sa und So 8.00–13.00 Uhr.

Wichtige Telefonnummern

■ **Tourist Police** 1155, 02-6786800
■ **Polizeinotruf** 191
■ **Feuerwehr** 199
■ **Krankenwagen** 02-2522171-5
■ **Telefonauskunft Bangkok** 13
■ **Auskunft für Inlandsgespräche** 183
■ **Auskunft für Ferngespräche** 100
■ **Don Mueang Airport** 02-5351254
■ **Suvarnabhumi Airport** 02-1321888; Fluginformation 02-1320000
■ **Airport-Limousine** (Airport Authority of Thailand): 081-6524444
■ **Hualamphong Station** (Hauptbahnhof) 2230341-60, 2237010, 2237020

Weiterreise von Bangkok

Mit dem Flugzeug

Seit 2006 ist der neue internationale **Suvarnabhumi Airport** in Betrieb. Der Flughafen, ein futuristisch anmutendes Gebäude aus unendlich viel Stahl und Glas, befindet sich ca. 30 km östlich der Innenstadt. Die Entfernung ab der Khao San Road beträgt 36 km.

Der Flughafen ist für fast alle **Auslandsflüge ab Bangkok** zuständig (außer denen von Air Asia), sowie für die meisten Inlandsflüge. Auslands- und Inlandsterminals befinden sich in demselben Gebäude. Vor Abflug empfiehlt es sich, ausfindig zu machen, nahe welcher Eingangstür sich die Schalter zum Einchecken für die gewählte Fluggesellschaft befinden. Das Abfluggebäude hat eine Frontseite von 440 m Länge, und wer an der falschen Eingangstür aus dem Taxi steigt, hat möglicherweise einen längeren Fußweg zurückzulegen. Nahe den Eingangstüren sind Hinweisschilder

1

angebracht, die die dort befindlichen Airline-Schalter auflisten; die Schilder sind aber leicht zu übersehen. Sicherheitshalber kann man bei seiner Airline vorher anfragen oder man ziehe den **Thailand Airline Timetable** zu Rate, das es in jedem besseren Buchladen in Bangkok zu kaufen gibt (100 Baht). Darin ist für alle Gesellschaften die Platzierung der Eincheckschalter angegeben. Wer einen Laptop dabei hat, kann sich an den Informationsschaltern in der Abflughalle die Einlogdaten für eine kostenlose Wi-Fi-Verbindung geben lassen.

Ab Suvarnabhumi Airport gehen auch alle **Inlandsflüge** der Thai Airways (Airline-Code TG) und Bangkok Airways (PG).

Nok Air (DD), Tochtergesellschaft der Thai Airways, fliegt ab dem alten **Don Mueang Airport** im Norden der Stadt, ca. 25 km von der City entfernt, ebenso wie Air Asia, Orient Thai Airlines und One-Two-Go. Letztere fliegt aber hier Inlandsflüge sowie international.

Bei allen Flügen ab Bangkok vergewissere man sich, dass man dem **Taxifahrer den richtigen Flughafen** nennt. Die Entfernung zwischen den beiden Flughäfen beträgt ca. 40 km und ein Fehler in der Zielangabe resultiert wahrscheinlich im Verpassen des Fluges.

Suvarnabhumi („Goldenes Land") spricht sich übrigens **Suwannaphuum.** Der Name ist Sanskrit-Thai wurde vom thailändischen König gewählt. Die Thais sprechen das End-i nicht aus.

Suvarnabhumi Rail Link

Ende August 2010 wurde der *Suvarnabhumi Rail Link,* eine **auf einer Hochtras-** se verlaufende Schnellbahn** zum Suvarnabhumi Airport in Betrieb genommen (www.bangkokairporttrain.com). Die zentrale Station ist Makkasan im Stadtteil Pratunam (der sog. *City Air Terminal*), wo für einige Airlines auch gleich der Check-In möglich ist. Das Streckennetz verläuft von Phya Thai und Ratchaprarob (westlich von Makkasan) über Makkasan und die weiter östlich gelegenen Stationen Ramkhamhaeng, Hua Mark, Ban Thap Chang und Lat Krabang zum Flughafen. Fahrpreis 150 Baht, Fahrzeit für die gesamte Strecke 22 Min. Abfahrt tagsüber von 6.00 bis 24.00 Uhr alle 15 Min.

Ausreise aus Thailand

Wer **Buddhas im Gepäck** hat, riskiert, dass ihm diese im Flughafen abgenommen werden (siehe „Vor der Reise, Ausreisebestimmungen"). Das Gepäck wird durchleuchtet, und da fallen die Buddhas auf. Wer buddha-ähnliche Figuren dabei hat (beispielsweise hinduistische Gottheiten etc.) sollte diese vorher von der Zollstelle, die sich in der Abflughalle befindet, überprüfen lassen.

Restliche Baht können problemlos im Flughafen zurückgetauscht werden – zumindest in die geläufigen Währungen. Restgeld lässt sich ansonsten bestens in den im Airport auf Kundschaft wartenden Snack-Bars, Cafés und Restaurants ausgeben; diese sind allerdings in der Regel sehr teuer.

Einkaufen in den Duty-Free-Läden lohnt sich kaum, die Preise sind im Vergleich zu anderen Flughäfen in Südostasien hoch. Darüber hinaus ist es in den Läden zu einigen **Betrugsfällen**

1

gekommen: Kunden wurden heimlich Artikel in die Einkaufstasche gesteckt, die sie gar nicht gekauft hatten; beim Verlassen des Geschäftes wurden sie dann von einem Wachmann durchsucht und des Diebstahls angeklagt. Die „Diebe" kamen nur durch Schmiergeldzahlungen in Höhe von mehreren Hunderttausend Baht wieder frei. Das Ganze hinterlässt eine üblen Nachgeschmack, und viele in Bangkok lebende Expats und Vielflieger machen einen großen Bogen um die Duty-Free-Läden. Der Betreiber aller dieser Läden ist das Unternehmen „King Power", dem heute der Ruf eines windigen Piratenunternehmens anhängt.

Mit dem Zug

Bangkoks Hauptbahnhof ist die **Hualamphong Station** am Westende der Rama 1 Road, oder anders gesagt, an der Ostseite von Chinatown. Von hier gehen Züge zu vielen wichtigen Reisezielen wie z. B. Kanchanaburi, Ayutthaya, Chiang Mai, Udon Thani, Surat Thani, Hat Yai u. a. Zudem fahren Züge zum Don Mueang Airport.

Die **Tickets** können in der Schalterhalle des Bahnhofs gekauft werden, wo die Buchungen neuerdings per Computer gehandhabt werden. Die ganze Transaktion dauert nur ein oder zwei Minuten. Vor oder zu Feiertagen bilden sich aber oft endlos lange Warteschlangen, und möglicherweise geht man dann leer aus. Wichtige Feiertage unbedingt meiden, oder aber das Ticket einige Wochen im Voraus kaufen! Ansonsten bekommt man wahrscheinlich nur Tickets in der sehr teuren 1. Klasse.

Die Tickets können auch in Reisebüros gekauft werden, wobei üblicherweise etwa 50 Baht aufgeschlagen werden.

Von der kleinen **Wong Wien Yai Station** am Taksin Circle in Thonburi fahren nur Züge in die Umgebung.

Mit dem Bus

Die Busse zu Zielen innerhalb Thailands fahren von verschiedenen **Busstationen** ab, die sich weit außerhalb des Stadtkerns befinden. Wer per Taxi zu den Busstationen gelangen will, sollte dem Fahrer den in Klammern angegebenen Thai-Begriff (s. u.) angeben, da der englische Name oft nicht verstanden wird.

Die Busstationen sind auf den in Bangkok erhältlichen Stadtplänen eingezeichnet, dazu auch die örtlichen Buslinien, mit denen man dorthin gelangen kann.

Richtung Norden und Nordosten

Vom Northern and Northeastern Bus Terminal (Morchit Bus Terminal) geht's nach Ayutthaya, Lopburi, Nakhon Sawan, Sukhothai, Chiang Mai, Chiang Rai und anderswo in den Norden, bzw. in den Nordosten, so z. B. nach Khorat, Udon Ratchathani, Khon Kaen, Nong Khai u. a. Einige wenige Busse in den Osten, z. B. nach Pattaya.

■ **Northern and Northeastern Bus Terminal (Morchit Bus Terminal),** Kamphaeng Phet 2 Rd., Tel. 02-9363659-60 (Norden), 02-9360 667 (Nordosten). Die nächstgelegene MRT-Station ist Mo Chit (Morchit), zum Weiterlaufen ist die Strecke zum

Busbahnhof aber zu lang, und besser man nimmt gleich ein Taxi.

Richtung Süden

Busse in Richtung Süden (z. B. Petchaburi, Hua Hin, Surat Thani, Krabi, Phuket, Hat Yai) aber auch nach Westen (z. B. Nakhon Pathom, Kanchanaburi u. a.) und in Richtung Zentral-, Nord- und Nordost-Thailand.

■ **(New) Southern Bus Terminal,** Borommaratchachonnai Rd. (Pinklao-Nakhon Chaisi Highway) im Stadtteil Taling Chan, Tel. 02-4351200, 02-4351199

Richtung Ostküste

Busse in den Osten und an die Ostküste, z. B. nach Chonburi, Pattaya, Rayong, Ban Phe, Chantaburi, Trat.

■ **Eastern Bus Terminal** (Ekamai), gegenüber Sukhumvit Soi 65, Tel. 02-3912504, 02-3922521. Die BTS-Station Ekamai ist nur eine kurzes Stück vom Busbahnhof entfernt. Man nehme Ausgang Nr. 2 an der BTS-Station.

Die verschiedenen Busarten

Die sehr billigen **Normalbusse** *(rot thammada)* haben keine Klimaanlage (A.C.), sind für kurze Strecken jedoch komfortable genug. Für Langstrecken sind sie nicht sonderlich zu empfehlen, sie werden auf diesen Strecken aber ohnehin immer seltener.

A.C.-Busse *(rot thua)* sind sehr komfortabel und auch schneller als die Normalbusse. Sie sind ganz grob gesagt etwa doppelt so teuer wie die Normalbusse. Die A.C.-Busse unterscheiden sich oft noch nach blauen (A.C.-Busse erster Klasse) und orangefarbenen (A.C.-Busse zweiter Klasse); letztere haben nicht ganz so bequeme Sitze, sind dafür aber ein paar Baht billiger.

Noch besser und teurer sind die sogenannten **V.I.P.-Busse** *(rot wii-ei-pii)*, mit noch mehr Beinfreiheit und bequemeren Sitzen. Diese verkehren jedoch bislang nur auf einigen besonders langen Strecken.

Geht man zu einer „vernünftigen" Tageszeit (d. h. nicht hähnekrähend früh oder mitten in der Nacht) zum Terminal, so wird man immer in spätestens einer Stunde einen Bus in die gewünschte Richtung bekommen.

Vorbuchungen können bei den A.C.-Bussen gemacht werden, sind aber in der Regel nicht nötig. Ausnahme: Kurz vor oder nach Feiertagen, wenn jeder versucht, nach Hause in die Provinz bzw. wieder zurück zur Arbeit nach Bangkok zu kommen.

Die Busse sind im Allgemeinen sehr **pünktlich,** was nicht zuletzt am halsbrecherischen Stil der Fahrer liegt. Es ist bekannt, dass einige der Fahrer sich mit Amphetaminen aufmuntern.

1

Vom Trubel der Hauptstadt
in das ländliche
Umfeld:

2 Die
Umgebung
Bangkoks

Schon wenige Fahrstunden außerhalb
von Bangkok zeigt sich Thailand von
einer viel beschaulicheren Seite.

◁ Schwimmender Markt
in Damnoen Saduak

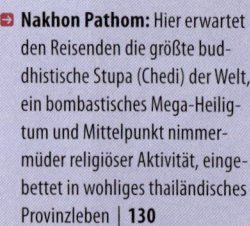

367th at

DIE UMGEBUNG BANGKOKS

Eine kurze Bus- oder Zugreise von der Hauptstadt entfernt zeigt sich Thailand gleich von einer anderen Seite: Hier tickt das Leben noch ein paar Takte langsamer, und neben malerischen Landschaften locken **historische Attraktionen** wie die alte siamesische Hauptstadt Ayutthaya oder – eng mit der Geschichte des 2. Weltkrieges verbunden – die idyllisch gelegene Stadt Kanchanaburi.

NICHT VERPASSEN!

➡ **Nakhon Pathom:** Hier erwartet den Reisenden die größte buddhistische Stupa (Chedi) der Welt, ein bombastisches Mega-Heiligtum und Mittelpunkt nimmermüder religiöser Aktivität, eingebettet in wohliges thailändisches Provinzleben | **130**

➡ **Kanchanaburi:** Eng mit der Geschichte des Zweiten Weltkrieges verbunden, die Stadt mit der „Brücke am River Kwai" und in nächster Nachbarschaft zu dichten Wäldern und unendlich viel Natur | **137**

➡ **Ayutthaya:** Die ehemalige Hauptstadt Siams wartet mit zahlreichen faszinierenden Tempelruinen auf und bietet nebenbei Einblicke in thailändisches Kleinstadtleben – ein erquickendes und lehrreiches Kontrastprogramm zu Bangkok | **158**

➡ **Lopburi:** Einst eine Art „Neben-Hauptstadt" zu Ayutthaya, eine entspannte Kleinstadt mit zahlreichen historischen Bauten | **166**

Diese Tipps erkennt man an der gelben Hinterlegung.

⟩ Bananenboot-Transport in Cha-Am

2

Crocodile Farm (Samut Prakarn)

สมุทรปราการ

Der einzige Grund, Samut Prakarn zu besuchen, dürfte die Crocodile Farm sein. Hier finden sich neben Löwen, Tigern, Schlangen und Elefanten 100.000 Krokodile. Die Farm wurde ursprünglich gegründet, die Reptilien vor dem Aussterben zu bewahren, andererseits sollte ihnen aber auch das Fell über die Ohren gezogen werden. Das Leder der Tiere wird zu Handtaschen, Gürtel und anderen Lederartikeln verarbeitet. An einem Stand gegenüber von einem Restaurant auf dem Gelände wird zudem Krokodilfleisch als auch Krokodilsuppe verkauft. Diese sollen, ähnlich dem Nashornpulver, potenzsteigernde Eigenschaften haben. Die Hauptattraktion der Krokodilsfarm ist der Ringkampf eines „Dompteurs" mit einem Krokodil, das aber wohlgenährt ist und nicht immer hellwach. Show-Time zwischen 9.00 und 16.00 Uhr jede volle Stunde.

Umgebung Bangkok

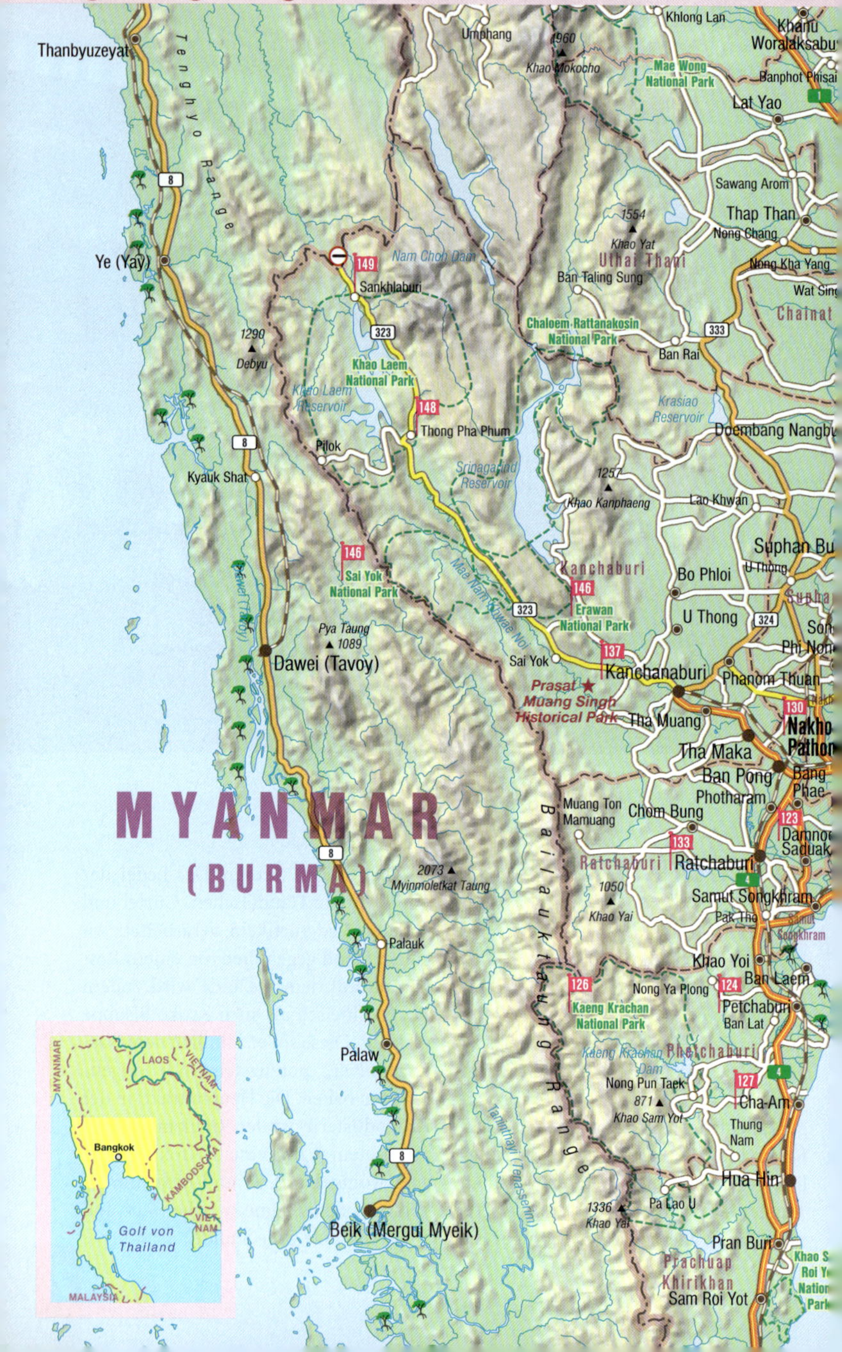

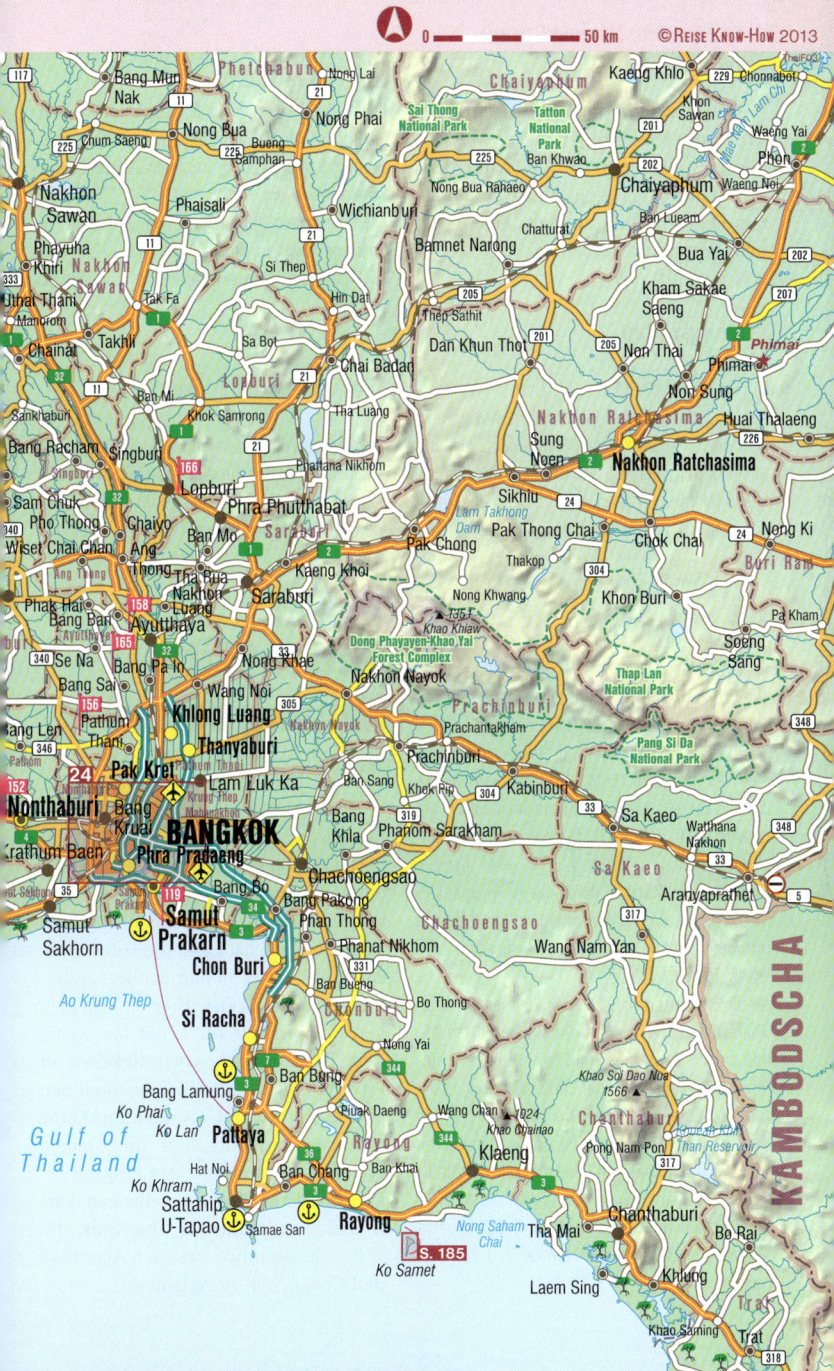

© Reise Know-How 2013

0 ————— 50 km

Gulf of Thailand

Ao Krung Thep

KAMBODSCHA

Wenn man die Becken besichtigt, in denen die Krokodile träge vor sich hin dösen, sollte man vorsichtshalber ein Taschentuch als Atemschutz bereithalten. Die Krokodile sondern einen sehr unangenehmen Geruch ab.

Öffnungszeiten

Täglich von 8.00–18.00 Uhr, Eintritt 300 Baht, Kinder 200 Baht (Tel. 02-7034891, www.world crocodile.com). Die Krokodil-Show findet jeden Tag ab 9.00 Uhr stündlich statt. Eine halbe Stunde später folgt jeweils eine Elefanten-Show. Die Fütterung der Krokodile erfolgt täglich von 16.30–17.30 Uhr.

Anreise

Die **Crocodile Farm** ist mit den Bussen 508, 513 und 536 direkt aus Bangkok zu erreichen.

■ **A.C.-Bus** Nr. 508 kostet vom Startpunkt westlich des Wat Phra Kaeo 18/24 Baht, vom Siam Square 18/22 Baht, etc. Bus 513 geht von Sukhumvit/Siam Square ab und Bus 536 fährt vom Victory Monument.

Samut Prakarn ist durch das ewig expandierende Bangkok praktisch zu einem Vorort dessen geworden und so bestens mit öffentlichen Bussen zu erreichen.

■ Die **Buslinien** Nr. 25 und 102 enden in Samut Prakarn. Fahrpreis jeweils 6/7 Baht. Ansonsten fahren die A.C.-Busse 508 und 511 dorthin. Der Fahrpreis richtet sich nach der Einstiegsstelle und der Art des Busses. A.C.-Bus Nr. 511 hält u. a. am Rajdamnoen Klang und ist somit günstig für Bewohner der Khao San Road. Die Fahrzeit für die Strecke (28 km) hängt sehr davon ab, wie die Verkehrslage in der häufig verstopften Sukhumvit aussieht, man sollte aber von ca. 2–3 Std. ausgehen.

■ Von der Busstation in Samut Prakarn fahren **Minibusse** für 10 Baht pro Person. Samlors vom Zentrum Samut Prakarns kassieren 20 Baht bis zur Farm.

■ Einige Reisebüros bieten etwa 3–4-stündige **Package-Tours** zur Krokodilfarm an, also Hin- und Rückfahrt und Eintritt inklusive. Kostenpunkt ca. 500 Baht.

Rückfahrt nach Bangkok

Im Prinzip wie die Hinfahrt, nur umgekehrt. Hier die Zeiten für die letzten Busse ab Samut Prakarn: Linie 25 (23.00 Uhr); Linie 102 (22.40 Uhr). Die letzten A.C.-Busse fahren zwischen 19.00 und 20.00 Uhr zurück.

Ancient City (Muang Buran)

เมืองโบราณ

Etwa 6 km südlich der Krokodilfarm liegt dieser 80 Hektar große Park, in dem die auf ein Drittel verkleinerten wichtigsten Monumente Thailands nachgebaut sind. Der Park hat exakt die Form Thailands, und jedes Monument liegt an seinem „richtigen" Ort. Hier ist also eine gute Möglichkeit für Leute mit wenig Zeit, Thailands Sehenswürdigkeiten im Eilverfahren zu erleben. Neben all den präzise imitierten Gebäuden lockt eine herrliche Parklandschaft mit kleinen Seen und Wasserfällen. Am Eingang des Parks erhält der Besucher eine Landkarte dieses verkleinerten Thailands, um sich nicht irgendwo zwischen Ayutthaya und Chiang Mai zu verlaufen.

Öffnungszeiten

Täglich von 8.00 bis 17.00 Uhr geöffnet. Eintritt 400 Baht für Erwachsene, 200 Baht für Kinder. Tel. 02-7091644, www.ancientcity.com.

Anreise

■ Von Samut Prakarn (s.o.) mit dem **Taxi** (ca. 60 Baht) oder Songthaew (10 Baht). Gelegentlich organisiert das Unternehmen Busfahrten von Bangkok aus. Informationen bei Ancient City Company in Bangkok, Tel. 02-2261227, Fax 02-2261227. Das Büro befindet sich genau an der Südostseite des Democracy Monument am Rajdamnoen.

■ **Taxis** ab Bangkok sollten nicht mehr als 800 Baht (retour) kosten.

■ Viele Reisebüros bieten **Tagestouren** an, die im Anschluss an einen Besuch der Krokodilfarm zur Ancient City führen.

Damnoen Saduak (Floating Market)

ดำเนินสะดวก

Nachdem die Touristenscharen den „schwimmenden Märkten" von Thonburi quasi ein Ende bereitet haben, wendete man sich zunehmend denen von Damnoen Saduak zu. Damnoen Saduak bedeutet „Die günstigen Verkehrswege", was darauf hinweist, wie bedeutend die Klongs früher für die Thais waren. „Schwimmender Markt" heißt auf Thai *Talaat Naam*, wörtlich „Wassermarkt".

Die zahlreichen Boote auf dem Wassermarkt, voll beladen mit Obst, Gemüse, Blumen und sonstigen Naturalien, und gesteuert von Marktfrauen mit ihren traditionellen breiten Korbhüten, geben hier noch wunderbare Fotomotive her – Thailand wie in der Urlaubsbroschüre! Und tatsächlich zeigen viele Thailand-Prospekte „romantisch-exotische" Bilder von diesem Markt.

Dennoch ist auch in Damnoen Saduak nicht mehr alles beim alten. Die Wege entlang der Klongs sind weitgehend blockiert und unbegehbar – Gerüchten zufolge teilweise sogar absichtlich! – sodass man quasi fast gezwungen ist, zur Besichtigung ein Boot zu mieten.

Damnoen Saduak liegt 109 Straßenkilometer südwestlich von Bangkok oder etwa 54 km südlich von Nakhon Pathom, in einer von zahlreichen Klongs durchzogenen Landschaft. Das rege Treiben auf den schwimmenden Märkten beginnt schon bei Sonnenaufgang, gegen acht oder neun Uhr erreicht es seinen geschäftigsten Punkt.

Die Hauptmärkte heißen Thon Khem und Hia Kui, beide an verschiedenen Ufern des Damnoen Saduak-Kanals gelegen; etwas weiter südlich befindet sich der Markt Khun Phitak. Um 10.00 Uhr treffen dann die großen Tourbusse aus Bangkok ein, und der „Wassermarkt" wird von Touristen überflutet.

Unterkunft

■ Um das frühe Aufstehen zur Anfahrt nach Damnoen Saduak zu vermeiden, ließe sich die Übernachtung am Ort erwägen. Das **Nok Noi****–*** oder „Little Bird" (Tel. 032-254382) bietet einfache, aber saubere Zimmer mit Bad, die teureren auch mit A.C. Das Haus befindet sich ca. 2 km von Talat Ton Khem entfernt.

■ **Ban Sukchoke Country Resort*****–**** (Tel. 032-254301); akzeptable,z.T. etwas klapprige Bungalows, ca. 2,5 km nordwestlich des Schwimmenden Marktes. Teurere Zimmer haben A.C. und TV.

Anreise

■ Ab dem Southern Bus Terminal in Bangkok fahren die frühsten **Busse** um 6.00 Uhr direkt nach Damnoen Saduak; Abfahrt danach etwa alle 20 Min, Fahrpreis 72 Baht. Da die Fahrzeit knapp 2 Std. beträgt, sollte man unbedingt einen der ersten Busse nehmen, um so das Marktgeschehen noch voll miterleben zu können.

■ Von der Bushaltestelle in Damnoen Saduak fahren etwa alle 15 Minuten **Boote** zum Markt Ton Khem (Kostenpunkt 30 Baht). Auch fahren Minibusse für 10 Baht, am schönsten ist aber ein frühmorgendlicher Spaziergang den Kanal entlang. Für Rundfahrten lassen sich Boote mieten, die kosten aber um die 500 Baht pro Stunde.

Der **Markt Hia Kui** befindet sich noch einmal 1 km südlich des Ton Khem. Noch weiter südlich liegt der ruhigere Khun Phitak.

Petchaburi

เพชรบุรี

Der Name der Stadt (40.000 Einwohner), auch Phetburi geschrieben, bedeutet „Stadt der Diamanten", da früher in dem durch den Ort fließenden Fluss Edelsteine gefunden wurden. Zur Zeit Ayutthayas war der Ort ein künstlerisches Zentrum.

Sehenswert ist die **Khao-Luang-Höhle** nördlich der Stadt, die eine Reihe verehrter Buddhastatuen enthält. Am besten wird die Höhle zwischen 11.00 und 14.00 Uhr besucht, wenn von oben einfallendes Sonnenlicht ein magisches Bild kreiert.

Wat Yai Suwannaram stammt aus dem 17. Jahrhundert, und das Bot enthält Fresken, die zu den besterhaltenen des Landes gehören.

Wat Kamphaeng Laeng ist ein alter Khmer-Tempel, dessen zentrales Bauwerk ein Prang ist, der von drei kleineren Prangs umgeben wird, und **Wat Mahathat** besitzt einen großen weißen Prang, der von weitem sichtbar und in Anlehnung an die typischen Khmer-Prangs von Lopburi oder Phimai gebaut worden ist.

Auf einem Hügel im Westen der Stadt liegt **Khao-Wang**, ein königlicher Palast, der von König *Monkut* im 19. Jahrhundert erbaut wurde. Zu dem Palast gehört ein Turm für astronomische Beobachtungen, von dem aus man eine gute Aussicht über das Gelände hat. Auf der Spitze des Hügels steht ein Chedi.

Der Eintritt zum Palastgelände beträgt 150 Baht, darin ist der Eintritt in ein kleines Museum enthalten. Die Benutzung der Seilbahn, die in einer einminütigen Fahrt den Hügel hinauf gleitet, kostet 40 Baht retour. Vorsicht vor den zahlreichen aggressiven **Affen,** die den Besuchern alles aus der Hand reißen, das entfernt nach Essen aussieht. Die Affen haben sich so unbeliebt gemacht, dass sich die Stadtverwaltung 1999 gezwungen sah, männliche Affen einzufangen, um sie dann zeugungsunfähig zu machen. Leider konnte man nur einer geringen Zahl Affen habhaft werden, die meisten entkamen der Zwangssterilisation.

Songthaews innerhalb von Petchaburi kosten 12 Baht/Person.

0 ——— 400 m © REISE KNOW-HOW 2013

THAI015

Bahnhof

ⓘ Khao-Luang-Höhle

A.C.-Busse Ⓗ

1 **2**
Bangkok,
Ratchaburi,

Thanon Ratchawithi

Khao-Wang-Palast ★

Thanon Phongsuriya

Shee Sra Inn Road

Thanon Phetkasem

Thanon Ratchadamnoen

Thanon Damnoen Kasem

3

Wat Mahathat

AC-Busse nach Bangkok Ⓗ

Wat Yai Suwannaram

Thanon Phakarong

Thanon Phrasong

Thanon Panitcharoen

Wat Kamphaeng Laeng

Thanon Suriphan

Thanon Matayawong

★ Glockenturm

Übernachtung
1 Phetkasem Hotel
2 Royal Diamond Hotel
3 Rabieng Rimnum
  Guest House

▲ Wat

Hua Hin

Unterkunft

Die in der Innenstadt gelegenen Hotels sind in den letzten Jahren arg verkommen und dienen nur noch als Stundenhotels.

■ Empfehlenswert und preiswert ist das einfache, aber saubere **Rabieng Rimnum Guest House*** (1 Shee Sra Inn Road, Tel. 32-425707, www.rabiengrimnum.com), mitten in der Stadt gelegen. Zimmer mit Moskitonetz und ohne Bad ab 120 Baht. Der freundliche Besitzer organisiert auch Touren in den Kaeng Krachan Nationalpark und in die Umgebung der Stadt. Ein gutes Restaurant ist angeschlossen.

■ Das beste Preis-Leistungsverhältnis am Ort bietet wohl das **Phetkasem Hotel**–***** (86/1 Thanon Phetkasem, Tel. 032-425581) am nördlichen Stadtrand, an der Straße Richtung Bangkok. Saubere und moderne Zimmer mit Bad, die teureren Zimmer mit A.C. und heißem Wasser.

■ Das **Royal Diamond Hotel****–******* (555 Mu 1 Soi Samchaophet, Tel. 032-411060) ist Petchaburis teuerstes Hotel und bietet allen Komfort den man für den Preis erwartet: A.C., TV, Kühlschrank etc. Es liegt allerdings westlich des Khao-Wang-Palastes und somit weit vom Stadtzentrum entfernt.

Anreise

■ Vom Southern Bus Terminal in Bangkok (136 km) fahren alle 45 Minuten **A.C.-Busse** zu 104 Baht. Fahrzeit ca. 2½ Std.

■ Ab der Hualamphong Station in Bangkok gehen täglich 10 **Züge**, der erste fährt um 8.05 Uhr. Fahrzeit ca. 3½ Std. Fahrpreise in der 3./2./1. Kl. 34/78/153 Baht, dazu die diversen Zuschläge.

Weiterreise

Busse nach Cha-Am 30 Baht, 50 Min., nach Hua Hin 42 Baht, 90 Min., nach Ratchaburi 36 Baht.

Kaeng-Krachan-Nationalpark

อุทยานแห่งชาติแก่งกระจาน

Dieser Nationalpark, gelegen in den Provinzen Petchaburi und Prachuap Khiri Khan, ist mit einer Fläche von 2920 km2 der größte Thailands und wohl auch einer der urwüchsigsten. Die relativ starken Regenmengen, die in dem Gebiet niedergehen (besonders Juni bis September), begünstigen den Wuchs eines dichten tropischen Waldes, der **zahlreiche Tiergattungen** beherbergt. Es gibt Elefanten, Leoparden, Tiger, Bären, Wildschweine, Hirsche, zahlreiche Affenarten, Krokodile und angeblich sogar einige der vom Aussterben bedrohten Sumatra-Nashörner. Von letzteren gibt es mit Gewissheit nur noch kleine Populationen in Malaysia und Indonesien, ob jedoch auch hier in Kaeng Krachan, ist fraglich. Mit Sicherheit leben hier aber noch über 250 Vogelarten, darunter auch der imposante Nashornvogel.

Eine zusätzliche Attraktion ist der 45km² große **Kaeng Krachan-Stausee**, der sich für ausgedehnte Boots-Touren anbietet (von Dezember bis Mai aufgrund niedrigen Wasserstandes jedoch nicht so sehr zu empfehlen).

An **Wanderungen** bieten sich praktisch unzählige Möglichkeiten in dem Terrain, dazu sollten im Parkhauptquartier Führer angeheuert werden. Das Gelände ist ansonsten ideal, um sich darin zu verlaufen. Teile des Parks sind im Aug. und im Okt. geschlossen.

Unterkunft/Essen

■ Im Park stehen 18 **Bungalows** zur Übernachtung zur Verfügung, die je nach Größe 1200−3000 Baht kosten. Ein Restaurant ist angeschlossen. Für 20 Baht/Pers. kann man sein eigenes **Zelt** aufschlagen. Bei größeren Wanderungen ist die Mitnahme von Zelt und Proviant ohnehin anzuraten. Eintritt 200 Baht.

■ Das Unternehmen **Kaeng Krachan Boat House Paradise Resorts**[LLL] in Bangkok bietet eine teure Wohnmöglichkeit in schwimmenden Unterkünften auf dem Stausee. Paradiesisch und ruhig. Info unter Tel. 081-8108366.

Anreise

Mit **gemietetem Fahrzeug** ab Petchaburi bzw. Cha-Am (über Highway 3175) oder Hua Hin (über Highway 3203). Aus Petchaburi kommend, zweige man bei der Ortschaft Tha Yang (20 km südl. v. Petchaburi) rechts ab; von dort sind es weitere 49 km in westliche Richtung bis zum Parkhauptquartier.

Cha-Am

รัชชะอำ

Wer einen recht **attraktiven, nicht überlaufenen Strand** in relativer Nähe Bangkoks sucht, ist mit Cha-Am gut beraten. Wochentags ist es hier (noch) fast menschenleer, und man hat den ganzen Strand für sich. An Wochenenden oder Feiertagen aber stürmen Tausende von Thai-Ausflüglern den Ort, und mit der Ruhe ist es vorbei. Dann scheint es, als wären alle MP3-Player Bangkoks nach

Cha-Am verfrachtet worden, um dort die Küste zu beschallen. Dann verdoppeln sich auch leicht die Zimmerpreise, teilweise werden sogar bereits in den Hotels wohnende Gäste zum Berappen der Wochenendpreise aufgefordert, oder zur Evakuierung.

Am Pier an der Nordseite Cha-Ams liegen einige bunt bemalte Fischerboote vor Anker, aber ansonsten ist der Strand die Attraktion. Überall werden Fahrräder vermietet und an einigen Stellen Tretboote. Freunde des Nachtlebens kommen auf der Soi Ta Rot Tour im Zentrum Cha-Ams auf ihre Kosten. Hier

Umgebung Bangkoks

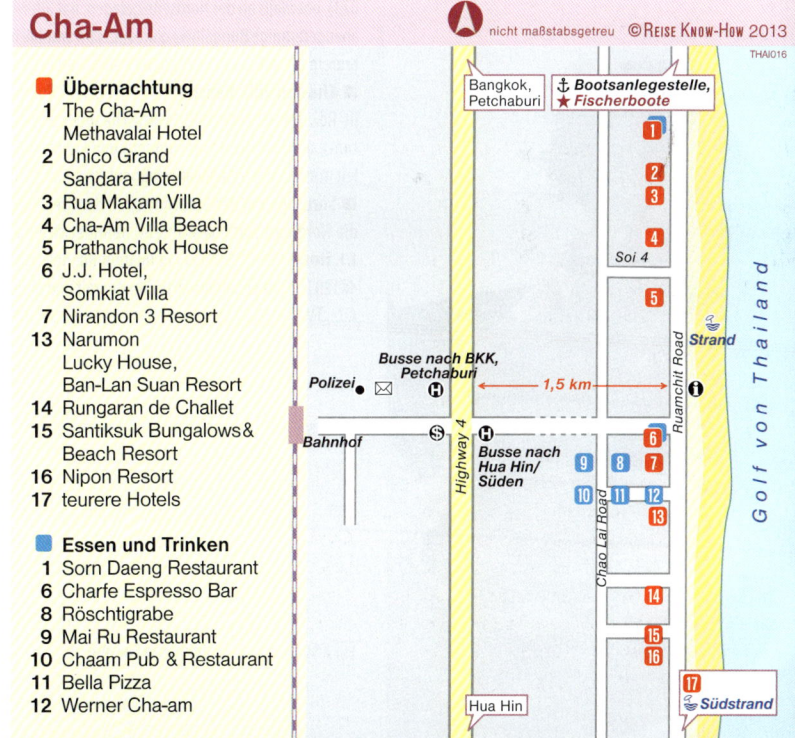

Cha-Am   nicht maßstabsgetreu   © REISE KNOW-HOW 2013

THAi016

■ Übernachtung
1 The Cha-Am Methavalai Hotel
2 Unico Grand Sandara Hotel
3 Rua Makam Villa
4 Cha-Am Villa Beach
5 Prathanchok House
6 J.J. Hotel, Somkiat Villa
7 Nirandon 3 Resort
13 Narumon Lucky House, Ban-Lan Suan Resort
14 Rungaran de Challet
15 Santiksuk Bungalows & Beach Resort
16 Nipon Resort
17 teurere Hotels

■ Essen und Trinken
1 Sorn Daeng Restaurant
6 Charfe Espresso Bar
8 Röschtigrabe
9 Mai Ru Restaurant
10 Chaam Pub & Restaurant
11 Bella Pizza
12 Werner Cha-am

Bangkok, Petchaburi

⚓ **Bootsanlegestelle, ★ Fischerboote**

Soi 4

Busse nach BKK, Petchaburi

Polizei ● ⊠ Ⓗ ◄── 1,5 km ──►

Bahnhof Ⓢ Ⓗ

Busse nach Hua Hin/ Süden

Ruamchit Road

⚓ *Strand*

Golf von Thailand

Chao Lai Road

Highway 4

Hua Hin

☕ **Südstrand**

finden sich nicht nur eine ganze Reihe Hostessenbars, sondern auch Restaurants und Massage-Salons.

Information

Ein sehr hilfreiches **Informationsbüro der TAT** befindet sich ca. 500 m südlich der Stadt am Phetkasem Highway. Tel. 032-471005, 081-4864936. Informationen auch zu Petchaburi und Hua Hin. Geöffnet tägl. 8.30–16.30 Uhr.

Unterkunft

An Wochenenden und zu Feiertagen kann es eng werden und Vorbuchungen sind zu empfehlen. An diesen Tagen schnellen die Preise nicht selten um bis zu fünfzig Prozent in die Höhe, an Wochentagen dagegen gibt es oft Reduktionen.

Cha-Am bietet ein großes Spektrum von Unterkünften: geräumige, meist von der Straße zurückversetze Bungalows, einigermaßen moderne, aber billig dahin gebaute Hotel-Kästen mittlerer Preislage und eine Anzahl hochklassiger Hotels. Ähnlich wie im weiter südlich liegenden Hua Hin ist die Zahl von Budget-Unterkünften sehr begrenzt.

Im folgenden eine Aufzählung von preiswerten und Mittelklasse-Unterkünften:

■ Im Norden des Ortes liegt das empfehlenswerte **Unico Grand Sandara Hotel****–ᴸᴸᴸ** (241/4 Ruamjit Rd., Tel. 032-470777, www.unicograndsandara.com), mit Bungalows (A.C.) und in einem Hotelblock untergebrachten Zimmern***–**** (A.C., Kühlschrank und TV). Swimmingpool auf der Dachterrasse.

■ **Rua Makam Villa***–***** (Tel. 032-471 073), ebenfalls an der Nordseite gelegen, hat ältere, aber geräumige Bungalows ohne A.C. und erheblich teurere mit A.C.

■ **Cha-Am Villa Beach***–***** (241/1 Ruamjit Rd., Tel. 032-47 1595, www.chaamvillahotel.com), große Auswahl an Zimmern und kleinen Villen mit A.C, dazu ein Swimmingpool.

■ Sozusagen in der Stadtmitte, an der Kreuzung die Nord und Süd Cha-Am teilt, befindet sich das **J.J. Hotel***–***** (277/2 Ruamjit Rd., Tel. 032-471231). Saubere, preiswerte Zimmer mit und ohne A.C., TV.

◁ Fischerin sortiert Shrimps in Cha-Am

● Im selben Gebäude mit separater Einfahrt, befindet sich die **Somkiat Villa****–**** (277/3-12 Ruamjit Rd., Tel. 032-471834), das dem J.J. Hotel ähnlich ist. Saubere Zimmer mit A.C. und Kühlschrank, dazu eine Karaoke Bar im ersten Stock.

● An der Südseite des Ortes findet sich das beliebte **Santisuk Bungalows & Beach Resort******–* LLL (Tel. 032-471212, Bangkok 02-29 80532, http://santisukresort.blogspot.com), mit älteren hölzernen Bungalows (Bad, z. T. A.C.) und ordentlichen Zimmern in einem alten Hotelbau in einer gepflegten Gartenanlage. Dazu können hier auch kleine nette Häuser für Familien angemietet werden.

● Weiterhin im Süden: **Nirandon Resort 3******–* ****** (247/7 Ruamjit Rd., Tel. 032-470300), saubere Zimmer mit A.C. und TV; gleich nebenan liegt das relativ neue **Ban Lan Suan Resort*******–*LLL (261/2 Ruamjit Rd., Tel. 032-433171, www.banlan-suan.com) bietet moderne Zimmer im Boutique-Stil mit A.C., Kühlschrank und TV, teilweise auch mit Balkon. Wi-Fi gibt es auch, allerdings nicht kostenfrei; **Nipon Resort******–***** (263/151 Ruamjit Rd., Tel. 032-471 826), auch NP Resort genannt, Bungalows mit oder ohne A.C. (letztere ca. halb so teuer), dazu Zimmer in einem Hotelbau mit A.C. und TV; **Narumon Lucky House******–*LLL (263/38 Ruamjit Rd., Tel. 032-471440), große Drei-Zimmer-Bungalows (Platz für 10–12 Personen) mit Veranda, Bad und (die teureren) auch mit A.C.

● Auch zu empfehlen ist das recht neue **Rungaran de Challet******–***** (263/26 Soi Cha-am Tai 4 Ruamjit Rd., Tel. 032-471226, www.rungaran-chaam.com), das sehr schöne Zimmer mit A.C. in einer Seitengasse der Strandstraße bietet.

● Etwas vom Strand entfernt am Westende von Cha-am bietet das **Swiss-Orchid Bungalow Resort**LLL, (8/1 Soi 9, Bancha-Am 1 Road, Tel./Fax 032-430711, www.golfbungalows.com) von einem Schweizer Paar geleitet, große Familienbungalows in einem riesigen Garten, mit Swimmingpool und Jacuzzi. Preise pro Nacht um die 60 Euro. Frühstück ist inklusive.

Essen

Entlang des Strandes finden sich einige Seafood-Restaurants als auch jede Menge Straßenstände, die etwas brutzeln.

● Das **Sorn Daeng Restaurant** im *Cha-Am Methavalai Hotel* bietet ausgezeichnete Seafood und Thai-Gerichte zu gehobenen Preisen.

● Das **Mai Ru Restaurant,** auf der Chao Lai Rd., die parallel zur Strandstraße verläuft, bietet sehr gutes deutsches Essen und eine große Auswahl Thaigerichte.

● Nebenan im **Chaam Pub & Restaurant** kann man ein kaltes Bier trinken und eine ordentliche Auswahl an Thai Gerichten essen.

● Das **Werner Cha-am** auf der Soi Cha-am Tai 2 Ruamjit Rd., bietet deutsche und thailändische Gerichte und ist mittwochs geschlossen. Gleich nebenan ist das ordentliche **Bella Pizza Restaurant.** Man kann sich von 11.00 bis 23.00 Uhr die Pizza auch ins Haus liefern lassen, Tel. 032-470980. Ungefähr gegenüber befindet sich der **Röschtigrabe,** wo es Leckereien aus der Schweiz gibt.

● Die **Charfe Espresso Bar** neben dem J.J. Hotel serviert einen sehr guten frischen Kaffee, und Gäste können den kostenfreien WLAN-Zugang nutzen.

Golf

In der Gegend um Cha-am und Hua Hin haben sich einige Golfplätze angesiedelt. Einige sind an Resorts angeschlossen. Hier eine Auswahl.

■ **Imperial Lakeview Hotel and Golf Club,** Hubkrapong-Pranburi Highway, Cha-Am, Tel. 032-456233, www.imperialhotels.com/imperiallakeview.

■ **Palm Hills Resort and Country Club,** 1444 Phetkasem Rd., Cha-Am, Tel. 032-520801, www.palmhills-golf.com.

■ **Springfield Royal Country Club,** Sampraya, Cha-Am, Tel. 032-593223, www.springfieldresort.com/golf.

2

■ **Sawang Resort Golf Club,** Khao Yoi, Petchaburi, Tel. 032-562555, www.sawangresortgolf.com.

Anreise

■ **Busse** ab Bangkok (Southern Bus Terminal) kosten 142 Baht, Fahrtzeit ca. 3 Stunden, ab Petchaburi 30 Baht; die Normalbusse halten ca. 1½ km östlich des Strandes am Phetkasem Highway, von wo Motorrad-Taxis (20 Baht) oder Songthaews (10 Baht) zum Strand fahren.

■ **Züge** ab Hualamphong Station fahren täglich um 9.20 und 15.35 Uhr. Fahrpreis 93/182 Baht. Ab dem Bahnhof in Cha-Am fahren Motorrad-Taxis für 30 Baht zum Strand.

Weiterreise

■ **Busse und A.C.-Busse** fahren nach Hua Hin (25 km, 35 Min.). Mit der Bahn lohnt die Strecke wohl kaum.

Nakhon Pathom

นครปฐม

Diese Stadt (50.000 Einwohner), 56 km westlich von Bangkok gelegen, soll vor über 2000 Jahren gegründet worden sein, zu einer Zeit, als sich der Golf von Siam noch weiter nordwestlich erstreckte. Der Name Nakhon Pathom bedeutet „Erste Stadt". Der Ort wurde damals also an der Küste erbaut und wurde früh die Hauptstadt eines Mon-Königreiches. Später wurde die Stadt für 300 Jahre verlassen, und zwischen dem 6. und 11. Jahrhundert war sie das Zentrum des Dvaravati-Reiches.

Die Hauptattraktion Nakhon Pathoms ist der 127 Meter hohe, weithin sichtbare **Phra Pathom Chedi,** das größte buddhistische Bauwerk der Welt. Der Chedi ist unübersehbar Mittelpunkt des Ortes, und die Stadt wirkt wie um ihn herum drapiert. Der Phra Pathom Chedi wurde wahrscheinlich im 6. Jh. von Theravada-Buddhisten erbaut. Im 11. Jahrhundert wurde Nakhon Pathom von den Khmer eingenommen, die einen Prang auf das Bauwerk setzten. Im Jahre 1057 zerstörten die Burmesen den Chedi, und in diesem Zustand verblieb er bis König Mongkut im Jahre 1860 einen größeren Chedi darüber bauen ließ. Später wurden vier Viharns, ein Bot und eine Nachbildung des ursprünglichen Chedis hinzugefügt.

Um den heutigen Chedi befindet sich eine Art kreisförmiger Wandelgang, der an seiner Außenseite mit zahlreichen Buddhafiguren versehen ist. An der Nordseite des Komplexes, am Hauptzugang begrüßt ein Riesenbuddha die Besucher.

Das **Phra Pathom Chedi Museum,** auf dem Gelände des Chedi, ist Mi–So 9.00–16.00 Uhr geöffnet. Eintritt 30 Baht.

Außerhalb des Wandelganges wird auf einer kleinen, überdachten Bühne gelegentlich *Likay* aufgeführt, das sind rustikale Theatervorführungen wobei Männer die Rolle von Frauen übernehmen und umgekehrt, und oft kommt es zu köstlich anzüglichen Dialogen.

Etwa 2 km westlich des Chedi hat sich Rama 6. einen kleinen Palast bauen lassen, der in Sanam Chan, dem „Platz des Sieges", einem hübschen Park gelegen ist. Das Gebäude lag lange verfallen, wurde mittlerweile aber restauriert und kann besucht werden.

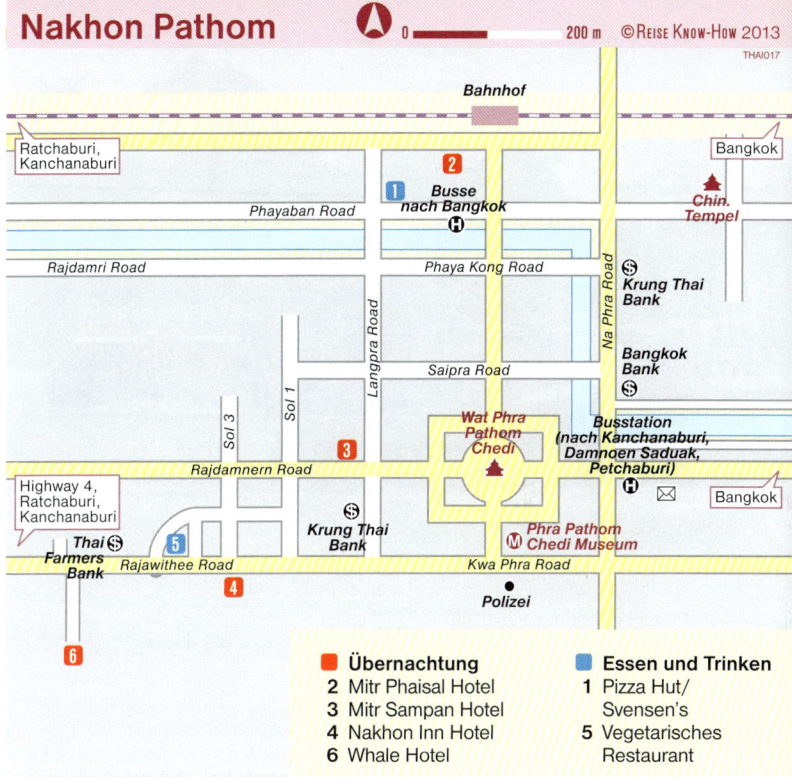

Nakhon Pathom

0 ▬▬▬▬▬ 200 m   © REISE KNOW-HOW 2013

THAI017

Bahnhof

Ratchaburi, Kanchanaburi

Bangkok

2 Busse nach Bangkok

1

Phayaban Road

Chin. Tempel

Rajdamri Road

Phaya Kong Road

Langpra Road

Na Phra Road

Krung Thai Bank

Bangkok Bank

Sol 1

Sol 3

Saipra Road

Wat Phra Pathom Chedi

3

Busstation (nach Kanchanaburi, Damnoen Saduak, Petchaburi)

Rajdamnern Road

Bangkok

Highway 4, Ratchaburi, Kanchanaburi

Thai Farmers Bank

5

Krung Thai Bank

Phra Pathom Chedi Museum

Rajawithee Road

Kwa Phra Road

4

Polizei

6

■ Übernachtung	■ Essen und Trinken
2 Mitr Phaisal Hotel	1 Pizza Hut/
3 Mitr Sampan Hotel	Svensen's
4 Nakhon Inn Hotel	5 Vegetarisches
6 Whale Hotel	Restaurant

Unterkunft

Nakhon Pathom ist leicht in einem Tagesausflug von Bangkok zu besuchen. Wer aber weiter in Richtung Westen, z. B. nach Kanchanaburi, unterwegs ist, kann hier einen Aufenthalt erwägen.

■ Wenn man aus dem Bahnhof kommt, befindet sich geradeaus rechts das ordentliche **Mitpaisan** oder **Mitr Phaisal****–***, je nach Transkription (120/30 Phyapan Rd., Tel. 034-242422).

■ In der Straße westlich vom Chedi (Rajdamnoen Rd.), ein paar Schritte von der am Chedi entlang führenden Straße entfernt, liegt das **Mitr Sampan****. Die Zimmer sind sauber.

■ Eine Qualitätsklasse höher liegt das **Nakhon Inn*****–**** (55 Soi 3. Rajawithee Rd., Tel. 034-242265, 251152), mit ordentlichen A.C.-Zimmern.

■ Besser noch ist das **Whale Hotel*****–**** (151/79 Soi 19, Rajawithee Rd., Tel. 034-251020). Dies ist das gediegenste Haus am Ort, mit sauberen A.C.-Zimmern, die sich über vier verschiedene Gebäude verteilen. Angeschlossen sind Restaurant, Coffee-Shop, Disco, Sauna und Massage-Salon.

Essen

■ Absolutes Muss ist der **Khao lam,** der in einem Bambusrohr mit Kokosmilch gekochte Reis, der eine Spezialität der Stadt ist. Geht man vom Bahnhof oder Busstop in Richtung Chedi, passiert man Dutzende von **Ständen,** die die gefüllten Bambusrohre anbieten. Die Preise liegen bei ca. 10–30 Baht, je nach Volumen des Bambus. Solche Stände befinden

2

sich auch an der Nordseite des Chedi, in der Nachbarschaft vieler Obststände. In der unmittelbaren Umgebung befinden sich auch einige Essensstände.

Anreise

■ Vom Southern Bus Terminal fahren tagsüber alle 30 Minuten **A.C.-Busse** für 40 Baht. Die Fahrt dauert knapp 1 Stunde. Die letzten Busse fahren gegen 20.00 Uhr zurück nach Bangkok.

■ Vom Bahnhof in Thonburi fahren 2 **Züge** nach Nakhon Pathom, um 7.45 und 13.50 Uhr. Es fahren ca. 10 Züge ab der Hualamphong Station, am günstigsten der Zug um 9.20 Uhr. Tickets 3. Kl. 14 Baht, 2. Kl. 31 Baht, 1. Kl. 60 Baht; Fahrzeit je nach Zug 1 Std. 20 Min. bis 1 Std. 40 Min. Mit den Bussen kommt man jedoch schneller voran, Züge sind auf der Strecke nicht ratsam.

■ **Gecharterte Taxis ab Bangkok** dürften retour ca. 1000 Baht kosten.

Weiterreise

■ **Busse** nach Damnoen Saduak fahren ab der Haltestelle nahe der Kreuzung Na Phra Road und Kwa Phra Road.

△ Tourboote in Nakhon Pathom

Ratchaburi

ราชบุรี

Ratchaburi, sprich Ratburi, ist die Hauptstadt der gleichnamigen Provinz, die an Myanmars Osten angrenzt, und an der Bahnlinie Richtung Süden gelegen. Die Stadt ist über 1000 Jahre alt und war einst ein wichtiger Teil des Suwannaphum-Königreichs. Heute ist sie bestenfalls für die dort hergestellten *ong* bekannt, glasierte Keramikgefäße, die man an vielen Stellen der Stadt aufgestapelt sieht. Im Ort selber gibt es nicht viel zu sehen, er eignet sich aber als Ausgangspunkt für einige Ausflüge, u. a. zu den Schwimmenden Märkten von Damnoen Saduak, die nur 40 km entfernt liegen.

In Ratchaburi gibt es nur einen halbwegs sehenswerten Tempel zu besuchen,

Wat Phra Sri Ratana Mahathat, der im Volksmund Wat Na Phra That genannt wird. Dieser stammt aus der Khmer-Epoche und ist einem Tempel der Anlage von Angkor Wat in Kambodscha nachempfunden. Er weist die für die Khmer-Architektur typischen Prangs auf.

Ca. 3 km außerhalb der Stadt befindet sich der **Khao Wang** oder „Palasthügel", mit einem sehr gut erhaltenen Palast König *Rama des 4.* darauf, Baujahr 1871.

Der Ort **Potharam** in der Provinz Ratchaburi war einst dafür bekannt, die angeblich „schönsten Frauen Thailands" zu beherbergen. So mancher Einwohner erwähnt dies heute noch mit Stolz.

Der Ort **Ban Pong**, ein kleines lokales Handelszentrum, ist traditionell auch ein Zentrum der Prostitution. Die meisten Hotels des Ortes sind mehr als nur Hotels.

Umgebung Bangkoks

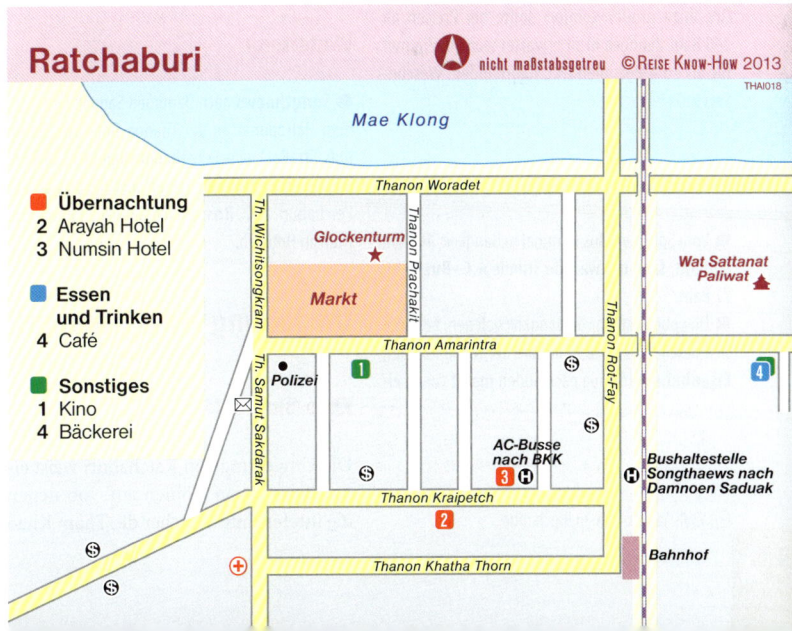

Ratchaburi   nicht maßstabsgetreu   © REISE KNOW-HOW 2013

THAI018

Mae Klong

Thanon Woradet

Übernachtung
2 Arayah Hotel
3 Numsin Hotel

Essen und Trinken
4 Café

Sonstiges
1 Kino
4 Bäckerei

Th. Wichitsongkram
Thanon Prachakit
Glockenturm ★
Markt
Thanon Rot-Fay
Wat Sattanat Paliwat ▲

Th. Samut Sakdarak
Thanon Amarintra
● Polizei
AC-Busse nach BKK
Thanon Kraipetch
Bushaltestelle Songthaews nach Damnoen Saduak
Thanon Khatha Thorn
Bahnhof

Unterkunft

■ Das **Numsin Hotel****–**** (2–6 Kraipetch Road, Tel. 032-37633), gilt als das beste Hotel am Ort, allzu großer Komfort sollte bei Preisen ab 160 Baht dennoch nicht erwartet werden. Zimmer für bis zu 4 Personen (A.C.) vorhanden. Wäsche-Service.

Anreise

■ Vom Southern Bus Terminal in Bangkok, 109 km entfernt, fahren etwa jede Stunde **A.C.-Busse** für 77 Baht.
■ Obwohl westlich von Bangkok gelegen, befindet sich Ratchaburi an der Südlinie der thailändischen **Eisenbahn;** die Linie nach Süden macht zuerst ei-nen größeren Schlenker nach Westen. Tägl. fahren 11 Züge ab der Hualamphong Station in Bangkok. Busse sind aber schneller und empfehlenswerter.

Weiterreise

■ **Songthaews** nach Damnoen Saduak fahren ab dem Haltepunkt an der Thanon Rot-Fay („Bahn-hofs-Straße") nahe Ecke Thanon Kraiptech; 30 Baht. Von selbiger Haltestelle fahren auch die **Busse** nach Petchaburi. **A.C.-Busse** nach Bangkok fahren vom Numsin Hotel ab.

Umgebung von Ratchaburi

Khao-Bin-Höhle

Die Umgebung von Ratchaburi weist eine Vielzahl von Höhlen auf, von denen die interessanteste sicher die Tham Khao

⌂ Chili-Verkäuferin in Ratchaburi

Bin ist, die „Höhle des fliegenden Berges" (*tham* = „Höhle"). Der Name stammt von einer der drei Bergspitzen des umgebenden Berges, der über die beiden anderen Spitzen hinweg zu fliegen scheint. Die Höhle besteht eigentlich aus 8 Einzelhöhlen, genannt *hong* („Zimmer"), die durch Gänge miteinander verbunden und vollgespickt mit Stalaktiten und Stalagmiten sind. Der überwältigende Eindruck wird durch farbige Scheinwerfer unterstrichen, die die markantesten Stellen ausleuchten. In vielen Gesteinsformationen erkennt man Elefanten, Gesichter und in einem Fall sogar eine *Kinnari*, ein thailändisches Fabelwesen.

Zu jeder vollen Stunde zwischen 10.00 und 17.00 Uhr finden **Führungen** statt (auf Thai allerdings), bei denen auf diese Besonderheiten hingewiesen wird. In der Höhle ist es zumeist brütend heiß, aber ein Besuch lohnt sich trotzdem. Da die Provinzverwaltung von Ratchaburi diese Sehenswürdigkeit weiter zu fördern gedenkt, ist nahe der Höhle der Bau eines Hotels geplant. Zahlreiche kleine Restaurants und Souvenirläden umgeben den Parkplatz vor der Höhle.

🔴 **Anfahrt:** Ab Ratchaburi (ca. 20 km) bieten sich Songthaews an (30 Baht), die jedoch meist nur an der Hauptstraße halten, von wo eine Abzweigung 2 km zur Höhle führt. Gecharterte Tuk-Tuks sollten ca. 700–800 Baht für die Hin- und Rückfahrt kosten. Eintritt 10 Baht.

Chompon-Höhle

Etwa 10 km weiter nordwestlich von Tham Khao Bin und gut mit einem Besuch dieser zu kombinieren, erreicht man eine weitere Höhle, die Tham Chompon. Der Felsen, der die Höhle umgibt, ist der Wohnsitz einer großen Affenherde, die den ganzen Tag lang ausschwärmt, um sich von den Besuchern mit Bananen und Erdnüssen füttern zu lassen, die es dort zu kaufen gibt. Die Affen schwimmen und tauchen auch gerne in einem Tümpel vor der Höhle. In die Höhle gelangt man über eine lange Holztreppe. Im Inneren befinden sich nur wenige interessante Felsformationen, dafür eine Anzahl von Buddhafiguren, darunter ein großer liegender Buddha. An dessen Standort (Liegeort?) ist die Höhle sehr hoch, mit einer runden Öffnung in der Decke, durch die Sonnenlicht einfällt.

🔴 **Anfahrt:** Songthaew ab Ratchaburi (20 Baht) oder besser mit gechartertem Tuk-Tuk (ca. 1000–1200 Baht hin und zurück). Eintritt 10 Baht – falls das Kassenhaus besetzt ist, was nicht immer der Fall zu sein scheint.

Kangkao-Chongpran-Höhle

Eine weitere Höhle, 17 km von Ratchaburi entfernt, bietet jeden Abend ein fantastisches Naturschauspiel: In der Tham Kangkao Chongpran leben einige Millionen **Fledermäuse,** die jeden Tag gegen 18.00 Uhr, kurz vor Sonnenuntergang, in schier endlos langen Formationen aus der Höhle ausschwärmen, um auf Nahrungssuche zu gehen. Ein faszinierendes Spektakel, bei dem sich der Himmel vor lauter Flatterern schwarz färbt! Angeblich fliegen die Tiere in absolut festgelegter Reihenfolge aus, sodass, falls eine der Fledermäuse aus der vorbestimmten Reihenfolge tanzt, sich alle zurück in die Höhle begeben, um den Ausflug von neuem zu starten – das behauptete zumindest ein Dokumentarfilm des thailändischen Fernsehens.

Im Inneren der Höhle, deren Name etwas umständlich mit „Fledermaus-Höhle mit einem schmalen Durchlass für Jäger" zu übersetzen wäre, finden sich auch einige Buddhabildnisse.

Mittlerweile zieht die Höhle auch Tourgruppen an, und eventuell teilt man das Naturerlebnis mit einigen Dutzend anderen Besuchern.

● Zur **Anfahrt** chartere man am besten ein Tuk-Tuk, Kostenpunkt ab Ratchaburi ca. 600–700 Baht (hin und zurück).

Khao Ngu

Etwa 8 km nordwestlich von Ratchaburi liegt das Khao Ngu-Hügelmassiv, wörtlich die „Schlangenberge". Darin befindet sich die **Tham Russi** oder „Höhle des Weisen", mit einer Darstellung der ersten Predigt Buddhas, ausgeführt im Stil der indischen Gupta-Periode. Das Bildnis wird von der lokalen Bevölkerung hoch verehrt, und jedes Jahr im September/Oktober findet ein großes Volksfest statt, das neben Religiosität auch eine gute Dosis Jahrmarktatmosphäre aufkommen lässt. In der Nähe der Höhle ist ein „Fußabdruck des Buddhas" zu bewundern, dessen Alter unbekannt ist. Dieser hier ist von Menschenhand angelegt – ansonsten werden derlei Fußabdrücke stets der magischen Kraft des Buddhas selbst zugeschrieben.

● **Anfahrt:** per Songthaew, einfacher aber per gechartertem Tuk-Tuk, Kostenpunkt ca. 500 Baht hin und zurück.

Bor Klueng

Nur ernsthaften Quellforschern oder Kneipp-Fanatikern sei der Ausflug zu den **Heißen Quellen** von Bor Klueng empfohlen, ca. 15 km von Suan Phueng („Bienengarten") an der Grenze zu Myanmar (ca. 60 km von Ratchaburi). Hier strömt Wasser mit einer Temperatur von 52–68 Grad Celsius aus, das sehr mineralstoffreich ist und sich vorzüglich zur Behandlung von Hautkrankheiten eignen soll (Bor Klueng, sprich *bor klüng*, bedeutet soviel wie „Einreib-Quelle").

● **Anfahrt:** per gechartertem Tuk-Tuk für ca. 2000 Baht (hin und zurück).

Wat Khongkaram

Dieser über 200 Jahre alte Mon-Tempel steht in **Klong Takot,** etwa 22 km nördlich von Ratchaburi. Sein ursprünglicher Name lautete wenig einfallsreich Wat Klaang, was soviel heißt wie „Zentral-Tempel", bis sich König *Mongkut* sich den gegenwärtigen Namen ersann, wörtlich etwa „Mönchssitz am Ganges" (*Khongka* = „Ganges", *aram* = „Mönchsunterkunft"). Der Tempel ist mit einigen sehr schönen Wandmalereien ausgestattet, die Szenen aus Buddhas Leben zeigen.

● **Anfahrt:** am besten per Tuk-Tuk, hin und zurück ca. 700–800 Baht.

2

Kanchanaburi

กาญจนบุรี

Kanchanaburi (40.000 Einwohner) liegt 133 Bahnkilometer nordwestlich von Bangkok, am linken Ufer des Mae Nam Mae Klong, etwas unterhalb des Zusammenflusses von Mae Nam Kwae Yai und Mae Nam Kwae Noi, die dann den Mae Klong bilden.

Die Provinz um Kanchanaburi ist eine der fruchtbarsten des Landes: Angebaut werden Zuckerrohr, Tabak, Cassava, Weizen und Baumwolle.

Ursprünglich war *Kan* – so nennen es die Einheimischen kurz – von Rama 1. gegründet worden und sollte als vorderste Verteidigungslinie gegen die Burmesen dienen und die traditionelle Invasionsroute am Three Pagodas Pass, die Grenze zwischen Myanmar und Thailand, bewachen.

Die Stadt selber ist heute weniger interessant, die Hauptattraktionen liegen außerhalb. In erster Linie hat die **„Brücke am Kwai“** der Stadt zu touristischer Bekanntheit verholfen. Im Zweiten Weltkrieg hatten die japanischen Besatzer beschlossen, in kürzester Zeit eine Eisenbahnlinie – die schließlich den inoffiziellen, aber treffenden Namen **„Death Railway“** bekommen sollte – zu bauen, die genau der zuvor erwähnten Invasionslinie folgte, nur in umgekehrter Richtung. Bei den Arbeiten kamen 16.000 alliierte Gefangene ums Leben sowie geschätzte 100.000 Kulis aus Myanmar, Indien, China, Indonesien, Malaysia und Thailand. Die meisten wurden von Unterernährung, Malaria und Cholera dahingerafft. Die toten Kriegs-

☑ Mit der „Death Railway“ am Mekong entlang

169th.at

Kanchanaburi

0 — 400 m © REISE KNOW-HOW 2013

THAI020

🟦 Essen und Trinken
3 Schluck Restaurant
4 Bell's Pizzeria
7 Krathom Thai Rest.
13 Irish Gecko Bar
16 Punnee Café & Bar

🟩 Sonstiges
5 Wangkarn Jeep- und Motorradverleih

🟥 Übernachtung
1 Felix River Kwai Resort
2 Bamboo Guest House
6 Sri Muang Kan Hotel
7 Apple's G.H.
9 P.S. Guest House
10 Jolly Frog Backpacker's
11 Rick's Lodge
12 Rainbow Lodge
13 Backpacker Paradise
14 V.N. Guest House
15 River Guest House
17 Prasopsuk Hotel
18 River Kwai Hotel
19 V.L. Guest House
20 Sam's Place
21 Supakornchai Raft
22 Nita Raft House
23 Ban Bor Bungalows

🟧 Nachtleben
8 Get Drunk for 10 Baht

Tiger Temple
Sai Yok

Neues JEATH War Museum
Jap. Kriegerdenkmal
River-Kwai-Brücke
Kwai Yai
Nachtmarkt
Bahnhof
Thailand-Burma Railway Centre
Kriegsfriedhof
Saeng Chuto Road
Pak Phraek Road

Markt
Taxis nach Bangkok
U-Thong Road
Suphanburi
Busstation
AC-Busse nach BKK
Sai Prasit Rd.
Song Kwae Road
Luk Muang Road
Polizei
Lak-Muang-Schrein
Neues JEATH War Museum
Saeng Chuto Road

Chung-Kai-Kriegsfriedhof
Landwirtschafts-schule
Kwai Noi
Wat Tham Kao Poon
Steingarten
Flussfähre
Kasem Island Resort
Wat Tham Mongkhon Thong
Mae Klong
Rathaus
Bangkok

gefangenen wurden auf zwei Friedhöfen beigesetzt, die verstorbenen Kulis wurden meistens da verscharrt, wo sie umkamen. Die Geschichte der Brücke wurde in *Pierre Boules'* weltberühmten Roman „Die Brücke am Kwai" (sprich Kwä) verarbeitet, der die Grundlage für den ebenso bekannten Film bot.

Die heutige Brücke ist allerdings nicht mehr das Original, das am 13. Februar 1945 von amerikanischen Bombern zerstört wurde, sondern ein Nachbau.

Jedes Jahr im November/Dezember findet an der Brücke das **River Kwai Bridge Festival** statt, eine Licht-und-Ton-Show, die das Kriegsgeschehen von damals anschaulich verdeutlicht. Es fragt sich allerdings, ob eine solche Veranstaltung sehr geschmackvoll ist, und einige australische Kriegsveteranen haben schon ihren Unmut darüber geäußert. Den Veranstaltern (TAT, Thai Railways und eine Infanterie-Einheit) geht es aber angeblich um die Verbreitung einer „Anti-Kriegs-Botschaft". Im Zuge des Ereignisses wird in einem Schönheitswettbewerb auch eine „Miss Peace" erkoren – Schönheitswettbewerbe sind eine thailändische Passion, warum also nicht auch noch eine Miss Peace? Nebenbei gibt es Ausstellungen von Edelsteinen aus Kanchanaburi und Schmuck, einen „Mini"-Marathonlauf u. Ä. Zur Anreise werden Sonderzüge eingesetzt, Informationen bei der TAT oder der Thai Railways.

In der Stadt gibt es ein gut informiertes **Tourist Office** (Tel. 034-511200, E-Mail: tatkan@tat.or.th), das in der am

Bahnhof vorbeiführenden Hauptstraße, der Saeng Chuto Road, zu finden ist.

Zur Brücke: Von der parallel zur Saengchuto Road verlaufenden Pak Phraek Road fahren die üblichen Songthaews für 20 Baht in nördlicher Richtung zur Brücke. Samlors und Tuk-Tuks von Stadtmitte aus sollten ca. 60–70 Baht kosten.

Sehenswertes

JEATH War Museum

Dieses kleine Museum liegt am Mai Klong, am Wat Chaichumphon, Pak Phraek Road. „JEATH" ist aus den Anfangsbuchstaben der in Kanchanaburi beteiligten Kriegsnationen gebildet: Japan, England, Amerika und Australien,

> Die Brücke am River Kwai

haben oft rein gar nichts mit Kanchanaburi zu tun und einige sind falsch beschriftet (ein alter Nazi-General wird als *Martin Luther* ausgegeben). Zudem stehen vor einer Außenwand überlebensgroße Gipsstatuen der Hauptbeteiligten des 2. Weltkrieges. Wo sonst auf der Welt hat man Gelegenheit vor einem übergroßen *Adolf Hitler* zu stehen?

Überhaupt nicht im Sinne der traurigen historischen Vergangenheit von Kanchanaburi ist dieses zweite JEATH Museum lediglich einen Besuch wert für alle, für die völlige Geschmacklosigkeit seinen Reiz hat. Eintritt 30 Baht. Geöffnet 8.30–18.30 Uhr.

War Cemeteries

In der Nähe des Bahnhofs (von dort in südwestlicher Richtung) befindet sich an der Pak Phraek Road der Kanchanaburi War Cemetery (Kriegsfriedhof) mit 6982 Gräbern. Ein kleinerer Friedhof, der Chung Kai Allied War Cemetery, liegt auf der anderen Flussseite. Um ihn zu erreichen, kann man vom Bootspier an der Lak Muang Road für zwei Baht den Fluss überqueren, dann die auf der anderen Flussseite anschließenden Straße weitergehen (etwa 3 km).

Auf diesem Friedhof befinden sich 1740 Gräber. Er wurde bis vor Kurzem von einem netten, älteren Herren namens *Khun Rung* instand gehalten, der sich dabei insbesondere um die Gräber seiner zwei amerikanischen Freunde kümmerte, die er zu Kriegszeiten kennen gelernt hatte. Die Geschichte von *Khun Rung* und seinen zwei Freunden wurde von der thailändischen Rockgruppe *Caravan* aufgegriffen und zu ei-

Thailand, Holland. Das Museum besteht aus Nachbauten der Bambushütten, in denen die Gefangenen der Alliierten untergebracht waren. Ausgestellt werden Fotos, Waffen und andere Erinnerungsstücke. Eintritt 30 Baht. Geöffnet 8.30–18.00 Uhr.

Das neue JEATH War Museum

Vor einigen Jahren hat ein **zweites JEATH Museum** nahe der Brücke eröffnet. Hier werden die gleichen Fotos und ähnliche Erinnerungsstücke ausgestellt. Allerdings ist das Konzept dabei irgendwie verloren gegangen und die Bilder

⌂ Soldatenfriedhof in Kanchanaburi

▷ Guest House am Fluss Kwai in Kanchanaburi

Umgebung Bangkoks

nem Song mit dem Titel „Taa Rung"
(„Der alte Herr Rung") verarbeitet.

Thailand-Burma Railway Centre

Das Thailand-Burma Railway Centre
liegt an der Westseite des Kanchanaburi
War Cemetery (Tel. 034-512721, www.
tbrconline.com). Dies ist das einzige,
wirklich ernstzunehmende Museum in
Kanchanaburi. Hier erfährt man alles
über den **Bau der Eisenbahnstrecke,** die
in den Jahren 1942–43 von den Japanern
und ihren Gefangenen von Nongpladuk
in Thailand nach Thanbuyuzayat in Burma verlegt wurde. Ein neun Meter langes
Model der gesamten Strecke sowie
ausführliche Fotodokumentationen machen einen Besuch durchaus lohnenswert.

Geöffnet täglich 9.00–17.00 Uhr. Eintritt 100 Baht. Kinder unter 12 Jahren
zahlen 50 Baht.

Unterkunft

Die beliebtesten Unterkünfte befinden sich direkt
am Fluss, meist auf **floßähnlichen Gebilden.**
Leider wird es aufgrund der zahlreichen vorbei-
schippernden Disco-Floße hier oft unangenehm
laut (vor allem an Wochenenden), und der Lärm
hört erst spät in der Nacht auf. Jedermanns Sache
ist diese Lage somit sicher nicht. Schon vor Jahren
wurde angekündigt, dem Disco-Lärm ein Ende zu
bereiten. Es bleibt abzuwarten, ob der Ankündi-
gung Taten folgen.

Auch die Unterkünfte in der Innenstadt leiden
zum Teil unter Lärmbelästigung, sei es durch starken Verkehr oder laute Musik von benachbarten
Kneipen.

🟥 Sehr populär ist das von einer Deutschen und
ihrem Thai-Mann geleitete **Jolly Frog Backpacker's*–***** (28 Soi China, Mae Nam Kwae Rd.,
Tel. 034-514579). Fahrrad-Verleih und Rafting-Touren; einfache, saubere Einzel- und Doppelzimmer,
teilweise mit eigenem Bad. Ab preiswerten 150
Baht, mit kostenlosem WLAN. Angeschlossen ist ein
Restaurant mit westlichen Speisen.

090th_at

■ Das **P.S. Guest House***–**, etwas weiter südlich gelegen (Soi Rong Heeb, Tel. 034-513039), hat Fahrrad- und Motorradverleih.

■ Das **V.N. Guest House****–*** (44 Soi Rong Hip Oil 2, Tel. 034-514082, www.vnguesthouse.net), ebenfalls mit Fahrrad- und Motorradverleih, hat Zimmer in verschiedenen Größen, einige auf Flößen, z. T. mit A.C.

■ Das **River Guest House****–**** (46 Soi Rong Hip Oi 2, Tel. 034-511637) hat mäßige Zimmer auf Flößen.

■ Die **Rainbow Lodge*****–**** (49/5 Soi Rong Hip, Tel. 034-518683) hat eine Reihe attraktiver Beton-Bungalows, die in allen Farben des Regenbogens bemalt sind. A.C., Internet und TV.

Die folgenden drei Unterkünfte befinden sich weiter südlich am Fluss an der Song Kwai Road und sind aufgrund nahe gelegener Restaurants mit Live-Musik abends nicht gerade ruhig – bei den Basstönen zittert oft das ganze Gebälk. Abends nachchecken (morgens ist's trügerisch ruhig)!

■ Das **Nita Raft House****–**** (271/1 Thanon Pak Phraek, Tel. 034-514521), hat einfache, etwas düstere Zimmer, die auf Flößen im Fluss liegen, dazu sehr gutes Essen. Ab 250 Baht.

■ Etwas weiter nördlich liegt **Sam's Place** *–*** (Song Kwai Rd., Tel. 034-513971, www.samsguesthouse.com) mit netten Bungalows; das angeschlossene Restaurant ist ebenfalls recht gut.

■ Wiederum ein paar Meter weiter steht **Supakornchai Raft**** (Tel. 034-512055) mit recht ordentlichen Zimmern.

■ Zu empfehlen ist auch das ruhiger gelegene und alteingesessene **Apple's Guest House** *** (52 Soi Rongheabaow 3, Tel. 034-512017, www.applenoi-kanchanaburi.com), das auch ein sehr gutes Restaurant hat. Zwanzig einfache und saubere Zimmer sind um einen Garten arrangiert. Einige Zimmer haben A.C. Mit WLAN. Das Guest House organisiert auch Kochkurse im Haus und Tagestouren in der Gegend um Kanchanaburi.

■ Im Norden der Stadt liegt das sehr gute **Bamboo Guest House****–*** (Soi Vietnam, Tel. 034-

624470) direkt am Fluss und von einem Garten umgeben, mit ruhigen, sauberen Zimmern sowie einer komfortablen „Suite".

■ Das **River Kwai Hotel******–LLL (248 Saeng Chuto Rd., Tel. 034-5133418 bis 9) ist das beste Haus in der Innenstadt, mit sauberen Zimmern (A.C., TV, Mini-Bar). Ein Swimmingpool ist vorhanden. Ab 2200 Baht.

Ein neben dem Haupthaus gelegenes Gebäude gehört auch noch zum River Kwai Hotel; hier gibt es saubere Zimmer*** (Bad, A.C., TV). An der Rezeption des Hauptgebäudes nachfragen.

■ Am Südende der Stadt, nahe dem Fluss, befindet sich etwas abgelegen das **Ban Bor Bungalows***–** (100/1 Saengchuto Rd., Tel. 034-511459), das, wie man dem Namen entnehmen kann, einfache Bungalows vermietet.

■ Das **Felix River Kwai Resort**LLL liegt nahe der River Kwai Bridge direkt am Fluss und bietet wunderbar komfortable Zimmer (A.C., TV, Kühlschrank). Die zum Fluss hinaus liegenden Zimmer („River View") sind teurer, als die auf der anderen Seite („Garden View"). Bei Internet-Buchung beginnen die Preise ab ca. 5000 Baht, aber das ist durchaus gut angelegtes Geld (Frühstück inkl.). Tel. 034-551000, Fax 034-551033, www.felixriverkwai.co.th.

Essen

■ Abends versammelt sich ein unglaublich riesiger **Nachtmarkt** in der Saeng Chuto Road in Höhe des Busbahnhofes. Hier gibt es dann so ziemlich alles, von gerösteten Heuschrecken *(dagkatään tort)* über gebratene Sojaschnitten und heiße Sojamilch *(tauhu tort* bzw. *naam tau-hu)* bis zum Schweinefleisch-Curry mit Ananas *(käng muu sapparot)*. Alles zu Niedrigstpreisen.

■ Sehr beliebt bei Travellern ist das **Punnee Café & Bar** (*Punnee* ist die Thai-Version des englischen *Bunny*), das von einem Engländer und seiner Thai-Frau gemanagt wird. Es gibt westliche und einhei-

2

mische Küche, dazu Hochprozentiges und mehr oder minder Hochgeistiges (in Form eines Regals voller second-hand Bücher), und das Personal ist freundlich und hilfsbereit. Das Café organisiert auch Tagestouren in die Umgebung.

■ Das **Krathom Thai Restaurant** (52 Soi Rongheabaow 3) ist dem *Apple's Guest House* angeschlossen und für seine exzellente Thai Küche bekannt. Das Hotel/Restaurant bietet auch Kochkurse an.

■ Ausgezeichnete italienische Küche als auch Thai-Speisen bietet **Bell's Pizzeria** in Thanon Maenam Kwai, geöffnet 16.00–23.00 Uhr.

■ Das vielversprechend benannte **Schluck** in der gleichen Straße offeriert preiswerte und gute Pizzen, Steaks, Salate und einige andere westliche Gerichte, dazu auch sehr gute Thai-Speisen. 16.00–2.00 Uhr.

Unterhaltung

■ Zu empfehlen ist die **Irish Gecko Bar,** direkt hinter der Rainbow Lodge, die von der weitgereisten und sehr freundlichen *Jan* geführt wird. Billardtisch, kaltes Bier, gute Musik und irisches Dekor. *Jan* vermietet auch ein paar einfache, aber saubere Zimmer im **Backpacker Paradise**** nebenan.

■ **Get Drunk For 10 Baht** in der Thanon Maenam Kwai ist eine winzige Open-Air-Bar, und in der Tat kosten die meisten kleinen shots nur 10 Baht. Beliebt sind auch die *buckets,* kleine Plastikeimer, angefüllt mit einer alkoholisierenden Mixtur, so wie man sie auch auf Ko Phangan und anderen Inseln kennt.

Anreise

■ Vom Southern Bus Terminal in Thonburi fahren alle 20 Minuten A.C.-Busse für 95/122 Baht. Die letzten Busse fahren um 19.30 Uhr zurück nach Bangkok.

■ An einem Haltepunkt an der Unakan Road im Stadtteil Sao Ching-Chaa, am Rommani-Nart-Park (siehe Karte Giant Swing) fahren **Sammeltaxis** für 150 Baht/Person.

■ Ab der Thonburi Station in Bangkok fahren 2 **Züge,** um 7.45 und 13.55 Uhr. Fahrzeit ca. 2 Std. 40 Min. Die Züge fahren von Kanachaburi weiter bis zur Brücke am Kwai und nach Nam Tok.

Weiterreise

■ **Busse** ab dem Busbahnhof fahren u. a. nach Ratchaburi, Nakhon Pathom, Suphanburi, Sangkhlaburi, Bor Phloi, -Nationalpark, Sai Yok und Thong Pha Phum. Busse zurück nach Bangkok fahren von der Saeng Chuto Road ab (Preis siehe Anreise).

■ Die **Sammeltaxis** nach Bangkok (Preis s. „Anreise") fahren ab ihrem Haltepunkt an der Saeng Chuto Road, nahe der Kreuzung mit der U-Thong Road.

Umgebung von Kanchanaburi

Die „Schwimmende Nonne"

Im **Wat Tham Mongkhon,** einem Tempel am Südwestrand von Kanchanaburi, lebt eine Nonne, die ihren Anhängern ein ganz besonderes Schauspiel bietet: Nach einer kurzen Meditation und Gebeten legt sie sich im Schneidersitz rücklings in ein Wasserbecken und treibt dann – ohne sich zu bewegen – mühelos auf der Wasseroberfläche. Die Nonne ist bekannt als *Mae Chi Loy Naam,* „die auf dem Wasser treibende Nonne".

Sie hat die Technik von einer älteren Nonne von Wat Tham Mongkhon er-

Umgebung Bangkoks

`2`

lernt; letztere hatte diese als erste ausge-
übt und war damit zu einer lokalen Berühmtheit geworden. Diese alte Dame
ist mittlerweile verstorben, man hat ihr
auf dem Tempelgelände aber ein Denkmal errichtet – eine Auszeichnung, die
Nonnen nur sehr selten zuteil wird.

Ihre Nachfolgerin lässt sich für
200 Baht zu einer Demonstration der
Schwimm-Meditation herbeirufen. Um
den Wassertank herum sind wie in einem Amphitheater Sitzreihen angelegt,
und viele Thais schauen dem Geschehen
gebannt zu. Für die meisten ist das
Schwimm-Kunststück ein Beweis für die
tiefe Spiritualität; Zweifler werden das
Ganze vielleicht eher auf eine ausgefeilte
Atemtechnik zurückführen.

⌂ Höhlenschrein im Wat Tham Mongkhon

■ Zur **Anfahrt** nehme man den Bus von Kanchanaburi nach Dan Makham Tia, der am Tempel vorbei
fährt (ca. 30 Baht). Man kann auch in Kanchanaburi
(ca. 5 km entfernt) ein Songthaew mieten; Preis für
Hin- und Rückfahrt ca. 500 Baht. Der Eintritt zum
Tempel ist frei, Spenden aber erbeten.

Wat Tham Kao Poon

Dieser Höhlentempel befindet sich etwa
einen Kilometer südwestlich des Chung-
Kai-Friedhofes in ländlich-idyllischer
Umgebung. In den Höhlen, die von einem grimmig dreinblickenden *Yak*
(Tempelwächter) bewacht werden, befinden sich zahllose Buddha-Figuren,
die zum Teil psychedelisch ausgeleuchtet
sind. Das ganze ist sehr imposant, doch
hängt dem Tempel auch der Ruch des
Grauens an: Im Dezember 1995 wurde
hier die 23-jährige britische Touristin

Joanne Masheder von einem amphetaminsüchtigen Mönch ermordet. Der Mönch hatte die Touristin zunächst „nur" zu berauben und vergewaltigen versucht; als sie sich jedoch widersetzte, erschlug er sie mit einem Felsbrocken und stieß sie in einen Höhlenschacht. Die Leiche wurde erst einen Monat nach der Tat entdeckt. Der Täter war erst acht Monate zuvor aus dem Gefängnis entlassen worden, wo er zweieinhalb Jahre wegen Vergewaltigung verbüßt hatte. Bei den polizeilichen Ermittlungen im Tempel kam heraus, dass einige weitere Mönche amphetaminsüchtig waren. Der Mord an *Joanne Masheder* schlug hohe Wellen in Thailand, und der Mönchsstand – ohnehin schon von etlichen Skandalen erschüttert – verlor in weiten Teilen der Bevölkerung noch mehr an Ansehen. Auf dem Tempelgelände ist von Anwohnern ein kleiner Schrein zum Andenken an *Joanne Masheder* errichtet worden.

■ Zur **Anfahrt** miete man ein Songthaew für ca. 800 Baht für die Hin- und Rückfahrt samt ca. halbstündigem Aufenthalt. Die Höhle ist auch mit Booten zu erreichen, die am Pier in Kanchanaburi gechartert werden können; Kostenpunkt ab ca. 600 Baht. Motorrad-Taxis von der westlichen Flussseite 40 Baht pro Person.

Prasat Muang Singh Historical Park

Etwa 42 km westlich von Kanchanaburi wurden die Überreste einer Khmer-Siedlung aus dem 12./13. Jh. gefunden. Die Siedlung Muang Singh („Löwenstadt") war ein Außenposten des Khmer-Reiches von Angkor. 1987 wurde sie vom Fine Arts Department zum „Historical Park" erklärt. Besuchenswert ist sie

vielleicht nur für Leute mit ausgeprägtem historischem Interesse.

Auf dem 73,6 ha großen Gelände sind die Ruinen von Khmer-Schreinen und alten Stadtmauern verstreut. Den Mittelpunkt stellt der Prasat Muang Singh dar, der Hauptschrein, der nach Osten, in Richtung Angkor Wat, ausgerichtet ist. Der Schrein ist von Mauern umgeben, die an den Kardinalspunkten Tore aufweisen. Der Prasat Muang Singh stammt wahrscheinlich schon aus dem 12. Jh. Dass das Gebiet aber schon früher besiedelt war, beweist ein kleines Museum im Süden der Anlagen: Hier sind prähistorische menschliche Skelette ausgestellt, die in der Umgebung gefunden wurden.

Eintritt zu den Anlagen 100 Baht, dazu 50 Baht für Autos, 30 Baht für Motorräder, und 10 Baht für Fahrräder; geöffnet täglich 8.30–16.30 Uhr. An der Südseite der Anlagen stehen einige Bungalows****–***** zur Übernachtung.

■ Die **Anfahrt** erfolgt mit dem Zug von Kanchanaburi (Startpunkt Thonburi Station Bangkok) in Richtung Nam Tok. Aussteigen an der Station Tha Kilen nach ca. 1½ Std. Fahrzeit. Von dort ist es noch ein 1 km langer, ausgeschilderter Fußweg. Züge ab Kanchanaburi fahren um 6.19 und 10.25 Uhr, wer den Morgenzug nimmt, kann den Park in einem Tagesausflug besuchen. Noch günstiger ist allerdings ein Mietfahrzeug. Fahrt ab der Thonburi Station in Bangkok nach Nam Tok um 7.45 und 13.55 Uhr. Fahrzeit ca. 4½ Std.

Hell Fire Pass Memorial Museum

80 km nördlich von Kanchanaburi liegt das 1998 eröffnete Hell Fire Pass Memorial Museum, das Dokumente und Gegenstände aus der Kriegszeit ausstellt.

2

1943 gruben hier australische Kriegsgefangene eine 500 m lange und 26 m breite Kluft durch Fels, mit Dynamit, Schaufeln und Handbohrern. Der Hell Fire Pass kann auf einem 4 Kilometer langen Spaziergang besichtigt werden. Tägl. von 9.00 bis 16.00 geöffnet. Eintritt ist frei.

■ **Anfahrt:** Das Hell Fire Pass Memorial Museum ist leicht mit jedem **Bus,** der von Kanchanaburi nach Sangkhlaburi fährt, zu erreichen. Das Museum ist auf dem Highway 323 markant ausgeschildert. Die Fahrt dauert ca. 70 Minuten.

Ban Gao Neolithic Museum

Beim Bau der „Death Railway" stieß ein holländischer Kriegsgefangener namens *van Heekeren* auf die Überreste eines prähistorischen Friedhofes. Die Stelle wird heute *Ban Gao* genannt, „Altes Dorf". Nach dem Krieg nahm ein thailändisch-dänisches Archäologenteam die Arbeit an der Fundstelle auf und fand Hinweise darauf, dass dieses Gebiet schon vor mindestens 10.000 Jahren besiedelt gewesen sein musste.

In dem Museum nahe den Fundstellen sind 3000–4000 Jahre alte Töpferwaren, Alltagsutensilien und menschliche Skelette zu begutachten. Eintritt 50 Baht, geöffnet Mi–Fr 9–16 Uhr.

■ Zur **Anfahrt** kommt praktisch nur ein Mietfahrzeug in Frage. Die Entfernung von Kanchanaburi beträgt ca. 35 km.

Erawan-Nationalpark

Hier stürzt der bekannte **Erawan-Wasserfall** in die Tiefe, benannt nach Erawan, dem dreiköpfigen Elefanten aus der hinduistischen Legendenwelt, und ein „Wasserbesitzer" dazu (Sanskrit *airawata*). Der Park wird von Thais als eine Art Picknickplatz benutzt, und an Wochenenden oder Feiertagen wirkt es gar ein wenig jahrmarktlich. Schade, denn der 550 m² Nationalpark zählt zu den schönsten des Landes. Vom Park führt ein sich windender Pfad nach 2 km zur siebten und höchsten Stufe des Wasserfalls; dabei passiert man mehrere Wasserbecken und Ströme, in denen man teilweise auch schwimmen oder baden kann. Badezeug mitbringen; ansonsten ist zum Laufen festes Schuhwerk anzuraten.

Der Eintritt zum Park beträgt für Ausländer 400 Baht. Geöffnet 8.00–16.00 Uhr, die untersten beiden Stufen bis 17.00 Uhr.

■ **Anfahrt:** Vom Busbahnhof in Kanchanaburi fahren etwa alle 45 Minuten **Busse** der Linie 8170 nach Erawan, die ersten gegen acht Uhr morgens (Fahrpreis 50 Baht, 1½ Std.). Die Busse enden am Markt von Erawan, und von da ist es eine Viertelstunde Fußweg. Die letzten Busse fahren gegen 16.00 Uhr zurück nach Kanchanaburi.
■ **Unterkunft:** Bungalows****–***** verschiedener Preiskategorien. Camping für 20 Baht. Tel. 034-574222, erawan_np@hotmail.com.

Sai Yok Falls

Alle 30 Minuten fährt Buslinie 8203 von Kanchanaburi in Richtung Thong Pha Phum bis zur Gabelung, wo die Straße links zum **Sai-Yok-Nationalpark** abzweigt. Die Fahrt dauert etwa 2 Stunden und kostet 30 Baht (letzte Busse hin oder zurück 16.30 Uhr). Von hier ist es noch ein Fußmarsch von 3 Kilometern, gelegentlich bieten sich Motorrad-Taxis für 20 Baht zur Weiterfahrt.

Der Nationalpark ist dschungelartig bewachsen und beherbergt angeblich noch Tiger und wilde Elefanten. Die Hauptattraktion ist aber der Sai-Yok-Yai-Wasserfall („Großer Sai Yok"), der sich hier über weiße Kreidefelsen nach unten ergießt. Der Ort ist ein beliebtes Ausflugsziel für Thais, und an Wochenenden geht es recht turbulent zu. Eintritt für Ausländer 200 Baht.

■ **Unterkunft:** In der Umgebung von Sai Yok bestehen einige (meist teure) Unterkunftsmöglichkeiten, so das River Kwai Village Hotel ᴸᴸᴸ (www.riverkwaivillagehotel.com), Kitti Raft*** (www.kittiraftkanchanaburi.com), River Kwai Jungle House***–ᴸᴸᴸ (www.riverkwaijunglerafts.com), Sai Yok View Raft*** (www.saiyokviewraft.com), Rom Sak Raft****–***** u. v. a.

River Kwai Jungle Rafts – „Floß-Zimmer"

Eine der **malerischsten Unterkünfte der Region** befindet sich etwas flussabwärts von Sai Yok: Das Jungle Rafts ᴸᴸᴸ (Tel. 02-6425495, www.riverkwaijunglerafts.com) besteht aus 85 Zimmern (Bad), die auf 24 **traditionellen Bambus-Flößen** errichtet sind. Strom gibt es nicht und absolute Ruhe ist garantiert. Die Floße liegen in einer hübschen Flussbiegung des River Kwae, umgeben von Hügeln und Wäldern. Kostenpunkt ca. 2000 Baht pro Person, inklusive drei Mahlzeiten. Trekking- und andere Touren werden organisiert. Insgesamt sehr empfehlenswert. Die Preise sind je nach Tour und Jahreszeit unterschiedlich, ca. 3000–5000 Baht.

■ Zur **Anfahrt** von Bangkok oder Kanchanaburi nehme man zunächst einen Bus bis Sai Yok. Dort ist in einen Bus zum Pier von Pak Saeng *(tha ruea pak seng)* umzusteigen (30 Baht, A.C. 70 Baht). Von dort geht es per Boot in ca. 45 Min. zu den Jungle Rafts (ca. 900–1000 Baht). Eine direkte Straßenverbindung gibt es nicht.

Nam Tok

Der Name bedeutet einfach „Wasserfall". Hier ist der Endpunkt der Eisenbahnlinie Kanchanaburi – Nam Tok. Die Entfernung beträgt 77 km. (Bangkok – Nam Tok 210 km). Die Fahrt nach Kanchanaburi dauert 2 Stunden und kostet 16 Baht. Die Strecke ist malerisch und sollte nicht ausgelassen werden. Von Bangkoks Thonburi Station fahren täglich zwei Züge (7.35 und 13.45 Uhr, 41 Baht) bis zu diesem Endpunkt. Für den Rückweg muss dann aber eine Übernachtung in Kanchanaburi eingeplant werden, es sei denn, man nimmt denselben Zug zurück. Dieser hat nur einen 15-minütigen Stopp in Nam Tok.

Der Wasserfall, mit genauem Namen Nam Tok Sai Noi oder „Kleiner Yok Sai" (auch *Nam Tok Khao Phang*) ist nicht so beeindruckend wie der Sai Yok Yai. Von seiner besten Seite zeigt er sich in der wasserreichen Zeit von Juli bis September. Der Wasserfall ist stark besucht, und manchem mag es hier zu „touristisch" zugehen.

Tham-Than-Lot-Nationalpark

97 km nördlich von Kanchanaburi liegt dieser Nationalpark, auch *Chaloerm Rattanakosin National Park* genannt. Die

2

Hauptattraktionen sind zwei sehr **imposante Höhlen,** Tham Than Lot Yai und Tham Than Lot Noi, daneben gibt es aber auch eine Reihe von eindrucksvollen Wasserfällen, so den Than Ngoen- und den Than Thong-Wasserfall.

■ Die Parkverwaltung stellt **Bungalow-Unterkünfte******–***** oder Camping-Gelegenheiten zur Verfügung (20 Baht). Informationen unter Tel. 02-5790529, 02-5794842.

■ Zur **Anfahrt** nehme man in Kanchanaburi einen Bus über Bor Phloi bis Ban Nong Preu (ca. 30 Baht; Fahrzeit 2–3 Std.). Von dort muss man versuchen, mit einem der unregelmäßig fahrenden Songthaews zum Park zu kommen.

Floß-Trips (Rafting)

Einige Unternehmen bieten Trips auf Hausboot-ähnlichen Flößen an, die für einen 2-Tage-Trip etwa 2000–3000 Baht kosten. Auf einem Floß haben bis zu 20 Leute Platz, und somit wird's dann ziemlich preiswert. Die Mahlzeiten sind im Preis inbegriffen. Derlei Touren werden mittlerweile von zahlreichen Guest Houses angeboten.

Zum Teil werden die Rafting-Touren mit Ausflügen auf dem Rücken von **Elefanten** kombiniert. Das klingt zwar verlockend, doch finden die Ritte meist in einem deprimierend kahl geschlagenen Gebiet bei Sankhlaburi an der Grenze zu Myanmar statt. Von der angepriesenen satten Natur keine Spur!

Thong Pha Phum

Der an der Strecke Kanchanaburi – Sankhlaburi gelegene Ort ist umgeben von satter Natur und weist einen lebendigen und interessanten **Markt** auf. Auf der Fahrt ins verschlafene Sankhlaburi kann man sich hier noch einmal mit dem Nötigsten eindecken. Thong Pha Phum liegt nahe dem Damm des **Khao Laem-Stausees,** der ein wichtiger Stromlieferant für Bangkok ist. Der See wurde 1983 durch die Stauung des River Kwae Noi künstlich geschaffen. Für Thais ist der Damm ein beliebtes Ausflugsziel. Außer einer Herde Affen, die eine Felswand in der Nähe beklettert, gibt es allerdings nicht viel zu sehen. Dafür bieten sich in der weiteren Umgebung des Sees oft herrliche Ausblicke.

Bei der Anfahrt sieht man im Bereich von Sai Yok auf der rechten Straßenseite (aus Kanchanaburi kommend) **Wat Khao Kae,** den „Tempel am Krokodilsberg". Dieser beherbergt eine riesige, mit rotem Wickelgewand bekleidete **Statue** des hinduistischen Elefantengottes **Ganesh.** Eine Ganesh-Statue in dieser Größenordnung ist für Thailand wohl einmalig.

■ **Unterkunft** findet sich in Thong Pha Phum im Somjainuek Hotel**–**** (Tel. 034-5990 67) am Markt, sowie in den etwas weiter außerhalb der Innenstadt gelegenen So Bunyong Bungalows**–*** (Tel. 034-599441).

Am Ufer des Sees stehen zahlreiche weitere Unterkünfte zur Verfügung; diese sind an Wochenenden aber oft mit Thai-Urlaubern belegt: Wang Pai Chalets****–****** (Tel. 02-2353878), Weekend Garden Resort*****–ᴸᴸᴸ* (Tel. 02-4132480), Baan Suan Thaweechai Pha Phum****–ᴸᴸᴸ* (Tel. 034-0599048), Sinsomboon Resort*****–ᴸᴸᴸ* (Tel. 034-599222) u. v. a.

■ Zur **Anfahrt** nehme man vom Busbahnhof in Kanchanaburi Bus Nr. 8203 (90 Baht). Die Entfernung beträgt ca. 150 km, Fahrzeit 2½ Std.

Von einer Straßenecke an der Westseite des Busbahnhofs fahren zudem Sammeltaxis nach Thong Pha Phum.

Sunnataram Forest Monastery

Etwa 180 km westlich von Kanchanaburi, an der Straße nach Sankhlaburi, liegt das Sunnataram Forest Monastery. Dieses **Meditationskloster** wurde von *Phra Acharn Yantra Amaro Bhikku* gegründet, bis vor kurzem einer der angesehensten Mönche Thailands. *Phra Yantra,* der mehrere Jahre als Einsiedlermönch in Höhlen und Wäldern verbracht hatte, wurde 1995 jedoch das Opfer eines Sex-Skandals (s. „Religion, Die Mönche"). Im Sunnataram Forest Monastery hatten sich bis dahin zahlreiche seiner Anhänger zur Meditation eingefunden, darunter auch viele Ausländer. Mittlerweile hat er sich in die USA abgesetzt, wo ihm Asyl gewährt wurde; er konnte bei den dortigen Behörden glaubhaft machen, dass er in Thailand keine faire Verhandlung zu erwarten hätte. Die Einsiedelei wird aber von einigen getreuen Anhängern weitergeführt, wenn auch auf spiritueller Sparflamme.

Ein Ableger der Einsiedelei befindet sich auf Ko Kaeo Sunnataram, einer Insel im Khao Laem-Stausee bei Sankhlaburi. Zu deren Besuch ist zuvor die Genehmigung des Sunnataram Forest Monastery einzuholen.

■ Zur **Anfahrt** kann man jeden beliebigen Bus von Kanchanaburi nach Sankhlaburi nehmen und den Schaffner bitten, am *Samnak Paa Sunnataram* (so heißt das Kloster auf Thai) herausgelassen zu werden.

Tiger Temple

Sehr bekannt geworden ist in den letzten Jahren der Tiger Temple bei Kanchanaburi, ein Tempel, in dem Mönche freilaufende Tiger halten (Wat Luangta Bua Yannasampanno Forest Monastery, Saiyok, Tel. 034-531557, www.tigertemple.org). Viele Touristen zieht es zu dem Tempel, in dem sie sich mit den scheinbar handzahmen Tigern fotografieren lassen können. Es besteht jedoch der Verdacht, dass dort nicht alles mit rechten Dingen zugeht: Nach Angaben der Tierschutzorganisation CWI (Care for the Wild International), die sich u. a. auf ehemalige Mitarbeiter des Tempels beruft, ist der Tempel in den Handel mit Tigern und andere unethische Machenschaften verstrickt. Ehe die Zweifel nicht ausgeräumt sind, raten wir von einem Besuch des Tempels eher ab. Die wenigen Tiger, die es gibt, gehören ohnehin in die freie Wildbahn, nicht in einen Eintritt-kassierenden Tempel oder Zoo. Jeder möge sich aber selber ein Bild machen.

Sankhlaburi
สังขละบุรี

Sankhlaburi (15.000 Einw.), 225 km nordwestlich von Kanchanaburi gelegen, ist ein verschlafener kleiner Ort nahe der Grenze zu Myanmar. Sein Zentrum besteht aus ein paar kleinen Straßen, die man fast mit verbundenen Augen überqueren könnte, Verkehr gibt es kaum.

Touristisch hat Sankhlaburi einiges zu bieten, manchem mag der Ort sogar bes-

Umgebung Bangkoks

2

Malaria-Gefahr!

Das **thailändisch-myanmaresische Grenzgebiet** wird von der resistentesten Malaria der Welt heimgesucht. Deshalb ist eine Prophylaxe anzuraten, besonders wenn man sich in Waldgebieten aufzuhalten gedenkt. Die beste Prophylaxe ist, die Mücken erst gar nicht stechen zu lassen. Anti-Moskitosprays oder -cremes sowie die Moskitospiralen (*yaa-gan-yung*) gehören somit zur Grundausstattung. Zusätzlich empfiehlt sich die medikamentöse Phrophylaxe mit dem Malariamittel **Lariam** oder dem Antibiotikum **Doxycyclin.** Nach Aussagen von Apothekern in Kanchanaburi bietet Doxycyclin in dieser Gegend den zuverlässigeren Schutz. Die meisten westlichen Ärzte dürften der Prophylaxe mit einem Antibiotikum – das auf Dauer die Wirksamkeit des Medikaments gefährdet – allerdings kaum zustimmen (s. auch Kapitel „Vor der Reise, Gesundheitsvorsorge").

ser liegen, als das touristisch gesättigte Kanchanaburi.

Sankhlaburi – oder kurz *Sankhla* genannt – befindet sich am Nordende des idyllischen **Khao-Laem-Stausees,** um den sich sanfte, bewaldete Hügel erheben. Am Ufer haben sich zahlreiche Unterkünfte angesiedelt, die in erster Linie von wohlhabenden Thais aufgesucht werden. Außer Wandern und Faulenzen gibt es in Sankhlaburi nicht viel zu tun, es ist aber ein herrlicher Ort zum Entspannen. Störend sind einzig die oft überlauten „Langschwanzboote", die über den See rasen.

Die **Bevölkerung** Sankhlaburis ist ein interessantes Gemisch aus Burmesen, burmesischen Indern und Nepalesen, Mon, Karen und – fast in der Minderheit – Thais. Viele Einwohner sprechen nur

gebrochen Thai, was zu dem unterschwelligen Gefühl beiträgt, dass man sich hier schon außerhalb des Landes befindet.

Der kulturelle Mischmasch macht sich auch in der etwas eklektischen **Tempelarchitektur** bemerkbar. Einige Kilometer außerhalb der Stadt befindet sich der filigran verzierte, hübsche Wat Wangka Wiwekaram (auch *Wat Mon*), der in indisch-burmesischem Stil errichtet ist. Das Zentrum des Wats ist der Chedi Luang Pho Utama, dessen Spitze mit sechs Kilo Gold bedeckt ist. Nahebei findet sich Wat Si Vichai, der einen südindisch-inspirierten *gopuram* (Tempelturm) aufweist. Zur Fahrt zu beiden Tempeln lassen sich in Sankhlaburi Songthaews anmieten.

Unterkunft/Essen

■ Ein gutes Preis-/Leistungsverhältnis bietet das sehr schöne **P. Guest House****–**** (Tel. 034-595061, www.p-guesthouse.com), das wie fast alle Unterkünfte am Ort gleich am Stausee liegt. Über einen idyllischen Garten, der zum See hin abfällt, verteilen sich etliche Bungalows (mit und ohne eigenem Bad und A.C.). Zwei-Personen-Zelte werden ebenfalls zur Verfügung gestellt. Nebenbei gibt es sehr gutes Essen im Haus, es werden Elefanten- und Rafting-Trips organisiert, und sogar Traveller-Schecks werden gewechselt (allerdings zu niedrigem Kurs; ansonsten Wechselmöglichkeit in der Siam Commercial Bank).

■ Das saubere **Burmese Inn***–**** (Tel. 034-595146, burmeseinn@yahoo.com) wird von einem Österreicher und seiner Thai-Frau geleitet und hat Bungalows mit und ohne Bad/A.C. Preiswert und gut. Auch hier werden Elefanten- und Rafting-Trips angeboten sowie Touren zum Nationalpark Thung Yai Naresuan. Restaurant vorhanden.

🔴 Die folgenden Resorts werden zumeist von Thais aufgesucht und sind oft ausgebucht: **Sam Prasob Resort***–******, Tel. 034-595050 (beste Aussicht auf den See, aber etwas laut, da Bootspier nahebei); **Sankhla Garden Home***–******, Tel. 034-595 007, **Song Ka Lia Resort***–******, Tel. 034-595023-4, **Ponnatee Resort*******, Tel. 034-595134, 595279, www.ponnateeresort.com); **Forget Me Not Resort**ᴸᴸᴸ, Tel. 034-595013, 034-595015 und **Poy Luang Resort ***–*******, Tel. 034-595207. Alle verfügen über ein Restaurant.

🔴 Gleich in der Innenstadt von Sankhlaburi und als einzige Unterkunft nicht direkt am See liegt das **Sri Daeng Hotel**–****** (Tel. 034-595026, 034-595088) mit halbwegs akzeptablen Zimmern. Restaurant vorhanden.

Anreise

🔴 Direkte Busse ab dem Morchit-Busbahnhof in Bangkok 4 mal täglich, Fahrzeit ca. 6–7 Std. Ab dem Busbahnhof in Kanchanaburi fahren bis 16.30 Uhr mehrere **A.C.-Busse** und privat betriebene **Kleinbusse** *(rot tho)*. Fahrtzeit 3½–4 Std.

🔴 Im Straßenblock an der Westseite des Busbahnhofes in Kanchanburi befindet sich ein Taxistand für **Taxis** nach Thong Pha Phum, 74 km vor Sankhlaburi gelegen. Bis Thong Pha Phum kostet die Fahrt 600 Baht fürs ganze Taxi oder 100 Baht/Person. Wer die Taxis bis Sankhlaburi anheuert, zahlt rd. 1500 Baht. Ab Thong Pha Phum fahren auch Kleinbusse oder Songthaews nach Sankhlaburi.

Umgebung von Sankhlaburi

Three Pagodas Pass

An der Grenze zu Myanmar, 15 km nordwestlich von Sankhlaburi, bietet der Three Pagodas Pass einen **Durchlass durch die Berge nach Myanmar.** In vergangenen Jahrhunderten drangen hier die Burmesen ein, um den Erzfeind Thailand das Fürchten zu lehren, so z. B. bei der Zerstörung Ayutthayas im Jahre 1767. Die von den Japanern im 2. Weltkrieg gelegte Death Railway führte an dieser Stelle nach Myanmar (damals Burma) hinein; die Gleise wurden später jedoch entfernt.

Der Pass wird durch drei kleine, unscheinbare Chedis markiert, den Phra Chedi Sam Ong (wörtl. etwa „hochverehrte drei Chedis"). Thai-Urlauber lassen sich gerne davor fotografieren. Gleich hinter den Chedis befindet sich ein Immigrationsschalter. Um Thailand zu verlassen, müssen Westler in Sankhlaburi zur Polizei und sich dort registrieren lassen. Mit der Quittung kann man dann die Thai Seite der Grenze überqueren. Im Immigrationshäuschen Myanmars 100 Meter weiter zahlen westliche Reisende 5 US$. Der Passierschein ist nur für den Tag der Ausstellung und bis 18.00 Uhr gültig. Ausländer dürfen nur bis zum 2 km hinter der Grenze gelegenen Ort **Phayathonzu** („Drei Tempel") vordringen, danach geht nichts mehr, weder für Thais noch für andere Nationalitäten. Eine etwaige Visumsverlängerung, bzw. eine neue 15-tägige Aufenthaltserlaubnis für Thailand wird an diesem Grenzübergang nicht ausgestellt.

Gleich hinter dem Ort lauern in Bunkern **myanmaresische Soldaten** auf eventuelle Grenzverletzer. Selbst die Tempel von Phayathonzu (Burmesisch für „Drei Tempel") werden von MG-bewaffneten Soldaten bewacht, manche davon kaum älter als 16 Jahre.

2

Ein großes Schild an der Grenze weist darauf hin, dass **Videokameras nach Myanmar nicht eingeführt** werden dürfen.

Die Thais decken sich auf dem Markt von Phayathonzu mit preiswerten **Waren aus Myanmar** ein. Es gibt Holzschnitzereien, hölzerne Gefäße, holzgerahmte Wanduhren, hölzerne Musikinstrumente (z. B. Gitarren), Möbel, Stoffe, Edelsteine, Jade, Schmuck, Zigaretten und Spirituosen aus Myanmar. Einige der Waren werden aber auch auf der thailändischen Seite der Grenze angeboten. Thais müssen die Waren an einem Zollposten ca. 1 km in Richtung Sankhlaburi verzollen (bzw. ein Schmiergeld entrichten!), Ausländer werden jedoch durchgewunken.

Der Renner schlechthin sind allerdings **Orchideen,** die auf beiden Seiten der Grenze sackweise verkauft werden. Wilde Orchideen sind in Thailand geschützt. Auf der anderen Seite der Grenze; im völlig gesetzlosen Myanmar, sammeln Kinder und Erwachsene die Orchideen in großen Plastiksäcken. Oft wird der Ast, an dem die Pflanze haftet, gleich mit abgesägt. In Hütten entlang des Grenzzauns werden die Orchideen schnell gesäubert und von Unkraut befreit und dann direkt über den Zaun gereicht, wo junge Frauen mit gelb bemalten Gesichtern (eine burmesische Tradition, die sowohl dem Sonnenschutz als auch als Make-up dient) schwere Orchideen-Nachschlagwerke wälzen, um die Vielfalt der Arten, die verkauft werden, für die Kunden zu identifizieren.

■ **Unterkunft:** Three Pagodas Resort***–ᴸᴸᴸ (Tel. 034-590098 und Bangkok 02-4124159, www. threepagodasresort.com).

■ **Essen:** Gleich an den drei Chedis befinden sich einige kleine Restaurants – nichts Außergewöhnliches, aber preiswert und ganz ordentlich. Manche Speisen haben einen burmesischen Einschlag.

■ **Anreise:** Von Sankhlaburi fahren zwischen 6 und 17 Uhr ca. alle 45 Min. Songthaews zu 60 Baht/Person. Das letzte fährt um 18 Uhr zurück nach Sankhlaburi. Fahrzeit ca. 40 Min.

Elefanten-Treks und Rafting

Beides wird vom P. Guest House und vom Burmese Inn in Sankhlaburi und auch von den meisten anderen Unterkünften im Ort angeboten.

Nonthaburi
นนทบุรี

Dieser Ort liegt am Nordwestrand von Bangkok, etwa 20 km vom Stadtkern entfernt. Auf Landkarten ist Nonthaburi – kurz auch *Non'buri* genannt – noch als separate Stadt eingezeichnet, in der Praxis ist sie aber zu einem Vorort von Bangkok geworden. Bezeichnenderweise benötigt man für Telefongespräche von Bangkok nach Nonthaburi keine Vorwahlnummer. Bangkok hat den Ort in seinem ungeheuren Wachstum geschluckt.

Nonthaburi ist am besten mit dem Expressboot von Bangkok aus zu erreichen und ist dessen nördliche Endstation. Auf dem Weg dorthin passiert man zahlreiche idyllisch gelegene Wats und eine große moderne Moschee (auf der rechten Seite von Bangkok aus). Außerdem liegt die Singha-Brauerei an der Strecke

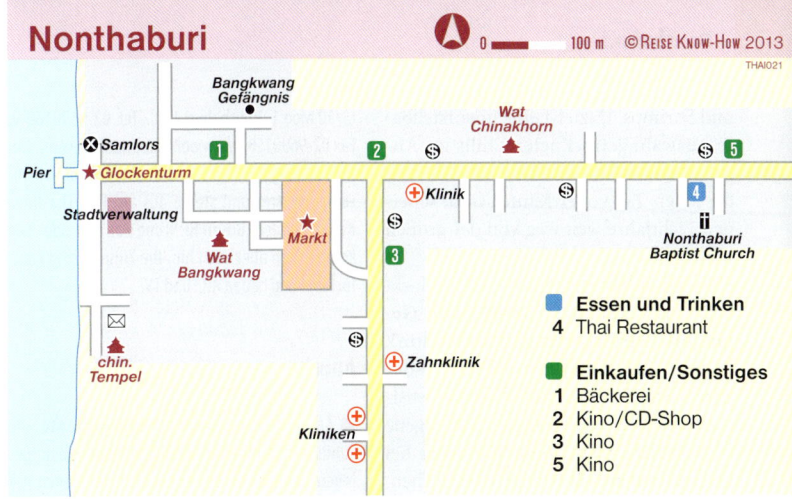

Bangkwang
Gefängnis

Wat
Chinakhorn

✖ Samlors

Pier

★ Glockenturm

Klinik

Stadtverwaltung

★ Markt

ℹ️ Nonthaburi
Baptist Church

Wat
Bangkwang

✉

chin.
Tempel

Zahnklinik

🟦 **Essen und Trinken**
4 Thai Restaurant

🟩 **Einkaufen/Sonstiges**
1 Bäckerei
2 Kino/CD-Shop
3 Kino
5 Kino

Kliniken

(ebenfalls rechts), die Produktionsstätte des gleichnamigen Bieres und der Ursprungsort manch üblen Traveller-Katers.

Nonthaburi selber wirkt recht kleinstädtisch, und da gibt es sogar noch die Fahrrad-Samlors, die schon lange aus Bangkok verbannt sind.

Auf der anderen Flussseite von Nonthaburi liegen einige Wats, herrlich von Palmen und dichter Vegetation umgeben. Dazwischen befinden sich die typischen thailändischen Holzhäuser, die auf Pfählen gebaut sind. Um auf diese Flussseite zu gelangen nehme man die Fähre, die von der Endstelle des Expressbootes den Fluss überquert. Die Überfahrt kostet 1 Baht, bezahlt wird auf der anderen Seite.

Geht man von diesem Ufer weiter geradeaus, und biegt dann in die erste kleine Straße rechts, kommt man zu dem ruhig gelegenen **Wat Salaktai.** Schilder in Thai bitten den Besucher, hier keinen Lärm zu machen. Geht man von diesem Wat weiter in nördliche Richtung über einen schmalen mit Steinplatten ausgelegten Weg, kommt man nach ca. 1 km zu **Wat Chaloerm.** Der in der Mitte des Tempelkomplexes stehende Chedi stammt aus der Ayutthaya-Periode, und an dessen Nordseite befinden sich wunderschöne neue Holzbauten, in denen die Mönche wohnen. Zwischen den Häusern ist ein kleiner Park mit Teichen und steinernen Tierfiguren angelegt. An der Südseite des Chedi liegt ebenfalls ein kleiner Park, und darin befinden sich bizarre Figuren aus Stein bzw. Holz. Gelegentlich sitzt ein meditierender Mönch zwischen den Figuren, und im ersten Augenblick könnte man ihn selber für ein steinernes Kunstwerk halten. Die Figuren stellen Fantasiewesen dar, irgendwo zwischen Mythologie und Science-Fiction.

Auf dem **Markt** in Nonthaburi, vom Pier die Hauptstraße entlang auf der rechten Seite, gibt es einfach alles, was kreucht und fleucht. In Plastik-Containern tummeln sich Tausende von Fröschen, Schildkröten, Fischen, Krabben und Shrimps. Dazu ist eine unvorstellbare Auswahl getrockneter Chilis im Angebot. Die kleinen Gassen des Marktes, die jeden Tag voller Käufer sind, scheinen Lichtjahre weit weg von der großen Metropole.

In einer Soi gegenüber vom Markt liegt das berüchtigte **Bangkwang Gefängnis** (www.correct.go.th/brief.htm), in dem auch eine ganze Reihe Westler sitzen. Eine längere Haftstrafe hier ist sicher die Hölle. Es ist möglich, Gefangene zu besuchen, man sollte allerdings bei der zuständigen Botschaft vorsprechen, um die Namen der Insassen herauszufinden, bevor man nach Bang Kwang fährt. Bei Besuchen sollte man anständig angezogen sein und etwaige Mitbringsel in einer durchsichtigen Plastiktüte, mit dem Namen des Insassen beschriftet, verstauen. Viele Gefangene freuen sich über Besuch.

Unterkunft

Von den zahlreichen Hotels in Nonthaburi empfiehlt sich vorrangig das **Nonthaburi Palace*****– *****, gelegen an der Straße in Richtung Pak Kret, nur wenige Bootsminuten nördlich von Nonthaburi

(3/10 Moo 1, Nonthaburi 1 Rd., Tel. 02-9690160-9, Fax 02-9690150, www.nonthaburipalace.com). Um hinzugelangen, fahre man mit einem Boot in Richtung Pak Kret und steige aus am Pier Tha Ruea Kwan; mit dem Bus in Richtung Pak Kret oder Taxi kommt man aber auch hin. Die Zimmer sind komfortabel und haben A.C. und TV.

Anreise

■ Am besten mit einem der **Expressboote,** die zumeist in Nonthaburi ihren Endpunkt haben (gelegentlich auch im weiter nördlich gelegenen Pak Kret). Von den Anlegestellen des Expressbootes in Bangkok (auf allen besseren Stadtplänen eingezeichnet) fahren alle Expressboote rechts herunter (Richtung Norden) nach Nonthaburi. Von den Anlegestellen auf der Thonburi-Seite also logischerweise links hinunter.

■ Außerdem fahren folgende **Busse** von Bangkok nach Nonthaburi: Ab Banglamphoo Nr. 30; ab Wat Po Nr. 32, ab Rajdamnoen Nr. 33; ab Victory Monument Nr. 63 und 97; ab Sanam Luang Nr. 65 und 203.

■ Nur am Sonntag fahren **Ausflugsboote** der Chao Phraya Express Boat Co. nach Wat Pailom, Abfahrt 8.00 Uhr am Maharat-Pier (Tha Maharat). Information in Bangkok unter Tel. 02-225330. Kosten für die Hin- und Rückfahrt ca. 300 Baht.

Rückfahrt nach Bangkok

■ Die **Expressboote** fahren nur bis 18.00 Uhr, also auf die Zeit achten.

076ba.at

◁ Ein Samlor-Fahrer wartet auf Kundschaft

■ Hier die Zeiten für die letzten **Busse** zurück nach Bangkok: Linie 30 (22.00 Uhr), Linie 32 (22.00 Uhr), Linie 33 (21.30 Uhr), Linie 63 (fährt die ganze Nacht durch), Linie 97 (fährt die ganze Nacht durch) und Linie 203 (fährt die ganze Nacht durch).

Ko Kret

เกาะเกร็ด

Ko Kret (ca. 6000 Einwohner) ist eine kleine **Insel im Chao-Phraya-Fluss,** die vor etwa 200 Jahren entstand, als Einwanderer vom Volksstamm der Mon eine weit ausholende Schlaufe des Flusses durch einen Kanal verbanden – das Gebiet innerhalb der Schlaufe wurde so zur Insel. Bis heute hat sich die Insel eine erfrischende Rustikalität erhalten; sie stellt ein wunderbares Ausflugsziel von Bangkok aus dar.

Auf der Insel – gelegen im Bereich des Ortes Pak Kret – befinden sich **sieben Dörfer,** die durch eine schmale, autofreie Straße untereinander verbunden sind. Dazu gibt es einige Tempel, Palmenhaine und viel ländliche Idylle.

Der interessanteste und größte Tempel ist der über 200 Jahre alte **Wat Paramai Yikawat,** gleich am Hauptpier von Ko Kret gelegen. Man beachte einen der weißen Chedis, der das thailändische Pendant zum Schiefen Turm von Pisa zu sein scheint: Durch den daran vorbei fließenden Fluss ist das Fundament unterspült worden, und nun kippt er bedenklich zur Seite.

Ko Kret ist bzw. war traditionell ein Zentrum der **Töpferei,** ein Handwerk, das die alten Mon hier eingeführt haben. Die gute Tonerde von Ko Kret war wie geschaffen dafür. In einem kleinen **Museum** (ca. 150 m westlich von Wat Paramai Yikawat) werden sehenswerte alte Tongefäße ausgestellt. Leider sind sie nicht beschildert und mit Altersangaben versehen, einige Stücke sollen aber über hundert Jahre alt sein.

Im Eingangsraum des Hauses gibt es auch einige Tonwaren zu kaufen, vornehmlich Wasserkrüge in verschiedenen Größen. Der Eintritt zum Museum ist frei; geöffnet ist es etwas unregelmäßig, tägl. etwa 8.00–15.00 oder 17.00 Uhr. Die Töpferei ist mittlerweile im Aussterben begriffen, die Bewohner der Insel haben sich aber eine neue Einkommensquelle verschafft: Süßigkeiten. Die auf Ko Kret hergestellten traditionellen Süßspeisen locken zahlreiche Besucher aus Bangkok und der weiteren Umgebung herbei.

Unterkunft

■ Das **Khoket Guest House***** (Moo 6, Ko Kret, Tel. 081-8320, khoketguesthouse@yahoo.co.th) bietet einfache Holzbungalows zu 500 Baht.

■ **Baan Dvara Prateep******–***** (Moo 5, Ko Kret, Tel. 02-5384212) bietet neben einfacher aber sauberer Unterkunft auch Yoga- und Meditationskurse).

Anreise

■ Ab Bangkok fahren **Expressboote** in ca. 50–60 Min. nach Pak Kret; von dort gehe man einige hundert Meter in südlicher Richtung zum Pier am Wat Sanam Nuea; von dort setzen Fähren nach Ko Kret über (3 Baht).

■ Falls man Pech hat und kein direktes Expressboot nach Pak Kret erwischt, fahre man zunächst bis Nonthaburi, wo man in ein Boot nach Pak Kret umsteigt. Da die Boote oft lange auf sich warten lassen, könnte man von Nonthaburi auch gleich ein Taxi zum Pier von Wat Sanam Nuea nehmen (Fahrtkosten ca. 120 Baht). Von dort geht's weiter wie oben.

■ Ab dem Victory Monument fährt **Bus Nr. 166** zum Markt von Pak Kret, von wo es ein ca. fünfminütiger Fußweg zur kurzen Bootsüberfahrt nach Ko Kret ist.

■ Direkte **Taxis** ab der Innenstadt von Bangkok zur Fähre nach Ko Kret kosten je nach Verkehrslage und Ausgangsort ca. 250–300 Baht.

Bang Bua Thong

Bei der Visite von Ko Kret lässt sich auch gleich Bang Bua Thong mitbesuchen, das sogenannte „Dorf der Süßigkeiten". In dem Dorf, westlich des Chao Phraya am Klong Bua Thong gelegen, werden in zahlreichen Häusern in Heimarbeit traditionelle **thailändische Süßspeisen** hergestellt. Am geschäftigsten geht es gegen 9.00 oder 10.00 Uhr morgens zu, und die Zubereitung lässt sich oft sogar vom Boot aus beobachten. Die Süßigkeiten werden zum Großmarkt Pak Klong Talaat in Bangkok verfrachtet, von wo aus sie über ganz Bangkok verteilt werden.

Anreise

Von Ko Kret aus lassen sich Boote nach Bang Bua Thong anheuern. Man winke einfach ein vorbeifahrendes Boot heran. Falls man eines der Linienboote erwischt, die regulär nach Bang Bua Thong fahren, kostet das rd. 20 Baht/Pers. Der eigene Boots-Charter kostet ca. 500 Baht für Hin- und Rückfahrt.

Pathum Thani

ปทุมธานี

Ein nettes kleines Provinzstädtchen, gerade 40 km nördlich von Bangkok am weiten Chao Phraya gelegen. In der Umgebung gibt es viel Grün zu sehen – Reisfelder, Kokoshaine und Bananenstauden –, und die Nähe Bangkoks wird aber durch die tief fliegenden Düsenjets in Erinnerung gerufen, die den nahen Don Mueang Airport ansteuern.

Die Hälfte des Ortes scheint durch den weit auslaufenden Markt eingenommen zu werden, der wie überall ein absolutes Rundum-Angebot aufweist. Besonders malerisch sind die Marktstände entlang der kleinen Uferstraße am Chao Phraya, nahe den Bootspiers.

Die Hauptattraktion Pathum Thanis ist jedoch der wenige Kilometer nördlich gelegene **Vogelschutzpark Wat Pailom.** Hier nisten von Dezember bis Juni Abertausende von Störchen (open-billed storks), die ein permanentes lautes Geschnalze verbreiten. Das waldartige Gelände wird von einigen gut begehbaren Wegen durchkreuzt, und in allen Baumkronen hocken Dutzende von Vögeln. Vorsicht vor dem regelmäßig fallenden Kot! An der Südseite des Gebietes befinden sich die Brutplätze der Vögel. Schilder bitten um ein ruhiges Verhalten.

Das nicht sehr große Gebiet kann in einer Stunde bequem durchwandert werden. Inmitten des Waldes befinden sich auch zwei Tempel, **Wat Amphu Wararam** und **Wat Pailom.** Zu letzterem gehört eine überlebensgroße Buddha-Statue, die mysteriös-versunken in der Vegetation zu meditieren scheint.

Am Bootspier von Pathum Thani lassen sich Boote für die Fahrt zum Schutzgebiet chartern. Die Boote sind *rüa song torn*, eine kürzere Variante der „Langschwanzboote" *(rüa haang yao)*. Preis ca. 300–400 Baht für die Hin- und Rückfahrt, je nachdem wie viele Leute mitfahren. Fahrtdauer ca. 15 Minuten. Auf halber Strecke passiert man links den „Hühnertempel", **Wat Gai Thia**, benannt nach einer winzigen thailändischen Hühnerrasse, *gai thia*. Auf der Fahrt zum Vogelschutzgebiet kann man den Fahrer bitten, am Wat zu stoppen.

Unterkunft/Essen

■ Keine empfehlenswerten Hotels im Ort.
■ Der schon erwähnte **Markt** bietet jede Menge preiswerte Essensstände. Ein Stand verkauft die beliebten „Bootsnudeln" *(kui-tiau rüa)*, eine Art Nudelsuppe mit Rindfleischbrocken darin. Der Stand ist auch tatsächlich in einem kleinen Boot untergebracht (an Land allerdings).

Anreise

■ Der schnellste Weg von Bangkok nach Pathum Thani führt mit dem **Skytrain** bis zur Endstation Mor Chit. Von hier geht es mit dem **Bus Nr. 510** weiter; ca. 1 Std. Fahrzeit.
■ Ansonsten könnte man auch mit dem **Expressboot** bis Nonthaburi fahren (siehe Ortsbeschreibung „Nonthaburi"), und von dort mit Bus Nr. 31 weiter nach Pathum Thani.

Weiterreise

■ Vom kleinen Busbahnhof in Pathum Thani fahren nur **Busse** in die nähere Umgebung.
■ Wer nach **Ayutthaya** will, muss zunächst mit einem der orangenen Busse nach Ban Phäng fahren und dort in einen Bus nach Ayutthaya umsteigen. Für andere Verbindungen empfiehlt sich die Rückkehr nach Bangkok. Abfahrtzeiten für die letzten Busse zurück: Linie 33: 21.30 Uhr. Der letzte Bus Nr. 510 von Rangsit/Pathum Thani zurück zur Mor Chit Skytrain Station geht ebenfalls um 21.30 Uhr. Der Skytrain fährt bis Mitternacht.

Umgebung Bangkoks

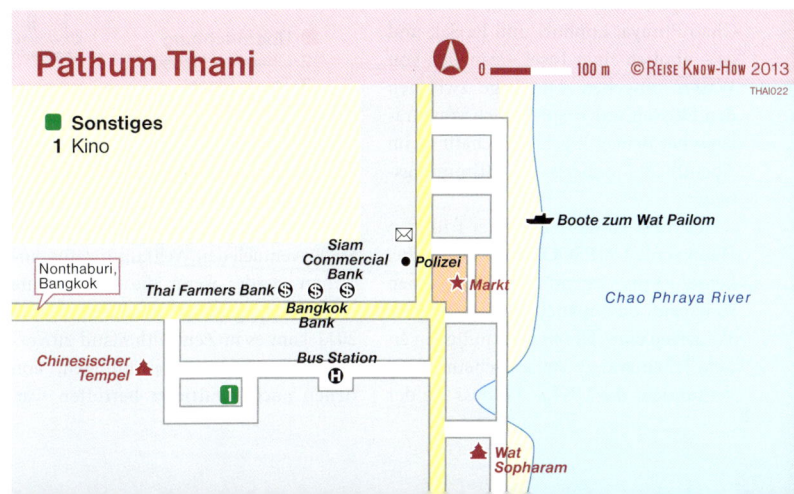

Pathum Thani

0 ———— 100 m © REISE KNOW-HOW 2013

THAI022

■ **Sonstiges**
1 Kino

Nonthaburi, Bangkok

Siam Commercial Bank

✉

● Polizei

★ Markt

🛥 *Boote zum Wat Pailom*

Chao Phraya River

Thai Farmers Bank Ⓢ Ⓢ Ⓢ

Bangkok Bank

Chinesischer Tempel ▲

🄷 Bus Station

▲ *Wat Sopharam*

Ayutthaya

อยุธยา

Von 1350 bis 1767 war Ayutthaya die Hauptstadt Siams und allen Berichten zufolge die beeindruckendste Stadt Asiens. Europäische Besucher waren überwältigt vom Glanz der Stadt und behaupteten, nie etwas Ebenbürtiges gesehen zu haben. 33 Könige verschiedener Dynastien hatten in Ayutthaya geherrscht, bis es 1767 von den Burmesen fast dem Erdboden gleich gemacht wurde (siehe „Geschichte").

Das heutige Ayutthaya hat ungefähr 60.000 Einwohner und ist eine unauffällige Provinzstadt (71 Bahn- oder 74 Straßenkilometer nördlich von Bangkok gelegen), die in den letzten Jahren leider auch die thailändische Krankheit erlitten hat – sie wurde zunehmend durch Betonbauten verunziert, und in der Umgebung haben sich viele Industrieunternehmen angesiedelt. In der alten Innenstadt locken jedoch zahlreiche Relikte der ruhmreichen Vergangenheit. Der Ort liegt am Zusammenfluss der Flüsse Chao Phraya, Lopburi und Pa Sak und ist – ähnlich einer Insel – gänzlich von Wasser umgeben. Die Lage zwischen den Flüssen war ursprünglich von strategischer Bedeutung, heute schafft sie im Abendlicht malerische Stimmungsbilder.

Seit 1991 ist das Gebiet der früheren Hauptstadt **UNESCO Weltkulturerbe.** Leider ist die Gegend um einige Ruinen so bebaut, dass manch alter Tempel im Vorgarten eines Hotels oder mitten in einem Jahrmarkt zu stehen scheint. 2008 verkündete die UNESCO, dass sie der

Stadt eventuell den Weltkulturstatus entziehen werde, wenn die Monumente nicht besser gepflegt würden. Im Jahre 2011 kam es in Zentralthailand zu verheerenden Überschwemmungen, von denen auch Ayutthaya betroffen war.

Ang Thong
Wat Kok Phaya
Phu Khao Thong
Mae Nam Chao Phraya
Wat Tin Tha
Wat Sala Pun
Wat Phrom Niwat
Phom Tai Kop
Wat Lokaya Sutha
Wat Thammaram
Wat Krasatraram
Wang Lang
Bang Sai
Wat Raya Pli
Wat Prachedtaram
Wat Chai Wattanaram
U Thong Road
St-Joseph's-Kathedrale

■ **Übernachtung**
2 Chantana House
3 Tony's Place
4 Ayutthaya Guest House
5 BJ1 Guest House
6 UP Inn
7 Ayothaya Hotel

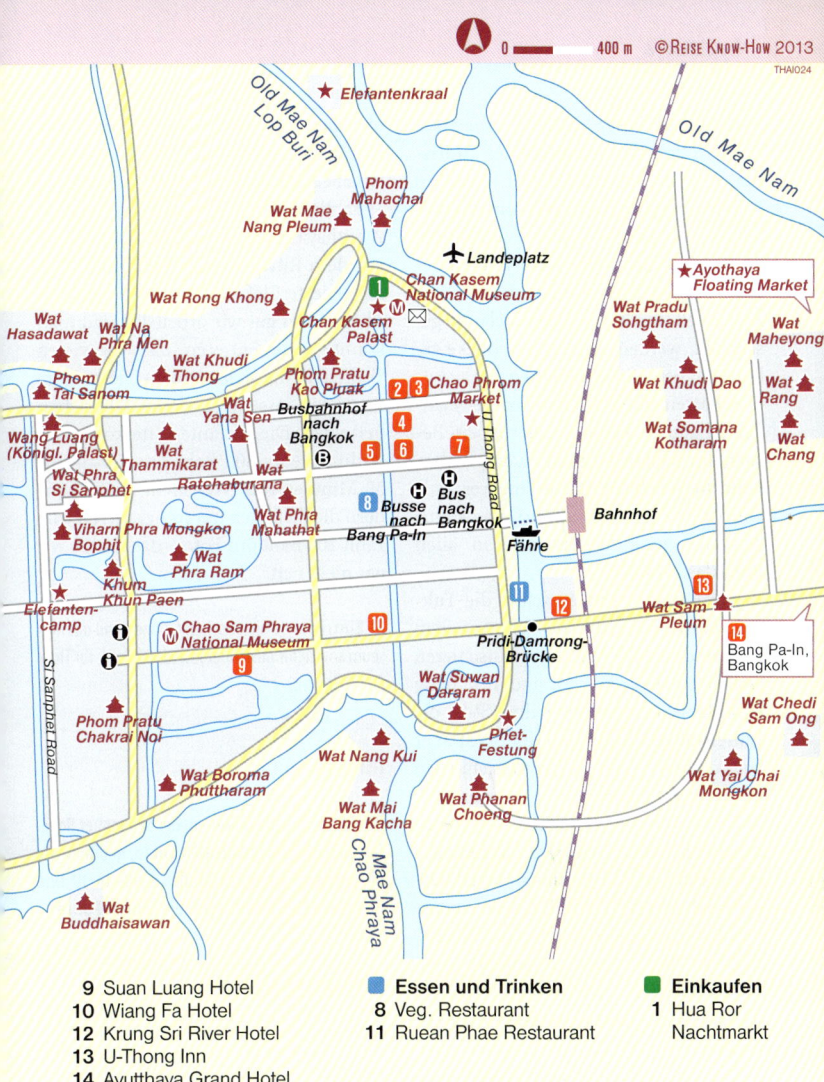

	400 m © REISE KNOW-HOW 2013
	THAI024
★	Elefantenkraal
	Old Mae Nam Lop Buri
	Old Mae Nam
★	Phom Mahachai
★	Wat Mae Nang Pleum
✈	Landeplatz
1	Chan Kasem National Museum
★	Ayothaya Floating Market
★	Wat Rong Khong
	Chan Kasem Palast
★	Wat Pradu Sohgtham
★	Wat Maheyong
★	Wat Hasadawat
★	Wat Na Phra Men
★	Wat Khudi Thong
★	Phom Pratu Kao Pluak
2 3	Chao Phrom Market
★	Wat Khudi Dao
★	Wat Rang
★	Phom Tai Sanom
★	Wat Yana Sen
	Busbahnhof nach Bangkok
4	
★	Wat Somana Kotharam
★	Wat Chang
	Wang Luang (Königl. Palast)
★	Wat Thammikarat
5 6	7
	Thong Road
★	Wat Phra Si Sanphet
★	Wat Ratchaburana
8	Busse nach Bang Pa-In
H	Bus nach Bangkok
	Bahnhof
★	Viharn Phra Mongkon Bophit
★	Wat Phra Mahathat
⚓	Fähre
★	Wat Phra Ram
11	
13	Wat Sam Pleum
	Elefanten-camp
★	Khum Khun Paen
M	Chao Sam Phraya National Museum
10	
12	
	Pridi-Damrong-Brücke
14	Bang Pa-In, Bangkok
9	
★	Phom Pratu Chakrai Noi
★	Wat Suwan Dararam
★	Wat Chedi Sam Ong
★	Wat Boroma Phuttharam
★	Wat Nang Kui
★	Phet-Festung
★	Wat Yai Chai Mongkon
★	Wat Mai Bang Kacha
★	Wat Phanan Choeng
★	Wat Buddhaisawan
	Mae Nam Chao Phraya
	Si Sanphet Road

9	Suan Luang Hotel
10	Wiang Fa Hotel
12	Krung Sri River Hotel
13	U-Thong Inn
14	Ayutthaya Grand Hotel

■ Essen und Trinken
8 Veg. Restaurant
11 Ruean Phae Restaurant

■ Einkaufen
1 Hua Ror
Nachtmarkt

Durch die Wassermassen wurden auch viele der alten Bauwerke in Mitleidenschaft gezogen. Trotz der nicht unbedingt idealen Situation kann man in Ayutthaya wahrscheinlich noch einen guten Eindruck vom Glanz und Ruhm der Vergangenheit bekommen. Wer jedoch vor die Wahl zwischen Ayutthaya und der alten Hauptstadt Sukhothai gestellt ist, der ist mit dem **grandioseren Sukhothai** besser bedient. Für Ayutthaya spricht die Nähe zu Bangkok.

Aufgrund dieser Nähe steht die Stadt auf dem Programm **zahlreicher Touristen,** die per Bus oder Schiff für einen halben Tag über die alten Steine herfallen, bevor sie am späten Nachmittag wieder verschwinden. Viele Teilnehmer von Package-Touren beklagen, dass sie zu schnell durch die Tempelgelände gescheucht werden, ohne die Anblicke gebührend genießen zu können,

Schatten gibt es auf den Tempelgeländen so gut wie keinen, daher ist ein Besuch am frühen Morgen zu empfehlen. Unterm Strich lohnt ein längerer Aufenthalt und Ayutthaya weist eine kleine Auswahl guter Unterkünfte in allen Preisklassen auf.

Am Bahnhof warten schon die **Tuk-Tuk-Fahrer,** die die Besucher zu den Ruinen des alten Ayutthaya kutschieren wollen. Die Rundfahrten sind nicht billig (200 Baht/Std. oder 600 Baht/4 Std.), die Entfernungen innerhalb der Stadt aber zu groß, um an einem Tag alles ablaufen zu können. Leider erweisen sich viele Tuk-Tuk-Fahrer als rüde und wollen nur möglichst schnell viel Geld abziehen – gut aussuchen, mit wem man fährt! Besser noch ist, sich in den Guest Houses ein Fahrrad auszuleihen (ca. 50–100 Baht pro Tag). Songthaews (Stadt) kosten 10 Baht/Pers., aber ob ein Tourist zu diesem Preis mitgenommen wird, ist fraglich.

Wer **zu Fuß** geht, braucht vom Busbahnhof bis zum Phraram Park (immer genau nach Westen) knapp eine halbe Stunde. Vom Bahnhof aus kommend muss erst für 3 Baht der Fluss gegenüber

überquert werden. Die Fähre fährt schräg nach rechts zum Markt. Von dort aus ebenfalls Richtung Westen laufen.

Schließlich ist es auch noch möglich Ayutthaya richtig königlich zu erleben – **auf dem Rücken eines Elefanten.** Domestizierte Elefanten sind im heutigen Thailand so gut wie arbeitslos und man könnte argumentieren, dass die vielen Touristen, die sich von den Tieren herumtragen lassen, zu deren Überleben beitragen. Die Elefantenritte kosten allerdings teure 800 Baht pro Person für 30 Minuten Ritt. Wer nicht reiten, sondern die Elefanten nur fotografieren will, zahlt 100 Baht pro Foto – das finden wir gar nicht nett.

■ **Eintritt:** Alle historischen Gelände und das Museum kosten für Ausländer jeweils 30 Baht, für Thais nur 10 Baht.

Information

Die **TAT** unterhält ein Büro in der Si Sanphet Road, Tel. 035-246076, tatyutya@tat.or.th; geöffnet wie die meisten der Büros täglich 8.00–16.30 Uhr. Gleich daneben befindet sich die **Tourist Police.**

Sehenswertes

Wat Yai Chai Mongkon wurde von König *U-Thong* im Jahre 1357 erbaut und sollte der Meditation dienen. Als König Naresuan im Jahr 1592 die Burmesen besiegt hatte, ließ er die große Pagode des Tempels bauen, um mit einer von Burmesen errichteten großendes Tempels ist ein riesiger, von kleineren Chedis umgebener Chedi, zu dem eine Treppe emporführt. Über das Gelände verteilt

▷ Wat Ratchaburana in Ayutthaya

finden sich zahlreiche Buddha-Figuren, fein säuberlich in Reihen arrangiert und mit orangefarbenen Gewändern umhüllt.

Wat Phanan Choeng wurde im Jahre 1324 errichtet, noch bevor Ayutthaya Hauptstadt wurde. Der zum Tempel gehörende 19 m hohe Buddha wird von vielen Thais verehrt – an buddhistischen Feiertagen bleibt kaum ein freier Quadratzentimeter in dem Raum, der den Buddha umgibt. Um den Buddha herum finden sich zahlreiche kleinere Statuen, kleine Buddha-Figuren sind selbst noch in die Wände eingelassen.

Im **Chao Sam Phraya National Museum** befinden sich alte bronzene Buddha-Figuren sowie Reliquien des Buddha. Mo. und Di. geschlossen.

Wat Phra Mahathat hat im Phraram Park wurde von König Ramesuan 1384 erbaut. Als der Tempel im Jahre 1956 restauriert wurde, fand man eine Vielzahl unschätzbar wertvoller Gegenstände, Reliquien Buddhas und goldene Buddha-Figuren. Der Tempel umfasst heute eine Reihe von verfallenen Chedis und zahlreichen Buddha-Figuren, die von Kunstdieben „enthauptet" wurden. Ein körperloser Buddhakopf findet sich im Wurzelwerk eines Baumes. Im Phraram Park befinden sich ein kleiner See in hübscher Umgebung und ein Restaurant.

Wat Ratchaburana wurde von Boromraja II., Ayutthayas siebtem König, erbaut, und zwar an derselben Stelle, an der zuvor der Leichnam seines Bruders verbrannt worden war. Die Anlage wird von einem Prang, einem Tempelturm im kambodschanischen Stil, dominiert. 1957 gruben sich Diebe einen Weg in die unter dem Turm gelegene Gruft und

konnten mit einer reichen Beute von Kunstschätzen entkommen. Als 1958 der Tempel restauriert wurde, entdeckte man goldene Buddha-Statuen und königliche Insignien. Gleichzeitig wurde eine in die Gruft führende Treppe gebaut, sodass die Besucher seitdem die dort angebrachten Wandgemälde bewundern können.

Der **Elefantenkraal** an der Nordseite der Stadt ist ein von Teakholzstämmen umgebenes Gelände, in das gefangene wilde Elefanten getrieben wurden. Die letzte Elefantenjagd fand 1903 statt, diente aber lediglich dem Amüsement der Gäste König Chulalongkorns.

Viharn Phra Mongkon Bophit wurde 1538 errichtet und beherbergt eine riesige bronzene Buddha-Statue, eine von Thailands größten Bronzefiguren. Die Statue stammt aus dem 15. Jahrhundert und befand sich zuvor im Freien am Wat Chichiang. Die Statue wird von vielen Thais verehrt.

Wat Phra Si Sanphet war einst der wichtigste Tempel auf dem Gelände des königlichen Palastes. Im Jahre 1500 wurde eine 16 m hohe, stehende Buddha-Figur gegossen und mit 170 kg Gold überzogen. Als die Burmesen 1767 Ayutthaya plünderten, versuchten sie, das Gold mit Feuer abzuschmelzen, und setzten dabei den ganzen Tempel in Brand. Übriggeblieben sind ein paar große, imposante Chedis und verfallene Gemäuer.

Der **Chan Kasem Palace** wurde von König Thammaraja erbaut, dem 17. König Ayutthayas. Von den Burmesen wurde auch dieser Palast zerstört, später wieder von König Mongkut rekonstruiert, da er den Palast als Wohnsitz bei seinen Aufenthalten in Ayutthaya nutzen wollte. Heute befindet sich in dem Gebäude-komplex das **Chan Kasem National Museum** (Mi–So 9–16 Uhr Eintritt 150 Baht). Der Chatumarak Pavilion beher-bergt eine Thronhalle, in der Alltags-gegenstände ausgestellt sind, die einst von König Rama IV. benutzt wurden. In der Phiman-Rataya-Gebäudegruppe sind Buddha-Figuren und andere reli-giöse Objekte zu sehen. Das Mahathai Building widmet sich der Architektur sowie Kunst- und Keramikobjekten, Waffen u. a.

Ayothaya Floating Market

Dieser relativ junge „Wassermarkt", gele-gen östlich des Bahnhofs, besteht aus mehreren Gebäuden im traditionellen Stil, in denen 200 Geschäfte unterbracht sind. Hier lohnt es sich, nach **Kleidungs-stücken** oder **Souvenirs** zu stöbern, oder sich einen kleinen Snack zu gönnen. Weiterhin werden **„Fisch-Massageb"** geboten (Fische knabbern einem die tote Haut von den Füßen), traditionelle Thai-Massage als auch Elefantenritte (11 Baht/10 Min.). Geöffnet 10.00–21.00 Uhr. Dieser Markt ist nicht zu verwech-seln mit Klong Sa Bua Floating Market, nördlich der Stadt, der eher Themen-Park-Charakter hat.

Historisch Interessierte sollten das **Ayutthaya Historical Study Centre** an der Rotchana Road nicht verpassen. Es wird von der japanischen Regierung fi-nanziert und einige Multimedia-Projek-te veranschaulichen die Geschichte der Stadt; dazu gibt es diverse Ausstellungs-stücke. Geöffnet Mo–Fr 9.00–16.30 Uhr, Sa/So bis 17.00 Uhr. Eintritt 100 Baht, Studenten 50 Baht.

Unterkunft

Eine kleine Ansammlung von preiswerten Guest Houses befindet sich etwas nördlich des Busbahn-hofes, an einer Gasse, die von der Naresuan Road abzweigt (Soi Tho Ko So oder Thaw Kaw Saw).

■ Ein schon etwas älterer Favorit hier ist das **Ayutthaya Guest House****–***, am Ende einer Gasse gelegen, die von der Naresuan Rd. abzweigt (Tel. 035-232658). Einfache, teils ordentliche, zum Teil auch anspruchslose Zimmer in einem Holzhaus.

■ Gegenüber liegt das bessere **Chantana House****–*** (Tel. 035-323200), das sehr saubere Zimmer mit und ohne A.C und Heißwasser bietet. Man meide allerdings die Zimmer, die Fenster zu Korridor hin haben – es kann laut werden.

■ Ebenfalls gegenüber findet sich in einem alten Holzgebäude **Tony's Place****–**** (Tel. 035-252578), das einfache wie auch sehr komfortable Zimmer mit und ohne A.C. anbietet. Hier dürfte je-der etwas für sich finden. Es gibt ein Restaurant, Bar, Billardtisch und Internet-Service.

■ Gleich neben dem Ayutthaya Guest House liegt das einfache **BJ1 Guest House**** (Tel. 035-251526), das allerdings einen etwas herunter-gekommenen Eindruck macht.

■ In einer Gasse neben dem Ayutthaya Guest House liegt das **UP Inn****–*** (Tel. 035-251213). Saube-re Zimmer mit Bad, manche auch mit A.C., freund-liches Management und ein kleines Restaurant. In-ternetanschluss in den Zimmern.

■ Etwas nördlich der Busstation, in Soi 2 der Tetsa-ban Road (nahe Naresuan Rd.), liegt das **Ayothaya Hotel******–ᶫᶫᶫ (Tel. 035-232855, www.ayothaya hotel.com). Sehr gute Zimmer mit Bad, A.C. und TV, dazu ein Pool und Frühstück inkl. Empfehlenswert für Leute, die lieber in gediegenen Hotels wohnen als in einem Guest House; bei Preisen ab 650 Baht auch nicht zu teuer.

In anderen Teilen der Stadt

■ Das **Suan Luang Hotel*****–**** oder Royal Garden Hotel befindet sich nahe dem Museum und ist ein moderner Bau mit komfortablen Zimmern mit Bad, A.C., Kühlschrank und TV. Ebenfalls eine gute Wahl für Leute, die für relativ wenig Geld in einem Hotel unterkommen wollen. Tel./Fax 035-245537.

■ Das **U-Thong Inn*****–ᴸᴸᴸ** liegt etwa 1 km östlich des Bahnhofes an der Rotchana Road, am Ostrand der Stadt. Das Haus besteht aus einem älteren und einem modernen Flügel, und die Zimmer in letzterem gehören zum Besten, was Ayutthaya zu bieten hat. Zimmer mit Bad, A.C., Kühlschrank und TV, dazu gibt es einen Swimmingpool. Tel. 035-212531, Fax 035-242235, www.uthonginn.com.

■ Eine Klasse weniger wohnlich ist das **Ayutthaya Grand Hotel****–ᴸᴸᴸ** (Tel. 035-335483-91) an der Rotchana Road. Zimmer mit Bad, A.C., TV und Kühlschrank, dazu Swimmingpool und Frühstück inklusive.

■ Das **Wiang Fa Hotel*** ** (1/8 Rochana Rd., Tel. 035- 241353) hat große Zimmer, auch mit A.C. Dem Hotel ist ein schöner Garten angeschlossen.

■ Das **Krung Sri River Hotel*****–ᴸᴸᴸ** (27/2 Moo 11 Rojchana Rd., Tel. 035-244333, Fax 035-243777, www.krungsririver.com) liegt direkt am Fluss in der Nähe des Bahnhofs und bietet allen erdenklichen Komfort (Sauna, Karaoke, Fitnesszentrum, Kegeln, Billard und einen Swimmingpool). Es werden auch Bootstouren mit unterschiedlich großen Booten um Ayutthaya angeboten.

Essen

Das beste und preiswerteste Essen gibt's am **Chao-Phrom-Markt** an der Bushaltestelle und am **Hua-Ror-Markt** etwas nördlich des Chandra-Kasem-Palastes. Letzterer ist schon wegen seiner besonderen Atmosphäre unbedingt zu empfehlen. Außer Essen werden hier auch Kleider, Schmuck, Musik etc. angeboten. An der Pridi-Damrong-Brücke (auf dem Weg vom Bahnhof zur Stadt) befinden sich zwei „**floating restaurants**", Restaurants, die also ins Wasser hinein gebaut wurden. Eines davon, das

Ruean Phae Restaurant (3671 U-Thong Rd.), wurde von Lesern aufgrund seines unfreundlichen Personals und überhöhter Preise bemängelt.

Unterhaltung

■ Ganz in der Nähe von Ayutthaya, aber weit genug von der Stadt weg, um lokale Sensibilitäten nicht zu verschrecken, befindet sich ein 2 km langer Entertainment Strip mit den üblichen Massage-Salons, Karaoke Bars etc. Hier ist auch die phänomenale **AY Disco** zu finden. Ausgekleidet mit HR Giger Designs (der Schweizer Künstler, der den Alien im gleichnamigen Hollywoodfilm entworfen hat, sollte klagen), ist die Musik im AY so laut, dass die Gläser von den Tischen rutschen. Reggae, Hip-Hop, Heavy Metal, Thai Pop – hier geht alles. Auch die Abzockerei funktioniert gut, denn Ausländer bekommen eine andere Preisliste vorgelegt als Thais. Um hinzukommen, frage man in der Stadt nach dem Weg zum Talat Grand oder nehme ein Taxi.

■ Neben dem Ayutthaya Guest House haben **eine Reihe kleiner Bars und Internet-Cafés** bis spät in die Nacht geöffnet.

Anreise

■ Nach Ayutthaya fährt ab der Hualamphong Station in Bangkok etwa jede Stunde ein **Zug,** der erste um 7.00 Uhr, der letzte um 22.00 Uhr. Jeder Zug in Richtung Norden hält hier, einige stoppen auch in Bang Pa-In (s. u.). Die Fahrt nach Ayutthaya dauert etwa 1½ Stunden und kostet 15 Baht in der 3. Klasse, 35 Baht in der 2. Klasse. Die Wagen der dritten Klasse sind für die kurze Strecke jedoch bequem genug. Bis Bang Pa-In sind die Preise in der 2. Kl. 28 bzw. 54 Baht in der 1. Klasse.

■ Vom Northern Bus Terminal fahren alle 10 Minuten **Busse** nach Ayutthaya für 50 Baht. Die Busse halten an der Busstation mitten in der Stadt, in der Naresuan Rd., einige Langstreckenbusse stoppen allerdings an einem Busbahnhof 5 km östlich, und von dort müsste man mit dem Tuk-Tuk weiter in die Innenstadt (ca. 100–150 Baht). A.C.-Busse bieten auch die Reisebüros bei Tagestouren an, doch dann kostet es um die 400–500 Baht, alles inklusive. Busse nach Bang Pa-In fahren alle 20 Minuten und kosten 40 Baht. Zwischen Ayutthaya und Bang Pa-In verkehren auch regelmäßig Songthaews (10 Baht).

■ **Gecharterte Taxis ab Bangkok** kosten ca. 1500–2000 Baht retour, je nach Aufenthaltsdauer und Fahrstrecke innerhalb von Ayutthaya eventuell etwas mehr. Bei Fahrten zu Zielen außerhalb der Provinz Bangkok brauchen die Fahrer das Taxameter nicht einzuschalten und der Fahrpreis ist auszuhandeln.

■ Einige Unternehmen bieten **kombinierte Bus-/ Bootsfahrten** nach und von Ayutthaya an, z. B. *Grand Pearl Tours* (www.cruisethailand.com/Grand_ Pearl). Los geht es täglich um 7.30 Uhr am River City Complex in Bangkok per Bus nach Ayutthaya. Erst dort wird das Boot *Grand Pearl* bestiegen, das dann langsam nach Bangkok hinunterdriftet. Rückkehr Bangkok 16.00 Uhr. Der Spaß kostet 1800 Baht, Kinder 1200 Baht, inkl. Lunch. Ähnliche Touren bietet auch *Horizon Cruise* (Tel. 02-2367777) an, dessen Touren am Shangri-La Hotel in Bangkok beginnen.

Bang Pa-In
บางปะอิน

Etwa 13 Bahnkilometer südlich von Ayutthaya liegt das besuchenswerte Bang Pa-In mit dem königlichen **Sommerpalast,** der den Königen von Ayutthaya zu Mußeaufenthalten diente. Als Bangkok Hauptstadt wurde, blieb der Palast 80 Jahre lang unbewohnt und wurde erst von König *Mongkut* wieder bezogen. Sein Sohn, König *Chulalongkorn,* ließ

ihn ausbauen, und heute präsentiert er sich noch in der zur damaligen Zeit entstandenen Mischung aus europäischem Jugendstil und thailändischer Klassik. So flankieren denkbar „kitschige" Figuren typisch thailändische filigrane Palastanlagen.

Der Palastkomplex ist von einem 400 x 40 m großen Teich umgeben, der seinerseits in einer Schlaufe des Chao Phraya gelegen ist. Das Innere der Palastgebäude ist für die Öffentlichkeit nur am Chulalongkorn Day (23. Okt.) zugänglich, der an den Todestag des verehrten Monarchen erinnert.

Ein **Gebäude im chinesischen Stil** aus dem Jahr 1889 ist ganzjährig für Besucher geöffnet. Hier befinden sich interessante Lacquerwaren und Möbel aus China. Um schneller auf dem Gelände rumzukommen können elektrische Buggys angemietet werden. Der Palastkomplex ist täglich von 8–16 Uhr geöffnet, letzter Zugang 15.30 Uhr, Eintritt 100 Baht; Tel. 035-261044.

Anreise

■ Ab der Rotchana Road in Ayutthaya, nahe der Brücke über den Fluss, fahren **Songthaews** für 10 Baht. Diese halten im kleinen Busbahnhof von Bang Pa-In, von wo Tuk-Tuks für 30 Baht zum Palast weiterfahren.

■ Direkte **Busse** ab Bangkoks Northern Bus Terminal zu 40 Baht. Fahrzeit 1 Std. 50 Min.

■ **Züge** ab Ayutthaya kosten 3, 6 oder 12 Baht, fahren aber bei weitem nicht so häufig wie die Songthaews. Vor dem Bahnhof von Bang Pa-In stehen ebenfalls Samlors (20 Baht). Züge ab der Hualamphong Station in Bangkok um 7.00, 9.25 und 19.50 Uhr. Nicht alle Züge auf dem Weg nach Ayutthaya halten hier.

■ **Gecharterte Taxis ab Bangkok** sollten ca. 1200–1500 Baht retour kosten. Allerdings ist es ratsam gleich ein paar hundert Baht mehr auszugeben und Ayutthaya mitzubesuchen (siehe Anreise dort).

Lopburi
ลพบุรี

Diese historisch bedeutsame Stadt liegt 153 km nördlich von Bangkok, an dem Fluss, der ihr den Namen gab, dem Lopburi. Ursprünglich hieß der Ort Luovo und war schon zur Dvaravati- und

Khmer-Epoche ein wichtiges Zentrum. Seinen Höhepunkt feierte Lopburi (wörtl. „Die Stadt des finanziellen Gewinns") in der Regierungszeit König *Narais* (1656–1688), der sie zur „zweiten Stadt" hinter Ayutthaya machte, ihr aber praktisch einen Hauptstadtrang zukommen ließ.

Narai baute hier seinen Palast, und nicht weit davon entfernt, im **Vichayen's House,** wohnte der Grieche *Constantine Phaulkon,* seines Zeichens erster Minister des Königs und der einzige Ausländer, der je einen solch hohen Posten in Thailand bekleiden durfte.

Im Jahre 1638 führte *Phra Phetracha* eine Revolte an, ermordete die Erbfolger

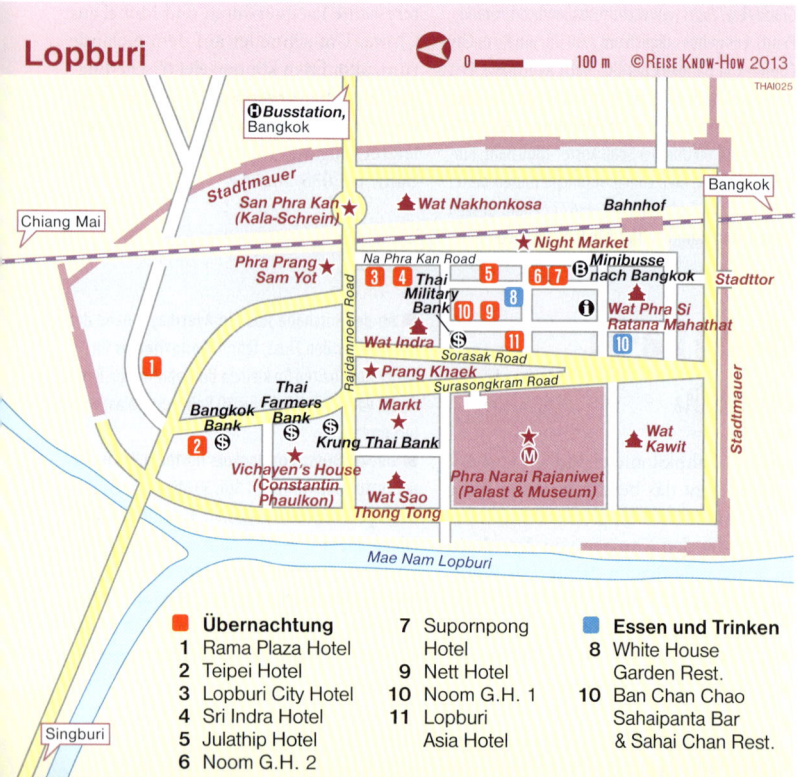

■ Übernachtung	7 Supornpong	■ Essen und Trinken
1 Rama Plaza Hotel	Hotel	8 White House
2 Teipei Hotel	9 Nett Hotel	Garden Rest.
3 Lopburi City Hotel	10 Noom G.H. 1	10 Ban Chan Chao
4 Sri Indra Hotel	11 Lopburi	Sahaipanta Bar
5 Julathip Hotel	Asia Hotel	& Sahai Chan Rest.
6 Noom G.H. 2		

des Königs und krönte sich selbst zum neuen König. *Narai* war gerade im Begriff, eines natürlichen Todes zu sterben. *Phaulkon* wurde des Hochverrats bezichtigt – wahrscheinlich ein abgekartetes Spiel – und schließlich hingerichtet.

Nach seiner Thronbesteigung residierte *Phetracha* in Ayutthaya, und Lopburis große Zeit sollte damit zu Ende gehen. Heute ist der Ort Provinzhauptstadt (50.000 Einw.) und nicht über die Maßen ansehnlich. Die Überreste der glanzvollen Epoche sind aber noch zu besichtigen.

Außerhalb der Stadt befindet sich der Tempel Wat Prabhat Namphu, der als AIDS-Hospiz fungiert. Die dort lebenden Mönche pflegen aufopferungsvoll mehr als 100 AIDS-Patienten.

Sehenswertes

Phra Prang Sam Yot befindet sich im Zentrum der Altstadt und besteht aus drei Prangs, die durch einen Gang miteinander verbunden sind. Ursprünglich als Hindu-Schrein errichtet, wurde das Bauwerk später als buddhistischer Tempel benutzt. Die Prangs stammen aus dem 13. Jh. An der Ostseite steht ein Viharn aus König *Narais* Zeit. Geöffnet 6–18 Uhr, Eintritt 50 Baht.

San Phra Kan liegt unweit des Prang Sam Yot, auf der anderen Seite der Eisenbahnlinie. Der Schrein ist *Kala,* dem Hindu-Gott der Zeit gewidmet und wird von einer Affenherde bewacht, die ihren Tribut in Form von Essensgaben fordert. Die Affen gelten als die Nachkommen des hinduistischen Affengotts Hanuman. Vorsicht, sie greifen gerne nach Ta-

schen oder Beuteln, weil sie Essbares darin vermuten.

San Phra Kan und Prang Sam Yot sind Schauplatz des wohl überflüssigsten Festes Thailands: Jedes Jahr im November spendiert das Hotel Lopburi Inn den Affen ein chinesisches Festbankett. Die Affen tafeln dabei – recht rabaukenhaft, wie man sich denken kann – an hochherrschaftlich gedeckten Tischen. Nach Beendigung des ausgiebigen Mahls wird noch Spielzeug an die Tiere verteilt. Das Ganze ist nichts als ein Reklamegag des Hotels.

Ban Vichayen war von König Narai als Unterkunft für ausländische Botschafter konzipiert worden, inklusive einer kleinen Kirche, die erstaunlicherweise auch mit buddhistischen Ornamenten verziert war. Hier residierte Constatin Phaulkon. Der Gebäudekomplex ist heute in ruinösem Zustand, man kann aber noch den relativen Glanz von damals erahnen.

Prang Khaek, auf einem Platz in der Mitte der Altstadt gelegen, ist ein Hindu-Heiligtum aus der Khmer-Epoche mit einem hohen mittleren Turm und zwei flankierenden kleineren Prangs. Prang Khaek („Prang der Hindus") wurde wahrscheinlich im 10. Jh. errichtet.

Wat Phra Si Ratana Mahathat liegt im Süden der Stadt. Der Tempelkomplex erstreckt sich über drei Hektar und ist unbekannten Geburts-Datums, die Bauzeit erstreckte sich wahrscheinlich über mehrere Epochen. Die Ruinen werden von einem hohen Prang überragt, der aus dem 12. Jahrhundert stammt und im 14. Jahrhundert umgebaut wurde. Ein Viharn, das zur Zeit Narais gebaut wurde, zeigt persische als auch westliche Einflüsse. Das gesamte Gebäude ist mit

092th at

Chedis und Prangs übersät und sicherlich die interessanteste historische Stätte Lopburis. Geöffnet 7.00–17.00 Uhr, Eintritt 50 Baht.

Phra Narai Rajaniwet ist der ehemalige Palast des Königs *Narai* und Mi–So 9.00–12.00 und 13.00–16.00 Uhr geöffnet. Eintritt 50 Baht. Das Palastgelände drumherum ist von 7.00–17.30 Uhr zugänglich. Der Palast wurde zum Teil von französischen Architekten entworfen, was die augenscheinliche Stilmixtur erklärt. Auf dem Gelände befinden sich die alten Elefantenställe des Königs, ein Wassertank sowie die Gebäude der königlichen Konkubinen.

Information

■ **TAT** (Tourism Authority of Thailand) unterhält an der Thanon Rop Wat Pharthat ein bescheidenes Büro in einem wunderschönen Holzhaus (Tel. 036-422768 bis 9, tatlobri@ tat.or.th).

Unterkunft

Der neue Teil Lopburis ist kein Augenschmaus, und es ist besser, man nächtigt im alten Stadtteil, in dem sich auch die Sehenswürdigkeiten befinden.

■ Das **Noom Guest House 1****–*** (Thanon Praya Kumjud, Tel. 036-427693) ist eine gute Option für Backpacker, ein Holzhaus mit gemütlichen Zimmern ohne eig. Bad, bzw. dahinter gelegene Bungalows mit Bad. Angeschlossen sind eine Bar und ein Restaurant, und WLAN ist kostenlos. Ab 350 Baht.

■ Der nahe gelegene Ableger **Noom Guest House 2****–*** (Soi 2, Thanon Ratchadamnoen, Tel. 036-427693) hat etwas modernere Zimmer zum gleichen Preis wie oben. Ebenfalls kostenloses WLAN.

⌃ Wat Phra Si Ratana Mahathat in Lopburi

🔴 Einfache, aber wohnliche Zimmer mit Bad im **Nett Hotel****–*** (17/1–2 Rajdamnoen Rd., Tel. 036-411738), die teureren haben zusätzlich A.C.

🔴 Das **Lopburi Asia Hotel****–*** (Ecke Sorasak Rd./Phra Yam Jamkat, Tel. 036-411555) überblickt den Königspalast, hat aber leicht angeschmuddelte Zimmer mit Bad, teilweise auch mit A.C. Angeschlossen sind zwei chinesische Restaurants.

🔴 Einfach, aber gut das **Sri Indra Hotel****–*** (3–4 Na Phra Kan Rd., Tel. 036-411261), mit geräumigen Zimmern, teilweise mit A.C.

🔴 Preisgünstig ist auch das einfache **Supornpong Hotel*** (30–32 Na Phra Kan Rd., Tel. 036-412178). Zimmer mit Bad.

🔴 Daneben liegt das **Lopburi City Hotel**** (Tel. 036-411245) mit recht preisgünstigen, aber etwas klein geratenen Zimmern mit Bad und A.C.

🔴 Recht ordentliche Zimmer mit Bad bietet das **Teipei Hotel (Thai Pe)****–*** (24/6–7 Surasongkram Rd., Tel. 036-411524); die teureren haben A.C. und TV.

🔴 Das **Rama Plaza Hotel****–*** am Nordende des Ortes (Surasongkram Rd., Tel. 036-421580) ist zu Recht eines der beliebtesten Hotels am Ort, preiswert, sauber und mit gutem Service. Die teureren Zimmer haben A.C. und TV.

Essen

🔴 Nördlich des Palastes, zwischen der Rajdamnoen Road und der Surasonkhram Road, befindet sich ein **Tag**- und ein **Nachtmarkt** mit gutem und preiswertem Essen. Ansonsten die chinesischen Restaurants in der Nähe des Julathip Hotels.

🔴 Gute thailändische Küche serviert das **White House Garden Restaurant** nahe Nett Hotel und Asia Lopburi Hotel.

🔴 Das **Sahai Chan Restaurant** bietet gutes Thai Essen und auch ein paar internationale Gerichte, Kaffee und Eis. Abends spielen Preng-Phua-Chiwit-Musiker (eine Art Protestmusik-Genre) akustische Lieder aus den revolutionären 1970er Jahren.

Unterhaltung

🔴 Loburi ist nach Sonnenuntergang ziemlich ruhiggestellt, aber ein Besuch der **Ban Chan Chao Sahaipanta Bar** (direkt gegenüber vom *Sahai Chan Restaurant;* beide Etablissements haben den gleichen Besitzer) ist zu empfehlen. Hier spielen regelmäßig mit die besten Preng-Phua-Chiwit-Musiker Thailands. Dieses Musikgenre wuchs in den 1970er Jahren aus der Studentenbewegung, befasst sich mit politischen Themen und ist musikalisch an *Bob Dylan* orientiert. Es gibt deutsches Bier. Jeden Abend Show von 18.00 bis 1.00 Uhr.

Anreise

🔴 Alle 20 Minuten verlassen **Busse** den Northern Bus Terminal in Bangkok in Richtung Lopburi. Die Fahrt dauert etwa drei Stunden und kostet 96/117 Baht.

🔴 Von Ayutthaya fahren etwa alle zehn Minuten **Busse** nach Lopburi.

🔴 Es fahren zudem ein Dutzend **Züge** ab der Hualamphong Station in Bangkok. Fahrpreis in der 3. Kl. 28 Baht, in der 2. Kl. 64 Baht, dazu kommen die üblichen Zuschläge für Rapid Trains (40 Baht) und Express Trains (60 Baht). Die Busse sind aber die bessere Alternative.

So nah ist das Meer: Statt einer langen Fahrt in

den Süden gelangt

man auch schon in

einer kurzen

Busfahrt

zum Meer bei Pattaya –

weiter östlich wird es noch idyllischer und ruhiger.

3 Die Ostküste

Chiang Mai

Udon Thani

Phitsanulok

Nakhon Ratchasima

Bangkok

Ko Chang

Golf von Thailand

Ko Samui

Surat Thani

Phuket   Hat Yai

fotolia ©goodapp

 Die Kathedrale von Chantaburi

DIE OSTKÜSTE

Keine Lust auf eine lange Reise von Bangkok zu den berühmten Stränden des Südens? Als Alternative bieten sich die **Strände an der Ostküste** bzw. die auf den ihr vorgelagerten Inseln an. Nebenbei lässt sich **Pattaya** erforschen,, einst ein verschlafenes Fischerdorf, heute Thailands berüchtigster „Sündenpfuhl" und ein Ort, um menschliches Treiben in all seinen befremdlichen Facetten zu beobachten.

NICHT VERPASSEN!

➡ **Pattaya:** *Der* „Sündenpfuhl" Thailands; wer nicht an den Exzessen teilnehmen möchte, kann am Jomtien Beach baden oder sich bequem zurücklehnen, um sich Beobachtungen befremdlichen menschlichen Verhaltens hinzugeben | **177**

➡ **Ko Chang:** die zweitgrößte Insel Thailands, mit zahlreichen malerischen Stränden und urwüchsigem Binnenland, dazu ein Ausgangsort zu kleineren Traum-Eilanden in der näheren Umgebung | **195**

Diese Tipps erkennt man an der gelben Hinterlegung.

> Buddhistische Mönche gehören in Thailand zum Alltagsbild

3

Überblick

Die Ostküste weist alle Gegensätze auf, die sich Reisende nur wünschen mögen: Da gibt es verschlafene Küstenorte, in denen sich kaum westliche Touristen blicken lassen, aber auch das berüchtigte **Pattaya** mit seinen unzähligen käuflichen Frauen, Kriminellen aus aller Herren Länder, Transsexuellen und Transvestiten und einem ganz unverkennbaren Hauch von Dekadenz – ein Paradies für Playboys und solche, die sich dafür hal-

ten, und die es zu Hause aufgrund höherer Preise nicht sein können.

Auf **Ko Samet** mit seinen malerischen Stränden geht es dagegen relativ ruhig zu, und viele Traveller suchen dort die Idylle, die es auf Ko Samui vor ein oder zwei Jahrzehnten noch gab.

Weiter östlich liegt **Ko Chang,** die zweitgrößte Insel Thailands, die Phuket oder Ko Samui in der touristischen Entwicklung ebenfalls ein oder zwei Jahrzehnte hinterher hinkt. Sie ist somit bisher eine gute Alternative zu den überlaufeneren Inseln.

Si Ratcha

ศรีราชา

Allem Tourismus zum Trotz ist die Haupteinnahme der Küstenbewohner immer noch der Fischfang. Im Landesinneren werden zudem Durians, Rambutans, Longans und Zuckerrohr angebaut. Auf dem Weg zur kambodschanischen Grenze passiert man zahlreiche Plantagen, und in der Umgebung von **Chantaburi** werden zudem Edelsteine geschürft, darunter wertvolle blaue Saphire. Ein Abstecher in dieses Gebiet lohnt also durchaus.

104 km südöstlich von Bangkok gelegen, ist Si Ratcha ein ruhiger kleiner Küstenort, bei vielen Thais als Wochenendausflugsziel beliebt. Die Thais nutzen ihren Aufenthalt in dem Ort zum Einkauf von Meeresprodukten oder Ananas, die hier beide von hoher Qualität sind. In den

letzten Jahren wurde Si Ratcha mehrere Male zur saubersten Stadt Thailands erklärt, eine Auszeichnung, die der Bürgermeister noch des Öfteren zu erheischen gedenkt. Alles ist nett und ordentlich, und der kleine Park entlang der Küste ist extrem gut gepflegt. Der Strand von Si Ratcha ist allerdings nichts besonderes, er lädt bestenfalls zum Picknick ein, nicht aber zum Baden. Der Ort ist dennoch einen kurzen Aufenthalt wert, vor allem für Leute, die auf nur wenige andere westliche Touristen zu treffen hoffen.

Unterkunft

■ Das **Sam Chai******–***** (der Name ist nur in Thai angeschrieben), 3 Jermjonpol Road, Tel. 038-311800, hat ordentliche Räume mit Bad. Das Hotel ist auf einer Art Plankenkonstruktion ins Meer gebaut. Achtung, manchmal wird der Straßenname auch „Choemchonphon" buchstabiert, und das sieht verwirrend anders aus.
■ Gleich daneben liegt das **Sri Wattana******–******, 35 Jermjonpol Road, Tel. 038-311037. Einige Zimmer (Bad) haben Meeresblick.
■ Ein paar Schritte weiter nördlich, ebenfalls in der Jermjonpol/Choemchonphon Road liegt das **Sri Wichai*****–****, Tel. 038-311212. Zimmer mit Bad.
■ Am südlichsten Pier, der von der Jermjonpol Road ins Meer hinausragt, stehen die **Grand Bungalows******–*****, Tel. 038-312537, 038-311079. Die Preise sind angesichts des Zustands der Bungalows recht hoch.
■ Im Norden der Stadt befinden sich die modernen, allen Ansprüchen gerecht werdenden **Laemthong Residence Hotel*******–****** (Tel./Fax 038-322888) und **City Siracha Hotel**ᴸᴸᴸ (Tel. 038-

322700-28, Fax 038-322739-40, www.citysriracha.com). Dies sind sicher die besten Unterkünfte für Leute, die Komfort suchen. Das City Hotel hat Swimmingpool und Fitness-Center; Zimmer (mit Wi–Fi) ab 2800 Baht.

Essen

In der Jermjonpol Road befinden sich zahlreiche Restaurants mit **Seafood,** die aber nicht unbedingt billig sind. Die Speisekarten geben keine Preise an, und so sollte man in jedem Fall abklären, was die einzelnen Gerichte kosten. Am Glockenturm in der gleichen Straße liegt ein **Markt** mit vielen Essensständen, die bis abends 22.00 Uhr geöffnet haben.

098th at

Si Ratcha

■ Übernachtung
1 Hotel Sri Wichai
2 Sri Wattana Hotel
3 Sam Chai Hotel
4 Grand Bungalows

■ Sonstiges
6 Kinos

■ Essen und Trinken
5 Sea-Side Restaurant
7 Seafood Restaurants

Bangkok

Busse nach
Süden und Osten
Klinik
AC-Busse nach BKK
Sukhumvit

Wat
Srimaharatcha
Chinesischer
Tempel

Chinesischer
Tempel

Glockenturm
Park
Busse
nach BKK

Jermjonpol Road

Markt
Glockenturm
Zahnklinik

Pattaya

Krankenhaus

Wat Loy
Si Ratcha

Bucht von Bangkok

Anreise

■ **Busse** von Bangkoks Eastern Bus Terminal fahren etwa alle 25 Min., Fahrpreis 50 Baht, Fahrzeit 1 Std. 45 Min. **A.C.-Busse** kosten 90 Baht, Abfahrt etwa jede Stunde. Hinzu kommen die A.C.-Busse nach Pattaya, die an der Sukhumvit Road in Si Ratcha stoppen.

Weiterreise

■ Alle **Busse Richtung Süden oder Osten** fahren ab der Sukhumvit Road von ausgeschilderten Haltestellen ab. Eine davon liegt wenige Meter westlich des A.C.-Busbahnhofs nach Bangkok. Die Busse können auch entlang der Sukhumvit Road gestoppt werden. Fahrt nach Pattaya kostet 20, nach Rayong 40 Baht.

■ Die **A.C.-Busse zurück** fahren ab dem A.C.-Busbahnhof in der Sukhumvit Road, Normalbusse ab dem Busstop in der Jermjonpol Road, etwas nördlich des Sam Chai oder des Siri Wattana Hotels. Ansonsten können die aus Pattaya oder Rayong kommenden Busse an der Sukhumvit Road gestoppt werden.

Inseln vor Si Ratcha

An der Südseite des Ortes liegt ca. 500 m vor der Küste die kleine **Insel Loy Si Ratcha.** Die Insel ist durch eine aufgeschüttete Straße mit dem Festland verbunden und von der Innenstadt aus in ein paar Minuten Fußweg zu erreichen. In der Mitte der Insel erhebt sich ein Fels, auf den im Jahre 1979 ein kleiner Tempel, **Wat Ko Loy Si Ratcha,** gebaut wurde. Von oben hat man eine gute Aussicht auf das Meer. Leider schließt der Wat um 18.00 Uhr, sodass man die herrlichen Sonnenuntergänge nur von den unten um den Felsen angebrachten Sitzbänken aus beobachten kann. Auf der Insel befindet sich zudem ein kleiner chinesischer Schrein, und wie überall in Thailand gibt es hier auch ein paar Essensstände.

12 km vor der Küste liegt **Ko Si Chang** (5000 Einwohner) Um die Insel führt nur eine schmale Ringstraße, die von Fahrrädern und Samlors befahren wird. Zu besichtigen ist ein Ferienpalast von *König Rama 5.* sowie zwei Tempel. Der König hielt das Klima auf Ko Si Chang für besonders gesund und empfahl kränkelnden Mitgliedern des Königshauses den Aufenthalt auf der Insel – obwohl es dort verbrieftermaßen zu Malaria-Epidemien kam. 1889 ließ er eine königliche Residenz bauen. Diese bestand aus drei Gebäuden, die nach drei seiner Konkubinen benannt waren: *Wattana, Pongsiri* und *Apirom.* Der König besuchte seinen Palast zum letzten Male im Jahre 1893, als territoriale Dispute mit Frankreich entflammten und französische Kriegschiffe vor der Insel aufkreuzten. Bald darauf wurde die französische Flagge auf der Insel gehisst und sie wurde das Hauptquartier von Admiral *Humann.*

Einer der beiden Tempel auf Ko Si Chang, **Wat Atsadang Nimitr,** hat Bot und Pagode in europäischem Stil. Neben einem chinesischen Pavillon befindet sich die **Chakraphong-Höhle,** von der aus eine Art Schacht in die Höhe führt, und von dort hat man eine gute Aussicht über die Insel.

Von dem Bootspier in Si Ratcha (Tha Wat Ko Loy) fahren zwischen 6.00 und 20.00 Uhr etwa jede Stunde Boote für 40 Baht nach Ko Si Chang. Das letzte Boot fährt um 19.00 Uhr wieder zurück.

Unterkunft

■ **Sichang Palace Hotel*******–ᴸᴸᴸ (Tel. 038-216276-9, www.sichangpalace.com), bestes Hotel am Ort, im nördlichen Bereich der Insel; mit Swimmingpool. Moderne Zimmer mit Bad, TV und Kühlschrank ab ca. 1500 Baht.

■ **Tiew Pai Park Resort*****–ᴸᴸᴸ (Tel. 038-216084, www.tiewpai.net), etwas südlich des Sichang Palace, im Nordostbereich der Insel; einfache Bungalows ab 600 Baht, nichts Besonderes, aber eine der preiswertesten Wohnmöglichkeiten.

■ **Sri Pitsanu Bungalows******–***** (Tel. 038-216336), am Hat Tham an der Westseite der Insel, große, ansonsten mäßig ausgestattete Bungalows ab 1000 Baht.

Pattaya
พัทยา

Hier ist sie also, Pattaya, 165 km südöstlich von Bangkok gelegen, und zweifellos **Thailands verrufenste Stadt.** Die Einwohnerzahl beträgt offiziell 105.000, in Wahrheit mögen es jedoch einige Hunderttausend mehr sein. Zu den vielen unregistrierten Arbeitskräften kommen Abertausende von Ausländern, die sich hier niedergelassen haben, oft Männer mit thailändischer Ehefrau. Es gibt ganze Straßenzüge, die sich in deutscher oder englischer Hand befinden.

Pattayas Werdegang ist erstaunlich und erschreckend: Bis in die 1960er Jahre war Pattaya ein winziges Fischerdorf mit einem wunderschönen Strand, das aber dann von **amerikanischen G.I.s** entdeckt wurde, die im nahen Sattahip stationiert waren. Den Soldaten folgten die Prostituierten. Als die Kunde von

3

Pattaya

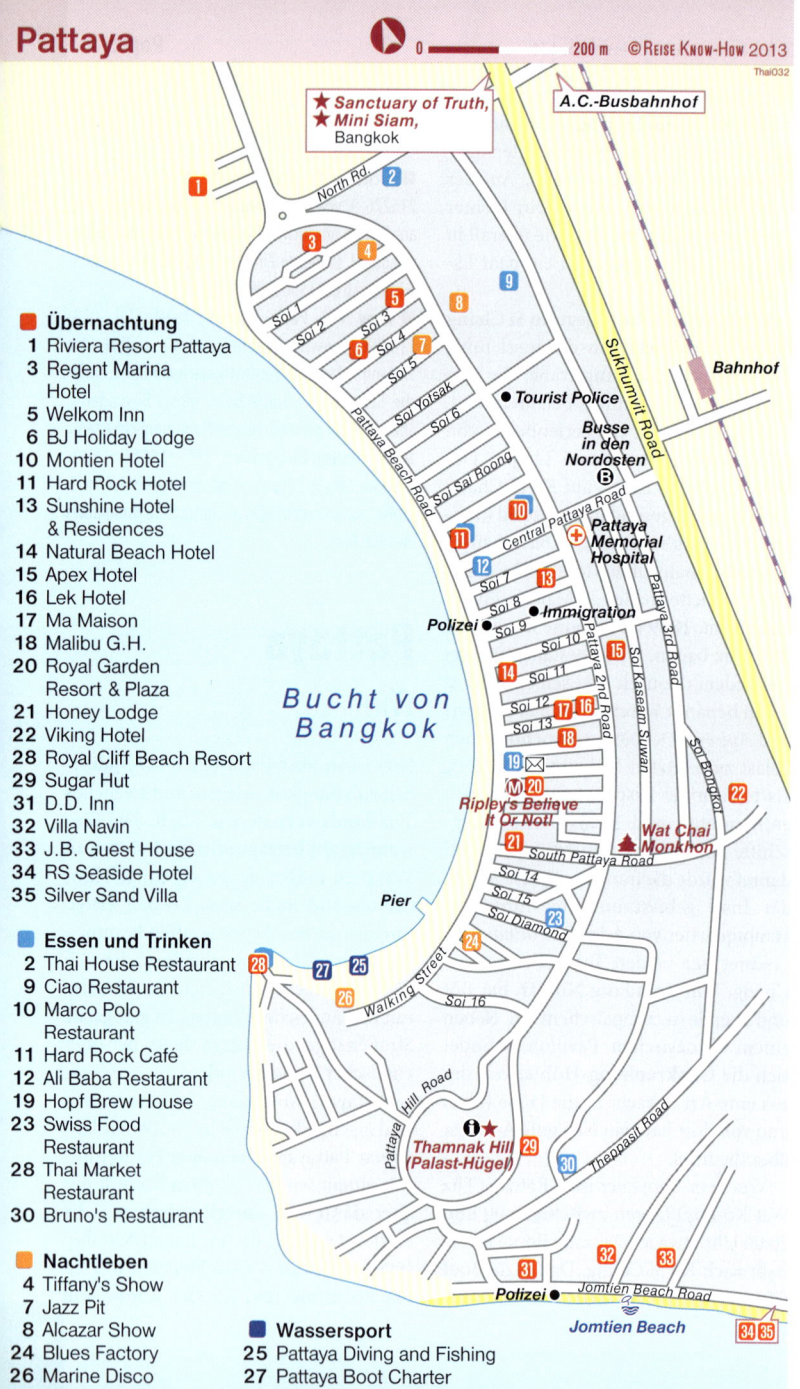

★ Sanctuary of Truth,
★ Mini Siam,
   Bangkok

A.C.-Busbahnhof

0 ——— 200 m © REISE KNOW-HOW 2013

Thai032

North Rd.

Sukhumvit Road

Bahnhof

Tourist Police

Busse
in den
Nordosten

Pattaya
Memorial
Hospital

Central Pattaya Road

Pattaya Beach Road

Soi 1
Soi 2
Soi 3
Soi 4
Soi 5
Soi Yotsak
Soi 6
Soi Sai Roong
Soi 7
Soi 8
Soi 9
Soi 10
Soi 11
Soi 12
Soi 13

Polizei

Immigration

Pattaya 2nd Road

Pattaya 3rd Road

Soi Kaseam Suwan

Soi Banghon

Bucht von
Bangkok

Ripley's Believe
It Or Not!

Wat Chai
Monkhon

South Pattaya Road

Soi 14
Soi 15
Soi Diamond

Pier

Soi 16

Walking Street

Pattaya Hill Road

Thamnak Hill
(Palast-Hügel)

Theppasit Road

Jomtien Beach Road

Polizei

Jomtien Beach

■ Übernachtung

1 Riviera Resort Pattaya
3 Regent Marina
   Hotel
5 Welkom Inn
6 BJ Holiday Lodge
10 Montien Hotel
11 Hard Rock Hotel
13 Sunshine Hotel
   & Residences
14 Natural Beach Hotel
15 Apex Hotel
16 Lek Hotel
17 Ma Maison
18 Malibu G.H.
20 Royal Garden
   Resort & Plaza
21 Honey Lodge
22 Viking Hotel
28 Royal Cliff Beach Resort
29 Sugar Hut
31 D.D. Inn
32 Villa Navin
33 J.B. Guest House
34 RS Seaside Hotel
35 Silver Sand Villa

■ Essen und Trinken

2 Thai House Restaurant
9 Ciao Restaurant
10 Marco Polo
   Restaurant
11 Hard Rock Café
12 Ali Baba Restaurant
19 Hopf Brew House
23 Swiss Food
   Restaurant
28 Thai Market
   Restaurant
30 Bruno's Restaurant

■ Nachtleben

4 Tiffany's Show
7 Jazz Pit
8 Alcazar Show
24 Blues Factory
26 Marine Disco

■ Wassersport

25 Pattaya Diving and Fishing
27 Pattaya Boot Charter

den zahllosen käuflichen Mädchen die Runde machte, strömten auch bald die Sextouristen aus Europa herbei. Pattaya wurde zum Symbol für das „**Sexparadies**" Thailand.

Mit dem Tourismus-Boom wurde die Landschaft so sehr mit Betonklötzen verbaut, dass der Ort Ende der 1980er an sich selbst zu ersticken drohte. Aufgrund des durch Hotelabwässer verunreinigten Meerwassers und der rasant steigenden Kriminalität ging die Zahl der Besucher dramatisch zurück.

Gangsterbanden aus Deutschland, Pakistan, England und jede Menge einheimische Ganoven machten Pattaya zu ihrem Aktionszentrum. Die Polizei stand (und steht zum großen Teil noch) in dem Ruf, an den finsteren Aktivitäten mitzuverdienen.

Mit dem **Rückgang der Touristenzahlen** sah sich die Stadtverwaltung zu einschneidenden Maßnahmen gezwungen. Es wurde in Angriff genommen, Pattaya von Schmutz zu säubern sowie sich ein „besseres Image" zuzulegen.

Das hat nicht sonderlich gut geklappt. Trotz aller (halbherzigen) Versuche, Pattaya als Familienferienziel zu propagieren, gibt es auch heute noch wohl **mehr Sextouristen als biedere Familienväter** mit Anhang. Erstere kommen heute wieder in immensen Zahlen – und das ist doch auch schon ein Erfolg –, denn die Stadt hat sich mittlerweile neue Märkte erschlossen. So sind es heute oft Inder, Chinesen, Araber und Russen, die man über die Sündenmeile „Walking Street" flanieren und in die Go-Go-Bars gehen sieht. Neben der „alten" Kundschaft – Sextouristen aus Deutschland, England und anderen westlichen Ländern – so gibt es heute eine nicht unerhebliche

Zahl von asiatischen Sexabenteurern in der Stadt.

Pattaya ist **kein zart besaiteter Ort:** Unter die einheimischen Haudegen, die sich recht oder schlecht in der Stadt durchschlagen, sind auch heute noch ausländische Kriminelle aus aller Herren Länder. Es vergeht kaum eine Woche, in der nicht ein in der Heimat per Haftbefehl gesuchter Ausländer in Pattaya verhaftet wird – die Stadt scheint eine magische Anziehungskraft auf krumme Vögel aus der ganzen Welt zu haben. Die Nachrichten, die aus Pattaya eintreffen, sind teils erschreckend, teil bizarr und teilweise kaum zu glauben. Es lohnt sich, Zeitungen wie die *Pattaya Mail* zu lesen (www.pattayamail.com); man kommt manchmal aus dem Staunen nicht heraus, was so alles in dem „Familienreiseziel Pattaya" passiert.

Ist Pattaya eine Reise wert? Die Frage ist nicht leicht zu beantworten. Viele hassen die Stadt aus verständlichen Gründen, andere lieben sie – wohl auch aus verständlichen Gründen, denn nirgendwo in Thailand sind die Frauen billiger, ist die nächtliche Szene schriller. Die „Walking Street" am Südende der Beach Road ist das Paradebeispiel: Das Angebot an Sex, an schnellem und billigem Sex, an Transvesititen-, Schwulen- oder auch Pädophilensex ist riesig, und nicht jedermann wird sich in einer solchen Umgebung wohl fühlen. Viagra wird fast so offen verkauft wie Obst. In der nächtlichen Szene geht es gelegentlich auch gewalttätig zu und in einem Streit ist es besser, sich kleinlaut zurückzuziehen. Leute, die das nicht tun, enden unter Umständen in einer Schlagzeile der Pattaya Mail, abgelichtet im Krankenhaus oder auf dem Obduktionstisch.

Um auf die Frage zurückzukommen: Als Erfahrung oder Abenteuer ist Pattaya sicher eine Reise wert – als „schöner" oder Entspannung versprechender Urlaubsort wohl kaum, Abseits der Sex-Szene und dem damit verbundenen schrägen Ambiente hat Pattaya nichts zu bieten, was es woanders in Thailand nicht besser gäbe.

Was den Strand betrifft, so ist der von Hochhäusern gesäumte **Jomtien Beach,** 3 km südlich von Pattaya, wohl der beste. Das Wasser ist *relativ* sauber, und die Atmosphäre einigermaßen entspannt. Auch nicht schlecht ist der **Naklua Beach** an der Nordseite der Stadt, der besonders bei Deutschen beliebt zu sein scheint.

Für **Taucher oder Schnorchler** bieten sich einige kleine, der Stadt vorgelagerte Inseln an, die beliebteste ist **Ko Larn.** Vorsicht beim Mieten von Water-Scootern! Ähnlich wie in Phuket wird nach Rückgabe des Fahrzeugs oft ein angeblicher „Schaden" bemängelt und der Mieter wird – oft auf sehr aggressive Weise – genötigt, extrem hohen Schadenersatz zu zahlen.

Sehenswertes

Für Liebhaber des Bizarren steht ein Museum zur Verfügung, **Ripley's Believe It Or Not!** Das Museum (im Royal Garden Plaza, Eintritt 480 Baht, Kinder 380 Baht) ist nach einem gewissen *Robert Ripley* benannt, der die Welt nach Kuriosa und sonstigen Merkwürdigkeiten absuchte. Die meisten Ausstellungsstücke sind Nachbildungen (ein Fakir auf Nagelbett, eine Giraffenhalsfrau aus Nordthailand, die Büste eines Mannes

mit einer doppelten Iris in den Augen etc.), ein echter Schrumpfkopf ist auch dabei. Des Weiteren sind 250 Fotos von diversen Absonderlichkeiten zu sehen, dazu u. a. ein Wachsmuseum. Die einzelnen Attraktionen müssen separat bezahlt werden. Adresse: 2. Stock, Royal Garden Plaza, 218 Mu 10, Beach Rd., Tel. 038-710294-8, www.ripleysthailand.com.

Sanctuary of Truth ist nicht minder lehrreich, dazu aber auch ein ästhetisches Meisterwerk: Ein 105 m hoher, aus Holz gebauter Tempel, der an die Tempelarchitektur der alten Khmer erinnern soll. Das prachtvolle Gebäude steht am Nordende der Stadt, am Meerende von Naklua Soi 12. Geöffnet 9.00–18.00 Uhr, Eintritt 600 Baht, Kinder 350 Baht, dazu Thai-Tanz oder andere Shows und Aktivitäten gegen Aufpreis. Tel. 038-367229-30, www. sanctuaryoftruth.com.

Mini Siam ist eine Miniaturstadt, in der wichtige Sehenswürdigkeiten Thailands im Kleinformat dargestellt sind. Es befindet sich bei Km 143 an der Sukhumvit Road, etwa 10 Minuten Fahrtzeit von Pattaya entfernt (Tel. 038-727333, www.minisiam.com). Geöffnet 7.00–22.00 Uhr, Eintritt 300 Baht, Kinder 150 Baht.

Vom **Thamnak Hill** („Palast-Hügel") am Südende der Bucht ergibt sich ein guter Ausblick auf Stadt und Umgebung.

Unterkunft

Pattaya wird heutzutage oft mit Patong auf Phuket verglichen, das sich zunehmend in Richtung des Sex-strotzenden Pattaya bewegt. Allerdings sind die Unterkünfte in Pattaya weitaus preiswerter.

■ **Riviera Resort Pattaya******–ᴸᴸᴸ (Soi Wat Pha Samphan, Naklua Rd., Tel. 038-225230-2, www.rivierapattaya.com); gute A.C.-Zimmer ab ca. 800 Baht, dazu ruhige Lage in Naklua, im Nordteil der Stadt. Swimmingpool vorhanden.

■ **Welkom Inn****** in Naklua (Soi 3, Pattaya Beach Rd., Tel. 038-422589, Fax 038-361147, www.welkominnthailand.com) hat ebenfalls gute A.C.-Zimmer mit TV, Safe und Wi-Fi-Internet, dazu Swimmingpool. Ab 700 Baht, eine sehr gute Wahl.

■ **BJ Holiday Lodge******–***** (Soi 3, Pattaya Beach Rd., Tel. 038-488572, Fax 038488574, www.bjpattaya.com); nahe dem Strand in Naklua. Saubere und moderne Zimmer ab 800 Baht, mit TV, A.C. und Wi-Fi-Internet. Preiswerte Monatsmieten sind möglich.

■ **Honey Lodge****–*** (597/8 Moo 10, Pattaya 2 Rd., Tel. 038-429716, Fax 038-710185); A.C.-Zimmer und Swimmingpool. Preiswert und gut. Ab 650 Baht.

■ **Viking Hotel*****–**** (Soi Viking, South Pattaya, Tel. 038-423164, Fax 038-425964); sehr preiswerte Zimmer ohne A.C. und etwas teurere mit A.C., dazu ruhige Lage.

■ **Malibu Guest House****** (Soi 13, Pattaya 2 Rd., Tel. 038-427277-8); gute Zimmer mit A.C. ab 300 Baht.

■ **Sunshine Hotel & Residences******–ᴸᴸᴸ (Soi 8, Pattaya Beach Rd., Tel. 038-429247, Fax 038-421302, www.sunshinepattaya.com); saubere, sehr komfortable Zimmer mit A.C. und TV, dazu Swimmingpool.

■ **Ma Maison******* (Soi 13, Beach Rd., Tel. 038-710433, Fax 038-426066, www.mamaisonhotel.com); wohnliche A.C.-Bungalows, dazu sehr gutes französisches Restaurant und Pool. Kostenloses Wi-Fi. Insgesamt sehr guter Standard, für den Preis ab ca. 1800 Baht sehr gut.

■ **Apex Hotel****** (216/2 Pattaya 2 Rd., Tel. 038-429233, Fax 038-421184); preisgünstig und gut, ab 650 Baht, Zimmer mit A.C. und TV.

■ **Lek Hotel******–***** (Soi 13, Pattaya 2 Rd., Tel. 038-425550-2, Fax 038-426629, www.lekho telpattaya.com; ordentliche A.C.-Zimmer ab 750 Baht.

■ **Natural Beach Hotel******–***** (Soi 11, Pattaya 2 Rd., Tel. 038-710121, Fax 038-429650, www.natural-beach-hotel-pattaya.com); nahe dem Strand in Zentral-Pattaya, mit sauberen und modernen Zimmern mit A.C., TV ab 1100 Baht.

⌃ Nachtleben in Pattaya

3

■ **Hard Rock Hotel**^LLL (429 Moo 9, Pattaya Beach Rd., Tel. 038-428755-9, Fax 038-4216 73, http://pattaya.hardrockhotels.net); nach Bali das zweite Hotel der Hard-Rock-Kette in Asien; die Zimmer haben allesamt Rock-Thematik, und wer kräftig bezahlt darf beispielsweise unter einem Portrait von Elvis schlafen. Preise in der Hauptsaison ab 4000 Baht, wobei die zum Strand hinaus liegenden Zimmer teurer sind als die rückwärtigen. Swimmingpool. Abends Live-Musik im Hard Rock Café.

■ **Royal Garden Resort & Plaza**^LLL (218/2–4 Moo 8, Pattaya Beach Rd., Tel. 038-412120, Fax 038-429926); schöne Anlage mit Lotusteichen und Pavillons; hier findet sich auch „Ripley's Believe It Or Not!" (s. o.). Zimmer ab 5000 Baht.

■ **Royal Cliff Beach Resort**^LLL (Cliff Rd. oder Thanon Cliff, Tel. 038-250421 bis 30, Fax 038-250522, www.royalcliff.com); superteures Luxushotel mit allen Schikanen, eine Institution in Pattaya. Die offiziellen Preise beginnen bei über 5000 Baht.

Am Jomtien Beach

■ **D.D. Inn******–***** (Tel. 038-231901-2); für seinen Preis (ab 750 Baht) sehr gute Zimmer mit A.C. und TV. Schwulen-freundlich.

■ **JB G.H.*****–**** (Tel. 038-231581-2); sehr preiswerte und gute Zimmer ohne A.C. ab 300 Baht, etwas teurere mit A.C.

■ **RS Seaside Hotel******–***** (Tel. 038-23 1867, www.rs-seaside.com); kleine aber extrem preiswerte Zimmer ohne A.C., am Südende des Strandes gelegen.

■ **Silver Sand Villa******–***** (Tel. 038-232494-7, Fax 038-231030, www.silversand villa.com); gute Lage und sehr komfortable A.C.-Zimmer, Swimmingpool.

■ **Villa Navin*******–LLL (350 Moo 12, Tel. 038-231315-7, Fax 02-2517637, www.villanavin.net); gute A.C.-Zimmer und geräumige Luxusbungalows.

■ **Sugar Hut**^LLL (391/18 South Pattaya Rd., Tel. 038-251686, Fax 038-251689, www.sugar-hut.

com); landschaftlich großartige Anlage, mit Bungalows im Thai-Stil und viel Grün. Swimmingpool, Fitness-Center. Vielleicht die beste Adresse am Ort, falls man es sich leisten möchte: Die Preise beginnen bei 4200 Baht.

Essen

Hier gibt's alles, aber außer an Straßenständen zumeist relativ teuer. Restaurants liegen an jeder Ecke, und es ist schwer, nicht von Hamburger- oder Bratwurstschildern erschlagen zu werden. Ansonsten wird in allen Zungen der Welt gekocht: Chinesisch, Koreanisch, Japanisch, Arabisch, Indisch, Pakistani, Skandinavisch, Deutsch, Englisch, Französisch und – fast hätte man es vergessen – Thai.

■ Das vielleicht beste Thai-Restaurant ist das **Thai Market** im Royal Cliff Beach Resort (18.30–22.30 Uhr). Zu dem ausgezeichneten Essen (viel gutes Seafood) wird traditionelle Thai-Musik präsentiert (live).

■ Ebenfalls sehr gutes Seafood und Thai-Speisen gibt's im **Thai House** (171/1 Pattaya (North) Road, 16.00–24.00 Uhr). Dazu wiederum traditionelle Thai-Musik.

■ Gutes schweizerisches Essen im **Swiss Food** (175/29 Soi Diamond, 18.00–23.00 Uhr).

■ Das **Ciao** (139 Moo 10, Soi Sengsamran) bietet ausgezeichnetes italienisches Essen, dazu Thai-Speisen (18.30–23.00 Uhr).

■ Das elegante **Bruno's Restaurant** (306/63 Chateau Dale Plaza, Thappraya Rd., Tel. 038-364600-1, www.brunos-pattaya.com) ist eines der besten Restaurants für französische Küche, dazu gibt's auch Thai-Gerichte.

■ **Ali Baba** (1/13–14 Central Pattaya Rd.) ist eines der besten indischen Restaurants in Pattaya, das eine ca. 300 Mitglieder umfassende Sikh-Gemeinde

hat (die meisten Sikhs betreiben Schneidereien oder Textilgeschäfte). Gute indische Curries und Tanduri-Gerichte (*tanduri* = im Tonofen gebacken).
■ Gehobene chinesische Küche (kantonesisch) bietet das **Marco Polo** im Montien Hotel (Pattaya 2nd Rd.); geöffnet 11.00–14.00 und 18.00–22.00 Uhr.
■ **The Hopf Brew House** (129 Beach Rd., zwischen Soi 13/1 und 13/2) ist eine große, aber dezent eingerichtete Bierhalle, in der selbstgebrautes Bier ausgeschenkt wird und dazu gibt es sehr gutes Essen, u. a. Pizzas. Tägl. 11.00–24.00 Uhr.

Unterhaltung

Abends erwacht Pattaya erst so richtig zum Leben, das Nachtleben des Ortes ist legendär, zu allermeist aber auch mit dem Gunstgewerbe verknüpft. In den meisten Discos und Bars finden sich „freelancers" auf Freiersuche ein.

■ Ein alter Favorit ist die große **Marine Disco** in der Walking Street, dies ist aber auch einer der größten „Kontakthöfe".
■ Gleich gegenüber liegt **The Blues Factory** (www.thebluesfactorypattaya.com), ein ausgezeichneter Ort, um Live-Rock zu hören. Dienstags bis sonntags spielt *Lam Morrison,* Thailands legendärer Rockveteran, der schon in den Vietnam-Zeiten amerikanische G.I.s unterhalten hat. Weiterhin spielt eine Haus-Band, tägl. ab 20.30 Uhr.
■ Im **Jazz Pit** (Soi 5, North Pattaya), einer gemütlichen kleinen Bar, spielt ein Jazz-Trio und gelegentlich treten international bekannte Musiker auf.
■ Exzellente Live-Rock-Music gibt's abends im **Hard Rock Café** im Hard Rock Hotel an der Beach Road. Wie im Hard Rock in Bangkok, so sind auch hier viele „freelancers" bei der Arbeit.
■ Transvestitenshows: **Alcazar,** Pattaya 2 Rd., und **Tiffany's,** Pattaya 2 Rd. Tiffany-Show um 18.00, 19.30 und 21.00 Uhr, an Feiertagen auch 16.30 Uhr (www.tiffany-show.co.th); Eintritt 500–650 Baht.

Freizeitaktivitäten

■ **Wasserski** kostet 600–800 Baht/Std.
■ **Parasailing,** d. h. man wird an einem Fallschirm hängend von einem Boot gezogen, 300 Baht pro Tour.
■ **Segelboote** werden für 500 Baht die Stunde vermietet.
■ **Windsurfen** kann man für 150–200 Baht pro Stunde.
■ **Taucher** zahlen mindestens 1000 Baht für einen Tauch-Exkurs.

Wichtige Adressen

■ **Tourist Office (TAT)** 282/1 Beach Road, South Pattaya, Tel. 038-428750 oder 1672.
■ Die **Tourist Police** ist dem TAT-Büro angeschlossen. Tel. 1155 oder 038-429371.
■ **Pattaya Police Station,** Beach Rd., Soi 9, Tel. 038-420802-4 oder Notruf 191.
■ **Post,** Beach Rd., Soi 13/2, 8.00–18.00 Uhr, Tel. 038-429340-1.
■ **Immigration,** Jomtien Beach Rd., Soi 5, Tel. 038-252751.

Stadtverkehr

■ **Songthaews** innerhalb von Pattaya kosten 10 Baht pro Person, bis Jomtien (handeln!) ca. 20 Baht, aber den Touristen wird oft ein Vielfaches abgeknöpft.
■ Als Alternative bieten sich **Leihfahrzeuge** an. **Mopeds/Motorräder** kosten je nach Größe 150–500 Baht/Tag. Anbieter finden sich vor allem entlang der Pattaya Beach Road und der Pattaya 2 Road. **Jeeps** kosten etwa 800–1200 Baht pro Tag. **Autos** kosten ab ca. 1000 Baht; je nach Größe und Modell gibt es unterschiedliche Preise. Avis findet man im Dusit Resort (Tel. 038-361627) und im Hard Rock Hotel (Tel. 038-428755).

3

Anreise

■ Vom Eastern Bus Terminal in Bangkok fahren ca. alle 30 Minuten **A.C.-Busse** 2. Kl. zu 118 Baht nach Pattaya (149 km); A.C.-Busse 1. Kl. kosten 150 Baht. Einige weitere A.C.-Busse fahren ab dem Northern Bus Terminal in Bangkok. Fahrzeit normalerweise jeweils 2–2½ Std.; bei Fahrten früh morgens oder nachmittags (Berufsverkehr) können es auch 4 Stunden werden! Die schlimmsten Staus ergeben sich montags, freitags und am ersten Tag nach Feiertagen.

■ Ab dem **Transport Center am Suvarnabhumi Airport** fährt Bus Nr. 389 dreimal am Tag nach Pattaya (9.00, 13.00, 17.00 Uhr), Fahrzeit ca. 2 Std., Preis 106 Baht.

■ Zahlreiche Reisebüros und Hotels in Bangkok offerieren Fahrten in **Luxusbussen,** Abfahrt mehrmals täglich. Die Preise liegen bei etwa 120–150 Baht.

■ Ab der Hualamphong Station in Bangkok fährt ein **Zug** (nur 3. Kl.) um 6.55 Uhr nach Pattaya, Ankunft um 10.35 Uhr, Kostenpunkt 31 Baht. Die Fahrt dauert allerdings 3. Std. 50 Min., und dies kommt vielleicht nur für Leute in Frage, die direkt in Bahnhofsnähe wohnen.

■ **Bangkok Airways** fliegt einmal täglich von Ko Samui und Phuket nach U-Tapao bei Pattaya. Die Flugpreise können je nach Nachfrage bei ca. 2000 bis über 10.000 Baht liegen.

■ **Taxis ab dem Suvarnabhumi Airport,** der relativ nahe an Pattaya liegt (ca. 130 km), fahren für ca. 1000–1200 Baht nach Pattaya. Da Pattaya in einer anderen Provinz als Bangkok liegt (Provinz Chonburi), brauchen die Taxifahrer per Gesetz das Taxameter nicht einzuschalten. Der Preis muss wie immer ausgehandelt werden. Taxis ab der Innenstadt von Bangkok kosten ca. 1200–1500 Baht. Von Pattaya zurück nach Bangkok geht's oft schon für 500 Baht, falls man einen Taxifahrer aus Bangkok antrifft, der gerade einen Passagier abgeladen hat und auf dem Rückweg für einen weiteren Fahrgast dankbar ist.

Ko Samet

เกาะเสม็ด

Ko Samet ist ein Teil der Inselgruppe Khao Laem Ya Samet, die **Naturschutzgebiet** ist. Aus diesem Grunde wird den Besuchern eine Eintrittsgebühr von 200 Baht abverlangt. Kinder unter 14 Jahren zahlen 100 Baht.

Die Strände der nur 13 km^2 großen Insel sind die besten in der weiteren Umgebung Bangkoks (ca. 200 km), und so ist es kein Wunder, dass besonders zu Feiertagen und Wochenenden viele Thais aus der Hauptstadt anreisen. An diesen Tagen bleibt man der Insel besser fern oder man zahlt überteuerte Unterkunftspreise (ca. 50–80 % über Normalpreis) und muss einigen Lärm ertragen.

Trotz ihres Status als Naturschutzgebiet hat Ko Samet in den letzten Jahrzehnten **zahllose Bauaktivitäten** über sich ergehen lassen müssen, und wie vielerorts scheint man die Idylle – oder was davon übrig ist – mit aller Gewalt zerstören zu wollen. Die Strände sind fast lückenlos mit Bungalow-Anlagen bebaut und oft türmt sich unentsorgter Müll unter den Kokospalmen. Außerdem bekommt Ko Samet wenig Regen ab; das ist gut für Touristen, die in der Regenzeit einen relativ trockenen Zufluchtsort suchen, hat aber auch chronischen Wassermangel zur Folge. 2012 wurde verkündet, dass einige Bungalow-Anlagen, die Strände in Beschlag genommen hatten, abgerissen werden müssten.

Andererseits hat Ko Samet einige wirklich schöne, teilweise großartige **Strände.** Sie ist wohl das beste Strandreiseziel in der näheren Umgebung von

Bangkok. Der beste Strand ist der 1 km lange **Diamond Beach** oder Hat Sai Kaeo („Kristallsand-Strand") im Nordosten der Insel, der aber auch die meisten Besucher verzeichnet. Hier geht es sehr touristisch zu. Die meisten Strände schließen sich südlich an den Diamond Beach an, wobei es – mit Ausnahme des Ao Wong Duean – zunehmend untouristischer wird. Der Strand in der **Ao Phrao**

3

oder „Kokosnussbucht" im Nordwesten der Insel ist der einzige Strand an der Westseite.

Einige Trampelpfade durchziehen die Insel, die in ihrem felsigen Inneren noch dichten **Dschungel und eine vielfältige Fauna** aufweist. Darunter sind zahlreiche Vogel- und Schmetterlingsarten, Makakken, Geckos und Echsen.

In der Vergangenheit gab es viele Fälle von **Malaria** auf der Insel. Es empfiehlt sich eine Malaria-Prophylaxe und man sollte sich so gut es geht vor Moskitostichen zu schützen.

Unterkunft

Die Zeiten Ko Samets als superbilliges Backpackerziel sind so gut wie vorbei. Unter 300 Baht gibt es kaum etwas. Viele Unterkünfte liegen über 3000 Baht.

Diamond Beach (Hat Sai Kaeo)

Der Strand, im Nordosten der Insel gelegen und mit schönem weißen Sand gesegnet, ist der meist besuchte und wird auch von zahlreichen Einheimischen aufgesucht, besonders an Wochenenden oder zu Feiertagen, mit all den oben erwähnten Problemen. Die Unterkünfte in den diversen Preiskategorien unterscheiden sich nicht sonderlich.

■ **Lima Bella**LLL (Tel. 02-9381811, www.lima bella.com); supermoderne und helle, wohnliche Bungalows und Suiten, etwas vom Strand zurückversetzt, mit A.C., TV, DVD-Player, Wi-Fi. Ab ca. 4000 Baht. Swimmingpool und Bar vorhanden.

■ **Sai Kaew Beach Resort**LLL (Tel. 038-644 195-7, www.samedresorts.com); großes Resort an wunderbarem Strandabschnitt, mit komfortablen Bungalows und Häusern (TV, A.C., Kühlschrank). Swimmingpool und Bar. Ab ca. 6000 Baht.

■ **Laem Yai Hut House***** (Tel. 038-644282, Fax 038-644077); recht ordentliche Holz- und Zementbungalows mit eigenem Bad, A.C. in der höheren Preislage. Ab 1200 Baht, in der Regenzeit ab 800 Baht.

⌂ Fährboot in Anfahrt auf Ko Samet

■ **Sai Kaew Villa******–ᴸᴸᴸ (Tel. 038-644144, Fax 038-644009, www.saikaew.com); gute Lage und ordentliche Bungalows, darunter große Familien-Bungalows; die teureren haben A.C. und TV. In der Nebensaison gibt es oft 50 % Rabatt und dann lohnt es hier sicher. Ab 1000 Baht.

Ao Hin Kok

Südwestlich an den Diamond Beach anschließend gelegen und nicht weniger schön, dafür weit ruhiger und preiswerter. Einer der beliebtesten Backpacker-Strände.

■ **Naga Bungalows****–**** (Tel. 038-6440 35); einfache, etwas erhöht gelegene Bungalows; in der niedrigen Preislage (300 Baht) kein eigenes Bad, für den Preis aber sehr gut. WLAN vorhanden.
■ **Tok's Little Hut****–***** (Tel. 038-644072-3, aber keine Reservierungen per Tel., nur Walk-In); einfache, kleine und nicht mehr ganz taufrische Bungalows, aber eine gute Low-Budget-Option, eine der Wenigen verbliebenen. Ab 300 Baht ohne eig. Bad, 800 Baht mit Bad und A.C.
■ **Jep's Bungalow*****–**** (Tel. 038-644112-3); gute Bungalows ab 600 Baht mit Bad, ab 1200 Baht mit A.C., dazu ein Open-Air-Restaurant. Einige Bungalows sind nicht sehr sauber, insgesamt mäßiger Gegenwert aber relativ preiswert.

Ao Phai Beach

Diese „Bambus-Bucht", weiter südwestlich von Ao Hin Khok, bietet ebenfalls einen sehr schönen und dazu breiten Strand und zieht ebenfalls viele Low-Budget-Reisende an.

■ **Ao Phai Huts******–***** (Tel. 038-644 075-6); gut geführte Anlage mit Bungalows in verschiedenen Preisstufen, die teureren mit A.C. Bei Preisen ab 300 Baht (ohne A.C.) eine sehr gute Wahl. Das Haus bietet auch Touren an.

■ **Samed Villa*******–ᴸᴸᴸ (Tel. 038-644094, Fax 038-644093, www.samedvilla.com); professionell geführte Anlage mit unterschiedlich komfortablen Bungalows mit Bad und A.C., und kostenlosem WLAN, darunter einige große „Familien-Bungalows". Empfehlenswert.

Tabtim Beach (Ao Phudsa)

Eine kleine Bucht, relativ ruhig südlich an Ao Phai anschließend.

■ **Ao Phudsa Bungalows*****–***** (Tel. 038-644030); Bungalows mit eigenem Bad, einige dunkel und finster, andere ok für Preise ab 600 Baht.
■ **Tubtim Resort******–***** (Tel./Fax 038-644025-9, www.tubtimresort.com); gemütliche Holz- und Beton-Bungalows mit Bad, ab 600 Baht, nur die ganz teuren mit A.C., eine gute Wahl.

Ao Nuan

Eine weitere Bucht, südlich vom Tabtim Beach, klein und abgeschieden.
■ **Ao Nuan Bungalows******; idyllische Lage, einfache Bungalows ohne eigenes Bad, aber mit Veranda, es gibt auch teurere mit A.C. Ab 800 Baht.

Ao Wong Duean

Eine sehr ahnsehnliche, aber auch sehr kommerziell ausgerichtete Bucht, mit Water-Scootern und sonstigem touristischen Trubel. Dazu sind die Unterkünfte relativ teuer.
■ **Vongdeuan Resort*******–ᴸᴸᴸ (Tel. 038-6441 71-3, Fax 038-651777, www.vongdeuan.com); sehr komfortable, modern ausgestattete Bungalows mit Bad, TV und A.C. ab 2000 Baht.
■ **Malibu Garden Resort*******–ᴸᴸᴸ (Tel. 038-651057, www.malibu-samet.com); gute Bunga-

3

lows, mit A.C., TV und Kühlschrank; Bungalows z. T. groß genug für eine ganze Familie. Ab 2000 Baht.

Ao Thian (Candlelight Beach)

Malerische und ruhige Bucht, südlich an Ao Wong Duean anschließend, mit ansehnlichem, von schroffen Felsvorsprüngen durchsetztem Strand.

■ **Candlelight Beach Resort***–**** (Tel. 087-1496139); gemütliche ältere Holz-Bungalows mit Bad, ab 800 Baht.

Ao Lung Dam

■ **Lung Dam Bungalows**–*** (Tel. 081-4858430); ruhig gelegene, primitive Hütten ohne eigenes Bad und Balkon, dazu einige bessere mit Bad und ein schlichtes, aber sehr preiswertes und originelles Baumhaus.

Ao Wai

Weiter südlich von Ao Thian gelegen, sehr ruhig und empfehlenswert. Leider gibt es nur eine einzige Unterkunft.

■ **Samet Ville Resort*****–ᴸᴸᴸ** (Tel. 038-495394 oder in Ban Phe 038-651681-2, Fax 038-651681, www.sametvilleresort.com); wunderbar abgeschieden und gute Bungalows mit Bad und teilweise A.C. Der Weg über die Küste hierhin ist beschwerlich, das Unternehmen verfügt aber über einen eigenen Bootsservice ab Ban Phe. Telefonische Vorbuchung ist ratsam. Ab ca. 1200 Baht.

Ao Kiu (Kiew) Na Nok

Etwa 1 km südlich von Ao Wai gelegen und von dort über einen etwas beschwerlichen Fußweg über den

felsigen Strand zu erreichen. Der Weg lohnt, denn der Strand ist großartig.

■ **Paradee Resort & Spa**ᴸᴸᴸ (Tel. 038-644283, Fax 038-644290, www.paradeeresort.com), supertolle Luxusanlage, grandios eingerichtete, dennoch urige Bungalows, jeweils mit eigenem Swimmingpool. Eine der besten Strandunterkünfte in Thailand, aber bei Preisen ab 17.000 Baht nur für wenige erschwinglich. An der Stelle befand sich zuvor eine Backpacker-Unterkunft.

Ao Phrao (Paradise Beach)

Die „Kokosnussbucht" an der Nordwestseite bietet einen malerischen und ruhigen Strand. Ab Ban Phe fahren Fähren direkt hierhin. **Achtung!** Im Juli 2013 wurde der Ao Phrao Beach durch aus einer Unterwasser-Pipeline leckendes Öl mit einem **Ölteppich** überzogen. Man informiere sich vor Ort, wie es um den Strand derzeit bestellt ist.

■ **Ao Phrao Resort****–ᴸᴸᴸ** (Tel. 038-644100-3, Fax 038-644099, www.samedresorts.com); von einem tropischen Garten umgebene Luxusanlage; geboten werden Schnorchel- und Kanu-Trips, Surfen, Radtouren. Das Unternehmen betreibt einen eigenen kostenlosen Fahrdienst ab Ban Phe; Abfahrt um 11.00, 13.30 und 16.00 Uhr. Die Abholung mit dem Speedboat ist ebenfalls möglich, kostet allerdings ab 2000 Baht. Zimmer ab ca. 6500 Baht.

Anreise

■ Zahlreiche Reisebüros in der Khao San Road in Bangkok als auch in Pattaya offerieren **kombinierte Bus- und Bootsfahrten** nach Ko Samet. Preis ab Bangkok 250 Baht. Per Minibus wird man von der Khao San Road zum Eastern Bus Terminal gefahren, wo ein A.C.-Bus bereit steht. Ähnliche Kombinations-Tickets gibt es auch ab Pattaya (ab ca. 200 Baht). Dies ist die bequemste Anreisemethode –

3

Die Ostküste

zumal man sich auch nicht um die zahlreichen Schlepper der Bootsunternehmen am Pier in Ban Phe kümmern muss – dafür aber minimal teurer als auf eigene Faust zu reisen.

■ Alternativ könnte man vom Eastern Bus Terminal in Bangkok oder ab Pattaya zur Hafenstadt Ban Phe fahren; Kostenpunkt ab Bangkok 157 Baht; Fahrzeit ca. 4 Std. Falls man keinen **Bus nach Ban Phe** bekommt, steige man in einen Bus nach Rayong (3½ Std.), von wo man per Songthaew oder Bus weiter nach Ban Phe gelangt. Ab Chantaburi fahren ebenfalls Busse nach Ban Phe. Vom Suvarnabhumi Airport könnte man sich per Taxi nach Ban Phe befördern lassen; der Preis ist auszuhandeln, ca. 2000 Baht.

■ Die meisten **Boote nach Ko Samet,** die von verschiedenen, in Konkurrenz stehenden Unternehmen betrieben werden, fahren ab dem Saphan Nuan Thip-Pier. Abfahrt etwa jede Stunde zwischen 8.00 und 17.00 Uhr, an Wochenenden oder an Feiertagen eventuell öfter. In den Monaten außerhalb der Hochsaison (Nov.–März) werden die Abfahrten u. U. reduziert, es fahren jedoch auch dann täglich mindestens 3 oder 4 Boote. Preis 50 Baht.

Um zu den Stränden Hat Sai Kaeo, Ao Hin Khok, Ao Phai und Ao Phudsa und zu gelangen, nehme man ein Boot bis Na Dan; Preis 80 Baht retour. Die Tickets gibt es an einem Ticketschalter am Pier von Saphan Nuan Thip. Von Na Dan sind die obigen Strände in 15–20 Min. zu Fuß zu erreichen; alternativ bieten sich die über die Insel kursierenden grünen Songthaews an. Die Preise sind offiziell „fix" und gelten für das gesamte Fahrzeug, egal wie viele Passagiere; Fahrten über die halbe Insellänge kosten i. d. R. 200–250 Baht. Weitere Boote ab Saphan Nuan Thip fahren direkt nach Ao Phrao (100 Baht), Ao Wai (100 Baht) und Ao Wong Duean (70 Baht).

Dazu gibt es **Speedboot-Unternehmen,** die Passagiere von Ban Phe zu jedem beliebigen Strand befördern, siehe z. B. Shair Buay, Tel./Fax 038-652056. Je nach Strand kostet die Überfahrt ca. 1500–2500 Baht. Von Na Dan auf Ko Samet fahren die Boote zurück nach Ban Phe zwischen 7.00 und

18.00 Uhr jede Stunde, zumindest außerhalb der Regenzeit.

Wer aus irgendeinem Grund in Ban Phe hängen bleiben sollte, findet nahe dem Pier einige brauchbare **Unterkunftsmöglichkeiten:** Queen Hotel**–***, Hotel Diamond Phe***–**** und T.N. Place**–***.

Chantaburi

จันทบุรี

Chantaburi ist eine relativ wohlhabende Stadt mit 50.000 Einwohnern, Hauptstadt der Provinz Chantaburi (Bevölkerung ca. 500.000) Der Wohlstand ist zum großen Teil den einst in der Nähe geschürften Edelsteinen zu verdanken, die in der Stadt auch geschliffen wurden. Heute ist die einheimische Edelsteinschürfung so gut wie verschwunden, die Glitzersteine werden zumeist aus dem benachbarten Kambodscha importiert. Die Umgebung ist äußerst fruchtbar, und Durians, Rambutans, Longans und Custard Apples wachsen hier in Hülle und Fülle, ein weiterer Grundstein des Wohlstands.

Viele der Einwohner Chantaburis – diese nennen ihre Stadt kurz *Chan* (sprich: *Tschan*) – sind die Nachkommen vietnamesischer Christen, die ihre Heimat aufgrund religiöser Verfolgung verlassen haben.

In der Tha Sing Road entlang des Flusses sind noch viele alte Holzhäuser der vietnamesischen Einwanderer zu bewundern. Hier ist der **alte Stadtkern,** der stark im Kontrast zum neuen und relativ gesichtslosen Geschäftszentrum steht.

3

Auf der anderen Flussseite, über eine Brücke erreichbar, befindet sich eine nach französischem Vorbild erbaute **Kathedrale** aus dem Jahre 1880.

31 km südlich von Chantaburi liegt **Laem Singh**, genannt „Löwenkap", weil es wie ein zum Meer blickender liegender Löwe geformt ist. Hier befinden sich die Überreste von zwei unter Rama 3. erbauten Forts, **Pak Naam** und **Ka Chai.**

1 km vom Pier der Fischerboote in Laem Singh liegt **Khuk Khi Gai,** das

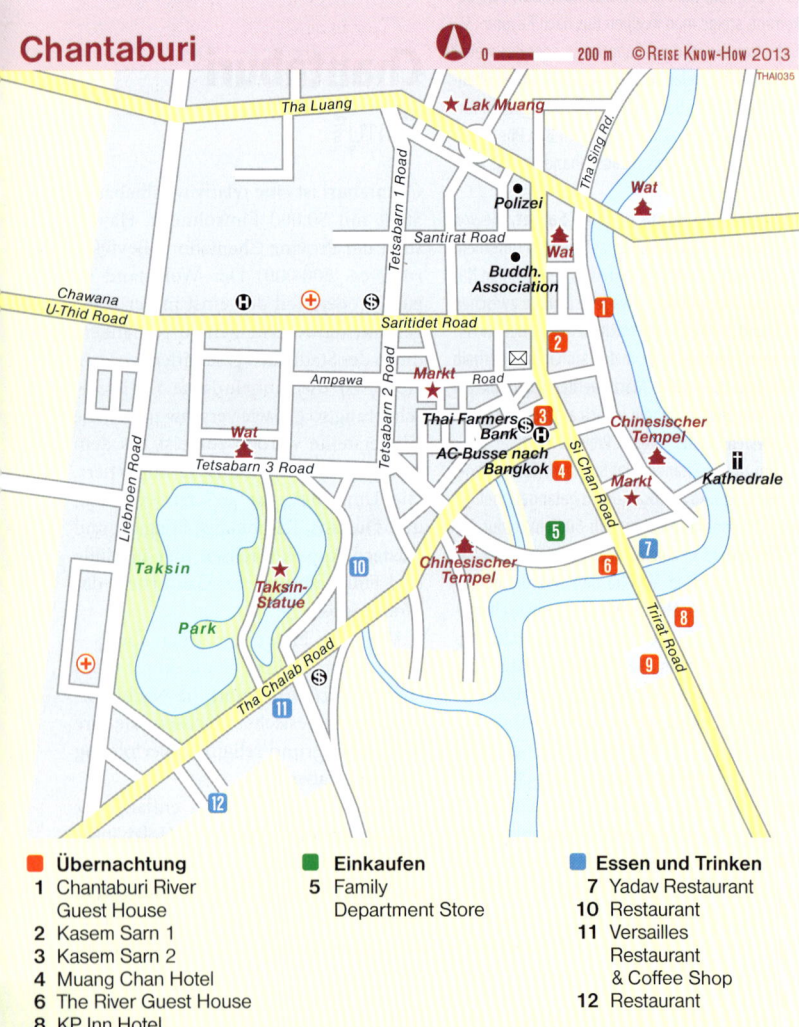

	Übernachtung		Einkaufen		Essen und Trinken
1	Chantaburi River Guest House	5	Family Department Store	7	Yadav Restaurant
2	Kasem Sarn 1			10	Restaurant
3	Kasem Sarn 2			11	Versailles Restaurant & Coffee Shop
4	Muang Chan Hotel			12	Restaurant
6	The River Guest House				
8	KP Inn Hotel				
9	KP Grand Hotel				

Die Ostküste

„Hühner-Scheiß-Gefängnis". Dieses Gefängnis stammt aus dem Jahre 1893 und wurde so getauft, weil auf seinem Dach Hühnerhäuser gebaut waren, von denen aus die Mist durch Risse und Schlitze auf die Gefangenen fiel. Im Khuk Khi Gai hielten die Franzosen unliebsame Thais in Gefangenschaft.

Nahe dem Gefängnis steht **Tuk Daeng,** das „Rote Haus", ebenfalls im Jahre 1893 erbaut. Dieses diente als Hauptquartier des Pikart Prajjamitr Forts. Später wurde es aber zum Wohnquartier für Offiziere gemacht. Zum Laem Singh, Khuk Khi Gai und Tuk Daeng fahren Minibusse vom Markt in der Innenstadt aus.

Ebenfalls vom Markt fahren Minibusse zum Naam Tok Pliu, dem **Pliu-Wasserfall.** Dort wurde von Rama 5. im Jahre 1876 eine Stupa erbaut sowie eine pyramidenartige Konstruktion, in der die sterblichen Überreste von Königin *Sanatha* aufbewahrt werden. Die Königin hatte zwei Jahre vor ihrem Tod den Wasserfall besucht. Alles in allem ist die Stadt Chantaburi kein Ort, den man gesehen haben muss. Es würde völlig ausreichen, auf dem Weg nach Trat/Ko Chang ein paar Stunden Halt dort einzulegen.

Unterkunft

■ **The River Guest House*–***** befindet sich gleich am Fluss, aber auch etwas laut an der 3/5-8 Si Chan Rd. Tel. 039-328211, Fax 039-328533. Dazu sind die Zimmer etwas muffig und überteuert. Die billigsten Zimmer (200 Baht) sind eng und fensterlos und haben kein eigenes Bad; die besseren Zimmer haben TV, A.C., Internet-Möglichkeit und Restaurant gleich am Fluss.

■ Einen guten Gegenwert bietet das preiswerte **Kasem Sarn 1 Hotel****** (98/1 Benchama-Rachutit Rd., Tel. 039-311173); große und saubere Zimmer mit Bad, A.C., TV und kostenlosem Wi-Fi ab 800 Baht.

■ Südöstlich der Stadtmitte finden sich das moderne **KP Inn Hotel******–ᴸᴸᴸ (Trirat Rd., Tel. 039-311756) und das von Geschäftsreisenden bevorzugte **KP Grand Hotel*******–ᴸᴸᴸ (Trirat Rd., Tel. 039-323201-2); Zimmer jeweils mit A.C., TV und den sonstigen üblichen Annehmlichkeiten. Ab 1800 Baht.

Essen

■ Die beste Essensmöglichkeit ist der in der Innenstadt gelegene **Markt,** der sich über mehrere Straßenblocks erstreckt (siehe Karte). Hier gibt es Hunderte von Essensständen, viele sind bis spät in die Nacht geöffnet.

■ Das gute, aber teure **Versailles Restaurant,** mit daneben liegendem **Coffee Shop,** befindet sich in der Tha-Chalab Road, eine Minute Fußweg vom Mangswirat entfernt.

■ Vegetarische indische Kost gibt es im Restaurant (eher Privathaus) von **Soni Yadav,** gegenüber dem River Guest House.

■ Das **Family Department Store** beinhaltet u. a. ein preiswertes Food Center.

Anreise

Die Strecke Bangkok – Chantaburi ist 285 bzw. 309 km lang, je nachdem, welche Route genommen wird.

■ Ab dem Eastern Bus Terminal fahren **klimatisierte Busse** 2. Kl. zu 140 Baht, A.C.-Busse 1. Kl. zu 180 Baht. Busse etwa jede Stunde, Fahrzeit etwa 4½ Std.

■ **Busse ab Rayong** kosten 60 Baht, Fahrzeit etwa 2½ Std.

3

Weiterreise

■ **Busse nach Trat** kosten 30 Baht, Fahrzeit etwa 1½ Std., dazu fahren Sammeltaxis zu 100 Baht/Person. Gecharterte **Songthaews** zum Pier Laem Ngopo (Boote nach Ko Chang) zu ca. 500 Baht.

Trat

ตราด

Trat (50.000 Einw.) liegt 387 Buskilometer östlich von Bangkok und ist die letzte halbwegs große Stadt vor der Grenze zu Kambodscha. Die Busstrecke von Chantaburi nach Trat ist äußerst malerisch, zu beiden Seiten der Straße ergrünt dichte Vegetation, Palmen, Durian- und Rambutan-Bäume.

Trat ist auch der Ausgangspunkt für Abstecher zu dem schmalen Küstenstreifen entlang der kambodschanischen Grenze. Hier gibt es allerdings keine Unterkünfte, aber das wird sich bei dem unglaublichen Tourismus- Boom, den Thailand erlebt, möglicherweise bald ändern. Noch verschlägt es kaum Touristen in diese Gegend.

Schon auf dem Weg von Chantaburi nach Trat fällt die massive Militärpräsenz auf. Über die Grenze entlang des schmalen Küstenstreifens hinweg gibt es gelegentlich noch kleine Schießereien, und die dorthin führende Straße ist dann unter Umständen gesperrt.

In Trat gibt es zwei Wats, **Wat Khang Chai Mongkhon** und **Wat Yothanimit.** Letzterer verfügt über einen verblüffend schlichten, leider verschlossenen Bot unbekannten Datums, der aussieht wie ein europäisches Bauernhaus aus dem vorletzten Jahrhundert.

Um den **Lak Muang,** den Schrein, an dem den Stadtgeistern gehuldigt wird, ist ein chinesischer Tempel gebaut. Die phallischen Opfersäulen des Schreines sind mit schweren Blumengirlanden behangen. Vor dem Tempeleingang steht eine Elefantenfigur, die eine Lotusblume im Rüssel hält, und das Ganze wirkt wie ein kultureller Mischmasch aus Indien, China und Thailand. Vor dem Tempel werden auf einer improvisierten Bühne oft Likay-Vorstellungen gegeben.

Unterkunft

In erster Linie bieten sich einige einfache, aber auch sehr preiswerte Guest Houses an. Die meisten Hotels der Stadt sind mit wenigen Ausnahmen nicht besonders gut in Schuss.

■ Das **NP Guest House***–** (1–3 Soi Luang-Aet, Tel. 039-512270) bietet Betten im Dorm zu 70 Baht, dazu einfache und preiswerte, aber ordentliche Zimmer o. eig. Bad. Für 300 Baht/Tag werden Motorräder ausgeliehen.

■ **Ban Jaidee G.H.**** (67–69 Chaimongkol Rd., Tel. 039-520678, maeesita@hotmail.com) ist ein hübsches kleines Holzhaus, die Zimmer (ohne eigenes Bad) sind zwar klein, aber sauber und gemütlich. Kostenloses WLAN. Ab 200 Baht. Empfehlenswert.

■ **Pop G.H.***–*** (1/1 Thoncharoen oder Tana-Charoen Rd., Tel. 039-512392, www.trat-popguest house.com) hat Zimmer in unterschiedlichen Größen und Qualitätsstufen, von Zimmern ohne eig. Bad zum Niedrigpreis von 70 Baht bis zu Zimmern mit A.C. und TV ab 400 Baht. Internet-Café und Bar sind angeschlossen. Empfehlenswert.

■ Das relativ moderne **Mueang Trat Hotel*****–**** (auch Trat Hotel; 4 Sukhumvit Rd., Tel. 039-

Trat

0 — 200 m © REISE KNOW-HOW 2013
THAI036

Übernachtung
7 Mueang Trat Hotel
9 Trat Inn Hotel
11 Pop G.H.
12 NP Guest House
14 Ban Jaidee G.H.

Einkaufen
6 Shopping Center, Municipal Market
8 Department Store

Essen und Trinken
1 Saeng Fah Rest.
2 Nam Chok Rest.
3 Raan Ahaan Mangsawirat (Veg. Rest.)
4 Night Market
5 Jiraporn Rest.
10 Kaan Kluay Rest.
13 Cool Corner

511091-9) hat Zimmer mit Bad und – in der höheren Preisklasse – mit A.C. Saubere Zimmer und günstige zentrale Lage.

■ Etwa 13 Kilometer südöstlich der Stadtmitte steht das **Banpu Resort & Spa*******–ᴸᴸᴸ (Laem Sok, Tel. 039-512400, 039-542355-6, Fax 039-542359, www.banpuresortandspa.com), dessen Bungalows um einen Krabben-Teich herum angelegt sind (*Ban Phu* = „Krabbendorf"). Die Bungalows sind sehr rustikal und gemütlich eingerichtet und verfügen über A.C., TV und Kühlschrank, die teureren haben dazu noch einen eigenen Safe.

Bei Preisen ab 1400 Baht durchaus empfehlenswert. Das Unternehmen organisiert auch die Überfahrt nach Ko Chang per Speedboot. Anbei findet sich das **Suan Phu** („Krabben-Garten"), ein bei örtlichen Kennern sehr beliebtes Seafood-Restaurant.

Essen

■ **Cool Corner** (49–51 Thonhcharoen Rd.) ist ein nettes kleines Restaurant mit auf Traveller einge-

3

steller Speisekarte. Serviert werden Thai-Gerichte, ebenso wie leckere westliche Gerichte, westliches Frühstück, Bohnenkaffee, dazu vegetarische Gerichte u. v. m. Das alles begleitet von „cooler" Hintergrundmusik. Ein guter Ort ein wenig Zeit tot zu schlagen.

■ Einige passable Restaurants befinden sich in der Sukhumvit Road, westlich des Busstops. Die beste Essensmöglichkeit ist ansonsten der **Nachtmarkt** (geöffnet ab 18.00 Uhr gegenüber dem Trat Hotel). Hier gibt's jede Menge preiswerte Essensstände, u. a. mit Seafood und diversen chinesischen Speisen und sogar Eiscreme, gebratenen Tofu-Schnitten *(tau-hu tort)* oder heißer Sojamilch *(naam tau-hu)*.

■ Ein preiswertes **vegetarisches Restaurant** liegt etwas nördlich des *Ban Jaidee G. H.* (siehe Karte). Geöffnet ca. 7.00–14.00 Uhr, so lange der Vorrat reicht.

■ Morgens wird auf dem Platz ein **Markt** abgehalten, auf dem Gemüse, Obst, Fisch und Fleisch angeboten werden.

■ Im **Trat Department Store,** einem für eine provinzielle Stadt wie Trat beeindruckenden Einkaufspalast, bieten zahlreiche Essensstände, Gerichte ab ca. 30 Baht an.

Anreise

■ Vom **Eastern Bus Terminal** in Bangkok fahren 6 **Busse** täglich, Kostenpunkt 130 Baht, Fahrdauer etwa 6 Std. Dazu fahren noch 8 A.C.-Busse für 169 Baht, Fahrzeit 5½ Std. Weitere Busse ab Chantaburi, Ban Phe, Pattaya u. a.

■ Die **Rückfahrt** von Trat nach Bangkok oder Chantaburi ist kein Problem, die A.C.-Busse sind immer recht leer. Direkt vor Abfahrt (8-mal tägl.) kann man noch Tickets bekommen.

Ansonsten fahren auch Mini-Busse ab dem Pier in Laem Ngop zur Khao San Road in Bangkok; diese werden von den am Pier ansässigen Tourunternehmen organisiert.

Zur Rückfahrt nach Chantaburi bieten sich Sammeltaxis an (100 Baht); Abfahrt gegenüber dem Trat Department Store.

■ **Flüge** mit Bangkok Airways (www.bangkokair.com) ab dem Suvarnabhumi Airport in Bangkok ab ca. 3000 Baht zweimal tgl., Flugzeit 55 Min. Die Airline unterhält einen Zubringerdienst per Minibus vom Flughafen nach Ko Chang, Kostenpunkt 470 Baht, inklusive Bootsüberfahrt, bzw. 700 Baht bei Überfahrt im Speedboot. Ansonsten Taxis oder Thai-Airways-Minibusse vom Flughafen nach Trat (16 km) zu 500 Baht.

Weiterreise

■ Nach **Laem Ngop,** wo sich die Piers für Boote nach Ko Chang befinden, fahren Sammeltaxis (Songthaews) ab dem Busbahnhof zu 50 Baht pro Person oder 250–300 Baht für das gesamte Taxi. Entfernung rd. 17 km, Fahrzeit ca. 20–30 Min. Einige Songthaews fahren auch ab der Sukhumvit Road.

Weiterhin fahren Sammeltaxis nach Klong Yai (70 Baht/Pers., Abfahrt nahe Trat Dep. Store), von wo man mit Songthaews weiter nach Hat Lek gelangen kann (60 Baht). Von Trat fahren auch einige Songthaews direkt nach Hat Lek (120 Baht, Fahrzeit 1 Std.). Man kann die Songthaews nördlich der Innenstadt an der Sukhumvit Rd. anhalten und zusteigen. Siehe auch das Kapitel zur „Weiterreise in die Nachbarländer; Nach Kambodscha".

■ Entlang der Sukhumvit Road befinden sich einige Tour-Operator, die **Ausflüge nach Ko Chang** anbieten. Darunter sind auch Angeltrips, aber diese Reisemöglichkeiten sind natürlich teuer.

■ Von Laem Ngop fahren auch **Boote zu den Inseln Ko Kradat und Ko Rad** (rd. 2 Std. Fahrt), die Abfahrten sind aber nicht regelmäßig. Auskunft bekommt man telefonisch über Bangkok 02-3311921.

■ Weitere Boote fahren **nach Ko Kut,** Fahrdauer ca. 45 Min.

Laem Ngop

แหลมงอบ

Laem Ngop ist eine winzige Hafenstadt, von deren drei Piers Boote nach Ko Chang übersetzen. Die TAT unterhält am Hauptpier ein Informationsbüro (100 Mu 1, Trat-Laem Ngop Rd., Tel. 039-597259, tgl. 8.30–16.30 Uhr). Etwas weiter nördlich an der Straße, ca. 2 km in Richtung Trat, befindet sich das Immigrations-Büro für Visumsverlängerungen Tel. 039-59 7261, geöffnet Mo–Fr 8.30–16.30 Uhr).

Unterkunft

Da die meisten Boote hier mittags nach Ko Chang abfahren, bzw. mittags auch von Ko Chang eintreffen, ist eine Übernachtung wohl nicht nötig. Dennoch stehen einige einfache Unterkünfte nahe dem Pier zur Verfügung:

- **Chat Gaew Guest House*** (Tel. 039-597088)
- **Pa Nu Guest House*** (Tel. 039-538099)
- **Laem Ngop Inn***–**** (Tel. 039-597044, 039-597144)
- **Rim Thale Resort****–***** (Tel. 039-597084-5) beste Bungalows am Ort, mit A.C., ab 800 Baht.
- **Siri Anek Guest House**–***, Klong Yai (Tel. 039-538246)

Anreise

Mit Songthaews ab Trat (50 Baht) oder man miete sich selber ein Songthaew (ca. 250–300 Baht). Siehe auch „Trat, Weiterreise".

Weiterreise nach Ko Chang

Vom Hauptpier in Laem Ngop legen verschiedene Fähren in Richtung Ko Chang ab. Von den Anlegestellen auf Ko Chang kann nur die bei Klong Son in der **Ao Sapparot** („Ananas-Bucht") das ganze Jahr hindurch benutzt werden, und die meisten Passagiere steigen hier aus. Viele der Fähren umfahren Ko Chang und legen dann Stopps an verschiedenen Stellen der Insel ein. In der Regenzeit wird zumeist nur der Pier in der Ao Sapparot angesteuert.

Etwa 4 km nordwestlich des Hauptpiers befindet sich eine weitere Anlegestelle, genannt **Ko Chang Centrepoint,** die vom Koh Chang Resort and Spa (vormals *Rooks Resort*) betrieben wird. Von hier fahren um 7.00 Uhr morgens Boote zum Preis von ca. 200 Baht nach Ao Sapparot; von dort geht es per Songthaew zu einem der nahen Strände, was im Preis schon eingeschlossen ist.

Ko Chang

เกาะช้าง

Mit einer Fläche von 492 km² ist Ko Chang, die „Elefanten-Insel", die zweitgrößte Insel des Landes (nach Phuket). Obwohl sie mittlerweile zwar kein Geheimtipp mehr ist, gehört sie trotzdem noch zu den *relativ* wenig entwickelten Touristenzielen Thailands, zumindest im Vergleich zu den großen Touristenmagneten wie Phuket oder Ko Samui.

Die Ostküste

3

Ko Chang

0 ————— 3 km   © REISE KNOW-HOW 2013

ThaiF09

Golf von Thailand

Laem Ngop

Seite 198

KO CHANG NOI

Klong Son

Sapparot-Bucht

Kongkang-Bucht

Dan Mai

Nan-Yom-Wasserfall

King-Rama-Wasserfall

Nationalpark-Hauptquartier

Seite 200

Klong Phrao

Klong-Phu-Wasserfall

Than-Mayom-Wasserfall

Than Mayom

KO MAK

KO LIM

Strände
1 Golden Beach
2 White Sand Beach (Hat Sai Khao)
3 Klong-Phrao-Beach
4 Klong-Makok-Beach
5 Kai-Bae-Beach
6 Thanam-Beach
7 Bang-Bao-Beach
8 Long-Beach
9 Than Mayom Beach

744

Salak Kok

Salak Phet

Jekbae

KO PHRAO

Ban Klong Kloi

Bang Bao

Hat Wai Chek

KO LAO YA

KO NGAM

Die etwas abgeschiedene Lage ganz am Ostrand des Landes hat bestimmt etwas damit zu tun.

Ko Chang ist die Hauptinsel des **Ko-Chang-Meeresnationalparks,** zu dem über 40 Inseln gehören. Etwa 70 % der Inselfläche besteht aus fast unberührtem **Regenwald,** der teilweise von schroffen Felsen durchsetzt ist. Solch große, unberührte Dschungelareale gibt es in Thai-

land nicht mehr sehr häufig. Es finden sich einige sehenswerte **Wasserfälle,** so die Thom Mayom-Wasserfälle an der Ostküste (zu erreichen von Tha Than Thayom) und die Klong Phu-Wasserfälle an der Westküste (erreichbar von Klong Phrao). 85 % der Inselfläche sind als Nationalpark deklariert.

Das tropisch-wilde Terrain eignet sich ausgezeichnet für Hiking-Touren, und mit der richtigen Ausrüstung kann man die Insel tagelang durchqueren. Die höchste Erhebung ist der **Khao Jom Prasad (744 m),** landläufig auch schlicht *Khao Yai* (Hoher Berg) genannt.

Ko Chang beherbergt eine artenreiche **Fauna,** darunter Makaken, Rotwild, Schlangen (auch giftige), Warane und zahlreiche Vogelarten. 62 Vogelspezies sind auf der Insel heimisch, dazu kommen noch 12 Zugvogelarten. Den „Ko-Chang-Frosch" *(Rana kohchang)* gibt es ausschließlich hier.

Die thailändische Regierung überlegt seit längerem, die Insel zu einem Reservat für die zahlreichen **Arbeitselefanten** zu machen, die „arbeitslos" geworden sind und deren Besitzer sie zu Betteltouren durch Bangkok schicken. Die meisten Elefantenbesitzer scheinen die guten Einnahmen in Bangkok jedoch nicht missen zu wollen. Sowohl der Name der Insel als auch ihre üppige Natur böten sich eigentlich bestens dafür, die Insel zu einem Elefantenasyl zu machen. Ersatzweise schmücken manche Resorts ihr Gelände mit Elefantenfiguren, um so zumindest dem Namen der Insel gerecht zu werden.

Aufgrund der zahlreichen **Baustellen** auf der Insel – es werden immer mehr Luxusunterkünfte gebaut – macht Ko Chang stellenweise einen etwas unaufgeräumten Eindruck. Reisende, die die Insel vor zehn oder gar zwanzig Jahren besuchten und dort eine Alternative zu Phuket oder Ko Samui fanden, dürften von der Entwicklung wenig begeistert sein. Die Strände sind größtenteils immer noch sehr schön, das Hinterland immer noch idyllisch; was sich am Rande abspielt weniger. Der ehemalige Premierminister *Thaksin,* dessen Familie

viel Geld auf Ko Chang investiert haben soll, wollte die Insel in ein „zweites Phuket" verwandeln, was für das Ökosystem nicht unbedingt der beste Einfall war.

Die besten **Strände** der Insel befinden sich an der Westseite, allen voran der wunderbare Hat Sai Khao, der „Strand mit weißem Sand". Hier befinden sich auch die meisten Unterkünfte.

In den größeren Orten gibt es **Banken** und Wechselstuben und mittlerweile gibt es auch in jedem Dorf ATM-Automaten sowie 7-Eleven-Läden.

Die **medizinische Versorgung** ist mäßig gut, es findet sich ein rudimentär ausgerüstetes staatliches Krankenhaus in Ban Klong Nonsi, ca. 6 km südlich vom Pier in Dan Dao. Geöffnet Mo–Fr 8.30–16.30 Uhr, am Wochenende nur für Notfälle, Tel. 039-521657. Dazu gibt es eine Privatklinik am White Sand Beach, das Bangkok-Ko Chang Hospital, Tel. 039-551555, 24-std. Notfalldienst Tel. 0179. Kleine Arztpraxen finden sich an allen wichtigen Stränden.

Das **Polizeihauptquartier** befindet sich etwa ein halben Kilometer weiter südlich des Krankenhauses, Tel. 039-585191.

Das einzige **Postamt** der Insel befindet sich in Ban Klong Son, zwischen dem Südende des White Sand Beach und dem Nordende des Klong Phrao Beach.

Information

■ Das **Hauptquartier des Meeresnationalparks** ist auf vier verschiedene Büros verteilt. Diese befinden sich in Klong Son, Tha Klong Phlu, Salak Phet und Tham Mayom. In allen Büros bekommt man ziemlich das gleiche Informationsmaterial; in

0 — 1 km © REISE KNOW-HOW 2013

Thai139

■ Übernachtung

1 Aiyapura Resort
2 White Sand
  Beach Resort
3 Ko Chang
  Lagoon Resort
4 Maylamean
  Bungalows
5 Arunee Resort
6 Cookies Hotel
8 Bamboo Resort
9 Plaloma Cliff Resort

■ Sonstiges

7 Bangkok Airways

Ko Chang
Noi

Klong Son
Beach

● National Park
Office

White Sand Beach

Bucht von Bangkok

Tham Mayom unterrichten zusätzlich Schautafeln über Flora und Fauna der Region.

An den Hauptquartieren wird auch die für Nationalparks übliche **Eintrittsgebühr von 400 Baht** kassiert, Kinder bis 12 Jahre zahlen die Hälfte.

Unterkunft

Klong Son Beach

Dieser Strand befindet sich am Nordzipfel der Insel, nahe Bang Klong Son und nördlich des White Sand Beach.

■ **Manee G.H.****–*** (Tel. 089-9497585), einfache Hütten und Bungalows, ab 250 Baht.

■ **Premvadee Resort*****–*****, Tel. 039-597 032 eine Vielzahl verschiedener Unterkünfte, von der Einfachsthütte ab 500 Baht bis zum Familienhaus mit A.C. Recht ordentlich.

■ **Aiyapura Resort & Spa**LLL (Tel. 039-555111-5, Fax 039-55518, www.aiyapura.com), ein Ergebnis des Investitions-Booms auf der Insel, eine Luxusunterkunft, mit offiziellen Preisen ab ca. 5000 Baht. In der Off-Season ab 3000 Baht. Stilvoll eingerichtete Zimmer und Villen (A.C., TV, Kühlschrank), dazu Swimmingpool, Jacuzzi, Spa und Fitness-Center. Sehr schön, vor allem wenn man es bei Internetanbietern preiswerter bekommt.

Hat Sai Khao (White Sand Beach)

Südlich anschließend an den Klong Son Beach, das Zentrum des touristischen Geschehens, aber auch der beste Strand. Der Name kommt nicht ungefähr, der Strand ist hellgrau bis brillant-weiß – wenn auch z. T. nicht allzu breit – feinpulvrig, 2½ km lang und wird von Palmen und Felsen gesäumt. Ein Idyll, wenn man vom touristischen Geschehen absieht. Die Unterkunftspreise bewegen sich vor allem im mittleren bis hohen Bereich.

■ **White Sand Beach Resort****–ᴸᴸᴸ** (Tel. 081-8637737, www.whitesandbeachresort.net), hoch im Norden der Bucht. Rustikale, komfortable Strandbungalows (A.C., TV, Kühlschrank) säuberlich in einer Reihe am Strand aufgereiht. Preis in der Off-Season ab 1100 Baht, ansonsten ab 2000 Baht.

■ **Maylamean Bunglows**–*** (** Tel. 086-14 45865.), etwas klapprige, aber originelle, lila-ge-strichene Bungalows. Einfach, preiswert und des-halb eine gute Wahl.

■ **Arunee Resort**** (Tel. 039-551075, arunee resorttour@hotmail.com), etwa südlich des White Sand Beach Resorts, sehr einfache aber ordentliche Zimmer in einem Holzhaus. Mit das preiswerteste an diesem Strand. Ab 500 Baht.

■ **Cookies Hotel*****–ᴸᴸᴸ** (Tel. 039-551105-6, www.cookieskohchang.com), Bungalows und mo-derne Zimmer mit A.C., TV, Safe und Kühlschrank in einem Hotelgebäude, dazu ein Strandrestaurant und Pool. Sehr beliebt, auch wenn es vielleicht ein wenig wie ein Pauschalurlauber-Hotel aussieht. Ab 1300 Baht in der Off-Season, ansonsten ab 2000 Baht.

■ **Ko Chang Lagoon Resort*****–ᴸᴸᴸ** (Tel. (Tel. 039-551201-2, Fax 039-551203, www.koh changlagoon.com), komfortable Steinbungalows und moderne, saubere Hotelzimmer mit A.C. In der Off-Season ab 1400 Baht, ansonsten ab 2200 Baht.

■ **Bamboo Resort****–***** (Tel. 039-5511 58), komfortable Bungalows ab 1000 Baht, beliebt für sein am Strand befindliches Restaurant mit gu-ter thailändischer und westlicher Küche, von Thai-Seafood bis Pizzas.

■ **Ploama Cliff Resort****–ᴸᴸᴸ** (Tel. 081-8631305, 039-551119, Fax 039-551118, www.pla loma-cliff.com), nahe dem Südende der Bucht, schön auf einem Fels gelegene Anlage mit soliden Bungalows. Gutes Restaurant. In der Off-Season ab 900 Baht für Zimmer ohne A.C., ansonsten 1100 Baht, bessere Zimmer mit A.C. und TV ab 1500 bzw. 1700 Baht. Jeweils inkl. Frühstück.

Klong Phrao Beach

Dieser Strand schließt sich südlich an den Hat Sai Khao an und bietet ähnlich weißen Sand und Strandidylle, ist aber weniger bevölkert und nicht so eng mit touristischen Einrichtungen verbaut.

■ **Panviman Resort**ᴸᴸᴸ (Tel. 039-551290-6, www.panviman.com), architektonisch gelungene Anlage, verschwenderisch luxuriös und mit asiati-schem Einschlag. Sehr lohnenswert, wenn man mindestens 5500 Baht ausgeben will. In der Haupt-saison ab 7500 Baht. Zimmer mit A.C., TV, DVD-Player, Safe und kostenlosem Wi-Fi-Internet.

■ **Chai Chet Bungalows*****–ᴸᴸᴸ** (Tel. 039-551701-2, Fax 039-551701, www.chaichetkoh chang.com), günstige Lage am Chaichet-Kap, Bun-galows mit TV und Safe, in den höheren Preislagen A.C. Ab 1300 Baht in der Off-Season.

■ **Coconut Beach Resort****–ᴸᴸᴸ** (Tel. 081-7817078), komfortable Bungalows in einer Art Rei-hengebäude sowie größere einzeln stehende Bun-galows in architektonisch etwas übertriebener An-lage. In der Nebensaison ab ca. 1200 Baht.

■ **Klong Prao Resort*****–ᴸᴸᴸ** (Tel. 039-551 115-6, Fax 039-511117, www.ko-chang-hotels. com/klong-prao-resort, ansprechende Villen mit Bad. A.C. und TV, dazu ein solides zweistöckiges Haus, das eine Großfamilie beherbergen kann (5000 Baht). Preisweteste Zimmer ca. 2100 Baht, preiswerter bei Internetbuchung. Empfehlenswert.

■ **Ko Chang Resort and Spa**ᴸᴸᴸ (Tel. 02-277 5256, Fax 02-6920094, www.kohchangresortand spa.com), Luxusanlage am Südende des Strandes. Sehr gepflegte Zimmer mit allen Schikanen, inkl. Wi-Fi-Internet, aber Preise ab ca. 4000 Baht, billiger bei Internetbuchung. Mit Swimmingpool und Ja-cuzzi. Das Haus betreibt ein eigenes Fährunterneh-men ab Laem Ngop; die Boote fahren ab dem Cen-trepoint-Pier für 600 Baht/Pers. Abholung vom Flughafen in Trat 900 Baht/ Pers.

■ **KP Huts***–ᴸᴸᴸ** (Tel. 084-0995100, Fax 039-6557190), unterschiedlich komfortable Bungalows, ab 400 Baht in der Off-Season, die teureren mit eig.

Die Ostküste

3

Bad, dazu große Familienbungalows. Ein gutes Spektrum. Die Anlage liegt weit verstreut unter Kokospalmen. Empfehlenswert.

■ **Tiger Hut****–*** (Tel. 084-1099660, 081-7623710), fast archaische wirkende Hütten aus Bambusgeflecht an einem herrlichen Strandabschnitt, einfach und gut geeignet für Low-Budget-Reisende. Teilweise ohne eig. Bad, ab 200 Baht. Mit Motorradverleih und Pool-Tisch.

■ **Aana Resort & Spa**ᴸᴸᴸ (Tel. 039-551539, Fax 039-551540, www.aanaresort.com), toller Resort in etwas abgeschiedener Lage, Bungalows mit A.C., TV, Balkon und Jacuzzi. Ab ca. 3100 Baht in der Off-Season. Empfehlenswert.

Klong Makok Beach

■ **Magic Resort*******–ᴸᴸᴸ (Tel. 081-8614829, Tel./Fax 039-551064, www.magicresort.info), in einer kleinen Bucht südlich von Klong Phrao gelegen, mit Hütten und Bungalows in verschiedenen Preisstufen ab 1300 Baht. Alle mit A.C., TV und Kühlschrank. Bei Reservierungen sind 50 % der Summe vorauszuzahlen. Das Unternehmen betreibt einen

eigenen Fährservice von Laem Ngop und zudem verfügt es über eines der wenigen Restaurants auf der Insel, das in die See hinaus gebaut ist. Empfehlenswert. Deutsches Management. Das Unternehmen unterhält eine zweite, neuere Zweigstelle am wunderbaren Long Beach im Südosten der Insel.

Kai Bae Beach

■ **Sea View Resort & Spa*******–ᴸᴸᴸ (Tel. 02-6730966, 02-2119654, Fax 02-2219656, www.seaviewkohchangresort.com), großzügige Anlage mit Zimmern in einem Hotelgebäude und Bungalows, darunter auch riesige Familien-Bungalows. Alle mit A.C., TV, Kühlschrank, dazu nette Gartenanlage mit Pool. Das Hotel hat den schönen Strandabschnitt am Südende von Kai Bae praktisch für sich allein, der Seegang ist an dieser Stelle sehr flach. Insgesamt sehr empfehlenswert, für das Gebotene nicht zu teuer. Bei Internetbuchung ab ca. 2300 Baht.

■ **Siam Bay Resort*******–ᴸᴸᴸ (Tel. 087-06655 15, www.siambayresort.in.th) funktionelle, moderne Zimmer (A.C., TV, Kühlschrank) in ruhiger Lage. Ab ca. 2000 Baht in der Nebensaison.

Klong Phrao Beach, Ko Chang

0 ▬▬▬▬ 1 km   © Reise Know-How 2013

Thai140

■ **Übernachtung**
1 Chai Chet Bungalows
2 Coconut Beach Resort
3 Ko Chang Resort & Spa
4 Klong Prao Resort
5 Aana Resort & Spa
7 Panviman Resort
8 Tiger Hut
9 KP Huts

■ **Essen und Trinken**
6 Iyara Seafood

Bucht von Bangkok

Thanam Beach

Dieser Strand, oft „Lonely Beach" genannt, schließt sich südlich an den Kai Bae Beach an. Der Beiname „einsam" zieht logischerweise viele Besucher an, und so wird man ihn wohl bald streichen müssen.

■ **Tree House Lodge*–**** (Tel. 081-8478215, 081-7617655), einfache Stelzen-Hütten ohne eigenes Bad zu 150 Baht, aber hier stimmt noch die Bezeichnung „lonely"; nichts für Leute mit Komfortanspruch. Ideal zum „Abhängen", dazu tolle Umgebung. Deutsches Management. Das Unternehmen betreibt eine neuere Zweigstelle am wunderbaren Long Beach im Südosten der Insel, mit Bungalows zu 250 Baht. Zwischen den beiden Anlagen fahren Taxis für 100 Baht/Pers. Absolut empfehlenswert.

Bang Bao Beach

Der Bang Bao Beach, an der Südküste der Insel gelegen, ist verhältnismäßig ruhig und abgeschieden, vor einigen Jahren noch ließen sich nur ganz wenige Reisende hier blicken. In einigen Jahren wird es wohl auch hier mit der Ruhe vorüber sein.

■ **Bang Bao Blue Wave**–***** (Tel. 081-4515 512, 039-597078), einfache Hütten, z. T. mit eig. Bad, und Strom aus dem Generator, dazu relaxtes Ambiente. Ab 300 Baht.

■ **Nirvana Resort**LLL (Tel. 083-1115557, www.nirvanakohchang.com), wunderschöne Bungalows mit A.C., TV, CD-Player, Wi-Fi-Internet und Safe, eingebettet in grandiose tropische Landschaft inklusive zwei Swimmingpools. Ab ca. 3500 Baht, nicht zu teuer für die Qualität.

■ **Salakphet Seafood & Resort****–**LLL (Tel. 081-4299983, Tel./Fax 039-553099) auf Stelzen ins Wasser gebaute Bungalows mit A.C. und TV, Fischerambiente in direkter Nachbarschaft und passenderweise großartigem Seafood. Ab 1200 Baht.

■ **Lung Tob Salakphet Homestay**** (Tel. 089-0986158, 081-2941650), einfache Zimmer mit Matrazen statt Betten zu 200 Baht, abends kocht die Fischerfamilie ausgiebige Seafood-Banketts zum Spottpreis. Gemeinschaftsbad.

Than Mayom Beach

An der Ostküste nahe dem Parkhauptquartier gelegen, strandmäßig sicher nicht die schönste Seite der Insel, aber ruhig und in Nähe des Than-Mayom-Wasserfalls. Der Wasserfall kann über einen gut ausgezeichneten Pfad in ca. 50 Min. erreicht werden. Von oben ergibt sich eine gute Aussicht, und Gedenksteine von König Rama 6. und Rama 7. belegen, dass sich auch die Monarchen hier wohl fühlten.

■ **The Spa Koh Chang Resort*****–**LLL (Tel. 039-553091, www.thespakohchang.com), wunderschönes Wellness-Resort, dessen Spezialität – Kaffee-Klistiere – jedoch nicht bei jedermann Begeisterung auslösen dürfte. In der Off-Season ab 1500 Baht, ansonsten ab 2100 Baht.

Transport auf der Insel

■ Am Pier von Ao Sapparot stehen bei Ankunft eines Bootes **Songthaews** und **Motorrad-Taxis** bereit. Die Songthaews und Motorrad-Taxis auf der Insel kosten 50–150 Baht, je nach Entfernung.

An allen Stränden gibt es Autos und Motorräder zu mieten. **Mountainbikes** gibt es bei *Ko Chang Gym* (VJ Plaza, Laem Chetchai, Tel. 081-0038468; 400 Baht für 6 Std.).

Anreise

Von den **drei Piers in Laem Ngop** legen unterschiedliche Boote in Richtung Ko Chang ab. Der älteste Pier ist der **Laem Ngop-Pier**, der **Khrom Luang-Pier** liegt ca. 750 m westlich von Laem Ngop und der **Centerpoint-Pier** befindet sich ca. 3½ km nordwestlich von Laem Ngop. Der erstgenannte Pier war zeitweise geschlossen und es ist nicht sicher, ob von dort derzeit wieder Boote fahren. Busse aus Trat oder Bangkok fahren üblicherweise bis zum Centerpoint-Pier, die Songthaews aus Trat hingegen zum alten Laem Ngop-Pier.

Etwa 15 km westlich von Laem Ngop, in der Bucht Ao Thammachat, befindet sich zudem **ein Pier für Autofähren.** Anfragen zu den Autofähren unter Tel. 039-528288-9. Einige weitere Autofähren fahren am Centerpoint-Pier ab.

Auf Ko Chang legen die Boote aus Laem Ngop an einem der Piers im Osten der Insel an, in den meisten Fällen am Dan Kao-Pier. Die Autofähren legen in Ao Sappharot an.

■ **Abfahrzeiten von Laem Ngop nach Dan Kao:** 7.00, 9.00, 10.00, 11.00, 12.00, 13.00, 14.00, 15.00, 17.00 Uhr. Fahrzeit ca. 45 Min., Preis 50 Baht.

■ **Abfahrzeiten vom Centerpoint-Pier nach Dan Kao:** 6.30, 9.00, 11.00, 13.00, 15.00, 17.00 Uhr. Fahrzeit 50 Min., Preis 80 Baht, retour 120 Baht.

■ **Abfahrzeiten von Laem Ngop nach Dan Mai:** 13.00 Uhr. Fahrzeit ca. 30 Min., Preis 30 Baht.

■ **Abfahrzeiten von Laem Ngop nach Than Mayom:** 14.00 Uhr. Fahrzeit ca. 45 Min., Preis 50 Baht.

Die Abfahrtzeiten können sich jederzeit ändern, außerdem sind sie wetterabhängig. In der Regenzeit wird der Verkehr u. U. reduziert.

Zurück nach Laem Ngop fahren ebenso viele Boote wie nach Ko Chang hin. Ab dem Dan Kao-Pier geht so mindestens etwa jede Stunde ein Boot zurück nach Laem Ngop oder dem Centerpoint-Pier.

Die Boote zurück von Dan Mai und Than Mayom gehen ggf. nur einmal früh morgens; man informiere sich vor Ort nach dem letzten Stand der Dinge.

Nachbarinseln von Ko Chang

Die Nachbarinseln von Ko Chang bieten einige sehr schöne Strände und sind weitaus ruhiger als Ko Chang – und natürlich auch um ein Vielfaches kleiner und von der Infrastruktur viel primitiver. Elektrizität gibt es meist nur aus dem Generator und stundenweise. Auf den kleineren Inseln sind die Unterkünfte begrenzt und manche Unterkünfte vermieten ihre Zimmer nur an Tourgruppen. Bei den Resorts ist vor der Anreise ein Telefonanruf zu empfehlen. In der Regenzeit (Mai–Sept.) sind die meisten Unterkünfte geschlossen. Außer auf Ko Kut gibt es **keine Möglichkeit Geld zu wechseln** (auf Ko Kut in einigen Resorts möglich), folglich ist ausreichend Bargeld mitzubringen.

Ko Mak (Maak)

Relativ große Insel mit schönen und ruhigen, aber nicht unbedingt spektakulären Stränden. Dafür eine gute Auswahl an Unterkünften. Es gibt keine Bank und keine Bankautomaten, in den Unterkünften lässt sich aber Geld wechseln.

Anreise per Speedboot ab dem Krom Luang-Pier in Laem Ngop, außer in der Regenzeit; Abfahrt 9.30, 11.00, 13.30 und 16.00 Uhr, 300 Baht. Speedboote ab dem Pier von Laem Sok um 13.00 Uhr; Preis 450 Baht. Diese Boote fahren weiter nach Ko Kut und Ko Kham. Boote auch ab Ban Bang Bao im Süden von Ko Chang.

Die meisten Unterkünfte vermieten nur im Pakkage-Deal.

■ **Ko Mak Coco Cape Resort***–LLL, Tel. 081-9150323, www.kohmakcococape.com, viele unterschiedliche Bungalows, die billigsten in der Off-Season ab 450 Baht (ansonsten ab 1000 Baht) haben kein eigenes Bad, die teuersten haben A.C. Strom gibt es abends und die Nacht hindurch.

■ **Ko Mak Villa*****–LLL, Tel. 081-9256591, www.kohmaklazyday.com, solide, moderne Bungalows mit Bad, in malerischer Umgebung und mit guter Aussicht und Wi-Fi-Internet. Ab 1000 Baht in der Nebensaison. Empfehlenswert.

■ **TK Huts***–****, Tel. 087-1348435, einfach und relativ preiswert (ab 400 Baht), mit A.C. in den höheren Preislagen, idyllische Lage.

■ **Lazy Days*****–ᴸᴸᴸ**, Tel. 039-501064, wunderschöne Anlage mit modernen, geschmackvollen Bungalows (A.C., Wi-Fi-Internet) mit Dusche unter freiem Himmel, dazu privilegierte Lage an einsamem Strandabschnitt. Empfehlenswert. Ab 2200 Baht.

■ **Ao Khao Resort*****–ᴸᴸᴸ**, Tel. 039-501000-1, Fax 039-501022, Bungalows mit A.C., TV, teilweise DVD-Player, an einem besonders malerischen Strandabschnitt gelegen. Ab 2000 Baht.

Ko Kut (Kud, Kood)

Nach Ko Chang die größte Insel im Ko Chang-Archipel, mit weißen Stränden, azurblauem Wasser und guter touristischer Infrastruktur. Ab dem Pier von Don Chok auf Ko Chang fahren einige langsame Frachtschiffe, Abfahrt nur Di und Fr um Mitternacht, Fahrzeit 4–5 Std.; Preis 200 Baht. Speedboote von Don Chok fahren um 9.00 Uhr und kosten 600 Baht; Fahrzeit ca. 1 Std. Weitere Boote ab dem Laem Sok-Pier, ca. 30 km südlich von Trat, Abfahrt 13.00 Uhr, 400 Baht. Diese Boote legen erst einen Halt auf Ko Mak ein. Ankunft in Ao Salat im Nordosten von Ko Kut. Einige Unternehmen bieten Überfahrt per Speedboot zu 600 Baht. Kein Bootsverkehr in der Regenzeit.

Ko Kut bietet an ihrer Westküste sehr schöne Strände, sie ist jedoch fast ausschließlich in der Hand von Tourgruppen. Individualreisende sollten zuvor bei den Unterkünften anrufen, ob eine Unterbringung möglich ist.

■ **Away Koh Kood Centara Resort****–ᴸᴸᴸ** (Ban Klong Chao, Tel. 081-8354517, 084-4665554, www.awayresorts.com), tolle Anlage mit unterschiedlichen Unterkünften, von einfachen, aber gemütlichen Hütten zu fast wohnungsgroßen rustikalen Villen, dazu schöne Gartenanlage. Sehr empfehlenswert. Bei Buchung ist auch die Abholung vom Suvarnabhumi Airport in Bangkok möglich, allerdings teuer (ca. 5000 Baht).

■ **Kut Island Resort**ᴸᴸᴸ (Tel. 02-3743004)

■ **Ko Kut Ao Phrao Beach Resort**ᴸᴸᴸ (Tel. 039-525211-3)

■ **Peter Pan Resort** ᴸᴸᴸ (Tel. 02-9661800)

■ **Ko Kut Cabana** ᴸᴸᴸ (Tel. 039-522955)

■ **Ko Kut Sai Khao Resort** ᴸᴸᴸ (Tel. 039-51 1429)

Ko Wai

Ko Wai liegt 6 km südöstlich von Ko Chang und ist eine einsame, beinahe primitive Alternative zur großen Schwesterinsel. Strom gibt in den Unterkünften meist nur 18–23.00 Uhr, und zu Kaufen gibt es auch so gut wie nichts: Man sollte für alle Bedürfnisse eingedeckt sein. Dafür bietet die Insel einige schöne Strände und gute Tauchmöglichkeiten.

Boote ab dem Krom Luang-Pier, 3 km westlich von Laem Ngop, Abfahrt 10.30, 14 und 16.00 Uhr, Fahrzeit ca. 2½ Std., 450 Baht. Ab Ko Chang Boote ca. zweimal tägl. zu 400 Baht.

■ **Ko Wai Paradise Bungalows**–***, Tel. 081-7622548, Fax 039-507131, für den Preis ordentliche, wenn auch etwas beengte Bungalows und Hütten, wenige Meter von einem sehr schönen Strandabschnitt entfernt.

■ **Ao Yai Ma Bungalows***, Tel. 081-8413011, sehr abgeschiedene Lage im Osten der Insel, die einsamste Lage auf einer einsamen Insel, sehr einfach und rustikal. Kein Ventilator. 350 Baht.

■ **Ko Wai Pakarang (Coral) Resort***–****, Tel. 084-1138946, www.kohwaipakarang.com, solide Holz- und Betonbungalows mit Bad. Ab 800 Baht (Holzbungalows). Das Unternehmen unterhält einen Zubringerdienst vom Krom Luang-Pier in Laem Ngop.

■ **Ko Wai Beach Resort*****–ᴸᴸᴸ**, Tel. 081-3064053, www.kohwaibeachresort.com, komfortable Bungalows ab 2100 Baht, die näher am Meer stehenden sind etwas teurer als die nach hinten gelegenen. Dazu Familienhäuser mit 2–3 Schlafzimmern für 5–7 Personen, ab ca. 5400 Baht.

3

Das Herzstück liegt in der Mitte:

4 Zentral-

Zentralthailand
ist die Nahrungs-
Thailand
sprich Reiskammer des Landes,
und mitten drin liegt die alte Hauptstadt
Sukhothai, das Herz des alten Siam.

◁ Mönche im Historical Park in Kamphaeng Phet

ZENTRAL-THAILAND

Das weitgehend flache, mit zahllosen Reisfeldern übersäte Zentrum Thailands bietet nur relativ wenige Sehenswürdigkeiten - unter diesen ist zum Ausgleich allerdings eines der größten Highlights des Landes: **Sukhothai,** die erste Hauptstadt der Thais, eine fabelhafte, weit auslaufende Ruinenstadt mit fast 200 alten Tempeln und anderen Bauwerken. Auf dem Besuchsprogramm sollte sie nicht fehlen.

➡ **Sukhothai:** Die erste Hauptstadt der Thais, ein siebzig Quadratkilometer großes Areal, bedeckt mit oft magisch anmutenden, fabelhaften Tempel- und Palastruinen – ein ebenso historischer wie optischer Hochgenuss | **213**

NICHT VERPASSEN!

Diese Tipps erkennt man an der gelben Hinterlegung.

▷ Tempel im Historical Park von Sukhothai

4

Überblick

Zentralthailand ist in jeder Beziehung das Herzstück des Landes: Hier wurde mit der alten **Hauptstadt Sukhothai** die Thai-Nation begründet, und hier wird auch *das* Nahrungsmittel in Hülle und Fülle produziert, von dem das ganze Land so sehr abhängt – der **Reis.** Viele Jahre lang war Thailand der größte Reisexporteur der Welt – aufgrund künstlich erhöhter Preise der gegenwärtigen Regierung ist Thailand im Jahr 2012 jedoch auf den 3. Platz zurückgefallen.

Zentralthailand wird im Norden, Osten und Westen von Bergen flankiert, und im Süden durch den **Golf von Siam** begrenzt. Hindurch fließt der majestätische Chao Phraya, bevor er sich südlich von Bangkok in den Golf ergießt. Verwaltungstechnisch zählen Orte wie Phitsanulok und Sukhothai zwar schon zum Norden – oder genauer gesagt, zum „unteren Norden" – von der geografischen Charakteristik her ist die Gegend jedoch eher der Zentralregion zuzuschreiben.

Phitsanulok
พิษณุโลก

Phitsanulok (90.000 Einw.) liegt 5 km südlich der ehemaligen **Khmer-Stadt Song Kwae,** die so benannt wurde, da sie genau zwischen den Flüssen Nan und Kwae Noi angesiedelt war. Auf dem Gelände des alten Song Kwae befindet sich heute der Wat Chula Mani.

4

Zentralthailand

LAOS

THAILAND

Song
Rong Kwang
Na Noi
Ban Bo Bla
Ban Kengsao
Sangkhom
Phrae
Phrae
Ban Khok
211
Pak Chom
211
Long
101
Den Chai
Sirikit Dam
Fak Tha
Chiang Khan
Nam Som
101
Tha Pla
Nam Pat
Kaen Tao
Klang
201
Ban Phue
Laplae
Uttaradit
Mae Nam Nan
Khao Mun Ram
1564
Rom Klao
Tha Li
Pong
San Tom
Loei
Suwan Khuha
102
Nam Tok Chat Trakan
National Park
Phu Ruea
Na Duang
Na Dan
Thong Saen
Khan
Kha Thong
1249
Chat Trakan
212
Dan Sai
203
Wang Saphung
Loei
210
Na Klang
Nong Bua
Lam Phu
Si Samrong
11
Phrom
Phiram
Nakhon Thai
Phitsanulok
Phu Hin
Rong Klao
National Park
Ban Pong Chi
Phu Luang
1571
Phu Luang
Nong
Hin
201
Nong Bua
Lamphu
Phu Kao-Phu Phan Kham
National Park
12
Kong Krailat
Wat Bot
203
Phu Kra
Dung
Si Bun Ruang
228
207
Phitsanulok
Ban Yaeng
Lom Kao
Phu-Kradung
National Park
Si Chomphu
12
12
Wang Thong
Lom Sak
Naphao
Phu Wiang
Bang Rakam
11
Bang Krathum
Thung
Salaengluang
National Park
Khao
Kho
Ban Khlong
Si Fad
Namnao
National Park
Khon San
Chum Phae
Nong
Ruea
Lat Krabue
117
Noen Maprang
21
Phu Wiang
National Park
115
Sai Ngam
Phichit
Wang Sai
Phun
Wang Pong
1061
Khao Rang
Phetchabun
Kaset Sombun
Phu Khieo
Taphan Hin
Chon
Daen
113
201
Khanu
Woralaksaburi
Thap Khlo
11
Phetchabun
Nong Lai
Chaiyaphum
Kaeng Khlo
229
117
Bang Mun
Nak
21
Sai Thong
National Park
Tatton
National
Park
201
Khon
Sawan
Banphot Phisai
Chum Saeng
Nong Bua
225
Nong Phai
Bueng
Samphan
225
Ban Khwao
Nong Bua Rahaeo
Chaiya
phum
202
Waeng
Noi
Nakhon
Sawan
Phaisali
Wichianburi
Ban Lueam
Bua Yai
hap Than
Phayuha
Khiri
Nakhon
Sawan
11
Si Thep
21
Bamnet Narong
Chatturat
205
Kham Sakae
Saeng
333
Uthai Thani
Manorom
Tak Fa
Hin Dat
Thep Sathit
205
201
2
Phimai
Vat Sing
Chainat
Takhli
Sa Bot
Dan Khun Thot
201
205
Non Thai
Non Sung
Chainat
32
Ban Mi
Chai Badan
21
Tha Luang
Nakhon Ratchasima
226
Doembang
Nangbuat
Bang
Rasam
Singburi
Khok Samrong
1
Phattana Nikhom
Sung
Noen
24
Nakhon Ratchasima
Sam Chuk
Singburi
21
Lopburi
Lam Takhong
Dam
Sikhiu
Pho Thong
340
Chaiyo
Ang
Thong
Phra Phutthabat
Pak Chong
Pak Thong Chai
24
Chok Chai
Wiset Chai Chan
Ban Mo
Kaeng Khoi
Saraburi
2
Thakop
304

Phitsanulok (der Name ist „thaiisiertes" Sanskrit und bedeutet „Ort des Vishnu") ist das größte Geschäfts-Zentrum zwischen Bangkok und Chiang Mai. Sehr ansehnlich ist der Ort bei Tage nicht, dafür wird es nachts umso lebendiger. Entlang des Flusses finden sich zahllose Straßenstände zu einem lebendigen Nachtmarkt zusammen, und eine auffallend große Armee von Straßenprostituierten flaniert dann auf den Bürgersteigen entlang.

Der Tempel **Wat Phra Sri Ratana** überstand vor über 30 Jahren einen

Phitsanulok

0 ____ 200 m   © REISE KNOW-HOW 2013

THAI041

Sukhothai

Nan

▲ Wat Phra Sri Ratana

Buddhabucha Road

▲ Wat Ratcha Burana

Bromgajlokawert Road

Attawong Rd. ✉ **2**

3

Polizei ●

Ⓢ Krung Thai Bank

Narasuan Road

Ⓢ Bangkok Bank

Sair Uthai Road

4

Uhrturm ★

7 **8**

Paya Lithai Road

Ⓑ City Bus Station, A.C.-Busse nach Bangkok

ℹ

6

5

Borom Trailokanat Road

⊕

11 Bangkok

Ⓜ Museum

● Buddha Factory

★ Government Ⓑ Bus Terminal, Lom Sak, Uttaradit

Highway 12

Ⓗ Bus-Station

Ekathotsarot Road

10

9 Bahnhof

Ⓗ A.C.-Busse

Wisut Kasat Road

12

Übernachtung
1 Topland Hotel
2 Pailyn Hotel
4 Sukkit Hotel
7 Bon Bon G.H.
8 LiThai G.H.

9 Phitsanuloke Hotel
10 Rajapruk Hotel
11 Indra und La Paloma Hotel
12 Phitsanulok Youth Hostel

Essen und Trinken
3 Jungle Pub
5 Nachtmarkt

Sonstiges
6 Thai Airways

Großbrand, der die Mehrheit der hölzernen Häuser Phitsanuloks einäscherte. Die Einwohner der Stadt nennen diesen Wat schlicht Wat Yai oder „Der große Wat", und er ist der wichtigste Tempel am Ort. Erbaut wurde er im Jahre 1357, und er beherbergt den goldenen Buddha Phra Buddha Chinnarat, der als die schönste Buddha-Figur Thailands gilt. Das Gold auf der Statue stammt zum Teil aus dem persönlichen Besitz König *Eka Thossarots,* der es zu feinen Goldplättchen schlagen ließ und mit eigener Hand anbrachte.

Ebenfalls bemerkenswert sind die mit Perlmutt verzierten Türen des Viharn. Diese wurden im Jahre 1756 von König *Boromkot* in Auftrag gegeben, der so der Buddha-Figur seine Ehrerbietung darbrachte. Hinter dem Viharn steht ein 36 m hoher Prang, in dessen Inneren mehrere Reliquien Buddhas aufbewahrt werden.

Südlich dieses Wats liegt **Wat Ratcha Burana,** mit einem teilweise zerstörten Chedi aus der Zeit Ayutthayas. Die Wandgemälde im Bot zeigen Szenen aus dem Hindu-Epos Ramayana.

Nordöstlich der Stadt befindet sich **Wat Aranyik,** mit einem steinernen Chedi aus dem 15. Jahrhundert, und noch etwas weiter außerhalb der Stadt liegt **Wat Chedi Yot Thong,** eine ehemalige und mittlerweile fast völlig zerstörte Waldeinsiedelei.

Sehr interessantes Flussleben zeigt sich am Mae Nam Nan, wo hunderte von **Hausbooten** eine Art Stadt auf dem Wasser geschaffen haben. Auf dem Fluss gibt es auch Restaurants und Mekong-Kneipen.

Das **Tourist Office** befindet sich in 209/7–8 Boromtrailokanat Road, Tel. 055-252742-3, 8.00–16.30 Uhr.

Stadtverkehr

Es gibt die üblichen Samlors, Songthaews und Stadtbusse. Buslinie Nr. 5 fährt für 10 Baht nach Wat Chula Mani, an die Stelle, wo die eingangs erwähnte Khmer-Stadt Song Kwae lag. Bus Nr. 4 fährt zum Flughafen.

Unterkunft

Insgesamt stehen mehr als zwei Dutzend Hotels zur Verfügung, darunter auch Nobelhotels von bis zu 35.000 Baht. Diese werden zum Teil durch Tourgruppen belegt, die das nahe gelegene Sukhothai besuchen, wo es keine Unterkünfte dieser Qualität gibt.

◼ **LiThai G.H.**–***** (73/1–5 Phaya Li Thai Rd., Tel. 055-219626-7, Fax 055-219627); sehr saubere und gute Zimmer in verschiedenen Ausstattungen und zentrale Lage. Die preiswertesten Zimmer ohne eig. Bad (250 Baht), die anderen mit Bad/A.C. Bei einigen Zimmerpreisen ist wahlweise ein thailändisches oder westliches Frühstück inklusive. Wi-Fi-Internet (gegen kleine Gebühr).

◼ **Bon Bon Guest House***** (Phayalithai Rd., Tel. 055-5219058) ist für den Preis ok, Zimmer etwas klein, aber mit Bad und TV. Ab 350 Baht.

◼ Das **Phitsanulok Youth Hostel*–***** (38 Sanam Bin Rd., Tel./Fax 055-242060, phitsanulok@tyha.org) hat nette Zimmer, z. T. mit Open-Air-Bad, und Garten-Restaurant, aber keine günstige Lage. Zimmer ab 200 Baht, Betten im Schlafsaal für 120 Baht.

◼ **Pailyn Hotel****–ᴸᴸᴸ** (38 Borom Trailokanat Rd., Tel. 055-247800); eines der besseren Hotels der Stadt, die Preise schließen Frühstück mit ein. Ab 750 Baht.

◼ **La Paloma Hotel****–ᴸᴸᴸ** (103/8 Sitama Traidipok Rd., Tel. 055-217930-4, Fax 055-21 7935, www.thelapalomahotel.com); gut ausgestattetes Top-Hotel, für den Preis ab 1200 Baht inkl. Frühstück eine gute Wahl.

■ **Topland Hotel & Convention Centre *****–** LLL (Singharat Rd.,/Ekatothsarot Rd., Tel. 055-247800-14, Fax 055-247815, www.toplandhotel.com); wohl die „Top"-Adresse am Ort, Luxushotel mit Swimmingpool, Fitness-Center, Disco, Bar usw., und bei Internet-Preisen ab ca. 1500 Baht wird ein ausgezeichneter Gegenwert geboten. Ansonsten ab 2000 Baht.

Essen

In den besseren Hotels befinden sich Restaurants und Coffee Shops. Die beste Essensmöglichkeit ist aber der **Nachtmarkt** entlang des Flusses. Einige der Essensstände haben auch Kellnerinnen, was ansonsten nicht die Regel ist. Der Essensmarkt allein lohnt den Besuch Phitsanuloks.

■ Am Fluss befinden sich einige „schwimmende Restaurants", die sich auf Seafood spezialisiert haben. Besonders empfehlenswert sind das **Song Khwae** etwas flussabwärts vom Postamt sowie das **Phae Fa Thai** auf der Westseite des Flusses.

Information

■ Ein Büro der **TAT** befindet sich am Ostende der Thanon Boromtrailoknat, Tel. 055-252742 tat phlok@tat.or.th. Geöffnet tägl. 8.30–16.30 Uhr.

Anreise

■ **Busse** ab Bangkok (Northern Bus Terminal, Morchit 2) kosten 143 Baht, Fahrzeit 5–5½ Std. (390 km), A.C.-Busse ab Bangkok je nach Klasse 200/257

Baht. Dazu zahlreiche Busse aus Chiang Rai, Chiang Mai, Kamphaeng Phet, Udon Thani u. v. a. Ankunft an der Busstation in Phitsanulok, gelegen ca. 2 km östlich der Stadt an Highway 12; von dort geht es per Tuk-Tuk in die Innenstadt (ca. 50–60 Baht).

■ **Züge** kosten in der 3./2./1. Klasse 69/159/324 Baht plus Zuschläge. Abfahrtszeiten der Züge siehe unter „Sukhothai, Anreise".

■ **Flüge** ab Bangkoks Don Mueang Airport mit Nok Air (www.nokair.com) ab ca. 1500 Baht, drei Flüge tägl., Nok Air Tel. in Phitsanulok 055-301026-7, oder generell in Thailand Tel. 1318.

Weiterreise

■ **Busse** in Richtung Norden und Nordosten fahren ab dem staatlichen Busbahnhof im Nordosten der Stadt. Es fahren Busse u. a. in die folgenden Orte (Preise Normal-/A.C.-Busse): Chiang Mai (über Den Chai) 132/184 Baht; Chiang Mai (über Tak) 140/196 Baht; Chiang Rai 153/214 Baht, V.I.P. 290 Baht; Kamphaeng Phet 43/58 Baht; Khon Kaen 130/173 Baht, 1. Kl. A.C. 208 Baht; Nan 112/148 Baht, Sukhothai 24/33 Baht; Udon Thani 125/105 Baht.

Nationalpark Phu Hin Rong Kla
อุทยานฯภูหินร่องกล้า

Einer der lohnenswertesten Ausflüge von Phitsanulok aus führt in den Nationalpark Phu Hin Rong Kla, ca. 125 km von Phitsanulok entfernt.

Die landschaftlich reizvolle Region war von **1967–82** das **Hauptquartier der Kommunistischen Partei,** der Communist Party of Thailand (CPT) und beherbergte auch deren militärischen Flügel, die People's Liberation Army of Thailand (PLAT). In ihrer „Glanzzeit", Ende der siebziger Jahre, hatte die CPT hier 4000 Kämpfer um sich geschart, viele davon waren ehemalige Studenten, die am Aufstand von 1976 teilgenommen und sich den Kommunisten zugewandt hatten. Viele der Rebellen hatten in der südchinesischen Provinz Yünnan eine militärische Ausbildung erhalten. Es erübrigt sich zu erwähnen, dass das Gebiet für normale Thais **nicht zugänglich** war.

1982 gewährte die thailändische Regierung eine **Amnestie** für alle diejenigen Studenten, die sich nach 1976 den Kommunisten angeschlossen hatten. Die CPT ergab sich. 1984 wurde das Gebiet **zum Nationalpark erklärt.**

Der 307 km² große Park besteht aus bergiger, urwüchsiger Waldlandschaft, das Parkhauptquartier befindet sich in luftiger, kühler Höhe von ca. 1000 m. Über das Gebiet verstreut finden sich noch **Reste der Rebellen-Anlagen,** so die des Hauptquartiers, eines Luftschutzbunkers und Aussichtspunkte. Am Felsen Phaa Chu Thong („Flaggen-Aufzieh-Felsen"), zu dem ein Pfad führt, zogen die Rebellen nach militärischen Siegen ihre Fahne auf.

Am Parkhauptquartier, gleich am *Visitors's Centre*, befindet sich ein kleines **Museum,** in dem Objekte aus den Rebellenzeiten augestellt sind, so z. B. Waffen und medizinische Instrumente.

Der Park eignet sich ansonsten hervorragend für **Wanderungen,** von vielen Stellen ergeben sich wunderbare Ausblicke, und es locken einige hübsche **Wasserfälle.**

Der Eintritt kostet 200 Baht.

Unterkunft

Das Forestry Department (Tel. 055-233527, Tel. Bangkok 02-5614292) offeriert geräumige **Bungalows****–ᴸᴸᴸ, deren Preis sich nach der Aufnahmekapazität richtet. Die größten haben Platz für 14 Personen. Die billigsten Unterkünfte kosten 300 Baht, diese haben aber keine Betten, nur Matratzen. Für 10 Baht kann man sein selbst mitgebrachtes **Zelt** aufschlagen; für 40 Baht findet sich Unterkunft in einem Zelt der Parkverwaltung, eigenes Bettzeug ist aber mitzubringen.

Anreise

Von Phitsanulok fahren für 50 Baht **Busse** nach Nakhon Thai, wo in ein **Songthaew** zum Park umgestiegen werden muss (30 km, ca. 30 Baht); es fahren am Tag nur vier Songthaews (9.30, 10.30, 14, 15 Uhr).

Sukhothai
สุโขทัย

Sukhothai (30.000 Einwohner) liegt 440 km nördlich von Bangkok oder 350 km südlich von Chiang Mai, an dem kleinen Fluss Mae Nam Yom.

Der Ort unterteilt sich in zwei verschiedene Teile, so wie sie unterschiedlicher nicht sein könnten: Der neue Stadtteil, **New Sukhothai,** ist ein Provinznest, das man sich in weniger als einer Stunde erwandert hat, der lebendigste Aspekt des Ortes ist der kleine Nachtmarkt am Busbahnhof.

Der historische Teil dagegen, **Old Sukhothai,** zwölf Kilometer westlich der Neustadt, ist eine der imposantesten

4

Ruinenstädte überhaupt. Wer nur eine der alten Hauptstädte besuchen will, d. h. entweder Ayutthaya oder Sukhothai, sollte auf jeden Fall Sukhothai wählen.

Sukhothai wurde im Jahre 1238 gegründet und war 120 Jahre lang die Hauptstadt der ersten Thai-Nation. Sukhothais König *Ramkanghaeng* (1275–1317) wird allgemein als Vater der Nation bezeichnet, doch unter seinen Nachfolgern zerfiel das Reich zunehmend, und wurde im 14. Jahrhundert schließlich von Ayutthaya einverleibt.

Alle Sehenswürdigkeiten befinden sich in **Old Sukhothai,** und derer gibt es so viele, dass man Tage auf dem Gelände verbringen könnte. Der **Sukhothai Historical Park** bedeckt eine Fläche von 72 km², und darauf verteilen sich Hunderte Monumente.

Das Herzstück des Parks ist die eigentliche alte Stadt Sukhothai, die von einer **Stadtmauer** von 1,6 mal 2 km Länge umgeben war. An den Toren in der Stadtmauer hatte sich früher jeweils eine Glocke befunden, die von Leuten geläutet werden sollte, die ein dringendes Anliegen hatten. Beim Klang der Glocke kam der König persönlich, um sich den Fall schildern zu lassen.

Fahrräder dürften das ideale Fortbewegungsmittel auf dem Gelände sein, und gegenüber dem Ramkamhaeng Museum, genau da, wo die Busse aus Alt-Sukhothai halten, werden Fahrräder für 30 Baht pro Tag vermietet.

Zwischen New Sukhothai und dem alten Teil verkehren regelmäßig **Songthaews** für 10 Baht, Fahrzeit etwa 20 Minuten. Sie fahren von der Haltestelle an der Straße nach Tak ab, 1–2 km westlich des Flusses. Letzte Abfahrt ca. 18.00 Uhr.

Innerhalb des historischen Geländes fährt eine von der Parkverwaltung betriebene **Tram-Bahn** zu 20 Baht pro Person. Zum gleichen Preis werden Fahrten mit dem Ochsenkarren angeboten.

■ **Geöffnet:** Der historische Park ist tgl. von 6.00 bis 18.00 Uhr geöffnet, Eintritt: Das Gelände ist in fünf Sektionen unterteilt, die Nord-, Ost-, Süd-, West- und Zentral-Sektion. Der Eintritt pro Zone kostet 100 Baht, für 350 Baht gibt es am Parkeingang **Sammeltickets,** mit denen alle Bereiche besucht werden können.

Sehenswertes

Im **Ramkamhaeng National Museum** gibt es neben einer Sammlung von Skulpturen der Sukhothai-Periode einen meisterlich ausgeführten „Schreitenden Buddha" (dazu Informationsbroschüre auf Englisch).

■ **Geöffnet:** Mi–So 9.00–16.00 Uhr, an Feiertagen geschlossen. Das Museum befindet sich direkt links, wenn man mit dem Bus aus Neu-Sukhothai kommt. Eintritt: 150 Baht.

Der gewaltige Komplex von **Königspalast und Wat Mahathat** erstreckt sich über 160.000 m² und ist von einem Graben umgeben. Neben einem Sukhothaitypischen Chedi in Lotusform stehen Säulenreihen, an deren Ende der Buddha thront. Die Bauwerke sind nach Osten ausgerichtet und geben im Morgenlicht ein unglaublich magisches Bild ab.

Wat Srisawai liegt südwestlich des Wat Mahathat und umfasst drei Prangs im Khmer-Stil, die ursprünglich dem Hindu-Gott Shiva geweiht waren. Die Bauten wurden wahrscheinlich schon im

Zentralthailand

zwölften Jahrhundert errichtet, also noch vor der Gründung Sukhothais.

Wat Trapang Ngoen wurde auf eine kleine Insel in der Mitte eines Teiches gebaut. Zu sehen sind noch die Überreste eines Viharn und eines Chedi.

Wat Sra Sri ist ein anderer auf einer kleinen Insel stehender Tempel. Der Chedi ist im singhalesischen Stil erbaut, und in den Überresten eines Viharn thront eine Buddha-Statue.

Wat Phra Pai Luang befindet sich einen halben Kilometer nördlich des nördlichen Stadttores und war zunächst ein Hindu-Schrein, bevor es in ein buddhistisches Kloster umgewandelt wurde. An einem Mondop ist Buddha in vier Positionen zu sehen: sitzend, liegend, stehend und gehend. Vor drei Prangs wurden ein Viharn und ein Chedi errichtet. Nach Wat Mahathat ist dies der zweitwichtigste Tempelkomplex.

Wat Sri Chum liegt 1½ km nordwestlich der Nordwestecke der Stadtmauern und zeigt einen Buddha, dessen Breite (von Knie zu Knie gemessen) zwölf Meter beträgt. Der Buddha sitzt auf einem Mondop von 32 Metern Seitenlänge und 15 Metern Höhe. Durch den Mondop führt ein Gang, in dessen Decke Fresken eingearbeitet wurden.

Wat Saphan Hin, 2 km westlich der Stadtmauern auf einem Hügel gelegen, besitzt einen 12,5 m hohen stehenden Buddha, und von dem Wat aus hat man einen guten Überblick über das Gelände.

Information

Ein **TAT-Büro** (Tel. 055-616228, tatsukho@tat.or.th) findet sich in der 139 Charodvithithong Rd. Geöffnet tägl. 8.30–16.30 Uhr.

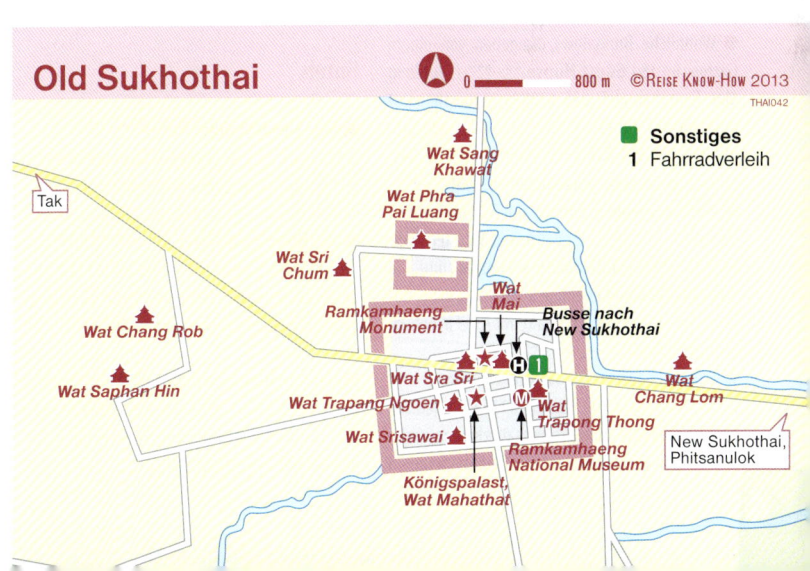

Unterkunft

Zur Auswahl stehen einige preiswerte Guest Houses sowie Hotels der Mittelklasse. Die Unterkünfte befinden sich zumeist in New Sukhothai, einige liegen außerhalb in Richtung Old Sukhothai.

Guest Houses

In New Sukhothai findet sich eine große Auswahl an preiswerten Guest Houses. Unterkünfte kommen und gehen relativ schnell, allgemein werden es jedoch eher mehr als weniger. Einige wenige Unterkünfte finden sich nahe dem Eingang zu den Ruinen in Old Sukhothai.

■ **No. 4 Guest House****–*** (Soi Klong Mae Ramphan, Tel. 055-610165), nordwestlich der Innenstadt, in ruhiger Lage am Klong Mae Ramphan. Preiswerte, einfache aber saubere Bambus-Bungalows mit Bad, für den Niedrigpreis ist der Gegenwert sehr gut.

■ **Ninety-Nine Guest House***–** (Soi Panitsan, Tel. 055-611315) bietet einfache Zimmer ohne eig, Bad in einem netten Holzhaus, dazu preiswerte Betten im Dorm (100 Baht).

■ Wohnliche Bungalows, umgeben von einem Garten, im **J&J Guest House** **–*** (Soi Klong Mae Ramphan, Tel. 055-620095, jjguesthouse@hotmailcom), für den Preis ab 250 Baht sehr gut, mit A.C. ab 350 Baht. Das angeschlossene Restaurant ist ebenfalls sehr empfehlenswert.

■ Moderne, saubere Zimmer mit Bad im **Garden House****–*** (11/1 Pravetnakon Rd., Tel. 055-611395, www.gardenhouse-sukhothai.com), ab 200 Baht. Dazu gibt es einige Bungalows, in der höheren Preislage zu ca. 400 Baht mit A.C. Ein beliebter Travellertreff.

■ Das daneben liegende **TR Guest House** **–*** (27/5 Pravetnakon Rd., Tel. 055-6116 63, www.sukhothaibudgetguesthouse.com) hat sehr gemütliche Holzbungalows ab 250 Baht mit Bad, die teureren

mit A.C. Guter Gegenwert, sehr empfehlenswert. Motorrad-Verleih.

■ Gute und preiswerte Zimmer ohne eig. Bad im **Ban Thai****–*** (Tel. 055-610163, guesthouse_banthai@yahoo.com), die teureren haben A.C., dazu gibt's einige Bungalows. Ab 250 Baht.

■ Eine gute Wahl: **Lotus Village******–ᴸᴸᴸ (170 Rajthanee Rd., Tel. 055-621484, www.lotus-village.com), das von einem großen Garten umgeben ist. Es gibt sehr preiswerte Zimmer ohne Bad, die in einem Haus untergebracht sind, dazu Bungalows mit Bad und heißer Dusche. Die teuersten Zimmer haben A.C. und sind sehr komfortabel eingerichtet. Eine der besten Unterkünfte am Ort. Ab 850 Baht.

■ **Vitoon Guest House****–*** (Tel. 055-633397, www.vitoonguesthouse.com), liegt nahe dem Eingang zu den Ruinen in Old Sukhothai. Sehr sauber und gemütlich. Alle Zimmer haben Bad, die teureren zudem TV und A.C. Fahrrad-Verleih.

■ Ebenfalls nahe dem Zugang zu den Ruinen liegt das **Orchid Hibiscus Guest House******–***** (Route 1272, Tel. 055-633284, orchid_hibiscus_guest-house@hotmail.com). Dies ist eine der besten Unterkünfte am Ort, mit geschmackvoll eingerichteten Zimmern mit Bad und A.C., Swimmingpool vorhanden.

Hotels

■ Das **Sawasdipong Hotel*****–**** 56/2–5 Singhawat Rd., Tel. 055-611567, www.sawasdipong.com) ist eines der besseren Hotels am Ort; wohnliche Zimmer mit Bad, A.C., TV, dazu W-LAN.

■ Das **River View Hotel** ***–**** (Nikhon Kasem Rd., Tel. 055-611656, Fax 055-613373), das den Fluss überblickt, ist einer lange überfälligen Renovierung unterzogen worden. Ordentliche Zimmer mit Bad/ A.C./TV.

■ Das **Northern Palace Hotel*****–***** (Wang Nuea, Tel. 055-611193-4, Fax 055-61 2038), ebenfalls renoviert, hat akzeptable Zimmer mit A.C., TV und Kühlschrank, ab 500 Baht.

■ **Cocoon Hotel****–*** (Singhawat Rd., Tel. 055-612081, Fax 055-622157) ist eines der besser ausgestatteten Guest Houses, mit geschmackvoll eingerichteten Zimmer mit Bad. Die teureren Zimmer haben Bad mit Warmwasser.

■ Das **Pailyn Sukhothai*******–ᴸᴸᴸ befindet sich etwa 7 km westlich von New Sukhothai, an der Straße, die den neuen und alten Stadtteil miteinander verbindet (Tel. 055-633335-6, Fax 055-613317). Das Hotel wird hauptsächlich von (teilweise lauten) Tourgruppen angesteuert. Für Individualreisende ohne eigenes Fahrzeug könnte die Lage möglicherweise von Nachteil sein. Außerdem sieht das Hotel nicht mehr ganz frisch aus. Bei Internetpreisen ab ca. 1200 Baht wird jedoch ein akzeptabler Gegenwert geboten, mehr ist es aber wohl nicht wert. Angeschlossen sind einige Restaurants, eine Disco und eine Health Club.

■ Noch etwas weiter westlich, nahe Old Sukhothai, liegt das **Legendha Sukhothai Resort*******–ᴸᴸᴸ (Tel. 055-697214, 055-697023, www.legendhasukhothai.com). Es besteht aus urgemütlich, stilvoll eingerichteten, komfortablen Bungalows mit A.C., TV und Kühlschrank, dazu kostenloses W-LAN. Wer die Ausgabe nicht scheut, trifft hier ins Schwarze. Preise bei Internet-Buchung ab ca. 1800 Baht. Fahrrad-Verleih .

■ **Tharaburi Resort**ᴸᴸᴸ (11/3 Srisomboon Rd., Tel. 055-697132, Fax 055-697131, www.tharaburiresort.com) liegt an der Südostseite der Ruinen und ist eine grandiose Luxusunterkunft, die sich wunderbar in die historische Lage einpasst. Schön eingerichtete, komfortable Zimmer mit A.C., TV und Kühlschrank, dazu Swimmingpool, Thai-Massage und diverse Tourangebote. Preis in der Hauptsaison ab ca. 4000 Baht.

Essen

Die billigste Speisemöglichkeit ist der recht lebendige, kleine Nachtmarkt an der Bushaltestelle. Das Sukhothai Hotel und das Chinnawat Hotel bieten sowohl westlich orientierte als auch Thai-Gerichte, das Chinnawat hat an der Südwestseite seines Straßenblocks zudem eine Bäckerei.

■ Das **Dream Café** ist vollgestopft mit thailändischen Antiquitäten, und in diesem kunstvollen Ambiente schmecken auch die dargebotenen thailändischen und chinesischen Gerichte noch besser. Das Essen ist durchweg gut. Erhältlich sind auch diverse traditionelle Kräuterschnäpse sowie Eiscreme.

■ In der **Chopper Bar** (Pravet Nakorn Rd.) gibt es neben gelegentlicher westlicher Live-Musik auch gute westliche Gerichte, dazu ebenso leckere thailändische Meeresfrüchte.

Anreise

■ **Normalbusse ab dem Northern Bus Terminal in Bangkok** (Morchit 2) fahren etwa jede Stunde zu 143 Baht, A.C. 2 Kl. 237 Baht, A.C. 1 Kl. 302 Baht. Fahrzeit ca. 6 Std. (425 km). Ankunft am Busbahnhof etwa 2 km nordwestlich von Neu-Sukhothai. Busse aus westlicher Richtung – d. h. Mae Sot und Tak – passieren zuerst Alt-Sukhothai, bevor sie in Neu-Sukhothai einfahren. Vom Busbahnhof fahren dann regelmäßige Stadtbusse in Richtung Altstadt.

■ **Züge** fahren nur ins nahe Phitsanulok, von wo aus man mit Bussen weiter nach Sukhothai gelangt (24/38 Baht, Fahrzeit ca. 1 Std.). Abfahrt der Züge in der Hualamphong Station in Bangkok um 7.00, 8.30, 9.25, 10.50, 14.30, 19.20, 19.35, 19.50, 20.10 und 22.00 Uhr. Fahrzeit je nach Zug ca. 4–7¼ Std. Sehr günstig ist der 8.30-Zug (Express), Ankunft 13.19 Uhr, da man zu der Ankunftszeit noch in aller Ruhe nach Sukhothai weiterfahren und eine Unterkunft suchen kann. Fahrpreis je nach Klasse 69/159/324 Baht.

■ **Züge ab Chiang Mai** nach Phitsanulok um 6.45, 8.45, 14.50, 16.30 und 21.00 Uhr. Fahrzeit je nach Zug ca. 7–7½ Std. Fahrpreis je nach Klasse 51/122/269 Baht.

4

New Sukhothai

0 ———— 200 m   © REISE KNOW-HOW 2013

THAI048

Wat Thaichumpol

Wat Khuha Sawan

Mae Ramphan Canal

Old Sukhothai

Busse nach Old Sukhothai

Charodwithitong Road

TAT Bank

Wat Rajthanee

Busse nach Si Satchanalai

Busse nach Sawankhalok + Si Satchanalai

Busse nach Tak

Busstation

Yom

■ Übernachtung
1 No. 4 Guest House
2 Ninety-Nine G.H.
3 Vitoon G.H.,
   Orchid Hibiscus G.H.,
   Pailyn Sukhothai,
   Legendha Sukhothai
   Resort,
   Tavaburi Resort
4 J&J Guest House
6 Garden House
7 TR G.H.
8 Ban Thai
9 Lotus Village
10 River View Hotel
16 Cocoon Hotel
18 Northern Palace Hotel
21 Sawasdipong Hotel

■ Essen und Trinken
5 Chopper Bar
11 Nachtmarkt
13 Restaurants
15 Indhira Restaurant
19 Dream Café

■ Einkaufen/Sonstiges
12 Win Tours
14 Kino
17 Leaf Bakery
20 Bücherei

■ **Flüge** ab dem Suvarnabhumi Airport in Bangkok mit Bangkok Airways, die einen eigenen Flughafen bei Sukhothai betreibt (26 km von Sukhothai, 12 km von Si Satchanalai), kosten je nach Tag und Flug ab ca. 2300 Baht, in der Hochsaison oder bei kurzfristiger Buchung bis zu 4000 Baht. Es gibt 2 Flüge täglich, Flugzeit 1 Std. 15 Min. Siehe www.bangkokair.com.

Weiterreise

■ Busse ab Sukhothai fahren von **verschiedenen Busstationen** ab. **Busse von Privatgesellschaften** nach Bangkok, Chiang Mai, Kampahemg Phet, Khon Kaen, Lampang, Mae Sot, Nan, Phitsanulok, Sawankhalok, Si Satchanalai, Tak u. a. fahren ab dem Busterminal 1 km nordwestlich der Innenstadt an Highway 101. Abfahrt nach Bangkok tagsüber etwa jede Stunde, Preis 142 Baht (Normalbus), 199 (2. Kl. A.C.), 256 Baht (1. Kl. A.C.). Ebenfalls etwa stündliche Abfahrten nach Chiang Mai (die kürzere Strecke über Tak) zu 122 Baht im Normalbus, 171 Baht mit A.C.

■ **Staatliche Busse** nach Sawankhalok (20 Baht; Fahrzeit ¾ Std.) und Si Satchanalai (35 Baht; Fahrzeit 1 Std.) fahren ab einem **Haltepunkt am Markt** in New Sukhothai, einige Schritte nordwestlich des Sukhothai Hotels. Staatliche Busse nach Tak (150 Baht) ab einem Haltepunkt an der Ban Muang Rd.

■ **Songthaews nach Old Sukhothai** fahren ab einem Haltepunkt an der Charodwithithong Road, ca. 200 m westlich des Flusses. Preis 30 Baht, Fahrzeit ca. 20 Min.

■ **Tuk-Tuks** von Neu-Sukhothai in die Altstadt kosten ca. 150 Baht. Für 500–600 Baht lassen sich 3–4-stündige Touren durch Alt-Sukhothai organisieren.

Si Satchanalai-Chaliang Historical Park

ศรีสัชนาลัย

Si Satchanalai, 56 km nördlich von Sukhothai gelegen, war eine Art kleineres Pendant zu der gewaltigen ersten Hauptstadt des Reiches und wurde stets von einem Sohn des Königs von Sukhothai regiert. Die übriggebliebenen **Ruinen** Si Satchanalais (13.–15. Jh.) liegen auf einem Hügel, umgeben von idyllischer, malerischer Landschaft. **Chaliang**, ca. 1 km südöstlich von Si Satchanalai, wurde schon im 11. Jh. gegründet, auch wenn zwei Tempel des Geländes aus ei-

ner späteren Epoche stammen (14. Jh.). Der historische Park um die beiden Orte ist zu einer World Heritage Site erklärt worden, und viele Reisende ziehen ihn aufgrund seines ruhigeren Ambientes dem touristischeren Sukhothai vor.

Wat Chang Lom, stammt aus dem späten 13. Jahrhundert und besitzt einen auffallend gewölbten Chedi, der auf einem quadratischen Sockel ruht. In den Sockel sind Elefanten- und Buddha-Figuren eingearbeitet.

Weiter südlich stehen die Ruinen von **Wat Chedi Chet Thaew.** Das „Wat mit sieben Reihen Chedis" enthält genau diese, und die Chedis sollen die Asche der Herrscher von Si Satchanalai in sich bergen.

Gut anderthalb Kilometer weiter östlich, in Chaliang am Ufer des Yom-Flusses, stehen die Ruinen von **Wat Phra Si Ratana Mahathat.** Das Wat stammt aus dem späten 13. Jh., wurde aber zur Zeit Ayutthayas umgebaut. Es besteht aus einem großen Chedi, zwei sitzenden Buddha-Figuren und einem auffälligen Prang, an dem sich Khmer-Einflüsse zeigen. Auffallend auch die Figur eines „gehenden Buddhas".

Knapp einen halben Kilometer westlich finden sich die Überreste von **Wat Chao Chan,** dessen Hauptmerkmal ein Prang im Khmer-Stil ist. Dieser wurde vermutlich zur Regierungszeit von König Jayavarman 7. (1181–1217) erbaut. Der Prang ist restauriert und relativ gut erhalten. Eintritt zum Tempel 20 Baht, dazu 100 Baht Eintritt zum Chaliang-Bereich; am besten fährt man mit dem Sammelticket.

Während der Sukhothai- und Ayutthaya-Epoche war die Gegend um Sukhothai und Si Satchanalai die Fabrika-

4

tionsstätte weithin gefragter Töpferwaren. Diese wurden bis nach China exportiert und waren dort als Sangkalok-Waren bekannt (Sangkalok war eine Verballhornung des Stadtnamens Sawankhalok). Allein im Bereich von Si Satchanalai befanden sich entlang des Mae-Yom-Flusses über 200 Töpfereien, in denen die Waren fertig gestellt wurden. Einige davon wurden ausgegraben und können nun besichtigt werden. Diese unterstehen dem **Si Satchanalai Centre for Study & Preservation of Sangkalok Kilns.** Bisher sind an zwei Stellen Besichtigungen möglich, eine 2 km nordwestlich von Si Satchanalai, die andere in Chaliang. Weitere alte Brennereien sollen später der Öffentlichkeit zugänglich gemacht werden. Bruchstücke von Töpferwaren, die nicht für den Export geeignet oder anderweitig misslungen waren, werden noch heute in der Umgebung von Si Satchanalai gefunden. Einige Geschäfte in Si Satchanalai und Sukhothai verkaufen derartige Objekte, und auch so mancher Privatbürger versucht ein paar Stücke an Touristen los zu schlagen. Darunter sollen gelegentlich wertlose Fälschungen sein.

In Sawankhalok, bei Wat Sawankhalam, befindet sich das **Sawanworanayok National Museum,** in dem zahlreiche Keramikgegenstände aus der Sukhothai-Periode ausgestellt sind (69 Thanon Phracharat, Tel. 055-641571). Die Objekte wurden in der Umgebung gefunden und dem Tempel gestiftet. Eintritt 100 Baht, Kinder bis zu 16 Jahren 50 Baht; geöffnet tgl. 9.00–16.00 Uhr.

■ **Eintritt Si Satchanalai/Chaliang:** 100 Baht für Si Satchanalai, bzw. 240 Baht für ein Sammelticket Si Satchanalai plus Chaliang. Für mitgebrachte Fahrräder zusätzlich 10 Baht, für Motorräder 30 Baht, für Autos 50 Baht. Geöffnet tägl. 8.00–18.00 Uhr.

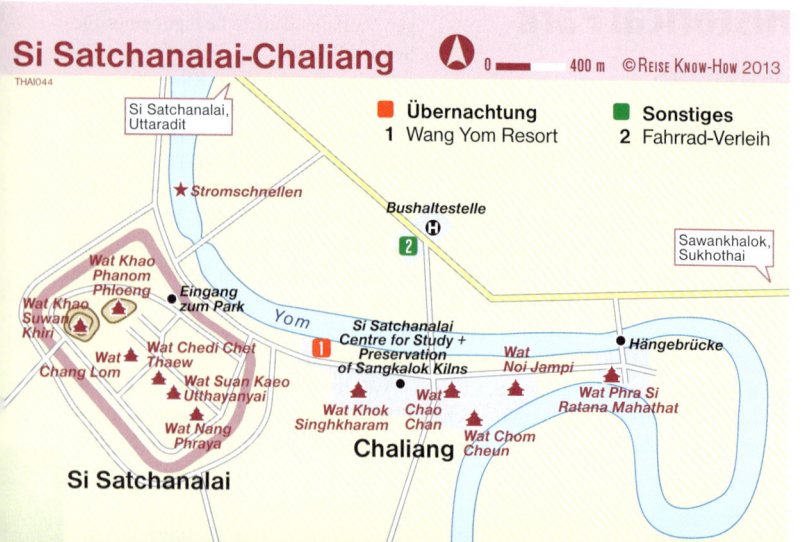

■ Für 100 Baht pro Person kann das Gelände auf dem Rücken eines Elefanten erkundet werden. Die Ritte dauern etwa 30 Minuten. Am Eingang zu Wat Phra Si Ratana Mahathat können Fahrräder für 40–50 Baht pro Tag ausgeliehen werden, und dies ist sicher die beste Methode, die Ruinen zu erkunden.

Unterkunft

■ **Wang Yom Resort***–**** (Thanon Kaeng Luang, Tel. 055-631380) befindet sich gerade einen halben Kilometer südlich der Ruinen von Si Satchanalai. Unterkunft findet sich akzeptablen Bungalows mit Bad, die von malerischer Gartenlandschaft umgeben sind.

■ Preiswertere Unterkünfte bieten sich im kleinen Ort Sawankhalok an, ca. 10 km südlich von Si Satchanalai, so im **Saengsin Hotel ***–*** (Tel. 055-6411818, Fax 055-641828) oder **Muang Inn Hotel***–**** (Tel. 055-641622). In beiden sind die teureren Zimmer mit A.C. versehen.

Anreise

■ **Ab Bangkok** (Northern Bus Terminal) fahren Busse für 115 Baht nach Sawankhalok, A.C.-Busse fahren für 210 Baht. Lokale Busse weiter nach Si Sachanalai kosten 8 Baht und fahren etwa alle 45 Minuten ab. Ab dem Busbahnhof in Sukhothai fahren langsame lokale Busse, Abfahrt alle halbe Stunde. Schneller und bequemer sind die A.C.-Busse in Richtung Chiang Rai, die Si Satchanalai passieren; Fahrzeit ca. 1 Std. Abfahrt nur viermal am Tag (6.40, 9, 10.30, 11.30 Uhr). Das alte Si Satchanalai liegt ca. 11 km vor der neuen Stadt. Bei Kilometerstein 55 aussteigen. Einige wenige A.C.-Busse fahren von Bangkok direkt nach Si Satchanalai für 307 Baht.

■ Busse **ab New Sukhothai** nach Suwankhalok kosten 34 Baht, mit A.C. 50 Baht.

Kamphaeng Phet

กำแพงเพรช

Gegründet im Jahre 1347, war Kamphaeng Phet eine Garnisonsstadt der Könige von Sukhothai und Ayutthaya. Die Ruinen von zahlreichen Bauwerken sind noch zu besichtigen.

Die heutige Stadt (35.000 Einwohner) unterteilt sich in zwei gänzlich verschiedenartige Hälften: Der nördliche Teil ist der historische, der südliche der neu erbaute Teil der Stadt. Das alte Stadtviertel erinnert ein wenig an Alt-Sukhothai, und obwohl nicht so spektakulär wie dieses, ist er dennoch einen längeren Besuch wert. Der besuchenswerte **Kamphaeng Phet National Park** wiederum teilt sich ebenfalls in zwei Hälften. Eine, innerhalb der alten Stadtmauern gelegene, und eine im Norden darüber hinaus. Letztere wird Aranyik genannt, etwa der „Waldbereich".

Der Eintritt in den Park kostet 150 Baht für beide Bereiche, bzw. 100 Baht für je einen der beiden Zonen; geöffnet tgl. 8.00–18.00 Uhr; das Mitführen eines Fahrrads kostet 10 Baht zusätzlich, Motorrad 20 Baht, Auto 50 Baht.

Im **Wat Phra Kaeo** wurde einst der Emerald Buddha aufbewahrt, der heute im gleichnamigen Tempel in Bangkok zu bewundern ist. Die Tempelgebäude sind aus Sandstein erbaut, und das hervorstechende Merkmal ist eine Pagode im Sri Lanka-Stil.

Das **Khamphaeng Phet National Museum** wurde 1970 eröffnet und enthält Fundstücke aus ganz Thailand sowie solche, die bei Ausgrabungen in Khamphaeng Phet selber gefunden wurden.

4

Kamphaeng Phet

0 ——————— 400 m © REISE KNOW-HOW 2013

Sukhothai

Wat Chang Rob

Eingang zum Historical Park

Wat Singh
Wat Phra Si Aryabot
Wat Phra Non
Wat Phra Meut

Wat Awat Yai

Eingang zum Historical Park (Aranyik-Bereich)

Ping

★ Schrein

Wat Phra Keo

Wat Phra Boromathat

Wat Phra That

M National Museum

Tak, Nakhon Sawan

H Bus-Station

1

Wat Nong Philap

Krung Thai Bank

S

Stadthalle

Wat Chedi Kuang Thung

Wat Nong Kale

2

Wat Nong Langka

Rajdamenern Road

Wat Khu Yang

6

Thesa Road

Thesa Soi 9

Wat

Thai Farmers Bank

S

Thanon Thesa Road

3

Bangkok Bank S

Charoensuk Road

Thesa Soi 12

4 5

Soi 6

Markt ★

Thesa Soi 13

Phichit

7

Rajdamenern Road

8

■ Essen und Trinken
1 Nachtmarkt
5 Eagle Pub

■ Übernachtung
2 Teak Tree G.H.
3 Chakungrao Riverview Hotel
4 Korchokchai Hotel
6 Three J G.H.
7 Phet Hotel
8 Nawarat Hotel

Eintritt 40 Baht, geöffnet Mi–So (außer an Feiertagen) 9.00–16.00 Uhr, Eintritt 100 Baht.

Etwas südlich dieses Museums steht das **Kampaeng Phet Chalermprakiat Museum.** Es besteht aus traditionellen Holzgebäuden, in denen Objekte zu unterschiedlichen Themenbereichen – z. B. Ethnologie, Architektur, Frühgeschichte etc. – ausgestellt sind. Eintritt kostenlos, geöffnet tgl. 9.00–16.30 Uhr.

Wat Phra Non, der „Tempel des Liegenden Buddhas", im Aranyik-Bereich gelegen, wird im Inneren von massiven Steinpfeilern gestützt; der dort liegende Buddha ist allerdings verfallen und kaum als solcher zu erkennen.

Wat Chang Rob enthält die Überreste eines Tempels mit einer Pagode, die von 68 Elefantenstatuen umgeben ist. Die Elefanten scheinen die Pagode auf ihren Rücken zu tragen. Der Wat ist im Stile Sukhothais und Ayutthayas errichtet.

In **Wat Phra Si Aryabot,** ebenfalls im Aranyik-Bereich, stehen die Überreste des Fundamentes eines großen Viharns sowie ein aufrecht stehender Buddha. Vor dem Wat befindet sich ein Teich.

Unterkunft

■ Beliebt bei Backpackern ist das **Three J Guest House***–**** (Thanon Rajwithi, Tel. 081-8874189, www.threejguesthouse.com), mit urigen Bungalows, samt Veranda, hinter denen eine Art Steingarten angelegt ist. Die preiswertesten Bungalows haben kein eigenes Bad. Ab 320 Baht.
■ Das **Korchokchai Hotel***–*** (Charoensuk Rd., Tel. 055-711247) ist eines der besseren Hotels, Zimmer mit Bad und in den höheren Preislagen A.C.
■ Noch etwas besser ist das **Phet Hotel****** (Bamrungad Rd., Tel. 055-712810-5, Fax 055-712816, pehthtl@cscoms.com). Komfortable Zimmer mit A.C. und TV. Ab 700 Baht.
■ Eine gute Wahl ist das **Nawarat Hotel***–***** (2 Soi 21, Thanon Thesa, Tel. 055-711106). Ordentliche Zimmer mit A.C. und TV ab 400 Baht, angeschlossen ist ein Coffee Shop.
■ Das **Chakungrao Riverview Hotel****–***** (149 Thesa 1 Rd., Tel. 055-714900-8, www.chakungraoriverview.com) ist ein modernes Haus mit sehr sauberen und komfortablen Zimmern mit A.C., TV, Kühlschrank und Wi-Fi. Sehr empfehlenswert. Bei Buchungen über Internetagenturen ab ca. 900 Baht, ansonsten ab ca. 1200 Baht.

Essen

■ Um das Chakungrao Riverview Hotel befinden sich einige höherklassige Restaurants mit entsprechenden Preisen. Im alten Stadtteil operieren in der Nähe des Rathauses eine Reihe **Essensstände.**

Anreise

Busse ab Bangkok (Northern Bus Terminal, Morchit 2) kosten 125 Baht. Tgl. ca. 8–10 Abfahrten. Entfernung ca. 350 km, Fahrzeit ca. 5 Std. Viele Busse auch ab Phitsanulok (100 km), Sukhothai (75 km) und Chiang Mai (340 km). Von Sukhothai nach Kamphaeng Phet können auch Tagesausflüge unternommen werden.

Weiterreise

■ Zum Wat Phra Kaeo oder den anderen Sehenswürdigkeiten halte man ein **Songthaew** an, die Fahrt innerhalb der Stadt kostet 10 Baht.
■ Der **Busbahnhof** ist etwa 3 km vom neuen Stadtteil entfernt bzw. 1 km vom alten. Busse fahren von hier u. a. nach Sukhothai (46 Baht), Phitsanulok (43 Baht).

4

Mae Sot

แม่สอด

Mae Sot liegt nur 4 km von der **burmesischen Grenze** entfernt, und somit eröffnet sich hier ein weites Feld für Schmuggler. Die Edelsteingeschäfte entlang der Prasat Withisang Road bieten Steine an, die aus Burma stammen. Die Karen-Rebellen auf der burmesischen Seite der Grenze, die seit Jahren gegen die Regierung in Rangoon kämpfen,

decken sich dafür in Thailand mit Lebensmitteln ein. Am florierenden **Schmuggelgeschäft** beteiligen sich sowohl Inder als auch viele emsige Chinesen, die immer zur Stelle sind, Reibach zu machen.

Die internationale Bruderschaft von Schmugglern, Händlern und Glücksrittern spiegelt sich auch im Straßenbild von Mae Sot wieder. Da sind die Burmesen in ihren bis zu den Knöcheln reichenden *Longiys*, Inder in ihren traditionellen Hemden, den *Kurtas*, und andere Grenzgänger mit bunten *Shan*-Umhän-

Mae Sot

THAI047

0 ——— 100 m © Reise Know-How 2013

Mae Sariang

Route 105

Tak

Songthaews nach Mae Sarit und Mae Sariang, Busse nach Bangkok

Wat Chumphon Khiri

A.C.-Busse nach Bangkok

Wat Mani

Flughafen, Burmes. Grenze

Tourist Police

Intharakhiri Road

Polizei

Prasat Withisang Road

Songthaews zum Moei River

Markt

Moschee

Schule

Songthaews nach Waley und Umphang

Tang Kim Chiang Rd.

■ **Übernachtung**	8 D. K. (Duang Kamol)	■ **Essen und Trinken**
1 Ban Thai Guest House	9 Centara Mae Sot Hill Resort	5 Kwangtung Rest.
2 No. 4 Guest House	11 Suwannavit Hotel	6 Pim Hut Rest.
3 Siam Hotel		10 Laap Pet Nong Khai
4 Porn Thep Hotel	■ **Einkaufen**	12 Indian-Burmese Restaurant
5 Green House Guest House	3 Edelsteingeschäfte	13 Veg. Restaurant
		14 Krabong Jor Rest.

getaschen. Auf der thailändischen Seite des Moei-Flusses gibt es allerlei Waren aus Myanmar, wie Burma offiziell heißt, zu kaufen, eben Edelsteine, aber auch handwerkliche Artikel.

Politische Ereignisse in Myanmar wirken sich, wie nicht anders zu erwarten, auf den Handel und das Leben in Mae Sot aus. 1997 wurde die den Moei-Fluss überspannende, 420 m lange **Thai-Burmese Friendship Bridge** fertiggestellt, die den Grenzverkehr zwischen Myanmar und Thailand erleichtern sollte. Passierbar ist die Brücke aber bis heute nicht und wird es auch erst dann werden – so gaben die Generäle der burmesischen Junta überraschenderweise bekannt – wenn auch die lange geplante Straße von Myawaddy nach Rangoon (Yangon) fertig ist. Bis dahin soll der burmesische Grenzposten geschlossen bleiben. Ob Ausländer die Grenze in Zukunft überqueren dürfen, ist ungewiss.

Die **burmesische Grenze** ist natürlich die Attraktion des Ortes, zu der die Songthaews von einem Haltepunkt westlich des Marktes in der Prasat Withisang Road fahren.

In der Stadt selbst steht der neue **Wat Chumpon Khiri,** dessen Pagode mit goldenen Ziegeln bedeckt ist. Letztere ist im burmesischen Stil erbaut.

Wat Mani ist eine Kräutersauna angeschlossen, die allerdings nur Männern zur Verfügung steht. Preis 20 Baht, geöffnet tgl. 6.00–19.00 Uhr. Verkauft werden Kräuterheilmittel, die von den Mönchen zubereitet werden.

Vorsicht, in der Gegend sind **Malaria und Dengue-Fieber** verbreitet. Es gilt, sich so gut wie möglich vor Moskitostichen zu schützen.

Tourist Police

Am Westrand der Innenstadt befindet sich eine Abteilung der Tourist Police, Tel. 055-5335523.

Unterkunft

Guest Houses
■ **Green House Guest House****–*** (406/8 Thanon Intharakhiri, Tel. 055-533207) hat diverse einfache Zimmer, sehr gut für Leute mit kleinem Budget. Ab 270 Baht. In den preiswertesten Zimmern gibt es nur kaltes Wasser. Die teureren haben Warmwasser und TV.

■ **Ban Thai Guest House***** (740 Thanon Intharakhiri, Tel. 055-531590), beliebte Unterkunft, gut ausgestattete Zimmer (Bad) in ruhiger Gartenlage ab 400 Baht. Empfehlenswert.

Hotels
■ **Suwannavit Hotel***–** (Soi Wat Luang, Tel. 055-531162), einfach aber durchaus akzeptabel, alle Zimmer mit eigenem Bad.

■ **Siam Hotel*****–**** (Thanon Prasat Withi, Tel. 055-531376), eine deutliche Stufe teurer und besser, ordentliche Zimmer mit Bad, in der höheren Preisklasse mit A.C. und TV. Ab 350 Baht.

■ **D.K. (Duang Kamol)****–*** (298 Thanon Intharakhiri, Tel. 055-542648-9), modernes kleines Hotel, mit für den Preis ordentlichen und sehr großen Zimmern mit Bad (ab 250 Baht), z. T. mit A.C. (ab 400 Baht).

■ **Porn Thep Hotel****–**** (Soi Si Wiang, Tel. 055-532590), für den Preis akzeptables Hotel, Zimmer mit Bad und in den höheren Preislagen bekommt man auch Heißwasser, A.C. und TV. Ab 200 Baht.

■ **Centara Mae Sot Hill Resort******–ᴸᴸᴸ (100 Thanon Asia, Tel. 055-532601-8, 02-541 1234, www.centarahotelsresorts.com), Top-Herberge des Stadt betrieben von der Cantara-Gruppe (vormals Central), etwas außerhalb gelegen, mit Swimmingpool, Tennisplatz, Disco Restaurant und Cocktail-Bar. Komfortable Zimmer mit A.C., TV und sonstigem Komfort. Bei Internetbuchungen ab ca. 1200 Baht, sehr guter Gegenwert.

Essen

■ Mae Sot hat einem beachtlichen Bevölkerungsanteil an Burmesen sowie Burmesen indischer und nepalesischer Herkunft, Moslems ebenso wie Hindus und ein paar Sikhs, und so findet sich genügend Kundschaft im **Indian-Burmese Restaurant** gegenüber der Moschee. Es gibt Rotis und Curries zum Niedrigpreis.

■ **Pim Hut Restaurant** in der Tam King Chiang Road hat internationale Küche, westlich, Thai und chinesisch. Für die mäßigen Preise sehr gut.

■ Gleich daneben liegt **Khrua Canadian,** mit internationaler Küche und vegetarischen Gerichten zu fairen Preisen.

⌄ Handbetriebene Reismühle

■ **Peace Café** in Thanon Intharakhiri wurde von zwei myanmarischen Mönchen gegründet, die auf die Probleme der Bevölkerung Myanmars aufmerksam machen wollen. Neben sehr gutem Essen mit myanmarischem Einschlag gibt es auch einige vegetarische Gerichte.

Anreise

■ Ab Bangkoks Northern Bus Terminal (Morchit 2) fahren keine Normalbusse, aber A.C.-Busse 2. Kl. zu 284 Baht., A.C. 1. Kl. zu 365 Baht. V.I.P.-Busse kosten, je nach Gesellschaft, ca. 400–500 Baht. Etwa 4–5 Abfahrten pro Tag.

■ **Flüge** mit Nok Air (www.nokair.com) von Bangkok ab ca. 2000 Baht. 2 Flüge tägl.

Weiterreise

■ **Busse** in die Provinzhauptstadt Tak kosten 60 Baht, umgebaute Lieferwagen *(rot thuu)* 50 Baht. Die Strecke ist zum großen Teil sehr bergig, was ei-

171th at

Zentralthailand

nerseits wunderschöne Aussichten bedeutet, andererseits fühlen sich die Fahrer oft zu Kamikaze-Fahrten angestachelt. Beim Passieren eines bestimmten Schreines auf einem Hügel legen alle Fahrgäste die Hände zum *wai* zusammen, und angesichts der Fahrweise wird im Geiste auch so mancher westliche Reisende diese Geste vollführen. Fahrzeit ca. 1 ½ Std.

■ Das Unternehmen Chai Wattana betreibt mehrere **Buslinien in Richtung Norden,** so nach Chiang Mai (A.C. ca. 300 Baht, Chiang Rai (A.C. ca. 430 Baht) sowie nach Lampang und Mae Sai. Die Busse fahren von einem Haltepunkt gegenüber der Polizeistation in der Innenstadt ab.

■ **Songthaews** nach Umphang fahren stdl. zwischen 7.30 und 15.30 Uhr für 150 Baht, Fahrzeit ca. 4 ½–5 Std.

Über die Route 1085 von Mae Sariang nach Mae Sot

Noch bis in die Mitte der 1980er Jahre wäre es ein mittelschweres Wagnis gewesen, das Tanen-Gebirge an der Grenze zu Myanmar zu bereisen. Kommunistische Rebellen trieben ihr Unwesen, und, wie so viele andere abgelegene Regionen Thailands zu jener Zeit, war auch diese für Normalbesucher „off-limits". Doch dann kam die Straße.

Um den dubiosen Aktivitäten ein Ende zu bereiten und auch um an die in der Region vorhandenen Naturschätze zu gelangen, schickte Thailand die Bulldozer und Dampfwalzen vor. Oft unter dem Beschuss der Rebellen wurde bis Ende der 1980er Jahre eine Straßenverbindung zwischen Tak und Mae Sot fertiggestellt, die Route 1085. Diese stellt heute eine der interessantesten Tourstrecken des Landes dar.

Es fahren zwar **Busse** zwischen Mae Sariang und Mae Sot, ein eigenes Fahrzeug wäre aber sicher günstiger, da man nach Belieben Stopps einlegen kann. Die Fahrt dauert insgesamt ca. 7 Std.

Die Route führt von Mae Sariang zunächst 30 km am Yuam-Fluss entlang. Man passiert satte Niederungen und Bauerndörfer. Bei **Sop Moei** steigt die Straße dann plötzlich steil an, und im **Tanen-Gebirge** führt sie durch zum Teil atemberaubend schöne Landschaften. Die höheren Regionen des Gebirges sind in Wiederaufforstungs-Programmen mit Teak-Bäumen bepflanzt worden, und man sieht außerdem zahlreiche **Dörfer der Shan und Karen.**

Vor **Nai Thong** ändert sich die Szenerie schlagartig, die Straße führt hinab ins Tal des Moei-Flusses. Hier leben Tausende von Karen-Flüchtlingen aus Myanmar, gut bewacht von finster dreinblickenden Thai-Soldaten. Auf der anderen Seite der Grenze kämpfen ihre Karen-Brüder für Kawthoolei, einen unabhängigen Karen-Staat.

Trotz der Spannungen im Grenzgebiet findet bei **Tha Song Yang** an der Route 1085 ein reger Warenverkehr über den Grenzfluss Moei statt. Der Fluss ist an dieser Stelle kaum 30 m breit. Vollbeladene **„Langschwanz-Boote"** pendeln zwischen Thailand und Myanmar hin und her, immer unter den wachsamen Augen der Grenzposten, die ohne Zweifel mitverdienen.

Unterkünfte finden sich an den Endpunkten der Route, in Mae Sariang und Mae Sot (s. Ortsbeschreibungen). An der Strecke selbst gibt es keine Unterkunft, nur einige Kilometer abseits davon, in **Mae Salit** (Sarid) bei Tha Song Yang liegt das einfache Mae Salit Guest House*.

4

Umphang

อุ้มผาง

Dank der einstigen Aktivitäten von Drogenhändlern und kommunistischen Guerillas gehört die Gegend um Umphang, 164 km südlich von Mae Sot, zu den unberührtesten Thailands. Genau wie im weiter nördlich gelegenen Tanen-Gebirge war auch dieses Gebiet bis vor etwa zehn Jahren für Außenstehende tabu. Dann wurde auch hierher eine Straße gebaut, die **Route 1090** (fertiggestellt 1987), und diese eröffnet nun Einblicke in eines der **allerletzten intakten Dschungelgebiete** des Landes, vielleicht das ursprünglichste Stück Dschungel überhaupt.

Umphang ist ein idealer Ausgangspunkt für Rafting auf dem **Mae-Klong-Fluss** oder für Trekking-Touren durch das sich westlich des Ortes erstreckende **Naturschutzgebiet** (Umphang Wildlife Sanctuary). Der Ort selbst ist ein etwas größeres Dorf, das vor allem von Karen bewohnt wird. In guter alter Tradition halten sie sich noch **Arbeitselefanten,** die – neben Ochsen – bei der Feldarbeit eingesetzt werden.

Dschungel-Treks und Rafting

Treks durch den Dschungel bei Umphang und Rafting-Touren (oft auch in Kombination mit Elefantenritten) werden u. a. von den folgenden Unternehmen angeboten:

■ **Ban Huay Nam Yen** (Guest House), Umphang; Tel. 055-561092, Tel./Fax Bangkok 02-3777059;

■ **Mae Sot Conservation Tour,** c/o B & B Guest House, Mae Sot, Tel. 055-532818;
■ **Thai Adventures,** c/o Chez Swan Restaurant & Guest House, Pai, Tel. 053-69111.
■ **Tu Ka Sa Cottage** (siehe Unterkunft)
■ **Umphang Hill Resort** (siehe Unterkunft)
■ **The Wild Planet,** Tel. Bangkok 02-2614412-3, Fax 02-2614414, www.thewildplanet.com.

Die wohl interessanteste Tour führt zum **Thilosu,** einem tief im Dschungel gelegenen Wasserfall. *Thilo-su* bedeutet in der Karen-Sprache „schwarzer Wasserfall". Der Thilosu bietet einen höchst imposanten, urgewaltigen Anblick, und manche Naturfreunde halten ihn für den **beeindruckendsten Wasserfall Südostasiens.** Der Thilosu fällt über mehr als 90 Stufen, die sich über eine Strecke von ca. 400 m ausdehnen. Trotz seiner Mächtigkeit liegt er so verborgen im Dschungel, dass er erst **1988 von einem Hubschrauber aus entdeckt** wurde. In seiner Umgebung finden sich noch weitere sehr sehenswerte Wasserfälle, so zum Beispiel der **Thilojo.**

Um zum Thilosu zu gelangen, wird man zunächst per Lkw oder Jeep über eine Dschungelstraße zum Fluss Mae Klong gefahren (ca. 1 Std.). Dort geht es per Raft über relativ ruhiges Wasser weiter bis zur Pa Lueat, der „Blut-Klippe". Von hier aus erreicht man den Thilosu in einem halbstündigen Trek. In der Regenzeit ist die Dschungelstraße unpassierbar, man könnte dann aber die gesamte Strecke zum Wasserfall trekken. Voraussetzung dafür ist allerdings eine sehr gute Kondition.

An Wochenenden und Feiertagen wird der Thilosu von vielen einheimischen Touristen besucht (angeblich bis zu 5000), die teilweise viel feucht-fröhli-

Zentralthailand

chen Radau machen. Mittlerweile ist der Wasserfall so stark besucht, dass für die nahe Zukunft mit schweren Umweltschäden zu rechnen ist.

Unterkunft

An Wochenenden oder Feiertagen kann es sehr voll werden und Vorbuchungen sind anzuraten. Besser noch: Um mehr Ruhe genießen zu können, sollte man den Ort besser an einem normalen Wochentag besuchen.

■ Gemütliche Bungalows im traditionellen Thai-Stil bietet das **Ban Huay Nam Yen***, das „Haus des kühlen Wassers", das sich ca. 2 km nördlich von Umphang befindet. Die Bungalows haben eine Terrasse, von der man einen Bach überblickt. Vorhanden ist auch ein Großraum mit Platz für bis zu 10 Personen.

■ Das **Umphang House**–*** (Tel. 055-561511, www.umphanghouse.webs.com), hat einfache aber gemütliche Zimmer (Bad) und Bungalows (Bad). Ab 200 Baht.

■ **Garden Huts**–**** (Tel. 055-561093) hat eine Vielzahl verschiedener Hütten und Bungalows für bis zu 4 Personen, z. T. mit eig. Bad, z. T. ohne. Empfehlenswert. Ab 200 Baht.

■ **Umphang Country Hut***–**** (Tel. 055-561079, 084-1399927, www.umphangcountry-hut.com) befindet sich etwa 2 km nördlich von Umphang, in schöner Hügellandschaft und hat wohnliche Bungalows mit Bad, TV und Kühlschrank. Die Zimmer sind unterschiedlich groß und man sehe sich zuvor einige an. Einige haben eine eigene Veranda. Angeboten werden vor allem Touren von 3 bis 7 Tagen.

■ **Umphang Hill Resort*–***** (Tel. 055-56 1063, Fax 055-561065, www.umphanghill.com) nimmt zumeist größere einheimische Reisegruppen auf. Die Bungalows sind entsprechend groß und

zum Teil mit mehreren Badezimmern ausgestattet. In der Off-Season werden gelegentlich die Betten in den Bungalows einzeln veräußert, zu ca. 100 Baht. Das Unternehmen organisiert Trekking- und Rafting-Touren (ca. 1500 Baht/Tag).

■ Außerhalb von Umphang befindet sich das **Tu Ka Sa Cottage***–**** (Kin Ta Ku, Tel. 055-561295, www.tukasu.webs.com), mit soliden, gut konstruierten Bungalows, die von einer malerischen Anlage umgeben sind. Zimmer ab 600 Baht. Organisiert werden Trekking- und Rafting-Touren, die ebenfalls zu den besten am Ort gehören sollen.

Anreise

■ Ab Mae Sot (170 km) fahren **Songthaews** für 150 Baht/Pers.; erste Abfahrt 7.30 Uhr, die letzte 15.30 Uhr, Fahrzeit 4 ½–5 Stunden. Wer mit einem Mietfahrzeug anreist, kann zwischendurch Besichtigungen einlegen; so z. B. an den kleinen Tharak Falls (26 km von Mae Sot) und den Pha Charoen Falls (41 km). Beide befinden sich etwas abseits der Straße.

■ Bangkok ist insgesamt 660 Straßenkilometer entfernt. Per **Bus** fahre man zunächst nach Mae Sot, dann weiter wie oben.

Rückfahrt nach Mae Sot

Nach Mittag kann die Abfahrt der Songthaews Richtung Mae Sot etwas unregelmäßig oder unzuverlässig sein, man breche also möglichst **schon am Morgen** auf. Die Hotels oder Guest Houses können bei den Songthaew-Betreibern anrufen, um die Fahrgäste abholen zu lassen.

4

Bergvölker, Teeplantagen, Nationalparks und Chiang Mai – die schönste Stadt Thailands – der Norden des

5 Der Norden

Königsreichs bietet jedem Naturliebhaber und Kulturreisenden etwas.

Hmong-Mutter mit ihrem Kind
in der Provinz Mae Hong Son

368th at

DER NORDEN

Nordthailand grenzt an Burma und Laos und bietet von subtropischen Wäldern bedeckte Berge und Hügelland-schaften die zu **Trekking-Touren** einla-den – man übernachtet in den Dörfern der Bergvölker, die sich in Thailand nie-dergelassen haben. Grandiose **Teeplan-tagen** und **sagenhaft schöne Abschnitte des Mekongs** laden ebenfalls zum Be-such ein und können von **Chiang Mai,** Thailands schönster Großstadt, in Ta-gesausflügen oder längeren Treks er-reicht werden. Besucher erwartet eine ganz eigene Identität, die vor allem in der Küche und Sprache der Region zum Ausdruck kommt.

NICHT VERPASSEN!

➡ **Das** kulturelle Shoppingereignis: **Suday Market,** der gigantische Wochenendmarkt in Chiang Mai | **269**
➡ In den Dschungel – **Trekking in Nordthailand** | **280**

Diese Tipps erkennt man an der <mark>**gelben Hinterlegung.**</mark>

> Musiker in einer Bar in Chiang Mai

Überblick

Thailands Norden war bis Anfang des 20. Jahrhunderts fast vom Rest Siams abgeschnitten – nur Elefantenpfade führten von Bangkok nach Chiang Mai, und die Reisenden mussten wochenlang die Dschungel durchqueren, bis sie endlich ihr Ziel erreichten. Der Elefant war das einzige zur Verfügung stehende „Verkehrsmittel". Das hat sich mittlerweile geändert. Nur noch wenige Gebiete sind abseits von Bahnlinie oder Autostraße verblieben.

Der Norden bietet dem Reisenden satt-bewachsene Berge und Hügel, darunter den **Doi Inthanon,** den mit **2565 m** höchsten Berg des Landes. Dazwischen liegen Täler mit sorgfältig angelegten, fruchtbaren Feldern. Grandiose Straßen mit tausenden von Kurven führen durch atemberaubende Landschaften, zum Beispiel im sogenannten **Mae Hong Son Loop.** Schmale Bergpfade verbinden noch immer Dörfer in Mae Taeng und Chiang Dao, und die spektakulären Teeplantagen von Mae Salong, an unmöglich steilen Bergrücken klebend, laden ebenfalls zu einem Besuch ein. Im Februar erblühen die Bergwiesen mit Millionen goldgelber Buatong-Blumen, und in ein paar versteckten Plantagen leuch-

Nordthailand

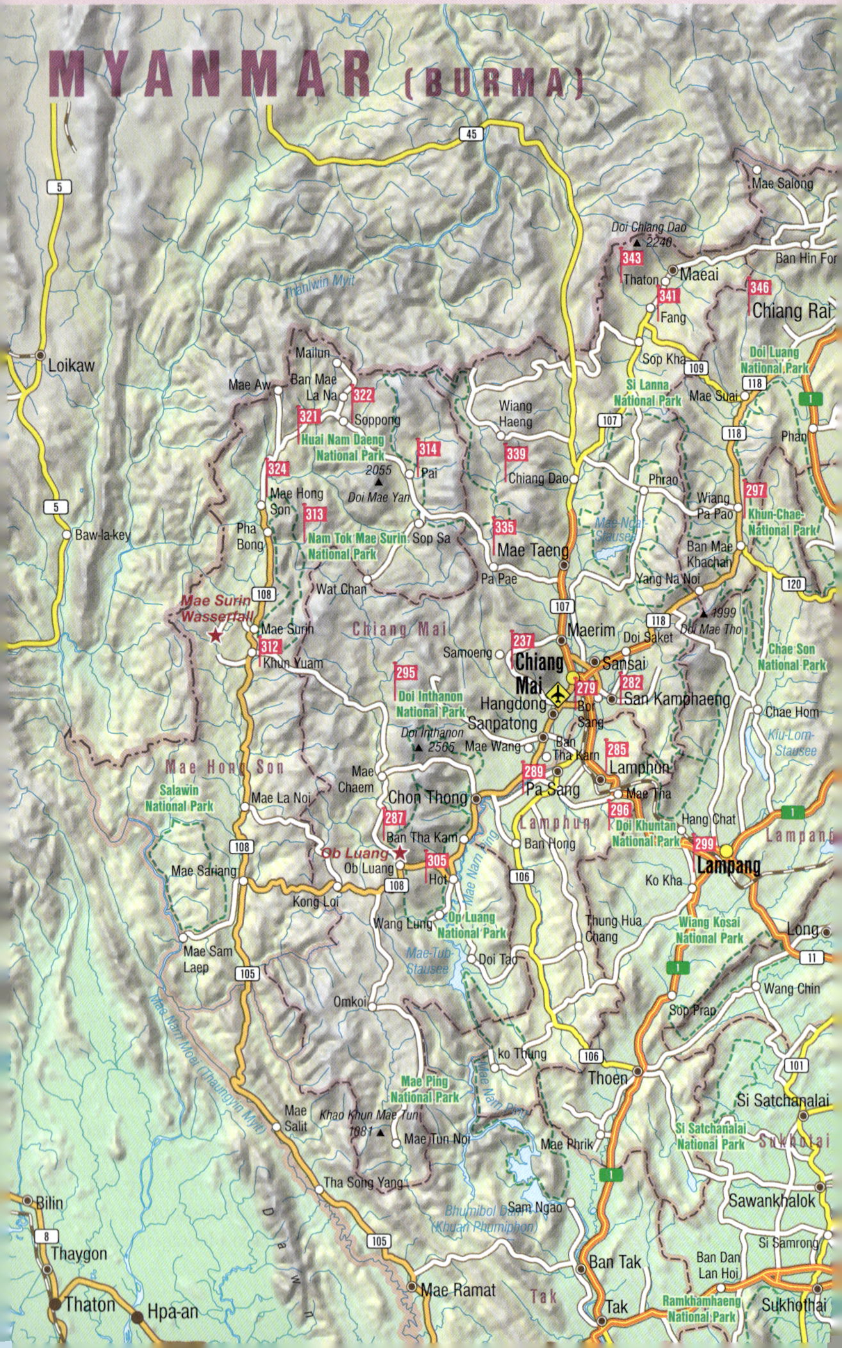

0 ————— 50 km

Thai 06

L A O S

Meiktila,
Mandalay,
Kengtung

MYANMAR
LAOS
VIET NAM
Bangkok
KAMBODSCHA
VIET NAM
Golf von
Thailand
MALAYSIA

365 | 358
Mae Sai
Sop Ruak
Goldenes
Dreieck
Houay Xai
Chiang Saen
363
Chiang Khong
Mae Chan
Chiang Rai
Wang Chai
Phaya Mengrai
1020
Thoeng
Pa Daet
Chiang
Kham
Chun
369
Dok Kham Tai
Phayao
Phayao
Pong
1148
Song
Khwae
Thung Chang
Chiang Klang
Doi Bhuka
National Park
1980
Phu Kha
Pua
Santisuk
373
Nan
Baw Bia
Ban Luang
Tha Wang Pha
Wiang Sa
Mae Charim
Nan
Ngao
Mae Yom
National Park
103
Song
101
Rong Kwang
Na Noi
Ban Bo
Bla

T H A I L A N D

hrae
Phrae
370
101
Den Chai
Ban Khok
Fak Tha
Sirikit Dam
Tha Pla
Uttaradit
Nam Nan
aplae
Uttaradit
102
Nam Pat
Khao Mun Ram
1564
Nam Tok Chat Trakan
National Park
Thong Saen
Khan
Kha Thong
1249
Chat Trakan
11
Phrom
Phiram
ong
rrailat
12
Wat Bot
Nakhon Thai
Phitsanulok
Phu Hin
Rong-Kla
National Park
Ban Pong-Chi
203
Dan Sai
Phu Ruea
203
San Tom
Wang Saphung
Phu Luang
1571
Phu Luang
Si Bun Rdang
201

Muang Beng

Pakbeng
Muang Hondsa
Mekong (Nam Khong)
Muang Ngeun
Luangphrabang
(Luang Prabang)
13
Muang Nan
Muang Phu Khun
Muang Xaignabouri
(Sainyabuli)
Ban Namliap
Kasi
13
Vang Vieng
Ban Thahua
Luang Prabang Range
Thulakhom
Muang Kaew Udom
13
Ban Kengsao
Mekong (Nam Khong)
Sangkhom
211
Pak Chom
211
Si Chiang Mai
Chiang Khan
Klang
Nam Som
Tha Bo
Kaen Tao
Pong
Tha Li
201
Loei
Na Duang
Ban Phue
Suwan Khuha
Na Dan
Rom Klao
Loei
210
Na Klang
Kut Chap
Nong Bua
Lam Phu
20
Nong Hin
Nong Bua
Lamphu
Phu Kao-Phu
Phan Kham
228
National Park

tet das Rot der Schlafmohn-Blüte. Aus den Schlafmohn-Fruchtkapseln wird das Opium gewonnen, das den Norden zu einem berüchtigten Rauschmittelproduzenten des 20. Jahrhunderts machte.

Die Blütezeit des Goldenen Dreiecks, nunmehr nur noch Touristenattraktion, liegt lange zurück, und die **Opiumproduktion** ist inzwischen drastisch zurückgegangen. Vor 20 Jahren noch dienten 3000 rai (1 rai = 1600 m^2) Landfläche der Opiumproduktion, heute sind es weniger als 150 rai. Die Opiumausbeute fiel von vormals 200 auf 20 Tonnen pro Jahr. Die Regierung greift stärker als zuvor gegen den Opiumanbau durch, und die Farmer (v. a. Angehörige der Bergstämme) werden zum Anbau von „Ersatzprodukten" ermuntert. Die meisten derzeit in Thailand erhältlichen Drogen (vor allem billige Amphetamine, *Yaba* genannt) werden aus Myanmar nach Nordthailand eingeschmuggelt.

Bei einer Regierungsinitiative vor einigen Jahren sind mehr als 2000 vermeintliche Drogenhändler von der Polizei erschossen worden. Seit diesem „Krieg" gegen die Drogen ist das Opium aus Nordthailand so gut wie verschwunden, während Yaba noch immer seine Opfer fordert. Mit dem obligatorischen Opiumrauchen während eines Treks durch die Bergdörfer Nordthailand ist es also vorbei. Über die Grenze in Nordlaos wächst das Opium allerdings nach wie vor weiter.

Neben der wunderschönen Bergwelt liegen am Mekong, der die Grenze zwischen Nordthailand und Laos bestimmt, ein paar sehenswerte kleine Flussstädte.

Die Bewohner des Nordens sind ein buntes Völkergemisch aus den verschiedensten **Bergstämmen** und den **Nord-Thais** oder *kon mueang*, die traditionell in den fruchtbaren Tiefebenen Nordthailands siedeln. In vielerlei Hinsicht halten sich die Nord-Thais für die „wahren" Thais, die die Thai-Kultur noch am besten über die Zeit gerettet haben. Dem Touristen wird die Sanftheit und Höflichkeit der Nord-Thais auffallen – nirgendwo in Thailand ist der Umgangston freundlicher. Da, wo der Tourismus stark vertreten ist, kann die Höflichkeit aber auch schon mal abbröckeln, so wie andernorts auch.

Die Sanftheit der Nord-Thais drückt sich auch in der melodiösen und auffallend langsam und sachte gesprochenen **Sprache des Nordens** aus, der *kham mueang* oder *phaasaa nuea*. Im Gegensatz zum Standard-Thai hat das Nord-Thai nicht 5, sondern 6 Tonlagen. Die Sprache hat sogar ihre eigene Schrift, die heutzutage aber kaum noch in Erscheinung tritt.

Die **Bergvölker,** mehr als eine Million Menschen, sprechen ihre eigenen Sprachen, folgen ihren eigenen Lebensweisen, Glauben und Traditionen, und leben am Rand der thailändischen Gesellschaft, die meisten ohne jegliche Staatsbürgerschaft. Die Trekking-Industrie trägt zur Erosion von Traditionen bei, sicher aber nicht so sehr wie die vielen Missionare, die versuchen alle Bergvölker Thailands zum Christentum zu konvertieren. Hier und da gibt es inzwischen erfolgreiche Ferienanlagen und Guest Houses, die von Angehörigen der Minderheiten Nordthailands betreut werden.

▷ Wat Chedi Luang in Chiang Mai

Chiang Mai

เชียงใหม่

Chiang Mai liegt 713 Straßenkilometer oder 50 Flugminuten nördlich von Bangkok und ist **Thailands fünftgrößte Stadt.** Nach offiziellen Angaben hat sie 150.000 Einwohner, doch da sind die vielen, unregistrierten Zuzügler nicht mitgerechnet; die Zahl 350.000 kommt der Wahrheit wohl näher. Das größere Einzugsgebiet der Stadt hat insgesamt etwa eine Million Bewohner. Als Wirtschafts- und Kommunikationszentrum des Nordens bietet Chiang Mai alle Annehmlichkeiten einer Großstadt und eine malerische Umgebung.

Nicht umsonst haben viele Westler diesen Ort zu ihrer zweiten Heimat erkoren. Die Thais nennen Chiang Mai „Die Rose des Nordens", und deren Einwohner gelten als ausgesprochen freundliche Zeitgenossen. Kein Wunder, wo hier das Leben noch relativ ruhig vor sich geht, noch reichlich Natur zu Spaziergängen einlädt, und die Luft noch (einigermaßen) gut ist.

König *Mengrai* hatte die Stadt 1296 am Fuße des Doi Suthep erbaut und sie „Neue Stadt" (= *Chiang Mai*) genannt. Später wurde sie ein Teil des Königreiches Lanna, das die Burmesen 1556 einnahmen. 1775 wurde Chiang Mai von König *Taksin* zurückerobert.

Heute ist Chiang Mai eine moderne Stadt, die weit über ihre ursprünglichen Stadtmauern hinausgewachsen ist. Außerhalb (besonders östlich) des alten Stadtkerns ist der neue, geschäftige Stadtteil entstanden. Hier liegen die meisten Geschäfte, die Restaurants, die teuren Hotels und Bars. Chiang Mai ist wohl die Stadt Thailands, in der es sich am besten leben lässt.

Hoffentlich bleibt das auch so. Chiang Mai hat sich im letzten Jahrzehnt mehr verändert als irgendeine andere Stadt in Thailand. Condominiums, Apartment-

Chiang Mai

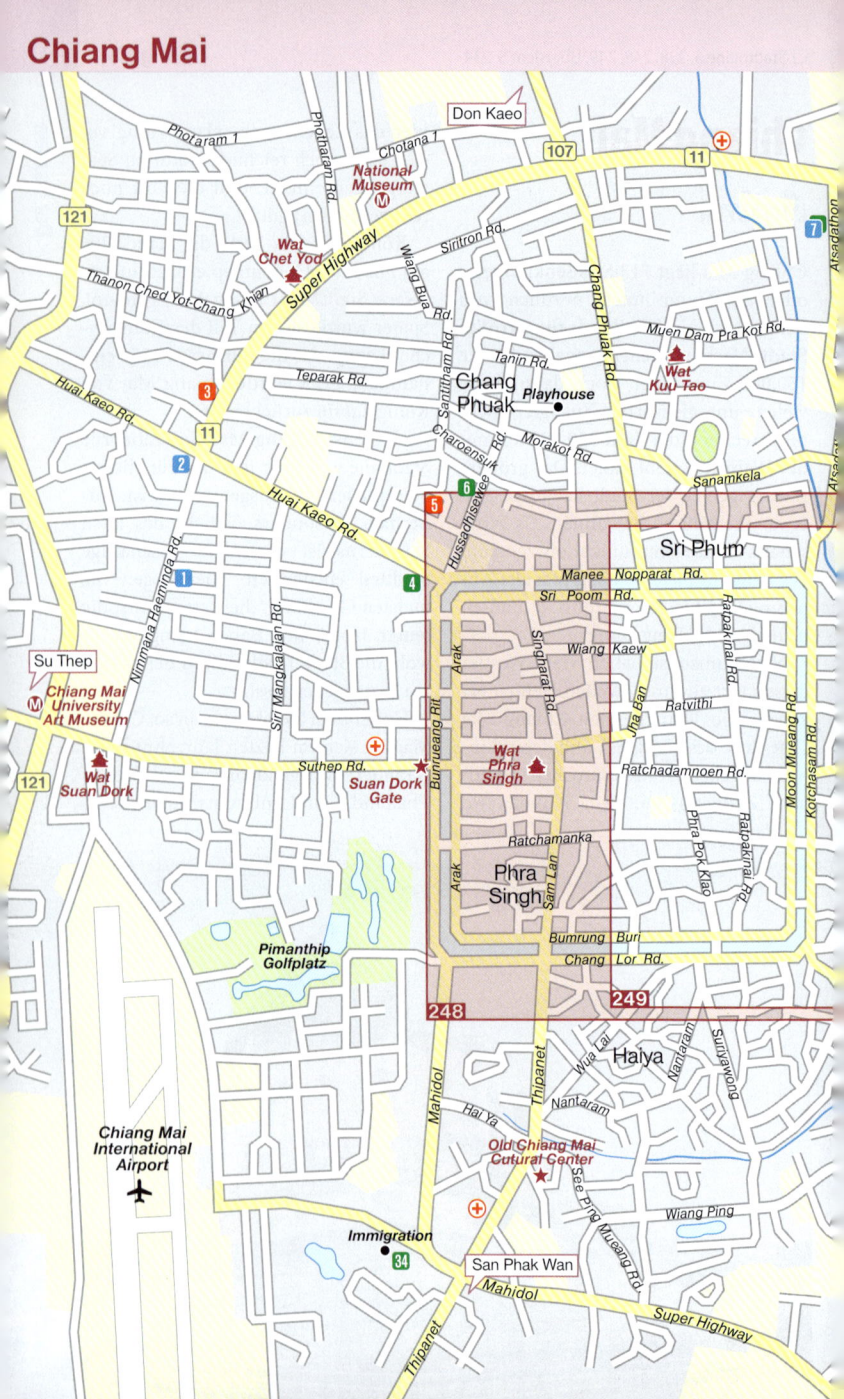

0 ▬▬ 400 m

© REISE KNOW-HOW 2013

Thai141

Indisches
Konsulat

8

Pa Tan

San Na Meng

118

San
Sai Noi

Super Highway

Thanon Somphot Chiang Mai 700

Kaeo Nawarat Rd.

11

9

Charoen Rai Rd.

Wang Sing Kham Rd.

Ping

Super High Way Road

106

Rattana Kosin Rd.

Rattana Kosin Rd.

Trai Wong Rd.

Kaeo Nawarat Rd.

Arcade
Bus Station

Mueang Samut

118

Bamrung Rai Rd.

Kaeo Nawarat Rd.

ichayanon Rd.

10

British
Council

Thung Hotel Rd.

Chang
Mbi

Sikh-
Tempel

Chiang Moi Rd.

Pra-sanee Rd.

Charoen Rai Rd.

13

14

15

16

Monlin Rd.

Thanuspong Rd.

Thung Hotel Rd.

11

11

Tha Pae Rd.

Busse nach
Lamphun, Pa Sang,
Chiang Rai

Charoen Mueang Rd.

Charoen Mueang Rd.

San Klang

19

18

Chang Moi Rd.

20

21

22

23

Kong Sai

✉

Charoen Mueang Soi 5

12

Loi Khor Rd.

24

17

TAT

Chiang Mai-Lam Phun

Bahnhof
Chiang Mai

Charoen

Ban Mart Rd.

Anuwi tee Rd.

Super Highway

25

Wat Ket

Sanna Lung Rd.

ridonchai Rd.

Khampangdin Rd.

Charoen Prathet

27

28

29

Rotfai Rd.

Alliance
Française

30

31

aoang Rd.

Prachao Samphan

32

Charoen Klan Rd.

Charoen Prathet

Ping

106

Rat Uthid Rd.

Chiang Mai-Lam Phun

Rotfai Rd.

Chiang Mai
Gym Cana
Club

Tonkam Rd. 1

Tonkam Rd. 2

Chang
Khlan

11

33

Chang Mai-Lam Phun

Chiang Klan Rd.

Chiangmailand Rd.

Charoen Prathet Rd.

34

35

Nong Hoi

Chaiya Sathan

blocks und Großhotels schießen überall aus dem Boden. Verkehr und Lärm haben sich vervielfacht.

Das größte Problem für Bewohner und Besucher ist die immer **schlechter werdende Luftqualität,** besonders in der späteren Trockenzeit (April, Mai), wenn die Felder um die Stadt abgebrannt werden. Dazu kommt der Verkehr, das Verbrennen von Müll sowie Staub, der beim Bau aufgewirbelt wird. Aus diesem Grund liegt die „Rose des Nordens" manchmal unter einer dicken Smogwolke und vor allem Kinder und an Asthma leidende Besucher sollten zu diesen Zeiten besser in die Berge reisen.

Glücklicherweise ist der alte, innerhalb der Stadtmauern gelegene Ortskern mittlerweile vor dem Bau von Hochhäusern geschützt und größtenteils verkehrsfrei. Auch wurden die Befestigungsanlagen restauriert und die dazugehörigen Gräben gereinigt.

Von Touristen erhält Chiang Mai gemischte Urteile: Manche finden nichts besonderes an der Stadt, andere sind von ihr geradezu begeistert. Auf jeden Fall aber bietet die Umgebung von Chiang Mai wunderschöne Naturszenarien, und man könnte gut zwei Wochen in der Stadt verbringen und täglich einen interessanten Ausflug von dort unternehmen. Anders als in Bangkok befindet man sich nach einer halben Stunde Fahrzeit im Grünen; 50 km entfernt liegen noch Dschungelgebiete. Nicht nur am sonntäglichen **Nachtmarkt** (auf Englisch Sunday Market oder Night Market genannt) im Schatten des Tha Pae Gate kann man ganz gut einkaufen – Chiang Mai hat die beste Auswahl an Buchläden in Thailand, insbesonderse für gebrauchte Titel.

Orientierung

Chiang Mai ist relativ klein und übersichtlich. Der **alte Stadtkern** erstreckt sich über ein Quadrat von 2 mal 2 km Seitenlänge, das von einem Stadtgraben umgeben ist. Teile der Stadtmauern sind noch erhalten. Innerhalb dieses Quadrats finden sich viele alte Tempel, zahlreiche Guest Houses, einige Hotels und Restaurants. Der alte Stadtkern ist heute der ruhigste Bereich im zentralen Stadtgebiet und eine gute Wohngegend für Touristen.

Besonders viele Unterkünfte finden sich in den Gassen, die von der Moon Muang Road ausgehen (Ostseite des Quadrats). Um das Tha Pae Gate an der Moon Muang Road herum haben sich besonders viele Restaurants und Bars angesiedelt. Selbstfahrer werden anfänglich einige Schwierigkeiten mit dem komplizierten Einbahnstraßen-System entlang des Stadtgrabens haben. Die Einbahnstraßen zwingen oft zu längeren Umwegen.

Östlich des alten Stadtkerns, zwischen der Moon Muang Road und dem Ping-Fluss, liegt das heutige **kommerzielle Zentrum Chiang Mais,** mit einer kaum zu überschauenden Anzahl von Geschäften, Hotels, Guest Houses, Restaurants und Bars. In diesem Bereich befindet sich auch der bekannte Night Market mit seinen zahllosen Straßenständen und Geschäften. Entlang der Ostseite des Flusses haben sich einige zumeist gehobene Restaurants angesiedelt, dazu einige Guest Houses. Die wichtigste Busstation, die Arcade Bus Station sowie der Bahnhof und der Flughafen sind jeweils ca. 3 km von der Innenstadt entfernt.

Sehenswertes

Wie in Bangkok gibt es in erster Linie **Tempel** zu sehen, und Chiang Mai hat über 300!

Tempel

Wat Chiang Man an der Rajaphakinai Road im Nordosten der Altstadt stammt aus dem Jahre 1297 und ist damit der älteste Tempel der Stadt. König *Mengrai* residierte hier, als Chiang Mai noch im Bau befindlich war. Der Tempel hat zwei Chedis, wovon der rechte zwei geheiligte Buddhafiguren beherbergt. Die eine, genannt *Phra Sae Tang Kamani* oder „Kristall-Buddha" stammte aus dem Lopburi des 7. Jhs. und gehörte einst Königin *Chama Devi,* der Herrscherin von Haripunjai (das heutige Lamphun). Als König *Mengrai* die Stadt 1281 eingenommen hatte, holte er die Figur nach Chiang Mai. Die zweite Figur, *Phra Sila* oder der „Stein-Buddha" ist etwa 1000 Jahre alt und aus Indien.

Wat Phra Singh liegt an der Singharat Road, Ecke Rajdamnoen Road, im westlichen Zentrum der Altstadt. Der Tempel wurde 1345 von König *Pha Yu* gebaut, der in einem Chedi die Asche seines Vaters einmauern ließ. Ein Gebäude links hinter dem Haupttempel ist reich mit Wandmalereien verziert und beherbergt die geheiligte Bronzefigur Phra Singh Buddha. Diese war im Jahre 1400 von Saen Muang Ma, dem neunten König von Chiang Mai aus Chiang Rai geholt worden.

Wat Chedi Luang an der Phra Pokklao Road, fast direkt in der Mitte der Altstadt, war im Jahre 1401 mit einem

■ Übernachtung
- 3 Chiang Mai Grandview Hotel
- 5 YMCA Int. Hotel
- 9 Je t'aime Guest House
- 10 Eco Resort Chiang Mai
- 11 Mandarin Oriental Dhara Devi
- 21 Royal Lanna
- 23 Galare G.H.
- 24 River View Lodge
- 27 Chiang Mai Guesthouse
- 29 Chedi
- 31 Ban Kaew G.H.
- 32 Empress Hotel
- 33 Eco Resort Chiang Mai
- 34 Holiday Inn

■ Essen und Trinken
- 1 Khun Mor Cuisine
- 2 The Pub
- 7 Sofa So Good Restaurant, Chit Lom Restaurant
- 8 Huan Soontree Restaurant
- 13 Gallery
- 14 Brasserie
- 15 Good View
- 16 Riverside Bar & Rest.
- 17 Duke's
- 19 Raan Khao Soy Islam (Restaurant) & Islamabad Restaurant
- 20 Just Khao Soy
- 24 Antique House
- 28 Piccola Roma
- 35 Coq d'Or

■ Einkaufen/Sonstiges
- 4 Kad Suan Kaew
- 6 Institute of Thai Massage
- 7 JJ Market
- 12 Jolie Femme
- 18 Bookshelf
- 25 Anusarn Market
- 30 Suriwongse Books
- 34 Robinson

■ Nachtleben
- 22 Porn Ping Tower, Bubbles

5

Zum „Schutzgeist" befördert — Menschenopfer für die Stadttore

Blutige Bräuche zum Wohl der Allgemeinheit

Beim Betrachten der romantischen alten Stadttore von Chiang Mai kommt wohl niemandem der Gedanke, dass sie unter blutigen Menschenopfern entstanden sein könnten. Doch das sind sie wahrscheinlich. Bis in die zweite Hälfte des 19. Jh. war es nicht unüblich, an der Stelle eines zu errichtenden Stadttores Menschenopfer durchzuführen, auf dass die Geister der Verstorbenen das Tor beschützen und die Stadt uneinnehmbar machen mögen.

Anna Leonowens berichtete in ihrem Buch „The English Governess at the Siamese Court" (1870) von einem solchen Opfer, das 1865 zum Bau von zwei Toren in Bangkok vollzogen wurde. Zur Ergreifung der Opfer schwärmte ein Dutzend als Zivilisten verkleidete Offiziere aus. Dann rief einer von ihnen einen beliebigen, häufig vorkommenden Namen, und jeder, der darauf reagierte, wurde ergriffen und hinweggeschleppt. Pro Stadttor galt es, drei Opfer ausfindig zu machen. Diese gehörten in allen Fällen zu den untersten Gesellschaftsschichten, deren Mitglieder ohnehin nicht viel zu melden hatten. Ein Adliger oder wohlhabender Geschäftsmann wäre wohl geflissentlich übersehen worden.

Nach der Ergreifung wurden die Opfer an einem von Astrologen bestimmten, „glückverheißenden" Tag in prächtige Kleider gehüllt, und ihnen wurde ein Festschmaus geboten. Der König oder Stadtfürst verneigte sich ehrfurchtsvoll vor ihnen und bat sie, als zukünftige Schutzgeister die Stadt vor allem Unheil zu bewahren. Dann wurden die hilflosen Opfer, denen klar war, dass ihnen weder Flehen noch eine Lösegeldzahlung das drohende Schicksal ersparen würde, zum Ort des neuen Stadttores gebracht. Dort wurden sie hingerichtet und von nun an als *theparak* oder „Schutzgeister" verehrt.

Genützt hat das Blutvergießen natürlich nichts. Man denke nur an Ayutthaya, das 1767 von den Burmesen überrannt wurde und zweifellos auch unter dem Schutz von Geistern stand. Nach dem Einfall der Erzfeinde frohlockten die unfreiwilligen Schutzgeister wohl vor Schadenfreude.

Chiang Mai war im Jahre 1296 von König *Mengrai* gegründet und mit einer Stadtmauer und einem parallel dazu verlaufenden Graben versehen worden. 1558 aber wurde auch Chiang Mai von den Burmesen eingenommen. 217 Jahre verblieb die Stadt unter fremder Herrschaft, bis sie endlich wieder zurückerobert wurde. Die alte, von König *Mengrai* errichtete Stadtmauer war inzwischen mehrere Male verfallen und ebenso häufig renoviert worden. Die heute sichtbaren Mauern wurden erst kurz nach der Vertreibung der Burmesen angelegt (Ende des 18. Jh.) und vor einigen Jahren restauriert. Am Chiang Mai Gate, das an der Südostseite des Stadtgrabens liegt, findet sich noch heute ein kleiner Schrein, der den Stadtgeistern gewidmet ist.

Die anderen Tore sind Suan Prung Gate (Südwestseite), Suan Dork Gate (Westseite), Chang Phueak Gate oder „White Elephant Gate" (Nordseite) und Tha Pae Gate (Ostseite). Vom ehemaligen Chang Mai Gate an der Rajwithi Rd. Ecke Moon Muang Rd. ist heute nichts mehr übrig.

Das Tor der durchstoßenen Bäuche

Mit den Stadttoren verbinden sich oft noch andere blutrünstige Geschichten. Das Suan Prung Gate z. B. verdankt seine Entstehung einer Laune von Königin *Rajthewi*, der Gemahlin von König *Saen Muang Ma* (reg. 1387–1411). Die Königin mochte nicht innerhalb der Stadtwälle wohnen, folglich wurde ihr ein Palast außerhalb der Mauern, an der Südwestseite der Stadt, errichtet. Der so entstandene Palast hieß Wang („Palast") Suan Ra. (Heute steht an der Stelle das Suang Prung Psychiatric Hospital.) Um ihr aber den Besuch ihres Lieblingstempels in der Stadt zu erleichtern, wurde flugs ein spezielles Tor angelegt, das Pratu („Tor") Suan Ra. Dieses wurde bald aber auch anderweitig genutzt: Vor dem Tor ließ der König Rebellen oder sonstige unliebsame Elemente hinrichten. Dazu wurde ihnen ein Speer in den Bauch gestoßen. Der Volksmund prägte nun einen neuen Namen für das Tor: Pratu Suan Prung. *Suan* ist im Thai doppeldeutig und bedeutet sowohl „Garten" als auch „durchstoßen"; *prung* ist Nord-Thai für „Bauch". Das Tor war also das „Tor der durchstoßenen Bäuche". Heute noch besteht in der Stadt der Brauch, dass Totenprozessionen auf dem Weg zum Kremationsort dieses Tor passieren.

Bluttaten der jüngsten Vergangenheit: das Kopfjägervolk der Wa

Gehören die Stadttor-Opfer schon länger der Vergangenheit an, hat es jedoch vor einem Vierteljahrhundert noch Kopfjäger vor den Grenzen von Thailand gegeben – nicht allerdings in Thailand selbst. Das im chinesisch-burmesischen Grenzgebiet beheimatete Volk der Wa ging jahrhundertelang auf Kopfjagd, wobei das abgeschnittene Haupt seinem Besitzer magische Kräfte und seinem Dorf Reichtum und Schutz vor bösen Geistern verleihen sollte. Am gefragtesten waren die Köpfe von Sikhs, die mit ihrem langen Bart und dem Turban einen besonders beeindruckenden Anblick boten. Mancher Wa setzte hohe Preise auf Sikh-Köpfe aus. 1939 musste ein Sikh-Arzt von britischen Soldaten aus dem Wa-Gebiet in Burma hinauseskortiert werden, da einige Wa 300 Rupien für seinen Kopf geboten hatten; sie glaubten, dass er ihrem Dorf „dauerhaften Wohlstand" bescheren würde.

Nachdem sich die Wa in den Jahren 1972–74 der Communist Party of Burma (CPB) angeschlossen hatten, um mit ihr gegen das Regime in Rangoon zu kämpfen, ließen sie aufgrund kommunistischer Order von der Kopfjagd ab. Die erjagten Köpfe, die bis dahin in ihren Dörfern wie Ikonen auf Bambusschreinen ausgestellt worden waren, mussten sie unter Strafandrohung verstecken. 1989 aber vertrieben die Wa die Kommunisten aus ihrem Gebiet; diese flohen nach China, und die CPB wurde zur Wa National Army transformiert, die nun für die Unabhängigkeit des Volkes kämpfte. Und heute werden an der Grenze nach Yünnan die alten Köpfe schon wieder zur Schau gestellt – alte Sitten sterben eben so schnell nicht aus ... Einige Wa leben heute im thailändisch-burmesischen Grenzgebiet, wo sie nicht selten im Dienst von Drogenkartellen stehen und vor allem das berüchtigte Yaba (in Südostasien weitverbreitetes Meta-Amphetamin) in industriellen Mengen herstellen.

86 m hohen Chedi erbaut worden. 1454 wurde der Chedi bei einem Erdbeben teilweise zerstört und es blieb nur eine 60 m hohe Ruine davon übrig. Jahrhundertelang wurde sie in diesem Zustand belassen, bis sie 1992 einer eingehenden Restaurierung unterzogen wurde, die sie wieder in ihren Originalzustand versetzen sollte. Ohne die unglaublichen Mengen Gold allerdings, die diesen Chedi früher bedeckt haben sollen: 1512, zur Zeit von König *Muang Kaeo,* sollen es 1.985.400 Baht gewesen sein! (Baht ist in diesem Fall eine Gewichtseinheit für Gold; 1 Baht = 15 g). Heute kostet 1 Baht Gold 6000–6500 Baht, man kann sich ausrechnen, was der Gold-Chedi wert war.

Wat Chet Yot, am Super Highway, nordwestlich der alten Stadtmauern und etwas unterhalb des National Museums gelegen, hat seinen Namen von seinen sieben Türmen *(chet),* die den Türmen eines Tempels in Pagan, Myanmar, nachempfunden sind. Der burmesische Tempel war seinerseits eine Nachbildung des Mahabodhi-Tempels in Bodh Gaya, Indien, der Stadt, in der Buddha seine Erleuchtung erlebte. Wat Chedi Yot wurde 1456 von König *Tilokraj,* dem elften Herrscher von Chiang Mai, erbaut. Im Chedi wird seine Asche verwahrt.

Wat Suan Dork steht an der Suthep Road, etwa 500 m westlich des Stadtgrabens. Erbaut wurde er 1371 von König *Ku Na,* dem 8. König von Chiang Mai. Dieser lud einen verehrten Mönch, *Phra Maha Sumana Thera* aus Lamphun, hierhin, um die ceylonesische Version des Buddhismus zu erläutern. Der große Chedi des Tempels beherbergt angebliche Relikte des Buddha, und in der bot wird der Phra Chao Kao Tu aufbewahrt,

eine Buddhafigur im Chiang-Saen-Stil, hergestellt im Jahr 1504.

Wat Umong, an der Cherng Doy Road, etwa 5 km westlich von Wat Suan Dork, wurde 1296 von König *Mengrai* erbaut. Von den ursprünglichen Gebäuden ist aber außer einem Chedi nichts mehr erhalten. Unter dem ehemaligen Tempel befinden sich Katakomben, in denen die Mönche meditierten. Wat Umong ist idyllisch gelegen, hinter dem Tempel ist sogar ein kleiner Zoo angelegt. Der Tempel nimmt auch Westler zwecks Studiums der Meditation auf.

Wat Rampoeng befindet sich südwestlich der Stadt, etwas weiter außerhalb von Wat Umong. Vom Stadtzentrum aus ist er am besten zu über die Suthep Road zu erreichen: An Wat Umong vorbei gehe man den Hügel bergab, und biege am Hügel rechts ab. Nach 3 km erreicht man den Tempel.

Wat Rampoeng ist ein Meditations-Tempel, der viele Thais, Inder, Chinesen, Japaner und Europäer anzulocken scheint. Die Meditierenden sind alle in Weiß gekleidet. Auf dem Tempelgelände befindet sich ein von Bäumen umgebener Chedi aus dem 16. Jh., der an eine chinesische Pagode erinnert.

Wat Prathat Doi Kham liegt noch ca. 4 km weiter südwestlich auf einem Hügel, ist also etwa 8 km von Chiang-Mai-Zentrum entfernt. Dieser relativ neue Tempel weist eine ca. 20 m hohe sitzende Buddha-Figur auf, die schon von weitem sichtbar ist. Ein gutes Fotomotiv! In der Nähe befindet sich ein goldener Chedi, um ihn herum einige Tempelgebäude und Statuen. Vom Hügel aus hat man eine gute Aussicht auf Chiang Mai und die malerische Umgebung. Wat Prathat Doi Kham ist über eine steile und anstren-

Der Norden

gende Treppe zu erreichen. Wer ein eigenes Fahrzeug hat, kann über eine Straße bis zum großen Buddha hinauffahren.

Etwa 2 km südlich befindet sich **Wat Doi Kaeo.** Auf dem Gelände dieses Tempels wurde einem Hinweisschild in Thai zufolge eine „sehr alte" Buddha-Statue gefunden – wie alt genau, sagt das Schild leider nicht.

Wat Kuu Tao, nördlich der Altstadt nahe dem alten Sportstadium gelegen, ist ein Überbleibsel aus der Zeit der burmesischer Herrschaft über Chiang Mai. Unter der ungewöhnlichen, wie fünf umgestülpte Almosenschalen geformten Stupa soll die Asche des burmesischen Prinzen *Tharawadi Min* vergraben sein. Der Prinz war der Sohn von König *Bayinnaug,* der 1578–1607 Chiang Mai regierte. Die Architektur der Stupa ist wohl ziemlich einzigartig, sie soll aber Einflüsse aus der chinesischen Provinz Yünnan aufweisen.

Vom White Elephant Gate (auf Thai *Pratu Chang Pueak*) an der Manee Noparat Road fahren Songthaews (50, zurück 40 Baht, eine privat gemietete Songthaew kostet 500 Baht für die gesamte Reise) zum 16 km westlich liegenden **Wat Doi Suthep,** einem Tempel, der vor allem wegen seiner aus 306 Stufen bestehenden Treppe und den angearbeiteten Drachenköpfen und Schlangenleibern ein beliebtes Foto-Objekt ist. Jeder Ausländer, der sich dem White Elephant Gate nähert, wird schon von den Fahrern angesprochen, die Songthaews zu finden ist also kein Problem. Wat Doi Suthep liegt 1180 m hoch, und an einem klaren Tag hat man eine gute Aussicht über Chiang Mai.

Die beste Besuchszeit ist nach 12.00 Uhr, wenn die Tourgruppen verschwunden sind, und es unten in Chiang Mai oft zu heiß wird.

Eine unglaublich kurze **Zahnradbahnfahrt** vom Parkplatz zum Tempel kostet 30 Baht.

Etwa 4 km südlich der Innenstadt, nahe dem Ping-Fluss, befinden sich die erst in den 1980er Jahren ausgegrabenen Ruinen der alten Stadt **Wiang Kumkam.** König *Mengrai* hatte diese nach seinem Sieg über die Stadt Haripunjai (Lamphun) gegründet, noch bevor er Chiang Mai bauen ließ. Sechs Jahre soll der König in Wiang Kumkam verbracht haben, 1296 zog er weiter nordwärts und gründete auf der anderen Seite des Flusses Chiang Mai, die „Neue Stadt". Die Ruinen (einige Chedis mit Nebengebäuden) liegen zum Teil einige 100 Meter auseinander in ruhiger, dörflicher Umgebung.

Zum ehemaligen Stadtgebiet gehört auch **Wat Chedi Liam,** angeblich der 1. von König *Mengrai* errichtete Tempel. Wat Chedi Liam sollte einem von ihm verehrten Mönch, *Phra Kassapa Thera,* und 9 seiner Schüler als Unterkunft dienen. Während der burmesischen Herrschaft wurde der Tempel teilweise im burmesischen Stil umgearbeitet. 1908 ließ ein Burmese mit britischer Staatsangehörigkeit, *Phya Pakar,* den Tempel restaurieren. König *Chulalongkorn* verlieh ihm dafür einen Ehrentitel. Der eigenwillige Chedi von Wat Chedi Liam hat 5 „Stockwerke" mit vielen Nischen. Daneben steht ein Viharn neueren Datums.

Sonstige Sehenswürdigkeiten

Im **Chiang Mai National Museum,** nordwestlich der Stadt am Superhighway, wird in erster Linie die Geschichte

5

des Lanna Königreichs erläutert, vor allem durch eine Vielzahl eindrucksvoller Buddha-Figuren, Malerei und Keramik vom 14. Jahrhundert bis in die Moderne (9.00–16.00 Uhr, Eintritt 100 Baht).

Das **Chiang Mai City Arts and Cultural Centre** (Di–So 8.30–17.00 Uhr, Eintritt 140 Baht) im Nordwestteil der Altstadt in einem 1924 gebauten und restaurierten Rathaus gelegen, bietet eine umfangreiche und gut präsentierte Ausstellung über die Geschichte der Stadt und Region im Erdgeschoss sowie Information über die Bergvölker Nordthailands im ersten Stock. Während die Darstellung hier moderner ist, sind die Sammlungen im National Museum wahrscheinlich sehenswerter.

Ebenfalls einen Besuch wert für Kunstliebhaber ist das **Chiang Mai University Art Museum,** das sich am südlichen Ende des Campus an der Suthep Road befindet. Hier wird vor allem mo-derne Kunst aus Thailand sowie aus Nachbarländern ausgestellt. Die Ausstellungen wechseln jeden Monat. Dazu gibt es ein Geschäft, ein Café und gelegentlich finden Veranstaltungen, u. a. Konzerte und Filmvorführungen statt (Di–So 9.00–17.00 Uhr, Eintritt frei).

Das **Tribal Research Center** liegt an der Mae Rim Road, gut einen Kilometer nördlich der Kreuzung mit dem Super Highway und direkt an der Südseite des

Tha Pae Gate in Chiang Mai

5

Der Norden

Suan Lanna Ror Gau („Lanna-Park zu Ehren Rama 9."). Gezeigt werden Utensilien der Bergstämme und ein Dokumentarfilm über die Bergvölker auf Deutsch. Geöffnet Mo–Fr 9.00–16.00 Uhr. Am ersten Samstag jeden Monats findet hier ein sogenannter Tribal Market statt, der Tanzvorführungen, einen Kleidermarkt und eine Einführung in die Küche der Bergvölker bietet.

Der **Botanische Garten** befindet sich ca. 500 m westlich der Universität. Das Schild sagt „Arboretum", was so etwas wie Baumschule bedeutet. Geöffnet täglich 8.30–16.30 Uhr. Nicht zu verwechseln mit dem größeren Queen Sirikit Botanical Garden, 25 km nördlich von Chiang Mai gelegen.

Noch etwas weiter westlich liegt der **Zoo** (geöffnet tägl. von 8.00–18.00 Uhr, Eintritt 100 Baht, Kinder 50 Baht). Zoos in Asien sind generell nicht zu empfehlen und der Chiang Mai Zoo, der Einzige in Nordthailand, ist eigentlich keine Ausnahme. Allerdings haben Besucher hier die Gelegenheit gleich drei Pandas zu sehen. Ein Pandapaar, Xuang Xuang und Lin Hui wurde dem Zoo von China geliehen. Im Mai 2009 bekam das Paar ein Baby und seitdem sind die Besucherzahlen in den Himmel geschossen und der junge Panda ist ein Fernsehstar geworden. 22 Millionen Menschen schickten Postkarten, um den Namen des Bärenbabys zu wählen. Mehr als 13 Millionen entschieden sich für Linping, das Wahlresultat wurde von zwei Ministern verkündet. Ein glücklicher Einsender gewann eine Million Baht. Als Linping Ende 2009 einmal von einem Ast fiel, hielt die Nation den Atem an. Eintritt zu den Pandas kostet noch einmal 100 Baht, 50 Baht für Kinder. Der Zoo ist zu groß, um

überallhin zu laufen. Ein Monorail Zug kostet 70 Baht, Kinder 35 Baht, während ein Kleinbus Besucher für 20 Baht, Kinder 10 Baht umherfährt.

Nebenan befindet sich das **Chiang Mai Aquarium** (geöffnet tägl. 9.00–18.00 Uhr, Eintritt 450 Baht, Kinder 350 Baht), in dem es vom Mekong Catfish bis zu Riffhaien vieles zu sehen gibt, was in den Gewässern Thailands herumschwimmt. Das Aquarium soll den längsten Unterwassertunnel (130 Meter) der Welt haben. Süßwasserfische werden um 10.00 und 15.00 Uhr gefüttert, während Salzwasserfische um 11.00 und 15.30 Uhr an die Reihe kommen. Eintrittskarten, die den Zoo und das Aquarium kombinieren, kosten für Erwachsene 520 Baht, für Kinder 390 Baht.

Etwa 5 km hinter Doi Suthep liegt **Phu Phing Rajaniwat** oder **Phra Tamnak Phu Ping,** ein Winterpalast der königlichen Familie. Dieser kann nicht besichtigt werden, wohl aber die darum angelegte Parkanlage (nur an Wochenenden und Feiertagen, 8.30–11.30 und 13.00–17.30 Uhr – die Türen schließen um 15.30 Uhr). Eintritt: 50 Baht. Songthaews ab Doi Suthep hierhin kosten 50 Baht.

Etwa weitere sieben Kilometer aufwärts von Doi Suthep findet sich ein Hmong-Dorf, das von Touristen überlaufen ist und hauptsächlich dem Souvenirverkauf gewidmet ist. Wer allerdings keine Gelegenheit hat, abgelegenere Dörfer der Bergbewohner zu besuchen, hat hier eine gute Gelegenheit, ein wenig in die Welt der Bergbewohner hineinzublinzeln.

Weiter westlich erstreckt sich der 261 m² große **Doi Pui National Park,** der von zahlreichen Wanderpfaden durchzogen

5

Chiang Mai Zentrum

0 — 200 m   © REISE KNOW-HOW 2013

Ausschnitt

Hatsadisewee Road · Manee Nopparat Rd. · Manee Nopparat Rd. · Sri Poom Road · Wichayanon · Bunrueang Rit · Arak · Singharat 4 · Arak 2 · Singharat 3 · Singharat Lane 2 Road · Wieng · Kaeo Rd. · Arak 3 · Khang Ruan Jum · Phra Pok Klao · Wat Chiang Man · Ratchaphakhinai · Ratvithi 2 · Sithiwongse Rd. · Chiang Mai Rd. · US-Konsulat · Wang Sing Kham · Taiwand Road · Prasert Rd. · Songthaew nach Samoeng · Arak 4 · Singharat Lane 2 · Ratvithi Road · Chaiyapoom Road · Warorot Market · Arak Lane 5 · Intra Warorot · Wat Phra Singh · Intrawarorot Road · Jha Ban Rd. · Moon Mueang Road · Tha Pae Rd. · Suan Dork Gate · Sam Lan 1 · Ratchadamnoen Rd. · Wat Chedi Luang · Kamphaengdin Rd. · Nachtmarkt · Tha Pae Soi · Arak Lane 7 · Ratchamanka · Ratchamanka · Ratchamanka 1 · Phra Pok Klao 7 · Ratchaphakhinai · Kotchasan Rd. · Loi Khor Rd. · Tha Pae Soi · Sam Lan 3 · Sam Lan 2 · Phra Pok Klao · Loi Khor · Chang Klan Rd. · Sam Lan 6 · Sam Lan Rd. · Ratchamanka 6 · Moon Mueang Rd. · Sridonchai Rd. · Bumrung · Buri · Wua Lai 2 · Rai Chiang Saen · Ragang 2 · Chang Lor Rd. · Suan Prung Gate · Suriyawong · Ragang Rd. · Kamphaengdin Rd. · Precha Samphan · Mahidol · Thipanet · Wua Lai 2 · Wua Lai · Wat Srisuphan

Übernachtung

1 Chiang Mai
   Pacific Mansion
5 Chiang Mai Garden G.H.
8 Panthip Plaza
9 Duang Taiwan Hotel
10 Chiang Inn
13 Siam Celadon, Tapae Inn
17 Vista Hotel
18 Khum Kaew Palace
21 Villa Duang Champa
23 3 Sis Bed B&B
23a Tamarind Village
24 Rendezvous G.H.
25 Safe House
26 White House
27 Vieng Lanna Mantra
28 Eagle House 2
31 Lamchang G.H.
32 Sri Poom House
33 Triple Palms House
34 Grace Guest House,
   Kham Kaew G.H.

36a Kavil Guest Home
37 Charcoa House
38 Libra Guest House,
   SK Guest House
39 Royal Panerei Hotel
40 Chiang Mai
   President Hotel
41 Eagle House
44a Daret's House
47 Montrara
   Happy House
50 Chiang Mai Thai House
52 Roong Ruang Hotel
56 Hotel M
57 Gap's House
62 Imm Hotel Thapae
63 Central Guest House
69 Little Home
70 Smile Guest House 1
72 Rose Guest House
73 Anodard Hotel
76 Center Place G.H.,
   VIPA House

77 Royal Guest House
79 Tha Pae Gate Lodge
80 Pha-Thai Guest House

Einkaufen/Sonstiges

6 Mengrai Kilns
7 Butter is Better Bakery
11 Shopping Center
12 Hilltribe House
14 Lost Heavens
19 Thai Airways
48 Book Zone
54 Gecko Books/
   Backstreet Books
56 DHL
68 Tree Top Asia
71 The Lost Book Shop
74 Viang Pink Car Rent
78 D.K. Books
82 Kalare Food &
   Shopping Centre

Fortsetzung Legende S. 251

Chiang Mai Tha Pae

0 ▬▬▬▬▬ 200 m © REISE KNOW-HOW 2013

Thai142

Chiang Phuak Rd.

Chang Phuak Soi 1

Sanamkela Rd.

Chang Phueak Gate

Manee Nopparat Rd.

Songthaew nach Doi Suthep

Sri Poom Road

★ **The North Gate**

Ratchaphakhinai 1

Moon Mueang

Moon Mueang Soi 1

Sri Poom Lane 1

Wichayanon Rd.

Ratchawong Lane 3

Ratchawong Road

Sithiwong se Rd.

Wat Chiang Man

Phra Pok Klao 13

Moon Mueang Soi 9

Sri Poom Soi 7

Wiang Kaew

Boon Yoo Market

Moon Mueang Soi 6

Somphet Market

Chaiyapoom Road

Ratchaphakhinai Road

Jha Ban

Gefängnis

Chiang Mai City Arts and Cultural Centre

Ratvithi Road

Ratvithi 2 Ratvithi 1

Ratvithi Road

Chiang Moi Rd.

Moon Mueang Road

Intra Warorot

Phra Pok Klao

Moon Mueang Soi 4

Phra Pok Klao 11

Ratchadamnoen Soi

John Gallerie

Tamarind Village

Ratchadamnoen Road

Tha Pae Rd.

Tha Pae Soi 4

Tha Pae Soi 5

Tha Pae Soi 3

Wat Chedi Luang

Phra Pok Klao 8

Markt (Textilien, Souvenirs)

AUA/USIS

Tha Pae Gate

Kampang Din

Ratchamanka Road

Phra Pok Klao 7

Phra Pok Klao 6

Ratchadamnoen Soi 2

Moon Mueang Soi 2

Loi Khor Rd.

Jha Ban

Phra Pok Klao 4

Phra Pok Klao

Kotchasam Road

Moon Mueang Road

Loi Khor Lane

Loi Khor Lane 2

Ratchamanka 6

Phra Pok Klao 2

Ratchamanka 6

Busse nach Hot, Chom Thong, Doi Inthanon, Hang Dong

Moon Mueang Rd.

Bumrung Buri

Sridonchai Rd.

Chang Lor Rd.

Chiang Mai Gate

Rai Chiang Saen

Ragang 2

Kulturzentrum Alliance Française

Busse zu den Mae Klang Wasserfällen

Wua Lai

Ragang Rd.

Besondere Feste in Chiang Mai

Die Yee-Peng-Khom-Zeremonie

Yee Peng ist ein nordthailändischer Begriff für den Vollmondtag im 12. Monat des buddhistischen Kalenders, der Tag des *Loy Krathong* (siehe „Feste und Feiertage"). Die Zeremonie findet traditionellerweise aber einen Tag vor Loy Krathong statt; in den letzten Jahren ist sie wieder etwas aufgelebt, nachdem sie auf dem besten Wege war, in Vergessenheit zu geraten.

Zum Fest werden Laternen aus *saa*, dem Papier aus dem Holz des Maulbeerbaumes, gefertigt und dann in einer bunten Parade einhergetragen. Die Laternen werden, gemäß der Tradition des Nordens, in vier Arten unterschieden: In die *khom teu* oder „tragbaren Laternen", die *khom khwaen,* die „hängenden Laternen", die vor Buddha-Bildnisse gehängt werden sowie die *khom pat* oder „Fächerlaternen". Letztere sind komplizierte Gebilde aus zwei konzentrischen Zylindern, die sich um eine gemeinsame Achse drehen. Eine Lampe im inneren Zylinder wirft Schattenbilder auf den äußeren Zylinder, während die von der Lampe ausgehende Wärme einen über den Zylindern befindlichen Saa-Fächer in Bewegung versetzt. Chiang Mais Laternen-Parade beginnt am späten Nachmittag am Tha Pae Gate und führt die Tha Pae Road entlang in Richtung Night Bazar. Gesamtdauer etwa 3 Std.

Die Pu-Sae- und Ya-Sae-Zeremonien

Jedes Jahr Ende Mai oder Anfang Juni, zu Beginn der Regenzeit, werden in der Umgebung von Chiang Mai zwei wenig bekannte, archaische Rituale vollführt. Diese sind die Pu-Sae- und die Ya-Sae-Zeremonien, die noch aus vorbuddhistischer Zeit stammen. Sie entspringen der Tradition der Lawa, die als die frühesten Bewohner Chiang Mais gelten.

Dem Glauben nach sind *Pu-Sae* und *Ya-Sae* die Schutzgeister Chiang Mais, denen somit häufig Schreine und Geisterhäuser gewidmet werden. Ein sehr bekannter Pu-Sae-Schrein steht in Baan Tindoi, Tambon Suthep, am Fuße eines Hügels, der zum Besitz der Universität von Chiang Mai gehört. Das entsprechende Ya-Sae-Pendant befindet sich am Fuße des Doi Kam in Tambon Baan Hia, ca. 5 km südlich des Flughafens.

Zu Beginn der Regenzeit opferten die Könige Chiang Mais den Schutzgeistern früher Büffel und andere Leckerbissen. Zwar hat Chiang Mai keine Könige mehr, die Tradition wird aber bis heute fortgeführt, so z. B. in Tambon Baan Hia („Dorf der Warane").

Im Mittelpunkt der dortigen Ya-Sae-Zeremonie steht ein ausgewähltes Medium, derzeit eine ältere Frau. Während vor ihren Augen ein Büffel geschlachtet und ausgeweidet wird, sitzt sie zunächst teilnahmslos da und trinkt Unmengen von *lao khao* („weißer Schnaps") und raucht Kette. Plötzlich ergreift Ya-Sae von ihr Besitz, wozu gleich ein lautes Getrommel mit Gongs und Schellen angestimmt wird. Dann beginnt die Frau zu tanzen. Im Laufe des Tanzes verliert sie zunehmend die Kontrolle über sich. Und bald verschlingt sie auf wenig appetitliche Weise rohes Büffelfleisch, läuft wirr umher, und gelegentlich klettert sie sogar einen Baum hinauf. Beim Alter der Dame kein leichtes Spiel!

Das Fest ist ein Freudentag für Fotografen, Ethnologen oder allgemein kulturell Interessierte. Die genauen Daten sind bei der TAT zu erfragen.

wird. Einer davon führt auf den 1685 m hohen Doi Pui, dessen Gipfel thailändischen Besuchern häufig zu Picknicks dient. Der Park beherbergt über 300 Vogelspezies. Am Parkhauptquartier lassen sich Bungalows***–ᴸᴸᴸ anmieten, Dorm-Unterbringung ist ebenfalls möglich. Von Doi Suthep fahren Songthaews für 60 Baht in die Nähe des Parkhauptquartiers.

Eine etwas sinistre Sehenswürdigkeit stellt der **Foreign Cemetery** dar, gelegen ca. 2 km südöstlich des Tha Pae Gates, etwas abseits der Straße von Chiang Mai nach Lamphun (etwa einen halben Kilometer südlich der Abzweigung der Thanon Rat-Uthit). Auf diesem „Ausländer-Friedhof" finden sich einige hundert Jahre alte Gräber ehemaliger europäischer und amerikanischer Bewohner Chiang Mais. Darunter waren Missionare, Geschäftsleute und wohl auch Abenteurer. Die Grabsteine werden bewacht von einer Statue von Königin Victoria, die aus Kalkutta importiert wurde. Nach Erlangung der Unabhängigkeit im Jahre 1947 verschenkte Indien die Statue.

Nicht zu empfehlen aber dennoch zu erwähnen ist die **Chiang Mai Night Safari,** eine Art Zoo ca. 10 km nördlich der Stadt im Doi-Suthep-Pui-Nationalpark. Mindestens tausend Tiere werden auf 131 Hektar unter Bedingungen gehalten, die nicht internationalem Standard entsprechen. Da viele der Tierarten nicht in Asien heimisch sind, sondern aus Afrika importiert wurden, sind seit der Eröffnung zahlreiche Tiere gestorben und der Betrieb machte wochenlang negative Schlagzeilen in der thailändischen Presse. Durch drei kleine Freilichtkäfige wird man per Tram gefahren. Sichtungen der Tiere sind garantiert, das Gelände ist zu

Der Norden

■ **Essen und Trinken**
2 S & P Restaurant
3 Sri Pen Restaurant
4 The Writer's Club/ Rachadamnoen Rest.
11 Galare Food
13 Tea House Siam Celadon
15 Duang Restaurant
16 Khao Soi Lam
20 Amazing Sandwich
22 Khao Tom Nung Baht Restaurant
29 Crusty Loaf Restaurant, U.N. Irish Pub
30 Babylon Bar, Royal India, New Delhi
35 Blue Diamond Breakfast Club
36 Organic Veggies Kitchen
43 Loco Elvis
44 Kafé
45 Burritos
46 The Swan
49 Taste From Heaven
51 Ratana's Kitchen
53 Phon Non Café
55 Da Stefano Restaurant
58 La Lanterna Di Genova
59 AUM Vegetarian Rest., Black Canyon Coffee House
60 Art Café
61 Lanna House
64 Jerusalem Falafel
65 Bierstube
66 Pinte Blues
67 Aroon Rai Restaurant
75 German Hofbräuhaus, Haus München
81 Whole Earth Restaurant

■ **Nachtleben**
9 Horizon Disco
10 The Wall Club
42 Spicy

5

klein um sich darin zu verstecken. Das Gelände der Chiang Mai Night Safari wird auch für gute Zwecke genutzt – zweimal schon, 2011 und 2012, fand hier das Chiang Mai Jazz Festival (www.chiangmaijazzfest.com) statt, das Auftritte sowohl lokaler als auch internationaler Musiker bot. 2013 soll das Fest wiederum im November stattfinden.

■ **Geöffnet** täglich tagsüber sowie 18.00–22.30 Uhr. **Eintritt** für erwachsene Ausländer 500 Baht, Kinder 300 Baht, Thais zahlen die Hälfte. Ticket-Tel. 053-999050.

Unterkunft

Guest Houses

Chiang Mai hat etwa 150 Guest Houses, und ein Zimmer zu finden, dürfte kein Problem sein. Wer allerdings zu später Stunde ankommt und in einem bestimmten Guest House zu wohnen gedenkt, sollte möglichst telefonisch vorbuchen.

In manchen Guest Houses wird offensichtlich versucht, Trekking-Touren an den Mann zu bringen, und bei Nichtinteresse breitet sich dann plötzlich unverhohlene Feindseligkeit aus.

Bei der Wahl eines Guest Houses in einer relativ großen und z. T. lauten Stadt wie Chiang Mai ist die Lage wichtig. Die Unterkünfte innerhalb des alten Stadtkerns sind in der Regel ruhig, allerdings ist man hier u. U. etwas weit vom modernen Stadtkern und der „Action" entfernt. Eine Ausnahme bilden in letzterer Beziehung die Unterkünfte, die sich in Nähe des Tha Pae Gates befinden.

Die Gegend zwischen dem Tha Pae Gate, dem Fluss und dem Night Bazar ist sehr urban, mit viel Verkehr und der einen oder anderen Straße, die man oft minutenlang nicht überqueren kann. Auch hier gibt es in einigen kleinen Gassen gute Unterkünfte, aber längst nicht so viele wie innerhalb des alten Stadtgrabens.

Im quirligen Stadtkern um den Night Bazar herum finden sich vor allem bessere Hotels, in denen man gegen den Lärm eher abgeschirmt ist als in einem Guest House, in Flussnähe gibt es aber auch einige sehr angenehme Guest Houses. Diese Gegend ist das moderne kommerzielle Herz Chiang Mais.

Im alten Stadtkern innerhalb des Stadtgrabens

■ Das **Chiang Mai Garden Guest House***** (82–86 Ratchamanka Rd., Tel. 053-278881) hat saubere Zimmer mit A.C. und Bad und einen guten Service. W-LAN und Internet sind für Gäste kostenfrei. Die freundliche Besitzerin spricht unter anderem auch Deutsch und ist redlich bemüht, es ihren Gästen so angenehm wie möglich zu machen.

■ Nur zwei Minuten vom Tha Pae Gate entfernt hat das freundliche **Central Guest House*–***** (47 Moon Muang Road, Tel. 053-278503, www.centralguesthousecm.com) ordentliche und saubere Zimmer ab 400 Baht, teilweise auch mit A.C. mit großen Betten und Sofas. Dazu gibt es auch Vierbettzimmer und zwei Doms – Schlafsäle – für 100 Baht die Nacht. Das Restaurant serrviert einfache Thai Küche und man kann beim Essen den Trubel an der Straße beobachten.

■ Das nahe gelegene **Pha-Thai Guest House ***–****** (48/1 Ratchaphakhinai Rd., Tel. 053-278013, www.phathaihouse.com) hat saubere Zimmer mit Bad und Wi-Fi, teilweise mit A.C., ist etwas komfortabler als obiges und auch etwas teurer. Bei Preisen ab 400 Baht jedoch gut. Das Haus befindet sich zurückversetzt in einer Gasse abseits der Ratchphikhinai Rd., siehe Ausschilderung an der Abzweigung dort.

▪ **Safe House Court***–****** (178 Ratchphakhinai Rd., Tel. 418957, http://safehousecourt.com) ist ein modernes Haus mit Apartmentcharakter. Saubere Zimmer für Nichtraucher mit Bad und A.C., kleines Restaurant, Internetzugang und Massageservice. Verbilligte Monatstarife.

▪ An der Moon Muang Road liegt die von einem Deutschen und einer Thai geführte **Tha Pae Gate Lodge**–***** (Tel. 053-207134, www.thapaegatelodge.com), ein typisches Backpacker Guest House mit einfachen, aber ordentlichen Zimmern, teilweise mit A.C., Safe und TV. Ein Restaurant, das deutsche und thailändische Küche bietet sowie ein Bookshop mit einer großen Auswahl deutscher Titel sind angeschlossen.

▪ Sehr ok ist das **Smile Guest House 1**–***** (Soi 5, Ratchamankha Rd., Tel. 053-208661, Fax 053-208663, www.smilehousechiangmai.com), ein altes Thai-Haus, das von neueren Gebäuden umgeben ist. Alle Zimmer mit Bad, die teureren mit A.C. Einige Zimmer sehen inzwischen etwas müde aus und einige Leser haben berichtet, dass die Badezimmer teilweise verwahrlost sind. Das Frühstücksbuffet kostet 100 Baht. Motorrad- und Fahrrad-Verleih und Kochkurse. Einige Leser empfehlen die Treks, die dieses Guest House anbietet. Einen kleinen Swimmingpool hat ea auch.

▪ **Rose Guest House*–**** (87 Ratchamankha Rd., Tel. 053-273869, www.rose-guest-house.com), sehr einfach aber gemütlich und beliebt. Zimmer ohne eig. Bad zu supergünstigem Preis. Im Schlafsaal ab 120 Baht, Doppelzimmer ab 220 Baht und das mit Frühstück und W-LAN.

▪ **Eagle House 2*–***** (Soi 2, 26 Rajwithi Rd., Tel. 053-210620, Fax 053-216368, www.eaglehouse.com/GUESTHOUSE.html) gehört einem Thai und seiner irischen Frau, die perfekt Deutsch spricht. Das moderne Haus liegt günstig zentral etwas nördlich

des Tha Pae Gates. Die recht großen Zimmer haben Bad, einige A.C., und für 100 Baht gibt es Betten in einem Dorm. Allerdings kann es auf der Straße vor dem Guest House recht laut zugehen. Bei Telefonanruf wird man in Chiang Mai abgeholt. **Kochkurse** werden in der dem Guest House angeschlossenen The Chilli Club Cooking Academy angeboten.

▪ Die hübschen Holzbungalows von **Gap's House ***–****** (Soi 4, Ratchamankha, Tel. 053-278140, www.gaps-house.com). Die Bungalows (Bad und A.C.) sind von einer netten Gartenanlage umgeben. Ein weiterer Vorteil ist die sehr zentrale, dennoch ruhige Lage wenige Schritte vom Tha Pae Gate entfernt. Klage gibt es gelegentlich über das Personal, das allzu heftig für die Trekking-Touren des Hauses wirbt und über die vielen Moskitos die während der Regenzeit auch in den Zimmern zu finden sind. Zudem sind die Wände sehr dünn und einige Leser haben aufgrund des Lärms in Nachbarzimmern nicht schlafen können. Abends (19.00–21.00 Uhr, außer Sonntag) werden vegetarische Buffets angeboten (80 Baht), und das Haus organisiert auch Kochkurse und vermietet Motorräder und Jeeps. Leider kann man nicht vorbuchen.

▪ Das **Chiang Mai White House**–***** (12 Soi 5, Ratchadamnoen, Tel. 053-357130) hat saubere Zimmer mit Bad, die teureren haben zudem A.C. und TV. Im Garten gibt es kostenlosen W-LAN-Anschluss.

▪ In derselben Gasse befindet sich das **Rendezvous Guest House**–***** (3/1 Soi 5 Ratchadamnoen Rd., Tel. 053-213763, www.rendezvouscm.com), ordentliche Zimmer mit Bad und in den höheren Preislagen mit A.C., Wi-Fi und TV.

▪ In der ruhigen Soi 9 der Moon Muang Rd., einer Gegend, in der von Jahr zu Jahr mehr Betrieb ist, finden sich einige kleine Guest Houses, weiterhin **Grace Guest House*–**** (Tel. 053-418161), **SK G.H.**–****** (Tel. 053-210690, http://sk1.theskhouse.com), das sich in einem modernen Gebäude befindet und einen kleinen Pool hat, und **Libra G.H.**–***** (Tel. 053-210687, www.librahousechiangmai.com), das einen Garten und Zimmer mit Wi-Fi, einige auch mit A.C., bietet. Das neue **Kavil Guest House****–*** (Tel 053-418161) hat preiswerte, saubere Zimmer mit Wi-Fi und Bad ab 250 Baht. Ein Restaurant ist angeschlossen.

■ Ebenfalls in den Sois am nordöstlichen Ende der Moon Muang Rd. befinden sich das einfache **Lamchang House** *–** (Tel. 053-210586), das kleine Zimmer mit Bad und Wi-Fi bietet und das ruhige **Kham Kaew House**** (Tel. 053-210638), das Mitte 2010 gerade neu ausgebaut wurde.

■ Nicht weit entfernt ist das **Sri Poom House** *** (053-2104645, www.sriphumhouse.com/) zu finden, das etwas teurere Zimmer mit A.C., TV, und Kühlschrank bietet und vor allem auch für Langzeitgäste geeignet ist. Wi-Fi-Internetzugang in der Lobby, dazu werden Massage-Kurse angeboten. Gäste können auch selbst kochen.

■ Gegenüber steht das brandneue und bessere **Triple Palms House*****–**** (Tel. 053-287529, www.triplepalmguesthouse.com), ganz in weiß gekleidet, mit sauberen, großen Zimmern mit A.C., TV, Kühlschrank und Wi-Fi, allerdings ohne Restaurant.

■ Wer in dieser Gegend noch etwas edler leben will, sollte vielleicht im **Charcoa House******* (Tel. 053-212681, Fax 053-418367, www.charcoa.com) absteigen. Kleine aber gediegene Zimmer mit schönen alten Holzmöbeln und einem Auge fürs Detail. Alle Zimmer haben A.C., TV, DVD-Spieler, Kühlschrank und Wi-Fi. Eine Bäckerei und ein Restaurant sind angeschlossen.

Im neuen Stadtteil zwischen Tha Pae Gate und dem Fluss

■ **Eagle House 1***–** (18 Chang Moi Kao Rd., Tel. 053-874126, Fax 053-216368, www.eaglehouse.com) gehört denselben Leuten wie das Eagle House 2, ist offensichtlich älter und vielleicht nicht ganz perfekt in Schuss. Die zentrale Lage und der Niedrigpreis (Zimmer ohne Bad) haben jedoch etwas für sich.

■ **Daret's House***–** (4/5 Chaiyapoom Rd., Tel. 053-235440) befindet sich wenige Schritte nördlich der Einmündung der Tha Pae Rd. in die Chaiyapoom Rd. Ein Traveller-Treff der ersten Stunde, vor allem das zur Straße hin gelegene Restaurant, die Zimmer sind aber nicht mehr so gut in Schuss und teilweise etwas laut und die Angestellten können etwas hilflos sein. Zentraler geht's allerdings kaum. Sehr preiswerte Zimmer mit Bad.

■ Die Lobby des **Tapae Inn**** (164-166 Tha Pae Road, Tel. 053-234640) sieht aus wie ein Flohmarktstand, mit allerlei fast antikem Kitsch der sich verstaubt auf Regalen und Tischen verbreitet. Die Zimmer, ab 200 Baht, sind nichts besonderes und etwas abgewohnt, aber das Tapae Inn ist kaum fünf Minuten vom Tha Pae Gate entfernt und wer nur ein oder zwei sehr preiswerte Nächte in Chiang Mai verbringt, ist hier ganz gut bedient.

■ Gute Zimmer mit Bad und teilweise A.C. im **Little Home Guest House***** (1/1 Soi 3, Kotchasan Rd., Tel. 053-273662, http://littlehomegh.com), das schon eher wie ein kleines, modernes Hotel daherkommt. Sehr empfehlenswert für den Preis. Das Haus befindet sich in einer Gasse etwa 200 m südlich des Tha Pae Gates.

■ Recht schick ist das **Chiang Mai Thai House*****–**** (5/1 Soi 5 Tapae Road, Tel. 053-904110, www.chiangmaithaihouse.com). Saubere, moderne Zimmer, darunter auch größere Räume für Familien, mit und ohne A.C. und ein Jacuzzipool und W-LAN, ganz in der Nähe vom Tha Pae Gate.

■ **Center Place Guest House***–*** (Soi 1, Loi Kroh Rd., Tel. 053-271169, Fax 053-208950, centerplace99@hotmail.com) hat ordentliche Zimmer mit Bad und teilweise A.C. in ruhiger Lage. W-LAN Anschluss kostet 50 Baht pro Tag.

■ Ganz in der Nähe hat das neue und modernere **VIPA House****** (Soi 1 Loikroh Rd, Tel. 053-208229, www.vipahouse.com) große, saubere Zimmer mit und ohne A.C. über einem Restaurant und Reisebüro. Zimmerpreise richten sich nach Stockwerk. Im Erdgeschoss ist ein Café und Internet-Zugang. Sehr ruhig.

■ Auch nicht schlecht in dieser Gegend ist das **Royal Guest House***–**** (Soi 4, Kotchasan Road, Tel. 053-282460, Fax 053- 206405, www.royalguesthouse-chiangmai.com), das einen kleinen Pool, Motorradverleih, die üblichen Treks und Internet bietet. Das Guest House ist in einem alten Gebäude, das möglicherweise einmal als Wohnheim für Mönche gedient hat. Die Zimmer sind klein, sauber, teilweise mit Balkon und A.C., TV. Nette Backpacker-Atmosphäre.

Nahe Night Bazar und dem Fluss

■ Ein alter Favorit ist das direkt am Fluss gelegene **Galare Guest House****–*** (7 Charoen Prathet Rd., Tel. 053-273885, Fax 053-279088, www.galare.com). Saubere Zimmer mit Bad, sehr gemütlich, und da etwas zurückversetzt von der Straße auch sehr ruhig.

■ Das **Kalare Night Bazaar Guest House** ***–**** befindet sich mitten im Kalare Food & Shopping Centre, und zentraler geht's eigentlich nicht mehr (89/2 Chang Klan Rd., Tel. 053-272067). Mit etwas Lärm ist aber zu rechnen. Saubere Zimmer mit Bad und A.C.

■ Sehr zu empfehlen, auch für Familien, ist das **Ban Kaew Guest House****** (142/4 Charoesprathet Road, Tel. 053-271606, www.baankaew-guesthouse.com). Das Guest House befindet sich in einer gepflegten Gartenanlage und ist vom Stadtlärm bestens abgeschirmt. Große, saubere Zimmer, teilweise mit A.C., und alle mit W-LAN, freundliches Personal und ein einfaches Restaurant verlocken manchen Gast ein paar Tage länger als geplant zu bleiben. Das Frühstück ist allerdings nichts Besonderes und die Zimmerpreise sind in den letzten Jahren etwas hochgegangen. Die Ruhe ist es Vielen allerdings trotzdem wert.

■ Etwas außerhalb und östlich des Flusses findet sich das **Eco Resort Chiang Mai****–***** (109 Bumrungrad Road, Tel. 053-247111, www.ecoresortchiangmai.com), ein Backpacker Boutique

Hostel mit großem Swimmingpool, Schlafsaal und Doppelzimmern. Der Fußweg von hier ins Zentrum ist ein bisschen weit und man muss mindestens zwei Nächte buchen. Ab 900 Baht inklusive Frühstück für ein Doppelzimmer mit Bad und W-LAN. Gut gelegen um ein paar Tage auszuspannen.

Etwas weiter außerhalb

■ Im Nordosten der Innenstadt, am Ostufer des Flusses, liegt das lange bestehende **Je t'Aime Guest House***–** (247-9 Charoenrat Rd., Tel. 053-241912), mit unterschiedlich ausgestatteten Zimmern in diversen Gebäuden, die von einer Gartenanlage umgeben sind. Man befindet sich hier gut 2 km vom Stadtkern und dem Night Bazar entfernt, die Lage am Fluss ist aber ausgezeichnet.

■ Über dem Nordwesteck des Stadtgrabens liegt das **YMCA International Hotel*****–***** (11 Mengrairasmi Rd., Tel. 053-221819, Fax 053-215523, www.ymcachiangmai.org), das eine Vielzahl verschiedener Zimmer, meist mit A.C., bietet. Die Entfernung in die Innenstadt beträgt gut 3 km, in der Gegend gibt es aber genug zu tun, es gibt ein riesiges Shopping-Center (Had Suan Kaew), zahllose Restaurants und Pubs und Bars.

■ **Uniserve***–**** ist ein Hostel der Chiang Mai University (Huay Kaew Rd., Tel. 053-943644 ext. 100, Fax 053-943648), mit Betten im Dorm zu 100 Baht und teureren Privaträumen mit eig. Bad und A.C. Die Universität befindet sich am Westrand der Stadt und die Entfernung in die zentraleren Bereiche beträgt gut 5 km; andererseits machen die vielen Studenten in der Gegend das Viertel sehr lebendig, es gibt viele gute Restaurants entlang der Huay Kaew Road, die von Studenten frequentiert werden.

Hotels

Da Chiang Mai in den letzten Jahren um zahlreiche Mittel- und Oberklassehotels

5

bereichert wurde, sind die Zimmerpreise in dieser Kategorie erheblich gesunken. Oft wird der offizielle Preis gleich um 40 % herabgesetzt, und man bekommt ausgezeichnete Zimmer für wenig Geld. Besonders bezüglich der Ausstattung sind die Hotels oft den Guest Houses vorzuziehen – A.C., TV, Kühlschrank und Telefon gehören mittlerweile zur Standard-Einrichtung; dazu gibt es nicht selten einen Swimmingpool. Als Sonder-Service bieten viele Hotels auch einen kostenlosen Transfer vom/zum Flughafen an. Wer sich aus der folgenden Liste ein Hotel herausgesucht hat und mit dem Flugzeug in Chiang Mai ankommt, sollte sich am Flughafen umsehen, ob dort ein Bus des betreffenden Hotels steht. Manchmal ist es der Fall, und man erhält eine kostenlose Anfahrt zum Hotel.

Die folgenden Zimmerpreise sind die offiziell annoncierten; bei den höherklassigen Hotels – ab ca. 600 Baht – werden die Preise aber oft reduziert. Ausnahmen bestehen zu Festen wie Songkran und Loy Krathong, wenn viele Thai-Touristen anreisen, dann können die Preise steigen.

■ Sehr freundlich und nur zwei Minuten vom Night Market und dem Tha Phae Gate entfernt ist das **Roong Ruang Hotel****–******* (398 Tha Pae Road, Tel. 053-236746), das saubere, unpersönliche Zimmer mit Bad und Wi-Fi an 650 Baht, um einen Innenhof arrangiert, bietet. Der neuere Flügel, direkt an der Straße, bietet makellose Zimmer mit A.C. Parkmöglichkeiten vorhanden.

■ Sehr ordentlich und elegant eingerichtete Zimmer mit Wi-Fi und ruhigerer Lage gibt es im nahe gelegenen **Montrara Happy House Hotel****– ******* (11/1 Chang Moi Kao Rd., Tel. 053-252619, www.montrara.com).

■ **Anodard Hotel***–****** (57 Ratchamanka Rd., Tel. 053-270755): relativ zentral gelegen und für den Preis recht gut; Swimmingpool, Coffee Shop etc., auch wenn die Zimmer etwas abgewohnt sind. W-LAN funktioniert nicht immer.

■ **Hotel M****** (2–6 Ratchadamnoen Rd., Tel. 053-418698, www.hotelmchiangmai.com) ein beliebtes Restaurant mit westlichen Gerichten befindet sich im Erdgeschoss, die Zimmer, die zur Straße hin liegen, sind jedoch unerträglich laut; man sollte nur die nach hinten gelegenen Zimmer in Betracht ziehen. Das sehr zentral gelegene Hotel direkt an der historischen Stadtmauer hat Wi-Fi-Zugang und Frühstück ist im Zimmerpreis inbegriffen.

■ Das **Villa Duang Champa*****–ᴸᴸᴸ** (82 Ratchdamnern Street, Tel. 053-327199, Fax 053-327197, www.duangchampa.com) ist in einem etwas schmal geratenen, aber sehr schönen Haus im Kolonialstil untergebracht. Die Zimmer haben allesamt A.C. und große Badezimmer. Frühstück ist im Zimmerpreis inbegriffen. Wi-Fi gibt es auch. Diesem Boutique-Hotel ist ein Spa, das sich in einem traditionellen Holzhaus hinter dem Hotel befindet, angeschlossen. Zentraler kann lässt es sich in Chiang Mai kaum wohnen.

■ Ebenfalls zentral liegt das elegante **3 Sis Bed and Breakfast****** (Soi 8 Phra Pokklao Road, Tel. 053-273243, www.3sisbedandbreakfast.com) ist eher im Boutique-Hotel Stil zu verstehen als im britischen Sinne des Wortes. Alle Zimmer sind sehr schön möbliert und haben Holzböden. Dazu gibt es A.C., TV, Kühlschrank, Wi-Fi, und das Frühstück ist inklusive.

■ Das neue **Imm Hotel Thaphae****–******* (17/1 Kotchasarn Road, Tel. 053-283999, www.immhotel.com), direkt am Tha Phae Gate, das einfachen Luxus (Zimmer ab 999 Baht) im Stadtzentrum bietet, hat das gleiche Ambiente wie der McDonald's im Erdgeschoss. Die Zimmer sind makellos, modern minimalistisch gehalten und haben allesamt A.C., Safe, TV und Wi-Fi-Anschluss, aber keine Fenster. Größere Familienzimmer gibt es auch. Frühstück-Buffet inklusive.

Der Norden

■ Besser, aber auch teurer ist das neue **Vieng Lanna Mantra**LLL (Soi 1, Ratchadamnoen Rd., Tel. 053-326640, www.viengmantra.com), ein feines Boutique Resort, mitten in der Stadt und dennoch sehr ruhig gelegen. Die Zimmer haben alle Balkon, teilweise mit Blick auf den kleinen Swimmingpool, und sind im eleganten Lannastil ausgestattet, mit Holzböden, TV, DVD, Kühlschrank, Wi-Fi und Föhn.

■ Sehr ordentlich für den Preis ist das moderne, wenn auch relativ charakterlose **Royal Panerai Hotel***–**** (3/9 Assadathorn Road, Tel. 053-234567, www.furama.com/royalpanerai), gerade außerhalb der nordöstlichen Ecke des Stadtgrabens gelegen. Große, saubere Zimmer mit A.C., TV und Wi-Fi und einem kleinen Balkon ab 500 Baht. Für 100 Baht extra ist ein Frühstück im Zimmerpreis inbegriffen. Zum Tha Pae Gate sind es zu Fuß ca. zehn Minuten, 30 Baht mit einer Songthaew.

■ Das **Chiang Mai Pacific Mansion*** befindet sich etwas nördlich des Nordwestecks des Stadtgrabens in noch recht zentraler Lage (gegenüber Wat Santitham, 16 Hadsadhisewee Rd., Tel. 053-404515, Fax 053-216662, www.pacificmansion. com). Es bietet außerordentlich saubere, große und gemütliche Zimmer mit Bad, A.C., Satelliten-TV, Kühlschrank und Telefon; dazu gibt's einen kleinen Swimmingpool. Die Tagesrate beträgt 600–800 Baht inkl. Frühstück, ein ausgezeichneter Gegenwert! Monatsmiete 7000–12.000 Baht, Suiten ab 15.000 Baht. Dazu kommen die Strom- und Wasserkosten sowie eine Pfandhinterlegung.

■ **Chiang Mai President Hotel***–**** (226 Wichayanon Rd., Tel. 053-251025, Fax 053-251032): Sehr ruhig nahe dem Nordosteck des Stadtgrabens gelegen; die Zimmer (Bad, A.C., TV, Mini-Bar) könnten eine Renovierung gebrauchen, besonders wäre eine hellere Beleuchtung zu wünschen. Für die derzeit stark herabgesetzten Preise sind die Zimmer jedoch noch sehr gut. Swimmingpool vorhanden, Parkplatz ebenfalls.

■ **Vista Hotel**** (252/19–23 Phra Pokklao Rd., Tel. 053-210663-4, Fax 053-214563, www.chiangmaivista.com). Sehr zentral neben Thai Airways gelegen und aufgrund der von der Straße zurückversetzten Lage sehr ruhig; dazu sind die Zimmer (Bad, A.C., TV) ausgesprochen gemütlich eingerichtet und haben einen kleinen Balkon. Das Gebäude wurde von Chiang Mais König *Kaew Nawarat* 1897 errichtet. Ein Kino, das normalerweise Hollywoodfilme zeigt, ist angeschlossen.

■ Ganz ausgezeichnet ist das **Grandview Hotel****–**LLL (ehemals *Holiday Inn*; 24, Chiang Mai–Lampang Rd., Tel. 053-220100, Fax 053-221602, www.chiangmaigrandview.com). Es befindet sich am Super Highway etwa 200 m nördlich von der Kreuzung mit der Huay Kaew Road. Superkomfortable Zimmer mit A.C., Kühlschrank und TV, und gelegentlich gibt es Ermäßigungen, sodass die Preise um 800 Baht beginnen. Nachfragen! Im Preis ist ein Frühstücksbüffet enthalten. Wi-Fi kostet extra. Vorhanden sind Business-Center, Swimmingpool und Lobby-Bar. Für Leute ohne eigenes Fahrzeug könnte allerdings die etwas abgeschiedene Lage, ca. 3 km von der Innenstadt, ungünstig sein.

■ Das Top-Hotel innerhalb des alten Stadtgrabens ist das **Tamarind Village**LLL (50/1 Ratchadamnoen Rd., Tel. 053-418898, Fax 053-418900, www.tamarindvillage.com), ein gemütliches, relativ kleines „Boutique"-Hotel, das auf dem Areal einer ehemaligen Tamarinden-Plantage angelegt ist. Preise ab 4200 Baht.

■ **River View Lodge****–*****, 25 Charoen Prathet Rd., Tel. 053-271109-10, Fax 053-279019, www.riverviewlodgch.com. Gleich am Fluss, in sehr ruhiger Lage in einer kleinen Seitengasse der Charoen Prathet Road. Sehr komfortable Zimmer (Bad, A.C., TV, Mini-Bar), teilweise mit Balkon. Ein Garten und ein kleiner Pool sind ebenfalls vorhanden. W-LAN funktioniert in den Zimmern nicht richtig.

■ Das 375 Zimmer beherbergende, hochklassige **Empress Hotel*****–**LLL befindet sich südlich des Stadtzentrums, gut einen Kilometer südlich des Night Bazar (199 Chang Klan Rd., Tel. 053-270240, 2053-700968, Fax 053-272467, www.empresshotels.com). Vorhanden sind Swimmingpool, Disco, Fitness-Club und Restaurant. In der Nebensaison ist

5

das Frühstück inklusive und die Zimmerpreise sind deutlich günstiger.

■ Das moderne **Royal Lanna Hotel****–LLL** überblickt das Viertel um den Night Market und bietet sehr ordentliche Zimmer zu vernünftigen Preisen; die zentrale Lage hat sicher auch etwas für sich (119 Loi Kroh Rd., Tel. 053-818773, Fax 053-818776, www.royallannahotelchiangmai.com). Zimmer mit A.C., TV, Kühlschrank, Telefon etc.; Monatsmiete möglich. Swimmingpool vorhanden.

■ Wer die Ruhe der Natur sucht, aber dennoch ganz nah an der Stadt wohnen will, ist im **Baan Sammi Natur-Resort**–*****(Tel. 053-868815, http://baansammi-bsnrg.blogspot.com) gut aufgehoben. Nur fünf Kilometer von Chiang Mai entfernt, in der Nähe von Doi Saket, bietet dieses kleine Resort (7000 qm), das um einen künstlichen See angelegt ist, ein paar preiswerte Bungalows und ein Chalet. Auf der Internetseite des Resorts findet man eine genaue Wegbeschreibung.

Weitere Unterkünfte

■ Eine der besten Luxusherbergen Chiang Mais, das **Chedi**LLL (Tel. 053-253333, Fax 053-253352, www.ghmhotels.com/en/chedi-chiang-mai-thailand/home), liegt nahe der Innenstadt an der recht lauten Charoenprathet Road und sieht von außen wie ein Gefängnis aus. Die 84 Zimmer und Suiten sind allerdings sehr stimmungsvoll in einem simplen, modernen Thai Stil gehalten, dazu Swimmingpool, Fitness-Center, Spa, Sauna und kostenloser Abholdienst vom Flughafen. Die Suiten sind doppelt so groß wie die Zimmer. Gäste, die in einer Suite wohnen, haben auch die exklusive Gelegenheit in der Chedi Club Lounge zu frühstücken, den

Nachmittagstee einzunehmen und den Abend dann noch mit Cocktails einzufeiern – alles im Zimmerpreis inklusive.

■ Das **Holiday Inn Chiangmai**LLL (324/11 Chiang Mai-Lamphun Rd., Tel. 053-275300, Fax 053-275299, www.holidayinn.com/hotels/us/en/chiang-mai/cnxcm/hoteldetail), Chiang Mais erstes Fünf-Sterne-Hotel mit Swimmingpool, mehreren Restaurants, Autovermietung etc. Die Zimmer sind groß und haben Teppich, alles ist etwas altmodisch aber noch ganz gut in Schuss. Wer Boutique und 21. Jahrhundert will, sollte anderswo einchecken. Gelegen etwa 2 km südlich der Innenstadt nahe dem Fluss.

■ **Four Seasons Resort**LLL (Mae Rim-Samoeng Old Road, Mae Rim, Chiang Mai 50180, Tel. 053-298181-8, Fax 053-298189, www.fourseasons.com/chiangmai) war bis vor kurzem die luxuriöseste und teuerste Unterkunft Chiang Mais – und ganz

▷ Akha auf dem Nachtmarkt von Chiang Mai

Der Norden

Nordthailands – und befindet sich in **Mae Rim,** 20 km nördlich von Chiang Mai Zentrum. Die Kleinstadt Mae Rim ist heute quasi schon ein Vorort des ständig wachsenden Chiang Mai. Das Resort besteht aus 80 luxuriösen, im traditionellen Lanna-Stil errichteten Holzbungalows, die sich über eine weitläufige Parklandschaft verteilen. Swimmingpool, Jacuzzi und Tennisplatz sind vorhanden; ein Golfplatz liegt fünf Minuten Fahrtzeit entfernt, Mountain-Bikes werden kostenlos zur Verfügung gestellt. Ein Spa ist angeschlossen. Auf einem dem Hotelgelände angeschlossenen kleinen Acker wird mit einem Büffel die traditionelle thailändische Pflügmethode demonstriert. Es gibt gleich mehrere Bars und erstklassige Restaurants mit Thai- oder westlicher Küche. Das Restaurant Mae Sala Rim zum Beispiel bietet gehobene Thai-Cuisine; eine der Spezialitäten ist der *yam hua plii*, ein Salat aus Bananenblüten.

Die Gegend um das Resort, vor allem in Richtung Westen, ist malerisch bis spektakulär. An der Vorderseite des Geländes stehen einige mehrstöckige, mit turmähnlichen Gebilden besetzte Gebäude; diese „Condominiums", ebenfalls im typischen Lanna-Stil errichtet, sind als Ganzes oder etagenweise verkauft worden. Stolzer Preis für ein ganzes Gebäude: 25 Millionen Baht.

Die Miet-Bungalows kosten je nach Größe und Aussicht (teilweise hat man Blick auf Doi Suthep oder andere Berge der Region) 18.000 Baht/Tag; dazu gibt es noch Super-Deluxe-Unterkünfte von 33.000–40.000 Baht. Da macht es dann auch nichts mehr, wenn für die Fahrt ab Flughafen Chiang Mai noch mal 1500 Baht angerechnet werden, Rückfahrt inbegriffen.

Wer auf eigene Faust anreist (eventuell nur für eine gute Mahlzeit), fahre von Chiang Mai über die Straße Nr. 107 (Richtung Fang) nach Mae Rim, wo dann links an der Abzweigung zur Straße nach Samoeng ein Schild auf das Resort hinweist. Von der Abzweigung sind es noch etwa 2 km dorthin.

■ Ein weiteres Luxus-Hotel in der Gegend Chiang Mais ist das **Mandarin Oriental Dhara Dhevi**

Chiang Mai[LLL] (Chiang Mai- Sankampaeng Road, Tel. 053-888888, Fax 053-888889, www.mandarin oriental.com/chiangmai/), in dem die preiswertesten Zimmer 15.500 Baht kosten. Die in einem klassischen Lanna-Stil gehaltenen 127 Villen und Suiten sind allesamt riesig (mindestens 75 m², meist aber doppelt so groß), teilweise mit Jacuzzis oder Whirlpools ausgestattet und liegen in einer weitläufigen Gartenanlage. Zu jedem Zimmer gehören ein Butler-Service, Internet-Ports, CD- und DVD-Player, ein Safe und täglich frisches Obst. Ein voll ausgestattetes Spa, ein Swimmingpool, Restaurants und ein Shopping-Plaza sind dem Resort angeschlossen.

Häuser

Chiang Mai hat eine gute Auswahl an **mietbaren Häusern,** die u. U. ebenfalls ab nur 1 Monat angemietet werden können. Besonders im alten Stadtteil innerhalb des Stadtgrabens gibt es zahlreiche solcher Häuser. Die Preise beginnen bei 4000 Baht für schlichte kleine Holzhäuser und enden irgendwo bei über 20.000 Baht. Die Preise richten sich selbstverständlich nach Alter und Größe des Hauses sowie nach den vorhandenen Extras (warmes Wasser, Möbel, Garten, etc.).

An der Tapae Road (auch woanders) vermitteln gelegentlich Geschäfte oder Trekking-Agents mietbare Häuser. Unter Umständen muss bei denen ordentlich gehandelt werden. Ansonsten einfach mit dem Fahrrad durch die Altstadt radeln und ein paar Leute nach Häusern fragen: *„Thii nii mii baan chao, mai?"* Gibt's hier irgendwo ein Haus zu mieten? Meist findet man schneller ein Haus, als man denkt.
■ Alternativ kann man auch ein kleines **Apartment** mieten. Das **Sang Serene House** (146/20 Moo 1, Changpuek Road, Tel. 053-892002, Fax 053-893022, www.sangserene-house.com) bietet neue und moderne Studioapartments und kleine Suiten ein paar Minuten westlich der Stadt. Alle Apartments haben A.C., Wi-Fi und TV sowie einen kleinen

5

Balkon. Preise zwischen 600 und 1500 Baht pro Tag oder 4000 Baht bis 8000 Baht die Woche. Ab 9600 Baht im Monat.

Essen

Chiang Mai ist nach Bangkok Thailands größtes Schlemmerparadies. Es gibt hervorragendes nordthailändisches und auch westliches Essen, letzteres zu Preisen weit unter Bangkok-Level. Im Gegensatz zum verkehrsgeplagten Bangkok lassen sich in Chiang Mai auch alle Restaurants in ein paar Minuten Fahrzeit erreichen. Wem nichts besseres in Chiang Mai einfällt, der kann auf Restaurant-Entdeckungstour gehen.

■ Hervorragendes westliches Frühstück sowie italienische und mexikanische Gerichte bietet das blitzsaubere, moderne **Art Café,** das zudem strategisch günstig an der Ecke Kotchasan Rd./Tha Pae Rd. gegenüber dem Tha Pae Gate liegt. Das Restaurant besteht aus zwei Sektionen, der mehr zum Tha Pae Gate heraus gelegene ist auf Pizzas spezialisiert. In dem anderen Bereich gibt es italienische, mexikanische und thailändische Gerichte, sehr gute Salate, zahlreiche vegetarische Gerichte, Fruchtsäfte, Kuchen u. v. m. Die Speisekarte ist äußerst umfangreich. Sehr empfehlenswert!

■ Einige Häuser weiter die Tha Pae Road hinauf liegt das **Phon Non Café,** das sich in einem traditionellen Lanna-Haus befindet und außer nordthailändischen Speisen auch die üblichen Traveller-Favoriten serviert.

■ Etwa 400 m weiter auf der gegenüberliegenden Seite der Tha Pae Rd., neben Wat Chetawan, liegt **Ratana's Kitchen,** das vom britischen Fotografen *Ron Emmons* (www.ronemmons.com) und seiner thailändischen Frau geleitet wird. Serviert werden sehr gute Gerichte aus verschiedenen Regionen des Landes. Eine Spezialität ist der *khao soy,* ein nord-

⌃ Elefant vor dem Hofbräuhaus

5

Der Norden

thailändisches Nudelgericht. Insgesamt gutes Essen zu moderaten Preisen.

■ In der **Crusty Loaf Bakery and Restaurant** (24 Rajwithi Rd.) gibt es alle erdenklichen Brot- und Sandwich-Arten, dazu Pizza, Spaghetti, vegetarische Gerichte, Müsli, Joghurt, Gemüsesäfte etc. Angeschlossen ist der **U.N. Irish Pub** (dessen Schild besser zu sehen ist als das des Crusty Loaf), der wie alle derartigen Institutionen auf Guinness spezialisiert ist.

■ Ordentliches italienisches Essen bietet das relativ neue **La Lanterna Di Genova** (31 Ratchadamnoen Road), sehr zentral gelegen, nicht weit vom Tha Pae Gate entfernt.

■ Wem das nicht exotisch genug ist, wird sich aber ganz sicher in dem blitzesauberen **Black Canyon Coffee House** an der Ecke Moon Muang Road und Ratchadamnoen Road wohl fühlen.

■ Keine Pizza serviert das italienische **Piccola Roma** (3/2–3 Charoen Prathet Rd.) – ein kleines Schild an der Tür besagt unmissverständlich „No Pizza". Dafür gibt es jedwede sonstige italienische Speise, und insgesamt ist dies wohl das beste italienische Restaurant am Ort. *Angelo,* der Besitzer, lässt sein frisches Seafood aus Vietnam einfliegen.

■ Nicht weit entfernt (117/2 Charoenmuang Rd.) befindet sich das **Just Khao Soy,** welches das gleichnamige köstliche nordthailändische Nudelgericht, eine Art Currysuppe, mit Fleisch und rohen Gemüsezutaten in modernem Ambiente serviert.

■ Das neue **Loco Elvis** steht an der Ecke Moonmuang Road und Rajwhiti Road und ist vielleicht das beste mexikanische Restaurant im Ort. Eine große Auswahl typischer Gerichte und gigantischer Portionen – Burritos, Enchiladas, Fajita etc., meist mit Fleisch, zu ordentlichen Preisen (150–200 Baht). Ein Burgershop und ein Kaffeehaus sind angeschlossen.

■ Schräg gegenüber aber außerhalb der Stadtmauern an der Chayiapoom Road findet sich das gemütliche **Burritos,** ein weiteres mexikanisches Restaurant, das allerdings eine bessere Auswahl vegetarischer Variationen der Standardgerichte hat. Burritos unter 150 Baht.

■ Nebenan ist das preiswerte **The Swan,** das burmesische Gerichte serviert, darunter ebenfalls eine Reihe vegetarischer Gerichte. Die meisten Speisen kosten unter 100 Baht.

■ **Amazing Sandwich** in der Prapokklao Road, ein paar Schritte nördlich der Thai Airways, ist seit einiger Zeit Favorit für Leute, die es satt sind jeden Tag Reis und Nudeln zu essen. Die Auswahl ist riesig: 14 Sorten Fleisch, acht verschiedene Käse, zehn verschiedene Gemüse.

■ An der Chaiyapoom Road, an der Südseite des Tha Pae Gates, findet sich das **Aroon Rai,** eines der ältesten Restaurants am Ort für exzellente nordthailändische Küche. Das Ambiente ist einfach, die Preise sind erträglich.

■ Ebenfalls ausgezeichnete nordthailändische Speisen – vielleicht noch besser als im Aroon Rai – bietet das **Tha Nam Restaurant**, auch **The River Front** genannt (43/3 Moo 2, Chang Klan Rd.) in gemütlichem, rustikalem Ambiente. Abends gibt es Live-Musik.

■ Ausgezeichnete nordthailändische Speisen gibt's ebenso im **Antique House** (71 Charoen Prathet Road). Das Restaurant ist mit alten Lanna-Möbeln und -Handwerksartikeln ausgestattet und bietet ein sehr gemütliches Ambiente.

■ Preiswert und lecker sind die nordthailändischen Gerichte bei **Khun Mor's Cuisine** (10/1 Nimmanhaemin Road), das vor allem unter Einheimischen sehr beliebt ist. Die scharf gewürzten Bratwürste nordthailändischer Art sind zu empfehlen, und es gibt jede Menge Tofugerichte für Vegetarier.

■ Außerhalb der Stadt, idyllisch am Fuße des Doi Suthep gelegen, findet sich das **Kaeng Ron Ban Suan** (149/3 Moo 2, Soi Chom Doi, off Canal Rd.), ein weiteres sehr gutes nordthailändisches Restaurant. Besonders beliebt sind die *sai wua,* nordthailändische Würstchen, und das *pak kud,* ein Gemüse, das nur wild wächst.

■ Ein paar Schritte nördlich des Tourist Office ist das recht neue **Duke's** zu finden – eine der besten Adressen in Chiang Mai für Steaks, Pizzas, Pasta, Salate und andere westliche Spezialitäten im ameri-

5

Die Folksängerin Soontree Wechanon

Eine der **kulturellen Hauptattraktionen Chiang Mais** ist die Sängerin *Soontree Wechanon,* die etwas außerhalb der Stadt das Huan Soontree Restaurant betreibt und dort jeden Abend ihre Lieder vorträgt. In Thailand ist *Soontree* bereits seit den 1970er Jahren jedem ein Begriff.

Soontree singt in nordthailändischem Dialekt und beruft sich musikalisch auf die *Preng Phua Chivit,* die sogenannten **„Lieder fürs Leben",** ein Musik Genre, das aus der Studentenbewegung der 1970er Jahre entstand.

Die junge *Soontree* begann in einem kleinen Studio für 2 Baht pro Stück Kassetten zu überspielen. „Das war ein Traumjob. Ich hörte den ganzen Tag Musik, nicht nur Musik aus Thailand, sondern auch klassische Musik aus dem Westen, und Pop und Jazz. Instinktiv habe ich immer mitgesungen."

Der Besitzer des kleinen Studios in Chiang Mai nahm auch erste Aufnahmen des kurz darauf **bekannten Sängers Charan Manoped** auf, der *Soontree* eines Tages fragte, ob sie nicht eines seiner Lieder singen wolle. Die Aufnahmen **waren ein Erfolg und Konzerte und Spendenkampagnen, um verarmten Kindern in Nordthailand zu helfen,** folgten. 1978 nahmen *Soontree* und *Charan* ein erstes Album auf, das ein riesiger Erfolg in Thailand wurde.

Das Geld, das sie mit der Platte verdienten, spendeten die beiden an ein Hilfsprojekt der königlichen Familie. Weitere Platten der beiden folgten, bis *Soontree* ihr erstes Kind bekam. „In den 1970er Jahren war das Musikerdasein in Thailand alles andere als ein respektabler Beruf. Ich hatte eine Familie und Verantwortung und entschied mich auszusteigen."

Soontree zog mit ihrer Familie nach Australien und später nach Malaysia, wo ihre Tochter *Lanna Cummins,* heute ebenfalls eine populäre Sängerin in Thailand, auf die Welt kam. „Ich habe die Musik nie vergessen und ab und zu bin ich zurück nach Thailand und habe ein Konzert gespielt. Ich habe das vermisst. Ende der 1980er Jahre hatte ich genug und wir sind zurück nach Thailand gekommen."

Aber die große und von vielen erwartete Wiedervereinigung mit *Charan Manoped* blieb aus. „Wir haben ein paar Konzerte zusammengespielt. 1990 sind wir im Fernsehen aufgetreten was meine Popularität wieder ungeheuer entflammt hat. Aber Charans Freundin war sehr eifersüchtig und so haben wir uns dann irgendwie verloren. Er ist vor fünf Jahren gestorben."

Soontree hatte nun auch andere Probleme. „Meine Ehe fiel in Stücke, nachdem wir nach Bangkok zurückkamen. Bangkok ist keine gute

kanischen Stil und entsprechendem Ambiente. Die Steaks sind gut. Eine zweite Filiale ist am Night Market zu finden.

■ Ebenfalls eine Oase Americana ist die **Butter is Better Bakery** (183/8-9 Chnag Klan Road), ein authentisches und freundliches New York Deli, das sich

nach Chiang Mai verschlagen hat. Die Pastrami Sandwiches sind umwerfend, der Kaffee ist gut und die Auswahl an Kuchen kann sich sehen lassen.

■ Das **Brasserie Restaurant and Bar** (37 Charoenrat Rd.) bietet guten Rhythm'n'Blues von Live-Bands, und abends gegen 22.00 Uhr ist der Laden

Stadt für Männer und ich wollte raus. Damals hatte gerade *Nga Surachai*, ein Sänger und Aktivist der Studentenbewegung der 1970er Jahre eine Kneipe in Chiang Mai aufgemacht und fragte mich ob ich nicht bei ihm auftreten wolle. Bald hatte ich jeden Abend ein volles Haus."

Soontree sah sich nun nach Möglichkeiten um, um die Weiterbildung ihrer Kinder zu finanzieren und entschied sich ein **Restaurant und Club** aufzumachen. Seit 1993 tritt sie dort allabendlich auf.

Ihre **politischen Aktivitäten** brachten die Sängerin immer wieder in Schwierigkeiten. Während ziviler Unruhen 1992 bei denen das thailändische Militär hunderte von unbewaffneten Demonstranten erschoss, protestierte *Soontree* in Chiang Mai gegen die Regierung. 2006 nahm sie als starke Kritikerin des Premierministers *Thaksin Shinawatra* an riesigen Demonstrationen in Bangkok teil. Ein paar Tage später warf jemand eine Handgranate in ihr Restaurant, die glücklicherweise nicht explodierte.

„Thailands Künstler trauen sich nicht gegen die korrupte Regierung *Thaksin* zu protestieren. Das ganze Land wird von der Angst regiert. *Thaksin* ist wie ich aus Chiang Mai. Deswegen habe ich besonderen Grund gegen ihn zu protestieren. Ich habe keine Angst. Wenn wir alle in Angst leben, geht das Land zu Grunde."

meist gerammelt voll. Eine Essensspezialität ist der *pla mük yatsai krathiam phrik thai* – gebratener Tintenfisch gefüllt mit Knoblauch und Chili.

■ **The Gallery Bar and Restaurant** (25–29 Charoen Rat Rd.) hat rundum gutes Essen. Zudem ist es in einem hundert Jahre alten, ruhig gelegenen Teak-Haus untergebracht, in dessen Eingangshalle sich eine kleine Kunstgalerie befindet.

■ Direkt im Herzen der Innenstadt, an der Südseite der Ratchadamnoen Rd., befindet sich der **Writer's Club,** in dem sich in der Tat von Zeit zu Zeit die in Chiang Mai ansässigen Reiseschriftsteller und Journalisten (und das sind überraschenderweise eine ganze Menge) versammeln. Das Restaurant bietet solide Thai-Kost, Wein und Bier und natürlich so etwas wie ein intellektuelles Ambiente, zumindest freitags, wenn auch wirklich Schreiberlinge im Hause sind.

■ Direkt nebenan serviert das freundliche **Rachadamnoen Restaurant** gute Steaks für 200 Baht. Dazu lässt sich deutsches Dunkelbier trinken. Auch die Thaigerichte sind nicht schlecht.

■ Schräg gegenüber vom *Writer's Club* an der Ratchadamnoen Rd. serviert das **Khao Tom Nung Baht** (zu Deutsch: „die Ein-Baht-Reissuppe") sehr gute und preiswerte thailändische Küche. Das Restaurant ist nicht auf Englisch ausgeschildert, aber kaum zu verpassen, da einige Tische auf der Straße stehen. Eine Speisekarte auf Englisch gibt es.

■ Das **Kafé** (127–129 Moon Muang Road) bietet zwar nur sehr durchschnittliches Essen (westlich und Thai), dafür hat es ein gemütliches Ambiente, und die Bierpreise sind niedrig. Das Bier wird, sonst kaum üblich, auch in Krügen ausgeschenkt.

■ Das **Babylon,** gegenüber dem Eingang zur Chiang Mai University (100/63 Huay Kaew Rd.), ist relativ unauffällig und erinnert vielleicht an ein kleines italienisches Dorf-Café. Das Essen ist aber sehr gut, ganz besonders die *Spaghetti with Blue Cheese*, die *Ravioli with Spinach and Cottage Cheese* und die Pizza Calzone. Trotz der Lage weit außerhalb des Stadtkerns finden sich hier immer zahlreiche Kunden ein, was ja für sich spricht.

■ Wenn es gehobene französische Küche sein soll, gibt es wahrscheinlich nichts Besseres als das **Coq d'Or** (68 Koh Klang Rd., www.lecoqdorchiangmai. com). Gegründet wurde es von *W.A.R. Wood*, einem britischen Ex-Konsul in Chiang Mai und Autor des unterhaltsamen Buches „A Consul in Paradise".

5

■ **Jerusalem Falafel** ist ein ausgezeichnetes israelisches Restaurant, mit sehr guten zuckerlosen Kuchen, Kräutertees, Falafel, Humus, Pita-Brot, Salaten und Käse. Es liegt in der 33/2 Moon Muang Road (Westseite), auf der Höhe Tha Pae Gate und etwas südlich der Einmündung Ratchadamnoen Road. Gehobenere Preislage.

■ **Da Stefano** (Ecke Chang Moi Kao Rd./Tha Pae Rd.) ist ein neueres italienisches Restaurant und sehr gut dazu. Eine ausgiebige Weinliste rundet das Bild angenehm ab.

■ Eine Filiale der beliebten S & P-Kette, die für ihre gleichbleibend schmackhaften Speisen bekannt ist, befindet sich in der Manee Noppharat Road (300/9–10). Das **S & P Restaurant** bietet Thai-Gerichte und Kuchen und ist so blitzblank gewienert, dass man sich in einem 5-Sterne-Hotel zu befinden glaubt. Die Gerichte sind eine Investition, die sich lohnt, ab ca. 70 Baht. Eine weitere Filiale, an den Rim Ping Supermarkt angeschlossen, befindet sich direkt neben dem Novotel an der Chang Puak Rd.

■ Sehr beliebt bei Touristen ist der **Galare Food Court** im Night Bazar an der Chang Klan Road. Dieser besteht aus einer großen Open-Air-Sitzgelegenheit, umgeben von vielen Essensständen, an denen man sich seine Mahlzeiten selber abholt. Bezahlt wird mit Coupons, die an einem Stand erhältlich sind. Einer der Essensstände ist eine Zweigstelle des o. g. Naina, mit gutem Tandoori Chicken, Fisch- und Gemüsegerichten. Andere Stände bieten thailändische, chinesische und westliche Gerichte. An Bier und anderen Getränken besteht ebenfalls kein Mangel. Auf einer kleinen Bühne werden an den meisten Abenden traditionelle nordthailändische Tänze aufgeführt.

■ Preiswerter lässt es sich allerdings im **Anusarn Market** speisen (ebenfalls open-air), gelegen an der ersten Straße, die südöstlich des Night Bazars von der Chang Klan Road abzweigt. Anders als im Galare Food Court, besteht die Kundschaft hier in erster Linie aus Thais. Die Gerichte kosten ab ca. 30 Baht. Geboten wird die übliche Rundum-Palette, darunter eine große Auswahl von Seafood.

■ Ein hervorragendes, aber preiswertes thailändisch-islamisches Restaurant ist das **Raan Khao Soy Islam** in Soi 1, Charoen Prathet Road. Das Lokal ist extrem schlicht und nur in Thai ausgeschildert, der Weg dorthin lohnt aber. Der Verkaufsrenner ist das Khao Soy (15 Baht), eine Spezialität Nordthailands – Nudeln in einer scharfen Soße mit

025th at

Huhn, wozu sich der Gast selber diverse Gemüse und andere Zutaten untermischt. Ebenfalls sehr gefragt ist das *Khao Mok Gai,* ein würziges Reisgericht mit Huhn. Weiterhin gibt es Satay, Samosas (gefüllte Teigtaschen) und Spring Rolls. Raan Khao Soy Islam ist auf der Gasse zu finden in der auch die größte Moschee Chiang Mais steht. Hier reihen sich auch noch eine Reihe anderer ähnlich guter Restaurants an und nachmittags gibt es an Straßenständen extrem preiswerte Falafel und andere Snacks zu erstehen.

■ Eine Vielfalt ausgezeichneter Tee-Sorten aus China, Indien, Sri Lanka, Taiwan, Thailand, Vietnam und Japan, dazu Früchte-Tees, Kräuter-Tees etc. sowie ein große Auswahl wunderschöner Töpferwaren bietet das **Tea House Siam Celadon** in der 158 Tha Pae Rd., etwas westlich der Nordostecke des Stadtgrabens.

■ Deutsche Küche: **Bierstube** (33/6 Moon Muang Rd., nahe Tha Pae Gate), **Haus München** (115/3 Loi Kroh Rd., gegenüber dem Melia Suriwongse, nahe Night Bazar), **German Hofbräuhaus** (115/1–2 Loi Kroh Rd.). Die zwei letztgenannten Restaurants liegen alle direkt nebeneinander nahe der Ecke Chang Klan Rd./Loi Kroh Rd.

■ Schweizerisch/Deutsch: **Swiss Restaurant Formula One,** 149/23 Chang Klan Road, Anusarn Market.

■ **Khantok-Dinner,** d. h. nordthailändische Mahlzeiten, die von einer traditionellen Tanzvorführung untermalt wird, präsentieren die folgenden Restaurants: Das **Khum Kaew Palace,** 252 Phra Pokklao Road, Tel. 053-214315, das **Kantoke Palace,** 174/4

Chang Klan Rd., Tel. 053-272757, und das **Old Chiang Mai Cultural Centre,** 185/3 Wualai Rd., Tel. 053-275097. Letzteres ist das älteste Khantok-Restaurant und vielleicht auch das authentischste. Die Tanzdarbietungen sind sehr gut, dazu gibt es weitere kulturelle Veranstaltungen. Das Restaurant besteht aus einigen wunderschönen alten Häusern im Lanna-Stil.

■ Die wohl besten Büffets der Stadt bietet noch immer das **Holiday Inn Chiangmai Hotel** in seinem Restaurant im Erdgeschoss. Für 450 Baht wird mittags eine Riesenauswahl an Speisen geboten, darunter italienische, andere westliche, thailändische und thailändisch-vegetarische. Dazu gibt es unlimitierten Kaffee oder Tee. Es lohnt!

■ Sehr zu empfehlen ist ein Besuch in dem sehr guten **Huan Soontree Restaurant** (208 Patan Road) in dem jeden Abend (außer sonntags) die bekannte nordthailändische Sängerin *Soontree Wechanon* (siehe Exkurs „Die Sängerin Soontree Wechanon") auftritt und traditionelle Folksongs der Region vorträgt. Dazu sehr gute thailändische Gerichte in rustikal-schicker Atmosphäre zu durchaus erschwinglichen Preisen. Gäste sitzen auf mehreren Stockwerken, die um die Bühne herum arrangiert sind. Das Restaurant ist etwas außerhalb der Stadt an der westlichen Seite des Mae Ping. Ein Besuch bei *Soontree* ist ein großartiges Kulturerlebnis.

Vegetarisch

Chiang Mai hat über 40 vegetarische Restaurants, die meisten davon sind klein und unauffällig, in Thai ausgeschildert und nicht leicht auffindbar.

■ Der **Blue Diamond Breakfast Club** in Soi 9 der Moon Muang Road im Nordosten der Innenstadt liegt in einem kleinen Garten und bietet eine lebendige Atmosphäre, allerlei Backwaren, Säfte, vegetarische sowie vegane Gerichte und organischen Kaffee. Wer Tofu liebt, ist hier richtig. Ein paar Ge-

◁ Tintenfischspieße an einem Essensstand in Chiang Mai

richte mit Fleisch gibt es allerdings auch. Der Avocado Bacon Burger ist zu empfehlen. Ebenfalls in der Soi 9 und nicht weit entfernt findet sich das freundliche **Organic Veggies Kitchen,** das unter anderem hausgemachten Joghurt, Sandwiches und guten frischen Kaffee bietet. Es gibt allerdings auch ein paar Fleischgerichte.

■ Lange Jahre schon existiert das **AUM Vegetarian Restaurant** in der 65 Moon Muang Rd., genau auf der Höhe des Tha Pae Gates und einige Schritte südlich der Einmündung Ratchadamnoen. Dieses ist das am zentralsten gelegene vegetarische Restaurant. Angeboten werden thailändische und chinesische Gerichte, die jedoch für Westlermägen modifiziert erscheinen. Dennoch recht gut. Im Obergeschoss kann man es sich auf den Boden sitzend und mit Kissen bequem machen. Geöffnet tgl. 8.00–21.00 Uhr.

■ Auch zu empfehlen ist das **Lanna House** (267 Tha Pae Rd.), das auch als G.H. und Internet-Café fungiert und eine solide Auswahl vegetarischer Gerichte um 130 Baht bietet. Dazu guter Kaffee.

■ Recht neu und auf der gleichen Seite der Tha Phae Road, gegenüber der Krung Thai Bank, ist das **Taste From Heaven,** ein vegetarisches Restaurant, das thailändische Gerichte, Säfte und organischen Kaffee anbietet. Ein Teil der Einnahmen wird in den Elephant Nature Park investiert.

■ Das **Whole Earth Restaurant** ist ein Ableger des gleichnamigen Restaurants in Bangkok, aber nicht ganz so gut. Dafür ist das Lokal herrlich gelegen. Beim Essen in traditioneller Sitzweise auf dem Boden blickt man auf einen stillen kleinen Teich. Neben vegetarischen stehen auch Fleischgerichte auf dem Programm. Das Whole Earth befindet sich in der 88 Sridornchai Road.

■ Sehr zu empfehlen ist das elegante Gartenrestaurant **Khun Churn** (wird Sern ausgesprochen), auf Soi 17 der Nimanhemin Road, etwas westlich der Innenstadt. Mittags gibt es ein exzellentes Buffet für 100 Baht – unter anderem mit vegetarischem Khao Soy und guten Salaten. Abends werden ähnlich gute Speisen à la carte serviert.

■ Direkt gegenüber liegt das **Dr. Noodle,** das, wie der Name ja andeutet, eine große Auswahl Nudelgerichte bietet, auch, aber nicht nur, vegetarisch.

■ Ganz ausgezeichnet ist das **Anchan Vegetarian,** ebenfalls in der Nimanhemin Rd., gegenüber Soi 31. Die Gerichte – thailändisch und westlich – kosten um die 100 Baht. Als Beilage gibt es u. a. gesunden braunen Reis. Einige Gerichte enthalten Ei. Geöffnet Di–So 11.00–22.00 Uhr.

■ Mit zahlreichen vegetarischen, aber auch Fleischgerichten, wartet das **Royal India Restaurant** auf, gelegen neben der Babylon Bar an der Ratchpakhinai Road, etwas von der Straße zurückversetzt. Das Restaurant wird von Verwandten des bekannten Royal India in Bangkok betrieben, reicht aber nicht an dessen Qualität heran. Für Freunde indischer Küche oder Vegetarier aber eine der besten Optionen in der Stadt, dazu relativ preiswert. Für 99 Baht gibt es vegetarische Thalis, d. h. eine Platte mit mehreren Gemüse-Curries, Chapatis, Reis und anderen Beilagen; für 160 Baht gibt es die Version mit Fleisch.

■ Um die Ecke, an der Rajwithi Road bietet das **New Delhi Restaurant** authentischere indische Speisen. Es sieht nach nicht viel aus, aber das Essen ist gut, vor allem auch für Vegetarier.

■ Im **Sikh-Tempel** an der Charoenrat Road (auf Thai Wat Khaek = „Tempel der Inder") werden sonntags morgens *langar* abgehalten, die traditionellen Gemeinschaftsessen der Sikhs. Jedermann ist willkommen zum nordindischen vegetarischen Essen (kostenlos). Ähnliches gibt es Freitagabends im Tempel der Namdhari-Sikhs in der Chang Moi Road.

Stadtverkehr

Chiang Mai besitzt – obwohl fünftgrößte Stadt des Landes – erstaunlicherweise keinerlei öffentliche Verkehrsmittel. Zu verdanken ist dies der einflussreichen Tuk-Tuk und Songthaew-Mafia, die

Der Norden

immer wieder Mittel und Wege findet, Pläne zu einem neuen Bussystem zu unterbinden. Ein ehemals bestehendes Bussystem mit insgesamt nur vier Linien wurde 1997 wegen Unrentabilität eingestellt.

Es gibt Pläne, ein Streckennetz für einen Elektro-Zug zu bauen, ähnlich dem Skytrain in Bangkok. Das Netz soll 27,4 km lang sein und – anders als in Bangkok – zu 68 % unterirdisch verlaufen. Das Projekt, für das 41 Mrd. Baht veranschlagt sind, sollte ursprünglich 2005 fertig gestellt sein, derzeit ist aber noch nicht einmal mit dem Bau begonnen, und niemand weiß, wann es denn einmal losgehen soll.

◼ **Taxis** gibt es in Chiang Mai nicht allzu viele. Man kann sie unter Tel. 053-279291 und 053-271242 bestellen. Die gelb-blauen und grünen Wagen sind an einem Taxi-Schild auf dem Dach zu erkennen. Bei der Abfahrt vom Flughafen werden 50 Baht Flughafenzuschlag fällig. Das Taxameter zeigt eine Grundgebühr von 40 Baht.

◼ Die privat betriebenen roten **Songthaews,** die die Stadt für 20–40 Baht/Pers. durchkreuzen, sind zumeist die beste Option – einfach eines anhalten und sein Fahrziel angeben. Falls der Fahrer irgendwie in die gewünschte Richtung fährt, wird er dies signalisieren. Längere Fahrten, bei denen kaum andere Passagiere mitfahren, können auch 50 Baht oder mehr kosten. Leider versuchen die Fahrer oft, bei Ausländern überhöhte Preise herauszuschinden, und vielen wird das Songthaew-Fahren somit vergällt. Das Beste ist, gar nicht nach dem Preis zu fragen (das ließe den Reisenden wie einen Neuling erscheinen), sondern nach vollendeter Fahrt dem Fahrer einfach 20 Baht in die Hand zu drücken. Fahrten zum Flughafen kosten weit mehr als das übliche, da sich kaum weitere Passagiere zu der Fahrt einfinden werden. Von der Innenstadt sollten es ca. 150 Baht sein.

◼ Gehandelt werden muss bei den **Tuk-Tuks,** dessen Fahrer bei Westlern ebenfalls gerne aufschlagen. Eine Strecke von 2 km sollte ca. 50 Baht kosten, jeder weitere Kilometer zusätzliche 20 Baht. Die Tuk-Tuk-Fahrer von Chiang Mai sind insgesamt umgänglicher als die in Bangkok. Um den Night Bazar sind dennoch Wucherpreise zu erwarten.

◼ Viele Guest Houses bieten **Motorräder** zur Miete an, aufgrund des Überangebots halten sich die Preise in Grenzen (100–250 Baht pro Tag, 150 Baht ist die Regel).) 250 cc Dirt Bikes kosten um die 500 Baht pro Tag. **Fahrräder** gibt's für ca. 50 Baht pro Tag, Mountain-Bikes für 100–150 Baht.

Mietwagen

Folgende Firmen vermieten Leihwagen, meist *Toyota Solunas,* ab ca. 1000 Baht Tagesmiete. (Siehe „Praktische Reisetipps A-Z, Verkehrsmittel, Mietfahrzeuge".)

◼ **Avis,** Royal Princess Hotel, 122 Changkran Road, Tel. 053-281033-6 Ext. AVIS; Flugplatzbüro Tel. 053-201798

◼ **Bee Car Rent,** 52 Chayaphoom Rd., Tel. 053-233840, www.beecarrent.com

◼ **Budget Car Rent,** 201/2 Mahidol Rd., gegenüber Central Airport Plaza, Tel. 053-202871-2, Fax 053-202873, www.budget.co.th/

◼ **North Wheels,** 70/4–8 Chaiyaphum Rd., Tel. 053-874478

◼ **Viangping Group,** Soi 6 12 Charoenphratet Rd., Tel. 053-818929, Fax 053-820909

◼ **Thai Rent A Car**, Chiang Mai Flugplatz, Tel. 053-281345, www.thairentacar.com. Gute Deals ab 806 Baht pro Tag für einen kleinen Nissan.

◼ Dazu gibt es zahlreiche weitere Unternehmen, die zumeist den kleinen *Suzuki Caribian* anbieten. Die Tagesmiete beträgt ca. 700–1000 Baht, bei längerer Anmiete und in der Off-Season sind aber auch 650 Baht möglich. Der Suzuki Caribian braucht allerdings viel Sprit und ist auf langen Fahrten anstrengend.

5

Einkaufen

Chiang Mai hat in den letzten Jahren erheblichen Zuwachs an **Department Stores** erhalten. Die Kaufhäuser können sich allerdings nicht mit denen von Bangkok messen. Die größten sind das Robinson an der Straße zum Flughafen und der gigantische Shopping-Komplex Kad Suan Kaew (99/4 Huay Kaew Rd.), der wohl noch größer ist als das Mah Boonkrong in Bangkok. Er beinhaltet auch eine Filiale des Central Department Store. Angeschlossen ist das 1995 in Betrieb genommene Kad Theatre (1550 Sitzplätze), in dem internationale Musicals (Cats, Grease, South Pacific, Phantom of the Opera u. Ä.) aufgeführt werden bzw. wurden. Für weniger kommerzielle Aufführungen steht das kleinere Kad Playhouse (500 Sitzplätze) zur Verfügung. Wer Computer oder andere elektronische Produkte sucht, wird sie im **Panthip Plaza** an der Chang Klan Road finden. Das Angebot ist groß, allerdings nicht ganz so preiswert und vielfältig wie in Bangkok. Öffnungszeiten der meisten Kaufhäuser: 10.00–21.00 Uhr.

Die Einkaufsmöglichkeit in Chiang Mai ist der **Night Bazar** an der Chang Klang Road. Dieser Nachtmarkt besteht eigentlich aus zwei voluminösen Gebäuden, dem Chiang Mai Plaza und dem Wiang Ping Bazar. Um diese herum verkaufen zudem zahlreiche Straßenhändler ihre Waren, und so wird die ganze Gegend zu einem einzigen pulsierenden Verkaufsgewimmel. Jeden Abend durchstöbern Tausende von Touristen die Läden, Händler vom Volk der Meo bieten ihre Waren an, und Tour-Operatoren werben für ihre Trekking-Touren. Die Gegend um den Night Bazar bietet das lebhafteste Nightlife im Ort.

Doch was gibt es zu kaufen? Jede Menge preiswerte Kleidung, teilweise

056th at

sehr modisch. Designer-Kopien sind für einen Bruchteil des Originalpreises erhältlich. Dazu kommen andere Textilien wie Baumwolldecken, Bettbezüge, Hilltribe-Kleidung, Hemden und Hosen von der Stange etc. Kunsthandwerkliches wird ebenso angeboten wie Opiumpfeifen oder -gewichte. Die Meos verkaufen traditionellen Silberschmuck oder Stickereien.

An jeder Ecke werden irgendwelche Kopien feilgeboten, so imitierte Guccioder Dunhill-Brieftaschen, angebliche Benetton-Hemden, die gerade noch die erste heiße Wäsche überstehen und lederne Aktenkoffer mit Designer-Label. Auch DVDs von den neuesten Hollywoodfilmen werden an jeder Ecke angeboten. Da die thailändischen Behörden seit einiger Zeit aber verstärkt gegen Piratenprodukte vorgehen, werden die Imitate in Zukunft wahrscheinlich rarer.

Das ganze Treiben um den Nachtmarkt ist sehr touristisch, dementsprechend werden auch zunächst die Preise veranschlagt. Bei Textilien und kostspieligeren Waren sollte man immer gut ein Drittel herunterhandeln. Manchmal sogar noch mehr! Die Händler sind durch Kurzzeit-Touristen an Bilderbuchpreise gewöhnt, und so fällt der erste Preisvorschlag meistens viel zu hoch aus.

Geöffnet ist der Night Bazar täglich 18.00–24.00 Uhr, danach stehen davor zahlreiche Tuk-Tuks bereit, die die Kaufwütigen ins Hotel kutschieren.

Wer sonntags in der Stadt ist, sollte unbedingt den **Sunday Market** (17.00 bis 22.00 Uhr) besuchen – das ist eigentlich auch unumgänglich, denn dieser Open-Air Markt, der vor einigen Jahren recht bescheiden um das Tha Pae Gate und entlang der Rajdamnoen Road begonnen hat, ist inzwischen gewaltig gewachsen und erstreckt sich nun auch über viele der Seitenstraßen in der Altstadt. Hier werden ähnliche Souvenirs, Kleidung etc. wie im Night Bazar angeboten. Dazu viel Kunst von jungen Thai-Malern und allerlei Schnickschnack – Taschen, Schmuck aus Holz und Plastik, Kleider etc. Das Essensangebot ist ebenfalls überwältigend. Jede Menge Live-Musik, teils mitten auf der Straße, teils in den Restaurants entlang der Rajdamnoen Road laden auch zum Verweilen ein. Der Sunday Market ist auch unter Thai-Touristen sehr beliebt und hat sich zu einer der Hauptattraktionen der Stadt gemausert – es ist also proppevoll wie bei einem Rockfestival, und wer große Menschenmengen nicht mag, sollte dem Trubel lieber fernbleiben.

An der Witchayanon Road findet man den **Warorot Market,** gerade 5 Minuten Fußweg vom Nachtmarkt entfernt. In diesem überdachten Markt findet man wiederum Textilien (preiswert) und Obst.

Der **Somphet Market** am Nordende der Moon Muang Road bietet ebenfalls jede Menge Obst sowie Gemüse, Fisch, Fleisch etc., allerdings zu etwas höheren Preisen.

Ein kleiner Markt, auf dem tagsüber **Textilien und Schmuck** geboten werden, befindet sich an der Ratchadamnoen Road nahe der Ecke Moon Muang Road.

◁ Karen-Musiker in Chiang Mai

D.K. Books (79/1 Kotchasan Road) hat ein reichhaltiges Programm an Büchern über Thailand, Stadtpläne, Karten (auch regionale Detailkarten), ausländische Magazine (Newsweek, Time, Asiaweek, Economist, etc.) und die Tageszeitungen Bangkok Post und The Nation. (Die Tageszeitungen landen in Chiang Mai mit dem ersten Flug aus Bangkok und sind etwa ab 10.00 Uhr in den Geschäften.) Um das Tha Pae Gate verkaufen ebenfalls einige Läden Zeitungen. Die Filiale von D.K. Books gegenüber dem Suriwongse Hotel hat das gleiche Angebot wie die obige. Eine besonders große Auswahl an Büchern hat das **Suriwongse Book Centre** in der Sridornchai Road, das auch eine Filiale am Flugplatz betreibt. Es gibt u. a. auch den „Spiegel". Ein unglaubliches Sortiment an Secondhand-Books führt das von einem Iren geleitete **Backstreet Books** in der Nähe des Tha Pae Gate. Literatur, Bestseller, Krimis, Politik und Geschichte der Region, selbst Raritäten und viele deutsche Titel, *George* hat einfach alles und scheint einen Großteil seiner Bücher auch gelesen zu haben. Vielleicht der beste Second-Hand-Buchladen in Thailand. Deutsche Bücher gibt es auch. **The Lost Book Shop**, in einer kleinen Gasse zwischen Rajdamnoen und Ratchmanka Road, ist eine Filiale mit ähnlich guten Titeln, aber kleinerer Auswahl. Um Tha Pae Gate befinden sich weitere Secondhand-Buchläden, darunter der ebenfalls gute *Shaman Books* sowie *Gecko Books, Gecko Books Junior* und *Tha Pae Gate Books*. Eine sogenannte *Book Zone* befindet sich an der Tha Pae Gate Road, nicht weit von Ratana's Kitchen entfernt, mit einer großartigen Auswahl neuer Titel über Thailand und Südostasien. Auch sehr interessant ist *Bookshelf* (73/1 Charoenpathet Road), das eine große Auswahl alter Bücher aus den USA führt. In der *Tha Phae Gate Lodge* auf der Moon Muang Road gibt es eine große Auswahl deutscher Bücher.

Besondere Einkaufs-Tipps

■ **Aroon Colourware** (17 Chiang Mai – San Kamphaeng Rd., San Kamphaeng). Das Hauptgeschäft befindet sich in der Ortschaft San Kamphaeng, es gibt aber auch eine Filiale im Kellergeschoss des Night Bazar. Angeboten wird ein reiches Sortiment an **Produkten aus Mango-Holz** sowie dem Holz des Monkeypot-Baumes.

■ **Hilltribe Products Promotion Centre** (21/17 Suthep Rd.). Dieses Unternehmen steht unter der Schirmherrschaft des thailändischen Königs und wurde ins Leben gerufen, um den Bergvölkern eine alternative Einkommensquelle zum Opiumanbau zu schaffen. Angeboten werden zahlreiche **Handwerksartikel der Bergvölker.**

■ Das **Hilltribe House** (185/187 Tha Pae Road) verkauft Kleidung der Bergvölker, teilweise im ganz tradionellen Stil, teilweise aber auch auf moderne Moden zugeschnitten. Röcke, Blusen, Hosen und Taschen und auch ein bisschen Schmuck sind im Angebot, das die archaischen Textilmuster der Minderheiten Thailands, Vietnams, Chinas und Laos ins 21. Jahrhundert bringt.

■ **Jolie Femme** (8/3 Samkamphaeng Rd., www.joliefemme.com). Unter den zahlreichen Geschäften, die **Seide** und andere Stoffe anbieten, ist dieses eins der ältesten und zuverlässigsten.

■ **Mengrai Kilns** (79/2 Arak Rd., Soi Samlarn 6, www.mengraikilns.com). Moderner Ausstellungsraum mit wunderbaren **Keramikartikeln.**

■ Der seit vielen Jahren in Chiang Mai ansässige Deutsche *Reinhard Heckel* stellt außergewöhnliche **Bambus-Saxophone** her. Diese haben einen wunderbar sanften, aber auch erstaunlich satten Klang. Die Saxophone (in Tonart F und G) haben ihren Erbauer zu einer lokalen Berühmtheit gemacht – die

„Bangkok Post" widmete ihm 1997 einen längeren Artikel und ein paar Tage später reiste ein ARD-Team aus Singapur an.

Die rein in Handarbeit erstellten Saxophone kosten 5000 Baht, inklusive Tragetasche; der Versand nach Europa kostet ca. 1000 Baht.

Die Saxophone werden in zwei Filialen von *Lost Heavens* (s. u.) verkauft. Eine befindet sich im Night Bazar (Tel. 053-278185), die in der 234 Tha Pae Road (Tel. 053-251555-7); *Reinhard Heckel* ist unter Tel. 053-222505 zu erreichen.

■ Ansonsten ist **Lost Heavens** ein ausgezeichneter Bezugsort für Handwerksartikel der Yao. Angeboten werden auch Teppiche aus dem Mittleren Osten, Schmuck, Silberwaren u. v. m. Die Besitzer, *Chris* und *Mike,* sind eine unerschöpfliche Informationsquelle in Sachen Bergvölker.

■ Ebenfalls an der Tha Pae Road, nicht weit von Ratanna's Kitchen entfernt, ist die **John Gallery** zu finden. *John* ist ein thailändischer Künstler, der T-Shirts, Stoffe und Postkarten mit knalligen Farben bemalt und mit philosophischen Sprüchen beschriftet.

■ **Ban Tawai.** Dieses Dorf, östlich von Hang Dong gelegen (ca. 15 km südlich von Chiang Mai) ist vollgestopft mit Läden für **Antiquitäten, Handwerksartikel** aller Art und **Kuriosa.** Die Artikel werden von hier aus in alle Ecken Thailands verschickt, dennoch sind die Preise nicht unbedingt niedriger als anderswo. Dafür ist die Auswahl riesig.

Unterhaltung

Das Nightlife in Chiang Mai zentriert sich um den Nachtmarkt und entlang der Moon Muang Road, beiderseits des Tapae Gate. An der Moon Muang Road scheint sich ein lebhafter Entertainment-Strip zu entwickeln.

Chiang Mais bessere Hotels verfügen meist über eine **Disco,** und so kommen die nervösen Tanzbeine auch auf ihre

Kosten. Die Discos sind im Allgemeinen weit billiger als die in Bangkok, bei den Eintrittspreisen von etwa 200 Baht ist auch ein Drink inbegriffen.

Um den Night Bazar liegen vor allem **Nachtclubs mit Hostessen-Betrieb.** Links unten im Nachtmarkt (Kellergeschoss) befindet sich eine ganze Reihe von kleinen **Bierbars,** die alle direkt nebeneinander liegen und sich auch mehr oder weniger gleichen.

An der Kotchasan Rd. etwas südlich des Tha Pae Gates findet sich Chiang Mais einzige **Go-Go-Bar,** dazu gibt es inzwischen unzählige Bars in der Umgebung (Kotchasan Rd. und Loi Kroh Rd.), die vor allem für männliche Gäste konzipiert sind – man(n) kann zwar einfach nur etwas trinken, ein nicht unerheblicher Bestandteil der Bareinnahmen aber resultiert aus der „bar fine", dem Entgelt, das der Kunde an die Bar zu entrichten hat, wenn er eine der weiblichen Angestellten von ihrem Dienst befreien und in seinen eigenen (temporären) Dienst stellen möchte. Im Vergleich zu Bangkok ist diese Szene in Chiang Mai jedoch immer noch sehr klein.

Überall in der Stadt verstreut finden sich **Karaoke-Bars,** in denen Hostessen mit ihren männlichen Gästen Lieder anstimmen und auch zu weiteren Diensten zur Verfügung stehen. Die Kundschaft in diesen Lokalen sind fast ausschließlich Thai, dazu kommen ein paar chinesische oder japanische Touristen. Vorsicht, auf den Speisekarten in diesen Bars sind oft keine Preise angegeben!

Das Mindestalter für einen Club- oder Barbesuch in Chiang Mai ist 20. Einige Etablissements verlangen einen Ausweis. Zwischen Mitternacht und 1.00 Uhr schließen alle Bars.

Bars und Nachtclubs

■ In der Moon Muang Road befindet sich der **Pinte Blues** (33/6 Moon Muang Rd.), eine kleine gemütliche Bar im Western-Stil, mit der größten Blues-Plattensammlung Thailands. Gelegentlich kreuzen hier sogar als Cowboys verkleidete Gäste auf.

■ Das **Riverside Bar and Restaurant** liegt am östl. Flussufer (9–11 Charoen Rat Rd.) und ist seit Jahren so etwas wie ein Insider-Treff. Live-Bands spielen, und dazu gibt es hervorragendes Thai- und westliches Essen. Das Lokal ist in zwei Sektionen unterteilt; in der linken (von der Straße aus gesehen) geht es relativ still zu, mit Folk-Bands oder Sängern, in der kleineren rechten Sektion spielen Rock-Bands. An Wochenenden ist es hier rappelvoll. Viele Besucher sind Studenten. Auf einem Parkplatz gegenüber kann man für 50 Baht parken (wird mit der Getränkerechnung verrechnet).

■ Einige Schritte weiter nördlich des Riverside liegt das **Good View,** das das erfolgreiche Konzept des Riverside zu kopieren versucht. Das Lokal ist ziemlich groß, und es wird meist nicht ganz so eng wie beim Nachbarn. Es spielen recht gute Bands – weniger rockig als im Riverside, mehr poppig. Die Preise sind etwas höher als nebenan. Auch hier Parkmöglichkeit gegenüber dem Lokal.

■ Noch einige Schritte weiter nördlich an der 37 Charoenrat Rd. liegt die **Brasserie,** wiederum mit ähnlichem Konzept. Es gibt recht gutes Essen, dazu Live-Musik und Sitzgelegenheit gleich am Fluss.

■ **The Pub** (www.thepubchiangmai.com) liegt etwas außerhalb der Innenstadt (189 Huay Kaew Rd.), zehrt aber gut von dem Ruhm, in Newsweek als eine der besten Bars der Welt bezeichnet worden zu sein. Nun ist also heraus, dass Journalisten ihre Zeit damit verbringen, die besten Trinkstellen der Welt ausfindig zu machen! Was The Pub noch einfacher macht, da man hier auch für 800 Baht die Nacht in ordentlichen Zimmern übernachten kann.

■ Wer Jazz liebt, sollte unbedingt das **North Gate** besuchen. Wie der Name schon sagt, befindet sich diese kleine Bar am Nordtor der Stadt, innerhalb des Stadtgrabens, und ist wahrscheinlich einer der besten Orte in Thailand, um guten Jazz (nicht Cocktail-Lounge-Jazz!) zu hören. Die Bands sind großartig, das Publikum setzt sich aus der alternativen Szene Chiang Mais zusammen – Thais und in der Stadt lebende Ausländer kommen gerne hierher.

■ Um das Novotel an der Chang Pueak Road hat sich in den letzten Jahren ein Unterhaltungs-Zentrum entwickelt. Das größte Etablissement hier ist das **Playhouse,** in dem, ähnlich wie auch in Pattaya, Transvestiten und Transsexuelle (sogenannte *gathoeys*) auftreten. Shows täglich um 20.00 und 22.00 Uhr. Sonntags geschlossen. Eintritt 500 Baht.

■ Im Nordwesten der Stadt, aber noch innerhalb der Stadtmauer, nahe der Kreuzung Rajwhiti Road und Ratchapakhinai Road, findet sich Chiang Mais derzeit beste alternative Nightlife-Meile, **Boon You Market.** Einheimische Rock und Reggae Bands spielen im **Babylon** und einigen anderen Open-Air-Bambusschuppen. Eintritt ist generell frei und der Preis fürs Bier ist bescheiden. Einige Restaurants und Internet-Cafés haben sich hier ebenfalls angesiedelt. Das Publikum besteht meist aus jungen Thais und Touristen. Hostessen gibt es hier nicht. Das Babylon ist unter Tuk-Tuk Fahrern auch als *Rasta Bar* bekannt. Den Namen musste das Etablissement nach einem Problem mit den örtlichen Behörden kurzfristig ändern. Die Bands setzen sich oft aus jungen Thais und etwas älteren, in Chiang Mai lebenden Ex-Pats zusammen. Ab 22.00 Uhr ist die Gegend sehr lebendig. Wie alle Bars, die kein besonderes Arrangement mit den örtlichen Behörden haben, machen die Läden hier um 1.00 Uhr dicht.

■ Im Nordosten der Stadt, entlang der Assadathon Road befindet sich der **JJ Market,** ein sehr teurer Souvenirmarkt, der selten Kunden sieht. Um den Markt, entlang der Straße, haben sich allerdings eine ganze Reihe Bars und Restaurants angesiedelt. Besonders zu empfehlen ist das Essen im **Sofa So Good.** Sehr gute Thaigerichte zu vernünftigen Preisen. Internationale Fußballspiele werden auf einer großen Leinwand gezeigt. Auch nicht schlecht ist das **Chit Lom Restaurant** gegenüber dem Sofa So

Good. Die Bars in dieser Gegend schließen zwischen 24.00 und 2.00 Uhr.

■ Der wohl populärste Nachtclub ist zurzeit **Spicy** (Chaiyaphum Road), ganz in der Nähe des Tha Pae Gate, wo nach 1 Uhr sowohl alle noch stehenden Rucksacktouristen als auch Bar Girls aus den Absteigen in der Loi Kroh Road hinstreben. Im Erdgeschoss sieht das eher wie ein Coffeeshop aus, aber im ersten Stock darf geraucht werden, und auf dem Dancefloor drängt sich diese merkwürdige soziale Mischung von betrunkenen, unbedarften Besuchern aus dem Ausland und hartgesottenen und nicht weniger tanzmotivierten Nachtschwalben. Das surreale Drama entfaltet sich bis drei oder vier Uhr in der Frühe.

Discos

Viele der besseren Hotels verfügen über eine Disco, die Eintrittspreise liegen bei ca. 100–400 Baht, oft inklusive eines Drinks. Diskotheken in Chiang Mai werden regelmäßig von lokalen Behörden geschlossen.

■ Derlei Discos befinden sich im **Chiang Inn** (The Wall Club), Duang Tawan Hotel, Loi Kroh Road (Horizon) und **Porn Ping Hotel** (**Bubbles**); die weibliche Klientel in letzterem besteht zumeist aus „freelancers" auf Freiersuche.

■ **Tara Bar** an der Chiang Mai/Lamphun Rd. ist eine der beliebteren Discos, die sich nicht in einem Hotel befindet. Die Besucher sind meist junge Thais.

Adressen und Telefonnummern

■ Das **Tourist Office** (TAT) in der 105/1 Chiang Mai–Lamphun Road (Tel. 053-248604, 053-248607, Fax 053-248605, www.chiangmaithai. com/TAT.htm, tatcnx@samart.co.th) ist eines der informativsten Thailands. Auf Nachfrage gibt es Listen der Hotels und Guest Houses, Fahrpläne und eine

Zusammenstellung von Veranstaltern, die Trekking-Touren organisieren. Geöffnet täglich von 8.30–12.00 und 13.00–16.30 Uhr.

■ Das Büro der **Tourist Police** ist weit außerhalb der Stadt, Tel. 1155, 053-247318.

■ **Krankenhäuser:** Das McCormick Hospital (Kaew Nawarat Road, Tel. 053-241010, 053-262200) liegt etwa zwischen der Nakhon Ping-Brücke und der Arcade Bus Station. Bezahlt werden müssen nur die verschriebenen Medikamente, die Ärzte sind mit Erstellen der Diagnose aber nicht immer treffsicher. Ansonsten gibt es das Lanna Hospital am Super Highway (Tel. 053-999777), das Maharaja Nakornom Hospital an der Suthep Road (Tel. 053-221122) und das moderne Chang Puak Hospital (Tel. 053-220022), das eher wie ein nobles Hotel wirkt.

■ **Banken:** Viele Banken oder Wechselschalter befinden sich in der Tha Pae Road und der Changklan Road. Die Öffnungszeiten sind im Allgemeinen 8.30–18.00 Uhr, einige Schalter schließen aber erst um 20.00 Uhr.

■ **Immigration:** Das Office befindet sich am Flughafen, Tel. 053-277510, 053-270661. Visumverlängerungen gehen zügig vonstatten.

■ **Postämter:** Das Hauptpostamt (G.P.O.; auf Thai *prayseni-klaang*) befindet sich ca. 3 km östlich der Stadtmitte, einige Schritte westlich des Bahnhofs, an der Charoen Muang Road. Hier lassen sich Ferngespräche durchführen sowie Briefe, Faxe und Telegramme abschicken. Geöffnet 8.00–18.00 Uhr. Samstags und sonntags 9.00–12.00 Uhr. Größere Zweigstellen finden sich innerhalb des alten Stadtkerns, der für die meisten Reisenden wohl zentraler liegt als das Hauptpostamt. Ein Postamt liegt an der Phra Pokklao Road schräg gegenüber Thai Airways, ein anderes an der Samlan Road; an beiden können Auslandsgespräche geführt werden. Geöffnet jeweils 8.00–16.00 Uhr. Von kleineren Postämtern aus sind oft keine Auslandsgespräche möglich.

■ **Telecommunications Centre:** Am Super Highway, ca. 500 m südlich der Kreuzung mit der Charoen Muang Road, befindet sich ein 24 Std. geöffnetes

Telekom-Center (auf Thai *thorakom*). Hier können Telefongespräche geführt sowie Faxe und Telexe abgeschickt werden. Leider ist die abgeschiedene Lage (am östlichen Stadtrand) etwas ungünstig.

■ **Kurier-Dienst:** DHL Worldwide Express, Service Center, 201 Mahidol Rd, Tel. 053-287234, Service Point, 1. Stock, Montri Hotel, 2–6 Ratchadamnoen Rd., Tel. 053-326553-4.

■ **Sport:** Der 1996 aus Anlass der South-East Asian Games und des 700-jährigen Geburtstages der Stadt angelegte Sportkomplex Sanaam Kila Chet-Roi Phi („Sportanlage der 700 Jahre") umfasst u. a. Tennisplätze und einen Swimmingpool; diese können von der Öffentlichkeit genutzt werden. Der Pool (Turniergröße) ist wahrscheinlich der beste in ganz Südostasien; geöffnet Di–So 8.00–20.00 Uhr, Eintritt 60 Baht. Der Sportkomplex befindet sich im Nordwesten der Stadt am Nordende der Chonpratan Road.

Zum Joggen oder Ausruhen eignet sich der Park Suan Lanna Ror Gau an der Chotana Road, etwas nördlich der Kreuzung mit dem Super Highway. Leider dürfen die Wege im Park von Autos befahren werden.

■ **Thai-Boxen:** In der Boxschule *Lanna Muay Thai* wird Thais und Ausländern die Kunst des Thai-Boxens beigebracht (64/1 Soi Chiang Kian, off Huay Kaew Rd., Tel./Fax 053-892102, www.lannamuaythai.com). Der Thai-Name der Schule lautet *Kiatbusaba*. Viele ihrer Schüler haben es zu Preisen gebracht, darunter auch der Transvestit *Nong Tuum* („Kleiner Bruder Tuum", auch genannt *Parinya Kiatbusaba*, nach dem Namen der Schule).

Nong Tuum pflegte mit voller Schminke in den Ring zu gehen, allzu zart besaitet war er jedoch nicht – viele seiner Gegner, darunter einige der bekanntesten Boxer des Landes, haute er kurzum k. o. Zu nationaler Berühmtheit gelangte er, als er einen seiner Gegner ausknockte und ihm dann zum Ausgleich einen saftigen Kuss auf die Wange drückte. Das Publikum grölte vor Vergnügen. Im Jahre 2000, im Alter von 19 Jahren, ließ sich *Nong Tuum* mit seinem Ersparten zu einer Frau umoperieren. Mit der

Boxkarriere war es nun natürlich vorbei, denn als Frau durfte er nicht mehr gegen Männer boxen. *Nong Tuum* wurde danach Sängerin in einer Bar, spielt hier und da kleine Rollen in Kinofilmen. Ein Film über *Nong Tuum*, „Beautiful Boxer", erschien 2003, und war auch international recht erfolgreich. Die DVD ist überall in Thailand zu finden. Anfang 2008 wurde in den thailändischen Medien gemeldet, dass *Nong Tuum* seine Geschichte an Hollywood verkauft hat. Die Boxkurse kosten 400 Baht/Tag oder 8000 Baht/Monat. Für 3000 Baht/Monat kann man sich an der Schule unterbringen lassen.

■ **Motorrad-Touren:** Der in Chiang Mai ansässige Australier *David Unkovich* ist Kartograf und hat mehrere Motorrad-Führer über Nordthailand verfasst. Er kennt jeden Winkel der Region und seine Motorrad-Touren führen garantiert zu ungewöhnlichen Zielen. Anfragen unter Tel. 053-219211, Fax 053-219211, www.gt-rider.com, David Unkovich, P.O. Box 97, Mae Ping Post Office, Chiang Mai 50301. Ansonsten ist auch Thai Enduro Tours (Tel. 053-379586, http://thaiendurotours.com/) in Mae Rim zu empfehlen, eine Firma, die schon seit einigen Jahren Off-Road Touren durch Nordthailand organisiert.

■ Wem Motorradfahren in Thailand zu langweilig ist, sollte das **X-Centre** in Mae Rim besuchen. Hier gibt es nicht nur einen Bungee-Jump, sondern auch einen Gokart-Kurs, ein Paintball-Gelände (Ausrüstung: 350 Baht, 50 Kugeln: 250 Baht), einen Go-Kart Kurs (10 Minuten 900 Baht), ein Monkey Centre und einen Dschungelkurs für Off Road Buggies (Tel. 053-297700, www.chiangmai-xcentre.com). Das X-Centre holt Gäste gerne von Hotels in Chiang Mai kostenlos ab.

■ Wem all das nicht dramatisch genug ist, könnte sich einer **ATV-(All Terrain Vehicle) Tour** (Tel. 053-290153, www.atv-chiangmai-tours.com) anschließen. Diese starten in Mae Rim und kosten 5000–10000 Baht pro Tag (Abholen vom Hotel, Versicherung, Führer und Getränke inklusive). Einige Leser fanden die befahrenen Strecken nicht abenteuerlich genug.

Tiger, Elefanten, Schlangen, Affen und Touristen

Jede Woche scheint irgendwo in Thailand ein neues Elefanten- oder ein Tiger-Camp aufzumachen, auf jeder Urlaubsinsel werden Affenshows geboten und Schlangen und Krokodilfarmen, auf denen Schaukämpfe zwischen den Reptilien und Angestellten stattfinden, sind auch keine Seltenheit. Ehemals wilde Tiere werden vermarktet, um Touristendollars zu gewinnen, und das Konzept Tierschutz kommt dabei meist nicht ins Spiel. Notorisch ist vor allem der schon anderswo erwähnte Tigertempel bei Kanchanaburi, dem selbst National Geographic Magazine ankreidet, Tiger zu handeln und zu misshandeln. In einem Dorf in der Nähe von Korat ringen alte Männer mit Kobras, die zum Angriff auf diese Helden provoziert werden.

Ähnlich abwegig geht es in Nordthailand zu. In manchen Elefantencamps werden Elefanten erst einmal **psychisch gebrochen,** bevor sie für den Tourismus brauchbar sind, und das involviert Schläge und Folter. Am schlimmsten ist vielleicht die Situation der vom Aussterben bedrohten Tiger. In Mae Rim bei Chiang Mai ist derzeit das **Tiger Kingdom** hochpopulär. Hier werden Touristen tagaus tagein in Käfige gelockt, wo sie jeweils zehn Minuten Tiger streicheln dürfen – mit Babies, Jungtieren und zwei Jahre alten Tigern – und sich mit den Großwildkatzen von Angestellten fotografieren lassen können. Was immer man davon halten mag, diese unglaublich schönen Tiere in Käfigen zu sehen, so ist der enge Kontakt zwischen den Wildkatzen und tausenden Menschen nichts weiter als eine **endlose Qual** für die Tiger. Zahllose Besucher, darunter auch Tierärzte, sind der Meinung, dass die Tiger mit **Drogen** vollgepumpt sind. Trotzdem werden gelegentlich Touristen gebissen. Tiger schlafen am Tag 18 Stunden, allerdings nicht im Tiger Kingdom, wo sie alle paar Minuten (mit Stockschlägen) geweckt werden, sodass Besucher ein gutes Bild bekommen. In einem Zoo werden Tiere zumindest alleine gelassen. Im Tiger Kingdom gibt es kein Entkommen für die Tiere. Die Autoren dieses Buches sind der Meinung, dass man von Besuchen derartiger Attraktionen absehen sollte.

■ Etwas umweltfreundlicher, aber ähnlich extrem ist das **Flight of the Gibbon** (Tel. 089-9705511, www.treetopasia.com), ein dreistündiges Dschungelabenteuer bei dem Gäste anhand von Winden und Leitern in die höchsten Baumkronen befördert werden. Das Geschäft befindet sich ungefähr 40 Minuten von Chiang Mai entfernt, aber Gäste werden kostenfrei in ihren Hotels abgeholt und zurückgebracht. *Tree Top Asia* haben ein Büro an der Chaiyapoom Road, ein paar Meter südlich des Tha Phae Gate. Ein Tagestrip kostet um die 2000 Baht.

■ Einige Leser haben uns geschrieben, dass **Chiang Mai Mountain Biking** (www.mountain bikingchiangmai.com) gute Ausflüge auf soliden Rädern mit Schutzausrüstung bietet.

■ **Cyber-Cafés:** All Seasons, 19/3 Kotchasan Road (neben Tha Pae Gate), Assign Internet 2, Chiang Mai Pavilion (Night Bazar), 1. St., 145 Chang Klan. Rd., Tel. 053-818911-2. Internet@Chiangmai, 10 Kotchasan Road (neben Tha Pae Gate). Die Mehrheit der Hotels und Guest Houses hat inzwischen meist kostenloses Wi-Fi oder Internetzugang und ein Gang ins Internet-Café ist eigentlich kaum noch nötig.

■ **Meditation:** Wat Rampoeng (Kurse von 3 Tagen bis 1 Monat), Kan Klongchonprathan Road, Tel. 053-278620.

● Wer über Buddhismus und thailändische Kultur sprechen will, ist im **Wat Srisuphan,** etwas südlich des Suan Prung Gate gelegen, willkommen. Hier findet täglich ein kostenloser **Monk Chat** statt. Dienstags, donnerstags und samstags abends findet in diesem Tempel um 19.00 Uhr eine kostenfreie Einführung in die Meditation statt (Tel. 053-200 332).

● **Thai-Kochkurse:** Ban Thai Home Cooking Course, Soi 5, 11 Ratchadamnoen Rd., Tel. 053-357339.

Chiang Mai Thai Cookery School, 1–3 Moon Muang Rd. (am Tha Pae Gate), Tel. 053-206388, Fax 053-206387, www.thaicookeryschool.com.

A Lot Of Thai Home Cooking Class, 165 Soi 9 Lamphun Road, Tel. 053-800724, www.alotofthai. com, ist zu empfehlen. Ein Tageskurs kostet 1000 Baht. Diese Kochschule veröffentlicht auch eine sehr gute Karte Chiang Mais mit preiswerten Restaurants.

● Zahlreiche Reisende nutzen ihren Aufenthalt in Chiang Mai, um traditionelle Massage zu erlernen. Das relaxte Ambiente der Stadt macht sie für Langzeitaufenthalte sehr geeignet. Zu empfehlen ist das **Old Medicine Hospital** (Soi Siwaka Komarat, Wualai Rd., Tel. 053-275085, gegenüber Old Chiang Mai Cultural Centre).

Wer Massage im nordthailändischen Stil erlernen will, sollte sich an das **Institute of Thai Massage** (ITM) wenden (17 Morakot Rd., Tel. 053-218632, www.itmthaimassage.com). Kurse (30 Stunden, 5 Tage) ab 5000 Baht. Ab 4900 Baht werden auch eine Reihe Spa-Kurse angebote.

● **Chinesische Heilkunde:** Die englischsprachige Mungkala Dispensary (21–25 Ratchamanka Rd., Tel. 053-278494, Fax 053-208432, mungkala@chiangmai.ksc.co.th) bietet Diagnose nach althergebrachter Pulsanalyse, und daraufhin werden chinesische Kräutermixturen verabreicht.

● **Boots-Touren** auf dem Mae-Ping-Fluss starten u. a. am Wat Srikhong, 300 m nördlich der Nakhorn Ping Brücke. Zwei-Stunden-Touren mit Scorpion-Tailed River Cruise (Tel. 081-9609398, www.scorpiontailed.com) kosten 400 Baht pro Person, 150 Baht

bei Gruppen ab 10 Pers. (max. 15 Pers.) Regelmäßige Abfahrten von 9.00 bis 17.00 Uhr.

● Wer gerne reitet und einen ausgedehnten Trek durch das Goldene Dreieck auf dem Rücken eines Pferdes verbringen will, sollte bei der von einem Deutschen geleiteten **Thai Horse Farm** (Tel. 053-474399, www.thaihorsefarm.com), ca. 100 Kilometer nördlich von Chiang Mai in der Nähe von Phrao, vorbeischauen. Es werden mehrtägige und mehrwöchige Ausritte angeboten, die durch Dschungellandschaften und die Dörfer der um Phrao angesiedelten Bergvölker führen. Ein Sechstagestrek kostet umgerechnet etwa 590€.

● **Flüge** mit Micro-Light-Flugzeugen werden vom Chiang Mai Sky Adventure angeboten (Doi Saket, ca. 10½ km von Chiang Mai, Tel. 053-868460; www.skyadventures.info); ab 1900 Baht. In 7- bis 10-tägigen Kursen kann man das Solo-Fliegen erlernen.

● Es ist auch möglich, an einer **Ballonfahrt** (ebenfalls in Doi Saket, Tel. 053-292224 oder 053-868460) teilzunehmen, bei 8800 Baht pro Person für eine Stunde Fahrt ist das Vergnügen allerdings nicht ganz billig.

Fluggesellschaften

● **Air Asia:** Tel. 053-222170, www.air asia.com
● **Bangkok Airways:** 2. Stock, Chiang Mai Airport, Tel. 053-281519, 053-222104
● **China Airlines:** 2. Stock, Chiang Mai Airport, Tel. 053-201268, 053-922137
● **Kan Air:** Chiang Mai Airport, Tel. 053-283311
● **Nok Air:** 1. Stock, Chiang Mai Airport, Tel. 053-922183, www.nokair.com
● **Orient Thai:** Tel. 053-904606, 053-922159, www.flyorientthai.com
● **Thai Airways:** International: 60 Moo 3 Airport Rd., Tel. 053-277900; Inlandsflüge: 240 Phra Pokklao Rd., Tel. 053-920921-34
● **Thai Smile:** Siehe Thai Airways, www.thaismileair.com

5

● **Air Mandalay:** Doi Ping Mansion, 148 Charoen Prathet Rd., Tel. 053-818049
● **Lao Airlines:** 2/107 Ratchapluek Rd., Tel. 053-223401
● **LTU:** Downtown Inn, Loi Kroh Rd., Tel. 053-218715, www.ltu.de
● **Silk Air:** Dunagtawan Hotel, 132, Loykroh Road, Tel. 053-904985-7, www.silkair.com

Konsulate

● **Deutschland:** 199/163 Moo 3, Baan Nai Fan 2, Tel./Fax 053-838735, dekonsul@loxinfo.co.th
● **Indien:** Thung Hotel Road, Wat Kate, Tel: 053-243066, Fax : 053-247879.
　Visa für Indien lassen sich in diesem relativ wenig besuchten Konsulat viel leichter einholen als in Bangkok, wo täglich etwa 200 Anträge zu bearbeiten sind. Der Reisepass braucht nicht im Konsulat zurückgelassen zu werden, man kann also getrost in der Gegend umherreisen, während der Antrag bearbeitet wird. Die Bearbeitungsdauer beträgt, wie in allen indischen Auslandsvertretungen, etwa vier Arbeitstage.
● **Österreich:** 15 Moo 1, Huai Kaew Rd. Tel. 053-400231, Fax 053-400232

Kulturzentren

● **Alliance Francaise** – 138 Charoen Prathet Rd., Tel. 053-275277; freitags um 20.00 Uhr französische Filme mit englischen Untertiteln. Eintritt für Mitglieder kostenlos, für Studenten 10 Baht, ansonsten 20 Baht. Französisch-Kurse.
● **British Council** – 198 Bamrungrat Rd., Tel. 053-263105
● **USIS/AUA** – 73 Ratchadamnoen Rd., Tel. 053-278407); jeden zweiten und vierten Samstag im Monat amerikanische Filme (14.00 und 19.00 Uhr), Eintritt frei. Englisch- und Thai-Unterricht; letzterer wahlweise in 30- oder 60-Stunden-Kursen. Kos-

tenpunkt: 270–420 Baht die Stunde, je nach Klassengröße.

Wichtige Telefonnummern

● **Polizei**: 199, 191
● **Tourist Police:** 053-247318, 1699
● **Feuerwehr:** 199, 053-222852
● **Immigration:** 053-277510
● **Krankenwagen:** 199, 1193

Anreise

Mit dem Bus

● **A.C.-Busse erster Klasse** fahren ab dem Northern Bus Terminal in Bangkok zu 518 und 403 Baht, etwa alle 30 Minuten. **V.I.P.-Busse** kosten 806 Baht, Abfahrt 6.30, 9.00, 12.00, 14.00, 16.00, 19.00, 20.00, 20.30, 21.00, 21.30 und 22.00 Uhr. Fahrzeit 10 Std.
　Günstigere Preise erhält man, wenn man bei einem **Reisebüro** direkt bucht, so z. B. in der Khao San Road oder Soi Ngam Duphli. Dann kostet der A.C.-Bus nur 300 Baht. Inbegriffen ist ein Abhol-Service (Minibus) vom Hotel zum Northern Bus Terminal. Die Fahrt dauert gut 10 Stunden, und an Bord gibt es kostenlose Snacks und Cold Drinks. Mindestens ein längerer Stopp wird an einer Raststätte eingelegt, wo es eine freie Mahlzeit gibt.
　In der Khao San Road gibt es oft sogar auch Superbillig-Tickets für 200 Baht für Fahrten in **Minibussen.** Dabei wird oft mit einer angeblich freien Übernachtung in einem Guest House in Chiang Mai geworben. Derlei Angebote sind bisweilen purer Betrug, denn das angebliche kostenlose Zimmer ist plötzlich entweder „voll", oder man bekommt am nächsten Morgen eine Rechnung über den Stromverbrauch und eine „Service Charge" präsentiert. Vorsicht vor Angeboten, die zu verlockend klingen!

Mit dem Zug

● **Zugtickets** ab Hualamphong Station (751 km) kosten je nach Klasse und Zug in der 3. Kl. 271 Baht, in der 2. Kl. 431 Baht, bzw. 611 mit A.C., als Sleeper ohne A.C. 581 bzw. 531 Baht (Schlafkoje oben bzw. unten) mit A.C. 791/881 Baht (Schlafkoje oben/unten), und im Sleeper der 1. Kl. 1253/1453 Baht (Schlafkoje oben/unten). Abfahrt der Züge (in Klammern die Ankunftszeit) um 8.30 (20.20), 14.30 (5.00), 18.00 (6.30), 19.20 (7.20), 19.35 (9.20) und 22.00 (12.25 Uhr). Bettzeug gibt es bei Buchung von Schlafkojen kostenlos, das Essen im Zug ist extra zu bezahlen. In der Touristen-Saison (Nov.–Feb.) sollten die Plätze so zeitig wie möglich gebucht werden, Engpässe könnten entstehen.

● Bei der **Ankunft am Bahnhof Chiang Mai** stehen Schlepper zur Stelle, die Ankömmlinge in die diversen Unterkünfte verfrachten. Dabei soll sich sogar eine Art Mafia gebildet haben, die nur die Schlepper bestimmter Guest Houses duldet, andere unter Gewaltandrohung vertreibt. Unter diesen Umständen sollte man sich überlegen, ob man die Schlepper nicht besser ganz links liegen lässt. Am Bahnhof stehen zahlreiche Songthaews zur Fahrt in die Innenstadt bereit. Die Fahrten kosten innerhalb Chiang Mais 20–40 Baht/Person, auch wenn die Fahrer bei den Touristen viel mehr fordern.

Mit dem Flugzeug

Chiang Mais Flughafen ist nach Suvarnabhumi in Bangkok und dem Flughafen von Phuket der drittverkehrsreichste Flughafen des Landes. Im Flughafen finden sich Restaurants, Shopping-Gelegenheiten, Bankautomaten und eine Touristeninformation. Die Business Lounge der Thai Airways, für Leute mit Business-Class-Tickets oder Mitglieder einiger Vielfliegerprogramme, befindet sich nach der Gepäckkontrolle am hinteren Ende der Abflughalle.

● **Thai Airways** fliegt 6-mal täglich von Bangkok nach Chiang Mai. Preis 2700 Baht.

● **Nok Air** (www.nokair.com), hat vier Flüge täglich ab Bangkok für 1700 Baht, sowie täglich drei Flüge nach Udon Thani für 1800 Baht, täglich drei Flüge nach Mae Hong Son für 1400 Baht, und einen Flug nach Mae Sot, 1600 Baht, Callcenter Tel. 1318.

● **Bangkok Airways** fliegt 7-mal täglich ab Bangkok ab 1800 Baht. Flüge Chiang Mai – Ko Samui kosten 6000 Baht.

● **Air Asia** (www.airasia.com), *die* Billigfluglinie, bietet sechs Flüge täglich ab 1700 Baht nach Bangkok, zwei nach Phuket ab 5000 Baht. Man buche über das Internet. Dazu auch zwei tägliche Flüge nach Kuala Lumpur ab 3300 Baht.

● **Orient Thai,** eine weitere Billigfluglinie, fliegt 2-mal täglich von Bangkok (Don Mueang Airport) nach Chiang Mai. Tickets ab 1700 Baht. Callcenter Tel. 1126 oder www.flyorientthai.com.

● **Kan Air** (www.kanairlines.com) fliegen 2- oder 3-mal täglich nach Mae Hong Son, ab 1490 Baht, einmal täglich nach Pai ab 1990 Baht, außerdem einmal täglich nach Nan, Mae Sot, Chiang Rai, Phitsanulok und Khion Kaen.

● Bei der **Ankunft im Flughafen** passiert man links einen Schalter der Thai Airways, an dem man eine Fahrt mit dem Minibus in die Stadt buchen kann (50 Baht/Pers.). Airport-Taxis, ebenfalls an einem Schalter zu buchen, kosten 120 Baht, die bequemeren Thai-Airways-Limousinen 150 Baht. Oft versuchen die Fahrer, den Passagieren ein Hotel aufzuschwatzen – einfach ignorieren!

Weiterreise

Mit dem Bus

● Busse zu Zielen außerhalb der Provinz Chiang Mai fahren ab der **Arcade Bus Station** (Tel. 053-242664) im Nordosten der Stadt ab. Die folgenden Preise in Baht gelten für Normal-/A.C.-Busse, eventuell zweiter bis erster Klasse/dazu eventuell V.I.P.-Busse: Bangkok 403/518/605/805, Chiang Rai

Der Norden

94/169/263 Baht (4 Std.), Khon Kaen 347/504 Baht (12 Std.), Khorat 435/560/653 Baht (12 Std.), Lampang 48/67/89/134 Baht (1½ Std.), Lamphun 20 Baht (1 Stunde), Mae Hong Son (über Pai) 127/178 Baht (8 Std.), Mae Hong Son (längere Strecke über Mae Sariang) 178/319 Baht (9 Std.), Mae Sariang 78/140 Baht (5 Std.), Mae Sot 169/237/304 Baht (6 Std.), Nan 147/206/265/412 Baht (6 Std.), Pai 60/80 Baht (4 Std.), Phayao 82/115/148 Baht (3 Std.), Phrae 98/137/176/274 Baht (4 Std.), Phitsanulok 211/272 Baht (6 Std.), Sukhothai 218/281 Baht (5 Std.), Udon Thani 526/613 Baht (12 Std.).

■ Busse nach **Lamphun** fahren auch von einer Haltestelle an der Nawarat-Brücke ab. Siehe „Anreise" Lamphun.

■ Busse ab der **Chang Phueak Bus Station** nördlich des Stadtgrabens (Chotana Rd., Tel. 053-211586) fahren zu Zielen innerhalb der Provinz Chiang Mai. Preise in Baht: Chiang Dao 40/- Baht (1½ Std.), Fang 80/130 Baht (3½ Std.), Mae Taeng 20/- Baht (40 Min.), Thaton 90/- Baht (4 Std.).

■ Es fahren auch zahlreiche **private Minibusse,** die in Guest Houses gebucht werden können nach Bangkok 600 Baht, Pai 150–180 Baht, Chiang Kong 350 Baht.

Mit dem Zug

■ Per **Bahn** geht es nur noch zurück in Richtung Bangkok, über Lamphun, Lampang, Den Chai, Uttaradit, Phitsanulok, Nakhon Sawan, Lopburi und Ayutthaya. Einige der Züge halten jedoch nicht in allen diesen Orte. Abfahrt der Züge in Chiang Mai (in Klammern die Ankunftszeit in Bangkok) 6.45 (21.10), 8.45 (20.25), 14.50 (5.30), 16.30 (6.40), 17.50 (7.00), 21.00 (9.10) Uhr.

Mit dem Flugzeug

■ Für **Flüge** ab Chiang Mai gelten ebenfalls dieselben Preise wie bei der Anreise. Das Büro der Thai Airways befindet sich in der 240 Phra Pokklao Road, Tel. 053-920921-34. Flughafen Tel. 053-277900. Das Stadt-Office ist von 8.00–17.00 Uhr geöffnet, danach können noch Buchungen oder Terminänderungen am Schalter der Thai Airways im Flughafen vorgenommen werden.

■ **Thai Smile,** die Billigfluglinie der Thai Airways, fliegt tägl. einmal nach Phuket. Preis: 4900 Baht.

■ **Nok Air** (Callcenter Tel. 1318) fliegt zweimal tägl. nach Mae Hong Son.

■ **Kan Air** fliegen dreimal täglich nach Mae Hong Son, einmal täglich nach Pai, einmal täglich nach Mae Sot, einmal täglich nach Nan, einmal täglich nach Chiang Rai, einmal täglich nach Phitsanulok und einmal täglich nach Khon Kaen.

■ Es gibt auch einige **internationale Verbindungen ab Chiang Mai,** so nach Rangoon (oder Yangon, wie es jetzt offiziell heißt), Vientiane (Lao Aviation), Kuala Lumpur (Malaysia Airlines, Air Asia) und Singapur (Silk Air).

■ Um zum Flughafen zu gelangen, kann man sich von einem **Airport-Taxi** im Hotel abholen lassen. Tel. 053-270222, den *operator* nach der *extension* (auf Thai *thor*) 2134 fragen. Preis 120 Baht. **Songthaews** ab Innenstadt zum Flughafen kosten ca. 100–120 Baht. Viele Hotels haben einen kostenlosen Transferservice zum/vom Flughafen. Einige G.H.s bieten einen Transfer Service für 100 Baht.

Bor Sang
ห่อ สร้า

9 km südöststlich von Chiang Mai liegt das bekannte **„Dorf der Schirme",** in dem in traditioneller Handarbeit bunte, dekorative Schirme hergestellt werden. Diese sind jedoch eher fürs Auge gedacht als zum täglichen Gebrauch. Ein lohnender Ausflug insbesondere für Fotografen, da es mächtig bunt zugeht.

5

Trekking in Nordthailand

Trekking ist mittlerweile Big Business in und um Chiang Mai. Vor einigen Jahren hatte es noch den Hauch von Abenteuer, die Traveller hatten das Gefühl in jungfräuliche Regionen der Weltkarte vorzustoßen. Seit Thailands Wirtschaftsboom in den 1990er Jahren kann man in die meisten Bergdörfer per Auto oder Motorrad fahren. Das Trekking-Business hat sich weiter etabliert und man kann heute keinen Rambutan-Stein mehr spucken, ohne dabei eine Trekking-Agency zu treffen. Trekken ist mittlerweile für jedermann ein fester Bestandteil des Urlaubsprogramms. Elefantenritte und Floßtouren gehören oftmals zum festen Programm. Doch die Touren zu den Bergdörfern werfen Probleme auf – organisatorische und ethische.

Ein paar ethische Einwände

Es scheint paradox und schizophren, über die letzten ursprünglichen Volkskulturen des Planeten herzufallen, wenn andererseits permanent der zersetzende Einfluss der „Zivilisation" auf diese bejammert wird. Einerseits soll die Kultur so intakt bleiben, wie sie ist, andererseits bricht man mit einer wilden Trekker-Truppe in die Bergdörfer ein und setzt womöglich noch der Akha-Frau die Kopfhörer des neuesten iPod auf. Die westliche Kultur wird den Bergbewohnern von Trekker-Kolonnen aufgedrückt – auch wenn das nicht die Absicht der Trekker ist.

Den weitaus meisten Besuchern ist ein ehrliches Interesse für die Kultur der besuchten Völker zuzutrauen. Doch nützt das was? Ist eine Kommunikation zwischen beiden Seiten überhaupt möglich? Ich glaube nicht! Auch wer ein paar Brocken Thai hervorbringen kann, wird sich nicht mit einem Bergbewohner so unterhalten

können, dass er einen Einblick in seine Kultur erhält. Und die Kommunikation durch einen Trek-Führer, der sogar die Sprache des Stammes spricht, auch das kann nicht zu tieferen Erkenntnissen führen. Was übrigbleibt ist ein flüchtiger Blick in ein Dorf von „Exoten", ein Ausflug in einen menschlichen Zoo. Wem bringt das was? Den Bergbewohnern bringt es sicherlich Geld, aber der plötzliche (relative) Reichtum hat auch seine Schattenseiten. So gibt es z. B. ein Dorf (das aus Diskretionsgründen ungenannt bleiben soll), in dem niemand mehr einen Handschlag Arbeit verrichtet, da das Posieren vor den Kameras mehr einbringt.

Soweit die Einwände des Autors. In der Hoffnung, damit ein wenig Zurückhaltung geweckt zu haben, hier ein paar organisatorische Tipps zum Trekken – einem Trekken, das sich besser an den Anblicken der Bergwelt ergötzen sollte als an den so fremd erscheinenden Lebensweisen ihrer Bewohner.

Touren-Organisation

Die erste organisatorische Frage ist die **Wahl der Trekking-Agentur.** Empfehlungen auszusprechen fällt schwer, da sich auf diesem Gebiet alles zu schnell verändern kann. Einige Agenturen wechseln ihre Namen, andere ihre Operationsweise. Das Sicherste ist, in der Traveller-Szene Informationen einzuholen und sich ein paar Tage umzuschauen. Meistens spricht sich schnell herum, wie gut oder schlecht eine Trekking-Agentur gerade ist. Die TAT in Chiang Mai verfügt über Listen der offiziell registrierten Agenturen. Derzeit existieren über 50. Bei der TAT registrierte Trek-Führer haben eine Art Ausweis, den man sich zeigen lassen kann. Im Fall einer Beschwerde lässt sich auch so bei der TAT nachhaken.

Ein Tag Trekken kostet 700–1000 Baht bei Buchung einer 3-Tages Tour. Extras wie Elefantenreiten und Floßfahren kosten noch einmal jeweils etwa 300 Baht.

Wichtig ist die **Zahl der Trek-Teilnehmer.** Mehr als 6 oder allerhöchstens 7 Personen sollte die Gruppe nicht umfassen, alles andere wirkt wie ein Überfall auf die armen Bergbewohner.

Für die grundsätzliche Kommunikation der beiden Seiten ist ein **Führer** von Nutzen, der die Sprache(n) der besuchten Bergvölker spricht. Viele Agenturen werben mittlerweile damit, dass ihre Trek-Führer selber aus einem der Hill-Tribes stammen. Zudem initiieren einige Trekkingagenturen und nichtstaatliche Organisationen sogenannte Community Projects, die den Bergvölkern helfen sollen. Wer Interesse an Treks hat die von Angehörigen der Minderheiten geleitet werden, wende sich an die Mirror Foundation (Chiang Rai Post Office Box 180 57000 Chiang Rai, Tel. 053-737412, www.mirror artgroup.org, www.hilltribe.org).

Die Gegenden um Chiang Mai, Chiang Rai oder Mae Hong Son werden tagtäglich von unzähligen Treks durchkreuzt, und so kann es durchaus vorkommen, dass plötzlich mehrere Trekker-Gruppen in einem Dorf aufeinandertreffen.

Ausrüstung

Was mitnehmen auf den Trek? Solide **Schuhe** sind ein Muss, dazu möglichst leichte Baumwollkleidung und in der kühleren Jahreszeit einen oder mehrere **Pullover.** Um Mae Hong Son kann es im Winter eisig kalt werden. Lange Hosen sind besser als kurze, denn mit denen reißt man sich manches Mal die Beine auf.

Für das Baden im Wasserfall oder Bergfluss ist Badezeug mitzubringen. Taschenlampe, Son-

nenhut, Sonnenöl, Sonnenbrille, Anti-Moskito-Creme, Toilettenpapier und Wasserflasche sind essentiell.

Sehr wichtig bei Treks, die mehrere Tage dauern, ist ein **Medizin-Set.** Dabei muss nicht unbedingt jede Person ein eigenes Set mit sich führen, mehrere Leute, die ohnehin zusammen reisen, können sich auch einen teilen. Vorhanden sein sollten: Heftpflaster, Mullbinden, Schere, Desinfektionsmittel, Wasserentkeimungstabletten, Aspirin und ein Durchfallmittel, das im Notfall schnellstens die Därme verstopft, und ein Breitband-Antibiotikum (z. B. Bactrim, 4 Baht pro Tablette). Und besonders wichtig: eine gute Kondition! Trekken bedeutet 4–5 Stunden anstrengenden Marschierens täglich.

Allzu viel **Geld** sollte nicht mitgenommen werden, 1000–2000 Baht bei einer Dreitagestour reichen allemal. Die Wertsachen müssen also im Hotel gelassen werden. Dabei sollte man sich auf alle Fälle eine detaillierte Quittung ausstellen lassen, auf der die Nummern der Traveller-Schecks registriert sind, die Nummern und Destinationen der Flugtickets und die Passnummer. Keinesfalls aber Kreditkarten im Hotel lassen! Damit sind einige unangenehme Dinge in Chiang Mai passiert: Mancher Trekker hat feststellen müssen, dass jemand auf Shopping-Trip ging, während er in den Bergen schwitzte.

Für die Bergbewohner können **Geschenke** mitgenommen werden, diese sollten aber praktischer Art sein, wie z. B. Kugelschreiber, Taschenlampe, Medizin oder Ähnliches. Das Verteilen von Zigaretten, Mekhong-Flaschen oder

Fortsetzung nächste Seite

Fortsetzung von Seite 281

gar Geld ist ziemlich idiotisch und alles andere als hilfreich. Die Bergbewohner revanchieren sich oft durch das Reichen der Opiumpfeife. Es ist aber ebenso dumm anzunehmen, dass der Opiumrausch zur Vervollständigung einer „echten" Trekking-Tour gehört. Ein Besuch in den Alpen wird ja auch nicht erst durch eine Enzianschnaps-Vergiftung komplett.

Vor **Alleingängen** in den Bergen **sei ausdrücklich gewarnt.** Es treiben sich vereinzelt Banditen herum und es ist zu einigen Morden an Trekkern gekommen. 2003 wurde ein Japaner in der Nähe von Mae Taeng beraubt und an einem Baum aufgehängt – ein eindringliches Beispiel, was passieren könnte, wenn auch in ganz seltenen Fällen. Möglicherweise ist es derzeit in den Bergen etwas gefährlicher als in den Jahren zuvor, denn aufgrund der rigorosen Anti-Drogen-Kampagne der Regierung haben viele Dealer ihr Einkommen verloren und müssen auf andere Art über die Runden kommen.

Man sollte jedoch zu keinem voreiligen Schluss über dieses Gebiet kommen: Bergbanditen haben keinen festen Arbeitsplatz, passieren könnte es theoretisch überall. Also: Trekken nur in größeren Gruppen und möglichst unter ortskundiger Führung!

Anreise

■ **Busse** nach Bor Sang fahren alle 15 Minuten von der Charoen Muang Road/Ecke Bamrungraj Road, östlich der Nawarat-Brücke ab. Fahrzeit 15 Min.

San Kamphaeng

สันกำแผง

21 km südöstlich von Chiang Mai liegt San Kamphaeng, wo **Baumwoll- und Seidenstoffe** gewebt werden. Der Webeprozess kann in den Betrieben beobachtet werden, und die Waren werden entlang der Hauptstraße verkauft – zu touristischen Preisen allerdings.

Anreise

■ Die **Busse** von Chiang Mai nach Bor Sang fahren weiter in dieses Dorf. Mehrzeit: 10 Min.

Tambon Thep Sadet

ตำบลเทพเสด็

Der Tambon („Unterbezirk") Thep Sadet, ca. 50 km nordöstlich von Chiang Mai gelegen, bietet **großartige Naturszenerien,** die man so nahe an Chiang Mai kaum für möglich hält. Es finden sich hier sattbewaldete Berge und Täler, dazu dichter Dschungel und malerische kleine Flüsse. An Fauna gibt es Wildschweine, Schlangen und vor allem viele Vögel. Erstaunlicherweise hat der Tourismus bisher noch keinen Einzug gehalten, er soll in den nächsten Jahren jedoch zunehmend gefördert werden.

Tambon Thep Sadet gehört zu den ärmsten Landstrichen in der Provinz Chiang Mai, das Haupteinkommen

Der Norden

stammt vom Anbau von *miang,* einer Pflanze, die zu einem leicht stimulierenden Tee verarbeitet wird. Die Blätter werden auch gekaut (oft zusammen mit Salz, um den herb-sauren Geschmack zu neutralisieren), was ebenfalls eine leicht belebende Wirkung hat. An zweiter Stelle steht der Anbau von Kaffee.

Die Region ist ausgezeichnet für eine **Tagestour von Chiang Mai** geeignet, man könnte aber auch länger dort verweilen (nachts ist es sehr kalt – Jacke und Pullover mitbringen!). Mit etwas Abenteuerlust lassen sich sehr lohnenswerte Touren unternehmen; dazu biege man am besten von den Hauptstraßen in die kleinen Seitenwege ab. Besonders schöne Szenerien ergeben sich in der Umgebung der Dörfer Ban Huey Kuap, Mae Ton Luang und Kamphaeng Hin.

Von **Kamphaeng Hin** führt ein 6 km langer Weg zum **Phu Lanka oder Doi Mae Tho,** dem mit 2031 m fünfthöchsten Berg Thailands. Der Berg befindet sich im Grenzgebiet der Provinzen Chiang Rai, Chiang Mai und Lampang, und vom Gipfel erhält man einen überwältigenden Fernblick über die gesamte Region. Die letzten 4 km der Strecke müssen zu Fuß zurückgelegt werden. Der Aufstieg ist sehr anstrengend und nur Leuten mit einer guten Kondition zu empfehlen. Etwas unterhalb des Gipfels findet sich eine Stelle, die sich zum Zelten eignet; auf dem Gipfel selber ist es zu windig. Es waren einmal Pläne im Gespräch, auf dem Gipfel ein Resort anzulegen, samt einer Seilbahn, die dahinführen sollte. Wann oder ob etwas daraus etwas werden wird, ist jedoch sehr fraglich.

Nach **Ban Huey Kuap** gelangt man über einen Dschungelweg (nur mit Jeep oder Motorrad befahrbar), der 2,3 km westlich von Pang Hai von der Hauptstraße in nördlicher Richtung abbiegt; ab der Abzweigung sind es 5 km bis Ban Huey Kuap. Ringsum findet sich wahrer Bilderbuch-Dschungel, das Dorf Ban Huey Kuap besteht allerdings nur aus einem halben Dutzend verlassen wirkender Häuser. Westlich davon liegt Ban Nam Khong; auf dem Weg dorthin passiert man einen Aussichtspunkt, der einen wunderbaren Rundblick über mehrere Bergzüge bietet.

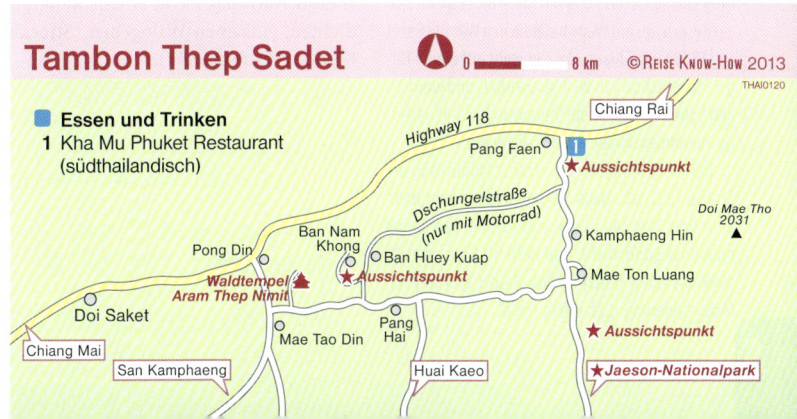

Information

Da selbst das beste Kartenmaterial über die Gegend nicht viel hergibt, könnte ein Besuch in der Tambon-Verwaltung nützlich sein. Sie befindet sich in **Pang Hai** (49 km von Chiang Mai), direkt links neben dem Utthayan Thep Sadet Resort (s. u.).

Die Angestellten können zwar nicht viel Englisch, bemühen sich aber redlich, behilflich zu sein. Vorhanden sind ein paar Skizzen und Karten, anhand derer man sich die Fahrwege erklären lassen kann.

Unterkunft

■ Das etwas teure **Postcard Resort**LLL (Tel. 053-389 008, www.thepostcardresort.com) zwei Kilometer von Pong Din entfernt, hat keine Zimmer – stattdessen schläft man in einer mongolischen Yurte, in der Luxusversion natürlich mit Bad, TV etc. Gute Atmosphäre und sehr entlegen.

Anreise

■ Am besten mit dem **Mietfahrzeug.** Von Chiang Mai fahre man zunächst über Highway 118 in Richtung Chiang Rai bis Pong Din (33 km). Es bietet sich ein Besuch des am Wege befindlichen Wat Doi Saket an (18 km von Chiang Mai), er steht auf einem Hügel (daher schon von weitem sichtbar) und weist einen hohen weißen Chedi (burmesischer Stil) und eine überdimensionale Buddha-Figur auf.

Bei Pong Din biege man rechts (südlich) in die Straße 1317 ein. Nach 5,5 km erreicht man nahe dem Dorf Mae Tao Din eine Kreuzung. Hier biege man links ab (östlich), und nach 10,5 km erreicht man das oben beschriebene Resort in Pang Hai (Ausschilderung z. Zt. nur in Thai).

Wer nur einen Tagesausflug ab Chiang Mai plant, sollte die folgende Strecke fahren: Chiang Mai – Pong Din – Mae Tao Din – Pang Hai – Mae Ton Luang – Kamphaeng Hin – Pang Faen und von dort über Highway 118 zurück nach Chiang Mai. Gesamtstrecke 125 km, Fahrzeit mit Stopps ca. 6 Std.

■ Mit **öffentlichen Verkehrsmitteln** ist die Anfahrt sehr umständlich. Von Chiang Mai müsste man zunächst per Songthaew oder Tuk-Tuk nach Doi Saket fahren (von einem Haltepunkt an der Kaew Nawarat Rd., etwas östlich der Nawarat-Brücke). Von dort könnte man per Motorrad-Taxi weiterkommen (ca. 350 Baht bis Pang Hai); außerdem fahren einige wenige Schul-Songthaews, die neben Schülern auch normale Passagiere mitnehmen (meist nachmittags; 50 Baht bis Pang Hai).

Weitere Ausflugsmöglichkeiten

2 km östlich des o.g. Resorts gibt es eine Abzweigung von der Straße in südlicher Richtung; biegt man hier ein, durchfährt man bald eine wunderschöne, bergige Dschungellandschaft. Die Straße endet im Bereich der Ortschaft **Huai Kaeo,** von der aus man weiter in Richtung Mae Takhrai Forestry Park fahren könnte.

Die Hauptstraße von Mae Tao Din nach Pang Hai führt weiter östlich zum **Jaeson National Park,** einem weiteren dichten, einsamen Waldgebiet (Strecke teilweise sehr schlecht).

5

Lamphun

ลำปาง

Der Ort befindet sich 26 km südlich von Chiang Mai und ist eine erholsame Kleinstadt (25.000 Einwohner) mit aufregender Geschichte. Die Stadt, ursprünglich *Haripunjai* genannt, wurde 660 von dem legendären Einsiedler *Suthep* aus dem Volk der Lawa begründet.

Er lud *Chama Devi*, eine Mon-Prinzessin aus Lopburi ein, ihre erste Königin zu werden. Bis zum Ende des 13. Jh. wurde der Ort nun von einer Reihe von Mon-Herrschern regiert, die ihn zum mächtigsten und fortschrittlichsten in ganz Nordthailand machten.

1275 entsandte König Mengrai seinen Spionagemeister *Ai Fa* nach Haripunjai, um eine Methode ausfindig zu machen, die Stadt zu erobern. *Ai Fa* entpuppte sich als genialer Agent: Innerhalb von

Der Norden

Lamphun   0 ▬▬▬ 200 m   © REISE KNOW-HOW 2013

THAI050

■ **Übernachtung**
1 Lamphun Will Hotel
4 Phaya Inn

■ **Essen und Trinken**
2 Dao Khanong Rest.
3 Ko Hang Ba
   Mi Kieu Restaurant

Chiang Mai

Highway 1

Wat Chang Si

Wat Chama Devi
(Wat Ku Kut)

Wat Mahawan

Chama Thevi Road

Provinz-
verwaltung

Wankam Rd.

Wat
Chang Rong

Kuang

Attarod Rd.

National-
museum

Wang Sai Road

Inthayongyot Road

Wat
Haripunjai

Wat Phra Yeun

Wat
Suphan Rangi

Highway 106

Highway 2

Lampang

Wat Phra Phutthabaat
Pasang, Taak Phaa

sechs Jahren wurde er Stadtschreiber, dann Verteidigungsminister und schließlich gar Vizekönig. Er erhöhte die Steuern, kürzte die Verteidigungsausgaben und verschleuderte Gelder in sinnlosen Projekten. Als die Stadt bankrott und die Bevölkerung bereit zur Revolte war, hatte *Ai Fa's* Mission ihr Ziel erreicht – 1281 griff König *Mengrai* die verteidigungsunfähige Stadt an und nahm sie im Handstreich.

Die Hauptattraktion ist **Wat Phra That Haripunjai,** ein weitläufiger Tempelkomplex, dessen Bau 1044 begonnen wurde. Der Mittelpunkt des Wats ist ein goldener Chedi, um den gangähnliche Absperrgitter angelegt sind. Frauen müssen sich damit abfinden, dass es ihnen nicht gestattet ist, das Absperrgitter zu passieren. Der Wat wird kaum von Touristen besucht, es ist hier friedlich und entspannend.

Lamphuns andere Attraktion ist **Wat Ku Kut** an der Westseite der Stadt. Der Tempel stammt aus dem 8. Jh. und besitzt einen pyramidenförmigen Chedi im späten Dvaravati-Stil und einen achteckigen Chedi aus dem 10. Jh.

Wie Chiang Mai ist Lamphun von einem Stadtgraben umgeben, dessen Ausmaße zwar bescheidener sind, der dem Ort aber einen idyllischen Reiz verleiht.

Nicht weit von Wat Haripunjai befindet sich ein kleines **Museum,** das Funde aus der Region ausstellt. Geöffnet Mi–So 8.30–16.00 Uhr, 30 Baht.

Etwa 2 km östlich von Wat Haripunjai steht der ruhige **Wat Phra Yeun** zu dem von Wat Haripunjai aus eine ländlich anmutende Straße führt. Wat Phrayun weist einen auf einem klobigen, hohen Sockel gesetzten Chedi aus dem Jahre 1900 auf. Dieser ersetzte einen Mondop, den 1369 König *Ku Na* gebaut hatte. Die Tempelanlage ist vielleicht nicht gerade ein Architekturwunder, die idyllische Umgebung macht den Besuch dennoch lohnend.

fotolia©fortoon

Unterkunft

■ Gegenüber von Wat Chama Devi befindet sich das **Lamphun Will Hotel******–***** (Chama Devi Rd., Tel. 053-534865), ein modernes Haus mit sauberen Zimmern mit Bad, A.C., TV, Mini-Bar und Wi-Fi. Angeschlossen ist ein recht gutes Restaurant.
■ Etwas preiswerter und zentraler ist das **Phaya Inn******* (35/1 Chitwongpanrangsan Road, Tel. 053-511777, Fax 053-511707, www.phayainn.com), das ebenfalls saubere und dezente Zimmer mit A.C., TV, Wi-Fi und DVD-Spieler bietet. Die Zimmer sind auch monatlich als sogenannte *Serviced Apartments* anzumieten, ab 5500 Baht.

Essen

■ Sehr beliebt ist das **Dao Khanong** an der Charoenrat Road, ca. 1 km nördlich der Innenstadt. Es gibt leckere nordthailändische Gerichte.
■ Das **Ko Hang Ba Mi Kieu** an der Inthayongyot Rd. ist leider nicht auf Englisch ausgeschildert, serviert aber gute Nudelgerichte.

Anreise

■ Alle 15 Minuten (am Wochenende nur stündlich) fahren von der Nawarat-Brücke in Chiang Mai (Südostseite) **Busse** nach Lamphun für 20 Baht. Die Fahrt führt durch eine herrliche Allee mit hohen Yang-Bäumen (aus der Familie *Dipterocarpus*), denen aus Respekt zum Teil orange Tücher umgebunden sind, und dauert ca. 40 Min. Vor einigen Jahren sollten die Bäume abgeholzt werden, um die schmale Straße zu verbreitern, dagegen regte sich jedoch heftiger Protest. Von der Arcade Bus Station fahren etwa alle 30 Minuten Busse über eine neue Strecke. Sie ist nicht so schön und die Busse stellen den Verkehr am Nachmittag ein.
■ **Direktbus ab Bangkoks** Northern Bus Terminal, Kostenpunkt 775 Baht (A.C.).

Ban Tha Kam

บ้านท่าคำ

Der Norden

Ban Tha Kam, ca. 10 km westlich von Lamphun und 32 km südlich von Chiang Mai, ist ein auf den ersten Blick unscheinbares, typisches nordthailändisches Dorf, blickt aber auf eine sehr lange Geschichte zurück: Von ca. 650 bis 1292 war Ban Tha Kam eine florierende Stadt – die damals Phan Na Tha Kan oder Wieng Tha Kan hieß – die aufgrund der burmesischen Invasionen aber aufgegeben wurde. Im 18. Jh. besiedelte König *Kawila* die Stadt neu, wozu er Mitglieder der Thai Lue aus der Stadt Yong (im heutigen Shan-Staat in Myanmar) anwarb. König *Mengrai* von Chiang Mai (13. Jh.) soll im Ort einem Ableger des heiligen Bo-Baumes in Anuradhapura (Sri Lanka) gepflanzt haben.

Ausgrabungen in Ban Tha Kam haben zwei Chedis aus der Haripunjai-Periode und einige stark beschädigte Buddha-Figuren in Dvaravati-Stil zu Tage gebracht; diese wurden so gut wie möglich restauriert. Übrig sind auch noch Ruinen der alten Stadtwälle und des Stadtgrabens.

◁ Wat Phra That Haripunjai in Lamphun

5

Unterkunft

Eine ungewöhnliche Unterkunftsmöglichkeit bietet sich etwas südlich des Ortes San Pa Thong, ca. 3 km von Ban Tha Kam entfernt. Das **Kao Mai Lanna Resort**LLL (Tel. 053-834470 bis 5, Fax 053-834480 www.kaomailanna.com) ist eine sehr gemütliche, mit viel Teakholz ausgestattete und im traditionellen Nord-Stil gehaltene Unterkunft; die 36 Zimmer des Hauses sind in achtzehn umgebauten Scheunen untergebracht, in denen einst der in der Umgebung angebaute Tabak getrocknet wurde. In der Umge-

bung von Chiang Mai gab es einst fünfzig große Tabak-Anbauer. Aufgrund billiger Importe aus Südchina ist die Tabak-Industrie in Nordthailand jedoch fast gänzlich zum Erliegen gekommen. Dem Resort ist ein gutes Restaurant angeschlossen, Spezialität nordthailändische Küche. Außerhalb der Hauptsaison sind Zimmer um die 1900 Baht zu haben.

Anreise

Das Kao Mai Lanna Resort ist am leichtesten von Chiang Mai aus zu erreichen. Es liegt an der Straße Chiang Mai – Hot (Route 108), ca. 29 km südlich von Chiang Mai. Vom Chiang Mai Gate nehme man einen der gelben Busse in Richtung Chom Thong. Von hier kann man gut bis Ban Tha Kam laufen, oder man versuche, in San Pa Thong ein Songthaew zu ergattern, das über Route 1015 in Richtung Lamphun und Ban Tha Kam fährt.

Ab Lamphun fahre man per Songthaew die Route 1015 in westliche Richtung; bis Ban Tha Kam sind es ca. 10 km.

Pa-Sang

ป่าซาง

Pa-Sang liegt 12 km südwestlich von Lamphun. In diesem Dorf wurden bis in die jüngste Vergangenheit hochgeschätzte Baumwollstoffe gewebt. Die Stoffe und Kleidungsstücke können zwar noch entlang der Hauptstraße durch Pa-Sang, nahe dem kleinen Markt, gekauft werden, hergestellt werden sie aber in umliegenden Dörfern wie Baan Nong Nguak. Dieses Dorf liegt etwa 10 km südwestlich von Pa-Sang (8 km die Hauptstraße entlang, dann weitere 2 km der ausgeschilderten Abzweigung folgen).

Anreise

Vom Südende der Thanon Intha Yongyod in Lamphun fahren **Songthaews** nach Pa-Sang, zurück am besten vom kleinen Markt an der Hauptstraße. Von der Arcade-Busstation in Chiang Mai fahren alle 20 Min. **Busse** nach Pa-Sang; Zusteige-Möglichkeit auch an der Nawarat-Brücke. Fahrzeit ca. 50 Min.

Wat Phra Phutthabaat Taak Phaa

Dieser interessante Tempel befindet sich 18 km von Lamphun und 7 km von Pa-Sang entfernt. Er ist zu einem Teil zu ebener Erde gebaut, zum anderen hoch auf einem Hügel. Unten ist in einem Schrein ein Fußabdruck des Buddhas oder *phuttabaat* zu sehen.

Vorbei an zahlreichen wie Bungalows aussehenden Mönchsunterkünften ge-

langt man zu den Stufen, die den Hügel hinaufführen – insgesamt sind es 467 Stufen, mehr als in Doi Suthep. Der Ausblick von oben ist die Mühe aber wert, vor einem breitet sich ein Tal aus, und in der Ferne sieht man die Berge in Richtung Doi Inthanon.

Ein Schrein hier ist dem hochverehrten Mönch *Luang Por Phromma* geweiht, der vor einigen Jahren starb. Zu den Totenriten kamen 60.000 Menschen. Später wurde der Ort zum Drehort für eine Szene in „Rambo 3", in der sich *Sylvester Stallone* auf einem neueren Schrein als Dachdecker versucht – um kurz darauf nach Afghanistan abberufen zu werden.

Anreise

Zur Anfahrt nehme man ein **Songthaew** ab Pa-Sang, von wo die Songthaews am Highway Nr. 106 nach 6 km in die Straße in Richtung Ban Nong Nguak abzweigen. Ab der Abzweigung ist es noch ein Kilometer bis zum Tempel. Songthaew-Kosten ca. 50 Baht. Ab dem Parkplatz am Tempel fahren Songthaews über eine Straße zum Gipfel.

Mae Sa Valley

แม่สา

Das gesamte Mae-Sa-Tal, ca. 30 km nördlich von Chiang Mai, liegt an einer 80 km langen Ringstraße (Route 1096/1269), die um die **Nationalparks** von Doi Suthep und Doi Pui herumführt. An der gut ausgebauten Strecke findet sich eine Reihe von Sehenswürdigkeiten, die per Mietfahrzeug leicht in einem Tagesausflug besucht werden können. Nach

Sehenswertes an der Route 1096

Die exzellent ausgebaute Route 1096 ab **Mae Rim** (nördlich von Chiang Mai) führt durch das malerische **Mae Sa Valley** und stellt eine der besten Ausflugsmöglichkeiten von Chiang Mai aus dar. An den folgenden Highlights kommt man vorbei:

Km 1,5: Links nach **Sainamphung Orchid and Butterfly Farm** einbiegen. 1 km weiter die Straße entlang findet sich das **Mae Rim Lagoon Hotel****-LLL** (Tel. 053-297288, www.maerimlagoon.com), gelegen an einem kleinen See. Es hat 30 Zimmer und ein sehr gutes Restaurant; Bootstouren können organisiert werden. Etwas weiter in Fahrtrichtung wird ein Luxushotel stehen.

Km 3: Mae Sa Snake Farm, angeblich Thailands größte Schlangenfarm, mit Giftabnahme-Shows etc.

Unmittelbar angrenzend findet sich das **Four Seasons Resort Chiang Mai,** eine der besten und teuersten Unterkünfte der Gegend. Die stilvoll eingerichteten Holzbungalows sind von einer weiträumigen, gepflegten Anlage umgeben (siehe Unterkunft, Chiang Mai).

Km 4: Wer nach den Schlangen das völlige Abenteuer braucht, kann einen **Bungee-Jump** (weitere Informationen unter Tel. 053-298442) absolvieren. Tgl. 9.00–18.00 Uhr. Gleich nebenan ist das **Monkey Centre,** wo Affen für Entgelt Fahrrad fahren und Unsinn treiben. Affen-Shows tgl. 11.00–16.15 Uhr. Schließlich gibt es seit neuestem auch noch das **Tiger Kingdom** in Mae Rim (Tel. 053-860706, www.tigerkingdom.com), ganz im Stil des Tigertempels in Kanchanaburi, wo Besucher für 300–500 Baht einen Tiger streicheln können, der, zumindest der Website nach, nicht unter Drogen steht, wie das bei derartigen Zoos oft der Fall sein soll. Siehe Exkurs. Tgl. 10.00–18.00 Uhr.

Km 4,5: Mae Sa House, ein geräumiges Teak-Haus, in dem Ausstellungsstücke und Kuriositäten zu sehen sind; die ältesten sind ca. 5000 Jahre alt. Das Haus ist von einem Orchideengarten umgeben.

Km 4,8: Mae Sa Valley Orchid and Butterfly Farm. Es gibt zahlreiche Orchideenarten zu sehen, und Zuchtmethoden werden demonstriert; die Schmetterlingsfarm ist weniger beeindruckend.

Km 6: Rechtseinbiegen, wo man nach 7 km den kleinen, von Dschungel umgebenen **Tark Mork Waterfall** erreicht. Picknick-Möglichkeiten vorhanden.

Km 7: Mae Sa Waterfall (Parken 30 Baht). Ein sehr beliebtes Ausflugsziel für Einwohner von Chiang Mai oder Bangkok. Der sehr schöne Wasserfall stürzt sich über 10 Stufen in die Tiefe. Ein 3 km langer Spaziergang führt vom Parkplatz aus durch eine dichtbewachsene Schlucht; am Wege finden sich einige idyllische Picknick-Plätze.

Km 8: Tan Tong Restaurant & Gardens. Sehr gutes Thai-Essen zu vernünftigen Preisen, umgeben von einem herrlichen tropischen Garten. Zur Übernachtung stehen ruhig gelegene Bungalows zur Verfügung.

Km 9,5: Rin Garden Resort. Angenehme, von Parklandschaft umgebene Bungalows, am Ufer eines Flusses. Preiswertes Restaurant.

Km 10: Mae Sa Elephant Camp. Tgl. 9.40–10.30 Uhr und 13.30 Elefanten-Shows. Eintritt 40 Baht. Elefantenritte zu jeder Tageszeit, 600 Baht ½ Stunde.

Km 12: Der **Queen Sirikit Botanische Garten** (www.qsbg.org) erstreckt sich über 10 Quadratkilometer an der Grenze des Doi Suthep Nationalparks und bietet eine breite Palette der

Pflanzen Südostasiens, teilweise in Gewächshäusern. Vor allem eine riesige Auswahl an Orchideen und Regenwaldpflanzen mögen für Besucher aus Europa interessant sein. Der Garten bietet dazu ein Naturkundemuseum und eine Reihe Spazierwege zwischen den Hauptattraktionen. Tägl. 8.30–16.30 Uhr. Eintritt 100 Baht, Auto 100 Baht. Aufgrund der großen Distanzen gibt es auch einen Shuttle-Bus, Kostenpunkt 30 Baht.

Km 13: Mae Sa Valley Resort**–LLL** (Tel. 053-290051, www.maesavalleyresort.com). Attraktive und komfortable Bungalows, umgeben von einem weit auslaufenden Garten mit tropischen Bäumen und Blumen. 44 Zimmer, dazu ein sehr gutes Restaurant. Elefantenreiten.

Km 16: Pongyang Angdoi Resort**–LLL** (Tel. 053-879151, www.pongyangangdoi.com). Nach dem Four Seasons Resort ist dies wohl die beste Unterkunft im ganzen Tal. Komfortable Bungalows, gelegen in einem schmalen Tal voll satter Vegetation. Dazu ein ausgezeichnetes Restaurant mit zentral- und nordthailändischer Küche; aber mit westlichem Frühstück.

Km 17: Pongyang Village. Ein kleines Dorf samt Tempel. Die Straße zur rechten führt nach 6 km hinauf nach Nong Hoi, einem malerischen Hmong-Dorf mit einer gut besuchten Schule; die Kinder tragen traditionelle Hmong-Kleidung; Besucher sind willkommen.

Ein paar Kilometer nördlich von Pongyang findet sich die **Hmong Hill Tribe Lodge*****–LLL** (Tel. 053-216780, Fax 053-215-072, www.hilltribelodge.com), die sehr komfortable Zimmer in Holzhäusern und Tanzveranstaltungen der Hmong aus den umliegenden Dörfern bietet. Geeignet für alle, die keine Zeit, Energie oder Lust auf einen mehrtägigen Trek haben, aber etwas von den Bergvölkern mitbekommen möchten. Das Ganze mit Swimmingpool und einem Restaurant in schöner Gartenanlage, umgeben von Reisfeldern. Am Ort selber gibt es

nur noch einen kleinen Teeladen, der ein paar Snacks verkauft (schräg gegenüber dem Resort an der Straße).

Km 18: Rechts einbiegen zum **Erawan Resort***–LLL** (Tel. 053- 879082-3), dem ältesten Resort des Tales. Elf Zimmer und ein mäßiges Restaurant, umgeben von einem großen Park, der sich um einen See liegt.

Km 20: Links einbiegen zum **Kangsadal Resort**LLL (Tel. 053-879612) (1 km), mit seinen Chalets und Blockhütten, die an einen steilen Hügel gebaut sind. Insgesamt 12 Zimmer ab 2800 Baht und gutes Restaurant.

Km 25: Von hier an ergeben sich auf einer Strecke von 5 km großartige Ausblicke in Richtung Mae Hong Son.

Km 32: Kreuzung mit der Hang Dong-Samoeng Road (Route 1269) und Ende des Mae Sa Valley. Rechts nach **Samoeng** einbiegen (5 km), wo ein paar einfache Restaurants und Unterkünfte zur Verfügung stehen.

Links herum geht es über Hang Dong (Route 1269) zurück nach Chiang Mai (45 km). Auch diese Strecke hat reichlich Naturschönheiten zu bieten.

Durchkreuzung des Tales führt die Straße den Doi Pui hinauf, von wo sich gute Ausblicke auf das Bergmassiv zwischen Mae Sa und Mae Hong Son ergeben.

Am Ende des Tales kann man entweder auf demselben Wege zurück nach Chiang Mai fahren, oder aber über **Samoeng** zurückkehren, ein wunderschön gelegenes Dorf mit Unterkünften und kleinen Restaurants. (Anreise nach Samoeng siehe dort.)

Hinter Samoeng führt die Straße südlich des Doi Pui National Park durch die Dörfer Mae Kanin und Mae Ha. Bei km 41 trifft die Straße auf den Highway 108 bei Hang Dong; von dort sind es noch ca. 20 km bis Chiang Mai.

Das Mae Sa Valley bietet neben wunderbarer Natur auch touristische Einrichtungen. An Wochenenden werden viele jedoch von einheimischen Besuchern besucht, und mit der Ruhe ist es oft vorbei. Wer die gesamte Strecke abfahren möchte, sollte dafür rd. 3 Std. einplanen.

Anreise

Zur Anfahrt eignet sich am besten ein **Mietfahrzeug**; öffentliche Verkehrsmittel fahren bis Mae Rim (20 km ab Chiang Mai), von dort könnte man versuchen, per Lastwagen oder dem gelegentlichen Songthaew weiterzukommen. In den Reisebüros lassen sich **Tagestouren** durch das Tal buchen, Kostenpunkt ca. 1000 Baht/Person. Für ca. 500 Baht/Person kann man auch einen Songthaew für eine halbtägige Tour durch das Tal mieten.

Unterkunft

Im Tal gibt es zahlreiche gute, nett angelegte **Resort-Unterkünfte.**

Samoeng

สะเมิง

Der winzige Ort Samoeng (etwa 1000 Einwohner) ist einer der am schönsten gelegenen Orte Nordthailands, und es drängen sich Vergleiche mit dem weitaus bekannteren (aber auch größeren) Mae Hong Son auf. So ist es auch mehr als verwunderlich, dass Samoeng touristisch bisher kaum „entdeckt" ist. Derzeit ist der Ort noch ein echter Geheimtipp. Wer eine **großartige Landschaft** sucht und viel Ruhe, ist hier an der richtigen Stelle.

Samoeng befindet sich ca. 50 km westlich von Chiang Mai und ist von dort aus sehr gut über die Straßen Nr. 1096 (über Mae Rim) oder 1269 (über Hang Dong) zu erreichen. Der Ort liegt in einem fruchtbaren, von dicht bewachsenen Hügeln umgebenen Tal und besteht fast ausschließlich aus **malerischen alten Holzhäusern.** Der Beton-Boom, der weite Teile Thailands erfasst hat, hat hier glücklicherweise noch nicht Einzug gehalten.

Wer über die Straße 1096 fährt, kommt an den **Queen Sirikit Botanischer Garten** (www.qsbg.org, Eintritt 100 Baht, Kinder 50 Baht, eigenes Fahrzeug 100 Baht, geöffnet täglich von 8.30 bis 17.00 Uhr) vorbei. Auf einem Areal von mehr als 200 Hektar gibt es unzählige tropische und subtropische Pflanzen zu sehen, darunter ein kleiner Regenwald und ein eindrucksvolles Glashaus.

Die Vegetation um Samoeng ist satt und vielfältig und erinnert eher an Südthailand als an den Norden. Neben Bananen, sonstigem Obst, Blumen und al-

Samoeng

0 ——— 200 m © Reise Know-How 2013
THAI119

Wat Chan

1

Wat Tha Sala

Songthaews nach
Bo Kaeo und
Wat Chan

Markt

Wat Samoeng

Polizei
Songthaews nach Chiang Mai

★ Queen Sirikit
Botanischer Garten
Chiang Mai

■ **Übernachtung**
1 Samoeng Resort

■ **Essen und Trinken**
1 Samoeng Restaurant

---

lerlei Gemüse wachsen hier auch sehr schmackhafte Erdbeeren, angeblich die besten Nordthailands.

Die atemberaubende Berglandschaft lädt zu ausgedehnten **Wanderungen** ein. Wer es ganz besonders abenteuerlich haben möchte, kann von Samoeng aus per Songthaew in südliche Richtung nach **Mae Hia** fahren (16 km), einem kleinen Karen-Dorf (nur ca. zwei Songthaews pro Tag). Die Fahrt führt durch dichten Dschungel, und man könnte eigentlich irgendwo entlang der Strecke aussteigen und loswandern. Alternativ zu den Songthaews bietet sich für die Fahrt nach Mae Hia ein Miet-Jeep an (zu mieten in Chiang Mai). Die Dschungel-Straße endet ca. 1½ km südlich von Mae Hia, etwa 2 km vor dem Karen-Dorf Mae Lan Kham. Wer dorthin will, muss laufen.

Einen Besuch wert ist auch die ca. 3 km westlich des Samoeng Resort gelegene, von wilder Landschaft umgebene **Mae-Sap-Höhle**, an der sich ein kleines Tempelgebäude befindet. Sie befindet sich nur ein paar Meter abseits der Straße nach Tha Yao.

Unterkunft

■ Das **Samoeng Resort***–ᴸᴸᴸ** besteht aus einer ausgedehnten und gepflegten Gartenanlage mit Bungalows und Häusern in verschiedenen Größen; für 100 Baht gibt es ein 2-Personen-Zelt zu mieten. Buchungen unter Tel. 053-487072-4, 085-2540271, Fax 053-487075.

Essen

Das beste Essen bietet das rustikal aufgemachte **Restaurant des Samoeng Resort.** Darüber hinaus gibt es einige sehr preiswerte, nicht ausgeschilderte Restaurants in der Nähe des Marktes. Hier werden noch Curries ab 5 Baht angeboten – eine Seltenheit heutzutage in Thailand. Auf dem kleinen Markt des Ortes gibt es Curries, Obst und Süßigkeiten.

Anreise

Per Songthaew ab dem Nakorn Ping-Markt in Chiang Mai zu 50 Baht, dazu fahren einige Songthaews ab dem Chang Phueak Gate. Ansonsten per Mietfahrzeug.

Weiterreise

Mit öffentlichen Verkehrsmitteln wäre eventuell die Weiterfahrt zur Ortschaft **Wat Chan** (97 km) zu erwägen. Dorthin fahren Songthaews zu 150 Baht, Abfahrt ca. 10.30 und 12.30 Uhr; die Songthaews kommen vom Chang Phueak Gate in Chiang Mai und legen in Samoeng einen Halt ein. Von Wat Chan fahren Songthaews weiter nach **Pai** (ca. 60 km). Zwar könnte man auf bequemerem Wege nach Pai gelangen (über Chiang Mai), doch die obige Strecke ist sehr sehenswert. Da die Routen nur von wenigen Songthaews befahren werden und es mit den Verbindungen eventuell nicht immer klappt, wäre ein eigenes Fahrzeug auf jeden Fall vorzuziehen.

Mit eigenem Fahrzeug könnte man auch über eine noch andere Route nach Pai gelangen: Von Samoeng fahre man zunächst 15 km in westliche Richtung bis zum Dorf **Mae Khan.** Bei Mae Khan schert die Straße rechts aus und mutiert sogleich zu einer staubigen Holperpiste. Über diese erreicht man nach 80 km **Pa Pae** am Highway 1095. Hier biege man links ein und fahre weiter bis Pai (67 km). Fahrzeit Samoeng – Pai (162 km) ca. 5 Std.

Die Strecke zwischen Mae Khan und Pa Pae ist zum Teil sehr malerisch, vor allem die zweite Hälfte zwischen der Ortschaft Yang Moen und Pa Pae. Hier passiert man hohe, sattbewachsene Berge sowie das eine oder andere hübsch gelegene Bergdorf. Ein Großteil der Bevölkerung in der Gegend sind Karen. Entlang der Straße ergeben sich zahlreiche unausgeschilderte Abzweigungen, und man tut gut daran, an jeder nach dem Weg nach Pa Pae zu fragen.

Mae Wang

แม่วาง

Etwa 40 km südwestlich von Chiang Mai, an Straße Nr. 1013, befindet sich der hübsche kleine Ort Mae Wang, gelegen am schmalen Wang-Fluss. Abseits der Straße finden sich einige Häuser, die sich wohlhabende Bewohner von Chiang Mai als Wochenend-Refugium haben errichten lassen.

Fünf Kilometer weiter westlich findet sich in Mae Sapok das Elephant Special Tours (Tel. 086-1903077, www.elephant-tours.de), ein von einem hochqualifizierten deutschen Elefantentreiber geführtes **Elefanten-Camp,** das mehrtägige Gruppentouren (bis zu sechs Personen) mit Elefanten anbietet. Ein zweiwöchiger „Elefanten-Führerschein Trip", d. h. sieben Tage Training mit einem Elefanten, fünf Ausflugstage sowie 14 Tage Vollpension, kostet ab 1650 €. Es werden auch kürzere Touren angeboten. Die *White House Lodge,* ein einfaches Guest House mit drei Zimmern, ist angeschlossen. Bungalows können ebenfalls angemietet werden und kosten je nach Größe und Komfort zwischen 17 und 30 Euro die Nacht.

Des Weiteren wird **Rafting** auf Bambus-Floßen über den Wang-Fluss angeboten (250 Baht/Std).

Anreise

Vom Chiang Mai Gate in Chiang Mai nehme man ein Songthaew nach Ban Kat an der Straße Nr. 1013. Von dort fahren Pick-Up-Trucks oder Songthaews die restlichen paar Kilometer zum Elephant Camp und dann weiter in westlicher Richtung die Straße 1013 entlang. Günstiger ist jedoch die Anreise per Mietfahrzeug.

Wer mit einem gemieteten **Jeep** anreist, könnte auf den Elefantenritt einen abenteuerlichen **Ausflug** folgen lassen: Man fahre die Straße Nr. 1013 bis zu ihrem westlichen Ende in Huai Thong entlang und biege dort rechts in Richtung Mae Hae und Bo Kaeo ein. Dabei passiert man großartige Berglandschaften, die von Karen und Hmong bewohnt werden. In der Gegend um Mae Hae und Bo Kaeo wird die Straße zu einem staubigen Holperpfad und ein Jeep ist das einzig brauchbare Verkehrsmittel. Bei Huai Mana biege man wieder rechts ab und fahre weiter bis Samoeng und dann bis Chiang Mai.

Von Chiang Mai aus ist die **gesamte Rundstrecke** 180 km lang, und man benötigt ca. 8 Std. dafür (den Elefanten-Ausritt nicht mitgerechnet). Eine detaillierte Straßenkarte ist unerlässlich; besonders gute Dienste leistet die **Nordthailand-Karte** von Berndtson & Berndtson (7,90 €). Die Karte ist auch in besseren Buchhandlungen in Chiang Mai erhältlich (ca. 200 Baht).

Doi-Inthanon-Nationalpark

อุทยานดอยอินทนน

Der Doi Inthanon ist mit **2565 m** der **höchste Berg Thailands,** und über die erstaunlich gute Straße Nr. 1009 kann man bis zum Gipfel hinauffahren. Die Straße steigt sehr allmählich an, sodass man die außergewöhnliche Höhe eigentlich gar nicht bemerkt. Bis zum Gipfel sind es ab Chiang Mai 113 Straßenkilometer. Die Straße Nr. 1009 endet abrupt vor einer Radarstation der thai-

ländischen Armee, mit der diese bis nach Myanmar und Laos „hineinsehen" kann.

Der Doi Inthanon ist trotz seiner Höhe nicht so spektakulär wie der zweithöchste Berg des Landes, der Khao Kha Khaeng (2400 m), oder der dritthöchste, der Doi Chiang Dao (2285 m). Dafür ist sein Gipfel im Gegensatz zu den beiden anderen besonders leicht zu erreichen. Der Name des Berges stammt vom letzten König von Chiang Mai, *Phra Inthawachirayanon,* dessen sterbliche Überreste in einem kleinen weißen Chedi nahe dem Gipfel aufbewahrt sind.

Um den Berg herum ist ein 482 km² großes Waldgebiet zum Nationalpark erklärt worden. Darin befinden sich mehrere sehenswerte **Wasserfälle,** allen voran die Mae Klang Falls und Mae Ya Falls sowie die Vachiratan und Siriphum Falls. Die Mae Ya Falls (250 m) gelten als die höchsten Thailands. An den Verkaufsständen vor den Mae Klang Falls lassen sich Führer anheuern, die einen auf Wunsch zur Borichinda Cave (Tham Borichinda), führen, einer Kalksteinhöhle, Laufzeit ca. 1 Std.

Der Park ist ansonsten vornehmlich für Ornithologen von Interesse, es leben hier fast **400 verschiedene Vogelarten,** mehr als in jedem anderen Waldgebiet Thailands. Ansonsten aber ist die Fauna durch unkontrollierte Jagd und Besiedelung stark reduziert (auf dem Gelände finden sich einige Hilltribe-Dörfer). Von den Tigern, Leoparden, Elefanten und Bären, die sich hier einst befanden, sind keine verblieben. In den oberen, permanent nebelverhangenen Bereichen des Berges findet sich eine interessante Flora, darunter zahlreiche Orchideen-Arten, Farne und Moose.

Nahe dem Gipfel, bei Km 41, stehen zwei auffällige, große **Chedis,** die von gepflegten Gärten umgeben sind. Diese sind der Phra Mahathat Chedi Nahamethanidon, der 1987 von der thailändischen Luftwaffe errichtet wurde, um dem 60. Geburtstag des Königs zu gedenken sowie der Phra Mahathat Chedi Nabhabolbhumisiri, den die Luftwaffe 1992 zum Anlass des 60. Geburtstags der Königin erbauen ließ.

Eintritt

Am Eingang zum Doi-Inthanon-Nationalpark steht ein Kassenhaus (66 km von Chiang Mai und 47 km vom Gipfel des Berges entfernt). Der Eintritt beträgt pro Person 200 Baht; wer mit einem Auto anfährt, zahlt für den Wagen noch mal 30 Baht extra.

Unterkunft

Nahe dem Hauptquartier stehen **Bungalows** zur Übernachtung bereit, je nach Größe zu 1000–6500 Baht. Ein Restaurant ist angeschlossen. Buchungen bei der Parkverwaltung in Chom Thong (Tel. 053-286728). Für 200 Baht gibt es Zelte zu mieten. Weitere Informationen bei www.dnp.go.th

Anreise

Zur Anfahrt nehme man einen **Bus** vom Chiang Mai Gate im Süden des Stadtgrabens in Richtung Chom Thong (34 Baht); von dort fahren Songthaews bis zu den Mae Klang Falls, und von dort wiederum fahren Songthaews zum Doi Inthanon (100–150 Baht). Ein eigenes Verkehrsmittel ist aber allemal besser.

Eine andere Route ergibt sich für Leute, die aus Richtung Mae Sariang anreisen. Diese führt über Mae Chaem zum Park, die Straße ist aber nicht so gut wie die 1009.

Doi-Khuntan-Nationalpark

อุฮยานดอยขุนตาล

Der Doi-Khuntan-Nationalpark befindet sich ca. 50 km südöstlich von Chiang Mai, auf halbem Wege nach Lampang, und umfasst eine Fläche von 225 km². Das Terrain ist bergig und beherbergt Schwarzbären, Wildschweine, Wildbüffel, Affen, zahllose Eichhörnchen und möglicherweise sogar noch ein paar Tiger.

Erkundet wurde das Gebiet zum ersten Mal Anfang dieses Jahrhunderts, als deutsche Ingenieure im Zuge der Streckenlegung der Bahnlinie Bangkok – Chiang Mai den Auftrag erhielten, dort Thailands längsten Tunnel (1,3 km) in die Berge zu sprengen. Die damals entstandene **Bahnstation von Khuntan** ist mit einer Höhe von 570 m die höchste des Landes. Über diese Bahnstation, die mitten im Park liegt, ist das Gebiet bestens zugänglich.

Etwa 15 Minuten Fußweg vom Bahnhof befindet sich das **Hauptquartier** des Parks; der Weg dorthin ist auch das Anfangsstück des Hauptpfades durch den Park, der nach 8 km auf den Gipfel des Yot See (1373 m) führt. Die Strecke ist recht anstrengend und nimmt hin und zurück ca. fünf Stunden in Anspruch, wobei sich allerdings herrliche Szenarien bieten.

Eintritt

Der Eintritt beträgt pro Person 200 Baht.

Unterkunft

Es gibt **6 Bungalows,** die jeweils 6–9 Personen Platz bieten (1500–2700 Baht). Pro zusätzlicher Person werden 100 Baht berechnet. Zelte werden für 200 Baht (pro Person) zur Verfügung gestellt. An Wochenenden kommt es gelegentlich zu Engpässen und Vorbuchungen sind anzuraten: Tel. 02-5790529, 02-5794842 oder Chiang Mai 053-818348 oder direkt im Park 053-519216-7. Weitere Informationen bei www.dnp.go.th

Anreise

■ **Züge** ab Chiang Mai fahren 5-mal am Tag; an der Station Khun Tan aussteigen. Fahrzeit ca. 1 Std. 20 Min. Züge ab Lampang fahren ebenfalls 5-mal am Tag. Vom Bahnhof sind es 1,3 Kilometer zum Parkeingang.

■ Per **Mietfahrzeug oder Taxi** ist der Park über Highway Nr. 11, die Chiang Mai–Lampang-Straße, zu erreichen. Bei Kilometer 48 vom Highway abzweigen, von dort sind es noch 18 km.

Khun-Chae-Nationalpark

อุทยานแห่งชาติขุนแจ

Im Jahre 1995 wurde ein 270 km² großes Waldgebiet am Westrand der Provinz Chiang Rai zum Nationalpark erklärt. Der Khun-Chae-Nationalpark befindet sich allerdings näher an Chiang Mai als an Chiang Rai und ist besser von dort aus zu besuchen. Das Hauptquartier des Parks liegt direkt an der Route 118, ca. 56 km nordöstlich von Chiang Mai und 130 km südwestlich von Chiang Rai.

Der Nationalpark bietet eines der **schönsten und dichtesten Dschungelgebiete Nordthailands;** es besteht aus Dipterocarpus-Eichen, Pinien, Bambus, Bananenstauden und Farnen. Die dichtesten Wälder finden im zentralen und westlichen Bereich des Parks. Die höher gelegenen Regionen weisen einen etwas schüttereren Bewuchs auf, da die Mitglieder von Bergvölkern diese wiederholt der Brandrodung ausgesetzt haben. Die Bergbewohner leben dort als Jäger oder von der Viehzucht. Die in dem Gebiet angesiedelten *khon mueang,* d. h. Nord-Thais, die sich nicht zu den Bergstämmen zählen, bestreiten ihren Unterhalt weitgehend durch das Sammeln von *miang* (siehe auch oben, Tambon Thep Sadet).

An **Fauna** weist der Park Wildschweine, Rotwild, Schwarzbären, Loris, Gibbons, Leopardenkatzen und zahlreiche Vogelarten auf. Es finden sich zwei größere Wasserfälle, der **Mae-Tau-Wasserfall** und der **Khun-Chae-Wasserfall.** Der Mae-Tau-Wasserfall fällt in sieben Kaskaden herab, eine davon aus 40 m Höhe; der Khun-Chae-Wasserfall hat sechs Stufen, und nahe am Fuße des Wasserfalls befindet sich ein parkähnliches Gelände, das zum Picknick einlädt.

Der Khun-Chae-Wasserfall liegt ca. 8 km westlich des wichtigsten Parkzugangs bei Mae Khachan. An der Strecke vom Zugang bis zum Wasserfall ist der Park noch nicht allzu dicht bewachsen, es befinden sich hier mehrere Dörfer. Westlich des Wasserfalls aber breitet sich wahrer Bilderbuchdschungel aus. Die unasphaltierte Dschungelstraße ist bis zu dem winzigen Dorf Ban Kong Sai (9 km westl. des Khun-Chae-Wasserfalls) per

5

Jeep und Motorrad recht gut befahrbar. An dem Dorf zweigt dann ein Weg in Richtung Norden zur Route 1150 ab, von wo man weiter nach Phrao gelangen könnte; von der Westseite des Dorfes führt der Weg zunächst weiter in Richtung Westen, dann wird die Strecke jedoch teilweise sehr schlecht und führt dann weiter in Richtung Süden zur Route 118. An allen Strecken bieten sich großartige Dschungel-Szenerien. Die Wege bieten sich natürlich auch zum Trekken an. Die Parkverwaltung rät in dieser Beziehung die Mitnahme eines Erste-Hilfe-Sets an, da man im Notfall in dem Dickicht nur schwer Hilfe herbeiholen kann. Außerdem wird aufgrund der Jagdaktivitäten der Bergvölker zur Vorsicht gemahnt, denn abseits der Pfade könnte man in deren Schusslinie geraten. Die Parkverwaltung kann auf Wunsch einen Führer vermitteln, womit man sicherlich nicht schlecht beraten ist.

Der höchste Berg im Park ist der **Phu Lanka** oder **Doi Mae Tho** (2031 m). Dieser kann sowohl von Tambon Thep Sadet aus bestiegen werden (s. o., Tambon Thep Sadet), als auch vom Dorf Mae Tho, das sich ca. 10 km vom Parkhauptquartier befindet. Der zweithöchste Berg ist der **Doi Mot** oder „Ameisen-Berg" (ca. 1700 m), der ebenfalls bestiegen werden kann.

■ **Information:** Im Parkhauptquartier ist eine kostenlose Broschüre erhältlich, die auch eine Überblickskarte des Parks beinhaltet.

Eintritt

Der Eintritt beträgt pro Person 200 Baht.

Unterkunft/Essen

Mit eigenem Fahrzeug kann der Park gut in einem Tagesausflug von Chiang Mai aus besucht werden. Falls man mehrere der Dschungelpfade befahren will, sollte man allerdings früh aufbrechen Ansonsten stehen im Park, bzw. etwas außerhalb davon, einige Unterkünfte zur Verfügung:

■ Die Parkverwaltung bietet nur zwei Zimmer zu 1000 Baht. Eine Kochgelegenheit ist vorhanden und Zelte können angemietet werden. Die Häuser befinden sich gleich hinter dem Verwaltungsgebäude an der Route 118. Aufgrund der begrenzten Möglichkeiten ist eine schriftliche Voranmeldung anzuraten. Adresse: Headquarters, Khun Chae National Park, Mae Chae Dee Mai, Wiang Pa Pao District, Chiang Rai 57260, Tel. 053-609262 oder 084-4892173. Weitere Informationen bei www.dnp.go.th

■ Etwas südwestlich von Pong Nam Ron an der Route 118 (es findet sich hier eine Heißwasserquelle mit vielen Souvenir-Ständen davor), zweigt eine Straße in südliche Richtung ab; diese führt nach 9 km zum Lahu-Dorf Muang Noi. Unterkunft gibt es im **Orchid Butterfly Resort****** (Tel. 053141887, www.retreattopeace.com) am Dorfende zu finden. Neben einfachen Bungalows werden auch Meditations- und Tai-Chi-Kurse angeboten.

■ Gegenüber dem Zugang zu der Heißwasserquelle in Pong Nam Ron (Route 118), und offiziell etwas außerhalb des Südostrandes des Parks, findet sich das **Wieng Doi Cottage****, mit netten Bungalows (Bad, heißes Wasser) und einem Restaurant. Das Haus bietet sich Selbstfahrern auch gut für einen Stopp auf der Strecke Chiang Mai – Chiang Rai an.

■ Falls alles obige belegt sein sollte, könnte man noch im Ort Mae Khachan unterkommen. Mae Khachan streckt sich entlang der Route 118.

Anreise

■ Alle **Busse** auf der Strecke Chiang Mai – Chiang Rai über Route 118 (bzw. umgekehrt) passieren den

5

Park. Man sollte den Schaffner darum bitten, am Parkhauptquartier *(suun utthayan)* herausgelassen zu werden (56 km ab Chiang Mai), bzw. in Mae Khachan (25 km östlich des Hauptquartiers), wo sich die Straße zu den Wasserfällen abzweigt.

■ Von der Chang Phueak Bus Station in Chiang Mai fahren **Songthaews** (gelb) nach Wiang Pa Pao, die ebenfalls das Parkhauptquartier, als auch Mae Khachan passieren. Kostenpunkt bis zum Parkhauptquartier ca. 100 Baht.

■ Bei der **Anreise mit eigenem Fahrzeug** fahre man am über Route 118 in Richtung Mae Khachan und Chiang Mai. Etwa 1 km südlich von Mae Khachan zweigt eine unasphaltierte Straße in Richtung Westen ab. An der Abzweigung findet sich nur ein Schild auf Thai, das auf einen Tempel hinweist. Ein paar hundert Meter in die Straße hinein passiert man den Tempel; in dessen Garten stehen mehrere Buddha- und Mönchsfiguren aus Gips. Die Straße führt weiter zum Khun-Chae-Wasserfall, von wo aus man wie oben beschrieben weiter ins Innere des Parks vordringen kann.

In der Regenzeit sind die Straßen im Park nur mit Wagen mit Allradantrieb passierbar.

Lampang
ลำปาง

Lampang, gelegen am Schnittpunkt der Highways Bangkok – Chiang Mai und Bangkok – Chiang Rai, ist eine faszinierende Stadt mit interessanten Tempeln, vielen traditionellen Häusern und einem alten Markt, um den sich ein wundervolles Gemisch unterschiedlicher Baustile präsentiert. Zudem verfügt Lampang als einzige Stadt Thailands über **buntbemalte Pferdekutschen,** deren Lenker gelegentlich sogar stilecht mit Cowboy-Hüten und Stiefeln erscheinen.

Wat Phra Kaew Don Tao ist der wichtigste Tempel der Stadt, mit einem auffallenden, 50 m hohen goldenen Chedi auf einem rechteckigen Sockel. Neben dem Chedi steht ein Mondop im burmesischen Stil, der einen bronzenen Buddha beherbergt und vom Stil her gar nicht zu dem Chedi zu passen scheint. Die innere Decke des Mondop ist mit zahlreichen Figuren reichhaltig verziert, darunter mit einigen merkwürdigen Amor-ähnlichen Gestalten. Im 15. Jh. hatte der Emerald Buddha, der heute Wat Phra Kaeo in Bangkok ziert, 32 Jahre lang im Tempel gestanden. Eintritt: 20 Baht.

Auf dem Tempelgelände befindet sich auch ein kleines **Museum,** das Holzschnitzarbeiten ausstellt, und gleich neben dem Gelände schließt sich nahtlos **Wat Suchada** an, ein Tempel mit zwei Viharns im Lanna-Stil und einem großen Chedi.

Wat Pong Sanak Tai liegt in einem ruhigen Winkel der Stadt und ist ein wunderbares Exemplar eines typischen Lanna-Tempels: Den Mittelpunkt bildet ein auf einer Anhöhe errichteter Mondop, der einen Bodhi-Baum mit vier darum platzierten Buddhafiguren umfasst. Neben dem Mondop stehen ein Kupfer-beschlagener Chedi und ein Viharn mit einem liegenden Buddha darin. Um die Anhöhe gruppieren sich einige neuere Tempelbauten.

Wat Chedi Sao, der „Tempel mit den zwanzig Chedis" liegt inmitten eines Reisfeldes am rechten Ufer des Wang-Flusses, aus dem sich die zwanzig weißen Chedis attraktiv und weithin sichtbar herausheben. Die Chedis werden oben von glockenförmigen, burmesischen Turmspitzen abgeschlossen.

Wat Sri Chum wies bis vor kurzem eine exquisit ausgeführte hölzerne Viharn auf, die trotz ihres relativen Alters von über 200 Jahren als das schönste Tempelgebäude Thailands im burmesischen Stil galt. Was der Zahn der Zeit nicht hatte zerstören können, erledigte am 16.1.1992 ein Feuer, und von der Viharn blieben nur verkohlte Reste. Neben der Ruine sind Fotos ausgestellt, die sie zu ihren Prachtzeiten zeigen. Übriggeblieben sind ein Chedi und eine Bot, die aus derselben Zeit stammen wie die Viharn. Wat Sri Chum wurde 1839 von burmesi-

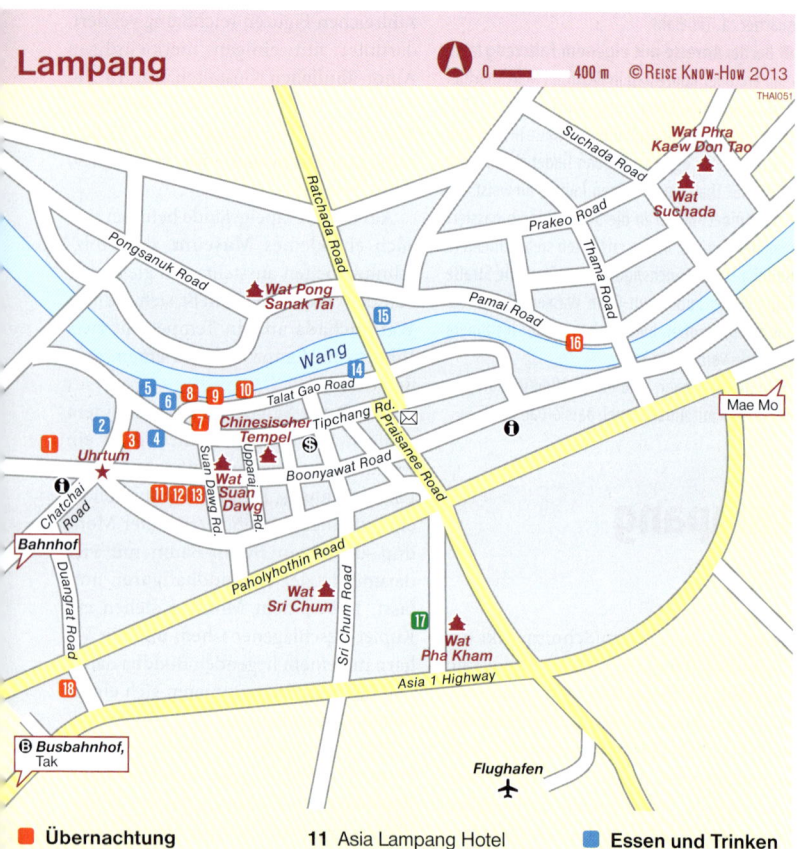

■ Übernachtung	11 Asia Lampang Hotel	■ Essen und Trinken
1 Tipchang Lampang Hotel	12 Khelang Nakorn Hotel	2 Coffee Seed
3 Friendly House Hostel	13 Sri Sangar Hotel	4 Grandma's Café
7 Ton Nam	16 TT&T Backpackers Guesthouse	5 The Gump
8 Riverside Guest House	18 Wiangthong Hotel	6 The Riverside Bar & Restaurant
9 R-Lampang Guest House		14 Vegetarisches Restaurant
10 Prank	■ Sonstiges	15 Nachtmarkt
	17 Thai Airways Office	

Der Norden

schen Kaufleuten erbaut und wird seither traditionell von burmesischen Äbten geleitet.

Wat Pha Kham ist ein schöner, ruhig gelegener Tempel, der wegen seines burmesischen Chedis und einiger Buddhafiguren einen Besuch lohnt.

Während in den meisten Thai-Innenstädten heute glatte Betonbauweise vorherrscht, hat sich in der **Thanon Talat Gau** (Old Market Rd.), der „Straße am Altmarkt", noch viel traditionelle Architektur gehalten. Hier gibt es alte Holzhäuser in typisch chinesischer oder nordthailändischer Bauweise, an denen sich gelegentlich ein westlicher Einfluss feststellen lässt. Eine der charmantesten Städte Thailands!

Der **Wang Nuea** oder „Nordpalast"-Bezirk der Stadt erstreckt sich nördlich des Flusses und ist der Wohnort vieler wohlhabender Lokalgrößen. Auch hier gibt es viele traditionelle Holzhäuser, einige davon in allerbestem Zustand, andere sehen aus, als seien sie seit Jahren unbewohnt. Mancher Spaziergänger mag sich hier wünschen, in einem der gut erhaltenen Häuser zu wohnen.

Information

■ Die Stadtverwaltung führt ein bescheidenes **Informationsbüro** (250 Chatchai Road, Tel. 054-219211), in dem kaum Englisch gesprochen wird. Dafür werden eine Karte von Lampang und einige Broschüren ausgehändigt.

Unterkunft

Die meisten Unterkünfte befinden sich um Boonyawat, Talat Gau, Upparaj und Suan Dawg Roads.

■ **Asia Lampang Hotel***–****** (229 Boonyawat Rd., Tel. 054-227844, www.asialampanghotel.com), große, anonyme A.C.-Räume mit Wi-Fi, teils für drei Personen.

■ **Tipchang Lampang Hotel****–******* (54/22 Thakrownoi Rd., Tel. 054-226501-6, www.tipchanghotel.com), Lampangs Luxusherberge, aber etwas weit weg von den Sehenswürdigkeiten. Das Hotel bietet ähnlich große Zimmer mit A.C. und Wi-Fi sowie kostenlose Fahrräder für Gäste, spezielle Golfangebote und Ausflüge zum Elephant Conservation Centre.

■ Ebenfalls in einem alten Holzhaus ist das **TT & T Backpackers Guest House*–**** (Tel. 054-225 361) untergebracht, das sich gleich am Fluss befindet (Pamai Rd.); einfache Zimmer mit Gemeinschaftsbad. Die Zimmer im neueren Anbau sind besser.

■ Eine der bestausgestatteten Unterkünfte mit moderaten Preisen ist das **Riverside Guest House***–****** (286 Talaat Gau Rd., Tel. 054-227005), ebenfalls am alten Markt und nahe dem Fluss gelegen. Die preiswertesten Zimmer (300 Baht) haben kein eig. Bad, Zimmer mit Bad kosten 400–600 Baht, und solche mit A.C. 600–950 Baht. Einige der Zimmer haben Balkon mit Blick über den Fluss. Wi-Fi und Frühstück gibt es auch. Sehr empfehlenswert.

■ Direkt nebenan liegt das rosafarbene ebenfalls empfehlenswerte **R-Lampang Guest House***–****** (Talaat Gau Road, Tel. 054-225278, www.R-lampang.com), das gemütliche Zimmer in einem Holzhaus sowie eine breite Terrasse am Fluss zu bieten hat.

■ Über die Straße ist das sehr preiswerte **Ton Nam***** (175-2 Talaat Gau Rd., Tel. 054-221175), das in zwei auf Stelzen stehenden Holzbauten große und komfortable Zimmer anbietet, teilweise mit drei Betten. Für den Preis (300 Baht) empfehlenswert.

■ 200 m weiter östlich, ebenfalls an der Talaat Gau Rd. ist in einem eleganten Holzhaus das **Prank****** (Tel. 081-9930411) zu finden, das im August 2012

fotolia©buranatrakul

eröffnet hat. Im ersten Stock finden sich ein paar Boutique-ähnliche Zimmer mit großen Betten. In Erdgeschoss wird frisches Eis angeboten. Das Guest House organisiert Tempeltouren in der Umgebung Lampangs.

■ Wer in Lampang ultrabillig wohnen will, sollte sich das **Friendly House Hostel**** (Tipchang Road, Tel. 087-1788833) anschauen. Dieses freundliche Etablissement in Flussnähe, bietet Schlafsäle mit Betten ab 150 Baht die Nacht.

■ Das moderne **Wiangthong Hotel****–ᴸᴸᴸ** an der Phaholyothin Road (Tel. 054-225801) ist ein typisches Mittelklassehotel und bietet große saubere Zimmer mit A.C. und TV. Mit Swimmingpool.

■ Eine außerordentlich schöne Anlage ist die **Lampang River Lodge*****–ᴸᴸᴸ,** gelegen ca. 10 km südlich der Kreuzung von Highway 1 und Highway 11, in Richtung Tak. Zur Anreise empfiehlt sich ein eigenes Fahrzeug. Das dicht bewachsene Gelände liegt direkt am Wang-Fluss, und darauf befinden sich Holzbungalows im nordthailändischen Stil, dazu ein Teich mit zahlreichen Schwänen. Diese werden gehalten, da Schwanenkot angeblich Schlangen fernhält! Die teureren Bungalows stehen direkt am Fluss und haben die bessere Aussicht. Buchungen unter Tel. 054-336640 oder (Bangkok) 02-2559150, 02-2559160, Fax 02-2560248 oder Tel. (Chiang Mai) 053-215072, 053-216780, Fax 053-215072, www.lampangriverlodge.com.

Essen

Lampang hat ein Überangebot an etwas **atmosphärearmen A.C.-Restaurants,** die sich meist durch mittelmäßige Kost auszeichnen, dafür aber einen **ausgezeichneten Nachtmarkt,** auf dem es eine große Vielfalt an Essbarem gibt (Ratchada Rd., wenige Meter nördlich des Flusses).

■ Frischen Kaffee und einfache Nudel-/Reisgerichte um die 30 Baht gibt es in **Grandma's Café.**

■ Ein guter Ort zur Entspannung ist das **Riverside Bar & Restaurant,** das – wie der Name impliziert – den Fluss überblickt (am Westende der Talaat Gau

⬓ Wat Phra Kaow Don Tao in Lampang mit seinem 50 m hohen goldenen Chedi

Road, auch Talad Gao geschrieben, 328 Tipchang Road) und eine große Auswahl sowohl thailändischer als auch westlicher Gerichte serviert. Dem Restaurant ist eine Pizzeria angeschlossen, abends gibt es Live-Musik zu hören und einige Meter entfernt auch noch ein kleines **Guest House**** direkt am Fluss. Dieses hat recht gute Zimmer mit Ventilator, dazu einen Garten.

■ Direkt nebenan findet sich der Open-air **The Gump,** wo abends ebenfalls Musik gespielt wird. Auch hier ist die thailändische und internationale Speisekarte empfehlenswert.

■ Gegenüber dem *Friendly House Hostel* an der Tipchang Road bietet das **Coffee Seed** Kaffee und Snacks.

■ Ausgezeichnete thailändische und chinesische Küche kredenzt das Restaurant des **Asia Lampang Hotels.**

■ In der Stadt gibt es ein einfaches aber gutes vegetarisches Restaurant, an der Kreuzung Ratchada Road und Tallat Gau Road, südlich der Brücke gelegen.

Anreise

■ **Züge ab Bangkok** (Hualamphong Station) fahren 6-mal am Tag. Preis 3./2./1. Kl. 256/ 454 ohne A.C., 754 mit A.C./1372 Baht.

■ **Züge ab Chiang Mai** 7-mal täglich. Preis 25/53 Baht in der 3./2. Kl. Erste-Klasse-Abteile gibt's nur im Zug um 17.50, bei der kurzen Strecke lohnen die aber eh nicht.

■ **Busse** fahren ab Chiang Mai fahren ab der Arcade Bus Station (48/67/89/134 Baht), ebenso ab dem Haltepunkt an der Nawarat Bridge; Fahrzeit 1½ Std. Ab dem Northern Bus Terminal in Bangkok fahren A.C.- und V.I.P.-Busse nach Lampang (347/521/760 Baht); Fahrzeit ca. 8–9 Std. Abfahrtszeiten zwischen 17.10 und 21.40 Uhr.

■ **Flüge** mit Bangkok Airways ab Bangkok (2-mal tgl.) kosten 2200 Baht. Das Büro der Fluglinie befindet sich im Lampang Airport, Tel. 054-227715.

Weiterreise

■ An der Boonyawat Road nahe dem Uhrturm finden sich Büros von Tourunternehmen, bei denen sich Bus-Tickets nach Chiang Mai oder Bangkok buchen lassen. Songthaews bis zum am Südwestrand der Stadt gelegenen Busbahnhof kosten 20 Baht.

■ Des Weiteren fahren direkte Busse nach Chiang Rai, (4 Std.), Phayao (2 Std.), Phitsanulok (4 Std.), Sukhothai (4 Std.) u. a.

Umgebung von Lampang

Wat Phra That Lampang Luang

18 km südwestlich von Lampang gelegen, ist dieser Tempel für viele Historiker wie auch Buddhisten der wichtigste Nordthailands. Er wurde im 10. Jh., also in der Haripunjai-Periode gebaut und später als Bollwerk gegen die einfallenden Burmesen genutzt. Zu diesem Zwecke wurden starke Befestigungsanlagen errichtet, von denen viele bis heute überdauert haben. Seine spirituelle Bedeutung erhält der Tempel aber vom Phra Kaeo Don Thao, einer **Buddhafigur aus Jade,** der magische Eigenschaften zugesprochen werden. In früheren Zeiten hatte die Figur im gleichnamigen Tempel in Lampang gestanden. Einer Überlieferung nach soll er aus demselben Jade-Block gehauen worden sein wie der berühmte Emerald Buddha im Wat Phra Kaeo in Bangkok.

Der Tempelkomplex, dessen heute noch bestehende Bauwerke überwiegend erst im 15. und 16. Jh. hinzugebaut wurden, umfasst unter anderem einen 40 m hohen Chedi sowie vier Viharns. Die Giebel von Viharn Phra Buddha und

`5`

Viharn Luang, letzterer der „Haupt-Viharn", sind mit wundervollen Holzschnitzereien verziert.

■ **Anfahrt:** Ab der Praisenee Road in Lampang fahren Songthaews nach Kokha (auch *Ko Kha*), gut 10 km südwestlich; von dort fahren Motorrad-Taxis oder Songthaews zum Tempel.

Elephant Conservation Center

1992 wurde das Elephant Training Center, das bis dato in Ban Pang La, 54 km nordöstlich von Lampang bestanden hatte, an neuer und leichter erreichbarer Stelle von Prinzessin *Sirindhorn* wiedereröffnet. Es befindet sich etwas vor Km 28 an der Lampang Chiang Mai Straße (Highway Nr. 11). Das Center umfasst 383 rai (1 rai = 1600 m²) waldbedeckten Geländes, auf dem junge Elefanten für ihre Arbeitseinsätze bei der Waldarbeit ausgebildet werden.

Die Ausbildung dauert etwa 5 Jahre, in denen jeweils von Juni bis Februar gelernt wird. Die heißen Monate März bis Mai dienen der Ruhepause, und auch an buddhistischen Feiertagen gibt es für die Elefanten „schulfrei".

Zum Zwecke der Ausbildung werden die Elefanten in der Regel im Alter von 3 Jahren von ihren Müttern getrennt und absolvieren vom 3. bis zum 5. Lebensjahr das „Grundstudium". Zwischen 6 und 10 wird die zweite Trainingsphase absolviert, wonach – etwa mit 11 – die ersten leichten Arbeiten im Wald zu verrichten sind (bis zum 15. Lebensjahr). Zwischen 16 und 38 erarbeiten sie sich ihre Routine, die dann zwischen 39 und 50 in einer Art traumwandlerischer Sicherheit gipfelt. Spätestens ab diesem

Stadium sind viele Tiere so gewieft, dass sie exakt zum Zeitpunkt des normalen Arbeitsschlusses die Stämme fallen lassen, vom Arbeitsplatz „davonschlendern", um sich ein ausgiebiges Bad im Fluss zu gönnen.

Ab dem 51. Jahr beginnt die Phase einer allmählichen Reduzierung der Arbeitslast, die schließlich mit 61 im Ruhestand endet. Ihren Lebensabend verbringen die Elefanten in Freizeit, gut gefüttert von den Mitarbeitern.

Es ist möglich einige Tage mit den Elefanten zu verbringen und an einem **Mahout-(Elefantentrainer)Trainingskurs** teilzunehmen. Eine Übernachtung in diesem Homestay Program kostet 3500 Baht, drei Nächte 8500 Baht.

■ Öffentliche **Trainings-Darbietungen** tgl. um 10.00, 11.00 und 13.30 Uhr, Eintritt 70 Baht, Kinder 30 Baht. Um 9.40 und 13.10 Uhr kann auch noch das Elefantenbad beobachtet werden. Anfragen unter Tel. 054-228108, www.thailandelephant.org.
■ Zur **Anfahrt** kann jeder beliebige Bus auf der Strecke Lampang–Chiang Mai dienen; den Schaffner bitten, an der *roong-rian chaang*, der „Elefanten-Schule", zu halten (etwa bei km 37). Zwischen dem Highway und dem Center pendeln kostenlose Zubringerbusse (2 km).

Kiu-Lom-Stausee

Etwa 35 km nördlich von Lampang, etwas westlich der Straße in Richtung Chiang Rai, erstreckt sich der malerische, von Wald umgebene und recht kleine Kiu-Lom-Stausee. Ausländische Touristen verirren sich kaum hierher, dafür reisen an Wochenenden Thais aus der Umgebung an. Wochentags ist es hier außerordentlich ruhig und „untouristisch".

■ **Anreise:** Von Lampang aus fahren Minibusse oder Songthaews, ein eigenes Fahrzeug wäre günstiger. Von der Abzweigung an der Straße nach Chiang Rai sind es noch ca. 14 km bis zum Staudamm.

■ **Unterkunft:** Das Wang-Kaew Rafting & Resort***–***** (Tel. 054-223733, Tel./Fax 054-225912, www.wangkaewresort.com) liegt sehr ruhig direkt am Ufer des Stausees. Man gelangt nicht per Straße dorthin, sondern per Boot; an einem kleinen Pier nahe dem Damm finden sich oft Angestellte, die den Transport organisieren. Die Bungalows haben z. T. Platz für bis zu 12 Personen. Kabinen für 4 Gäste (2 Zimmer, 2 Bäder) kosten 1500 Baht. Rafting-Trips können organisiert werden.

Khai Pratu Pha

1998 wurden prähistorische Gemälde entdeckt, die an eine senkrechte Felswand im Bereich der Ortschaft Mae Mo angebracht sind. Das Alter der Gemälde wird auf 3000 Jahre geschätzt, und sie stellen Menschen, die Hände von Menschen, und Tiere wie Hunde, Rinder, Affen, Pferde Vögel, Fledermäuse und Mäuse dar. Insgesamt sind 1568 Zeichnungen zu sehen, unterteilt in sieben Gruppen. Einige der Zeichnungen sind in Augenhöhe angebracht, andere in einer Höhe von 14 m. Ausgrabungen in der Nähe brachten die Gräber von zwei Erwachsenen und zwei Kindern zutage. In den Gräbern fanden sich Steinäxte und Armreifen sowie Bruchstücke von Töpfer- und Korbwaren, deren Alter auf 2900–3000 Jahre datiert wurde. Die Grabanlagen deuten darauf hin, dass sich an der Stelle eine Siedlung befunden hatte.

Die späte Entdeckung der Felszeichnungen wird darauf zurückgeführt, dass die Umgebung als militärisches Übungsgelände diente und relativ abgeschirmt

war, als auch darauf, dass sich auf der anderen Seite des Felsens ein Schrein befindet, der einem Krieger des 18. Jhs. geweiht ist, der hier im Kampf gegen die Burmesen gefallen war. Die Aura von Tod schreckte die meisten Thais ab. Der Krieger hieß Po Pratu Pha und starb wacker kämpfend, mit dem Rücken an den Fels gelehnt. Die Felswand wurde in der jüngeren Vergangenheit von der Armee zu Abseilübungen genutzt, und möglicherweise bemerkten die Soldaten dabei die Gemälde, ohne jedoch zu ahnen, um was es sich handelte. Schließlich wurde ein Offizier auf die Bilder aufmerksam und bald darauf rückten die Archäologen an.

■ **Anreise:** Khai Pratu Pha befindet sich im Bereich der Bezirkshauptstadt Mae Mo, 48 km von Lampang entfernt am Highway Lampang-Chiang Rai. Man nehme jeden beliebigen Bus auf der Strecke. Von der Straße ist der Fels ca. 80 m entfernt.

Hot

ฮอด

Hot oder Hod (etwa wie im Englischen *haughty* gesprochen) ist eine Kleinstadt an Highway 108, etwa auf halber Strecke zwischen Chiang Mai und Mae Sariang gelegen. Auf dem Weg zwischen den beiden Orten lässt sich hier gut ein Halt einlegen. In der Stadt selber gibt es zwar nichts Außergewöhnliches zu sehen, die Umgebung bietet sich aber für lohnenswerte Ausflüge an.

Hot hatte sich ursprünglich 15 km weiter südlich befunden; aufgrund häufiger Überschwemmungen, hervorgeru-

Der Norden

5

fen durch die Stauung des Ping-Flusses (s. u.), wurde die Stadt jedoch verlegt.

Unterkunft/Essen

■ Im **Hot Resort***** (Tel. 053-461070), das sich etwas zurückversetzt von der Chiang Mai – Mae Sariang Road befindet (ca. 5 km westlich von Hot). Die Anlage mit einigen ordentlichen Bungalows liegt direkt am Mae-Chaem-Fluss und ist von wunderschöner Landschaft umgeben. Einige Leser haben allerdings geschrieben, dass der Service zu wünschen übrig lässt.

Anreise

■ Ab der Chang Phueak Bus Station in Chiang Mai (92 km) fahren Busse zu 49 Baht. Wer in o. g. Resort abzusteigen gedenkt, sollte aber besser einen Bus nach Mae Sariang nehmen und dann 5 km westlich von Hot direkt vor dem Resort anhalten lassen. Aus Mae Sariang kommend, erreicht man das Resort logischerweise schon vor der Stadt Hot.

Umgebung von Hot

Rundreise Hot – Mae Chaem – Chom Thong – Hot

Der folgende Ausflug ist am besten per Mietfahrzeug zu absolvieren. Zu beachten ist, dass die Kilometerangaben auf den Straßenschildern nicht immer ganz exakt sind.

Von Hot fahre man zunächst über Highway 108 in westlicher Richtung bis zum **Ob Luang** (17 km von Hot). Dies ist eine enge Felsschlucht, durch die sich der Mae-Chaem-Fluss zwängen muss. Das Naturschauspiel zieht zahlreiche einheimische Besucher an. Das Gebiet um die Schlucht ist zum Nationalpark erklärt.

7 km westlich von Ob Luang biege man von der Hauptstraße rechts in die Straße Nr. 1088 in Richtung des Ortes Mae Chaem ein. Nach 11 km erreicht man zunächst das am Mae-Chaem-Fluss gelegene Dorf **Om Khut,** das der Endpunkt von Rafting-Touren ist.

Durch herrliche Berglandschaft erreicht man nach 37 weiteren Kilometern **Mae Chaem** im Tal des gleichnamigen Flusses gelegen. Entlang des Tales ergeben sich sehr malerische Szenerien, und Mae Chaem ist bisher noch ein touristischer Geheimtipp. Aufgrund der bis in die jüngere Vergangenheit nur mangelhaften Straßenverbindungen ist dem Ort eine allzu rapide Entwicklung erspart geblieben, und er hat sich stattdessen noch viel von seinem alten Charme bewahrt.

Sehr sehenswert ist der burmesisch-inspirierte **Wat Jiang,** der eine alte, aus Holz gebaute *bot* aufweist, dazu einige weitere ästhetisch gestaltete Tempelgebäude neueren Datums.

Wat Pa Daet, 3 km südlich des Ortes, besitzt eine *viharn* mit einigen interessanten Wandgemälden aus dem 19. Jh. Das bekannteste davon zeigt zwei nordthailändische Frauen mit außerordentlich langen Haaren – im restlichen Thailand war zu jener Zeit der Kurzhaarschnitt in Mode.

Mae Chaem ist in Nordthailand für seine kleinen **Webereien** bekannt, die *sin tin jok* fertigen, Stoffe mit kunstvollen Ornamenten; aus diesen werden die von nordthailändischen Frauen getragenen knöchellangen Röhrenröcke gefertigt. Insgesamt gibt es achtzehn verschiedene traditionelle Ornamente, und mit

5

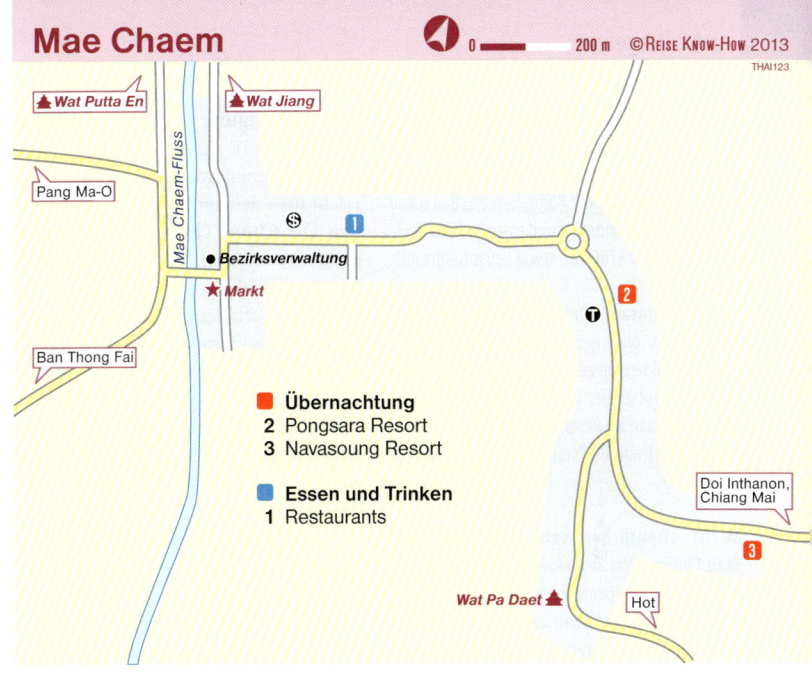

Mae Chaem

0 _____ 200 m

Wat Putta En

Wat Jiang

Pang Ma-O

Mae Chaem-Fluss

Bezirksverwaltung

Markt

Ban Thong Fai

■ Übernachtung
2 Pongsara Resort
3 Navasoung Resort

■ Essen und Trinken
1 Restaurants

Doi Inthanon, Chiang Mai

Wat Pa Daet

Hot

---

diesen Ornamenten werden die Ränder der Röcke verziert. Einem alten Brauch gemäß sollte jede der Frauen von Mae Chaem in ihrem Leben zumindest einen derartigen Stoff weben, da sie nach ihrem Tod darin kremiert werden wird.

In unmittelbarer Umgebung von Mae Chaem finden sich 5 Dörfer, in denen etwa 200 Frauen mit der kommerziellen Fertigung von *sin tin jok* beschäftigt sind. Eines der Dörfer, **Ban Thong Fai,** liegt nur 1 km südlich von Mae Chaem. Eine Weberei befindet sich auf dem Gelände von Wat Pa Daet.

Am ersten oder zweiten Wochenende im Februar wird das **Tin Jok Festival** gefeiert, das ist ein Fest, in dem sich alles um die hier produzierten Stoffe dreht.

Zur **Essensversorgung** gibt es einen Markt und mehrere kleine Restaurants. Gegenüber Soi 7 an der Hauptstraße befindet sich ein Restaurant, das neben den üblichen Speisen auf Anfrage auch vegetarische kredenzt (siehe entsprechende englische Ausschilderung).

■ Unterkünfte zwischen Hot und dem Ob Luang National Park: 4 km westlich von Hot bietet sich das wunderschön am Mae-Chaem-Fluss gelegene **Hot Resort****** an (Tel. 053-460070), mit gemütlichen Holzbungalows mit Bad (s. o.). Direkt am Ob Luang N.P. liegt das **Khao Krairaj Resort****–ᴸᴸᴸ** (Tel. 053-229285), mit rustikalen Zimmern und in herrlicher Landschaft gelegen. Auch größere Hütten ᴸᴸᴸ mit zwei Schlafzimmern können gemietet werden.

■ Unterkünfte in Mae Chaem: Die mit Abstand beste ist das von einem finnisch-thailändischen Ehepaar betriebene **Navasoung Resort***–***** (Navasoung spricht sich „Nawa-Suang"). Das von einer gepflegten Gartenanlage umgebene Haus befindet sich etwa 3 km außerhalb des Ortes, an der Straße in Richtung Doi Inthanon; siehe die mehrfach im Ort aufgestellten Hinweisschilder. Das Resort bietet gemütliche Bungalows mit Bad sowie einfache Zimmer ohne Bad und einen Pool. Tel. 053-828477, 081-2876694, www.navasoungresort.com.

Das **Pongsara Resort****–*** (Tel. 053-485067) hat solide neue A.C. Bungalows in einer etwas verwildert aussehenden Gartenanlage direkt an der Hauptstraße. Zwei Karaoke-Bars liegen verdächtig nahe am Resort, und der Betrieb scheint hauptsächlich auf Thai Tourgruppen ausgerichtet zu sein.

■ **Mit öffentlichen Verkehrsmitteln nach Mae Chaem:** Wer kein eigenes Fahrzeug besitzt, kann Mae Chaem per Songthaew von Hot (67 km) oder Chom Thong (61 km) aus erreichen. (Ab der Chang Phueak Bus Station in Chiang Mai fahren Busse nach Hot und auch Chom Thong.) Bei der Anreise per Bus ab Mae Sariang müsste man sich an der Kreuzung der Straßen 108 und 1088 (22 km westlich von Hot) absetzen lassen und dort auf ein Songthaew aus Hot in Richtung Mae Chaem warten.

■ **Von Mae Chaem nach Mae Hong Son:** Mit eigenem Wagen oder Motorrad könnte man von Mae Chaem über den Nationalpark Nam Tok Mae Surin und Khun Yuam nach Mae Hong Son weiterfahren. Die Strecke ist insgesamt 170 km lang (Fahrzeit ca. 4 Std.), durchgehend geteert und aufgrund der oft wilden Bergwelt sehr sehenswert. Voraussetzung ist eine gute Straßenkarte.

In Mae Chaem zweigt eine Straße nach Osten in Richtung Doi Inthanon und Chom Thong ab. Sie führt teilweise durch sehr dichten Wald und weist einige starke Steigungen auf. Oft ergeben sich wunderbare Ausblicke. 26 km östlich von Mae Chaem passiert man eine **Abzweigung zum Doi Inthanon,** der von hier 10 km entfernt ist.

38 Straßenkilometer weiter östlich erreicht man den am Highway 108 gelegenen Ort **Chom Thong,** von dem man gleich weiter nach Chiang Mai fahren könnte, das 60 km entfernt ist.

Im Ort befindet sich ein weithin verehrter, alter Tempel, **Wat Prathat Si Chom Thong.** Der im burmesischen Stil angelegte Chedi nahe dem Eingang stammt aus dem Jahre 1451. Die Viharn wurde 1516 von König *Muang Kaeo* errichtet (reg. 1495–1525), einem unermüdlichen Mäzen sakraler Bauwerke. In dem Gebäude sind einige hölzerne Buddha-Statuen und ein prächtiger Altar zu sehen.

Im Jahr 1499 soll sich ein „Wunder" am Tempel zugetragen haben: Eines Nachts war der Tempel in ein helles, überirdisches Licht gehüllt, was vom ganzen Dorf beobachtet wurde. Als ihn darauf ein höherer Mönch inspizierte, fand er in einer angebrochenen Buddha-Statue einen eigenartig geformten, in Tuch gewickelten Knochen, der, so befand der Mönch, vom Buddha höchstpersönlich stammte. Der Knochen soll sich – in einer goldenen Urne aufbewahrt – noch immer im Tempel befinden.

■ **Unterkünfte in Chom Thong:** Es stehen zwei zur Verfügung, das **Touch Star Resort******* (Tel. 053-033594, www.touchstarresort.com) das sehr nette Bungalows und Häuschen, sowie einen kleinen Mineralwasserpool und ein Restaurant hat, und das **Inthanon Highland Resort******–ᴸᴸᴸ (297 Moo 19, Tambon Ban Luang, Tel. 081-5100500, http://inthanonhighlandresort.com); letzteres hat 9 Bungalows in unterschiedlichen Größen sowie größere Villen mit 3 bis 4 Schlafzimmern ab 5000 Baht.

5

● **Unterkunft in Richtung Chiang Mai:** Wer nach Chiang Mai zurückfährt könnte gut im **Kao Mai Lanna Resort*******–ᴸᴸᴸ (Tel. 053-834470-5, Fax 053-834480, www.kaomailanna.com) unterkommen; dieses befindet sich ca. 34 km nördlich an Route 108, vor dem Ort San Pa Thong. Das urgemütliche Resort besteht aus achtzehn ehemaligen Scheunen, die einst Teil eines Tabakunternehmens waren und zum Tabaktrocknen genutzt wurden. Siehe auch Ortsbeschreibung Ban Tha Kam.

Von Chom Thong zurück zum Ausgangsort Hot sind es 32 km (bzw. 37 km bis zum Hot Garden Hill Resort). Die gesamte Rundreise ab Hot ist 160 km lang bzw. 180 km, falls man den Doi Inthanon besucht. Die Rundstrecke ist auch in einem Tagesausflug ab Chiang Mai zu schaffen (250 km).

Doi Tao

Südlich von Hot wurden die Flüsse Ping, Chaem und Lai durch die Errichtung eines Staudammes zu einem langgestreckten Binnensee gestaut, dem **Mae-Tub-Stausee.** Im Bereich der Ortschaft Doi Tao (45 km von Hot) zweigt eine Straße in westlicher Richtung von der Hauptstraße ab und führt nach 3 km zu dem idyllischen, von Bergen umrahmten See. Am Zugang steht eine überdimensionale Zement-Schildkröte; *doi tao* bedeutet „Schildkrötenberg". Der Stausee von Doi Tao erinnert in vielfacher Hinsicht an den Khao-Laem-Stausee bei Sankhlaburi. Im Gegensatz zu letzterem aber sind in Doi Tao westliche Touristen noch eine Seltenheit.

Am Ufer des Sees befindet sich eine Reihe von **Flößen,** die zur **Übernachtung** angemietet werden können. Die Zimmer**–*** haben zumeist eigenes Bad. Gegen einen Aufpreis von ca. 300 Baht (eventuell handeln!) werden die Flöße hinaus auf den See geschleppt, und dann lässt es sich dort fernab des Ufers übernachten. Bei den Flößen am Ufer kann es aufgrund von Musikberieselung gelegentlich etwas laut werden. Das Ruean-Phae („Floß") Than Thong*–** (mit Gemeinschaftsbad) befindet sich permanent auf See, etwa 200 m vom Ufer entfernt; ein Restaurant ist angeschlossen. Um zu diesem Floß zu gelangen, nehme man eines des Pendelboote, die am Ufer auf Passagiere warten (10 Baht/Pers.). Die Besitzerin vom Than Thong betreibt auch die rechts am Ufer des Sees gelegenen Flöße.

Während der Regenzeit steigt der Pegel des Sees stark an, weite Teile der Umgebung werden überflutet, und der Betrieb auf den Flößen wird eingestellt. Eine Unterkunft befindet sich im Ort Doi Tao selbst (hochwassersicher), es gibt jedoch keinen vernünftigen Grund, dort länger zu verweilen.

● **An- und Weiterreise:** Wer kein eigenes Fahrzeug hat, nehme ein Songthaew von Hot zur Stadt Doi Tao, bzw. einen direkten Bus ab Chiang Mai Gate in Chiang Mai (135 km; 70 Baht); von Doi Tao fahren Songthaews die restlichen 3 km zum Stausee. Die letzten Busse von Doi Tao nach Chiang Mai fahren um 16.00 Uhr ab dem Gebäude der Distriktverwaltung *(thi-wagaan-amphö).*

Mae Sariang

แม่สะเรียง

Mae Sariang ist ein kleines Marktstädtchen, das wie eine Mini-Version von Mae Hong Son erscheint. Der Ort ist ruhig und friedlich, es gibt zahlreiche traditionelle Holzhäuser, Wats in burmesischer Bauweise, und der Yuam-Fluss an der Nordseite der Stadt bietet recht attraktive Szenerien. Mae Sariang ist außerdem ein guter Ausgangspunkt für Wanderungen in die Umgebung. Noch ist Mae Sariang vom großen Touristenstrom verschont, doch das könnte sich schon bald ändern.

Wat Chom Chaeng ist ein nahe dem Fluss gelegener Tempel im burmesischen Stil, **Wat Kittiwong** ist in typischer Thai-Bauweise errichtet. **Wat Utthayaron** ist der interessanteste Tempel und weist zwei große alte Chedis in burmesischem Stil auf. Gleich daneben findet man **Wat Sri Bunruang** mit typisch burmesischem Bot.

Am Busbahnhof stehen Motorradtaxis, die einen überall im Ort hinbringen. Mae Sariang ist aber so klein, dass die Wege auch zu Fuß zu schaffen sind.

Unterkunft

Alle Guest Houses organisieren nebenbei auch Boots- oder Trekking-Touren, unter anderem zu den nahe gelegenen Dörfern der Karen.

■ Das **Riverside Guest House****–**** (Laeng Phanit Rd., Tel. 053-681188) liegt direkt am Fluss und hat einfache Zimmer. Die den Fluss überblickenden Zimmer haben Bad und sind gut doppelt so teuer wie die zur Straße hinaus gelegenen. Ein recht gutes Restaurant ist angeschlossen.

■ Das an der anderen Straßenseite befindliche **North-West Guest House**** (Laeng Phanit Rd., Tel. 086-6704286, www.northwestgh.blogspot. com) ist ein gemütliches altes Holzhaus mit sehr preiswerten, einfache Zimmern ohne eig. Bad, teilweise auch mit A.C. Absolut empfehlenswert für die vielen Touren in die Umgebung, die die Besitzerin Tukta für ihre Gäste organisiert.

■ Etwas weiter nördlich und vom Fluss weg, befindet sich Mae Sariangs billigste (und dennoch nicht schlechte) Schlafmöglichkeit, das **Road Side Guest House**** (Tel. 053-682713). Einfache, saubere Zimmer teilen sich vier Badezimmer, A.C. ist geplant. Westliches Frühstück und Säfte werden auch geboten.

■ **River House Hotel******* (Laeng Phanit Rd., Tel. 053-621201, www.riverhousehotels.com) ist die beste Unterkunft in diesem Bereich. Zimmer mit Bad, in einem wunderschönen neuen Holzhaus untergebracht. Die zum Fluss hinaus gelegenen Zimmer haben zudem A.C., eine große Veranda, und sind teurer als die Zimmer an der Straße. Mit Restaurant und Wi-Fi im Lobbybereich.

■ Das einfache **Salawin Guest House***** (Tel. 053-681490) liegt zwischen den beiden River House Etablissements am Fluss und bietet saubere Zimmer mit Bad und heißer Dusche. Internetzugang vorhanden.

■ Das **Mitaree Hotel****–*** (Tel. 053-681110) befindet sich direkt im Stadtzentrum an der Mae Sariang Road in einem alten Holzhaus. Die besseren Zimmer (mit warmem Wasser) befinden sich allerdings in einem neuen Anbau des Hotels.

■ Das **Mitaree Guest House*****–**** (Wiang Mai Rd., Tel. 053-681109, www.mitareehotel.com) hat eine Vielfalt verschiedener Zimmer. Dazu gibt es Räume in einem Reihenbungalow aus Beton** (Bad, A.C., TV) sowie schönere Holzbungalows**** (Bad, A.C., TV). Alles in allem ist dies eine der bes-

Der Norden

ten Unterkunftsmöglichkeit am Ort, obwohl die Bungalows vielleicht etwas überteuert scheinen.

Essen

Das **Intira Restaurant** serviert gehobene chinesische Kost, das **Sawadee Restaurant** bietet gute thailändische Küche. Das **Coriander** in Redwood ist wohl das beste Restaurant vor Ort und gehört den gleichen Leuten, die auch das Riverhouse Hotel betreiben. Geboten wird gute thailändische Küche.

Entlang der Wiang Mai Road finden sich einige Restaurants mit englischsprachigen Speisekarten. Die Ausschilderung ist ebenfalls in Englisch.

Anreise

■ **Busse** ab Chiang Mai kosten 86 Baht, Abfahrt 8.00 und 20.00 Uhr, A.C. 1. Kl. 6.30, 11.00 und 21.00 Uhr, Preis 180 Baht. Busse ab Mae Hong Son 115 Baht, A.C. 185 Baht. Fahrzeit 4 Stunden.

■ Die Busse ab Chiang Mai starten ab der **Arcade Bus Station** und fahren über Hot nach Mae Sariang und von dort weiter nach Mae Hong Son. Die Fahrzeit bis Mae Sariang beträgt zwischen 4 und 5 Stunden. Nach etwa 60 km von Chiang Mai passiert man den Ort **Chom Thong,** der einen sehr attraktiven Tempel vorzuweisen hat. Der Chedi ist golden und ähnelt dem von Wat Haripunjai in Lamphun.

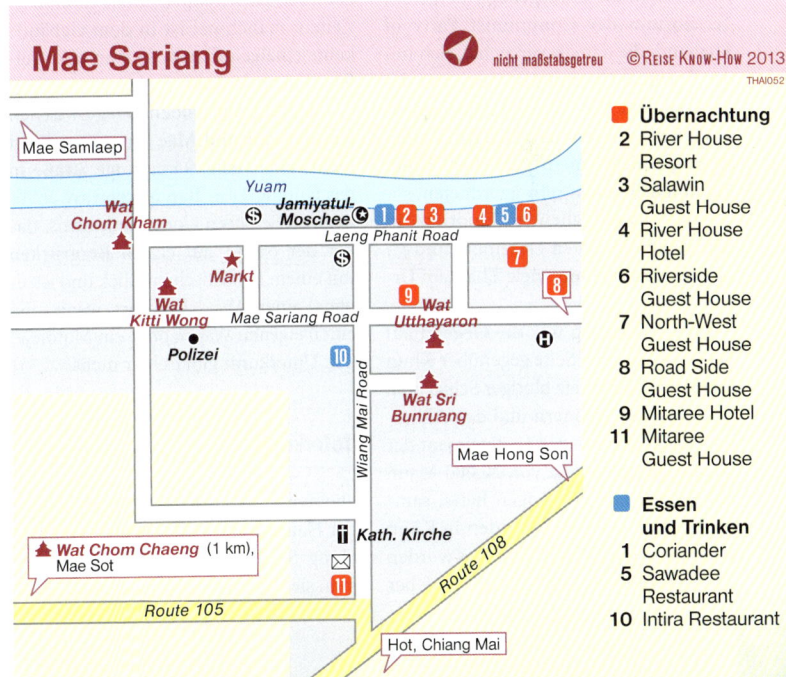

Mae Sariang

nicht maßstabsgetreu   © REISE KNOW-HOW 2013

THAI062

■ Übernachtung
2 River House Resort
3 Salawin Guest House
4 River House Hotel
6 Riverside Guest House
7 North-West Guest House
8 Road Side Guest House
9 Mitaree Hotel
11 Mitaree Guest House

■ Essen und Trinken
1 Coriander
5 Sawadee Restaurant
10 Intira Restaurant

Khun Yuam

ขุนยวม

Ein kleiner Ort, 95 km nördlich von Mae Sariang und 70 km südlich von Mae Hong Son, und vielleicht etwas für Leute, die sich gerne in abgelegenen Ecken herumtreiben. Bei der langen Fahrt von Chiang Mai nach Mae Hong Son über die Süd-Route lässt sich hier ein Halt einlegen.

Die Umgebung von Khun Yuam ist bergig, satt bewachsen und sehr gut für Wanderungen geeignet. Ein besonders lohnendes Ziel ist der Mae-Surin-Wasserfall (37 km; s. u., Nationalpark Nam Tok Mae Surin). Dazu finden sich in den höheren Hügelregionen einige Dörfer der Bergvölker. Bis Anfang der achtziger Jahre waren die umliegenden Berge das Territorium der Communist Party of Thailand, die damals versuchte, sich mit der Burmese Communist Party von der anderen Seite der Grenze zusammenzuschließen. Von den rebellischen Zeiten ist heute nichts mehr geblieben. Khun Yuam macht einen sehr geordneten, sogar relativ wohlhabenden Eindruck. In den kühlen Monaten Dezember und Januar finden sich hier viele Thais auf Urlaub ein.

Im 2. Weltkrieg war die Gegend auf der burmesischen Seite gegenüber Khun Yuam der Schauplatz blutiger Schlachten zwischen den Japanern und den Alliierten. Nachdem sich das 15. Regiment der Japaner unter Verlust von 20.000 Mann aus Burma zurückgezogen hatte, sammelten sich die Überlebenden in Khun Yuam, und die Tempel des Ortes wurden zu Feldlazaretten umfunktioniert. Über den Ort verteilt finden sich zahlreiche japanische Gräber.

An die turbulenten Zeiten erinnert heute das **Weltkriegs-Museum** *(pipitapan songkhram lok)*, das nach Willen der örtlichen Behörden zahlreiche japanische Touristen anlocken soll. Bisher sind aber kaum welche anzutreffen. Das Museum befindet sich an der Westseite der durch den Ort führenden Straße, nahe dem Baan Farang Guest House. Auf seinem Vorgelände sind ein paar rostende Militärfahrzeuge zu sehen; im Inneren sind zahlreiche Fotos aus der Kriegszeit ausgestellt, dazu Waffen, Werkzeuge, Uniformen und andere Utensilien der japanischen Soldaten. Historisch Interessierte werden den Besuch sicher nicht bereuen. Hinter dem Gebäude befinden sich einige Gräber japanischer Soldaten.

Das Museum ist montags bis samstags geöffnet, zu scheinbar nicht ganz fixen Zeiten; manchmal ist in dem Gebäude keine einzige offizielle Person anzutreffen. Eintritt 50 Baht.

Ungefähr auf halbem Weg zwischen Khun Yuam und Mae Hong Son biegt rechts eine steile, 9 km lange Straße in das Hmong-Dorf **Ban Microwave** ab. Es liegt im Schatten eines Funkturms, daher der Name, auf einem Bergrücken mit einem fantastischem Blick und ist allemal einen Abstecher wert, wenn man einen eigenen Wagen oder ein Motorrad hat. Unterkunft gibt es hier nicht.

Unterkunft

Die meisten Unterkünfte liegen entlang der Hauptstraße; bei der Fahrt von Mae Hong Son nach Mae Sariang passiert man sie automatisch.

■ Einem Franzosen gehört das **Baan Farang Guest House*****–**** (29/5 Ratburana Rd., Tel. 053-622086, banfarang@hotmail.com). Sehr saubere Zimmer (Bad), dazu gibt es Betten in einem sehr gemütlichen Dorm (50 Baht), in guter alter Holzbauweise errichtet. Ein Restaurant ist angeschlossen, weiterhin gibt es Motorräder auszuleihen.

■ Das **Mitrkhunyoum Hotel***–**** in der Ortsmitte (115 Ratburana Rd., Tel. 053-691057) hat ordentliche, in einem traditionellen Holzhaus untergebrachte Zimmer.

■ Das **Khrua Pik Mai***** am Südende der Stadt ist in erster Linie ein Restaurant, dem aber auch fünf ordentliche Bungalows mit Bad angeschlossen sind. Dazu gibt es ein Dorm zu 60 Baht/Pers.; Aufnahmekapazität bis zu 50 Personen. Tel. 053-691061.

■ Etwa 3 km abseits der Hauptstraße liegt das von viel Grün umgebene **Khun Yuam Resort****** (Tel. 089-4321032); zwei an der Abzweigung von der Hauptstraße ausgeschilderte Landstraßen führen dorthin. Die Landschaft um die Anlage herum ist wunderschön und absolut ruhig, ein wahres Idyll. Es gibt Bungalows (Bad) in verschiedenen Größen. Ein Restaurant ist vorhanden.

Essen

■ Das **Kaset Phua Chiwit Food & Drink** (der Name bedeutet etwa „Landwirtschaft fürs Leben") serviert eine kleine Auswahl guter nordthailändischer Speisen. Am Südende von Khun Yuam finden sich ein paar kleine Nudelstände, die allerdings am frühen Abend verschwinden.

Anreise

Mit jedem beliebigen **Bus** auf der Strecke Chiang Mai – Mae Sariang – Mae Hong Son. Ansonsten per Bus nach Mae Sariang (siehe Anreise dort), und von dort weiter per Bus nach Khun Yuam (65 Baht).

Busse ab Mae Hong Song kosten 70 Baht, A.C. 110 Baht. Fahrzeit 2 Stunden.

Weiterreise

Es geht in erster Linie nach Mae Hong Son, oder in die andere Richtung, nach Mae Sariang und Chiang Mai. Nach Mae Sot (230 km) ist eine neue Straße eröffnet, die Route 1085. Zwischen Mae Sariang und Mae Sot verkehren **Songthaews** für 250 Baht; Fahrzeit ca. 6 Std. Die Reise kann auch in Mae Sarit unterbrochen werden (110 km von Mae Sariang), wo einige einfache Unterkünfte zur Verfügung stehen.

Nationalpark Nam Tok Mae Surin

อุทยานน้ำตกแม่สุรินทร์

Etwa 20 km nordöstlich von Khun Yuam erstreckt sich der 397 km² große Nam-Tok-Mae-Surin-Nationalpark (nicht zu verwechseln mit dem Mae-Surin-Nationalpark bei Mae Hong Son). Dieser beherbergt einen der höchsten Wasserfälle Thailands: Der **Mae-Surin-Wasserfall** stürzt in einer einzigen Kaskade 80 m in die Tiefe, inmitten einer üppig bewachsenen Bergwelt. Der Wasserfall ist nur in einem dreistündigen Fußmarsch (hin und zurück) vom Endpunkt der Straße aus zu erreichen; vom Parkplatz am Straßenende bietet sich aber auch ein sehr guter Fernblick darauf.

5

In einem zweistündigen Trek vom Wasserfall erreicht man **Nong Sieo,** ein Hochplateau, das mit Pinien bewachsen ist. Der zweitgrößte Wasserfall im Park ist der **Tham Khon-Wasserfall,** der zunächst 40 m tief fällt und sich dann in mehrere kleinere Kaskaden aufteilt.

Die Tierwelt des Parks ist vielfältig: diverse Hirscharten, Bären, Wildschweine, Affen, Fledermäuse und zahlreiche Vogelarten sind hier beheimatet. Möglicherweise finden sich noch viele weitere Spezies, bisher gibt es noch keine Studien.

Touren werden gelegentlich vom Baan Farang Guest House in Khun Yuam veranstaltet.

Unterkunft

■ Die Parkverwaltung (Tel. 053-061073, E-Mail: reserve@dnp.go.th) bietet zwei **Bungalows*** für 4 Personen sowie einen Bungalow*** für 7 Personen. Dazu gibt es einen Campingplatz, die Ausrüstung ist aber selber mitzubringen. Eintritt in den Park ist 200 Baht. Weitere Informationen bei www.dnp.go.th.

Anreise

■ Per **Songthaew** von Khun Yuam nach Na Ngiu (12 km), dort in ein Songthaew nach Hua Mae Surin umsteigen, das in unmittelbarer Nähe des Mae-Surin-Wasserfalls liegt (ca. 20 km). Da die Songthaews oft sehr lange auf sich warten lassen, ist ein eigenes Fahrzeug (Jeep, Motorrad) vorzuziehen.
■ Per **eigenem Fahrzeug** fahre man über Route 1263 von Khun Yuam in östliche Richtung. Bei Na Ngiu (13 km) biegt man links ab; von der Abzweigung sind es noch 24 km bis zum Endpunkt der Straße den Park-Bungalows; die letzten 16 km sind

bisher unasphaltiert. Entlang der Strecke passiert man einen atemberaubenden Aussichtspunkt, der Ausblick über mehrere Bergzüge erlaubt.

Pai
ปาย

Das bis vor ein paar Jahren noch winzige Pai (3000 Einwohner) liegt in einem verschlafenen Tal, auf halbem Weg zwischen Chiang Mai und Mae Hong Son. Um den Ort erheben sich sanfte Hügel oder Berge. Die weltfremde, relaxte Atmosphäre im Ort hat in den letzten fünfzehn Jahren zahlreiche Traveller angezogen, die meistens viel länger blieben, als ursprünglich geplant. Es war ein perfekter Ort zum „Abhängen".

2005 kam es in Pai während der Regenzeit zu **schweren Überflutungen** und viele Guest Houses wurden von den Wassermassen weggespült. Inzwischen hat sich die Gemeinde erholt und neue Restaurants und Hotel scheinen jeden Tag aus dem Boden zu schießen. Aber die Zeiten ändern sich. Mit dem „Abhängen" soll es in den nächsten Jahren zu Ende gehen. Seit die Landpreise in die Höhe schossen, scheint die Polizei verstärkt Jagd auf Rucksacktouristen, Freaks und Doperaucher zu machen. Einige Traveller berichten, dass sie der Polizei Urinproben abgeben mussten. Man wünscht sich reichere Touristen, so heißt es, und in der Tat haben auch schon die ersten Luxusresorts geöffnet. Im Januar 2008 erschoss ein Polizist einen kanadischen Touristen und verletzte dessen ebenfalls kanadische Freundin. Der Polizist wurde nie zur Rechenschaft gezogen, und seitdem ist die Stimmung in der Stadt etwas merkwürdig. Einige Resorts, Hotels, Restaurants und Guest Houses scheinen sich auf thailändische Kunden umgestellt zu haben und sind Ausländern gegenüber betont kühl.

Der Flugplatz, etwa 3 km außerhalb der Stadt, ist 2007 in Betrieb gegangen, was ohne Zweifel weiter zur Popularität und touristischen Entwicklung der Gegend beitragen wird. Vor allem thailändische Besucher fallen nun während der Ferienzeiten und an Feiertagen in riesigen Gruppen über die kleine Stadt her. Um Neujahr schlafen bis zu 20.000 Touristen in Pai, die meisten trotz der Kälte in Zelten, und der Stadtkern ist ein einziger Verkehrsstau. In der Innenstadt haben unzählige Geschäfte aufgemacht. Trotz des Trubels ist das Tal wunderschön und außerhalb des Stadtzentrums verläuft das Leben nach wie vor nach einem ländlichen Rhythmus. Wer allerdings wirkliche Urlaubsruhe sucht, sollte vielleicht besser ein paar Kilometer außerhalb oder weiter nördlich in Soppong eine Unterkunft finden.

In der Umgebung Pais befinden sich einige **Dörfer der Bergvölker,** die von der Stadt leicht erreichbar sind. Lahu und Lisu, die ihre Waren abends in Pai verkaufen, gehören zum Stadtbild.

2 km östlich des Ortes liegt **Wat Mae Yen.** Auf dem Weg dorthin überquert man eine Brücke, passiert ein Shan-Dorf, und dann gilt es die 350 Stufen vor dem Tempel zu erklimmen. Vom Wat aus hat man einen unvergesslichen Ausblick auf das Tal.

Die Straße östlich des Pairadise führt zu mehreren **Berg-Dörfern.** Nach etwa 3 km erreicht man eine Siedlung von Kuomintang-Chinesen (siehe Mae Sa-

long), die erst vor 20 Jahren über Myanmar hierhin gekommen sind. Die Chinesen sind angeblich durch falsche Versprechungen der Missionare zum Christentum bekehrt worden: Sie hatten den Chinesen gesagt, dass sie als Christen in Singapur oder Taiwan Aufnahme finden würden. Darauf warten sie noch immer, aber ihr Glaube ist ungebrochen.

2 km weiter befindet sich das Shan-Dorf Ban Morpang und nochmals 2 km weiter die **Morpaeng-Wasserfälle.** Entfernung ab der Stadt insgesamt ca. 8 km. Manche Leute trekken die gesamte Strecke hierhin; man kann sich aber einen Großteil ersparen, indem man einen Bus in Richtung Mae Hong Son nimmt und nach 5 km aussteigt (die Stelle am Highway ist ausgeschildert); von dort sind es noch gut 3 km Fußweg.

Etwa 8 km südöstlich von Pai liegen, in malerischer Umgebung, die bekannten **Pai Hot Springs,** Heißwasserquellen, in denen gebadet werden kann (50 Baht). Das heiße Wasser wird in kleine Badehäuser geleitet.

Information

■ Die **Tourist Police** befindet sich ein wenig außerhalb der Stadt in Richtung Chiang Mai. Tel. 053-611812 oder 1155. Allerdings hat die Polizei in Pai den Ruf alles andere als hilfreich zu sein.

Unterkunft

Die Unterkünfte in Pai sind in den letzten Jahren aufgrund einem großen Zufluss betuchter einheimischer Touristen – die meisten auf Spurensuche von *Ananda Everingham,* einem thailändi-

Pai

0 ▬▬ 200 m © REISE KNOW-HOW 2013

THAI053

Übernachtung
1 Belle Villa Resort
2 Pai Mountain Lodge
3 De Pai Resort
4 Baan Krating
5 The Quarter Hotel
6 Michel Bungalow
13 Blue Lagoon Hotel,
   Suratsa Wiang
   Pai Guest House

Flugplatz,
Soppong,
Mae Hong
Son

Bergdörfer

★ Markt

Wat Luang

Khedkelang Rd.

Raidamrong Rd.

Choischgkram Rd.

Route 1095

TouristPolice

Route 1095

★ Markt

Chiang
Mai

Rungsiyanon Rd.

Polizei

Wat Klang

Wat Pa Kham

Pai

▲ Wat Mae Yen

---

20 Lilu Hotel
24 Charlie's House
25 Duang Guest House
26 Abodhaya Guest House
27 Mr. Jan's Bungalows
31 Rimpai Cottage
34 Plai Fah
35 Pai River Corner
36 Pairadise
37 Baan Pai Village
38 Baan Pai Roong
39 Golden Hut Pai
41 The Sun Hut,
   Pai Vieng Fah,
   Pai Chan Resort,
   Khun Nai Tern Sai

Essen und Trinken
7 Ban Benjarong
   Restaurant
8 Somtam Na Aumpher

9 Betagro Fast Food
11 Nong Beer
12 Chew Xin Jai
   Restaurant
15 Burger House
16 Cafe Go O @ Pai
17 Da Vinci
18 Charlie &
   Lek Restaurant
21 Na's Kitchen
23 Pai Corner
   Restaurant
25 Muslim Home Made
   Restaurant,
   Ban Pai Restaurant
26 Mama Falafel,
   Abodhaya Rest.
30 The House
32 Café Witching Well
33 Good Life

**Einkaufen/
Sonstiges**
5a BeBe's Wok'n Roll
   Cooking Classes
10 OTOP Shop
14 Thai Adventure
   Rafting
19 Pugi's House
   Cooking Courses
22 Pai in the Sky
   Rafting
27 Pai Cookery School
28 Siam Used Books
29 Peace of Pai

Nachtleben
6a Bebop Café
32 Lun Laa Bar
33 Almost Famous
40 Don't Cry
   Reggae Bar

schen Schauspieler, der hier vor einigen Jahren den schmalzigen aber enorm populären Schinken *Pai in Love* gedreht hat – teurer geworden. Allerdings sind die Preisschwankungen zwischen Hoch- und Nebensaison extrem wie sonst nirgends in Thailand. Ein Zimmer, das im Winter 900 Baht kostet, ist im Juli für nur 300 Baht zu bekommen.

■ **Duang Guest House***–*** (Tel. 053-699 101) hat eine Reihe von einfachen Zimmern ohne eig. Bad (das Gemeinschaftsbad hat heißes Wasser), dazu Zimmer mit eig. Bad sowie ein besonders komfortables Zimmer, das auch am teuersten ist. Das Duang Guest House organisiert auch Trekking Touren ab 700 Baht pro Tag

■ Noch besser ist das nahe gelegene **Charlie's House***–** (Tel. 053-699039), dessen Zimmer sich um einen Innenhof scharen. Die preiswerteren Zimmer ohne eig. Bad.

■ Sehr zentral liegt das relativ neue **Blue Lagoon Hotel***** (Tel. 053-699998, www.paibluelagoon. com), das saubere, moderne Zimmer um einen modernen Innenhof mit Swimmingpool bietet, dazu ein Restaurant, eine große Bar mit großer TV-Leinwand und abendlicher Live Musik.

■ Ganz in der Nähe ist das einfache aber ordentliche **Suratsa Wiang Pai Guesthouse***** (Tel. 081-8541279), das nur acht saubere Zimmer im ersten Stock eines traditionellen Holzhauses bietet sowie einen Schlafsaal, wo man ab 200 Baht übernachten kann.

■ **Mr. Jan's Bungalows**** (Tel. 053-6995 54) sind Bambushütten ohne/mit eig. Bad. Die Hauptattraktion sind die angebotenen Massagen (ausnahmsweise nicht thailändisch, sondern burmesisch/Shan) zu 150 Baht, dazu gibt es eine Kräuter-Sauna (50 Baht).

■ Nicht schlecht ist das **Baan Pai Village****** (Tel. 053-698152, Fax 053-699057, www. baanpaivillage.com), das in einem sehr gepflegten Garten mit großem Goldfischbecken, kleine aber

feine Holzbungalows mit Bad bietet (hat nichts mit dem gleichnamigen Restaurant zu tun). Einziger Nachteil ist, dass die attraktiven Hütten etwas nahe beieinander stehen. Die Grundstückspreise sind in Pai in den letzten Jahren enorm gestiegen.

■ Am Fluss liegt das ähnlich klingende **Baan Pai Roong****** (Tel. 089-6596669, www.baanpai roong.com), das sehr schöne Zimmer im Boutique-stil zu Boutiquepreisen hat. Sanfte Farben, stilvolle Badezimmer, Wi-Fi und TV.

■ Mitten in der Stadt liegt das **Lilu Hotel** ****–***** (Tel. 053-064351, Fax 053-064353, www. liluhotel.com), das am unteren Preisende der Boutique-Sparte 2009 eröffnete. Die Zimmer sind klein, aber elegant minimalistisch eingerichtet (Bad, A.C., Flatscreen-TV, DVD, CD, Safe). Die Suiten sind größer, allerdings fensterlos. Frühstück und Internet im attraktiven Hauptgebäude zur Straße.

■ Ähnlich ist das **Plai Fah****** (Tel. 088-4091 151), das schöne Zimmer mit Bad, TV in weiß und eine attraktive Dachterrasse bietet, aber kein Restaurant hat. Zimmer 900 Baht.

■ **Golden Hut Pai****–*** (Tel. 053-699949) hat strohgedeckte, auf Stelzen stehende Hütten mit/ohne eig. Bad; schöner Flussblick.

■ Eine der komfortabelsten Unterkünfte am Ort ist das **Rimpai Cottage******–ᴸᴸᴸ (Tel. 053-699133, www.rimpaicottage.com), mit recht wohnlichen Hütten, die meisten mit A.C., und einem größeren Bungalow; in den Preisen ist Frühstück enthalten.

■ Noch feiner ist das neue, zentral gelegene **The Quarter Hotel**ᴸᴸᴸ (Tel. 053-699423, www.thequar terhotel.com). Dieses weitläufige Gartenresort bietet zweistöckige Luxusvillen mit jeweils 4 Zimmern vor einem Pool mit Jacuzzi. Alle Zimmer sind im minimalistischen Boutiquestil konzipiert und verfügen über A.C., TV und DVD-Spieler sowie Wi-Fi. Das Restaurant serviert interessante asiatisch-europäische Kombinationen und Gäste können kostenlos Fahrräder leihen. Zimmer ab 4800 Baht. Frühstück, frisches Obst und Trinkwasser inbegriffen.

■ Etwas ganz anderes ist das relativ abgelegene, weiß getünchte Edelresort **Pai Vieng Fah*******–

LLL (Tel. 087-2932457, www.paiviengfah.com), das eigentlich nicht ganz in die wunderschöne Landschaft von Reisfeldern und bewaldeten Hügeln passt und fast einen mediterranen Charakter hat. Wer in Pai luxuriöse Zimmer sucht, ist hier richtig. Die Zimmer im ersten Stock der großen Steinbungalows haben große Balkone mit toller Aussicht.

■ Etwas weiter nördlich (und ca. 1 km außerhalb von Pai) liegt das nette **Pairadise ***–******* (Tel. 081-5954974, www.pairadise.com) auf einem Hügel mit Blick über Pai, das einer Deutschen und einem Karen gehört. Zehn neue, solide Bungalows stehen um einen kleinen Teich.

■ Das **Pai Chan Resort****** hat einfache Boutiquezimmer, was bedeutet, dass die Betten komfortabel und die Badezimmer angenehm sind, aber die Bungalows sonst für nichts Platz haben. Ein kleiner Swimmingpool und die Tatsache, dass die Anlage mitten in einem Reisfeld steht, sorgen für ein ganz gutes Preisleistungsverhältnis, denn die Übernachtung kostet zwischen 800 und 1200 Baht.

■ Nette Bungalows und größere Hütten mit Kachelböden, in einem ruhig gelegenen Garten südöstlich des Flusses bietet **The Sun Hut ***–******* (Tel. 053-699730, www.thesunhut.com). Alle Zimmer haben Bad, Hängematte und Wi-Fi. Frühstück (mit organischen Produkten des Gartens) von 7.00 bis 16.30 Uhr! Im Garten steht eine Holzplattform, geschickt um einen Brunnen gebaut, an dem sich abends ein kaltes Bier trinken lässt. Ungefähr zehn Minuten Fußweg in die Stadt.

■ Ganz in der Nähe liegt das einfache **Khun Nai Tern Sai***** (Tel. 089-0755739, www.khunnai ternsai.com), das gemütliche, aber einfache Bungalows ohne Bad in einem netten kleinen Garten bietet. Ein Shop, der den Bergvölkern nachempfundene Baumwollkleidung und ein bisschen Hippiekunst verkauft, ist angeschlossen.

■ Komfortable und geräumige Hütten, die im Winter per Feuer geheizt werden können, bietet die **Pai Mountain Lodge***–****** (Tel. 053-699995), ca. 7 km nordwestlich von Pai nahe dem Mor Paeng-Wasserfall. In der Off-Season fallen die Preise auf die Hälfte oder weniger. Buchungen in der 89 Chaisongkhram Road nahe dem Northern Green Restaurant, worauf auch für den Transport gesorgt wird.

■ Etwa 6 km in Richtung Chiang Mai, in Ban Rong Yaeng, liegt **Michel Bungalow**–***** (Tel. 053-065553, 086-1186999, michel@thailine.com), das einen Swimmingpool und Internet-Service bietet. Bungalows mit Bad, dazu Zimmer mit Bad in einer Art Reihenhaus. Die Lage ist nicht sonderlich günstig für Leute ohne eigenes Fahrzeug. Bei Aufenthalten von mehr als einer Nacht werden die Zimmerpreise reduziert.

■ Direkt am Fluss liegt das **Pai River Corner**LLL (Tel./Fax 053-699049, www.pairivercorner.com), das den gegenwärtigen Trend in Pai – teurere Unterkünfte für die zahlreichen Besucher, die es sich leisten können, einzufliegen – perfekt symbolisiert. Dieses kleine Boutique Hotel bietet sehr schicke A.C.-Bungalows, alle mit privatem Balkon, teilweise mit privatem Jacuzzi. Ab 3000 bis 6000 Baht inklusive Frühstück für zwei Personen. Wer per Internet bucht, bekommt eine kostenfreie Nacht extra.

■ Das **Baan Krating**LLL (Tel. 053-698255, www.baankrating.com/pai) ist eine von Pais derzeit luxuriösesten Bungalowanlagen. Das Resort befindet sich 2½ km außerhalb Pais in der Nähe des Flughafens und bietet 32 große, makellose A.C.-Bungalows, ein Restaurant und einen Swimmingpool in einer weitläufigen Gartenanlage mit Blick über die Reisfelder des Tals. Ab 3000 Baht pro Nacht.

■ Ebenfalls in Richtung Flughafen liegt das **Belle Villa Resort****–**LLL (Tel. 053-698226, www.bel levillaresort.com/pai/), das 24 luxuriöse Bungalows mit A.C, sowie eine Reihe etwas preiswerterer Zimmer, ein Restaurant und und gleich zwei Swimmingpoools hat.

Essen

Alle Guest Houses haben Restaurants, die westliches Frühstück und das berüchtigte „Traveller Food" servieren. Dazu scheint in Pai derzeit jede Woche ein neues Restaurant oder Café aufzumachen, und die Auswahl an Gerichten aus aller Welt wird immer größer.

■ Für ein westliches Frühstück lohnt der Besuch im **Cafe Go O @ Pai** im Stadtzentrum an der Rungsiyanon Rd. Eine riesige Auswahl an frischen Backwaren, Säften und Kaffeesorten erwartet hungrige Kunden, es werden auch diverse Kaffeebohnen aus der Region angeboten.

■ Das **Da Vinci** hat authentisches italienisches, in Pai hergestelltes Eis, wohl das einzige derartige Etablissements in einem Umkreis von ein paar hundert Kilometern.

■ Um die Ecke, gegenüber des OTOP Shops, ist für alle, die etwas Authentischeres suchen, das **Somtam Na Aumpher** ein guter Anlaufpunkt. Die Besitzerin ist freundlich und auf der Speisekarte sind zahlreiche Abbildungen von diversen Somtamvariationen (Papaya-Salat), zu sehen, was die Wahl erleichtert.

■ Ein paar Meter weiter südlich bereitet **Betagro** authentisches Thai Fast Food. Eine Art einheimischer McDonald's also, der die üblichen Standards zu bescheidenen Preisen anbietet. Sehr populär unter Thais, die ihre Gerichte allerdings meist nur abholen und mit nach Hause nehmen. Malzeiten ab 90 Baht.

■ Wem Falafel und Humus fehlen, sollte schleunigst zu **Mama Falafel,** wo es einfache Esskombis aus dem Mittleren Osten zu Sparpreisen gibt – Humus, Schnitzel, Pommes, Salat kosten 80 Baht.

■ Das **Abodhaya Restaurant & Guest House** serviert recht gute westliche und thailändische Gerichte, dazu Backwaren. Freundlicher Service. Zimmer im G.H.** mit Bad.

■ Das **Pai Corner Restaurant** an der Rajdamrong Road serviert seit 1993 gute thailändische und deutsche Küche. Das Frühstück (mit Schwarzbrot) ist auch zu empfehlen.

■ Das vielleicht beste Restaurant für auf Besucher abgestimmte lokale Küche, und folglich bei Travellern sehr beliebt, ist das **Nong Beer.** Es gibt jede Menge Thai- sowie auch chinesische Gerichte.

■ Ähnlich populär ist das **The House,** gegenüber Wat Pha Kham, das eine große Auswahl thailändischer Gerichte bietet, darunter auch zahlreiche vegetarische Speisen und frische Säfte.

■ **Na's Kitchen** serviert recht gute thailändische Gerichte, die allerdings ebenfalls auf den westlichen Geschmack abgestimmt sind. Das Warten aufs Essen kann hier ein bisschen lange dauern, aber das Restaurant ist ein populärer Treffpunkt und somit abends meist voll. Der *Massaman Curry* ist empfehlenswert.

■ Gute und authentische vegetarische Thaispeisen zu sehr niedrigen Preisen gibt es im **Charlie & Lek Restaurant.** Eine kleine Kochschule ist angeschlossen, Kurse bei denen fünf Gerichte erlernt werden, kosten 750 Baht pro Nase. Die Gruppen sind klein, nicht mehr als vier Azubiköche werden gleichzeitig unterrichtet.

■ Ganz in der Nähe findet sich das **Chew Xin Jai,** ein vegetarisches Restaurant, das aussieht wie ein chinesicher Tempel und eine große Auswahl an Gerichten, vor allem mit Tofu oder Soyaproteinen zubereitet, auf der Speisekarte hat. Auch für Veganer empfehlenswert. Die meisten Hauptgerichte kosten unter 100 Baht.

■ Das **Muslim Home Made Restaurant** ist rein vegetarisch und hat auch vegane Gerichte auf der Speisekarte. Das Restaurant produziert auch gute Backwaren.

■ Das **Ban Pai** nebenan befindet sich in einem alten Shan Haus und bietet typisches Traveller-Essen. Preiswert, aber wohl eher ein guter Treffpunkt als ein Küchenwunder.

■ Einen McDonald's gibt es in Pai noch nicht, aber nicht weit vom Blue Lagoon Hotel liegt das **Burger House,** das recht teure Hamburger, Sandwiches und amerikanisches Frühstück serviert. Yeeha.

■ Für ein vielleicht gesünderes Frühstück und guten Kaffee sollte man das morgens oft volle **Café Witching Well** aufsuchen – Säfte, Müsli, Kuchen und Thai-Standards.

5

■ Nebenan liegt das **Good Life**, ein Café und Restaurant, das vor allem für seine riesige Auswahl an Tee zu empfehlen ist, aber auch sonst Wert auf gesunde Küche legt. Ein paar Bücher gibt es hier auch zu kaufen.

■ Etwas südlich der Stadt (in der Nähe des Bebop Clubs) befindet sich das **Ban Benjarong Restaurant,** das gehobene thailändische Küche serviert. Sehr gut und bei Einheimischen beliebt.

Kochkurse

Wie auch in Chiang Mai werden in Pai eine Reihe von Kochkursen angeboten, die in der Regel ein bis fünf Tage dauern. Preise liegen bei 700–800 Baht pro Tag.

■ **Pugi's House Cooking Courses,** Tel. 053-699476, die Besitzerin spricht deutsch.
■ **BeBe's Wok'n Roll Cooking Classes,** Tel. 086-1149921
■ **Pai Cookery School,** Tel. 081-7063799

Einkaufen

Im Zentrum von Pai reiht sich ein Geschäft ans andere. Hier und da gibt es auch wirklich **interessante Souvenirs** zu ergattern, da sich in den letzten Jahren viele Kunststudenten hier niedergelassen haben, die nun kleine Geschäfte betreiben, in denen sie merkwürdige und lustige Aufkleber, Notizbücher, Anstecker, Postkarten und andere Mementos verkaufen. **Freitags und samstags** verwandelt sich der Stadtkern in eine Fußgängerzone mit vielen Souvenir-, Kleidungs- und Essensständen. Hier werden auch **Textilien der Lisu und Lahu** verkauft. Ebenfalls kaufenswert ist der **Kaffee,** der in Nordthailand angebaut wird und in Pai in einer Reihe von Shops und Bäckereien verkauft wird. **Peace of Pai** bietet interessante, poppige und hippiefreundliche Varianten der Kostüme der Bergvölker.

Unterhaltung

■ *Der* Treffpunkt am Ort ist das **Bebop Café** in der Rangsiyanon Road. Das Publikum ist eine Mischung aus westlichen Travellern und thailändischen Rastas, die nicht selten dem weiblichen Teil der erstgenannten nachstellen. Abends, etwa ab 21.30 Uhr, spielen Rock- oder Blues-Bands, oft sind es Bands aus Chiang Mai. Geöffnet 18.00–1.00 Uhr.

■ Auch recht populär, aber ohne Live-Musik, ist die kleine **Almost Famous Bar,** wo abends die Cocktail-Shaker geschüttelt werden, die ein junges Klientel anziehen. Von einer thailändischen Künstlerin und ihrem südafrikanischen Partner geführt.

■ In der **Lun Laa Bar** geht es abends hoch her, die Hausband heizt mit Reggae und Latin Music ein, es wird getanzt und das Publikum besteht aus Touristen und Thais. Nette Atmosphäre.

■ Direkt an der Brücke südlich der Stadt liegt die **Don't Cry Reggae Bar,** die die üblichen Bob-Marley-Standards in die Welt bläst, einen Billiardtisch bietet und abends spät offen hat, gelegentlich bis 2 Uhr.

■ Das **Café Del Doi** (www.cafedeldoi.com) liegt ca. 7 km südlich von Pai in Richtung Chiang Mai und veranstaltet regelmäßig Partys. Ein Restaurant und **einige Bungalows ***–****** mit Bädern, die von einer natürlichen Heißwasserquelle gespeist werden, sind angeschlossen (Tel. 053-693230).

An-/Weiterreise

■ **Kan Air** (Tel. 053-699955, www.kanairlines.com) fliegen 1-mal täglich in kleinen Maschinen von Chiang Mai für 1490 Baht nach Pai. Check-in ist in Pai bis zwanzig Minuten vor dem Abflug möglich. Das Büro der Kan Air ist am Flugplatz.

■ **Busse ab Chiang Mai** (Arcade Bus Station) kosten 72 Baht, A.C. 150 Baht. Fahrzeit ca. 4 Std. Abfahrten 8.30, 11.00, 12.00, 14.00 und 16.00 Uhr.

■ **Mini-Busse** ab Chiang Mai brauchen eine Stunde weniger und kosten 150–180 Baht.

● **Fahrräder** (30–50 Baht/Tag) und **Motorräder** (150 Baht/Tag), auch Enduros (500 Baht/ Tag), vermieten unter anderem AYA Service (Tel. 053-699940) und Good View Motorbike & Bicycle (Tel. 089-9991715).

● **Busse ab Mae Hong Son** zu 70 Baht. A.C. 150 Baht. Die Fahrzeit beträgt gut 4 Std. Mini-Busse 150 Baht. Die Strecke ist extrem bergig und äußerst kurvenreich, mit tollen Aussichten und ein paar Märkten der Lisu und Lahu. Wer mit einem eigenen Fahrzeug unterwegs ist, sollte die Straße nicht unterschätzen und an steilen Abschnitten bergab im 2. Gang fahren. Zahlreiche kleine Schreine an Stellen, wo es zu Unfällen kam, dienen als Warnung.

Wildwasser-Trips auf dem Pai-Fluss

Eine ganze Reihe Unternehmen organisieren zweitägige abenteuerliche Wildwasser-Fahrten von Pai über den Pai-Fluss nach Mae Hong Son. Sie beginnen am Kong-Fluss, einem Nebenfluss des Pai, und über etliche Stromschnellen und entlang urwüchsiger Naturszenerien erreicht man das 42 km entfernte Mae Hong Son. Am Ufer sind **viele Tiere zu beobachten**, z. B. Gibbons, zahlreiche Raub- und Wasservögel und – mit viel Glück – gelegentlich auch Bären. Eine weitere Route, ca. 60 km lang, entlang des Pai-Flusses wird ebenfalls angeboten. Preise liegen um 1800 Baht pro Person. Generell ist **Wildwasser-Saison** von Juli bis Januar.

● **Thai Adventure Rafting**, Tel. 053-699111, www.activethailand.com
● **Pai In The Sky Rafting**, Tel. 053-699090
● **Pai Adventure Rafting**, Tel. 053-699385, www.thairafting.com

Dschungel-Trips

... werden von einigen Elephant Camps offeriert, die sich nahe der **Heißwasserquellen** (Hot Springs), südöstlich von Pai, befinden. Die Trips dauern 1–3 Std., schließen einen Besuch der Heißwasserquellen ein und kosten pro Person 250–500 Baht; Mindestteilnehmerzahl zwei. Teilweise ist es auch möglich in den Camps zu übernachten.

● **Thom's Elephant Camp**, Tel. 053-699286, www.thomelephant.com
● **Noi's Elephant Camp**, Tel. 053-065758

Nationalpark Huai Nam Dang

อุทยานแห่งชาติ
ห้วยน้ำดัง

Das Gebiet nördlich und östlich von Pai ist Teil des Huai Nam Dang National Parks (nicht Pai selber), dessen bergigster Teil sich östlich von Pai erstreckt. Huai Nam Dang bedeutet „Strom des lauten Wassers".

34 km östlich von Pai zweigt von der Route 1095 eine gut ausgebaute Straße in nördliche Richtung ab; die Straße führt nach 6 km zum Hauptquartier des Parks. Anbei steht ein bescheidener, 1993 erbauter „Palast" der älteren Schwester der Königs, Prinzessin *Kalyani Vatthana*. Direkt am Parkhauptquartier befindet sich auch ein **Aussichtspunkt,** von dem aus man an klaren Tagen in nordöstliche Richtung **bis zum Doi Chiang Dao** se-

5

hen kann. Der Berg, der dritthöchste Thailands (2240 m), ist fast dreißig Kilometer entfernt. Die besten Ausblicke ergeben sich zu Sonnenaufgang. Von der Stelle aus könnte man auch über einen Dschungelpfad bis zur Gegend um den Doi Chiang Dao trekken.

Etwa 4 km vom Parkhauptquartier entfernt liegt das über eine unasphaltierte Straße erreichbare, größere **Lisu-Dorf Ban Huei Nam Dang.** Das Dorf besteht aus über einhundert Häusern, und viele dort ansässige Familien leben von der Herstellung von Lisu-Kleidung.

Unterkunft

■ Die **Parkverwaltung** betreibt Bungalows *****–ᴸᴸᴸ für 4 bis 6 Personen, die jedoch vorgebucht werden müssen: Tel. 053-263910. Eintritt in den Park kostet 200 Baht. Weitere Informationen bei www.dnp.go.th

Anreise

Von Chiang Mai ist der Aussichtspunkt 120 km entfernt und kann per eigenem Fahrzeug gut in einem Tagesausflug besucht werden; oder auf der Fahrt von Chiang Mai nach Pai/Mae Hong Song könnte man einen Abstecher dorthin einlegen. Wer den Sonnenaufgang erleben möchte, sollte sich schon um 4.00 Uhr morgens (mit eigenem Fahrzeug) von Chiang Mai auf den Weg machen. Als Alternative könnte man von Pai aus anfahren (40 km).

Soppong

Der winzige Ort Soppong liegt in einem Bergpass an der Route 1095 zwischen Pai und Mae Hong Son. Wem Pai zu „touristisch" sein sollte, findet hier eine kleinere und ruhigere Alternative.

Soppong ist ein kleines Handelszentrum der Shan, Karen, Lisu und Lahu, welches durch den Ausbau der Straße an Bedeutung gewann.

In der weiteren Umgebung des Ortes finden sich etwa zweihundert Höhlen. Etwa 8 km von Soppong entfernt erstreckt sich die **Tham** („Höhle") **Lot,** eine der größten Höhlen Thailands. Diese „Röhren-Höhle" (so die Übersetzung) wird von einem Fluss durchzogen. Am Höhlenzugang lassen sich Boote und Laternenträger zur Erkundung anheuern (150 Baht). Jeden Abend um 18.00 versammeln sich ca. **300.000 Schwalben** über dem Höhleneingang bevor sie sich in die Dunkelheit und zu ihren Nistplätzen stürzen. Gleichzeitig verlassen **einige Tausend Fledermäuse** die Höhle. Das ist an einem klaren Abend ein atemberaubendes Spektakel.

Ab der Bushaltestelle in Soppong fahren Motorrad-Taxis für 50 Baht zur Höhle; für ca. 200 Baht lassen sich auch Pick-Up-Trucks für die Fahrt anheuern.

Die **Tham Nam Lang,** ca. 30 km entfernt, soll mit einer Länge von 9 km eine der größten Höhlen der Welt sein. Mindestens 30 Höhlen wurden in früheren Zeiten als Bestattungshöhlen benutzt, und in ihnen wurden bis zu 2000 Jahre alte Särge entdeckt. Die Bevölkerung nennt diese Höhlen, „Geisterhöhlen" *(tham phii).* Die Särge sind übergroß (bis zu 6 m) lang und hängen von in den

5

Soppong

nicht maßstabsgetreu © REISE KNOW-HOW 2013

THAI128

Coral Höhle
Ban Mae La Na
Diamond Höhle
Mae Lana Höhle
Coffin Höhle
Ban Ja Bo
Coffin Höhle
Ban Wana Luang
Ban Bo Krai
Pang Ma Pha (Soppong)
Coffin Höhle
Ban Ta Krai
Ban Rai
Polizei
Markt
Ban Nong Tong
Ban Mae Moo Tai-Yai
Aussichtspunkt
Ban Nam Bo Sa Pay
Ban Nong Pha Jum
Ban Luk Kao Lam
Ban Mae Moo
Nam Lang Höhle
Ban Kud Sam Sib
Lang

Übernachtung

1 Cave Lodge
2 The Rock Resort
3 Hillside Cottage
4 Jungle Guest House
5 Soppong River Inn
6 Lemon Hill G.H.
7 Little Eden
8 Northern Hill Guest House
9 Lisu Lodge

1 Tham Lot Höhle (8 km)

Höhlen aufgestellten Gerüsten. Einige der Höhlen werden z. Zt. von Forschern untersucht und sind nicht zugänglich, die Führer in Soppong können jedoch solche zeigen, die noch offen sind. Ein einmaliges Erlebnis sind sie auf jeden Fall.

Unterkunft/Essen

Die meisten Unterkünfte in Soppong befinden sich am Westrand des Ortes.

■ **Jungle Guest House****–**** (Tel. 053-617099) gehört einem thailändisch-deutschem Ehepaar und hat wohnliche Bungalows mit Bad und heißem Wasser; ein gemütliches Restaurant ist angeschlossen.

■ Das **Little Eden*****–**** (Tel. 053-617054, Fax 053-617053, www.littleeden-guesthouse.com) ist auch unter deutscher Leitung. Eine Reihe neuer sehr wohnlicher Bungalows steht in einem schattigen Garten an einem kleinen Pool. Drei kleine und sehr nette Urlaubsvillen für jeweils zwei bis drei Personen im europäischen Stil sind für 2000 Baht zu mieten. Bestens für Familien geeignet. Restaurant und Internet angeschlossen.

■ **Lemon Hill G.H.****–*** (Tel. 053-617039) hat ordentliche Zimmer mit Bad, z. T. mit eig. Bad und Blick über den Fluss.

■ Sehr geschmackvoll eingerichtete Zimmer mit Bad im **Soppong River Inn***–****** (Tel. 053-617107, www.soppong.com). Ein kleines schönes Cottage (mit DVD-Spieler und Sammlung) direkt am Fluss ist ebenfalls anzumieten. Kostenpunkt 1200 Baht die Nacht oder 7200 Baht die Woche.

■ Ein paar hundert Meter weiter in Richtung Pai, befindet sich das **Northern Hill Guest House***–******* (Tel. 053-617136, www.northernhillgh.com). Schöne große Zimmer mit Bad/Heißwasser, freundliches Management, Restaurant und Fahrradverleih. Es ist auch möglich auf dem Gelände des Guest Houses zu campen.

■ Am anderen Ende von Soppong liegt das neue **Hillside Cottage****** (Tel. 053-617101, nidnies@hotmail.com), das sieben solide Bungalows mit kleinen Veranden vermietet.

■ Die **Cave Lodge*–****** (Tel. 053-617203, www.cavelodge.com) hat recht einfache Hütten mit und ohne eig. Bad, dazu Schlafsaal-Unterbringung für 150 Baht. *John*, der australische Besitzer, lebt seit 30 Jahren in der Gegend und war einer der ersten Höhlenforscher, der die Gegend systematisch erkundete. Gäste bekommen eine sehr detaillierte Karte der umliegenden Bergdörfer in die Hand gedrückt. Die Cave Lodge organisiert auch kleine Treks, Minimum 4 Personen und zwei Tage, sowie Kayaktouren (ab 650 Baht für einen halben Tag bis 3600 Baht für eine 3-Tage-Tour auf dem Pair River. Die Kayaktrips laufen normalerweise nur von Juni bis Januar. Es werden auch Touren durch die Höhlen in der Umgebung angeboten, ab 600 Baht, denn dafür sind die Cave Lodge und ihre Besitzer ja bekannt.

■ Wer in Soppong den großen Luxus braucht, ist im **The Rock Resort******* (Tel. 053-617134, www.therockresort.com) gut aufgehoben. Diese recht neue Gartenanlage liegt am Ortsausgang Richtung Mae Hong Son in einem gepflegten Garten unterhalb der Straße. Die geräumigen und sauberen Bungalows haben allesamt A.C. und TV.

■ Auf halbem Weg zwischen Pai und Soppong liegt im Dorf Ban Nam Rin die von einer Lisu und einem Deutschen geführte **Lisu Lodge**–***** (Tel. 083-5824496, lisulodge@gmail.com), ganz sicher eine der romantischsten Bungalowanlagen in Nordthailand. Es gibt eine Auswahl von Hütten, von ganz einfachen Bungalows zu sehr schönen Familienhäuschen, die weit verstreut in einem gepflegten Garten stehen. Während der Saison ist es hier oft voll, unbedingt vorher anrufen. *Rudi*, der deutsche Mitbesitzer, ist eine gute Informationsquelle für die Gegend um die Lisu Lodge, in der sich Dörfer der Bergvölker befinden. Wenn man von Pai kommt, liegt das Dorf nach 34 km auf der linken Seite. Das Schild der Lisu Lodge ist nicht zu übersehen.

Trekking-Touren

■ **Little Eden, Jungle Guest House** und **Cave Lodge** organisieren Trekking-Touren in die Umgebung.

Anreise

■ **Busse** ab Mae Hong Son 40 Baht, ab Pai 40 Baht. In beiden Richtungen gibt es täglich mehrere Busse. Fahrzeit ca. 2 Stunden.

Mae Hong Son
แม่ฮ่องสอน

Dies ist ein ehemals verschlafener, mittlerweile aber aufgeweckter kleiner Ort westlich von Chiang Mai mit ca. 10.000 Einwohnern in einem Talkessel. Fährt man via Pai ist die Strecke 270 km lang, via Mae Sariang sind es 368 km ab Chiang Mai. Wahrscheinlich entstand die Stadt 1832, als der Prinz von Chiang Mai den Auftrag gegeben hatte, in der Gegend von Pai Elefanten für ihn einzufangen. Aus dem Lager der Elefantenfänger wurde schließlich eine kleine Stadt, der 1874 die Stadtrechte verliehen wurden.

In diesem Jahrhundert wurde der Ort häufig „das Sibirien Thailands" genannt, da unliebsame Beamte dorthin strafversetzt wurden. In der Abgeschiedenheit des Tales sollten sie sich besinnen. Heute fährt man gerne freiwillig nach Mae Hong Son, denn der Ort strahlt eine fast

überirdische Ruhe aus und kann Ausgangspunkt für viele Wanderungen in die Umgebung sein.

Mae Hong Son liegt 16 km von der **burmesischen Grenze** entfernt, die hier jedoch keinen offiziellen Übergang hat. So mancher Einwohner erzählt aber, dass er schon mal „drüben" war, denn zahlreiche Schmugglerpfade verbinden den Ort mit Myanmar.

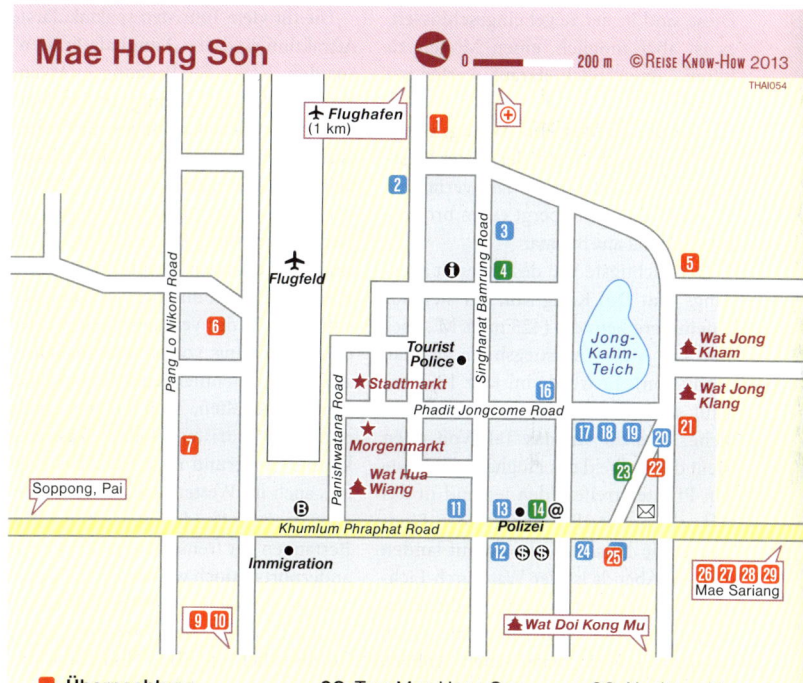

■ Übernachtung
1 The Residence
5 Maehongson Romtai
6 Mae Hong Son Hotel
7 Wichitporn House
9 Sang Tong Huts
10 Pana Huts
21 Piya Guest House
22 Ngamta Hotel
25 Baiyoke Chalet
26 Mae Hong Son G.H.
27 Mae Hong Son Mountain Inn
28 Tara Mae Hong Son
29 Fern Rimtarn Resort

■ Essen und Trinken
2 Ji Ji Restaurant
3 Veg. Restaurant
11 Restaurant
12 Crossroads
13 Kai Muk Rest.
16 Top Bar
17 Salaween Restaurant
18 Sunflower Café
19 The Meeting
20 Nachtmarkt
24 La Tasca Restaurant
25 Swiss Chalet & Beer Garden

■ Einkaufen/ Sonstiges
4 Kan Air
14 OTOP Shop
23 Trekking Agentur: Mr. Namrin

Die Hälfte der Einwohner der Provinz Mae Hong Son sind Shan (Thai Yai), der größte Teil der anderen Hälfte sind Karen, Hmong, Lisu und Lahu.

Die **Tempel** des Ortes zeigen deutlich den Einfluss Burmas. An einem Teich liegen Wat Jong Kham und Wat Jong Klang, beide in burmesischem Stil erbaut. Wat Jong Kham ist etwa 200 Jahre alt, und Wat Jong Klang beherbergt 30 hölzerne Buddha-Figuren aus Burma. Diese sind in der Regel eingeschlossen, es ist aber möglich, einen Mönch zu bitten, einen Blick darauf werfen zu können.

Kurioser ist **Wat Hua Wiang,** ebenfalls burmesisch im Stil, der an der Westseite des Marktes liegt. Die verfallene Konstruktion beherbergt einen bronzenen Buddha aus Burma.

Der wichtigste Wat des Ortes ist allerdings **Wat Doi Kong Mu,** der sich auf einem Berg befindet (425 m. ü. M., aber nur 130 Meter Aufstiegshöhe ab Mae Hong Son). Er wurde im Jahr 1874 erbaut, und von dort hat man eine herrliche Aussicht auf das Tal. Von oben sieht das Rollfeld des Flughafens aus wie ein Pflasterstreifen, den jemand in das Tal geklebt hat, die einfliegenden Flugzeuge wie Moskitos, die darauf landen wollen. Abends ist der Wat durch Lichterketten beleuchtet wie ein Weihnachtsbaum, was vom Tal aus betrachtet einen wunderschönen, malerischen Anblick bietet.

Vom Fuße des Doi Kong Mu, rechts neben einem anderen Wat, führt ein mäßig beschwerlicher Fußweg hinauf. Der Weg ist in 15–20 Minuten gut zu schaffen. Bequemer, aber langweiliger ist der Weg über die zum Wat führende Autostraße.

Ausflüge in die Umgebung

Mae Hong Son kann der Ausgangspunkt von einigen **Trekking- und Rafting-Touren** sein. Einige Unternehmen in der Innenstadt bieten derlei Touren an. Von Alleingängen in der Bergen der Umgebung sei aber gewarnt; gelegentlich treiben sich dort Banditen herum; nicht wenige davon kommen aus dem nahen Myanmar.

Die für viele Touristen spektakulärste Attraktion sind die „**Langhals-Frauen"** aus dem Volke der Padaung in Myanmar, von denen sich einige in drei Dörfern in Nord-Thailand angesiedelt haben (siehe auch Exkurs „Das Schönheitsgeheimnis der Padaung-Frauen"). Die Padaung stammen ursprünglich aus der Gegend um Mong Pai in Myanmar und sind den dortigen chaotischen politischen und ökonomischen Verhältnissen entflohen. In der Vergangenheit wurden einige Padaung von einem thailändischen Unternehmer regelrecht in Sklaventum gehalten, weil er mit ihnen reichlich Touristen-Dollars kassieren konnte. Aufgrund negativer Schlagzeilen, auch im Westen, schloss die Regierung das betreffende Unternehmen. Das Bestaunen der fremdartigen Wesen geht andernorts jedoch weiter.

Das vielleicht meistbesuchte Padaung-Dorf ist **Ban Nai Soi,** 23 km nordwestlich von Mae Hong Son, und nur 7 bis 8 km von der Grenze zu Myanmar entfernt. (Die anderen sind Ban Huay Sua Thao und Ban Nam Pieng Din.) Nicht-Thais haben an einem Kassenhaus 250 Baht Eintritt zu zahlen; geöffnet tägl. 6.00–18.00 Uhr. In dem Dorf befinden sich fünf Dutzend Frauen und Mädchen, die sich die Hälse durch das

Umlegen von Ringen verlängert haben, bzw. noch verlängern. Ihr befremdliches Aussehen hat ihnen einen bescheidenen Wohlstand eingebracht, und so posieren die Padaung-Frauen sehr geduldig für die zahlreichen fotografierenden Touristen; viele der Mädchen sind gar fotogen geschminkt. An kleinen Ständen werden Postkarten und Souvenirs verkauft.

Es mag debattierbar sein, ob es „ethisch" ist, ein Volk zu bestaunen, dessen weibliche Mitglieder aufgrund seiner Gebräuche etwas anders aussieht als der Rest der weiblichen Menschheit. Die Padaung selber scheinen sich aber mit ihrer Rolle und den daraus resultierenden Einnahmen gut arrangiert zu haben. Die zahlreichen sehr jungen Mädchen, die heutzutage wieder mit dem Ringanlegen beginnen, zeugen davon, dass man sich weder von dem alten Usus noch von den damit verbundenen Einnahmen trennen möchte oder kann. Ob sie die Einnahmen, die die Touristen bringen, behalten dürfen, ist allerdings ungewiss. Besucher Nordthailands müssen sich selbst überlegen, ob sie diesen Menschenzoo besuchen wollen.

Information

■ Das **Tourist Office** (TAT) ist in der Nähe des Flugplatzes zu finden. Das Büro ist hilfreich und hat eine aktuelle Karte der Stadt und Umgebung, sowie Informationen über Pai und Mae Sariang, Tel. 053-612982.

Verkehrsmittel

■ Entlang der Khumlum Phrapat Road, um dem Supermarkt Lucky Mart herum, können bei einige

Unternehmen **Jeeps** der üblichen Marke Suzuki Caribian gemietet werden. Die Preise sind jedoch relativ hoch (ca. 1200 Baht/Tag), und es ist günstiger, per Mietwagen aus Chiang Mai anzureisen.
■ Am Markt an der Panichwatana Road stehen zahlreiche **Tuk-Tuks** und **Motorrad-Taxis** bereit. Eine Fahrt per Motorrad sollte in der Innenstadt 10–20 Baht kosten.

Unterkunft

■ Direkt am Teich mit Blick auf zwei Wats liegt das **Piya Guest House****–*** (Tel. 053-611260). Dessen Zimmer sind für den Preis sehr gut und sauber.
■ Ein recht gutes Mittelklasse-Hotel ist das **Baiyoke Chalet Hotel******–***** in der Innenstadt (Khunlum Phrapat Rd., Tel. 053-611468, bayoke1864@yahoo.com). Die Zimmer haben Bad, A.C., TV mit Satellitenkanälen und Kühlschrank und sind sehr sauber. Preis inklusive Frühstück; ohne Frühstück 20 % billiger.
■ Zimmer ohne eigenes Bad sowie Bungalows, z. T. ganz neu, mit Bad gibt es im **Mae Hong Son Guest House***–*** (Tel. 053-61 2510), etwas außerhalb der Stadt gelegen.
■ In der gleichen Gegend befinden sich in einem Wäldchen die einer Deutschen gehörenden **Sang Tong Huts******–***** (Tel. 053-680620, www.sangtonghuts.com), die sehr elegante und vor allem große Holzbungalows mit schönen Sitzecken und Badezimmern sowie einen kleinen Swimmingpool bieten. Ein großer Familienbungalow kostet 3000 Baht die Nacht. Gekocht wird, wenn es vier oder mehr Gäste gibt.
■ In der Nähe liegt das sehr freundliche, einfache, aber dennoch sehr schöne **Pana Huts*****–**** (Tel. 053-614331, www. panahuts.com). Kleinere Holzbungalows mit schönen Badezimmern mit Heißwasser liegen verstreut in einem wilden, schluchtartigen Bambusgarten. Sobald es dunkel wird, hat man das Gefühl, tief im Dschungel zu sein. Leider hat Pana Huts kein Restaurant.

Das Fest der „Hätschelkinder"

Mae Hong Son ist der Austragungsort eines der buntesten und lebhaftesten Feste Thailands, in dem Jungen im Alter von 6–14 Jahren für die Zeit der Sommerferien zu Mönchen geweiht werden. Passionierte Fotografen tun gut daran, reichlich Filmmaterial mitzubringen, denn am Ort sind Filme relativ teuer.

Das Fest entspringt der Tradition der Shan oder Thai Yai und dauert drei Tage und beginnt mit den Schulferien Ende März oder Anfang April. Die Überlieferung will es, dass jeder Shan-Junge einmal eine Zeit als Mönch verbringt – und dazu bieten sich heutzutage die Schulferien am besten an.

Bevor aber der Ernst der Mönchszeit beginnt, werden die Jungen – in diesem Fall auch *luuk gäo* oder „Hätschelkinder" genannt – gefeiert wie kleine Könige. Zu Beginn der Feierlichkeiten werden den Jungen zunächst einmal die Köpfe geschoren, so wie es sich für angehende Mönche gehört. Dann aber werden sie in farbenprächtige Kostüme gehüllt, sie werden mädchenhaft geschminkt, und ihre kahlen Köpfe werden mit Blumengestecken und Stirnbändern geschmückt. Danach werden die Jungen in langen Prozessionen von erwachsenen (männlichen) Freunden und Anverwandten auf deren Schultern durch die Stadt getragen; dabei wird jeder wichtige Tempel aufgesucht sowie jedes Haus, aus dem ein Junge zum Mönch geweiht werden soll. In den Häusern bekommen die Jungen von den Bewohnern kleine Umschläge mit etwas Geld zugesteckt.

Der Tradition gemäß dürfen die Jungen für die Dauer des Festes nicht den Boden mit ihren Füßen berühren, außer im Tempel. Folglich werden sie überall hin getragen – für drei Tage sie sind sie eben verwöhnte „Hätschelkinder". Das Tragen soll wohl auch die „elevierte" Stellung der Jungen symbolisieren, die nun als angehende Mönche dem Himmel näher sind als der Erde. Während der Prozessionen tanzen die Träger der Jungen übermütig zu Trommelmusik, was bei der enormen Hitze zu dieser Jahreszeit seinen Tribut fordert: Oft sind sowohl Träger als auch Getragene von den Feierlichkeiten erschöpft. Die Träger müssen alle paar Minuten abgelöst werden.

Am zweiten Tag des Festes gehen die Prozessionen weiter. Es schließen sich nun auch zahlreiche traditionell gekleidete Bewohner von Mae Hong Son an, die den Jungen Geschenke mitbringen. Mehrere kleine traditionelle Orchester begleiten die Prozession.

Am dritten Tag versammelt man sich gegen 8.00 Uhr auf dem Gelände von Wat Hua Wiang. Viele Familien posieren stolz mit ihrem „Hätschelkind" fürs Fotoalbum. Nach ein wenig letz-

■ Das **Mae Hong Son Hotel****–*** (Tel. 053-612023) befindet sich gleich neben der Rollbahn des Flughafens, was aber bei den wenigen Starts und Landungen (derzeit maximal acht am Tag) nicht sonderlich störend sein dürfte, und hat sehr große Zimmer mit Bad und Heißwasser. Leider verfügt auch dieses Hotel über kein angeschlossenes Restaurant.

■ Ganz neu ist das orange-farbene mitten in der Stadt gelegene und schwer auszusprechende **Ngamta Hotel******–***** (Tel. 053-612793), das recht große und saubere Zimmer mit A.C. bietet.

ter Ausgelassenheit setzt man sich nun im Tempel nieder, und es wird ernst. Die *luuk gäo* (wörtl. „Kinder aus Glas") hocken sich in Reih und Glied vor einigen älteren Mönchen hin und geloben in althergebrachtem Ritual Treue zu Buddha, Treue zur buddhistischen Lehre, und Treue zur buddhistischen Mönchsgemeinschaft. Danach werden ihnen feierlich ihre Mönchsroben überreicht, und aus den zuvor so ausgelassenen gefeierten Schuljungs sind nun ernsthafte kleine Novizen geworden. Es beginnt ihre kurze Mönchsperiode. Mit dem Schulbeginn im Mai ist alles vorüber, dann wird die orangefarbene Mönchsrobe wieder gegen die vertraute Schuluniform eingetauscht.

Etwas zeitversetzt zum Fest in Mae Hong Son finden kleinere Shan-Mönchsweihen in Khum Yuam statt (meist ein paar Tage früher als in M.H.S.) sowie in Pha Bong, einige Kilometer südlich von Mae Hong Son (ein oder zwei Tage später als in M.H.S.). Ähnliche Feierlichkeiten gibt es zur etwa gleichen Zeit noch in Chiang Mai, z. B. an Wat Phra Non Nong Phueng in Saraphi, an der Straße nach Lamphun. Hier werden die Jungen statt auf Menschenschultern von Ponys getragen. Manche Ponys sind sturzbetrunken, da die Festteilnehmer sie mit billigem Reisschnaps bei Laune zu halten versuchen. So manch volltrunkenes Pony bricht unter der Last seines „Hätschelkindes" zusammen, und dann muss schnell ein halbwegs nüchterner Ersatz herangezerrt werden.

● Etwas nördlich des Jong-Kham Teiches in Stadtmitte ist das preiswerte **Maehongson Romtai****– **** (Tel. 053-612437, www.maehingson-romtai.com) zu finden. Einfache kleine Zimmer kosten 200 Baht, größere 350 Baht und recht schöne und neue Bungalows 700 Baht. Die Gebäude sind von ei-

nem gepflegten Garten umgeben, in dem sich Bambushaine um ein paar kleine Teiche voller Karpfen drängeln. Alle Zimmer haben TV und Wi-Fi.

● Gleich daneben liegt das **Mae Hong Son Mountain Inn*****–LLL (112 Khumlum Phrapart Rd., Tel. 053-611802, Fax 053-612284, www.mhsmountaininn.com), das seine Entstehung dem Film „Air America" mit *Mel Gibson* zu verdanken hat: Da große Teile des Filmes in Mae Hong Son gedreht wurden, zu jenem Zeitpunkt aber noch kein adäquates Hotel für die Film-Crew zur Verfügung stand, stampfte ein Entrepreneur aus Chiang Mai dieses Hotel aus dem Boden – Bauzeit 45 Tage. Die Zimmer (Bad, A.C.) sind sauber und komfortabel, mit erheblichen Reduktionen in der Off-Season.

● Ausgesprochen angenehm und wohnlich sind die Zimmer (Bad) im ruhig gelegenen **Wichitporn House***** (Tel. 053-612163), die teureren mit A.C.

● In einem neuen, gelben, modernen Stadthaus nahe dem Flugplatz findet sich das **The Residence******–***** (Tel. 053-614100, www.theresidence-mhs.com). Es hat große helle Zimmer mit viel Holz, elegant eingerichtete Badezimmer und Wi-Fi. Gäste können außerdem Fahrräder des Guest Houses benutzen.

● Die Top-Herberge am Ort ist das **Tara Mae Hong Son**LLL, am Südrand der Innenstadt, dessen sehr hohe Preise man gelegentlich auf ***** herunterhandeln kann. Die 104 Zimmer sind anspruchsvoll eingerichtet (A.C., TV, Kühlschrank, Tel.), es gibt Swimmingpool, Sauna und zwei Restaurants. Tel. 053-611021-25, Fax 053-611252, www.imperialhotels.com.

● 9 km südlich von Mae Hong Song an der Straße nach Khun Yuam befindet sich das empfehlenswerte **Fern Rimtarn Resort******– LLL (Tel. 053-686110, Fax 053-686111, www.fernresort.info), das teilweise mit Regierungsgeldern finanziert wurde und umweltfreundlich sein soll. Fernseher und Telefone gibt es keine. Die meisten der Angestellten sind Karen aus den umliegenden Dörfern. Das Resort ist von Reisfeldern umgeben und bietet einen Swimmingpool. Auf dem Resortgelände fin-

den sich 28 saubere Bungalows unterschiedlicher Größen und Standards, alle mit A.C. und Balkons oder Veranden. Gäste werden kostenlos in Mae Hong Son abgeholt.

Essen

Mae Hong Son ist in dieser Beziehung nicht allzu aufregend, aber das Angebot hat sich in den letzten Jahren etwas verbessert. Ein kleiner **Nachtmarkt** findet allabendlich südlich des Jong Kham Teiches statt.

■ Sehr gut ist das **Kai Muk Restaurant,** das in einem Holzgebäude untergebracht ist. Es gibt typische nordthailändische Küche.

■ Das unscheinbare **Ji Ji Restaurant** nahe dem Flugplatz und schräg gegenüber vom Hotel The Residence hat nur eine Speisekarte in Thai. Das Essen ist aber rundum gut und sehr preiswert.

■ Das **Sunflower Café,** einst ein kleines Backpacker-Cafe, ist an den Jong Tham Teich gezogen und hat sich zu einem großen Gartenrestaurant entwickelt, das vor allem von Tourgruppen angefahren wird. Abends gibt es schwülstige Live-Musik. Aber das Essen, Thai sowie westlich, ist nicht schlecht.

■ Etwas weiter westlich, ebenfalls am Teich, liegt das **Salaween Restaurant,** das eine ähnliche Speisekarte hat und derzeit der populärste Travellertreff scheint. Wi-Fi gibt es hier auch.

■ Besser und gemütlicher ist möglicherweise **The Meeting** direkt nebenan, das eine Speisekarte mit thailändischen Standards sowie ein paar westlichen Gerichte hat.

■ Sehr preiswerte nordthailändische Speisen, Snacks und Getränke bieten sich im **Morgen-**

△ Lisu-Kinder in der Provinz Mae Hong Son

markt. Darunter sind Hühner-Satays *(gai yaang)*, diverse nordthailändische Curries, gebratener Tofu *(tau-hu tort)* u. a. Neben niedrigen Preisen lockt das Lokalkolorit.

■ Das **Swiss Chalet & Beer Garden** kredenzt recht ordentliche schweizerische und westliche Gerichte.

■ **La Tasca,** neben dem Bayoke Chalet, ist ein akzeptables italienisches Restaurant, das hausgemachte Pizzas und Nudelgerichte serviert.

■ Die **Top Bar,** nahe dem Jong Tham Teich, wird gerne von den wenigen Expats in der Stadt aufgesucht und bietet auch recht ordentliches Essen.

■ **Crossroads** ist eine Art Country- und Western-Bar in der Stadt, die abends einen Teil der Traveller anzieht. Hier gibt es Burger, Pommes und Bier.

Einkaufen

■ In der Gasse zwischen der Post und dem Jong Tham Teich siedelt sich abends ein kleiner **Nachtmarkt** an, auf dem auch Kleider und Stoffe der Bergvölker verkauft werden.

■ Im Stadtzentrum, an der Khunium Praphat Road im Gebäude des Mae Hong Son Center of Commerce, befindet sich das **OTOP Centre,** eine lokale Kooperative, die Souvenirs, wilden Honig, gute Kaffeebohnen und Obst verkauft. Ein Internet-Service ist angeschlossen.

■ Der tägliche **Stadtmarkt** an der Panishwatana Road ist auch einen Besuch wert. Hier gibt es alles was die Einheimischen einkaufen, von frischem Gemüse zu Plastikspielzeug.

Trekking

■ An der Straße, die zum Teich hinunterführt, finden sich eine Reihe von Trekking-Agenturen, darunter das Büro von *Mr. Namrin* (Tel. 053-614454), der bei seinen Touren zu den benachbarten Bergvölkern zudem gutes Essen bietet.

Anreise

■ **Kan Air** fliegt täglich 3-mal von Chiang Mai nach Mae Hong Son, Kostenpunkt 1490 Baht, bzw. 1975 Baht in der Business Class; es ist jedoch fraglich, ob sich die Business Class auf dieser kurzen Flugstrecke von 35 Min. lohnt – bestenfalls für Meilensammler beim Vielfliegerprogramm der Thai Airways. **Nok Air** (www.nokair.com) fliegt ebenfalls dreimal täglich von Chiang Mai nach Mae Hong Son, ab 1400 Baht. Die Aussicht bei dem Flug ist ausgezeichnet, da Tiefflug. In den heißen Monaten März und April hängen oft dichte Rauchwolken über Mae Hong Son, die durch Waldbrände in der Umgebung verursacht werden; viele Flüge sind dann verspätet oder fallen gänzlich aus. Die Fahrt dauert eine kleine Ewigkeit und dürfte nur diejenigen interessieren, die wirklich zurück müssen.

■ Von Chiang Mai führen **zwei Busstrecken** nach Mae Hong Son: Die nördliche und kürzere verläuft über Pai (245 km); diese Route hat aber so viele Serpentinenkurven, dass sie landesweit bekannt – und von Selbstfahrern gefürchtet – ist. Angeblich sind es genau 1263 Kurven. Busse ab Chiang Mai benötigen 8–9 Std., 130 Baht. Mini-Busse (A.C.) kosten 250 Baht. Autos benötigen ca. 6 Std., Motorräder 5 Std. Die Fahrt ist enorm reizvoll, über weite Strecken erinnert die Landschaft an die Hügelregionen Nepals. Vor einigen Jahren hat es allerdings einen Raubüberfall auf Touristen gegeben, und Selbstfahrer sollten hier nicht während der Dunkelheit fahren. Die längere Strecke führt über Mae Sariang, ist weniger reizvoll und dauert mindestens acht zermürbende Stunden.

Weiterreise

■ **Busse** nach Pai kosten 80 Baht, mit A.C. 90 Baht, und fahren 3-mal täglich: Busse nach Chiang Mai fahren mindestens 12-mal täglich, Kosten: siehe Anreise. Busse nach Mae Sariang kosten 120 Baht, mit A.C. 185 Baht. Es fährt zusätzlich einmal täglich

Das Schönheitsgeheimnis der Padaung-Frauen

Sie gehören wohl zu den meistfotografierten Frauen Thailands – die Padaung-Frauen mit ihren so merkwürdig langen Hälsen, die ihnen auch den Namen **„Langhals-Frauen"** eingetragen haben – obwohl die Padaung ursprünglich aus Myanmar stammen und in Thailand nur in drei Dörfern leben.

Bei den Frauen der Padaung ist das Tragen von dicken **Metall-Halsreifen** ein ästhetisches und soziales Muss. Die ersten Ringe werden den Mädchen schon im **Alter von 5 Jahren** umgelegt; der genaue Termin dazu wird von einem Dorf-Schamanen bestimmt, der als Orakel Hühnerbeine „befragt", die er auf den Boden wirft. In den folgenden Jahren kommen weitere Ringe dazu. Bei einer Frau wiegt der Schmuck meist um die fünf Kilo, bei besonders wohlhabenden Frauen können es aber auch acht sein. Die Ringe repräsentieren Schönheit, Status und Reichtum. Sie werden täglich gereinigt, eine Aufgabe, die viel Zeit in Anspruch nimmt.

Wie Röntgen-Aufnahmen beweisen, wird durch das Gewicht der Hals genau genommen nicht verlängert, sondern das Knochengerüst darunter wird niedergedrückt, sodass der Hals länger erscheint. Die **Muskeln,** die normalerweise den Hals stützen, verlieren ihre Funktion und **verkümmern.** Probleme ergeben sich zudem beim Trinken, da die Frauen nicht, wie üblich, den Kopf in den Nacken legen können. Folglich können sie nur nach vorne gebeugt durch Strohhalme trinken. Nachts schlafen die Frauen getrennt von ihren Männern, da sie ein spezielles Kopfkissen benötigen.

Trotz aller Nachteile werden die Ringe unter normalen Umständen niemals abgenommen und sogar bis ins Grab getragen. In früheren Zeiten wurden Frauen, die sich des Ehebruchs schuldig gemacht hatten, durch Abnahme ihrer Ringe bestraft – eine tiefe Demütigung. Oft hatte dies sogar fatale Folgen, da die Halsmuskeln den Hals nicht mehr tragen konnten; die Folge war **Tod durch Erstickung.** Durch den Einfluss christlicher Missionare legten Anfang des 20. Jh. einige Frauen ihre Halsringe ab; der Hals musste danach durch eine Halskrause gestützt werden.

Touristen müssen in den Dörfern der Padaung Eintritt zahlen. Was mit dem Geld passiert, ist ungewiss. Skrupellose thailändische Geschäftsleute und Rebellengruppen der Karen verdienen angeblich an den Long-Neck Frauen, die allerdings sagen, dass das Leben im benachbarten Myanmar (Burma) im Moment noch größere Nachteile hat. Land für den traditionellen Ackerbau haben die Padaung in Thailand keines. Die Männer sind arbeitslos, während die Frauen Souvenirs an Touristen verkaufen und für Fotos posieren. Der Begriff Menschenzoo ist für die Situation der Padaung in Thailand durchaus angebracht.

Der Norden

ein Bus direkt nach Bangkok. Kostenpunkt: 718 Baht.

● **Vom und zum Flughafen** (Tel. 053-611367) fahren Motorrad-Taxis für 40 Baht.

Umgebung von Mae Hong Son

Heißwasserquellen Pha Bong und Naam Hu Hai Chai

Etwa 12 km südlich von Mae Hong Son entspringen diese beiden Heißwasserquellen. Nahebei befindet sich der **Pha-Bong-Damm,** der den Lauf des Mae-Ra-Rut-Flusses unterbricht. An der Pha Bong-Quelle, auch *Bor Nuem Lun* genannt, sind Becken angelegt, in denen sich die Besucher ein Heißwasserbad gönnen können.

● Zur **Anfahrt** bietet sich jeder beliebige Bus an, der von Mae Hong Son über den Highway Nr. 108 nach Khun Yuam oder weiter nach Mae Sariang fährt (oder natürlich auch umgekehrt). Der Zugang zur Pha Bong-Quelle befindet sich gleich am Highway, im Bereich der Ortschaft Pha Bong. Als Haltewunsch gebe man *bor-naam-ron pha bong* an, die „heiße Quelle von Pha Bong".

Tham Pla (Fish Cave)

An der Straße nach Pai, ca. 17 km nördlich von Mae Hong Son, lauert ein Schwarm hungriger Fische auf Fütterung: Die Tham Pla oder „Fisch-Höhle" beherbergt einen kleinen, durch einen unterirdischen Bach gespeisten **Teich,** in dem sich zahllose, zum Teil sehr große Fische tummeln. Diese erwarten, von den Besuchern gefüttert zu werden, und so verkaufen einige Kinder das nötige Futter dazu. In ihrer unbändigen Fresslust stürzen sich die Tiere auf alles, was halbwegs verdaulich aussieht – ein Fisch wurde beobachtet, der krampfhaft versuchte, eine ins Wasser gefallene Sonnenbrille zu verschlingen, hart bedrängt von seinen nicht minder gefräßigen Rivalen!

Einen Blick wert ist auch die ruhige und kühle Umgebung der Fisch-Höhle. Dort fließt der Bach aus der Höhle herab und mündet in einem größeren Bach, und es gibt einige altertümlich anmutende **Wasserräder** zu sehen. Besonders interessant ist ein „**Bambus-Orchester**": Bambusrohre von unterschiedlicher Stärke füllen sich mit Wasser – solange, bis sie vom Gewicht überkippen und sich entleeren. Bei der Rückbewegung federn sie soweit aus, dass sie an einen Felsen schlagen. Dabei entstehen wunderbare Klänge.

● Zur **Anfahrt** nehme man einen beliebigen Bus in Richtung Pai und bitte den Schaffner, an der *tham plaa* (langes a!) zu halten; folgt man den Hinweisschildern, passiert man eine etwas brüchig wirkende, kleine Brücke und erreicht nach insgesamt ungefähr 5 Minuten die Höhle.

Wasserfälle Mae Aw und Pha Sua

Kurz vor dem Parkplatz der Fisch-Höhle, ab einer scharfen Linkskurve am Fuße eines steilansteigenden Hügels (nahe km 17), führt eine Straße nach ca. 2 km in das Dorf Ban Mok Jam Pae. Hinter dem Dorf wird die Straße schlechter und führt nach weiteren 8½ km zum Pha-Sua-Wasserfall oder *Naam Tok Phaa*

5

schaft. An einigen erhöhten Stellen ergeben sich spektakuläre Ausblicke. Nach Erreichen des höchsten Gipfels steigt man ab und gelangt in ein Karen-Dorf und danach nach **Mae Aw.** Als Erkennungshilfe dient der große, künstlich angelegte See an der rechten Wegseite; mit den daraus hervorragenden abgestorbenen Bäumen wirkt er leicht gruselig.

Mae Aw wird von ehemaligen chinesischen Kuomintang-Soldaten und deren Familien bewohnt (siehe dazu auch Mae Salong) und befindet sich fast direkt an der burmesischen Grenze. Das Gebiet auf der burmesischen Seite gehörte einst zum Territorium des Opium-Königs *Khun Sa* und seiner Shan-Armee. Heute wird hier allerdings Tee angebaut. Die thailändische Armee unterhält an der Ostseite des Sees einen Wachposten, und nach Aussagen der gesprächigen Soldaten gibt es auch gelegentliche Schusswechsel über die Grenze hinweg. Ein altes KMT-Gefängnis – eigentlich nur ein tiefes Loch im Boden mit einer Falltür drauf – ist an einem Hang oberhalb des Dorfes zu finden. Für ein paar Baht führen Kinder die im Markt herumhängen Besucher dorthin. Der thailändische König unterhält in dieser brenzligen Umgebung einen Sommerpalast, den Pang Tong Summer Palace. Der Besuch des Geländes ist möglich, Eintritt in den Palast allerdings nicht. In Mae Aw, einem populären Ausflugsziel für einheimische Touristen, gibt es pure Kitschsouvenir-Supermärkte mit allerlei billigen Produkten aus China.

■ **Übernachtung:** Wer in Mae Aw schlafen will, hat keine allzu große Auswahl. Das **Sawat Ban Din Guest House****–*** (Tel. 084-8549397) wird von

Sua. Vom dortigen Parkplatz gelangt man über einen Holperweg zu dem Wasserfall, der selbst nach der Regenzeit noch viel Wasser führt.

Vom Wasserfall führt der Weg weiter in die dschungelbedeckte Hügelland-

⌂ Straße in Nordthailand

einer sehr netten chinesischen Familie geleitet und hat einfache Bungalows ohne Bad sowie einige Lehmhütten im chinesischen Stil direkt am See. Ein paar ähnliche Guest Houses befinden sich ebenfalls am See.

■ **Anfahrt:** Die Straße nach Mae Aw ist durchgehend geteert und sollte auch während der Regenzeit befahrbar sein. Ab der Singhanat Bamrung Road in Mae Hong Son fahren eventuell Songthaews für um die 60 Baht nach Mae Aw (Abfahrt gegen 8.00 Uhr), Angabe ohne Gewähr.

Ban Mae La Na

Ziemlich genau auf halbem Wege zwischen Mae Hong Son und Pai zweigt eine Straße zum Dorf Ban Mae La Na ab (55 km von Mae Hong Son und 55 km von Pai). An der Abzweigung sieht man Schilder zur Mae La Cave (10 km), Papuek Cave (15 km) und Pangkam Cave (15 km). Ban Mae La Na befindet sich 6 km von der Abzweigung entfernt.

Das Dorf bietet einen attraktiven Tempel im burmesischen Stil und ausgezeichnete Wandermöglichkeiten durch eine der schönsten Gebiete Nordthailands, unter anderem zu den oben genannten **Höhlen.** Ein erholsamer Aufenthalt in unverdorbener Idylle ist garantiert.

■ **Übernachtung: Mae La Na Garden Home Guest House****–*** (Tel. 081-7066021) mit Bungalows (mit Bad) und einfachen Zimmern zu 200 Baht; Abendessen kostet 100 Baht, das Frühstück 75 Baht. Weiter weg vom Touristentrubel geht es kaum. Von Soppong aus kann Transport für 500 Baht organisiert werden.

■ Zur **Anreise** bieten sich die Busse auf der Strecke Mae Hong Son-Pai an; Fahrtkosten ab Pai oder Mae Hong Son ca. 40 Baht.

Mae Taeng

แม่แตง

Mae Taeng, 40 km nördlich von Chiang Mai am Highway 107 gelegen, ist eine unauffällige Distrikthauptstadt, in deren Umgebung sich aber überwältigende Berglandschaften befinden. Es gibt mehrere Wohnmöglichkeiten in der näheren Umgebung; mit eigenem Fahrzeug kann man die Region aber auch bei einem Tagesausflug von Chiang Mai aus erkunden.

9 km nördlich von Mae Taeng findet sich der **Elephant Nature Park** (Tel. 053-818754, www.elephantnaturepark. org). Hier werden alte Elefanten, die einst im Wald gearbeitet haben, versorgt. Man kann als Volontär anheuern oder auch einfach für einen Tagesbesuch vorbeischauen. Da der Park allerdings nur beschränkte Besucherzahlen zulässt, gilt es vorzubuchen. Eine Übernachtung im Park mit zwei Tagen Aktivitäten mit Elefanten kostet 5800 Baht.

Unterkunft

■ Etwas ganz besonderes ist die **Lisu Lodge,** ein im traditionellen Bergdorf-Stil angelegtes Haus, das sich im Dorf Ton Lung befindet, ca. 19 km (Straße) von Mae Taeng entfernt (Anfahrt ab Mae Taeng oder Chiang Mai per Bus oder Songthaew nach Mae Malai; dort in ein Songthaew nach Ton Lung umsteigen). Die unausgeschilderte, abseits der Hauptstraße gelegene Lodge liegt inmitten eines Lisu-Dorfes, umgeben von malerischer Natur. Die Dorfbewohner sind aktiv am Management der Lodge beteiligt, alle Angestellten sind Lisu oder Hmong und ein Teil der Einnahmen fließt ins Dorf zurück.

Der Norden

5

Es werden ein- bis fünftägige Trekking-Touren und Elefantenritte veranstaltet. Zu buchen ist die Lisu Lodge über www.asian-oasis.com. Ein Zwei-Tage-Programm mit einer Übernachtung in der Lisu Lodge kostet rd. 3000 Baht. Dabei sind die o.g. Touren und die Mahlzeiten inbegriffen. Unangemeldete Gäste werden i. d. R. nicht aufgenommen. Nicht zu verwechseln mit der ganz anderen, aber ebenfalls attraktiven Lisu Lodge zwischen Soppong und Pai.

Anreise

■ Von der Chang Phueak (White Elephant) Bus Station in Chiang Mai fahren Busse zu 50 Baht nach Mae Taeng (42 km) oder Mae Malai (39 km). Weiterhin passieren alle Busse Richtung Chiang Dao, Fang oder Chiang Rai den Ort. Mae Malai kann als Umsteigepunkt für die Weiterfahrt nach Pai oder Mae Hong Son dienen. Es ist zudem ein lebhafterer Ort als die Distrikthauptstadt Mae Taeng.

Umgebung von Mae Taeng

Durch die Berge westlich von Mae Taeng

Die folgende Fahrt ist praktisch nur mit eigenem Fahrzeug möglich, am besten einem Jeep oder geländegängigen Motorrad. Mit dabei sein sollte auch eine detaillierte Straßenkarte. Die auch an anderer Stelle empfohlene Nordthailand-Karte von *Berndtson & Berndtson* ist wohl die erste Wahl. Die Gegend um den Mae Taeng Fluss ist teilweise atemberaubend schön. Direkt am Fluss oberhalb von Sok Kai wurden Szenen für den Action-Film *Rambo* gedreht.

Von **Mae Malai** fahre man zunächst über Highway 1095 (Richtung Pai und Mae Hong Son) 13 km in westlicher Richtung, bis zum kleinen Ort **Sop Poeng.** Rechts von der Stadtverwaltung *(thi-wagaan-amphö)* von Sop Poeng zweigt eine unasphaltierte, staubige Straße in nördlicher Richtung ab, in diese biege man ein.

Schon nach wenigen Kilometern eröffnen sich entlang der Strecke betörende Naturanblicke; man durchfährt eine **sattgrüne, wilde Berglandschaft,** oft sogar dichten Dschungel. Menschliche Ansiedlungen gibt es nur wenige. Etwa 10 km nach Sop Poeng erreicht man an der linken Straßenseite eine Abzweigung zum Hmong-Dorf **Mong Ngo** (7 km), das von dichtem Urwald umgeben ist.

Weiter auf der „Hauptstraße" Richtung Norden erreicht man ca. 9 km nördlich von besagter Abzweigung den Ort **Sop Kai.** Die Strecke dorthin ist schlichtweg großartig, sie windet sich durch eine **rau-schöne, unberührte Dschungellandschaft,** eine der schönsten Nordthailands. Sop Kai ist ein winziger Ort, gelegen in einem kleinen Tal inmitten des Dschungels.

Etwa 3 km weiter nördlich passiert man über eine Brücke den Taeng-Fluss, dem man dann in östlicher Richtung folgt. Die Straße verläuft parallel zum Fluss. Auch hier ist die Landschaft – besonders die sich hoch aufrichtende Wald-„Wand" an der Südseite des Flusses – schlichtweg überwältigend.

Einige Kilometer weiter östlich erreicht man das Hauptquartier von Mae Taeng Tour (Tel. 053-229080), das von hier aus **Rafting-Touren** veranstaltet. Die Touren dauern ca. 1½ Stunden und führen einige Kilometer den Mae-Taeng-Fluss hinab, in Richtung der gleichnamigen Ortschaft.

24 km östlich von Sop Kai mündet die Straße im Bereich der Ortschaft **Pang Khwang** in den Highway 107 (Highway Chiang Mai – Fang). 3 km südlich von Pang Khwang liegt Mae Taeng, weitere 3 km südlich Mae Malai. Von Chiang Mai ist die gesamte Rundstrecke ca. 140 km lang und in ca. 6–7 Std. zu schaffen. Die zum Teil sehr schlechten Straßen und die Serpentinen zwingen zu langsamem Fahren, was bei den herrlichen Ausblicken aber eher von Vorteil ist. Soll das Dorf Mong Ngo mitbesucht werden, benötigt man ca. 2 Stunden zusätzlich.

Rundreise von Pa Pae

Das Gebiet südwestlich von Pa Pae (32 km westlich von Mae Taeng), etwa zwischen Pa Pae und dem **Doi Mon Angket** (1805 m) gelegen, bietet sich für eine großartige, teilweise sogar abenteuerliche Rundreise an. Voraussetzung ist ein eigenes Fahrzeug, Motorrad oder Jeep. Die Rundreise kann in einem Tagesausflug von Chiang Mai aus bewältigt werden, man könnte aber auch in Mae Taeng übernachten, oder – noch näher gelegen – in der Par Teng Cabin in Pa Pae.

Etwa 4 km westlich von Pa Pae zweigt eine kleine Straße in südlicher Richtung von der Route 1095 ab. Die Straße führt vorbei an dem einen oder anderen Karen- und Lisu-Dorf, nach ein paar Kilometern dann zu einer Dreier-Kreuzung. Dort steht ein wahrer Schilderwald, die Schilder sind aber nur auf Thai. Links herunter geht es zu dem wunderschön gelegenen Hmong-Dorf **Khun Sa Nai** (8 km) das von mächtigen Bergzügen

umgeben ist. Die Bewohner des Ortes leben zumeist vom Gemüseanbau. Die Fahrt nach Khun Sa Nai („Inneres Khun Sa") lohnt sicherlich wegen der fantastischen Ausblicke, allerdings führt von dort kein Weg weiter. Man muss also wieder zurück zu obiger Kreuzung.

Rechts herunter (von Pa Pae kommend) geht es dort – über eine zunächst exzellent ausgebaute Straße – in Richtung **Khun Sa Nork** („Äußeres Khun Sa"). Im Bereich dieses Dorfes passiert man einen der schönsten **Aussichtspunkte** Nordthailands. Direkt von der Straße aus hat man einen überwältigenden Blick über mehrere hohe Bergzüge.

Die Straße mutiert nun bald zu einem unasphaltierten Holperpfad. Mit einem Jeep oder Motorrad dürfte es aber keine Probleme geben, zumindest in der trockenen Jahreszeit. Man passiert bald mehrere von christlichen (katholischen) Karen bewohnte Dörfer. Die „Haupt"-Straße ist oft nicht als solche zu erkennen, und es zweigen zahlreiche ähnlich aussehende Seitenwege davon ab; man sollte demnach an jeder Abzweigung nach dem Weg nach Mae Wae oder Pang Khum fragen. **Mae Wae** ist ein wichtiger Kreuzpunkt, an dem man links (nördlich) in Richtung Pang Khum und Pa Pae abbiegt. (Rechts herunter geht es nach Samoeng; die Strecke ist beschrieben im Kapitel „Samoeng, Weiterreise", aber in umgekehrter Richtung.) Von Mae Wae führt die unasphaltierte, sich windende Straße ohne nennenswerte Abzweigungen zurück zum Ausgangspunkt Pa Pae; man passiert dichte Wälder und mehrere Bergzüge.

Die gesamte Rundstrecke ist ca. 60 km lang, den Abstecher nach Khun Sa Nai nicht eingeschlossen. Aufgrund der zum

5

Teil sehr schlechten Straßen, und mit angemessenen Foto-Stopps, sollte man für die Tour ca. 5 Std. einplanen, bzw. noch etwas mehr, falls Khun Sa Nai mitbesucht wird. Geht man das Ganze von Chiang Mai aus an, so ist die Rundstrecke ca. 170 km lang, von Pai aus 195 km.

Da die handelsüblichen Landkarten für die Rundfahrt nicht detailliert genug ist, könnte man versuchen, eine **Militärkarte** von Pa Pae und Mae Taeng zu bekommen. Militärkarten, mit den Ortsbezeichnungen in Thai und Englisch, sind bei D.K. Books oder in anderen Buchhandlungen in Chiang Mai erhältlich.

Phra Phutthabaat Si Roi

Etwa 40 km südwestlich von Mae Taeng befindet sich ein weithin verehrter kleiner Tempel, der **„Fußabdrücke des Buddha"** *(phra phutthabaat)* aufweist. Diese sollen – wie einige ähnliche Abdrücke im Lande – von Buddha bei einer seiner astralen Reisen für die Gläubigen zurückgelassen worden sein. Das besondere in diesem Fall ist, dass hier, übereinander in einem Felsgestein, vier verschieden große „Fußabdrücke" zu sehen sind. In einem großen Abdruck von ca. 2 m Länge finden sich drei kleinere, die jeweils unterschiedliche Größen aufweisen. Die Attraktion zieht zahlreiche einheimische Besucher an.

Westliche Skeptiker können sich mit einer **wunderschönen Anfahrtsstrecke** trösten: Von Mae Taeng fahre man zunächst nach Mae Malai (3 km), von dort weiter in Richtung Pai (Highway 1095). Zehn Kilometer westlich von Mae Malai oder ca. 3 km östlich von Sop Poeng zweigt eine kleine Straße in südlicher Richtung ab. In diese biege man ein und fahre über San Pa Yang (7 km) noch 2 km weiter in südlicher Richtung, bis eine staubige Landstraße in westlicher Richtung zum Phra Phutthabaat Si Roi abzweigt (Ausschilderung nur in Thai). Von der Abzweigung dorthin sind es 18 km. Die letzte Strecke ist äußerst malerisch, sie führt durch ein dicht bewaldetes, fast unbewohntes Berggebiet. Die Straße führt vom Phra Phutthabaat noch 3 km weiter in westlicher Richtung und endet dann. Die Entfernung ab Chiang Mai beträgt ca. 60 km.

Mae-Ngat-Stausee und Sri-Lanna-Nationalpark

Etwa 6 km östlich von Mae Taeng befindet sich der große Mae-Ngat-Stausee, von dem aus man eine großartige Aussicht auf die weitere Umgebung hat: Eine steile Treppe führt die Mauer des Stausees empor, und oben wird man durch eine unglaubliche Fernsicht belohnt. Fotoapparat mitbringen!

Fährt man den Staudamm entlang in nördlicher Richtung, erreicht man einen **Ankerplatz für Flöße,** die für Fahrten über den See angemietet werden können. An dieser Stelle liegt auch der Eingang zum nur relativ wenig besuchten Sri-Lanna-Nationalpark. Der Park (1408 km²) besteht aus dichtem hübschen Wald, und besonders entlang des Seeufers eröffnen sich sehr malerische Szenerien.

Durch den Nationalpark führt eine holprige, unasphaltierte Straße, die per PKW, Jeep oder Motorrad befahrbar ist; an einigen Stellen wird die Passage möglicherweise durch über die Ufer getretene kleine Flüsse erschwert. In der Regenzeit dürfte die Straße nur sehr schwer zu befahren sein. Die schönsten Stellen lassen sich am besten per Floß erreichen.

Elephant Training Centre Taeng-Dao

Das Elefanten-Trainings-Camp liegt etwas näher an Mae Taeng (15 km) als an Chiang Dao (17 km). Auf dem Gelände neben Highway 107 (siehe Ausschilderung an der östlichen Straßenseite) kann man Elefanten bei Arbeit oder Training beobachten. Vorstellungen tägl. 9.00 und 10.00 Uhr; Eintritt 80 Baht (Erw.), Kinder 40 Baht. Vom Elephant Centre aus werden auch Rafting-Touren angeboten.

■ **Anfahrt:** Alle Busse auf der Strecke Chiang Mai – Fang oder Chiang Mai – Chiang Dao passieren das Elephant Centre. Die Entfernung ab Chiang Mai beträgt ca. 60 km; die Anfahrt von dort lohnt aber wohl nur, wenn man auch gleich die Höhle von Chiang Dao und eventuell den Sri-Lanna-Nationalpark besucht. Busse ab der Chang Phueak Bus Station zum Elephant Centre kosten 40 Baht.

Chiang Dao

เชียงดาว

72 km nördlich von Chiang Mai liegt an der Straße nach Fang der Doi Chiang Dao, **Thailands dritthöchster Berg** (2240 m), und vielleicht der interessanteste. Er erhebt sich schroff und massiv über dem Ort Chiang Dao, der Gipfel ist meist unsichtbar, verhüllt vom dichten Nebel. Auf dem Berg finden sich noch einige **Dörfer der Bergvölker,** so der Li-

su, Lahu und Karen; viele von ihnen wurden in den letzten Jahren jedoch von behördlicher Seite vertrieben.

Der Doi Chiang Dao ist Teil eines **Nationalparks,** und es wird scharf beobachtet, wer sich hier herumtreibt. Mit Genehmigung der Park Ranger kann man auf dem Berg campen oder sogar den Gipfel in fünf bis sieben Stunden besteigen. Dies ist allerdings nur vom 1. November bis zum 1. März möglich. Man braucht einen Führer, der von Malee's Nature Lovers' Bungalows (siehe Unterkunft) organisiert werden kann. Vorzulegen sind dazu die Pässe, und möglicherweise muss ein Besuchsgrund angegeben werden – Tier- oder Vogelbeobachtung wäre einer.

Am Fuß des Bergmassivs, etwa 5 km außerhalb des Ortes Chiang Dao, liegt die **Chiang-Dao-Höhle** *(Tham Chiang Dao).* Ihr Eingang wird von zwei Yaks (Tempelwächtern) flankiert. An einem Kassenschalter sind 5 Baht als „Spende für die Stromversorgung" zu entrichten. In der ersten Höhle gleich hinter dem Schalter befinden sich mehrere **Buddha-Figuren.** Daran schließen sich vier weitere, zum größten Teil unausgeleuchtete Höhlen an (trotz der „Stromspende" am Eingang!). Der Eintritt zu jeder dieser Höhlen kostet 20 Baht pro Besuchergruppe. Es werden keine Tickets dafür ausgegeben, der Preis ist aber auf einem thaisprachigen Schild in der Höhle angegeben, sodass es sich wohl um einen „offiziellen" Preis handelt.

Zur Höhlenwanderung bietet sich ein mit einer starken Leuchte ausgerüsteter Führer an (bzw. eine Führerin). Diese(r) erwartet nach getaner Arbeit noch ein Trinkgeld. 50 Baht sollten genug sein, auch wenn bei ausländischen Besuchern die Erwartungen oft in kosmische Sphären schießen.

In den Höhlen sind einige sehr enge Durchlässe zu passieren, und Leute mit Übergröße bekommen da sicher Probleme. Beim Hindurchzwängen wird man nicht unbedingt sauberer; am besten trägt man keine gute Kleidung. Feste Schuhe sind anzuraten.

Zum **Gipfel** des westlich der Höhle gelegenen Doi Chiang Dao führen zwei verschiedene Routen, Aufstiegszeit ca. 5 Std. Eine der Routen ist theoretisch per Jeep befahrbar; die Piste ist aber extrem schlecht, sodass davon eher abzuraten ist. Die Straße soll in naher Zukunft ausgebessert werden. Die günstigste Besuchszeit für den Doi Chang Dao ist die kühle und klare Jahreszeit von November bis Februar. In der Regenzeit sind die oberen Bereiche des Berges meist nebelverhangen.

Der **Ort Chiang Dao** hat außer ein paar alten Holzhäusern und unansehnlichen Neubauten nichts zu bieten. Interessanterweise wurde er Mitte des 19. Jh. gegründet, um hierher Hexen und Zaubermeister zu verbannen.

Die Provinz Chiang Dao ist Thailands wichtigstes **Teeanbaugebiet.** Die *Raming Tea Co.*, gegründet während des 2. Weltkriegs, betreibt eine 3000 *rai* große Teeplantage (1 *rai* = 1600 m²) und produziert jährlich 50 t grünen und schwarzen Tees. Thailands Gesamtkonsum liegt bei 2000 t.

Unterkunft

Es gibt einige Guest Houses und Hotels, empfehlenswerter sind aber die Unterkünfte außerhalb:

■ Etwa 1 km von der Chiang-Dao-Höhle stehen **Malee's Nature Lovers' Bungalows****_******* (Tel. 081-9618387, www.maleenature.com), direkt am Fuß des dramatischen Doi Chiang Dao. Die Umgebung ist idyllisch und entspannend und ein Besuch des nahe gelegenen Waldtempels Wat Tham Phra Prong ist vor allem zum Sonnenuntergang die Anstrengung wert – zum obersten Chedi sind es viele hundert Stufen. Die Bungalows sind unterschiedlich groß, sauber und haben ein eigenes Bad. Die sehr freundliche Besitzerin *Malee* organisiert Trekking-Touren und Ausflüge in die Umgebung. Auch das Essen ist sehr gut. Sehr zu empfehlen.

■ Gleich nebenan befindet sich das **Chiang Dao Nest*** (Tel. 053-456242, http://nest.chiangdao.com), das ebenfalls schöne Bungalows und einen Pool in einer weitläufigen Gartenanlage bietet. Das Restaurant serviert europäische und thailändische Gerichte. Das Resort bietet kostenfreies Wi-Fi.

■ Ca. 500 m vor dem Malee's Nature Lovers' Bungalows liegt das **Chiang Dao Nest 2***, das von der gleichen Familie wie das andere Nest betrieben wird. Hier geht es mit nur 6 Bungalows etwas ruhiger zu. Das Restaurant bietet thailändische Gerichte und Gäste können den Pool nebenan benutzen.

■ Das **Marisa Boutique Resort*****_LLL** (Tel. 053-375517, www.marisaresort.com) liegt sieben Kilometer nördlich von Chiang Dao an der Straße 107 in herrlicher Berglandschaft und bietet große Auswahl an Bungalows und Villen im Lanna-Stil, d. h. viel traditionell gefertigtes Holzmobiliar und sanfte Farbtöne. Mit dabei ist ein Pool, kostenloser Wi-Fi, ein Spa und ein Restaurant, das Spezialitäten aus Nordthailand serviert. Das Honeymoon Package – drei Nächte luxuriöse Ruhe zu 19.990 Baht – ist sehr populär. Eher nicht für Alleinreisende geeignet.

■ Das **Chiang Dao Rainbow***_**** (Tel. 084 803 8116, www.chiangdaorainbow.com) bietet zwei einfache attraktive Bungalows auf Stelzen, dazu ein paar Zimmer inmitten von Reisfeldern. Es gibt Fahrräder und ein Motorrad zu mieten. Das Restaurant serviert solide nordthailändische Küche sowie ein paar westliche Gerichte. Das Rainbow ist etwas schwer zu finden aber auf der Website ist eine Karte, die sich herunterladen lässt.

■ **Hobby Hut Homestay**** (Tel. 080-0344153) ist die preiswerteste Unterkunft um Chiang Dao. Supereinfache Bungalows ohne Bad kosten 250 Baht und Mahlzeiten (einfache thailändische Küche) sind ebenfalls nicht teuer. Es können Fahrräder gemietet werden. Ein Restaurant gibt es allerdings nicht.

■ 30 km Richtung Fang findet sich das **Chiang Dao Hills Resort******–ᴸᴸᴸ, ein riesiges Gelände mit attraktiven Zimmern, Bungalows (Bad), kleinen Villen und exzellentem Restaurant. Camping ist für 100 Baht die Nacht (mit eigenem Zelt) auch möglich. Ein guter Ausgangspunkt, um die Region zu erkunden. Buchungen unter Tel. Chiang Mai 053-232434, www.chiangdaohillresort.com.

Essen

■ Fast alle Resorts in Chiang Dao servieren gutes Essen. Im Dorf gibt es bei **Mon and Kurt's** gute thailändische Speisen, Sandwiches, Wi-Fi und brauchbare Infos zur Gegend von dem freundlichen deutsch-kanadischen Besitzer und Harley-Davidson-Enthusiasten Kurt. Ein Zimmer mit A.C. zu 500 Baht gibt es auch zu mieten.

Anreise

Ab der Chang Pueak Bus Station in **Chiang Mai** fahren alle 30 Min. Busse nach Chiang Dao. Vom Ort sind es noch 5 km bis zur Chiang-Dao-Höhle. Falls man keinen direkten Bus bis dorthin bekommt, nimmt man ab Chiang Dao ein Songthaew.

Weiterfahrt

Mit eigenem Fahrzeug ließe sich die Weiterfahrt ins 43 km östlich gelegene **Phrao** erwägen (s. u.) und von dort eventuell weiter nach Chiang Rai.

Die Strecke nach Phrao ist zum Teil sehr reizvoll mit abschnittsweise schroffen Felsen, die sich beiderseits der Straße auftürmen. Ringsherum breitet sich satte Vegetation aus. In Phrao gibt es ein paar Hotels und Restaurants.

Fang

ฝาง

Vor Jahren war die Gegend um Fang ein **Schmugglerparadies,** in dem Opium und Waffen verschoben wurden, ohne dass die Thai-Behörden etwas hätten ausrichten können. Die wilden Zeiten von Fang sind heute jedoch vorbei. Der Ort ist allerdings kaum von touristischem Interesse. Da sind bestenfalls die überall anzutreffenden Wats, so Wat Chedi Ngarm mit einem alten quadratischen Chedi.

Einige Holzhäuser des Ortes sind recht hübsch anzuschauen, und es macht Spaß, einfach nur durch die kleinen Seitenstraßen zu schlendern.

Zehn Kilometer westlich von Fang findet man in **Ban Muang Chom** bekannte Heißwasser-Quellen.

Unterkunft

■ Das **Preeya Mansion** *** (Tel. 053-452593) ist ein relativ neues Hotel, das große, saubere und anonyme Zimmer mit Bad und teilweise mit A.C. bietet.

■ An der Hauptstraße (die Zimmer sind allerdings von der Straße zurückversetzt und ruhig) liegt das **Baan Fang***** (Tel. 053-451281), das hübsche Zimmer mit Bad, A.C. und TV hat, die aber ein bisschen dunkel sind.

Der Norden

5

■ Ordentliche Zimmer mit Bad und warmem Wasser gibt's im **Chok Thani Hotel****–*** (Tel. 053-451252, 053-451353-4, Fax 053-451355). Angeschlossen sind Restaurant und Coffee Shop.

Essen

Das Chok Thani Hotel hat ein recht gutes Restaurant, etwas höhere Preisklasse. Entlang der Hauptstraße winken ein paar verlockende Bäckereien. Eine davon, die J.J. Bakery, kredenzt auch Thai-Mahlzeiten.

An- und Weiterreise

■ **Busse ab Chiang Mai** (Chang Pueak Bus Station) fahren zwischen 5.00 und 18.00 Uhr jede Stunde, einige auch weiter bis Thaton. Die Strecke Chiang Mai–Fang kostet 80 Baht. Etwas schnellere Mini-Busse fahren für 130 Baht. Die Straße krümmt und windet sich durch die Berge, und man kann nur auf einen nüchternen und besonnenen Fahrer hoffen (Fahrzeit ca. 3 Std.). Auf dem Weg liegen die Chiang Dao-Höhlen (s. o.).

■ **Busse nach Thaton** fahren für 30 Baht, Songthaews ebenfalls für 30 Baht.

Fang

0 —— 100 m © Reise Know-How 2013

THAI055

Übernachtung
2 Baan Fang
3 Preeya Mansion
7 Chok Thani Hotel

Essen und Trinken
4 Restaurant
5 Restaurant
6 J.J. Bakery

Einkaufen
1 Souvenir-Shop

Der Norden

● **Busse nach Mae Sai** fahren zu 83 Baht. (Fahrzeit ca. 2½ Std.).

Ausflug zum Doi Angkhang

Fang ist ein guter Ausgangspunkt für eine Fahrt zum Doi Angkhang (1300 m). Dazu benötigt man allerdings ein **eigenes Fahrzeug** – Auto oder zuverlässiges Motorrad. In der Regenzeit kann die Strecke unbefahrbar werden.

Das Klima auf dem Doi Angkhang ist meist sehr kühl, oft sogar kalt – im Januar kann es auf dem Gipfel zu Temperaturen knapp **unter dem Gefrierpunkt** kommen. Das kühle Klima und die herrliche Bergwelt haben der Region den Namen „Little Switzerland" eingetragen.

Die Straße zum Doi Angkhang zweigt von der Straße Chiang Dao – Fang kurz vor dem Dorf **Chai Prakan** (12 km südl. von Fang) ab. Zunächst durchzieht die Straße das fruchtbare Fang Valley, dann steigt sie steil an in das Bergmassiv an der thailändisch-burmesischen Grenze.

Am Ende der steilen Fahrt erreicht man einen Polizei-Grenzposten, hier teilt sich die Strecke: Eine Straße führt südwärts zum Bergdorf Tam Ngop, die andere hinunter in das Tal, nach dem der Doi Angkhang benannt ist. Vor einem liegen nun (nur ein paar Kilometer entfernt) die **Berge Myanmars.**

Das **Dorf** Angkhang wird von Yunnan-Chinesen und verschiedenen Bergvölkern bewohnt, vor allem Lahu und Akha. Über dem Ort sieht man die Royal Angkhang Station, eine Versuchsstation, in der Obst- und Gemüsesorten aufgezogen werden, die naturgemäß in kühlem Klima wachsen – Erdbeeren, Pfirche, Birnen u. a. Diese sollen den Bergbewohnern, die traditionell vom Opiumanbau lebten, zu einer neuen Einkommensquelle verhelfen. Bis vor einigen Jahren wagten sich hierhin nur Guerillas und Drogenhändler. Heute werden auch legale Waren verschachert, darunter die burmesischen Cheerot-Zigarren, die – wie alle anderen burmesischen Waren – per Maulesel herbeigetragen werden.

Unterkunft

Auf dem Gelände der Royal Agriculture Station befindet sich das komfortable **Angkhang Nature Resort**LLL (Tel. 053-450110, Fax 053-450120, www.amari.com-angkhang). Das gemütliche Resort ist in traditioneller Holzbauweise errichtet, und die Zimmer sind mit thailändischen Handwerksartikeln und Stoffen ausgestattet. Das Restaurant bietet einheimische und westliche Küche.

Thaton
บ้านท่าตอน

Thaton liegt idyllisch am Mae-Kok-Fluss und ist von Hügeln umgeben. Die beste Aussicht über diese malerische Landschaft erhält man von **Wat Thaton** aus, an dem ein großer weißer sitzender Buddha die Szenerie zu überblicken scheint. Der Bot am Fuße des Buddhas ist aus Holz und äußerst hübsch. Am Rande des Hügels ist ein Ausguck errichtet worden, von dem man atemberaubende Ausblicke erhält. In den letzten Jahren ist viel Geld von Chinesen aus Bangkok und Thaton in den Tempel geflossen, was zu diversen Zubauten führte. Darunter sind einige Buddha-Statuen

5

und eine Terrasse, von der sich hervorragende Blicke auf den Fluss bieten.

Zwei Wege führen zum Wat Thaton. Beide zweigen von der Hauptstraße ab, der eine gleich hinter der Brücke auf der südlichen Flussseite.

In der Umgebung befinden sich viele **Berg-Dörfer.** Diese werden von Lisu, Karen, Haw und Akha bevölkert. Am Songthaew-Haltepunkt können Gefährte dorthin angemietet werden. Eine Fahrt zum Karen-Dorf Ban Muang Ngan z. B. kostet 20 Baht/Person.

Am aufregendsten dürfte aber ein **Boot-Trip auf dem Mae Kok** nach Chiang Rai sein. Eine Fahrt dorthin kann am Boat Office gebucht werden, das kostet 300 Baht. Die Fahrt dauert etwa dreieinhalb bis fünf Stunden, je nach Anzahl der Stopps. Gelegentlich wird angelegt, um ziemlich aufdringlichen Bergbewohnern die Gelegenheit zum Warenverkauf zu geben.

Störend kann auch der enorme Motorenlärm sein, gegen dem man sich am besten die Ohren verstöpselt. Eine Kopfbedeckung ist ebenfalls zu empfehlen, zusätzlich vielleicht noch ein Sitzkissen wegen der harten Sitzbänke; für etwa 50 Baht kann man sie sogar an der Abfahrtsstelle in Thaton kaufen. Wenn man sich auf diese Weise ausgestattet hat, kommt man endlich dazu, diese Tour dann auch voll zu genießen.

Die Bootsstrecke nach Chiang Rai ist eine wahre Bilderbuchstrecke – wenn man einmal von anderen Booten, ebenfalls mit Touristen bestückt, absieht. Abfahrt täglich um 12.30 Uhr.

Die Guest Houses in Thaton organisieren auch längere **Floß-Trips** nach Chiang Rai (3000 Baht, 3 Tage, ohne Verpflegung). Die Flöße sind spartanisch eingerichtet und haben Platz für bis zu 6 Personen.

Unterkunft

■ Das **Apple G.H.***–****** (Tel. 053-373144, Fax 053-373145) bietet helle und einfache, aber saubere Bungalows für 800 Baht. Ein Restaurant ist angeschlossen.

■ Sehr empfehlenswert ist das von einem Franzosen und einer Thailänderin geleitete **Old Tree's House***–LLL** (Tel. 085-7229002, http://oldtrees house.net/en), das 300 Meter außerhalb sehr nett eingerichtete Bungalows (die teureren für bis zu 5 Personen), um einen kleinen Swimmingpool herum bietet. Im Zimmerpreis sind Wi-Fi, TV, DVD- und CD-Spieler, Minibar, Kleiderwäsche und Frühstück inbegriffen.

■ Das **Maekok River Village Resort**LLL (Tel. 053-459355, Fax 053-459329, www.track-of-the-tiger.com) wird von zwei früheren Englischlehrern geleitet, hat Swimmingpool und bietet Massage- und Kochkurse sowie Rafting-, Trekking- und Höhlen-Trips. Komfortable, z. T. sehr große Zimmer mit A.C. und allen Schikanen, dazu Familienhäuser. Sicher Thatons teuerste und luxuriöseste Unterkunft bei 3250 Baht das Zimmer. Das Resort findet sich etwas außerhalb des Ortes an der Straße nach Mae Salong.

■ Komfortable Stein- und Holzbungalows mit Bad im **Garden Home**–****** (Tel. 053-373015), direkt am Fluss gelegen. Drum herum breitet sich eine schöne Anlage aus. Zimmer z. T. mit A.C. und TV. Ein gutes Restaurant ist angeschlossen. Empfehlenswert.

■ Gleich neben dem Garden Home befindet sich das große **Baan Suan Riverside Resort ****–******* (Tel. 053-373214, Fax 053-373215, baansu anriverside@hotmail.com). Einige der sauberen und recht großen Bungalows stehen direkt am Fluss und haben A.C. Das Restaurant dieser sehr schönen Bungalowanlage hat kürzlich den *Clean Food Good*

Taste-Preis des Gesundheitsministeriums erhalten. An Wochenenden kann es wegen thailändischer Tourgruppen recht laut zugehen.

🔳 Das **Thaton Chalet****–***** (Tel. 053-373155, Fax 053-373158, www.thatonchalet.com) ist das einzige Hotel in Thaton, direkt an der Brücke über den Mae Kok gelegen. Alle Zimmer haben Heißwasser, A.C. und TV. Das Chalet Restaurant serviert thailändische und Gerichte aus dem Westen.

🔳 15 km östlich von Thaton, an der Straße 1089 befindet sich in dem Karen-Dorf Muang Ngam das von einer Karen-Familie geleitete, originelle **Reinato Bamboo House **–*** (Tel. 087-1856172, reinatoshouse@windowslive.com). Das an einem kleinen Fluss gelegene Familienhaus ist von einigen einfachen Bambushütten umgeben. Eine Übernachtung mit zwei Mahlzeiten kostet 200–500 Baht und der sehr freundliche Besitzer organisiert 1–4 Tagestrecks in die umliegenden Dörfer, die von

Karen, Akha, Lahu und Lisu und Kayan (Longnecks) bewohnt werden. Um zu dem Haus zu gelangen, nehme man ein Songthaew von Thaton Richtung Mae Chan. Das Guest House ist gut ausgeschildert. Am Ortseingang biege man rechts ab, dann noch ca. 1 km durchs Dorf.

Anreise

🔳 **Busse** ab Chiang Mai kosten 90 Baht, Abfahrt vom Busbahnhof Chang Pueak *(satthani rot-mee chaang püak)* Da nur wenige Busse direkt bis Thaton fahren, muss man u. U. erst einen Bus nach Fang nehmen, von wo Songthaews und Busse weiter nach Thaton fahren (23 km; jeweils 30 Baht).

🔳 **Boote** nach Chiang Rai legen um 12.30 Uhr ab, Kostenpunkt 350 Baht. Fahrzeit 5–6 Std. (stromaufwärts!). Wer sein eigenes Boot mieten will, hat 1900 Baht zu zahlen (maximal 6 Passagiere)

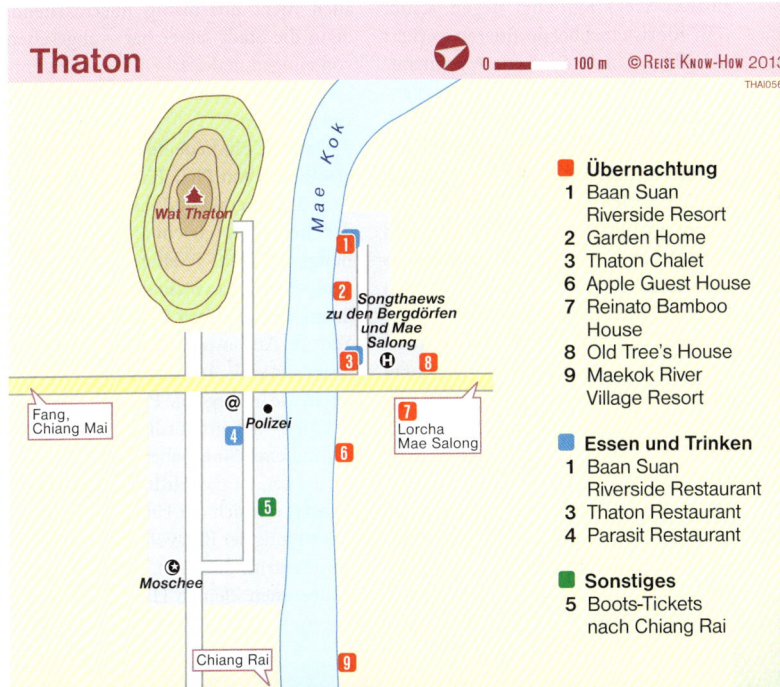

Thaton

0 ▬▬ 100 m   © REISE KNOW-HOW 2013

THAI056

Mae Kok

Wat Thaton

Songthaews zu den Bergdörfen und Mae Salong

Fang, Chiang Mai

@ Polizei

Lorcha Mae Salong

Moschee

Chiang Rai

🔴 **Übernachtung**
1 Baan Suan Riverside Resort
2 Garden Home
3 Thaton Chalet
6 Apple Guest House
7 Reinato Bamboo House
8 Old Tree's House
9 Maekok River Village Resort

🔵 **Essen und Trinken**
1 Baan Suan Riverside Restaurant
3 Thaton Restaurant
4 Parasit Restaurant

🟢 **Sonstiges**
5 Boots-Tickets nach Chiang Rai

Weiterreise

■ **Songthaews** fahren für 50 Baht nach Mae Sai, für 80 Baht nach Mae Salong.

Umgebung von Thaton

Ca. 25 km östlich von Thaton an der Straße 1089 liegt das **Akha-Dorf Lorcha.** Dieses wird als Kooperative, mit Hilfe der nichtstaatlichen Organisation PDA, unter deren Management das Hilltribe Museum in Chiang Rai steht, geführt. Um den Bewohnern des Dorfes einen fairen Verdienst zu garantieren, kostet der Besuch des Dorfes 80 Baht Eintritt. Das ist nicht jedermanns Sache, und viele Touristen halten derlei Dörfer für menschliche Zoos. Die Tatsache, dass viele Dörfer der Bergstämme, die an regulären Trekkingrouten liegen, kaum vom Touristentrubel profitieren, verliert sich allzu oft in der Suche nach vermeintlicher Authentizität seitens der Trekker.

Die Akha im Dorf Lorcha sind genauso authentisch wie andere Akha anderswo in Nordthailand. Das Dorf ist vor den Eingriffen christlicher Missionare relativ geschützt, und die Bewohner sind stolz auf ihre Kultur. Einige Akha im Dorf sprechen etwas Englisch, und man kann an **Führungen** teilnehmen, bei denen viele Aspekte ihrer Kultur erläutert werden, die ein Trekker durch Zufall kaum entdecken wird – das Dorf hat beispielsweise eine Schmiede, in der regelmäßig gearbeitet wird. Schmieden sind aus anderen „traditionelleren" Dörfern meist verschwunden. Geöffnet von 8.00 bis 16.00 Uhr, Getränke und Akha-Souvenirs sind am Ortseingang und einigen Ständen im Dorf erhältlich.

Chiang Rai

เชียงราย

Chiang Rai (45.000 Einwohner) wurde 1262 von König Mengrai begründet und war die Hauptstadt des Königreiches Lanna. Später wurde es von den Burmesen eingenommen und erst im Jahre 1786 zu einem Teil Thailands.

Die Stadt liegt 194 Buskilometer nördlich von Chiang Mai und ist die Hauptstadt der Provinz Chiang Rai, der nördlichsten Thailands.

Chiang Rai wirkt heute etwa so wie Chiang Mai vor zehn oder fünfzehn Jahren, alles ist noch ein bisschen provinziell. Der ganz große Tourismus-Boom, der hier von den Behörden erwartet wurde, ist bisher ausgeblieben. Das ist auch nicht übermäßig überraschend, denn die Stadt selber hat – abgesehen von einigen malerischen Szenerien entlang des Mae-Kok-Flusses – nicht allzu viel zu bieten.

Da wäre ein bedeutender Tempel zu erwähnen, **Wat Phra Kaeo,** in dem sich einst der Emerald Buddha befunden hat, der heute im gleichnamigen Wat in Bangkok steht. Weitere sehenswerte Tempel – so man nicht schon genug von ihnen hat – sind **Wat Phra Sing** und **Wat Yedyot.** Ansonsten dient Chiang Rai in erster Linie als Ausgangspunkt für Touren in die umliegende Provinz.

Keine Sehenswürdigkeit im herkömmlichen Sinne, aber doch einen Besuch wert, ist das **Hilltribe Education Centre,** das sich der Unterstützung und Ausbildung der Bergvölker verschrieben hat (Eintritt: 50 Baht). In einem angeschlossenen kleinen Hilltribe Museum

Chiang Rai

0 — 400 m © REISE KNOW-HOW 2013

THAI057

■ Einkaufen/Sonstiges
2 Orn's Books
19 Thai Airways
20 Night Market

Uttarakit Road
Ratdejdumrong Road
Vinitchaikul Road
Mae Kok

Ngammuang Road

Wat Phra Kaeo

Sankongnoi Road
Banphaprakan Road
Ratyotha Road

Wat Ming Muang

Trirat Road
Ruangnakorn Road

Sanambin Road

Bootspier

Markt, Mae Uhrturm

Wat Yedyot

Jetyot Road

Thrapkaset Plaza

Wat Phra Sing

Polizei

Gericht

Rattanakat Road

@
Paholyotin Road

Sankogchang Road

Walking St.
Thanalai Road

Visatwiang Road

Gefängnis

Prasopsuk Road

Uttarakit Rd.

Hilltribe Education Centre

Wat Sibun Ruang

Singhaklai Road

Seegerd Road

Wat Sriket

König-Mengrai-Denkmal

Chiang Mai, Lampang

Super Highway

Super Highway

Flughafen, Goldenes Dreieck, Mae Chan, Mae Sai, Chiang Saen

Stadion

Wang Chai

■ Übernachtung
1 Ben Guest House
6 Boonbundan Guest House
7 Tourist Inn
8 Jansom House
10 Wiang Inn
16 Wangcome Hotel
22 Kijnakorn Guest House Hotel
23 Ruang Nakhorn Hotel
24 Chat Guest House
25 Phowadol Resort & Spa
26 Mae Kok Villa (Guest House)
28 Dusit Island Resort
29 Mae Hong Son Guest House
30 Mirror Art Guest House
31 Rimkok Resort Hotel
32 Moon and Sun City Hotel
33 Chiang Rai Inn

35 The Golden Triangle Inn
36 Baan Warabordee
37 Ban Malai Guest House
38 Palm Garden Hotel

■ Essen und Trinken
3 Chic Dimsum
4 Lam Paw Jai
5 Siam Corner Rest., Cat Bar, R&B Bar, Chiang Rai Rasta Bar, Crazy Joe's, Coconut Bar

9 Vegetarisches Restaurant
11 Fumzuki Restaurant, Baan Chivit Mai
12 Connect Café
13 Nachtmarkt
14 Da Vinci Restaurant
15 Aye's Restaurant
17 Cafe Moi
18 Old Dutch Restaurant, Teepee Bar
21 Cheers Bar/ Restaurant
27 Cham Cha Restaurant
34 Cabbages & Condoms
35 Vegetarisches Restaurant

(620/1 Thanalai Rd., Tel. 053-740088) wird über deren Kultur, die Geschichte des Opiums und über den Besuch bei Bergvölkern informiert, ebenso wie in 25-minütigen Dia-Vorträgen, die auf Wunsch auf Deutsch, Englisch, Französisch, Japanisch oder Thai gehalten werden können. Außerdem gibt es in einem Laden von den Bergbewohnern hergestellte Handwerksartikel und eine Reihe Bücher zu kaufen. Zudem organisiert das Center Trekking-Trips, von denen die Minderheiten eher finanziell profitieren, als Treks die von kommerziellen Agenturen angeboten werden. Weiterhin angeschlossen sind eine Snack-Bar und ein kleines Reisebüro. Alle Erlöse des Centers, das der gemeinnützigen Population and Community Development Association (PDA) angehört, der größten gemeinnützigen Gesellschaft Thailands, kommen der Förderung der Bergvölker zugute.

Auf jeden Fall einen Besuch wert sind der **Night Market,** der noch traditioneller ist, als der in Chiang Mai, und der große **Nahrungsmittelmarkt** am frühen Nachmittag und Abend, wo es neben allerlei Gegrilltem vor allem Obst und Gemüse gibt. Gegen 16.00 Uhr scheint hier die ganze Stadt unterwegs zu sein und Angehörige der Bergvölker sitzen am Straßenrand und verkaufen Waldprodukte.

Information

■ Die **TAT** betreibt ein Büro in der Singhaklai Road, nördlich von Wat Phra Sing, Tel. 053-717433, 053-744674, tatchrai@tat.or.th. Hier gibt es Listen mit Unterkünften, einen Stadtplan und weitere Informationsbroschüren.

Unterkunft

Chiang Rai besitzt zahlreiche preiswerte Guest Houses und Hotels der Mittelklasse, allerdings sind die Wohnmöglichkeiten nicht so attraktiv wie in Chiang Mai.

Guest Houses

■ Sehr beliebt ist das **Ben Guest House **–***** (351/10 Sankong Noi Rd., Soi 4, Tel. 053-716775), dessen Besitzer drei Jahre in Frankfurt studiert hat und demzufolge Deutsch spricht; auf Anruf hin wird man notfalls auch vom Busbahnhof abgeholt. Es gibt eine Reihe verschiedener Unterbringungsmöglichkeiten, kleine Hütten, Zimmer mit Bad in einem Teak-Haus, dazu komfortable Zimmer mit A.C. Motorrad- und Jeep-Verleih.

■ Das **Boonbundan Guest House**–***** (1005/13 Yedyot Rd., Tel. 053-717040-1, Fax 053-712914) befindet sich nur ca. 3 Min. Fußweg von der Busstation entfernt; saubere und freundliche Zimmer (Bad). Angeschlossen ist ein Restaurant. Fahrrad-Verleih. Das Haus organisiert auch Trekking- oder Besichtigungstouren, unter anderem auf dem Rücken von Elefanten.

■ Das **Chat Guest House*–***** (3/2 Soi Sangkeaw, Tel. 053-711481, chathouse32@hotmail.com) ist ein alter Favorit. Schöne, kleine Bungalows (Bad, Heißwasser) in einer Gartenanlage ganz in der Nähe von Wat Phra Kaeo. Hier können Motorräder angemietet werden. Das Guest House bietet auch ein Restaurant und einen Internet-Service.

■ Das **Kijnakorn Guest House Hotel**–***** (24 Ruangnakhorn Rd., Tel. 053-744150), in der Nähe des Nachtmarktes, bietet kleine saubere Zimmer mit Bad und TV und kleinem Balkon. Einige Zimmer haben A.C. Sehr ruhig. Auch für Leute die planen, länger zu bleiben, sehr geeignet. Leider hat das Hotel kein Restaurant, allerdings findet man auf der Ruang Nakhorn Rd. problemlos einige kleine Essenstände.

■ Gleich nebenan befindet sich das **Ruang Nak-horn Hotel***–******* (25 Ruangnakhorn Rd., Tel. 053-711566, 053-745004), das ebenfalls saubere Zimmer bietet. Ein rund um die Uhr geöffneter Coffee-Shop ist ans Foyer angeschlossen.

■ Die **Mae Kok Villa Guest House*–**** steht in malerischer Umgebung gleich am Fluss (445 Singhklai Rd., Tel. 053-711786). Komfortable Zimmer und Bungalows mit Bad.

■ In einer ruhigen Gegend auf der anderen Flussseite befindet sich das **Mirror Art Guest House**–***** (199/1–3 Moo 21 Singhklai Rd, Tel. 053-716286, www.mirrorartgroup.org/guesthouse), das kleine, schön eingerichtete Zimmer mit Bad und Wi-Fi bietet. Teilweise mit A.C. Ein Restaurant ist angeschlossen und 10 % der Einnahmen gehen an die Mirror Art Foundation, die mit den Bergvölkern nördlich von Chiang Rai arbeitet.

■ Ebenfalls empfehlenswert ist das freundliche **Baan Warabordee***–****** (San Pannat Road, Tel. 053-754488) im Südosten der Stadt. Hier gibt es 16 saubere, schön eingerichtete Zimmer mit Bad, am Ende einer kleinen Straße, die von der Prasopsuk Road abzweigt.

■ Seit Mitte 2012 geöffnet ist das gegenüber liegende **Baan Malai Guest House***** (San Pannat Road, Tel. 084-5006669) zurzeit eine der besten Unterkünfte der Stadt. Gemütliche Zimmer mit A.C., TV, Kühlschrank, Wi-Fi und großen, soliden Holzbetten für 500 Baht, kaum mehr als fünf Minuten Fußweg vom Nachtmarkt und Stadtzentrum entfernt. Das Management ist dazu auch noch ausgeprochen freundlich.

■ Im neuen **Palm Garden Hotel****–******* (375/1 Phorkhun Soi 8, Moo 19 Robvieng, Tel. 053-742252-3, www.thepalmgarden.com), etwas außerhalb des Zentrums nahe dem Stadion, gibt es saubere Zimmer mit A.C., TV und Internet-Zugang. Kostenloser Abholdienst vom Flugplatz und Autovermietung. Frühstück inklusive, Zimmer ab 900 Baht.

■ Das **Mae Hong Son Guest House*–**** (126 Singhaklai Rd., Tel. 053-715367) in einem Soi ab-

seits der Singhaklai Road hat sehr preiswerte Zimmer mit und ohne eig. Bad. Angeschlossen ist ein gemütliches Garten-Café; es werden Kochkurse angeboten und Trekking-Touren organisiert. Motorrad-Verleih.

■ Das **Hill Tribe Art House**** in Ban Jalae (Mr. *Tep,* Tel. 086-9100162, tepthai@hotmail.com), 16 km nördlich von Chiang Rai, vermietet solide, einfache Bungalows mit Moskitonetzen, direkt an einem kleinen Fluss gelegen. Das Lahu-Dorf Ban Jalae betreibt ein kleines interessantes Museum und auch der Dorftempel ist sehr sehenswert. Hier leben ein paar zugezogene Akha-Familien. Um das Dorf gibt es gute Wandermöglichkeiten und der Sonnenaufgang von einem der Bergrücken über Ban Jalae ist spektakulär.

Hotels

Einige preiswerte Hotels sind in der Innenstadt zu finden.

■ Das **Tourist Inn**–***** (1004/4–6 Jedyot Rd., Tel. 053-714682, Fax 053-752094, touristinn1@hotmail.com) bietet recht einfache Zimmer mit Bad und teilweise mit A.C. Im Haus befindet sich eine Bäckerei, und Trekkingtouren in die Umgebung können von hier organisiert werden.

■ Das **Jansom House***** (897/2 Jedyot Rd, Tel. 053-714552) hat kleine, saubere Zimmer in einem Neubau, mit A.C. und TV für 450 Baht. Frühstück ist inklusive.

■ Das **Moon & Sun City Hotel***–****** (632 Singhaklai Road, Tel. 053-719279, Fax 053-744906, http://moonandsunhotel.net) bietet anonyme, aber komfortabel eingerichtete Zimmer mit A.C., TV, Kühlschrank, Wi-Fi und schönem Bad. Die Zimmer in der untersten Preisstufe sind allerdings sehr klein und haben keine Fenster. Parkplatz vorhanden.

■ Die Top-Hotels in der Innenstadt sind das **Wiang Inn Hotel*****–ᴸᴸᴸ** (893 Phaholyothin Rd., Tel. 053-711533, Fax 053-711877, wianginn@ksc.th.com) und das **Wangcome Hotel*****–ᴸᴸᴸ** (869

Pemawibhata Rd., Tel. 053-711800, 053-713841-8, Fax 053-712973, wangcome@loxinfo.co.th). In beiden Hotels, die sich gegenseitig Konkurrenz machen, beginnen die Zimmerpreise bei 1400 Baht, die Suiten kosten bis zu 6000 Baht. Alle Zimmer jeweils mit Bad, A.C., TV, Tel. und Mini-Bar; Swimmingpools vorhanden.

■ Etwa in der gleichen Klasse befindet sich das **Chiang Rai Inn******* (661 Uttarakit Rd., Tel./Fax 053-717700, 053-7177003). Komfortable Zimmer mit Bad, A.C., Tel. und Mini-Bar.

■ Eine wundervolle Anlage ist **The Golden Triangle Inn***-***** (590 Phaholythin Rd., Tel. 053-711339, 053-716996, Fax 053-713963, gotour@loxinfo.co.th) mit traditionellen, sehr komfortablen Holzbungalows und viel Grün drumherum.

■ Etwa 3 km außerhalb der Stadt, nahe dem Mae Kok-Fluss, befindet sich das in einer äußerst gepflegten und weitläufigen Gartenanlage eingebettete **Rimkok Resort Hotel*****–LLL** (6 Mu 4, Tel. 053-716445-60, Fax 053-715859, RKCRAI@rimkokresort.com). Die Anlage ist großartig, hat aber auch einen stolzen Preis.

■ Nahebei liegt das **Dusit Island Resort *****–LLL** (129 Kraisorasit Rd., Tel. 053-715777-9, Fax 053-715801, chiangrai@dusit.com) mit Luxuszimmern.

■ Das **Phowadol Resort & SpaLLL** (183 Moo 3 Rimkok, Tel. 053-718600, www.phowadol.com) liegt ebenfalls etwas außerhalb der Stadt. Eine weitläufige Gartenanlage mit 154 Zimmern und Bungalows, allesamt mit A.C. Die Zimmer sind nichts Besonderes, aber die Bungalow-Villen, um einen kleinen künstlichen See gruppiert, schwelgen in traditionell luxuriösem Lannastil. Dazu lässt sich auch noch eine 400 Quadratmeter große Villa mieten, mit allen Schikanen, ab 55.000 Baht.

Essen

Eine große Zahl von Restaurants befindet sich sowohl in der **Trairat** als auch in der **Paholyothin Road.**

■ Das **Cabbages and Condoms** (Thanalai Rd.) ist ein Ableger des bekannten Restaurants in Bangkok, das dem Hilltribe Education Centre angeschlossen ist. Das Restaurant hat sich neben guter Küche der Verbreitung des Gebrauchs von Kondomen verschrieben. Der Profit aus dieser Zweigstelle wird zur AIDS-Aufklärung verwendet. Geboten wird gehobene nordthailändische Küche.

■ Das **Cham Cha Restaurant** direkt neben dem Büro der TAT an der Singhaklai Road hat nur mittags geöffnet (bis 17.00 Uhr), aber die einfachen Holzbänke, guter Somtam (Papaya-Salat) und eine solide Auswahl thailändischer Gerichte sind ideal für eine Verschnaufpause beim Stadtrundgang.

■ Es gibt einige **vegetarische Restaurants** am Ort: Sehr gut ist das an der Paholyothin Road, Ecke San Kok Chang Road. Geöffnet täglich von 6.00–15.00 Uhr. Gerichte ab 7 Baht. Derselben Familie gehört ein vegetarisches Restaurant nahe der Stadtverwaltung *(tetsabaan)*. Ein weiteres befindet sich an der Singhaklai Road, gegenüber Wat Phra Sing. Geöffnet Mo–Sa 7.00 bis 17.00 Uhr.

■ Preiswerte italienische Gerichte kredenzt das **Da Vinci,** nicht weit vom Nachtmarkt auf der Phaholyothin Road. Die Pizzas sind authentisch und eine Weinkarte gibt es auch. In einem Hof hinter dem Restaurant verkauft ein **Deli** frisches Brot, Käse, Fleischwaren und diverse andere importierte Nahrungsmittel.

■ Wer in Chiang Rai japanisch essen will, landet bei **Fumzuki** an der Paholyotin Road, ein paar Meter südlich des Nachtmarktes.

■ Nebenan befindet sich das große **Aye's Restaurant,** das vor allem auf europäische Tourgruppen eingestellt zu sein scheint. Ja, es gibt auch Bratwurst. Die abendliche Live-Musik ist allerdings Thai.

■ Etwas weiter die Phaholyothin Road entlang befindet sich das **Old Dutch Restaurant,** das ebenfalls deutsche und natürlich holländische Speisen in europäisch-rustikalem Ambiente serviert.

■ Das **Siam Corner** auf der Jedyot Rd. hat ein gutes all-round-Menu thailändischer und westlicher Gerichte. Die Steaks sind nicht schlecht. Preiswert.

🔴 Absolut empfehlenswert ist das 100 Meter weiter nördlich gelegene **Lam Paw Jai,** das exzellente nordthailändischeSpeisen sowie Standards wie Somtam mit Sticky Rice bietet, zu ganz niedrigen Preisen. Dieses Restaurant ist nur in Thai ausgeschildert und hat auch nur mittags offen, ist aber leicht zu finden – es ist immer voll.

🔴 Noch ein paar Türen weiter ist das **Chic Dimsum,** wo es eine große Auswahl gedämpfter Klöße chinesischer Art gibt. Etwas teurer aber dennoch empfehlenswert, und bis abends offen.

🔴 An der Prasopsuk Road gegenüber der Busstation findet sich die **Baan Chivit Mai Bäckerei,** die einfache thailändische Gerichte und sehr gute Backwaren anbietet. Wer auf einen Bus wartet, kann hier dem Trubel auf der Straße entkommen.

🔴 Nebenan ist das **Connect Café,** das neben frischem Kaffee, Säften, einer Reihe von einfachen Speisen und Internetanschluss sowie Wi-Fi, auch noch ein paar Bücher verkauft.

🔴 Das **Café Moi** an der Paholyotin Road bietet Internet, frischen Kaffee aus der Region und Sandwiches, und ist aufgrund der zentralen Lage ein beliebter Treffpunkt für die jüngeren, westlichen Besucher der Stadt. Internet gibt's auch.

Unterhaltung

🔴 Die Hauptattraktion am frühen Abend in Chiang Rai ist der **Nachtmarkt,** der sich nahe der Busstation, östlich der Paholyothin Rd. ausbreitet. Die Bergvölker der Region verkaufen hier ihre Waren, traditionelle Tanzveranstaltungen finden allabendlich statt und ein riesiger Essensmarkt und Open-Air-Restaurant bieten großartige Gerichte der Region.

🔴 **Entlang der Jetyot Road** befinden sich eine Reihe kleiner Bars, teilweise von jungen Damen besetzt, wo Live-Musik oder Pool geboten wird. Sogar zwei Go-Go-Bars haben hier inzwischen geöffnet.

🔴 Ebenfalls auf der Jetyot Road ist die **Chiang Rai Rasta** Bar zu finden, wo allabendlich *No Woman No Cry* mehr oder weniger authentisch von einer Band gespielt wird. Dazu Billiard, kaltes Bier und Hippie-Ambiente.

🔴 Folgt man der Phaholyothin Road etwa 2 km nach Süden an die Stadtgrenze, so findet man auf der linken Seite einen **Nightlife-Bezirk,** der Discos, Massageläden, Poolhallen und Bars mit Namen wie *Sperm Bar* und *The Womb* bietet.

🔴 Die **Teepee Bar** auf der Phaholyothin Road ist seit Jahren Treffpunkt für alternative Elemente der Stadt. Laute Rockmusik, kaltes Bier und dunkle, aber gemütliche Atmosphäre.

Einkaufen

🔴 Chiang Rais **Night Market,** von der Paholyotin Road etwas zurückversetzt, bietet nicht nur eine gute Auswahl Souvenirs, sondern auch gutes Essen in zwei großen Food Courts.

🔴 Entlang der Thanalai Road, westlich des Hilltribe Museums findet samstags abends die sogenannte **Walking Street,** ein sehenswerter Straßenmarkt, statt, wo es allerlei Leckeres aus dder Region zu essen gibt, und wo man auch noch ein paar interessante Einkäufe machen kann.

🔴 **Bücher:** *Orn's Books,* von einem Deutschen betrieben und am Ende einer Gasse hinter dem Boonbundan Guest House zu finden, ist der einzige Bücherladen für gebrauchte Titel in Chiang Rai. Gegenüber der Busstation an der Prasopsuk Road befindet sich das *Connect Café,* wo neben einer kleinen Auswahl Reiseführer und Bestseller-Romane eine High-Speed-Internet-Verbindung und guter Kaffee und Kuchen angeboten werden.

Anreise

🔴 **Busse ab Chiang Mai** fahren entweder die neuere und kürzere Strecke über Route 118 oder die ältere über Route 1 (über Phayao). Der Streckunterschied ist erheblich: 194 bzw. 337 Kilometer;

Ausflug nach Ban Hin Taek

Das Dorf Ban Hin Taek war lange Zeit unerreichbar. Nominell gehörte es zwar zu Thailand, kein thailändischer Beamter aber hätte sich jemals dorthin gewagt.

Nördlich von Mae Salong in einem Landzipfel gelegen, der wie ein Finger in **Myanmar** einzudringen scheint, war es Anfang der 1980er Jahre das **Hauptquartier des Drogenbarons Khun Sa** und seiner Shan United Army. Diese hatte hier ein mehrere Quadratkilometer großes Militärlager errichtet, über dem stolz ihre Flagge wehte. 1996 jedoch ergab sich die weltweit wegen Drogenschmuggels auf den Fahndungslisten stehende *Khun Sa* den burmesischen Behörden, handelte Frieden mit ihnen aus und sicherte sich einen geruhsamen Lebensabend. Seine ehemaligen Soldaten, die jahrelang mit ihm für einen unabhängigen Shan-Staat gekämpft hatten, ließ er verbittert zurück. 2007 starb *Khun Sha* in seiner Villa in Rangun. Dem Drogenschmuggel ist aber beileibe nicht der Garaus gemacht. Heute werden Millionen von Amphetamin-Tabletten über die poröse Grenze geschmuggelt, die in Labors direkt hinter der Grenze hergestellt werden.

Ban Hin Taek, das „Dorf der zerbrochenen Steine", ist erst seit Mitte der 1990er Jahre zugänglich. Offiziell heißt es heute *Ban Thoert Thai,* „Dorf zur Ehre Thailands", für die Einheimischen gilt jedoch noch immer der ursprüngliche Name. Es ist ein ungewöhnliches Ausflugsziel, **eine der abgelegensten Siedlungen Thailands.** Ein eigenes Fahrzeug ist absolut vonnöten, in der Regenzeit unbedingt eins mit Vierradantrieb.

Die Straße nach Ban Hin Taek, Route 1234, beginnt bei Ban Basang, ca. 2 km nördlich von Mae Chan. Etwa 13 km vor Mae Salong gelangt man zu einer Kreuzung genannt *Sam Yaek* („Dreierkreuzung"), um die herum sich ein Akha-Dorf angesiedelt hat. Hier wird jeder Wagen von thailändischen Soldaten angehalten. Einige Stände verkaufen Hilltribe-Souvenirs, andere „Padaung Whisky", burmesische *Cheerots,* eine Art Zigarren, oder *Lungyi,* die burmesischen Sarongs. An der Kreuzung geht es – von Mae Chan kommend – links weiter nach Mae Salong, rechts in Richtung Ban Hin Taek. Nach 13 km, über zahlreiche Windungen und Kurven, vorbei an von Brandrodung zerstörter Landschaft, erreicht man Ban Hin Taek. Das Dorf erstreckt sich etwa 3 km entlang der Straße und wirkt für diese Gegend relativ wohlhabend. Die Bevölkerung ist ein bunter Ethno-Mix aus Shan, moslemischen Haw-Chinesen, Nord-Thais, dazu Bergvölkern wie den Akha und Lawa. Die Häuser erinnern an die in der chinesischen Provinz. Ban Hin Taek grenzt an drei Seiten an Myanmar, und bei all den Einflüssen fühlt man sich hier wie in einem kleinen **kulturellen Schmelztiegel** – ein Mini-Babylon im Niemandsland!

Ein kleines **Museum** zu Ehren von *Khun Sha* hat oberhalb des Dorfes geöffnet. Das Museum, eigentlich eine Sammlung von Gebäuden die einst als das Hauptquartier des Generals fungierten, befindet sich ca. 10 Min. Fußmarsch vom Markt entfernt. Die Atmosphäre ist schon etwas merkwürdig und in einigen der Räume werden Fotos aus dem Leben Khun Shas und seinen Kämpfern ausgestellt. Sein Bett, komplett mit Plüschdecke, ist auch noch zu sehen. Ein junger Shan, der in einem Haus nahe dem Museum lebt, hat den Schlüssel. Eintritt: 70 Baht.

Erstaunlicherweise gibt es in dieser so abgelegenen Region noch **Unterkünfte:** Das **Gred**

Petch Guest House** (Tel. 053-730197) besteht aus ein paar kleinen, in einer netten Gartenanlage gelegenen Bungalows; das **Kyusei Hotel** ist ein motelähnlicher Betonbau und weniger ansprechend.

Es gibt von hier eine Straße nach **Doi Tung,** dem „Flaggenberg". Dieser Ort befindet sich ca. drei haarsträubende Fahrstunden weiter östlich; die Strecke führt in Haarnadelkurven endlos auf und ab. Bei Doi Tung befindet sich eine Sommer-Residenz der Mutter von *König Bhumipol,* die 1995 verstarb. Die Residenz, die **Doi Tung Royal Villa,** zeichnet sich durch einen wunderschönen Blumengarten aus, der vor allem thailändische Tagesausflügler anzieht. Eintritt 150 Baht. Geöffnet tgl. 8.00–17.00 Uhr; geschlossen Juli–September. Angeschlossen ist eine ausgesprochen gute Kantine mit nordthailändischer Küche. Direkte Busse nach Huay Khrai bei Doi Tung fahren ab Chiang Rai für 15 Baht; weitere direkte Busse ab Mae Sai.

In der Umgebung von Doi Tung bieten sich großartige Ausblicke auf die Ebene von Mae Sai. Von hier kann man weiter in Richtung Westen zur Route 110 fahren und dann nach Mae Sai oder Chiang Rai.

Fahrzeit 3 bzw. 6 Std. Die Busse über die kürzere Strecke fahren ab der Arcade Bus Station in Chiang Mai; Normalbus 94 Baht; A.C. 132, bzw. 169 Baht (A.C. 1. Kl.) und 263 Baht per VIP-Bus. Die Busse (nur Normalbusse) über die alte Strecke fahren ab der Nawarat-Brücke (102 Baht).

■ **Busse ab Bangkok** fahren ab dem Northern Bus Terminal und kosten 452/475/581 Baht, V.I.P. 905 Baht. Fahrzeit 12 Std.

■ Direkte Busverbindungen bestehen weiterhin ab Chiang Saen (29 Baht, 90 Min.), Khon Kaen (430/553 Baht, 12 Std.), Mae Sai (30 Baht, 90 Min.), Mae Sot (354/455 Baht, 8 Std.), Nakhon Ratchasima (Khorat) (473/610/710 Baht, 12 Std.), Nan (60/140/164 Baht, 4 Std.), Phayao (33/44 Baht, 2 Std.), Lampang (102/143 Baht, 5 Std.) Phitsanulok (249 Baht, 7 Std.) und Phrae (148 Baht, 5 Std.).

■ **Flüge mit der Thai Airways ab Bangkok** kosten ab 2000 Baht, bzw. Business Class 4000 Baht. Täglich gehen drei Flüge, Flugzeit 1 Std. 15 Min.

■ **Flüge mit Air Asia ab Bangkok** (3-mal täglich) kosten ab 1500 Baht, allerdings muss über das Internet gebucht werden (www.airasia.com).

■ **Flüge mit Orient Thai ab Bangkok** (1-mal täglich) kosten ab 1900 Baht. Callcenter 1126 oder www.flyorientthai.com.

■ **Kan Air** (www.kanairlines.com) fliegt einmal täglich nach Chiang Mai. Kostenpunkt 2000 Baht.

Weiterreise

■ Fahrten mit dem **Samlor** innerhalb von Chiang Rai kosten für ganz kurze Strecken (max. 2 km) mit Glück 20 Baht, längere Strecken 30–50 Baht. Zum Flugplatz hat man 150 Baht zu zahlen.

■ Für **Busse** ab Chiang Rai zu umliegenden Zielen siehe „Anreise".

■ **Mietwagen** bieten die folgenden Unternehmen an: North Wheels (591 Paholyotin Rd., Tel. 053-740585), Avis (im Flughafen und Dusit Island Resort, Tel. 053-715777) und Budget Rent-A-Car (Golden Triangle Inn, 590 Phaholyothin Rd., Tel. 053-

740442-3). Dazu gibt es einige kleinere, aber auch preiswertere Unternehmen um das Wiang Come Hotel herum.

■ Vom Pier am Mae Kok im Norden der Stadt fahren **Boote** stromauf nach Thaton, die zwischendurch auch in anderen kleineren Orten halten. Fahrtkosten bis Thaton 350 Baht, Fahrzeit 4½–5½ Std. Abfahrt täglich um 10.30 Uhr. Bei Chiang Rai Boat Tour (Tel. 053-750009) können Boote gechartert werden; Preis bis Thaton 2000 Baht.

■ Büro der **Thai Airways:** 870 Paholyothin, Tel. 053-711179, 71205, Airport Tel. 053-798202.

Umgebung von Chiang Rai

Wer wirklich von den Touristenpfaden abkommen will, sollte einen Ausflug in das **Wawi-Tal,** südlich von Chiang Rai, erwägen. Ein eigenes Motorrad oder Auto ist für diese Reise unbedingt erforderlich. Zunächst folge man der Straße 118 Richtung Mae Suai. Ungefähr 40 km südlich von Chiang Rai, kurz vor Mae Suai, biege man rechts ab. Wawi ist ausgeschildert. Die Straße verläuft zunächst entlang eines Stausees. Sowohl am See als auch in den Hügeln oberhalb der Straße befinden sich eine Reihe Dörfer die von Bergvölkern bewohnt werden – den Karen, Lisu, Lahu und Akha. Manche der hochgelegenen Dörfer sind nur per Fahrzeug mit Allradantrieb zu erreichen. Nach ungefähr 15 km erreicht man das Karen-Dorf **Ban Thung Phrao.** Hier findet sich die einzige gute Schlafmöglichkeit im Tal. Das Karen Nature Lodge**–*** (Tel. 086-1867301, karenlodge@gmx.net) hat sehr schöne Bungalows in einer gepflegten Gartenanlage und ein gutes Restaurant in dem allerlei Werkzeuge und Utensilien der Bergvölker ausgestellt sind.

Wer weiter das Tal erkunden will, findet über die nächsten Kilometer hinweg eine Reihe von Lahu und Lisu-Dörfern. Während viele Dörfer, die direkt an der Straße liegen, inzwischen an die Missionaren verfallen sind, halten abgelegenere Gemeinden weiterhin an alten Traditionen und dem Animismus fest. Teile der Strecke sind noch dicht bewaldet, ansonsten hat der Hochlandreis den Dschungel ersetzt. Knapp 40 km hinter Ban Thung Phrao erreicht man die Stadt Wawi die fast ausschließlich von chinesischen Haw bewohnt wird. Wawi ist recht wohlhabend und auf den Hügeln um die Stadt wird Tee angebaut.

Seit 2005 kann man die Straße noch ca. 20 km in Richtung Myanmar-Grenze weiter fahren – schließlich trifft man auf die 1089. Biegt man nun rechts ab, so ist man nach weiteren 50 km in Mae Chan, 17 km nördlich von Chiang Rai.

Mae Salong
แม่สลอง

Mae Salong ist wohl einer der merkwürdigsten Orte Thailands. Die Bewohner sind ehemalige Kuomintang-Soldaten Chang Kai Cheks und deren Nachkommen. Nach dem Sieg Mao Tse Tungs im Jahre 1949 flohen sie aus China nach Burma und siedelten im Jahre 1961 nach Thailand über. Hier waren sie willkommen, da die thailändische Regierung in ihnen eine wirkungsvolle Grenzschutztruppe sah. Die ehemaligen Soldaten begannen aber bald, Opium anzubauen und zu schmuggeln, und bis heute sind diese illegalen Aktivitäten die Hauptein-

Wat Boromathat

Moschee

Wat Santi Khiri

Polizei ●

Pha Sang, Mae Chan

■ **Übernachtung**
1 Mae Salong Resort
4 Baan See See
6 Little Home G.H.
7 Shin Sane G.H.
9 Akha Mae Salong
  Guest House
10 Mae Salong
   Central Hills Hotel
12 Mae Salong Villa

■ **Essen und Trinken**
3 Mini Vegetarian Rest.
5 Shin Sane Restaurant
12 Mae Salong Restaurant

■ **Einkaufen**
2 Markt der Bergvölker
8 Morgen-Markt
11 Teegeschäfte

nahmequelle des Ortes. Bei oben genannten Machenschaften kommt es nicht selten zu gewaltsamen Auseinandersetzungen. Und dabei hatten die Thais die Siedlung der Chinesen hoffnungsvoll *Shanti Khiri* getauft, was „Berg des Friedens" bedeutet.

In Mae Salong hat man das Gefühl, in China gelandet zu sein. Die hölzernen Häuser sind im **chinesischen Stil** erbaut, die Einwohner sprechen Mandarin (Thais haben im Ort Kommunikationsschwierigkeiten), und die kleinen Krämerläden führen allerlei geschmuggelte chinesische Waren. Von diesen ist der *senji* eine Kostprobe wert, ein chinesischer Whisky, der bei dem eventuell

kühlen Höhenklima das Blut erwärmt und in volle Zirkulation bringt. Am Boden der Senji-Flaschen schwimmen ein paar unergründliche Wurzeln, und die geben dem Getränk die richtige Effizienz. Außerdem gibt es chinesische Medizin oder chinesischen Tee zu kaufen, und aus dem nur 7 km entfernten Myanmar kommen Zigaretten oder die dicken, zigarren-ähnlichen *cheroot,* die in Thailand *buri poermaa* genannt werden, „burmesische Zigaretten". Mae Salong ist ein **Schmugglerparadies.**

Zudem wird überall Tee und Kaffee angeboten – beide Pflanzen werden um Mae Salong auf steil abfallenden Bergterrassen angebaut.

Doch auch touristisch hat es seine Reize. Von dem Hügel hinter dem Mae Salong Guest House hat man einen herrlichen Ausblick auf den Ort. Wer früh genug aufsteht, kann den kleinen **Markt** beobachten, der sich um 5.00 Uhr vor dem Mae Salong Guest House bildet. Akha-Frauen in ihrer traditionellen Tracht kommen mit ihren Kindern und verkaufen Gemüse. Einige der Frauen lassen sich für 10 Baht pro Foto ablichten, ein Beweis, dass das kommerzielle Zeitalter auch vor ein paar Hügeln nicht halt macht. Andere Akha-Frauen wiederum lassen sich auch für Geld nicht fotografieren.

Eine Sehenswürdigkeit herkömmlicherer Art ist der auf einem Hügel gelegene, den Ort überblickende **Wat Boromathat.** Dieser erst wenige Jahre alte Tempel ist über eine 3 km lange Straße zu erreichen, die nahe dem Khumnaipol Resort von der Hauptstraße abzweigt.

In letzter Zeit scheint Mae Salong besonders taiwanesische Touristen anzuziehen. Diese huldigen dem **Grab von General Duan Shi-Wen,** des letzten Befehlshabers des 93. Regiments der Kuomintang-Armee. Das Grab befindet sich nahe dem Khumnaipol Resort, von wo ein ausgeschilderter Weg dorthin führt. Bewacht wird es von einem alten Soldaten, der so um die 90 sein muss. Das Resort übrigens gehört der Familie von General *Shi-Wen.*

Abgesehen vom Grab erfreuen sich die Taiwanesen hier an den diversen chinesischen Gesundheitsmittelchen, die der Ort bietet. Eine Spezialität: **Tigerpenisse!** Ein Extrakt daraus soll dem eigenen, untigerhaften Glied auf die Sprünge helfen. (Die Kunden wissen leider nicht, dass über 90 % der in Thai-

land angebotenen „Tiger-Penisse" Imitationen sind, hergestellt aus Rindersehnen.) Die Taiwanesen haben nebenbei einen Boom an Karaoke-Bars ausgelöst, Sangeskünstler finden also ein weites Betätigungsfeld.

Die Gegend um Mae Salong ist bestens für **Wanderungen** geeignet, vor allzu mutigen Alleingängen abseits der Hauptwege sei aber gewarnt. Das gilt besonders für Märsche in Richtung burmesischer Grenze, wo es schon zu **Überfällen** gekommen ist. Die thailändische Polizei hat hier oben nicht viel zu melden, es gilt das Gesetz der Gesetzlosen.

Kein Problem ist es allerdings, die **Wang Poot Tan Tea Farm** zu besuchen, die etwas südlich des Städtchens liegt. Eintritt frei.

Einen Kilometer westlich von Mae Salong, in Richtung Thaton, ist das **Chinese Martyr Memorial Museum** zu finden. Das monumentale Bauwerk ist von der Hauptstraße kaum zu übersehen. Drei lange, im Pagodenstil bedachte Gebäude erstrecken sich über einen kargen Hügel. Ein großes vergoldetes Denkmal, in dessen Zentrum sich eine riesige Faust um eine Opiumknospe schließt, steht vor dem Museum. Im Gebäude links vor der Gedenkhalle erzählt eine Foto-Ausstellung die Geschichte der chinesischen Flüchtlinge im zweiten Weltkrieg. Sie waren aus Taiwan nach Südostasien eingeflogen worden, um *Maos* Truppen von Burma aus zu bekämpfen. In der rechten Halle widmen sich eine Ausstellung der Rehabilitation dieser Soldaten und ihrer Familien durch die königliche Familie Thailands und das thailändische Militär. Leider ist nur eine einzige Schrifttafel auf Englisch. Eintritt: 30 Baht.

Unterkunft

Die gehobenen Resorts werden an Wochenenden von vielen Thais aufgesucht, besonders in den kühlen Monaten November bis Januar. In diesem Falle könnten die Unterkünfte voll ausgebucht sein. Das gleiche gilt an Feiertagen. Zu anderen Zeiten lassen sich die Preise um bis zu 30 % herunterhandeln.

In allen Unterkünften ist es morgens um 6.00 Uhr um die Schlafensruhe geschehen, denn dann werden über öffentliche Lautsprecher ohrenbetäubend laute Radionachrichten verbreitet. Die Tortur dauert etwa eine Stunde. Für diejenigen, die den Morgenmarkt miterleben wollen, kommt das Wecken aber gerade richtig.

■ Das **Shin Sane Guest House***–** (Tel. 053-765026) ist die älteste Unterkunft am Ort, simple, aber urige Zimmer ohne eigenes Bad kosten 50 Baht/Pers., dazu gibt es Zimmer mit eigenem Bad für 200 Baht sowie neuere kleine Bungalows in einem Garten hinter dem Hauptgebäude für 200 Baht. Das Guest House bietet für Gäste eine gute Trekking-Karte der Umgebung.

■ Gleich daneben ist das neue und sehr freundliche **Little Home Guest House****–*** (Tel. 053-765389, www.maesalonglittlehome.com). Besitzer *Sombun* bemüht sich um seine Gäste, die alle eine handgezeichnete Karte von Mae Salong und Umgebung in die Hand gedrückt bekommen. Im Hauptgebäude gibt es Zimmer ohne Bad und ein Restaurant, das Gerichte aus Yunan und Nordthailand serviert. Außerdem stehen hinter dem Haus eine Reihe sehr attraktiver Bungalows (Bad, TV, Wi-Fi) in einem Garten, teilweise mit toller Sicht über die Stadt und die Berge. Gäste werden für 1200 Baht in Chiang Rai abgeholt.

■ Ebenfalls zu empfehlen ist das **Baan See See***** (Tel. 053-765053), ein paar Meter die Stra-ße weiter hinauf vom Little Home. Rote Bungalows mit Balkonen in einer gepflegten Gartenanlage, teilweise mit tollem Blick übers Tal, allesamt mit schönem Bad, Wi-Fi und TV. Dazu ein kleines Restaurant, das Speisen aus Yunan bietet.

■ Das **Akha Mae Salong Guest House***–** (Tel. 053-765103) hat Zimmer mit und ohne eigenes Bad. Außerhalb der Räume gibt es Duschen mit heißem Wasser. Schlafsaal vorhanden. In einem dazugehörigen kleinen Laden werden chinesische Waren verkauft. Die Betreiber des Guest Houses sind Akha und sehr freundlich.

■ Gleich in der Ortsmitte befindet sich das **Mae Salong Central Hills Hotel***** (Tel. 053-765113, 053-765146). Dieses hat kleine, aber sehr saubere Zimmer mit Kabel-TV. Ein Geschäft, das Tee und Kaffee aus der Gegend verkauft, ist angeschlossen.

■ Etwa 600 m hinter dem Mae Salong Guest House, abseits des Ortszentrums, liegt die großflächige Anlage des **Mae Salong Resort** ***–***** (Tel. 053-765014-8, Fax 053-765135). Dieses hat saubere Bungalows mit TV (vor allem chinesische Kanäle, aber auch mit Musiksender MTV), an touristenarmen Tagen lassen sich die Preise herunterhandeln. Aufgrund seiner etwas abgeschiedenen Lage ist dies wohl die ruhigste Unterkunft am Ort.

■ Am Ostende des Ortes liegt die sehr wohnliche **Mae Salong Villa******–***** (Tel. 053-765114-9, Fax 053-765039), von der sich eine sehr gute Aussicht auf das nördlich von Mae Salong gelegene Tal ergibt. Die teuersten Zimmer haben TV. Weiterhin stehen kleine, aber ordentlich eingerichtete Bungalows zur Verfügung. Um sie herum wachsen Kirschbäume und Teesträucher. Angeschlossen ist ein gutes Restaurant und Coffee Shop.

Essen

■ **Mae Salong Villa** hat ein teures chinesisches Restaurant, das in dieser Gegend fast etwas fehl am Platze wirkt, aber zahlreiche wohlhabende Thais anzieht.

■ Das **Mini-Restaurant** bietet unter anderem eine Auswahl guter vegetarischer Gerichte.

■ Das **Restaurant des Shin Sane G.H.** liegt auf der gegenüberliegenden Straßenseite in einem Pavillion und bietet gute Blicke sowie ordentliche thailändische Küche und kaltes Bier.

■ Entlang der Hauptstraße gibt's viele Geschäfte mit einer Art **Essenstisch,** oft mit chinesischen Nudeln. Einige haben auch richtige Speisekarten.

■ Es gibt auch noch einen chinesischen Tempel, in dem einige chinesische Vegetarier wohnen. Diese geben zwar normalerweise kein Essen aus, dennoch könnte man versuchen, an den Mahlzeiten teilzuhaben (gegen Bezahlung, versteht sich). Allerdings verstehen die drei Bewohner fast nur Chinesisch, kaum Thai und schon gar kein Englisch. Der Tempel, Wat Tien Sin, liegt direkt in Mae Salong, einige Hundert Meter östlich der Mae Salong Villa in Richtung Sam Yaek Akha.

■ Eine ganze Reihe von Geschäften die Tee anbieten, fungieren auch als tea-shops.

Anreise

■ Der Ausgangspunkt für Fahrten nach Mae Salong ist zumeist Ban Pha Sang (Ban Basang), das ca. 2 km nördlich von Mae Chan liegt. Von hier fahren **Songthaews** für 60 Baht nach Mae Salong. Wer das Songthaew alleine mieten will, muss 400 Baht für die Fahrt rechnen. Nach Ban Pha Sang gelangt man per **Bus** ab Chiang Rai (24 Baht) und Mae Sai. Die Fahrt von Ban Pha Sang nach Mae Salong dauert ca. 1 Std. und ist landschaftlich eine der reizvollsten in Nordthailand.

Weiterreise

■ Die **Songthaews** nach Ban Pha Sang fahren für 50 Baht (bergab – Spritersparnis!); nach Thaton oder Mae Chan kostet die Fahrt 60 Baht. Abfahrt jeweils am kleinen Markt von Mae Salong.

Sop Ruak (Goldenes Dreieck)

สบรักษ์

Dies ist das **Dreiländereck,** die Stelle, an der Thailand, Laos und Myanmar aufeinander treffen. Die weitere Umgebung gehörte einst zu den größten Opium-Anbaugebieten der Welt (neben Pakistan und Afghanistan), doch heute ist der Opium-Anbau zumindest auf der thailändischen Seite der Grenze drastisch reduziert. Opium wächst ohnehin nur auf einer Höhe von über 1000 m, eine Tatsache, die in Sop Ruak nicht gegeben ist. Der Ort ist somit nur rein symbolisch das „Zentrum" des Opiumgeschäftes, bestenfalls werden/wurden hier einige große Deals geschlossen. Angebaut wurde hier nie etwas.

Der verwegene Ruf des Ortes kommt aber den zahllosen Souvenirhändlern gelegen, die hier ihre Waren an die Touristen losschlagen; alle paar Minuten trifft ein Tourbus ein. Den meisten Besuchern geht es wohl um das Gefühl einmal da gewesen zu sein, denn allzu viel zu sehen gibt es nicht. Das Beste ist noch der Ausblick über den Mekong nach Laos, besonders früh morgens, wenn die Sonne ihr warmes Licht über das Wasser zaubert. Da halte man dann die Kamera parat. Kaum einer der Tour-Teilnehmer, der sich nicht unter den zahlreichen Schildern mit der Aufschrift „Golden Triangle" ablichten ließe.

So nahe sich die drei Länder hier auch kommen, die **Grenze** darf an dieser Stelle **nicht überschritten** werden. Für 400

Der Norden

Baht kann man jedoch eine große Runde mit dem Boot in den Grenzgewässern fahren und das Gefühl auskosten, nach Myanmar und Laos vorzudringen.

Eine durchaus interessante Sehenswürdigkeit ist das **House of Opium,** ein kleines Museum, das sich dem verpönten Schlafmohnprodukt verschrieben hat. Ausgestellt sind Objekte, die beim Anbau, bei der Herstellung oder beim Konsum von Opium eine Rolle spielen – darunter auch Opiumpfeifen und Opiumgewichte. Die Objekte sind jedoch zumeist nur auf Thai beschildert. Das Museum befindet sich am Südostende von Sop Ruak. Geöffnet täglich von 7.00–21.00 Uhr, Eintritt 50 Baht.

2005 hat in Sop Ruak ein Konkurrenzmuseum geöffnet, das **Hall of Opium.** Sehr viel größer und ambitionierter als das House of Opium erstreckt sich diese permanente Ausstellung über mehr als 5600 Quadratmeter. Die Geschichte des Opiums wird lebhaft dargestellt (man nennt das *edutainment*), unter anderem mit Fotos, Filmen und Opium-Brimborium, aber das Projekt steckt weltanschaulich leider fest in einem absolut konservativen Anti-Drogen-Modus, der einem wirklichen Museum kaum angemessen scheint. Eintritt: 300 Baht. Geöffnet tägl. außer montags 8.30–16.00 Uhr.

Dem Museum ist eine **Luxusherberge** angeschlossen – die Greater Mekong Lodge****–***** (Tel. 053-784450, Fax 053-784453, gml@doitung.org) bietet moderne Zimmer und Bungalows mit A.C., Kühlschrank und TV und scheint vorwiegend auf thailändische Geschäftskonferenzen ausgerichtet zu sein.

Unterkunft

Hier hat es in der Vergangenheit andauernd Bewegung gegeben, Guest Houses kamen und gingen bzw. mussten gehen, dann kamen die großen Resorts. Mittlerweile haben die großen Investoren fast

Sop Ruak   0 ▬▬▬▬ ca. 100 m © REISE KNOW-HOW 2013   THAI062

Mae Sai

Mae Sai

MYANMAR (BURMA)

Tempel

Hall of Opium

Boote nach Chiang Saen

Wat Pradhat Pukhao

THAILAND

Polizei

House of Opium Museum

Mekong

LAOS

🟥 **Übernachtung**
1 Greater Mekong Lodge
2 Anantara Resort Golden Triangle
4 Mae Kong River Side
5 Pu-One Guest House
6 Lanna Home
7 Ban Yoopensuk
9 De River Boutique Resort

🟦 **Essen und Trinken**
3 Sriwan Restaurant

🟩 **Einkaufen**
8 Souvenir Shops

MYANMAR

Doi Mae Salong

Thaton

Fang

Lahu-Dorf

Lorcha

Ban Kiang

Karen-Dorf

Sam Yaek

Ban Thoert Thai

Wasserfall

Yao-Dorf

Hill Tribe Centre ●

Doi Tung

Heiße Quelle ★

Phan

Chiang Rai

Höhle

Höhlen-Tempel

Chiang Khong

Mae Chan

Lahu-Dorf

Akha

Mae Sai

366

THAILAND

Mae Kok

Yao-Dorf

Ban Hui Kai

Mae Sai

362

359

Chiang Saen

Sop Ruak

Goldenes Dreieck

Mekong

■ **Übernachtung**
1 Karen Nature Lodge

LAOS

---

alles plattgewalzt, die Guest Houses haben den hässlichen Resorts weichen müssen. Das Flair ist dahin, und vielleicht unternimmt man besser nur einen Tagesausflug hierher als zu übernachten. Chiang Saen wäre der nächstbeste Ort zum Übernachten.

■ Oberhalb des House of Opium, steil an einem Berghang klebend, befinden sich einige preiswerte Guest Houses und kleine Resorts. Das **Pu-One Guest House****–*** (Tel. 053-784168) bietet schlichte, aber saubere Zimmer, teilweise mit A.C.

■ Gegenüber vermietet das **Lanna Home***** (Tel. 053-784031) eine Reihe A.C.-Steinbungalows mit unglaublich grell-blauen Dächern.

■ Besser ist das **Ban Yoopensuk****** (Tel. 053-784339, http://banyoopensukresort.blogspot.com), das 15 große Steinbungalows mit Bad, A.C. und Wi-Fi bietet. Es liegt in der Nähe des House of Opium etwas von der Straße zurückversetzt in einem gepflegten Garten.

■ Sehr schöne Zimmer mit Parkettböden, A.C., Minibar, TV sowie Blick auf den Mekong und ein auf der laotischen Seite liegendes Casino etwa 100 Meter vom Hauptschrein in Sop Ruak entfernt, bietet das **Mae Kong River Side******–***** (Tel. 053-784198). Zentraler geht's nicht. Ein Restaurant ist angeschlossen.

■ Das **Anantara Resort Golden Triangle**ᴸᴸᴸ (Tel. 053-784084, Fax 053-784096, www.anantara.com), eine architektonisch gelungene Anlage mit allem Luxus, befindet sich direkt gegenüber dem Hall of Opium. Ein Spa ist dem Resort angeschlossen.

■ Zwischen Sop Ruak und Chiang Saen liegt das **De River Boutique Resort******–ᴸᴸᴸ (Tel. 053-784466, Fax 053-784477, www.deriverresort.com) direkt am Fluss. Zimmer mit Holzböden, teilweise großer Badewanne und Balkon mit tollem Blick. Unter dem Dachboden ist eine gigantische Suite mit genug Platz für eine Schulklasse (3900 Baht/Nacht). Für große Familien geeignet. Ein Restaurant serviert nordthailändische Speisen.

Essen

● Empfehlenswert ist das **Sriwan Restaurant,** direkt am Fluß mit tollen Blicken, das gute thailändische Küche bietet.

Anreise

● **Ab Chiang Saen** fahren Songthaews und Busse zu 30 Baht.
● In Chiang Saen lassen sich auch **Fahrräder** für die Fahrt nach Sop Ruak anmieten (11 km), und dies ist vielleicht die empfehlenswerteste Anreisemethode.
● **Ab Mae Sai** fahren Songthaews für 50 Baht.

Weiterreise

● Weiter geht es nicht mehr, nur noch zurück. Die regulären **Songthaews** nach Mai Sai fahren nur morgens und nur in größeren Abständen. 50 Baht pro Person. Gecharterte Songthaews kosten ca. 400–500 Baht, Handeln ist empfehlenswert.
● **Gecharterte Boote** nach Chiang Saen kosten ab 500 Baht (600 Baht Retour).

Chiang Saen

เชียงแสน

Der Ort liegt am thailändisch-laotischen **Grenzfluss Mekong,** 59 km nordöstlich von Chiang Rai und 11 km südlich des „Goldenen Dreiecks", also der Stelle, wo **Thailand, Laos und Myanmar** aufeinandertreffen.

Chiang Saen besteht fast nur aus zwei Straßen, wovon die eine auf den Mekong

zuläuft, die andere im rechten Winkel dazu am Fluss entlang führt. Auf der anderen Flussseite liegt Laos, und der Reisende erhält das Gefühl, das Ende der Welt erreicht zu haben. Dieses „Grenzgefühl" zieht mittlerweile einige Traveller an, und so hat sich die Zahl der Guest Houses in letzter Zeit vermehrt.

Auch abgesehen von der Grenze ist Chiang Saen ein relativ attraktives Städtchen, das zu langen Spaziergängen einlädt oder zur Besichtigung einiger **Ruinen.** Vom 10. bis 12. Jh. war Chiang Saen die Hauptstadt eines Königreiches und wurde von einer **8 km langen Mauer** umgeben, deren Reste noch heute zu sehen sind.

Ein kleines **Museum** am Anfang der Stadt stellt Buddha-Figuren und andere Kunstgegenstände im Chiang Saen-Stil aus. Das Museum ist Mi–So 9.00–16.00 Uhr geöffnet, Eintritt 30 Baht. 2012 wurde in der Stadt viel gebaut, unter anderem auch große, neue Hotels, in der Erwartung, dass die Brücke nach Laos, ein paar Kilomter südlich von Chiang Khong, bald aufmacht und chinesische Touristen ins Land bringen wird.

Unterkunft

Chiang Saen hat nur eine Handvoll ordentlicher Hotels und viele Besucher schlafen lieber in Chiang Kong, 50 km weiter südlich am Mekong, weil es dort mehr Dienstleistungen speziell für Traveller gibt und man per Boot über die Grenze nach Laos kommt.

● Eine große Auswahl an unterschiedlichen Zimmern hat das **Gin's Guest House****–*** (Tel. 053-650847), ca. 1½ km in Richtung Sop Ruak gelegen.

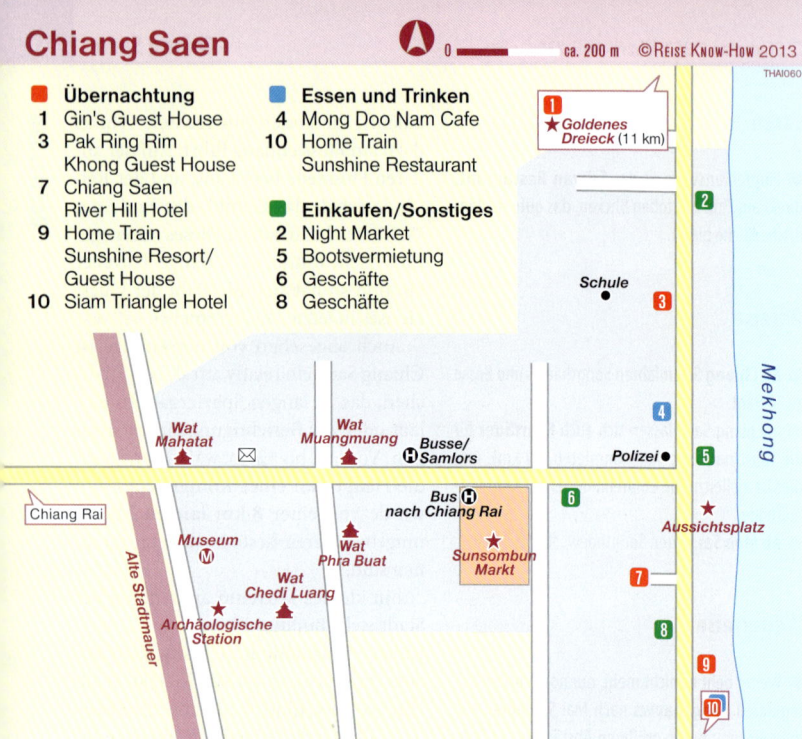

Chiang Saen

0 ━━━━ ca. 200 m © REISE KNOW-HOW 2013

THAI060

■ Übernachtung
1 Gin's Guest House
3 Pak Ring Rim
   Khong Guest House
7 Chiang Saen
   River Hill Hotel
9 Home Train
   Sunshine Resort/
   Guest House
10 Siam Triangle Hotel

■ Essen und Trinken
4 Mong Doo Nam Cafe
10 Home Train
   Sunshine Restaurant

■ Einkaufen/Sonstiges
2 Night Market
5 Bootsvermietung
6 Geschäfte
8 Geschäfte

1 ★ Goldenes Dreieck (11 km)

2

Schule ● **3**

Wat Mahatat Wat Muangmuang ⊞ Busse/Samlors **4**

Chiang Rai

Bus ⊞ nach Chiang Rai Polizei ● **5**

6

Museum Ⓜ Wat Phra Buat ★ Sunsombun Markt Aussichtsplatz ★

Wat Chedi Luang

Archäologische Station ★ **7**

8

9

10

Mekong

Alte Stadtmauer

Zimmer im Hauptgebäude mit und ohne Bad. Dorm vorhanden. Hinter dem Haus sehr schlichte Bambushütten *–** und einige komfortablere (Bad). Außerdem Fahrrad-Verleih.

■ Das **Chiang Saen River Hill Hotel****–***** ist ein sehr angenehmes und komfortables Hotel (Zimmer mit TV, Kühlschrank, Telefon) in einer baumbepflanzten kleinen Gasse südlich des Marktes. Ein Nachteil ist, dass es keinen Flussblick bietet. Das Hotel befindet sich in 714 Moo 3, Tambon Viang, Tel. 053-650826-7, Fax 053-650830.

■ Eine gute und brandneue Alternative ist das **Pak-Ring-Rim-Khong****** (Tel. 053-650151) an der Flussstraße, das helle, moderne Zimmer im Boutiquestil für 800 Baht inklusive Frühstück anbietet.

■ Ganz neu und luxuriös ist das **Siam Triangle Hotel****** (Tel. 053-651115, www.siamtriangle.

com), das einen großen Swimming Pool direkt am Fluss hat und auf chinesische Touristen wartet.

■ Ca. 2 km südlich von Chiang Saen befindet sich direkt am Mekong das **Home Train Sunshine Restaurant***–***** (Tel. 053-650605), das von einer ehemaligen Diethelm-Reiseleiterin, die gut Deutsch spricht, geleitet wird. Sicher bietet dieses kleine Resort die einzige Möglichkeit in Thailand in einem Eisenbahnwagen zu schlafen, denn ein Wagon dient als Gästezimmer. Zudem stehen am Fluss einige solide Bungalows mit Bad und A.C. Ein Restaurant ist angeschlossen. Empfehlenswert.

Essen

■ Ein bescheidener **Night Market** ist abends an der Uferstraße zu finden.

Der Norden

■ An der Hauptstraße gibt es im **Mong Doo Nam Café** Kaffee und Kuchen und einige einfache Gerichte sowie ein paar weitere namenlose Restaurants.
■ Das **Home Train Sunshine Restaurant**, südlich von Chiang Saen, ist ein gutes Restaurant.

Anreise

■ **Busse** ab Chiang Rai kosten 29 Baht; Fahrzeit ¾–1½ Std. je nach Zahl der Stops und Verkehrsaufkommen. Busse ab Chiang Mai zu 118 Baht, A.C. 165/220 Baht; Fahrzeit 5 bzw. 3 Std. Ab Chiang Mai sollten nur Busse über die neue Route *(sai mai)* genommen werden, über die alte dauert die Fahrt fast doppelt so lange.

Weiterreise

■ Am Pier nahe dem Aussichtspunkt können **Boote** zur Fahrt zum Goldenen Dreieck *(Sop Ruak)* gechartert werden; die einfache Fahrt kostet gut 300 Baht, retour 500 Baht. Dies ist eine wunderschöne und interessante Bootstour, die Bootsleute steuern möglichst nahe dem laotischen Ufer entlang, wo man Glücksritter beim Goldschürfen beobachten kann. Die Fahrt dauert ca. 20 Min.
■ **Songthaews** nach Sop Ruak kosten 30 Baht; Abfahrt ca. alle 20 Min.
■ Die letzten **Busse** zurück nach Chiang Rai fahren gegen 16.00 Uhr. Weitere Busse fahren nach Mae Sai und Mae Chan.
■ Mittags kann man mit einem **Songthaew** für 60 Baht nach Chiang Khong gelangen. Die meist gute Strecke mit herrlichen Ausblicken auf den Mekong weist allerdings einige staubige Abschnitte durchs Innenland auf.
■ **Grenzübergang nach Laos:** Es verkehren Fähren zwischen Chiang Saen und Thon Phuen in Laos, von diesen können jedoch nur Thais und Laoten Gebrauch machen. Für **Westler** ist der Übergang derzeit **nicht möglich.**

Chiang Khong

เชียงกอง

Chiang Khong ist eine lebendige kleine Marktstadt, in der sich unter anderem die Mitglieder der Bergstämme mit Waren eindecken. Dem Besucher eröffnen sich wunderbare Ausblicke auf den Mekong und den auf der anderen Seite gelegenen laotischen Ort Houei Sai, die Hauptstadt der Provinz Bokeo.

Da seit einiger Zeit eine Straßenverbindung von Chiang Saen besteht und Laos sich zunehmend öffnet, hat Chiang Khong in den letzten Jahren an Bedeutung gewonnen. Westliche Reisende können von hier aus **über Houei Sai nach Laos** ausreisen, und von dort könnte man (über sehr schlechte Straßen oder per Boot) bis nach Südchina weiterfahren, da es im Norden Laos inzwischen einen offenen Grenzübergang gibt. (Bezüglich der Einreise nach Laos über Houei Sai siehe das Kapitel „Prakt. Reisetipps, Weiterreise in die Nachbarländer".)

Aber auch abgesehen davon, dass Chiang Khong das Gateway zu Indochina ist, hat sich hier in letzter Zeit einiges an Infrastruktur entwickelt und an der Flussstraße drängen sich derzeit eine Reihe von sehr guten Guest Houses, Restaurants und Geschäften.

Drei Kilometer südlich von Chiang Khong wird eine neue Brücke über den Mekong gebaut. Ob das Städtchen dadurch mehr Verkehr sehen wird, ist noch ungewiss. Sicher werden sich dann aber die Bootfahrten zum laotischen Huay Xai erübrigen. Die Brücke soll noch 2013 eröffnet werden.

5

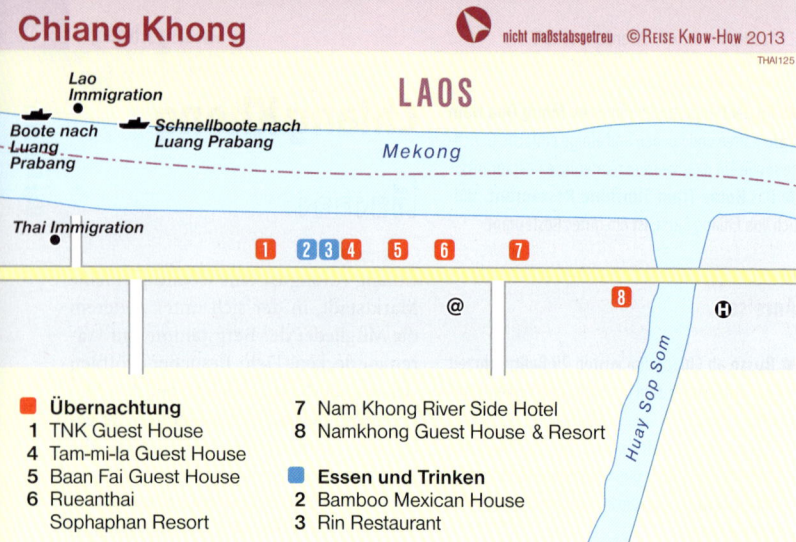

LAOS

Lao Immigration

Boote nach Luang Prabang

Schnellboote nach Luang Prabang

Mekong

Thai Immigration

Huay Sop Som

■ Übernachtung
1 TNK Guest House
4 Tam-mi-la Guest House
5 Baan Fai Guest House
6 Rueanthai Sophaphan Resort
7 Nam Khong River Side Hotel
8 Namkhong Guest House & Resort

■ Essen und Trinken
2 Bamboo Mexican House
3 Rin Restaurant

Unterkunft und Essen

■ Das direkt am Fluss gelegene **Tam-mi-la Guest House**–***** (113 Sai Klang Rd., Soi 1 Ban Wat Kaeo, Tel./Fax 053-791234) hat attraktive Bungalows (Bad), teilweise mit A.C. und TV, in einem tropisch wilden Garten gelegen. Ein guter Ort zum Verweilen mit wunderschönem Blick auf den Mekong von der Restaurant-Terrasse. Es gibt neben thailändischen Speisen und Backpacker-Essen auch frische Backwaren.

■ Direkt daneben findet sich das **Baan Fai Guest House*** (27 Sai Klang Rd., Tel. 053-791394), das einfache Zimmer in einem traditionellen Holzhaus sowie Bungalows bietet. Das Guest House hat außerdem ein Geschäft, das Kleider der Bergstämme der Gegend verkauft und verleiht Motor- und Fahrräder.

■ Gleich daneben liegt das **Rueanthai Sophaphan Resort**–***** (83 Sai Klang Rd., Tel. 053-791023), attraktive Zimmer mit Bad, Holzböden und Blick auf den Fluss in einem großen Holzhaus.

■ Das **TNK Guest House**** (57/1 Moo 1, Tel. 053-791134, 089-2636373) wird von einer sehr freundlichen und hilfsbereiten Frau geleitet und bietet einfache, aber saubere Zimmer. Abends gibt es oft ein Buffet, da hier junge Traveller-Gruppen aus Chiang Rai auf der Durchreise nach Laos absteigen.

■ Das **Nam Khong River Side Hotel***–****** (174-176 Sai Klang Rd., Tel. 053-791796, Fax 053-791802) ist wohl das Beste am Ort, hat aber längst nicht die naturfreundliche Atmosphäre der kleineren Guest Houses. Frühstück ist im Zimmerpreis inbegriffen. Manche der Zimmer haben A.C.

■ Etwas weiter in der Stadt ist das gemütlichste Resort vor Ort. Das **Namkhong Guest House & Resort**–***** (Tel. 053-791055, tigerkriang99@hotmail.com) liegt von der Hauptstraße zurückversetzt und ist sehr ruhig. Die Zimmer sind stilvoll eingerichtet, es gibt einen Swimmingpool, ein Restaurant sowie Fahrradverleih. Großartig!

■ Das **Bamboo Mexican House** (71/1 Moo 1) ist ein Restaurant direkt am Fluss, das gute mexikanische Gerichte serviert. Abends läuft Jazz und mancher Reisende bleibt eine Nacht länger, um sich in lockerer Urlaubsatmosphäre mit anderen Besuchern auszutauschen. Gemütlich.

■ Nebenan ist das **Rin Restaurant,** das Steaks und andere westliche Gerichte, sowie thailändische Küche bietet.

Der Norden

Anreise/Weiterreise

🟥 Chiang Khong ist per direktem **Bus** von Chiang Saen, Chiang Rai und sogar Bangkok aus erreichbar. Busse ab Chiang Mai gehen dreimal täglich (6 Std.) und kosten 151/211/ 272 Baht. Direkte Busse nach Chiang Rai fahren tagsüber fast stündlich und kosten 53 Baht. Fahrzeit: 2 Std. 20 Min.

🟥 Gecharterte **Boote** ab Chiang Saen sollten ca. 2000 Baht (2500 Retour) kosten.

🟥 Mittags fahren **Songthaews** ab Chiang Saen (60 Baht).

☑ Blick über den Mekong in der Nähe von Chiang Kong

Mae Sai

แม่สาย

Dies ist der **nördlichste Ort Thailands,** der an seiner Nordseite direkt an Myanmar grenzt. Die Grenze wird vom **Mae-Sai-Fluss** gebildet, der an dieser Stelle recht schmal ist und von einer Brücke überspannt wird. Auf der anderen Seite befindet sich der burmesische Ort Tachilek.

Westler können die Grenze seit einiger Zeit passieren (siehe dazu „Praktische Reisetipps, Weiterreise in die Nachbarländer"). Kostenpunkt beim myanmaresischen Grenzposten beträgt 500 Baht.

In dem kleinen **Tachilek** gibt es nichts Aufregendes zu erleben, thailändische Grenzgänger decken sich hier mit exoti-

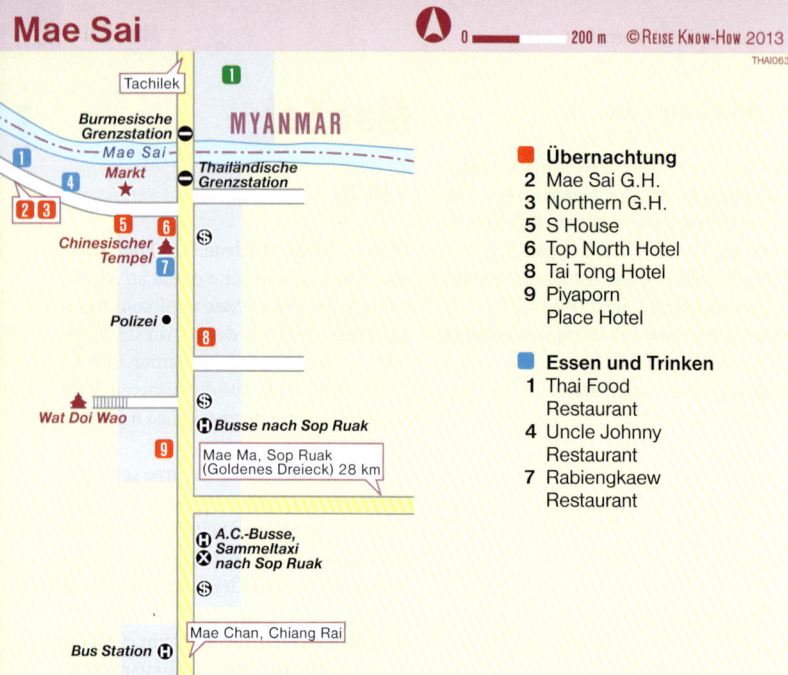

Übernachtung
2 Mae Sai G.H.
3 Northern G.H.
5 S House
6 Top North Hotel
8 Tai Tong Hotel
9 Piyaporn
  Place Hotel

Essen und Trinken
1 Thai Food
  Restaurant
4 Uncle Johnny
  Restaurant
7 Rabiengkaew
  Restaurant

schem „Jungle Food" wie auch diversen Aphrodisiaka ein, darunter Tigerpenisse. Der Markt unter der Brücke bietet eine riesige Auswahl an raubkopierten CDs und DVDs. Nicht nur die letzten Hollywoodstreifen gibt es hier zu kaufen, auch *Kurosawa, Hitchcock, Kubrik* und jede Menge Art-House-Filme werden hier angeboten. Die Preise sind schockierend niedrig. Viagra aus China, Zigaretten, von denen noch nie jemand gehört hat, und Spielkarten des CIA mit *Saddam Hussein* auf der Verpackung, scheinen auch gut zu laufen. Zunehmend interessant wird der Ort aber als **Durchgangsstation in Richtung Südchina.** Für teures Geld können Reiseagenturen in Mae Sai gegenwärtig schon Reisen in kleinen Gruppen **nach Yunnan** arrangieren. Ansonsten versprechen diverse Touristenschlepper an der Brücke alles – von Trips zu Longneck-Dörfern bis hin zu billigem Sex. Die Atmosphäre ist deutlich anders als in Thailand – traurig, bisweilen böse, aber für alle, die keine Möglichkeit haben nach Burma zu reisen oder dies nicht wollen, ein kleiner Eindruck von der dunklen Welt hinter dem Bambusvorhang.

▷ Markt in Mae Sai

In Mae Sai, rechts und links vor der Brücke, befinden sich zahlreiche **Geschäfte,** die **Waren aus dem Nachbarland** anbieten, so Jade, Edelsteine und Lackarbeiten, dazu Kleidung, Obst, Zigaretten u. v. m. Der Verkauf geht zum Teil nicht ohne Show-Einlage ab: Da posieren etliche Verkäuferinnen in den Kostümen der Bergstämme vor den Läden, und das wirkt sehr fotogen und „exotisch"; die Damen sind allerdings ganz normale Thais, die sich für ihre Arbeit passend verkleidet haben. Neben den normalen burmesischen Grenzgängern gibt es auch einige burmesische Bettler im Ort, die sich den Touristen an die Fersen heften.

Einen weiten Blick über Mae Sai, Tachilek und die Berge der Umgebung genießt man von Wat Doi Wao, der unweit der Hauptstraße über eine lange Treppe erreichbar ist.

Unterkunft

■ Das **Mae Sai Guest House***** (688 Moo 1, Tel. 053-732021) ist wohl die malerischste Unterkunft und liegt knapp zehn Minuten Fußweg links von der Brücke direkt am Fluss am Ende des Weges (688 Wiangpangkam). Das andere Flussufer und somit Myanmar liegt gerade 30 m entfernt. Die Bungalows (Bad) sind ausgesprochen sauber und wohnlich.

■ Wer direkt im Marktgewimmel absteigen will, ist im **S House***** (Tel. 053-733811) ganz gut aufgehoben. Das Haus verfügt über ordentliche Zimmer, teilweise mit A.C., ca. 5 Minuten vom Grenzposten entfernt.

■ Etwas weiter in Richtung Mae-Sai-Brücke befindet sich das **Northern Guest House***** (402 Thamphachom Rd., Tel. 053-731537); hier gibt es eine Reihe verschiedener, recht guter Unterkunftsmöglichkeiten: Bungalows ohne eigenes Bad, mit eigenem Bad, dazu stehen diverse Zimmer mit Bad, bzw. mit Bad und A.C. zur Verfügung.

113th at

■ Das **Top North Hotel*** (521/7–8 Paholyothin Road, Tel. 053-731955) liegt direkt an der Hauptstraße und hat Zimmer mit Bad. Im Hotel gibt's auch einen Coffee Shop und Internet-Service.

■ Komfortable Zimmer (Bad, A.C.) im chinesischen **Tai Tong Hotel***–**** (6 Moo 7, Tel. 053-731975, Fax 053-640988). Frühstück inklusive.

■ Das **Piyaporn Place Hotel****–***** (77/1 Moo 1, Tel. 053-734511, Fax 053-7345 15) ist sehr schick und ultramodern, zumindest für Mae Sai. Das Foyer hat durchaus etwas Futuristisches, die Zimmer sind guten Standards und der Blick auf die Hauptstraße ist zwar nicht umwerfend, aber in den Zimmern auf den oberen Stockwerken hat man den Eindruck in einem Luxushotel abgestiegen zu sein. Ob das zur Grenzstadt-Atmosphäre Mae Sais passt, ist eine andere Sache.

Essen

■ Das **Uncle Johnny Restaurant** (Tel. 089-755 5284), inmitten des Marktes rechts von der Brücke, serviert thailändische Küche und organisiert Touren nach Myanmar und durch Nordthailand.

■ Das **Thai Food Restaurant**, in einem schönen Haus direkt am Fluß, ca. 200 Meter vor dem Mae Sai Guest House, bietet solide nordthailänische Küche.

■ Das **Rabiengkaew Restaurant**, hundert Meter vor der Grenze auf der linken Straßenseite, serviert ordentliche Thai Standards.

Anreise

■ **Busse** ab Chiang Saen und Chiang Rai kosten 30 Baht. Die letzten Busse zurück nach Chiang Rai fahren meist gegen 17.00 Uhr.

■ **Busse** ab Chiang Mai zu 118/330 Baht.

■ Von den **Bussen ab Bangkoks** Northern Bus Terminal sind bei der langen Strecke am ehesten die komfortablen V.I.P.-Busse zu empfehlen; Preis je nach Busart 621/966 Baht; Fahrzeit ca. 13 Std.

Panorama von Mae Sai

112th at

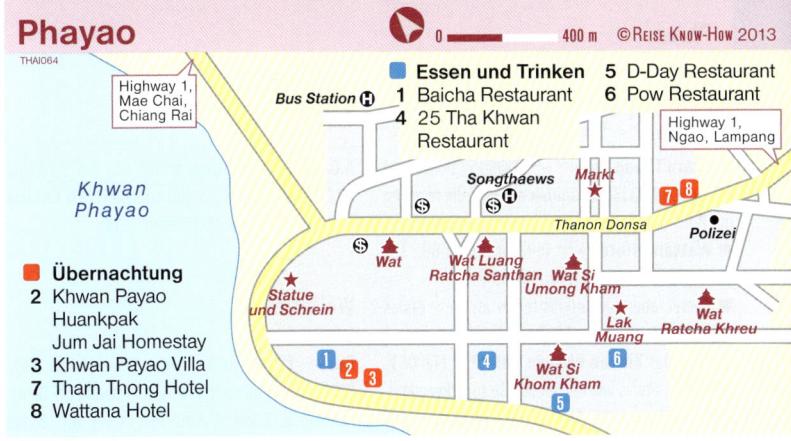

Highway 1,
Mae Chai,
Chiang Rai

Bus Station

■ **Essen und Trinken**
1 Baicha Restaurant
4 25 Tha Khwan
   Restaurant

5 D-Day Restaurant
6 Pow Restaurant

Highway 1,
Ngao, Lampang

*Khwan
Phayao*

Songthaews Markt

Thanon Donsa

Polizei

Wat

Wat Luang
Ratcha Santhan Wat Si
Umong Kham

■ **Übernachtung**
2 Khwan Payao
   Huankpak
   Jum Jai Homestay
3 Khwan Payao Villa
7 Tharn Thong Hotel
8 Wattana Hotel

Statue
und Schrein

Lak
Muang

Wat
Ratcha Khreu

Wat Si
Khom Kham

Weiterreise

■ Fahrten in **Songthaews** innerhalb des Ortes kosten 10 Baht; **Motorrad-Taxis** 20–30 Baht, **Tuk-Tuks** 30 Baht.

■ **Busse** fahren u. a. nach Doi Tung, Fang, Mae Chan, Mae Salong, Sop Ruak (Goldenes Dreieck) und Thaton. Die Busstation befindet sich ca. 5 km südlich von Mae Sai; Anfahrt dorthin mit dem Songthaew (10 Baht).

Phayao

พะเยา

Phayao ist die Hauptstadt der gleichnamigen Provinz und liegt an einem **Binnensee** von 6 x 4 km Länge, dem Khwan Phayao. Am späten Nachmittag, wenn die Sonne über den Bergen zu sinken beginnt, entstehen stimmungsvolle Szenerien. Die **Fischer** in ihren kleinen Booten erscheinen dann als Silhouetten vor der glühenden Sonne und den Bergen. Fototermin!

Phayao kann gut als Zwischenstation auf dem Weg von Lampang nach Chiang Rai dienen (bzw. umgekehrt).

Wat Luang Ratcha Santhan in der Nähe des Marktes hat zwei Chedis, die aus dem 12. Jahrhundert stammen sollen. Anfang 1989 wurde der Tempelkomplex gründlich renoviert.

Wat Ratcha Khreu weist einen großen weißen Chedi im Stil des Nordens auf und einen attraktiven Bot.

Wat Si Khom Kham beherbergt einen 17 m hohen und 14 m breiten sitzenden Buddha, der über 400 Jahre alt sein soll. Jedes Jahr im Mai findet hier ein großer Jahrmarkt statt. Hinter den Haupttempel steht noch ein neueres Tempelgebäude, das auf einer Art Plattform in den Binnensee hineingebaut ist. Beim Sonnenuntergang ergeben sich hier malerische Ausblicke. Allzuviel zu tun gibt es in Phayao nicht. Es ist allerdings möglich, sich über den See zu einer kleinen Insel, auf der ein Buddhaschrein steht, rudern zu lassen. Kostenpunkt 600 Baht für bis zu sieben Passagiere.

Unterkunft

■ **Tharn Thong Hotel****–*** (55–57 Donsanam Rd., Tel. 054-431302), Zimmer mit Bad, die teureren mit A.C.

■ **Wattana Hotel***–** (69 Donsanam Rd., Tel. 054-431205), Zimmer teilweise mit A.C.

■ Besser, aber auch etwas teurer als diese etwas müden Optionen in der Stadt, sind zwei Homestays am See. Das **Khwan Phayao Villa****** (Tel 083-5409895), etwas von der Seestraße zurückversetzt, hat zwei gigantische Zimmer mit jeweils drei Doppelbetten, also perfekt für eine Familie, für 1000 Baht. Das **Khwan Payao Huanpak Jum Jai Homestay** ist ähnlich, hat aber kleinere, sprich normale, aber große Doppelzimmer zu 600 Baht. Beide Homestays sind makellos sauber und brandneu.

Essen

Entlang dem Ufer des Kwan Phayao befinden sich mehrere Restaurants, die u. a. *Som Tam* anbieten, einen **feurig-scharfen Papaya-Salat.** Der Som Tam von Phayao soll der beste Nordthailands sein, und Thais, die von außerhalb kommen, schlagen sich hier den Bauch damit voll. Die Portion kostet rd. 40 Baht. Wer gerne frischen **Süßwasserfisch** isst, wird in den Restaurants entlang der Seestraße auch gut bedient. Eine ganz Reihe **Cafés,** die teilweise auch Kuchen bieten, sind zwischen den Restaurants zu finden.

■ Eines der wenigen Restaurants das eine englische Speisekarte hat, ist das **D-Day,** das direkt am See in einem neuen dreistöckigen Gebäude an der Uferstraße untergebracht ist.

■ An der Tha Khan Road, südlich des Lak Muang, befindet sich das **Pow Restaurant,** das Pizza und Eis verkauft und vor allem unter den Jugendlichen Phayaos beliebt zu sein scheint.

Anreise

A.C.-Busse ab Bangkok fahren nur um 9.30 und 20.00 Uhr und kosten 400/515 Baht. **Ab Chiang Mai** 82/115/148 Baht. Fahrzeit 3 Std.

Weiterreise

Busse fahren u. a. nach Chiang Rai (44/88/119 Baht) Fahrzeit 2–3 Std., Lampang (45 Baht), Fahrzeit 2–3 Std., Chiang Mai (s. o.). A.C.-Busse nach Bangkok (400–515 Baht) starten um 7.00 und 19.00 Uhr, die V.I.P.-Busse (800 Baht) um 20.00 Uhr (Fahrzeit 11 Std.).

Phrae

แพร่

Phrae ist eine ruhige Provinzstadt (25.000 Einw.), die für ihre **Rattan-Möbel** bekannt ist, wie auch für seine *suea mor horm* – ein grob gewebtes blaues Hemd, das das **traditionelle Hemd der Farmer** oder allgemein der Leute vom Lande ist. Als Zeichen der Solidarität mit den unteren Klassen wird es auch von einigen Intellektuellen getragen, z. B. von *Chamlong Srimuang,* dem asketischen Gründer der Palang Dharma Party.

Phrae bietet ansonsten eine ungewöhnliche **Tempel-Architektur** und in der Innenstadt einige Häuser aus Teakholz, die Ende des 19. Jahrhunderts gebaut wurden. Die Tempel vereinigen in sich nordthailändische, burmesische und laotische Elemente. Die sehenswertesten Tempel im burmesischen Stil sind **Wat Chom Sawan** und **Wat Sa Bor Kaew,** beide mit hübschen burmesischen

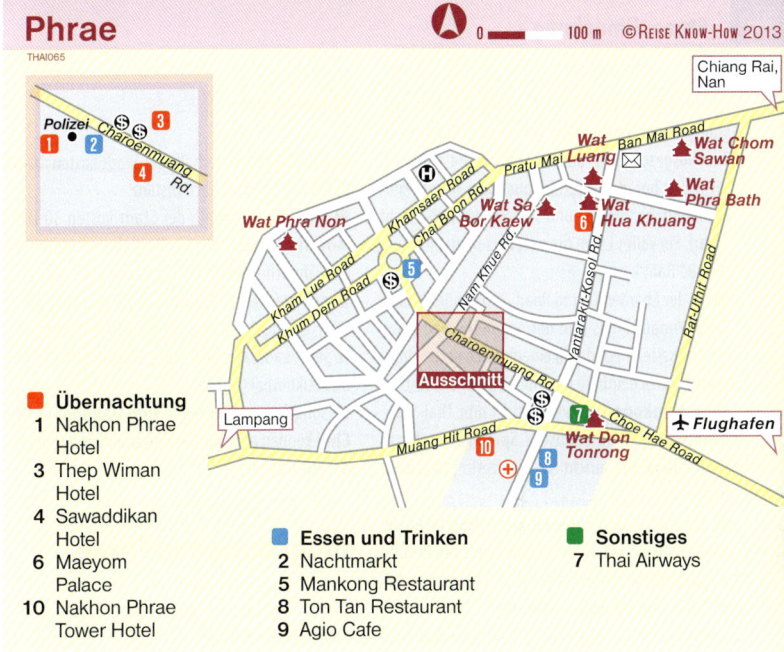

Übernachtung
1 Nakhon Phrae Hotel
3 Thep Wiman Hotel
4 Sawaddikan Hotel
6 Maeyom Palace
10 Nakhon Phrae Tower Hotel

Essen und Trinken
2 Nachtmarkt
5 Mankong Restaurant
8 Ton Tan Restaurant
9 Agio Cafe

Sonstiges
7 Thai Airways

Chedis ausgestattet. Laotische Einflüsse spiegeln sich in Wat Phra Non wider. Der Tourismus ist in Phrae noch nicht eingekehrt und wer ein ganz ursprüngliches, freundliches und undramatisches Thailand erleben will, sollte hier einen Stop einlegen. Die größte Sensation ist man hier ganz sicher selbst.

Unterkunft

■ **Thep Wiman Hotel***–** (Charoenmuang Rd., Tel. 054-511003); einfaches Hotel mit Zimmern mit Bad, für Leute mit knapper Kasse aber nicht schlecht.

■ **Sawaddikan Hotel***–** (76–78 Yantarakitkosol Rd., 054-511032); einfach, aber extrem, preiswert.

■ **Nakhon Phrae Hotel****–*** (29 Ratchadamnoen Rd., Tel. 054-511122, Fax 054-521937); ordentliche Zimmer, die sich über einen alten und neuen Flügel – auf beiden Straßenseiten – verteilen. Einige der preiswerteren Zimmer haben TV, in der höheren Preislage gibt's dazu A.C. und Kühlschrank.

■ **Nakhon Phrae Tower******–***** (Mueang Hit Rd., Tel. 054-521321, Fax 054-5221937); sehr komfortable Zimmer mit A.C., TV, Kühlschrank etc.; die hohen Preise werden häufig automatisch reduziert.

■ **Maeyom Palace Hotel******–ᴸᴸᴸ (Yantarakitsol Rd., Tel. 054-521028-38, Fax 054-522904); ähnlich wie obiges, ebenso zu häufig reduzierten Preisen. mit Swimmingpool.

Essen

■ Das unter den Einheimischen bekannteste Restaurant ist das **Raan Ahaan Chatchai,** das schon Auszeichnungen für seine Kochkünste gewonnen hat. Es befindet sich ca. 3 km außerhalb der Innenstadt, an der Straße nach Den Chai, und ist nur in Thai ausgeschildert. Das Restaurant gibt äußerlich nicht viel her, das Essen ist aber sehr gut. Es gibt thailändische Gerichte und Seafood, teilweise recht scharf. Ein volles Essen für zwei Personen dürfte um die 300 Baht kosten.

■ An der Charoenmuang Road, 200 m nördlich des Thep Wiman Hotels (auf der gegenüberliegenden Straßenseite), liegt das in einem Holzhaus untergebrachte, unscheinbare und nur auf Thai ausgeschilderte **Mankong Restaurant.** Es gibt Thai-Standardgerichte. Eine englische Speisekarte gibt es nicht, allerdings spricht die Besitzerin etwas Englisch.

■ Gegenüber vom Phrae Christian Hospital an der Rajdamnoen Road befinden sich zwei gute Restaurants. Beide sind allerdings nur in Thai ausgeschildert. Das **Ton Tan** serviert eine große Auswahl thailändischer Gerichte und bietet eine Speisekarte auf Englisch. Hier sitzen schon am frühen Nachmittag die Lokalmatadore mit großen Flaschen Johnny Walker. Sehr preiswert.

■ Ein paar Türen weiter südlich gibt es im feinen **Agio Cafe** Kaffees, Tee und landestypische Backwaren.

■ Noch ein paar Meter weiter südlich ist in einem hölzernen Pavilionder Bakery Shop zu finden, wo ebenfalls Backwaren, Kaffee und Säfte geboten werden.

Anreise

■ **A.C.-Busse** ab Bangkoks Northern Bus Terminal fahren nur um 9.00 und um 22.00 Uhr; 457 Baht. V.I.P.-Busse fahren um 20.20 und 21.00 Uhr, 680 Baht. Busse ab Chiang Mais Arcade Bus Station fahren zu 98 Baht, A.C. 176/274 Baht. Fahrzeit ca. 4 Std.

■ **Züge** fahren nur bis Den Chai, wo in einen Bus oder Songthaew nach Phrae umgestiegen werden muss (24 km; 60 Baht).

Weiterreise

■ Songthaews innerhalb der Stadt kosten 10–20 Baht pro Person, je nach Distanz.

■ **Samlors** innerhalb der Stadt kosten 30 Baht, **Motorrad-Taxis,** die am Busbahnhof bereit stehen, ähnliche Preise.

■ Ab Phrae fahren **Busse** u. a. nach Chiang Mai (4 Std.), Chiang Rai (4 Std.), Chiang Saen (5 Std.), Nan (2 Std.), Lampang (2½ Std.), Phitsanulok (4 Std.), und Sukhothai (4 Std.).

■ Songthaews oder Busse **zum Bahnhof in Den Chai** können entlang der Yantarakitkosol Road angehalten werden.

Umgebung von Phrae

Der wichtigste Tempel der Gegend und Schauplatz eines mehrtägigen Tempelfestes (im März) ist **Wat Phra That Cho Hae,** der auf einem Hügel 9 km südwestlich der Stadt steht. Hinauf führen Treppen, die rechts von Löwen, links von Nagas oder Schlangenwesen flankiert werden. Beide repräsentieren den burmesischen Stil. Am oberen Ende der Treppe steht rechts eine verehrte Buddha-Statue, die Phra Chao Tan Chai genannt wird.

Zum Tempel nehme man ein Songthaew von Phrae über die Straße H 1022 in Richtung Padang. Vom Dorf Padang ist es noch ein Fußweg von 1 km.

Etwa 10 km östlich der Stadt befindet sich die Phae Muang Phii, die „Geisterstadt im Wald". Dieses ist ein kleines Areal von bizarren Sandformationen, die durch Auswaschung des Bodens durch Regen entstanden sind. Für die Thais erinnern die Formationen an Häuser oder andere Gebilde von Geistern, eben eine Geisterstadt. Ausländische Besucher sind oft jedoch nur mäßig beeindruckt.

36 km von Phrae entfernt, an der Straße in Richtung Nan und Chiang Rai, befindet sich aber die **Pha-Nang-Khoi-Höhle.** Um diese rankt sich eine **Legende:** Vor etwa 400 Jahren wurde beim Sinken eines Bootes die junge, schöne Tochter eines Ortsvorstehers vom Bootsmann vor dem Ertrinken gerettet. Das Mädchen verliebte sich in den Mann und heiratete ihn gegen den Willen ihres Vaters. Der Vater war so erzürnt über die Verbindung, dass er beschloss, seinen Schwiegersohn zu töten. Das Paar floh in die Höhle, wurde dort aber vom Vater aufgespürt. Dieser schoss mit Pfeil und Bogen auf seinen Schwiegersohn. Der Pfeil traf jedoch die eigene Tochter, die zu der Zeit gerade schwanger war. Während die Verletzte niedersank, floh ihr Ehemann aus der Höhle, verfolgt vom mordlüsternen Vater. Das Mädchen rief ihrem fliehenden Mann noch nach, dass sie in der Höhle auf ihn warten würde, wie lange es auch dauern würde. Von diesem Versprechen stammt der Name der Höhle, der übersetzt etwa „Höhle des wartenden, edlen Mädchens" bedeutet.

An der Höhle befindet sich eine Tafel, die die Legende erzählt, es wird jedoch leider nicht erwähnt, ob das Mädchen an seiner Wunde starb und was mit ihrem Mann geschah.

Neun Kilometer weiter die Straße entlang in östliche Richtung befindet sich der **Huay-Long-Wasserfall.** Sowohl der Wasserfall als auch o. g. Höhle können von Phrae aus per Bus oder Songthaew erreicht werden.

Fährt man von Uttaradit in Richtung Phrae, befindet sich 8 km vor der Stadt das **Hua Dharm Handicraft Village.** Hier werden Korbwaren und Möbel her-

gestellt. Die frisch lackierten Waren stehen zum Trocknen entlang der Hauptstraße. Die Umgebung ist für die dort wachsenden **Heilkräuter** bekannt.

Nan

เมือง

Nan (25.000 Einw.) wurde im Jahre 1368 gegründet und liegt an einem Fluss, der der Stadt seinen Namen gegeben hat. Am Abend kann man beobachten, wie Ochsenkarren zum Ufer des Nan rollen und wie deren Lenker sie dort mit Wasserpflanzen beladen. Ja, Nan wartet darauf, entdeckt zu werden und ist eine der ursprünglichsten und attraktivsten Städtchen und Gegenden Nordthailands. Gute Hotels, einiges an interessantem Essen und unglaubliche Berglandschaften sind bisher dem großen Touristenansturm entkommen. Und das mag auch noch eine Weile so bleiben, denn Nan ist relativ weit vom Schuss und liegt auf keiner der gängigen Reiserouten.

Jedes Jahr Ende Oktober oder Anfang November findet das **Boat Racing Weekend** statt, das das Ausklingen der buddhistischen Fastenperiode markiert. Die Tradition dieses Rennens geht über 200 Jahre zurück.

Als Sehenswürdigkeiten hat Nan in allererster Linie Tempel zu bieten, und davon gibt es gleich auffallend viele. Abgesehen davon kann der Ort als Ausgangspunkt zu interessanten Ausflügen in die Umgebung dienen.

Ein guter Ausgangspunkt für einen Stadtrundgang ist das **National Museum,** das in einem ehemaligen Palast

5

Übernachtung
3 Amazing Guest House
6 S.P. Guest House
8 Fah Place Hotel
11 Phuka Nanfa Hotel
12 Dhevaraj Hotel
13 Nan Guest House
16 City Park Hotel

Essen und Trinken
1 Nachtmarkt
2 DaDario Restaurant
4 Kad-Nan
9 Goodview Nan
10 Nan Coffee
17 Gourmet Restaurant

Einkaufen/Sonstiges
5 Sangtrakul
7 Sawadee Shop
14 Kan Air
15 OTOP Shop
18 Fhu Travel Service

untergebracht ist. Der Palast, errichtet 1903 vom Herrscher von Nan, *Phra Chao Suriyaphong*, wurde 1973 zum Museum umfunktioniert und ist seit einer Renovierung eines der besten Provinzmuseen des Landes. Im Erdgeschoss sind Ausstellungsstücke der diversen ethnischen Gruppen der Provinz Nan zu sehen, im Obergeschoss solche zur Geschichte von Nan. Dazu gibt es einige Buddha-Bildnisse im relativ seltenen Lanna-Stil. (Tägl. 9.00–16.00 Uhr; Eintritt 30 Baht.)

Wat Phumin hat eine breite Naga-Terrasse, deren Drachen den Tempel zu stützen scheinen. Im Inneren des Tempels blicken vier Buddha-Statuen in die vier verschiedenen Himmelsrichtungen. Außerdem sind Wandmalereien und durch Holzschnitzereien verzierte Türen zu bewundern.

Wat Phratat Chang Kham besitzt einen interessanten Chedi, der von Elefanten getragen zu werden scheint. **Wat Hua Wieng Tai** an der Sumon Devaraj Road wird von einer mit Nagas verzierten Mauer umgeben, und das Dach seines bots ist geschickt in Terrassen angelegt.

Wat Suan Tan hat einen 40 m hohen weißen Prang und beherbergt eine Buddha-Figur aus der Sukhothai-Periode.

Zwei Kilometer südöstlich der Stadt steht **Wat Phra That Chae Haeng,** ein attraktiver Tempel mit einem auffallend schönen Chedi. Links neben dem Tem-

▷ Wat Phratat Chang Kham

pelkomplex befindet sich ein Zoo, Eintritt frei. Um zum Wat zu gelangen, passiere man die Hauptbrücke, dann die Straße rechts 2 km weitergehen. Der Tempel liegt auf einem Hügel. Es fahren auch Songthaews zum Wat, Kostenpunkt 20 Baht.

Zwei Kilometer südwestlich der Stadt liegt **Wat Phra That Khao Noi.** Vom Hügel, auf dem der Wat steht, hat man einen guten Ausblick auf die Umgebung. Auch zu diesem Wat fahren Songthaews für 10 Baht.

Trekking-, Kajak-, Fahrrad- oder Jeep-Touren in die Umgebung organisiert der *Fhu Travel Service* (Sumonthewarat Road, Tel. 054-710636, www.fhu travel.com) sowie von *Nan Seeing Tour* (Sumonthewarat Road, Tel. 081-472 4131, www.nanseeingtour.com).

Einige interessante Touren in die Umgebung von Nan werden von in Bangkok basierten Unternehmen angeboten, so von *Outside High Attitude* (Tel. 02-9422057-8, 02-9421931; Rafting auf Gummiflößen) und *Nan Touring Dot Com* (Tel. 089-5532432, 081-7659817; Rafting, Hiking, Fahrrad-Touren).

Information

◼ Ein bescheidenes **Informationsbüro für Touristen** befindet sich an der Phakwang Road (Tel. 054-710216), direkt gegenüber dem Wat Phumin. Die zwei Polizisten, die hier arbeiten, sprechen zwar nicht viel Englisch, sind aber ungeheuer hilfsbereit und haben auch eine Karte der Stadt und ein paar Hoteltipps zur Hand.

◼ Eine weitere Informationshütte nebenan hat ein paar **Broschüren zu den Nationalparks** der Gegend, aber hier wird leider kein Englisch gesprochen.

Unterkunft

◼ Das **Nan Guest House***–** (57/16 Mahaphrom Rd., Tel. 054-771849) nahe dem Thai Airways-Büro hat Zimmer mit und ohne eigenem Bad.

◼ Direkt in der Innenstadt liegt das **Dhevaraj Hotel******–ᴸᴸᴸ (466 Sumonthewarat Rd., Tel. 054-751577, Fax 054-771365, www.dhevarajhotel. com). Alle Zimmer haben A.C., die teureren sind größer und haben dazu noch Minibar, TV und Frühstück ist inklusive. Der im Erdgeschoss befindliche Coffee-Shop ist allerdings überteuert. Das Hotel hat einen Swimmingpool und Internet.

◼ Das **Amazing Guest House***–*** (23/7 Raj-Amnuay Rd. oder Thanon Rat-Amnuay, Tel. 054-710893) hat saubere Zimmer in ruhiger Lage, aber für manche Leute vielleicht etwas zu weit weg vom Stadtkern. Zimmer ohne eigenes Bad.

◼ Sehr gut ist das neue **Fah Place Hotel***** (237/8 Sumondhevaraj Road, Tel. 054-710222), in dem es große Zimmer mit großen Badezimmern, A.C., Wi-Fi und solidem, attraktivem Holzmobiliar

530th.at

gibt. Das Fah Place ist etwas von der Straße zurückversetzt und dementsprechend ruhig. Zimmer im Erdgeschoss kosten 500 Baht, in jedem höheren Stockwerk jeweils 50 Baht weniger, bis in den 4. Stock, wo man mit ein bisschen Anstrengung beim Hochlaufen 150 Baht die Nacht spart.

● In einer Gasse ein paar Schritte weiter liegt das ebenso gute, wenn auch nicht so luxuriöse **S.P. Guest House***** (231-233 Sumondhevaraj Road, Tel. 054-774897), das saubere, etwas altmodische Zimmer mit Bad, A.C., TV und Wi-Fi hat. Eine gute Alternative, wenn das Fah Place Hotel voll sein sollte.

● Richtigen Luxus zu stolzen Preisen gibt es im **Pukha Nanfa Hotel**LLL (369 Sumondhevaraj Road, Tel. 054-771111, www.pukhananfahotel.co.th). Exquisite Zimmer und Suiten in einem großen Holzhaus im Zentrum Nans gelegen. Attraktiv in dunklem Holz gehalten, mit allem 5 Sterne-Hotelluxus, den man erwarten kann, und das Frühstück ist im Zimmerpreis inbegriffen. Wer sich 2500 Baht die Nacht aufwärts leisten kann, liegt hier genau richtig. Die Suiten kosten 4600 Baht.

● Recht gut ist das **City Park Hotel****–LLL, gelegen etwa 2 km südlich der Innenstadt, an der Straße in Richtung Phrae (99 Moo 4, Yantarakitkosol Rd., Tel. 054-751343-52, Fax 054-773135). Das Hotel ist von einer weitläufigen Gartenanlage umgeben und besitzt einen ungewöhnlich großen Swimmingpool. Die Zimmer (TV, Kühlschrank, A.C.) sind blitzsauber, äußerst komfortabel und bieten für ihren Preis einen ausgezeichneten Gegenwert. Wer hier absteigt, bleibt eventuell länger im Ort als ursprünglich geplant. An Wochenenden ist eine Voranmeldung anzuraten.

Essen

Einige preiswerte, kleine Restaurants befinden sich um den Busbahnhof herum. Auch der **Nachtmarkt,** der sich entlang der Phakwang Road westlich der Busstation befindet, ist einen Besuch wert.

Etwa zwanzig kleine Stände bieten lokale Spezialitäten und sonstige thailändische Gerichte und ab 18.00 Uhr scheint sich hier fast die ganze Stadt mit dem Abendessen einzudecken. Etwas weiter außerhalb an der Mahayot Road in Richtung Flughafen liegt **Kad-Nan**, eine kleine Ansammlung von Restaurants, Bars und Geschäften, wo sich das junge Volk Nans abends trifft. Galerien, Tattoo-Shops, Cafés und Souvenirläden lohnen einen Besuch vor 22.00 Uhr.

● Das **DaDario** ist nicht ganz einfach zu finden, denn es befindet sich in einer kleinen Gasse die von der Mahayot Road abgeht. Die Suche lohnt aber. Der italienische Besitzer ist vor einigen Jahren verstorben, und seine Frau führt den Betrieb nun weiter. In dem gemütlichen Restaurant gibt es sehr gute Pizzen, leckere Ravioli, Lasagne, Minestrone und andere italienische Gerichte sowie gute Thai-Speisen. Auch die Steaks und Salate sind nicht schlecht. Der Service ist aufmerksam und zuvorkommend. Ein volles Essen für zwei Personen dürfte ab ca. 400–500 Baht kosten. Geöffnet Mo–Sa 13–21.00 Uhr.

● Direkt am Fluss hat das **Goodview Nan,** wie der Name schon andeutet, gute Blicke, dazu sehr gute thailändische Speisen, eine englische Speisekarte und abends Live-Musik.

● Kaffee, Säfte und Snacks bietet das **Nan Coffee** an der Sumondhevaraj Road. Zudem kann man hier Fahrräder, Motorräder und Autos mieten oder eine Trekking-, Kajak-, Fahrrad- oder Jeep-Tour mit Nan Seeing Tour organisieren.

● Besonders zu empfehlen ist das **Gourmet Restaurant,** das sich direkt am Fluss, ein paar hundert Meter südlich des Stadtgefängnisses befindet. Das Restaurant liegt in einer sehr schönen Gartenanlage und serviert exzellente thailändische Küche. *Gai Pad Med Ma Muang,* Hühnchen in einer Soße mit Cashewnüssen und getrockneten Chilis, ist hier besonders gut. Preiswert. Das Restaurant ist leider nicht auf Englisch ausgeschildert und auch die Speisekarte ist auf Thai. Der Besitzer spricht allerdings gut Englisch und ist ungeheuer hilfsbereit.

Einkaufen

■ Einen Besuch wert ist der **OTOP-Shop** an der Suryapong Road, nicht weit vom Museum. Hier gibt es allerlei kitschigen Schmuck, aber auch eine Reihe sehr schöner Textilien und Kleidungsstücke, die typisch für die Region sind. Dazu lokaler Alkohol, Honig, Seifen, Öle und Shampoos aus Naturprodukten, Postkarten, Chopstick-Sets etc. Die OTOP-Shops bilden eine Art Kooperative, die in ganz Thailand jeweils regionale Produkte verkaufen und die Preise sind durchaus angemessen. Feilschen kann man in diesen Geschäften nicht.

■ In Nan gibt es eine außergewöhnlich große Auswahl an Souvenirgeschäften, die hochwertige Produkte aus der Gegend verkaufen. Zwischen dem Fah Place Hotel und dem S.P. Guest House an der Sumondhevaraj Road hat der **Sawadee Shop** in einem Holzhaus eine große Auswahl an attraktiven T-Shirts sowie anderer Kleidung, die den Moden der Bergvölker der Gegend um Nan nachempfunden sind. Schräg gegenüber verkauft das **Sangtrakul** Kleidung, Tee und Schnitzereien.

Anreise

■ **Busse** ab Chiang Mais Arcade Bus Station kosten 147 Baht, A.C. 265/412 Baht; Fahrzeit ca. 6½ Std. Von Chiang Rai fährt nur ein einziger Bus, Abfahrt 9.30 Uhr, 164 Baht, Fahrzeit 5 Std. Zahlreiche Busse ab Phrae, 70/99 Baht, Fahrzeit 2–3 Std. A.C.-Busse ab Bangkok zu 424/499 Baht, V.I.P.-Busse 775 Baht. Fahrzeit je nach Bus ca. 11–13 Std.

■ Die Anreise per **Zug** ist, genau wie im Falle Phrae, nur bis Den Chai möglich; von dort fahren Busse für ca. 80 Baht nach Nan; Fahrzeit ca. 3 Std.

■ **Flüge** mit Kan Air (kanairlines.com) einmal täglich ab 2000 Baht nach Chiang Mai. Flugzeit ca. 1 Std. Alle Hotels in der Stadt vermitteln Tickets.

Weiterreise

■ **Tuk-Tuks** innerhalb der Stadt kosten 20–30 Baht, je nach Strecke, **Songthaews** 10 Baht pro Person.

■ **Busse** nach Chiang Mai, Chiang Rai und Phrae fahren ab der Busstation an der Ananta Worattidet Road; staatliche Busse nach Uttaradit, Phitsanulok, Sukhothai und Bangkok (A.C. und Super-V.I.P.) fahren ab der Busstation an der Khao Luang Road. Die privat betriebenen V.I.P-Busse nach Bangkok fahren von den Büros der entsprechenden Unternehmen am Ostende der Ananta Worattidet Road ab. Kostenpunkt ab 700 Baht, Fahrzeit aufreibende 11–13 Std.

> Kopie einer bekannten Wandmalerei Nans in einem Hotelzimmer

Tour in die laotischen Grenzregionen

Die Stadt Nan selbst kann einen wohl kaum länger als einen oder zwei Tage in ihren Bann ziehen, ihre Umgebung ist aber äußerst malerisch, und es bieten sich lohnenswerte Ausflüge an. Touristisch gesehen ist die umliegende Provinz Nan eine der unberührtesten Gegenden Nordthailands.

Besonders sehenswert sind ihre **bergigen Regionen.** Bis in die achtziger Jahre waren die Berggebiete, an Laos grenzend, ein **Tummelplatz kommunistischer Rebellen,** die vom Nachbarland aus gesteuert wurden, um Nordthailand für den Sozialismus zu erobern. Die Berge waren für die Außenwelt praktisch unzugänglich, und selbst thailändische Beamte blieben ihnen lieber fern, als hier den patriotischen Heldentod zu sterben.

Diese brisanten Zeiten sind heute vergessen. Dennoch scheint sich die Provinz Nan eine Art Eigentümlichkeit bewahren zu wollen, und um die traditionelle Thai-Kultur von „negativen" Außeneinflüssen abzuschirmen, ist beispielsweise die Eröffnung von Discos und Karaoke-Bars an besonders strikte Vorschriften gebunden. Ein großes Schild in der Innenstadt von Nan verkündet „We Love Thai Culture".

Die folgende Tour in die nördlichen Ausläufer der Provinz kann theoretisch per Bus und Songthaew absolviert werden, ein **eigenes Fahrzeug** ist aber auf jeden Fall vorzuziehen. Da es in einigen der unten beschriebenen Orte keine Unterkünfte gibt, müsste man noch am selben Tag zurück nach Nan fahren, und mit öffentlichen Verkehrsmitteln kann das sehr schwierig werden. Abgesehen davon sind die Busse und Songthaews oft so überfüllt, dass viele Passagiere nur auf den Trittbrettern Platz finden.

Jeeps lassen sich am günstigsten in Chiang Mai anmieten (5–6 Fahrstunden entfernt), oder aber beim oben erwähnten Fhu Travel Service in Nan, wo auch Motorräder zur Verfügung stehen. Eine detaillierte Straßenkarte von Nordthailand sollte ebenfalls zur Hand sein. Zu beachten ist, dass die Kilometerangaben auf den Straßenschildern in dieser Gegend nicht immer stimmen.

Von Nan aus nehme man zunächst die Straße Nr. 1080 in Richtung Norden. Schon kurz hinter Nan durchquert man eine sattgrüne Hügellandschaft. Nach 18 km sieht man an der rechten Straßenseite die weitläufige Anlage des **Nan Valley Resort****** (Tel. 054-798400, www. nanvalley.com), das gerne von kurzurlaubenden Thais aufgesucht wird. Busse oder Songthaews von Nan hierher kosten 10 Baht.

Weiter nördlich breiten sich vermehrt **Reisfelder** zwischen den Hügeln asus. An einigen kleinen Klongs sieht man Dorfbewohner, die sich in Muße ihr Mittagessen erfischen.

20 Kilometer nördlich von Nan befindet sich direkt am Fluss die 2004 vom einheimischen Künstler *Winai Prabripu* gegründete **Nan Riverside Art Gallery** (Tel. 054-798046, www.nanartgallery. com). Im Erdgeschoss wechseln die Ausstellungen moderner thailändischer Künstler regelmäßig, während die permanente Ausstellung im ersten Stock von der traditionellen Kunst Nans beeinflusst ist.

Ein paar Kilometer weiter befindet sich das **Waterside Resort***–******

(Nationalstraße 1080, Kilometer 29, Tel. 054-701001, www.nanthewaterside resort.com), ein weitläufiges Gelände an einem Wasserreservoir. Die Bungalows sind einfach, aber sauber und es ist möglich hier für 100 Baht die Nacht ein Zelt aufzuschlagen. Man kann Zelte auch anmieten, je nach Größe 350–950 Baht die Nacht.

63 km nördlich von Nan erreicht man die verschlafene Distrikthauptstadt **Pua.** Hier zweigt eine größere Straße in östlicher Richtung ab. Sie führt über den Doi-Bhukha-Nationalpark zum Ort Ban Bor Kluea nahe der laotischen Grenze.

An der Südseite dieser Straße – noch im Bereich von Pua – zweigt eine kleinere Landstraße ab, die in südlicher Richtung zu einer sehr idyllisch gelegenen Unterkunft führt, dem **Papua Bhuka Hotel****** (141 Pua-Namyua Rd., Moo 4, Xilalang, Pua, Tel./Fax 054-791156). Entfernung von Pua insgesamt ca. 6 km. Das Hotel erinnert entfernt an ein Schweizer Landhaus und hat sehr gemütliche und saubere Zimmer (A.C., TV, Kühlschrank). Von den Fenstern überblickt man eine malerische Hügellandschaft. Leider ist das Restaurant im Haus schamlos überteuert, ein Tee beispielsweise kostet 75 Baht! Ein eigenes Fahrzeug macht vom Hotel-Restaurant unabhängig.

Zu beachten ist, dass es in dieser Gegend von November bis Februar **sehr kalt** sein kann, mit Tiefsttemperaturen von ca. 8 °C. Warme Kleidung ist unerlässlich.

Im Bereich von Pua gibt es einige kleine Geschäfte, die eine **spezielle Stoffart** anbieten, die in der Gegend hier hergestellt wird. Diese nennt sich etwas langatmig *phaa-thor-müü-lai-naam-lay,* zu Deutsch „handgefertigte Stoffe mit Mustern im Stil des fließenden Wassers". Sie weisen sich kräuselnde oder wellige Muster auf, die vage an strömendes Wasser erinnern. Aus den bunten Stoffen lassen sich originelle Hemden, Westen oder Jacken schneidern. Je nach Qualität und Größe kostet ein Stück 200–1500 Baht. Für 300–400 Baht bekommt man schon recht gute Qualität.

Fährt man die Straße von Pua nun nach Osten, in Richtung des Ortes Ban Bor Kluea, passiert man bald eine **atemberaubende Berglandschaft.** Man sieht Berge, Berge und nochmals Berge, und nur selten eine menschliche Ansiedlung dazwischen. Die wenigen Bewohner der Region gehören diversen Bergvölkern an, so den Htin aus der Familie der Mon-Khmer oder den ursprünglich aus China stammenden Khamu und Thai Lü (auch Lua oder Lawa).

25 km östlich von Pua erreicht man das Hauptquartier des **Doi Bhuka Nationalparks** (*bhuka* spricht man etwa wie „phuka"). Dieser Park ist nach dem darin befindlichen, 1980 m hohen Doi Bhuka benannt, dem „Berg der Bhuka-Blume". Die hellrote Bhuka-Blume, auf Thai *chompu bhuka,* gedeiht ausschließlich in dieser Gegend. Ihre Blüte hat sie im Februar. Die einsame Berglandschaft des Parks sowie die allgegenwärtige dichte Vegetation dürften Naturfreunde in Hochstimmung versetzen.

Bei allen Wanderungen sollte man sich allerdings an klar erkennbare Pfade halten und nicht ins Dickicht abwandern: Die Gegend war eines der Zentren der kommunistischen Guerilla-Aktivitäten, und angeblich liegt noch **scharfe Munition** in den Wäldern herum. Der höchste Gipfel der Region liegt bei

5

2177 m, nur etwa 400 m unter Thailands höchstem Berg, dem Doi Inthanon.

Nahe dem Hauptquartier des Parks befinden sich viele **Bungalows****–ꟾꟾꟾ für jeweils zwei bis sieben Gäste, in denen übernachtet werden kann. Ein Restaurant ist ebenfalls vorhanden. Außerdem gilt hier noch mehr als in Pua, dass es in den Wintermonaten empfindlich kalt werden kann; die Tiefsttemperaturen liegen bei ca. 5 °C. Buchungen der Bungalows unter Tel. 054-710815, 054-701000, 081-2240789.

Vom Nationalpark sind es 22 km in östlicher Richtung bis nach **Ban Bor Kluea,** einem winzigen Ort, der für seine Salzquellen bekannt ist (*baan bor klüa* = „Salzquellen-Dorf"). Unterirdisch verlaufenden Salzwasserquellen wird hier durch Erhitzen das Wasser entzogen, und zurück bleibt Salz. Die hiesige Salzherstellung ist ein Projekt, das von Kronprinzessin *Sirindhorn* unterstützt wird. Unterkünfte gibt es im Ort nicht. Wenige Kilometer von Ban Bor Kluea entfernt befindet sich das Dorf **Ban Sapan,** in dem Korbmöbel *(khüang waai)* hergestellt werden.

Von Ban Bor Kluea führt eine Straße nach 79 km in nördlicher Richtung – immer parallel zur laotischen Grenze – zum Ort **Ban Huey Kon.** Die unberührte Hügellandschaft und der dichte Wald bieten überwältigende Ausblicke, allerdings ist die Straße über weite Strecken sehr schlecht und der Weg somit mühsam. Außer in der Regenzeit kann man ihn aber durchaus angehen. Kurz vor dem Ende der Straße blickt man von einer Anhöhe auf Ban Huey Kon.

Um aber auf bequemerem Wege dorthin zu gelangen, kann man vom Doi-

Hmong Vater mit Kind in der Provinz Nan

Bhuka-Nationalpark zurück nach Pua fahren, um dort die **Straße Nr. 1080** in Richtung Norden zu nehmen. Über diese Straße sind es von Pua etwa 75 km bis Ban Huey Kon. Diese Strecke ist somit etwa genauso lang wie die über Ban Bor Kluea, dafür aber erheblich besser. Die Straße 1080 soll im Laufe der kommenden Jahre in ihren nördlichen Bereichen noch auf Highway-Standard ausgebaut werden, ein Projekt, das vom thailändischen König persönlich initiiert wurde.

Ban Huey Kon ist einer der abgeschiedensten Orte der Provinz Nan – ja sogar ganz Nordthailands (Kon spricht man lang, etwa wie *kohn*). Interessanterweise befindet sich hier aber ein **Grenzübergang nach Laos,** an dem ein reger Handelsverkehr pulsiert. Bisher ist der Übergang nur für Thais und Laoten passierbar, aber das könnte sich in den nächsten Jahren ändern. Die Region soll zu einem florierenden „Tor nach Indochina" ausgebaut werden, und im Zuge dessen wird Laos den Übergang möglicherweise auch für westliche Touristen öffnen. Die Betonung liegt auf „möglicherweise", denn Laos' Tourismus-Politik ist alles andere als immer leicht durchschaubar.

Sehenswert ist auf jeden Fall der lebendige **Markt,** der jeden Samstagmorgen auf der thailändischen Seite abgehalten wird. Laoten bringen Naturprodukte ihres Landes nach Thailand (darunter essbare Käfer, Wespen und andere Leckerbissen!) und decken sich dafür mit den in ihrer Heimat so begehrten thailändischen Konsumgütern ein. Ein Kilo Maden bringt dann vielleicht genug Geld, um damit einen kessen Lippenstift zu erstehen! Um das Geschehen voll mitzuerleben, trifft man am besten schon gegen 8.00 Uhr ein.

Bei der Anfahrt muss man (aus Richtung Pua/Nan kommend) kurz vor Ban Huey Kon zunächst einen Checkposten der thailändischen Armee passieren. Dahinter biegt links eine hervorragend ausgebaute Straße ab; diese führt nach 6 km zu Grenzübergang und Markt. Diejenige Straße dagegen, die vom Checkposten weiter geradeaus verläuft, führt nach ca. 2 km zur eigentlichen Ortschaft Ban Huey Kon (das Straßenschild besagt nicht ganz richtig 1 km). Folgt man der Straße weiter, so erreicht man nach 79 km Ban Bor Kluea.

Ban Huey Kon besteht aus vielleicht einhundert schlichten Holzhäusern. Die Eingangstore zu deren Grundstücken sind allesamt in den thailändischen Nationalfarben bemalt – scheinbar, um ganz klarzustellen, auf welcher Seite der Grenze man sich befindet. Bei der fast unheimlichen Abgeschiedenheit des Ortes kann man sich gut ausmalen, wie wild es hier zu Zeiten der kommunistischen Unterwanderung zugegangen sein muss. Auch in Ban Huey Kon sind keine Unterkünfte vorhanden, und zu essen lässt sich bestenfalls ein Snack auftreiben.

Fährt man über die schlechte Straße von Ban Bor Kluea an, so erreicht man zuerst Ban Huey Kon und dann ungefähr 2 km weiter den Checkposten der thailändischen Armee; direkt davor biegt man nach rechts zur laotischen Grenze ab.

Von Ban Huey Kon sind es gut 140 km zurück in die Provinzhauptstadt Nan, die nach diesem Ausflug in die einsamen Grenzregionen schon fast wie eine quicklebendige Großstadt wirkt.

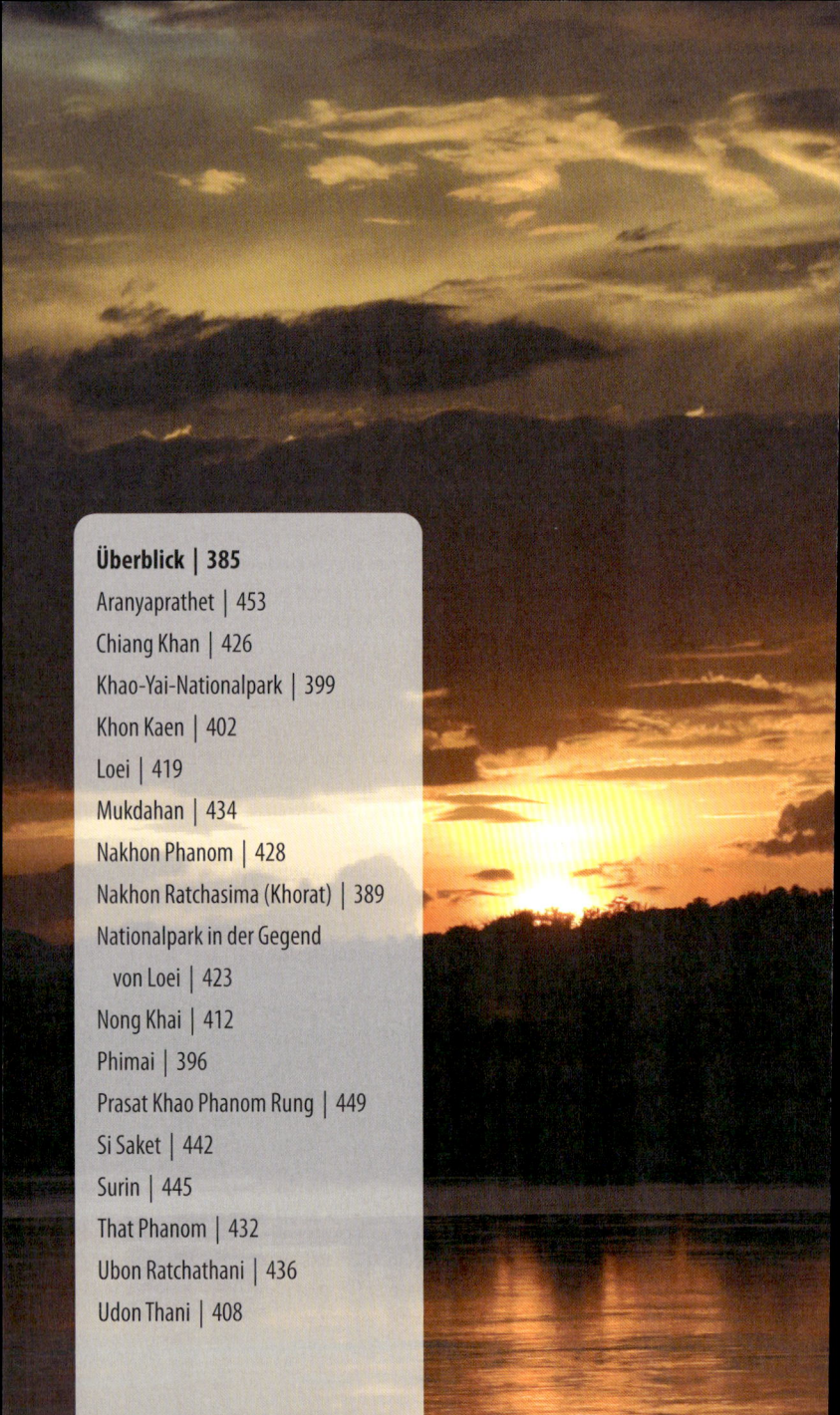

Issan, der ärmste Teil Thailands, ist zugleich der authentischste.

6 Der Nordosten

Die wenigen Touristen, die diese Region bereisen, werden mit wunderschönen Szenerien entlang des Mekong und grandiosen Tempeln der Khmer belohnt.

◁ Sonnenuntergang am Mekong

DER NORDOSTEN

Issan heißt der verarmte Nordosten Thailands. Die Region, die an Laos und Kambodscha grenzt und kulturell viel mit den Nachbarn gemeinsam hat, wird wenig besucht, bietet jedoch eine Reihe wunderschöner Ausflüge und Attraktionen. Exquisite **Khmer Tempel,** darunter der gut erhaltene Tempelkomplex in Phimai und der grandiose Tempelberg **Prasat Khao Phanom Rung,** liegen nicht weit von beschaulichen Abschnitten des Mekong entfernt. Das Essen ist feurig, und die Bewohner Issans sind die freundlichsten Menschen, die man sich vorstellen kann.

- Das Erbe der Khmer – ein Traum aus Stein: Die **Tempelruine in Phimai** | **396**
- Am Ufer des Mekong kommt man zur Ruhe – das idyllische Städtchen **Chiang Khan** | **426**
- Der **Elephant Round-Up** – Thailands Fest der Elefanten in Surin | **445**
- Ein Ausflug zum Tempelberg – **Prasat Khao Phanom Rung** | **449**

NICHT VERPASSEN!

Diese Tipps erkennt man an der gelben Hinterlegung.

Ein Monument zu Ehren des Khaen, einem in Thailand und Laos populären Musikinstrument, Khon Kaen

Überblick

Der Nordosten ihres Landes ist für die Thai das Symbol für so vieles Negative geworden: Dürre, Armut, Landflucht, aber auch frühe Zivilisation, Sanftmut und Einfachheit. Das Gebiet ist durch ziellose Rodung teilweise verödet, und die Bevölkerung flieht in die Sicherheit der Städte, vor allem nach Bangkok. Fast jeder Taxi-Fahrer in Bangkok, fast jeder Obstverkäufer stammt aus dem Nordosten. Die Einwohner der Hauptstadt sehen ihre Vettern aus dem Issan gerne als simple Landmenschen, die nicht so recht in das elegante Stadtleben passen wollen. Und dabei sind die *kon issaan,* die Einwohner des Nordostens, außergewöhnlich freundliche und angenehme Zeitgenossen.

Zahlreiche Bewohner des Issan verdingen sich heute im Ausland, so in Singapur, Taiwan, Japan und Israel. Viele davon leben illegal in den Ländern und arbeiten zu Niedriglöhnen.

Der Issan ist **touristisch noch kaum erschlossen,** und der Massen-Tourismus wird hier sicher nie einziehen. Für Leute,

Der Nordosten

LAOS

THAILAND

Viangchan (Vientiane)

Muang Kaew Udom
Thulakhom
Rong Kwang
Na Noi
Ban Bo Bia
Phrae
Long
Phrae
Ban Khok
Ban Kengsao
Sangkhom
Si Chiang Mai
Tha Bo
Den Chai
Fak Tha
Sirikit Dam
Pak Chom
Chiang Khan
Nam Som
Laplae
Tha Pla
Uttaradit
Nam Pat
Khao Mun Ram
Kaen Tao
Pong
Tha Li
Klang
Suwan Khuha
Ban Phue
Sawankhalok
Nam Tok Chat Trakan National Park
Thong Saen Khan
Roni Klao
San Tom
Loei
Na Duang
Na Dan
Kut Chap
Si Samrong
Chat Trakan
Dan Sai
Phu Ruea
Loei
Na Klang
Nong Bua Lam Phu
Nong Wua So
Sukhothai
Phrom Phiran
Nakhon Thai
Ban Pong Chi
Wang Saphung
Phu Luang
Nong Hin
Nong Bua Lamphu
Phu Kao-Phu Phan Kham National Park
Kong Krailat
Wat Bot
Phu Hin Rong Kla National Park
Phu Luang
Si Bun Ruang
Non Sang
Phitsanulok
Ban Yaeng
Lom Kao
Phu Kra Dung
Phu Pha Man National Park
Namnao
Phu Wiang
Ubon Ratan
Bang Rakam
Wang Thong
Lom Sak
Si Chomphu
Bang Krathum
Thung Salaenglaung National Park
Khao Kho
Ban Khlong Si Fai
Nam Nao National Park
Khon San
Chum Phae
Nong Ruea
Ban Fang
Noen Maprang
Phichit
Petchabun
Phu Wiang National Park
Phu Khieo
Phra Yuen
Phu Hin
Wang Sai Phun
Wang Pong
Khao Rang
Chaiyaphum
Kaset Sombun
Kaeng Khlo
Chonnabot
Taphan Hin
Chon Daen
Phu Phabhun
Khanu Woralaksaburi
Thap Khlo
Nong Lai
Sai Thong National Park
Tatton National Park
Khon Sawan
Ban Phai
Waeng Yai
Baophat Phisai
Bang Mun Nak
Nong Phai
Ban Khwao
Chaiyaphum
Waeng Noi
Phon
Nong Sor Hoi
Chum Saeng
Nong Bua
Nong Bua Rahaeo
Ban Lueam
Bua Yai
Prat
Nakhon Sawan
Phaisali
Wichianbun
Chattura
Kham Sakae Saeng
Chum Phua
Thap Than
Phayuha Khiri
Bamnet Narong
Non Thai
Phimai
Uthai Thani
Si Thep
Hin Dat
Thep Sathit
Non Sung
Wat Sing
Manorom
Tak Fa
Sa Bot
Chum Phua
Chainat
Takhli
Chai Badan
Dan Khun Thot
Huai Thalaen
Doembang Nanghuat
Ban Mi
Khok Samrong
Tha Luang
Nakhon Ratchasima
Sam Chuk
Singburi
Phattana Nikhom
Sung Noen
Nong Ki
Pho Thong
Lopburi
Saraburi
Sikhiu
Pak Chong
Lam Takhong Dam
Pak Thong Chai
Chok Chai
Nang Rong
Wiset Chaichan
Chaiyo
Ban Mo
Thakop
Suphan Buri
Phak Hai
Ang Thong
Tha Rua
Kaeng Khoi
Nong Khwang
Khonburi
Soeng Sang
Bang Ban
Nakhon Luang
Khao Khiao
Pa Kham
Se Na
Ayutthaya
Nong Khae
Dong Phayayen-Khao Yai Forest Complex
Song
Bang Pa In
Wang Noi
Nakhon Nayok
Thap Lan National Park
Phi Nong
Bang Sai
Khlong Luang
Aranyaprathet

0 ____ 50 km   ©REISE KNOW-HOW 2013

die abseits der ausgetretenen Pfade zu wandern gewillt sind, bietet der Issan jedoch einiges: Es locken z. B. einige faszinierende, zum Teil tausend Jahre alte hinduistisch-inspirierte Tempelanlagen; der Issan war – wie das benachbarte Kambodscha auch – über weite Epochen vom Hinduismus geprägt; der Name Issan stammt von Sanskrit *Ishana,* was „Nordosten" bedeutet, gleichzeitig aber auch ein anderer Name für Shiva ist, dem hinduistischen Gott der Zerstörung und Erneuerung. Dazu bietet die Weite der Region zahlreiche ruhige Orte, an denen sich gut ein paar Tage entspannen lässt. Besonders dazu geeignet sind die kleinen Städtchen am Ufer des Mekong, des mächtigen Grenzflusses zwischen Thailand, Laos und Kambodscha. Am leichtesten lässt es sich mit eigenem Wagen reisen. Die Distanzen im Issan sind groß und viele Sehenswürdigkeiten, insbesondere die Tempel und einige Nationalparks, sind mit öffentlichen Verkehrsmitteln nur schwer zu erreichen.

Die Geschichte und Kultur des Issan ist unauflöslich mit Laos verbunden, und so werden seine Bewohner oft auch als *kon lao* (Laoten) bezeichnet. Die Sprache des Nordostens ist eng mit dem Laotischen verwandt.

Neben diesen Bewohnern beherbergt das Land auch **Khmer,** die aus dem benachbarten Kambodscha herübergekommen sind und sich bis heute in ihrer eigenen Sprache, dem Khmer, verständigen. Die meisten leben in und um Si Saket, Buriram und Surin.

Noch aus den Vor-Khmer-Zeiten stammen die **Suay,** ein stolzes und unabhängiges Volk, das mit meisterhafter Hand Elefanten einfing und zähmte. Die Elefanten wurden in Cowboy-Manier mit Lassos gefangen. Die Nachfahren der Suay leben noch heute im Issan, vor allem in den Provinzen Surin und Si Saket.

Der thailändischen Regierung ist es bisher nur bedingt gelungen, die wirtschaftliche Lage des Nordostens zu verbessern. In den 1980er Jahren wurde ein **Wiederaufforstungs-Programm** ins Leben gerufen, das *Issan Khiau* („Grüner Issan"), dem auch ein gewisser Erfolg beschieden war; weite Strecken des Issan wirken heute grüner als vor zehn Jahren. Auch die Städte wirken deutlich wohlhabender, aber das ist wohl dem allgemeinen Wohlstandsanstieg in Thailand zu verdanken, der auch in den Issan durchsickert. Der *wahre* Issan, was Menschen und Kultur angeht, liegt allerdings außerhalb der Städte – Udon Thani, Khon Kaen und Korat dienen lediglich als Basis für Ausflüge in die Umgebung.

Insgesamt aber hinkt das Gebiet den anderen Regionen Thailands stark hinterher. Nicht umsonst nennen die Thais die Region zwischen Khorat und Ubon Ratchathani *tung gula rong-hai,* „Ebene der Tränen".

Was dem Issan vor allem fehlt, sind Industrieunternehmen, die der ärmeren Landbevölkerung bessere Verdienstmöglichkeiten geben könnten. Premierminister *Chavalit Yongchaiyudh,* selbst ein Kind der Region, verkündete 1997, der Issan biete großartige Möglichkeiten „zur Büffelaufzucht". Nachdem die Benzinpreise 2006 stark anzogen, stiegen in der Region fast 1000 Bauern vom Traktor auf Wasserbüffel um.

Aber nach wie vor vergrößern sich die materielle und die kulturelle Kluft zwischen Hauptstadt und nordöstlicher Provinz und die Wählerschaft Issans dient meist als politischer Spielball für die Politiker in der Hauptstadt. Die sogenannten Rothemden, die 2009 und 2010 wochenlang Bangkoks Innenstadt mit gewalttätigen Demonstrationen lahmlegten, werden meist aus den Dörfern Issans rekrutiert.

Nakhon Ratchasima (Khorat)

นครราชสีมา

Khorat, 256 km nordöstlich von Bangkok gelegen, wird als das „Tor zum Nordosten" bezeichnet, da der Ort meistens den Ausgangspunkt für eine Reise durch dieses Gebiet darstellt. Der Name Khorat ist übrigens nichts anderes als die Verkürzung des eigentlichen Namens *Nakhon Ratchasima.*

Der ärmliche Nordosten erlebte einen kurzen Aufschwung als die in Vietnam kämpfenden Amerikaner ihre Militärbasen dort hatten. Auch in Khorat war die amerikanische Luftwaffe stationiert, und die relativ vielen Bars und modernen Restaurants sind ein Relikt aus jener Zeit. Nach Ende des Vietnam-Krieges verfiel der Ort wieder in einen provinziellen Halbschlaf.

Khorat ist die **größte Stadt des Nordostens und ein kommerzielles** Zentrum mit ca. 150.000 Einwohnern und damit nach Bangkok, Nonthaburi und Samut Prakan die **viertgrößte Stadt Thailands.** Für Reisende ist die Stadt nicht besonders interessant, sie dient aber oft als Durchgangsstation.

Wat Sala Loy ist ein relativ neuer Tempel, dessen bot die Form einer chinesischen Dschunke hat. Der Wat befindet sich 400 m östlich der Nordost-Ecke des Stadtgrabens.

An der Ecke Rajdamnoen Road/ Chom Surang Road, hinter Wat Sut-

Einkaufen/Sonstiges
19 Thai Airways Office
20 Night Bazar

Übernachtung
1 Sima Thani Hotel
2 Doctor's Guest House
6 Siri Hotel
8 Sri Pattana Hotel
9 Tokyo Hotel
10 Tokyo Mansion
12 Chaophaya Inn
13 Cathay Hotel
15 Si Chompon Hotel
16 Korat Hotel
21 Dusit Princess Korat

thachinda, steht das **Mahawirawong Museum,** das Khmer-Kunstgegenstände ausstellt. Geöffnet 9.00–12.00 und 13.00–16.00 Uhr. Eintritt kostet 100 Baht und gilt auch für die Tempelanlage in Phimai. Das Ticket ist 30 Tage gültig.

Wat Pa Salawan ist ein ehemaliger Waldtempel, der mittlerweile gänzlich von den neueren Bauten Khorats umlagert ist. Die zahlreichen Bäume auf dem Tempelgelände erinnern noch an die vergangenen Zeiten. Im Tempel werden Reliquien aufbewahrt, die von drei hoch verehrten Mönchen Khorats stammen, *Acharn* („Lehrmeister") *Man, Acharn Dim* und *Acharn Sao.*

Information

Das **Büro der TAT** befindet sich am Westrand der Stadt in der 2102-2104 Mittraphap Rd., Tel. 044-213666, Fax 044-213667, tatsima@tat.or.th. (Samlor-Fahrt von der Innenstadt hierhin ca. 60 Baht).

Unterkunft

■ Das **Siri Hotel*****–**** (688-690 Phoklang Road, Tel. 044-242831) liegt etwa 2 km westlich des Stadtgrabens, eine Samlor-Fahrt von dort oder vom Busbahnhof kostet 10 Baht. Das Hotel ist sehr groß und hat ordentliche Zimmer mit Bad. Unten rechts daneben befindet sich der Vietnamvetera-

0 — 400 m © REISE KNOW-HOW 2013

THAI068

Busbahnhof (ca. 550 m)

Busse nach Phimai

Mittraphap Road

Busstation (Bangkok)

Bus n. Wat Phanomwan

Wat Sala Loy

Yommarat Road

13

Atsadang Road

16

14

15

Lak Muang (City Pillar)

Chumphon Road

Khunying-Mo-Schrein

12

Wat

Chinesischer Tempel

20

Mahatthai Road

Prachak Road

Chumphon Road

Kudan Road

Chom Surang Road

11

Wat Sutthachinda

17

18

19

Sapphasit Road

Bus n. Ban Dan Kwian

Museum

Ratchanikun Road

Mittraphap Chok Chai Road

Bahnhof

21

Essen und Trinken

3 Cabbages and Condoms (Rest.)
4 1618 Dadad Steak Chim Ka Jaew
5 Thai Pochana Restaurant
7 Sala Mangsawirat
11 Bankaew Restaurant
14 Thon Som Restaurant
17 Nachtmarkt
18 Chez Andy

---

nen-Club (VFW = *Veterans of Foreign Wars)*, in dem ein amerikanisches Frühstück serviert wird.

■ Das **Chaophaya Inn*****–**** (62/1 Jomsuran-gyart Rd., Tel. 044-260555, www.chaophayainn. com) ist ein paar Minuten Fußweg vom Thao Suranari Monument entfernt und hat ordentliche Zimmer mit Wi-Fi. Ein Coffee Shop und ein Restaurant, das thailändische und internationale Gerichte serviert, sind angeschlossen.

■ Die gemütlichste Unterkunft ist wahrscheinlich das in einem Privathaus untergebrachte **Doctor's Guest House***–** (78 Sueb Siri Rd., Tel. 044-255846); äußerst ruhig gelegen, mit nur vier Zimmern (zwei mit A.C.). Heiße Duschen kosten jeweils 5 Baht. Die Besitzerin spricht recht gut Englisch und tut alles, damit sich ihre Gäste wie zu Hause fühlen.

Das Guest House liegt etwas außerhalb der Innenstadt und ist nicht leicht zu finden. Es befindet sich (der offiziellen Adresse zum Trotz) in Soi 4, die von der Sueb Siri Road abzweigt; nach ca. 150 m auf der linken Seite.

■ Das **Tokyo Hotel****–*** (256–8 Suranari Rd., Tel. 044-242788) hat Zimmer mit Bad und Fernseher und ist für seinen niedrigen Preis gar nicht schlecht; dazu ist die Lage recht günstig. Einige Zimmer haben A.C.

■ Das **Tokyo Mansion***** (329-333 Suranari Rd., Tel. 044-242873) hat einfache und ruhige Zimmer mit und ohne A.C.

■ Nahe dem Thao Suranari-Denkmal steht das **Cathay Hotel**** (130 Ratchadamnoen, Tel. 044-252067) mit ordentlichen Zimmern (Bad).

Khunying Mo, die Heldin von Khorat

Im Jahre **1827** wurde Khorat von **laotischen Truppen** angegriffen, die von *Chao Anuwong* angeführt wurden. Dieser war Herrscher von Vientiane und ein Vasall des thailändischen Königs Rama 3. (1824–51). *Chao Anuwong* hatte sich von seinem siamesischen Verbündeten nicht gebührend geachtet gefühlt und befand sich außerdem in dem Irrglauben, die Briten würden bald Siam angreifen. Der ehrgeizige Anuwong wollte ihnen zuvorkommen.

Mit List und Tücke nahmen seine Truppen Khorat ein und marschierten alsbald weiter in Richtung Saraburi, wo ihr Vormarsch von den Thais gestoppt wurde. In Khorat hatten die Laoten die örtliche Bevölkerung gefangen genommen und damit begonnen, sie nach Laos abzutransportieren. Die gefangenen Männer wurden unter strikter Aufsicht gehalten, die Frauen dagegen konnten sich relativ frei bewegen, mussten aber Küchendienste leisten und den Soldaten die Nächte verschönern. Eine der Frauen war **Mo**, die **Gattin des stellvertretenden Gouverneurs** von Khorat.

Die listige *Mo* verleitete die laotischen Soldaten zu einem Trinkgelage, während dessen sie sich davonmachte und die männlichen Thais befreite. Letztere metzelten die volltrunkenen Laoten schließlich nieder. Zweitausend kamen ums Leben. Im Gegenzug nahmen die Thais bald die laotische Hauptstadt Vientiane ein, und der glücklose *Chao Anuwong* floh nach Vietnam.

Aus Dank für ihre Tapferkeit wurde *Mo* in den **Adelsstand einer Khunying** erhoben und hieß von nun an *Khunying Mo*. Bis heute wird sie von den Thais sehr verehrt, ganz besonders natürlich in Khorat. Viele Frauen sehen in ihr ein Paradebeispiel für weibliche Emanzipiertheit und Stärke.

Als vor einigen Jahren Historiker die These aufstellten, die ganze Geschichte um die streitbare Dame könne ein Ammenmärchen sein, die Person habe womöglich nicht einmal existiert, reagierte Khorats Bevölkerung erzürnt. Das Volk braucht Helden, bzw. Heldinnen, auch in Thailand!

Am **Chumphon Gate** ist *Khunying Mo* ein Denkmal errichtet worden, das **Thao Suranari Monument,** an dem viele Thais der listigen Dame ihre Dankbarkeit erweisen. An vielen Abenden werden dort Volkslieder des Issaan präsentiert, und im März/April feiert man ein zehntägiges Fest, die Thao Suranari Fair. Dazu gibt es Umzüge und Ausstellungen.

▷ Thao Suranari Monument

■ Ein sehr gutes Mittelklasse-Hotel ist das **Sri Pattana Hotel****** (346 Suranari Road, Tel. 044-251652); Swimmingpool vorhanden; Bad, A.C., TV.
■ **Korat Hotel***–****** (191 Atsadang Rd., Tel. 044-257057) ist ein modernes Hotel mit sauberen Zimmern mit A.C. und TV, und die Zimmer in der unteren Preislage sind selbst für Budget-Reisende erschwinglich (ab 450 Baht). Angeschlossen sind Restaurant, Coffee Shop und Massage-Salon.
■ Das moderne **Sima Thani*****–ᴸᴸᴸ** (2112/2 Mittraphap Road, Tel. 044-213100, Fax 044-213122) ist Khorats Top-Hotel und befindet sich außerhalb des Stadtzentrums. Saubere und große Zimmer (Bad, A.C., TV) und Schwimmbad. Nebenan befindet sich ein Irish Pub.
■ Ein weiteres Luxushotel ist das **Dusit Princess Korat*****–ᴸᴸᴸ** (1137 Suranari Rd., Tel. 044-256629, Fax 044-256601, www.dusit.com), in dem sich das ausgezeichnete chinesische Empress Chinese Restaurant befindet; im Princess Café gibt es auch sehr gute Issan-Gerichte. Zimmer mit allem Komfort. Swimmingpool und Fitnesszentrum vorhanden. Alle Zimmer haben Internet-Zugang.

Essen

Khorat ist ein sehr guter Ort, um sich am typischen Issan-Essen zu versuchen. Die Stadt hat gleich **zwei Nachtmärkte,** auf denen es allerlei lokale und nationale Gerichte gibt. Einer der Märkte ist ein paar Minuten westlich des Hauptbahnhofs, der zweite Nachtmarkt, der Talat Manat, liegt im Stadtzentrum zwischen der Chompon Road und der Mahatthai Road. Zahlreiche gute Restaurants befinden sich entlang der Ratchadamnoen im Stadtzentrum.

■ Besonders zu empfehlen ist das **Thai Pochana** (142 Jomsuratgyat Rd., auch Chom Surang Rd.), zahlreiche lokale Spezialitäten.

■ Nahe dem Doctor's Guest House findet sich ein Ableger des bekannten **Cabbages & Condoms** (86/1 Suepsiri Road) in Bangkok, in dem man sich mit sehr gutem Thai-Essen, aber auch mit Kondomen versorgen kann.
■ Das **Bankaew** (105/17–19 Chomsurangyart Road) ist ein gehobenes Restaurant mit exzellentem Seafood, aber auch anderen sehr guten Gerichten. Thai und Chinesisch.
■ Ebenfalls nicht ganz billig ist das **Thon Som Restaurant** (125–129 Watcharasarit Road), das thailändische, chinesische und ein paar europäische Gerichte serviert.
■ Das Restaurant **Chez Andy** (5–7 Manat Rd.) kredenzt gute schweizerische und europäische Küche. Gelegentlich tritt hier auch ein Elvis Imitator auf. Weitere Informationen unter www.chezandy.com.
■ Sehr gute Küche aus Issan bietet das **1618 Dadad Steak Chim Ka Jaew** in der Seubsiri Road, westlich des Hauptbahnhofs. An dieser Straße befinden sich auch noch einige weitere sehr gute lokale Restaurants und Essensstände.
■ Das einzige vegetarische Restaurant am Ort, **Sala Mangsawirat,** befindet sich weit außerhalb des Stadtkerns an der Suranari Road, ein Stück vor dem Teachers' College. Es ist nicht leicht zu finden, der Weg lohnt aber. Sehr gutes Essen ab 20 Baht.

Anreise

■ **Busse** ab Bangkok kosten 165/206 Baht. Erstere fahren alle 20 Minuten, die A.C.-Busse alle 20–30 Minuten. Die Fahrzeit beträgt etwa vier Stunden. Alle Busse fahren vom Northern Bus Terminal ab.
■ **Züge** ab Hualamphong Station in Bangkok fahren um (in Klammern Ankunftszeit) 5.45 (10.02), 6.40 (12.12), 10.05 (14.27), 11.40 (16.50), 15.20 (21.15), 18.20 (22.48), 18.55 (0.07), 20.20 (1.33), 21.50 (2.00), 22.25 (3.34), 23.40 (5.25). Fahrpreis in der 3. Kl. 200 Baht, 2 Kl. 265 Baht, mit A.C. 325 Baht; 2 Kl. Sleeper mit A.C. Schlafkoje oben/unten 545/615 Baht; 1 Kl. 910 Baht.

6

Weiter-/Rückreise

■ **Busse** fahren nach Chiang Mai (A.C. 435/560 Baht, V.I.P. 653 Baht), Fahrzeit 12–14 Std., Loei (A.C. 319 Baht), Nong Khai (A.C. 225/290 Baht), Phitsanulok (A.C. 263 Baht, V.I.P. 338 Baht), Fahrzeit 7–9 Std., Udon Thani (Normal 131 Baht, A.C. 250 Baht), Fahrzeit 4–5 Std., Ubon Ratchathani (Normal 205 Baht, A.C. 340 Baht), Fahrzeit 5–7 Std., dazu zu vielen weiteren Zielen im Nordosten und der Ostküste.

■ **Züge** zurück in Richtung Bangkok fahren um (in Klammern Ankunftszeit) 8.22 (14.15), 10.18 (14.50), 12.33 (18.40), 14.50 (21.00), 18.47 (23.25), 20.46 (3.15), 22.32 (4.25), 22.54 (4.35), 23.06 (5.00), 23.37 (5.50) und 0.51 (7.30) Uhr.

Umgebung von Nakhon Ratchasima

Baan Prasaat

Diese Ortschaft, ca. 44 km nördlich von Khorat, ist der Fundort von prähistorischen Tongefäßen, Waffen, Glasperlen, Schmuckstücken und Skeletten, die von Siedlern aus dem Nord-Issan hinterlassen wurden, die etwa vor 1500–2000 Jahren in dieses Gebiet gezogen waren (Bronze-/Eisenzeit). Die Ausgrabungsstellen sind heute überdeckt, es ist jedoch ein kleines Museum eröffnet worden, das über die verschiedenen Ausgrabungsstellen informiert.

■ Zur **Anfahrt** nimmt man einen Bus von Khorat nach Khon Kaen, und bittet den Schaffner, bei Baan Prasaat oder Non Sung zu halten (ca. 43 km von Khorat); von dort sind es noch 1½ km in Richtung Norden zu den Ausgrabungsstellen (von Khorat kommend links abbiegen). Gleich nach der Abzweigung gelangt man zum Museum.

Dan Kwien

Etwa 15 km südöstlich von Khorat liegt das Dorf Dan Kwien, in dem Keramikwaren hergestellt werden. Beiderseits der Straße in Richtung Chok Chai befinden sich zahlreiche Geschäfte, die die Waren verkaufen. Die Artikel haben alle erdenklichen Formen und Farben, Fußbodenkacheln sind ebenso dabei wie Schmuck. Der Lehm, aus dem die Artikel gefertigt werden, stammt aus dem Mun-Fluss und weist einen hohen Eisengehalt auf. Das erklärt auch den etwas metallischen Schimmer der Gegenstände.

■ **Anfahrt:** Songthaews fahren ab dem südlichen und dem östlichen Stadttor von Khorat nach Dan Kwien.

Pak Thong Chai

Am Highway 304, etwa 32 km südlich von Khorat, liegt das Dorf Pak Thong Chai, das die berühmtesten Seidenstoffe des Landes produziert. Insgesamt haben sich hier etwa **70 Seidenfabriken** niedergelassen. Die Preise sind aber etwa die gleichen wie in Bangkok oder anderswo.

Khorat hat auch einen **Zoo** (Tel. 044-934537), der sich 19 km südlich vom Stadtzentrum an der Straße nach Pak Thong Chai befindet. Am besten man kommt im eigenen Fahrzeug, da es möglich ist in diesen Safarizoo direkt hineinzufahren. Neben zahlreichen asiatischen Tierarten gibt es hier auch ein paar Giraffen und Zebras zu sehen. Eintritt 100 Baht, Autos 50 Baht. Geöffnet von 8.00 bis 18.00 Uhr.

Der Nordosten

■ **Anfahrt:** Ab dem Busbahnhof (Terminal 1) in Khorat fahren alle halbe Stunde Busse nach Pak Thong Chai, Kostenpunkt 25 Baht, Fahrzeit 45 Minuten.

Muang Korakhopura

Etwa 30 km südwestlich von Khorat an Highway 2 in Richtung Bangkok befindet sich das Dorf Sung Noen, das die Ruinen der alten Stadt Muang Korakhopur beherbergt. Diese wurden 1959 vom Fine Arts Department ausgegraben und sind – wenn auch nicht sehr zahlreich – in recht gutem Zustand. Der Name der Stadt stammt von Sanskrit *Gorakhapura* („Stadt zum Schutze der Kühe") und ist in ähnlicher Form auch in Indien zu finden; dies ist ein eindeutiger Hinweis auf indischen/ hinduistischen Einfluss, der ohnehin im Issan sehr ausgeprägt war. Auch die im Ort gefundenen Ruinen weisen eindeutig hinduistische Merkmale auf.

Der **Tempel Prasat Hin Muang Khaek** stammt ca. aus dem Jahre 940 und ähnelt stark Prasat Thom, der 150 km entfernt in Kambodscha gelegen ist. Prasat Hin Muang Khaek („Steintempel in der Stadt der Inder") war einst um einen auf einem Sockel stehenden Prang zentriert, heute sind jedoch nur einige Reste übrig. Bemerkenswert sind die Türrahmen und Reliefs am Hauptgebäude. Während der Ausgrabungen wurde man fünf besonders schöner Reliefs fündig, und diese sind heute im Phimai National Museum zu sehen. Eines davon zeigt Hindu-Gott Vishnu in einer Art energischem Laufschritt, ein anderes zeigt den alten Wettergott Indra, der auf den drei Köpfen des Elefanten Airavata steht und im Be-

griff ist, einen seiner furchterregenden Donnerkeile zu schleudern (siehe auch Erawan-Schrein, Bangkok).

Prasat Non Ku, einige hundert Meter entfernt, ist ein quadratischer Tempel, der auf einer Sandstein-Terrasse errichtet wurde, dazu mit Anbauten zu allen Seiten. Zusammen mit obigem Tempel, soll Prasat Non Ku zur Blütezeit der Stadt (10. Jh.) das religiöse Zentrum von Muang Korakhopura gebildet haben.

Prasat Hin Muang Kao, 3 km westlich von Prasat Muang Khaek, hat einen Prang, in dem ein „Fußabdruck des Buddha" eingeschlossen ist; dieser stammt mit Sicherheit aus einer späteren Epoche. Die umgebenden Mauern, von denen nur Reste übrig sind, umfassen einen Gopuram, einen hinduistischen Tempelturm (wörtl. „Kuh-Stadt"). Prasat Hin Muang Kao soll einst eine Art Klinik gewesen sein, errichtet auf Anordnung von König Jayavarman 7. (ca. 1177–1230).

Muang Sema, 10 km nordwestlich von Sung Noen gelegen, ist eine weitere alte Stadt, die sogar noch älter als Korakhopura sein soll (ca. 9. Jh.). Es finden sich noch Überreste eines Stadtgrabens und von Befestigungsanlagen. Muang Sema wird mit dem Volk der Mon in Verbindung gebracht und seine Bevölkerung soll buddhistisch gewesen sein. Bei Ausgrabungen wurde eine Abbildung des buddhistischen „Rad des Dharma" gefunden, die dann in Wat Thamachak Semaran untergebracht wurde. In Ban Hin Tang, südlich der alten Befestigungsanlagen, sind einige *sema* (Grenzsteine an buddh. Tempeln) aus Sandstein zu sehen.

Die außergewöhnlichste Sehenswürdigkeit im Bereich von Muang Sema ist

6

aber wohl ein kolossaler **liegender Buddha** aus gelblich-rosafarbenem Sandstein. Dieser findet sich in Wat Thamachak Semaran, zusammen mit einigen *sema*. Der Buddha, genannt Phra Non Hin Sai („Schlafender Sandstein-Buddha"), ist 13,30 m lang und 2,80 m hoch. Vermutlich wurde er im 8. Jh. gefertigt. Die Figur ist bemerkenswert gut erhalten und wird heute von einem Überbau vor dem Einfluss der Elemente geschützt. Vor der Figur ist eine kleinere Kopie aufgestellt, an die die Gläubigen Goldblättchen aufkleben. Am Original ist dies nicht erlaubt.

■ **Anfahrt:** Am besten per eigenem Fahrzeug. Um nach Sung Noen zu gelangen (30 km), fährt man von Khorat in Richtung Bangkok (Highway 2); dann nach ca. 25 km rechts in die Straße in Richtung Sung Noen und Ban Hin Tang abbiegen. Man passiert das Dorf Sung Noen, fährt weiter über eine Eisenbahnlinie und dann noch 2 km in nordöstliche Richtung zu den Ruinen von Korakhopura.

Prasat Phanomwan

Dieser Khmer-Tempel stammt aus dem 11. Jh. und war bis in die neunziger Jahre des letzten Jahrhunderts noch ziemlich quicklebendig – die Anlage war in recht gutem Zustand, und nebenan stand ein neuzeitlicher Wat, in dem auch Mönche lebten. Der alte Tempel, aus gelbem und rosafarbenem Sandstein, ist mittlerweile aber dramatisch in sich zusammengefallen, und derzeit sind Restaurierungsarbeiten im Gange. Diese werden viel Zeit in Anspruch nehmen, wenn jedoch vollendet, wird dieser Tempel eine der attraktivsten Khmer-Anlagen im Issan darstellen.

■ **Anfahrt:** Prasat Phanomwan befindet sich gut 30 km nordöstlich von Khorat. Etwa auf halber Strecke von Khorat nach Phimai zweigt eine Straße in südlicher Richtung vom Highway 2 ab; diese führt nach ca. 7 km nach Prasat Phanomwan.

Phimai
พิมาย

Phimai ist ein winziges Örtchen mit einigen Tausend Einwohnern, das ursprünglich in einem Rechteck von 1030 mal 560 m Seitenlänge angelegt worden war, von einer **Stadtmauer** begrenzt. Die heutige Stadt ist aber mittlerweile darüber hinausgewachsen. Der Ort – 58 km nordöstlich von Khorat – ist eine der größten Attraktionen des Nordostens und einen längeren Besuch wert.

Phimai beherbergt eine **Khmer-Tempelanlage** aus dem zwölften Jahrhundert. Möglicherweise diente diese Anlage als Vorlage für das berühmte Angkor Wat, schließlich war Phimai zu jener Zeit durch eine Straße mit Angkor, der Hauptstadt des Khmer-Reiches verbunden. Ganz einig sind sich die Historiker nicht, was es mit Phimai auf sich hatte; sicher ist, dass der Ort von erheblicher Bedeutung gewesen sein muss. Das zentrale Bauwerk der Anlage ist ein **Prang (Prasat Hin Phimai),** dessen pyramidenartiges Oberteil von Garudas (Göttervögel, Reittiere des Gottes Vishnu) gestützt zu werden scheint und mit Figuren verziert ist, die symbolische Wächter darstellen. Im November findet das **Phimai Festival** statt, zu dem eine „Son-et-Lumière"-Show präsentiert wird, dazu finden Fackelprozessionen, Tanzdarbietungen, Bootsrennen und Ausstellungen statt. Im Gegensatz zu den Tempeln des Angkorreiches, die sich in Kambodscha befinden, wird Phimai kaum besucht und Touristen haben die gesamte Anlage oft für sich alleine.

■ Der **Eintritt** zu der Tempelanlage beträgt 100 Baht, **geöffnet** täglich 7.30–18.00 Uhr.

An der Nordseite der Stadt befindet sich das relative neue **Phimai National Museum,** das einst ein Open-Air-Museum

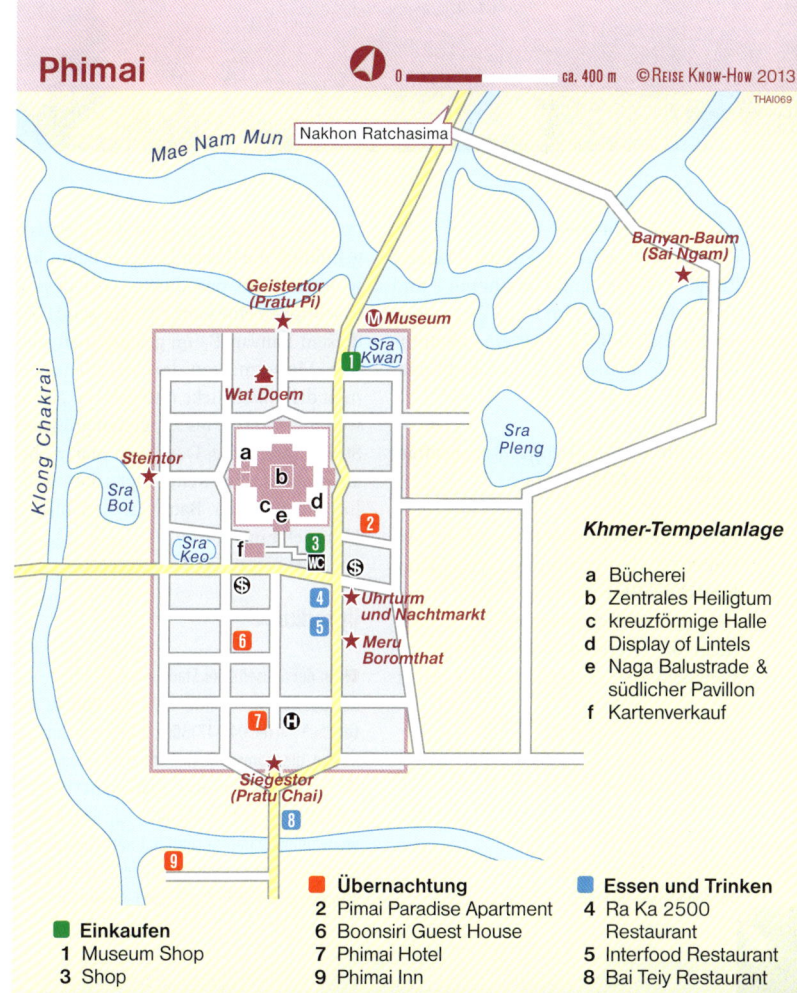

Phimai　　　　　0 ⸺ ca. 400 m　©Reise Know-How 2013

THAI069

Mae Nam Mun

Nakhon Ratchasima

Banyan-Baum (Sai Ngam)

Geistertor (Pratu Pi)

Ⓜ *Museum*

Sra Kwan

1

Klong Chakrai

Wat Doem

Sra Pleng

Steintor

a

b

c　d

e

Sra Bot

Sra Keo

f

2

3

WC

Ⓢ

Ⓢ

4

Uhrturm und Nachtmarkt

5

6

Meru Boromthat

7 Ⓗ

Siegestor (Pratu Chai)

8

9

Khmer-Tempelanlage

a　Bücherei
b　Zentrales Heiligtum
c　kreuzförmige Halle
d　Display of Lintels
e　Naga Balustrade & südlicher Pavillon
f　Kartenverkauf

■ **Einkaufen**
1　Museum Shop
3　Shop

■ **Übernachtung**
2　Pimai Paradise Apartment
6　Boonsiri Guest House
7　Phimai Hotel
9　Phimai Inn

■ **Essen und Trinken**
4　Ra Ka 2500 Restaurant
5　Interfood Restaurant
8　Bai Teiy Restaurant

war. Ausgestellt werden eindrucksvolle Reliefs und Figuren aus Phimai, Phanom Rung, Phanomwan, Korakhopura und andere Fundstellen im Issan. Das außergewöhnlichste Objekt ist eine Skulptur von *König Jayavarma 7.*, die in Phimai gefunden wurde.

■ **Eintritt** in das Museum 100 Baht, **geöffnet** Mi–So 9.00–16.00 Uhr.

Eine Sehenswürdigkeit besonderer Art findet sich außerhalb des Ortes: **Thailands größter Banyan-Baum,** unter dem sich zahlreiche Handleser versammeln, die ihrerseits von einer Reihe von Essensständen umlagert werden. An einem kleinen Schrein wird den Geistern gehuldigt, die diesen heiligen Baum bewohnen (und das dürften bei dessen Mächtigkeit eine ganze Menge sein!). Zu diesem Banyan-Baum gelangt man vom o. g. Museum: Von dort aus überquert man die Flussbrücke und geht ca. 200 m weiter geradeaus bis zur ersten größeren Straßenkreuzung. Dort biegt man rechts ab, und ca. 1 km weiter ragt schon weithin sichtbar der Baum in den blauen Himmel. Eintritt frei.

Unterkunft

■ An der Südseite der Stadt, ein paar Schritte von der Busstation entfernt, steht das **Phimai Hotel****–*** (Tel. 044-471306); Zimmer mit und ohne Bad, die teureren Räume mit Klimaanlage.

■ Das **Pimai Paradise Apartment*****–**** (100 Moo 2 Samairuchi Rd., Tel. 044-287565, www.phimaiparadise.com) hat nette Zimmer, attraktiv mit Holz ausgestattet und ist nur ein paar Minuten zu Fuß vom Nachtmarkt entfernt.

▷ Orange-farbene Blüten vor dem Palast Hin Phimai

Der Nordosten

■ Das **Boonsiri Guest House****–*** (228 Jomsinsudasadej Rd., Tel. 044-471159, 089-424942, www.boonsiri.net), ganz in der Nähe der Tempelanlage, hat große, saubere Zimmer, die sich über einem Restaurant befinden. Betten im Dorm zu 150 Baht pro Person.

■ Das **Phimai Inn*****–**** (33/1 By-Pass Road, Highway 206, Tel./Fax 044-471175, www.phimai inn.com) liegt ca. 2 km außerhalb der Ortschaft. Der Weg lohnt aber, es hat die komfortabelsten Zimmer (Bad) in Phimai, ein gutes Restaurant und einen großen Swimmingpool. Abends finden gelegentlich Karaoke-Partys statt, sodass es in den Zimmern am Pool recht laut sein kann.

Essen

Phimai hat einen recht großen **Nachtmarkt,** der sich neben dem Uhrturm befindet.

■ Das sehr gute **Bai Teiy Restaurant** ist aus der Innenstadt ca. 1 km südwestlich in Richtung dem Phimai Inn gezogen und bietet neben lokalen Spezialitäten auch ein paar internationale Gerichte. Sehr empfehlenswert.

■ Gegenüber dem Uhrturm befindet sich das **Ra Ka 2500 Restaurant,** das ab 18.00 Uhr gute thailändische Küche bietet

■ Ein paar Schritte weiter in Richtung Meru Boromthat liegt das einfache aber gute **Interfood,** das zwar kein Schild auf Englisch hat, aber immerhin hat der freundliche Besitzer die Speisekarte übersetzt.

■ Zwischen dem Ra Ka 2500 und dem Interfood Restaurant befindet sich eine empfehlenswerte **Bäckerei.**

Anreise

■ Vom Busbahnhof in Khorat fahren alle 30 Minuten **Busse** ab 40 Baht in Richtung Phimai. Die Fahrzeit beträgt 1½ Std.

Khao-Yai-Nationalpark

อุทยานแห่งชาติเขาใหญ่

Der Khao-Yai-Nationalpark, eröffnet 1962, bedeckt eine Fläche von 2168 km^2 und ist eines der letzten großen **tropischen Regenwaldgebiete** Thailands und für viele Besucher auch das faszinierendste. Vor einigen Jahren wurde er zur ASEAN Natural Heritage Site erklärt, frei übersetzt also zu einem der wichtigsten Naturvermächtnisse, das die ASEAN-Staaten (Association of South-East Asian Nations) besitzen.

Das Terrain ist **dicht bewaldet und bergig;** die höchsten Erhebungen sind der Khao Laem („Landzungen-Berg"; 1238 m) und der Khao Khiau („Grüner Berg"; 1350 m), ansonsten liegt das Gebiet auf einer Höhe von ca. 800 m. Khao Yai heißt „große Berge".

Einige Teile von *Alex Garlands* Roman „The Beach" wurden mit *Leonardo Di Caprio* in Khao Yai gefilmt, insbesondere eine spektakuläre Szene am Haew Suwat Wasserfall.

Mit etwas Glück kann man wilde Büffel, verschiedene Hirscharten, Bären, Wildschweine, diverse Vogelarten, Affen, große Echsen, Schlangen und Schmetterlinge sehen. **Tiger** laufen Besuchern nur sehr selten über den Weg. Dazu leben einige Herden wilder Elefanten im Park, die gelegentlich auch über die Grenzen des Gebietes heraustreunen. Die gegenwärtige Population der **Elefanten** beträgt etwa 200, die wahrscheinlich größte Konzentration von Elefanten in Thailand.

6

Der Park eignet sich vorzüglich für **Wanderungen,** er ist von 500 km Pfaden durchzogen.

Die **Unterkünfte,** die sich zuvor im Park selbst befunden hatten, mussten 1992 schließen. Der Grund war die zunehmende ökologische Belastung des Gebietes – die überall verstreuten Müllberge und herumrasenden Motorradfahrer waren nicht unbedingt eines Nationalparks würdig. Neben den Unterkünften wurde auch der im Park befindliche Golfplatz geschlossen (was sollte der ohnehin dort?).

Inzwischen ist es wieder möglich sogenannte **Lodges** (ab 800 Baht für zwei Gäste, sowie ab 1200 Baht für vier Gäste) anzumieten, allerdings nur über das Royal Forestry Department in Bangkok (Tel. 02-5620760, 081-773127). Das Zelten ist auch ohne Erlaubnis aus Bangkok an **zwei Zeltplätzen** im Park möglich. Beide haben Duschen und Toiletten. Zelte können gemietet werden (150–600 Baht), auch mit Matratzen. Am Wochenende ist es gut möglich, dass restlos ausgebucht ist und die Zeltplätze laut und chaotisch sind. An Neujahr und während Sonkran ist von einem Besuch abzuraten, da die Camping-Plätze überfüllt sind und es auf den Parkstraßen auf Grund der zahlreichen einheimischen Besucher oft zu Staus und Verkehrsunfällen kommt. Unter der Woche jedoch sieht man morgens oft Gibbons und anderes Getier vom Zelt aus.

Es lohnt sich eigentlich nicht Essen und Wasser mitzubringen. In der Nähe des Park-Hauptquartiers haben sich eine ganze Reihe kleiner **Restaurants und Stände** angesiedelt. Hier findet sich auch eine kleine Ausstellung, komplett mit ausgestopften Tigern und es ist möglich,

Blutegel-abstoßende Socken zu leihen. Lohnt sich während der Regenzeit, in der viele Pfade allerdings unbegehbar sind. Von der **Nachtsafari,** die die Parkbehörden anbieten, ist abzuraten. Besucher werden in Songthaews geladen und über ein paar Felder gefahren. Im Licht der zahlreichen Suchscheinwerfer sieht man allenfalls ein Reh oder zwei.

Die **Parkeintrittsgebühr** (400 Baht) ist am Parkeingang zu entrichten.

■ Das **Big Mountain Music Festival** (www.bigmountainmusicfestival.com) findet seit 2010 jedes Jahr in der Nähe des Parks statt. Das Festival Gelände ist an der Thanarat Road. Am Kilometer 7 gilt es rechts abzubiegen. In den letzten zwei Jahren fand das Big Mountain im Dezember statt. Es werden Bands aus Thailand und der Region geboten, die auf fünf Bühnen zwei Tage lang ca. 50.000 Zuschauern einheizen – die meisten Besucher bringen ihre eigenen Zelte mit.

Unterkunft und Touren

■ Eine gute Wohnmöglichkeit bietet die **Khao Yai Garden Lodge*****–ᴸᴸᴸ (135 Thanon Thanarat, Kilometer 7, 30130 Pak Chong, Tel. 044-365178, 086-3807579, www.khaoyaigardenlodgekm7.com). Die Bungalowanlage mit Swimmingpool ist von einem 20.000 m² großen tropischen Garten umgeben, samt Wasserfall, Fluss, Teich und über 200 Orchideenarten! Diese sowie die auf dem Gelände anzutreffenden Insekten, vor allem Käfer und Schmetterlinge, locken mittlerweile Botaniker und Zoologen aus dem Westen an.

Die Garden Lodge, gegründet vom Deutschen *Klaus Derwanz*, veranstaltet ein bis sieben Tage lange Touren durch den Park (sowie zu anderen Sehenswürdigkeiten in der Umgebung); Kostenpunkt für einen Tagestrip 2200 Baht, inklusive Lunch und Eintritt in den Park. Internet-Zugang.

Die Khao Yai Garden Lodge (Khao Yai Garden Resort & Wildlife Tours) betreibt ein **Büro am Bahnhof von Pak Chong,** wo der kostenlose Transport zum Resort organisiert wird. Auch wer im Voraus anruft, wird an der Bushaltestelle oder am Bahnhof kostenfrei abgeholt. Busse dorthin kosten ansonsten 10 Baht, Taxis ca. 100 Baht. Die Leute im Ort kennen das Khao Yai Garden Resort unter dem Namen Hong Ahaan („Garten-Restaurant") Ying Yong, also den Taxifahrern diesen Namen angeben. Am Bahnhof steht wahrscheinlich auch eine Armee von Schleppern bereit, um Leute zum Garden Resort zu bringen, diese aber wie immer ignorieren.

■ Das **Green Leaf G.H.****–*** befindet sich ca. 8 km in Richtung Khao Yai (Tel. 044-365073, 089-424 8809, www.greenleaftour.com). Es hat einfache Zimmer mit Bad und bietet Touren (darunter auch Nachttouren für 1500 Baht, Parkeintritt inbegriffen) durch den Park an.

■ Das **Jungle House Hotel******–*****(215 Moo 5 Thanarat Rd., Pakchong Tel. 044-297183, 044-297307, www.junglehousehotel.com) an der Thanarat Road am Kilometerstein 19.5 hat eine große Auswahl an z. T. sehr ordentlichen Zimmern, mitten im Dschungel. Zelten ist auch möglich.

■ Ja, Wein gibt es in Thailand auch, und der ist in den letzten Jahren besser geworden. Es ist auch möglich, in einigen Weingütern zu übernachten, darunter das luxuriöse **Granmonte Guest House and Granmonte Estate Family Vineyard**LLL (Tel. 036-227334-5, 080-6617555, 081-9008282, www.granmonteguesthouse.com) Die Zimmer sind konservativ gehalten, mit Parkettböden, W-LAN-Zugang und toller Aussicht auf die Weinreben oder angrenzenden Wälder. Frühstück ist im Zimmerpreis inbegriffen, und es ist möglich, an einer Führung durch das Weingut teilzunehmen.

■ Das **Kirimaya Golf Resort Spa**LLL (1/3 Moo 6, Thanarat Road, Moo Si, Pak Chong. Tel. 044-426000, www.kirimaya.com) liegt ca. 7 Kilometer vom Parkeingang entfernt und ist ein luxuriöses Boutique-Resort, das große Zimmer und kleine Villen mit privaten Pools sowie großangelegte Zelte (mit priva-

ten Spa-Pools) bietet. Alle Zimmer haben Wi-Fi-Internet-Zugang. Ein Golfplatz und eine Driving Range sind dem Resort angeschlossen.

■ Auch am Südeingang des Parks befinden sich ein paar Resorts. Besonders zu empfehlen ist das **Moon River Resort******* (Tel. 081-1606332, www.moonriver-th.com) des Schweden *Alexander Buppha,* das über gleich zwei Pools in einer attraktiven Gartenanlage verfügt und sich an der Straße 3077, 2½ Kilometer südlich des Eingangs befindet. Von Bangkok spart man hierher eine Stunde Fahrt und die Gegend ist nicht so überlaufen wie Pak Chong. Das Resort organisiert Touren in den Park. Auch das angeschlossene Restaurant ist zu empfehlen, besonders die Pizzas. Die fünf Bungalows sind sehr groß und bieten Bad, Küche und Fernseher.

Anreise

■ Ab dem Northern Bus Terminal in Bangkok fahren **A.C.-Busse** (zwischen 5.00 und 22.00 Uhr alle 15 Min., Fahrzeit ca. 2½ Std.) bis Pak Chong. Kostenpunkt 172 Baht. Von hier fahren Songthaews für 50 Baht weiter zum Parkeingang. Zu manchen Jahreszeiten fahren einige direkte Busse von Bangkok zum Park. Busse ab Khorat (Richtung Bangkok) kosten bis Pak Chong 60 Baht.

■ **Züge** ab Bangkok fahren nach Pak Chong um (in Klammern Ankunftszeit) 5.45 (8.55), 6.40 (10.52), 10.05 (13.25), 11.40 (15.22), 15.20 (19.44), 18.30 (21.37), 20.30 (0.18), 21.50 (1.01), 22.25 (2.19) und 23.40 (4.05) Uhr. Zur Anreise eignen sich am ehesten die ersten beiden Züge, da ansonsten ggf. keine Weiterfahrmöglichkeit zum Park besteht.

Weiterreise

■ Ab Pak Chong fahren **Züge** zu den folgenden Zeiten in Richtung Khorat, Buriram, Surin und Ubon Ratchathani: 8.55, 10.52, 13.25, 19.44, 22.46, 0.18, 2.19 und 4.04 Uhr.

6

Khon Kaen

ขอนแก่น

Der Ort liegt 444 km nordöstlich von Bangkok und 189 km nördlich von Khorat und hat nicht viel zu bieten, es sei denn man kommt Anfang Dezember, wenn die jährliche **Seiden-Messe** stattfindet. In der Umgegend von Khon Kaen wird die kostbare Mutmee-Seide gewebt, die zu dieser Gelegenheit sowohl ausgestellt als auch verkauft wird. Dazu kommen Musik und Tanz, ohne die kein Volksfest vonstatten gehen kann.

Das **Museum** am Nordrand der Stadt (Lang Sunratchakan Rd.), noch etwas weiter als das TAT-Büro, ist sehenswert: Es werden einige Kunstgegenstände aus der Dvaravati- und der Lopburi-Periode ausgestellt (geöffnet täglich 9.00–16.00 Uhr, Eintritt 30 Baht).

Das **Khon Kaen City Museum** befindet sich südlich der Stadt am Nordende des Bung Kaen Nakhon Sees. Dargestellt wird die Kultur Issaans in zahlreichen Dioramen und lebensgroßen Modellen. Geöffnet von 12.00 bis 20.00 Uhr. Montags geschlossen. Eintritt 90 Baht.

Information

■ Die **TAT** findet sich in der 15/5 Prachasamosorn Road, Tel. 043-244498-9. Angeschlossen ist die Tourist Police, Tel. 1155 oder 043-236937.

Visa für Laos und Vietnam

■ Visa für Laos erteilt das **Lao Consulate** (171 Prachasamosorn Road, Tel. 043-242856), das sich etwas außerhalb der Stadt, östlich des Bung-Khaen-Nakhon-Sees befindet. Visa (4 Wochen) kosten 1200 Baht für Deutsche sowie 1400 Baht für Schweizer und Österreicher. 4-Wochen-Visa lassen sich inzwischen an allen für Touristen zugänglichen thailändisch-laotischen Grenzposten direkt beantragen, diese kosten 30 US$, können allerdings nicht verlängert werden. Wer ein Visum will, mit dem man mehrmals ein und ausreisen kann, muss dieses beim Konsulat beantragen.

■ Das **Vietnamese Consulate** (65/6 Chatapadung Road, Tel. 043-242190, konkaen.th@mofa. gov.vn) befindet sich nahe der Sri Chan Rd. Visa für Vietnam müssen grundsätzlich vor der Einreise beantragt werden.

Unterkunft

■ Das **Sansamrun Hotel**** (55–59 Klang Muang Rd., Tel. 043-239611), das alteingesessenes Hotel ist ebenfalls in einem Holzhaus untergebracht, und der Besitzer ist eine schier unerschöpfliche Informationsquelle.

■ Das **Roma Hotel*****–**** (50/2 Klang Muang Rd, Tel. 043-334444) liegt nur eine Minute Fußweg von der Busstation entfernt und hat große, aber teilweise sehr laute Zimmer mit Bad, die schon bessere Zeiten gesehen haben. Für den Preis aber nicht schlecht und alle Zimmer haben W-Lan.

■ Saubere und recht komfortabel ausgestattete Zimmer im **Khon Kaen Hotel******–***** (43/2 Pimphasut Rd., Tel. 043-244881, www.khonkaenhotel.com), das nahtlos in das preiswertere Roma Hotel überzugehen scheint; mit A.C., TV und Kühlschrank.

■ Deutlich besser ist das 2008 eröffnete **Piman Garden******–***** (6/100 Klang Muang Rd, Tel. 043-334111, www.pimangardenhotel.com), das große, saubere Zimmer mit Bad, Klimaanlage und Wi-Fi bietet. Die Angestellten sprechen Englisch, das Hotelrestaurant serviert solide Thai-Küche und einige Zimmer haben Balkons.

Khon Kaen

0 ━━━ 400 m © REISE KNOW-HOW 2013

THAI070

Udon Thani

M Museum

Bus Station (Normalbusse) H

✈ **Flughafen,** Phitsanulok

Prachasamosorn Road

1

2 @ **i**

● **Lao Consulate**

Phimphasut Road

3

6

4

5

7

Na-Muang Road

Ammat Road

Lang Muang Road

10

9

8

Srichan Road

Kliang Muang Road

A.C.- Bus Station H

Vietnamese Consulate, Kalasin

11 **13** Ⓢ

14

✉

12

● **Polizei**

15

Bahnhof

Reun Rom Road

🔺 **Wat That**

■ Übernachtung
2 Piman Garden
3 Khon Kaen Hotel
5 Roma Hotel
6 Sansamrun Hotel
12 Pullman Khon Kaen Raja Orchid
13 Kosa Hotel
14 Charoen Thani Princess

■ Essen und Trinken
1 Jaew Hon Nonsa-ard
4 Nam Nuang Lab Lae
7 Veg. Restaurant
8 Nachtmarkt
11 23 Steak House
12 Loong Yuen
15 Sala Mangsawirat

M *Khon Kaen City Museum*
Beung Kaen Nakhon

■ Einkaufen/ Sonstiges
9 Department Store
10 Hi-Theque

Das Echsen-Dreieck Khon Kaen – Reptilien und ihre Vorfahren in Issan

Wer Interesse an Reptilien hat, kommt in Issaan auf seine Kosten. In der Umgebung von Khon Kaen befinden sich gleich drei sehr interessante Orte, die den Kaltblütern huldigen.

1976 wurden in Issan, bei Ausgrabungen in einer Uraniummine **im Nationalpark Pu Wiang** Fußabdrücke und **Fossilien von Dinosauriern** gefunden. Das erste Fossil eines 15 Meter großen Pflanzenfressers wurde *Phuwianggosoraus Sirindhornae* getauft, nach Prinzessin *Sirindhorn*, die seitdem die Ausgrabungen fördert. Was bislang gefunden wurde, kann heute im Park besichtigt werden. Vier Kilometer vor dem Parkeingang wurde 2003 ein **Museum** eröffnet, das die Funde sehr gut dokumentiert. Hier gibt es le-

bensgroße Modelle der Dinosaurier, die in Issan einmal gelebt haben.

Geöffnet täglich 9.00–6.00 Uhr. Mittwochs geschlossen. Eintritt frei. Das Museum und der Park liegen ca. 60 km westlich von Khon Kaen. Man nehme Highway 12, Richtung Chum Phae. Nach 48 km biege man rechts ab auf Straße 2038, die bis zum Museum und Park führt. Das Krankenhaus in Phu Wiang hat einige große Dinosauriermodelle auf seinem Gelände stehen, was in der Kleinstadt einen recht surrealen Eindruck macht.

Sehr viel zeitgemäßere und lebendige Reptilien finden sich in dem kleinen Dorf **Ban Kok Sa-Nga.** Seit 1951 werden hier **Kobras** gefan-

183th at

gen und vorgeführt. Die täglichen Shows im Dorftempel sind sicher nicht jedermanns Sache – kleine Jungs und alte Schlangenveteranen provozieren die Schlangen zu Angriffen, die auch böse ausgehen können – 1999 wurde einer der erfahrensten Schlangendompteure gebissen und starb an der Vergiftung. Eintritt 10 Baht, eine Spende für die Show wird zusätzlich erwartet. Die Schlangen werden von den Dorfbewohnern im Wald gefangen. Einige Haushalte haben große Holzkisten voller Schlangen in ihren Gärten stehen. Das Dorf befindet sich 49 km nördlich von Khon Kaen.

Deutlich müßiger geht es im **Ban Tao,** dem **Dorf der Schildkröten zu.** In diesem Dorf leben diverse Schildkröten Seite an Seite mit den Dorfbewohnern. In einem kleinen Turtle Village können die Reptilien leicht beobachtet und gefüttert werden (Eintritt 10 Baht). Interessanter ist allerdings ein morgendlicher oder abendlicher Spaziergang durchs Dorf, denn die Schildkröten sind zu den kühleren Tageszeiten von Haus zu Haus unterwegs, auf der Suche nach Gurken und Papaya. Die Dorfbewohner glauben, dass jedermann, der eine Schildkröte verletzt oder gar stiehlt, von großem Unglück und schwerer Krankheit bestraft werden wird. Ban Tao befindet sich im Distrikt Mancha Khiri 50 km südwestlich von Khon Kaen und ist leicht von Chayaphoom aus zu erreichen. Im Dorf gibt es auch sogenannte Home Stays – Touristen haben die Möglichkeit hier bei einer Familie zu übernachten, um so am Leben der Schildkröten in einer typischen Dorfgemeinde teilnehmen zu können. Kostenpunkt 500 Baht pro Nacht/Abendessen/Frühstück. Man kontaktiere Mr. *Phrasong Sudwiset,* Tel. 043-289673.

◁ Nicht ganz ungefährlich – Schlangenshow für die Touristen

■ Das gut ausgestattete **Kosa Hotel*****_LLL** (250–252 Si Chan Rd., Tel. 043-320320, www.kosahotel.com) zieht vor allem thailändische Geschäftsleute an und beinhaltet dementsprechend eine Massage-Salon, Coffee-Shop, Swimmingpool und Karaoke-Bar etc. und liegt im Herzen der Barszene Khon Kaens. Die Zimmer sind sehr komfortabel, mit A.C., TV, Kühlschrank etc., dazu gibt es einige sehr teure Suiten. Im Jahr 2000 erhielt das Hotel eine Auszeichnung *(Thailand Tourism Award)* als bestes Hotel des Nordostens. Dem Hotel ist ein kleiner, gemütlicher Biergarten angeschlossen. Das Essen ist nicht schlecht und eine Band bietet allabendlich thailändische Pop- und Rock-Musik.

■ Das **Charoen Thani Princess*****_LLL** (260 Sri Chan Rd., Tel. 043-220400-14 www.dusit.com) ist ein 5-Sterne-Hotel der Dusit Hotelgruppe. Alle Zimmer haben Internet-Zugang. Außerdem gibt es zwei Restaurants, ein Fitnesszentrum, einen Billardsalon und einen Swimmingpool.

■ Das **Pullman Khon Kaen Raja Orchid**ᴸᴸᴸ (9/9 Prachasamran Rd., Tel. 043-322155) ist das Feinste, was Khon Kaen an Unterkunft zu bieten hat und die Disco im Haus soll die Größte im Nordosten Thailands sein. Sechs Restaurants, vier Bars, ein Spa und ein guter Swimmingpool bieten allen Komfort. Alle Zimmer haben Internet-Zugang (nicht im Zimmerpreis inbegriffen).

Essen

Kaum ein **Nachtmarkt** Thailands hat so viel Auswahl an lokalen Speisen wie der Khon Kaens an der Klang Muang Road und ein Besuch ist ein tolles Erlebnis, denn hier werden Touristen selten gesehen und sind herzlich willkommen. Es gibt Spezialitäten aus Issan, so z. B. den *Somtam,* einen scharfen Salat aus unreifer Papaya, Zitronensaft, fermentierten Krabben – und natürlich Chili.

■ Das **Jaew Hon Nonsa-ard** an der Klang Muang Road, serviert typische Issan Hot Pots mit Schweine- oder Rindfleisch und jeder Menge Gemüse für

6

120–180 Baht pro Set. Geöffnet täglich 11.00–22.00 Uhr.

■ Direkt gegenüber des Roma Hotels an der Klang Muang Road befindet sich ein **namenloses kleines Restaurant,** das frischen Kaffee und einfache Reisgerichte anbietet.

■ An der Straße die vom Kosa Hotel aus an einer Reihe Bars vorbeiführt, befindet sich das kleine **23 Steakhouse.** Die Steaks, Schnitzel und sogar das Cordon Bleu sind nicht schlecht.

■ Das **Nam Nuang Lab Lae Restaurant** an der Klang Muang Road serviert sehr gute vietnamesische Küche, unter anderem die großartigen Nam Nuang Nudelrollen sowie thailändische Gerichte. Ein Buffet für 129 Baht wird ebenfalls angeboten, mit Nam Nuang, gebratenen Frühlingsrollen sowie Kuchen zum Nachtisch.

■ Das **Loong Yuen** im 2. Stock des Hotel Sofitel Raja Orchid ist ein vorzügliches, nicht ganz billiges chinesisches Restaurant. Ein volles Essen für 2 Pers. kann gut 1000 Baht kosten.

■ Das vegetarische Restaurant **Sala Mangsawirat** befindet sich an der Chee Tha Khon Road, abseits der Klang Muang Road. Geöffnet täglich 8.00–17.00 Uhr.

Anreise

■ Von Bangkoks Northern Bus Terminal fahren **A.C.-Busse** für 550 Baht.

■ **Züge** ab Bangkok fahren um (in Klammern Ankunftszeit) 8.20 (16.20), 18.30 (2.10), 18.40 (4.15) und 20.45 Uhr (5.42). Preis ab Bangkok 3. Kl. 227 Baht, 2. Kl. 329 Baht, mit A.C. 399 Baht, 2. Kl. Sleeper mit A.C. Schlafkoje oben/unten 609/679 Baht, 1. Kl. 968/1.168 Baht.

■ Die **Thai Airways** fliegt tgl. 4-mal von Bangkok nach Khon Kaen; Preis ab 2100 Baht. Flugzeit 55 Min.

■ Die **Kan Air** (www.kanairlines.com) fliegt einmal täglich von Chiang Mai nach Khon Kaen, ab 2000 Baht.

Weiterreise

■ Normalbusse fahren ab der Busstation an der Prachasomorn Road, A.C.-Busse ab dem Busbahnhof an der Srichan Road. Normalbusse ab Khon Kaen fahren u. a. nach Khorat (200 Baht), Fahrzeit 3 Std., Nakhon Phanom (288 Baht) Fahrzeit 5 Std. 30 Min., Nong Khai (148 Baht), Fahrzeit 2–3 Std., Udon Thani (104 Baht) Fahrzeit 2 Std.). A.C.-Busse nach Chiang Mai 504 Baht.

■ **Thai Airways Büro:** Im Hotel Sofitel Raja, Tel. 043-227701-5, im Flughafen Tel. 043-238803. Die Airline betreibt einen Zubringerdienst vom Büro zum Flughafen.

Umgebung von Khon Kaen

Phra That Kham Kaen

Die 19 m hohe Pagode ist die wichtigste Sehenswürdigkeit der Provinz Khon Kaen, ca. 30 km nördlich der Stadt Khon Kaen gelegen. Sie befindet sich auf dem Gelände von Wat Chotiyaphum und wurde der Legende nach auf dem Stumpf eines Tamarinden-Baumes errichtet, der – nachdem er schon geraume Zeit abgestorben war – eines Tages neue Sprosse hervorbrachte. Jedes Jahr zu Vollmond im Mai/Juni wird hier dem Ereignis mit einem Fest gehuldigt. Die Wichtigkeit der Pagode wird durch die Tatsache unterstrichen, dass sie heute als Wappensymbol der Provinz gilt und dementsprechend häufig auf offiziellen Publikationen zu sehen ist. Aufgrund architektonischer Ähnlichkeiten wird angenommen, dass die Pagode zur gleichen Zeit gebaut wurde wie die von That Si Song Rak in Dan Sai in der Provinz Loei.

🔴 Zur **Anreise** bieten sich die Busse an, die von Khon Kaen in Richtung Udon Thani fahren; man bitte den Fahrer, bei *phra thaat kham khään* (so etwa spricht sie sich aus) zu halten.

Ubon-Ratana-Stausee

Thailands größter Stausee (Fläche: 420 km²), 50 km von Khon Kaen entfernt, wird von einer großen, weißen Buddhafigur überblickt und stellt ein erholsames Ausflugsziel dar. Einige größere Ausflugsschiffe stehen für Fahrten über den See bereit, und wer sportlich genug ist, kann die nach offiziellen (und scheinbar stark übertriebenen) Angaben 1049 Stufen zum Buddha emporsteigen, von wo sich eine gute Aussicht bietet. Ein Leser hat nur 438 Stufen gezählt, womit das Unterfangen gleich weit weniger abschreckend wirkt.

🔴 **Anfahrt:** Von Khon Kaen mit Bus Nr. 1474, der etwa alle halbe Stunde abfährt.

Chonabot

Die Mutmee-Seide wird vor allem in Chonabot, 56 km südlich von Khon Kaen, produziert. Wer dorthin will, sollte zuerst nach Ban Phai, 44 km südlich von Khon Kaen, fahren, dann per Songthaew 12 km in westlicher Richtung bis Chonabot.

Prasat Puey Noi

Dieses ist der größte **Khmer-Tempelkomplex** in der Provinz Khon Kaen, gelegen ca. 80 km südlich der Stadt. Zwar kann der Komplex keinem Vergleich mit Phimai oder Phanom Rung standhalten, für Leute mit eigenem Fahrzeug lohnt der Weg aber dennoch. Die Anlage besteht aus drei Ziegel-Chedis und einem Laterit-Palast aus dem 12. Jahrhundert.

🔴 Die **Anfahrt** ist etwas kompliziert. Man fahre von Khon Khaen über Highway 2 in südlicher Richtung nach Ban Phai; dort links in Richtung Stadt abbiegen und über Route 23 in Richtung Borabeu weiterfahren. Nach 11 km rechts in Highway 2301 abbiegen, bis man die Abzweigung zu Highway 2297 erreicht. Über diesen gelangt man nach 12 km zu der Anlage (rechte Straßenseite).

Phanom Phrai

Das Dorf Phanom Phrai, nicht weit von der Kleinstadt Yasothon entfernt, ist einer der besten Orte, das **Bun-Bang-Fai-Fest** mitzuerleben: Während dieses Festes, das in vielen Orten im Issan gefeiert wird, werden vor Beginn der Regenzeit furchterregende Raketen in den Himmel geschossen, die aus den Wolken den Regen hervorlocken sollen. Das Schauspiel wird von einem Trinkgelage und auch gelegentlichen Explosionsunfällen begleitet.

Der bekannteste Austragungsort der lautstarken Feierlichkeiten ist **Yasothon,** in Phanom Phrai sind sie aber noch urwüchsiger und weniger touristisch. Das Fest findet zu Vollmond Ende Mai/Anfang Juni statt; in Phanom Phrai wird eine feucht-fröhliche Prozession abgehalten, die schließlich zum Wat Klang führt, wo die Raketen abgefeuert werden. Ähnliche Feierlichkeiten finden auch in Suwannaphum statt, 46 km südöstlich von Roi-Et.

6

■ Zur **Übernachtung** bieten sich einige Hotels im nur ca. 20 km entfernten Yasothon an, so z. B. **Warothon Hotel*** (600–602 Chaeng Sanit Rd., Tel. 045-712736), **J.P. Emerald****–***** (36 Prapa Rd., Tel. 045-7248 48, http://rpparkview.igetweb. com) oder **R.P. Park View****–***** 275 Prachasamphan Rd., Tel. 045-712235-6).

■ **Anfahrt** nach Phanom Phrai per Bus von Yasothon.

Udon Thani

อุดรธานี

Sorry, in der Stadt (140.000 Einwohner) selbst gibt's nichts von überragendem Interesse. Sie dient aber als Umsteigepunkt für die Fahrt nach **Ban Chiang** (siehe „Weiterreise"). Udon Thani boomte über Nacht, als die amerikanischen G.I.s ihre Dollars in den Bars verjubelten. Diese Zeiten sind vorbei, und nun ist der Ort zwar ein Handelszentrum von Bedeutung, aber touristisch kaum von Belang. Dennoch befinden sich in Udon Thani noch immer eine ganze Reihe von R & R (Rest & Recreation) Bars, welche das Rotlichtambiente des Vietnamkriegs mehr als 30 Jahre nach dem Abzug der Amerikaner weiterhin am Leben halten. Ob das die Stadt attraktiver macht, ist fraglich.

Zu den wenigen Sehenswürdigkeiten gehört **Wat Sunthorn Pradit,** ein chinesischer Tempel mit einigen interessanten Gebäuden. Der Tempel zeichnet sich weiterhin durch die weltbewegende Tatsache aus, dass die dort lebenden Mönche statt der üblichen Mönchsroben in orangene Hosen gekleidet sind.

Das **City Museum,** das sich in einem Gebäude aus dem frühen 20. Jahrhundert befindet, bietet im ersten Stock einen Überblick über die Geschichte und die ethnischen Minderheiten der Region. Geöffnet Mo–Fr 8.30–16.30 Uhr, Sa/So 8.00–16.00 Uhr, Eintritt: 10 Baht.

Am Nordweststrand der Stadt befindet sich der **Nong Phra Jak,** ein ansehnlicher Park, der von einem See umgeben ist, und eine recht pittoreske Idylle in dem sonst so öden Udon darstellt. Im Park verstreut stehen Bronzeskulpturen, die Szenen aus dem Alltagsleben im Issan zeigen. Um den See herum windet sich ein Weg, der von Udon Thanis wachsender Jogger-Gemeinde in Beschlag genommen wird.

Information

Das Büro der **TAT** befindet sich in 16/5 Mukhamontri Rd., Tel. 042-325406, Fax 042-325408, tatudon@tat.or.th, und ist täglich 8.30–16.30 Uhr geöffnet.

Unterkunft

■ Das **Much-che Manta Boutique Hotel****–** ᴸᴸᴸ (209-211 Makhaeng Rd., Tel. 042-245222, www.much-chemanta.com) ist nicht ganz Boutique. Im Zimmerpreis sind allerdings das Frühstück

> Das City Museum in Udon Thani

und W-LAN-Zugang enthalten, und ein Pool sowie ein Restaurant, das sowohl westliche Speisen als auch thailändische Standardgerichte auf der Karte hat, sind angeschlossen.

■ Das **Udon Hotel*****–***** (81–89 Makhaeng Rd., Tel. 042-248160) hat A.C.-Räume mit TV in den höheren Preislagen.

■ Eine gute Mitteklasse-Unterkunft ist das **Charoen Sri Palace Hotel*****–***** (60 Pho Sri Rd., Tel. 042-242611), A.C. und TV in den teureren Zimmern.

■ Das **Charoen Hotel******–LLL* (549 Pho Si Rd., Tel. 042-248155) hat einen Pool, die Yellow Bird Disco, eine Bar (Werbung: „Für den Mann mit hohem Geschmack") und Zimmer mit allem Luxus.

■ Das **Charoensri Grand Royal Hotel** ******_ LLL* (277/1 Pho Si Rd., Tel. 042-343555, www.charoensrigrand.com) ist *das* Top-Hotel am Ort, ein Luxushotelturm mit guter Aussicht von den oberen Stockwerken.

■ Recht neu ist das **Udon Cabana****** (30/7 Phon Pisai Road, Tel. 089-4039403, 042-223018, www.udoncabana.com), das einfache, aber makellose Zimmer mit A.C. und warmem Wasser bietet, dazu kostenloser Internetanschluss in allen Zimmern.

■ Ebenfalls neu ist das **Jan Condotel*****–****** (102/17 Soi Sansuk, Srisuk Road, Tel. 042-329223, www.jancondotel.com), das einen ähnlichen Standard wie das *Udon Cabana* bietet, aber auch größere Suiten für Familien hat. Zimmer können auch monatlich angemietet werden. W-LAN-Internet-Zugang in den Zimmern.

■ Das **Silver Reef Hotel******* (338/8 Prajak Road, Tel. 042-344081, www.silverreefudon.com) nahe der Busstation ist ein Boutique Hotel und bietet bunt gestaltete Zimmer mit A.C. und Wi-Fi.

■ 3 km in Richtung Flughafen liegt das **Udon Airport Hotel*****–****** (14 Moo 1, Udon, Nong Bua Lamphu Rd., Tel. 042-346223, www.udonairporthotel.com), mit gepflegten Zimmern mit A.C. und TV. In den Preisen ist das Frühstück enthalten, dazu kostenloser Zubringerdienst vom/zum Flughafen.

Essen

■ Der **Nachtmarkt** befindet sich an der Thong Yai Road, in der Nähe des Bahnhofs.

■ Das wahrscheinlich beste Restaurant am Ort ist das **Mayfair** im Charoen Hotel (s. o.), das vom Ma-

Udon Thani

0 — 400 m © REISE KNOW-HOW 2013

THAI072

Loei

Nong Phra Jak

City Museum

Nong Khai

Tesa Road

Mukhamontri Road

Panprao Road

Makhaeng Road

Busse nach Nong Khai

Si Suk Road

Pho Si Road

Prajak Road

Chinesischer Tempel

Udon Dutsadi Road

Wattana Road

Immigration

Uhrturm

Markt

Jamnusorn Road

Adunyadet Road

Surakan Road

Flughafen, Khon Kaen

Markt

Wat Sunthon Pradit

Bahnhof

Sakhon Nakhon, Ban Chiang

Übernachtung
3 Jan Condotel
4 Charoen Sri Palace Hotel
5 Much-che Manta Boutique Hotel
8 Udon Hotel
9 Udon Cabana
10 Charoensri Grand Royal Hotel
12 Silver Reef Hotel
13 Charoen Hotel

Essen und Trinken
1 Vegetarische Restaurants
2 Good Everything Restaurant
6 Khao Tom Khon Kan Eng
11 Bella Italia
13 Mayfair
14 Nobis Restaurant
15 Nachtmarkt
16 Beung Samran Garden Restaurant

Sonstiges
7 Thai Airways

gazin „Market Leader" eine Auszeichnung für seine Küche erhalten hat. Geboten wird eine umfangreiche Speisekarte mit chinesischen und thailändischen Gerichten, dazu gutes westliches Frühstück. Frühstücks- und Lunch-Buffets kosten 165 Baht.

■ Ein sehr gutes Restaurant ist das **Good Everything** an der Po Ni Yom Road, gegenüber dem Nong Prachak Park. Gute Nudelgerichte, Steaks, Salate, Kuchen und gesunde Drinks werden hier in modernem Ambiente geboten. Einige thailändische Gerichte gibt es ebenfalls.

■ Auch nicht schlecht ist das italienische **Bella Italia** im ersten Stock des Charoensri Complex an der Suphakitchanya Road.

■ Eine parallele Soi weiter südlich befindet sich das deutsche **Nobis Restaurant** (Soi Samphan Mit), wo es unter anderem hausgemachte Würstchen gibt.

■ Gleich **zwei vegetarische Restaurants** befinden sich and der Kreuzung Pho Si Road und Tham Chedi Road.

■ Das **Khao Tom Khon Kan Eng** an der Panprao Rd., ist abends sowohl für das Essen also auch ein paar Drinks bei Einheimischen sehr beliebt und ab sieben Uhr ist immer etwas los.

■ Etwas außerhalb der Stadt an dem kleinen Nong-Lek-See, östlich des Stadtzentrums befindet sich das empfehlenswerte **Beung Samran Garden Restaurant,** das thailändische Küche serviert, vor allem Fisch. Geöffnet 11.00–23.00 Uhr

Anreise

■ **A.C.-Busse** von Bangkok kosten 330 Baht, bzw. 412 Baht (A.C.). V.I.P.-Busse 640 Baht. Die Strecke ist 561 km lang, die Fahrzeit beträgt ca. 9 Stunden.

■ **Züge** ab Bangkok fahren um (in Klammern Ankunftszeit) 8.20 (18.10), 18.30 (4.11), 18.55 (6.34) und 20.45 Uhr (7.53). Preis 3. Kl. 245 Baht, 2. Kl. 388 Baht, mit A.C. 498 Baht, 2. Kl. Sleeper mit A.C. Schlafkoje oben/unten 669/739 Baht, 1. Kl. Schlafkoje oben/unten 1077/1277 Baht.

■ Die **Thai Airways** fliegt täglich 3-mal von Bangkok nach Udon Thani für 2400 Baht. Unter der Woche gibt es 10 % Ermäßigung. Flugzeit 1 Std. 5 Min.

■ **Nok Air,** Billigflieger der Thai Airways, fliegen 5-mal täglich nach Udon Thani. Tickets ab 2000 Baht. Callcenter: 1318 oder www. nokair.com. Nok Air fliegt auch dreimal täglich von Chiang Mai ein. Tickets ab 1600 Baht.

■ **Air Asia** fliegt 2-mal täglich von Bangkok nach Udon Thani, ab 1200 Baht, am besten unter www.airasia.com zu buchen.

Weiterreise

■ **Busse** fahren u. a. weiter nach Ban Chiang, Khorat (Fahrzeit 4–5 Std.), Khon Kaen (Fahrzeit 2 Std.), Nakhon Phanom (Fahrzeit 5 Std.) und Chiang Mai. Letztere benötigen 12 Std., A.C.-Busse 526-613 Baht. Es fahren auch täglich vier Busse nach Vientiane in Laos.

■ Tgl. 3 **Züge** fahren weiter nach Nong Khai Anfahrt (in Klammern Ankunftszeit) 4.11 (5.05), 6.34 (7.35), 7.53 (9.10). Züge nach Bangkok um 6.47 (17.10), 18.40 (5.00), 19.20 (6.25), 20.10 (8.00) Uhr.

■ Nok Air fliegt 2-mal die Woche von Udon Thani **nach Chiang Mai,** Flugtickets kosten ca. 2200 Baht. Callcenter: 1318 oder www.nok air.com.

■ **Thai-Airways-Büro:** 60 Markhang Road, Tel. 042-243222, 042-246697. **Airport:** Tel. 042-246567.

Umgebung von Udon Thani

Ban Chiang

Hier befindet sich die **Fundstätte** von Bronzeschmuck, Waffen und Töpferwaren, deren Alter auf 5000 Jahre, teilweise **7000 Jahre** datiert wird. Die Funde hatten unter Archäologen und Historikern

6

großen Wirbel ausgelöst, da diese Bronzen älter waren als die zuvor bekannten aus China und Mesopotamien, und so ein neues Bild von der Zivilisation des Menschen geschaffen wurde. Mittlerweile wird angenommen, dass der Nordosten Thailands eine der „Wiegen der Zivilisation" war. 1992 wurde Ban Chiang von der UNESCO als **Weltkulturerbe** anerkannt. 2008 kam Ban Chiang in die internationalen Schlagzeilen, nachdem einige Objekte der Fundstätte in Museen in Kalifornien aufgetauchten.

Ein Teil der Funde ist an den Stellen belassen worden, wo man sie entdeckt hat, und ein kleines, sehr interessantes **Museum** zeigt weitere Gegenstände. Die Funde werden durch viele Schautafeln erläutert. Öffnungszeiten: Täglich 8.30–17.00 Uhr. Eintritt: 30 Baht.

■ **Unterkunft:** Das freundliche **Lakeside Sunrise**** (Tel. 042-208167) ist das einzige Guest House vor Ort und bietet saubere, einfache Zimmer ohne Bad im ersten Stock eines Holzhauses nicht weit vom Museum entfernt. Gäste schlafen unter Moskitonetzen, es gibt Internetzugang. Fahrräder können geliehen werden, um die Umgebung des Dorfes zu erkunden.

■ **Anfahrt:** Ban Chiang befindet sich 6 km nördlich des Highway Nr. 22 (Udon Thani – Sakhon Nakhon). Nur wenige Busse fahren bis Ban Chiang selber, die meisten halten an der Straße, die dorthin führt; dort stehen dann Tuk-Tuks, die für 40 Baht pro Person weiter zum Museum fahren.

Nong Khai

หนองคาย

Nong Khai liegt am Nordende des von den USA gesponserten Friendship Highway, 614 km nordöstlich von Bangkok. Das Städtchen strahlt eine charmante Atmosphäre aus, **französische und laotische Einflüsse** in der Architektur sind überall anzutreffen, besonders aber in der Rimkhong Road oder der Meechai Road. Die französische Tradition spiegelt sich auch in den Cafés des Ortes wider, in denen man herrliche Kreationen aus Backwerk schlemmen kann. Viele ältere Einwohner Nong Khais sprechen noch heute fließend Französisch. Die Flusspromenade wurde in den letzten Jahren modernisiert und viele traditionelle Holzgebäude mussten einem modernen Markt Platz machen. In den Seitenstraßen lebt die Altstadt aber weiter.

Die **laotische Hauptstadt Vientiane** ist nur 24 km entfernt und zieht vermehrt westliche Reisende an. Seit 1994 ist eine Brücke über den Mekong fertiggestellt, die **Friendship Bridge.** Dies ist ein Projekt Thailands, Laos' und Australiens, und seit der Inbetriebnahme der Brücke rückt Laos wohl oder übel erheblich enger an das Bruderland Thailand heran.

4-Wochen-Visa lassen sich inzwischen an allen Touristen zugänglichen thailändisch-laotischen Grenzposten direkt beantragen (inkl. Nong Khai), diese kosten 1350 Baht, können allerdings nicht verlängert werden. Es ergeben sich also keinerlei Vorteile ein Visum über ein Reisebüro in Nong Khai zu beantragen.

■ Weitere Informationen enthält das **Reisehandbuch Laos,** erschienen im REISE KNOW-HOW Verlag. (Siehe auch Kapitel „Weiterreise in die Nachbarländer".)

Sehenswertes

Wat Pochai

Hier steht eine verehrte, pur-goldene Buddha-Statue namens Luang Pho Phra Sai. Sie ist etwa 1½ m hoch und 1 m breit. Der Legende nach wurde die Figur in Lan Chang gegossen und stand zunächst in Vientiane. Als General *Chakri,* der spätere König Rama 1, die Figur per Boot von Vientiane herüberholen wollte, sank das Boot, und der Buddha verschwand zunächst im Mekong. Wie durch ein Wunder stieg der Buddha bald darauf zur Wasseroberfläche auf, wurde herausgefischt, und ihm zu Ehren wurde Wat Pochai errichtet.

Alle wichtigen Feste des Ortes finden auf dem Gelände des Tempels statt, darunter auch Soeng Bung Fai, das **„Raketenfestival",** bei dem zum Teil unglaub-

■ Übernachtung	14 Huan Lai Hotel	4 Daeng Nam Nuang Terrace
1 Mut Mee Guest House	15 Thai Nong Khai Guest House	8 Bon Café
2 Rimkong Guest House	16 Pongwichit Hotel	9 Danish Baker
5 Mekhong Guest House	17 Grand Paradise Hotel	10 Cake & Coffee Shop
6 Rimkhong Guest House, Khiang Khong Guest House, Ruan Thai Guest House	18 Sawasdee Guest House	■ Einkaufen/ Sonstiges
11 Phantawee Bungalows	■ Essen und Trinken	7 German Bakery
13 Phantawee Hotel	3 Nam Tok Rimkhong Restaurant	12 Village Weaver Handicraft Shop
		19 Thai Airways
		20 Pochai Markt

lich wirkungsvolle Feuerwerksraketen in den thai-laotischen Grenzhimmel gefeuert werden. Das Fest findet am Vollmondtag im April statt.

Wat Khaek

4 km östlich von Nong Khai liegt dieser bizarre Schrein, auch Sala Kaeo Kou genannt (tägl. 6.00–18.00 Uhr geöffnet, Eintritt 20 Baht), auf dessen Gelände Dutzende von furchterregenden, grotesken und **albtraumhaften Figuren,** darunter auch buddhistische und hinduistische Gottheiten, verstreut sind. Ein Nachtmahr aus Stein und Holz. Da stehen sogar Straßenhunde, die mit Essbesteck herumfuchteln oder Maschinengewehre im Anschlag halten. Dieses soll zweifellos auf die „animalische" Natur von solchen Erdenbürgern hinweisen, die sich dem Fressrausch hingegeben haben (oder der Sinnenlust im Allgemeinen) oder aggressiv sind wie die Köter im Rudel.

Die meisten Figuren von Wat Khaek entziehen sich jeder Beschreibung, und das Beste ist, man schaut sie sich selber an. Ein vergnügsamer bis verwirrender Nachmittag ist garantiert. Wat Khaek entspringt der Fantasie eines gewissen *Luang Pu Boonlua,* der aus Vietnam stammte und über Laos schließlich in Thailand landete. Eine ähnliche Anlage befindet sich über den Mekong in Laos in der Nähe von Vientiane, wo Luang Phu Boonlua zwanzig Jahre verbrachte, bevor ihn die Kommunisten rauswarfen. Er war Priester, Mönch und Schamane zugleich und in der Umgebung hoch verehrt. Er starb 1996 und sein mumifizierter Leichnam ist im obersten Stock

des Hauptgebäudes aufbewahrt. Ein Songthaew sollte inklusive Wartezeit um die 150 Baht für Hin- und Rückfahrt aus Nong Khai kosten.

Wat Prathat

Dieser Tempel ist einer der bedeutsamsten des Nordostens und soll vor 2000 Jahren von indischen Mönchen errichtet worden sein. Die ursprüngliche Stupa wurde im 16. Jh. mit einem laotischen Chedi überbaut. Auf dem Gelände befinden sich weitere Chedis und mehr oder weniger gut erhaltene Buddhas. In einem kleinen **Museum** werden Handwerksobjekte und ausgestopfte Tiere ausgestellt.

Wat Hin Maak Peng

Einer der bekanntesten Meditations-Wats des Landes. Die Mönche dieses in einem Bambuswald gelegenen Tempels unterziehen sich einer strikten Disziplin und leben zurückgezogen.

Phrathat Klang Naam

Diese Sehenswürdigkeit zeigt sich zumeist nur in der trockenen Jahreszeit unmittelbar vor dem Monsun: Der Prathat Klang Naam ist der Chedi eines Tempels, der auf einer **Sandbank mitten im Mekong** stand. 1847 versank der Tempel im Fluss, der Chedi ragt bei niedrigem Wasserstand jedoch hervor. Die lokale Bevölkerung bringt dann Flaggen daran an, die sowohl Schiffen zur Warnung, als auch als religiöses

Symbol dienen. Bei hohem Wasserstand liegt der Chedi ca. 30 m unter der Wasseroberfläche, tief genug, um die Schifffahrt nicht zu behindern.

Northeast Handicraft Center

Ein Selbsthilfeprojekt, das im Jahre 1982 von den „Schwestern des Guten Hirten" gegründet wurde, um der örtlichen Bevölkerung ein Zusatzeinkommen zu schaffen. Die Hauptzielgruppe sind junge Mädchen, die aufgrund fehlender Arbeitsmöglichkeiten dem horizontalen Gewerbe anheimfallen könnten. Hergestellt werden hochwertige Textilien und Stoffe, und mittlerweile ernährt das Center über 200 Familien durch die Arbeit. Die Waren werden verkauft im Village Weaver Handicraft Shop, 768 Prachak Road.

Naga Fireball Festival

Jedes Jahr im Oktober ist ein merkwürdiges Phänomen am Mekong in der Gegend von Nong Khai zu beobachten. Rosafarbene bis tiefrote, etwa fußballgroße **Feuerkugeln** steigen aus dem Fluss auf, bis in eine Höhe von 20–30 m. Die lokale Bevölkerung sieht in den Kugeln eine Manifestation von Naga, dem (hinduistischen) Schlangengott, der im Fluss lebt.

Das thailändische Wissenschaftsministerium gab im Oktober 2003 bekannt, dass die Feuerbälle durch hochentzündliches **Phosphingas** hervorgerufen werden. Die Feuerbälle erscheinen, wenn sich eine ausreichende Menge Gas am Grund des Flusses angestaut hat, was in der Regel im Oktober der Fall ist. Der

Zeitpunkt überschneidet sich in etwa mit dem Ende der buddhistischen Fastenperiode (phansa), was zur Mystifizierung des Ereignisses beigetragen hat.

Ob man nun mehr der wissenschaftlichen oder eher der mystischen Erklärung Glauben schenkt – um das Geschehen findet ein 7-tägiges Fest statt, mit kulturellen Ereignissen und viel Frohsinn sowie jeder Menge Speis' und Trank. Zu dem Fest kommen bis zu 400.000 Besucher und langfristige Hotelvorbuchungen sind anzuraten. Viele Besucher finden eine Privatunterkunft bei Einwohnern von Nong Khai.

Unterkunft

■ Das **Mut Mee Guest House****–***** (1111/4 Kaew Worawut Rd., Tel. 042-460717, www.mutmee.com) ist perfekt gelegen, mit Ausblick auf den Mekong und ist Nong Khais etabliertes Travellerzentrum; Restaurant und Fahrradverleih sind vorhanden, es werden Yogakurse angeboten. Ab und zu gibt es Live-Musik in der angeschlossenen Gaia Bar. Auch Gäste, die ein Instrument spielen, können hier auftreten. Allabendlich ist es darüber hinaus noch möglich, mit dem Nagarina Riverboat einen Flusstrip zu unternehmen (100 Baht). Zimmer mit und ohne eigenes Bad und A.C. Dorm (Schlafsaal) für 100 Baht. An der Straße, die zum Mut Mee Guest House führt, befinden sich ein Buchladen und ein Internet-Café.

■ Das **Sawasdee Guest House****–*** (402 Meechai Rd., Tel. 042-412502, www.sawasdeeguesthouse.com) wird von einer sehr netten Familie geleitet und hat sehr saubere, bequeme Zimmer mit und ohne eigenes Bad, z. T. Klimaanlage, TV und W-LAN Internet, in einem traditionellen Holzhaus. Sehr gutes Essen.

■ Auch zu empfehlen ist das **Ruan Thai Guest House*****–**** (1126 Rimkhong Rd., Tel. 042-

6

412519), das Zimmer in einem schönen und ruhigen Garten bietet, teilweise mit eigenem Bad und Klimaanlage sowie Internet.

■ Direkt nebenan ist das **Khiang Khong Guest House***** (Rimkhong Rd., Tel. 042-42 2870), in einem modernen Gebäude mit ordentlichen und sauberen Zimmern mit Bad und teilweise Klimaanlage.

■ Das **Mekong Guest House***–****** (519 Rimkhong Rd., Tel. 042-460689) hat Aussicht auf den Fluss, und im Haus werden Bootstouren nach Si Chiang Mai und nach Laos organisiert. Die Zimmer im Guest House haben alle A.C. Ein Bett im Dorm (Schlafsaal) ist für 150 Baht zu haben.

■ Das **Rimkhong Guest House**** (815/1–3 Rimkhong Rd., Tel. 042-460625) ist günstig gelegen, einfache Zimmer, teils in einem Holzhaus, teils in neuerem Gebäude, mit Blick über den Mekong.

■ **Phantawee Bungalows & Hotel**–*****, (Hai Sok Road, Tel. 042-411568), hat saubere, aber sehr kleine Zimmer mit A.C. Die Bungalows sind größer und teurer. Ein Restaurant, das 24 Stunden geöffnet ist und Bier ausschenkt, ist angeschlossen. Nach 1.00 Uhr ist das Phantawee die einzige Bar in der Stadt.

■ **Pongwichit Hotel**–***** (1244/1–2 Banterngjit Rd, Tel. 042-411583), Zimmer mit Bad.

■ Direkt gegenüber liegt das ganz neue und sehr freundliche **Thai Nong Khai Guest House****** (1169 Banterngjit Rd., Tel. 042-413155, www.thai nongkhai.com), das sehr schöne A.C.-Bungalows in einer Gartenanlage bietet. Dazu Motorrad- und Fahrradverleih.

■ **Grand Paradise Hotel*****–ᴸᴸᴸ** (589 Nong Khai-Ponephisai Rd., Tel. 042-420033, www. nongkhaigrand.com); südlich der Stadt an der Strecke nach Wat Khaek gelegen, mit allem Luxus, dazu eine Disco.

■ Das **Huan Lai Hotel***** (823 Banterngjit Rd., Tel. 042-413596, www.huanlaihotel.com) bietet große Zimmer mit heißer Dusche, W-LAN und ist lediglich ein paar Minuten zu Fuß vom Fluss entfernt.

Essen

Um die Kreuzung Prajak Road/Baterngjit Road befinden sich einige chinesische und Thai-Restaurants, sehr preiswert.

■ Das vielleicht beste Restaurant am Ort ist das **Daeng Nam Nuang** direkt am Fluss, das exzellente vietnamesische Gerichte zu sehr zivilen Preisen serviert. Um die Mittagszeit ist dieses Restaurant proppevoll.

■ Das **Nam Tok Rimkhong Restaurant** bietet tolle Flussblicke und ist direkt neben dem Daeng Nam Nuang gegenüber der Soi Chuengjit 2 zu finden. Das Essen ist sehr gut – die Auswahl an thailändischen und laotischen Gerichten ist großartig und die Preise sind auch ok.

■ Das **Danish Baker** serviert europäisches Frühstück, skandinavische Kost und Internet-Service und ist unter den Ex-Pats der Stadt sehr beliebt.

■ Das **German Bakery** an der Mee Chai Rd. und an der Ecke mit der Haisoke Rd. ist von 7.00 bis 16.00 Uhr, von montags bis freitags geöffnet, samstags bis Mittag. Geboten werden Brot, Frühstück und guter Kaffee.

■ Ein wenig weiter an der Mee Chai Rd. liegt das **Bon Café,** das frischen Kaffee bietet.

An- und Weiterreise

■ **Nong Khai Taxi** Tel. 042-420400. Der Taximeter fängt in der Innenstadt bei 30 Baht an, weiter draußen bei 10 Baht.

■ **A.C.-Busse** Nong Khai nach Viantiane in Laos 55 Baht, sechs mal täglich von 7.30 bis 18.00 Uhr. Es gibt auch einen direkten Bus von Nong Khai nach Vang Vieng in Laos. Kostenpunkt 270 Baht. Abfahrt ist um 8.30 Uhr.

■ **A.C.-Busse** 2. Kl. ab Bangkok kosten 350 Baht, 1. Kl./V.I.P. ab Bangkok 450/700 Baht.

■ **Busse** fahren u. a. weiter nach Si Chiang Mai, Sang Khom, Loei, Udon und Khon Kaen.

Der Mekong – die Lebensader Indochinas

185th.at

Mit einer Länge von über 4500 km ist der Mekong einer der **längsten Ströme der Welt** und der wichtigste in Indochina. Seine Quelle hat er in einem abgelegenen Gebiet in der **chinesischen Provinz Chinghai** – so abgelegen, dass die exakte Stelle erst 1994 gefunden wurde. Von dort aus schlängelt er sich durch sechs Länder, bis er sich südlich von **Saigon** in einem riesigen Delta ins Südchinesische Meer ergießt.

Dabei führt er pro Jahr fünf Milliarden Kubikmeter Wasser ins Meer ab, nachdem er Tausende von Feldern bewässert und Millionen von Menschen Nahrung gegeben hat. Für den Issan, den Nordosten Thailands, ist der Mekong eine auch in der größten Dürre nie versagende Lebensader, und die Gebiete entlang des Flusses sind überdurchschnittlich fruchtbar und wohlhabend.

Über 1500 km verläuft der Mekong auf thailändischem Territorium. Zunächst erscheint er bei Sop Ruak im **„Goldenen Dreieck"**, wo Thailand, Myanmar und Laos sich berühren, fließt dann nach Chiang Khom, dem Ort, der bekannt ist für seine gigantischen, vom Aussterben bedrohten Mekong-Welse (plaa bük), um sich zunächst wieder nach Laos zurückzuziehen; danach erscheint er in Chiang Khan im Nordosten Thailands, bildet in einem großen Bogen die thai-laotische Grenze und verschwindet schließlich bei Khong Jiam endgültig in Laos. Dort führt ihn sein Weg alsbald zu den gewaltigen Wasserfällen von Khong Phapheng, was soviel bedeutet wie „Getöse des Mekong".

Als die **Franzosen** nach Indochina kamen, hofften sie, den Mekong als **Wasserstraße nach China** benutzen zu können, was blühenden Handel versprach. In den wenig bevölkerten, aber fruchtbaren Ländern Südostasiens gab es zahllose Naturalien einzuholen, und in den stark bevölkerten Städten Südchinas glaubten sie, einen guten Absatzmarkt dafür zu finden. Die Hoffnungen wurden jedoch zerschlagen, als im Jahre 1867 eine Expedition von *Francis Garnier* die Khong-Papheng-Wasserfälle entdeckte – eine unüberwindbare Barriere. Dem Mythos des großen Mekong hat dies aber keinen Abbruch getan. Riesige Dammprojekte in China könnten allerdings in den nächsten Jahren einen störenden Einfluss auf den Wasserspiegel des Mekong haben und die mit dem Mekong verbundene Ökologie und Landwirtschaft in Thailand, Laos, Kambodscha und Vietnam sieht ungewissen Zeiten entgegen.

Für Besucher des Issaan gehören die Orte entlang des Stromes zu den **lohnendsten Reisezielen in der Region.** Gut möglich ist eine Reise entlang des Ufers mit folgenden Stationen: Chiang Khan – Pak Chom – Sang Khom – Si Chiang Mai – Nong Khai – Beung Kan – Nakhon Phanom – That Phanom – Mukdahan – Khemmarat. Von dort könnte man über Udon Thani zurück nach Bangkok fahren.

6

■ Eine gute Alternative sind die **Züge** ab Bangkok Abfahrt 18.30, 18.40, 20.45 Ankunft respektive 5.05, 7.35 und 9.10 Uhr.

■ Der nächste Flughafen ist Udon Thani. Die **Thai Airways** betreibt ein Büro in Nong Khai (an Route 212), von dem aus Zubringerbusse zum Flughafen fahren (150 Baht/Pers.). Ein Taxi von Nong Khai oder von der laotischen Grenze (Friendship Bridge) zum Flugplatz in Udon kostet etwa 800 Baht. Ein Minibus-Service von der thailändisch-laotischen Grenze nach Udon Thani kostet ca. 300 Baht pro Person.

Umgebung von Nong Khai

Si Chiang Mai

Das westlich von Nong Khai gelegene Si Chiang Mai bietet vom Mekong aus freien Ausblick auf das gegenüberliegende Vientiane. Ansonsten gibt es nicht viel Erwähnenswertes, mit Ausnahme der Tatsache vielleicht, dass Si Chiang Mai so etwas ist wie die „**Frühlingsrollen-Hauptstadt**" Thailands: Etwa 4 km östlich der Stadt liegen beiderseits der Straße Abertausende von Teighüllen für Frühlingsrollen zum Trocknen aus! Diese Teighüllen *(khanom po-pia)* aus Reismehl werden von dort ansässigen Vietnamesen und Laoten hergestellt. Die Leute sind außerordentlich freundlich und lassen sich bei der Arbeit gern über die Schulter sehen.

Si Chiang Mai ist das Zentrum der kleinen, aber sehr aktiven **vietnamesischen Minderheit** Thailands (insgesamt 40.000 Mitglieder). Die meisten sind **Katholiken** und entflohen in den 1950er Jahren der Unterdrückung durch das kommunistische Regime.

124th at

Unterkunft/Essen

■ Das **Tim Guest House***–** (Tel. 042-451072) liegt direkt an der Uferstraße und hat einfache Zimmer und etwas Information zur Umgebung. Direkt nebenan liegt ein gutes, freundliches **Restaurant,** das vor alle Gerichte aus Issan kredenzt.

■ Etwas weiter die Uferstraße hinunter liegt das **Sithisuwan Hotel***–** (Tel. 042-451127), mit einfachen Zimmern mit und ohne A.C.

An-/Weiterreise

■ Busse von/nach Nong Khai kosten 32 Baht, Pak Chom 70 Baht, Loei 105 Baht.

Sang Khom

Ein winziger Ort, an der Straße Nong Khai – Chiang Khan gelegen. Entlang dieser Strecke breitet sich eine der fruchtbarsten Gegenden Thailands aus. Von Februar bis März sieht man an den Straßen riesige Berge frisch geernteter **Tomaten,** und im Oktober und November werden unzählige **Bananen** auf Bambusgerüsten getrocknet.

Unterkunft/Essen

■ Das **Bouy Guest House**** (Tel. 042-441065) bietet einfache Bungalows von Feldern umgeben, direkt am Fluss, die über eine abenteuerliche Holzbrücke zu erreichen sind. Einfach, freundlich und malerisch schön.

◁ Naem Nuang: vietnamesisches Gericht

Loei

เลย

Loei (33.000 Einwohner) ist die Hauptstadt der gleichnamigen Provinz und umgeben von sattgrünen, sanften Hügeln. Die Szenerie erinnert eher an den Norden als an den Nordosten. Loei weist außer dem kleinen chinesischen Tempel an der Sertsri Road, **Sanjao Por Kud Pong** (nahe einem Teich und Sportpark), keine besonderen Sehenswürdigkeiten auf.

Jedes Jahr Anfang Februar feiert der Ort die **Cotton Blossom Fair,** ein Umzug zahlreicher mit Baumwollblüten bedeckter Wagen. Wie bei allen Festen wird auch hier eine Schönheitskönigin gekürt, die sich in diesem Falle „Miss Cotton Blossom Fair" nennen darf.

Loei ist Ausgangspunkt für **Bergwanderungen** in faszinierender Landschaft oder zur Fahrt nach Phu Kradung. In der Umgebung werden Weintrauben angebaut, die zu einem von Thailands **Weinen** verarbeitet werden, dem Chateau de Loei.

Information

■ Ein kleines **Büro der TAT** befindet sich in einem sehr imposanten alten Gebäude des Gemeinderats (Charoenrat Road, Tel. 042-811812) und händigt die üblichen Broschüren aus.

Unterkunft

■ **Thai Udom Hotel****–**** (122/1 Charoen Rat Rd., Tel. 042-811763), Zimmer mit Bad. Internet-Zugang.

6

Loei

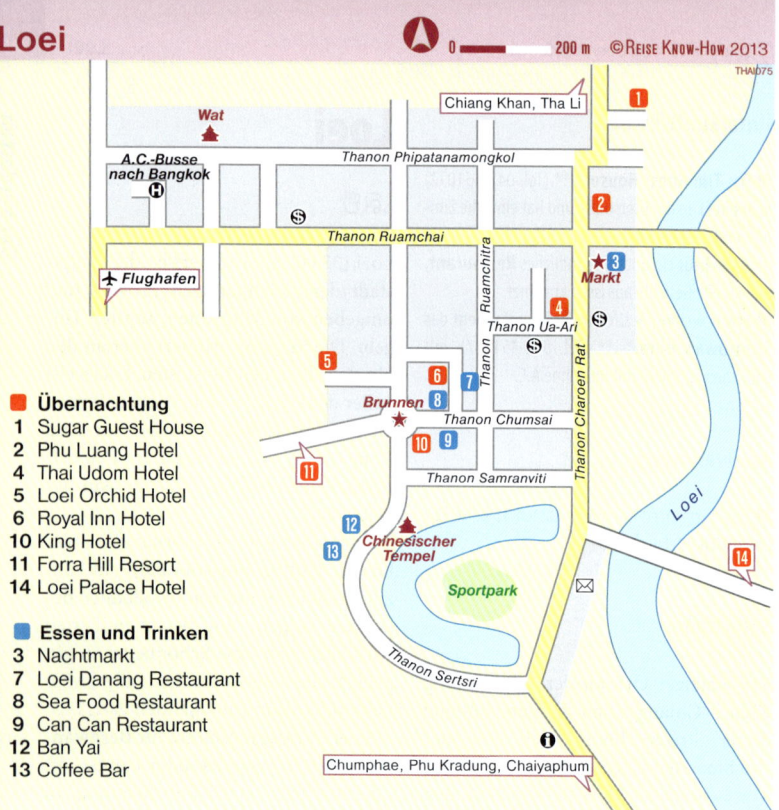

0 — 200 m © Reise Know-How 2013

THAI075

Chiang Khan, Tha Li

Wat

A.C.-Busse nach Bangkok

Thanon Phipatanamongkol

Thanon Ruamchai

Flughafen

Thanon Charoen Rat

Ruamchitra

Markt

Thanon Ua-Ari

Thanon

Brunnen

Thanon Chumsai

Thanon Samranviti

Loei

Chinesischer Tempel

Sportpark

Thanon Sertsri

Chumphae, Phu Kradung, Chaiyaphum

■ Übernachtung

1 Sugar Guest House
2 Phu Luang Hotel
4 Thai Udom Hotel
5 Loei Orchid Hotel
6 Royal Inn Hotel
10 King Hotel
11 Forra Hill Resort
14 Loei Palace Hotel

■ Essen und Trinken

3 Nachtmarkt
7 Loei Danang Restaurant
8 Sea Food Restaurant
9 Can Can Restaurant
12 Ban Yai
13 Coffee Bar

■ Das **Sugar Guest House****–*** (Soi 2 Wisuttitep Road, Tel. 042-812982) ist ein komfortables, familiengeführtes Guest House mit sauberen Zimmern ohne Bad und A.C. sowie Zimmern mit Bad. Motorräder (250 Baht) und Fahrräder (50 Baht) können gemietet werden. Außerdem werden Touren nach Phu Rua angeboten.

■ **Royal Inn Hotel****–***, 22/16 Chumsai Rd., Tel. 042-812563; Zimmer mit Bad und TV, teilweise A.C. Einige Leser haben über mangelnde Hygiene in den Badezimmern berichtet.

■ Das **King Hotel*****–**** (11/9–12 Chumsai Rd., Tel. 042-811783, kinghotel@hotmail.com) hat Zimmer (Bad) in diversen Preisstufen, mit A.C. und TV in den teureren Zimmern.

■ Recht neu ist das **Loei Orchid***** (1/41 Sathon Chiangkhan Rd., Tel. 042-861888, www.loeiorchid hotel.com), das saubere, etwas unpersönliche Zimmer mit A.C. bietet.

■ Das **Phu Luang Hotel*****–***** (55 Charoen Rat Rd., Tel. 042-811570, www.phuluanghotel. com) hat Zimmer mit Bad, teilweise A.C.

■ Das vielleicht beste Hotel am Ort ist das **Loei Palace Hotel*******–ᴸᴸᴸ (167/4 Loei-Naduang Road, Tel. 042-815668, www.amari.com/loeipalace). Restaurant, Swimmingpool, Karaoke und Massage-Service angeschlossen.

■ Neun Kilometer außerhalb Loeis befindet sich an der Straße nach Dan Sai das **Forra Hill Resort*******–ᴸᴸᴸ (150 Loei–Dansai Road, KM. 8.7, Tel.

02-6730966, www.forrahillresort.com). Große Bungalows liegen im einem künstlichen Teich. Auch Zimmer in einer Art Reihenhausbungalow sind sauber und geräumig. Frühstück ist im Preis inklusive.

Essen

Im **Markt** an der Charoen Rat Road findet man abends zahlreiche Essensstände. Als **Spezialität** werden gegrillte Würste nach Issan-Art oder *gai yaang*, geröstetes Hühnerfleisch, serviert. Ansonsten existieren noch ein paar kleine, aber angenehme Restaurants entlang der Thanon Ua-Ari. Die Restaurants in Loei machen einen ausgesprochen sauberen Eindruck, also guten Appetit!

■ Das **Can Can Restaurant** im King Hotel serviert thailändische und europäische Gerichte.
■ Das **Loei Danang,** nahe dem Royal Inn Hotel, bietet gute vietnamesische Küche.
■ Das **Ban Yay** an der Sertsri Rd. gegenüber dem Kut Pong Shrine, bietet gutes Loei-Isaan Essen.
■ Das **Coffee Bar,** ebenfalls an der Sertsri Rd., serviert wie der Name schon sagt, Kaffee. Abends gibt es allerdings gutes Essen (thailändisch) und Live Musik.

Anreise

■ **A.C.-Busse ab Bangkok** fahren ungefähr alle halbe Stunde, Kostenpunkt 321/413 Baht, V.I.P. 651 Baht. Die Fahrzeit beträgt etwa 9 Std. (560 km).
■ Weiterhin **Busse** u. a. ab Khon Kaen (Fahrzeit 4 Std.), Khorat (Fahrzeit 6 Std.), Nong Khai (Fahrzeit 6–7 Std.), Phitsanulok (Fahrzeit 4 Std.), Udon Thani (Fahrzeit 3–4 Std.).
■ **Nok Air** (www.nokair.com) fliegt einmal am Tag von Bangkok nach Loei. Kostenpunkt ab ca. 2000 Baht. Flugzeit 1 Std. 15 Min.

Weiterreise

■ **Busse** fahren unter anderem nach Chiang Khan (35 Baht) und Tha Li (36 Baht). Zur Weiterfahrt nach Phu Kradung siehe unter „Phu Kradung, Anreise". Die Busse fahren ab der Busstation im Südwesten der Stadt an Highway 201, etwas südlich der Kreuzung mit der Thanon Nok Gaew. A.C.-Busse nach Bangkok ab der Station nahe der Thanon Ruamchai.

Umgebung von Loei

Phu Rua

In Phu Rua, 60 km westlich von Loei, werden Weintrauben angebaut, und das hier befindliche Weingut ist das älteste Thailands. Der in Phu Rua produzierte Rotwein (Syrah oder Shiraz) und Weißwein (Chenin Blanc) wird unter dem Markennamen Chateau de Loei vermarktet und ist in vielen Supermärkten im Lande erhältlich (ca. 400–500 Baht). Über den Geschmack der Produkte lässt sich streiten, der Weißwein ist aber wohl besser als der Rotwein. Da es in Thailand für ca. 500 Baht recht gute ausländische Weine gibt, dürfte der Absatz relativ schleppend sein.

Das Weingut, gegründet von *Dr. Chaiyudh Karnasutra* und gemanagt vom französischen Weinmeister *Michel Rappes,* kann nach Anmeldung besucht werden. Anfragen im nahen **Rungyen Resort***–LLL (Tel. 042-809511, Fax 042-891423, www.rungyenresort.com), gelegen abseits der Straße 203 bei Dan Sai. Im Resort gibt es recht ordentliche Zimmer mit Bad, Ventilator und Kühlschrank. Swimmingpool vorhanden.

Ebenfalls abseits der Straße 203 befindet sich das **Leela Wadee Resort** *****–

Die Vietnamesen im Issan

Die thailändischen Vietnamesen sind wohl die „unsichtbarste" und unbekannteste ethnische Minderheit des Landes. Eine größere Zahl ethnischer Vietnamesen lebt in Bangkok und Chantaburi, weit mehr jedoch in kleinen Siedlungen entlang des Mekong im Nordosten Thailands. Hier verdienen sie sich als Bauern oder kleine Geschäftsleute ihren Lebensunterhalt. Anders als die Chinesen und Inder, die oft als dynamische oder gar aggressive Geschäftsleute hervortreten, halten die Vietnamesen sich sehr „bedeckt". Viele Thais wissen nicht einmal, dass unter ihnen eine vietnamesische Minderheit lebt.

Die ersten Vietnamesen kamen Anfang des 20. Jh. nach Thailand, die meisten um der **französischen Kolonialherrschaft** in ihrer Heimat zu entfliehen. Eine größere Einwanderungswelle erfolgte **1952,** als **Ho Chi Minh** die kommunistische Fahne über Vietnam wehen ließ. Die meisten Vietnamesen, die sich in Thailand niederließen, stammten aus dem Norden des Landes und waren gläubige Katholiken. Es bildeten sich zahlreiche vietnamesische Siedlungen entlang des Mekong, zwischen den Orten Chiang Khan und Khemmarat.

Von ihren Thai-Nachbarn wurden die Vietnamesen stets mit Misstrauen beäugt, und so bemühten sie sich um einen unauffälligen, stillen Lebenswandel. Obwohl viele der Vietnamesen schon in der 5. Generation in Thailand ansässig waren, begannen die thailändischen Behörden erst in den letzten Jahren mit der Einbürgerung. Bis dahin lebten sie quasi als Staatenlose.

Vietnamesische Siedlungen zeichnen sich oft durch die Präsenz einer **katholischen Kirche** aus; in einigen Siedlungen finden sich zusätzlich buddhistische Tempel. In **Ban Chiang Yeun** („Dorf der Vietnamesen"), 20 km nördlich von Nakhon Phanom, bauten die Vietnamesen einen riesigen Glockenturm an ihre Kirche, der zudem noch von einem gewaltigen Kruzifix überragt wird – er sollte deutlich von der anderen, der kommunistischen Seite des Mekong, sichtbar sein.

Heute ist Ban Chiang Yuen ein wohlhabendes Dorf von **Reisbauern,** in dem auch die typischen konischen Basthüte der vietnamesischen Bauern geflochten werden. Diese werden auch von den thailändischen Landbewohnern gerne getragen.

Gelegentlich bedanken sich die Vietnamesen für ihre Aufnahme in Thailand durch Bauwerke. Der Uhrturm in Nakhon Phanom z. B. wurde von einem gewissen *Viet Kieu* gebaut, der Glockenturm von Wat Phra That Choeng Chum in Nakhon Sakhon war das Geschenk eines anderen dankbaren Vietnamesen.

Der Zustrom der Vietnamesen hat auch seine Spuren in den Kochtöpfen hinterlassen. Überall in der Mekong-Region trifft man **vietnamesische Speisen** – ob im schlichten Nachtmarkt von Mukdahan, im noblen Raan Ahaan Indojin („Indochinesisches Restaurant") in Ubon Ratchathani oder bei den Frühlingsrollen-Herstellern von Si Chiang Mai.

ᴸᴸᴸ (159 Moo 6, Pongsoong, Dansai, Tel. 042-801277), das charmante kleine Häuschen bietet, die sich in einem Orangenheim befinden. Die Bungalows haben kein A.C., aber das ist bei den kühlen Nachttemperaturen wohl auch nicht nötig. Ein Swimmingpool ist vorhanden.

Inzwischen machen einige andere Weingüter dem Pionierunternehmen Chateau de Loei Konkurrenz. Eines davon, bei Phichit gelegen, gehört dem ehemaligen Innenminister und passionierten Weintrinker *Sanan Kachornprasart,* der im Jahre 2000 aufgrund eines Finanzskandals zurücktreten musste.

Dan Sai

Ca. 82 km westlich von Loei und ca. 60 km nördlich von Lomsak findet zwischen Mitte Juni und Anfang August eines der buntesten und merkwürdigsten Thai-Feste statt. Das **Phitakhon Fest** dauert drei trinkfreudige Tage lang, mit einer Prozession von als Geister maskierten Männern: Diese begleiten unter viel Klamauk eine Buddha-Statue und „veräppeln" dabei gleichzeitig ihre (auch nicht unbedingt nüchternen) Mitbürger. Viele der „Geister" tragen zudem überdimensional große Phallussymbole mit sich, mit denen im angetrunkenen Zustand auch auf weibliche Zuschauer Jagd gemacht wird. Die oft ebenfalls überdimensional proportionierten, grotesken Masken sind aus Kokosnussholz hergestellt und grell bemalt. Die Prozession ist eines der fotogensten Feste des Nordostens. Zudem finden buddhistische Riten statt und abends spielen sehr gute Mor Lam Bands traditionelle Musik der Region, wozu kräftig getanzt wird. Es

ist unmöglich während des Festes in Dan Sai eine Unterkunft zu finden, weil diese schon wochenlang vorher ausgebucht sind. Am besten man pendelt von Loei.

■ **Anfahrt:** Dan Sai liegt etwas abseits des Highway Nr. 203; Busse nach Dan Sai ab Loei zu 70 Baht; Fahrzeit ca. 1 Stunde.

Nationalparks in der Gegend von Loei

Phu-Rua-Nationalpark

Der nordwestlich von Phu Rua gelegene, 121 km² große Phu Rua National Park ist ein bergiges Waldgebiet mit zahlreichen Wildblumen, verschiedenen Orchideenarten und Rhododendron-Sträuchern. Der Park ist das Habitat von verschiedenen Hirscharten, Wildschweinen und anderen Säugetieren, in erster Linie aber von zahlreichen Vogelarten. Der höchste Gipfel des Gebiets, der **Phu Rua oder „Boots-Berg",** ist 1365 m hoch und kann bestiegen werden. Vom Gipfel ergibt sich eine gute Aussicht auf den Mekong und das jenseits gelegene Laos. Die zum Gipfel führende Straße endet etwa 1 km vor dem Gipfel an einem Aussichtspunkt; von dort geht es nur zu Fuß weiter. Ab dem Parkhauptquartier dauert der Aufstieg ca. 2½ Std.

Der Nationalpark ist eines der kühlsten Gebiete Thailands und verzeichnet regelmäßig rekordverdächtige Niedrigtemperaturen. In manchen Winternächten fällt das Thermometer auf bis zu -4 °C.

Fahrzeuge zur Erkundung des Gebiets können eventuell in Baan Phu Puea angemietet werden.

Unterkunft

■ Es stehen sechs **Bungalows** der Parkverwaltung für jeweils 4–6 Personen für 2000 bis 3000 Baht zur Verfügung; ein Camping-Platz mit Duschmöglichkeit ist ebenfalls vorhanden. Eintritt 200 Baht.

■ Am Zugang zum Park stehen zudem einige **Resorts** zur Verfügung, z. B. der Rai Waranya Resort**** ᴸᴸᴸ (Tel. 042-899020, www.waranya resort.com).

Anreise

Zur Anfahrt bietet sich der **Bus** auf der Strecke Loei–Lomsak an; bis Phu Rua kostet es 50 Baht. Die Busse auf der Strecke Phitsanulok–Loei passieren ebenfalls den Park.

Phu-Kradung-Nationalpark

Der Park ist ein perfektes Terrain für ausgedehnte Wanderungen. Das Gebiet steigt bis zu einer Höhe von 1500 m an, was aber bedeutet, dass es in der kühlen Jahreszeit extrem kalt werden kann. Die Berge um Loei sind ohnehin die kälteste Region Thailands, mit Temperaturen, die im Dezember und Januar bis unter den Gefrierpunkt fallen können.

Phu Kradung bietet ein weitgefächertes Spektrum an Vegetation und Wildlife. Es gibt noch ein paar wilde Elefanten, Bären, Pfauen und Sambarhir-

sche. In der Regenzeit vom 1.5. bis 30.9. ist der Park geschlossen.

Der Höhepunkt für viele Besucher ist der Aufstieg zum **Gipfel des Phu Kradung.** Der Trek ist ca. 3 km lang und dauert in der Regel 3 Std.; ganz fitte Naturen haben es auch schon in 2 Std. geschafft. Die Strecke ist äußerst malerisch, und an einigen schwierigen Teilabschnitten sind Leitern oder Stufen angebracht – trotzdem ist eine solide Leibesübung garantiert. Nicht vergessen, dass der Rückweg noch mal so lange dauert und möglichst früh am Morgen aufbrechen. Das gilt besonders in der heißen Jahreszeit. Unterhalb des Gipfels befindet sich ein Visitor's Centre, das die Eintrittsgebühr von 200 Baht abkassiert und Karten des Gebietes aushändigt. Geöffnet 7.00–15.00 Uhr. Eintritt 400 Baht.

Unterkunft

Von Ban Si Than ist es noch ein Fußweg von 3 Stunden zu den Unterkünften. **Zelte** können für 100 Baht pro Person gemietet werden. Ansonsten stehen Bungalows für 4 bis 12 Personen von 1200 bis 3600 Baht zur Verfügung, mit Preisen ab 900 Baht. Der Campingplatz hat ein Restaurant. Zeltmiete kostet 225 Baht.

Anreise

■ **Busse** ab Loei fahren alle halbe Stunde zur Ortschaft Phu Kradung, Fahrzeit ca. 1½ Std. (77 km). Von dort fahren Songthaews für 40 Baht die restlichen 7 km zum Visitor's Centre. Busse auf der Strecke Khon Kaen–Loei passieren Phu Kradung.

▷ Lotusblüte

Nam-Nao-Nationalpark

Der 966 km2 große Park, gelegen in den Provinzen Petchabun und Chaiyaphum, gilt als einer der schönsten Thailands. Das Gebiet war zwar schon 1972 zum Nationalpark erklärt worden, doch hatten sich darin kommunistische Guerillas festgesetzt, und Besuche des Parks galten als zu riskant. Anfang der 1980er Jahre wurden die Aufständischen niedergeschlagen, und heute besteht keinerlei Gefahr mehr.

Rund 60 % des Gebietes sind mit Wald bedeckt, der sich über eine sanft hügelige Landschaft ausbreitet. Ein Großteil des Waldes besteht aus Pinien, die so etwas wie ein Symbol des Parks sind. Die Pinien geben besonders bei Nebel ein magisches Bild ab. Daneben finden sich dichte Bambushaine, und am Boden breitet sich ein satter Teppich aus Gräsern aus.

Es gibt einige **Wasserfälle,** so den Hiu Sai, den Sai Thong und den Tat Phra Ba. Zu den Tieren, die hier leben sollen, gehören Elefanten, Schwarzbären, Tiger, Leoparden Schakale, Wildschweine, Loris, einige Hirsch- sowie über 200 Vogelarten.

Die **Yai-Nam-Nao-Höhle** wird von Hunderttausenden von Fledermäusen bevölkert.

Der Park wird von einer Vielzahl von Wegen durchzogen, und Wanderer kommen voll auf ihre Kosten. Von Kilometerstein 69 an Highway 12 führt ein 7 km langer Weg auf den **Phu Phajit,** einem oben abgeflachten Berg, von dem sich ein hervorragender Ausblick ergibt. Der Aufstieg ist sehr steil und dauert mindestens 6 Stunden. Bei Mitnahme einer Campingausrüstung lässt sich auf dem Gipfel übernachten. Ein weiterer guter Aussichtspunkt ist der 1134 m hohe **Phalom Phakong,** der ebenfalls in ca. 6 Stunden bestiegen werden kann.

Unterkunft

Die Parkverwaltung unterhält 14 **Bungalows,** die zwischen 4 und 30 Personen aufnehmen können. Preise 1000–4000 Baht. Gegen eine Gebühr kann Campingausrüstung gestellt werden. Eintritt 200 Baht.

Anreise

Der Park wird von Highway 12 durchkreuzt, der unter anderem Khon Kaen mit Lomsak, Phitsanulok, Sukhothai und Tak verbindet. Alle **Busse** von Tak/Sukhothai/Phitsanulok/Komsak nach Khon Kaen oder in umgekehrter Richtung führen zum Park. Aussteigen am Kilometerstein 50, wo ein Schild den Weg zum Park weist. Von dort sind es noch 2 km.

Der Nordosten

LAOS

Mekong

Boat Hire

Wat Srikhunmuang

Rimkhong Road (Say Khong Road)

Wat Mahatat

Wat Takok

Zoll/Immigration

Busse nach Nong Khai

Schule

Thali

Songthaews nach Tha Li

Sol 9

A.C.-Busse nach Bangkok

Srichiang Khan Road

Sol 21

Pak Chom, Nong Khai

Songthaews nach Loei

Wat

Nacht-markt

Chinesischer Tempel

Loei

🟥 **Übernachtung**
1 Tonkhong Guest House
2 Fairy Tale
3 Sukhsombun Hotel
4 Poosawsdi Hotel

8 Krua Sripan and Homestay
9 Chiang Khan Guest House
10 Siam Nam Kong Guest House

🟦 **Essen und Trinken**
5 Rest. Riverside
6 Open and Close Café
7 Huan Luang Prabang

Chiang Khan

เชียงคาน

Diese winzige Stadt am Mekong bietet wunderschöne Aussichten über den Fluss hinweg nach Laos und war bis vor wenigen Jahren fast unglaublich ruhig. Seitdem ist Chiang Khan von einheimischen Touristen entdeckt worden, die in Tourbussen über das Städtchen herziehen und abends für Jahrmarktstimmung sorgen. Das hat guten Grund, denn es geht trotz dem Trubel immer noch recht traditionell zu.

Fast alle Gebäude Chiang Khans sind aus Holz, ein untrügliches Anzeichen, dass der „Fortschritt" hier noch nicht Fuß gefasst hat. Kaum jemand hier spricht Englisch, und so zeigt sich nun, wer seinen Sprachführer gut studiert hat. Chiang Khan ist also noch immer der perfekte Ort, um für einige Tage rein gar nichts zu tun. Besonders während der Woche.

Zu besichtigen gibt es ohnehin nur **Wat Srikhunmuang,** ein Tempel im Baustil des Nordens, der einige Wandgemälde aufweist sowie **Wat Mahathat,** der nicht sonderlich interessant, dafür aber sehr alt ist (von 1654).

Ansonsten lädt die herrliche Gegend zu ausgedehnten **Spaziergängen** ein, oder man kann sich von den Bootsleuten ein Boot für eine **Mekongfahrt** mieten. Fahrten nach Pak Chom (ca. 5 Std.) kosten mit 4 Personen zusammen 1000 Baht; die Bootsleute lassen sich aber auch für alle anderen erdenklichen Touren anheuern.

Vier Kilometer westlich von Chiang Khan liegt der Ort **Kaeng Khut Khu,** an dem sich einige Stromschnellen befinden. Boote können gemietet werden. An den Wochenenden kommen viele Einheimische und laben sich am scharfen Papaya-Salat *som tam* und an einer Art

Der Nordosten

Rösthuhn, genannt *gai yang*. Ein netter Platz für ein paar angenehme Stunden.

Unterkunft

■ Dem **Fairy Tale***–*** ist ein Pub angeschlossen (Rimkhong Rd., Tel. 042-821125). Es bietet ordentliche, einfache Zimmer und Bungalows ohne eigenes Bad. Die zum Fluss hinaus gelegenen Zimmer sind etwas teurer.

■ Das **Chiang Khan G.H.****–*** (Rimkhong Rd., Tel. 042-821691) wird von einem netten Menschen namens *Ong* geleitet, der viel Information über die Gegend parat hat. Die Zimmer (ohne eigenes Bad) sind nicht spektakulär, aber o.k.

■ Sehr nett und fast Boutique ist das **Poosawsdi Hotel****** (Soi 9, Rimkong Rd, Tel. 080-4008777). Lobby und Zimmer sind in Holz gehalten und mit Liebe dekoriert.

■ Nicht schlecht ist das freundliche **Siam Nam Kong Guest House****–*** (Rimkhong Rd., Tel. 087-2333797, www.sams-guesthouse.com), das sich allerdings in einem modernen Steingebäude befindet. Saubere Zimmer mit und ohne A.C. und eine große Terrasse mit Blick über den Mekong nach Laos. W-Lan Zugang und Fahrradvermietung sind kostenlos.

■ Am nördlichen Ende des Dorfes liegt das **Sukhsombun Hotel******–***** (Rimkhong Rd., Tel. 042-2821064), das sehr saubere, moderne Zimmer mit und ohne A.C. bietet, die teilweise allerdings etwas klein sind. Einige Zimmer haben einen Blick über den Fluss. Das angeschlossene Restaurant serviert gute thailändische Küche.

Essen

■ Der **Nachtmarkt** hat eine kleine aber ordentliche Auswahl an Essensständen.

■ Das **Krua Sripan** (Sripan Kitchen) serviert ausgezeichnete Speisen aus Thailand und Laos. Angeschlossen ist das **Sripan Homestay**** (Rimkhong Rd., Tel. 042-821797) das einfache aber ordenliche Zimmer mit W-Lan Zugang hat.

■ Das **Huan Luang Prabang** ist ein attraktives Holzhaus, direkt am Mekong und hat eine breite Palette an laotischen Gerichten auf der Speisekarte. Besonders zu empfehlen ist Tom Klong Pla, eine würzige, leicht saure Fischsuppe.

■ **The Open and Close Café**, direkt am Fluss, serviert, wie der Name schon sagt, frischen Kaffee.

■ Preiswerte, recht gute Thai-Küche im **Riverside Restaurant** (auch: Rabiang), direkt am Fluss.

Anreise

■ **A.C.-Busse** ab Bangkok fahren um 8.00 und 20.00 Uhr. Kostenpunkt 347/694 Baht.

■ Von Loei fahren **Songthaews** vom Busbahnhof für 45 Baht, ebenso von Pak Chom, Abfahrt vom Busbahnhof am Ostrand des Ortes.

Weiterreise

■ Um **nach Nong Khai** zu gelangen, sollte man früh aufstehen, um noch einen Morgenbus zu erwischen. Andernfalls muss man zuerst nach Pak Chom und dann umsteigen. Die gesamte Fahrt kostet 65 Baht und dauert 5 Std. Die Straße nach Nong Khai folgt fast die ganze Strecke über dem Lauf des Mekong, und dieses ist einer der schönsten Trips, den man sich in Thailand gönnen kann! Wer ohne Stopp nach Nong Khai will, sollte vor 14.00 Uhr in Pak Chom eintreffen, um noch Anschluss zu erhalten.

■ Vom Westende Chiang Khans fahren Songthaews **nach Tha Li** in herrlich bergiger Landschaft. Laos ist nur 8 km von Tha Li entfernt, und so ist es nicht verwunderlich, wenn zahlreiche laotische (geschmuggelte) Waren den Weg nach Thailand finden. Tha Li kann auch von Loei aus erreicht werden.

■ Ansonsten gibt es **Busse** nach Sang Khom, Si Chiang Mai und Loei (45 Baht).

6

Umgebung von Chiang Khan

Pak Chom

... ist eine kleine attraktive Stadt am Mekong, an der Strecke von Chiang Khan nach Nong Khai. Hier kann die Fahrt zwischen den beiden Orten unterbrochen werden.

■ **Unterkunft:** In Pak Chom gibt es derzeit nur zwei Unterkunftsmöglichkeiten. Das Pak Chom Guest House* (Soi 1, Rimkhong–Chiang Mai Rd., Tel. 042-881033) hat nur eine Handvoll einfacher Bungalows und bietet eine gute Aussicht auf den Mekong, wirkt aber etwas verlassen. Moderne Bungalows mit und ohne A.C. bietet das Pak Chom Resort**–*** (Tel. 042-881033).

■ **Weiterfahrt:** Von Pak Chom fahren Busse nach Loei, Chiang Khan und Nong Khai.

Nakhon Phanom

นครปฐม

Nakhon Phanom ist eine friedliche kleine Stadt am Mekong, die herrliche Ausblicke auf Laos bietet. Auf der laotischen Seite erhebt sich ein paar Kilometer landeinwärts ein seltsam geformter Berg.

In den letzten Jahren hat sich die Stadt zunehmend herausgeputzt, und entlang des Flusses wurden Blumenbeete angelegt und Sitzbänke aufgestellt. Der Blick über den Fluss und die Berge in Laos ist spektakulär. Ein rechtes Idyll.

Die Stadt hat ansonsten deutlich sichtbare **vietnamesische und chinesische Einflüsse** und, wie oft im Nordosten, beschämend freundliche Bewohner. Insgesamt ist dies wohl die angenehmste Stadt des Nordostens.

Wat Srithep ist ein kunterbunter Tempel mit ziemlich modernen Wandgemälden im Hauptgebäude. Sie zeigen das Leben des Buddhas in seinem chronologischen Ablauf. An der Westseite der Außenwand dieses Gebäudes sind einige dreidimensionale Gemälde angebracht. Das Hauptgebäude selbst ist meistens verschlossen, doch bittet man die jungen Mönche, wird einem dieses geöffnet.

Die frühere Residenz des Gouverneurs ist restauriert worden und fungiert jetzt als ein kleines **Stadtmuseum,** in dem es historische Fotografien und Objekte zu sehen gibt. Geöffnet Mi–So 10.00–18.00 Uhr, Eintritt frei.

Besonders lohnt sich auch ein Ausflug zu einem Haus, das der vietnamesische Präsident **Ho Chi Minh** in den späten 1920er baute und in dem er die Revolution in Vietnam vorbereitete. Das Haus ist sehr schön restauriert und die Wände sind mit Fotos aus dem Leben von Onkel Ho bedeckt. Das Holzhaus wird von dem hochbetagten *Nguyen Tiao* betreut, der sich gerne daran erinnert, wie Onkel Ho mit ihm im Garten gespielt hat. Das Haus befindet sich ca. 5 km außerhalb von Nakhon Phanom an der Straße nach Sakhon Nakhon.

Um die Ecke ist das **Thailand-Vietnam Friendship Village,** in dessen Hauptgebäude ebenfalls eine Ausstellung über *Ho Chi Minh* zu finden ist. Dazu gibt es eine offizielle Einführung in die nicht immer einfache Beziehung Thailands zu Vietnam. Eintritt jeweils frei. Spenden sind erwünscht.

Nakhon Phanom und Umgebung lassen sich sehr gut mit dem **Fahrrad** erfor-

Nakhon Phanom

0 ▬▬▬ 200 m © REISE KNOW-HOW 2013

THAI078

Übernachtung
4 Gankrao Place
5 KS Mansion
9 Grand Hotel
10 Sri Thep Hotel
11 View Khong Hotel
12 Nakhon Phanom
   River View Hotel

Essen und Trinken
1 Ruen Rim Nam Rest.
2 Baan Kaffe
3 Krua Khun Phum
6 New Suanmai
   Restaurant
7 Nacht-Essensstände
8 Vietnam Restaurant

Einkaufen
7 Souvenir-Markt

schen – die Straßen sind gut, es gibt kaum Verkehr und entlang des Mekong ergeben sich wunderbare Ausblicke.

Es ist auch möglich, von Nakhon Phanom **nach Laos** überzusetzen. 4-Wochen-Visa lassen sich an allen für Touristen zugänglichen thailändisch-laotischen Grenzposten direkt beantragen (inkl. Thakhek auf der gegenüberliegenden Mekong-Seite), diese kosten 30 US$, können allerdings nicht verlängert werden.

Information

■ Das **Büro der TAT,** mit sehr hilfreichem Personal, findet sich in der Sunthornvichit Road, Tel. 042-513490-1, Fax 042-513492, tatphnom @tat.or.th.

■ Die Stadtverwaltung organisiert täglich um 17.00 Uhr einen **Bootstrip auf dem Mekong,** Kostenpunkt: 50 Baht pro Person, vom Hauptjetty in der Stadt.

■ **Walking Street,** ein kleiner Straßenmarkt ist freitags und samstags geöffnet, normalerweise von 17.00 bis 21.00 Uhr, beginnt am Uhrturm und geht bis zur Rat U Thit Road.

Unterkunft

■ **Gankrao Place***** (72 Adunyatan Rd., Tel. 042-515607) an der Ecke Aphibanbancha Road und Adunyathan Road ist neu, makellos und freundlich. Moderne Zimmer mit A.C, Kühlschrank und TV ab 400 Baht.

■ Dem gleichen Besitzer gehört auch das sehr ähnliche **KS Mansion***** (207/2 Aphibanbancha Rd., Tel. 042-516100) an der Ecke Aphibanbancha Road und Salaklang Road.

■ Das **Sri Thep Hotel*****–**** (197 Sithep Road, Tel. 042-512395) hat recht wohnliche Zimmer (Bad) und eine besonders komfortable V.I.P.-Suite (A.C., TV).

■ Das zweitbeste Hotel am Ort ist das relativ neue **View Khong Hotel******–ᴸᴸᴸ (527 Sunthonwichit Road, Tel. 042-51 3564, Fax 042-511037), mit komfortabel ausgestatteten Zimmern mit Bad, A.C., TV, Mini-Bar etc.

■ Die beste Wahl am Ort ist wohl das **Nakhon Phanom River View Hotel******–ᴸᴸᴸ (9 Nakhon Phanom-That Phanom Rd., Tel. 042-522333, Fax 042-522777), das unmittelbar am Mekong liegt; geboten werden komfortable Zimmer mit A.C., TV und Kühlschrank. Das Hotel hat einen Swimmingpool.

Essen

In den Straßen Thanon Fueng Nakhon und Thanon Bamrungmuang liegen zahlreiche chinesische Restaurants, dazwischen befinden sich einige Restaurants mit Issan-Speisen.

■ Nahe dem Uhrturm in der Thanon Sunthornvichtit kredenzen eine Reihe Restaurants exotische Gerichte, darunter solche mit dem *pla buek*, dem bis zu über 200 kg schweren **Riesenwels** aus dem Mekong, dem angeblich größten Süßwasserfisch der Welt. Die Preise sind nicht gerade niedrig, im Großhandel kostet ein Kilo 350 Baht. Der Riesenfisch ist jedoch vom Aussterben bedroht und in einigen Provinzen Thailands ist das Fischen dieses Fisches inzwischen untersagt. Man sollte wohl auf den Leckerbissen verzichten.

■ Das **New Suanmai Restaurant,** ebenfalls in der Nähe des Uhrturms gelegen, serviert eine Auswahl von recht guten Thai- und chinesischen Gerichten.

■ Das **Vietnam Restaurant** auf der Thamrong Prasit Road, serviert, wie der Name schon sagt, sehr gute vietnamesische Küche. Man lasse sich von der Fast Food Atmosphäre nicht abschrecken: die Frühlingsrollen und das *nam nuang,* eine Art Ravioli, die man selbst zusammenlegt, sind exzellent.

■ Das **Indochina Restaurant** ist direkt am Mekong und von der Terrasse hat man einen guten Ausblick über den Fluss. Sehr populär unter thailändischen Besuchern der Stadt.

▷ Fischen im Reisfeld in Nakhon Phanom

■ Das **Ruen Rim Nam Restaurant** liegt im Norden der Stadt ebenfalls direkt am Fluss und hat eine große Auswahl an thailändischen Gerichten.

■ Das **Baan Kaffe** bietet frischen Kaffee und eine Reihe guter thailändischer Gerichte in gemütlicher Atmosphäre.

■ Das **Krua Khun Phum** findet sich neben dem City Museum an der Sunthonwichit Road und serviert rein thailändische Küche, täglich von 16.00–22.00 Uhr.

Anreise

■ **Busse** ab Nong Khai fahren zu 115 Baht, A.C. 177 Baht, Fahrzeit 6 Std., Busse ab Udon Thani zu 252 Baht, Fahrzeit 5 Std. Weitere Busse ab Khorat, Mukdahan u. a. Direkte Busse auch ab Bangkoks Northern & Northeastern Bus Terminal zu 412 Baht. V.I.P.-Bus 823 Baht.

■ **Nok Air** fliegt 2-mal am Tag für 2200 Baht nach Nakhon Phanom. Flugzeit 1 Std., 10 Min. Kontakt-Tel. 1318, www.nokair.com.

■ **Air Asia** (www.airasia.com) fliegt einmal am Tag von Bangkok nach Nakhon Phanom. Flüge zu 1000 Baht.

Weiterreise

■ Die **Thai-Laos Friendship Bridge No.3** hat seit 2011 geöffnet und verbindet Nakhon Phanom mit Khammouan in Laos. Die Brücke befindet sich 29 Kilometer nördlich von Nakhon Phanom, Bustickets zur Brücke kosten 70 Baht, dann nochmal 20 Baht für den Bus über die Brücke. Die Grenzposten beider Länder sind auf der Brücke zu finden (Thailand Immigration Tel. 042-532644). Visa für Laos gibt es auf der Brücke; wer von Laos nach Thailand kommt, erhält nur 2 Wochen Aufenthaltserlaubnis.

Umgebung von Nakhon Phanom

Tha Uthen, ca. 30 km nördlich von Nakhon Phanom, ist eine angenehme, ruhige Siedlung am Mekong. Es fahren regelmäßig Busse von Nakhon Phanom über Tha Uthen weiter in nördliche Richtung nach **Beung Kan.** Vor Beung Kan passiert man eine weitere Mekong-Siedlung, **Ban Phaeng.** Hier lässt sich in einen Bus nach Nong Khai umsteigen. Entlang des Flusses ergeben sich oft malerische Szenerien, und überall sieht man Fischer, die ihrem Tagewerk nachgehen.

Unterkunft

In Tha Uthen im **Udomsuk Hotel****, 19 Sri Muang Rd. und in Ban Phaeng im einfachen **Ban Phaeng Patana Hotel**–*****, 155/1 Ratbamrung Rd., Tel. 042-591026.

That Phanom

พระธาตุพนม

... ist ein kleiner Ort am Mekong, der für den **Wat Phra That Phanom** berühmt ist, das älteste und wichtigste Heiligtum des Nordostens. Archäologische Untersuchungen datieren das Alter des Chedi auf etwa 1500 Jahre, womit er der Älteste im Lande wäre. Der Legende nach brachte ein indischer buddhistischer Mönch namens Phra Maha Kassapa eine Rippe des Buddhas mit und ließ sie unter dem Chedi einmauern. 1939 ordnete die thailändische Regierung Änderungen an der Oberseite des sehr vom laotischen Stil geprägten Chedis an, um ihn mehr „thai" aussehen zu lassen. Nach schweren Regenfällen im Jahre 1975 stürzte der Chedi jedoch ein. Sogleich wurde mit Restaurierungsarbeiten begonnen, und 1977 war das Monument

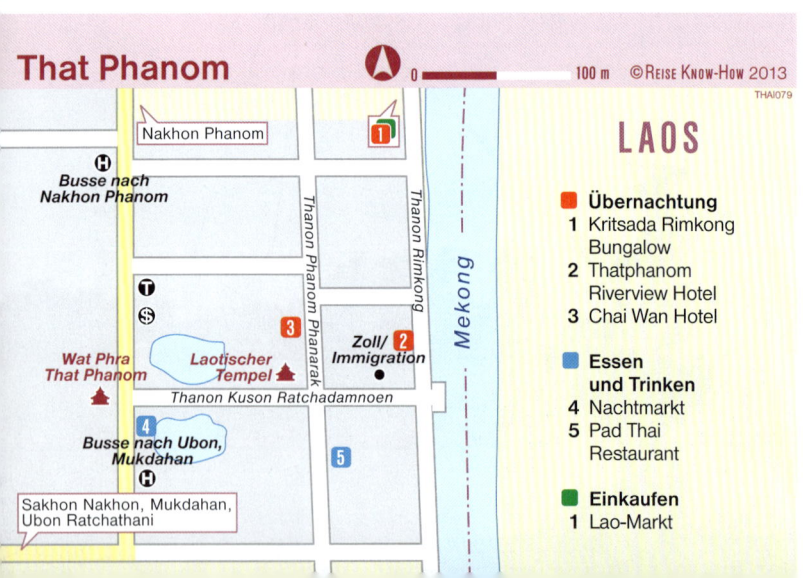

That Phanom

0   100 m   © REISE KNOW-HOW 2013

THAI079

LAOS

Nakhon Phanom

Busse nach Nakhon Phanom

Thanon Phanom Phanarak

Thanon Rimkong

Mekong

Wat Phra That Phanom

Laotischer Tempel

Zoll/Immigration

Thanon Kuson Ratchadamnoen

Busse nach Ubon, Mukdahan

Sakhon Nakhon, Mukdahan, Ubon Ratchathani

■ **Übernachtung**
1 Kritsada Rimkong Bungalow
2 Thatphanom Riverview Hotel
3 Chai Wan Hotel

■ **Essen und Trinken**
4 Nachtmarkt
5 Pad Thai Restaurant

■ **Einkaufen**
1 Lao-Markt

wiederhergestellt. Der Chedi, eindrucksvolle 57 m hoch, ist komplett mit Marmor verkleidet und von Buddha-Statuen umgeben. Auf dem Weg zum Tempel passiert man einen Torbogen im laotischen Stil.

Jedes Jahr, ab dem 3. Vollmondabend des Jahres, findet am Wat die **Phra That Phanom Fair** statt, zu der Tausende von Gläubigen strömen. Der Wat zieht aber auch zu jeder anderen Zeit scharenweise Thai-Touristen an. Diese laben sich dann ausgiebigst an einer im Ort gebrauten Spirituose namens *Elephant Wine* (wahrscheinlich, weil sie selbst Jumbos von den Beinen haut).

Ansonsten bietet That Phanom noch einige interessante Beispiele französischer Architektur. Der **Markt,** der montags und freitags abgehalten wird, ist ein quirrliger Umschlagplatz für Waren aus Laos und Vietnam, darunter Kräutermedizin oder Handwerksartikel, und gelegentlich sind auch echte Antiquitäten dabei.

Unterkunft

■ Das **Thatphanom Riverview Hotel****** (258 Mu 1 Rimkong Road., Tel. 042-541555), direkt am Fluss gelegen, hat große Zimmer mit W-LAN-Zugang und Balkons, die meisten mit großartigen Blicken über den Mekong, der Rest mit Blick auf That Phanom.

■ Wer ein höheres Budget hat und mehr Komfort sucht, sollte das **Kritsada Rimkong Bungalow***** (90 Mu 2 Rimkong Rd., Tel. 042-540088), 200 Meter weiter nördlich am Fluss versuchen. Zimmer mit A.C. und Wi-Fi.

■ Nicht schlecht ist das nette **Chai Wan Hotel**–***** (38 Mu 14 Phnom Panarak Road, Tel. 042-541391), Zimmer mit Gemeinschaftsbad.

Essen

In dieser Beziehung gibt es nichts Besonderes, nur die üblichen Restaurants und Stände mit thailändischer und chinesischer Kost. Wegen der zahlreichen Vietnamesen haben viele Speisen einen vietnamesischen Einschlag. Allenfalls sei noch das freundliche **Pad Thai Restaurant** empfohlen, das gute thailändische Standards aus einer etwas düsteren Kochecke hervorzaubert

An-/Weiterreise

■ **A.C.-Busse** ab Northern Bus Terminal fahren für 400/504/535 Baht, Fahrzeit 11 Std. Außerdem Mukdahan (27 Baht, A.C. 47 Baht, 1 Std.), Ubon Ratchathani (121/197 Baht, 3 Std.), Udon Thani (A.C. 195 Baht, 5 Std.).

Umgebung von That Phanom

Renu Nakhon liegt 15 km von That Phanom entfernt und ist weithin bekannt für seine Baumwoll- und Seidenstoffe. Diese werden auf dem Markt von Renu Nakhon angeboten, neben Kleidungsstücken, Decken etc.

Der Ort ist auch ein wichtiges Ausflugsziel für Thais, denn hier steht ein weiterer verehrter Tempel, **Wat Phra That Renu Nakhon.** Dieser Wat ähnelt dem in That Phanom, ist aber etwas kleiner. Songthaews fahren von That Phanom nach Renu Nakhon (22 Baht). Ein A.C.-Bus ab Bangkok kostet 409 Baht (viermal täglich).

Auf dem Wege dorthin lohnt auch ein Blick auf den relativ unbekannten **Wat Maruka Nakhon,** der sich zwischen Renu Nakhon und That Phanom an Highway 212 befindet. Der von einem hübschen Garten umgebene Tempel wird von einem großen *that* oder Turm überragt. Der Garten selbst ist von den Mönchen zu einer Art Museum für buddhistische Ikonen umgewandelt worden; darin finden sich Figuren von Buddha und einigen *Rishis* (Weisen), dazu ein *dharmachakra* (Rad des religiösen Gesetzes).

Mukdahan

มุกดาหาร

Eine verschlafene Stadt am Mekong, der hier eindrucksvoll breit ist. Um sechs Uhr morgens wird über die öffentlichen Lautsprecher lautstarke Musik präsentiert, wohl um der Schläfrigkeit ein abruptes Ende zu bereiten. Ansonsten ist es ruhig und beschaulich. Der Ort hat wie viele Städte Nordostthailands trotz fehlender Sehenswürdigkeiten ein anziehendes Charisma. Der majestätische Mekong und der Ausblick auf das verschlafene Laos tragen sicherlich ihren Teil dazu bei.

Auf der anderen Flussseite liegt der laotische Ort **Sawannakhet,** wörtlich „Goldener Ort". Vom Pier in Mukdahan (Tha Mukdahan) fahren Boote über den Mekong nach Sawannakhet.

Etwa 1 km südlich der Innenstadt befindet sich der 60 m hohe **Mukdahan Tower,** von dem sich ein guter Blick in das Nachbarland ergibt. Im Turm befindet sich ein kleines Museum in dem die Minoritäten der Gegend vorgestellt werden (Eintritt/Lift 20 Baht).

Ungefähr einen Kilometer nördlich der Stadt wurde 2007 die **zweite Brücke über den Mekong** zwischen Thailand und Laos eröffnet. Die 1600 m lange und 12 m breite Brücke wird sowohl Mukda-

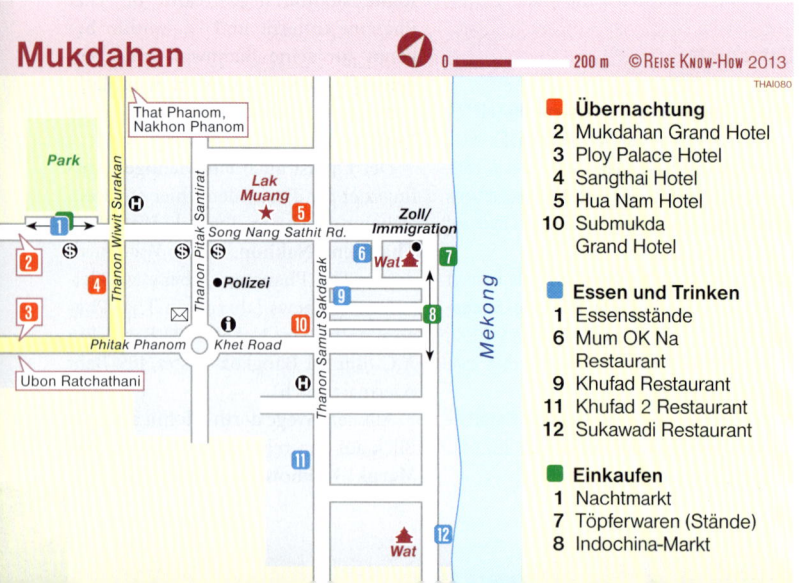

Mukdahan   0   200 m   © REISE KNOW-HOW 2013

THAI080

Park

That Phanom, Nakhon Phanom

Thanon Wiwit Surakan

Thanon Pitak Santirat

Lak Muang

Song Nang Sathit Rd.

Zoll/Immigration

Thanon Samut Sakdarak

Wat

Polizei

Mekong

Phitak Phanom

Khet Road

Ubon Ratchathani

Wat

■ Übernachtung
2 Mukdahan Grand Hotel
3 Ploy Palace Hotel
4 Sangthai Hotel
5 Hua Nam Hotel
10 Submukda Grand Hotel

■ Essen und Trinken
1 Essensstände
6 Mum OK Na Restaurant
9 Khufad Restaurant
11 Khufad 2 Restaurant
12 Sukawadi Restaurant

■ Einkaufen
1 Nachtmarkt
7 Töpferwaren (Stände)
8 Indochina-Markt

han als auch Sawannakhet eine gewisse moderne Dynamik verleihen, die dem Charisma der beiden Städte hoffentlich nichts abtun wird. Auf der Brücke herrscht, wie in Laos, Rechtsverkehr.

Westler können die Grenze passieren und hier ein Visum für Laos bekommen. Ein 4-Wochen-Visum kostet derzeit 30 $ für Deutsche, 35 $ für Schweizer und Österreicher. Ein kleines Touristenbüro in der Innenstadt bietet einen Stadtplan und weitere Informationen zur Region.

Unterkunft

■ Das **Hua Nam Hotel****–*** (20 Samut Sakdarak Rd., Tel. 042-611197) ist nicht besonders, dafür aber preiswert. Fungiert wohl auch als Stundenhotel.

■ Das **Sangthai Hotel****–*** (9/2 Wiwit Surakan Rd., Tel. 042-633159-60) ist 100 Meter vom Nachtmarkt entfernt. Die Zimmer sind sauber und recht groß, mit heißer Dusche und Balkon.

■ Zu empfehlen ist das neue **Submukda Grand Hotel***** (72 Samut Sakdarak Road, Tel. 042-633444, Fax 042-612666) in der Stadtmitte. Große, makellose Zimmer, teilweise mit Balkon (auf die Hauptstraße) und A.C. ab 400 Baht.

■ **Mukdahan Grand Hotel*******–ᴸᴸᴸ, 78 Songnangsathit Rd., Tel. 042-612020-5, ist ein Luxushotel mit Nachtclub und Restaurant. Internet-Zugang.

■ **Ploy Palace Hotel*******–ᴸᴸᴸ, 40 Phitak Phanomkhat Rd., Tel. 042-611329; beide Luxushotels wirken im schläfrigen Mukdahan etwas deplaziert, aber das mag sich mit dem Bau der Brücke über den Mekong ändern.

Essen

Es gibt zahlreiche kleine chinesische Restaurants in der Stadt, wie auch einen preiswerten **Nacht-markt** in der Song Nang Sathit Road, bei dem viele Speisen einen deutlich vietnamesischen Einfluss haben. Direkt am Fluss gibt es eine Reihe großer Terrassenrestaurants mit schöner Aussicht. Der kleine Nachtmarkt bietet die üblichen Garküchen.

■ Das **Sukawadi Restaurant** an der Flussstraße südlich des Piers serviert frischen Fisch aus dem Mekong. Die Spezialität des Hauses ist *Gaeng Som Pae Sa*, eine saure, scharfe Fischsuppe.

■ Das **Mum OK Na,** in einer Seitengasse der Song Nang Sathit Road, nicht weit vom Pier entfernt, serviert französischen Kaffee sowie europäische und Issanspeisen. Nicht schlecht.

■ Das **Khufad Restaurant** bietet Nam Nuang und andere vietnamesische Gerichte. Sehr gut. Die gleiche Familie betreibt auch das etwas feinere und teurere **Khufad 2 Restaurant,** auch hier sind die vietnamesischen Gerichte sehr gut.

An-/Weiterreise

■ **Taxis** gibt es in Mukhdahan inzwischen auch, selbst für längere Strecken anzumieten. Taximeter ab 35 Baht. Tel.042-613666.

■ Zahlreiche **Busse** ab Ubon Rathathani (105/135 Baht, Fahrzeit 2–3 Std.), Nakhon Phanom (50/88 Baht, 2 Std.), That Phanom (25 Baht, A.C. 50 Baht, 1 Std.) und Udon Thani (161/207 Baht, 4 Std.). Ab Bangkoks Northern & Northeastern Bus Terminal fahren A.C.-Busse von 381 bis 571 Baht. Ein V.I.P.-Bus (24 Sitzplätze) fährt dreimal täglich und kostet 762 Baht. Fahrzeit 10–11 Std.

■ Touristen gelangen per Bus über die zweite Friendship Bridge von Mukdahan nach Savannakhet in Laos. Es kostet 50 Baht die Brücke nach Laos zu überqueren. Es ist auch möglich die Grenze direkt von Mukdahan per Boot zu überqueren (50 Baht). Ein 4-Wochen-Visum kann am laotischen Grenzposten beantragt werden. Kostenpunkt: 30 US $ für Deutsche, 35 US $ für Schweizer und Österreicher. Zuvor ist ein Ausreisestempel beim Immigration Office (Tel. 042-611074) in Mukdahan einzuholen.

6

Hier sollten auch die Öffnungszeiten der laotischen Grenzbehörden gecheckt werden. Reisende haben berichtet, dass die laotischen Grenzposten hier oftmals Zuschläge für Überstunden verlangen.

■ **Nok Air** (www.nokair.com) fliegt 3-mal am Tag nach Mukhdahan. Tickets ab 1700 Baht.

Ubon Ratchathani
อุบลราชธานี

679 km östlich von Bangkok gelegen ist Ubon die Hauptstadt der größten Provinz des Nordostens. Viel gibt es nicht zu sehen, und die Stadt selbst liegt zudem ein wenig abseits der Verkehrsadern. So befindet sich der Bahnhof 5 km südlich, die Busstation 5 km nördlich.

Mit der Öffnung des benachbarten Laos könnte Ubon dennoch bald an Bedeutung gewinnen. Südöstlich der Stadt befindet sich der **Grenzübergang Chong Mek,** an dem man ohne Visum einhundert Meter weit in laotisches Gebiet vordringen darf. Es gibt hier zwei Duty-Free-Shops, und Alkohol und Zigaretten sind erheblich billiger als in Thailand. Mit einem laotischen Visum, das für Pakse gültig ist, (die nächste größere laotische Stadt, drei Busstunden entfernt), kann man auch weiter fahren.

Eine der wenigen Sehenswürdigkeiten ist **Wat Sumatanaram** am Fluss Mun. Der Tempel wurde 1853 mit Geldern gebaut, die König Rama 4. persönlich dafür zur Verfügung stellte. Dieser Wat ist der erste Tempel im Nordosten, der der strengen Thammayut-Sekte des Buddhismus zugehörig ist. König Rama 4. hat diese Sekte selbst ins Leben gerufen, um den Buddhismus auf seine Ursprünge zurückzuführen. Im Tempel befindet sich eine Figur des verehrten Mönches *Phra Sapphanya Chao.*

Auf dem Gelände des Wat wurde ein kleines **Freilichtmuseum** angelegt, das 19 alte Fresken und Reliefs im Khmer-Stil ausstellt. Eines dieser Reliefs ist über 1400 Jahre alt und somit das älteste Relief Thailands. Eine weitere Attraktion ist eine verzierte Steinsäule aus der Periode von Angkor Wat. Die Ausstellungsstücke in diesem Museum sind so außergewöhnlich, dass das National Museum in Bangkok schon seit Jahren versucht, dem Abt des Wats die Stücke abspenstig zu machen. Bisher aber ohne Erfolg.

Das **Nationalmuseum** Ubon Ratchathanis befindet sich im früheren, sehr schön restaurierten Rathaus, das 1918 erbaut wurde. Das Museum hat eine kleine Sammlung von Skulpturen, Tongefäßen, Musikinstrumenten und Textilien, die die Geschichte der Provinz illustrieren. Einige Steinstatuen der Davaravati-Kultur und des Angkor-Reiches, die in der Region gefunden wurden, sind sehr beeindruckend. Mi–So 9.00–16.00 Uhr, Eintritt 100 Baht.

Jedes Jahr zu Khao Phansa, dem Beginn der buddhistischen Fastenperiode (etwa Juli) findet das **Candle Festival** statt. Die Einwohner erstellen unter viel Mühe und ebenso großem finanziellen Einsatz riesige Kerzen aus Bienenwachs, die in Prozessionen durch die Stadt gefahren werden. Die Kerzen sind etwa 2 m hoch und haben einen Durchmesser von 25 cm. Bei der Prozession wetteifern 50 Tempel, die von Geschäftsleuten gesponsert werden, die schönsten Prozessionswagen zu bauen. Die Umzüge dauern bis zu 6 Stunden.

Ubon Ratchathani

0 ———— 400 m © REISE KNOW-HOW 2013

THAI081

Thanon Chayangkun

Busse nach Mukdahan, Nakhon Phanom

Upalisan Road

Suriyat Road

Thanon Subpasit

Polizei

Markt

Thanon Pichitrangsan

Wat Payai

Wat Suthatsanaram

A.C.-Busse nach Chiang Mai, Phitsanulok

Th. Phalochai

Thanon Palorangrit

Wat Thung Si Mueang

Park

Thanon Sinarong

Tourist Police

Lak Muang

Museum

Thanon Khuan Thani

Thanon Uparad

Thanon Promarch

Wat Sumatanaram

Thanon Promthep

Wat Klang

Markt

Wat Luang

Mun

Bahnhof, Warin Chamrab

Busse nach Phibun Mangsahan, Khong Chiam

■ Übernachtung
1 Pathumrat Hotel
2 Nevada Grand Hotel
3 Regent Palace Hotel
4 Tohsang Hotel
5 Tokyo Hotel
9 Laithong Hotel
11 Krung Thong Hotel
13 Ubon Hotel
14 Ratchathani Hotel
15 River Moon G.H.

■ Essen und Trinken
2 Hong Fah Restaurant
6 Dee Amnuai
   Choke Khao
   Tom Restaurant
7 Indochine Restaurant
8 Sincere Restaurant
10 Vegetarisches
   Restaurant
12 Nachtmarkt
14 Jiaw Kii Rest.

■ Einkaufen
14 Rawang Thang Shop

Etwas westlich der Innenstadt befindet sich **Wat Thung Si Mueang,** mit einer sehenswerten *hor trai* oder Bibliothek, die kurioserweise auf Stelzen inmitten eines Teiches aufgestellt wurde. In der Bot finden sich einige sehr schöne Wandmalereien. Der Tempel wurde zur Regierungszeit von König Rama 3. erbaut.

Information

Das **Büro der TAT** befindet sich in der 264/1 Khuan Thani Rd., Tel. 045-243370, tatubon@tat.or.th. Angeschlossen ist die Tourist Police. Tel. 1155.
■ Das **Rawang Thang Isan Contemporay Art and Design** (301 Khuan Thani Rd. gegenüber dem Nachtmarkt. Tel. 089-8413885) verkauft lokale Produkte – Kissen, handgemalte Postkarten, Anste-

cker, Notizbücher, handgefärbte Kleidung und vieles mehr und ist einen Besuch wert.

Unterkunft

Es existieren über 20 Hotels in Ubon, nicht wenige von ihnen haben einen regen Bordellbetrieb.

■ Angenehm, wenn auch ohne jeglichen Charakter, ist das **Tokyo Hotel**∗∗–∗∗∗ (360 Upparad Rd., Tel. 045-241262), saubere Zimmer mit Bad, TV und A.C. Ein 24-Stunden-Coffee-Shop ist im Haus.

■ Das **Ubon Hotel**∗∗∗–∗∗∗∗ (2 Ubonkit Rd., Tel. 045-241045-6), das schon während des Vietnamkrieges geöffnet war, ist ein ziemlich unattraktiver Betonklotz. Aber die Zimmer, alle mit A.C., W-LAN und TV, sind nicht schlecht und es liegt zentral.

■ **Laithong Hotel**∗∗∗∗–ᴸᴸᴸ (50 Phichit Rangsan Rd., Tel. 045-264271, www.laithonghotel.net), komfortable Zimmer mit A.C., TV etc.; Frühstück inklusive. Dem Hotel ist ein kleiner Swimmingpool angeschlossen.

■ Das **Tohsang Hotel**∗∗∗∗∗–ᴸᴸᴸ (251 Phalochai Rd., Tel. 045-241925, 045-245531-6, www.tohsang.com) bietet sehr schöne Zimmer mit modernem, aber traditionellem Ambiente, ebenfalls mit A.C., TV, Wi-Fi, Frühstück im Preis. Es gibt speziell Zimmer für Nichtraucher. Das Hotel hat ein luxuriöses Schwesterunternehmen in Kong Chiam.

■ Eines der besten Hotels am Ort ist das **Pathumrat Hotel**∗∗∗∗–ᴸᴸᴸ (337 Chayangkun Rd., Tel. 045-241501, Fax 045-242313, http://pathumrathotel.com), mit Coffee-Shop, Billardtischen, Swimmingpool und Restaurant. Große Zimmer mit Holzböden, Bad, A.C. und TV.

■ Ähnlichen Standard bietet das neuere **Regent Palace Hotel**∗∗∗–ᴸᴸᴸ (265–271 Chayangkun Rd., Tel. 045-262920, Fax 045-255489), Zimmer mit Bad, A.C., TV.

■ Das **Nevada Grand Hotel**∗∗∗∗–∗∗∗∗∗ (434 Chayangkun Rd., Tel. 045-280999, Fax 045-283424) ist Ubons neustes Luxushotel und befindet sich neben der Nevada Entertainment Mall, die u. a. ein Kino-Center mit acht Leinwänden beherbergt. Zimmer mit allem Komfort, Frühstück im Preis inbegriffen. „Wenn Sie den Rock 'n' Roll über alles lieben, dann werden Sie sich hier wohlfühlen", so eine Broschüre der TAT. Abends wird man in der Zodiac Lounge von einem grandiosen Elvis-Imitator unterhalten.

■ Das ordentliche **Ratchathani Hotel**∗∗∗– ∗∗∗∗ (297 Khuan Thani Rd., Tel. 045-244388) befindet sich nahe dem Büro der TAT; Zimmer mit Bad, die teureren mit A.C.

■ Das unter Travellern populäre **River Moon G.H.**∗–∗∗ (43 Si Saket Rd., Tel. 045-286093) liegt südlich der Stadt auf der anderen Flussseite und nahe dem Bahnhof in Warin Chamrab. Das Guest House setzt sich aus einigen kleinen Holzhäusern zusammen (Zimmer ohne Bad), bietet ein Restaurant, Internet-Service und reichlich Information zur Umgebung Ubons.

Essen

■ Der **Nachtmarkt** ist schon ab 15.00 Uhr (bis Mitternacht) aktiv und es gibt alles von Somtam (Pappaya Salat) zu gegrilltem Fleisch, Nudelsuppen, Sandwiches, Kuchen, Obstsäfte und Nam Nuang.

■ Das **Hong Fah Restaurant** gegenüber dem Patumrat Hotel hat chinesisches Essen, nicht ganz billig (ca. 100 Baht pro Mahlzeit).

■ Gleich drei exzellente Restaurants liegen an der Subpaist Road: Das **Indochine** serviert großartiges vietnamesisches Essen, gelegentlich von einem Pianisten begleitet.

■ Das kleine **Sincere** (nur fünf Tische) bietet etwas teurere, aber sehr gute französische und andere westliche Speisen.

▷ Tierklinik in Ubon Ratchathanit

Der Nordosten

■ Schräg gegenüber vom Indochine ist das **Dee Amnuai Choke Khao Tom** – ein sehr preiswertes Open-Air-Restaurant, das jeden Abend proppevoll ist. Riesige Auswahl an Gerichten. Die *Tom Yam* Suppe wird empfohlen.

■ An der Thanon Subpasit befindet sich ein kleines vegetarisches Restaurant, **Raan Ahaan Mangasawirat.** Es ist in einem Holzhaus untergebracht; draußen weisen gelbe Schilder (in Thai) darauf hin. Exzellente Speisen ab 10 Baht pro Portion.

■ Das **Jiaw Kii Restaurant** an der Khuan Thani Road ist ein sehr guter Ort zum Frühstücken. Es werden sowohl westliche als auch thailändische Frühstücke geboten; letztere bestehen aus verschiedenen Variationen des *khao tom,* einer Art Reisgrütze mit Fleischeinlage. Guter Kaffee.

Anreise

■ **A.C.-Busse ab Bangkok** kosten 368/473 Baht, Abfahrt nur morgens um 8.30 und 9.30 Uhr. V.I.P.-Busse zu 736 Baht, Abfahrt 20.00 Uhr.

■ **Züge ab Bangkok** fahren um (in Klammern Ankunftszeit) 5.45 (14.20), 6.40 (18.20), 15.20 (3.35), 18.55 (6.15), 20.30 (7.25), 22.25 (10.20) und 23.40 (11.45). Fahrpreis in der 3. Kl. 245 Baht, in der 2. Kl. 371 Baht, mit A.C. 551 Baht und in der 1. Kl. 1180 Baht.

■ **Thai Airways** fliegt 2-mal tgl. aus Bangkok ein; Preis 2800 Baht. Die Billigfluglinie **Air Asia** (www.airasia.com) fliegt 2-mal tgl. für ca. 1200 Baht nach Ubon.

■ **Nok Air** fliegt gleich 3-mal täglich aus Bangkok ein, Kostenpunkt 1400 Baht.

■ **Air Asia** (www.airasia.com) fliegt einmal am Tag von Bangkok ein, Tickets ab 1300 Baht.

Weiterreise

■ Zur **Bushaltestelle** 5 km nördlich der Stadt fährt Bus Nr. 2. Samlors dorthin 40 Baht.

■ **Busse** fahren u. a. nach Chiang Mai (602/ 697 Baht, alle Busse A.C.), Fahrzeit 17 Std., Khon Kaen (260 Baht), Fahrzeit 4–6 Std., Khorat (215/350

526tha at

Baht), Fahrzeit 5–7 Std., Mukdahan (82/145 Baht), Fahrzeit 2–3 Std., Si Saket (45/55 Baht), Fahrzeit 1Std., Surin (60/102 Baht), Fahrzeit 3 Std., und Udon Thani (132/ 229 Baht), Fahrzeit 5–7 Std. In der Innenstadt von Ubon verkehren zahlreiche Busse und Songthaews zu 10 Baht.

■ 4-mal täglich fährt ein **Bus** von Ubon Ratchathani direkt nach Pakse in **Laos.** Die Fahrt kostet 200 Baht und dauert 2–3 Stunden.

■ **Züge** zurück nach Bangkok fahren um (in Klammern Ankunftszeit) 7.00 (18.40), 8.45 (21.00), 14.50 (23.10), 15.00 (3.00), 16.45 (4.25), 18.30 (5.50) und 19.30 (7.30) Uhr.

■ Das Büro der **Thai Airways** befindet sich in 364 Chayangkun Rd., Tel. 045-313340-3.

Umgebung von Ubon Ratchathani

In der weiteren Umgebung von Ubon gibt es einiges zu sehen, am besten aber, man reist mit einem eigenen Fahrzeug. Mit öffentlichen Verkehrsmitteln ist es sehr zeitraubend.

Von Ubon führt der sechsspurige Highway 217 nach **Phibun Mangsahan** (45 km) – eine der besten Straßen Thailands. Man erhält einige hübsche Ausblicke auf den Mun-Fluss.

Zur Weiterfahrt durchquere man Phibun Mangsahan und fahre über eine große Brücke zum Highway 2222. In der Nähe der Brücke sieht man Stromschnellen, die Kaeng Sapheu.

Der Highway führt nach **Khong Chiam,** wo Mun und Mekong sich zum „zweifarbige Fluss" vereinen; die Flüsse weisen tatsächlich leicht unterschiedliche Farben auf – für die Thais der Umgebung eine Attraktion. Vornehmlich aus diesem Grund wird die Gegend um Khong Chiam derzeit zu einer Art Urlaubsregion ausgebaut.

Bei der Weiterfahrt passiert man den Eingang zum **Pha-Taem-Nationalpark** und den Pha Taem, einen großen Felsen, der den Mekong überblickt (ca. 20 km von Khong Chiam entfernt). Er ist bekannt für seine **Felsmalereien,** die 3000 Jahre alt sein sollen. Elefanten, Schildkröten, die riesigen Mekong-Welse, Töpfe, Hände und Fischfallen sind dargestellt. Um zu den Malereien zu gelangen, folgt man den Hinweisen auf dem Gipfel des Felsens; ein Pfad führt nach 500 m dorthin. Vom Gipfel blickt man über den Mekong bis nach Laos.

Zurück in Phibun Mangsahan kann man über Highway 217 zum riesigen, 1971 fertiggestellten **Sirindhorn-Stausee** gelangen. In dessen Wasser liegen große Fischreusen aus, und zahlreiche Fischer paddeln mit ihren Booten umher. Abends ergeben sich hier malerische Bilder, zum Beispiel, wenn Bauernjungen vorbeimarschieren und ihre Büffel nach Hause treiben. Der Bau des Stausees war nicht unumstritten, und noch heute ringen die damals vertriebenen Farmer bzw. ihre Nachkommen um eine Entschädigung.

Folgt man dem Highway bis zum Ende, erreicht man den Grenzposten Chong Mek, 76 km von Ubon entfernt. An diesem inzwischen internationalen Grenzübergang kann man ein Visum für Laos beantragen. Von Chong Mek ist die Provinz Champasak in Laos gut erreichbar.

Einen weiteren Ausflug wert, am besten mit einem eigenem Fahrzeug, ist **Sampanbok,** eine Gegend nahe der

▷ Sampanbok bei Ubon Ratchathani

Kleinstadt Pho Sai. Fantastische Sandsteinformationen über 10 Quadratkilometer verteilt, bilden tausende kleine Tümpel und Seen direkt am Mekong. Einheimische Kinder kommen zum Schwimmen, und auch ein paar thailändische Touristen finden sich hier ab und zu in schönster Einsamkeit. Es ist möglich, am Mekong im Dorf Ban Songkhon ein Boot zu mieten (etwa 500–1000 Baht, 1–2 Std., bis zu 10 Passagiere). Am Nachmittag ist das Licht wunderschön und die Landschaft geradezu außerirdisch malerisch. Hier ist der Mekong in Thailand übrigens am schmalsten, gerade 56 Meter breit. Um nach **Sampanbok** zu kommen, fahre man zunächst von Ubon nach Richtung Khemmarat und biege nach ungefähr 90 Kilometern nach Pho Sai (ausgeschildert) ab. Bis zur Stadt sind es weitere 10 Kilometer. Von Pho Sai führt eine kleine Landstraße (ausgeschildert) nach Sampanbok, 19 Kilometer weiter östlich. Fahrzeit ab Ubon Ratchathani: 2 Std. Wer es mit öffentlichen Verkehrsmitteln versucht, sollte einen Bus von Ubon nach Pho Sai nehmen und dort ein Songthaew nach Sampanbok anmieten (ca. 700 Baht hin und zurück inkl. Wartezeit).

Unterkunft/Essen in Khong Chiam

■ **Ban Rim Khong Resort****** (Tel. 045-351101), direkt am Fluss gelegen, mit von Garten umgebenen Bungalows (Bad). Weiter den Fluss entlang betreibt der Besitzer des Resorts ein „Floating Restaurant" oder Schwimmendes Restaurant, das Peuehaan.

■ **Araya Resort***–***** (Tel. 045-351181), etwas vom Fluss zurückversetzt, mit einem Garten und Wasserfall; Bungalows mit A.C., TV, Kühlschrank. Auch das Araya besitzt ein schwimmendes

187h at

Restaurant, das unter anderem Flussschildkröten und Wildschwein zum Verzehr anbietet.

■ Das **Apple Guest House****–*** (Kaewpradit Rd., Tel. 045-351160) ist der Hauptanlaufpunkt für Traveller in Khong Chiam, mit preiswerten einfachen Zimmern und etwas teureren A.C.-Räumen.

■ **Khong Chiam Hotel****–*** (Tel. 045-3519074); die teuren Zimmer haben A.C.

■ Ganz neu ist das luxuriöse 4-Sterne **Tohsang Khongjiam Resort**LLL (68 Mu 7 Baan Mak Tay, Tel. 045-351174-6, www.tohsang.com) – ein Ableger des gleichnamigen Hotels in Ubon. Es liegt etwa 10 Kilometer von Khong Chiam entfernt am Mun River und bietet einen großartigen Ausblick auf Laos. Dem Resort sind ein Spa und Swimmingpool angeschlossen und es werden Fahrräder und Kajaks für Ausflüge in die Umgebung vermietet. Es lohnt sich anzurufen und nach Preisermäßigungen zu fragen.

■ Ein sehr gutes Restaurant ist das auf dem Mun-Fluss „schwimmende" **Phae Rak Mae Mun,** wörtlich das „Floß, das den Mun-Fluss liebt". Es gibt eine große Auswahl an schmackhaftem Seafood.

■ Erhöht am Ufer nahe der beiden schwimmenden Restaurants befindet sich das **Two-Coloured River Restaurant,** von dem man das Zusammenfließen der beiden Flüsse gut überblickt. Nebenan lassen sich Boote mieten. 20-minütige Fahrten zur laotischen Seite kosten 100 Baht für 2 Personen, 150 Baht für bis zu 5 Personen.

Unterkunft in Phibun Mangsahan

■ **Sanarmchai Guest House****–*** (Wanarm-Phibun Rd., Tel. 045-441289).

Anreise

■ Ab der Busstation in der Phichit Rangsan Road in Ubon fahren **Busse** für 45 Baht nach Phibun Mangsahan und für 60–80 Baht nach Khong Chiam (Fahrzeit 2½ Stunden).

Si Saket

ศรีสระเกษ

Si Saket (25.00 Einw.) ist die schläfrige Hauptstadt der gleichnamigen Provinz. Touristisch bietet der Ort selber nur wenig, er ist jedoch Transitpunkt auf dem Weg zum **Khao Phra Viharn** in Kambodscha, der ohne Visumsformalitäten von Thailand aus zu besuchen ist.

Ca. 10 km westlich von Si Saket, am Highway 226, steht die Ruinen des **Prasat Hin Wat Sa Kamphaeng Noi,** ein Khmer-Tempel aus dem 12. Jh. Das trifft auch zu auf den größeren **Prasat Hin Wat Sa Kamphaeng Yai,** 26 km westlich von Si Saket am Highway 226. Die Ruinen liegen auf dem Gelände eines neueren Thai-Tempels. Der ursprüngliche Tempel wurde im 10. Jh. angelegt und vor einiger Zeit vom Fine Arts Department so gut wie möglich restauriert.

Unterkunft

■ **Phrom Phiman Hotel*****–**** (849/1 Lak Muang, Tel. 045-612677), das größte und zweitbeste Hotel am Ort, bietet ein Restaurant, einen Nachtclub, Karaoke und Internet-Zugang.

■ Vielleicht derzeit das beste Hotel in der Innenstadt ist das **Boonsiri Boutique Hotel***** (Wichit Nakorn Rd., Tel. 081-9589915, www.boonsiriboutiquehotel.com), das ordentliche Zimmer mit A.C. ab 400 Baht oder 550 Baht mit Frühstück bietet. Ein preiswertes Restaurant ist angeschlossen.

Essen

■ Nördlich des Bahnhofs finden sich einige **einfache Restaurants** mit typischer Issan-Küche. Süd-

Si Vi Sed Road

Si Sa Ket Road

Lak Muang ★

Tempel ▲

A.C.-Bus 🅗 nach BKK

Khu Khan Road

Wichit Nakorn Road

3

Khao Phra Viharn, Kamphaeng Noi und Yai

Lak Muang Road

1 **1**

Surin, Bangkok

Bahnhof

Ubon Ratchathani

2

Ubon Road

⊕

Chinesischer Tempel ▲

Kuang Heng Road

Ⓢ

■ **Übernachtung**
2 Phrom Phiman Hotel
3 Boonsiri Boutique Hotel

Wan Kuk Sua Road

● *Suen Heng Plaza*

■ **Essen und Trinken**
1 Issaan Restaurants
2 Phrom Phiman Restaurant & Bar

---

lich des Bahnhofs formiert sich abends ein Nachtmarkt mit zahlreichen **Essensständen.**

Anreise

■ Ab Bangkoks Northern Bus Terminal fahren einige direkte **Busse** nach Si Saket (551 km). A.C.-Busse kosten 314–403 Baht; Fahrzeit ca. 8½ Std.

■ **Züge** ab Bangkok fahren um (in Klammern Ankunftszeit) 5.45 (13.27), 6.40 (17.00), 10.05 (18.40), 15.20 (2.19), 18.55 (6.07), 20.30 (6.15), 22.25 (8.53), 23.40 (10.45). Züge ab Ubon um 7.00 (8.04), 8.45 (9.51), 14.50 (15.31), 15.05 (16.08), 16.50 (17.50), 18.30 (19.30) und 19.30 (20.28) Uhr.

Ausflug zum Khao Phra Viharn in Kambodscha

Si Saket ist der Ausgangspunkt für Ausflüge zum Khao Phra Viharn (auf kambodschanisch: *Preah Vehir*), einem faszinierenden **Tempelkomplex,** der – 600 m hoch am Rand des Dongrak-Bergzuges gelegen – die kambodschanische Landschaft überblickt.

Das Gebiet um den Tempel wurde lange sowohl von Thailand als auch von Kambodscha beansprucht, bis 1963 der Weltgerichtshof den Streit beendete und es Kambodscha zusprach – eine fragwürdige Entscheidung, denn der Komplex ist von der kambodschanischen Seite aus praktisch unerreichbar. Von dort kommend stellt sich einem ein senkrecht stehender Fels in den Weg. Von Thailand dagegen ist die Anreise sehr einfach. Der Tempelkomplex ist allerdings eindeutig der **Khmer-Kultur** zuzuordnen, und dieser Aspekt dürfte die Entscheidung des Gerichtshofes beeinflusst haben. Die Thais ärgert es jedoch bis heute, eine endgültige Grenze wurde nie festgelegt.

Da der Khao Phra Viharn sich unmittelbar an der thailändischen Grenze befindet, war schon in den Jahren 1991–93 die Besichtigung von Thailand aus möglich. Doch dann wurden wieder einmal die Roten Khmer in der Gegend aktiv, und das Gebiet wurde gesperrt. *Pol Pot*, der Führer der Roten Khmer, starb hier 1998 im Wald, ein paar hundert Meter von der Grenze entfernt, nachdem ihm seine letzten Kameraden einen Schauprozess auf dem Dorfplatz im nahe gelegenen Anlong Veng gemacht hatten. Nach dem Tod des Khmer-Rouge-Führers schlossen sich seine Anhänger dem kambodschanischen Militär an und es wurde friedlich in der Gegend. Die in der Nähe des Tempelkomplexes gelegten Minen wurden geräumt, und seit 1998 sind wieder Touristen zugelassen. Die weitaus meisten Besucher sind Thais, und diese lassen die wenigen westlichen Besucher nur allzu gerne für ihre Kameras posieren.

Khao Phra Viharn ist ein ganz außergewöhnlicher Ort, wahrscheinlich der eindrucksvollste Khmer-Komplex nach dem weltberühmten Angkor Wat. Obwohl eine Restaurierung dringend vonnöten wäre, ist der Anblick überwältigend, und der Besucher fragt sich, wie die Bauleute wohl all die massiven Steinblöcke den Fels hinauf geschleppt haben mögen. Der Bau dauerte fast zwei Jahrhunderte; begonnen wurde er unter König *Rajendavarman 2.* Mitte des 10. Jahrhunderts, beendet unter König *Suryavarman 2.* Anfang des 12. Jahrhunderts.

Der Tempel ist in fünf verschiedene Sektionen unterteilt, er zieht sich dabei über eine Länge von etwa 900 m bis zum überwältigenden **Haupttheiligtum** hin, das hoch auf den Felsen gebaut ist. Hier findet sich auch ein großer, umgefallener *prasat* oder Turm im Khmer-Stil, möglicherweise das Opfer eines Erdbebens. Riesige Blöcke behauenen Steins liegen verlassen herum und warten auf ihre Restaurierung. Es wird davor gewarnt, von den vorgegebenen Pfaden abzuweichen – es ist möglich, dass hier wohl noch so manche scharfe Mine versteckt liegt.

Für den Besuch dieses einzigartigen Tempelkomplexes benötigt man **kein Visum!**

Nicht-Thais müssen gleich drei Mal zahlen, um zum Tempel zu gelangen. Zunächst ist eine Gebühr von 200 Baht fällig, da das Gebiet um den Tempel, das in Thailand liegt, zum Nationalpark erklärt wurde. Bei einem Thai Immigration Office sind 5 Baht zu zahlen. Den Pass behält man allerdings und Visumserneuerungen sind hier nicht möglich. Schließlich kostet es noch einmal 200 Baht um das Tempelgelände zu betreten, sodass Kambodscha auch auf seine Kosten kommt. Da man für den Besuch des Tempelkomplexes einen halben Tag einplanen sollte, muss man schon morgens dorthin aufbrechen, und eine Übernachtung am Ort ist anzuraten. Geöffnet von 8.00 bis 17.00 Uhr. Nach 15.00 Uhr ist kein Einlass mehr.

Kambodscha kann von hier aus über den Tempel hinaus nicht bereist werden, auch nicht mit gültigem Visum.

Aufgrund politischer Streitigkeiten zwischen Thailand und Kambodscha kam es von 2008 bis 2011 wiederholt zu **bewaffneten Auseinandersetzungen** zwischen Truppen beider Länder. Beide Seiten benutzten die Tempelruine als politischen Spielball im eigenen Land, um den Nationalismus zu schüren oder Wahlen zu gewinnen. Oft ist daher der Zugang von der thailändischen Seite verwehrt. Am besten in Surin oder Si Saket fragen, bevor man die Reise zur

Grenze wagt. Von Kambodscha aus ist der Tempel auf einer sehr schlechten Straße in der Trockenzeit zu erreichen, solange es nicht wieder zu Schießereien kommt.

Unterkunft/Essen

■ Eine günstige Übernachtungsmöglichkeit bietet sich im **Kantharalak Palace Hotel** **–*** an der Hauptstraße in Kantharalak (131 Sinpadit Rd., Tel. 045-635157, 661084-5). Die Zimmer sind klein, aber recht komfortabel und haben Bad und A.C. Am Ort gibt es einfache Reis- und Nudelrestaurants.

Anreise

■ Von Si Saket per Bus zunächst nach Kantharalak (40 Baht); von Kantharalak fahren Songthaews weiter zum Tempel. Wegen der zahlreichen thailändischen Besucher fahren die Songthaews sehr regelmäßig. Sollten keine Songthaews direkt bis an den Tempel fahren, ist es am besten in Kantharalak ein Taxi zu mieten. Kostenpunkt: ca. 600 Baht, wenn der Fahrer ungefähr 5 Stunden wartet.

Surin

Die Stadt (42.000 Einwohner) hat nichts zu bieten außer dem „Elephant Round-Up", das jedes Jahr Mitte oder Ende November stattfindet. Bis zu 200 Elefanten demonstrieren ihre Geschicklichkeit in diversen Wettbewerben, nehmen an einer mittelalterlichen Kriegsparade teil oder werden in einer Jagd-Show „eingefangen". Die meisten der Elefanten sind

in der Umgebung von Surin als **Arbeitselefanten** im Einsatz.

Das Tourist Office und private Reisebüros in Bangkok organisieren Touren zum Round-Up.

Unterkunft

Zur Zeit des „Round-Up" sind alle Hotels ausgebucht, die Zimmer sollten also lange vorgebucht werden. Außerdem werden die Preise für Übernachtungen dann eventuell angehoben.

■ Das **New Hotel** **–**** (6–8 Tanasarn Rd., Tel. 044-511341) liegt direkt am Bahnhof und hat einfache und saubere Zimmer mit Bad.
■ Das **Sangthong Hotel** **–**** (279-283 Thanasan Rd., Tel. 044-512099) hat ordentliche Zimmer mit und ohne A.C.
■ Eines der besten Hotels am Ort ist das **Petchkasem Hotel** ***–***** (104 Jitbumrang Rd., Tel. 044-511274, 044-511576), mit Coffee-Shop, Restaurant und sehr angenehmen Zimmern (alle A.C.) unterschiedlichster Preisklassen. Wenige Meter von der Jitbumrang Road zurückversetzt, die sich – in typisch thailändischer Transkriptions-Uneinigkeit – aber auch gelegentlich Chitrbamroong Road schreibt.
■ Surins Top-Herberge ist das **Thong Tarin Hotel** ****–ᴸᴸᴸ (60 Sirirat Road, Tel. 044-514281-8, www.thongtarinhotel.com). Es verfügt neben dem üblichen Luxus über den Long Beach Massage Parlour, einen Massage-Salon, der einen sehr berüchtigten Stammkunden gehabt haben soll: den für seine Grausamkeit bekannten *Ta Mok,* genannt der Schlächter. Dieser hat angeblich bei jedem seiner klammheimlichen Besuche ein Trinkgeld von 500 Baht springen lassen. 1999 wurde er von den kambodschanischen Behörden verhaftet. Seitdem saß der Schlächter in Phnom Penh im Gefängnis und wartete auf den Khmer-Rouge-UN-Gerichtsprozess,

6

der 2008 begann. Leider verstarb *Ta Mok* 2007. Die zahlreichen geheimen Verknüpfungen der Roten Khmer mit thailändischen Politikern und Militärs werden bei dem Prozess aber kaum ans Tageslicht gekommen. Das Hotel bietet, neben seiner unrühmlichen Geschichte auch einen Swimmingpool und Billardtische. Wer über die Website bucht, erhält große Preisabschläge.

■ Ein wenig außerhalb des Stadtkerns ist das sehr freundliche, preiswerte und ganz besondere **Pirom & Aree House*–** (65 Thungpho Road, Tel. 044-513234) zu finden. Das Guest House wird von einem sehr netten Thai-Ehepaar geleitet. *Aree* spricht französisch und ihr Mann *Pirom* will Gästen die Kultur Issaans näher bringen. Er weiß gut über die Khmer-Tempel in der Gegend Bescheid und spricht fließend

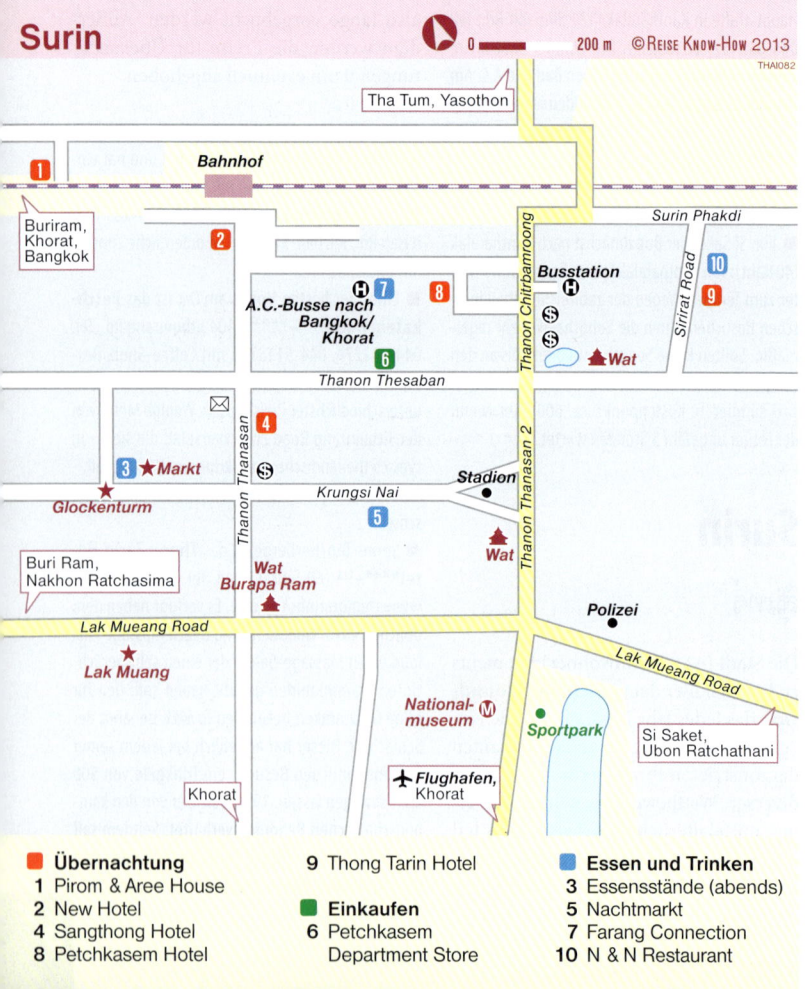

Surin

0 ——— 200 m   © REISE KNOW-HOW 2013

THAI082

Tha Tum, Yasothon

Bahnhof

Buriram, Khorat, Bangkok

Surin Phakdi

A.C.-Busse nach Bangkok/ Khorat

Busstation

Wat

Thanon Chitrbamroong

Sirirat Road

Thanon Thesaban

⊠

Markt

Glockenturm

Krungsi Nai

Stadion

Thanon Thanasan

Thanon Thanasan 2

Buri Ram, Nakhon Ratchasima

Wat Burapa Ram

Wat

Lak Mueang Road

Lak Muang

Polizei

Lak Mueang Road

Nationalmuseum

Sportpark

Si Saket, Ubon Ratchathani

Khorat

Flughafen, Khorat

■ Übernachtung	9 Thong Tarin Hotel	■ Essen und Trinken
1 Pirom & Aree House		3 Essensstände (abends)
2 New Hotel	■ Einkaufen	5 Nachtmarkt
4 Sangthong Hotel	6 Petchkasem	7 Farang Connection
8 Petchkasem Hotel	Department Store	10 N & N Restaurant

Englisch. Der frühere Sozialarbeiter bietet sehr gute Tagestouren (in seinem Land Rover) in die Umgebung an. Das Guest House hat sechs einfache Doppelzimmer und drei Einzelzimmer, ohne Bad. Sehr sauber und das Essen ist ebenfalls sehr gut. Empfehlenswert.

Essen/Unterhaltung

Die üblichen Essenstände, die sich nahe dem Glockenturm und auch vor dem Bahnhof einfinden, servieren **Issan-Hausmannskost** ab ca. 20 Baht. Abends ab 18.00 Uhr erwacht 200 Meter westlich des Glockenturms ein Nachtmarkt mit einer großen Auswahl an regionalen Gerichten zum Leben. In der Thanasan Road befinden sich viele kleine chinesische und Issan-Restaurants. Vorsicht, die Küche des Issan ist wegen ihrer Feurigkeit gefürchtet!

Ansonsten witzeln die Thais gerne über die weithin bekannte Trinkfreudigkeit der Bewohner von Surin. Die thailändische, formelle Vokabel für „Schnaps" heißt nicht umsonst *sura!* Das Auffinden einschlägiger Lokale dürfte zechfrohen Reisenden keine Schwierigkeiten bereiten.

■ Das **Farang Connection,** direkt am Busbahnhof, bietet internationale Gerichte sowie thailändische Küche, Internetzugang und einen kleinen Buchladen. Der englische Besitzer ist 2010 verstorben, aber das Restaurant wird von seiner thailändischen Familie weitergeführt.

■ Die Sirirat Road ist das kulinarische Zentrum Surins. Hier findet sich das **N&N Restaurant** (3/74-75 Sirirat Rd, Tel. 044-518391, www.nn restaurant.de.tl), das von dem Deutschen *Norbert* und seiner Frau *Noi* betrieben wird und deutsche beziehungsweise internationale Speisen auf der Karte hat. Ein Supermarkt mit Produkten aus Europa ist angeschlossen.

■ Preiswerte lokale Speisen gibt es im **Larn Chang Restaurant** (Siphathai Saman Rd.), das sich in einem Holzhaus am Stadtgraben im Süden Surins befindet. Am besten es es, eine Songthaew

hierher anzumieten, da das Larn Chang etwas weit vom Stadtzentrum entfernt ist.

Anreise

■ Surin ist 451 km von Bangkok entfernt, und **Busfahrten** von dort kosten, A.C. 248 Baht, V.I.P. 496 Baht. Die A.C.-Busse fahren 4-mal täglich. Busse ab Khorat kosten 112 Baht, A.C. 217 Baht, Fahrzeit 4–5 Std.

■ **Züge ab Bangkok** fahren um (in Klammern Ankunftszeit) 5.45 (12.14), 6.40 (15.04), 10.05 (17.06), 15.20 (0.30), 18.55 (3.15), 20.30 (4.30), 21.50 (5.04) und 22.25 (6.58) und 23.40 Uhr (8.25). Preis 3. Kl. 223 Baht, 2. Kl. 319 Baht, mit A.C. 389 Baht, 1. Kl. 1046 Baht.

Weiterreise

Etwa 70 Kilometer südlich von Surin, an der Straße 214, hat der neue **internationale Grenzübergang Chong Jom** (O'Smach auf der kambodschanischen Seite) geöffnet. A.C.-Busse direkt zur Grenze kosten 60 Baht, Fahrzeit 1 Std. Wer nach Kambodscha einreisen will, kann hier für 20 $ ein Visum bekommen. Die Straße auf der kambodschanischen Seite ist allerdings nichts sehr gut und in der Regenzeit weitgehend unbefahrbar. Ein Taxi nach Siem Reap (5 Stunden) kostet etwa 3000 Baht.

In der Umgebung von Surin

Entlang der Grenze zu Kambodscha liegen neben dem bekannten Preah Vihear eine Reihe anderer sehenswerter Tempel aus der Zeit des Angkorreiches. Von 2008 bis 2010 kam es durch politische Machtspiele in Kambodscha und Thailand immer wieder zu Spannungen und kleinen militärischen Auseinandersetzungen um

6

die Tempel. Man sollte sich in Surin oder Si Saket über die gegenwärtige Lage entlang der Grenze informieren.

Prasat Sikhoraphum

Dieser Tempel, 32 km nordöstlich von Surin an Highway 226 gelegen, stammt aus dem 12. Jh. und ist außerordentlich gut restauriert. Er besteht aus fünf Ziegelstein-Prangs, die auf einer Plattform stehen und von Lotusteichen umgeben sind. Der zentrale Prang weist interessante Reliefs oder Ornamente auf, die himmlische weibliche Wesen, Apsaras, oder andere Figuren aus der Hindu-Mythologie darstellen. Besonders im Morgenlicht gibt der Tempel ein wunderbares Bild ab. Dies ist einer der besuchenswertesten Khmer-Tempel im Issan.

■ **Anfahrt:** Die Anlage liegt an der Strecke Surin – Si Saket, die von zahlreichen Bussen befahren wird. Aussteigen an Sikhoraphum Junction (bei km 34), von dort ist es noch ein halber Kilometer zu Fuß. Sikhoraphum besitzt zudem einen Bahnhof, und täglich halten hier 9 Züge, die die Strecke Bangkok – Surin – Si Saket – Ubon Ratchathani befahren. Sikhoraphum liegt zwischen Surin und Si Saket; Fahrzeit ab Surin ca. ½ Std., ab Si Saket 1–1¼ Std.

Prasat Ban Phluang

Der kleine Prasat Ban Phluang ist ein Tempel aus der zweiten Hälfte des 11. Jhs. und war einst ein wichtiger Haltepunkt auf der Strecke zwischen Phimai und Angkor Wat. Eines der Reliefs zeigt Gott Indra, der auf dem Elefanten Airavata (Erawan) reitet; der Elefant hat in diesem Falle nur einen Kopf, nicht drei, wie häufig anzutreffen. Die den Tempel umgeben Gräben und Teiche wurden in den siebziger Jahren des letzten Jahrhunderts restauriert und zu einem hübschen Garten transformiert. Die Anlage ist tägl. 7.30–18.00 Uhr geöffnet; Eintritt 40 Baht.

■ **Anfahrt:** Am besten mit eigenem Fahrzeug. Von Highway 214 vom südlichen Stadtrand von Surin fahre man in Richtung Prasat (südlich); 4 km hinter Prasat, zwischen km 34 und 35, links abbiegen. Schilder weisen den Weg.

Ban Tha Klang

Eine besondere Beziehung zu **Elefanten** hat auch das Dorf Ban Ta Klang, in dem noch 180 der Dickhäuter leben (ca. 50 km von Surin). Zu Beginn der buddhistischen Fastenperiode (Khao Phansa) werden hier junge Männer, die sich zu Mönchen weihen lassen wollen, auf geschmückten und bemalten Elefanten einhergetragen – ein kunterbuntes Schauspiel. Ansonsten finden hier samstags um 9.30 Uhr Elefanten-Shows statt, 100 Baht pro Person; Informationen beim Dorfvorsteher unter Tel. 081-9991910, 081-9675015, oder bei Distriktsamt unter Tel. 044-591058. Für größere Besuchergruppen sind nach Voranmeldung Elefanten-Shows auch an anderen Tagen möglich, gegen Entgelt, versteht sich. Ein kleines Museum stellt ein komplettes Elefantenskelett aus und führt in die Geschichte der Elefanten in Surin ein. Wer Zeit mit Elefanten in Surin verbringen will, sollte sich an das **Surin Project** (www.surinproject.org), ca. 60 Kilometer von Surin entfernt, wenden. Volunteers verbringen sechs Tage

Der Nordosten

im Projekt, um die Mahouts zu entlasten. Ein Aufenthalt ist teuer, Kostenpunkt 12.000 Baht. Weitere Informationen auf der Website der Organisation.

■ **Anfahrt:** Am besten mit eigenem Fahrzeug. Man fahre 28 km entlang Route 214 in Richtung Norden bis Ban Nong Tad, dann links abbiegen und 22 km weiterfahren.

Prasat Ta Muean Tempel Gruppe

Prasat Ta Muean Thom liegt südlich von Surin direkt an der Grenze zu Kambodscha. Die hinduistische Tempelruine aus dem 11. Jahrhundert steht auf einem dicht bewaldeten kleinen Hügel und wird von zwanzig Soldaten bewacht. Der Tempel ist recht klein, aber der Weg lohnt vor allem wegen der Atmosphäre. Prasat Ta Muean diente einst als Schlafstätte für wandernde Pilger. Aufgrund eines Grenzstreits zwischen Thailand und Kambodscha wartet ein Teil des Tempels auf eine Restaurierung. Besucher sollten den Soldaten vor einem Besuch der Tempelanlage Bescheid geben.

Ein paar Kilometer bevor man den Haupttempel erreicht, finden sich am Straßenrand auch noch **Prasat Ta Muean Tot,** ein Krankenhaus und eine weitere Ruine.

■ **Anfahrt:** Die Tempelgruppe liegt etwa 50 km südlich von Surin. Am besten zu erreichen ist sie mit eigenem Fahrzeug. Man nehme Route 214 Richtung Prasat, bis zur Abzweigung auf Route 2121 in Richtung Phanom Donrak. Hinter einer Militär-Kontrolle biege man auf die Route 2075 ab. Von hier ist der Tempel ausgeschildert. Eintritt frei.

Nicht weit entfernt ist der neue internationale Grenzposten Chong Jom.

Prasat Khao Phanom Rung

ปราสาทเขาพนมรุ้ง

Dieser faszinierende **Tempelkomplex,** der in verschiedenen Phasen zwischen dem 10. und 13. Jahrhundert errichtet wurde, rückte im Jahre 1988 ins Zentrum der Aufmerksamkeit. Der Grund war ein **Relief,** das einen liegenden **Vishnu** darstellte. Das Relief des Hindu-Gottes war in einem Museum in Chicago aufgetaucht – illegal. Das Kunstwerk war aus dem Tempelkomplex gestohlen worden und auf verschlungenen Wegen in die USA gelangt. Kunstwilderei ist keine Seltenheit in Thailand. Kurz darauf rückten die Amerikaner den Vishnu aber schon wieder heraus. Seitdem ist das Relief wieder im Tempelkomplex installiert.

Zahlreiche Dichter haben die Architektur des Prasat Khao Phanom Rung in ihren Werken verewigt. Sie verglichen seine Schönheit mit der des Himmels.

Vor über einem Jahrtausend war der Tempel das spirituelle Zentrum der gesamten Region. König *Narendraditya* von Angkor kam hierher, um sich der Meditation zu widmen und sich zu läutern.

Der Tempel, der wohl das beeindruckendste Bauwerk der Khmer-Architektur auf thailändischem Boden darstellt, ist den Gottheiten des Hinduismus gewidmet. Diese sind auf zahlreichen kunstvollen Reliefs verewigt, andere stellen Szenen aus der **Shiva-Mythologie** dar. Im Haupttheiligtum, das im 12. Jahr-

6

hundert im Stile des Angkor Wat errichtet wurde, soll auch ein *Shiva Lingam* verborgen sein, das phallische Symbol Shivas. Einige Reliefs zeigen Szenen aus dem Leben König *Narendradityas*.

Der Tempelkomplex liegt auf einer Anhöhe von 190 m und ist von Galerien umgeben, die reich verzierte Tore aufweisen. Ein von Säulen gesäumter Weg führt zum Tempel hinauf. Geöffnet 6.00–18.00 Uhr, Eintritt 40 Baht.

Einen Kilometer unterhalb des Tempels liegt ein großer **Touristenmarkt** mit ein paar ordentlichen Restaurants. Auf dem Markt kann man von kleinen Modellen des Tempels bis hin zu Armbrüsten, Samuraischwertern und indianischen Masken alles kaufen.

Narai schlafend auf dem Löwen: Fensterstein am Prasat Khao Phanom Rung

Prasat Mueang Tam

Im Zusammenhang mit dem Besuch in Phanom Rung ist ein Abstecher zur Tempelanlage Prasat Mueang Tam zu empfehlen. Diese steht 8 km weiter in Richtung des Dorfes Ban Kruat und der kambodschanischen Grenze, südlich von Phanom Rung. Der Weg zum Tempel ist gut ausgeschildert.

Bis Mitte der achtziger Jahre des letzten Jahrhunderts war Prasat Mueang Tam undefinierbare Masse aus Stein und Reliefs, überwachsen von dichter Vegetation und stand zudem noch prekär schräg, drohte gar teilweise einzustürzen. Heute befindet sich nur noch ein Teilstück in diesem Zustand, der Großteil der Anlage ist von der *Archaeological Commission of Thailand* sehr professionell restauriert worden.

Prasat Mueang Tam wurde im 10. Jh. auf Anordnung von *König Jayavarman 5.* gebaut. Der Komplex ist von hohen Laterit-Mauern umgeben und beinhaltet

127th at

Die Elefantenjagd

Die wohl mutigsten Elefantenfänger waren die **Suay**, ein freiheitsliebendes Volk, dem heute noch etwa 100.000 Menschen angehören. Die Suay leben im **Grenzgebiet zu Kambodscha** und in den traditionellen Elefantenfänger-Dörfern in der Umgebung von **Surin**.

Sie fingen Elefanten mit Hilfe einer Art Lasso, ein paar gezähmten Treiberelefanten und **geheimen magischen Riten.** Diese Riten wurden äußerst ernst genommen und waren für den Erfolg des Unternehmens von größter Bedeutung. Auch die daheimgebliebenen Familienmitglieder hatten sich zur Zeit der Jagd strengen Regeln zu unterwerfen. So durften sich die Frauen der Fänger nicht die Haare schneiden oder kämmen und nicht den Körper ölen. Alle Familienmitglieder hatten sich schlicht zu kleiden. Wurde das Haus gefegt, so durfte der Schmutz nicht aus der Tür herausgekehrt werden, sondern wurde in das Haus hineingefegt. Die Missachtung dieser Regeln hätte den Zorn der Götter auf die Fänger herabbeschworen.

Bei ihren Fangzügen warfen die Suay ihre **Lassos** über die Köpfe der Elefanten, und die abgerichteten Treiberelefanten drängten ihre wilden Vettern in die gewünschte Richtung. Bei einem erfolgreichen Jagdzug wurden oft mehrere Dutzend Elefanten eingefangen. Dabei überquerte man nicht selten die Grenze zu Kambodscha – Elefanten und ihre Verfolger kennen keine staatlichen Demarkationslinien.

Die letzte Jagd, die nach Kambodscha führte, fand im Jahre 1958 statt, als man 60 Elefanten mit nach Hause führen konnte. Auf der Rückreise nach Thailand wurde der Trupp jedoch von kambodschanischen Soldaten angegriffen, und einige Suay, wie auch ihre Elefanten, starben.

Mit der rapiden **Abnahme der Wälder** verringerte sich auch die Elefantenpopulation. Die Suay fanden immer weniger wilde Elefanten und mussten sich so auf die **Züchtung** der Tiere verlegen. Mehr als zwei oder drei Geburten pro Jahr konnten aber kaum verzeichnet werden.

Heute führen die Suay ihre Elefanten bei jährlichen **„Elephant-Round-Ups"** in Surin vor. Der Hauch von Abenteuer aber, der ihr Leben in den vergangenen Zeiten geprägt hatte, ist davongeweht: Man ist heute mehr **Dompteur** als Fänger.

---

einige sehr hübsche, mit Stufen versehene Lotus-Teiche. Der hell-getönte Sandstein der Tempelwände und Reliefs bildet einen optisch angenehmen Kontrast zu dunkleren und gröber gearbeiteten Umgebungsmauern. Insgesamt strahlt die Anlage Ruhe und Frieden aus – zumal sie auch kaum von Touristen besucht wird. Eintritt 40 Baht.

Gegenüber dem Tempel liegt ein kleines **Informationszentrum,** das allerdings nicht immer geöffnet ist.

Unterkunft

Einige Wohnmöglichkeiten finden sich in Nang Rong, ca. 25 Kilometer von Prasat Khao Phanom Rung entfernt:

■ **Honey Inn***–*** (8/1 Soi Si Kun, Tel. 044-622852, www.honeyinn.com) ist das Haus einer pensionierten Englischlehrerin, in dem Zimmer vermietet werden. Das Haus ist etwa 400 m von der Busstation in Nang Rong entfernt. Motorradverleih.

■ Sehr zu empfehlen ist das **P. California Interhostel****–*** (59/9 Sangkakrit Road, Tel. 044-

622214). Der Besitzer *Wick* hat das Hotelmanagement in Großbritannien erlernt und das Gebäude einem Haus, das er dreißig Jahre zuvor in Brighton, Südengland gesehen hatte, nachempfunden. Die kleinen sauberen Zimmer haben heiße Duschen und teilweise auch A.C. *Wick* serviert amerikanisches Frühstück.

■ An der Hauptstraße hinter Nang Rong, kurz vor der Abbiegung zum Prasat Khao Phanom Rung finden sich einige kleine Resorts. Zu empfehlen ist das **San Sor Resort******** (Tel. 044-631631), das kleine Steinbungalows in einer gepflegten Anlage bietet. Ein Restaurant, das thailändische und europäische Gerichte serviert, ist angeschlossen.

Anreise

Der Tempelkomplex ist am günstigsten von Khorat und Surin aus zu erreichen.

■ **Von Khorat:** Man nehme einen Bus in Richtung Surin (über den Highway 24) und steige bei Ban Ta-Ko aus, gelegen am Highway 24 zwischen Nang Rong und Prakhon Chai. Hier warte man auf ein Songthaew, das die restlichen 10 km nach Prasat Khao Phanom Rung fährt. Ansonsten warten in Ban Ta-Ko Motorrad-Taxis auf Kundschaft; Kostenpunkt bis zu den Anlagen zwischen 200 und 300 Baht.

■ **Von Surin:** Mit jedem beliebigen Bus, der in Richtung Nang Rong oder über Highway 24 nach Khorat fährt. Dann wie oben beschrieben in Ban Ta-Ko aussteigen und mit Songthaew oder Motorrad-Taxi weiter.

◁ Prasat Khao Phanom Rung – ein Khmer-Bauwerk in Thailand

Aranyaprathet
อรัญประเทศ

Aranyaprathet, wörtlich „Land des Waldes", wäre für Touristen eine ziemlich uninteressante Stadt, gäbe es dort keinen Grenzübergang nach Kambodscha. Seit etwa zwei Jahrzehnten floriert der Ort durch den regen Grenzhandel. Außerhalb von Aranyaprathet befindet sich ein großes thailändisches Armeelager, das für die Sicherheit in dieser oft nervösen Region sorgen soll. Wer auf dem Weg nach Kambodscha hier hängen bleiben sollte, findet eine Reihe adäquater Hotels und Restaurants – sowie ein wenig schmuddeliges Nachtleben, in Form einiger kleiner Billig-Bordelle und einer einzigen Go-Go-Bar. Darüber hinaus gibt es etwas gehobeneres Nachtleben an der Straße nach Ta Phraya nahe dem Aran Park Hotel; dieses lockt zumeist thailändische Geschäftsleute an.

Aufgrund der auf der anderen Seite der Grenze befindlichen Spielcasinos (derzeit gibt es gut ein Dutzend) herrscht in der Stadt ein reger Durchgangsverkehr.

Unterkunft

■ Das **Market Motel******–******** (105/30-32 Rat-Ut-hit Rd., Tel. 037-232302, 037-233088, www.aranya prathethotel.com), etwa 5 Kilometer von der Grenze entfernt, das Haus ist ordentlich, mit sauberen Zimmern, mit und ohne A.C. Allerdings ist der Swimmingpoool wohl der Hauptgrund, hier abzusteigen. Im Hotelrestaurant gibt es einen W-LAN-Zugang.

■ **Aran Garden 2****–*** (110 Rat-Uthit Rd., Tel. 037-231070); besser als obiges, mit ordentlichen Zimmern (Bad), teilweise mit A.C.

■ Das **Indochina Hotel******–***** (154 Moo 6, Thanavithee Rd., Tel. 037-232588, www.indochina hotel.co.th); liegt etwas außerhalb der Stadt an Highway 348; *das* Top-Hotel am Ort, mit Pool- und Snooker-Halle sowie Coffee-Shop.

■ **Inter Hotel*****–***** (108/7 Chatasing Rd., abseits Rat-Uthit Rd., Tel. 037-231291, www.our web.info); saubere, bequeme Zimmer mit Bad, A.C., Satelliten-TV, dazu ein Restaurant und eine Karaoke-Bar.

Essen

■ Das klimatisierte **Little Home** an der Chaophrayabodin Road, nicht weit vom Uhrturm entfernt, kredenzt diverse Thai-Gerichte als auch Pizzen im Thai-Stil. Geöffnet 7.30–21.30 Uhr.

■ Am Ostende der Rat-Uthit Road/Ruduthid Rd. finden sich zwei akzeptable Restaurants. **Manit Restaurant** bietet thailändische und chinesische Gerichte, das klimatisierte **Party Time** bringt Steaks und Pizzas auf den Tisch.

■ An der Chitsuwan Road im Stadtzentrum köcheln abends einige **Straßenstände.** Einer davon, am nördlicheren Ende, hat auch eine englische Speisekarte, die wird aber nur auf Anfrage vorgezeigt.

Anreise

■ **Busse** fahren ab Bangkoks Northern & Northeastern Bus Terminal. A.C.-Busse kosten 223 Baht. Ab dem Victory Monument in Bangkok fahren Minibusse nach Aranyaprathet.

■ **Züge** ab Bangkoks Hualamphong Station fahren nur um 5.55 Uhr (Ankunft 11.35 Uhr) und 13.05 Uhr (Ankunft 17.35 Uhr). Die Züge haben nur eine sehr unbequeme 3. Klasse, Kostenpunkt 48 Baht.

■ So mancher Langzeitreisende kommt per **Taxi** aus Bangkok (270 km), nur um kurz die Grenze zu überqueren und mit einem neuen 30-Tage-Stempel wieder nach Thailand einzureisen. Hin- und Rückfahrt kosten ca. 5000 Baht.

■ Besonders günstig sind die „**Casino-Busse**" ab Bangkok, Busse, die in erster Linie spielsüchtige Thais in die Casinos von Poipet befördern. Jederman kann mitfahren. Die Busse sind komfortabel und schaffen die Strecke in 4 ½–5 Std. Zwischen 4.30–6.30 Uhr fahren mehrere Busse von der Südseite des Lumpini Parks ab. Preis 200 Baht.

Eine weitere preiswertere Alternative sind die **Jack Golf Tours** (www.jackgolf.com), die Di–Sa um 5.00 Uhr von der Sukhumvit Road, Ecke Soi 12, entweder nach Aranyaprathet oder an einen der neueren thailändisch-kambodschanischen Grenzposten in der Nähe von Chantaburi fahren und fast alle Grenzformalitäten übernehmen. Die Fahrten sind folglich beliebt bei Leuten, die den „visa run" machen, d. h. nur kurz aus Thailand ausreisen, um dann mit einem neuen Stempel wieder einzureisen. Gesamte Fahrtzeit hin und zurück 9 Std. (5–14 Uhr), Kostenpunkt 2100 Baht, inklusive Visum für Kambodscha. Lunch in einem der Casinos ist im Preis inbegriffen. Bei der Wiedereinreise über Land bekommt man derzeit allerdings nur 15 Tage Aufenthaltserlaubnis in Thailand.

Weiterreise nach Kambodscha

Der Grenzübergang befindet sich 5 km östlich von Aranyaprathet, an einem Markt namens Talaat Rong Kluea, auf dem zahlreiche kambodschanische Grenzgänger ihre Waren losschlagen, bzw. einkaufen. Die zum Kauf angebotenen kambodschani-

> ⊳ Reisbauer in Issan

6

schen Waren sind zumeist Edelsteine, Textilien, Korbwaren, Haushaltsgegenstände und *kramaa*, traditionelle Khmer-Schals. Zudem ist der Talaat Rong Kluea für den regen Handel mit essbaren Insekten bekannt. Der ausufernde Markt beherbergt auch einige Essenstände und kleine Restaurants.

Die Grenze zwischen Aranyaprathet und dem kambodschanischen Poipet wurde 1998 nach einer Unterbrechung von einem Vierteljahrhundert wieder eröffnet. Kambodschanische Visa sind an der Grenze für 20 US$ erhältlich. Wer mit Baht zahlen will, wird mit einem nicht vorteilhaften Wechselkurs in Kambodscha begrüßt (derzeit 1000 Baht). Touristen werden auch gelegentlich gefragt, ob sie ein Gelbfieber-Zertifikat haben. Dies ist, außer wenn man gerade aus Zentralafrika angereist ist, nicht erforderlich, sondern lediglich eine Finte der kambodschanischen Behörden, ein paar Dollar zu verdienen. Man verhalte sich höflich und resolut.

Um zur Grenze zu gelangen, nimmt man ein Songthaew für 10 Baht, oder fährt per Zug für den gleichen Preis. Die Grenze überquert man zu Fuß; geöffnet täglich von 7.00–17.00 Uhr. In einem Niemandsland zwischen Thailand und Kambodscha stehen zunächst einige Casinos, in denen thailändische Besucher ihr Hab und Gut aufs Spiel setzen. In Thailand ist das Glücksspiel verboten und daher sind in den letzten Jahren immer wieder neue Geldspielhallen in Myanmar (Burma) und Kambodscha an den Grenzposten zu Thailand aus dem Boden geschossen. Auf der anderen Seite, hinter den Casinos, beginnt Poipet, der nächstgelegene kambodschanische Ort. Die Kleinstadt ist hauptsächlich für Prostitution und Armut bekannt. In der Regenzeit sieht die Stadt aus wie ein Flüchtlingslager und eine Übernachtung empfiehlt sich hier absolut nicht. Allerdings fahren Minibusse, Busse und Taxis nach Phnom Penh. Dazu gibt es Busse und Taxen nach Siem Reap und Angkor Wat. Wer mit dem Taxi weiterfährt, sollte unbedingt den Preis vor der Reise aushandeln (ca. 30 US $ nach Siem Reap, Fahrzeit 2 Std.) und erst nach Ankunft am Ziel zahlen.

527th at

In der Umgebung von Aranyaprathet

Aranyaprathet wird den Reisenden wohl kaum in ihren Bann schlagen, in der Umgebung liegen jedoch zwei spektakuläre Khmer-Heiligtümer.

Prasat Khao Noi

Prasat Khao Noi, der „Tempel auf dem kleinen Berg", ist einer der ältesten Khmer-Tempel in Thailand; er stammt vermutlich aus dem 7. Jh. Der Komplex umfasst drei nach Osten ausgerichtete, restaurierte Prangs, dazu fand man hier einige sehr schöne Reliefs; letztere sind heute allerdings im Museum von Prachinburi zu sehen, und an ihrer Stellen finden sich nun exakte Kopien. Diese sind mittlerweile von der Witterung genügend mitgenommen, um fast echt zu wirken.

Experten siedeln der Stil von Prasat Khao Noi zwischen der Sambor Prei Kuk-Periode (600–650) und der frühen Prei Kmeng-Periode (635–700) an. Damit wäre die Anlage um einiges älter als Angkor Wat (ab 9. Jh.). Der zentrale Prang von Prasat Khao Noi, so wie er sich heute präsentiert, stammt wahrscheinlich aus dem 11. Jh., er ist jedoch die Rekonstruktion eines anderen, zuvor an der Stelle befindlichen Prangs.

■ **Anfahrt:** Mit eigenem Fahrzeug. Die Anlage befindet sich 12 km südöstlich von Aranyaprathet am Highway 3067 auf einem steilen Hügel nach der kambodschanischen Grenze und ist ausgeschildert. Man passiere den Nadong Army Check Point am Wat Par Aran Yawasi. An der nächsten Kreuzung gilt es rechts abzubiegen, dann ca. einen Kilometer bergauf bis zu einem Parkplatz zu fahren. Von dort sind es ca. 250 Meter zur Tempelruine. Es ist auch möglich das Monument von dem aktiven Wat Noi Si Chompu (ebenfalls an der 3067) zu erreichen. Hinter dem Tempel führt eine lange Treppe den Hügel hinauf und spaltet sich schließlich in zwei Trampelpfade; der rechte führt nach Prasat Khao Noi.

Prasat Sdok Kok Thom

Noch imposanter als obiger Tempelkomplex ist Prasat Sdok Kok Thom. Die Anlage liegt umgeben von dichtem Dschungel, jenseits des letzten Armee-Kontrollpostens und scheinbar fernab der Welt. Die Atmosphäre selber hat schon etwas für sich. Besucht man den Ort an einem feucht-heißen Monsun-Tag, sieht man eventuell Gewitterstürme über die kambodschanische Ebene hinwegfegen, und die Steine selber scheinen unter der Schwüle zu leiden und zu schwitzen. Hier kommen fast schon Visionen von „Apocalypse Now" auf.

Prasat Sdok Kok Thom stammt aus der Baphuon-Periode während der Regierungszeit von *König Udayadityavarman 2.* (11. Jh.). Ende des letzten Jahrhunderts diente die Anlage eine Zeit lang den rechts-gerichteten Rebellen der *Khmer People's National Liberation Front* (KPNLF) als Unterschlupf; erst 1990 wurden sie von der thailändischen Armee vertrieben. Zu einem Besuch von *Prinzessin Sirindhorn* wurden dann die in der Umgebung gelegten Minen beseitigt.

▷ Fischer in Chiang Khan

Heute wartet die Anlage noch auf ihre Restaurierung; diese soll aber in Vorbereitung sein. Am Osteingang steht ein recht gut erhaltener Gopuram oder Tempelturm, die Mauern aber, die den Haupt-Prang umgeben, stehen ziemlich windschief. Ansonsten sind die Mauern recht intakt. Der Haupt-Prang selber ist auf merkwürdige Art und Weise zusammengefallen.

Eine Stele, die am Tempelkomplex gefunden wurde, ist heute im National Museum in Bangkok zu sehen. Sie stammt aus dem Jahr 1052 und ist ein außerordentlich wichtiges Dokument früher kambodschanischer Geschichte. Die Stele erzählt die Geschichte der Shivakaivalya-Priester, die ab Anfang des 9. Jhs. König Jayavarman 2. dienten, dem Gründer des Khmer-Reiches. *Shivakaivalya* bedeutet etwa „vollkommen mit Shiva vereint". *Kaivalya* oder *kaivalin* („jemand, der völlige Vereinigung mit dem Höchsten erlangt hat") sind Begriffe, der oft mit hinduistischen Trance-Kulten in Zusammenhang gebracht werden.

Weiterhin wird auf der Stele über *König Jayavarma 2.* berichtet, wie er aus Java kam, König von Indrapura wurde („Stadt des Indra"; östlich von Phnom Penh), und später seine Hauptstadt nach Hariharalaya verlegte, an das Nordufer des Tonle Sap. *Hariharalaya* ist Sanskrit und bedeutet „Wohnsitz von Vishnu und Shiva". Prasat Sdok Kok Thom ist nur äußerst schwer zu finden, wer jedoch an früher kambodschanischer Geschichte oder Kultur interessiert ist, wird die Mühe sicher nicht bereuen.

Seit 2005 finden am Tempel-Komplex umfangreiche Restaurierungsarbeiten statt, die sich bis heute hinziehen.

■ **Anfahrt:** Nur mit eigenem Fahrzeug. Von Aranyaprathet fährt man über die Straße 348 nach Ta Phaya in nördliche Richtung; an Kilometer 24 links auf die 3381 abbiegen. Nach zehn Kilometern erreicht man das Dorf Baan Khok Sung. Hier gilt es links dann abzubiegen, am Dorf Baan Nong Samet vorbei, bis man den Kilometerstein 12 erreicht. Hier nun rechts abbiegen und noch etwa 2,5 Kilometer bis zum Tempel fahren.

189th at

Dort, wo die Kokospalmen wogen: Südthailand entspricht weitgehend dem tropischen Klischeebild – Palmenhaine, weiße Strände, blaues Meer und eine endlos faszinierende Inselwelt. Was will man mehr?

7 Der Süden

Chiang Mai

Udon Thani

Phitsanulok

Nakhon Ratchasima

Bangkok

Ko Chang

Golf von Thailand

Ko Samui

Surat Thani

Phuket Hat Yai

◁ Boot vor Kamala Beach, Phuket

370th rk

DER SÜDEN

E in langer, gekrümmter Zipfel, der von Zentralthailand herab bis Malaysia reicht und an beiden Seiten mit endlosen **Stränden** und zahlreichen **Trauminseln** flankiert ist – das ist der Süden Thailands, der touristisch gesehen beliebteste Landesteil. Außer seinen zahllosen Stränden bietet er aber auch vom **Dschungel** überwucherte **Gebirge,** zu Abenteuern einladende **National-parks,** sowie pittoreske **Tropenland-schaften,** bestehend aus Kokoshainen, Kautschuk- und Obstplantagen.

➡ Auf der Suche nach dem besten Urlaubsstrand der Welt – **Ko Samui** | **509**
➡ Das größte Dance Fest Südost-asiens – Die **Full Moon Party** auf **Ko Panghan** | **544**
➡ Walhai ahoy! – Ideale Tauchgründe um **Ko Tao** | **560**

NICHT VERPASSEN!

▷ Die 45 m hohe Buddastatue auf dem Nakkoerd Hill auf Phuket

Diese Tipps erkennt man an der gelben Hinterlegung.

Überblick

Wogende Reisfelder, dichte Kokos-Haine und endlose Strände. Und Strände. Und Strände. Thailands Süden muss von den Designern der Tourismus-Broschüren erfunden worden sein. Er ist wirklich paradiesisch!

Das heiße Klima und die platschnassen Monsune machen das Land unendlich fruchtbar und lassen üppige tropische Vegetation aus dem Boden schießen. Reisende sollten sich unbedingt die „Fahrpläne" des Monsuns im Süden merken – oder besser der Monsune, denn es gibt zwei: Von Mai bis September wird die Westküste begossen (Südwest-Monsun), November bis Februar ist die Ost-

küste dran (Nordost-Monsun). Dann kann es auf Ko Samui schon recht stürmisch werden, oder Songkhla stöhnt unter dem Endlos-Grau des Regenhimmels.

In dem feucht-heißen Klima des Südens gedeihen Reis, Gummibäume, Rambutans, Mangostinen, Durians, Orangen und Millionen von Kokosnüssen. Allein auf Ko Samui stehen über 3 Millionen Kokospalmen. Neben diesen landwirtschaftlichen Produkten verhelfen die Fischerei und der Mineralabbau (Eisenerz, Mangan, Eisen, Antimon u. a.) dem Süden zu einem komfortablen Wohlstand. Dieser Wohlstand und die bis in den Anfang dieses Jahrhunderts reichende geografische Isolation des Südens machen seine Bewohner zu stolzen

und freiheitsliebenden Menschen. Dem Süden geht es wirtschaftlich gut – so gut, dass zahlreiche Migranten aus dem Issaan auf Arbeitssuche dorthin abwandern – manche enden als Bargirls auf Phuket, andere als Gummizapfer in den Kautschukplantagen, wo sie billigen myanmaresischen Arbeitern Konkurrenz machen.

Die Bevölkerung des Südens ist somit ein bunter Mischmasch der unterschiedlichsten Landsmannschaften: Die wirtschaftliche Elite bilden wie überall in Thailand die Thai-Chinesen, die sich in Südthailand früher in der Nähe der Erzminen angesiedelt hatten und Städte wie Ranong und Hat Yai gründeten. Außerdem leben hier zahlreiche Moslems, vor allem auf Phuket (etwa ein Drittel der Bevölkerung), in der Region von Krabi, und in den Grenzgebieten zu Malaysia. Die moslemischen Bewohner der Grenzgebiete kommunizieren untereinander in *Yawi*, einer Variante des Malaiischen. Und nicht zu vergessen die Süd-Thais, *kon pak tai*, die sich in ihrer eigenen Version des Thais unterhalten, der *phaasaa pak tai*. Das Süd-Thai wird in Maschinengewehrschnelle herausgeschossen und kulminiert am Satzende in einem hochgezogenen Ton. Außerdem hat es teilweise einen Wortschatz, der sich von Standard-Thai unterscheidet.

In der Vergangenheit hatten kommunistische Rebellen die Dschungel des Südens zu ihrer Heimat gemacht, doch das ist längst Geschichte. Die letzten Kämpfer ergaben sich 1992 und wurden in einer Amnestie begnadigt. Dafür ist ein alter Konflikt zwischen den Religionen wieder aufgeflammt. **Auseinandersetzungen zwischen moslemischen Rebellen bzw. Terroristen und dem Thai-Militär** sind zu einem derzeit schier unlösbaren Problem herangewachsen, das seit 2003 mehr als 6000 Menschenleben in den Provinzen Yala, Pattani und Narathiwat gefordert hat. Inzwischen sind tödliche Attentate und Brandstiftung an der Tagesordnung, die Behörden geben sich hilflos, und ein Ende der Gewalttätigkeiten scheint in weiter Ferne. Besonders zur Zielscheibe geworden sind Lehrer, von denen bis Anfang 2013 etwa 170 ums Leben gekommen sind. Offenbar gefällt den moslemischen Fanatikern nicht der Thailand- und Buddhismuszentrierte Lehrplan des Landes. Auch „normale, kleine Leute" stehen wahllos auf der Abschussliste, und die Taktik der Terroristen scheint von Erfolg gekrönt: Viele Menschen, vor allem Buddhisten, wandern aus der Region ab. **Touristen wird von einem Besuch der betroffenen Gegenden abgeraten.** Glücklicherweise beschränkt sich dieser Kleinkrieg auf drei winzige Provinzen am Südrand des Landes. Andere Gebiete mit hohem Moslem-Anteil in Thailand sind völlig sicher. Vereinzelte Anschläge hat es in der benachbarten Stadt Hat Yai gegeben, die westlichen Touristen meist nur als Durchgangsstation dient.

Administrativ gesehen, beginnt Südthailand erst mit der Provinz Chumphon. Die Gebiete nördlich von Chumphon, die Provinzen Petchaburi und Prachuap Khiri Khan, gehören offiziell noch zu Zentral-Thailand, und hier wird auch noch Hoch-Thai gesprochen, wie in Bangkok. Für viele Reisende aber beginnt Südthailand nicht erst in Chumphon, sondern schon in Hua Hin, dem ersten wichtigen Strandort südlich von Bangkok, der aber administrativ zur Provinz Prachuap Khiri Khan gehört.

Hua Hin

หัวหิน

Hua Hin war Thailands erster Badeort, und als solcher verdankt er seinen Ruhm einem gewissen Prinzen Nares, einem Sohn von König Chulalongkorn. Prinz Nares war vom Strand in Hua Hin angetan, er ließ sich einen Ferienpalast am Ort bauen, und in der Folgezeit verbrachten immer wieder Mitglieder der Königsfamilie ein paar Tage in dem Badeort.

Durch den Bau der Eisenbahnlinie bis Malaysia wurde der Ort schließlich verkehrsgünstig erschlossen, und die Thai High Society wollte es ihrem Königshaus gleichtun und strömte nach Hua Hin. Prinz *Purachatra* war der Generaldirektor der staatlichen Eisenbahnlinie, und

Hua Hin 0 _____ 100 m © REISE KNOW-HOW 2013

THAI085

■ **Übernachtung**
1 Chiva-Som International
4a Hua Hin Grand Hotel & Plaza
5 Golf Inn
6 Euro Hua Hin City Hotel
7 Cha-Ba Chalet
8 Rajana Garden House
9 Café Guest House
10 Subhamitra Hotel
12 Pala-u Garden Resort
13 Baan Somboon
14 Jed Pee Nong Hotel
15 City Beach Resort
16 PP Villa G.H.
18 Hotel Sofitel Centara Grand Resort & Villa Hua Hin
19 Puangpen Villa Hotel
20 Sirin Hotel
21 Ban Boosarin Hotel
22 Fresh Inn
23 Hilton Hua Hin Resort & Spa

24 Bird Guest House
25 Mot Guest House
26 Memory G.H.
28 Phananchai Hotel
29 All Nations G.H.
30 Pattana Guest House
31 Fulay Hotel
32 Thanachote G.H.
36 Siriphetkasem Hotel

■ **Essen und Trinken**
2 Restaurant Sasi Garden Theater
3 Rua Rimtarn Restaurant
4 Restaurant La Mer

9 Euro Bakery
11 Nachtmarkt
21 La Villa Restaurant
27 All Café Shop
30 Cool Breeze Café Bar
31 Maharaja, Old Germany Restaurant
32 Thanachote Restaurant, Brasserie de Paris
33 Da Mario Restaurant
34 Fat Cat Piano Bar
35 Saeng Thai

■ **Sonstiges**
17 Motorrad-Verleih

er ließ ein mondänes Hotel im viktorianischen Stil erbauen, das berühmte **Railway Hotel** von Hua Hin. Das Hotel (gegr. 1923) ist seit ein paar Jahren komplett renoviert und nennt sich nun Hotel Sofitel Centara.

Ein Sohn des Prinzen Nares ließ sich später einen **Sommerpalast** am Strand bauen und nannte ihn *Klai Klang Won* – „fern von allen Sorgen". Der Palast steht noch immer, und zwar zwei Kilometer nördlich des Hafens. Seit 1998 ist der Palast auch der Öffentlichkeit zugänglich. Er ist täglich von 9.00–18.00 Uhr geöffnet, Eintritt 20 Baht. Besucher werden gebeten, „anständige" Kleidung zu tragen (d. h. keine kurze Hosen, freizügige Blusen etc.).

Wenn Mitglieder der königlichen Familie in Hua Hin erscheinen, so steht ihnen ein **eigener kleiner Bahnhof** zur Verfügung, ein malerisches Häuschen im thai-viktorianischen Stil, das nur ein paar Schritte neben dem eigentlichen Bahnhof liegt.

Hua Hin hat 45.000 Einwohner und ist noch immer eine recht provinziell wirkende Stadt, auch wenn an jeder Ecke Apartmentblocks aus dem Boden geschossen sind. Diese zielen zum großen Teil auf wohlhabende Bangkok-Bewohner oder investitionsfreudige *Falang* ab. Tatsächlich haben sich hier relativ viele Westler angesiedelt: Die Stadt ist möglicherweise das richtige für Leute, die sowohl einen Strand als auch Bangkoknähe brauchen und nichts mit dem dekadenten Pattaya anfangen können. Der Strand ist allerdings nicht allzu großartig, wer Phuket- oder Ko-Samui-ähnliche Szenerien erwartet, liegt daneben. Besser, man besucht Hua Hin vor diesen Orten und nicht etwa danach; ansonsten ist man wahrscheinlich enttäuscht. Außerdem wird Hua Hin derzeit von vielen gutbürgerlichen deutschen Tourgruppen überlaufen, und Traveller fühlen sich möglicherweise deplaziert. Allerdings ist das **Hua Hin Jazz Festival** (www.jazzfestivalhuahin.com), das im Juni stattfindet, für alle Musikfreunde in Thailand ein Anzugspunkt.

Ein Höhepunkt für viele Besucher ist oft der **Nachtmarkt,** der jeden Abend in der Dechanuchit Road zu brutzeln und brodeln beginnt. Wenn es dunkel wird, verwandelt sich die Straße in ein Open-Air-Schlemmerparadies mit viel Atmosphäre. Ein absolutes Muss!

Ansonsten bieten sich abends noch einige Open-Air-Bars entlang der Naretdamri Road an, wo so etwas wie ein Kneipenviertel entstanden ist. Die Kneipen sind in bester Spießbürgermanier nach Nationalitäten getrennt (es gibt deutsche, schweizerische etc.) und sicher nicht jedermanns Sache.

Acht Kilometer südlich der Stadt beginnt die Bucht Ao Takiap, benannt nach dem nahe gelegenen Khao Takiap, dem „Essstäbchen-Berg". Die Bucht erstreckt sich über eine Länge von 5 km und darin liegen die hübschen Strände **Hat Khao Takiap, Suan Son** und **Khao Tao.** Die Entwicklung schreitet auch hier voran, es sind in der Gegend etliche Kondominiums im Bau. Trotzdem bietet die Bucht sich als ruhigere Alternative zu Hua Hin an.

Unterkunft

Zuvor eine **Warnung:** Die Samlor-Fahrer verlangen eine unverschämte Kommission von den Vermietern, wenn sie

Passagiere zu den Unterkünften kutschieren. Das Geld wird logischerweise auf den Zimmerpreis aufgeschlagen. Am besten also zu Fuß von Bahnhof oder Busstation laufen; die meisten Unterkünfte sind ohnehin nur ein paar hundert Meter davon entfernt.

Einige Unterkünfte, besonders die Mittel- und Oberklasse-Hotels, heben an Wochenenden und Feiertagen die Preise an.

Guest Houses

Zahlreiche Guest Houses haben sich in den letzten Jahren an der Naretdamri und ihren Seitengassen angesiedelt, und die große Konkurrenz hält die Preise in Grenzen. Zum Strand ist es meist ein Fußmarsch von 5–10 Min.

■ Das **All Nations****** (10-10/1 Dechanunchit Rd., Tel. 032-512747) bietet seit Jahren einfache,

kleine und saubere Zimmer, auch mit A.C., und liegt über einer Kneipe.

■ Ordentliche Zimmer hat das **Bird Guest House**–*** (31/2 Naretdamri Rd., Tel. 032-511630) am Meer gelegen, allerdings kann es nachts hier recht laut sein.

■ Ganz in der Nähe bietet das **Mot (Mod) G.H.*****–***** (116 Naretdamri Rd., Tel. 032-512296), teilweise recht heruntergekommene Zimmer mit Bad, zum Teil mit A.C. Guter Blick von den besseren Zimmern auf der oberen Veranda.

■ Im nahen **Thanachote Guest House**–**** (Naretdamri Rd., Tel. 032-511393) gibt es Zimmer mit Bad und teurere mit A.C., TV und Kühlschrank. Ein großes Seafood-Restaurant direkt am Wasser ist angeschlossen.

■ Das **Pattana (Thai-Dutch) Guest House** *** (52 Naretdamri Rd., Tel. 032-513393, huahinpattana@hotmail.com) in einer Gasse, die etwas weiter nördlich von der Naretdamri Road abzweigt, hat ordentliche, aber sehr hellhörige Zimmer (Bad) in einem alten Holzhaus.

■ Das schwedische **Euro Bakery und Café Guest House**** (40/41 Soi Condo Tanawit, Amnuaysin Rd., Tel./Fax 032-530068, www.euroguesthouse huahin.com) bietet saubere A.C.-Zimmer mit Mini-Bar und TV. Ein Restaurant und eine Bäckerei sind angeschlossen.

■ Etwas weiter die Amnuaysin Road hinauf findet sich das **Cha-Ba Chalet**** (1/8 Srasong Rd., Tel. 032-521181, www.chabachalet.com), das ordentliche, wenn auch etwas abgewohnte A.C. Zimmer mit Wi-Fi für 700 Baht bietet. Dennoch nicht schlecht für Hua Hin.

■ Sehr ordentlich ist das **Fresh Inn*****–**** (132 Naretdamri Road, Tel. 032-511389), eher ein modernes Hotel als ein Guest House, mit dezenten, aber kleinen Zimmern mit Bad, TV und A.C. Frühstück im Zimmerpreis inklusive.

■ Sehr ordentlich und schön möbliert mit alten Schränken und Objekten aus Thailand ist das **Baan Somboon**** (13/4 Soi Hua Hin 63, Phetkasem Rd., Tel. 032-511538, www.baansomboon.com).

Der Süden

Von einem kleinen, gepflegten Garten umgeben. Zimmer mit TV, Kühlschrank, teilweise auch mit A.C.

■ Direkt am Wasser liegen das **Fulay Guest House** (Tel. 032-513670, www.fulayhuahin.net) und das **Fulay Hotel****** (110/1 Naretdamri Rd, Tel. 032-513145, www.fulayhuahin.com). Ersteres bietet dezent eingerichtete Zimmer mit und ohne A.C., dazu ein Thai Haus für 2000 Baht. Die Zimmer auf dem Pier direkt am Meer sind die Besten. Daneben gibt es auch noch Zimmer in einem Hotelbau, teilweise mit Balkon. Dazu Frühstück und Lunch auf der Terrasse über dem Wasser. Nicht schlecht.

Hotels

Die Hotels in Hua Hin sind oft überteuert, ein Resultat des Booms des Mittel- und Oberklasse-Tourismus am Ort. Die Hotels nahe der Phetkasem Road und der Eisenbahnlinie können zudem sehr laut sein; die Phetkasem Road ist der Highway, der Bangkok mit Malaysia verbindet und der unglücklicherweise mitten durch den Ort führt. Einige der preiswerteren Hotels finden sich westlich der Phetkasem Road, an der dem Strand abgewandten Seite der Stadt:

■ Das **Subhamitra Hotel****** (19 Amnuaysin Rd., Tel. 032-511208, 032-511487) ist ein alter Klotz aus den 1980er Jahren, hat aber saubere Zimmer. Swimmingpool und Restaurant sind angeschlossen.

■ **Siriphetkasem Hotel**–***** (7/6–8 Sra Song Rd., Tel. 032-511394); neben der Abfahrts- und Ankunftsstelle der A.C.-Busse von/nach Bangkok, ebenfalls mit Pool.

■ Das **Rajana Garden House****–******* (3/9 Sra Song Road, Tel. 032-511729, www.rajana-house.com) nebenan hat ein ähnliches Preisleistungsverhältnis – die Zimmer sind etwas größer, aber können zur Straße hinaus recht laut sein. Hinter dem Hauptgebäude steht auch noch ein Bungalow, der für 1500 Baht deutlich besser als die Zimmer ist.

■ Das **Jed Pee Nong Hotel******* („Hotel der sieben Geschwister", 17 Damnoen Kasem Road, Tel. 032-512381, www.jedpeenonghotel-huahin.com) hat saubere Zimmer mit Bad und A.C. Familiensuiten ab 1800 Baht. Ein Pool ist angeschlossen.

■ Ordentliche Zimmer mit A.C. in den benachbarten **Puangpen Villa Hotel****–******* und **PP Villa Guest House***–****** (Ecke Damnoen Kasem Rd./Soi Kasem Samphan, Tel. 032-533785), die sich einen Swimmingpool und einen Garten teilen.

■ Etwas nördlich der Innenstadt (73/5–7 Phananchai Road, Tel. 032-511707) liegt das **Phananchai Hotel*****; die relativ große Entfernung zum zentralen Geschehen wird durch die ordentlichen Zimmer mit A.C. und TV wettgemacht.

■ Das **Euro Hua Hin City Hotel****–******* (Srasong Rd., Tel. 032-513130) bietet ordentliche Zimmer mit A.C. und Internet-Anschluss.

■ Saubere und komfortable Zimmer mit A.C., TV, Kühlschrank etc. hat das **City Beach Resort******* (16 Damnoen Kasem Rd., Tel. 032-512870-5, www.citybeachhuahin.com).

■ Nahebei an derselben Straße liegt das **Sirin Hotel*****–LLL** (6/3 Damnoen Kasem Rd., Tel. 032-511150, www.sirinhuahin.com), ebenfalls mit wohnlichen Zimmern (A.C., TV, Kühlschrank), an Wochenenden teurer.

■ Etwas von der Damnoen Kasem Road in nördliche Richtung zurückversetzt liegt das saubere **Ban Boosarin Hotel****** (8/8 Phunsuk Road, Tel. 032-512076); sehr gute Zimmer mit A.C., TV, Kühlschrank und Telefon.

■ Das **Sofitel Centara Grand Resort and Villa Hua Hin**LLL (1 Damnoen Kasem Rd., Tel. 032-512021-40, www.centarahotelresort.com), das ehemalige Railway-Hotel ist ein stilvoller Bau im Kolonialstil, und wer es sich leisten kann, wird den Aufenthalt hier nicht bereuen. Die Zimmer im kolonialen Flügel kosten 4800 Baht, im neueren Flügel wird's noch teurer. Mit Wi-Fi-Anschluss. Schlüsselszenen des bekannten Hollywood-Films „The Killing Fields" wurden hier gedreht, in der das Hotel die französische Botschaft in Phnom Penh „spielte" Das Sofitel hat vier Pools in einer großen Gartenanlage, die bis an den Strand reicht.

■ Das bombastische **Hilton Hua Hin Resort and Spa**^{LLL} (Naretdamri Rd., Tel. 032-538999, www.hua-hin.hilton.com) hat jeden Fünf-Sterne-Luxus.

■ Etwas südlich der Innenstadt befindet sich das ebenso monumentale **Hua Hin Grand Hotel & Plaza*****–LLL** (222/2 Phetkasem Rd., Tel. 032-513230-4, www.huahingrand.co.th), mit großen und sauberen, aber etwas nüchtern eingerichteten Zimmern (A.C., TV, Kühlschrank etc.). Ein Buffet-Frühstück ist inklusive. Wer übers Internet bucht, spart 40 %.

■ Das **Chiva-Som International**^{LLL} (74/4 Phetkasem Rd., Tel. 032-536536, 02-7116900-12; www.chivasom.com) ist ein Luxushotel samt Jungbrunnen – die Gäste können sich hier mit Gesundheitskost, Aerobics, Unterwasser-Massagen, Schlammbädern, Hydrotherapie und vielen anderen westlichen oder östlichen Regenerations-Techniken wieder fit machen lassen. Inklusive Unterkunft in superluxuriösen Zimmern oder Bungalows kostet der ganze Spaß 500 US$/Tag (Einzelzimmer) oder 650 US$ (Doppelzimmer). Zu allen Zimmern ist 24 Std. lang ein privater Butler abkommandiert. Es müssen mindestens drei Tage gebucht werden. Im Jahr 2000 wurde das Chiva-Som vom Magazin *Conde Naste Traveller* zum „Besten Gesundheits-Resort der Welt" gekürt. Das Haus bot schon einer Vielzahl von illustren Gästen Obdach, von Mitgliedern der britischen Königsfamilie über *Howard Carpendale* bis hin zu *David Beckham,* um nur einige zu nennen.

Essen

Hua Hin ist unter den Thais für sein **Seafood** berühmt, ebenso für Gemüse wie **Spargel** und die besonders köstlichen und preiswerten **Ananas,** die in der Nähe geerntet werden. Außerdem hat Hua Hin wohl die größte Dichte von Pizzerien in Thailand – es findet sich alle paar Meter eine.

■ Am **Nachtmarkt** an der Dechanuchit Road reihen sich ein paar alte Holzhäusern aneinander, die allesamt gutes Seafood bieten. Hummer, Krabben und Fische können von Gästen selbst ausgewählt werden. Empfehlenswert sind das **Rod Fai,** das **Bird Chili** und das **Hua Hin Seafood.**

■ Das **Saeng Thai** am Fischer-Pier am Ostende der Chomsin Road ist das bekannteste Seafood-Restaurant am Ort, viele Thais schwören darauf. Die Preise sind nicht niedrig, ab ca. 500 Baht für 2 Personen.

■ Direkt gegenüber gelegen ist das italienische **Da Mario,** das Pizzas für 300 Baht sowie Pasta und Salate bietet.

■ Das **La Villa,** ein paar Meter nördlich des Ban Boosarin Hotels gelegen, kredenzt ausgezeichnete Pizzen, Lasagne und Spaghetti.

■ Die **Cool Breeze Café Bar** (62 Naretdamri Rd., Tel. 032-531062, www.coolbreezecafebar.com) ist bis spät abends offen und serviert ausgezeichnete Meersfrüchte sowie Fleischgerichte, Salate und Humus. Die Speisekarte ist auch auf der Website einzusehen. Happy Hour von 11.00 bis 19.00 Uhr.

■ Das **Maharaja** (25 Naretdamri Road) macht ganz passables indisches Essen; zumindest kommen hier Vegetarier auf ihre Kosten, denn wie in allen indischen Restaurants gibt es zahlreiche fleischlose Gerichte. Das Restaurant liefert auch in ganz Hua Hin bis 23.00 Uhr (Tel. 032-531122).

■ Direkt nebenan bietet das **Old Germany** deutsche Kosten und österreichische Spezialitäten. Bundesliga auf großem Bildschirm am Wochenende.

■ Die **Brasserie de Paris** an der Nordseite der Naretdamri Rd., unweit des Pattana Guest Houses und mit Blick aufs Meer, wartet mit gehobener französischer Küche auf, kredenzt von einem französischen Chefkoch.

■ Gegenüber serviert die **Fat Cat Piano Bar** gutes europäischen Frühstück. Außerdem spielt der dänische Besitzer gelegentlich abends Kontrabass, wobei er von einer kleinen Band begleitet wird. Ein Guest House **–**** (8/3 Naretdamri Rd., Tel. 086-2062455) ist angeschlossen.

Der Süden

■ Das **Sasi Garden Theatre** (83/159 Nhongkae, Tel. 032-512488, www.sasi-restaurant.com) bietet Mo, Mi und Sa eine traditionelle Musik- und Tanz-Show von 19.00 bis 21.00 Uhr. Das Essen mit Vorführung kostet 750 Baht (Kinder 600 Baht). Da das Sasi Theater einige Kilometer südlich von Hua Hin liegt, bietet der Veranstalter bei Vorbuchung einen kostenlosen Abholdienst von Hua Hin an.

■ Gegenüber vom All Nations Guest House an der Dechanuchit Road befindet sich der **All Café Shop.** Hier gibt es Kaffee und Kuchen sowie einen Internet-Zugang.

■ Acht Kilometer südlich von Hua Hin über dem Strand Ao Takiap befindet sich das **Rua Rimtarn Restaurant,** das wie ein Schiff aussieht. Gutes Seafood zu ordentlichen Preisen und ein schöner Blick über das Fischerdorf.

■ Etwas höher, auf Khao Takiap, dem sogenannten Chopstick Mountain, befindet sich **La Mer,** das frisches Seafood mit Blick über die Bucht serviert. Das Restaurant ist am besten per Taxi oder Songthaew zu erreichen.

Golf

In der Gegend um Hua Hin liegen einige gute Golfplätze (www.golfhuahin.com). Hier eine Auswahl:

■ **Royal Hua Hin Golf Course,** Hua Hin, Tel. 032-512475
■ **Majestic Creek Country Club and Beach Resort,** 164 Moo 4 Tubtai, Hua Hin, Tel. 032-520162
■ **Milford Golf Club** (ehemals: Hua Hin Seoul Country Club), 174 Moo 1, Petchakasem Road, Paknam Pran, Pran Buri, Tel. 032-572441

Adressen

■ Die **TAT (Tourism Authority of Thailand)** hat ein neues und freundliches Büro (Tel. 032-513885, www.tourismthailand.org/prachuapkhirikhan) an der Phetkasem Road, das die üblichen Broschüren und Informationen über Hua Hin bereithält. Die Angestellten sprechen Englisch und sind gut informiert.

■ An der Damnoen Kasem Road/Ecke Phetkasem Road liegt das **Postamt** (Tel. 032-511350).

■ Das **Bookazine** (122 Naresdamri Road) führt ein Sortiment an englischsprachigen Bestsellern, Magazinen und Zeitungen.

■ Auf der anderen Straßenseite der Damnoen Kasem Road ist das **Polizeirevier** (Tel. 032-511027).

■ Das **San Paolo Hospital** liegt im Süden der Stadt an der Phetkasem Road (Tel. 032-532 576).

■ Ein weiteres **Krankenhaus** ist das Hua Hin Hospital, ebenfalls Phetkasem Road (Tel. 032-520401).

■ Ein **Tourist Information Service Center** befindet sich im Erdgeschoss des Gebäudes der Stadtverwaltung an der Ecke Phetkasem Rd./Damnoen Kasem Rd. (Tel. 032-511047, 032-515995). Hier wird umfangreiches Informationsmaterial zu Hotels und Sehenswürdigkeiten in und um Hua Hin großzügig ausgehändigt. Geöffnet täglich 8.30–16.30 Uhr.

Anreise

■ **Busse** ab Bangkok Southern Bus Terminal zu 175 Baht. Abfahrt alle halbe Stunde oder weniger, Fahrzeit ca. 3½ Std. Außerdem gibt es Busverbindungen u. a. ab Cha-Am (Fahrzeit 40 Min.), Chumphon (3–4 Std.), Krabi (9 Std.), Phuket (9 Std.), Prachuap Khiri Khan (2 Std.) und Surat Thani (7 Std.).

■ **Züge** ab Bangkoks Huamlamphong Station fahren 12-mal am Tag ab 8.05 Uhr. Fahrzeit ca. 3 Stunden. Preis in der 3. Kl. 234 Baht, in der 2. Kl. 292 Baht, mit A.C. 382 Baht, in der 2. Kl. Sleeper mit A.C. obere/untere Schlafkoje 522/622 Baht, in der 1. Kl. 922 Baht.

■ Ein **Taxi vom Flughafen in Bangkok** nach Hua Hin kostet ca. 10.000 Baht.

Weiterreise

● Die meisten **Busse** fahren ab der Busstation an der Liap Thiang Rot-Fai Road im Nordosten der Stadtmitte. A.C.-Busse nach Bangkok fahren ab einem Haltepunkt an der Sasong Road. Busse nach Petchaburi (42 Baht) und Cha-Am (32 Baht) fahren ab einem Haltepunkt an der Kreuzung Phetkasem Road/Chomsin Road. Busse und Songthaews nach Ao Takiap fahren von der Ecke Dechanuchit Road/Sasong Road. Von hier fahren auch Busse nach Bangkok.

● **Züge** zurück nach Bangkok fahren ebenfalls 12-mal am Tag, allerdings meist nachts. Die besten Verbindungen sind um 14.10, 16.01 und 0.13 Uhr.

● **Taxis zum Flughafen** Hua Hin kosten um die 150 Baht.

● **Selbstfahrer** finden an der Damnoen Kasem Road einige Unternehmen, die Fahrräder (150 Baht/Tag) und Motorräder (ab 200 Baht/Tag) ausleihen; dazu gibt es eines mit Jeeps der Marke Caribien (ab 800 Baht/Tag, handeln!). Ansonsten bietet sich Avis an, mit Dependancen im Sofitel Hotel (Tel. 032-512021) und dem Hua Hin Hilton (Tel. 032-512888).

Umgebung von Hua Hin

Pak Nam Pran (Pran Buri)

23 Kilometer südlich von Hua Hin befindet sich der **Strandabschnitt Pak Nam Pran.** Das nächste Städtchen ist Pranburi, wohin Busse von Hua Hin fahren. Der Strand, der sich südlich von Pak Nam Pran erstreckt, wird schon seit Jahren von Thais besucht und sieht, auch aufgrund der durchgehend recht teuren Unterkünfte, nur wenige Touristen. Verglichen mit Stränden auf Ko Samui oder Phuket ist dieser Abschnitt der Ostküste Thailands nichts Besonderes. Allerdings

gibt es eine gute Auswahl von Resorts der gehobenen Mittelklasse und es ist ein guter Ausgangspunkt für Ausflüge in den nahegelegenen **Khao Sam Roi Yot Nationalpark.** Bis auf die Resorts und ein paar Restaurants ist hier nichts los und wer die absolute Ruhe sucht, wird sich in Pak Nam Pram wohlfühlen.

Unterkunft

● Etwa zwei Kilometer vom Strand entfernt liegt das **Tuangsook Lake Hills******** (Tel. 032-631281, http://tuangsookresort.thport.com). Die hellen und mit Bambusmöbeln ausgestatteten Bungalows haben allesamt A.C., TV und Mini-Bar sowie eine Freiluftdusche (und auch ein Badezimmer!) und stehen in einem gepflegten Garten mit Swimmingpool. Neben dem Resort befindet sich ein Teich, für den man Kajaks mieten kann. Fahrräder stehen Gästen zur Verfügung, sodass der Strand nur ein paar Minuten entfernt ist. Das Restaurant bietet gute thailändische Küche, natürlich auch viel Seafood.

● Das wunderbar moderne **Aleenta Resort**LLL (Tel. 02-5148112, www.aleenta.com) bietet elegante runde Steinbungalows, größere Villen und Boutique-Appartements direkt am Strand. Manche der Bungalows und Häuser haben einen privaten Pool. Alle Zimmer sind hell und bieten neben A.C. und mit Natursteinen ausgekleideten Badezimmern auch einen iPod mit großer Musikauswahl, Wi-Fi und Mini-Bar. Eine Penthouse Suite mit großartigem Blick gibt es auch. Freilich ist der feine Spaß nicht billig – Zimmer ab 7000 Baht.

● Das preiswertere **Tanao Sri Resort**LLL (Tel. 032-570295-8, www.tanaosriresort.com) ist im klassisch tropischem Resortstil angelegt. Kleine Pavillons, durch Holzstege verbunden, liegen in Strandnähe in einem tropischen Garten mit Swimmingpool. Die Zimmer haben allesamt A.C., TV, Mini-Bar und große Betten. Ab 3200 Baht.

An- und Weiterreise

◼ Pak Nam Pran ist am besten **mit eigenem Fahrzeug** zu erreichen. Ansonsten fahren regelmäßig Busse von Hua Hin nach Pranburi (30 Min.), von wo man entweder einen Songthaew anmieten kann, um an den Strand zu gelangen, oder, wenn man vorgebucht hat, am besten sein Resort anruft, um abgeholt zu werden.

Nationalpark Khao Sam Roi Yot

Der Name *Khao Sam Roi Yot* bedeutet übersetzt „die Berge der 300 Gipfel" und ist ein relativ zugängliches Gebiet von 130 km2 Fläche zwischen Hua Hin und Prachuap Khiri Khan. **Bizarre Kalksteinformationen** stellen die „300 Gipfel" dar. Das Gelände ist der Lebensraum für die asiatische Bergziege, Wildschweine, Affen, Leoparden, Civet-Katzen, Otter, Gürteltiere und etwa 300 Arten von Zugvogel- oder am Orte ansässigen Vogelarten, dazu zahlreiche Wasservögel. Vor der Küste werden oft Delfine gesichtet, und Delfin-Beobachtungs-Trips können organisiert werden (s. u. Dolphin Bay Resort).

Im Bereich des Parks, der nicht gebirgig ist, haben sich sage und schreibe 160 **Garnelen-Farmen** angesiedelt – und das, obwohl diese in einem Nationalpark natürlich nichts zu suchen haben. Die Farmen haben die Ökologie des Parks weitgehend zerstört. Es ist kein Geheimnis, dass sich Leute mit Geld in Thailand das Gesetz nach Belieben gefügig machen können. 1999 wurde ein Verbot erlassen, nach dem alle Garnelen-Farmen, die nicht unmittelbar am Meer liegen, zu schließen haben. Die Besitzer der Farmen protestierten dagegen, doch die Regierung ließ verlauten, hart bleiben zu wollen. Was weiter werden wird, bleibt abzuwarten.

Abgesehen davon bietet der Park eine faszinierende Felslandschaft. Diese wird von einigen Höhlen durchzogen, so der **Tham Phraya Nakhon,** die gerne von König *Chulalongkorn* aufgesucht wurde. Ihm zu Ehren wurde im Jahre 1890 in der Höhle eine *sala,* ein hölzerner Pavillon angelegt. Die Höhle befindet sich ca. 15 km vom Parkhauptquartier und kann zu Fuß vom Strand Hat Laem Sala erreicht werden. Der Weg ist sehr steil und felsig und dauert ½ Std. Hat Laem Sala ist per Boot ab dem kleinen Fischerort Bang Phu zu erreichen; Kostenpunkt 400 Baht retour. Nach Bang Phu fahren Songthaews vom Markt in Pranburi (300 Baht).

Am Strand von Sala Laem befinden sich ein Visitor Centre sowie einige Bungalow-Anlagen und Restaurants. Ein weiterer Strand, der Hat Sam Phraya, liegt 5 km weiter südlich, das Parkhauptquartier 6 km weiter südlich nahe dem Dorf Khao Daeng.

Eine weitere Höhle ist **Tham Kaew,** die „Diamantenhöhle," ca. 2 km von der Abzweigung nach Bang Phu entfernt. Diese besteht aus mehreren, durch schmale Durchlässe verbundene Kammern, angefüllt mit Stalaktiten. Einige davon sind mit Kristallformationen bedeckt und haben einen diamantartigen Glanz; daher der Name der Höhle. Der Boden ist sehr schlüpfrig und festes Schuhwerk sowie Kleidung, die ruhig schmutzig werden darf, ist anzuraten. Lampen können ausgeliehen werden.

Die Kalksteinhöhle **Tham Sai** ist eine 20-minütige Wanderung von dem Dorf Khun Thanot entfernt. Sie besteht aus einer einzigen großen Kammer und ist angefüllt mit Stalagmiten und Stalaktiten. Lampen können ausgeliehen werden. Viele Reiseunternehmen in Hua Hin bieten Tagesausflüge in den Park, die auch zu den Höhlen führen (ca. 1000 Baht/Pers.).

Der **Eintritt** in den Park kostet für Nicht-Thais 400 Baht.

Information

In der **Touristeninformation** in Cha-Am gibt es Karten zum Park.

Unterkunft

■ Die **Unterkünfte der Parkverwaltung** finden sich in Hat Laem Sala und nahe dem Parkhauptquartier. Zur Verfügung stehen Bungalows****–*****, die Platz für 5–9 Personen bieten. Die kleinsten Bungalows kosten 1200 Baht. Zweipersonenzelte sind für 120 Baht erhältlich, und für 20 Baht/Pers. kann man nahe dem Hauptquartier sein eigenes Zelt aufstellen (Tel. 032-619078, Fax 032-619078, reserve@dnp.go.th).

■ Am Strand Hat Phu Noi, etwas außerhalb des Parks, steht das **Dolphin Bay Resort** ****–LLLL (227 Moo 4, Sam Roi Yot, Tel. 032-559333, www.dolphinbayresort.com), mit Bungalows mit Bad, A.C. und TV. In den Preisen ist das Frühstück eingeschlossen. Ein Swimmingpool ist vorhanden sowie ein Restaurant mit thailändischer, chinesischer, westlicher und vegetarischer Küche. Angeboten werden unterschiedliche Touren in den Park, Schnorchelausflüge und Dolphin-Watching sowie Kajaktouren und Windsurfing. Bei Buchung von mind. fünf Tagen wird man kostenlos in Pranburi (ca. 20 km) abgeholt.

■ Nahebei, etwas zurückversetzt vom Strand, liegt das **Long Beach Inn*****–LLL** (223/4 Moo 4, Sam Roi Yot National Park, Tel. 032-559068, 081-3716974, www.longbeach-thailand.com). Das Haus, geleitet von einem Holländer und seiner Thai-Frau, hat Swimmingpool und Internetanschluss. Die ordentlichen Zimmer sind mit A.C., Kühlschrank und TV ausgestattet und ausschließlich für Nichtraucher gedacht. Eine Jacuzzi-Spa-Suite wird ebenfalls angeboten. Frühstück ist im Preis (1500 Baht) inbegriffen. Bei Buchung wird man kostenlos in Pranburi abgeholt. Der Besitzer spricht Deutsch.

Anreise

■ Am günstigsten mit eigenem Fahrzeug. Ansonsten nehme man ab Hua Hin einen **Bus oder Zug nach Pranburi** (ca. 20 km). Von dort geht's per Songthaew weiter nach Bang Phu (40 km/100 Baht oder 300–400 Baht für die ganze Songthaew). In Pranburi lassen sich auch Songthaews oder Motorrad-Taxis für die Fahrt zum Park anheuern. Songthaews zum Park kosten ca. 700–800 Baht.

Prachuap Khiri Khan

ประจวบคีรีขันธ์

Prachuap Khiri Khan ist ein kleiner, ruhiger Küstenort, gelegen an einer von Felsklippen umgebenen attraktiven Bucht. Die Bucht selber wimmelt von Fischerbooten, der Strand und das Wasser sind leider unangenehm verschmutzt. Die einzige Sehenswürdigkeit ist der Ausblick vom Khao Chongkrajok, dem „Spiegelberg", auf dem sich ein kleiner Tempel befindet. An der Südseite (die Seite zur Stadt hin) führt eine 415 Stufen

0 ▬ 100 m © REISE KNOW-HOW 2013

THAI086

Bangkok,
Hua Hin

Khao Chongkrajok
(Mirror Mountain)

Suan
Saranrom
(Park)

Busse nach
Chumphon

Busse nach
Hua Hin

Bahnhof

Polizei   Kong-Kiat Road   Bootspier

A.C.-Busse
nach Bangkok,
Huan Hin, Cha-Am

Su Suek Road

Chai Thale Road

Chumphon,
Surat Thani

Bucht
von
Bangkok

Übernachtung
1 Golden Beach Hotel,
  Happy Inn G.H.
3 Yutichai Hotel
4 Suksant Hotel
6 Had Thong Hotel
8 Sun Beach G.H.
9 Ban Rim Thale
10 Tana Cabana

Essen und Trinken
1 Rabrom Seafood
  Restaurant,
  Bang Nang Rom
  Chomtak Restaurant
2 Essensstände
5 Phloen Samut
  Restaurant
7 Lob Mum Restaurant

zählende Treppe den Berg hinauf. Man achte auf die aggressiven Affen, die sich hier tummeln.

7 km südlich von Prachuap, in der Nähe von Klong Wan, befindet sich das **Waghor Aquarium.** Besuchern werden diverse maritime Ökosysteme nähergebracht. Durch das größte Aquarium, in dem auch ein paar Haie herumschwimmen, führt ein Tunnel. Täglich von 9.00–16.00 Uhr geöffnet. Eintritt frei.

Information

Die Stadtverwaltung (Tel. 032-611491) betreibt ein kleines, aber hilfreiches **Informationsbüro** in der Innenstadt an der Thanon Sarachip (im Straßenblock zwischen Thanon Kong Kiat und Thanon Thetsaban Bamrung). Man informiert über die Attraktionen der Provinz Prachuap Khiri Khan.

Unterkunft

■ Das **Yutichai Hotel****–*** (115 Kong Kiat Rd., Tel. 032-611055) ist in einem alten Haus untergebracht. Einfache, aber saubere Zimmer mit TV und Bad.

■ Das **Suksant Hotel***** (11 Su Suek Rd., Tel. 032-611145) hat einfache Zimmer in einem großen, etwas verwahrlosten Betongebäude. Mit Blick aufs Meer.

■ Das **Had Thong Hotel******–***** (21 Su Suek Rd., Tel. 032-601050, www.hadthong.com), an der Bucht gelegen, ist die beste Unterkunft in der Stadt, es gibt Zimmer mit Aussicht auf den Spiegelberg und solche mit Aussicht aufs Meer. Ein Swimmingpool ist angeschlossen.

■ Das **Golden Beach Hotel*****–**** (113 Suan Son Rd., Tel. 032-601626,www.goldenbeachprachuap.com), an der Uferstraße nördlich des Khao Chonkrajok, bietet kleine aber saubere Zimmer mit Bad und A.C., die teureren mit Blick auf die Bucht.

7

■ Gleich nebenan ist das **Happy Inn Guesthouse*** **** (Tel. 032-602082). Kleine ordentliche Betonbungalows.

■ Das **Sun Beach Guest House*** ***** (160 Chai Thale Rd., Tel. 032-604770, www.sunbeach-guesthouse.com) ist knallig gelb angestrichen und daher kaum zu verpassen. Das Sun Beach findet sich südlich der Stadt, sehr ruhig gelegen und hat einen Pool. Die Zimmer mit Balkon bieten gute Blicke auf die Bucht vor Prachuap.

■ **Ban Rim Thale*** ****–***** (Tel. 032-661734, www.baanrimtalaeresort.com) am Strand von Klong Wan, 8 km südlich von Prachuap, hat saubere Bungalows mit Bad, TV und Wi-Fi, teilweise auch mit A.C. Ohne eigenes Fahrzeug könnte es hier jedoch ein wenig problematisch werden. Anfahrt per Motorradtaxi ca. 60 Baht.

■ Gleich nebenan ist das **Tana Cabana*** ****–***** (Tel. 032-661915, www.tana-cabana.com), das kleinere und größere neue Bungalows mit A.C. und TV bietet.

Essen

■ Prachuap ist bekannt für seine Meeresfrüchte, und ein sehr gutes Seafood-Restaurant, das **Phloen Samut,** befindet sich etwas südlich des Piers an der Uferstraße (Chai Thale Rd.).

■ An der Uferstraße nördlich des Khao Chongkrajok ist das **Rabrom Seafood Restaurant** zu finden, das auch jede Menge Meeresfrüchte auf der Speisekarte hat. Abends werden Tische direkt am Strand aufgestellt.

■ Ebenfalls an dieser Straße liegt das **Bang Nang Rom Chomtak Restaurant,** das vietnamesische Gerichte bietet. Das Schild ist leider nicht auf Englisch, aber vor dem Restaurant liegt ein kleines rotes Fischerboot. Jeweils leicht gehobene Preislage, ein volles Essen für 2 Pers. kostet ca. 250–500 Baht.

■ Das **Lob Mum** (60 Moo 1 Khlong Wan), direkt im Fischerdorf, serviert Meersfrüchte, teilweise scharf gewürzt und sehr authentisch. Der Somtam mit dem Herzen der Kokusnuss ist sehr zu empfehlen.

139th at

137th at

■ Ansonsten bieten sich zahlreiche **Essensstände** an, so an der Kong Kiat Rd. oder nahe dem Pier.

Anreise

■ **Busse** ab Bangkok Southern Bus Terminal fahren tagsüber fast jede Std.; A.C.-Busse der 2. Kl. zu 195 Baht, der 1. Kl. zu 235 Baht.

■ **Züge** ab Bangkoks Hualamphong Station fahren 9-mal am Tag ab 8.05 Uhr, Fahrzeit ca. 4 Std., 325/425 Baht, 2. Kl. A.C.

Weiterreise

■ **Busse** ab den verschiedenen Haltepunkten in Prachuap (siehe Karte) fahren unter anderem nach Cha-Am (2 Std.), Chumphon (2–3 Std.), Hua Hin (1½ Std.) und Petchaburi (3 Std.). Busse nach Hat Yai, Krabi Phuket, Trang und zu anderen Orten im Süden passieren den Highway, der an Prachuap vorbeiführt. Die Busse können dort bestiegen werden. Motorradtaxis von Prachuap-Mitte zum Highway (2 km) kosten ca. 30 Baht.

■ **Züge** zurück nach Bangkok fahren 9-mal am Tag ab 4.17 Uhr.

⌃ Am Strand von Prachuap Khiri Khan

⟨ Im Waghor „Tunnelaquarium" südlich von Prachuap Khiri Khan

Ban Krud

บ้านกรูด

Die Bucht bei der kleinen Ortschaft Ban Krud (auch Ban Krut geschrieben), gelegen in der Provinz Prachuap Khiri Khan, ist vielleicht der **Strand-Tipp** Thailands. Die Bucht direkt südlich des Ortskerns von Ban Krud ist ca. 20 km lang und wird über die meiste Strecke von einem strahlend weißen, und häufig auch sehr breiten Strand gesäumt. Nur im südlichen Bereich ist das Hinterland nicht so ansehnlich. Nördlich von Ban Krud zieht sich ein weiterer ausgezeichneter Strand in die Länge, und insgesamt ist dies die wohl eine der schönsten Strandregionen Thailands.

Bisher finden sich nur einige wenige einheimische Besucher ein, Ausländer sind noch eine Rarität. Der Strand, mit dichten Palmenhainen im Hinterland, ist jedoch zu schön, um lange vernachlässigt zu werden, und hier wird sich bestimmt noch einiges tun. Bisher hat jeder Besucher aber noch einige hundert Meter Strand für sich allein. Die **Bademöglichkeiten** sind sehr gut, und nach Aussagen eines passionierten Tauchers ist das Wasser hier besonders „weich", was auf den aus Meeresboden sprudelnden Mineralwasserquellen beruhen soll.

An ihrem Nordende wird die Bucht von einem erhöhten Felsen eingefasst, auf dem sich ein Tempel befindet, **Wat Thang Sai.** Sein Hauptmerkmal ist ein großer goldener Buddha, der bei der Anfahrt aus Richtung Süden schon von weitem sichtbar ist. Die 13,82 m hohe Statue wurde im Jahre 1992 zum 60. Geburtstag von Königin *Sirikit* eingeweiht. Der

Buddha heißt offiziell *Phra Buddha Kitti Sirichai,* was eine Art erlauchter Titel und zugleich Wortspielerei mit dem Namen der Königin ist. Vom Tempel aus ergibt sich ein grandioser Ausblick auf die gesamte Bucht.

In den Jahren 1998 bis 2000 wurde nahe dem Buddha eine großartige Tempelanlage hinzugebaut, eine der imposantesten Thailands. Der **Tempel Phra Mahachedi Prabhat** sollte den 72. Geburtstag von *König Bhumipol* am 5.12.1999 markieren. Deshalb wurde der Entwurf für das Bauwerk vom königlichen Hofarchitekten vorgelegt. Der 72. Geburtstag gilt als besonders wichtig (6 mal 12 „Lebenszyklen"). Der Tempel ist in neun Stufen angelegt und wird von einem zentralen, quadratischen Chedi überragt, in dem Relikte des Buddha aufbewahrt sind.

Nördlich des Tempels erstreckt sich der sehr hübsche Strand **Hat Sai Gaew (Kaew),** der ebenfalls noch zum Ortsbereich Ban Krud gehört.

Am Südende der Bucht von Ban Krud findet sich das recht unansehnliche Dorf **Bor Thong Lang** (eine einzige Unterkunft), in dessen Nähe sich eine weitere kleine Bucht erstreckt. Diese bietet einen sehr schönen weißen Badestrand, der an Wochenenden und Feiertagen von vielen Thais aufgesucht wird. Die vorgelagerten Inseln **Koh Thalu** und **Koh Sing** bieten ordentliche Korallenriffe, und manche der beschriebenen Resorts organisieren Schnorcheltouren.

Unterkunft

■ Superkomfortable Bungalows und Häuser mit bis zu 4 Zimmern und Balkon, bietet das **Suan**

Der Süden

Bankrut Beach Resort*****–ᴸᴸᴸ (Tel. 032-695 217, BKK 02-9604830-1, Fax 02-9604832, www.su anbankrut.com). Alle Zimmer haben A.C., TV und Kühlschrank. Die Preise beginnen offiziell bei 1800 Baht; diese Bungalows sind durchaus ihren hohen Preis wert. Die Häuser mit 4 Zimmern kosten ca. 8000 Baht und können bis zu 8 Personen aufnehmen. Bei längeren Aufenthalten gibt es oft Ermäßigungen. Das Resort organisiert Halbtages-Trips zum Schnorcheln um die Insel Koh Thalu (450 Baht pro Person mit Lunch).

■ Etwas weiter südlich bietet sich die gepflegte Anlage des **Bayview Beach Resort******–ᴸᴸᴸ an (Tel. 032-695566-7, www.bayviewbeachresort. com). Die Preise der Bungalows (Bad, A.C., TV, Kühlschrank) erhöhen sich drastisch an Wochenenden oder Feiertagen. Ein Swimmingpool ist vorhanden. Gut für Familien geeignet.

■ Recht neu und etwas unwirklich, aber durchaus attraktiv wirkend ist das **Baan Montra**ᴸᴸᴸ (Tel. 032-695294, www.baanmontrabeachresort.com). Zwischen zwei Pools direkt am Strand befindet sich eine Reihe dezenter Steinbungalows im mediterranen und marokkanischen Stil – sprich: große islamisch angehauchte Torbögen, zuckerguss-weiße Dächer und Wände, die an Nordafrika erinnern – in einem tropisch-balinesischen Garten. Die Bungalows sind luxuriös und haben eigene Dachterrassen. Die Badezimmer haben Duschen unter freiem Himmel. Freundlich und trotz des Luxusambientes unprätentiös.

■ Das **Bann Krut International Youth Hostel,** von Thais *Nana Chart* genannt ***–ᴸᴸᴸ nördlich von Wat Thang Sai ist für eine „Jugendherberge" eine wahre Luxusunterkunft (Tel. 032-619103, www. thailandbeach.com). Das Haus ist von einem netten Garten mit Swimmingpool und Jacuzzi umgeben. Es gibt einfache Bungalows mit Open-Air-Bad, dazu teurere mit Bad innen, A.C., TV und Kühlschrank. Für 300 Baht gibt es ein Bett in sauberen 4–5-Zimmer-Schlafsälen. Eine Strandvilla kann ab 2600 Baht angemietet werden (4 Personen). In den Preisen ist das Frühstück inbegriffen, das Bettzeug

muss jedoch für einen kleinen Aufpreis geliehen werden. Behinderte Reisende sind ausdrücklich willkommen.

■ Das relative neue **Baan Grood Arcadia** ****–ᴸᴸᴸ (Tel. 032-695101, www.bgaresort.com) ist eine große Anlage an einem sauberen Strandabschnitt. Luxuriöse, große Boutique-Bungalows mit großartigem Holzdekor im südthailändischen Stil reihen sich um einen Pool (mit Jacuzzi), während in einem Hauptgebäude ebenfalls schöne, aber weniger stilvolle Zimmer mit Holzböden zu mieten sind. Ein Restaurant ist angeschlossen.

■ Mit das beste Resort in Ban Krut ist wohl das neue **Rachavadee Bankrut Resort** *****–ᴸᴸᴸ (Tel. 032-671063, Fax 032-671756, www.rachavadee.com). Ein hoch-modernes Restaurant, große solide Bungalows, ein schöner und sehr gepflegter Strandabschnitt und vernünftige Preise machen dieses Resort zu einer sehr attraktiven Wohnmöglichkeit. Einige Bungalows haben private Swimmingpools oder Jacuzzis. Das Wasser des Resorts wird per Solarzelle erwärmt. Unter der Woche sind die Zimmer deutlich billiger als am Wochenende.

■ Auch nicht schlecht ist das traditionellere **Baan Klang Aow Beach Resort*******–ᴸᴸᴸ (Tel. 032-695086, www.baanklangaow.net), das zwei Swimmingpools, Fahrrad- und Kajakverleih bietet.

■ Etwas teurer ist das **Tharnvara Beach Resort**ᴸᴸᴸ (Tel./Fax 02-7425883, www.tharnvara. com). Ebenfalls mit Pool und gepflegten Zimmern, Bungalows und Villen, alle mit A.C., TV, Kühlschrank etc.

Anreise

■ **Züge ab der Hualamphong Station** fahren um 8.05, 15.35, 17.35, 18.20, 19.30 und 22.50 Uhr, 445 Baht, 2. Kl. A.C. Da die Fahrzeit ca. 7 Std. beträgt, empfiehlt sich ein Morgenzug. Aussteigen in Ban Krud oder, falls man am Hat Sai Kaew zu wohnen gedenkt, in Thap Sakae; von dort geht es jeweils per Motorrad-Taxi weiter bis zur Unterkunft.

■ Einige **Busse** fahren von Prachuap Khiri Khan nach Thap Sakae, wo wiederum Motorrad-Taxis warten. Ab Bangkoks Southern Bus Terminal fahren zwischen 7.30 und 24.00 Uhr ein Dutzend Busse in Richtung Bang Saphan. Bei Ban Krut aussteigen und von dort per Motorradtaxi weiter zum Strand.

■ Am günstigsten ist die Anfahrt per **Leihfahrzeug,** zumal es auch um die örtlichen Verkehrsmittel sehr spärlich bestellt ist. Auch vor Ort kann man Jeeps und Autos (ab 1200 Baht), sowie Motorräder (ab 200 Baht) mieten.

Bang Saphan
บางสะพาน

Die palmengesäumte Bucht von Bang Saphan, südlich der Bucht von Ban Krud, ist ein beliebtes Ausflugsziel für Thais. Es finden sich hier zahlreiche schöne Strandabschnitte, und erstaunlicherweise sieht man kaum jemals westliche Touristen – ein kleiner **Geheimtipp** und keine schlechte Alternative zu den überlaufenen Stränden auf Ko Samui, besonders für Langzeitreisende. Im Süden geht der Strand nahtlos in den Hat Bo Kaew über. **Bang Saphan Yai** heißt der Strand nördlich des kleinen Dorfes Bang Saphan, während der Strand südlich **Bang Saphan Noi** heißt. Unter der Woche ist es sehr ruhig, am Wochenende aber kommen Busse mit thailändischen Urlaubern, und mit dem Frienden ist es dahin.

Unterkunft

Die Auswahl ist groß, vor allem in der gehobenen Mittelklasse. An normalen Wochentagen dürfte es somit keine Unterbringungsprobleme geben. Bang Saphan Noi ist der attraktivere Strandabschnitt.

Bang Saphan Yai

■ Komfortable Bungalows mit TV, A.C. und Kühlschrank hat das **Suan Anan Resort*** (Tel. 032-699118) am Hat Bo Kaew. In der Nähe finden sich zahlreiche weitere Unterkünfte.

■ Das **Western Hotel***–**** (Tel. 032-691015, Fax 032-691401, www.western-hotel.com) ist eine alte, etwas abgewohnte Hotelanlage, die aber eigentlich eine nostalgische Atmosphäre bietet – das Western erinnert an ein Hotel aus den 1960er oder 1970er Jahren. Das riesige Foyer hat einen knallroten Teppich. Die Zimmer sind etwas muffig. Ein Tennisplatz, ganz selten in Hotels in Thailand, ist angeschlossen. Wem der Film *The Shining* zusagt, ist hier gut aufgehoben.

■ Am nördlichen Ende der Bucht von Bang Saphan, nahe der Ortschaft Bang Saphan Yai, finden sich die komfortablen **Vanveena Resort**–**** (Tel. 032-691125) und **Nipa Beach Bungalows***–**** (Tel. 032-691583). Die Lage ist aufgrund der Stadtnähe nicht ungünstig (z. B. finden sich nahebei zahlreiche Banken und Geschäfte), der Strand ist in diesem Bereich aber nicht zum Schwimmen geeignet.

Bang Saphan Noi

■ Direkt am Strand befindet sich das **Coral Hotel*****–ᴸᴸᴸ** (Tel. 032-691667, Fax 032-69 1668, info@coral-hotel.com), ein imposantes Gebäude, dem eine Reihe ordentlicher Holzbungalows angeschlossen sind. Ein großer Swimmingpool befindet sich in einer gepflegten Gartenanlage. Das Restaurant bietet 140 verschiedene Gerichte – da sollte für jeden was dabei sein.

■ Hinter dem Coral Hotel, aber über eine andere kleine Straße zu erreichen, liegt das **Patty Hut****– **** (Tel. 032-691068), das kleine, einfache, aber nicht schlechte Holzbungalows mit und ohne A.C. hat und somit eine preiswerte Alternative zu den Resorts in Bang Saphan bietet. Ein Restaurant gibt es nicht, aber am Strand befinden sich eine ganze Reihe recht guter Seafood-Restaurants.

■ Eine der besten Unterkünfte ist das freundliche **Suan Luang Resort*****–**** (Tel. 032-69 1663, www.suanluangresort.com), mit sauberen Bungalows (Bad, z. T. A.C.) in einem großen Garten. Motorrad-Verleih und Tauch-, Wind-Surfing- und Segelmöglichkeiten, allerdings nicht in unmittelbarer Strandnähe. Abholservice möglich. Das Restaurant bietet solide französische und thailändische Küche. Vor allem die thailändischen Gerichte sind sehr gut.

■ Sehr nett ist auch das **Sailom Resort*******–LLL (Tel. 032-69 1003, www.sailombangsaphan.com), das geräumige Bungalows (Doppel und Familiengröße) um einen großen Pool in einer gepflegten Gartenanlage einen Steinwurf vom Strand entfernt bietet. Das angeschlossene Restaurant serviert sehr gute Thai Küche mit besonderem Gewicht auf Meeresfrüchten der Region.

■ Das deutsch geleitete **Baan Somluck Bungalows****–**** (Tel. 032-699344, www.somluck.de) bietet einfache und saubere Bungalows mit Bad, sowie Zimmer ohne Bad, und einen kleinen Pool in Strandnähe. Deutsche und thailändische Küche.

Anreise

■ Per **Zug** (nur 3. Kl.) von der Thonburi Station (Bangkok Noi Stn.) in Bangkok in Richtung Lang Suan (oder umgekehrt); Abfahrt 7.20 Uhr. Einige Züge fahren auch ab der Hualamphong Station. Tickets kosten 450 Baht, 2. Kl. A.C. Aussteigen in Bang Saphan am Nordende der Bucht und von dort per Motorrad-Taxi weiter zum Strand. Bang Saphan heißt offiziell Bang Saphan Yai („Großes Bang Saphan"),

damit man es von der Ortschaft Bang Saphan Noi („Kleines Bang Saphan"), am Südende der Bucht, unterscheiden kann.

■ **Busse** nach Bang Saphan Yai fahren ab Chumphon und Thap Sakae; Thap Sakae wiederum ist per Bus von der Provinzhauptstadt Prachuap Khiri Khan zu erreichen. Ab Bangkoks Southern Bus Terminal fahren zwischen 7.30 und 24.00 Uhr ein Dutzend Busse in Richtung Bang Saphan, Kostenpunkt 294 Baht.

■ An einigen Stellen in Bang Saphan gibt es **Mopeds** auszuleihen (250 Baht/Tag).

Ko Thalu

เกาะทะลุ

Diese Insel, gelegen im südlichen Bereich der Bucht von Bang Saphan, wurde erst vor kurzem für den Tourismus entdeckt. Ko Thalu bietet einige schöne **Strände,** und die sie umgebenden **Korallenriffs** dürften für Schnorchler und Taucher interessant sein.

Ko Thalu ist eine Privatinsel, und es gibt daher auch nur das **Koh Thalu Island Resort**LLL (Tel. 089-918-3715, www.taluisland.com) das sich allerdings über zwei Strände an der Westküste erstreckt. Die attraktiven Villen und Bungalows sind nicht gerade preiswert (ab 6600 Baht pro Nacht) aber da die Insel privat ist, erhalten alle Gäste Vollpension und Schnorcheltrips, Kayaks und Trekkingausflüge sind ebenfalls im Preis inbegriffen. Ein Tauchzentrum gibt es auf der Insel auch.

Südthailand (Mitte)

© REISE KNOW-HOW 2013

0 — 50 km

ThaiF11

MYANMAR (BURMA)

Investigator Channel

Karathuri Bay

Forest Strait

755 Khao Nam Noi

Kawthoung

Ranong

491 Ranong

496 Ko Chang

497 Ko Phayam

Laem Son National Park

Surin Islands

582

Ko Ra

498 Ko Phra Thong

500 Ko Kho Khao

Takua Pa

Phang-Nga

Khao Lak

654 Phang-Nga

Thai Muang Takua Thung

4 Ao Luek

656 Ko Yao Noi

Hat Nai Yang National Marine Park

Thalang

Ao Phangnga National Park

Phuket Sea

Kathu

584 Phuket

660 Ko Yao Yai

663 Krabi

Hat Nopparat Thara National Park

650 Ko Phi Phi Don

Ko Jam (Ko Pu)

698 Ko Lanta Yai

698 Ko Lanta

462

490 Kra Buri

Chumphon

481 Chumphon

41 Ao Sawi

Sawi

La-un

Thung Tako

1028 Khao Nam Sao

Phato

Lamae

Kapoe

Kang Krung National Park

1395

Khao Lang Kha Tuk

498 Si Phangnga National Park

Khura Buri

577

Khao Sok National Park

Ratchaprapha Dam

Khiri Rath Nikhom

Ban Ta Khun

Phanom

401

401 Phanom

Plai Phraya

415

Chaibuti

Khao Phanom

Krabi

Khlong Thom

Lam Thap

Wang Wiset

Sikao

Tha Sae

Pathio

Lang Suan

Tha Chana

Pak Mak

41

Chaiya

501

502 Surat Thani

Tha Chang

Phun Phin

401

Khian Sa

Ban Na Doem

Khao Mah Mia

1630

Ban Na San

44 Wiang Sa

Phrasaeng

Chawang

Thung Yai

Thung Song

Lam Thap

Huai Yot

Trang

695

Hat Chao Mai National Park

Bang Saphan

Ao Bang Saphan

Bang Saphan Noi

Ko Thaln

Thung Maha

Don Sak

Kanchanadit

Khanom

44

Tai Romyen National Park

Si Chon

401

Thasala

Phipun

Phromkhiri

1935 Khao Luang

683 Nakhon Si Thammarat

693

Khao Luang National Park

Nakhon Si Thammarat

Pak Phanang

403 Ron Phibun

Cha Uat

Khao Pu-Khao Ya National Park

408 Hua Sai

Si Banphot

Khuan Khanun

Ranot

Phatthalung

Thaleh Luang

Pattani

SOUTH CHINA SEA

560 Ko Tao

543 Thong Sala

538 Ko Phangan

Mu Ko Ang Thong National Marine Park

Ko Phi

Ko Phaluai

Chong Phangan

Ban Nathon

509 Ko Samui

514

Ao Ban Don

Golf von Thailand

Bangkok

LAOS

VIETNAM

KAMBODSCHA

MYANMAR

MALAYSIA

Chumphon

ชุมพร

Chumphon liegt 463 km südlich von Bangkok und wird als das „Tor zum Süden" bezeichnet. Der Ort selbst ist touristisch kaum von Interesse, dafür kann er als Sprungbrett zur Insel **Ko Tao** dienen und verzeichnet so einen mehr oder weniger regen Durchgangs-Tourismus. Die Umgebung von Chumphon ist auffallend fruchtbar, im Süden und Westen befinden sich Obstplantagen, Reisfelder und Wälder.

Elf Kilometer östlich, an der Mündung des Tha-Thapao-Flusses, findet man den wichtigen Fischereihafen **Paknam Chumphon.** Die interessantesten Aspekte Chumphons aber sind seine in der weiteren Umgebung gelegenen Strände.

Information

■ Das **Chumphon Tourist Services Center** (Tel. 077-504883) in der Provinzverwaltung an der Kreuzung Sala Daeng Road und Krumluang Chumphon Road bietet einige schriftliche Informationen sowie Hoteltipps und Ticketservice. Geöffnet tägl. 8.30–20.00 Uhr.

■ Ein neues Büro der **TAT** (Tourism Authority of Thailand) hat in der 111/11–12 Tawee Sinka Road (Tel. 077-501831) geöffnet und bietet Infos zur Stadt und Region.

■ Für Reiseinfos sowie Bus-, Bahn- und Boot-Tickets ist **Fame Tour & Service** (188/20-21 Soi 6 Saladaeng Road, Tel. 077-571077, www.chumphon-kohtao.com) an der Soi 6 Saladaeng Road zu empfehlen, das auch gute Pizzen und andere Travellergerichte serviert.

Der Süden

■ Wer einen Visa-Run nach Myanmar machen muss, kann mit **Kiat Travel** (115 Tha Tapao Road, Tel. 077-502127) nach Ranong reisen. Tägliche Busse holen Passagiere an den Piers in Chumphon ab.

■ Das **New Infinity Travel Agency** (68/2 Tha Tapao Road Tel. 077-570176, 077-501937, new_infinity@hotmail.com) arrangiert Bustickets, Visa etc.

Unterkunft

Guest Houses

■ Das kleine **Suda G.H.****–*** (8 Soi 3 Saladaeng Rd., Tel. 077-504366) hat nur fünf Zimmer, dafür aber mit Bad und A.C. Die Besitzerin, *Khun Suda,* ist sehr hilfsbereit und vermietet Motorräder und Autos, verkauft Boottickets nach Ko Tao und vermittelt Visatrips nach Ranong/Victoria Point (Myanmar).

■ Direkt nebenan liegt das kleine, aber empfehlenswerte **Santawee New Rest House**** (4 Soi 3 Saladaeng Rd., Tel. 077-502147, 089-111749), das saubere, kleine Zimmer mit und ohne Bad in einem Hinterhof hat. Motorrad- und Fahrradverleih.

■ **Farang Bar Guest House***–** (69/36 Tha Tapao Rd., Tel. 077-501003) hat nur schlicht-ausgestattete Zimmer, dafür gibt es eine Bar, einen Billardtisch, Internet und ein Restaurant.

■ Sehr beliebt bei Travellern ist das **Chumphon Guest House**** (27 Soi 1 Krom Luang Chumphon Rd., Tel. 077-502900) Es gibt einfache Zimmer (Gemeinschaftsbad). Dazu kann man Trekking-Touren in die bergige Umgebung buchen, Tickets nach Ko Tao kaufen und Autos oder Motorräder leihen.

■ **Infinity G.H.**** (68/2 Tapao Road, Tel. 077-501937) hat nur 6 einfache, aber saubere Zimmer (Gemeinschaftsbad), die für ihren Niedrigstpreis einen guten Gegenwert darstellen. Das sehr hilfreiche Management bietet zudem zahlreiche Information zu Ko Tao und anderen Attraktionen in der Gegend, und Travellern, die in Chumphon nur einen kurzen Halt einlegen, wird eine Dusche gestattet. Reisebü-

7

Bahnhof
Polizei
Krom Luang Chumphon Road
Markt
Kleinbusse nach
Surat Thani
TAT
Busse nach
Surat Thani, Ko Samui
Busse nach
Phuket, Hat Yai, Ranong
Tawee Sinka Road
Pracha Uthit Road
Tha Tapao Road
Saladaeng Road
Phisit Phayaban Road
Tha-Taphao-Kanal
Poramintharam Road
Distrikt-
verwaltung
Schule
Highway 4 (6 km)
Wat
Suphan Nimitr

ro, Motorrad- und Autoverleih und Internet. Eine kleine aber gute Auswahl an neuen Büchern ist hier auch zu kaufen.

Hotels

Die folgenden Hotels sind alle sehr sauber und bieten allgemein einen guten Standard. Oft lässt sich der Preis herunterhandeln. Nach „Reduktionen" fragen!

■ **Jansom Chumphon Hotel****–***** (188/65–66 Sala Daeng Rd., Tel. 077-502502, Fax 077-502503); A.C., TV, Kühlschrank. Neu renoviert.

■ Recht neu ist das zentral gelegene **Chumphon Gardens Hotel**** (66/1 Tha Tapao Rd., Tel. 077-511479), das schöne, saubere Zimmer bietet. Von einem Garten allerdings keine Spur.

■ **Sri Chumphon Hotel****–***** (127/22–24 Sala Daeng Rd., Tel. 077-570536-8); ist gerade renoviert worden, und die Zimmer mit A.C. sind sehr komfortabel. Freundlicher Service.

■ Übernachtung
2 Chumphon G.H.
5 Guest House
6 Sri Chumphon Hotel
7 Jansom Chumphon Hotel
9 Nanaburi Hotel
11 Farang-Bar G.H.
13 Suda G.H.
14 Santawee
New Rest House
15 Infinity G.H.
16 Chumphon
Gardens Hotel
21 Tanisa Resort (1 km)

■ Essen und Trinken
1 Papa 2000 Restaurant
3 Nachtmarkt
4 Nachtmarkt
8 Green Kitchen
11 Farang-Bar + Restaurant
12 CSL (Chumpon
& Southern Leisure),
H & P Restaurant
17 Nachtmarkt
18 Mittagsmarkt
19 Pattanakarn Tang-Sun-Ki
20 Morgenmarkt

■ Einkaufen/Sonstiges
4 Ocean Shopping Mall
5 Fame Tour
10 Kiat Travel
15 New Infinity
Travel Agency
19 Kino

■ Das **Nanaburi Hotel****–***** (66/1 Tha Ta-pao Rd., Tel. 077-503888, www.nanaburichumphon.com) ist preiswert, sauber und etwas anonym, aber die A.C.-Zimmer sind groß und haben ordentliche Badezimmer, TV, Mini-Bar und Wi-Fi. Für 700 Baht die Nacht kann man sich eigentlich nicht mehr wünschen. Suiten kosten 2000 Baht.

■ Ungefähr zwei Kilometer außerhalb des Stadtzentrums liegt das preiswerte **Tanisa Resort****–**** (98 Moo 10 Uthumpon Rd., Tel. 077-572044, www.tanisaresort.com). Wer etwas Zeit nach Chum-phon mitbringt, sollte hier absteigen. Sehr neue Bungalows verschiedener Größen im Boutique-Stil, allesamt mit A.C., Wi-Fi und schönen Badezimmern. Dazu ein Pool, kostenloser Fahrradverleih und Abholservice aus Chumphon sowie Tickets nach Ko Tao.

Essen

Chumphon hat erstaunlich wenig Interessantes in dieser Beziehung zu bieten.

Krathom – Kauen für Kraft und Ausdauer

Viele thailändische Landarbeiter oder andere körperlich schwer Arbeitende greifen gerne zu *Krathom*, dem **berauschenden Blatt** eines in weiten Teilen des Landes wachsenden Baumes. Krathom *(mitragyna speciosa)* verleiht Energie und Ausdauer und lässt den Kauer zudem auch starke Hitze besser ertragen. Nicht zuletzt aber macht es auch *mau*, wie die Thais sagen, „berauscht" oder „high". Letzteres alleine ist vielen Krathom-Konsumenten schon Grund genug, um zu dem unscheinbaren Grünzeug zu greifen. Offiziell ist der Besitz und Genuss von Krathom verboten, das tut seiner Popularität jedoch keinen Abbruch. Besonders beliebt scheinen die Blätter in der Provinz Chumphon zu sein, wo sie oft in der Öffentlichkeit konsumiert werden.

In der Thanon Suk Samoe in Chumphon findet sich ein unauffälliger, namenloser **Coffee-Shop,** dessen Besitzer mit den Getränken gratis Krathom verteilt. Die Blätter kosten ihn nichts, denn sie stammen von einem Baum in seinem eigenen Hinterhof. Als Werbung für seinen Tee-Shop sind sie jedoch unschlagbar, sie locken zahlreiche (fast ausnahmslos männliche) Kunden an. Darunter sind Motorradtaxi-Fahrer, Arbeiter, Geschäftsinhaber und – vom Autor selbst beobachtet – gelegentlich sogar Polizisten, die mit ihren finsteren Gesichtern und dicken Sonnenbrillen allerdings eher wie Mafiosi wirken, die gerade Schutzgelder eintreiben.

Sie alle kauen das stimulierende und berauschende, illegale Krathom. Nach dem Kauen wird die Stimmung in den Runden zumeist sehr angeregt und heiter, so gut wie nie aber aggressiv. Nach Aussagen des Teeladen-Besitzers macht Krathom „berauscht, aber auch friedlich und geduldig". Zufälligerweise bedeutet der Straßenname, an dem sich sein Laden befindet, übersetzt „Straße des ewigen Glücks"!

Der Krathom- und Teeladen (dessen genaue Lokalität hier nicht angegeben werden soll) ist täglich nur von 3.00 Uhr morgens bis 12.00 Uhr mittags geöffnet und zieht auch Nachtschwärmer an, die sich dort den Kater oder die Übernächtigung wegkauen.

Am aufregendsten ist noch der **Nachtmarkt,** der sich abends entlang der Kromluang Chumphon Road bildet (nahe dem New Chumphon Guest House). Es gibt auch einen Morgenmarkt an der Poramintharam Road und einen Mittagsmarkt an der Tha Tapao Road.

■ Das **Green Kitchen,** gegenüber dem Nanaburi Hotel bietet vietnamesische, thailändische und europäische Speisen in gediegener Atmosphäre zu fairen Preisen.

■ Die **Farang Bar** hat eine recht gute Speisekarte. Es gibt auf Touristen abgestimmte thailändische Gerichte sowie Hamburger und Spaghetti.

■ Ein reguläres vegetarisches Restaurant gibt es nicht, das chinesische **Pattanakarn Tang-Sun-Ki** ist jedoch darauf spezialisiert, Mahlzeiten auf Bestellung zuzubereiten, darunter auch vegetarische. Das nur auf Thai ausgeschilderte Restaurant befin-

Der Süden

det sich in einem orangefarbenen Gebäude an der Ecke Tha Thapao Rd./Poramintharam Rd., etwas südlich des Busbahnhofs.

■ Empfehlenswert ist das **Papa 2000 Restaurant** vor dem Bahnhof. Meeresfrüchte und thailändische Gerichte sind sehr gut. Westliche Speisen sollten eher gemieden werden.

■ Das **Fame Tour** an der Saladaeng Road ist eigentlich eine Reiseagentur, aber erstaunlicherweise gibt es hier sehr gute Pizzas. Ein **Guest House**** (Tel. 077-571077) ist ebenfalls angeschlossen.

Anreise

■ **Busse ab Bangkoks Southern Bus Terminal** benötigen je nach Bustyp ca. 7–7½ Std. A.C.-Busse 2. Kl. kosten 347 Baht, A.C. 1. Kl. 405 und V.I.P.-Busse 540 Baht.

■ **Züge ab Bangkok** fahren 11-mal am Tag, Fahrzeit ca. 6 Stunden. Kosten in der 3. Kl. 272 Baht, mit A.C. 342 Baht, in der 2. Kl. 380 Baht, mit A.C. 480 Baht, 2. Kl. Sleeper mit A.C. Schlafkoje oben/unten 680/770 Baht und in der 1. Kl. 1134 Baht.

■ **Solar Air** (www.solarair.co.th) fliegen täglich einmal von Bangkok nach Chumphon. Flugpreis ist 2700 Baht und beinhaltet Bustransfer und Fähre *(mot Lomprayah)* nach Ko Tao. Die Flieger sind winzig (20 Sitze), und wer nicht gerne fliegt, sollte besser mit dem Bus fahren.

■ Der **Flughafen** befindet sich weit außerhalb der Stadt nahe dem Ort Pathiu (40 km).

Weiterreise

■ **Busse** fahren u. a. nach Bang Saphan Yai (90 Baht), Krabi (240 Baht, Fahrzeit 5–6 Std.), Prachuap Khiri Khan (150 Baht, 2–3 Std.), Phuket (280 Baht, 7 Std.), Ranong (120 Baht, 2 Std.) und Surat Thani (170 Baht, 3–4 Std.). Kleinbusse (schneller als die regulären Busse, aber auch viel gefährliche Raserei!) nach Ranong fahren ab der Thapao Road et-

was nördlich der *Farang Bar* oder gegenüber *New Infinity Travel Service;* Preis 150 Baht. Kleinbusse nach Surat Thani ab der Krom Luang Chumphon Road zu 180 Baht. Ab *Fame Tour* fahren Mini-Busse nach Krabi (470 Baht, 4 Std.) und nach Khao Lak (530 Baht, 6 Std.).

■ **Züge weiter in Richtung Süden** fahren um 0.35 (bis Yala), 1.10 (bis Trang), 2.29 (bis Nakhon Si Thammarat), 3.05 (bis Kantang bei Trang), 3.47 (bis Nakhon Si Thammarat), 5.47 (bis Yala), ein weiterer Zug um 5.47 (bis Surat Thani), 14.19 (bis Surat Thani), 21.01 und 23.22 (bis Sungai Golok) und 21.47 Uhr (bis Butterworth).

■ **Motorräder** können bei vielen Guest Houses oder Reisebüros ausgeliehen werden, so z. B. bei Infinity Travel und im Suda Guest House. Kostenpunkt 200–250 Baht/Tag.

■ Songthaews und Motorradtaxis kosten 20 Baht für Fahrten **innerhalb der Stadt.**

■ **Zu den Piers** fahren sehr regelmäßige Songthaews zu 10 Baht. Motorradtaxis kassieren um die 100 Baht für die Fahrt. Bei Buchung über eines der G.H.s oder ein Reisebüro kann man von deren Zubringerdienst Gebrauch machen (kostenfrei zu den näheren Piers, 50 Baht zu weiter entfernt liegenden).

■ Die **Boote nach Ko Tao** unterscheiden sich stark preislich und auch was die Fahrzeit betrifft. Am preiswertesten, aber auch am langsamsten und am wenigsten sicher, ist das Nachtboot von Tha Yang, das um Mitternacht ablegt (250 Baht, Fahrzeit 6 Std.). Um 7.00 Uhr fahren mehrere Speedboote (450–550 Baht, 2½–3 Std.) ab Pak Nam, eine Fähre fährt um 7.30 und 13.30 Uhr, ebenfalls ab Pak Nam, und um 7.00 und 13.00 Uhr legt ein Schnellboot ab (Lomprayah Catamaran; 550 Baht; 1½ Std.) ab Thung Makham Noi, das auch bis nach Ko Phangan (750 Baht, 3 Std.) und Ko Samui (850 Baht, 3 Std. 40 Min.) weiterfährt. Aktuelle Fahrzeiten unter www.lomprayah.com. Reisende berichten von Problemen mit allen Unternehmen. Besonders Songserm und Seatran bieten schlampigen Service und ändern Abfahrzeiten ohne Reisende zu unterrichten.

7

Die Strände in der Umgebung von Chumphon

Thung Tako

Südlich von Chumphon erstreckt sich die Ao Sawi, eine weit ausholende Bucht, benannt nach dem daran liegenden Ort Ban Sawi. Die gesamte Bucht wird von einem Strand gesäumt, der über weite Teilstrecken jedoch nicht sehr ansehnlich ist. (Eine löbliche Ausnahme bildet der Hat Thung Makham Noi, der sich in einer separaten kleinen Bucht am Rande von Ao Sawi befindet; s. u.) Der beste Abschnitt von Ao Sawi liegt im südlichen Bereich, nahe der kleinen Hafenstadt Thung Tako. Der hier anzutreffende Strand ist dennoch nicht sonderlich aufregend, die weitere Umgebung aber hat viel rustikalen Charme zu bieten, mit kleinen Dörfern, vielen Kokospalmen etc. Unterkunft findet sich im *Rungaroon Villa Beach Resort*****–***** (Tel. 077-579161, www. rungaroon.com), das einen Pool hat, und den *Chumphon Sunny Beach Bungalows***** (Tel. 077-579148). Wer genug Geld hat, sollte sich vielleicht ein paar Tage im sehr exklusiven *Tusita Haven Resort & Spa*LLL (Tel. 077-579073, www.tusitaresort.com) niederlassen. Wunderschöne Bungalows und Villen mit leicht indischem Ambiente sind um einen kleinen Pool gruppiert. Die Bungalows haben allen erdenklichen Luxus – Flatscreen-TV, CD-Spieler, Mini-Bar, Safe, A.C. und Telefon. Manche der Bungalows haben sogar einen eigenen Jacuzzi. Die zwei größten Villen haben jeweils ein Freilichtbadezimmer, sodass man beim Sonnenuntergang in der Wanne liegen kann. Das Tusita Haven ist ca. 10 Minuten vom Strand entfernt. Zum Clubhaus am Strand wird man mit einem Golfbuggy gefahren. Dort kann man ein romatisches Dinner genießen. Sehr ruhige Anlage – es fehlt an nichts. Nebenan befindet sich ein Seafood Restaurant, aber das Tusita bietet selbstverständlich auch internationale und Thai Küche.

■ Zur **Anfahrt** nehme man einen Bus in Richtung Lang Suan oder Surat Thani und lasse an der Abzweigung nach Thung Tako anhalten. Von dort geht es per Motorrad-Taxi weiter (10 km; ca. 100–150 Baht).

Hat Sai Ri

19 km südöstlich von Chumphon erstreckt sich der recht attraktive Hat Sai Ri oder Sai Ree Beach; dessen bester Strandabschnitt wird von der komfortablen *Sai Ree Lodge*****–***** eingenommen (Tel./Fax 077-558012, sairee _lodges@yahoo.com). Einige Bungalows stehen etwas erhöht auf einem Felsen, und von dort bietet sich eine besonders gute Aussicht auf den Strand.

Dazu gibt es noch einige preiswertere Unterkünfte, diese befinden sich jedoch an Strandabschnitten, die von einheimischen Tagesausflüglern aufgesucht werden, und dort findet sich leider sehr viel

▷ Blick auf Hat Sai Ri

Unrat am Strand. Eine der Unterkünfte ist das nur in Thai ausgeschilderte *Raan Ahaan Nong Mai***** (Tel. 077-558002), wörtlich „Restaurant des neuen Stils", das über einige Bungalows verfügt. Auch nicht schlecht ist das wie ein Boot gebaute *Hadsai Resort*****–LLL (Tel. 077-558 028, www.hadsairesort.com), das solide hölzerne Bungalows und neue saubere Zimmer bietet. Leider ist eine Karaoke-Bar angeschlossen, die an Wochenenden auch gerne genutzt wird – man sei gewarnt.

Dem Strand vorgelagert sind einige Inseln, um die herum sich **Tauchgründe** bieten, die zu den besten an Thailands Ostküste gezählt werden, mit endlosen Korallenbänken und exotischer, kunterbunter Fischwelt. Getaucht wird hier allerdings bis jetzt nur sehr wenig.

■ Zwecks **Anfahrt** nehme man ein Songthaew ab dem Markt in Chumphon (40–50 Baht; wer einen großen Rucksack hat, zahlt doppelt). Bei der Fahrt passiert man zunächst das kleine Städtchen, das sich um den Hafen Paknam Chumphon angesiedelt hat, und dann den wenig sehenswerten Pradonpap Beach. Auch hier gibt es einige Unterkünfte.

Hat Thung Makham Noi

6 km südöstlich von Sai Ri gelegen, bietet der Strand von Thung Makham Noi weitaus bessere Szenerien als obiger. Er ist unvergleichlich schöner, und vor allem auch sauberer. Außer den kleinen Bungalows des *M.T. Resort***** (Mother House, mit Bad, Tel. 077-558153) gibt es hier keinerlei Bauten. Allerdings ist der Pier neben dem M.T. Resort zweimal

täglich der Ableger für den Lomprayah Katamaran nach Ko Tao. Dem Pier ist ein Parkplatz angeschlossen auf dem reges Treiben herrscht. Mit der ungestörten Strandidylle ist es hier also leider vorbei.

■ Zur **Anreise** ab Chumphon kann man ein Songthaew bis Paknam Chumphon nehmen, wo in ein weiteres Songthaew umgestiegen werden muss.

Hat Thung Wua Laen

12 km nordwestlich von Chumphon befindet sich der sehr schöne Thung Wua Laen Beach oder Hat Thung Wua Laen, der „Strand der herumtrottenden Kühe". Er liegt in einer weiten, von Felsklippen eingeschlossenen Bucht und hat feinen, weißen Sand. Ihm vorgelagert ist Ko Jarakae, die „Krokodilsinsel", deren Form tatsächlich an ein im Wasser lauerndes Krokodil erinnert.

Den schönsten Strandabschnitt, am Südende der Bucht, hat sich das *Chumphon Cabana Resort*****–***** (Tel. 077-560245, www.cabana.co.th) reserviert. Auf der gepflegten Anlage stehen Bungalows unterschiedlichen Komforts. Das Resort organisiert Bootsfahrten zu den Inseln in der Umgebung und Tauchkurse. Anfängerkurse kosten 4500 Baht. Ein viertägiger PADI Open Water-Kurs kostet 10.500 Baht. Für die jüngeren Gäste, oder solche die es geblieben sind, gibt es eine tägliche Affenshow. Einige Gäste haben sich über abrupte Preisänderungen, schlechtes Frühstück und mangelnde Englischkenntnisse beschwert. Leider ist das Chumphon Cabana im Moment das einzige Unternehmen, das **Tauchgänge** anbietet.

Im nördlichen Teil der Bucht stehen weitere Unterkünfte, nur wird hier der Grünstreifen unmittelbar hinter dem Strand durch allerlei Abfälle verunziert – den haben Thai-Ausflügler hinterlassen, trotz der alle paar Meter aufgestellten Mülleimer. Der Strand ist abgesehen davon aber immer noch sehr schön und an Wochentagen auch sehr ruhig. Unterkünfte hier u. a.: *View Seafood Resort****–**** (Tel. 077-560214), *Clean Wave Resort*****–***** (Tel. 077-5601 51), *Tawan Resort***** (Tel. 077-560011), *Seabeach Resort****–**** (Tel. 077-560 115, seabeach_mon@hotmail.com). Auch die *Chuan Phun Lodge*****–***** (Tel. 077-560120, www.chuanphunlodge.net) ist nicht schlecht. Dieses kleine Hotel, ebenfalls direkt an der Strandstraße, bietet saubere, einfache Zimmer mit großen Fenstern. Die Zimmer mit Meeresblick sind etwas teurer und haben einen Balkon. Alle Räume haben A.C., Wi-Fi und große Badezimmer. In der Lobby gibt es Internetzugang. Ein Restaurant hat das Hotel nicht, aber direkt nebenan ist das skandinavisch gemanagte *Cobacabana Restaurant*, in dem es neben europäischen Speisen auch thailändische Gerichte gibt.

■ Zur **Anfahrt** ab Chumphon gibt es einige Busse ab dem Busbahnhof (ca. 4-mal tgl.). Dazu fahren noch Songthaews zu 40 Baht.

Pathiu & Ao Khai Nao

Pathiu, ca. 40 km nördlich von Chumphon, ist eine angenehme kleine Provinzstadt, deren Hauptmerkmal ein auf einem Hügel stehender, von weitem sichtbarer goldener Buddha ist. Der Buddha

ist Teil der Tempelanlage von **Wat Khao Chedi,** und von dort bietet sich ein guter Ausblick auf die Umgebung des Ortes. Am nördlichen Ortsrand befindet sich der 1999 fertiggestellte Flugplatz von Chumphon, der allerdings derzeit geschlossen ist.

Etwa zehn Kilometer weiter nordöstlich erstreckt sich die hübsche Ao Khai Nao, die „Bucht der faulen Eier". Die Bucht ist absolut ruhig und gut zum Schwimmen geeignet. Im Zentrum der Bucht liegt ein großer Felsen, um den herum auch ein kleines Korallenriff zu finden ist. Unterkünfte gibt es hier keine, aber sehr gutes Essen ist im *Chumphon Coral Beach* (Tel. 081-6773320) zu haben, einer verlassen wirkenden Anlage, auf der Eigentumswohnungen oder/und Mietbungalows entstehen sollen.

Am Strand Ban Boert in Chumphon

■ **Anfahrt:** Von Chumphon per Zug oder Bus nach Pathiu, von dort weiter per Motorrad-Taxi (ca. 100 Baht). Songthaews nach Pathiu fahren ab einem Haltepunkt nahe der Thai Farmers Bank in Chumphon (20 Baht).

Hat Tham Thong und Ban Boert

Hat Tham Thong ist ein wunderschöner, kilometerlanger, weißer und absolut ruhiger Strand ganz im Norden der Provinz Chumphon. Der isolierten Lage ist es wohl zuzuschreiben, dass sich hier touristisch noch rein gar nichts getan hat, denn der Strand ist weit besser als mancher Touristen-Beach. Zu einigen Jahreszeiten wird allerdings einiger Unrat am Strand angeschwemmt.

Außer ein paar Fischern, die sich am Bootspier am Südende des Strandes herumtreiben, sieht man zumeist keine Menschenseele am Strand. Das Nordende von Hat Tham Thong befindet sich offiziell schon in der Provinz Prachuap Khiri Khan, ein Hinweisschild in Thai markiert die Provinz-Grenze.

Südlich von Hat Tham Thong befindet sich die wunderschöne kleine „Sandbucht", Ao Sai, die nur über einen Feldweg zu erreichen ist.

Unterkünfte gibt es in Hat Tham Thong selbst nicht, dafür an dem weiter nördlich angrenzenden, in einer kleinen Bucht gelegenen Strand von Ban Boert. Hier haben sich in den letzten Jahren einige Resorts angesiedelt, die allerdings meist auf wohlhabende Thais ausgerichtet sind. Darunter das *Boonchu Bangburd Resort* ****–***** (Tel. 032-619112, www.bangburd.net), das unter anderem kleine Villen (für 4 Personen) anbietet. Angeschlossen sind die *BJ Bungalows* und ein Massage-Salon. Ganz im Norden von Ban Boert liegt das *Baan Saitong Beach Resort*****–LLL (Tel. 081-8940410) an einem sehr schönen Strandabschnitt. Dieses Mittelklasse-Hotel ist wie ein Kreuzfahrtschiff gebaut und hat Zimmer mit A.C. und TV. Dazu gibt es einige Restaurants.

Nebenan befindet sich das *Siam Society Beach Resort******, das man über Bangkok (Tel. 02-5080445, www.siamsocietybeach.com) buchen sollte. Kleine, sehr schön eingerichtete Strandvillen mit Holzböden, zum Himmel offenen Badezimmern und A.C. kosten 2000 Baht die Nacht, während Luxuszelte mit 2500 Baht zu Buche schlagen. Der Pool liegt direkt am Strand und ein paar große Pavillons spenden den nötigen Schatten.

Weiter südlich am gleichen Strand findet sich auch noch das mediterran und nordafrikanisch angehauchte *Baan Kamnerd Ploy Resort******–LLL (Tel. 077-640632, www.baankamnerdployresort.com), das kleine A.C.-Strandvillen, ganz in weiß gehalten, für 2200 Baht bietet, vom Strand etwas zurückversetzt für 1800 Baht. Eine Bar, ein Restaurant sowie ein Swimmingpool sind angeschlossen.

■ Zur **Anfahrt** nehme man einen Zug ab der Thonburi Station in Bangkok (Bangkok Noi Stn.), der Hualamphong Station oder ab Chumphon bis Huai Sak. Von Huai Sak geht's per Motorrad-Taxi weiter (ca. 70 Baht bis Ban Boert). Ein Mietfahrzeug ist aber auf jeden Fall vorzuziehen.

Kraburi

กระบุรี

Eine kleine Ortschaft im sattbewachsenen **burmesischen Grenzgebiet,** gelegen an Highway Nr. 4, der unter anderem Chumphon und Ranong verbindet. Chumphon ist 63 km entfernt, Ranong 59 km. Die Grenze wird hier vom Kra-Fluss (auch Pak-Chan-Fluss) gebildet, der in den Indischen Ozean mündet.

Etwa 7 km südlich von Kraburi gelangt man über einen kurzen Zufahrtsweg, der vom Highway abzweigt, zur **Höhle Tham Phra Kayang.** Diese in einem Kalksteinfelsen gelegene Höhle beherbergt abertausende von Fledermäusen, was bei der Annäherung an den Eingang auch gleich offensichtlich wird – der Geruch von Guano ist unverkennbar. In der Höhle finden sich außerdem prähistorische Wandmalereien, die darauf hindeuten, dass diese Gegend schon vor tausenden von Jahren bewohnt gewesen sein muss.

Die Höhle gilt weiterhin als Fundort von *lek-lai*, einem „magischen" Metall, das unverwundbar machen soll. Thailändische Männer lassen sich oft kleine Kugeln von lek-lai unter die Haut transplantieren, was sie gegen Messerstiche und Pistolenkugeln immun machen soll. Anstelle der ersehnten Unverwundbarkeit sind aber meist nur Hautentzündungen die Folge.

Der Fels, in dem sich die Höhle befindet, kann über mehrere, sich durch ihn hindurchziehende „Etagen" bestiegen werden, und von oben ergibt sich eine weite Aussicht auf die Umgebung. Die Höhle ist täglich von 8.00–16.00 Uhr ausgeleuchtet.

8 km in Richtung Chumphon findet sich der **Isthmus von Kra,** die Stelle, an der die malaiische Halbinsel am schmalsten ist. Thailändische Touristen lassen sich hier gern vor der entsprechenden Hinweistafel ablichten. An dieser Stelle hat man eine schöne Aussicht über den Kraburi-Fluss und das weiter im Hintergrund gelegene Grenzgebiet von Myanmar.

Unterkunft

■ Einen Kilometer von der Ortsmitte aus in Richtung Ranong steht an der linken Straßenseite eine namenlose Bungalow-Anlage**; das Schild daran besagt lediglich **Bungalow.** Die Anlage besteht aus drei kleinen, aber recht ordentlichen Bungalows mit Bad.

■ Eine weitere **namenlose Bungalow-Anlage**** – sie hat nicht einmal ein Schild – befindet sich in einer ca. ½ km südlich der Ortsmitte vom Highway abzweigenden Seitenstraße (Abzweigung in westlicher Richtung). Die Bungalows sind recht gut und sauber.

Essen

Einige sehr preiswerte kleine **Restaurants und Essensstände** finden sich um den kleinen Markt von Kraburi. Abends gegen 6.00 oder 7.00 Uhr gesellt sich der eine oder andere mobile Stand dazu, an dem *Roti* verkauft werden, die indisch-inspirierten Teigfladen.

Anreise

■ Ab Bangkok mit jedem beliebigen **Bus** in Richtung Ranong; Abfahrt vom Southern Bus Terminal. A.C.-Busse 300, V.I.P. 500 Baht. Zahlreiche weitere Busverbindungen ab Chumphon und Ranong.

Ranong

ระยอง

Ranong wurde etwa vor 200 Jahren von **Hokkien-Chinesen** gegründet, und der chinesische Einfluss ist noch heute sichtbar. Ein Großteil der Bevölkerung ist chinesisch, und viele Geschäftsschilder sind chinesisch beschriftet. Die Chinesen hatten sich aufgrund der nahen **Erzminen** im Orte angesiedelt.

Diese Minen waren die ursprüngliche Grundlage für den relativen Wohlstand der Stadt, und dazu kam der Fischfang. In die Gewässer um Ranong verirren sich auch häufig Fischer aus dem nur wenige Kilometer entfernten Myanmar, und ebenso oft fischen Thais in burmesischen Wassern. Diese Übertritte gipfeln meist in einem langwierigen diplomatischen Gerangel; für die Fischer bedeutet es aber zuerst einmal einen länge-

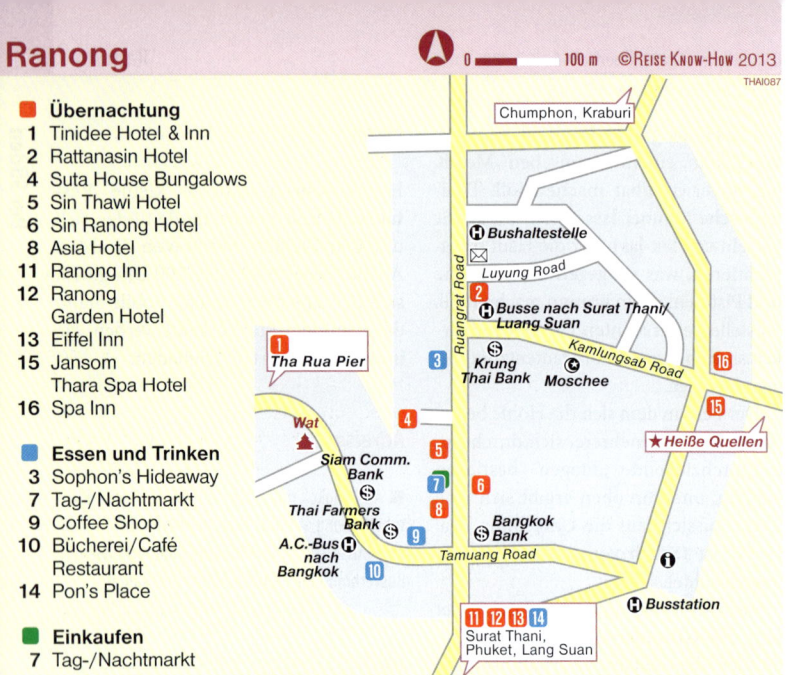

Ranong

0 ▬▬▬ 100 m © Reise Know-How 2013

THAI087

Übernachtung
1 Tinidee Hotel & Inn
2 Rattanasin Hotel
4 Suta House Bungalows
5 Sin Thawi Hotel
6 Sin Ranong Hotel
8 Asia Hotel
11 Ranong Inn
12 Ranong
Garden Hotel
13 Eiffel Inn
15 Jansom
Thara Spa Hotel
16 Spa Inn

Essen und Trinken
3 Sophon's Hideaway
7 Tag-/Nachtmarkt
9 Coffee Shop
10 Bücherei/Café
Restaurant
14 Pon's Place

Einkaufen
7 Tag-/Nachtmarkt

Chumphon, Kraburi

Ruangrat Road
Luyung Road
H Bushaltestelle
2
Busse nach Surat Thani/
Luang Suan
Kamlungsab Road
Krung
Thai Bank   Moschee
16
15
Tha Rua Pier
3
Wat
Siam Comm.
Bank
4
5
Thai Farmers
Bank
7 6
8
A.C.-Bus
nach
Bangkok
9
Bangkok
Bank
10
Tamuang Road
★ Heiße Quellen
i
11 12 13 14
Surat Thani,
Phuket, Lang Suan
H Busstation

ren Gefängnisaufenthalt bis zur Klärung der Angelegenheit.

Aufgrund der Nähe zu Myanmar leben von dort eingewanderte ethnische Minderheiten in der Stadt. Es gibt Moslems burmesischer Herkunft und einige hinduistische Inder. Letztere waren durch die britische Kolonialmacht nach Burma umgesiedelt worden und zogen später nach Ranong. Heute wohnen sie etwas außerhalb der Stadt, in Bang Rin und Ban Ngao.

Auf der in burmesischen Gewässern gelegenen **Thatay Kyun Island** ist im Andaman Club ein **Spielcasino** errichtet worden, finanziert in erster Linie von thailändischen Geschäftsleuten. Die lokale Bevölkerung nennt die Insel auch Ko Taukey, nach dem chinesischen Wort *taukey* für „reicher Mann". Auf dieser „Insel der reichen Männer" mag sich

aber so mancher in die Armut stürzen (siehe auch „Weiterreise nach Myanmar").

Für den Nichtspieler ist Ranong nicht sonderlich interessant, es kann aber gut als Zwischenstation auf dem langen Weg von Bangkok nach Phuket oder Khao Lak dienen. In der Regenzeit von Mai bis September ist die Stadt, die zu den regenreichsten Thailands gehört, tunlichst zu meiden. Der Name Ranong bedeutet „Ort des vielen Wassers". Durch den vielen Regen ist die Umgebung der Stadt in tiefes Grün getaucht, satte Wälder und Hügel bestimmen das Bild.

Songthaews innerhalb von Ranong kosten 10 Baht.

Unter Thais bekannt sind die **Heißwasserquellen** (Wat Thapotharam) von Ranong, die 2 km östlich der Stadt aus der Erde sprudeln. Die Quellen befinden

Der Süden

sich etwa am Treffpunkt der Ruangrat Road mit der Kamlungsab Road, 1 km östlich des Jansom Thara Spa Hotels. Das Wasser hat bei Erdaustritt eine Temperatur von 72 °C, und per Pipeline wird es ins Jansom Thara Spa Hotel geleitet, wo es – auf 42 °C abgekühlt – für Thermalbäder verwendet wird. Diese sind der Grund für die Beliebtheit des Hotels. Nichtbewohner können gegen eine Gebühr von 50 Baht in den Thermalbädern entspannen.

12 km westlich der Stadt findet sich nur ein wenig ansehnlicher Strand, der Jansom Thara Beach, so genannt nach dem sich dort befindenden Jansom Thara Resort. Die meisten Einheimischen nennen den Strand noch bei seinem ursprünglichen Namen, *hat cha damri*. Gecharterte Songthaews ab dem Markt in Ranong kosten ca. 100 Baht.

Etwa 15 km nördlich von Ranong, am Highway in Richtung Kraburi und Chumphon, stürzt sich der hübsche **Bunyabaan-Wasserfall** *(naam-tokbunyabaan)* in die Tiefe. Eine Raststätte lädt zum Verweilen ein.

Unterkunft

■ Das **Jansom Thara Spa Hotel*******–ᴸᴸᴸ (2–10 Phetkasem Rd., Tel. 077-811511, 077-821611, Fax 077-821821, www.jamsomhotsparanong.net) war einmal Ranongs Vorzeigehotel, wurde aber in den letzten Jahren ziemlich abgewohnt. Mittlerweile sind die Zimmer renoviert, aber leider nur sehr oberflächlich, und man entdeckt Schwachstellen wie alte, wackelige Tische, laute Klimaanlagen etc. Derzeit werden die Zimmer zu Sonderpreisen ab ca. 1200 Baht veräußert (z. B. auf der Homepage des Hauses), dafür sind sie in Ordnung. Der volle Preis ab 2100 Baht ist aber überzogen. Ein sehr mageres

Frühstück ist im Preis inbegriffen. Hinter dem Haus befinden sich ein Dschungelgelände und ein kleiner Fluss. Das Haus bietet Cottages und Zimmer (A.C.), Luxus-Zimmer mit eigenem Jacuzzi und Suiten (ebenfalls mit Jacuzzi). Swimmingpool vorhanden.

■ Etwa 100 m weiter nördlich liegt das **Spa Inn****–*** (25/1 Phetkasem Rd., Tel. 077-811715, 077-823384), mit sehr günstigen, ordentlichen Zimmern (Bad, A.C., TV, zum Teil Kühlschrank). Wie fast alle Hotels in Ranong wird aber auch dieses als Stundenhotel genutzt.

■ Weiter südlich an der Straße in Richtung Phuket finden sich das **Ranong Inn Hotel****–*** (Tel. 077-822777), Zimmer teilweise mit A.C. und TV sowie das bessere **Ranong Garden Hotel*****–**** (Tel. 077-832174-81, Fax 077-832183). Beide Hotels wirken eher wie Motels, und der Verdacht liegt nahe, dass auch hier ein Durchgangsverkehr ganz spezieller Art stattfindet.

■ Noch weiter südlich liegt das **Eiffel Inn*****–**** (Tel. 077-848368-70), das nicht zu übersehen ist: Vor dem Haus steht eine größere Nachbildung des Eiffelturmes. Es hat ganz ordentliche Zimmer mit Bad, TV und A.C., dazu Bungalows. Bei Discount-Preisen ab 600 Baht nicht schlecht.

■ Das **Tinidee Hotel*******–ᴸᴸᴸ ist ein in der Innenstadt gelegener hoher Neubau und weithin sichtbar (41/144 Tamuang Rd., Tambon Kao Nives, Tel. 077-826003-6, Fax 077-835238, www.tinidee hotels.com/ranong). Die Zimmer sind sehr ordentlich, wenn auch nicht sehr groß und haben A.C., TV und Kühlschrank. Für Geschäftsleute ist dies wohl die beste Wahl am Ort. Ein Nachteil sind die Verbindungstüren, die einige Zimmer mit Nebenzimmern verbinden – eine Erfindung, um reisende Großfamilien nicht auseinander zu reißen. Bei Internetagenturen Preise ab ca. 1200 Baht, sehr lohnenswert. Vorhanden sind Jacuzzi mit Mineralwasser, Swimmingpool sowie Fitness- und Massage-Raum. Wi-Fi in der Lobby kostenlos.

■ Dem Tinidee Hotel angeschlossen ist ein neuerer, preiswerter Flügel, **Tinidee Inn***** (Tel. 077-834112), mit sehr ordentlichen, wenn auch weniger

7

luxuriösen Zimmern mit A.C. und TV. Eine gute und preiswerte Option.

■ In der Innenstadt, vor allem entlang der Ruangrat Road, finden sich einige weitere Hotels; diese sind aber oft nicht besonders gut in Schuss und/oder dienen gelegentlich als Stundenhotels. Dafür sind sie sehr preiswert und zentral gelegen: **Asia Hotel****–*** (39/9 Ruangrat Rd., Tel. 077-811113) ab ca. 200 Baht, dazu teurere Zimmer mit A.C. Ähnlich **Sin Thawi Hotel**** (81/1 Ruangrat Rd., Tel. 077-822771); **Sin Ranong Hotel**** (Ruangrat Rd., gegenüber dem Markt, Tel. 077-811454); **Rattanasin Hotel**** (Tel. 077-811242).

■ Sehr beliebt und empfehlenswert sind **Suta House Bungalows****–*** (Tel. 077-832707/8), ca. 100 m westlich zurückversetzt der Ruangrat Road. Dies ist vielleicht die beste Unterkunft für Low-Budget-Reisende, mit Zimmern ohne A.C. knapp unter 300 Baht, mit A.C. unter 400 Baht.

■ Etwa 2 km östlich der Innenstadt, in Richtung heiße Quellen an der Kamlungsab Road, liegt das **Springs G.H.***–** (Tel. 077-834369). Im Haus befindet sich eine Bar und Billard-Möglichkeit. Einfache Zimmer, in der höheren Preislage aber mit A.C. Für 100 Baht gibt es ein Bett im kleinen Schlafsaal.

■ Etwa 50 km südöstlich von Ranong, schon in der Provinz Chumpon, in wundervoller Berglandschaft an der Surat Thani-Ranong-Straßenverbindung, liegt **TCDF Eco-Logic****–****, dessen Profit der „Thai Child Development Foundation" zugute kommt (mobil: 08-41721090, www.tcdf-ecologic.jimdo.com). Die Zimmer und Bungalows sind einfach, aber sehr stilvoll und gemütlich eingerichtet, dazu gibt es einen preiswerten Schlafsaal. Mit Fahrradmiete, Kochkursen, Rafting und vielen Aktivitäten für Kinder.

Essen

■ **Sophon's Hideaway** an der Ruangrat Road ist ein wunderbar gemütlich eingerichtetes Restaurant und bietet sehr gute thailändische wie auch westli-che Küche, dazu Cocktails und andere Alkoholika. Weiterhin gibt's Satelliten-TV und Billardtische, und insgesamt ist dies sicher eine der besten Möglichkeiten am Ort, sich den Magen vollzuschlagen.

■ **Pon's Place,** etwa 400 m weiter südlich an der Ruangrat Road, bietet ausgezeichnetes westliches Frühstück und sonstiges Essen, dazu kostenloses Wi-Fi-Internet.

■ An der Ruangrot liegen weitere Restaurants, vor allem mit Thai-Speisen. Das **Taxi Restaurant** macht Pizzas, die mehr auf Thai-Geschmack ausgerichtet sind, d. h. der Teig ist sehr dick und der Geschmack süßlich.

■ **Entlang der Ruangrat Road** befinden sich zudem einige preiswerte chinesische Restaurants. Die Essensstände im Markt servieren zu jeder Tageszeit preiswerte Speisen, die meisten davon haben einen unverkennbaren chinesischen Einschlag. Es gibt *chok* (Reis-Porridge mit Ei) und *plaa thong krapong* (chinesische Teigkrapfen) zum Frühstück und andere China-Spezialitäten. Vorsicht vor dem Kaffee, der so süß ist, dass die Zahnplomben zu singen beginnen!

Anreise

■ Ab Bangkok fahren tagsüber etwa ein halbes Dutzend A.C.-Busse der 1. oder 2. Kl. zu 350/250 Baht. V.I.P.-Busse zu 600 Baht. Fahrzeit bei letzteren ca. 6–7 Std. Des Weiteren zahlreiche Busse ab Phuket (über Khao Lak, Bang Sak, Takua Pa), Chumphon und Surat Thani. Selbstfahrer seien darauf aufmerksam gemacht, dass es auf der (landschaftlich wunderschönen) Strecke von Chumphon nach Ranong so gut wie keine Tankstelle gibt, dafür nur ein paar dörfliche Zapfstellen, bei denen erhöhte Preise verlangt werden. Was der großartigen Szenerie jedoch keinen Abbruch tut!

> Moslemische Schüler

■ Eine **Flugverbindung** gibt es derzeit nicht. In der Vergangenheit waren zeitweise Air Asia oder Bangkok Airways aus Bangkok eingeflogen, und möglicherweise wird der Flugverkehr irgendwann wieder aufgenommen. Die meisten Passagiere waren Spieler auf dem Weg zum Casino auf der myanmaresischen Seite der Grenze, die fliegen heute aber lieber nach Singapur.

■ Der Busbahnhof befindet sich an Highway 4 (Phetkasem Rd.), ca. 1½ km südöstlich der Innenstadt, nahe dem Jansom Hotel. **Busse** u. a. nach Chumphon, Phang-Nga, Phuket und Surat Thani. Busse nach Hat Yai fahren ab einem Haltepunkt an der Chonreua Road im Norden der Stadt.

■ Privat betriebene **Kleinbusse** fahren für 120 Baht nach Chumphon (ab einem Haltepunkt am Nordende der Ruangrat Rd.) und für 150 Baht nach Surat Thani (Abfahrt gegenüber den Hat Yai-Bussen). Diese Fahrzeuge sind weit schneller als die Busse, der Fahrstil ist oft sehr rücksichtslos.

■ Vom Busbahnhof gehen auch mehrere Linien mit **Songthaews** quer durch die Stadt, z. B. Linie Nr. 2, die entlang der Ruangrat Rd. inmitten der Stadt führt. Fahrpreis für die Songthaews ca. 15–20 Baht.

■ Ab einem Haltepunkt gegenüber dem Rattanasin Hotel fahren **Sammeltaxis** nach Surat Thani.

Weiterreise nach Myanmar

■ Ab dem Hafen von Saphan Pla, ca. 5 km südwestlich der Innenstadt fahren **Boote nach Kawthaung** in Myanmar, der südlichst gelegenen Stadt Myanmars. Zur britischen Kolonialzeit hieß der Ort Victoria's Point. Westler können in Kawthaung einreisen, dürfen aber nicht über Land weiter in die nördlich gelegenen Gebiete Myanmars fahren; möglich ist allerdings die Weiterfahrt per Schiff oder Flugzeug. Außer burmesischem Kleinstadtleben gibt es in Kawthaung nicht viel zu sehen, die Stadt rühmt sich bestenfalls die besten Kickboxer des Landes hervorzubringen. Die Anreise nach Ranong allein um Kawthaung zu besuchen lohnt kaum, wer aber ohnehin in Ranong ist, macht keinen Fehler, den Ort aufzusuchen.

■ Viele Traveller reisen hier einfach aus Thailand aus, um bei der Rückreise einen neuen 15-Tage-Stempel zu ergattern. Solche **„Visa Runs"** werden gar von Reiseunternehmen in Phuket professionell arrangiert. Falls man das Land nicht verlassen bzw. mit einer Visumsverlängerung vorlieb nehmen will: Zuständig ist das Immigration Office an Saphan Pla, gegenüber der Thai Farmers Bank. Geöffnet tägl. 8.30–18.00 Uhr.

■ **Songthaews** ab dem Busbahnhof und dem Markt in Ranong fahren für 20 Baht **nach Saphan Pla,** Fahrzeit 20 Min.

■ Zwischen 7.00 und 18.00 Uhr fahren sechs **Boote von Saphan Pla** nach Kawthaung, Preis je nach Boot 60–100 Baht, Fahrzeit ca. 30 Min. Für ca. 800–1000 Baht lässt sich ein eigenes Boot chartern, mit Platz für ein halbes Dutzend Leute. Nachdem das Boot abgelegt hat, wird ein Stopp am thailändischen Grenzposten eingelegt. Kurz vor der Ankunft in Kawthaung erfolgt dann ein Stopp bei der Immigrationsbehörde von Myanmar. Tagesbesucher haben eine Einreisegebühr von 10 US$ oder 500 Baht zu zahlen.

■ In Kawthaung gibt es zwei **Unterkünfte,** in denen Ausländer übernachten dürfen, das sehr saubere und komfortable **Honey Bear Inn****** (A.C., TV) und das regierungseigene, nicht besonders gut in Schuss gehaltene **Kawthaung Motel****.** Der Preis beinhaltet Frühstück.

■ Wer im Casino spielen oder auch nur einen „Visa Run" absolvieren will, um neu einzureisen und wieder einen thailändischen 15-Tage-Stempel zu bekommen, kann in einem Tagestrip den **Andaman Club** aufsuchen. (Bei Einreise nach Thailand über Land oder See gibt es heute nur noch einen 15-Tage-Stempel, keine 30 Tage.) Der 205 Zimmer große Andaman Club betreibt ein eigenes Pier, samt eigenem Immigrationsschalter, 7 km nordwestlich der Stadt. Von hier fahren Mo–Do zwischen 7.00 und 12.00 Uhr beinahe stündlich Boote; Sa, So und feiertags von 7.00 bis 23.50 Uhr stündlich Boote. Für 1000 Baht bekommt man Hin- und Rückfahrt, und auch die burmesische Einreisegebühr ist im Preis inbegriffen. Fahrzeit ca. 20 Min. Anfragen unter Tel. 077-830461. Die Unterkunft in der luxuriösen Herberge mit Blick aufs Meer kostet ab ca. 4000 Baht; es werden auch mehrtägige Package-Touren ange-

boten. Das Resort hat einen Swimmingpool, einen Duty-Free-Shop, mehrere Restaurants, eine Karaoke-Lounge, Sauna, Fitness-Center u. v. m. Buchungen unter Tel. 077-83 1227 oder 02-2856404-7, Fax 02-6798236, www.andamanclub.com. Songthaews ab Ranong kosten 30 Baht zum Pier Tha Pla.

Die Inseln vor Ranong

Die kleinen Inseln vor Ranong sind einige der letzten „untouristischen", urwüchsigen Reservate in Thailand und erfreuen sich zunehmender Beliebtheit bei Backpackern. Die Strände sind zwar nicht die großartigsten, die entspannte Atmosphäre auf den Inseln macht aber so einiges wett. **Ko Chang** – nicht zu verwechseln mit der gleichnamigen Insel vor der Küste von Trat – ist im Inneren mit Wäldern bedeckt und an ihrer Ostseite wird sie von Mangrovenwäldern gesäumt. Der beste Strand, Ao Yai, befindet sich an der Westseite, bietet Blick auf die burmesische St. Mathew's Island, und hier finden sich auch die meisten Unterkünfte. Viele der Unterkünfte befinden sich in winzigen Buchten, die so gerade Platz für eine einzige Bungalow-Anlage haben. Über die Insel führen nur ein paar Trampelpfade, Elektrizität gibt es oft nur stundenweise, wenn überhaupt. Im einzigen Dorf in der Mitte der Insel gibt es ein paar kleine Geschäfte, Restaurants und eine Klinik. Die meisten Bungalows sind von Ende April/Anf. Mai bis ca. Mitte Oktober geschlossen, wenn die Insel von starken Regenfällen heimgesucht wird. Unterkunft im *Cashew Resort* **–*** (Tel. 077-820116, ca shew_re sort@hotmail.com), weit ausgedehnte Anlage, gute Bungalows mit Meerblick, dazu ein kleines Geschäft und die deutsch-holländische Tauch-schule Aladdin Dive Safari (Tel. 077-813698, www.aladdindivesafari.com); sehr empfehlenswert. *Little Italy*** (Tel. 084-8512760, daniel060863@yahoo.com), nur zwei doppelstöckige kleine Bungalows mit Bad, aber charmant und gemütlich eingerichtet, und zum Essen bietet das thai/italienische Besitzerpaar unter anderem Pasta. Mit Wi-Fi. Weiterhin: *Chang Thong Bungalows** (mobil: 089-8753353, 080-5268422), *Ko Chang Resort**–**** (Tel. 081-89618 39, www.kohchangandaman.com), in wunderbarer Lage hoch auf einem Felsen, mit bestem Meerblick und einer gemütlichen kleinen Bar, *Horn Bill Bungalow*** (Tel. 077-870240), isolierte, abgeschiedene Lage nördlich von Ao Yai und nur durch längeren Fußweg zu erreichen, dafür mit sehr freundlicher Leitung und gutem Essen, auch Boots- oder Kayak-Trips werden geboten. Die Anlage hat ein Boot für die Anfahrt. Wenn möglich, abholen lassen.

Anfahrt nach Ko Chang per „Lang-schwanzboot" ab dem Pier von Saphan Plaa in Ranong (dorthin mit Songthaews ab Ranong, 20 Baht).

Anfahrt: Ab dem Pier in Saphan Pla bei Ranong fahren in der trockenen Jahreszeit von November bis Mai täglich zwei Boote (9.30 und 14.00 Uhr) zu 100 Baht; Fahrzeit ca. 1 Std. In der Regenzeit fällt oft die Fahrt des ersten Bootes aus. Die Boote kommen an einem Pier an der Ostküste an, und bis Ai Yai sind es noch ca. 3 km. Am besten, man organisiert die Weiterfahrt über einen der Bungalows. Dazu gibt es einen Speedboot-Service (Abfahrt ca. 4-mal täglich) zu 350 Baht. Privat gecharterte Boote kosten ca. 2500 Baht.

Ko Phayam, weiter südlich gelegen, bietet einige weitere Strände mit Unterkunftsmöglichkeiten ebenfalls an der Westseite der Insel. Im Nordwesten findet sich die kleine Bucht Ao Kao Kwai, im Südwesten der etwas länger hingezogene Strand von Ao Yai (= „große Bucht", davon gibt es in Thailand viele, siehe oben). Ao Yai ist eine ca. 3 km weite Bucht an der Südwestseite der Insel, mit relativ weißem Sand, gesäumt von Kasuarin-Fichten, und der Ort, an dem sich die meisten Unterkünfte befinden. Im Hinterland präsentiert sich satte Waldlandschaft, die zahlreichen Tiersorten als Heimat dient, unter anderem Hornbills.

Die Bucht Ao Kao Kwai, im Nordwesten der Insel, ist im Süden aufgrund starker Gezeiten schlecht zum Schwimmen geeignet, der Norden hingegen, besonders die winzige Bucht Ao Kwang Bip, ist gutes Schwimm- und Schorchelrevier.

Elektrizität gibt es nicht überall auf der Insel. Die Bevölkerung lebt zum großen Teil vom Cashew-Nuss-Anbau und der Garnelenzucht. Ko Phayam zieht viele Langzeit-Traveller an und hat eine lebendige kleine „Szene". Wie auf Ko Chang so gibt es hier Strom ebenfalls nur stundenweise. Unterkunft an Ao Yai in *Aow Yai Bungalows**–*** (Tel. 083-3898688, www.aowyai.com), von einem thailändisch/französischen Paar geleitete Anlage, mit gut ausgestatteten Bungalows mit eigenem Bad, die sich über eine weitläufige Anlage verteilen. *Bamboo Bungalows ***–**** (Tel. 077-820012), verschiedenartige Bungalows, von kleinen, aber gut ausgestatteten Bambus-Hütten mit eigenem Bad bis zu gemütlichen größeren Bungalows aus

Der Süden

7

Bambus oder Zement; kostenloses Wi-Fi, dazu Vermietung von Kayaks, Surf-Boards u. a. *Smile Hut***–***** (Tel. 07-820335, 081-5150856, www.smile hutthai.com), einfache aber gemütliche Bambus- und Holzhütten, mit Wi-Fi und Kayak-Verleih. *Phayam Lodge****–****** (Tel. 086-9952598, www.phayam lodge.com), neue Anlage, mit schicken, großen, komfortablen Bungalows samt A.C. (trotz nur zeitweiligem Strom), so etwas wie die erste „Luxus"-Unterkunft auf der Insel und ein Hinweis, dass hier bald nicht nur wie bisher Backpacker anreisen werden. *An Ao Kao Kwai. Mr. Gao***** (Tel. 077-870222, www.mr-gao phayam.com), an einem wunderschönen Strandabschnitt gelegen, mit komfortablen Bungalows mit eigenem Bad in verschiedenen Größen, ab 700 Baht. Mit guten Restaurant. *Payam Cottage ***** (Tel. 087-470999, www.payamcotta ge.com), solide und komfortable strohgedeckte Steinbungalows mit 24 Std. Strom, Swimmingpool, Restaurant und Wi-Fi.

Anfahrt: Per Boot ab dem Pier Saphan Pla in Ranong um 9.30 und 14 Uhr zu 150 Baht; Fahrzeit ca. 2 Std. In der Regenzeit (Mai–Oktober) wird der Verkehr oft eingestellt, oder es fährt nur das Boot um 14 Uhr. Speedboote ab Ranong zu 350 Baht. Nach der Ankunft stehen Motorradtaxis zur Weiterfahrt zur Verfügung.

Um von Ko Chang nach Ko Phayam zu gelangen, besteht keine andere Möglichkeit, als Boote privat zu chartern (ca. 1500 Baht). Ansonsten bieten sich u. U. die Touren von Ko Chang nach Ko Phayam an, die vom Ko Chang Resort (s. o.) mehrmals wöchentlich angeboten werden.

Khuraburi und Ko Phra Thong

คุระบุรี เกาะพระทอง

Khuraburi, 120 km südlich von Ranong und 45 km nördlich von Takua Pa gelegen, ist eine unauffällige Kleinstadt und touristisch nur als Sprungbrett nach Ko Phra Thong von Bedeutung.

Ko Phra Thong, die „Insel des goldenen Buddhas", befindet sich vor der Küste von Khuraburi und ist nach einer goldenen Buddha-Figur benannt, die auf der Insel gestanden hatte. Nach Erzählungen der Einheimischen wurde sie im Zweiten Weltkrieg von den Japanern geraubt. Die Erinnerung an die Japaner ist auch noch im Namen der benachbarten Ko Yipun („Japaner-Insel") wach. Ko Yipun ist der Name, den die örtliche Bevölkerung zumeist benutzt, auf Landkarten erscheint die Insel unter ihrem offiziellen Namen Ko Ra.

Ko Phra Thong weist an ihrer Westseite einen 15 km langen, zum Teil sehr schönen, weißen Strand auf und verzeichnet folglich einen ständigen, wenn auch nur mäßig starken Zustrom von Travellern. Die begrenzten Unterkunftsmöglichkeiten und die spärlichen Bootsverbindungen werden größere Touristenanstürme vorerst verhindern.

Einige Besucher kamen in der Vergangenheit nicht wegen der Strände, sondern wegen der Schildkröten: Auf der Insel legen in den Monaten Dezember mehrere Arten der vom Aussterben bedrohten **Meeresschildkröten** ihre Eier ab. Darunter sind vor allem die Oliver

Ridley-Schildkröten (*Lepidochelys oliva-cea*) und die Leatherback-Schildkröten (*Dermochelys coriacea*); dazu kommen noch vereinzelte Grüne Meeresschildkröten (*Chelonia mydas*). Chelon, eine italienische NGO (*non-governmental organisation*), kämpft hier für den Erhalt der Meeresschildkröten. Dazu sind auch freiwillige Helfer willkommen; diese müssen allerdings selbst für Transport, Unterbringung und Verpflegung sorgen. Anfragen im Golden Buddha Resort (s. u.).

Unterkunft/Essen

■ Das **Golden Buddha Beach Resort****–ᴸᴸᴸ** (P.O. Box 4, Khuraburi, 85120 Phang-Nga, Tel. 081-8922208, 081-8947195, www.goldenbuddharesort.com) ist eine tolle Anlage mit sehr schönen, rustikalen Bungalows. Dies ist vielleicht eine der schönsten „off the beaten track"-Lokalitäten in Südthailand, aufgrund der Ruhe und Einsamkeit der Insel aber sicher nicht nach jedermanns Geschmack. Ab ca. 4000 Baht. Im Mai und September ist das Unternehmen gelegentlich geschlossen.

■ Falls man in Khuraburi übernachten muss, so stehen drei im Grunde nur wenig einladende, aber preiswerte Hotels zur Verfügung. Diese sind in erster Linie Stundenhotels: **Hotel Extra** (Soi Sukha Phibaan 2), **Hotel Nang-Nuan**** (Soi Sukha Phibaan 4, Tel. 076-491401) und **Hotel Saeng-Phet****–***** (Soi Sukha Phibaan 8, Tel. 076-491262). Alle drei Hotels befinden sich in kleinen Seitengassen, die in westliche Richtung von der Hauptstraße abzweigen. In der Innenstadt findet man Motorrad-Taxis, die einen dorthin bringen.

■ Eine weit bessere Übernachtungsmöglichkeit bietet sich im **Kuraburi Green View Resort****–ᴸᴸᴸ**, das sich 12 km südlich der Stadt an der Straße in Richtung Takua Pa und Phuket befindet (129 Moo 5, Bang Wan, Khuraburi, Tel. 076-401400, Fax 076-401424, www. kuraburigreenviewresort.com). Dieses bietet komfortable Bungalows (Bad, AC, Mini-Bar, Kabel-TV), die an einen Hang gebaut sind. Umgeben werden sie von einer weitläufigen, gepflegten Anlage samt Swimmingpool. Preise in der Hauptsaison ab 2200 Baht. Leider bekommt man in den Bungalows aber etwas Verkehrslärm ab. Das Unternehmen bietet Elefanten-Trekking und Bootsausflüge an; unter den Bootsausflügen sind auch Camping-Trips nach Ko Phra Thong oder zu benachbarten Inseln. Ein Restaurant ist vorhanden, ansonsten gibt es weit und breit keine Essensmöglichkeit.

Anreise

■ Khuraburi liegt an der Straße Ranong – Takua Pa/Phuket, und bei **Busfahrten** zwischen den Orten lasse man sich in Khuraburi bzw. nahe dem Bootspier Phae Chumphon (s. u.) absetzen. Von Khuraburi gelangt man mit Motorrad-Taxis oder Songthaews zum Pier.

■ Nach Ko Phra Thong fahren **unregelmäßige Linienboote** ab dem **Pier Phae Chumphon,** 7 km nördlich von Khuraburi gelegen. Gecharterte Boote kosten ab ca. 2500 Baht.

■ **Preiswertere Boote** lassen sich am **Pier von Thung La-Ong** chartern, das 41 km von Khuraburi entfernt ist. Zunächst fahre man von Khuraburi 21 km in südliche Richtung, bis sich im Bereich der Ortschaft Ban Bang Khang eine Abzweigung auftut, an der einige Schilder auf das Bootspier hinweisen. Ab der Abzweigung fahren Motorrad-Taxis für 100 Baht/Pers. zum Pier (20 km). Gecharterte Boote nach Ko Phra Thong ab ca. 1500 Baht.

■ Eine weitere Möglichkeit zur Boots-Charter gibt es am **Pier von Nam Khem**, ca. 6 km südlich von Takua Pa oder ca. 1 km nördlich des Diamond Beach Resorts gelegen. Vom Busbahnhof in Takua Pa fahren Songthaews nach Nam Khem. Der Pier ist günstig für Leute, die aus Khao Lak oder Bang Sak anreisen; aufgrund der größeren Entfernung nach Ko Phra Thong ist aber mit hohen Preisen zu rechnen.

Ko Kho Khao

Ko Kho Khao liegt wenige Kilometer südwestlich von Takua Pa an der Mündung des Takua Pa-Flusses. Die kleine Wasserstraße, die die Insel vom Festland trennt, ist nicht das Meer, sondern das weit ausufernde Flussdelta.

Die Insel bietet im südlichen Teil nur karge Vegetation, im Norden hingegen Wald und Weideland. In den Wäldern sind **zahlreiche Vogelarten** zu beobachten. Ko Kho Khao ist ein Geheimtipp für Leute, die gerne an ganz unberührten Stränden verweilen: Entlang der Westseite der Insel erstreckt sich ein sehr schöner, langer, weißer Strand; der schönste Abschnitt befindet sich an dessen Südende. Nach Norden hin ist dieser nicht mehr ganz so ansehnlich, trotzdem aber immer noch gut genug für lange, einsame Spaziergänge. Insgesamt ist Ko Kho Khao sehr empfehlenswert für Leute, die **absolute Ruhe** wünschen.

An einigen Strandabschnitten legen von November bis Februar **Meeresschildkröten** ihre Eier ab.

In Ban Thung Tuk an der Ostseite der Insel, unweit des Piers, befinden sich die Überreste der **ersten indischen Siedlung** in dieser Region, die in den ersten Jahrhunderten unserer Zeitrechnung entstanden sein muss. Zu sehen sind eigentlich nur einige Steinhaufen, Überreste alter Mauern und eines Teiches.

Unterkunft/Essen

Die Unterkünfte befinden sich alle an der Südwestseite der Insel, ca. 10 Minuten Fahrt vom Bootspier entfernt.

■ Das **Koh Kho Khao Resort*****–LLL** (Tel. 076-417171, Fax 076-417006, www.kkkresort.com) hat komfortable, geräumige Steinbungalows sowie Zimmer in einem dreistöckigen Hotelgebäude. Alle Zimmer mit A.C. und TV. und Kühlschrank. Das Resort steht an einem sehr malerischen Strandabschnitt. Preise in der Nebensaison ab ca. 1200/1500 Baht – für diese zunehmend teurer werdende Insel kein schlechtes Angebot. Ein Restaurant ist angeschlossen, Swimmingpool.

■ Das **Kho Khao Island Beach Resort & Spa LLL** (Tel. 076-592666, Fax 076-592678, www.khokhaoislandbeach.com) bietet sehr komfortable Steinbungalows (A.C., Mini-Bar), die um einen Swimmingpool angesiedelt sind. Mit Restaurant. Bei Buchung über die Website des Unternehmens in der Off-Season Preise ab ca. 2500 Baht. In der Hauptsaison sind die Preise bis zu 50 % höher.

■ Das **Andaman Princess Resort & Spa*****–LLL** (Tel. 076-592222-9, Fax 076-592226, www.andamanprincessresort.com) ist die erste Nobelherberge am Ort. Sie befindet sich am südlichen Zipfel der Ostküste, an einem sehr schönen Strandabschnitt. Die Anlage umfasst 82 Bungalows und Villen, alle sehr geschmackvoll eingerichtet. Bei Buchung über die Website des Unternehmens beginnen die Preise in der Off-Season bei 1800 Baht. Die Anlage ist es sicher wert. Alle Zimmer A.C. und TV.

Dieses Resort, wie auch das Kho Khao Island Beach Resort, beweisen, dass auch hier, ähnlich wie zuvor in Khao Lak, eine „alternative" Travellerdestination ganz schnell zum noblen Touristenziel wird, und aus einfachen Bungalowunterkünften mausern sich schnell feudale Strandresorts.

Als **Essensmöglichkeit** außerhalb der Unterkünfte gibt es nur ein paar einfache **Brutzelhütten** am Bootspier.

Anreise

■ Ab dem Pier von Ban Nam Khem, ca. 7 km südwestlich von Takua Pa, setzen regelmäßig **Fähren**

Der Süden

nach Ko Kho Khao über. Ban Nam Khem war eine der am meisten vom Tsunami verwüsteten Ortschaften – die meisten Häuser wurden zerstört. Eine Gedenkstätte erinnert an die Katastrophe. Die Überfahrt kostet 20 Baht und dauert ca. 15 Min. Das Mitnehmen eines Motorrads kostet 50 Baht, eines Autos 300 Baht (jeweils hin und zurück). Die letzte Fähre geht gegen 17.00 Uhr. Wer mit einem Auto am Pier in Nam Khem erscheint, kann die Autofähre rufen lassen, die einen dann abholt und übersetzt.

■ Vom Pier auf Ko Kho Khao gelangt man per **Motorradtaxi** zu den Unterkünften. Die Straßen auf der Insel sind gut ausgebaut, und die Fahrt zu den Unterkünften dürfte ca. 60 Baht kosten.

■ Um zum Pier von Ban Nam Khem zu kommen, nehme man **vom Busbahnhof in Takua Pa** ein Songthaew (30 Baht) oder Motorradtaxi.

■ Wer **mit eigenem Fahrzeug** aus Richtung Phuket oder Khao Lak/Bang Sak kommt, braucht nicht bis Takua Pa zu fahren; ca. 5 km vor Takua Pa geht links eine gut ausgeschilderte Straße in Richtung Ban Nam Khem ab.

■ Schon länger geplant sind der Bau einer Brücke vom Festland und der eines Flughafens. Allzu schnell wird jedoch aus beidem nichts werden.

Chaiya
ไชยา

Eine kleine, unaufregende Stadt auf dem Weg nach Surat Thani. Vor 1200 Jahren war hier das Zentrum des Srivijaya-Reiches, aber davon ist nicht viel geblieben. Das Srijivaya-Reich erstreckte sich von Java bis zum Isthmus von Kra und wurde vom Reich der Khmer abgelöst. Einige Fakten um das Srivijaya-Reich sind bis heute umstritten, einiger Theorien gemäß hatte es wechselnde Hauptstädte oder Zentren.

In der Stadt gib es heute nur **Wat Phra Boromathat** (auch Wat Phra Mahathat genannt) zu sehen. Dieser große Wat ist ein gutes Beispiel für die Architektur der Srivijaya-Epoche.

Auf dem Tempelgelände befindet sich das **Chaiya National Museum,** das Gegenstände aus dem 5. und 6. Jahrhundert ausstellt. In dieser Epoche soll Chaiya ein Handelszentrum zwischen China, Indien und dem Mittleren Osten gewesen sein. Geöffnet Di–Fr 9.00–16.00 Uhr, Eintritt 30 Baht.

Etwa 7 km von Chaiya entfernt liegt **Suan Mokh,** der „Garten der Erlösung" (auch Wat Mokha Pai Aram genannt oder Wat Tham Naam Lai, der „Tempel des fließenden Wassers" – also nicht verwirren lassen!) Dieser Wat ist einer der bekanntesten Meditations-Wats des Landes und wurde vor über 50 Jahren von dem angesehenen Mönch *Phra Acharn Buddhadasa* gegründet, der 1993 verstarb.

Wat Suan Mokh besteht aus mehreren Gebäuden, die von friedlicher Park- und Waldlandschaft umgeben sind. Die Gebäude selber sind nicht unbedingt schön anzusehen (gelinde gesagt). Aber vielleicht war es die Absicht des hellwachen Achaan Buddhadasa, nicht durch bestechende Architektur zu glänzen, sondern die Bewohner zum Essentiellen zu führen – nämlich zur Meditation.

Zwei Gebäude weisen die Form von Booten auf – Symbole für die Fahrt über manches wilde Wasser bis hin zum endgültigen Nirvana, der Erlösung. Das Hauptgebäude ist an seiner Basis mit vielen Reliefs geschmückt, die z. T. Szenen aus Buddhas Leben darstellen. Die Innenwände des Gebäudes sind von ehemaligen Bewohnern mit Gemälden be-

7

deckt worden, die ebenfalls das Erreichen des Nirvana zum Thema haben –
wenn auch teilweise aus anderem Blick-
winkel. Da versucht z. B. eine *Miss Hook*,
eine aufreizende Dame in Minimalbe-
kleidung, die Meditationswilligen vom
angestrebten Pfad der Keuschheit abzubringen. An ihrem Kleid hängen zahlreiche Haken *(hook)*, mit denen sie ihre
Opfer zu ködern gedenkt. Diese und andere Bilder dienen zur Ermahnung, sich
nicht durch *maya* (der Welt der Sinne)
vom Ziel der Erlösung abbringen zu lassen. (Aus Gründen der Gerechtigkeit
sollte dem Gemälde mit der verführeri-
schen Dame auch das Bild eines charmanten Playboys hinzugefügt werden!)

Jeden Monatsanfang wird ein 10-
tägiger **Meditationskurs** in Wat Suan
Mokh abgehalten, der bestens von *farang*
besucht wird. Die Teilnahme kostet 1500
Baht/Tag inkl. Verpflegung und Unterkunft (Tel. 077-431597, www.suan
mokkh.org).

Unterkunft

■ Im **Udomlap Hotel****–*** (Tel. 077-4311 23);
die billigsten Zimmer haben kein eigenes Bad, die
teuersten zu 500 Baht, haben Bad und A.C. Einzige
Alternative ist das einfache **Pua Doen Thani****–
*** (Tel. 077-4315 34), das einige Bungalows ge-
genüber von Wat Suan Mokh bietet.

Anreise

Wat Suan Mokh liegt direkt an der Straße, die von
Surat Thani über Chaiya weiter nördlich führt, 4 km
vor der Abzweigung nach Chaiya. Wer also aus Surat
Thani kommt, sollte den Busschaffner bitten, direkt
am Wat rausgelassen zu werden. Wer aus Richtung

Norden kommt, durchfährt zuerst Chaiya und passiert dann den Wat. Von Chaiya aus fahren auch Motorradtaxis für ca. 50 Baht dorthin. Angeblich fahren auch Songthaews, die lassen sich aber kaum
blicken.

■ Vom Talaat Kasem 2-Busbahnhof in Surat Thani
fahren **Minibusse** für 80 Baht nach Suan Mokh.
Fahrzeit ca. 40 Minuten. Langsamere **Songthaews**
kosten 50 Baht.

■ Möglich ist auch die Anreise per **Zug** aus Richtung Bangkok oder Surat Thani, nicht alle Züge halten jedoch in Chaiya. Von Surat kommend ergibt
sich zudem das Problem, dass der Bahnhof weit außerhalb der Stadt in Phun Phin liegt (14 km; von
Surat fahren Busse dorthin zu 15 Baht, Songthaews
zu 20 Baht). Ein Songthaew nach Chaiya ist somit
allemal besser. Wer dennoch den Zug vorzieht kann
sich im Bahnhof von Chaiya mit den berühmten
Chaiya-Salzeiern *(khai khem chaiya)* eindecken –
eingelegte Enteneier, die von fliegenden Händlern
lauthals angeboten werden. Die Eier gelten als regionale Delikatesse. Die Händler besteigen in
Chaiya (und auch in Lang Suan) die Züge und bieten
ihre Waren den Zugpassagieren feil. Das ganze dauert ein paar Minuten, bis der Zug abfährt und die
Händler flugs abspringen. Die Eier werden auch an
Ständen am Highway 4 im Bereich von Chaiya und
Lang Suan angeboten. Thais, die die Gegend besuchen, bringen sie gerne ihren Verwandten und
Freunden mit.

Surat Thani
สุราษฎร์ธานี

Surat Thani ist eine lebendige Handelsstadt mit 150.000 Einwohnern, die den
Touristen allerdings nicht gerade mit
großen Sehenswürdigkeiten verwöhnt.
Für die meisten Besucher ist die Stadt
ein Zwischenstopp zu den Inseln Ko

Der Süden

Samui und Ko Phangan. Seit die Budget-Fluglinien Orient Thai und Air Asia von Bangkok nach Surat Thani fliegen, bietet der dortige Flughafen eine Alternative zum überteuerten Direktflug nach Ko Samui.

Der **Markt** am Tapi-Fluss ist recht interessant, und Freunde exotischer Früchte können sich an den Rambutans laben, die in der Umgebung der Stadt besonders gut gedeihen. Abends ist der Marktplatz am Flussufer eine Art Treffpunkt vieler Einwohner, und eine Blindenkapelle, die ihre fehlende Notentreffsicherheit durch ein Übermaß an Enthusiasmus wettmacht, unterhält die Passanten. Samstags wird ein Teil der Flussuferstraße abgesperrt (das nennt sich Walking Street), sodass sich der Nachtmarkt ausbreiten kann. Sonntags findet am Fluss nahe dem TAT-Office ein Floating Market statt.

Acht Kilometer von der Stadt entfernt befindet sich der **Khao Thathep,** ein dichtbewaldeter Hügel, von dem man eine gute Aussicht auf Surat, wie sie von den Einheimischen kurz genannt wird, hat. Auf dem Gelände ist auch ein **Botanischer Garten** angelegt.

Wer etwas Zeit hat, sollte das Office der TAT in der Talat Mai Road (Tel. 077-288817-9; tatsurat@tat.or.th) aufsuchen, obgleich es nicht ganz zentral liegt. Dieses **Tourist Office** ist eines der besten des Landes, das Personal ist überaus hilfsbereit und überlässt dem interessierten Besucher gleich pfundweise Informationsmaterial. Das Büro ist täglich von 8.30–16.30 Uhr geöffnet. Die Tourist Police (Tel. 077-405575) befindet sich etwas außerhalb, nahe dem Tesco Lotus und neben dem 100 Island Resort and Spa.

Unterkunft

◼ Zu empfehlen ist das sehr saubere **Phangan Guest House**** (Talaat Mai Road, Tel. 077-205799) und das angeschlossene Reisebüro Phangan Travel 2003. Einfache Zimmer, teilweise mit A.C. und Fernseher. Der Besitzer ist freundlich und hilfsbereit.

◼ Das **Grand Tara Hotel*****–**** befindet sich etwas südwestlich der Innenstadt (144/1 Don Nok Rd., Tel. 077-273740). Dies ist ein gutes Mittelklassehotel, mit Zimmern mit A.C. und TV ab 400 Baht.

◼ Recht ordentlich ist das **Tapi Hotel***** (100 Chonkasem Rd., Tel. 077-272575); in den teureren Zimmern mit A.C. und TV. Die Zimmer zur Straße hinaus sind jedoch zu meiden, da sehr laut.

◼ Das **Thai Rung Ruang Hotel****–*** (191-199 Mitkasem Rd., Tel. 077-286351-2) ist sauber und wohnlich und bietet Reiseinformationen für Traveller.

◼ Preiswert und gut ist das **Ban Don Hotel** *** (268/2 Na Mueang Rd., Tel. 077-272167). Saubere Zimmer mit Bad. Das vielleicht beste Hotel in seiner Klasse.

◼ Das nahe gelegene **Intown Hotel***** (276/1 Na Mueang Rd., Tel. 077-210145) hat ordentliche, modern eingerichtete Zimmer mit Bad und TV, die etwas teueren auch A.C. Auch dieses Haus ist eine gute Wahl.

◼ Das **Wang Tai Hotel******–ᴸᴸᴸ, gut anderthalb Kilometer südwestlich der Innenstadt gelegen, ist ein älteres, mittlerweile aber renoviertes Oberklasse-Hotel (1 Talaat Mai Rd., Tel. 077-283020-39). Hier steigen oft besser bezahlte thailändische Staatsdiener ab. Zimmer mit A.C., TV, Kühlschrank, Tel., dazu gibt es einen Swimmingpool.

◼ Am nordöstlichen Stadtrand steht das relativ neue **Grand Saowaluk Hotel******–***** (99 Kanchanavithi Rd., Tel. 077-213700, Fax 077-213735). Die Zimmer haben den üblichen Standard in dieser Klasse. Die Preise beinhalten Frühstück; eventuell lassen sich Reduktionen herausschlagen, und dann lohnt das Wohnen hier. Vorhanden sind Coffee-Shop, Restaurant und Swimmingpool.

7

■ Ebenfalls im Norden der Stadt ist das neue, empfehlenswerte und freundliche Boutique-Hotel **The One****** (118/68 Thathong Rd., Tel. 077-212111, www.theonesurat.com) zu finden. Kleine, helle Zimmer mit A.C., TV, DVD, Wi-Fi und Frühstück für 700 Baht. Das Hotel hat einen Parkplatz und ein Restaurant.

■ Am südlichen Stadtrand liegt das **Diamond Plaza****** (Tel. 077-205333, www.diamondplazahotel.com), ein großes Gebäude mit über 400 A.C. Zimmern, gutem Service und Karaoke.

■ Drei Kilometer außerhalb der Stadt, gegenüber dem Tesco Lotus, befindet sich Surats erstes Boutique Hotel, das **100 Islands Resort and Spa******–******** (Tel. 077-201150), das sehr schöne moderne Zimmer mit A.C., Fernseher und Wi-Fi-Zugang bietet. Ein Swimmingpool ist ebenfalls vorhanden. Empfehlenswert.

Surat Thani

Übernachtung	16 Wang Tai Hotel	**Einkaufen/ Sonstiges**
1 Grand Saowaluk Hotel	17 Diamond Plaza	
2 Thai Rung Ruang Hotel	18 100 Islands	8 Walking Street
4 The One Hotel	Resort and Spa	Market (samstags)
5 Tapi Hotel		9 Songserm Travel
6 Inntown Hotel,	**Essen und Trinken**	14 Thai Airways
Grand City Hotel	3 Lucky Restaurant	15 Floating Market
11 Ban Don Hotel	7 Nachtmarkt	(sonntags)
12 Phangan Guest House	10 Crossroads Riverside	
13 Grand Tara Hotel	13 Grand Tara Coffee House	

Essen

■ Einer der angenehmsten Aspekte der Stadt ist der lebendige **Nachtmarkt,** der sich gegen 18.00 Uhr wenige Straßenblocks östlich des Bootspiers zu regen beginnt. Es gibt eine vielfältige Auswahl von preiswerten Speisen, von gerösteten Maiskolben bis hin zu Süßspeisen aller Art. Sehr lohnenswert!

■ Wer es gerne etwas gediegener hat, ist im **Tara Coffee House** des Grand Tara Hotel gut aufgehoben. Hier wird gehobene westliche als auch einheimische Küche geboten.

■ Das preiswerte und freundliche **Lucky Restaurant** im Norden der Stadt, nicht weit vom *Thai Rung Ruang Hotel* entfernt, bietet eine große Auswahl thailändischer Gerichte in Country und Western Ambiente und ist unter den Einheimischen so beliebt, dass es hier selbst unter der Woche ziemlich voll ist. Die meisten Gerichte kosten 60 bis 80 Baht.

■ Das **Crossroads Riverside** in der Soi 2 Sritapi Rd., Tel. 077-210162, www.crossroads-surat.com) auf der nördlichen Seite des Tapi Flusses bietet gutes Essen, großartige Blicke, und abends gibt es Live-Musik. Wer in Surat Thani eine Nacht verbringen muss, kann hier einen genüsslichen Abend verbringen.

■ Ein weiteres **vegetarisches Restaurant** liegt gleich neben der Lokalbusstation (rechts neben Punkt 17 auf der Karte). Es hat meist eine große Auswahl an Speisen, ist jedoch nur etwas unregelmäßig geöffnet.

■ **Seafood:** Surat Thani ist für eine spezielle Muschelart, die *hoy nangrom* bekannt. In Paknam, 6 km nordöstlich der Stadt finden sich einige Seafood-Restaurants, die diese zu delikaten Gerichten verarbeiten. Die beliebtesten Restaurants sind das **Lamphu Jao Gau** („Lamphus altes Restaurant") und die demselben Besitzer gehörenden **Lamphu Sorng** („Lamphu 2") und **Lamphu Sam** („Lamphu 3"). Neben Muscheln gibt es zahlreiche weitere Seafood-Gerichte, alle zubereitet unter Verwendung frischester Zutaten.

Achtung, Betrüger!

Bei den Transfers am Bahnhof von Phun Phin (Surat Thani) lauern bei Verspätung der regulären Busse gelegentlich Betrüger auf, die vorgeben, zum gebuchten Transport-Unternehmen zu gehören. Unter Verbreitung von Hektik und Aufregung wird man gedrängt, schnell in ihren Wagen zu steigen, um die Fähre noch rechtzeitig zu erreichen. Während der Fahrt wird dann an einer Tankstelle angehalten, da angeblich der Tank leer ist. Die absolut überhöhte Rechnung zahlt der Passagier (ca. 250 Baht für die 50 km); falls nicht, sieht er der Aussicht entgegen, mitten auf der Strecke hinausgeworfen zu werden! Falls der Bus beim Transfer nicht sofort bereitstehen sollte, ruhig abwarten und sich von der Gruppe seiner Mitreisenden (meistens sind ja noch viele andere da, die ebenfalls auf den Bus warten) nicht trennen lassen.

Anreise

■ **Busse** ab Bangkok Southern Bus Terminal. A.C.-Busse 1 Kl. 748 Baht, und V.I.P.-Busse 1055 Baht. Fahrzeit je nach Bus ca. 10–11 Std.

■ **Züge** ab Bangkoks Hualamphong Station fahren 11-mal am Tag, Fahrzeit ca. 7–8 Stunden. Preis in der 3. Kl. 297 Baht, mit A.C. 397 Baht, in der 2. Kl. 438 Baht, mit A.C. 578 Baht, im Sleeper 2. Kl. mit A.C. und Schlafkoje oben/unten 758/848 Baht, und in der 1. Kl. Schlafkoje oben/unten 1179/1379 Baht. Surats Bahnstation liegt in Phun Phin, 14 km westlich der Stadt; von dort fahren Busse und Songthaews nach Surat (12 Baht; Abfahrt zwischen 6.00 und 20.00 Uhr alle 10–15 Min.). Wer aus irgendeinem Grund in Phun Phin übernachten muss, findet um den Bahnhof herum einige billige Hotels.

7

■ **Flüge** mit Thai Airways ab Bangkok kosten ab 2750 Baht, Business Class 3750 Baht. Zwei Flüge täglich, Flugzeit 1 Std. 10 Min. Der Flughafen befindet sich weit außerhalb der Stadt (ca. 30 km nördlich). Private Kleinbusse der pendeln für 100 Baht/Pers. zwischen dem Flughafen und dem Stadtbüro der Airline hin und her. Der Flugverkehr in Surat Thani ist recht rege, denn die Budget-Fluglinie Air Asia (www.airasia.com; je nach Tag und Flug ca. 1500–2500 Baht) fliegt ebenfalls täglich von Bangkok nach Surat Thani. Die Billigflieger von Nok Air (wwww.nokair.com) fliegen ebenfalls dreimal am Tag von Bangkok ein. Ab 1600 Baht. Der Transferbus vom Flugplatz nach Don Sak kostet teure 420 Baht und ist elend langsam. Wenn man dann noch das Ticket für die Fähre dazurechnet, spart man im Vergleich zum Direktflug nach Ko Samui nicht mehr viel.

■ Das Büro der **Thai Airways** befindet sich in 3/27–28 Karunarat Rd., Tel. 077-273710.

■ **Taxis** zum Pier in Don Sak (Fähre nach Ko Samui) kosten ca. 800 Baht. Wer aber sein Ticket in einem Reisebüro mit Seatran bucht, wird kostenfrei nach Don Sak befördert. Einige Reiseunternehmen fahren mit Kleinbussen dorthin, zu 70–100 Baht/Pers.

■ Es ist auch möglich von Surat Thani direkt nach Ko Tao zu fahren. Um 8.00 Uhr fährt die **Fähre** von Songserm Travel (Tel. 077-287124) ab, Fahrzeit 4½ Stunden. Um 20.30 legt ein langsames Nachtboot (550 Baht) ab, das erst um 5.30 Uhr in Ko Tao ankommt. Die Autofähre nach Ko Tao gibt es nicht mehr.

■ **Weiterreise nach Ko Samui und Ko Phangan** siehe unter Anreise dort.

Weiterreise

■ Die meisten **Busse** zu weitergehenden Zielen fahren ab den **Busstationen Talaat Kasem 1 und Talaat Kasem 2** (*talaat kasem* = „Farmersmarkt"). Klimatisierte **Kleinbusse** *(rot thuu)* fahren ab Talaat Kasem 2, man beachte aber die vorangegangenen Warnungen bezüglich der Fahrweise dieser Gefährte. Busse fahren u. a. nach Hat Yai (126/200/ 220 Baht, Fahrzeit 5 Std.), Krabi (170 Baht, 3–4 Std.), Nakhon Si Thammarat (60/120 Baht, 2–3 Std.), Phang-Nga (60/135 Baht, 3–4 Std.), Ranong (80/170 Baht, 4–5 Std.) und Phuket (113/200 Baht, 6 Std.). Kleinbusse ebenfalls u. a. nach Hat Yai (240 Baht), Krabi (170 Baht), Nakhon Si Thammarat (120 Baht), Phang-Nga (220 Baht), Ranong (190 Baht) und Phuket (200 Baht).

Ca. 2 km südwestlich der Stadt, an der Straße zum Bahnhof Phun Phin liegt ein **weiterer Busbahnhof,** der aber nicht so viel angefahren wird. Allerdings gehen von hier die Busse nach Bangkok und Prachuap Khiri Khan. Von Surat Thani fahren Busse für 15 Baht dorthin.

▷ Totempfahl der Seenomaden

7

Ko Samui,
Ko Phangan und Ko Tao

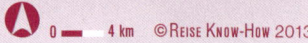

0 — 4 km   ©Reise Know-How 2013

ThaiF12

Chumphon

KO NANG YUAN   **561**

Mae Haad   *310*   KO TAO

MYANMAR   LAOS   VIETNAM

Bangkok

KAMBODSCHA

Golf von
Thailand

VIETNAM

MALAYSIA

Golf von
Thailand

Ang-Thong-
Meeres-
Nationalpark

KO PHI

KO PHALUAI

Chalok
Lam   **540**

627 ▲   Thong Nai Pan

Than Sadet

KO PHANGAN

★
Phaeng-
Wasserfall

Thong Sala

Tai   Hat Rin

Bo Phut   Plai Laem

★ Hin-Lad-
Wasserfall
Ban Nathon

Chaweng

635 ▲

Thong
Yang

★
Na-Muang-
Wasserfall

Lamai

Hua Thanon

KO SAMUI

KO TAN

Surat Thani

Don Sak

Ko Samui

เกาะสมุย

Ko Samui ist mit 254 km² die drittgrößte Insel Thailands (50.000 Einwohner) und war noch bis vor ein paar Jahren so etwas wie das preiswertere und weniger zubetonierte Pendant zu Phuket. Entsprechend zog die Insel mehr Individualreisende an, in den letzten Jahren zeichnet sich jedoch auch hier deutlich ein Trend in Richtung Package- und Hochpreis-Tourismus ab. Teurere Unterkünfte und Restaurants finden sich inzwischen an jedem Strand, und die frühen 1970er Jahre, als nur ein paar Strohhütten auf der Insel standen, scheinen heute einer anderen Epoche anzugehören. Mittlerweile besuchen zwei Millionen Touristen die Insel pro Jahr, 135.000 reisen aus dem deutschsprachigen Raum an, und oft scheint es, als gäbe es mehr Urlauber als Einheimische. Es gibt noch einige schlichte Hütten für 10 €, am oberen Ende der Skala lassen sich aber auch 1000 € für die Übernachtung ausgeben (siehe Santiburi Resort). Bei den teureren Unterkünften sind im Preis üblicherweise reichhaltige Frühstücks-Buffets inbegriffen. Kurz, Ko Samui ist ein Strandparadies, eine Insel zum Ausspannen und Erholen.

2003 wurde das Grundrechtgesetz geändert, und eine Weile **kauften Ausländer die Insel auf** – mehr als 30 % sollen inzwischen an Westler, meist Engländer, verkauft sein. Inzwischen ist es allerdings wieder etwas schwieriger gewor-

☑ Strand Bang Bo auf Ko Samui

Der Süden

143th at

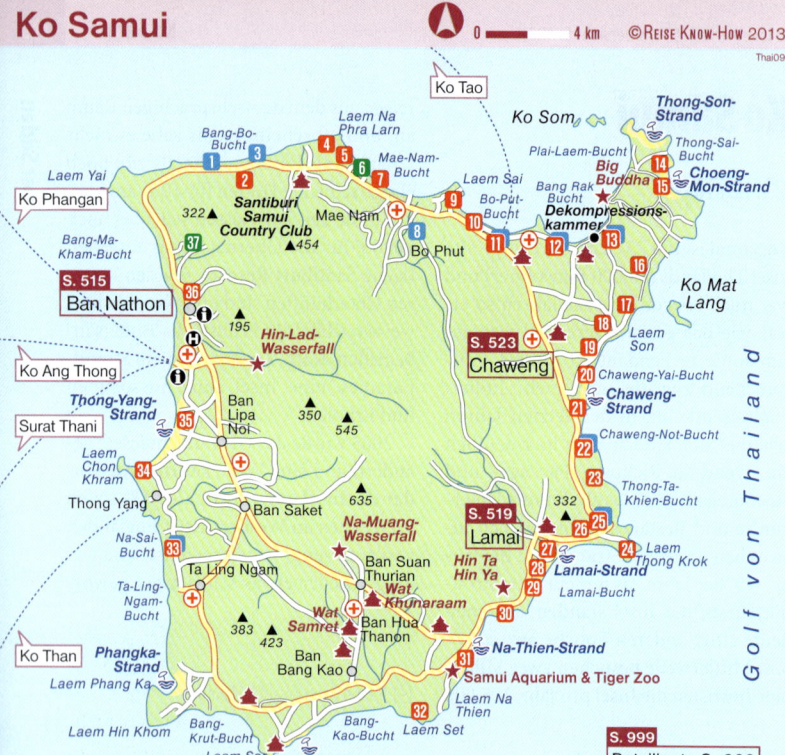

Ko Samui

0 ———— 4 km © REISE KNOW-HOW 2013

Thai092

Ko Tao

Ko Som

Thong-Son-Strand

Bang-Bo-Bucht
Laem Na Phra Larn
Thong-Sai-Bucht
Big Buddha
Choeng-Mon-Strand

Laem Yai
Mae-Nam-Bucht
Plai-Laem-Bucht

Ko Phangan
Santiburi Samui Country Club
▲322
Mae Nam
Laem Sai
Bo-Put-Bucht
Bang Rak Bucht
Dekompressions-kammer

Bang-Ma-Kham-Bucht
▲454
Bo Phut

S. 515
Ban Nathon

Ko Ang Thong
▲195

Hin-Lad-Wasserfall

Ko Mat Lang

Laem Son

S. 523
Chaweng

Chaweng-Yai-Bucht
Chaweng-Strand

Thong-Yang-Strand

Surat Thani

Ban Lipa Noi
▲350
▲545

Chaweng-Not-Bucht

Laem Chon Khram

Thong-Ta-Khien-Bucht

Thong Yang
Ban Saket
▲635
▲332

Na-Muang-Wasserfall

S. 519
Lamai

Na-Sai-Bucht

Ta Ling Ngam
Ban Suan Thurian
Hin Ta Hin Ya
Wat Khunaraam
Lamai-Strand

Ta-Ling-Ngam-Bucht

Laem Thong Krok

Ko Than
Phangka-Strand
Laem Phang Ka
▲383 ▲423
Wat Samret
Ban Hua Thanon

Lamai-Bucht

Ban Bang Kao
Na-Thien-Strand

Samui Aquarium & Tiger Zoo

Laem Hin Khom
Bang-Krut-Bucht
Bang-Kao-Bucht
Laem Set
Laem Na Thien

Laem Sor
Sor-Strand

S. 999
Detailkarte S. 999

Golf von Thailand

■ Übernachtung

2 Water Sports Club
4 Health Oasis Resort, Marina Beach House, Koh Samui Resort, Baan Laem Noi Villa, Mimosa Resort, Boom Bay, Coco Palm Resort
5 Harry's Bungalows, Phalarn Inn, Thiptere Resort, Moonhut Bungalows, Ampha Place Hotel, Samui Buri Beach Resort & Spa
7 Lolita, Santiburi Beach Resort, Maenam Resort, Palm Point Village, New Sunrise Village, Shangrilah, Anong Villa
9 Zazen Boutique Resort & Spa
10 Calm Beach Resort, Peace Bungalow,

Charlie's Hut Home Stay, Free House Beach Bungalows, Cactus Bungalows, Coconut Calm Beach
11 The Lodge, The Red House, Eden Bungalows, Samui Palm Beach Resort
12 Shambala Beach Bungalows, Como Bungalow Resort, Chez Ban Ban, Secret Garden
13 Big Buddha, Kinnaree Resort
14 Tongsai Bay Resort
15 Choeng Mon Garden Home, Choeng Mon Beach Resort & Spa, P.S. Villa, The White House, O Soleil, Island View Bungalows

16 Chaba Cabana Beach Resort & Spa, Baan Haad Ngam Boutique Resort, Matlang Resort
17 The Briza Beach Resort & Spa
18 Pandora Lifestyle Hotel, Tango Beach Resort
19 Lucky Mother, Chaweng Chalet, Dew Drop Hut, Samui Coral Resort, Chaweng Blue Lagoon Resort, Chaweng Center Budget Hotel, Central Bay Resort
20 Your Place, Central Bay Resort
21 Chaweng Cove, Poppies, Chaweng Garden Beach, Le Paradis Boutique Resort & Spa, Bay Breeze Guest House

den, Land zu kaufen. Diese Entwicklungen haben in den letzten Jahren zwischen der einheimischen Bevölkerung und den Besuchern zu Spannungen geführt. **Gewalttaten und Diebstähle** werden immer häufiger und eine Reihe von jungen Urlauberinnen ist in den letzten Jahren vergewaltigt worden. Die ausländischen Grundstückspekulanten sind bemüht, die dunkle Seite Ko Samuis so weit wie es geht zu verschweigen. Dennoch ist Samui generell noch immer recht sicher. **Alleinreisende Frauen** sollten allerdings in den Bars in Chaweng und Lamai keine Drinks von Fremden annehmen.

Ko Samui ist ringsum mit herrlichen **Stränden** gesegnet, und an den bekannteren wie Lamai oder Chaweng reiht sich mittlerweile eine Bungalow-Kolonie an die andere. Nur im Nordosten und Südwesten der Insel gibt es noch einige abgelegene Buchten, die immer noch die erwünschte Ruhe versprechen.

Das Binnenland ist fast ausnahmslos mit **Kokosplantagen** bedeckt (ein Militärlager gibt es allerdings auch), und diese verleihen Ko Samui ihr so unverwechselbares Tropenambiente. Derzeit soll es noch 2 Millionen Kokospalmen geben, aufgrund der zunehmenden Hotel- und anderer Bauten nimmt ihre Zahl jedoch beständig ab. Anders als auf Phuket, so hat Ko Samui keine größeren Städte, in denen man ins lokale Leben eintauchen könnte, aber das ist ein „Nachteil", den die meisten Besucher gerne in Kauf nehmen.

Ko Samui wird von einer mehr oder weniger gut ausgebauten **Ringstraße** umgeben, sodass es zwar leicht ist, zwischen den Stränden hin- und herzupendeln, aber das Verkehrsvolumen übersteigt längst die Kapazität der Insel. In der Hochsaison zieht sich durch Chaweng und Lamai ein langer Stau. Ein weiterer Nachteil der Straße ist der stark gestiegene Verkehrslärm, und bei der

Auswahl der Unterkünfte sind solche vorzuziehen, die nicht direkt an der Straße liegen; sonst kann es leicht um die Nachtruhe geschehen sein. Außerdem scheint die Straße so manche Leute zum rasen zu veranlassen; **Unfälle** mit Touristen und ihren Leihmotorrädern sind sehr häufig. Oft, wenn nicht gar meist, ist Alkohol mit im Spiel. Man sollte unbedingt einen Helm tragen. Das hat schon manchem Besucher das Leben gerettet.

Im Inselinneren finden sich einige holprige Pfade, die mit Jeep oder Motorrad befahrbar sind. In den zentralen Bereichen von Lamai und Chaweng wurden die **Straßen** neu ausgebaut. Der Entwicklungswahn der Insel will kein Ende nehmen und von mancher Hauptstraße betrachtet, hat man das Gefühl, von einer gigantischen Touristenstadt verschluckt zu werden. Wenn man allerdings von seiner abgeschirmten Bungalowanlage kurz vor Sonnenuntergang auf einen sauberen Strand tritt, wird sofort klar warum die Insel so populär geblieben ist – am Wasser ist es einfach atemberaubend schön.

Jedes Jahr im Mai findet die **Samui Regatta** (www.samuiregatta.com) statt. Eine Woche lang wird im Wettbewerb gesegelt, dazu werden jede Menge Partys veranstaltet. Und zum Vollmond fahren hunderte Touristen per Speedboat auf die Nachbarinsel Ko Phangan, um dort bei der Full Moon Party die Nacht zum Tag zu machen.

Sehenswertes

Ko Samui bietet keine herausragenden Sehenswürdigkeiten, einige kleinere gibt es dennoch. Zu diesen gehören der **Hin-Lad-Wasserfall** im Nordwesten nahe der „Hauptstadt" Ban Nathon sowie der **Na-Muang-Wasserfall** im südlichen Zentralbereich der Insel; letzterer ist der eindrucksvollere von beiden, er fällt aus einer Höhe von 20 m herab; dafür ist er relativ schwierig zu erreichen, er liegt am Ende eines 2 km langen Dschungelpfades.

Wer weitere Naturwunder sucht, könnte über einige Pfade zu einer **Kokospalme mit acht Baumkronen** vordringen (ca. 1 km nordöstlich von Ban Nathon). Auf Thai frage man nach *thon-*

532h at

◁ Big Buddha in der Bang Rak Bay

maphrao phaet-yot. Angeblich ist die Palme dabei, weitere Kronen zu bilden.

Im Südosten der Insel befindet sich **Wat Khunaraam,** in dem ein mumifizierter Mönch in einem Glaskasten ausgestellt ist. Der Mönch, *Luang Po Daeng,* war in den siebziger Jahren gestorben, und seltsamerweise verweste sein Leichnam nicht. Heute stellt der Leichnam – mit dicker schwarzer Sonnenbrille auf den Augenhöhlen – eine groteske Touristenattraktion dar. Die Thais kommen für ein kurzes Gebet an dem vor dem Glaskasten aufgebauten Schrein.

Imposanter ist der **Big Buddha** oder *Phra Yai* im Norden der Bang Rak Bay, eine riesige goldene Buddhafigur, die auf einer kleinen Insel, Ko Faan, angelegt ist. Der Tempel ist über einen künstlich angelegten, aufgeschütteten Weg zu erreichen. Die Figur, 12 m hoch, gibt aus allen möglichen Himmelsrichtungen und zu allen Tageszeiten ein gutes Fotomotiv ab. Um die Figur ist ein Tempel errichtet worden, Wat Phra Yai.

Über einige holprige Pfade durch die Kokosplantagen erreicht man mehrere auf Hügeln gelegene **Aussichtspunkte,** von denen man ausgezeichnete Ausblicke auf die Insel erhält. (Die höchste Erhebung auf Ko Samui ist 635 m.)

Weiterhin gibt es auf der Insel einige Unternehmen, die **kokospflückende Affen** präsentieren – alles reiner Touristenklamauk. Im **Monkey Theatre,** hinter dem Big C Supermarkt, nicht weit vom Bandon Hospital, treten Affen und Elefanten in „Shows" auf (tägl. 11.00, 14.00, 16.00 Uhr). Eintritt 300 Baht.

Genau wie auf Phuket nimmt auch auf Ko Samui die Zahl von Unternehmen zu, die **Elefanten-Treks** anbieten. Die Elefanten sind allesamt in den letzten

Jahren aus dem Issaan „importiert" worden, auf Ko Samui heimisch sind sie nicht. Buchungen bei den diversen Unternehmen unter Tel. 077-424098 (Na Muang Trekking, http://namuang safarisamui.com), Tel. 077-230827 (Chaweng Elephant Trekking), Tel. 086-9531454 (Camp Chang Hinlad) oder Tel. 077-425563 (Island Safari).

Die **Ko Samui Crocodile Farm and Reptile Zoo** (Tel. 081-8944228) bietet zweimal täglich Krokodilshows (10.00 und 16.30 Uhr). Fast alle in Thailand heimischen Schlangen sollen hier ebenfalls zu sehen sein. Die Crocodile Farm befindet sich zwischen dem Flugplatz und Chaweng Beach. Eintritt 250 Baht.

Die **Ko Samui Snake Farm** (Tel. 077-423247) ist ganz im Süden der Insel, etwas landeinwärts von Phangka Bay. Hier finden „unterhaltsame und lustige" Tiershows statt – darunter Hahnenkämpfe (ein beliebter, wenn auch illegaler, Volkssport in Thailand) und Vorführungen mit Skorpionen. Und natürlich eine Schlangenshow, während der erstaunten Touristen das eine oder andere Reptil (auf Wunsch) um den Hals gehängt wird. Eintritt 350 Baht.

Schließlich hat auf Ko Samui auch noch ein **Tiger-Zoo** (Tel. 077-424017) eröffnet. Ein **Aquarium** ist angeschlossen. Der Zoo befindet sich am Südende von Lamai. Tiger-Zoos sind in Thailand heftig umstritten, da diese Institutionen auf rein kommerzieller Basis ohne jegliche Zusammenarbeit mit seriösen zoologischen Institutionen agieren. Geöffnet 9.00–18.00 Uhr, **Tiger-Show** täglich 14.00 Uhr. Eintritt 450 Baht. Das Unternehmen ist an das *Samui Orchid Resort******–LLL angeschlossen, das eine etwas unfreundliche Atmosphäre ausstrahlt, die an ein öffentliches Strandbad erinnert. Gäste kommen kostenlos in die Tiger-Show. Aufgrund der Show ist das Gelände nachmittags nicht gerade ruhig. Die Autoren raten vom Besuch dieser Tiershows ab.

Baan Hua Thanon im Südostbereich der Insel ist ein hauptsächlich von Moslems bewohntes, eher ärmliches Fischerdorf (direkt an der Ringstraße südlich der Lamai-Bucht), das sich um eine Moschee angesiedelt hat. Im Dorf lässt sich noch relativ viel Lokalkolorit einfangen. Die Bevölkerung führt ihr althergebrachtes Leben, das vom Tourismus noch so gut wie unberührt ist. Der Mittelpunkt des Ortes ist eine Moschee, und die vor der Küste ankernden bunten Fischerboote geben ein gutes Fotomotiv ab.

Einige hundert Meter südwestlich von Baan Hua Thanon steht **Wat Samret,** der einige alte und wertvolle Buddha-Figuren beherbergt. Aufgrund einiger Diebstähle ist der Tempel in der Regel verschlossen, und man bitte einen der Mönche, ihn zu öffnen.

Am Kap *(Laem)* Sor im Süden der Insel findet sich **Wat Laem Sor,** dessen Hauptmerkmal ein exzentrisch gestalteter Chedi ist. Der Chedi scheint einen burmesischen Einfluss aufzuweisen, eine Rarität in dieser Region von Thailand.

Ban Nathon

Ban Nathon, an der Westküste der Insel gelegen, ist die kleine „Hauptstadt" der Insel; offiziell ist sie die Distrikthauptstadt *(tua amphö)* von Ko Samui.

Der Ort besteht fast nur aus drei kleinen Parallelstraßen, aber hier finden sich zahlreiche, für Reisende wichtige Einrichtungen: die Tourist Police, das Informationsbüro der TAT, das Immigration Office (zur Visumverlängerung), Banken und Wechselschalter, Buch- und Zeitungsläden, ein Postamt u. a. Tagsüber wird Ban Nathon von Hunderten oder Tausenden von Touristen aufgesucht, die irgendetwas zu erledigen haben (oder auch nicht); abends nach 19.00 Uhr gehört der Ort aber wieder den Einheimischen. Etwas Besonderes zu sehen gibt es nicht, abgesehen vielleicht von den **Büffelkämpfen,** die in einer bescheidenen Arena nördlich des Ortes unregelmäßig abgehalten werden. Man achte auf Poster, denn es gibt auf Ko Samui noch drei weitere Büffelkampfarenen und Kampftage rotieren von Arena zu Arena (Tel. 077-418680).

Information

Das Büro der **TAT** liegt im Norden des Ortes, gegenüber dem Damrong Hotel. Tel. 077-420504. Geöffnet tgl. 8.30–16.30 Uhr. Es wird reichlich Informationsmaterial ausgehändigt, darunter Karten, die von diversen Unternehmen gesponsert werden.

Adressen

■ Das Büro der **Tourist Police** (Tel. 077-430018) ist an der Hauptstraße zwischen Mae Nam und Chaweng etwas südlich von Bo Phut zu finden. In Notfällen 1155.

■ Das **Immigrationsbüro** für Visumsverlängerungen liegt ca. 2½ km südlich von Ban Nathon, Tel. 077-421069. Geöffnet Mo–Fr 8.30–12.00 und 13.00–16.30 Uhr; an Feiertagen geschlossen.

■ Ein modern eingerichtetes **Krankenhaus** findet sich ein wenig südlich von Bo Phut. Das *Thai Inter-*

Ban Nathon (Ko Samui)

0 ■■■■ 50 m © REISE KNOW-HOW 2013

THAI091

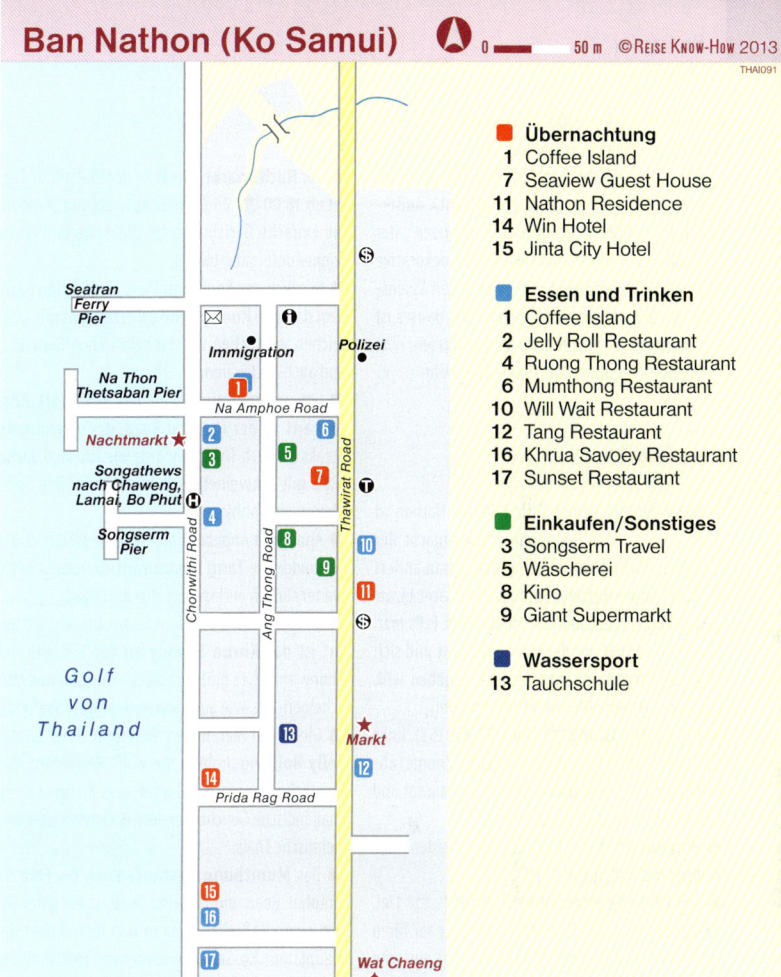

■ Übernachtung
1 Coffee Island
7 Seaview Guest House
11 Nathon Residence
14 Win Hotel
15 Jinta City Hotel

■ Essen und Trinken
1 Coffee Island
2 Jelly Roll Restaurant
4 Ruong Thong Restaurant
6 Mumthong Restaurant
10 Will Wait Restaurant
12 Tang Restaurant
16 Khrua Savoey Restaurant
17 Sunset Restaurant

■ Einkaufen/Sonstiges
3 Songserm Travel
5 Wäscherei
8 Kino
9 Giant Supermarkt

■ Wassersport
13 Tauchschule

Seatran Ferry Pier

Immigration

Na Thon Thetsaban Pier

Na Amphoe Road

Polizei

Nachtmarkt ★

Songathews nach Chaweng, Lamai, Bo Phut

Thawirat Road

Songserm Pier

Chonwithi Road

Ang Thong Road

Golf von Thailand

★ *Markt*

Prida Rag Road

★ *Wat Chaeng*

---

national Hospital hat einen 24-Std. Notdienst, Tel. 077-414400. Das *Samui International Hospital* (Tel. 077-421444) in Chaweng kann ebenfalls empfohlen werden.

■ Zwar finden sich an allen Stränden **Wechselstuben,** diese geben aber oft schlechtere Kurse als die in Ban Nathon. Zahlreiche Bankschalter in Ban Nathon wechseln Geld, geöffnet tägl. 8.30–20.00 Uhr.

Alle Banken sind mit **Bankautomaten** ausgestattet, die auch das Abheben mit einer Kreditkarte erlauben.

■ **Kochkurse** werden zwar eher mit Chiang Mai assoziiert, auf Samui bietet sich aber auch die Gelegenheit das Thai-Kochen im sehr professionell geführten **Samui Institute of Thai Culinary Arts** (46/6 Moo 3, Chaweng Beach, Tel. 077-413172,

081-9707497, Tel./Fax 077-413434, www.sitca.net) zu erlernen. In einem Schnellkurs (tgl. 11.00–13.30 und 16.00–18.30 Uhr) lernt man eine Thai-Mahlzeit aus vier Gängen zu erstellen (1600 Baht). Außerdem gibt es Unterricht im „Fruchtschnitzen", der thailändischen Kunst, aus Obst kleine dekorative Kunstwerke zu schnitzen, die einen jeden Essenstisch verschönern. Im Obergeschoss des Hauses ist ein großartiges Restaurant angeschlossen, *The Dining Room,* geöffnet tgl. 19.00–24.00 Uhr.

Unterkunft

Es gibt eigentlich keinen Grund, in Ban Nathon zu übernachten. Nach Sonnenuntergang macht der Ort einen leicht desolaten Eindruck. Daran ändert auch das halbe Dutzend Karaoke-Bars samt bizarr gekleidetem weiblichem Personal nichts. Falls man aber abends spät auf der Insel ankommt und sich nicht am Strand auf Zimmersuche begeben will, lässt sich hier eine Übernachtung erwägen.

■ Das **Coffee Island*** (Tel. 077-420153), links vom Seatran Pier hat saubere, einfache Zimmer ohne oder mit A.C. und Bad. Ein gutes Restaurant und eine Bäckerei sind angeschlossen.

■ **Win Hotel*** (Tel. 077-421500-1); ordentliche Zimmer mit Bad, A.C. und TV.

■ Das kleine **Seaview Guest House**–*** (Tel. 077-236313) an der Thawirat Road, ein paar Türen vom Hot Bread Restaurant entfernt, hat einfache Zimmer mit und ohne Bad und A.C. und bietet wohl die billigste Wohnmöglichkeit in Ban Nathon.

■ Das **Jinta City Hotel***–**** (Tel. 077-236369, www.jintasamui.com) hat ordentliche Zimmer mit Bad, A.C. und TV (BBC, Discovery), kostenloser W-LAN-Zugang, direkt an der Uferstraße.

■ **Nathon Residence**** (Tel. 077-236058) ist eine relativ neue Unterkunft am Ort. Sehr gut mit modernen Zimmer mit Bad und A.C., weit besser als die anderen der zumeist mehr oder weniger abgewohnten Hotels. In der Bar gegenüber dem Hotel spielt abends eine Band.

Essen

■ Der **Nachtmarkt,** direkt an der Uferstraße, bietet ab 18.00 Uhr eine kleine Auswahl von Ständen, die einfache Gerichte sowie Obstsäfte und einen Sonnenuntergang bieten.

■ Nördlich des Songserm Piers an der Uferstraße liegt das gute **Ruong Thong Restaurant** mit zahlreichen westlichen und einheimischen Gerichten und auch Backwaren.

■ Gut und preisgünstig ist das **Will Wait Restaurant** an der Thawirat Road, das sowohl gute Steaks als auch Thai Standards wie *kao moo daeng* (Reis mit Schweinefleisch, mit einer süßen Soße übergossen) anbietet.

■ Ähnlich in Angebot und Preislage ist das etwas schmuddelige **Tang Restaurant** ein paar Schritte weiter südlich entlang der Thawirat Road.

■ Das vielleicht beste Restaurant für Seafood am Ort ist das **Khrua Savoey** an der Südseite der Chonwithi Rd. Es gibt vorzügliche Austern- und Muschelgerichte, wie auch andere sehr gute Seafood.

■ Gleich am Pier, neben *Songserm Travel* ist das **Jelly Roll,** ein „hole in the wall" Restaurant, das westliche Standards (Burger und Pommes) und thailändische Gerichte serviert. Hier essen viele einheimische Thais.

■ Das **Mumthong Restaurant** an der Ecke Na Amphoe Road und Thawirat Road ist ein guter Ort um einen Kaffee zu trinken und dem Trubel der Hauptstadt Ko Samuis zuzusehen. Thailändische Küche und westliche Speisen.

■ Das **Sunset Restaurant** im Süden von Ban Nathon ist einer der besten Orte für einen Frühabend-Drink und den Sonnenuntergang. Auf der Speisekarte sind eine ordentliche Auswahl von thailändischen und europäischen Gerichten zu finden.

Tauchen

Es stehen einige **Tauchschulen** zur Verfügung. Die Preise beginnen etwa bei 750 Baht/Tag (für Tau-

Der Süden

chen vom Strand aus). Viertages-Kurse mit Zertifikat kosten 7500–10.000 Baht. Die Korallenriffe um Ko Samui, die in 5–25 Minuten Bootsfahrt zu erreichen sind, sind nicht sehr beeindruckend und nur für Anfänger von Interesse. Einige der Tauchexkursionen führen ins Ang Thong-Archipel (Tauchstellen Ko Yipon, Ko Wao Yai), nach Ko Phangan (Phangan Reefs, Hat Yao, Ko Ma, Sail Rock) oder nach Ko Tao (Chumphon Pinnacles, Green Rock, Red Rock, White Rock, Southwest Pinnacles u. a.).

Eine **Dekompressionskammer** für den Fall eines Tauchunfalls gibt es auf Ko Samui am nordöstlichen Ende des Big Buddha Beach, Tel. 077-427427, Notruf: 081-0848485, www.sssnetwork.com.

Ein **Thailand PADI Tauchführer** erscheint alle zwei Monate und ist in Hotels und Reisebüros kostenfrei erhältlich. Die wichtigsten Tauchgebiete Thailands werden ausführlich beschrieben.

■ **Abyss Dive Centre,** Mae Nam, Tel. 077-24 7038, www.amazingsamui.com/abyss.htm.
■ **Captain Caveman Dive Center,** Bophut, Big Buddha Beach, Tel. 077-422215.
■ **Dive Indeep,** Chaweng, Tel. 077-230155-6, www.diveindeep.com.
■ **Easy Divers,** Chaweng und Lamai, Tel. 077-231190, www.easydivers-thailand.com.
■ **Mui Divers,** Lamai, Tel. 077-232160; unter deutschem Management.
■ **Planet Scuba,** Bo Bhut, Chaweng und Lamai, Tel. 077-413050, www.planet-scuba.net.

Lamai Beach

Ko Samuis beliebtester Strand, ca. 4 km lang und nicht unbedingt mit dem allerschönsten Sand gesegnet, der hier etwas grobkörnig und nicht gerade paradiesisch weiß ausfällt. Das Wasser ist jedoch recht gut zum Schwimmen geeignet, und die zahlreich vorhandenen Bars und Discos tun das Übrige, um den Lamai Beach zum meistbesuchten der Insel zu

machen. Dementsprechend finden sich mittlerweile fast 100 Bungalow-Unterkünfte, die das gesamte Gelände in einen Hüttenwald verwandeln. Am Südende der Bucht finden sich zwei bizarre Felsformationen, die besonders anziehend auf einheimische und taiwanesische Touristen zu wirken scheinen: Zwei Felsformationen, die jeweils an das männliche bzw. weibliche Geschlechtsteil erinnern.

Diese Felsen, genannt Hin Yai und Hin Ta (Großmutter- und Großvater-Felsen) sind der Legende nach ein steingewordenes Liebespaar, das gemeinsam in den Tod ging.

Am nördlichen Ende von Lamai, etwas landeinwärts, befindet sich eine **Golf Driving Range.**

Unterkunft

Lamai hat nach Chaweng die zweitgrößte Ansammlung von Unterkünften auf Ko Samui. Die Preise sind etwas niedriger als in Chaweng, und so finden sich hier auch relativ viele Besucher mit geringerem Budget ein.

■ Am nördlichsten Zipfel von Lamai ist das **Flower Paradise Roestiland Bungalow ***–****** (Tel. 077-418059, 089-2888362, www.samuiroestiland.com) zu finden, das von einem Deutschschweizer betrieben wird und sich seiner Röstis rühmt. Nette Anlage. Kostenfreies Wi-Fi im Restaurant.
■ Das **Renaissance Ko Samui Resort & Spa**ᴸᴸᴸ (Tel. 077-429300, www.renaissancekohsamui.com) am Laem Nam Beach etwas nördlich von Lamai bietet sehr private kleine Ferienvillen und luxuriöse Zimmer mit Badewanne auf dem Balkon in einer tropisch wilden Gartenanlage, die an einen Swimmingpool vor einem schönen Strandabschnitt führt. Kein billiger Spaß, aber die Villen sind sehr schön.

■ Das **Samui Tonggad Resort****–ᴸᴸᴸ** (Tel. 077-231051, 089-8342487, www.samuitonggadresort. com) ebenfalls am Laem Nam Beach, neben dem Rennaissance, hat Bungalows mit Strandblick sowie einen Pool, auch direkt am Strand.

■ Das **New Weekender Villa Beach Resort****–****** (Tel. 077-424116, www.weeken dervillas. com), ebenfalls im nördlichen Bereich von Lamai und unter deutschem Management, einfache Bungalows, ruhige Lage, teilweise A.C., mit Pool und Restaurant.

■ **Tamarind Springs**ᴸᴸᴸ (Tel. 077-424221, 077-230571, www.tamarindsprings.com), auf Höhe der Weekender Villa, aber ein paar hundert Meter landeinwärts gelegen. Eine fantastische Unterkunft bestehend aus nur 8 Villen, die in verschiedenen architektonischen Stilrichtungen errichtet sind. Preise ab ca. 100 US$. Yoga-, Tai-Chi-Kurse, Kräutersauna und Massage. Das Resort wird in dem thailändisch-britischen Spielfilm „The Butterfly Man" als Schauplatz einer Schlüsselszene genutzt.

■ Im Norden von Lamai und kaum zu übersehen ist der neue Buddy Komplex. Schon seit einigen Jahren als die Edellodge der Khao San Road in Bangkok bekannt, hat Buddy nun im großen Stil in Lamai investiert. Kommt man von Chaweng Noi, so ist der im Kolonialstil gehaltene Shopping Complex kaum zu übersehen. Das **Buddy Oriental Samui Beach Resort**ᴸᴸᴸ (Tel. 077-458560, www.buddysamui. com), liegt 100 Meter innerhalb des Grundstücks, das an einen Filmset aus den 1920er Jahren erinnert. Auch die Zimmer enttäuschen nicht: Helle Holzverkleidungen, Art-Déco-Imitationen und freistehende Badewannen garantieren ein leicht dekadentes Ambiente für relativ erschwingliche Preise. Zum Strand muss man allerdings an den Shops vorbei und über die Straße.

■ Ebenfalls im Norden von Lamai liegt das elegante **Thai House Beach Resort**ᴸᴸᴸ (Tel. 077-232451-4, www.samuithaihouse.com), das große Zimmer und Bungalows mit allem Komfort – A.C., TV, Wi-Fi – direkt am Strand bietet. Dazu werden Massagen, Kochkurse und Thai Boxing-Unterricht angeboten.

■ **Bay View Villa Resort****–ᴸᴸᴸ** (Tel. 077-41 8429), nette Anlage im Norden des Strandes, mit Bungalows (teilweise A.C.) samt Terrasse.

■ **Spa Resort** (Tel. 077-230855, www.spasamui. com), auch Meditation, Yoga, Reiki, Massage, Kräutersauna und Darmspülungen *(colon cleansing)*. Die einfacheren Bungalows, manche mit Meerblick, sind relativ preiswert. Das Spa Resort hat noch eine Zweigstellen in Lamai, das **Spa Retreat******, in dem es drei Apartments zu mieten gibt.

■ 3 km weiter landeinwärts betreibt das Unternehmen eine weitere Zweigstelle, das **Spa Village****–ᴸᴸᴸ**, mit Unterkünften bis zu 3500 Baht. Auch hier gibt es einen schönen Swimmingpool und ein Restaurant mit einer weitgehend vegetarischen Speisekarte.

■ Im kühlen Schatten von Kokusnusspalmen hat das **Beer's House Bungalow****–****** (Tel. 077-230467, www.shopart.com/thailand/beershouse. html) solide Bungalows sowohl direkt am Strand als auch etwas weiter entfernt. Das angeschlossene Restaurant, unmittelbar am Wasserrand, bietet thailändische und europäische Gerichte.

■ **New Hut Bungalow****–*** (Tel. 077-230437, newhut@hotmail.com), wirkt wie ein Relikt aus den Anfangstagen des Tourismus auf der Insel, superprimitive Hütten zum absoluten Niedrigpreis – eine Seltenheit heute auf Ko Samui.

■ **Lamai Inn 99****–ᴸᴸᴸ** (Tel. 077-424427, www.lamaiinn.com), eine Vielzahl verschiedener Bungalows, z. T. mit A.C., für jeden Geldbeutel ist etwas dabei.

■ **Magic Resort****–****** (Tel. 077-424229, magicres@loxinfo.co.th), nichts tolles, aber die preiswertesten (anspruchslosen) Bungalows zu 500 Baht werden manchem Budget-Traveller genügen. Die teureren haben A.C.

■ **Utopia Resort****–****** (Tel. 077-233113, www.utopia-samui.net), ausgezeichnete Lage an einem Hang, dazu sehr schöne, von viel Grün umgebene Bungalows mit A.C., Kühlschrank und TV. Sehr empfehlenswert. Mit Restaurant. Die Preise schließen Frühstück ein.

7

Lamai

0 ▬▬▬ 400 m   © Reise Know-How 2013

Thai135

Laem Nan Beach

Polizei

Markt

Lamai Beach

Hin Ta & Hin Yai

Rocky's Beach

■ Übernachtung
2 Flower Paradise Roestiland Bungalow
3 Renaissance Ko Samui Resort & Spa, Samui Tonggad Resort
4 Bay View Villa Resort
6 Starbay Beach & Gardens
7 Tamarind Springs
8 New Weekender Villa Beach Resort
9 Buddy Oriental Samui Beach Resort
10 Spa Resort
12 New Hut Bungalow, Beer's House Bungalow
16 Utopia Resort
17 Thai House Beach Resort
18 Magic Resort
19 Lamai Inn 99
21 Spa Village
25 Samui Sense Beach Resort
26 Sea Breeze Bungalows
27 Lamai Chalets
28 Mango Village Resort
29 Rocky's Boutique Resort

■ Essen und Trinken
1 Jubilee Seafood
2 Uncle Rang Restaurant
5 Beach Republic
11 Buddy Beer, Suzie Pub
20 Will Wait Restaurant
21 Cozy Corner
22 Swiss Chalet Restaurant
23 Shamrock
24 Lamai Night Food Center
29 Rocky Restaurant

■ Einkaufen
14 Tesco Lotus Supermarkt

■ Wassersport
13 Easy Divers
15 Mui Divers

■ **Samui Sense Beach Resort*****–LLL** (Tel. 077-424441, www.samuisense.com), ordentliche Bungalows, teilweise A.C., dazu Swimmingpool. Reduktionen bei Aufenthalten von 1 Woche oder mehr, dazu preiswertere Buchung über die Website des Hauses.

■ Am Nordende des Strandes liegt das von einem Deutschen geleitete **Starbay Beach & Gardens*****–LLL** (Tel. 077-424546, www.starbay-beach.com), das bemerkenswert große Bungalows, fast schon Häuser, im nord-thailändischen Stil, in einer dschungelartigen Gartenanlage bietet. Ein Swimmingpool ist auch vorhanden. Langzeitmieter sind willkommen.

■ **Lamai Chalets***–LLL** (Tel./Fax 077-424654, www.lamai-chalets.com) nördlich der Großvater-/Großmutterfelsen, einfache, weit auseinander stehende Holzbungalows mit Bad ab 800 Baht, sowie neuere Steinbungalows, auch für Familien. Dazu ein Restaurant und Swimmingpool und es wird Deutsch gesprochen. Wi-Fi ist kostenlos und Frühstück (für Schlafmützen und Sturzbetrunkene bis 21.00 Uhr) ist im Zimmerpreis inbegriffen.

■ Das **Mango Village Resort^LLL** (Tel. 077-418958, www.mango-village.com) im Süden Lamais ist ein italienischer Familienbetrieb und bietet eine Reihe von ordentlichen Bungalows mit modernen Badezimmern. Ein paar neue größere Häuschen sind besonders attraktiv und haben genug Platz für eine fünfköpfige Familie. Inmitten des gepflegten Geländes ist ein Swimmingpool. Und wer gerne Italienisch isst, muss nicht weit gehen.

■ Das **Sea Breeze Bungalows***–******* (Tel. 077-424258), südlich des Lamai Beach, bietet Bungalows in einer gepflegten Gartenanlage. Das Restaurant ist direkt am Strand.

■ **Rocky's Boutique Resort^LLL** (Tel. 077-418367, www.rockyresort.com), ½ km südl. der berühmten Felsformation, in toller landschaftl. Lage, mit Pool. Gepflegte Bungalows, teilweise mit A.C. Das **Rocky Restaurant** ist derzeit eines der beliebtesten der Insel. Gehobene Preise, stimmungsvolle Atmosphäre. Ideal für ein romantisches Abendessen.

Essen

■ Die meisten Touristen in Lamai essen in ihren Resorts. Wem das nach einer Weile zu langweilig ist, sollte das **Lamai Night Food Center** aufsuchen, wo neben einer großen Auswahl Garküchen, die alle möglichen thailändische Standards hervorzaubern, auch ein paar Go-Go Dancer und Thai-Boxer ihr Bestes geben.

■ Auf Seafood spezialisiert ist das Open-Air-Restaurant **Jubilee Seafood** am Nordende von Lamai, nahe dem Samui Yacht Club; höhere Preislage.

■ Das **Beach Republic** bietet sonntags zwischen 11.30 und 15.30 ein gutes Lunch-Buffet für rd. 700 Baht – vom Sonntagsbraten und einer Salatbar, Käseplatten, Kebabs bis zu thailändischen Gerichten gibt es einfach alles. Am besten einen Tag vorher fasten. Im Preis ist ein Bier oder ein Glas Wein inbegriffen.

■ In Lamai gibt es eine Filiale des **Will Wait Restaurants** (auch in Ban Nathon). Preiswerte westliche und thailändische Gerichte.

■ Das schweizerische **Pappa's Restaurant** macht sehr gute Pasta-Gerichte und Steaks.

■ Im **Swiss Chalet Restaurant** neben dem Bauhaus in Lamai gibt es eine große Auswahl feiner Kost aus der Heimat. Das **Cozy Corner** nebenan ist eine dazugehörende Imbissbude, die die ganze Nacht geöffnet ist.

■ Das **Uncle Rang Restaurant** (*Krua Lung Rang* auf Thai) wird von der freundlichen Besitzerin *Khun Tukta* geleitet, die ihren Gästen gerne bei der Auswahl von authentischen, südthailändischen Spezialitäten behilflich ist. Gäste können wählen, wieviel Chili sie auf dem Teller wollen. Europäisch-Italienische Küche steht ebenfalls auf der Speisekarte, und die Frühstücksauswahl ist wirklich beindruckend. Noch beindruckender ist die Aussicht von dem kleinen Hügel am Laem Nam Beach, an dem das Restaurant zu finden ist. Allerdings ist auch möglich, direkt am Strand in Wassernähe zu essen.

Der Süden

Unterhaltung

Am Lamai Beach gibt es unzählige Pubs und Bars mit Hostessen-Service.

🔴 Die **Buddy Beer Bar** in Lamai ist dem Namensvetter in der Khao San Road in Bangkok ähnlich. Preiswertes Bier und Essen, laute Musik und jede Menge Traveller. Nebenan befindet sich der **Suzie Pub** mit ähnlichem Angebot.

🔴 Das **Shamrock** ist ein perfektes Beispiel für eine für Asien inzwischen typische Institution – den Irish Pub. Musik, Guinness, Fußball auf dem Bildschirm und Billardtische.

Chaweng Beach

Dieses ist der längste Strand der Insel, der sich in Chaweng Yai („Großer Chaweng") im Norden und Chaweng Noi („Kleiner Chaweng") im Süden unterteilt. Chaweng Yai wiederum ist durch ein Riff in zwei Hälften geteilt. In der Hauptsaison liegt hier Körper an Körper. Der Sand ist schneeweiß und das Wasser klar. Chaweng Noi ist ruhiger und ein sehr guter Ort zum Schnorcheln.

Nicht weniger populär ist Chaweng für sein **Nachtleben,** vom Strand zurückversetzt findet sich eine Ansammlung von Bars und Restaurants. Die dort gelegenen Discos *Reggae Pub* und *Green Mango* und die aus Bangkok importierte *Q Bar* sind die beliebtesten und etabliertesten Nightspots, meist sind sie gerammelt voll.

Thai-Boxkämpfe finden in der Arena an der Nordseite der Thawirat Phakdi Rd. statt. Man achte auf Poster und Lautsprecherwagen, die die Strandstraßen abfahren und neue Boxtermine verkünden. Eintritt um die 500 Baht, mehr für Leute, die direkt am Ring sitzen wollen.

Wem das nicht aufregend genug ist, der kann in Chaweng einen **Bungee-Jump** wagen. Gesprungen wird von einem 50 Meter hohen Turm, der über einen Pool ragt. Billabong Bungy Jump, Soi Reggae Pub, Tel. 079-005211.

Eine **Warnung** noch für Leute, die direkt in Ko Samui einfliegen und in Chaweng zu wohnen gedenken: Chaweng liegt nur 10 Min. Fahrzeit vom Flughafen entfernt, die Taxis und Songthaews verlangen aber oft 250 Baht für die Strecke. 100 Baht wären angemessener. Zur Fahrt von Chaweng zum Flughafen bieten sich die Busse an, die jeweils ca. 1½ Std. vor Abflug von den JR Bungalows in Zentral-Chaweng abfahren.

Unterkunft in Chaweng Yai

Chaweng hat die dichteste Konzentration von Unterkünften, Restaurants, Bars, Internet-Cafés, Banken etc. auf der Insel. Die meisten Bungalow-Kolonien und Resorts sind in den oberen Preisklassen angesiedelt. Low-Budget-Unterkünfte sind selten geworden, dennoch gibt es ein paar. In den Monaten Dezember oder Januar kann es jedoch so voll sein, dass man zunächst einmal eine teurere Unterkunft nehmen muss, um überhaupt etwas zu bekommen; am nächsten Tag kann man sich dann auf die Suche nach etwas Preiswerterem machen. Auch superteure Resorts und Spas haben sich in den letzten Jahren in Chaweng angesiedelt.

🔴 Das **Matlang Resort******–ᴸᴸᴸ (Tel. 077-23046 8-9, www.matlangresort.com) im Norden von Chaweng hat einfache Bungalows, mit und ohne A.C. direkt am Strand, als auch einige kleine Villen für Familien. Sehr preiswert für die Gegend. Ein Restaurant ist angeschlossen.

🔴 Gleich daneben liegt das **Baan Haad Ngam Boutique Resort**ᴸᴸᴸ (Tel. 077-231500 oder in Bangkok 02-7197620, www.baanhaadngam.com),

7

das sich in zwei moderne Bauten mit 28 Zimmern und 12 Bungalows aufteilt. Alle Bungalows und Zimmer haben einen Jacuzzi, Wireless-Internet-Anschluss, DVD-Spieler, Safe und Mini-Bar. Ein Spa und Swimmingpool sind ebenfalls vorhanden. Eigentlich perfekt, aber die Nähe zur Hauptstraße kann doch etwas störend sein. Dem Resort ist auch das gute **Olivio Restaurant,** das Gerichte aus Italien serviert, angeschlossen.

■ Auch in der Gegend ist das mediterran wirkende **Chaba Cabana Beach Resort & Spa** LLL (Tel. 077-231350-9 oder in Bangkok 02-95429 80, www.chabanet.com). Das Resort hat 80 sehr schöne Zimmer mit extrem großen Betten ab 7000 Baht, einen Swimmingpool mit Strandblick, ein Spa und ein Restaurant. Alle Zimmer haben entweder einen Balkon oder eine Sonnenterrasse.

■ **Your Place*****–**** (Tel. 077-230039) im Norden von Chaweng ist relativ preiswert, die Bungalows (teilweise A.C.) dennoch recht gut. Kein schlechter Deal an diesem teuren Strand.

■ Nicht weit entfernt liegt an der Hauptstraße, hinter einem großen orangefarbenen Tor, das neue **Pandora Lifestyle Hotel** LLL (Tel. 077-413801, www.pandorasamui.com), das sehr individuelle und farbige Zimmer bietet. Wenn der Strand keine Priorität ist, dann ist das eine gute Adresse. Einen Pool hat es allerdings nicht.

■ Schräg gegenüber, also auf Strandseite, ist das **Tango Beach Resort*****–**LLL (Tel. 077-422470, www.tangobeachsamui.com) in der gleichen Preisklasse und ebenfalls komfortablen Zimmern um einen Pool. Die Suiten sind für Familien geeignet. Mit Swimmingpool, Cocktails von der Poolbar und Liegestühlen unter Sonnenschirmen am Strand, nur ein paar Schritte entfernt.

■ Das **Chaweng Blue Lagoon Hotel** LLL (Tel. 077-422037-40, www.bluelagoonhotel.com) ist ein Luxusresort, mit komfortablen Zimmern (A.C., TV, Mini-Bar), Swimmingpool und Sportmöglichkeiten.

■ **Lucky Mother*****–**** (Tel. 077-230931) ist eine Sparoption; nicht besonders toll aber nahe dem Strand. Teilweise ohne eig. Bad.

■ **Chaweng Chalet*****–**LLL (Tel. 077-413732, 077-230777, www.chawengchalet.com) gut eingerichtete, rustikale Bungalows, Bad/A.C. Gutes Restaurant mit internationaler Küche.

■ **Chaweng Garden Beach Resort****–**LLL (Tel. 077-960394-5, www.chawenggarden.com), ca. ½ km weiter südwestlich am Strand, hat gute Zimmer mit Bad und A.C. sowie Bungalows, teilweise für Familien.

■ **Central Bay Resort***–***** (Tel. 077-422 118), in Zentral-Chaweng, ordentliche Zimmer, A.C.

■ **Dew Drop Hut**** (Tel. 077-422238) in Zentral-Chaweng ist nicht umwerfend, die Bungalows, teils aus Holz, teil Beton, sind für den Niedrigpreis jedoch nicht schlecht.

■ Ebenfalls mitten in Chaweng liegt das **Chaweng Center Budget Hotel****–***** (Tel. 077-413747, das recht große, vielbewohnte Zimmer mit A.C. und Fernseher für 1200 Baht bietet und vom Ambiente teils an eine moderne Jugendherberge, teils an ein Rotlichtviertel erinnert. Für Partyleute.

■ **Le Paradis Boutique Resort & Spa** LLL (Tel. 077-239041 www.leparadisresort.com) ist ein gänzlich anderes Kaliber, ein Topresort bestehend aus traditionellen Thai-Pfahlhäusern, aber piekfein und hochluxuriös. Die Architektur der Häuser orientiert sich am Stil von Sukhothai und Ayutthaya. Die gepflegte Umgebung mit tropischem Garten und Teich rundet das noble Ambiente passend ab. Preise in der Nebensaison 5000 Baht, Dez. und Jan. ab 5300–6000 Baht.

■ Das **The Briza Beach Resort & Spa** LLL (Tel. 077-231997, www.the briza.com) ist ein sehr exklusives Boutique-Resort der ersten Klasse und befindet sich fast im Zentrum von Chaweng Beach. Dennoch kann man hier am Strand in Ruhe in großen (140–200 m²) Villen, teilweise mit privatem Swimmingpool, die Welt vergessen. Zu jeder Villa gehört ein Butler. Das Resort fördert übrigens die Ausbildung einheimischer Angestellter und viele Produkte, die im *The Briza* verwendet werden, sind von Gemeindeprojekten auf Ko Samui (OTOP) hergestellt. Ab 550 US$.

Chaweng

ca. 400 m   © REISE KNOW-HOW 2013

THAI130

Übernachtung

1 Matlang Resort,
  Baan Haad Ngam
  Boutique Resort,
  Chaba Cabana
  Beach Resort & Spa
2 The Briza Beach
  Resort & Spa
3 Tango Beach Resort
4 Your Place
5 Chaweng Blue
  Lagoon Resort
6 Pandora Lifestyle Hotel
9 Chaweng Chalet
10 Lucky Mother
11 Chaweng Garden
  Beach Resort
18 Chaweng Center
  Budget Hotel
21 Dew Drop Hut
23 Central Bay Resort
24 Le Paradis Boutique
  Resort & Spa
26 Bay Breeze
  Guest House
28 Poppies Samui
29 Seaside Bungalows
30 First Bungalow

Essen und Trinken

1 Olivio Restaurant
7 Q Bar
8 Samui Seafood Grill
  & Restaurant
14 Ark Bar
15 Chez Andy, Captain Kirk,
  Noorie India Restaurant
19 Will Wait Restaurant
20 The Page
22 The Three Monkeys
25 Betel Nut Restaurant
27 Ali Baba Restaurant

Nachtleben

7 Q Bar
12 Christie's Cabaret
16 Green Mango
17 Reggae Pub/
  Bungee Jump

Wassersport

13 Dive Indeep
19 Samui International
  Dive School

■ **Poppies Samui**LLL (Tel. 077-422419, www. poppiessamui.com) ist ein „Boutique-Resort", klein, fein und teuer. Die 24 gut ausgestatteten Bungalows scharen sich um einen traumhaft schönen Garten. Preise bei Buchung über die Website ab 9500 Baht inkl. Frühstück, sonst mehr. Zwei Kinder können kostenlos mitwohnen. The Poppies Restaurant serviert eine breite Palette thailändischer Gerichte.

■ Die nahe gelegenen **Seaside Bungalows** ****–***** (Tel. 077-422364, benjaporn2022@ hotmail.com) haben ordentliche Bungalows, teilweise mit A.C. Keine schlechte Wahl für den relativ niedrigen Preis ab 500 Baht.

■ **Bay Breeze Guest House*****–**** (Tel. 077-422198) liegen ca. 400 m vom Strand zurückversetzt, die relativ niedrigen Preise machen das aber vielleicht wett. Die teureren Bungalows haben A.C.

Am Chaweng Noi Beach

■ **First Bungalow*******–LLL (Tel. 077-230466, www.firstbungalowsamui.com), eine große, gepflegte Anlage mit 140 verschiedenen Bungalows, A.C., sehr schöner Strandabschnitt.

■ **Fair House Beach Resort & Hotel**LLL (Tel. 077-422255-6, www.fairhousesamui.com), Bungalows ab ca. 3000 Baht in der Hauptsaison (etwa die Hälfte in der Nebensaison), dazu Swimmingpool, Restaurant und Bar, für den Preis gibt es aber besseres.

■ **New Star Beach Resort**LLL (Tel. 077-42 2407, www.newstarresort.com), gut eingerichtete A.C.-Bungalows.

■ **Imperial Samui**LLL (Tel. 077-422020-36, www.imperialhotels.com), Luxusresort mit mediterraner Architektur und Zimmer mit A.C., TV und Mini-Bar, dazu Swimmingpool. Günstigere Rate bei Buchung über die Website (ab ca. 80 US$). Das Neujahrsdinner des Hauses kostet stolze 80 US$ plus Service Charge und Steuer.

■ **Bird's Eye View*****–**** (Tel. 077-422278) im Süden von Chaweng Noi, hat nur sieben einfache Bungalows.

Am Südende von Chaweng Noi erstreckt sich die sogenannte **Coral Cove;** weiter südlich liegt die Bucht **Ao Thong Takian.** Es gibt einige Unterkünfte.

■ **Coral Cove Chalet**LLL (Tel. 077-448500-1, www.coralcovechalet.com), ein weiteres kleines „Boutique-Resort", mit Swimmingpool und Jacuzzi, überteuert.

■ **Coral Cove Resort******–LLL (Tel. 077-422 126), der preiswertere Bruder obigen Chalets, klein, ein wenig beengt, aber nicht schlecht. Bungalows z. T. mit A.C.

■ **Golden Cliff Resort*****–**** (Tel. 077-422409), gute Bungalows mit A.C. und TV.

■ **Samui Yacht Club******–LLL (Tel. 077-422 225, www.samuiyachtclub.com), sehr gut ausgestattete, romantische Bungalows mit A.C. in gepflegter Gartenanlage. Eine sehr gute Wahl, vor allem in der Nebensaison, wenn die Preise bei 1000 Baht beginnen. Bei Buchung wird man vom Flughafen abgeholt.

■ **Thong Takian Villa*****–**** (Tel. 077-230 978, www.thongtakian.com), unterschiedliche Bungalows, z. T. mit A.C., teils sehr gut, teils mäßig. Internet, Swimmingpool und Motorradverleih.

Essen

In Chaweng gibt es alles – von Fast-Food-Ketten bis zum 5-Sterne-Restaurant – es werden Gerichte aus aller Welt geboten. Die Preise sind meist gehoben, aber grundsätzlich lässt es sich hier besser essen als in manch anderen Touristenghettos. Die Auswahl an Restaurants ist einfach riesig.

■ Ausgezeichnetes Seafood und gutes Ambiente im **Drop Inn.** Eine Bar ist angeschlossen.

■ Das **Captain Kirk** hat nichts mit dem Raumschiff Enterprise zu tun, wird von einem belgischen Chef geleitet und bietet gutes Seafood auf thailändische und mediterrane Art in einem Dachgarten an der Chaweng Beach Road.

■ Das **Will Wait Restaurant,** Mitte Chaweng, ist eine Zweigstelle des gleichnamigen Restaurants in

Der Süden

Ban Nathon und eines der preiswertesten in Chaweng. Thailändische und europäische Küche. Eine weitere Filiale befindet sich etwas weiter südlich an der Chaweng Beach Road.

■ **The Page**, Tel. 077-422767-8, hat „tea by the sea" und eine große Speisekarte thailändischer und internationaler Gerichte mit besonderem Gewicht auf Fusion Food, also neuer Kombinationen lokaler und europäischer Spezialitäten. Das Essen schmeckt und sieht auch toll aus. Es lohnt vorzubuchen, vor allem in der Hochsaison.

■ Das kleine **Ali Baba** ist ein recht gutes indisches Restaurant, dessen Gerichte meist in Großportionen daherkommen.

■ Das **Noori India Restaurant** an der Chaweng Beach Road ist eine Klasse besser und teurer.

■ Sehr beliebt ist auch das **The Three Monkeys** am südlichen Ende von Chaweng, das feine thailändische und internationale Küche in britischer Pubatmosphäre bietet. Kostenloser Internet-Zugang und Billardtische.

■ Internationale Gourmet-Küche kredenzt das kleine **Betel Nut** im Buri Rasa Resort; hochpreisiges Restaurant.

■ Das **Samui Seafood Grill & Restaurant** liegt versteckt unter einem kühlenden Grasdach in einem tropischen Garten. Die Auswahl an Meeresfrüchten und Fischen ist jeden Abend am Eingang sehr schön präsentiert, sodass Gäste schon Hunger haben bevor sie überhaupt Gelegenheit bekommen, sich zu setzen. Alles kann nach thailändischer oder europäischer Art zubereitet werden. Service ist ein bisschen langsam aber das Essen ist gut und die traditionellen Tänze die allabendlich aufgeführt werden lassen für die meisten Gäste die Zeit verfliegen.

■ Im großen **Samui Seafood Market** gegenüber der Siam Commecial Bank sucht man sich sein noch schwimmendes Seafood selber aus und lässt es dann fachgerecht zubereiten.

■ Die vielleicht besten Steaks macht das von einem Schweizer geleitete, am Strand gelegene **Chez Andy's Steaks and International** (Beach Rd.),

dazu Kebabs, Würste etc. Schweizerische und deutsche Küche. Kinder essen für die Hälfte des Preises.

■ Im Süden von Chaweng Noi liegt **Dr. Frogs**, ein Restaurant in dem es gediegener zugeht, als der Name es vermuten lässt. Auf der Speisekarte sind vor allem italienische und einheimische Gerichte zu finden. Auch der Blick über Chaweng Noi ist schön.

■ **The Cliff** liegt auf der Landzunge zwischen Chaweng Noi und Lamai und hat eine der besten Aussichten auf Samui. Die Speisekarte hat mediterranen Flair und ist auf Seafood ausgerichtet und die Preise sind gehoben. Gut für einen romantischen Abend zu zweit.

Unterhaltung

■ **The Green Mango Club** im Zentrum von Chaweng hat Platz für über tausend Gäste und die sind oft auch da. Die DJs spielen Dance Music und Pop, und gelegentlich spielen Bands.

■ Der seit Mitte der Achtziger geöffnete **Reggae Pub** ist eine Institution, bis 2.00 Uhr morgens geht die Post ab. Umgeben ist der Reggae Pub von zahlreichen Beer Bars, deren weibliche Angestellte auf alleintrinkende Männer warten.

■ Die Q Bar in Bangkok ist schon seit Jahren einer der etabliertesten Nachtclubs Thailands. Jetzt gibt es auch eine **Q Bar Samui** (www.qbarsamui.com), die sich auf einem Hügel etwas nördlich des Sees hinter Chaweng befindet. Es treten jeden Monat Gast-DJs auf und von Ibiza-artigen Partys bis zu Drum-and-Bass-Abenden wird alles an zeitgenössischer Tanzmusik aufgelegt.

■ In **Christie's Cabaret** mitten in Chaweng gibt jeden Abend um 22.00 Uhr eine landesübliche Gathoey- (sprich Ladyboy-) Show.

■ Wer den Trubel meiden will, sollte eine der vielen ruhigen Bars am Strand aufsuchen, wo Gäste auf traditionellen Dreieckskissen im Kerzenlicht sitzen und die Urlaubsnächte in Ruhe genießen können. Besonders populär ist die **Ark Bar.**

7

Choeng Mon Bay, Thong Sai Bay & Thong Son Bay

Der Nordostzipfel von Ko Samui ist eine der ruhigsten Ecken der Insel, einige der dort befindlichen kleinen Buchten sind gar einsam. Recht beschaulich geht es noch in den Buchten von Choeng Mon und Thong Sai zu, und die weiter westlich gelegene Thong Son Bay ist vom üblichen Touristentrubel fast gänzlich abgeschieden. Hier ist der Strand (sehr malerisch, aber nicht atemberaubend) nur über Trampelpfade zu erreichen. Ringsherum reiht sich eine Kokospalme an die andere.

Neu ist der **Fußball-Golfplatz** in Choeng Mon (Tel. 089-7717498). Fußball-Golf funktioniert wie Golf, aber man kickt einen Fußball ins Loch. Die 18 Löcher sind selbstverständlich größer, als auf einem herkömmlichen Golfplatz. Ko Samui hat übrigens den einzigen Fußball-Golfplatz in Asien. Nach dem Spiel (eine Runde soll ungefähr 70 Minuten dauern), gibt es ein Freibier.

Unterkunft in Choeng Mon

■ **P.S. Villa*****–***** (Tel. 077-425160), unterschiedliche Bungalows, teilweise mit A.C., in netter Gartenlandschaft. Für Preise ab 400 Baht recht gut.

533tha at

Der Süden

■ **Choeng Mon Beach Hotel & Spa*******–ᴸᴸᴸ (Tel. 077-425372, www.choengmon.com), Bungalows ab 400 Baht, z. T. mit A.C.

■ **Island View Bungalows****** (Tel. 077-425031, www.islandviewsamui.com), gute Bungalows zu vernünftigem Preis ab 400 Baht. Die teureren haben A.C.

■ Das **O Soleil******–***** (Tel./Fax 077-425232, www.prealp.ch/osoleil/index_en.html) hat solide Steinbungalows, bei Bedarf mit einer Rampe für Rollstuhlfahrer, was in Thailand eine Seltenheit ist. Die Bungalows stehen recht weit voneinander entfernt: ein weiterer Pluspunkt.

■ **The White House**ᴸᴸᴸ (Tel. 077-425233, www.samuithewhitehouse.com) hat noch keinen amerikanischen Präsidenten gesehen, gut genug wäre es aber. Die 40 traditionellen Thai-Häuser des Resorts befinden sich in abgeschiedener Lage, die Zimmer sind geschmackvoll eingerichtet und die umgebende Vegetation besorgt den Rest. Eine sehr gute Wahl. Preise ab 5000 Baht.

■ Im **Choeng Mon Garden Home****** (Tel. 089-7291774, 081-4772742, suthorncha@hotmail.com, www.choengmon-garden-home-samui.com) in Choeng Mon, ca. 300 Meter vom Strand entfernt, gibt es kleine, aber sehr ordentliche Häuschen, allesamt in einem gepflegten schattigen Garten mit Kokosnussbäumen zu mieten. Mieter haben die Wahl von drei Größen dieser Steinbungalows, die tage- und wochenweise (ab 4000 Baht) und monatlich (ab 10.000 Baht) angemietet werden können.

Unterkunft in Thong Sai

■ **Tongsai Bay Resort**ᴸᴸᴸ (Tel. 077-245480, www.tongsaibay.co.th); Luxusresort und eine tolle

Wohnmöglichkeit für diejenigen, die ab ca. 250 € pro Tag ausgeben können. Mit Tennisplatz, zwei Swimmingpools, Kanu-, Boot- und Windsurfverleih. Immer noch die einzige Anlage in Thong Sai.

Essen

■ Sehr gute Thai-Gerichte und Seafood im **Honey Restaurant,** am Strand gegenüber der Insel Fan Yai.

Big Buddha Beach (Hat Bang Rak o. Hat Phra Yai)

Eine schöne, ca. 3 km lange Bucht, die von einem 12 m hohen „Big Buddha" überblickt wird und mit feinem Sandstrand ausgestattet ist. Je nach Gezeiten ändert sich die Strandfläche jedoch kolossal, von auslaufend weit bis zu nur meterschmal. Die Touristenfülle in Lamai und Chaweng hat diesen Strand in den letzten Jahren immer populärer gemacht, es ist noch weit ruhiger als in diesen beiden.

Unterkunft

■ **Shambala Beach Bungalows*****–**** (Tel./Fax 077-425330), kleines Resort mit einfachen und etwas alten Bungalows zu vernünftigen Preisen. Eine gute Wahl.

■ **Como Resort*******–ᴸᴸᴸ (Tel. 077-425210, www.samui-hotels.com/comoresort), nur 11 Bungalows mit A.C., teilweise TV, die meisten direkt am Strand. Nette kleine Anlage.

■ Einfache, aber ordentliche A.C.-Bungalows direkt am Strand bietet das freundliche **Secret Gar-**

◁ Strand Choeng Mon

7

den*********−**ᴸᴸᴸ** (Tel. 077-245255, www.secretgar-den.co.th), das von einem Engländer, der seit 30 Jahren in Asien lebt, betrieben wird. Bungalows etwas weiter vom Strand entfernt haben zwei Zimmer und sind preiswerter. Das angeschlossene *Sea Bree-ze Restaurant* serviert thailändische Küche und Meeresfrüchte. Frühstück ist im Zimmerpreis inbegriffen.

Essen

■ Das **Kinnaree Resort***−******* (Tel. 077-245111, www.kinnareeresortsamui.com), an der Hauptstraße hinter dem Big Buddha Beach hat ein gutes Restaurant, das unter anderem deutsche Gerichte serviert. Die Zimmer sind einfach, aber nicht schlecht.

■ Das **Haveli** ist ein neues und schickes indisches Restaurant mit einer guten Auswahl typischer Gerichte wie Chicken Tikka und Rogan Josh um die 200−300 Baht. Eine ganze Reihe preiswerterer vegetarischer Gerichte gibt es auch. Direkt an der Hauptstraße. Empfehlenswert.

■ Das **Ocean 11** gehört zwar weder *Brad Pitt* noch *George Clooney,* aber dieses neue Restaurant serviert sehr gute thailändische Küche mit Blick auf Ko Phangan und den Big Buddha, perfekt für den tropischen Sonnenuntergang. Eine A.C.-Bar ist angeschlossen.

Bo Phut Beach

Kaum minder populär als obiger ist der Strand von Bo Phut, der allerdings nicht gerade den feinsten Sand aufweist. Ab hier besteht eine direkte Bootsverbindung nach Ko Phangan. Am Freitag und Samstag wird das Fisherman's Village in Bo Phut zur verkehrsfreien Walking Street, mit einigen Straßenständen und jeder Menge Essgelegenheiten.

Unterkunft

■ **Peace Bungalow*****−ᴸᴸᴸ** (Tel. 077-4253 57, www.peaceresort.com), komfortable Bungalows mit A.C. und TV. Die nahe dem Strand gelegenen Bungalows sind etwas teurer. Nur geringe Preisunterschiede in Haupt- und Nebensaison. Swimmingpool.

■ **Zazen Boutique Resort & Spa**ᴸᴸᴸ (Tel. 077-425085, www.samuizazen.com), ein weiteres „Boutique-Resort", mit geschmackvollen Bungalows und architektonisch sehr schöner Anlage. Swimmingpool. Das angeschlossene, romantische Restaurant des gleichen Namens serviert sehr gute, von einem belgischen Chef entwickelte, thailändisch-europäische und mediterrane Gerichte. Mit gelegentlichen traditionellen Musikvorstellungen. Gehobene Preislage.

■ **Sandy Resort****−******* (Tel. 077-425353-4, akzeptable Bungalows, teilweise mit A.C. Bei Preisen ab 700 Baht nicht schlecht.

■ **Charlie's Hut Home Stay****−ᴸᴸᴸ** (Tel. 081-8288648, www.charliehomestay.com), früher in Chaweng, hat in Bo Phut neu eröffnet und bietet sehr schöne Familienhäuser im traditionellen Lanna-Stil. Diese Ferienvillen sind auch innen sehr schön mit Holz ausgestattet und haben allesamt A.C., TV und moderne Badezimmer. Die Villen haben ein, zwei oder drei Schlafzimmer.

■ **World Resort*****−ᴸᴸᴸ** (Tel. 077-425355-6, www.samuiworldresort.com), gute Bungalows mit A.C. in ansehnlicher Anlage. Größere Bungalows sind auch für Familien geeignet. Mit Swimmingpool und Wi-Fi-Anschluss auf den Zimmerbalkonen und im Restaurant. Nebenan liegt das Chom Chom Spa.

■ **Free House Beach Bungalows****** (Tel. 077-427516, www.freehousesamui.com), einfache aber preiswerte Bungalows, für den Preis gut genug.

■ Das recht lebhafte **Cactus Bungalows **−****** (Tel. 077-245565, cactusbung@hotmail.com, www.cactus-bungalow.com) nebenan hat ein ganz eigenes Flair. Alle Bungalows sind in rot gehalten und die Betten bestehen aus Steinplattformen auf denen komfortable Matratzen liegen. Ein Restaurant ist angeschlossen.

■ Das **Coconut Calm Beach Bungalow ****–******* (Tel. 077-245965, www.coconutcalmbeach samui.com) hat Bungalows verschiedener Bauarten. Manche der kleineren Hütten scheinen nach den Comics der Familie Feuerstein gebaut worden zu sein. Ein gutes Restaurant und eine Bar mit einer gewissen Partyatmosphäre an einem sehr schönen Strandabschnitt machen dieses Resort zu einer attraktiven Unterkunft.

■ Direkt daneben ist das **Calm Beach Resort ***–****** (Tel. 077-425375), das etwas ruhiger und preiswerter ist. Jeep- und Motorradverleih sowie ein Reisebüro im Haus.

■ **Smile House Resort*****–ᴸᴸᴸ** (Tel. 077-425361, www.samuismilehouse.com), o.k., aber nichts allzu besonderes. Teilweise mit A.C.

■ Einiges teurer und luxuriöser ist das **Samui Palm Beach Resortᴸᴸᴸ** (Tel. 077-425494, www.samuipalmbeach.com) in Bo Phut. Der Baustil des Hauptgebäudes ist mediterran. 32 große Zimmer mit Parkettböden und 36 Bungalows liegen in einem ruhigen Garten. Ein gutes chinesisches Restaurant ist angeschlossen. Dazu zwei Swimmingpools, Garten-Schach und ein Fitness-Center.

■ Im Osten von Bo Phut liegt das **Fisherman's Village,** ein langes Stück Strandstraße, das auf beiden Seiten mit mehr oder weniger traditionellen Holzhäusern und modernen, aber recht ansehnlichen Hotels, Shops und Restaurants bebaut ist, was diesen Strandabschnitt zu einem der schönsten Touristenzentren auf Ko Samui macht. Hier befindet sich das **Eden Bungalows*****–ᴸᴸᴸ** (Tel. 077-427645, www.edenbungalows.com), gut ausgestattete Bungalows, z. T. mit A.C., in sehr schöner Anlage, allerdings durch eine Straße vom Strand getrennt. Pool.

■ **The Lodge*****–ᴸᴸᴸ** (Tel. 077 425 337, www.samuilodge.com) ist das älteste Guest House in Bo Phut und bietet sehr schöne, individuell eingerichtete Zimmer mit Hartholzboden und Meeresblick. Alle Zimmer haben A.C., Fernseher, eine Minibar und einen Safe. Empfehlenswert.

■ Das winzige **Red House Hotel******* (Tel. 077-425686, www.design-visio.com), ebenfalls im Fisherman's Village und eine Kreation des deutschen Architekten *Ulrich Ziems,* hat einen schwer-roten chinesischen Retrostil mit einem feinen Schuhgeschäft im Erdgeschoss und nur vier Zimmer.

Essen

■ Gegenüber der Siam Bank befinden sich eine Reihe von preiswerten und guten Lokalen in denen die Einheimischen essen. Einige Leser haben vor allem das **Thong Chai Thai Food** gelobt.

■ Das **Lae Lay E-San Restaurant** am Bangrak Beach serviert Gerichte aus Südthailand und Issan – dem Nordosten des Landes – direkt am Strand, abends ein kühler gemütlicher Platz, um das Essen zu genießen.

■ So französisch Le Bateau sein mag, so britisch ist das **Frog and Gecko** im Fisherman's Village, das schon seit Jahren solide europäische und thailändische Küche, aber vor allem auch eine lange Bar, eine große Auswahl Cocktails und gelegentliche Live-Musik bietet. Dienstags geschlossen.

■ Das **Starfish and Coffee Restaurant,** das sich neben dem *Red House* (s. o.) befindet, bietet nicht nur gutes Seafood mit Meeresblick, sondern auch eine modische Kleider-Boutique, die an das Restaurant angeschlossen ist.

■ Ebenfalls im Fisherman's Village findet sich das gute französische Restaurant **Lutecia,** das eine große Weinkarte bietet.

■ Im Zentrum des Fisherman's Village, auch direkt am Strand und neben dem Bootspier, liegt das in dunklem Holz gehaltene **The Pier,** das thailändische Küche der gehobenen Klasse, vor allem Sea Food, bietet. Man sitzt auf stilvoller schwarzer Couch und Sessel mit dem Golf von Thailand direkt vor der Nase.

■ An der Hauptstraße neben Samui Gokarts findet sich der **Deutsche Biergarten,** der genau das bietet, was der Name verspricht. Dazu eine lange Speisekarte deutscher und thailändischer Gerichte, Fußball-Bundesliga und Formel 1. Da bekommt man kein Heimweh.

Mae Nam Beach

Mit einer Länge von ca. 4 km ist dies einer der längsten Strände der Insel, dazu einer der schönsten und immer beliebter bei Leuten, denen Lamai und Chaweng zu überlaufen sind. Nebenbei ist er sehr gut zum Schwimmen geeignet. Selbst in der Regenzeit wird es nicht allzu stürmisch. Einige Meter landeinwärts vom zentralen Strandbereich befindet sich ein netter kleiner Tempel, Wat Pukhao Thong, zu dem eine mit Drachen verzierte Treppe führt. Das Reisebüro *Grand Sea Tours* (Tel. 077-427001, www.grandseatours.com) bietet gut organisierte Bootsreisen, unter anderem zum Ang Thong National Park, an. Auch zu empfehlen ist die *Bonus Travel Agency* (Tel. 089-1721320, 081-4323241 (www.facebook.com/BonusTravelAgency) in Mae Nam, die von einem freundlichen Thai-Paar, *Gina* und *Em*, geleitet wird, und u. a. Hotelbuchungen, Taxis, Flug-, Boot-, Zug- und Bustickets organisieren kann. Motorräder können ebenfalls angemietet werden.

Unterkunft

In Mae Nam gibt es noch eine Reihe preiswerter Unterkünfte, aber auch hier zeichnet sich eine Entwicklung in Richtung Hochpreistourismus ab. Die Tage der Billigunterkünfte sind vielleicht in ein paar Jahren vorbei.
- ■ **Cleopatra Palace*****–**** (Tel. 077-425486, www.cleopatra.freehomepage.com), im östlichen Teil der Bucht, kleine Anlage mit 15 Bungalows, einfach, nett und preiswert.
- ■ **Phalarn Inn****–***** (Tel. 077-247111, www.phalarninnresort.com) ganz im Westen der Bucht, hat zum Teil sehr einfache und preiswerte Bungalows, nichts Tolles, aber eben billig.
- ■ **Harry's Bungalow****** (Tel. 077-447097, www.harrys-samui.com), große Stein-Bungalows, alle mit einem kleinen Gästezimmer, aber ca. 300 m zurückversetzt vom Strand nahe dem Westteil der Bucht. Frühstück in einem neuen Restaurant ist im Preis inbegriffen.
- ■ Gleich daneben ist das neue gigantische **Samui Buri Beach Resort**ᴸᴸᴸ (Tel. 077-447275, www.samuiburi.com), das 28 Poolvillas und 24 Delux Pool Access in den vier historischen Hauptbaustilen Thailands bietet. Das Hauptgebäude mit über 30 Zimmern ist imposant und sieht fast wie ein buddhistischer Wat aus Zentralthailand aus. Alle Zimmer und Villen haben einen Jacuzzi, DVD-Spieler, Mini-Bar etc. Ein Spa und Swimmingpool, letzterer direkt am Strand, sind angeschlossen.
- ■ Zu empfehlen ist das **Palm Point Village** ***–ᴸᴸᴸ (Tel. 077-247372, www.palmpointsamui.net), das direkt am Strand sowohl einfache Bungalows mit und ohne A.C., als auch teurere A.C.-Bungalows und eine kleine, einfache Villa bietet. Mit Motorrad und Jeepverleih.
- ■ **Anong Villa*****–***** (Tel. 077-247256), im westlicheren Bereich der Bucht, etwas östlich von Sea Fan Resort, 16 Bungalows in diversen Preisklassen, recht gut, z. T. A.C. Günstig.
- ■ **Maenam Resort******* (Tel./Fax 077-425116, www.maenamresort.com), sehr gute Bungalows mit A.C., für die Qualität nicht zu teuer. Dazu Familien-Suiten in Wohnungsgröße.
- ■ Ganz in der Nähe ist das freundliche **New Sunrise Village*****–**** (Tel. 077-247219, www.new-sunrise.com), das preiswerte Bungalows mit und ohne A.C. bietet. Die ganz billigen Hütten sehen fast antik aus – als ob sie schon Jahrzehnte hier stehen.
- ■ Auch in der Gegend ist das **Shangrilah Bungalows*****–***** (Tel. 077-425189, shangrilah

samui@gmail.com), das neuere Holzbungalows hat, aber einen etwas verlassenen Eindruck macht.

■ **Lolita Bungalows****–LLL** (Tel. 086-9511870, lolitabungalowsamui@gmail.com), im zentralen Bereich der Bucht, etwas östlich des Santiburi Resort, ordentliche Bungalows aus Holz und Stein, teilweise mit A.C.

■ Im Osten von Mae Nam liegen die **Moonhut Bungalows***–LLL** (Tel. 077-425247, www. moonhutsamui.com) weitab von der Hauptstraße inmitten eines Bambuswaldes. Solide Bungalows mit und ohne A.C., direkt am Strand. Ein Restaurant ist angeschlossen. Motorrad- und Jeepverleih.

■ Nebenan, aber nicht am Strand, steht das einem freundlichen Schweizer gehörende **Ampha Place Hotel****** (Tel. 077-332129, www.samui-ampha-hotel.com), das recht große und makellose Zimmer vor einem kleinen Pool und einer Bar bietet. Alle Zimmer haben A.C., Wi-Fi, Mini-Bar und TV und sind ihr Geld wert. Ein Restaurant serviert eine kleine Auswahl wirklich guter thailändischer Küche sowie gute Bratwurst und Steaks. Sehr ruhig.

■ **Santiburi Beach Resort, Golf & Spa**LLL (Tel. 077-425031, www.santiburi.com), superteure Luxusanlage mit allen Schikanen. Die Preise beginnen bei ca. 390 US$, die teuersten Villen kosten ca. 1700 US$.

Unterkunft in Ao Bang Po

Der in Richtung Norden am nächsten an Ban Nathon gelegene Strand, westlich von Mae Nam, ist zwar zum Schwimmen nicht sonderlich geeignet, aber die Sonnenuntergänge sind sehr schön.

■ Das **Health Oasis Resort****–LLL** (vormals *Healing Child Resort*; Tel. 077-602096-7, www. healthoasisresort.com) ist ein weiteres New-Age-Resort, angeboten werden Yogakurse, Astrologie, Fasten- und Entgiftungskurse und vieles Esoterisches mehr. Gemäß eigener Aussage will das Resort Wohlbefinden schaffen auf „physischer, emotionaler, mentaler, spiritueller und finanzieller (!) Ebene".

■ Sieben große Holzhäuser im thailändischen Stil bietet das **Baan Laem Noi Villa**LLL (Tel. 077-420 592, www.baanlaemnoivilla.com). Die zweistöckigen Häuser stehen direkt am Strand in einem abgeschotteten Garten um einen kleinen Pool herum und haben allesamt A.C., Küche und Wohnzimmer, zwei Schlafzimmer, Wi-Fi, TV und DVD-Spieler.

■ Recht neu ist das **Mimosa Resort &Spa**LLL (Tel. 077-247740, www.mimosasamui.com), das große Boutique-Zimmer und kleine Villen mit Jacuzzi und privaten Pools in Beton Chic am Strand bietet. Die Zimmer haben A.C., TV, DVD-Spieler und Wi-Fi, schöne Badezimmer, Freiluftduschen und einen Balkon. Gäste können kostenfrei ein kleines Gym benutzen. Das angeschlossene Restaurant und der Pool sind direkt am Strand. Außerdem ist das Resort barrierefrei (auch wenn es die Sandstraße, die dorthin führt, nicht ist). Ein Spa hat es natürlich auch.

■ Eine preiswertere Alternative an diesem Strand ist das **Boom Bay***–***** (Tel. 081-0895128), das kleine Bungalows und größere mit A.C. in einem schönen Garten vom Strand zurückversetzt bietet. Ein Strandrestaurant ist angeschlossen.

■ Unmittelbar daneben liegt das **Marina Beach House****–***** (077-233116, www.marina beachresort.com). Sehr große Bungalows auf hohen Pfählen in einem idyllischen Kokospalmenwald, mit Kochecke und Bad. Die teureren Bungalows haben A.C. Dieses Resort hat kein Restaurant.

■ Ein kleines Stück weiter südlich den Strand entlang befindet sich das neue **Koh Samui Resort**LLL (Tel. 077-247781, www.kohsamuiresort.com), das 20 einfache, aber schöne Bungalows mit A.C., TV, Mini-Bar, Safe und privater Terrasse bietet. Die Bungalows stehen in einem gepflegten Garten um einen Swimmingpool herum. Sehr ruhig.

■ Das **Coco Palm Samui***–LLL** (Tel. 077-247 288, www.cocopalmsamui.com) ist auf einem riesige Gartenareal am Strand Mae Nam untergebracht. Es gibt eine breite Palette von A.C.-Bungalows, von Budget-Optionen für 1200 Baht zu größeren Häuschen für 2000 Baht mit viel Glas. Ein paar neue Boutique-Villen, für alle die es ganz privat haben möchten, kosten 9500 Baht. Das Restaurant serviert thailändische, europäische und chinesische Speisen und am Strand findet ein abendlicher BBQ statt. Das Coco Palm wird von einer 96-jährigen Dame geführt, die dafür sorgt, dass es sowohl im Garten als auch in den Bungalows sauber und ordentlich ist.

Essen

■ **Koseng Restaurant,** im Osten von Mae Nam, Spezialist für thailändische Gerichte und Seafood.
■ Ein guter Ort, um die letzten Sonnenstrahlen des Tages zu erleben, ist das populäre **Swiss Garden Restaurant.** Tische direkt am Strand.
■ Authentische Thai Speisen sind im **Jun Hom Restaurant,** ebenfalls direkt am Strand, zu haben. Wer einen guten Fisch oder Krabben und Shrimps sucht, ist hier richtig.
■ Richtig guten Kuchen, authentische Brote und hausgemachte belgische Schokolade gibt es in **Angela's Bakery & Café** an der Soi 2 in Mae Nam. Dazu Frühstück aus aller Welt und ein paar nordafrikanische Gerichte. Geöffnet 8.00–18.00 Uhr.
■ Von der Hauptstraße in Richtung Strand, nahe Harry's und Coco Palm, liegt **John's Garden Restaurant** auf einem gepflegten Gartengrundstück. Große Auswahl an einheimischen und europäischen Gerichten ab 100 Baht.
■ An der Hauptstraße in Mae Nam liegt das schweizerische **Heisser Stein Restaurant.** Wem Gegrilltes aus dem deutschsprachigen Raum fehlt, sollte vorbeischauen. Gut ausgeschildert. Das Restaurant ist von der Straße zurückversetzt und findet sich hinter zwei weiteren Restaurants, die thailändische Gerichte (**Chill-Out**) und Pizza (**Eddy's**) im **Bamboo Grill & Bar Komplex** anbieten.

Golf

■ Der **Santiburi Samui Country Club** (Tel. 077-421700, www.santiburi.com) bietet einen professionellen Golfplatz. Das 17. Loch liegt auf einem Hügel, von dem man eine eindrucksvolle Aussicht über die gesamte Insel hat. Einmal im Jahr finden hier die Bangkok Airways Open statt, zu der 70 der besten Golfer Asiens anreisen. Die Green Fee ist 3350 Baht.

Thong Yang Bay (Coral Cove), Taling Ngam Bay & Phangka Bay

Das in der Bucht von Thong Yang (oder Coral Cove) gelegene Pier ist der Ruhe nicht gerade zuträglich, dafür ist der daran gelegene Strand sehr schön und das relativ untouristische Umfeld – mit zahllosen Kokospalmen im Hinterland – hat auch etwas für sich. Weiter südlich schließen sich dann die ebenfalls nur wenig besuchten Buchten Taling Ngam und Phangka an.

An der Hauptstraße die an Taling Ngam Bay vorbeiführt, findet sich die **deutsche Nowi Metzgerei (Nowi Butchery).** Hier, mitten in einer Kokosnussplantage, gibt es deutsche Fleischprodukte – Salami, Schinken etc. – vom Feinsten, dazu auch gute Brote, Salatgurken etc. Das Geschäft beliefert zahlreiche Unternehmen auf der Insel, aber individuelle Besucher sind ebenfalls willkommen und einige Tische vor dem Geschäft eignen sich perfekt zu einem kleinen Picknick. Frischen Kaffee gibt es auch.

Unterkunft in der Thong Yang Bay

■ **In Foo Palace***–****** (Tel. 077-423066), freundlich und ruhig, gute Bungalows, z. T. mit A.C.

Der Süden

■ Das **Lipa Lodge**^LLL (Tel. 077-485616-7, www.lipalodgeresort.com) ist das erste Boutique-Hotel in der Gegend. Moderne Zimmer und Bungalows an einem schönen Strandabschnitt – nur der nahe gelegene Fährenpier ist etwas störend. Dennoch viel ruhiger als in den meisten anderen Ecken der Insel. Das Resort bemüht sich alle Produkte für das angeschlossene Restaurant lokal einzukaufen.

Unterkunft in Taling Ngam Bay

■ Das **Am Samui Resort*******–^LLL (Tel./Fax 077-235165, www.amsamuiresort.com) bietet über ein weites Gelände mit vielen Kokospalmen verteilte große Holzbungalows, z. T. mit A.C. Recht gut für den Preis und dazu ruhige Lage. Motorrad- und Jeepverleih. Frühstück und Wi-Fi im Zimmerpreis inbegriffen.

■ Das **Intercontinental Samui Baan Taling Ngam Resort**^LLL (Tel. 077-4291 00, http://samui.intercontinental.com) ist eine superteure Luxusanlage, die zweitteuerste nach dem Santiburi Resort, aber insgesamt nicht so schön gelegen wie letzteres. Unterschiedlich große Zimmer und Villen ab ca. 300 US$. War früher das Le Royal Meridien.

Essen

■ Das **I – Talay Nasai Garden** am Taling Ngam Beach an einem schneeweißen Strandabschnitt gelegen, bietet authentische thailändische Gerichte mit besonderem Impetus auf Fisch und Meeresfrüchte. Sehr ruhig, und einen Sonnenuntergang gibt es hier auch.

Unterkunft in Ao Phangka (Emerald Cove)

■ **Emerald Cove Bungalow*****–**** (Tel. 077-334100, wesinac@hotmail.com), 10 einfache Bungalows in einer Kokosnussplantage direkt am Strand. Mit die einzig wirklich preiswerte Unterkunft in der Gegend.

Thong Krut Bay, Bang Kao Bay & Ko Kataen

Diese im Süden der Insel gelegenen Buchten sind nicht besonders gut zum Schwimmen geeignet, dafür ist es wiederum sehr ruhig, und Abertausende von Kokospalmen verleihen der Umgebung das richtige Tropenambiente. Die Unterkünfte sind nicht leicht zu finden, sie liegen oft an Pfaden, die von der Hauptstraße abzweigen. Von Thong Krut aus lassen sich Boote zu einigen vorgelagerten Inseln chartern, so Ko Kataen (Ko Taen), Ko Raap, Ko Mat Daeng und Ko Matsum. Auf Ko Taen, die nur von einigen Trampelpfaden durchzogen wird, finden sich einige Unterkünfte sowie ungefähr hundert Einheimische, eine Schule und eine kleine Klinik. Die Anreise zur Insel kann vom Laem Set Inn in Bang Kao organisiert werden. Einige neue Luxusunterkünfte öffnen hier derzeit, und an fast jedem Baum ist ein Land-For-Sale-Schild zu sehen. Preiswerte Unterkünfte dagegen scheinen zu schließen.

Unterkunft in Thong Krut

■ **Centara Coconut Beach Resort Samui**^LLL (Tel. 077-334069, www.centarahotelsresorts.com), am Westende von Thong Krut, mit Swimmingpool. Mit gehobeneren Preisen, aber wer übers Internet bucht, bekommt eine extra Nacht kostenfrei dazu.

■ **Thong Krut Bungalow***** (Tel. 077-423117) hat 10 einfache Bungalows, einige mit A.C.

7

Unterkunft in Bang Kao

■ Das **Banburee Resort & Spa**LLL (Tel. 077-429600, www.banbureeresort.com) ist eine neue Luxusunterkunft in Bang Kao. Große, moderne Bungalows. Wer über die Website bucht, bekommt eine extra Nacht kostenfrei dazu.

■ Interessanter, teurer und spektakulärer ist auf alle Fälle das **Kamalaya**LLL (Tel. 077-429800, www.kamalaya.com). Dieses Resort ist ein sogenanntes Wellness Sanctuary and Holistic Spa – hier kann man sich ordentlich entgiften lassen, sowohl physisch als auch psychisch. Ein großer Pavillon wird für Yoga genutzt, Experten aus dem alternativen Gesundheitsfeld halten Workshops und Vorlesungen, dazu Saunas, ein Shakti-Fitness Center, Swimmingpools, Massagen und ein Ayurvedisches Spa. Das Essen ist auf die Gäste individuell zugeschnitten (manche Gäste essen gar nichts und lassen sich den Darm reinigen). Die Anlage selbst ist ebenfalls beeindruckend – von der Restaurant-Terrasse herunter erstreckt sich eine fast dschungelartige Gartenanlage mit Wasserfällen und Felsformationen, in die große Bungalows und Villen dezent integriert wurden.

■ An der Hauptstraße die an Bang Kao vorbeiführt, liegt die **Magic Alambic Rum Distillery,** die einzige Rumbrennerei Ko Samuis, in einer gepflegten Gartenanlage. Hier wird von einem französischen Paar aus einheimischen Produkten (Zuckerrohr, Ananas, Orangen, Kokosnuss) Rum gebrannt. Wer ganz nahe an diesem Geschehen dran sein will, kann hier auch in einigen geräumigen Bungalows**** (Tel. 077-419023, 086-2826230, www.rhumdistillerie.com) wohnen, einen Swimmingpool gibt es auch.

Unterkunft auf Ko Kataen

■ **Ko Tan Resort****–*** (Tel. 077-423127), an der Ostseite, relativ komfortable Bungalows.

Buddha-Schrein im Kamalaya Retreat

Der Süden

Meeres-Nationalpark Ang Thong

Jeden Tag fahren Schiffe von Ban Na-thon ab 1200 Baht (inkl. Essen) zum wunderschönen Ang Thong Marine National Park. Mit einem Speedboat kostet der Trip 1600 Baht. Abfahrt 8.30 Uhr, Rückkehr gegen 17.00 Uhr. Der Meeres-nationalpark liegt ca. 25 km westlich von Ko Samui und besteht aus 41 Inseln, die zum Teil strahlend weiße Strände und glasklares Badewasser aufweisen (allerdings nicht in der Regenzeit). Bei den Tagestouren ist normalerweise genügend Zeit zum Schwimmen mit eingeplant (Schnorchelausrüstung wird gegen eine geringe Gebühr von 50 Baht gestellt). Auch abgesehen von den Stränden eröffnen sich spektakuläre Anblicke, schroffe Kalksteinfelsen, zahlreiche Wasservögel und sogar ein fast kreisrunder Binnensee (Durchmesser 250 m), der von Kalksteinfelsen umschlossen ist. Dieser See, der Thale Nai, befindet sich auf Ko Mae Ko, die auch einen sehr schönen Badestrand aufweist. Auf der Hauptinsel des Archipels, Ko Wua Ta Lap („Insel der Kuh mit den schlafenden Augen"), kann man zu einem 400 m hoch gelegenen Aussichtspunkt aufsteigen. Dort scheint einem die gesamte Inselgruppe zu Füßen liegt. Ein toller Ausflug!

Reisebüro

■ **Highsea Tour** (Tel. 077-421285, 077-421290, 081-8916404, www.highseatour.com) bieten sehr gute tägliche Touren zum Moo Ko Ang Thong Marine National Park. Boote fahren täglich ab Nathon

Pier (ab 8.30 bis 17.30 Uhr) Kunden werden um 7.30 in ihren Hotels abgeholt und abends wieder nach Hause gebracht. Mittagessen ist im Preis inbegriffen. Die Firma bietet zwei Programme: Schnorcheln und Ausflug durch den Park kostet 1100 Baht pro Person oder 600 Baht für Kinder von 4–11 Jahren. Die bessere Alternative bietet zusätzlich auch noch eine Kayaktour für 1650 Baht oder 900 Baht für Kinder von 4–11 Jahren. Die Gebühr für den Nationalpark kostet zusätzlich 200 Baht pro Person.

Unterkunft

■ Falls man länger zu bleiben gedenkt, stehen auf Ko Wua Ta Lap die **National Park Bungalows****** zur Verfügung. Informationen bei Jose Monteino, Moo Ko Ang Thong Marine Park, Ko Samui, Surat Thani, Tel. 077-286931. Es ist auch möglich hier zu zelten. Zelte können für 200 Baht die Nacht geliehen werden.

■ Den Bungalows ist auch ein kleines **Museum** angeschlossen, in dem auf Schautafeln die Meeresfauna des Archipels erläutert wird.

Anreise nach Ko Samui

■ Die Anreise ist leicht per **Bus** möglich, da die Busse per Autofähre nach Ko Samui befördert werden können. Staatliche Busse ab Bangkoks Southern Bus Terminal fahren zu 500/700/1000 Baht (A.C. 2. Kl./A.C. 1. Kl./ V.I.P.), dazu kommt die Gebühr für die betreffende Fähre. Die Busse privater Gesellschaften fahren zu 550–1200 Baht, was die Fähre einschließt. Zu warnen ist vor Unternehmen in der Khao San Road in Bangkok, die allzu preiswerte Bus-/Schiffskombinationen anbieten: Zunächst wird man mit einem engen Minibus zum Busbahnhof kutschiert, und oft stellt sich dort heraus, dass der angepriesene wundervolle A.C.-Bus ein lausiger Normalbus ist. Und dieser hält dann in jeder Kleinstadt entlang der Route. Fazit: Was zu

7

billig erscheint, ist oft auch schlecht. Vorsicht zu wahren gilt auf allen Bussen auf der Strecke vor Diebstählen; es kommt überdurchschnittlich häufig dazu. Das Problem scheint heute etwas geringer als vor einigen Jahren; damals wurden die Buspassagiere von Polizisten per Videokamera abgelichtet, um später bei etwaigen Klagen Fotos aller Passagiere zur Hand zu haben.

■ Reisebüros in Bangkok offerieren **Zug-/Bus-/Bootkombinationen** nach Ko Samui. Diese sind auch nicht billiger als wenn man's selber organisiert, erspart aber u. U. eine Menge Herumlauferei. Normalerweise erfolgt der Transfer vom Zug in Phun Phin bei Surat Thani auf einen Bus (zum Pier nach Ko Samui) und dann zum Schiff reibungslos. Es hat jedoch einige Fälle gegeben, in dem sich am Bahnhof angebliche Angestellte des betreffenden Reiseunternehmens meldeten und vorgaben, der gebuchte Bus sei nicht benutzbar (aus welchem Grund auch immer); dann versuchten sie die Passagiere in einen anderen Bus zu lotsen, in dem sie am

Ende um weiteres Fahrgeld erpresst wurden. Augen offen halten und den kritischen Verstand bewahren! ■ Wer auf sich ganz **auf eigene Faust** nach Ko Samui aufmacht, steht vor dem verwirrenden Problem, von welchem Pier aus man fahren soll. Es gibt vier Piers in der Provinz Surat Thani, von dem Boote nach Ko Samui ablegen: Ban Don, Don Sak, Tha Thong und Khanom. Die Abfahrfrequenzen und Abfahrzeiten ändern sich stetig je nach Jahreszeit und Bedarf. An Feiertagen oder während der thailändischen Ferien werden oft zusätzliche Boote eingesetzt. Im Grunde nimmt man das erste Boot, das man am Pier seiner Wahl vorfindet; zu Stoßzeiten muss man aber eventuell schon einmal ein Boot fahren lassen, weil es voll ist, und auf das nächste warten. Das gilt vor allem für die Autofähren. Vor diesen bilden sich oft lange Autoschlangen, und wenn die Fähre gerade voll ist, wenn das letzte Auto vor einem draufgefahren ist – Pech gehabt und auf die nächste Fähre warten! Das kann Stunden dauern. In der Regenzeit sind die Abfahrten stark redu-

147th at

Der Süden

ziert, aber auch die Preise fallen dann häufig. Die Preise der Überfahrten unterliegen saisonalen Schwankungen. Man rechne mit 280–500 Baht für die Überfahrt, abhängig vom Bootstyp und der Jahreszeit.

■ **Von Surat Thani** aus kann man mit *Seatran* (Tel. 077-275060) direkt per Bus und Fähre nach Ko Samui (250 Baht) und Ko Phangan (350 Baht) fahren und sich so den ganzen Organisationsärger sparen.

■ Ein **Nachtboot** fährt ab dem Bandon-Pier in Surat Thani, Abfahrt 23.00 Uhr. Dieses benötigt lange 6 Std., erspart einem aber die Fahrt von Surat Thani zu einem der o. g. Piers. Preis für die Überfahrt 250 Baht. Auf diesem Boot ist es häufig zu Diebstählen gekommen. Auf Ko Samui legen die Boote in der Thong Yang Bay oder (häufiger) in Ban Nathon an.

■ **Flüge** mit Bangkok Airways ab Bangkok – die weitaus einfachste Option – kosten teure 3500 Baht. Je nach Jahreszeit bis zu 30 Flüge täglich, Flugzeit je nach Flug 1 Std. bis 1 Std. 30 Min. Oft gibt es Sonderangebote. Weiterhin fliegt Bangkok Airways zweimal täglich aus U-Tapao (2280 Baht), dreimal täglich aus Phuket (2700 Baht) und einmal täglich aus Krabi (2700 Baht) ein, auf regionalen Strecken ändert sich die Situation jedoch häufig und die eine oder andere Route ist möglicherweise eingestellt. Der architektonisch sehr schöne Flughafen auf Ko Samui ist Privateigentum der Airline. Zweimal täglich fliegt Thai Airways in Samui ein (ab 4500 Baht, Business Class 6570 Baht).

Thai Smile Air fliegen seit August 2012 ab Suvarnabhumi nach Surat Thani (zweimal täglich, ab 2420 Baht, Business Class 4015 Baht), von dort per A.C.-Bus und Fähre weiter nach Ko Samui.

Seit auch die **Billigfluglinie** Air Asia (www.airasia.com) preiswerte Flüge **nach Surat Thani** anbietet (Tickets gibt es schon ab 1500 Baht), kann man ein paar hundert Baht sparen, dafür dauert die gesamte Reise dann jedoch ca. 5 Std. Die Busfahrt vom Flugplatz zum Pier kostet stolze 420 Baht.

Eine **internationale Verbindung** mit Bangkok Airways besteht ab Singapur; 1 Flug täglich, Flug-

zeit 1 Std. 30 Min. und zweimal täglich ab Hong Kong, Flugzeit 3 Std. Das Büro der Bangkok Airways in Singapur befindet sich im WISMA ATRIA Office Tower, Unit #20-02, 435 Orchard Road, Singapore 238877, Tel. (+65) 67380063, Fax (+65) 67388867, sinrrpg@bangkokair.com. Return-Flüge ab Singapur zu ca. 500 SG$, zu kaufen in jedem Reisebüro. Ab Samui sind Return-Flüge nach Singapore ab 13.645 Baht zu haben.

Vom Flughafen auf Ko Samui fahren **Taxis** weiter zu den Stränden oder nach Ban Nathon. Die Preise sind an den Entfernungen gemessen überzogen: nach Ban Nathon ca. 600 Baht pro Passagier, Chaweng ca. 400 Baht und Lamai ca. 600 Baht. Kleinbusse kosten etwa die Hälfte, brauchen aber deutlich länger, weil unterwegs immer wieder Abstecher zu den diversen Resorts der Passagiere gemacht werden. Des Weiteren fahren **Songthaews** (Ban Nathon 150 Baht, Chaweng 50 Baht, Lamai 100 Baht, Mae Nam 80 Baht). Ko Samuis Songthaew-Fahrer sind nicht gerade als Vorbilder der Ehrlichkeit bekannt, und Versuche, die Passagiere übers Ohr zu hauen gehören zum normalen, gut einstudierten Tagesprogramm. Wer spät abends ankommt, kann zwischen Taxis und Kleinbussen wählen.

Weiterreise von Ko Samui

■ Von Ban Nathon fährt eine Reihe von **A.C.-Bussen** u. a. nach Bangkok (551 Baht), Hat Yai (350 Baht), Krabi (350 Baht) und Phuket (350 Baht). Der Preis der Fähre ist jeweils inbegriffen. Einige Leser haben darauf hingewiesen, dass es bei diesen Kombinationstickets zu langen Verzögerungen kommen kann. Besonders der Service von *Songserm*

◁ Don Sak – einer von vier Piers in der Provinz Surat Thani

7

Travel lässt zu wünschen übrig. Zu empfehlen ist allerdings die Firma *Lomprayah* (Tel. 077-427765-6, 081-5367162, www.lomprayah.com), die A.C.-Busse und Katamaran-Kombinationen (über Chumphon) nach Hua Hin (1400 Baht) und Bangkok (1400 Baht) anbietet.

■ Ab Ko Samui bietet sich die Weiterfahrt per **Schiff** nach Ko Phangan an. Tagsüber gibt es fast jede Stunde eine Abfahrt ab Mae Nam; Preise je nach Boot und Jahreszeit 100–250 Baht. Fahrzeit je nach Bootstyp ½–1 Std. Passagierfähren ab Ban Nathon fahren um 11.00 Uhr und um 17.00 Uhr (200 Baht). Eine Seatran-Autofähre legt jeden Abend um 18.00 Uhr vom Pier in Nathon ab (300 Baht pro Wagen). Die Firma *Lomprayah* bietet Fahrten auf einer Katamaran-Fähre zwischen Ko Samui und Ko Phangan (300 Baht), Koh Tao (600 Baht) und Chumphon (1100 Baht) an.

Für alle, die es eilig haben, fährt ein Schnellboot mit A.C. um 8.00 und 12.30 Uhr ab Mae Nam und erreicht Ko Phangan (Tong Sala) nur 20 Minuten später. Der Spaß kostet 280 Baht. Boote nach Ko Tao fahren ab der Bo Phut Bay.

■ Die Büros der Bangkok Airways befinden sich in Chaweng (54/4 Moo 3, Tambon Bo Phut, Tel. 077-422234, 077-422512-9, Fax 077-422235) und im Flughafen (99 Moo 4, Tambon Bo Phut, Tel. 077-245600-8, 077-425011, Fax 077-425010). Die Tickets können aber ohne Aufpreis auch von allen Reiseagenturen ausgestellt werden.

Verkehrsmittel auf Ko Samui

■ Am Pier von Ban Nathon stehen **Songthaews,** die für 50–100 Baht zu den Stränden fahren. Die meisten Songthaews stellen gegen 18.00 oder 19.00 Uhr ihren Dienst ein. Solche, die auch nachts fahren, kassieren das Doppelte vom Tagespreis. Weitere Songthaews stehen bei der Ankunft eines Bootes am Pier in der Thong-Yang-Bucht bereit.

■ Am Pier in Ban Nathon findet sich seit kurzem auch ein Haltepunkt für **Taxameter-Taxis,** die allesamt aus Bangkok importiert sind. Allerdings findet sich auf Ko Samui kaum ein Taxifahrer, der gewillt ist, den Taxameter auch einzuschalten. Man wird freundlich darauf verwiesen, dass dies nur in Bangkok üblich ist. Ein Taxi von diversen Stränden zum Flughafen kostet 300–600 Baht.

■ An den wichtigsten Stränden lassen sich **Jeeps** (ca. 800–1000 Baht/Tag) oder **Motorräder** (ca. 150–250 Baht/Tag)ausleihen. Vorsicht: Gelegentlich werden Fahrzeuge „gestohlen", wobei die Polizei den Mieter selber des Diebstahls bezichtigt und ihn dann zur Zahlung eines hohen Schmiergeldes (in Höhe des Kaufpreises des Fahrzeugs) zwingt. Das Ganze scheint ein abgekartetes Spiel zwischen der Polizei und dem Vermieter zu sein, die sich das Geld teilen.

Ko Phangan

เกาะพะงัน

Ohne Zweifel, Ko Phangan ist Thailands **Party-Insel.** Seit auf Ko Samui Sonnenbrand neben Sonnenbrand liegt, ziehen die Touristenströme auch auf diese kleinere Nachbarinsel, vor allem zur monatlichen **Vollmondparty.**

Ko Phangan (8000 Einwohner) ist eine idyllische Insel mit herrlichen, palmengesäumten Stränden, von denen manche noch sehr ruhig sind. Ob die Mehrzahl der Touristen heute noch nach Ko Phangan kommt, um einsame Tropenidylle und absolute Ruhe zu finden, ist jedoch fraglich, denn die Insel ist längst als international bekanntes Party- und Dance-Mekka erster Klasse etabliert. **Ibiza, Goa und Ko Phangan** bilden die Achse der weltweiten Dance-Kultur. Das

Der Süden

mag nicht jedermanns Sache sein, aber Full Moon Partys auf Ko Phangan sind weltberühmte Ereignisse und ziehen jeden Monat Tausende von Travellern an. Schon zwei oder drei Tage zuvor füllt sich die Insel und zu dieser Zeit ist vor allem um Hat Rin kaum eine Unterkunft zu finden. Die bunte, junge und globale Subkultur, die sich an den Stränden Ko Phangans entfaltet, ist an sich schon einen Besuch wert.

Der Hat Rin Beach im Süden der Insel hatte sich vor Jahren zu einem **Drogen paradies** entwickelt; alles, was es zu rauchen oder schlucken gab, war dort erhältlich. Die wilden Zeiten sind längst nicht mehr so wild, wie sie das in den 1990ern waren. Thailand hat nun schon lange den Ruf eines Landes, das Drogen konsumierende Ausländer nicht toleriert. Strenge Gefängnisstrafen für Schmuggler und ungemein hohe Schmiergeldforderungen der Polizei von Konsumenten haben ein Übriges getan, um die Situation auf Ko Phangan zu entschärfen. Heute wird auf den Full Moon Partys von der Polizei streng kontrolliert, und man wird am Haad Rin Beach kaum einen Joint riechen.

Die Drogenexzesse machten sich einige skrupellose Einheimische zunutze, die sich bei berauschten Touristen als Polizisten ausgaben und mit „Verhaftung" und langen Gefängnisstrafen drohten. Zur Unterstreichung ihrer Authentizität führten diese Zeitgenossen oft Walkie-Talkies mit sich. Nach einer satten Zahlung ließen die Schein-Polizisten dann ihre Opfer wieder frei. Dabei verloren einige alles, was sie besaßen und ihre Reise war damit zu Ende. Die echte Polizei checkt auch sonst rund um die Insel jeden Tag Motorradfahrer, und

wer mit Gras oder sonstigen Drogen erwischt wird, hat eine Menge Ärger und eine fette Geldstrafe am Hals. Selbst in einigen Bars werden Razzien durchgeführt. Man sei gewarnt.

Heute ist Ko Phangan längst kein Hippieparadies aus Bambushütten mehr, aber dem Kommerz und Pauschal-Tourismus Ko Samuis ist die Insel auch noch nicht ganz zum Opfer gefallen. Ko Phangan bietet etwas für jedes Budget und jeden Geschmack – auch die großen Hotels und Resorts lassen nicht mehr lange auf sich warten. Und zwischen Thong Sala und Ban Tai haben sich inzwischen eine ganze Reihe Hostessenbars angesiedelt – möglicherweise ist das Teil des Planes, die Insel vom Rucksackparadies in ein teures familienorientiertes Reiseziel zu verwandeln.

Sehenswertes

Ein Drittel von Ko Phangan ist von dicht bewachsener Berglandschaft bedeckt, und der höchste der Berge, **Khao Ra,** kann in Trekking-Touren bestiegen werden. Ein Führer ist notwendig (500 Baht pro Tag), und man wende sich an die Parkverwaltung (Phaeng Waterfall National Park, Moo 3 Baan Madua Wan, Ko Phangan, P.O.Box 1, Surat Thani 84280, Tel. 077-238275). Obwohl nur 620 m hoch, so bietet sich bei direkter Route jedoch ein sehr steiler und herausfordernder Aufstieg. Die langsamere Strecke belohnt dafür mit herrlichen Naturausblicken. Der Khao Ra befindet sich innerhalb des Than Sadet Waterfall National Parks, benannt nach dem hübschen Than-Sadet-Wasserfall. Der Name (*than sadet* = „königlicher Strom") wurde ihm

7

Golf von Thailand

Laem Lia
Hat-Kuat-Bucht
Bottle-Strand
Chalok-Lam-Bucht
Ko Ma
Mae-Hat-Bucht
Salad-Strand
Hat-Yao-Bucht
Son-Strand
Si-Thanu-Bucht
Hinkong-Bucht
Wok-Tam-Bucht
Ko Tao
Nai-Wok-Bucht
Ko Tae Nai
Ko Samui

Laem Pak Chong
Thong Nai Paan Nui Strand
Tapan-Noi-Bucht
Thong Nai Paan Yai Strand
Than-Prawet-Wasserfall
Khao Ra
Ban Thong Ta Pan
Hat-Kruat-Bucht
Wang-Thong-Wasserfall
Ban Chalok Lam
Ban Wang
Khao Ta Luang
Ban Chalok Ban Kao
Aussichtspunkt
Than-Sadet-Wasserfall
Thong-Reng-Bucht
Laem Nai Pho
Phaeng-Wasserfall
Than Prapat Wasserfall
385
Namok Strand
Hat-Yang-Bucht
Yaang-Strand
Ban Nai Suan
525
Hat-Yao-Bucht
Ban Nua
Wat Khao Tham
Ban Nok
535
Wai-Nam-Bucht
Wainam-Strand
Khao Khai
Hat Thian-Strand
Thong Sala
Ban Kaem Ro
Ban Tai
Ban Khai
415
Hat-Yuang-Bucht
Khontee-Strand
Ban Hat Rin
Seekantang-Strand
Hat-Rin-Nok-Bucht
Hat-Rin-Nai-Bucht
Siehe Seite 547

von König *Chulalongkorn* bei einem Besuch verliehen. Dem König gefiel die Insel so gut, dass er sie 18-mal besuchte. Beim Aufstieg zum Khao Ra sieht man eventuell Wildschweine, Loris und zahlreiche Vogelarten.

Der **Phaeng-Wasserfall** befindet sich nahe dem Parkhauptquartier, zwischen Thong Sala und Ban Chalol Lam, und ist ebenfalls einen Blick wert.

Weitere Wasserfälle sind der **Than-Prapat-Wasserfall** (nahe der Ostküste; per Straße oder Boot zu erreichen) und der **Than-Prawet-Wasserfall** bei Ao Thong Nai Pan im Nordosten der Insel.

Wat Khao Tham ist ein kleiner Höhlentempel, idyllisch gelegen auf einem Hügel. Einst diente er einem amerikanischen Mönch als Wohnsitz, der zehn Jahre dort lebte. Mittlerweile ist er verstorben, und seine Asche ist auf einer Klippe begraben, die den Tempel überragt. Von Dezember bis März und im Juni und Juli gibt ein australisch-amerikanisches Ehepaar zehntägige Meditationskurse in dem Tempel (3500 Baht); Anmeldung schriftlich (Wat Khao Tham, Ko Phangan, Province Surat Thani) oder persönlich. Meditationswillige, die jünger als 25 Jahre sind, werden erst nach

🟥 Übernachtung

1 Harmony Beach Resort,
   Thong Yang Bungalows,
   Phangan Orchid Resort,
   Green Peace Bungalows,
   Blue Lotus Resort,
   Phangan Rainbow
2 Munchies Resort,
   My Phangan Resort,
   Morning Star Resort,
   Mac's Bay Resort
4 Milky Bay Resort,
   Dew Shore
   Bungalow, First Villa
6 Suan Inn Bungalows
7 Phangan Bungalow
8 Monte Vista Retreat,
   Joon Bungalow,
   Grand Sea Resort
9 Glass Cottage,
   Sea Scene Bungalows,
   Sea Sunset,
   OK Bungalows,
   Porn Sawan
   Bungalows,
   Golden Hill Resort,
10 Lipstick Cabana,
   Ananda Wellness
   Resort
11 Chills Resort,
   Loy Fa Natural Resort

12 Laem Son 1,
   Nice Sea Resort
14 Village Green,
   Phangan Cabana
15 Bounty Resort,
   Sandy Bay Bungalow,
   Ibiza Bungalows,
   Silver Beach Bungalows,
   Haad Yao Over Bay Resort
16 Salad Beach Resort,
   Reggae Bungalows,
   Smile Beach
17 Mae Haad Bay Resort,
   Mae Haad Cove,
   Island View Cabana,
   Wang Sai Resort
18 Phangan Utopia Resort
19 Viva On the
   Beach Hotel
20 Rose Villa, Chalokum
   Bay Resort, Viva On the
   Beach Hotel,
   Buritara Resort & Spa
21 North Beach Bungalows
22 Coral Bay Bungalows,
   Haad Khom Bungalows
22 Bottle Beach
   Bungalows 1, 2 und 3,
   Smile Bungalow
23 Thong Ta Pan Resort,
   Star Hut,

   Baan Panburi Village,
   Panviman Resort,
   Santhiya Resort,
   Phuwadee
   Resort & Spa
24 Dreamland Resort,
   Pen's Bungalows,
   Starlight Resort,
   Nice Beach Resort,
   White Sand Resort
25 Than Sadet Seaview,
   J.S. Hut Resort
26 The Sanctuary
   Thailand Resort

🟦 Essen und Trinken

3 Hard Road Cafe
4a Chor Chang
   Restaurant
5 Jungle Yellow Cafe
9 Chocolate Bar,
   Umojah Bar,
13 Peppercorn
   Restaurant
20 Sheesha Restaurant

🟩 Sonstiges

5 Oh Internet & Travel,
   Motorrad Rental
   at Kate

---

einem Gespräch mit den Lehrern zu den Kursen zugelassen oder auch nicht. Kontaktadresse: „Retreat", Wat Khao Tham, P.O. Box 18, Ko Phangan, Surat Thani 84280, www.watkowtahm.org.

Information/Adressen

🟥 Auf Ko Phangan werden derzeit mindestens zwei monatliche und kostenlose kleinformatige **Magazine** veröffentlicht. Da alle genannten Unterkünfte und Restaurants für dieses Privileg bezahlt haben, wird zwar kein repräsentatives Bild der Insel geboten, aber die Karten sind ganz brauchbar.

🟥 **Ko Phangan Hospital** (Tel. 077-375471) ist die beste Adresse im Falle eines Unfalls. Schwere Fälle werden von diesem Krankenhaus sofort nach Ko Samui verwiesen bzw. per Speedboat transportiert. Auch in Hat Rin gibt es zwei kleine Kliniken, die **Bandon Inter Clinic** (Tel. 077-375471) und die **Haad Rin Inter Clinic** (Tel. 077-375342) sowie Zahnärzte.

🟥 Es gibt derzeit auf Ko Phangan keine Vertretung der Tourist Police. Wer einen Diebstahl melden muss, sollte sich an die **Polizeiwache in Thong Sala** (Tel. 077-377114) wenden, in der einige Beamte Englisch sprechen. Ansonsten kann man sich an die **Polizei in Ko Samui** (Tel. 077-421281) wenden.

sen fühlt, kann unter www.phangantriathlon.com Genaueres herausfinden.

Inselverkehr

■ Von Thong Sala fahren **Songthaews** zu den diversen Stränden: Hat Rin 100 Baht, Hat Chalok Lum 150 Baht, Hat Thong Nai Pan 150 Baht. In der Hochsaison oder während der Full Moon Partys teurer.

■ **Motorrad-Taxis,** die nahe dem Pier in Thong Sala (s. u.) auf Passagiere warten, kosten etwa dasselbe oder ein wenig mehr.

■ **Motorrad Rental at Kate** (Tel. 077-377734) in Thong Sala, 150–400 Baht, je nach Modell.

■ **Oh Internet & Travel** (Tel. 077-377366, 083-6484379) in Thong Sala, gegenüber dem Asia Hotel, ist sehr freundlich und kompetent. Motorradverleih, Boot-, Bus-, Zug- und Bootstickets auch für Visa-Runs nach Malaysia oder Myanmar werden von der Besitzerin *Oh* ohne Probleme erledigt.

■ **Island Books** in Thong Sala hat die größte Auswahl an gebrauchten Buchtiteln.

■ Eine professionelle **Heilmassage** erhält man bei *Susu*, die das **Moonlight Resort****– **** (Tel. 077-238398) zwischen Thong Sala und Ban Tai gegenüber der First Villa leitet. Bungalows und kleine Häuser für 10.000 Baht im Monat. *Susus* Massage kostet 500 Baht/Std.

  Ebenfalls sehr kompetent ist **Pa Mai**, die in Ban Tai ein kleines **Massagestudio** betreibt.

■ Wem der Strand zu langweilig wird, findet möglicherweise an einem Kochkurs Gefallen. Empfehlenswert ist die **Cookery School** des **Same Same Restaurants** (Tel. 077-375200, www.same-same-cookeryschool.com) in Hat Rin. Kostenpunkt: 22 Euro für einen eintägigen Kurs, 66 Euro für einen dreitägigen Kurs.

■ Gelegentlich finden auf Koh Phangan **Triathlons** statt. Wer sich dieser Extremsportart gewach-

Tauchunternehmen

Die Tauchgebiete um Ko Phangan sind nicht großartig, aber daher ist das Tauchen um die Insel auch eine ruhigere Angelegenheit als beispielsweise in Ko Tao. Tauch-Profis sind an der Westküste Thailands ohnehin besser bedient. Dennoch sind ein paar Tauchgänge während des Urlaubs auch auf Ko Phangan sicher empfehlenswert – recht schöne Korallen gibt es an der West- und Nordwestküste zu sehen.

■ **Chaloklum Divers,** Chaloklum, Mae Haad, Tel. 077-374025, www.chaloklum-diving.com
■ **Haad Yao Divers**, Hat Yao, Hat Chao Phao, Thongsala, Tel. 077-349119, www.haadyaodivers.com
■ **Lotus Diving,** Hat Rin, Thong Sala, Hat Yao, Tel. 077-374142, www.lotusdiving.net
■ **Phangan Divers,** Hat Rin, Tel. 077-375117, www.phangandivers.com; mit angeschlossener Phangan Divers Lodge***_****
■ **Tropical Dive Club,** Thong Nai Pan Noi, Tel. 077-445081, www.tropicaldiveclub.com.

Schnorchelunternehmen

Einige Unternehmen bieten Halbtages-Schnorcheltrips entlang der Westküste an. Ein Strandpicknick oder Abendessen ist normalerweise inbegriffen.
■ **Reggae Magic Boat Trip,** Hat Rin, 081-6068159
■ **Snoop Dogg Boat Trip,** Hat Rin, 089-5293828

Windsurfing

■ **Cookies Bungalows*****_ᴸᴸᴸ,** Haad Salaad, Tel. 077-349125, 083-1817125, www.cookies-phangan.com. *Cookies* vermieten auch Kajaks.

◁ Jeden Monat bei Vollmond – Party am Strand

Full Moon Party – viel Lärm, hohe Preise und so mancher Diebstahl!

Nicht jedem werden die Full Moon Partys behagen, zu denen es 24 Std. lang aus den Lautsprechern dröhnt. Außerdem können die Unterkunftspreise stark ansteigen. Wer nichts mit den Partys zu tun haben will, sollte sich rechtzeitig von Hat Rin zu einem der anderen Strände aufmachen. Wer bleibt, sollte gut auf seine Wertsachen aufpassen, es kommt zu zahlreichen Diebstählen.

Thong Sala

Diese einzige Stadt auf der Insel, das kleine Thong Sala, ist der Ankerhafen für die eintreffenden Boote. In unmittelbarer Umgebung des Piers gibt es Zweigstellen einiger thailändischer Banken (samt Geldautomaten), ein Postamt und einige Internet-Büros (zumeist 2 Baht/Min.); ansonsten ist aber kaum Interessantes zu vermelden. Abends gehört der Ort fast ausschließlich den lokalen Einwohnern. Etwa 2½ km nördlich befindet sich ein mäßig ausgestattetes Krankenhaus mit 24-Std.-Dienst, das bei kleineren Problemen hilfreich sein kann. Bei ernsteren Krankheiten ist die Fahrt nach Ko Samui oder Surat Thani angesagt. Der Nachtmarkt ist einen Besuch wert, das Essen ist hier sehr preiswert und oft besser als das Traveller-Essen in den Resorts. Inzwischen gibt es auch einen Tesco-Lotus-Supermarkt, den ersten auf der Insel.

Full Moon Party auf Ko Phangan

Die Full Moon Party auf Ko Phangan findet nun mehr seit gut 15 Jahren statt und hat sich zu **einem der größten Dance Festivals der Welt** entwickelt. Einmal im Monat trifft sich am Hat Rin Beach die Welt, trinkt Unmengen Alkohol und tanzt zu Techno, Trance, House, Hip-Hop und Drum and Bass oder was immer gerade aktuell ist. Zwischen 5000 und (an Neujahr) 15.000 Traveller fallen in dieser Nacht in Phangan ein und selbst am Morgen darauf liegt noch manch Betrunkener mit Sonnenbrand und womöglich ohne Geldbeutel halb verschüttet am Strand.

Das ist sicher nicht jedermanns Sache, aber bis auf ein paar Wochen in der Hochsaison sind die Tanzhorden an den anderen Stränden der Insel kaum zu bemerken. Wer also nichts von gigantischen Tanzveranstaltungen hält, muss lediglich Hat Rin an den Vollmondabenden meiden.

Da die Full Moon Party so ein riesiger Erfolg ist, gibt es auf Ko Phangan noch eine Reihe anderer Partys und Tanzveranstaltungen. In Ban Tai findet zweimal im Monat das **Half Moon Festival** statt (eine Woche vor und nach der Full Moon Party). Einmal monatlich findet eine sogenannte **Black Moon Party** am Sramanora Wasserfall in Ban Khai statt. Dazu weitere kleinere Partys an diversen Stränden und Wasserfällen – man achte auf Poster, die auf der gesamten Insel an Palmen festgenagelt werden.

Es folgen **ein paar Tipps,** die eine Vollmondnacht am Hat Rin Beach zu einem tollen Erlebnis machen sollen.

■ **Unterkunft** ist am Hat Rin Beach in den paar Tagen vor und nach der Full Moon Party nicht zu bekommen. Wer erst am Partytag ankommt, versuche am besten gleich ein wenig außerhalb ein Bungalow anzumieten. Es ist auch möglich, per Speed-Boat von Ko Samui anzufahren, um dann im Morgengrauen auf die Nachbarinsel zurückzukehren.

■ Die Straße zwischen Hat Rin und Thong Sala ist an Partytagen stark befahren, **Unfälle** passieren regelmäßig und sind gelegentlich tödlich. Zudem checkt die Polizei alle Motorradfahrer kurz vor Hat Rin nach Drogen. Am besten man nehme ein Taxi ab Thong Sala.

■ Am Hat Rin Strand findet sich eine kleine **Ruhezone,** die von freiwilligen Helfern bewacht wird. Wer zu viel getrunken hat, kann hier in Ruhe einschlafen, ohne Angst haben zu müssen, bestohlen zu werden. Wer Erste Hilfe braucht, sollte sich an einen der netten Helfer wenden.

■ Das **Essen** am Strand ist, wie sonst auch bei Festivals, schlecht und ölig und wird nur völlig Betrunkene zufrieden stellen, aber bis 23.00 Uhr sind die meisten Restaurants in Hat Rin offen.

■ Die Full Moon Partys sind recht sichere Veranstaltungen. Aufpassen sollte man auf alle Fälle auf **Geldbeutel, Kameras** etc.

Unterkunft

Es gibt keinen zwingenden Grund, hier zu übernachten, an den Stränden ist es logischerweise idyllischer. Falls man aber früh aufstehen muss, um ein Boot zu nehmen, nun denn . . .

■ Das kleine, von einem freundlichen Amerikaner geleitete **Buakao Inn***** (Tel. 077-377226, buakao@samart.co.th) ist vielleicht die beste Wahl in der unteren Mittelklasse, fünf sehr ordentliche Zimmer, mit A.C. Es befindet sich 200 m vom Pier, gegenüber der Krung Thai Bank. Angeschlossen ist ein

■ Auch in billigen Guest Houses und Bungalows kann **Diebstahl** an Vollmondnächten ein Problem sein.

■ **Auf keinen Fall** sollte man **Drogen** irgendeiner Art von Fremden annehmen oder offen konsumieren. Strafen für Drogendelikte sind in Thailand sehr streng. Zu wirklichen Verhaftungen und Gerichtsverfahren kommt es für die meisten Ausländer, die in Hat Rin mit illegalen Substanzen erwischt werden, allerdings selten. Polizisten in Zivilkleidung patrouillieren am Strand und zu zahlende Schmiergelder sind sehr, sehr hoch.

■ Da der Strand schon am frühen Abend mit Glasscherben und brennenden Zigaretten übersät ist, sollte man **Schuhe tragen.**

■ Jedes Jahr **ertrinken** einige Touristen bei der Party. Wer betrunken oder bedröhnt ins Wasser geht, riskiert sein Leben.

■ Sogenannte **Buckets (Eimer),** eine harte Kombination aus Cola, Red Bull und billigem Thai Whiskey, die aus einem Plastikeimer per Strohhalm getrunken wird, wird überall am Hat Rin Beach unglaublich preiswert verkauft. Die Effizienz dieser Eimer ist nicht zu unterschätzen und manch junger Partybesucher liegt schon um Mitternacht bewusstlos im Sand.

sehr gutes Restaurant und eine Bar. Im Restaurant kann man mit eigenem Laptop einen kostenlosen Wi-Fi-Internet-Zugang nutzen. Empfehlenswert.

■ Das nahe gelegene **Asia Hotel*****–**** (Tel. 077-238607) ist sauber und ordentlich, die Zimmer (A.C.) allerdings etwas beengt.

■ **Sea Mew G.H.*****–**** (Tel. 077-377795, 077-238980, 081-4777076) hat einfache, aber moderne Zimmer, mit Restaurant, das unter anderem Thai-Seafood serviert. Motorrad- und Jeepverleih.

■ **Phangan Chai Hotel*****–ᴸᴸᴸ (Tel. 077-377069, phanganchai@thaimail.com), relativ großes Hotel, mit 59 Zimmern mit A.C., Kühlschrank und TV, das beste Haus am Ort.

■ Am Nai Wok Beach, einige hundert Meter weiter nördlich des Ortes, steht das recht nette **Joon Bungalow*****–**** (Tel. 087-8810988), das einfache Holz-Bungalows, teils recht groß, direkt am Strand bietet. Abends singt die Besitzerin ab und zu mit einer kleinen Band. Hier lebt das Hippie-Ambiente noch. Wer also die absolute Ruhe sucht, ist hier falsch. Mit Wi-Fi.

■ Das **Phangan Bungalows*****–**** (Tel. 077-377197) am Ao Nai Wok Beach, hat solide Holz- und weniger solide Bambusbungalows in einem Kokusnusshain. Dazu kommen auch eine Reihe Steinbungalows mit A.C. Alle Bungalows haben Balkone – und der Sonnenuntergang ist hier meist spektakulär – und der Strand vor dem Gelände ist sehr schön. Das Restaurant hat sich auf Meeresfrüchte spezialisiert, aber es gibt auch die übliche Auswahl an Thai Standards.

■ Die Hütten des **Suan Inn Bungalows*****–***** (Tel. 077-238248) über die Brücke nördlich von Tong Sala in Richtung Ao Nai Wok, liegen nicht direkt am Strand, sondern in einem mit Mangobäumen bestückten Garten in einem recht großen Areal, das von einem Mangroven gesäumten Kanal eingegrenzt ist. Sehr grün und kühl. Das einfache Restaurant beitet thailändische Speisen.

■ Gleich nebenan ist das opulente **Grand Sea Resort*******–ᴸᴸᴸ (Tel. 077-377776, www.grandsea resort.com), das große Bungalows im Lanna-Stil und Zimmer bietet und vor allem russische Gäste zu beherbergen scheint. Die Anlage ist sehr schön, vor allem für alle, die ein wenig Kitsch mögen – ein Brunnen, der von aus Bronze gegossenen Rehen umgeben ist, mag wohl der visuelle Höhepunkt dieses Resorts sein.

■ Das **Monte Vista Retreat Center**[LLL] (077-238951, www.montevistathailand.com) liegt auf einem Hügel über dem Nai Wok Beach. Von der Terrasse hat man großartige Blicke in Richtung Ang Thong National Park. Dieses Resort bietet Drei-Tagesprogramme mit Yoga, Meditation, Ayurvedischen Massagen, Unterkunft und Essen ab 7500 Baht für zwei Personen. Ideal nach einer langen Vollmondparty. Das Monte Vista hat nur 9 Bungalows – unbedingt vorbuchen.

■ Etwas weiter nördlich befindet sich direkt am Straßenrand **A's Beach Place,** ein kleines gemütliches Restaurant, das preiswerte thailändische Gerichte und Frühstück auf der Speisekarte hat. Angeschlossen, aber weiter von der Straße entfernt, ist das **Glass Cottage** ***** (Tel. 077-377226), ein luxuriöser Bungalow mit Glaswänden und gutem Blick über den Strand. Mit A.C., großer Couch und Schreibtisch, TV und DVD-Spieler, iPod-Dock und Wi-Fi.

Essen

■ Einen Besuch wert ist auf alle Fälle der **Night Market** in Thong Sala. Von 16.00 bis 22.00 Uhr finden sich hier ein Reihe kleiner Stände, die eine erstaunliche Auswahl guter Gerichte bieten z. B. Somtam, Meeresfrüchte, Musalman Currys und frischgepresste Obstsäfte. Auch die Einheimischen essen hier. Gute Atmosphäre.

■ Burritos und Margaritas gibt es im **Ando Loco,** einem preiswerten Restaurant, das auf mexikanische Küche spezialisiert ist. Samstags werden auch Salsa-Stunden angeboten. Das Restaurant liegt etwas außerhalb von Thong Sala nah der Straße nach Ban Thai. Freunde der mexikanischen Küche können von Dezember bis März an Kochkursen teilnehmen.

■ In Thong Sala gibt es gleich zwei ordentliche italienische Restaurants, das **Pizza Chiara** und das **Casa Italiana.** Das letztere hat die größere Auswahl an Gerichten.

■ Dem Buakao Inn ist der **A's Coffee Shop** angeschlossen, wo es sehr gutes Frühstück und andere europäische Speisen gibt (und kostenlosen Wi-Fi Zugang).

Unterhaltung

■ An der Hauptstraße in Thong Sala, nicht weit vom Panghan-Verkehrskreisel entfernt, befindet sich das **Jungle Yellow Café,** wo es neben Kaffee und Tee auch Shisha-Pfeifen zu rauchen gibt. Dazu werden einfache thailändische und europäische Gerichte bis 2 Uhr früh serviert.

■ Einen Kilometer außerhalb von Thong Sala, auf der Straße in Richtung Had Yao befindet sich das **Masons Arms,** ein englischer Pub, der unter den Palmen etwas unwirklich aussieht, aber dennoch Guinness, Cidre in Pint-Gläsern und englisches Pubessen serviert. Dazu Darts, Fußball und Formel 1.

Strände auf Ko Phangan

Hat Rin Nok (Sunrise Beach)

Der Hauptstrand der Insel ist hervorragend zum Schwimmen geeignet und idyllisch von Kokospalmen umgeben. Allerdings ist dieser Strand inzwischen mit hunderten von Bungalowunternehmen, Bars, Restaurants und Discos zugepflastert – mit der Ruhe ist es hier vorbei. Aber für die Ruhe kommt ja auch niemand nach Hat Rin. Hat Rin ist ein Party-Strand und wem das nicht passt, der sollte sich anderswo eine Unterkunft suchen. Einmal im Monat findet hier die **Full Moon Party** statt, eine Nacht, in der vor 8.30 Uhr am nächsten Morgen, wenn die Polizei die zahlreichen Musikanlagen abstellt, keine Chance auf Schlaf besteht. Zu dieser Zeit, vor allem während der Hochsaison, bestehen die meisten Bungalow-Unternehmen darauf, dass man mindestens drei Nächte bucht. Die meisten Unternehmen ziehen auch die Preise während der Full Moon Party gewaltig an.

Unterkunft

■ **Palita Lodge**ᴸᴸᴸ (Tel. 077-375170-2, www. palitalodge.com), ca. 200 m weiter südlich an der Nordseite der Bucht mit Pool, gute Bungalows in unterschiedlichen Preisklassen, teilweise mit A.C.

■ **Phangan Bay Shore Resort*******–ᴸᴸᴸ (Tel. 077-375227, www.phanganbayshore.com), im zentralen Bereich der Bucht, aber etwas zurückversetzt vom Strand, ordentliche Bungalows und neuere Zimmer, teilweise mit A.C.

■ **Paradise Bungalow******–ᴸᴸᴸ (Tel. 077-375 244, www.paradisebungalowskohphangan.com), im zentralen Bereich gleich am Strand, und der Ort, an dem die Full Moon Partys begannen. Einfache Holzbungalows, dazu moderne Zementbungalows mit A.C.

■ **Haad Rin Resort******–ᴸᴸᴸ (Tel. 077-375259, www.haadrinresort.com), direkt am Strand im zentralen Bereich, ordentliche Bungalows.

■ **Bongo Bungalow*****–***** Tel. 077-3752 67, bongomoo@yahoo.com), im zentralen Bereich aber vom Strand zurückversetzt, mit 13 sehr guten Bungalows mit A.C. Empfehlenswert.

Hat Rin

0 ——— 400 m ©Reise Know-How 2013

THAI093A

Der Süden

■ Übernachtung
1 Palita Lodge
2 Yogurt Home 3
3 Phangan Bay Shore Resort
4 Phangan Orchid Resort, Bumble-Bee Hut, Haad Rin Resort, Sunrise Resort
5 Bongo Bungalow
6 Paradise Bungalow
7 Sea Garden Resort
8 Same-Same Lodge
9 AmaresA Resort
10 Lighthouse Bungalows
11 Leela Beach Bungalows
12 Sarikantang Resort & Spa
13 Cocohut Beach Resort & Spa
14 Sun Cliff Resort
15 Rin Beach Resort
16 Family House
17 Drop In Club Resort, Black & White Bungalows, Hill Side Bungalows, Rin Bay View Bungalow
18 Neptune's Villa, Charung Bungalows
19 Bird Bungalow, Vimarn Samut
20 Harmony Beach Resort

Yuan Strand

★ *Aussichtspunkt*

Khontee Strand

HAT RIN NOK BAY

Seekantang Strand

HAT RI NAI BAY

★ *Aussichtspunkt*

■ **Sea Garden Resort****–ᴸᴸᴸ** (Tel. 077-3752 83, www.seagarden-resort.com), gute Bungalows und Zimmer, teils mit A.C., dazu ein sehr schöner Garten. Gelegen landeinwärts an der Straße parallel zum Strand.

■ **Yogurt Home 3***–**** (Tel. 077-375332), ebenfalls an der Straße, mit großen, guten Bungalows, teilweise A.C.

■ **Phangan Orchid Resort***–**** (Tel. 077-238819), direkt am Strand im zentralen Bereich, sehr gute Bungalows, zum Teil mit A.C. Empfehlenswert, besonders in der höheren Preislage.

■ Direkt nebenan liegt das **Sunrise Resort ****–ᴸᴸᴸ** (Tel. 077-375145, www.phangansunrise.net), das von kleinen, stilvollen Bungalows bis zu einer sogenannten Thai House Villa für drei Personen (5000 Baht) alles bietet. Die Bungalows stehen um einen Pool direkt am Strand und haben alle A.C., Mini-Bar, TV und Wi-Fi. Während der Full Moon Party gehen die Preise um 30 % hoch.

■ Vom **AmaresA Resort****–***** (Tel. 077-375088, 085-0791869, www.amaresa.co.th) an einem Hügel östlich von Hat Rin Nok Beach, hat man einen sehr guten Blick über die Bucht. Helle Bungalows und große Zimmer mit und ohne A.C. und Frühstück. Ganz nah am Partytrubel aber doch in sicherer Distanz. Es lohnt vorzubuchen, nicht nur für die Partytage.

Hat Rin Nai (Sunset Beach)

Dies ist Hat Rin Noks Nachbarstrand, an der anderen Seite des schmalen Landzipfels gelegen und wohl noch mehr mit Bungalows versehen. Der Strand ist schön, aber nicht spektakulär.

Unterkunft

■ **Lighthouse Bungalow**–**** (Tel. 077-375075, 086-0948004), unterschiedliche Bungalows, relativ einsam am Südende des Strandes gelegen.

■ **Cocohut Beach Resort & Spa**ᴸᴸᴸ (Tel. 077-375368, www.cocohut.com), 31 ordentliche Bungalows am Südende der Bucht, zum Teil mit A.C., dazu ein Guest House, eine Art Reihenhaus aus Zement und Holz und neue, feine Bungalows direkt am Strand und am Berg dahinter. Auch dieses Haus behauptet von sich, der Ursprungsort der Full Moon Partys zu sein und es finden regelmäßig Pool-Partys statt.

■ **Leela Beach Bungalows****–******** (Tel. 077-375094, www.leelabeachbungalow.blogspot. com), ca. 700 m südöstlich des Piers gelegen, für Anspruchslose auf Sparflamme, für den Preis aber nicht schlecht.

■ Nicht weit entfernt liegt das **Sarikantang Resort und Spa***–ᴸᴸᴸ** (Tel. 077-375055, www.sarikantang.com). Dieses neue Resort bietet sehr schön eingerichtete Luxussuiten mit Wi-Fi und A.C. sowie einfache Bungalows direkt am Strand und ein bisschen den Hang hinauf. Das Spa befindet sich direkt am Strand. Ein Full Moon Buffet im angeschlossenen Restaurant kostet 500 Baht.

■ **Sun Cliff Resort***–***** (Tel. 077-375463), ca. 300 m südlich des Piers etwas landeinwärts auf einem Hügel, mit einer Vielzahl von zumeist sehr guten Bungalows. Empfehlenswert.

■ **Rin Beach Resort*****–ᴸᴸᴸ** (Tel. 077-375112, www.rinbeachresort.com), direkt an der Südseite des Piers, sehr ordentliche, relativ neue Bungalows mit Balkon oder großer Terrasse, alle mit A.C. Am teuersten sind die gemütlichen Hong Rua-Bungalows, die wie Fischerboote aussehen und allen Komfort sowie eine Dachterrasse mit Blick über die Bucht und den Bootspier und einen Jacuzzi bieten. Speedboats können gemietet werden.

■ **Family House***–***** (Tel. 077-375173), etwas nördlich des Piers gelegen, mit Bungalows in unterschiedlicher Qualität.

■ Das **Drop In Club Resort*****–ᴸᴸᴸ** (Tel. 077-375444, www.dropinclubresortandspa.com), riesengroß und mitten in Hat Rin ist eine der feineren Adressen, die die Gegend zu bieten hat. Große, saubere, im Thai-Stil um einen Swimmingpool ange-

Der Süden

legte A.C.-Bungalows mit TV und Mini-Bar. Internet-Service, Spa und Karaoke-Bar sind angeschlossen. Eine Executive Suite mit allem drum und dran ist ab 4100 Baht zu haben.

■ Ebenfalls eine populäre Anlaufstelle für Partyreisende ist die unter thai-dänischem Management geführte **Same Same Lodge******–***** (Tel. 077-375200, www.same-same.com), das ordentliche Dormitory, Zimmer mit Bad und teilweise mit A.C. und heißem Wasser bietet. Das Restaurant bietet eine große Auswahl an europäischen und thailändischen Gerichten.

■ Nebenan ist das viel bescheidenere **Hill Side Bungalows******–***** (Tel. 077-375102), wo es kleine, ordentliche Hütten mit und ohne A.C. gibt. Zur Full Moon Party serviert das Restaurant Spezialitäten aus Nepal.

■ **Black & White Bungalows******–***** (Tel. 077-375187), einfache Bungalows sind ziemlich gut.

■ Nebenan befindet sich das bescheidene **Rin Bay View Bungalow******–***** (Tel. 077-375188), das einfache, dicht aneinander gebaute Bungalows und Zimmer in neuen Gebäuden.

■ **Neptune's Villa******** (Tel. 077-375251), sehr stilvolle, moderne Bungalows in schöner Gartenlage, z. T. mit A.C. Empfehlenswert. Außerdem sind inzwischen auch neue Zimmer im Boutique-Stil dazugekommen (2500 Baht). Ein gutes Restaurant mit marokkanischer Küche ist angeschlossen.

■ **Charung Bungalows****–***** (Tel. 077-3751 68, 077-375376), ca. 200 m nördlich des Piers, mit verschiedenen Bungalows mit A.C. Empfehlenswert.

■ Komfortabel ist das **Vimarn Samut******–***** (Tel. 077-375027), das große Zimmer mit A.C. bietet. Einige Leser haben sich allerdings über mangelnde Hygiene beschwert.

■ **Bird Bungalow*****–***** (Tel. 077-375191, 077-375029), gut ½ km nordwestlich des Piers gelegen, die billigsten Hütten haben kein eigenes Bad, die teureren sind ziemlich o.k., mit Blick übers Meer.

■ Etwas weiter in Richtung Ban Tai liegt das **Harmony Beach Resort******–***** (Tel. 086-88546 46, 086-8855509). Einfache Holzbungalows sowie teurere A.C.-Hütten mit Wi-Fi.

Essen

■ Das **Same Same Restaurant** bietet internationale Küche für Rucksackreisende (besonders gut sind Gerichte aus Skandinavien), Live-Musik, Billardtische, Filmshows, Kochkurse. Vor der Full Moon Party wird ein großes Party-Buffet serviert.

■ Das **Al Colosseo** ist angeblich Ko Phangans größtes Restaurant. Italienische und brasilianische Gerichte und Dance-Shows.

■ Ähnlich gut das **Palita Restaurant,** das der Palita Lodge****–**** angeschlossen ist.

■ Mexikanische Küche bietet das **Bamboozle,** dazu Salate und thailändische Gerichte. Geöffnet von 15.00 bis 24.00 Uhr.

■ **Om Ganesh** bietet gutes indisches Essen, u. eine Auswahl an vegetarischen Gerichten.

■ Nicht weit entfernt liegt das **Lucky Crab Restaurant,** das unter deutschem Co-Management mit die besten Meeresfrüchte in Hat Rin serviert. Die Pizzen sind auch nicht schlecht.

■ Weil es in Hat Rin alles gibt, was man sich an einem Urlaubsstrand so vorstellen kann, gibt es eben auch das **Let's Go Sushi,** das, wie der Name schon sagt, Sushi bietet, dazu Sandwiches, Salate und frische Fruchtsäfte.

Unterhaltung

■ siehe auch Exkurs „Full Moon Party"

■ Im **Same Same Restaurant** spielen regelmäßig ordentliche Rock-Coverbands.

■ Im **Paradise** hat angeblich alles angefangen, hier fand die erste Full Moon Party statt. Heutzutage ist das Paradise während der Full Moon Partys die erste Anlaufstelle für etablierte Dj's aus dem Ausland.

■ Das **Backyard** veranstaltet eine Recovery-Party nach der Full Moon Party, was die totalen Insomniaks freuen sollte.

7

196th.at

Hat Yuan und Hat Thian

Diese beiden schönen Strände nördlich von Hat Rin Nok sind nur zu Fuß oder per Boot (50 Baht) zu erreichen sind. Trekker seien allerdings gewarnt – bis nach Hat Thian kann der Marsch 90 Minuten dauern. An beiden Stränden befinden sich Bungalowunternehmen.

■ Am Hat Thian befindet sich eines der architektonisch und vom Unternehmergeist her eindrucksvollsten Resorts der Insel – **The Sanctuary Thailand Resort, Spa & Detox Center**∗∗–ᴸᴸᴸ (Tel. 081-2713614). Die Bungalows und Villen sind an einen dicht bewaldeten Hang gebaut und einige Hütten sind so in große Felsen integriert, dass die Badezimmer wie romantische Dschungelhöhlen erscheinen. Es werden Yoga-Kurse angeboten und das Restaurant bietet unter anderem exzellente vegetarische Gerichte an. Einen Dorm gibt es auch. Sehr empfehlenswert.

Hat Ban Khai

Die Verlängerung des Hat Rin Nai im Bereich des Dorfes Ban Khai, mit mehreren, von Felsformationen unterbrochenen kleinen Buchten. Ruhiger als Hat

Der Süden

Rin, aber immer noch recht nahe am Geschehen. Auch hier während der Full Moon Party-Tage unbedingt vorbuchen.

■ Das **Phangan Rainbow***–****** (Tel. 077-238236, www.rainbowbungalows.com) bietet einfache, aber saubere Bungalows mit und ohne A.C. Ein neues internationales Restaurant ist angeschlossen.

■ Das freundliche **Green Peace Bungalows ***–******* (Tel. 077-238436, greenpeacebungalows@hotmail.com) ist wohl eines der billigsten und ruhigsten Unternehmen an diesem Strand. Sehr einfache Holzbungalows, Restaurant. Einige Bungalows haben inzwischen auch A.C.

■ Nebenan ist das **Blue Lotus Resort***** (Tel. 077-238489, www.bluelotusresort.com), ebenfalls recht einfach, aber die Holzbungalows sind in besserem Zustand. Ein mexikanisches Restaurant ist angeschlossen. Zudem Internet-Service.

■ Das **Thong Yang Bungalows***–******* (Tel. 077-238192, , www.thongyangbungalow.com) hat ebenfalls einfache Bungalows und befindet sich genau unterhalb dem Stück Straße, wo jedes Jahr reihenweise lebensmüde und betrunkene Touristen verunglücken – d. h. nahe an Hat Rin, aber nicht so nahe, dass man nicht seine Ruhe hätte. Sehr schöner Strandabschnitt.

■ Der **Phangan Orchid Resort*****–ᴸᴸᴸ** (Tel. 077-375156, 077-238819, www.phanganorchid.com) ist eine Anlage mit modernen Stein-Bungalows, Restaurant und einem Swimmingpool. Sicher nichts für Traveller, eher etwas für Urlauber mit Familie.

Hat Ban Tai

Dieser Strand, benannt nach dem „Süd-Dorf", Ban Tai, ist zwar nicht sonderlich attraktiv, dafür ist er Welten weg von Hat Rin und dem Party-Trubel und liegt nahe an der „Hauptstadt" Thong Sala.

Zwei Kilometer nördlich von Ban Tai findet allmonatlich im Dschungel die **Half Moon Party** statt. Diese ist, im Unterschied zur Full Moon Party, eine private Angelegenheit und kostet generell 300 Baht Eintritt. Die Atmosphäre ist deutlich entspannter als während der Full Moon Party.

An der Straße von Ban Tai nach Hat Rin haben sich in den letzten Jahren eine ganze Reihe Bierbars angesiedelt, in denen hunderte Hostessen auf Kunden warten. In der Fanny Bar wird man von einer kleinen Armee *gathoeys* (Ladyboys) willkommen geheißen.

■**Mac's Bay Resort****–******* (Tel. 077-238443), wohnliche Bungalows, z. T. mit A.C.

■ **Dew Shore Bungalow****–ᴸᴸᴸ** (Tel. 077-238128), akzeptable, saubere Bungalows, aber nichts Umwerfendes. Dazu ein paar neue A.C.-Villen um einen Swimmingpool.

■ **First Villa*****–ᴸᴸᴸ** (Tel. 077-377225, www.firstvilla.com), schöne Anlage mit Swimmingpool und Jacuzzi. A.C.-Bungalows in der höheren Preislage mit Kühlschrank und TV. Die preiswertesten Bungalows kosten 1400 Baht.

■ **My Phangan Resort***–******* (Tel. 077-377302-3) hat für den Preis nicht schlechte, moderne Bungalows mit und ohne A.C.

■ Nebenan das **Morning Star Resort****–******* (Tel. 077-377756, morningstarkpn@yahoo.com) ist eine Preislage höher und liegt in einer recht sandigen, aber gepflegten palmengesäumten Anlage. Für Familien geeignet. Sehr ruhig. Internet-Service.

■ Eine der attraktivsten Bungalowanlagen in Ban Tai ist das neue **Milky Bay Resort *****–ᴸᴸᴸ** (Tel. 077-238566, www.milkybay. com), das große Bungalows mit A.C. bietet. Die meisten Bungalows haben komfortable, separate Sitzecken. Dazu gehört ein Swimmingpool und ein Restaurant, das gute Pizza serviert. Das Personal trägt Uniform.

7

■ Neu restaurierte, einfache Holz-Bungalows mit Wi-Fi gibt es im **Munchies Resort********–****** (Tel. 087-6236503), direkt am Strand, ab 450 Baht.

Essen

■ Das **Chor Chang Restaurant** ist nur auf Thai auf einem erleuchteten Coca-Cola Schild mit einem kleinen Elefanten ausgeschildert. Das Restaurant befindet sich direkt neben der Fanny Bar auf der Straße zwischen Ban Tai und Hat Rin. Meeresfrüchte, besonders Austern, sind hier sehr gut. Vielleicht die besten der Insel.

■ Das **Hard Road Café** (Tel. 082-5303440, 086-0559441, www.hardroadphangan.com) hat alles, was der junge Traveller braucht – preiswerte Schlafsäle, Restaurant, W-LAN-Zugang, Massageservice, Jacuzzi, Tischtennis, ein Zimmer für Playstation, eine große Leinwand für Fußballspiele, allabendliche Pokerrunden und auch ein paar private Bungalows. Das Restaurant bietet die übliche Speisekarte mit thailändischen und europäischen Gerichten. Wer Party will und nicht viel wert auf Privatsphäre legt, ist hier gut aufgehoben.

Hat Wok Tam

Ein von mehreren Felsvorsprüngen unterbrochener Strand, sehr ruhig. Schwimmen ist nur bei Flut möglich.

■ Für seine relaxte Atmosphäre und einfachen Strandbungalows mit Wi-Fi und teilweise mit A.C. ist das **Sea Sunset*******–****** (Tel. 077-238752, www.seasunsetresort-kohphangan.com) zu empfehlen. Angeschlossen ist die *Chocolate Bar*, in der es zwar keine Schokolade gibt, die aber bis spät in die Nacht geöffnet ist und eine große Auswahl an Cocktails bietet.

■ **Sea Scene Bungalow*******–****** (Tel. 077-377516, www.seascene.com), sehr schöne Bungalows in gepflegter Anlage, ebenfalls direkt am Strand. Teilweise neue und große, einfach ausge-

stattete Bungalows mit A.C., Wi-Fi und Internetzugang im Restaurant. Oberhalb des Resorts an der Straße ein wenig in Richtung Thong Sala liegt die *Swinglish Bar,* von einem Engländer und einem Schweden geleitet. Abends geht es um den Billardtisch gelegentlich hoch her.

■ **Porn Sawan Bungalows*****–*** (Tel. 077-37 7599), Einfachbungalows, sehr preiswert.

■ **OK Bungalows****** (Tel. 077-377141, 082-8069630, www.okbungalows.com) haben neue, einfache Stein-Bungalows. Der Strandabschnitt hier ist schön, die Familie, die das Resort leitet, ist sehr nett, aber einige der Bungalows sind etwas verwahrlost. Nebenan befindet sich direkt am Strand die **Umojah Bar,** die von einem jungen Franzosen und seiner thailändischen Frau geleitet wird. Tolle Atmosphäre beim Sonnenuntergang.

■ Das **Ananda Wellness Resort******** (Tel. 081-3976280, www.anandaresort.com) verspricht den „Eintritt in das Paradies des spirituellen Abenteuers". Bungalows, teilweise mit A.C., Sauna, Internet und Swimmingpool. Geboten werden hier Asanas, Chakras, Meditation und holistisches, vegetarisches Essen. Gäste müssen mindestens vier Nächte buchen.

■ **Lipstick Cabana****** (Tel. 077-349252); einfache bis gute Bungalows nahe dem Dorf Ban Hin Kong.

Hat Chao Phao (Hat Si Thanu)

Ein sehr attraktiver Strand inklusive davorgelegenem Korallenriff.

■ Das **Village Green******–**** (Tel. 077-349217, http://villagegreen.phangan.info), nicht direkt am Strand, hat einfache, aber solide und saubere Bungalows mit und ohne A.C. und ein sehr gutes Restaurant, das vor allem europäische und thailändische Gerichte zu moderaten Preisen bietet. Das Frühstück ist empfehlenswert. Der Besitzer *Ben* ist eine gute Informationsquelle.

Der Süden

■ **Laem Son 1 Bungalows****–**** (Tel. 077-349123, 081-8566027), anspruchslose Bungalows, aber sehr preiswert.

■ **Phangan Cabana******–ᴸᴸᴸ (Tel. 077-349 184, www.phangan-cabana-resort.com), Bungalows und Zimmer mit und ohne A.C. Auf der Speisekarte des Restaurants stehen unter anderem eine Reihe vegetarische Gerichte.

■ **Fa Natural Resort******–ᴸᴸᴸ (Tel. 077-37 7319, www.loyfa-natural-resort.com), 16 ordentliche Holz- und Steinbungalows sowie Zimmer in netter Lage, mit Swimmingpool.

■ Etwas teurer ist das **Chills Resort******–***** (Tel. 089-8752100, 080-5303425, www.chillsresort.com), das auch einen Swimmingpool, Wi-Fi und kostenfreie Kajaks bietet.

■ Das **Nice Sea Resort******–ᴸᴸᴸ (Tel. 077-3491 77, www.nicesearesort.com) hat einfache Bungalows auf Pfählen, einen fantastischen Blick auf den Ang Thong National Park sowie zwei Billardtische.

Essen

■ Nicht direkt am Strand, sondern an der Verbindungsstraße, die zur Hauptstraße landeinwärts führt, liegt das **Peppercorn,** eine gute Abwechslung zu dem Essen in den Bungalow-Resorts der Gegend. Geboten werden Steaks, Salate und eine ganze Reihe vegetarischer Gerichte. Der Service ist manchmal ein bisschen langsam, aber das Essen ist meistens gut – einige Leser haben berichtet, dass die vegetarischen Gerichte manchmal etwas fade schmecken.

Hat Yao

Dieser wörtlich „lange Strand" befindet sich in einer ruhigen Bucht, die allerdings in den letzten Jahren immer beliebter geworden ist. Kein Wunder, denn nur etwa 50 m vor der Küste befindet sich ein stark abfallendes Korallenriff,

das ein sehr gutes Tauchrevier darstellt. Tauchkurse werden in den Hat Yao Bungalows angeboten. Im Vergleich zu Hat Rin immer noch sehr ruhig. Nördlich von Hat Yao ist die Straße nicht sehr gut und in der Regenzeit sicher nur mit Jeep oder Motorrad befahrbar.

■ **Ibiza Bungalows****–***** (Tel. 077-349121), in der niedrigsten Preisklasse (150 Baht) ein guter Spartipp, die teuersten Bungalows haben A.C.

■ **Silver Beach Bungalows*****–**** (Tel. 077-349171), unterschiedliche, einfache Bungalows mit und ohne Bad.

■ **Sandy Bay Bungalows*****–ᴸᴸᴸ (Tel. 081-229 4744, 077-349119), Bungalows ab preiswerten 200 Baht.

■ **Long Bay Resort******–ᴸᴸᴸ (Tel. 077-349057, www.longbay-resort.com), schöne Bungalows in gepflegter Anlage, in der höheren Preislage A.C. Swimmingpool.

■ Das freundliche **Haad Yao Over Bay Resort******–ᴸᴸᴸ (Tel. 077-349163, www.haadyaooverbayresort.com) im Zentrum von Hat Yao bietet einige schöne große Holzbungalows an einem steilen Hang über der Bucht. Idealer Ausblickspunkt für den Sonnenuntergang. Teilweise mit A.C. Einen Pool gibt es auch. Auch monats- oder jahresweise zu mieten.

■ Ganz im Süden von Had Yao befindet sich das **Bounty Resort*****–ᴸᴸᴸ (Tel. 077-349 105, www.bounty-resort-phangan.info), das neben einem ruhigen Strandabschnitt eine große Auswahl an verschiedenen Bungalows bietet, von einfachen, aber neuen Holzhütten zu größeren Betonhäuschen mit A.C., Wi-Fi und TV. Preiswerte Monatsdeals sind möglich.

Essen

■ Die **Eagle Bar** am südlichen Strandende bietet nicht nur gute Atmosphäre, sondern auch die besten Pizzen am Strand. Auch die Pommes Frites sind zu empfehlen.

7

Hat Salad

Hat Salad ist eine kleine, ruhige Bucht nördlich von Hat Yao. Auch hier gibt es Korallen zu sehen.

■ Das **Salad Beach Resort*****–ᴸᴸᴸ (Tel. 077-349149, www.phangan-saladbeachresort.com) bietet Zimmer in einem schönen Gebäude mit mediterranem Ambiente sowie Bungalows mit A.C. in einer gepflegten Gartenanlage. Ideal für den ruhigen Familienurlaub. Mit Swimmingpool, Jacuzzi, Internet und Tauchschule sowie Motorrad- und Jeepvermietung.

■ Etwas vom Strand zurückversetzt liegt das **Reggae Bungalows****–ᴸᴸᴸ (Tel. 077-374 253, 084-5802854, www.phanganreggae.com). Bungalows, freundlicher, etwas platter Service. Außer den Reggae-Bungalows gibt es einen Reggae-Shop, ein Reggae-Reisebüro und gar zwei Reggae-Restaurants. Das italienische Reggae-Restaurant serviert Reggae-Pizzas. Alle Gebäude sind in Rot, Grün und Gold gehalten. In der Reggae-Bar läuft abends Reggae. Da steht ja der Revolution wohl nichts mehr im Wege.

■ Ganz neu ist das feine **Smile Beach****–ᴸᴸᴸ (Tel. 077-349304, 086-1000656, www.smile beach.com), das 8 Bungalows bietet, einige mit A.C. und Badewanne. Ein Internet-Café und Restaurant sind angeschlossen. Auch Monatsvermietung möglich.

Ao Mae Haad

Im äußersten Nordwesten der Insel gelegen, mit etwas grobem Sand ausgestattet, aber sehr gut zum Schwimmen geeignet. Dem Strand vorgelagert ist die „Hunde-Insel", *Ko Maa*, an deren Westseite eine der schönsten Korallenbänke Ko Phangans liegt. Unterkünfte gibt es auf der Insel derzeit nicht.

■ Das freundliche **Mae Haad Bay Resort**ᴸᴸᴸ (Tel. 077-374330-2, www.mbrresort.com) wurde nach langen Renovierungen neu eröffnet. Neben den 48 wirklich komfortablen, brandneuen Bungalows, allesamt mit Holzböden und solider Holzmobilatur im Boutiquestil ausgestattet, soll das Resort auch den größten Pool der Insel haben. Billig ist der Spaß freilich nicht. Zimmer ab 2500 Baht, sehr viel mehr während der Full Moon Partys.

■ **Mae Haad Cove***–**** (Tel. 088-8273449) nur acht kleine aber ordentliche Holzbungalows in zwei Reihen am Strand. Das Restaurant hat sich auf Thai-Food spezialisiert und bietet neben Meeresfrüchten eine Reihe von vegetarischen Gerichten.

■ **Island View Cabana***–***** (Tel. 077-374172, 082-8154005), einfache Hütten. Den Bungalows am Mae Haad Beach ist ein Thai-Restaurant angeschlossen.

■ **Wang Sai Resort****–***** (Tel. 077-3742 38, www.wangsairesort.com), akzeptable Bungalows zum niedrigen Preis.. Die teureren Hütten stehen an einem kleinen Hang über der Bucht.

■ **Phangan Utopia Resort*****–ᴸᴸᴸ (Tel. 077-374093-5, Fax 077-374159, www.phanganuto pia.com), toll gelegene Anlage auf einer Klippe zwischen Mae Haad und Hat Chalok Lum. Gute Zimmer und Bungalows mit A.C. Das Resort hat einen Swimmingpool, von dem man einen irren Blick über die Bucht hat. Diese Bungalowanlage ist zwar weit vom Strand entfernt, aber die Lage ist trotzdem einmalig.

▷ Strand in Mae Haad

Hat Chalok Lum

In der wunderschönen Chalok Lum Bay gelegen, mit einigen vorgelagerten Korallenriffs und sehr ruhig. Leider ist der Strand nicht zum Schwimmen geeignet, da das Wasser durch den Fischereihafen ölverschmutzt ist.

Das Dorf selbst, eigentlich nur eine Straße, ist recht malerisch.

■ **Rose Villa******–***** (Tel. 077-374013, rose villa2000@hotmail.com), ordentliche Bungalows, teilweise mit A.C. Nicht schlecht.

■ Am östlichen Ende von Chalok Lam findet sich das **Buritara Resort und Spa*******–ᴸᴸᴸ* (Tel. 077-374021, www.buritaraphangan.com). Einfache Zimmer, Bungalows und größere Häuschen um einen Pool oder an einem kleinen Fluss, der hier im Golf von Thailand mündet, allesamt mit A.C. Wer drei Tage oder mehr bucht, wird in Thong Sala kostenlos abgeholt.

■ Das neue **North Beach Bungalows******–***** (Tel. 077-374258) hat recht preiswerte, akzeptable und saubere Bungalows direkt am Strand. Das Restaurant serviert die übliche Ko Panghan-Auswahl an Speisen. Für den Preis ist das North Beach wirklich in Ordnung. Motorrad und Bootsvermietung hat es auch.

■ Das **Chaloklum Bay Resort******–***** (Tel. 077-374147, Fax 077-374222, www.chaloklum bay.com) ist eine große moderne Bungalowanlage mit Swimmingpool und Spa direkt am Strand. Toller Sonnenuntergang.

■ Das **Viva On the Beach Hotel*******–ᴸᴸᴸ* (Tel. 077-374355, www.vivaphangan.com) sieht aus wie eine etwas misslungene Burg, allerdings in blau und direkt am Strand. Die Angestellten sind freundlich, die Zimmer ordentlich, und wer länger bleibt, kann auch selbst kochen. Die Zimmer in den oberen Stockwerken haben Balkone. Ein Fitness Center gibt es auch, und was man abschwitzt, kann man später mit authentischem italienischem Eis wieder drauf-

schlagen. Das Restaurant serviert ansonsten thailändische Speisen.

Essen

■ Das **Sheesha Restaurant** in der Ortsmitte, kredenzt feine Küche, darunter eine Käseplatte und natürlich Seafood. Ultramodernes Ambiente und Sheesha-Pfeifen.

Hat Khom

Der (wortwörtlich übersetzt) „bittere Strand" schließt in einer kleinen Bucht nördlich an Hat Chalok Lum an.

■ **Coral Bay Bungalows*****–***** (Tel. 077-37 4245, coralbaymail@hotmail.com), einfache Bungalows ohne eig. Bad sowie sehr gute Bungalows mit Bad. Angeschlossen ist ein vegetarisches Restaurant. Motorräder und Kayaks können gemietet werden.

■ **Haad Khom Bungalows******–***** (Tel. 077-374246), einfach, aber in der höheren Preisklasse nicht zu übel. Die Bungalows stehen im Schatten von Bäumen, von einem kleinen Hügel bis direkt ans Wasser. Das Restaurant ist direkt am Strand und serviert vor allem Meeresprodukte. Abends wird gegrillt. Eine Bar ist angeschlossen.

Hat Khuat

Dieser „Flaschenstrand" verdankt seinen Namen hoffentlich nicht den Relikten, die Touristen dort hinterlassen; oft auch *Bottle Beach* genannt. Ein schöner Strand, gelegen in einer idyllischen Bucht, die nur per Boot zu erreichen ist. Am besten wende man sich an Mr. Mee (Tel. 077-374137), der meist in der Nähe des Sea Side Resort in Chalok Lum zu finden ist und Passagiere für 50 Baht pro

Nase mitnimmt (oder 300 Baht für das ganze Boot). Der sehr freundliche Mr. *Mee* lässt sich auch für Schnorchel- und Angeltrips anheuern.

■ **Bottle Beach Bungalows 1, 2** und **3******* (Tel. 077-445151-2, www.bottlebeach1resort. com), über 100 einfache bis moderat gute Bungalows, alle in Hand derselben Familie, inzwischen mit Pool.

■ **Smile Bungalow***–***** (Tel. 085-4294995, 089-9549164, www.smilebungalows.com), nette Anlage umgeben von satter Vegetation und akzeptablen Bungalows.

Hat Thong Nai Pan

Dieser hervorragend zum Baden geeignete Strand unterteilt sich von einer Landzunge getrennt, in den „Kleinen Thong Ta Pan" (Hat Thong Nai Pan Noi) und den „Großen Thong Ta Pan" (Hat Thong Nai Pan Yai). Die beiden Strände sind am besten per Boot zu erreichen. Selbst mit einem Motorrad ist die Fahrt noch nicht zu empfehlen, schon gar nicht in der Regenzeit. Inzwischen ist eine asphaltierte Straße fertiggestellt worden. Die Fahrt an die Nordostküste ist eine der schönsten, die man auf Ko Phangan unternehmen kann. Teilweise sehr steil, führt der Weg von Ban Tai durch dichten Dschungel. Unterwegs hat man immer wieder dramatische Aussichten über den Golf von Thailand.

Hat Thong Nai Pan Yai
Der größere, südlicher gelegene der beiden Strände, liegt sehr geschützt zwischen zwei Felsklippen.

■ **White Sand Resort***–***** (Tel. 077-445 123), im Osten der Bucht, adäquate Bungalows, für den Preis nicht schlecht.

■ **Nice Beach Resort****–LLL** (Tel. 077-2385 47, www.phangan.info/nicebeachresort), ordentliche Bungalows, teilweise mit A.C.

■ **Starlight Resort****–LLL** (Tel. 077-445026, www.phangan.info/starlightresort), ebenfalls ordentliche Bungalows mit und ohne A.C. Ein Supermarkt und ein Swimmingpool direkt am Strand sind angeschlossen.

■ **Pen's Bungalows***–***** (Tel. 077-445093, http://pensbungalow.resort.phanganbungalows.com) bietet moderne Stein- und Holzbungalows und vermietet Kajaks. Ein Internet-Café ist angeschlossen.

■ Relativ neu ist das **Dreamland Resort*****–LLL** (Tel. 077-238539, www.dreamlandresort.net). Moderne Holz und Stein-Bungalows, Restaurant, Swimmingpool und Internet. Ein Tauchgeschäft ist angeschlossen.

Hat Thong Nai Pan Noi
■ **Thong Ta Pan Resort****–LLL** (Tel. 077-238538, www.thongtapan.com), einfache Bungalows in ansprechender Hügellage. Einige Bungalows sind recht groß und für Familien geeignet.

■ **Star Hut**–*** (Tel. 077-445085), einfache Hütten ohne eigenes Bad, komfortablere mit Bad. Ein paar Bungalows haben auch A.C.

■ **Baan Panburi Village***–LLL** (Tel. 077-238 599, www.baanpanburivillage.com), einfache Bungalows ohne eigenes Bad bis zu komfortablen Bungalows mit A.C., in der hohen Preislage jedoch überteuert. Dieses Resort liegt am besten Strandabschnitt.

■ Das **Phuwadee Resort und Spa ****–LLL** (Tel. 077-445132, www.thongnaipanbeachresort.com) hat einen Swimmingpool, um den zahlreiche Bungalows in einer attraktiven Gartenanlage gruppiert sind. Allerdings stehen die Bungalows sehr dicht beieinander und die teureren Zimmer sind den Preis nicht wert. Im Zimmerpreis ist Frühstück inbegriffen. Dazu ein Spa und ein gutes Restaurant.

■ **Panviman Resort**LLL (Tel. 077-445101-9, www.panviman.com), tolle Anlage auf einem Fels-

7

vorsprung, mit großartigem Ausblick, immer noch eine der besten Wohnmöglichkeiten auf der Insel. Mit Swimmingpool und Spa.

■ Das neue und luxuriöse **Santhiya Resort**LLL (Tel. 077-428999, www.santhiya.com) liegt an einem privaten Strand im Norden von Thong Nai Pan Noi und bietet großartige Hütten und Zimmer mit allen Schikanen, die in eine waldige Felslandschaft integriert sind und auf einen großen Pool, der direkt an den Strand anschließt, herabschauen. Ab 12.000 Baht die Nacht. Die Villen kosten derzeit 39.000 Baht. Das Resort holt Gäste am Pier in Thong Sala ab. Abends finden traditionelle Tanzvorführungen statt. Besucher, die einfach an die Tür klopfen, erhalten eine 40 %ige Preisermäßigung.

Essen

■ Am südlichen Strandende befindet sich die **Pizzeria Eden.**

Unterhaltung

■ Die **Flip-Flop Pharmacy** ist die beste Bar am Thong Nai Pan Noi Strand und bietet unter anderem Billard, Bier vom Fass und Jägermeister.

Than Sadet

Der Strand Than Sadet liegt ein paar Kilometer südlich von Hat Thong Nai Pan und ist am besten per Boot zu erreichen. In der Regenzeit ist die Straße zu diesem Strand völlig unbefahrbar. König *Rama 5.* besuchte den **Than Sadet-Wasserfall** schon 1888 und auch Thailands derzeitiger Monarch *Bhumipol* war schon hier. Das Wasser, das hier in den Golf von Thailand fließt, wird bei bestimmten königlichen Zeremonien verwendet.

Auch der Strand ist hier sehr schön, wenn auch winzig und von dichtem Dschungel umgeben. Than Sadet ist einer der letzten Orte auf Ko Phangan an

den die Elektrizität erst bedingt vorgedrungen ist. Die Resorts betreiben abends ein paar Generatoren, ansonsten ist es noch wie in den 1970ern. Vielleicht der romantischste Strand der Insel.

■ Das **J.S. Hut Resort******–***** (Tel. 077-445 054, jshutresort@yahoo.com) hat zwei Strandrestaurants, nimmt den größten Teil des Strandes ein und bietet einfache und saubere Holzbungalows mit Bad. A.C. gibt es in Than Sadet noch nicht.

■ Auf einer Felsklippe südlich des Strandes findet sich das **Than Sadet Seaview******* (Tel. 086-988 4340, 089-5879567, www.seaview.thansadet.com), das 12 einfache Holzhütten ohne Strom bietet, die versteckt in einem eindrucksvollen Felsenmeer liegen und über eine Brücke erreicht werden.

Anreise

■ Von **Ko Samui** fährt in der Hauptsaison tagsüber fast stündlich ein Boot in Richtung Ko Phangan. In der Nebensaison werden die Abfahrten reduziert. Boote ab Ko Samui fahren ab Ban Nathon, dem Mae Nam Beach und Bo Phut Beach; die Fahrkosten und Fahrzeit richten sich nach dem Bootstyp. Kostenpunkt um 100–280 Baht, Fahrzeit 20–40 Min. Die Boote ab Bo Phut sind gelegentlich wenig komfortabel. Zu den Vollmondtagen erhöhen sich die Preise generell. Ab dem Mae Nam Beach fahren von Januar bis September auch Boote direkt in die Thong Ta Pan Bay (mit Zwischenstopp in Hat Rin).

■ Boote ab dem Bandon-Pier in **Surat Thani** fahren tagsüber etwa alle 2 Std., auch hier werden die Abfahrten in der Nebensaison reduziert. Die langsamen Nachtboote kosten 200 Baht, Abfahrt 23.00 Uhr, Fahrzeit 7 Std. Schnellere Boote kosten bis zu ca. 400 Baht, je nach Bootstyp und Gesellschaft. Ankunft der Boote ist zumeist am Pier von Thong Sala.

■ Eher zu empfehlen sind **direkte Boote von Don Sak nach Ko Phangan.** Die Rajafähren bieten ein Kombiticket von Surat Thani nach Ko Phan-

Der Süden

gan, Bus und Fähre inklusive für 350 Baht, mehrmals täglich. Auch die Katamaran-Firma *Lomprajah* (www.lomprayah.com) ist zu empfehlen.

Einige Leser haben uns verärgerte Briefe über *Songserm Travel* geschrieben. In der Tat ist das Personal dieses Unternehmens sehr muffig gelaunt und das Essen in den von diesem Unternehmen angesteuerten Restaurants lässt zu wünschen übrig. Außerdem werden in der Hochsaison die Boote oft überladen und gelegentlich werden Passagiere auf dem Festland in Busstationen einfach sitzen gelassen.

■ Es gibt direkte **Busse** ab Bangkoks Southern Bus Terminal nach Ko Phangan. Ein A.C.-Bus fährt um 19.30 Uhr ab und kommt um 11.30 Uhr in Tong Sala an. Kostenpunkt: 650–740 Baht. Ein V.I.P.-Bus fährt um 19.50 in Bangkok ab, kommt zur gleichen Zeit an und kostet 1035 Baht. Ab Thong Sala fahren diese Busse zum gleichen Preis um 17.00 Uhr ab und kommen um 6.00 Uhr in Bangkok an. Buchen unter Tel. 077-238507, 077-238762 in Ko Phangan und unter 02-4347192, 02-4355605 in Bangkok.

■ Einige Reiseunternehmen auf der Khao San Road in Bangkok bieten **Minibusfahrten** bis nach Ko Phangan ab 400 Baht an. Diese Busse sind oft zu voll, das Gepäck wird nicht sicher verstaut und die Fahrer sind nicht immer so professionell, wie man sich das wünschen würde.

■ Wer nur zur Full Moon Party nach Ko Phangan kommt, nicht auf der Insel schlafen will und womöglich auf Ko Samui wohnt, sollte sich an **Full Moon Party Packages** (www.samuiphanganfullmoon.com) wenden.

Weiterreise

■ **Boote nach Ko Tao** fahren ab Thong Sala, Abfahrt morgens bis mittags. Je nach Jahreszeit gibt es etwa 4–6 Abfahrten täglich. Kostenpunkt 200–400 Baht, je nach Saison und Bootstyp.

■ Das langsame, aber günstige **Nachtboot** von Thong Sala nach Surat Thani fährt um 22.00 Uhr ab und kommt um 4.00 Uhr an, Preis: 200 Baht.

Verkehrsmittel auf Ko Phangan

■ In Thong Sala finden sich nach der Ankunft **Songthaews**, die zu den verschiedenen Stränden fahren. Fahrten nach Hat Rin kosten 50 Baht, nach Thong Ta Pan und Mae Haad 100 Baht, ansonsten überall hin 80 Baht. Nach 18.00 Uhr erhöhen sich die Preise beinahe willkürlich und Handeln ist angesagt. Auch in der Regensaison können die Preise aufgrund des schlechten Zustands der Straßen ansteigen.

■ **Mopeds** können für 150 bis 250 Baht (Honda Dream oder Ähnliches) gemietet werden. **Motorräder** (Honda 125 Dirt Bike) kosten zwischen 200 und 350 Baht am Tag. **Jeeps** kosten zwischen 700 und 1200 Baht pro Tag. Viele Bungalowanlagen vermieten ihre eigenen Fahrzeuge, ansonsten gibt es in Thong Sala eine ganze Reihe von Verleihunternehmen. Man beachte, dass im Falle eines Diebstahls normalerweise 30.000 Baht an den Besitzer zu zahlen sind. Auch Schäden am Fahrzeug müssen bezahlt werden, hohe Preise für Ersatzteile finden sich im Mietvertrag. Auf Ko Phangan gibt es derzeit keine Helmpflicht. Dementsprechend kommen jedes Jahr ein paar Touristen bei schweren Unfällen um, die mit einem Helm auf dem Kopf vielleicht überlebt hätten. Die Geldstrafen für Touristen, die betrunken auf einem Moped erwischt werden, sind sehr hoch.

■ Auf Ko Phangan sind ein paar schöne **Fahrradtouren** möglich, und einige Resorts und Geschäfte verleihen auch Mountainbikes (um die 80 Baht am Tag).

■ Zwischen einigen Orten auf Ko Phangan bestehen in den Monaten Januar bis September **Bootsverbindungen;** so zwischen Hat Yao und Thong Sala (50 Baht) und Ao Chalok Lum und Hat Khuat (50 Baht). Aber auch andere Strände, die an das Straßennetz angeschlossen sind, haben einen Boots-Service. Die Preise sind ungefähr so hoch wie für einen Platz in einem Songthaew.

7

Ko Tao

เกาะเต่า

Lange war sie ein Geheimtipp, eine Insel, die von Leuten angesteuert wurde, denen Ko Phangan noch zu überlaufen war – Ko Tao, die „Schildkröten-Insel", 40 km nördlich von Ko Phangan gelegen. Ko Tao ist ca. 3 km breit und 7 km lang und beherbergt knapp eintausend Einwohner. In den dreißiger Jahren des letzten Jahrhunderts wurde ein Gefängnis auf der Insel gebaut, das in den Jahren 1933–47 seinen Zweck erfüllte. Nach einer königlichen Amnestie wurden die Häftlinge entlassen, das Gefängnis schloss, und Ko Tao wurde erst einmal von der Außenwelt vergessen. Einige der ehemaligen Strafgefangenen blieben auf der Insel, was vielleicht auch den nicht immer ganz blütenreinen Ruf der Insel erklärt. Hinzu kamen Bewohner von Ko Phangan, Ko Samui und Chumphon, die nach Ko Tao übersiedelten und dort Kokosnusspalmen pflanzten. Eines der größten Ereignisse war damals wohl, wenn irgendwo ein paar Kokosnüsse gleichzeitig von der Palme fielen – dann kamen die Traveller, stetig mehr.

Aufgrund der großartigen Tauchgründe siedelten sich bald auch Tauchschulen an, und heute ist Ko Tao wahrscheinlich der beste Ort in Thailand, um das Tauchen zu erlernen. Allerdings haben inzwischen zu viele Tauchunternehmen auf der Insel geöffnet – dadurch sind die umliegenden Tauchplätze übertaucht. Zudem wurde Koh Tao in den letzten Jahren auch von einheimischen Touristen entdeckt, die meist in großen Gruppen an Wochenenden und Feiertagen zum Schnorcheln kommen.

Der nördliche Teil der Insel ist relativ bergig und unzugänglich, an der West-, Süd- und Ostküste breiten sich dafür einige sehr schöne Strände aus, die mittlerweile von fast 100 Bungalow-Kolonien geziert werden. Der Strom kommt zwar noch aus dem Generator und wird in manchen Unterkünften früh abends abgeschaltet; dennoch zeichnet sich eine Entwicklung ab, die gnadenlos in Richtung Ko Samui oder zumindest Ko Phangan deutet. Mehr als 100.000 Besucher pro Jahr erwartet eine breite Auswahl an Unterkünften – von einfachen Holzbungalows ab 300 Baht bis zu Luxusvillen, die über 100 US$ pro Nacht kosten. Zudem gibt es Spas, Motorrad-Verleihs, Billard-Salons, Internet-Cafés, gediegene Restaurants und Hamburger-Imbisse, zahlreiche Bars, und auch die Vollmond-Partys von Ko Phangan finden hier im kleineren Rahmen statt. Und die Zeiten, da man Berge von Bargeld auf die Insel schleppen musste, sind auch vorbei: Heute gibt es **Wechselstuben und Geldautomaten.**

In Mae Haad und am Sai Ri Beach gibt es einige Kliniken, in denen man bei kleineren Unfällen behandelt werden kann, und wo auch einfache Medikamente zu kaufen sind.

Trotz aller Entwicklung ist es kein Wunder, dass viele Reisende länger als geplant auf Ko Tao hängen bleiben – die Insel ist noch immer relativ ruhig, und hat, verglichen mit Ko Samui und Ko Phangan, ein deutlich jüngeres und dynamischeres, vielleicht gar leicht alternatives Flair.

Viele der Angestellten in Ko Taos Resorts und Restaurants sind illegale Arbeiter/innen aus Burma (Myanmar), die in Thailand für Hungerlöhne arbeiten, oft weder gut Englisch noch Thai sprechen und aufgrund ihres harten Schicksals auch nicht immer bester Laune sind.

Adressen

■ Wer einen schweren Motorradunfall hat, sollte sich so schnell wie möglich nach Ko Samui ins **Samui International Hospital** (Tel. 077-230781) evakuieren lassen. Auf Ko Tao, besonders in Mae Haad und Sai Ri, gibt es eine Reihe kleiner Arztpraxen, die nur bei leichten Verletzungen oder Erkrankungen adäquat sind. Die beste Klinik und die einzige, die Röntgenaufnahmen machen kann, ist die **Thai Inter Medical Clinic** (Tel. 085-7955699, 089-6476522) schräg gegenüber der Post in Mae Haad. 24 Stunden geöffnet.

■ Eine **Dekompressionskammer** im Falle eines Tauchunfalls gibt es auf Ko Tao nicht, obwohl hier

Ko Tao

0 — 1 km © REISE KNOW-HOW 2013
THAI094

■ **Übernachtung**
1 Nang Yuan Bungalows
2 Mango Bay Grand Resort
3 Thipwimarn Resort, Dusit Buncha Resort
4 Hin Wong Bungalows, Laem Tian Bungalows
5 Sea Shell Dive Resort, Lotus Resort, Sai Ree Cottages, Ban's Diving Resort, Simple Life, Sunset Buri Resort, Koh Tao Coral Grand Resort, SB Cabana, SB Cabana 2, Asia Divers Resort
6 Crystal Dive Resort, Blue Diamond Resort, View Cliff Resort, DD Hut, Koh Tao Royal Resort, Utopia Suites, Tommy's Dive Resort, Queen Resort, Ko Tao Regal Resort, Impian Divers/ Garden Resort
7 Charm Churee Villa & Spa
8 Siam Cookie Bungalows
9 Tao Thong Villa
10 Sunset Bungalows, Sai Thong Resort
11 Viewpoint Bungalow
12 Buddha View Dive Resort, New Heaven Dive Shop, J.P. Resort, Sunshine Divers, Freedom Beach Resort

Ko Nang Yuan
Laem Nam Tok
Mango-Bucht
Nang-Yuan-Strand
119
Sandbank
Laem Kha Chom Fi
2
Leuchtturm
Kluay-Tuen-Bucht
379
Hin-Wong-Bucht
3
4
Sai-Ri-Strand
S. 568
Ban Hat Sai Ri
5
Laem Chaporo
Mao-Bucht
Laem Thien
S. 566
Ban Mae Haad
6
Thien-Bucht
Jansom-Bucht
7
310
16
Tanote-Bucht
Sai-Nuan-Strand
8
190
9
Laem Che Ta Kung
Ban Chalok Ban Kao
15
Luek-Bucht
10
11 12
14
Sai-Deng-Strand
Laem Chun
Chalok-Ban-Kao-Bucht
13
Thien-Ok-Bucht
Shark Island
Ko Phangan
Aussichtspunkt
Laem Ta To

13 New Heaven Restaurant & Resort, Jamahkiri Spa & Resort
14 Coral View Resort, New Heaven Huts
15 Nice Moon Bungalows, Ao Leuk 2

16 Montalay Beach Resort, Diamond Resort, Mountain Reef Resort

S. 999
Detailkarte S. 999

Save Ko Tao – die Zukunft von Thailands Tauchparadies

Täglich werden mehr als **3000 Tauchgänge** an Ko Taos Korallenriffen durchgeführt. Die winzige Insel im Golf von Thailand zieht im Jahr um die 100.000 Besucher an, mehr als die Hälfte kommt zum Tauchen. Fast 40 Tauchschulen und mehr als 100 Bungalowanlagen reißen sich um die zahllosen jungen Menschen mit großen Geldbeuteln. Das hat sich nun nach zwei Jahrzehnten solider finanzieller Profite negativ auf die Umwelt ausgewirkt. Besonders die Riffe um die Insel sind angeschlagen und die Fischbestände sind in den letzten Jahren dramatisch zurückgegangen.

Seit 2006 gibt es eine Organisation namens **„Save Ko Tao"** (www.savekohtao. com), die diese Entwicklung aufhalten, wenn nicht gar rückgängig machen will. *Chad Scott* von *Save Ko Tao* hat pfiffige Ideen, um die Renaissance der Inselumwelt in die Wege zu leiten: „*Save Ko Tao* organisiert seit ein paar Jahren monatliche Riffsäuberungen, an denen neun Tauchschulen teilnehmen. 2008 haben 17 Tauchschulen den ersten Biorock der Insel, ein künstliches Riff, in Hin Fai installiert, das in Zukunft zu einem Tauchort

werden soll, der andere Ecken der Insel entlasten kann." Aber die Aktion für eine tragbare Zukunft des Eilandes ist nicht bei jedermann populär: „Viele Tauchunternehmer meinen, dass alles schon zu spät ist, dass der Schaden schon getan ist und dass man besser so lange es noch geht so viel Geld wie möglich aus der Insel rausholt und dann irgendwann, wenn die Touristenmassen mal nicht mehr kommen, abhaut" sagt er.

Eine **bessere Ausbildung der Tauchlehrer** soll diese Einstellungen ändern: „PADI und SSI, die zwei Firmen, die in Ko Tao Tauchlizenzen ausgeben, bieten inzwischen Kurse zur Umwelterhaltung in Bezug auf Korallen und andere Meeresbewohner an. Auch Urlaubstaucher können an diesen Kursen, wie an anderen Aktionen von *Save Ko Tao* teilnehmen."

Auf dem Land gibt es ebenso Probleme. **Immer größere Ferienanlagen** schießen jedes Jahr aus dem Boden und einige der einheimischen Landbesitzer denken genauso wie viele der ausländischen Investoren der Tauchschulen. Aber auch hier tut sich etwas. *Save Ko Tao* arbeitet inzwischen mit anderen Umweltorganisatio-

im Jahr mehr als 30.000 Taucher ausgebildet werden. Die nächste Kammer ist in Ko Samui am nordöstlichen Ende des Big Buddha Beach, Tel. 077-427427, Notruf: 081-0848485. www.sssnetwork. com. Im Falle eines schweren Tauchunfalls wende man sich an das Koh Tao Evacuation Centre (Tel. 077- 456661, Notrufnummer (24 St.) 081-08197 77). SSS haben ein Büro in Mae Haad.

■ Segeltouren im Golf von Thailand können von **Yacht Charter and Sailing School** (Tel. 077-457002, www.island-cruises.org) in Mae Haad organisiert werden.

■ Wer eine Tauchpause braucht, aber dennoch aktiv bleiben möchte, dem sei **Goodtime Adventures** (Tel. 087-2753604, www.gtadventures. com) empfohlen. Klettern, Upsailing, Kliffspringen,

nen und lokalen Behörden zusammen, um die Insel und die umliegenden Riffe in Schutzzonen zu unterteilen. „Um der weiteren Ausbeutung der Insel entgegenzuwirken, ist bereits ein neues Gesetz erlassen, das allerdings erst in zwei Jahren in Kraft tritt. Dann darf nicht mehr höher als 90 m gebaut werden. Leider hat das natürlich im Moment einen verrückten Bauboom ausgelöst. Aber es ist ein Schritt in die richtige Richtung."

Save Ko Taos neuste Aktion ist das Aufstellen von **Müllkörben an den Stränden.** Gemeinsam mit ein paar Freiwilligen zieht *Chad* von Tauchgeschäft zu Tauchgeschäft, vergräbt einen hölzernen Ständer im Sand und hängt einen Korb daran. Hier und da lachen ein paar Machos über die Aktion. Dennoch sind die Körbe ein paar Tage später voll und die Strände in Mae Haad und Sai Ri sauberer. **Alle Besucher Ko Taos sind eingeladen mitzuhelfen,** ob beim Reef-Cleaning, bei Biorockinstallationen oder auch beim Feiern – während des ersten **Ko Tao Festivals** im März 2010 wurden 200 junge Schildkröten an den Stränden der Insel ausgesetzt, denn im Jahr zuvor waren zum ersten Mal seit 20 Jahren vier Meeresschildkröten an ihre traditionellen Brutplätze zurückgekehrt und hatten Eier gelegt. Für Ko Tao – die **Turtle Island** – scheint dies ein gutes Zeichen zu sein.

Fahrradtouren, Trekking und sogar Kneipentouren werden von diesem Unternehmen in Sai Ri angeboten.

■ Am oberen Ende von Mae Haad, an der Straße nach Ao Luek und Sai Daeng, befindet sich der **KT Mini-Golf Kurs** (18 Löcher) und eine **Kegelbahn.** Billardtische gibt es auch. Täglich geöffnet von mittags bis Mitternacht.

Tauchunternehmen

Derzeit gibt es ungefähr vierzig Tauchunternehmen auf der 21 km² kleinen Insel, ein halbes Dutzend gleich am Pier. Um Ko Tao herum werden 32 verschiedene Tauchreviere angesteuert, wovon die meisten in weniger als 30 oder 40 Minuten Fahrzeit zu erreichen sind. Aufgrund der hohen Dichte an Tauschschulen sowie der Tatsache, dass die meisten Besucher Low-Budget-Reisende sind, bekommt man hier die niedrigsten Preise für Tauchkurse in Thailand. Viertägige Open Water PADI-Kurse z. B. kosten bei kleineren Unternehmen ab 9000–10.000 Baht, bei größeren etwas billiger. Advanced PADI-Kurse kosten um die 8500 Baht. Tauchgänge nahe der Insel kosten in der Regel 700–1000 Baht. Wer seinen Kurs in einem Tauchresort absolviert, bekommt oftmals kostenlose Unterkunft angeboten. Die meisten Unternehmen werden von Westlern geleitet, und trotz der niedrigen Preise ist der Sicherheitsstandard in der Regel sehr hoch. Die größeren Tauchgeschäfte haben sehr viele Kunden und dementsprechend sind die Klassen auch oft recht groß. Die größte Tauchschule Ko Taos bildet mehr als 6000 Taucher im Jahr aus. Allerdings trifft man in den größeren Unternehmen auch viele andere Traveller und es herrscht meist Partyatmosphäre. Wer das Tauchen wirklich ernst nehmen will, sollte sich vielleicht nach einer kleineren Schule umsehen, die maximal vier Taucher pro Klasse aufnimmt und generell längere Tauchgänge bieten.

Von den zahlreichen Tauchstellen sind die **Chumphon Pinnacles** am beeindruckendsten. Diese Korallenriffe bestehen aus vier Gipfeln, dessen höchster

7

16 m unter der Wasseroberfläche liegt. Relativ regelmäßige Sichtungen von **Walhaien,** die größten, aber völlig harmlosen Haie, gibt es um Chumphon Pinnacles und South West Pinnacles jedes Jahr vor allem im Mai. In den letzten Jahren haben sich auch ein paar Bullenhaie (einer dieser ca. 3 m großen Besucher wird von den Tauchlehrern Ko Taos „Minibus" genannt) um Chumphon Pinnacle angesiedelt, die zwischen Juni und Januar auf etwa 25–30 m Tiefe anzutreffen sind. Am South-West Pinnacle trifft man eventuell große Schwärme Barrakudas. Zahlreiche Riffhaie finden sich in den seichten Buchten entlang der Ostküste Ko Taos. Die schönsten Korallengärten befinden sich in Ao Luek, ebenfalls an der Ostküste. Nicht weit von Sai Ri wurde 2011 ein thailändisches **Kriegsschiff** versenkt, das in ca. 25 Meter Tiefe liegt und ebenfalls als Tauchort dient. Die Tauchgebiete um Ko Tao leiden sehr unter dem ganzen Rummel und es ist fraglich wie viel Korallenpracht in den nächsten Jahren bleiben wird. Wer Interesse an den **Umweltproblemen** der Insel hat sollte sich bei Save Ko Tao informieren (www.marinecon servationkohtao.com, siehe auch Exkurs „Save Ko Tao – die Zukunft von Thailands Tauchparadies").

Alle Tauchunternehmen und viele Resorts verleihen **Schnorchelausrüstungen,** meist um die 150 Baht pro Tag (Maske, Schnorchel und Flossen). **Kajaks** kosten ca. 180 Baht die Stunde oder 700 Baht pro Tag. Wer sich im Freediving (also Tauchen ohne Flasche) versuchen will, sollte sich an **Apnea Total** (Tel. 084-8786269, www.apnea-total. com) in Sai Ri wenden. Kurse ab 5500 Baht.

■ **Asia Divers,** Mae Haad und Sai Ri, Tel. 077-456055, asiadive@samart.co.th; eine Tauchschule mittlerer Größe.

■ **Alvaro Diving,** Chalok Baan Kao, etwas westlich des Hauptstrandes, Tel. 077-456457, www. divingcourseskohtao.com, ist eine neue, kleine und empfehlenswerte Tauchschule.

■ **Ban's Dive Resort,** Sai Ri, Tel. 077-456466, www.amazingkohtao.com, mit angeschlossenen Bungalows***, das größte Tauch-Center auf Ko Tao.

■ Das **Big Bubble Divers** in Chalok Ban Kao (Tel. 077-456669, www.bigbubble.info) bietet PADI-Kurse auf Deutsch.

■ In kleineren Gruppen wird bei **Black Tip Dive Resort & Watersport Center** (Tanote Bay, Tel. 077-456488, www.blacktipdiving.com) getaucht. Das Resort wird von einem sehr freundlichen Thai geleitet. Mit angeschlossenen Bungalows mit und ohne A.C., auch für Familien***–*****.

■ **Buddha View,** Chalok Ban Kao, Tel. 077-456074, Bangkok 02-6293824, buddha@samart. co.th, großes Tauchunternehmen mit Bungalows** sowie Kajak- und Mountain-Bike-Verleih.

■ Das **Calypso Dive Center** in Tanote Bay (Tel. 077-456745, www.calypso-diving-kohtao.de), ein kleines aber gutes Tauch-Center, das PADI-Kurse auf Deutsch anbietet.

■ **Carabao** ist eine kleine, empfehlenswerte Tauchschule in Chalok Ban Kao, Tel. 077-456635, www.carabao-diving.com; mit Bungalows*–**.

■ Besonders zu empfehlen ist die kleine Tauchschule **Impian Divers** (Tel. 077-456369, 089-6504657, 090-7098803, www.impiandivers.com) in Mae Haad, direkt an der Hauptstraße, die vom Pier den Berg hinauf führt, am 7/11 vorbei auf der

▷ An der Mae Haad-Bucht

7

Der Süden

linken Seite. Hier werden die Klassen klein gehalten, der Unterricht wird sehr ernst genommen und die Fun Dives führen oftmals an Orte, die von anderen Schulen nur selten angesteuert werden. PADI-Kurse werden u. a. auf Deutsch, Französisch und Holländisch angeboten. Außerdem engagieren sich Impian für den Schutz der Korallen. Empfehlenswert.

■ **Koh Tao Divers,** Sai Ri, Tel. 077-456134, www.kohtaodivers.com, unter finnischer Leitung, empfehlenswert.

■ **Nangyuan Island Dive Resort,** Tel. 077-456088-93, www.thaidive.com, liegt auf einer kleinen Insel (Ko Nagyuan) nordwestlich von Ko Tao. Das Tauchunternehmen hier heißt Easy Divers. Luxuriöse Bungalows*****–ᴸᴸᴸ sind angeschlossen.

■ **Planet Scuba,** Mae Haad und Sai Ri, Tel. 077-456110, www.planetscuba.net, großes Dive Centre, das auch Instructor-Kurse anbietet.

■ **Scuba Junction,** Sai Ri, Tel. 077-456164, info@scuba-junction.com; mittelgroßes Unternehmen mit angeschlossenen Bungalows ***.

■ **Scuba View Dive Resort** (Tel. 077-456964) in Hin Wong Bay ist eine kleine empfehlenswerte Tauchschule unter dänischer Leitung.

Schnorcheltrips

■ **Sangthong Tour** (Tel. 077-456073, 081-7979931, 086-2728227, www.kohtaosangthong tour.com) veranstalten täglich eine Schnorcheltour zu den besten Korallenriffen um Ko Tao. Die Touren dauern von 8.30 bis 18 Uhr. Masken, Lunch und Getränke sind im Preis inbegriffen. Kostenpunkt 850 Baht. Für Besucher, die nicht mit einer Gruppe schnorcheln wollen, ist es auch möglich, private Longtail Boote anzumieten. Geleitet wird das Unternehmen von der sehr freundlichen *Mrs. Pook* und *Mr. Wit,* die in Mae Haad an der Hauptstraße schräg gegenüber dem 7-11 das Pook Restaurant leiten.

Inselverkehr

Es gibt nur relativ wenige Straßen, aber die Insel ist ohnehin nicht sehr groß.

■ Kürzere Fahrten mit **Pick-ups oder Motorradtaxis** kosten etwa 40–50 Baht/Pers., längere 60–100 Baht. Strände, die sich weit von Mae Haad befinden, werden von Taxi Pick-ups für 300 bis 400

fotolia©shorty25

Ko Tao - Mae Haad

ca. 100 m © REISE KNOW-HOW 2013

THAI131

■ **Übernachtung**
1 View Cliff Resort
2 D.D. Hut,
3 View Cliff 2
4 Queen Resort
5 Tommy's Dive Resort
6 Tommy's Apartments
7 Koh Tao Regal Resort
8 Crystal Dive Resort
12 Jom-Jam Guesthouse
27 Garden Resort
32 Save Bungalows
33 Utopia Suites
34 Blue Diamond Resort
35 Koh Tao Royal Resort
36 Sensi Paradise Resort
37 Charm Churee
   Villa & Spa

■ **Essen und Trinken**
9 Café del Sol
16 Zest Bakery,
   Famoso Pizzeria
17 Dragon Bar
18 Long Thai Food
21 Safari Grill House
24 Whitening Club
25 Paprika Restaurant
26 Baan Yaai Thai Food,
   Mae Haad Sea Food,
   Lucky Sea Food
29 Flavour Restaurant
30 Greasy Spoon
31 Starsnax

Laem Jor
Por Ror

Polizei

Wat Ko Tao

Mae Haad
Bucht

Seatran
Pier

Lomprayah
Pier

Songserm
Pier

Jansom-Bucht

KT Bowling
& Mini Golf

■ **Einkaufen/Sonstiges**
2 D.D. Hut Bikes
13 Seven Eleven
16 Bakery
17 Center Pharmacy
19 Lederhosenbikes
20 Buchladen
21 Sangthong Tour
28 Golden Travel

■ **Wassersport**
10 Tauchsicherheit-SSS
11 Planet Scuba
14 Impian Divers
15 Yacht Charter &
   Sailing School
22 Asia Divers
23 Ban's Dive Resort

Baht angesteuert, egal mit wie vielen Passagieren. Wer einen Pick-up alleine anmietet, sollte unbedingt handeln.

■ **Motorräder** gibt es für 150–250 Baht/Tag zu mieten, **Fahrräder** (Mountainbikes) um die 50–80 Baht/Tag, vor allem am Mae Haad. Die Motorräder zuvor auf etwaig vorhandene Schäden überprüfen! Zu empfehlen ist das von einem Deutschen geführten **Lederhosenbikes** (Tel. 081-7528994, www. kohtaomotorbikes.com) in Mae Haad. Hier ist es möglich neben kleinen Mopeds auch 250 ccm Dirtbikes ab 350 Baht, sowie ATVs ab 500 Baht pro Tag zu mieten. Gute Angebote für Kunden, die ein Motorrad länger mieten wollen. Helmpflicht gibt es auf Ko Tao noch nicht und dementsprechend verunglücken jedes Jahr ein paar Touristen auf den vielbefahrenen und teils sehr steilen Straßen der Insel.

■ Eine interessante Reisemethode ist die über Wasser; dazu lassen sich **Langschwanzboote** anheuern. So kann man Korallenriffe alleine ansteuern und ist nicht auf eine Tour angewiesen. Pro Tag mindestens 1500 Baht. Unbedingt handeln!

Unterkünfte

Mae Haad

Ko Taos Hauptstrand ist in den letzten Jahren zu einer kleinen Stadt herangewachsen. Restaurants, Bungalowunternehmen, Tauchschulen und Geschäfte drängen sich entlang des Strands. Dies ist sicher nicht der ruhigste Teil der Insel. Allerdings liegt diese seichte Bucht praktisch vor der „Hauptstadt" Ban Mae Haad und ist von dort sogar gut zu Fuß zu erreichen. Im Norden des Strandes liegt das Wrack eines Tauchbootes ca. 3 m unter Wasser und lädt zum Schnorcheln ein. Man achte beim Schwimmen auf Taxiboote und Fähren, die tagsüber pausenlos ankommen und ablegen.

■ **Crystal Dive Resort*****–**** (Tel. 077-456106, www.crystaldive.com), saubere Bungalows. Die Kurse kosten 9800 Baht und dauern 3–4 Tage. Ansonsten verbilligte Unterkunftstarife bei Teilnahme an anderen Tauchkursen, z. B. für Fortgeschrittene oder zum Rettungstaucher.

■ **Blue Diamond Resort******* (Tel. 077-456 255), Holzbungalows für wenig Geld und gar nicht schlecht. Dazu teurere Betonbungalows und Zimmer mit und ohne A.C., auch für Familien (2500 Baht die Nacht). Wer einen Tauchkurs belegt, kann in den preiswerteren Bungalows für die Dauer des Kurses kostenlos wohnen.

■ **Sensi Paradise Resort*******–ᴸᴸᴸ (Tel. 077-456 244, www.sensiparadise.com), holländisches Management, gute Unterkünfte für fast jeden Geldbeutel, gemütliche Holzbungalows und Häuser bis zu 120 m² in malerischer Umgebung. Letztere kosten 6000 Baht, die preiswertesten Bungalows stehen allerdings nicht am Strand. Sehr empfehlenswert. Mit einem der besten Swimmingpools der Insel.

■ Für Leute, die etwas länger bleiben wollen, empfiehlt sich das sehr feine **Utopia Suites** ****–ᴸᴸᴸ (Tel. 077-456729), das sehr einfache, aber luxuriöse Zimmer sowie teurere Apartments teilweise mit A.C., sowie TV, DVD und Wi-Fi, mit beträchtlichen Ermäßigungen für Langzeit-Touristen, anbietet.

■ Eine der preiswertesten Unterkünfte in Mae Haad, **Save Bungalows*****–**** (Tel. 077-4561 80) bietet ein paar Zimmer ohne Bad, dazu ordentliche Bungalows, teilweise mit A.C.

■ **View Cliff Resort******–ᴸᴸᴸ (Tel. 077-4563 53, www.viewcliffresort.com), genau zwischen Mae Haad und Sai Ree gelegene Holzbungalows und Hotelzimmer, nur teilweise mit A.C. Nicht sonderlich attraktiv.

■ Das **Jom-Jam Guesthouse*****–**** (Tel. 077-456722, 086-4705955) in einer Seitenstraße nahe dem Pier und nur 50 Meter vom 7/11 bietet komfortable Zimmer mit Balkon, sehr zentral gelegen und gut für Leute, die spät ankommen oder früh ab-

7

Sai Ri Plaza

Sairee Beach

■ Übernachtung
1 Ko Tao Coral
   Grand Resort,
   Thipvimarn Resort,
   Dusit Buncha Resort
3 Sunset Buri Resort
6 Fizz Beach Lounge
17 Lotus Resort
21 Sai Ree Cottage
22 SB Cabana
23 SB Cabana 2
24 Ban's Diving Resort

■ Essen und Trinken
2 Vibe Bar
5 Café Korner
7 Papas Tapas
8 New Heaven Café
9 Portobello Bistro
10 Farango
12 Shalimar Restaurant
14 Hippo Bar & Grill
16 O-Nine Restaurant
25 Fishbowl Beach Bar
26 A.C. Bar
27 Maya Bar

■ Einkaufen
13 Apotheke
15 Obstmarkt
19 Apotheke

■ Wassersport
4 Simple Divers
11 Easy Divers
18 Apnea Total
20 Seashell Divers

fahren und die Nacht in Mae Haad verbringen wollen.

■ Nicht schlecht und sehr freundlich ist das **DD Hut******–***** (Tel. 077-456077), das auch den besten Motorradverleih der Insel hat. Einfache Bungalows direkt am Strand. Das Essen, besonders thailändische Gerichte, ist auch nicht schlecht und das Restaurant hat Wi-Fi und einen kostenlosen Billardtisch.

■ Ganz in der Nähe ist das etwas verwahrlost aussehende **Queen Resort******–***** (Tel. 077-456002). Die Bungalows, teilweise mit A.C. direkt am Wasser sind allerdings nicht schlecht, allesamt mit Balkon, um den besten Sonnenuntergang der Insel genießen zu können. Sehr ruhig. Kein Restaurant.

■ **Koh Tao Royal Resort********–LLL* (Tel. 077-456156, sehr schöne Cottages, eingebettet in satte

Der Süden

Vegetation. Die teuersten kosten 5800 Baht (bis zu vier Personen). Empfehlenswert, besonders für Familien.

◾ Ganz neu und, für Ko Tao etwas monströs wirkend, ist das **Ko Tao Regal Resort**LLL (Tel. 077-456007, www.kohtaoregal.com), direkt am Strand im Zentrum Mae Haads. Dieses moderne Hotel bietet schöne Zimmer in einem großen Gebäude, allesamt mit A.C., Balkon, teilweise mit Blick aufs Meer, Wi-Fi und TV ab 2500 Baht. Mit Swimmingpool, Tauchzentrum und einer kleinen Golf Driving Range. Umweltfreundlich ist das Ganze allerdings nicht.

◾ **Tommy's Dive Resort****–LLL (Tel. 077-45 6039, www.kohtaotommyresort.com), gelegen zwischen Ao Mae und Sai Ri Beach, supergute, komfortable Bungalows in Hügellage mit guter Aussicht sowie neuere Apartments in einer etwas geschmacklosen Anlage; z. T. mit A.C. Die Saisonpreise (1000–2500 Baht) werden in der Nebensaison auf weniger als die Hälfte gesenkt. In der Apartment-Anlage leben viele Tauchlehrer. Für Besucher, die länger bleiben wollen, ist Tommy's nicht schlecht. Kleine Apartments mit Kühlschrank, TV, A.C., Wi-Fi und Balkon kosten ca. 9000 Baht im Monat. Allerdings liegen die Apartments weit oben am Hügel und nicht in Strandnähe.

Sai Ri Beach (Hat Sai Ri)

Wer den reinen Strandurlaub und lange Nächte sucht, ist hier gut aufgehoben. Ko Taos längster Strand bietet zahllose Unterkunftsmöglichkeiten, Restaurants, Bars, Internet-Cafés und Tauchgeschäfte. Dem Durchschnittsalter der Gäste in Sai Ri entsprechend ist das Angebot an Pizzen, Burgern und anderem Junkfood immens. Ein paar Buchläden, die meist gebrauchte Titel, darunter auch viele Bücher auf Deutsch, verkaufen, sind ebenfalls in Sai Ri zu finden. Bis Sai Ri ist die Inselstraße geteert, aber man fahre vorsichtig. Auf dieser Strecke passieren zahlreiche Unfälle. Besser ist es den ruhi-

geren Strandweg entlangzulaufen. Der Strand selbst ist trotz des Trubels noch immer sehr schön, aber beim Schwimmen sollte man immer auf ankommende und abfahrende Taxiboote achten – der Verkehr auf dem Wasser ist sehr rege.

◾ Nicht in Strandnähe, aber dafür mit Pool und Restaurant ausgestattet ist das **Asia Divers Resort***–***** (Tel. 077-456054, www.asia-divers.com) in Sai Ri, das ordentliche und komfortable Zimmer in großen Hotelgebäuden bietet. Die Tauchschule steht selbstverständlich im Mittelpunkt des Geschehens.

◾ **Sea Shell Dive Resort*****–LLL (Tel. 077-456299, 081-2718826, www.seashell-resort.com), gute, meist sehr einfache Holzbungalows, nette Lage direkt am Strand und in einem Garten über den Strandweg, z. T. A.C. Die neueren, teureren Bungalows sind in weitaus besserem Zustand. Wie der Name schon sagt, ist ein Tauchunternehmen angeschlossen. Hier werden auch Massage-Kurse angeboten. Die Gegend kann nachts recht laut sein.

◾ **Lotus Resort***–***** (Tel. 077-456842, 081-9101470, www.siamscubakohtao.com); ordentliche Holzbungalows, z. T. A.C, freundlicher Service, in gepflegter Gartenanlage in Strandnähe. Ein Tauchgeschäft ist angeschlossen.

◾ Nicht weit entfernt ist das **S.B. Cabana Bungalows***–***** (Tel. 077-456005), das einfache Holzbungalows und neuere Betonhütten mit A.C. in einem Garten in Strandnähe vermietet. Sehr junges Klientel.

◾ Der gleichen Familie gehört das ähnliche **S.B. Cabana Bungalows 2****–***** (Tel. 077-456600), das ebenfalls einfache Holzbungalows und neuere Betonhütten mit A.C. in einem Garten in Strandnähe bietet. Allerdings stehen die Bungalows hier sehr dicht beieinander.

◾ **Sai Ree Cottages****–***** (Tel. 077-4561 26, www.saireecottagediving.com), riesige Gartenanlage, einfache aber ordentliche Bungalows, teilweise mit A.C., neuere Bungalows direkt am Strand. Nicht schlecht für den Preis. Mit Tauchgeschäft,

7

Massage-Schule, Spa und Restaurant. Die Angestellten können recht muffelig sein.

■ **Ban's Diving Resort****–LLL** (Tel. 077-456466, www.bansdivingresort.com), das größte Tauchunternehmen der Insel; sehr gute Bungalows und Hotelzimmer sowie zwei Swimmingpools.

■ **Simple Life**LLL (Tel. 077-456142, www.kohtao simpleliferesort.com) bietet sehr einfache, nicht sonderlich gute Bungalows, bessere mit A.C., hat aber eine gute Partyatmosphäre. Ein ordentliches Tauchzentrum gleichen Namens ist angeschlossen.

■ **Sunset Buri Resort**LLL (Tel. 077-456266), vor ein paar Jahren noch die Top-Unterkunft auf der Insel, heute mittlerweile von anderen Resorts überholt; komfortable, aber etwas abgewohnte Bungalows mit und ohne A.C. Swimmingpool.

■ **Coral Grand Resort**LLL (Tel. 077-456431, www.kohtaocoral.com), wohnliche Bungalows mit A.C. ab 2100 Baht. Swimmingpool. Tauchkurse und längere Tauchtrips werden angeboten.

■ **Thipwimarn Resort**LLL (Tel. 077-456409, www.thipwimarnresort.com) im Norden Sai Ris symbolisiert möglicherweise die Zukunft Ko Taos. Ein luxuriöses Boutique-Resort mit einer großen Auswahl an unterschiedlichen, mit allen Komforts ausgestatteten Bungalows und Bungalow-Suiten, sehr schön in einen steilen, bewaldeten Hang hineingebaut, mit tollem Ausblick aufs Meer, Spa und Swimming Pool. Vom Trubel in Sai Ri abgeschottet.

■ Noch etwas weiter nördlich am Ende der haarsträubenden Straße, liegt das luxuriöse **Dusit Buncha Resort**LLL (Tel. 077-456730, www.dusitbunchakohtao.com), das unter anderem Gäste der königlichen Familie willkommen heißt. Sehr geräumige Bungalows und Bungalow-Suiten in einem steilen Hanggelände. Die komfortablen Unterkünfte, allesamt mit A.C., erstrecken sich bis ans Wasser hinunter. Einen Strand gibt es hier allerdings nicht. Man kann jedoch direkt von einer Reihe Felsen aus schwimmen und schnorcheln. Am besten ist das Resort mit einem Taxiboot (250 Baht) zu erreichen. Sehr ruhig. Bungalows und Suiten von 3000 bis 14.000 Baht.

Mango Bay

Diese kleine Bucht im Norden der Insel hat ein paar sehr schöne Flecken Korallen und ist vom Rest der Insel so gut wie abgeschnitten. Der Strand ist klein und tagsüber kommen hier sehr viele Tauch- und Schnorchelboote her, aber die Atmosphäre ist noch immer sehr schön, und wenn die Tagesausflügler verschwunden sind sehr ruhig. Wer hier wohnt, ist allerdings völlig auf die zwei ansässigen Resorts angewiesen.

■ Das **Mango Bay Grand Resort*****–LLL** (Tel. , 077-456097, 087-8936998, www.mangobaykoh tao.com), am westlichen Ende der Bucht gelegen, ist die bessere Unterkunft vor Ort, und bietet 14 sehr schöne, in den steilen Hang hineingebaute Bungalows, teilweise mit A.C. Ein Restaurant ist angeschlossen, und es können Kajaks gemietet werden. Direkt vor der Ferienanlage befinden sich sehenswerte Korallen.

Hin Wong Bay (Ao Hin Wong) und Laem Thian

Nicht schlecht zum Schnorcheln und sehr ruhig sind diese beiden abgeschiedenen Strände an der Nordostküste Ko Taos.

■ **Hin Wong Bungalows***–**** (Tel. 077-456006), nette Holzbungalows, keine schlechte Billigalternative; ab 300 Baht. Vor den Bungalows liegt allerdings kein Strand, sondern Felsen.

■ **Laem Tian Bungalows***–**** (Tel. 077-45 6477, 081-0835186, www.laemthian.com), Auswahl diverser, aber sehr einfacher Bungalows auch mit A.C., am unteren Ende recht preiswert. Wer die völlige Abgeschiedenheit und ein Backpacker-Ambiente sucht, findet sie hier. Die einzige Unterkunft in Laem Thian wird von der freundlichen *Ping Pong* geleitet, die sich große Mühe gibt, Gäste willkommen zu heißen. Elektrizität von 19.00 bis 6.00 Uhr.

Tanote Bay (Ao Tanote)

Tanote Bay, an der Ostküste Ko Taos, bietet neben wenigen anderen die schönsten Korallenriffe der Insel sowie ein paar einheimische Riffhaie. In der Bucht liegt in 15 Meter Tiefe das Wrack eines Katamarans, um das oft ein großer Rochen schwimmt. Die Straße von Mae Had ist nicht die Beste und vor allem in der Regenzeit mit einem Motorrad fast unpassierbar. Am besten lässt man sich in Mae Haad abholen.

■ **Montalay Beach Resort****–ᴸᴸᴸ** (Tel. 077-456488, www.montalayresort-kohtao.com), sehr gute Bungalows in diversen Preisklassen mit und ohne A.C. und ein kleiner, kompetenter Tauchbetrieb. Auch größere Bungalows für Familien können gemietet werden. Tagsüber gibt es Internetzugang und Wi-Fi. Gäste, die einen Tauchkurs absolvieren, zahlen die Hälfte für die Unterkunft. Manche der Angestellten sind nicht sonderlich freundlich. Ein angeschlossenes Restaurant serviert einen Mix aus European- und Thai-Food.
■ **Diamond Resort****–***** (Tel. 077-456591), gute Bungalows mit und ohne A.C. für 2–3 Personen direkt am Strand, freundlicher Service, empfehlenswert.
■ **Mountain Reef Resort****–***** (Tel. 077-456 699, 081-9562916), ordentliche und einfache Bungalows ohne A.C. Die Hütten am Strand sind besser und neuer als die einfacheren am Hang. Das Restaurant serviert thailändische und europäische Standards.

Luek Bay (Ao Luek)

Die Luek Bay, von steilen Felsen umgeben, hat die besten Korallengärten um Ko Tao zu bieten. Hier werden regelmäßig kleine Riffhaie, Rochen und Tintenfische gesichtet. Der Bucht ist Shark Island, Ziel zahlreicher Tauch- und Schnorcheltrips, vorgelagert.

■ Das **Nice Moon Bungalows****–***** (Tel. 077-456737) bietet einfache Hütten und ist wohl die beste Unterkunft in Ao Luek.
■ Ebenfalls empfehlenswert ist das **Ao Leuk 2****–***** (Tel. 077-456779, www.aowleuk2.com), das 6 Bungalows im Süden der Bucht oberhalb großer Felsen bietet. Fünf der Bungalows sind sehr schön, im einfachen Boutique-Stil ausgestattet, das sechste ist eine einfache Holzhütte. Alle Bungalows bieten Verandas mit Hängematten und tollem Blick. Ein Restaurant ist angeschlossen.

Sai Daeng Beach (Hat Sai Daeng)

Sai Daeng Beach ist ein winziger, idyllischer Strand mit nur zwei ordentlichen Bungalowunternehmen, dem eine kleine Insel, das Shark Island, vorliegt. Da die gesamte Bucht mit Korallen bedeckt ist, die meisten allerdings leider tot, ist Sai Daeng zum Schwimmen nicht sonderlich geeignet. Wer allerdings gerne mit Riffhaien schnorchelt, kommt hier auf seine Kosten. Intakte Korallen befinden sich am Nordende der Bucht. Sai Daeng ist am besten per Boot oder Pick-up zu erreichen. Besonders in der Regenzeit ist die viel zu steile Straße kaum befahrbar. Wer komfortable Urlaubsruhe weitab von Partys sucht, ist hier richtig.

■ **Coral View Resort****–***** (Tel. 077-45 6058, www.coralview.net), gute Bungalows an einem sehr schön angelegten Hang. Ein paar solide Steinbungalows mit A.C. und Balkon sind ebenfalls zu haben. Auch einige größere Familienzimmer in einem neuen, etwas hässlichen Bau direkt am Strand können gemietet werden. Angeboten werden Tauchkurse, Schnorcheltouren und Angelausflüge.
■ Direkt nebenan befindet sich das **New Heaven Huts****–***** (Tel. 077-457042, 087-9331329, www.newheavenkohtao.com), das recht schöne Bungalows am Strand und auf einer bewaldeten Kuppe bietet. Ein atmosphärisches Restaurant ist

7

angeschlossen und serviert europäische und thailändische Gerichte. Dieses Bungalowunternehmen ist mit der sehr guten New Heaven Bakery und Deli in Sai Ri sowie dem New Heaven Dive Shop in Chalok Ban Kao, der sich für diverse Aktionen für die Umwelt in Ko Tao einsetzt, verbunden. Empfehlenswert.

Jun Juea Bay (Ao Jun Juea)

Abgelegen und ruhig, ist dieser Strand am besten per Taxiboot zu erreichen.

■ **PD Resort*****–***** (Tel. 077-457028, 087-0990453, 089-2024937, www.pdresort.com), Hütten einfachsten Standards sowie neuere, bessere Bungalows (ohne A.C.) mit TV und Kühlschrank ab 1200 Baht.

■ **Sai Thong Resort*****–***** (Tel. 077-456 868, www.saithongresortkohtao.com), große Auswahl an Unterkünften, von der Primitivhütte bis zum komfortablen A.C.-Bungalow, allerdings alles etwas heruntergekommen. Elektrizität gibt es nur zwischen 18.00 und 3.00 Uhr.

Chalok Ban Kao Bay (Ao Chalok Ban Kao)

Chalok Ban Kao Bay, ein schöner Strand mit vorgelagerten Korallen, ganz im Süden der Insel, ist inzwischen zum dritten Zentrum der Insel geworden und neben zahlreichen Tauchunternehmen und Unterkunftsmöglichkeiten gibt es hier auch ein paar nette Bars.

Relaxen am Sai Daeng Beach

■ **Buddha View Dive Resort****–*** (Tel. 077-456074, www.buddhaview-diving.com) bietet Bungalows und Zimmer in allen Preisklassen. Ab 200 Baht die Nacht für eine einfache Hütte für Gäste, die einen Tauchkurs belegen. Die Tauchschule ist eine der größten auf Ko Tao und besonders unter jüngeren Besuchern beliebt.

■ **Sunshine Divers*****–***** (Tel. 077-4565 97, www.sunshine-diveresort.com), nicht zu verwechseln mit Sunshine Resort, bieten eine große Auswahl an Unterkünften, von einfachen Bungalows ab 500 Baht zu A.C. Hütten ab 1200 Baht. Das angeschlossene Tauchgeschäft ist freundlich und empfehlenswert.

■ Das weitläufige **J.P. Resort*****–**** (Tel. 077-4560 99, 086-2710902, www.jpresort.asia) vermietet große Bungalows mit jeweils zwei Zimmern mit und ohne A.C. in einer schönen Gartenanlage, allerdings nicht direkt am Strand.

■ **Viewpoint Bungalow******–ᴸᴸᴸ (Tel. 077-456444), www.kohtaoviewpoint.com), gute Einfachbungalows ab 200 Baht, dazu teurere und sehr behagliche Bungalows, teilweise mit A.C. Eine gute Wahl, obwohl die Angestellten etwas muffelig sind und man zum Strand 100 m laufen muss.

■ **Freedom Beach Resort******–***** (Tel. 077-456596, www.freedombeachresort.info) hat einfache Bungalows sowie neue und feine Pavillons mit und ohne A.C. auf einer Klippe über dem Strand. Ein Tauchzentrum ist angeschlossen.

■ Das **New Heaven Restaurant & Resort** ****–ᴸᴸᴸ (Tel. 077-456462, www.newheavenkohtao. com) befindet sich in der benachbarten Thien Ok Bucht und bietet sehr schöne, neue Bungalows mit einfachem, aber modernem Ambiente. Bungalows mit A.C. ab 2500 Baht. Auch das Tauchgeschäft gleichen Namens in Chalok Ban Kao ist empfehlenswert, nicht zuletzt weil der Besitzer sich für den Schutz der Korallenriffe um Ko Tao engagiert.

■ Ebenfalls in der Thien Ok Bucht befindet sich eine der feinsten Unterkünfte der Insel, das erste Boutique-Hotel Ko Taos, **Jamahkiri Resort & Spa**ᴸᴸᴸ (Tel. 077-456400, www.jamahkiri.com). Die großen Bungalows haben allesamt einen tollen Blick, A.C., TV und eine geschmackvolle Einrichtung. Ein Tauchzentrum, Swimmingpool und das Benjarong Restaurant, das gute thailändische Küche serviert, sind angeschlossen. Eine dreistündige Behandlung im Spa kostet etwa 2000 Baht. Ein neuer Hotelflügel bietet großartige, dezent ausgestattete Zimmer mit allem Komfort, aber auf einer Insel wie Ko Tao sind vielleicht derartige aufwendige Anlagen der Umwelt nicht gerade förderlich.

Je Ta Kam Cape (Laem Je-Ta-Kam)

■ **Tao Thong Villa*****–***** (Tel. 077-4560 78), mehrere einfache Bungalows. Sehr schön, hier zu schnorcheln, aber die ruhige Bucht ist nicht immer leicht zu erreichen. Eine Bar ist angeschlossen, wer jedoch Partys braucht, wird sich hier nicht wohl fühlen. Etwas weiter den Strand entlang findet sich das Tao Thong 2, das demselben Besitzer gehört und komfortablere Bungalows für 1500 Baht bietet.

Sai Nuan Beach (Hat Sai Nuan)

■ **Siam Cookie Bungalows*****–***** (Tel. 077-456301), einfache Bungalows.

Jansom Bay

Ein kleiner Strand, kaum fünfzehn Minuten (zu Fuß) von Mae Haad entfernt.

■ Sehr empfehlenswert ist das **Charm Churee Villa**ᴸᴸᴸ (Tel. 077-456394, www.charmchureevilla. com), das luxuriöse Bungalows an einem wunderschönen Strand südlich von Mae Haad bietet. Die Bungalows sind sehr schön in die Felsen um den Strand integriert und man kann direkt vom Strand aus losschnorcheln. Ein Spa ist angeschlossen und Kajaks können angemietet werden.

Essen

Fast alle Bungalowunternehmen und Resorts haben die üblichen Backpacker-Speisekarten, aber in den letzten Jahren haben nach und nach auch immer mehr gute Restaurants auf der Insel geöffnet.

■ In der kleinen Gasse, die zum Lomprayah Pier in Mae Haad führt, befinden sich eine Reihe guter Restaurants mit Terrassen direkt am Strand. Empfehlenswert sind vor allem **Baan Yaai Thai Food, Mae Haad Sea Food** und **Lucky Sea Food.**

■ Auch nicht schlecht ist das in der gleichen Gasse gelegene **Paprika Restaurant,** das unter anderem guten gegrillten Fisch serviert.

■ Das **Café del Sol** in Mae Haad bietet ordentliche Pizzas, Steaks und Wi-Fi für Gäste.

■ **Famoso Pizzeria** in Mae Haad (Tel. 077-456205) bietet seit 1996 mediterrane Speisen. Liefert auf Anfrage auch Mahlzeiten zu Resorts auf der Insel. Eine Filiale befindet sich in Sai Ri.

■ Direkt nebenan befindet sich die **Zest Bakery,** die recht gute Salate, Brote und andere Backwaren serviert. Dazu richtigen Kaffee.

■ Nicht schlecht und sehr preisgünstig ist das **Long Thai Food,** ca. 200 Meter nach dem 7–11 an der Hauptstraße in Mae Haad. Freundlicher Service, Thai Standards, und wie gesagt, wirklich nicht teuer.

■ Das **Greasy Spoon** in Mae Haad serviert von 7.00 bis 19.00 Uhr Kalorienbomben – englisches Frühstück, Fish & Chips etc.

■ Direkt am Strand in Mae Haad, neben *Songserm Travel,* befindet sich das **Flavour Restaurant.** Hier gibt es gute Pizzen und Sushi.

■ Im **Safari Grill & Steakhouse,** das zwar in der Nähe von Mae Haad ist, aber tief im Dschungel zu stecken scheint, wird vor allem gegrilltes Fleisch und Seafood serviert.

■ Ein **Elvis Restaurant,** dem *Charm Churee Villa* in Jansom Bay angeschlossen, gibt es auch – internationale Küche, Cocktails und Shakes.

■ In **The Whitening Club & Restaurant** hört man Live-Musik der dezenten Sorte und isst Fusion Food in minimalistischem Design, gehobene Preise, direkt am Strand in Mae Haad.

■ Auch zu empfehlen ist das dem **DD Hut** angeschlossene Restaurant im Norden von Mae Haad, das eine große Auswahl guter thailändischer Gerichte, sowie jede Menge westliches (auch mexikanisches) Essen bietet. Dazu Wi-Fi, allabendliche Filme und ein Billardtisch.

■ Zu empfehlen ist das neue **Shalimar Restaurant** in Sai Ri, das eine umfangreiche Speisekarte indischer Gerichte hat. Auch vegetarische Gerichte sind gut vertreten. Die meisten Gerichte kosten zwischen 150 und 400 Baht.

■ Um die Ecke liegt das gemütliche **New Heaven Café,** das vegetarische Biospeisen, vor allem Frühstück, Säfte und Backwaren bietet.

■ Das **Café Korner,** ebenfalls im Dorf Sai Ri, serviert ordentliches Frühstück, hat eine große Auswahl guter Kaffees und ist morgens oft proppevoll.

■ Das **Hippo Bar & Grill** in Sai Ri serviert gute Steaks und Burger.

■ Das neue **Portobello Mediterranean Bistro** (www.portobellokohtao.com) inmitten der Walking Street in Sairee, serviert von 15.00 bis 23.00 Uhr Pizzen, Pasta und Salate. Die Weinliste ist auch nicht schlecht. Man kann sich das Essen auch direkt in den Bungalow liefern lassen, Tel. 084-4407028.

■ Das **0-Nine Restaurant** gehört zum Lotus Komplex und liegt mitten in Sai Ri. Empfehlenswert ist es vor allem für den allabendlichen Seafood BBQ, aber wer keinen Fisch oder Krabben mag, kommt hier auch mit diversen anderen thailändischen Gerichten sowie internationaler Küche auf seine Kosten.

■ Die **Koppee Bakery & Internet Café** in der Chalok Ban Kao Bay bietet frischen Kaffee, Kuchen, Crêpes, Kräutertee und gesunde Frucht-Shakes.

■ Auch nicht schlecht ist das gemütliche **Taraporn Restaurant,** direkt am Wasser in der Chalok Ban Kao Bay, wo vor allem auch Vegetarier auf ihre Kosten kommen. Tofu Currys und natürlich auch

Sea Food. Ein paar einfache Bungalows*** sind hier ebenfalls zu mieten, großartige Lage, aber die Hütten sind nichts Besonderes.

■ Auf einer Klippe 15 Min. oberhalb von Sai Daeng befindet sich das **Eagle View Restaurant,** das seinem Namen gerecht wird. Ein wunderschöner Blick über die Nachbar-Bucht und sehr gute Fischgerichte. Für den Heimweg braucht man eine Taschenlampe. Nur zu Fuß von Sai Daeng aus zu erreichen.

■ Für alle, die es nach dem Tauchen nicht aus dem eigenen Bungalow schaffen, gibt es den **Couch Potato Food Delivery Service** (Tel. 088-4466772), der von 11.00 bis 23.00 Uhr Fast Food, Getränke (inkl. Bier und Wein), Eis und Zigaretten nach Hause liefert. Die Preise sind angemessen und bei Bestellungen im Wert von mehr als 200 Baht ist die Lieferung kostenlos. Erstaunlich populär.

Unterhaltung

Ko Tao hat eine lebendige Bar-Szene, und Partys finden fast jeden Abend irgendwo statt. Man achte auf Poster, die von Partyentrepreneuren an strategischen Orten an Kokospalmstämme genagelt werden. Viele Besucher sind erstaunt, dass inzwischen professionelle DJs in einigen Strandclubs arbeiten, und man hört alles von Goa-Trance bis zu den neuesten Chill-Out Sounds. Natürlich gibt es auch noch die klassische Strandbar, wo *Bob Marley* noch der König ist. Einige Bars bieten auch Live-Musik, meist Rock Coverbands.

So hoch her wie bei den Full Moon Partys auf Ko Phangan geht es auf Ko Tao allerdings nicht, was ja auch nicht schlecht sein muss. Dennoch werden auf Ko Tao Drogen, vor allem Marihuana, verkauft und die Polizei aus Surat Thani führt in den Clubs und Bars regelmäßig Razzien durch. Man sei gewarnt.

■ An der Straße zwischen Mae Haad und Chalok Baan Kao haben sich eine Reihe von **Hostessenbars** angesiedelt.

■ Die **Dragon Bar** in Mae Haad scheint von einem Kung-Fu-Streifen der 1970er Jahre inspiriert zu sein. Hier läuft Jazz, Grunge, Dub und Hip Hop. Einen Billardtisch und jede Menge Cocktails gibt es auch. Besondere Themen-Partys werden regelmäßig veranstaltet und auf der ganzen Insel mit Posterkampagnen angekündigt.

■ Ebenfalls großartige Partys finden in der **A.C. Bar** und der **Maya Bar** in Sai Ri statt. Ab und zu gibt es auch nette Partys im **Hippo,** einem guten Restaurant an der Inselstraße in Sai Ri.

■ Bevor die Partys beginnen, versammelt sich die Strandbevölkerung Sai Ris in der **Fizz Lounge,** in der **Vibe Bar** und in der **Lotus Bar,** um den Sonnenuntergang mit Cocktails zu feiern.

■ Ansonsten finden auch in **The Castle** (www.thecastlekohtao.com), einem der größten Nachtclubs der Insel, an der Straße zwischen Mae Haad und Chalok Ban Kao, regelmäßig „wilde" Partys mit internationalen DJs statt.

■ Hoch her geht es gelegentlich in der **Fishbowl Beach Bar,** direct am Strand in Sai Ri, jeden Abend Live Musik und Happy Hour von 18 bis 20 Uhr.

Einkaufen

Ja, Shoppen kann man auf Ko Tao auch. So gibt es diverse Geschäfte, die die üblichen **Strandartikel** verkaufen – Sarongs, Hängematten, Sonnenschutz, Postkarten, Hawaiihemden etc. Ein paar große Fachgeschäfte verkaufen eine große Auswahl an **Tauchausrüstungen** und Zubehör. In Mae Haad und Sai Ri gibt es einige **Buchläden,** die meist gebrauchte (vor allem englische) Titel führen. Schließlich gibt es noch diverse Stände und Geschäfte, die **Schmuck,** teilweise mit originellen Designs aus Muscheln, Keramik, Silber, Leder und Edelsteinen anbieten. Bei kleineren Läden und Ständen sollte man freundlich handeln.

Anreise

■ **Boote ab Ko Samui und Ko Phangan** fahren je nach Jahreszeit und Wetter bis zu 6-mal täglich. Abfahrten in der Regel zwischen 9.30 Uhr und 16.30 Uhr. Die Bootstypen sind sehr unterschiedlich, folglich auch die Preise und Fahrzeiten. Kostenpunkt ab Ko Phangan ca. 250–350 Baht, Fahrzeit 1–2½ Std.; Kostenpunkt ab Ko Samui ca. 300–650 Baht, Fahrzeit 1½–2½ Std.

■ Die **Boote ab Chumphon** fahren zu geregelteren Fahrplänen, als die ab Ko Samui und Ko Phangan; siehe Abfahrzeiten und Preise im Kapitel zu Chumphon, Abschnitt „Weiterreise".

■ Wer direkt aus Bangkok anreist, dem seien die **Katamarane der Firma Lomprayah** (Tel. 077-456176, 077-456785, 081-5367719, www.lomprayah.com) empfohlen. Kombinationstickets ab Bangkok kosten 1050 Baht. Busse ab Bangkok zweimal täglich um 6.00 und 21.00 Uhr. Der Morgenbus ist schneller. Buchungen auch über das Internet. Die Busse fahren in der Soi Rambutri, ganz in der Nähe der Khao San Road, ab.

Auch die Firma **Seatran** (Tel. 077-246086, www.seatrandiscovery.com) bietet Kombinationstickets von und nach Bangkok für 900 Baht an. Busse fahren ab dem Viengthai Hotel in der Soi Rambutri ab.

Sowohl die Lomprayah als auch die Seatran-Boote fahren von Ko Tao nach Ko Phangan (1½ Std.) und schließlich weiter nach Ko Samui (30 Min.).

■ Nach der Ankunft auf Ko Tao bieten sich **Pickups oder Motorradtaxis** zur Weiterfahrt an. Der Preis zu den meisten Zielen ist 200–500 Baht. Trotz steigender Benzinpreise sind Taxis unerhört teuer und es wird empfohlen, wann immer möglich zu Fuß zu gehen.

■ **Vorsicht!** Wer ein eigenes **Motorrad mietet,** sollte unbedingt **vorsichtig fahren!** Helme werden auf Ko Tao (auch von Touristen) in der Regel nicht getragen. Unfälle auf der Straße zwischen Mae Haad und Sai Ri sind leider sehr häufig. Zudem verlangen viele Motorradvermieter hohe Schadensersatzbeträge, wenn das geliehene Fahrzeug mit Macken zurückgebracht wird. DD Hut Bikes sind verlässlich.

■ **Vorsicht!** Bei der kurzfristigen Buchung von kombinierten Boot-/Bahntickets nach Bangkok händigen die Reisebüros auf Ko Tao oft eine Art „**Gutschein**" aus, der am Bahnhof von Surat Thani oder Chumphon gegen ein Ticket eingetauscht werden soll. Diese Scheine erweisen sich oft als völlig wertlos. Bei Buchungen zwei oder drei Tage vor dem Reisetermin müssten die Reisebüros dazu in der Lage sein, die tatsächlichen Tickets zu besorgen. Falls nicht – lieber per Einzel-Bootsticket nach Surat Thani oder Chumphon fahren und dann selber ein Zugticket besorgen oder die Tickets in den Büros von *Lomprayah* oder *Seatran* in Mae Haad kaufen.

Ko Nang Yuan

Ko Tao im Nordwesten vorgelagert sind drei weitere kleine Eilande: Ko Nang Yuan, die „Inseln der vietnamesischen Prinzessin". Sie sind bei Ebbe durch Sandbänke miteinander verbunden, und die darum liegenden Gewässer bieten ausgezeichnete Tauch- und Schnorchelmöglichkeiten. Die Insel ist wunderschön, manchem mag sie aufgrund der vielen Ausflügler jedoch schon zu touristisch sein. Touristen müssen Eintritt zahlen: Ausländer 100 Baht, Thais 30 Baht.

Unterkunft

■ Das **Ko Nang Yuan Dive Resort****–ᴸᴸᴸ, die einzige Unterkunft auf der Insel, hat komfortable

Zimmer, in den höheren Preislagen mit A.C., TV und Video. Eine PADI-Tauchschule ist angeschlossen. Das Unternehmen betreibt einen eigenen Speedboot-Service von Hat Mae Nam, Ko Samui und Chumphon, wo sich auch Buchungsbüros befinden. Die Bungalows sind recht isoliert im Wald versteckt, was die Illusion der Einsamkeit auf einer der meistfotografierten Inseln Thailands möglich macht. Tel./Fax 077-456 088-093, www.nangyuan.com.

Anreise

Ab Ban Mae Haad besteht meist einmal täglich eine **Bootsverbindung** nach Ko Nang Yuan, Kostenpunkt 50 Baht, Abfahrt 11.30, 15.00, 17.00 Uhr. Gecharterte Boote dürfen ca. 400 Baht für die einfache Fahrt kosten.

Khao-Sok-Nationalpark

อุทยานแห่งเขาสก

Dieser 644 km² große Nationalpark befindet sich 109 km westlich von Surat Thani, am Highway Nr. 401, der u. a. Surat mit Phuket verbindet. Das hügelige, dicht bewaldete Gelände eignet sich hervorragend für **Wanderungen,** und die meisten Besucher bleiben länger als eigentlich geplant. Zu den Attraktionen gehören zahlreiche **Wasserfälle,** in erster Linie der 4 km vom Visitor Center gelegene elfstufige Nam Tok Sip-Et Chan („Wasserfall der 11 Etagen") oder der Nam Tok Mae Yai („Großmutter-Wasserfall"), der auch per Jeep zu erreichen ist (3 km vom Zentrum). Die Vegetation besteht zum großen Teil aus typischen Regenwald-Bäumen der Gattungen *Hopea* und *Dipterocarpus*, und mit etwas Glück entdeckt man sogar die größte Blume der Welt, die ca. 1 m Durchmesser aufweisende **Rafflesia** (*Rafflesia arnoldii*).

Als Vertreter der Tierwelt finden sich Büffel, zahlreiche Hirscharten, Bergziegen, Affen, Bären, Wildhunde, Nashornvögel, Pfauen, Fasane und angeblich sogar auch wilde Elefanten, schwarze Panther und Tiger. Eher sieht man wohl eine der vielen Schlangenarten, die im Park heimisch sind, darunter auch Kobras und Königskobras. Bei allen Wanderungen gilt es, laut aufzutreten, um die Tiere möglichst rechtzeitig zu warnen und jedwede Gefahr von vornherein auszuschließen. Um das Park-Hauptquartier hat sich ein kleines Touristendorf mit Unterkünften, Restaurants und Geschäften gebildet. Mittlerweile finden sich im Eingangsbereich des Park sogar einige dubiose Bierbars – keine sehr erfreuliche Entwicklung. Eintritt zum Khao Sok National Park 200 Baht (Schranke geöffnet 6.00–18.00 Uhr).

Der Park kann auch der Ausgangspunkt weiterführender Exkursionen sein, so zum **Ratchaprabha-Staudamm am Cheow Lan Lake,** 65 km östlich von Khao Sok und 83 km westlich von Surat Thani. Auf dem See, der von wild-schöner, urwüchsiger Natur umgeben ist, lassen sich Bootsfahrten unternehmen und der benachbarte Dschungel ist ein ausgezeichnetes Wandergebiet. Eine der Hauptattraktionen ist die 800 m lange **Nam Thalu-Höhle,** die in einem dreistündigen, teilweise anstrengenden Trek erreicht werden kann. Vor Wanderungen in der Regenzeit ist abzuraten: 2007 ertranken sechs Touristen und ihre zwei

7

Khao-Sok-Nationalpark

0 ▬▬▬ 400 m © Reise Know-How 2013
THAI095

National Park Visitor Centre ● 4

5

6

1

7

Sok River

2

2

3

8

2

Wat Tham Phanturat ▲

9

2

H

Highway 401

Takua Pa, Phuket

Surat Thani

■ **Übernachtung**
1 Khao Sok
   Rainforest Resort
3 Khao Sok Jungle Huts
4 National Park
   Visitor Centre
5 Bamboo House
6 Nung House
7 Our Jungle House
8 Art's Riverview Lodge
9 Tree Tops River Huts

■ **Einkaufen**
2 Mini-Markt

---

thailändischen Guides, nachdem sie von plötzlich einsetzenden starken Regenfällen in der Höhle überrascht worden waren. Die Guides hatten Warnungen ignoriert. Dennoch ist der Trek ohne Führer gar nicht erst zu versuchen. Er ist zudem sicher nicht jedermanns Sache. Die Teilnehmer müssen eine Stunde durch einen schlickigen Fluss waten, ein kurzes Teilstück ist sogar zu durchschwimmen. Dazu herrscht in der Höhle absolute Dunkelheit. Man bringe eine Taschenlampe mit.

Mehrtägige Touren durch das Gebiet werden vom *Bamboo House, Khao Sok Rainforest Resort, Nung House, Art's Riverview Jungle Lodge* (s. u.) und anderen Unterkünften organisiert. Manche Touren durch den Park schließen eine Nacht-Safari ein, bei denen man oft gute Gelegenheit zur Tierbeobachtung hat. Sehr empfehlenswert sind auch **Kanufahrten** den Sok-Fluss hinab, die mit

wunderbaren Dschungelausblicken belohnen. Dazu wird auch **Elefanten-Trekking** angeboten.

Unterkunft/Essen

■ Die **Tree Tops River Huts****–**** (Tel. 077-395147, 077-395143, Fax 077-395001, http://krabidir.com/treetopsriverhuts) werden von einem sehr netten und hilfsbereiten Ehepaar geleitet und bieten Bungalow- und Baumhaus-Unterkünfte (Bad). Diese befinden sich gleich neben einem kleinen, plätschernden Bach, und mit etwas Glück kann man Otter bei der Fischjagd beobachten. Eine Idylle!

■ Das **Bamboo House****–**** (Tel. 081-7877 484, http://krabidir.com/bamboohouse) bietet verschiedene Bungalows mit und ohne eigenem Bad. Auch hier fließt wenige Meter weiter ein kleiner Fluss vorbei, und die Besitzer des Bamboo House haben dort eine Art Floß angelegt, von dem aus man die Natur genießen kann. Auch hier ist ein Restaurant vorhanden, auf Wunsch werden vegetarische oder andere Sonderspeisen kredenzt. Die Baumhäuser kosten 800 Baht.

■ Das von einem Deutschen geleitete **Our Jungle House****–***** (Tel. 089-9096814, http://krabidir.com/ourjunglehouse) hat komfortable Bungalows (Bad) und Baumhäuser unterschiedlicher Größe und Komforts, und ist eine der am schönsten gelegenen Anlagen am Park (kein Strom). Baumhäuser ab 600 Baht.

■ Von wunderbarer Natur umgeben liegt die **Art's Riverview Lodge***–**** (Tel. 086-2727883, http://krabidir.com/junglelodge) und von der Lage ist dies vielleicht die schönste Unterkunft. Die Bungalows (Bad, Ventilator) sind sehr schlicht, aber geschmackvoll eingerichtet, dazu gibt es einige Baumhäuser.

■ Etwas weiter nordöstlich liegt das nette **Nung House (**Tel. 077-395147, 087-2682574) mit Bungalows (Bad), die sich um eine Art Garten gruppieren. Dazu zwei Baumhäuser.

■ Das **Khao Sok Rainforest Resort**–**** (Tel. 077-395135-6, 089-8276230, Fax 077-395136, www.khaosokrainforest.com) ist ein Ableger des Dawn of Happiness in Krabi und bietet saubere, auf Pfählen errichtete Holz-Bungalows mit Bad, dazu preisgünstiges Essen. Es werden auch Wandertouren (z. T. mehrtägig) angeboten.

■ Relativ einfache, aber auch sehr preiswerte Unterkunft bieten die **Khao Sok Jungle Huts*–*** (Tel. 077-395160, 087-2646032). Ab 150 Baht.

■ Bungalow-Unterkünfte (***) bietet auch die **Parkverwaltung,** ebenso Zelte zu jeweils 50 Baht. Anfragen im Besucherzentrum.

Anreise

Alle Busse auf der Strecke Surat Thani – Phuket oder umgekehrt passieren den Park, dessen Zugang sich im Bereich der Ortschaft Ban Sok – am Kilometerstein 109 – befindet. Normalbusse ab Surat kosten 80 Baht; Entfernung 109 km bzw. 170 km ab Phu-

ket. Normalbusse aus Takua Pa (45 km) kosten 30 Baht. Am Busstopp warten schon die Angestellten der Guest Houses, um Kunden für sich zu gewinnen. Von der Stelle sind es ca. 1–3 km zu den diversen Unterkünften. Bei Absicht in einer davon abzusteigen, wird man von den Angestellten hingebracht.

Logischerweise kann auch an anderen Stellen entlang der Surat Thani-Phuket-Route zugestiegen werden, so z. B. in Khao Lak oder Bang Sak bei Takua Pa. In diesem Fall ist die Fahrpreiskalkulation der Schaffner vielleicht nicht immer ganz treffsicher, mit gelegentlich leicht variierenden Preisen ist zu rechnen.

■ **Touren** von Phuket nach Khao Yai organisiert *Siam Safari Nature Tours,* Tel. 076-28011, Fax 076-383617, www.siamsafari.com.

■ Einige Guest Houses betreiben einen **Abholdienst** von Surat Thani (ca. 2200 Baht) und Phuket (ca.3300 Baht). Bei Buchung anfragen.

Weiterreise

Am Highway am Park lassen sich **Busse** in die gewünschte Richtung stoppen, für Sitzplätze besteht aber keine Gewähr. Preise wie bei der Anreise.

7

Transport zwischen den Inseln im Golf von Thailand

Fährgesellschaften

Lomprayah High Speed Catamaran

Von	nach	Abfahrt	Ankunft
Ko Tao	Ko Phangan	09.30	10.45
	Ko Samui	09.30	11.20
	Chumporn	10.15	11.45
	Huahin/Bangkok	10.15	17.00/20.30
	Ko Phangan	15.00	16.10
	Ko Samui	15.00	16.40
	Chumporn	14.45	16.30
	Huahin/Bangkok	14.45	21.30/00.30
Ko Phangan	Ko Samui (Nathon)	07.15	07.45
	Ko Samui (Nathon)	12.00	12.30
	Ko Tao	08.30	09.45
	Chumporn	08.30	11.45
	Huahin/ Bangkok	08.30	17.00/20.30
	Ko Samui	11.00	11.20
	Ko Tao	13.00	14.15
	Chumporn	13.00	16.30
	Huahin/Bangkok	13.00	21.30/00.30
	Ko Samui	16.20	16.40
Ko Samui	Ko Phangan	08.00	08.20
	Ko Tao	08.00	09.45
	Chumporn	08.00	11.45
	Huahin/Bangkok	08.00	17.00/20.30
	Ko Phangan	12.30	12.50
	Ko Tao	12.30	14.15
	Chumporn	12.30	16.30
	Huahin/Bangkok	12.30	21.30/00.30
	Ko Phangan	17.00	17.30

Seatran

Von	über	nach
Ko Tao	Ko Panghan	Ko Samui
09.30	11.00	11.30
15.00	16.30	17.00
Ko Samui	Ko Panghan	Ko Tao
08.00	08.30	10.00
13.30	14.00	15.30

Die Seatran Fähren fahren außerdem stündlich um 6 Uhr morgens von Don Sak (nahe Surat Thani) nach Ko Samui. Fahrtzeit ist 90 Minuten. Letzte Fähre um 19 Uhr. Von Ko Samui geht das erste Schiff schon um 5 Uhr, das letzte um 18 Uhr.

Songserm

Von	nach	Von	nach
Surat Thani	Ko Samui	Ko Panghan	Ko Samui
08.00		06.30, 12.30, 16.00	
Ko Samui	Surat Thani	Ko Samui	Ko Panghan
14.00		09.00, 11.00, 17.00	
Surat Thani	Ko Panghan	Ko Panghan	Surat Thani
08.00		12.30	

Von	über	nach
Chumphon	Ko Tao	Ko Panghan
07.00	09.30	11.30
Ko Panghan	Ko Tao	Chumphon
12.30	14.30	17.00

Südthailand (Süden)

Si Phangnga National Park
▲ 1395 Khao Lang Kha Tuk
Pak Mak
Chaiya
Don Sak
Ao Ban Don
Tha Chang
44
Khura Bun
Kang Krung National Park
502
Surat Thani
Kanchanadit
Khanom
4
401
44
401
Takua Pa
Khao Sok National Park
Khin Rath Nikhom
Phun Phin
Tai-Romyen National Park
Sichon
401
Phanom
Ban Ta Khun
Ban Na Doem
Khao Mgh Mia
▲ 1530
Khian Sa
401
646
4
Khao Lak
415
Ban Na San
Thasala
683
Phang Nga
44
Phrasaeng
Wiang Sa
41
Phipun
Nakhon Si Thammarat
654
Plai Phraya
Phromkhiri
1835 ▲
Khao Luang
693
Phang Nga
Takua Thung
4
Chai Buri
Chawang
Khao Luang National Park
Lansaka
Thai Muang
Ao Luek
Thung Yai
Pak Phanang
4
Khao Phanom
Thung Song
Nakhon Si Thammarat
403
Ron Phibun
Hua Sai
Hat Nai Yang National Marine Park
656
Ko Yao Noi
663
Krabi
Krabi
Lam Thap
41
408
Thalang
590
Ao Phangnga National Park
660
Ko Yao Yai
Khlong Thom
Khao Pu-Khao Ya National Park
Cha Uat
Khuan Khanun
Kathu
593
S. 658
Hat Nopphalat Thara National Park
4
Thaleh Luang
Phuket
650
Wang Wiset
695
Huay Yot
S. 585
Ko Phi Phi Don
Sikao
S. 651
Trang
Si Banphot
Phatthalung
678
Ko Lanta Yai
Trang
322
S. 678
Ko Nga (Hai)
Kantang
404
Pattalung
S. 480
Hat Chao Mai National Park
Ko Muk
Yan Ta Khao
Khao Chaison
Tamot
Ko Kradan
Pa Bon
4
Ko Rok Noi
Ko Libong
Ko Rok Nork
43
Yong Sata
Rattaphum
Ko Sukorn
Ko Petra
416
Satun
406
Mu Ko Phetra National Park
712
Ko Bulon Lae
706
La-Ngu
713
Thale-Ban-National Park
707
Mu Ko Tarutao National Park
Pak Bara
Khuan Kalong
Tha Phae
Khuan Don
Ko Rawi
Ko Tarutao
704
Satun
Ko Adang
Pulau Langkawi
Tammalang
S. 711
S. 708
Kangar
Pulau Langkawi
Padang Masirat
Kuah
Palau Langkawi
7
Pulau Dayang Bunting
Alor Setar
Kuala Kedah

ANDAMAN

SEA

KO KLANG
KO TA NGA
KO KAI

0 ———— 10 km

0 ⸻ 50 km

ThaiF14

LAOS

MYANMAR

VIETNAM

Bangkok

KAMBODSCHA

VIET NAM

Golf von
Thailand

MALAYSIA

SOUTH CHINA SEA

Ranot

Chedi Ngam

408

Sathing Phra

Songkhla Lake

Khuan
Niang

720

Songkhla

714 414

Hat Yai

Na Mom

Chana

43

Nong Chik

Pattani

Yaring

Sangkhla

Thepha

Yarang

Pattani

Na Thawi

42

Khok Pho

Mayo

Saiburi

4

Sadao

Saba Yoi

Yala

42

Thung
Yang Daeng

Kapho

Khao Nam Khang
National Park

Yaha

Rueso

Bacho

Narathiwat

Kampong
Padang Sanai

Ban Nang
Sata

Yi-Ngo

E1

Budo-Sungai Padi
National Park

Takbai

Jitra

1067 ▲
Bt. Gajah Hutan

41

Si Sakhon

Bang Lang
Dam

Narathiwa

Bangae

Tumpat

Kota Bahru

Kuala
Nerang

Than
To

Sungai Padi

Pasir
Mas

724

Kubang Kerian

Peringat

Sungai Golok

Kadok

E1

Budo-Sungai Padi
National Park

Sukhirin

Pangkal
Kalong

3

Guar Chempedak

Guруп

Janjang

Pengkalan
Hulu

Betong

1203 ▲
Bt. Ulu Laho

Kg.
Nibong

Tanah Merah

4

Bedong

67

4

66

Jertih

Sungai Petani

Pulai

76

8

Tikam
Batu

Padang Serai

MALAYSIA

Phuket

Schon Ptolemäus hat die Insel erwähnt, die er *Junk Ceylon* nannte. Dieses war eine Verfälschung des malaiischen Ujang Silang. *Ujang* bedeutet Halbinsel und *Silang* war der Name eines Polynesier-Stammes, der die Gegend in grauer Vorzeit bewohnte. Aus Silang wurde später *Thalang,* wie die Insel noch im letzten Jahrhundert hieß. Der Name *Phuket* stammt von dem malaysischen Wort *bukit* („Hügel") ab.

Phuket ist mit 539 km² die größte Insel des Landes (heute durch eine Brücke mit dem Festland verbunden) und die reichste der 76 thailändischen Provinzen. Die Einwohnerzahl beträgt ca. 320.000 (davon 80.000 in Phuket City). Der Wohlstand beruht in erster Linie auf dem dort angebauten Kautschuk und dem einst so wichtigen Zinn. Das durchschnittliche Monatseinkommen ist auf Phuket etwa doppelt so hoch wie das gesamt-thailändische Durchschnittseinkommen und die Insel zieht zahlreiche Zuzügler aus anderen Landesteilen an.

Unter dem Gouverneur *Phraya Ratsada* (1901–1913) wurde die Stadt Phuket erneuert, und man imitierte den **sino-portugiesischen Baustil,** den man aus Penang her kannte. Zu jener Zeit bestanden bessere Verkehrsmöglichkeiten nach Penang (wohin viele Schiffe fuhren) als nach Bangkok, zu dem kaum befahrbare Straßen führten. Der spezielle Baustil ist noch heute in der Thalang Road, Dibuk und Ranong Road und der Soi Rommanee (Soi Rommani, Rommanee Lane) zu bewundern.

Im Jahre 1973 wurde beschlossen, die Insel zu einem Tourismus-Zentrum auszubauen, und derzeit besuchen jährlich **über 6 Mio. Touristen** die Insel. Die TAT behauptet sogar, 2012 seien es 11 Millionen gewesen, aber die thailändische Touristenbehörde hat sich in den letzten Jahren etwa so glaubwürdig präsentiert wie einst die „Pravda". Phukets Reiz liegt in den vielen Stränden, die so gänzlich verschieden voneinander sind, und zudem Unterkünfte in allen Preislagen bieten. Phuket ist aber als Zielort vieler Pauschaltouristen im Durchschnitt teurer als Ko Samui. Wer sich umsieht, kann dennoch relativ billig davonkommen. So lässt sich zum Beispiel in Phuket City noch sehr **preiswert wohnen,** und von dort aus können alle Strände leicht in Tagesausflügen besucht werden. Wem die Strände von Kata oder Karon zu teuer sind, findet billigere Unterkünfte in Ao Chalong, Rawai, Nai Harn und Kamala. Patong ist der vollste und teuerste Strand, wer aber gewillt ist, etwas abseits des Strandes zu wohnen, findet auch hier noch einigermaßen preiswerte Unterkünfte.

Sehenswertes

Nationalpark Khao Phra Thaew

Das 2333 ha große Areal des Khao Phra Thaew National Parks beherbergt fast die Hälfte des gesamten Waldbestandes von Phuket und gilt als ein perfektes Beispiel für den tropischen, noch intakten Regenwald. Das Gebiet, das 1980 zum Nationalpark erklärt wurde, bietet einer Palmenart namens *Kerriodoxa elegans* ein Refugium, die nirgends sonst auf der

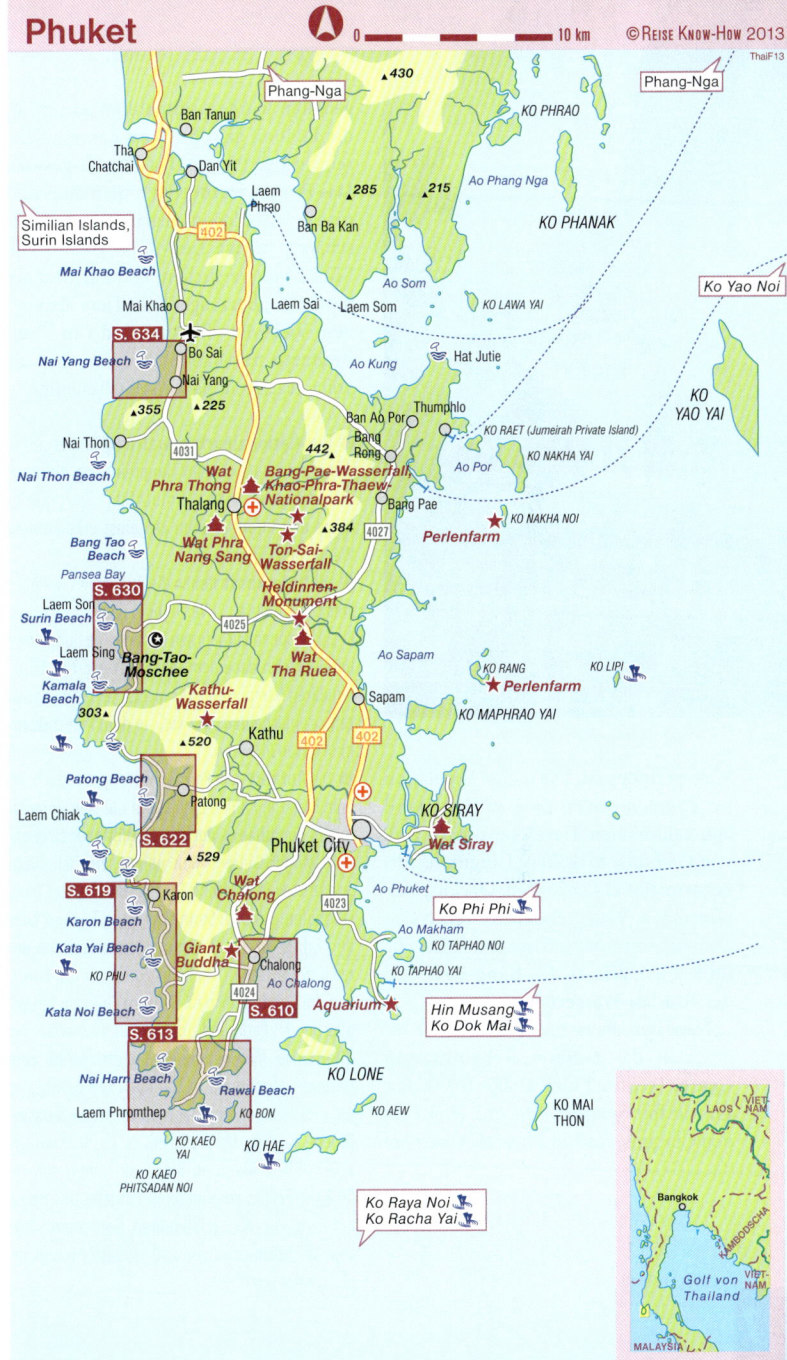

gehalten wurden, allmählich wieder an die Freiheit gewöhnt und dann auf Inseln in der Phang-Nga Bay ausgesetzt. Das Projekt wurde von einem amerikanischen Zoologen gegründet und beschäftigt einige freiwillige Helfer. Die Mitarbeiter versuchen, Gibbon-Besitzer davon zu überzeugen, die Tiere abzugeben. Viele der Gibbons sind von ihren Besitzern misshandelt worden und als Folge regelrecht psychisch geschädigt.

■ Die **Nationalparkverwaltung** findet man, wenn man die vor dem Haupteingang die nach rechts abgehende Straße durchfährt. Dort gibt es Pläne und Informationen zu selbst erkundbaren Wegen und Führungen.

■ Als **Unterkunft** stehen die Bungalows des Ronklao Guest House zur Verfügung, die je nach Größe 8–20 Personen aufnehmen können. Die Bungalows befinden sich nahe dem Ton-Sai-Wasserfall. Einen regulären Mietpreis gibt es nicht, die Gäste können selber entscheiden, wie viel sie dem Park zukommen lassen möchten.

■ Die **Anfahrt** zum Park ist nicht ganz einfach: Ab dem Markt in Phuket City fahren nur sehr unregelmäßig Songthaews dorthin. Es gibt aber zwei andere Möglichkeiten: Man nehme ein beliebiges Songthaew in Richtung Sarasin-Brücke, Nai Yang, Flughafen, Kamala, Surin oder Bang Tao und bitte den Fahrer an der Abzweigung zum Park (im Bereich der Ortschaft Thalang) zu halten (20 Baht). Von dort sind es noch ca. 3 km zu Fuß zum Hauptquartier des Parks und zum Ton-Sai-Wasserfall. Die Alternative: Man nehme ein Songthaew bis zum Heroines' Monument in Tha Ruea (25 Baht), also jedes beliebige Songthaew in Richtung Sarasin-Brücke, Nai Yang, Flughafen etc. (s. o.); am Kreisverkehr stehen Motorrad-Taxis, die einen für ca. 50 Baht/Person zum anderen Eingang des Parks, am Bang-Pae-Wasserfall fahren. Gecharterte Tuk-Tuks ab Phuket City zu ca. 600–700 Baht retour, inklusive Wartezeit.

Welt zu finden ist. Die dichte Vegetation mit Bäumen von bis zu 50 m Höhe, wird von zahlreichen Tieren bevölkert, z. B. von Gibbons, Makaken, Languren. Außerdem gibt es Leoparden, Ozelots, Warane u. v. a. Viele Reisende erfreuen sich aber auch an einer erfrischenden Dusche im kühlen Wasser des **Bang-Pae-** und des **Ton-Sai-Wasserfalles.**

Nahe dem Bang-Pae-Wasserfall befindet sich das **Gibbon Rehabilitation Center** (geöffnet tägl. 10.00–16.00 Uhr, Eintritt frei; Spenden erbeten). Hier werden Gibbons, die von Thais als Haustiere

⌂ Wat Chalong

Chao Le – Nomaden auf dem Meer

Die „Meereszigeuner" (*Chao Le* ist genaugenommen südthailändische Mundart für „Meeresleute") stammen verschiedenen Theorien zufolge aus der **Inselwelt Sumatras** oder von den **Andamanen;** sie unterteilen sich in drei Gruppen, die auch verschiedene Sprachen sprechen. Der auf Ko Siray lebende Zweig gehört zu den Urak Lawoi, die anderen sind die Moken und Moklen. Mit ihren rötlich-braunen Haaren wie auch von ihren Gesichtszügen her erinnern die Chao Le an die Aborigines in Australien.

Der Begriff *Chao Le* rührt von ihrem **nomadischen Lebensstil auf See** her, wird aber von ihnen selbst nicht gerne gehört. Sie nennen sich lieber *Thai Mai* („Neue Thais"), ein Begriff mit dem üblicherweise Volksgruppen bezeichnet werden, die erst in den letzten Jahren oder Jahrzehnten die thailändische Staatsbürgerschaft erhalten haben.

Die „Meeresleute" betätigten sich traditionell als **Fischer oder Perlentaucher,** und vor Ko Siray ankern meist zahlreiche Fischerboote. Vor einigen Jahren drohte die Verwaltung von Phuket das Dorf abzureißen, da es auf umstrittenem Grund und Boden stehen soll. Das ist bisher nicht geschehen. Allerdings wurde ein Friedhof der „Meereszigeuner" für sie unzugänglich, da das Grundstück, das an dessen Zugang lag, aufgekauft worden war, und der neue Besitzer ihnen nun den Durchgang verweigerte.

172th at

Ko Siray

Wie der Name sagt, ist dies eine Insel (*ko* = Insel), die aber durch eine Brücke mit Phuket verbunden ist. Man merkt eigentlich gar nicht, dass man von der einen Insel (Phuket) auf eine andere hinüberwechselt.

Wat Chalong

Dieser Tempel, nahe der Bucht von Chalong gelegen, ist zwei Mönchen geweiht, die im Jahre 1876 einen Aufstand chinesischer Minenarbeiter beenden halfen. Im Wat stehen heute die Figuren der beiden Mönche, *Luang Pho Chaem* und *Luang Pho Chaung*, die von den Gläubigen mit hauchdünnen Goldblättchen beklebt werden. Nach thailändischer Auffassung verspricht das Bekleben mit Goldblättchen von Buddha- oder anderen Heiligenstatuen Glück für die nächste Geburt. Neben dem Hauptgebäude wurde vor einigen Jahren ein Tempelgebäude im burmesischen Stil hinzugebaut.

Wat Chalong ist der meist besuchte Tempel auf der Insel, und in den letzten Jahren hat sich das Geschehen um den Tempel stark kommerzialisiert. Heute erinnern die zahllosen Souvenir-Shops und die aus zahlreichen Lautsprechern dröhnende Musik leider mehr an einen Jahrmarkt, als an einen sakralen Ort.

■ **Anfahrt:** Songthaews ab Phuket City kosten 20 Baht; falls keines anzutreffen ist, nehme man ein Songthaew in Richtung Chalong oder Rawai und steige am Kreisverkehr von Chalong aus (15 Baht). Von dort sind es nur wenige Minuten zu Fuß. Gecharterte Tuk-Tuks ab Phuket City zu ca. 300 Baht retour.

☐ Inselkarte S. 585, Übersicht S. 582

Giant Buddha

2010 wurde eine riesige, 45 Meter hohe Buddha-Figur mehr oder weniger fertiggestellt (einige Kleinarbeiten waren noch im Gange), die auf dem Nakkoerd Hill zwischen Chalong und Karon thront. Die steinerne Statue ist schon von weitem zu sehen. Der Buddha, der offiziell in Thai-Pali *Phuttamingmonkol Akhanakiri Buddha* heißt, wurde für 30 Mio. Baht errichtet und ist nun eine der größten Sehenswürdigkeiten der Insel. Im Volksmund wird die Figur „Giant Buddha" genannt, und gigantisch ist sie in der Tat: Es ist die größte Buddha-Statue Thailands. Eine daneben angebrachte kleinere Buddha-Statue aus Bronze, schlappe 12 m hoch, wirkt dagegen direkt bescheiden. Oben vom Hügel bietet sich eine großartige Aussicht auf Chalong und Rawai, und Fotografen werden hier ihre helle Freude haben. Geöffnet 8.30–19.00 Uhr.

■ **Anfahrt:** Zum Buddha führen verschiedene Anfahrtswege, je nachdem, aus welcher Richtung man kommt. Von Phuket City fährt man in Richtung große Chalong-Kreuzung, biegt aber schon vor der Kreuzung rechts (in westliche Richtung) zum Buddha ab. Entfernung ab Phuket City Center ca. 10 km, Hin- und Rückfahrt per Tuk-Tuk ca. 300–400 Baht.

Bei der Fahrt ab Kata/Karon fährt man ebenfalls in Richtung Chalong-Kreuzung und biegt dann in nördliche Richtung zum Buddha ab. Taxis ab Karon ca. 800 Baht retour. Die Taxis in Karon sind generell

sehr teuer, besser ist die Anfahrt mit eigenem Fahrzeug. Ein gemietetes Motorrad kostet weniger als die Hälfte des o.g. Preises.

Vom Parkplatz führen 86 Stufen zum Buddha.

Thalang National Museum

Etwa 100 m östlich des Heroines' Monument in der Thepkassatri Road, das zwei Schwestern gewidmet ist, die 1785 ein angreifendes burmesisches Heer zurückgeschlagen hatten, befindet sich das erst 1989 eingerichtete Nationalmuseum von Thailand. Hier werden Funde aus der Gegend ausgestellt, aber auch Werkzeuge, die im Zinnabbau und in der Gummierzeugung Anwendung finden. Zinn und Gummi sind die traditionellen Träger des Wohlstands von Phuket.

■ **Das Museum ist Mi–So von 8.30–16.00 Uhr geöffnet.**

⌂ Die Hölle der Trinker im Wat Phra Nang Sang

◁ Der vergrabene Buddha im Wat Phra Thong

Das Vegetarian Festival

Phukets größtes Fest ist das neun Tage dauernde Vegetarian Festival, das im September/Oktober stattfindet und erst um die Jahrhundertwende entstand.

Kathu, nordwestlich von Phuket City gelegen, war zu jener Zeit eine wohlhabende Stadt, die ihren Reichtum dem Abbau des Zinnerzes zu verdanken hatte. Zu ihrer Unterhaltung ließen die chinesischen Minenarbeiter eine Theater-Truppe aus China anreisen, die mehrere Monate auf Phuket verblieb. Plötzlich jedoch wurde die gesamte Truppe von einer mysteriösen Krankheit befallen und musste das Theater schließen. Nach langen Überlegungen, was die Krankheit ausgelöst haben mochte, kamen die Schauspieler auf den Gedanken, dass es wohl eine Strafe der Götter sein müsste, denn seit der Ankunft auf Phuket hatte man die religiösen Riten vernachlässigt. Also beschloss man, Buße zu tun. Neun Tage lang aß man kein Fleisch, um Geist und Körper zu reinigen und unterwarf sich religiösen Disziplinen. Und das Merkwürdige geschah: Nach den 9 Tagen waren alle Schauspieler so gesund wie eh und je.

Die örtliche Bevölkerung hatte die Geschehnisse aufmerksam beobachtet, und ein Jahr später erlegten sich viele Bewohner Phukets ebenfalls eine **9-tägige Fleischabstinenz** auf. Von Jahr zu Jahr wurde die Zahl der Teilnehmer größer, und bis heute wird das „Vegetarische Fest" gefeiert.

Alle Teilnehmer, die für die Dauer des Festes Vegetarier sind, kleiden sich ganz in weiß, und einige fallen in Trance und gehen über glühende Kohlen oder durchstechen ihre Haut mit Nadeln oder Schwertern. Diese magischen Darbietungen sollen die Macht der Götter demonstrieren. Seltsamerweise fließt niemals Blut, und die Wunden sind sofort verheilt.

Am letzten Tag des Festes werden Trance-Darbietungen wie die beschriebenen auch am **Mariammam-Tempel** (Wat Khaek) in der Silom Road, **Bangkok,** aufgeführt.

028th rk

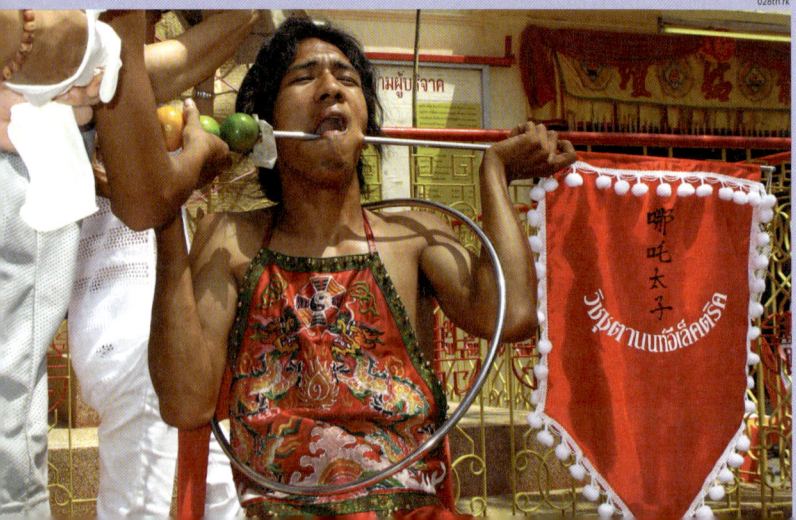

Der Süden

■ **Anfahrt:** Alle Songthaews, die in Richtung Norden fahren, passieren das Museum in der Ortschaft Tha Ruea (25 Baht). Gecharterte Tuk-Tuks ab Phuket City ca. 300–350 Baht retour.

Wat Phra Thong

Ende des 19. Jahrhunderts hatte ein Hirtenjunge seinen Büffel an ein vermeintliches Stück Eisen gebunden, das aus dem Boden ragte, um sich dann ein wenig auszuruhen. Am Abend trieb der Junge den Büffel heim wie an jedem Abend. In der Nacht jedoch wurde der Junge urplötzlich schwer krank und starb. Bald darauf hatte dessen Vater einen merkwürdigen Traum, der ihn veranlasste, den Ort aufzusuchen, an dem sein Sohn den Büffel an das Stück Eisen gebunden hatte. Als er das Eisen näher betrachtete und aus dem Boden ziehen wollte, entdeckte er eine Buddha-Figur. Das vermeintliche Eisen war nichts anderes als die Spitze der Figur gewesen! Mit Hilfe einiger Dorfbewohner versuchte der Vater nun, den Buddha aus der Erde zu graben, doch vergebens. Auch in Zukunft sollten alle Versuche, den Buddha freizulegen, scheitern.

So ragt auch heute nur die obere Hälfte der Figur aus dem Boden. Um diese wurde ein Tempel errichtet, und der Buddha, der zum Schutz vor plündernden burmesischen Soldaten mit einer Gipsschicht bedeckt wurde, wurde bis vor kurzem von Gläubigen mit Goldblättchen beklebt. Dies veränderte das Aussehen der Figur auf Dauer unvorteilhaft; der Buddha ist heute umzäunt, und man hat ihn von der vorherigen Goldblättchen-Schicht befreit. Die Goldblättchen werden nun an eine neu aufgestell-

te, kleinere Kopie der Figur angebracht (rechts neben der Original-Statue).

Wat Phra Thong befindet sich am Nordrand der Ortschaft Thalang, am Ende einer kleinen Seitenstraße, die in östliche Richtung von der Thepkassatri Road abzweigt. Man achte auf die Ausschilderung an der Thepkassatri Road.

■ **Anfahrt** ab dem Markt in Phuket City per Songthaew (25 Baht), alle Songthaews in Richtung Norden außer den wenigen in Richtung Ao Por, passieren Thalang, von der Hauptstraße sind es noch zwei Minuten Fußweg in östliche Richtung zum Wat.

Wat Phra Nang Sang

Auch dieser Tempel steht in Thalang, einst die Hauptstadt der Insel. Gegründet wurde er im Jahre 1758 von einer Bürgermeisterfrau (variationsweise auch gelegentlich als „Prinzessin" bezeichnet), die von einer Pilgerreise nach Sri Lanka zurückgekehrt war, nachdem sie ihr Gatte – von einem Neider angestachelt – fälschlicherweise des Ehebruchs bezichtigt hatte. Ihr Mann hatte sie eigentlich auf der Stelle töten wollen, gab jedoch ihrem Flehen nach und wollte ihr noch eine Pilgerfahrt gewähren. Als die Frau von dieser zurückkehrte, war ihr Mann mittlerweile selbst von dem Neider getötet worden, und auch sie wurde dessen Opfer: Als der Mörder ihren Kopf abschlug, strömte weißes Blut aus ihrem Rumpf – ein Zeichen von höchster Unschuld. Posthum hat sie somit den Neider Lügen gestraft.

Das von ihr erbaute Tempelgebäude, eine schlichte *bot* bzw. Ordinationshalle (rechts auf dem Gelände), bekam 1990–91 eine weitere bot hinzugebaut (links

7

neben dem alten Gebäude). Diese zeichnet sich durch kunterbunte, interessante Wandgemälde aus. Im Inneren zeigen sie Szenen aus der Geschichte Phukets – so die Belagerung durch die Burmesen. An seiner Rückseite dagegen finden sich Höllenbilder, in denen einige Teufel Sünder in Kübeln voll Alkohol schmoren lassen.

Die Zufahrtstore zum Tempel sind Zinnen nachempfunden, auf denen sich sogar imitierte Kanonen befinden; dies ist eine Anspielung auf die kriegerischen Auseinandersetzungen mit den Burmesen, während derer das Tempelgelände 1785 zeitweise in ein Militärlager umfunktioniert wurde. Die beiden Schwestern, denen das Heroines' Monument gewidmet ist, sammelten hier die Einwohner zum Widerstand gegen die burmesischen Eindringlinge.

In den letzten Jahren wurde das Tempelgelände mit zahlreichen mystischen und religiösen Figuren überhäuft, darunter ist eine Statue der chinesischen Göttin Mae Kuan Yin, und man hat das Gefühl, als wolle hier jemand eine Art spirituelles Disneyland schaffen. Das Tempelgelände wirkt mittlerweile etwas überladen, aber viel zu fotografieren gibt es sicherlich.

■ **Anfahrt:** mit jedem beliebigen Songthaew in Richtung Thalang oder weiter hinaus in Richtung Norden (25 Baht); der Tempel befindet sich direkt in der Ortsmitte von Thalang. Gecharterte Tuk-Tuks ab Phuket City ca. 400 Baht retour.

Marine Biological Research Center

Am Kap Panwa *(läm panwa)*, 7 km südlich von Phuket City, ist das Marine Biological Research Center angesiedelt, das sich die Aufzucht der vom Aussterben bedrohten **Meeresschildkröten** zur Aufgabe gemacht hat. Das Fleisch der Schildkröten und deren Eier gelten bei vielen Phuketern als Delikatesse, was sich auf die Population nicht gerade günstig ausgewirkt hat. Die vom Research Center aufgezogenen Schildkröten werden zum Songkran-Fest (April), dem thailändischen Neujahr, am Nai Yang Beach und Mai Khao Beach ausgesetzt.

Dem Center ist ein **Aquarium** angeschlossen, in dem hauptsächlich die in den Gewässern um Phuket lebenden Fische vorgestellt werden. Hier bietet sich also eine lehrreiche Besichtigung vor dem eventuell geplanten Tauchausflug an! Die Besichtigungsräume sind abgedunkelt, sodass die erleuchteten Aquarien mit ihren bunt schillernden Bewohnern schön zur Geltung kommen. Ein neun Meter langer „Unterwassergang" unter 200 Tonnen Meerwasser ist eine neue Hauptattraktion.

Der Star unter den ausgestellten Fischen scheint ein **elektrischer Aal** zu sein, vor dessen Aquarium zahlreichen Besuchern das Gruseln in den Nacken kriecht. Gemäß einer Informationstafel (in Thai) ist der besagte Aal hochelektrisch und somit lebensgefährlich. (Er stammt allerdings aus den Flüssen Südamerikas.)

Das sehr informative Research Center ist täglich 8.30–16.00 Uhr geöffnet, Eintritt 100 Baht.

▷ Blick auf Phuket City

7

■ **Anreise:** Songthaews ab Phuket City kosten 25 Baht; die Aufschrift besagt „Aquarium". Fahranweisung in bestem Thai-Englisch: *äquäriyem.* Gecharterte Tuk-Tuks ab Phuket (Hin- und Rückfahrt, 1 Std. Aufenthalt) kosten ca. 300–400 Baht.

Khao-Khad Viewtower

Auf einem dicht bewachsenen Hügel nahe Laem Panwa befindet sich der Kao-Khad Viewtower, ein kleiner, erst vor ein paar Jahren angelegter **Aussichtsturm.** Von hier ergeben sich großartige Ausblicke auf Phuket City, Ko Siray, Ao Chalong und vorgelagerte Inseln wie Ko Taphao Yai und Ko Maithon. Der Aussichtsturm und der umliegende kleine Park sind 8–18 Uhr geöffnet. Es gibt zwei Zugangsstraßen dorthin, eine aus Richtung Laem Panwa, die andere aus Richtung Phuket City (ca. 8½ km). Letz-

tere wird um 18 Uhr mit einem Schlagbaum zugesperrt; über die andere Straße kommt man allerdings auch nach 18 Uhr noch bis unmittelbar vor den Aussichtsturm.

■ **Anfahrt:** Praktisch nur mit eigenem Fahrzeug oder gechartertem Tuk-Tuk. Ab Phuket ca. 600 Baht hin- und zurück.

Phuket City

Phuket City oder *müang phuket* ist mit 80.000 Einwohnern die größte Stadt der Insel und deren administratives und kommerzielles Zentrum. Bis 2006 hieß die Stadt **Phuket Town.** Für den Reisenden ist es der Ausgangspunkt, um zu den berühmten Stränden der Insel zu gelangen, aber auch Phuket City ist einen längeren Aufenthalt wert. Die Architektur

Phuket City

0 ▬▬▬ 200 m   © Reise Know-How 2013

THAI097

Legend (Thalang)
- Surin Beach
- Kamala Beach
- Phuket Airport
- Ⓑ Neuer Busbahnhof
- ✚ Mission Hospital Phuket
- ★ Orchid Garden
- ★ Thai Village

Toh Sae Hill

Wat Lang Saan

Rd.

Thepkasattri Road

Damrong Road

Toh Sae Hill

Damrong

Rathaus/ Steueramt

Amphoe Road

600

Narisorn Road

● Phuket Provincial Hall

Sin Guru Singh Sabha (Sikh-Tempel)

Thandayudhapani Temple (hinduistisch)

Wat Vichit Sangharam

Suthat Road

Surin Road

Sol Surin 1

Sol Surin 2

Ko Siray

Sri Suthat Rd.

Wat Phutta Monkhon Nimit

Sol Rommani

Ibuk   Road

Luang   Poh

Sea Dragon Monument
★ ℹ

Thalang Road

Shrine of the Serene Light

Hauptpost (GPO)
✉

Alter Busbahnhof
Ⓑ

Phang-Nga Rd.   ★ Glockenturm

Phang-Nga Road

Phuket   Rd.

Montri Rd.

Rasada Road

Anuphat Phuket   Road

Ong Sim Phai Rd.

Tilok Uthit

5

6

Sanjao Hock Guan Kong (chines. Tempel)

Tilok

Chana Charoen

7

8

Uthit Road

2 Road

Thavornwongwongse Rd.

9

10

11

12

Moschee (Jamiah Mosque)
Sol. Taling Chan
ⓒ

15

Our Lady of the Assumption Church
ⅈ
16

14

17

Takua Rd

Ong Sim Phai Road

Wat Thavorn Kunaram

Kra Road

13

Takua Thoong Rd.

Bang Niew Tempel (chin.)

Phuket Road

18

Chines. Tempel

Sol. Ton Pho

Sol. Tha

Bangyai Road

Sol. Ko Mai Phai

Sol Sapan Hin

Immigration

Khlong Bang Yai

Zoll

● Box-Stadion,
★ Sapan-Hin-Park

Phuket-Bucht

212ph rk

der Stadt ist eine faszinierende und harmonische Mischung aus geschwungenen alten Wohnhäusern im sino-portugiesischen Stil und modernen Shopping-Centern aus Beton. Die Stadt lädt zu Einkaufsbummeln und auch zu Restaurant-Besuchen ein.

Aufgrund der Tatsache, dass die chinesischen Häuser im alten Stadtkern, der *Old Town,* unter **Denkmalschutz** stehen, ist Phuket City optisch eine der angenehmsten Städte im Land. In den letzten Jahren sind viele der Häuser ansprechend renoviert worden und beherbergen nun kleine Restaurants oder Geschäfte. Gemäß den Auflagen der Stadtverwaltung müssen alle Neubauten in

der chinesischen Altstadt „chinesisches Ambiente" aufweisen. Man sieht es z. B. im Inneren einiger neuerer Hotels (Baan Suwantawe, Sino House, Casa Blanca). Dies ist eine in Thailand beinah einmalige – und sehr lobenswerte – Anstrengung, den traditionellen Baustil zu bewahren. Ein weiterer Vorteil ist, dass sich rund um Phuket City viel Grün befindet, von überall in der Stadt sieht man die baumbedeckten Hügel Khao Rang und Khao Toh Sae. Unter dem Strich ist Phuket City eine der **lebenswertesten (Klein-)Städte** in Thailand.

Die meisten Sehenswürdigkeiten innerhalb der Stadt lassen sich leicht zu Fuß erkunden. Einige Tuk-Tuks für Fahrten innerhalb der Stadt parken am Markt in der Ranong Road gegenüber den Songthaews und Bussen, die zu den Stränden fahren.

⌂ Jui-Tui-Tempel

An vielen Straßenkreuzungen stehen **Motorradtaxis** bereit. Die Fahrer sind meistens sehr nett, anders als so viele der etwas raubeinigen Motorradtaxifahrer in Bangkok. Dennoch sind die Fahrpreise – wie alle Preise nichtöffentlicher Verkehrsmittel auf Phuket – stark überzogen: Eine Fahrt von 3 bis 4 km kostet ca. 50–60 Baht. Handeln ist angesagt.

Butterfly Garden & Insect World

Interessant ist der „Schmetterlingspark" mit einigen Tausend Schmetterlingen aus 40 verschiedenen Arten sowie weitere Insekten und Spinnen, die in Freigehegen herumfliegen und -krabbeln. Das Ganze ist mit Schautafeln ausgestattet und durchaus lehrreich. Angeschlossen ist zudem ein Seidenmuseum.

Die Anlage liegt in der Soi Panueng nahe dem Nordende der Yaowarat Rd., im Norden der Stadt, Tel. 076-210861, www.phuketbutterfly.com. Geöffnet 9.00–18.00 Uhr (letzter Einlass 17.00 Uhr), Eintritt 300 Baht, Kinder 4–10 Jahre 150 Baht, darunter kostenlos.

■ **Anfahrt** per gechartertem Tuk-Tuk (ab der Innenstadt) ca. 100–150 Baht.

Khao Rang

Dies ist der interessantere der zwei Hügel der Stadt (der andere ist der Khao Toh Sae), von dem man einen guten Ausblick auf die Stadt und deren nähere Umgebung erhält. Der Hügel ist gut bewaldet, es gibt viel frische Luft (nicht umsonst hetzen hier zahlreiche Jogger hoch!), und zudem locken einige sehr

gute Restaurants, so z. B. das beliebte Thungka Café. Besonders ansprechend ist die Atmosphäre in Vollmondnächten. **Vorsicht,** nachts treiben sich hier einige Jugendbanden herum.

1992 wurde auf dem Hügel der Wat Khao Rang angelegt, ein Meditationstempel mit einer 9 m hohen Statue eines sitzenden Buddhas. Dieser ist ein gutes Fotoobjekt. Unter dem Buddha befindet sich ein größeres Gebäude mit Meditationsraum und einigen weiteren, kleinen Buddha-Figuren. In den letzten Jahren wurde der Tempel zunehmend ausgebaut, und Tuk-Tuk-Fahrer am Songthaew-Haltepunkt in Phuket locken Touristen mit den Rufen „Big Buddha" dorthin. Zu der Anlage führt eine Straße, die auf halber Höhe rechts von der Hauptstraße zum Khao Rang abzweigt. Möglich ist aber auch die Anfahrt von der Yaowarat Road aus.

■ **Anfahrt:** Eine regelmäßige Verkehrsverbindung auf den Khao Rang besteht nicht; gecharterte Tuk-Tuks kosten ca. 100 Baht für die einfache Fahrt. Da man wahrscheinlich kein Tuk-Tuk für die Rückfahrt findet, besser gleich den Tuk-Tuk-Fahrer warten lassen: An- und Abfahrt plus eine Stunde Aufenthalt sollten ca. 250–300 Baht kosten. Die Entfernung ab dem Songthaew-Halteplatz in Phuket City beträgt ca. 2 km, und man könnte auch laufen; der Aufstieg in der schwülen Hitze ist aber schweißtreibend. Die Tuk-Tuk-Fahrer nennen oft Wucherpreise zum Khao Rang – Handeln!

Sanjao Kwanim Teng/Sanjao Jui Tui

Die zwei schönsten chinesischen Tempel (= *sanjao*) der Stadt stehen gleich dicht nebeneinander an der Kreuzung der Soi Phoo Thon mit der Ranong Road. Be-

Der Süden

7

sonders attraktiv ist der Anblick früh-morgens, wenn die Sonne gerade auf die Vorderfronten der Gebäude scheint. Es gibt imposant geschwungene Dächer zu sehen, die Tore sind mit viel Zierwerk versehen, und im Inneren der Tempel befinden sich zahlreiche Figuren von Göttern und Geistern. Beide Tempel sind wichtige Austragungsorte des Vegetarischen Festes, der Sanjao Kwanim Teng ist zudem beliebter Anlaufpunkt für frisch verheiratete Paare, die hier um den Segen der Göttin *Mae Kuan Yin* bitten (vor allem morgens). Dabei lassen sie sich auch gern von Touristen ablichten.

■ **Anfahrt:** Die Tempel liegen direkt in der Innenstadt und man kann gut hinlaufen. Ansonsten ca. 20–40 Baht für ein Tuk-Tuk von den zentralen Bereichen der Stadt.

Old Town & Soi Rommanee

Die Old Town ist **der alte chinesische Stadtkern,** der sich im Bereich von Thalang Rd., Krabi Rd., und Dibuk Rd. erstreckt. Das Viertel steht unter Museumsschutz, und die Stadtverwaltung bemüht sich, es so weiter zu verschönern und zu restaurieren. In der Thalang Rd. wurden in diesem Zusammenhang die hässlichen Stromkabel, die wie überall in Thailand in dicken Bündeln über die Straße gespannt waren, unterirdisch verlegt. Das soll auch in anderen Bereichen des Viertels geschehen. Die Häuser entlang der Straßen sind die typischen sino-portugiesischen Wohnhäuser des frühen 20. Jahrhunderts, so wie man sie auch aus dem alten Penang oder aus Singapur kennt. Ihnen vorgebaut sind sogenannte „Five Foot Walkways", überdachte Passa-

gen oder Wandelgänge, die vor Sonne und Regen Schutz bieten sollten. Leider sind sie heute zumeist durch geparkte Motorräder oder sonstige Hindernisse blockiert. Trotzdem ist die Old Town eines der besterhaltenen traditionellen Stadtviertel in Thailand und sicher einen Besuch wert.

Der schönste Straßenzug ist **Soi Rommanee,** eine ca. 100 m lange Verbindungsgasse zwischen Dibuk Road und Thalang Road. Zu Phukets Zinngräberzeiten war die Gasse ein bescheidener Rotlichtbezirk. Bis vor einigen Jahren waren noch ein paar kleine Bordelle in Betrieb, heute ist davon noch eines übrig – ein unscheinbares kleines Hotel mit ein paar nicht mehr ganz jungen Prostituierten. Die Häuser in Soi Rommanee sind in hübschen Pastelltönen gestrichen und beherbergen heute einige charmante kleine Bars und Restaurants. Über der Straße sind Girlanden von roten chinesischen Laternen gehängt, die der Gasse einen festlichen Hauch verleihen. Gelegentlich finden Straßenfeste statt.

Das eindrucksvollste Haus in der Altstadt ist Haus Nr. 96 in der Krabi Road, **Phra Phitak Chin Pracha Mansion,** die 1889 erbaute Residenz eines ehemaligen Zinnbarons, die in ihrer Größe eher an einen königlichen Sommerpalast erinnert und von einem stattlichen Park umgeben ist. Vor einigen Jahren wurde das Gebäude grundlegend renoviert, und heute beherbergt es das exklusive **Blue Elephant Restaurant** (www.blueelephant.com/phuket), eines der vornehmsten und teuersten Lokale von Phuket. Der Besuch lohnt sich allein schon wegen des Ambientes, die Essenspreise sind jedoch sehr hoch (300–1000 Baht pro Gericht).

Rama-9.-Park

Phukets größter Park ist dem gegenwärtigen König geweiht und wurde zu dessen 60. Geburtstag (1987) angelegt. Das weitläufige Gelände an der Phatiphat Road zieht abends Tausende von Phuketern an, die hier joggen, faulenzen oder Tai-Chi-Übungen vollziehen. Ein gemütlicher Ort zum Ausspannen. Vor der Einrichtung des Parks hatte sich auf dem Gelände eine Wohnsiedlung befunden, die interessanterweise von einer Anzahl von thailändischen Hindus tamilischer Herkunft bevölkert war. Durch den Park wurde die Hindu-Gemeinde – die einzige Thailands, die seit mehreren Generationen im Lande ansässig ist – versprengt. Zwischen dem Park und Wat Nakharam (nahe der By-Pass Road) befinden sich heute noch weniger als ein halbes Dutzend von Hindus bewohnte Häuser.

In der Suthat Road steht heute noch ein bescheidener, tamilischer Hindu-Tempel (Thandayuthapani Temple), gleich wenige Meter neben einem auffälligeren Sikh-Tempel (Sri Guru Singh Sabha).

■ **Anfahrt:** Ca. 80 Baht für ein gechartertes Tuk-Tuk ab der Innenstadt.

Thai Hua Museum

Dieses kleine Museum befindet sich in einem wunderschönen Gebäude an der Krabi Road, das bis Ende der 1990er Jahre als Schule diente. Die ursprüngliche Schule – die erste chinesische Schule in Thailand – war 1911 gegründet worden; das heutige Gebäude stammt jedoch aus

⌂ Sino-chinesische Häuserfronten

Phuket City, Chinesische Altstadt und Umgebung

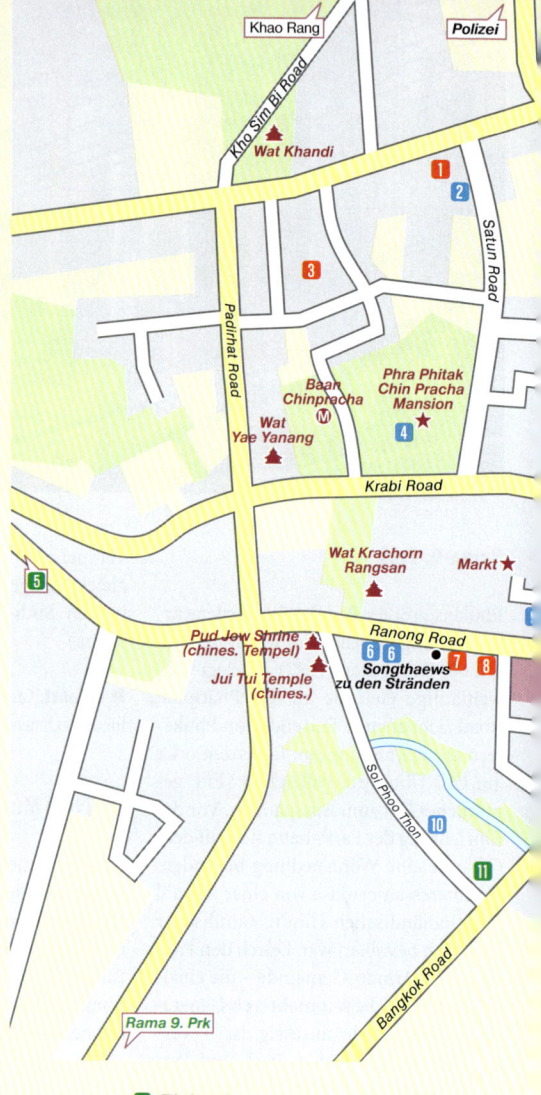

© Reise Know-How 2013

PhukF15

Nachtleben
- 12 Krajok See
- 13 Michael's Bar
- 22 Timber Hut
- 30 Roxy Bar
- 46 Fantasia Entertainment Centre
- 53 O'Malley's Irish Pub
- 57 Sofa Club

Neuer Busbahnhof

Yaowarat Road

Thepkassatri Road

Soi Suthat 2

Sikh-Tempel

Wat Vichit Sangharam

Hindu-Tempel

Minibusse nach Nakhon Si Thammarat

Suthat Road

Dibuk Road

Wat Buddhamonthon Nimit & Phuket Buddhist Association

Dibuk Road

Soi Rommani

Queen Sirikit Park

Dragon Monument

TAT

Thai Hua Museum

Phuket Road

Thalang Rd.

Thalang Road

Monti Road

Shrine of Serene Light

Hauptpost (GPO)/ Philatelic Museum

Alter Busbahnhof

Promthep-Uhrturm

Polizei

Phang-Nga Road

Rasada Road

Markt

Takuapa Road

Sanjao Hock Guan Kong (chines. Tempel)

Soi Talingchan

Yamaey Mosque

dem Jahre 1934. Das liebevoll restaurierte Bauwerk ist schon allein einen Blick wert. Drinnen gibt es viele alte Fotos von der Stadt zu sehen, außerdem werden hier regelmäßig Ausstellungen gezeigt, die sich besonders mit der Geschichte der chinesischen Einwanderer aber auch mit der Bevölkerung Phukets im Allgemeinen befassen. Gelegentlich gibt es Kunstausstellungen. Angeschlossen ist dem Haus ein kleiner Souvenirladen und ein Getränkeausschank. Geöffnet Di–So 11–19 Uhr, außer feiertags. Eintritt 200 Baht, und da hört der Spaß auf – so viel ist der Besuch nicht wert. Der Blick von außen sollte genügen.

● **Anfahrt:** Per Tuk-Tuk oder besser zu Fuß. Das Museum liegt sehr zentral.

Baan Chinpracha (Chinpracha House)

Dieses, in der 98 Krabi Rd. gelegenes Haus ist eines der am besten erhaltenen und **prachtvollsten sino-portugiesischen Häuser** der Stadt, das heute allerdings zu einem Museum umfunktioniert ist. Das Haus wurde 1903 erbaut und vor einiger Zeit renoviert. Die Zimmer sind in bestem Zustand und randvoll gefüllt mit alten Möbeln, Fotos, Küchen- und sonstigen Utensilien, und insgesamt gibt es einen guten Einblick in das Leben einer wohlhabenden chinesischen Familie des frühen 20. Jhs. Das Erdgeschoss kann besichtigt werden, im Obergeschoss leben die derzeitigen Besitzer. Geöffnet 8–16 Uhr, Eintritt 200 Baht – nicht gerade wenig, aber immerhin lohnt der Besuch hier eher als im o. g. Thai Hua Museum.

● **Anfahrt:** Per Tuk-Tuk oder besser zu Fuß. Das Museum liegt sehr zentral.

Tin Mining Museum

2011 wurde bei Kathu, etwa zwischen dem Nordende von Phuket City und Patong, das Tin Mining Museum eröffnet, das sich mit dem **Zinnabbau auf Phuket** befasst. Auf diesem gründete sich der erste bescheidene Wohlstand auf der Insel. Schon im 16. Jahrhundert wurde auf Phuket Zinn durch chinesische Einwanderer abgebaut. In den 1980er Jahren wurden die letzten Minen geschlossen, und auf ihren Geländen entstanden Hotels oder Golfplätze. Die klaffenden Erdlöcher eigneten sich beispielsweise gut zur Anlage von Teichen. Das elegante, rosafarbene, im sino-portugiesischen Stil errichtete Gebäude des Museums schmiegt sich um einen weiten Innenhof. In den einzelnen Zimmern wird die Technik des Zinnabbaus durch lebensechte Modelle, Miniaturnachbildungen und Fotos illustriert. Dazu gibt es den Nachbau einer kleinen Straße des alten Phuket, mit Häusern, Geschäften, einem Café und einem chinesisch-buddhistischen Schrein. Geöffnet 9–16 Uhr, Führungen um 9.30, 11, 13.30 und 14.30 Uhr; Eintritt 100 Baht, Kinder 50 Baht, Behinderte kostenlos. Tel. 076-322140.

● **Anfahrt:** Das Museum liegt an der Straße von Kathu nach Ko Kaew, nordöstlich des Loch Palm Golf Club und nahe der British International School. Anfahrt per gechartertem Songthaew oder Tuk-Tuk ab Phuket City für ca. 600 Baht retour, samt einem einstündigen Aufenthalt. Die Entfernung ab Patong ist nur ein wenig größer, die Fahrpreise werden aber erheblich höher ausfallen.

Der Süden

Unterkunft

● Der alte Backpacker-Favorit **On On Hotel****−ᴸᴸᴸ (19-Phang-Nga Rd., Tel.076-211154) wurde 2012/ 2013 aufwändig renoviert. Das Hotel, ein Gebäude im sino-portugiesischen Stil, war in seinen Anfangstagen ein Bordell (so wie fast alle Hotels in Phuket-Stadt), mutierte dann aufgrund seiner günstigen Lage im Stadtzentrum zu einer Backpacker-Absteige. Im Film „The Beach" mit Leonardo DiCaprio war es zu sehen, später dann in der deutschen Fersehproduktion *Tsunami – das Leben danach* mit Veronica Ferres. Vor seiner Renovierung war das Hotel mit Bettwanzen infiziert, heute präsentiert es sich frisch und wohnenswert. Neben einfachen Zimmer ohne A.C. zu 180 Baht gibt es diverse komfortablere Zimmergattungen mit A.C. und TV, dazu zwei klimatisierte Schläfsäle (gemischt & weiblich) zu 500 bzw. 600 Baht. Kostenloses Wi-Fi.

● Das **Thavorn Hotel****−*** (54 Rasada Rd., Tel. 076-211333-5) liegt sehr zentral und hat in seinem rückwärtigem Gebäude recht große, aber mittlerweile auch renovierungsbedürftige Zimmer (mit Bad, die teureren auch A.C. und TV). Besonders die sehr preiswerten Zimmer ohne A.C. (Ventilator vorhanden) sind für den Preis (240 Baht) aber gar nicht schlecht. Die Zimmer im separaten Vordergebäude sind komfortabler und teurer; die zur Straße hinaus gelegenen Räume sind aufgrund des Straßenlärms aber zu meiden.

● Etwas ältlich wirkt das **Merlin Hotel****** an der Yaowarat Rd., Ecke Thung-Ka Rd. (Tel. 076-212866). Die nach hinten hinaus gelegenen Zimmer gehören jedoch zu den ruhigsten in der Stadt, und man hat man einen malerischen Ausblick auf die satte Vegetation auf den beiden Hügeln in der Stadt. Zimmer mit A.C. und TV ab ca. 1000 Baht.

● Das **Backpacker Hostel****−*** befindet sich schräg gegenüber der Thai Airways und ganz nahe am Markt und bei den Songthaews, die zu den Stränden fahren. Die Lage ist sehr zentral (Ranong Rd., Tel. 076-256680, www.phuketbackpacker. com). Es gibt einfache, aber saubere Schlafsaalun-

terbringung, teilweise mit Klimaanlage, dazu Internetzugang und TV in einem Gemeinschaftszimmer. Die Betten kosten 300 Baht bzw. 400 Baht mit A.C. Die Lage ist gut, für diese Preise kann man aber auch schon ein einfaches Hotel bekommen.

● Das **Suksabai Hotel**** (Thepkassatri Rd., Tel. 076-212287) befindet sich trotz der Adressenangabe in einer Seitengasse der Thepkassatri Road, die nahe dem City Hotel von dort abzweigt. Das Hotel ist für seinen Preis von 200 Baht aufwärts einigermaßen akzeptabel, dazu sehr ruhig gelegen. Dies ist eine beliebte Unterkunft für Reisende mit knappem Budget. Zimmer mit Bad.

● Einen guten Gegenwert bietet das saubere **Phuket Island Pavilion Hotel****** nahe der Zufahrt zum Khao Rang (133 Satun Rd., Tel. 076-210449, Fax 076-210458). Das hohe, moderne Gebäude ist schon von weitem aus zu sehen. Die Zimmer, am unteren Ende der Preiskategorie gelegen, sind sehr sauber und komfortabel und haben Bad, A.C., Satelliten-TV und Kühlschrank. Dazu gibt es noch sehr geräumige Suiten, die preislich am oberen Ende dieser Kategorie liegen. Ein Swimmingpool ist vorhanden.

● Das gemütliche **Phuket 346 Guest House** ***** (15 Soi Rommani, Tel. 076 258108, 086 7402320, www.phuket346.com), liegt in der malerischen Soi Rommani und besitzt nur drei nicht sehr große Zimmer (Nr. 3, 4 und 6!), mit bunter, moderner Einrichtung, Bad, TV, A.C. und kostenlosem Wi-Fi. Die offiziellen Preise sind etwas zu hoch (1300 und 1600 Baht), oft kann man sie um ein Viertel bis um die Hälfte herunterhandeln, dann stimmt das Preis-/Leistungsverhältnis. Angeschlossen sind ein Café und eine Kunstgalerie.

● **Casa Blanca******−***** (26 Phuket Rd., Tel. 076 219019, www.casablancaphuket.com) wurde 2012 eröffnet. Ein charmantes Boutique-Hotel, dessen kolonial wirkende Architektur sich bestens in die Umgebung der Altstadt einpasst. Das blendend weiße Haus wirkt beinahe wie ein kleines Raffles Hotel (Singapurs legendärstes Hotel), edel und gemütlich zugleich. Die Zimmer (A.C., TV, Kühl-

7

schrank, kostenloses Wi-Fi) sind ebenfalls durchgehend weiß gestrichen, geschmackvoll eingerichtet und groß. Trotz der relativ kleinen Größe des Hauses hat die supernette, thai-spanische Besitzerin *Khun Gordi* (siehe auch *Café y Té*) es noch geschafft, einen kleinen Swimmingpool hineinzubauen. Insgesamt eine großartige Wohnmöglichkeit. Die zur Straße hinaus gelegenen Zimmern haben schalldichte Fenster. Ab ca. 1200 Baht.

■ Das beste Preis-Leistungsverhältnis in der Stadt bietet vielleicht das wunderbare **Baan Suwantawe********–LLL** (Dibuk Rd., Tel. 076-212879, Fax 076-215 541, www.baansuwantawe.com). Die Zimmer sind urgemütlich eingerichtet, haben A.C., TV mit Großbildschirm, Kühlschrank, Mikrowelle, große, blitzende Badezimmer und dazu einen Balkon, der einen kleinen Park überblickt. Für 1700 Baht in der Hauptsaison (ansonsten 1200 Baht) sind die Zimmer ein tolles Angebot. Internetbenutzung kostet 100 Baht/Tag zusätzlich. Swimmingpool vorhanden. Außer den Zimmern, die hotelmäßig vermietet werden, gibt es einige Mehrzimmer-Apartments, die monatsweise, bzw. – falls frei – auch tageweise vermietet werden. Die Apartments sind voll ausgestattet (teilweise 2 Klimaanlagen und 2 TV), haben 1–3 Zimmer und kosten 20.000–49.000 Baht/Monat, oder ab 2500 Baht/Tag.

■ Das schräg gegenüber an der Montri Road gelegene **Sino House********–******* ist ebenfalls sehr wohnlich, es hat Zimmer, die ein leicht chinesisches Ambiente haben, mit A.C., TV, Kühlschrank und kostenlosem Internetzugang (Tel. 076-232494-5, Fax 076-221498, www.sinohousephuket.com). Die Zimmer kosten pro Tag je nach Saison 1600–2500 Bath, es gibt aber günstigere Wochen- und auch Monatstarife. Ca. 9500 Baht/Woche. Sehr empfehlenswert.

■ Das **Phuket Center Apartment********** (Tel. 076-213416-7, Fax 076-212010, www.phuketcenterapartment.com) ist eine sehr günstige Wohnmöglichkeit und sehr zentral gelegen. Die appartmentmäßig eingerichteten Zimmer sind modern und groß, haben A.C., Kühlschrank und Satelliten-TV. Die Zimmer kosten ab 1000 Baht, dazu gibt es weit preiswertere Monatsmieten.

■ **Höherklassige Hotels: Metropole Hotel**LLL (1 Soi Surin, Montri Rd., Tel. 076-214022-9), **Royal Phuket City Hotel**LLL (154 Phang-Nga Rd., Tel.

090ph rk

076-233333), **Thavorn Grand Plaza Hotel**LLL (40/5 Chanacharoen Rd., Tel. 076-222240-71).

Von den o.g. ist das **Metropole** derzeit am besten in Schuss und am empfehlenswertesten. Die zentrale Lage ist ebenfalls optimal. Ein Wermutstropfen: Von der vor dem Hotel gelegenen Disco geht erheblicher Lärm aus, der vor allem in den nach vorne gelegenen Zimmern zu hören ist. Also: ein Zimmer auf der Rückseite verlangen!

Essen

■ Das **Kajok See Restaurant** an der 26 Takua Pa Road ist eines der besten Restaurants für feurige südthailändische Curries, mit gehobeneren Preisen. In den letzten Jahren sind die Preise etwas in die Höhe geschnellt, und die ursprüngliche Thai-Klientel machte ausländischen Touristen Platz. Im Hintergrund spielt Jazz-Musik.

■ Nahe dem Kreisverkehr an der Rasada Road liegt **Salvatore's Restaurant,** ein ausgezeichnetes italienisches Restaurant mit gemütlichem Ambiente. Es gibt Lasagne, Fleisch- und Fischgerichte, Überbackenes u. v. m. Gleich rechts vom ursprünglichen Gebäude hat *Salvatore* eine Pizzeria eingerichtet, die Pizzen sind top. Beide Häuser sind miteinander verbunden. Leicht gehobene Preislage, ab ca. 2000 Baht/2 Pers. Das Magazin *Thailand Tatler* kürte *Salvatore's* 2003 zum „besten italienischen Restaurant Thailands", was aber vielleicht doch ein wenig zu hoch gegriffen scheint. Montags geschlossen.

■ Preiswerter, aber sehr gut ist das wenig aufwendig eingerichtete **La Romantica** in der Phang-Nga Road, schräg gegenüber dem Sinthawee Hotel. Es gibt sehr leckere Pizzen und Pastagerichte. Für italienisches Essen bietet dieses Lokal das beste Preis-/Leistungsverhältnis in der Stadt. Der Hauswein ist mit 260 Baht/Halbliter für thailändische Verhältnisse extrem preiswert. Sonntags geschlossen.

■ Links neben Salvatore's liegt **Anna's Cafe,** das ausgezeichnete Thai-Küche kredenzt. Die Preise sind sehr niedrig, ab ca. 100 Baht pro Gericht.

■ **Kopi de Phuket** an der Phuket Road, an der Ecke der Gasse, die zum Daeng Plaza Hotel führt, und neben dem Buchladen *The Book,* ist ein gemütliches kleines Restaurant mit ausgezeichnetem Thai-Essen. Das Seafood ist besonders beliebt. Es gibt ein paar vegetarische Gerichte mit Sojafleisch. Der Name stammt von dem traditionell stark-gebrauten Kaffee, *kopi* auf Süd-Thai, der hier ausgeschenkt wird. Sehr günstige Preise.

■ Das **La Gaetana** Restaurant in der 352 Phuket Rd. bietet gehobene italienische Küche, und der italienische Chefkoch und Besitzer nimmt sich viel Zeit seinen Gästen bei der Wahl der Speisen zu helfen (die Speisekarte ist in der Tat etwas undurchsichtig!). Das kleine Restaurant ist oft voll, und Vorbuchungen sind ratsam. Tel. 076-2505 23. Gehobene Preislage, ab ca. 1000 Baht/ 2 Pers.

■ **Kopitiam by Wilai** (18 Thalang Rd., Tel. 081 8923723), geöffnet Mo–Sa 11–22 Uhr. 2011 eröffnetes Restaurant, das derselben Familie gehört wie das langgediente, danebengelegene *Wilai Restaurant,* daher der Name. *Kopitiam* bedeutet eigentlich „Kaffeehaus", geboten wird aber auch sehr gute und preiswerte thailändische Küche, westliches Frühstück, Sandwiches, ein sehr preisgünstiger Hauswein u. v. a. Das Restaurant ist urgemütlich eingerichtet, mit seinen zahlreichen historischen Fotos des alten Phuket an seinen Wänden wirkt es beinahe wie ein kleines Museum.

■ Den besten Kuchen der Stadt bietet das nette kleine **Café y Té** in der Phang-Nga Rd. neben der Polizeistation, dazu gibt's verschiedene Arten Kaffee und Tee. Die thailändisch-spanische Besitzerin bemüht sich redlich um ihre Gäste. Sonntags geschlossen.

◁ Im Büro der TAT gibt es jede Menge Infos

7

■ Das **Gallery Café** (106 Rasada Rd., www.galle rycafe-phuket.com, geöffnet 8–22 Uhr) ist ein sehr beliebtes kleines Lokal, zur Straße hin offen, mit westlichem Frühstück, Müsli, Sandwiches, Salaten, Burgern, Spaghetti, Hummus u. v. m. Viele in der Stadt lebenden Expats schwören auf die sonntags mittags gebotenen Rostbraten.

■ Überhaupt ist die Innenstadt heute voller Cafés. Es scheint genügend Kaffeetrinker in der Stadt zu geben, die meisten sind wohl Touristen. Den besten Platz zum Leutegucken hat sich das **Coffee Max** gesichert, das sich am Kreisverkehr in der Yaowarat Rd./Ranong Rd. befindet. Hier kann man gut das (nicht allzu geschäftige) Straßenleben von Phuket City beobachten.

■ Drei typische **moslemische Roti-Restaurants** liegen an der Kreuzung Thepkassatri Rd./Thalang Rd. Eines befindet sich direkt an der Thepkassatri Road (ein paar Meter nördlich der Einmündung Thalang Rd.) und dieses ist das älteste und populärste (geöffnet nur 6.00–12.00 Uhr) In der Thalang Road, ca. 50 m westlich der Einmündung Thepkassatri Road befindet sich *Abdul's,* ein Roti-Restaurant, das von einem sehr netten thailändisch-tamilischen Moslem geleitet wird. Ein paar Schritte weiter westlich liegt ein weiterer Roti-Laden. Beide geöffnet ca. 7.00–18.00 Uhr. Alle drei Läden kredenzen Rotis sowie Beef- und Hühner-Curries und Reis-Biriyani. Preiswert und viel Lokalambiente!

■ Auf dem Hügel Khao Rang liegt das malerische **Tunk-Ka Café,** ein *suan ahaan* oder „Gartenlokal", von dem sich eine gute Aussicht auf die Stadt bietet. Serviert wird zudem sehr gute thailändische Küche zu moderaten Preisen. Sehr empfehlenswert besonders bei Sonnenuntergang und abends. Ca. 400–500 Baht für zwei Personen.

■ Aufgrund der Tradition des Vegetarischen Restaurants auf Phuket gibt es relativ viele vegetarische Restaurants in Phuket City; derzeit sind es mehr als ein halbes Dutzend, die meisten nennen sich, wie üblich, **Sala Mangsawirat** oder **Raan-Ahaan Jae.** Außer in Phuket City gibt es ein weite-

res in Patong (siehe dort) und eines nahe Wat Chalong und der Chalong Kreuzung.

In Phuket City liegen zwei sehr gute **vegetarische Restaurants** gleich nebeneinander an der Ranong Road, ca. 150 m westlich der Thai Airways; ein weiteres findet sich gleich ums Eck, gegenüber dem chinesischen Tempel Sanjao Jui Tui. Dieses ist Halb-Open-Air, serviert aber köstliche traditionelle Phuket-Gerichte, aber sehr scharf.

Dazu findet sich noch ein weiteres vegetarisches Restaurant auf dem Gelände vor dem Adventist Mission Hospital.

Während des Vegetarischen Festivals stellen sich zahllose normale Restaurants auf rein fleischlose Kost um, und die gesamte Ranong Road wird beiderseits von vegetarischen Straßenständen flankiert. Allerdings ist ein Großteil der angebotenen Speisen alles andere als gesund: Die Straßenstände servieren meist frittiertes, vor Fett triefendes Soyafleisch oder Teigballen, beinahe so etwas wie vegetarisches Junkfood. Die vegetarischen Restaurants sind da besser, zur Zeit des Festes allerdings so überlaufen, dass man lange anstehen muss.

Unterhaltung

■ Sehr beliebt bei ausländischen Besucher sowie Einheimischen ist **Timber Hut** in der Yaowarat Road, ca. 200 m südlich des Merlin Hotels. In dem mit viel Holz eingerichteten Club spielen sehr gute Bands, die Musik ist zumeist Pop bis Rock, nicht zu wild. Vom Ambiente her wirkt es wie eine etwas rustikalere Version des Hard Rock Cafés in Bangkok. Geöffnet tgl. 18.00–1.00 Uhr, moderate Getränkepreise.

■ Die **Roxy Bar** in der Phang-Nga Rd. wird von zwei sehr netten türkischen Brüdern geleitet und ist einer der beliebtesten Treffpunkte von Expats in der Stadt, aber auch von Travellern, die im nahen On On Hotel absteigen. Moderate Getränkepreise, dazu gutes türkisches, mexikanisches und westliches Essen und kostenloses Wi-Fi. Geöffnet tägl. 16.00–

1.00 Uhr, 16.00–20.00 Uhr ist Happy Hour. Siehe auch www.roxybarphuket.com).

■ Unter den einheimischen Jugendlichen wechselt der Geschmack in schnellem Tempo, Bars und Discos kommen und gehen. Am populärsten ist derzeit der **Sofa Club** an der Dibuk Road, gegenüber dem kleinen Queen Sirikit Park. Mit ganz ordentlicher Live-Musik, hier verkehrt allerdings eine reine Thai-Szene, in der Westler ein wenig fehl am Platze erscheinen.

■ Das **Fantasia** an der Ecke Montri Rd./ Phang-Nga Rd. ist ein großes Entertainment-Center mit Tanz- und Gesangshows und privaten Karaoke-Räumen. Das Haus ist das gediegenste Nachtetablissement der Stadt, die Damen sind aber auch mehr als nur Bühnenkünstlerinnen. Private Verabredungen gehören mit zum Gewerbe – sie bieten sicher keinen Tanzunterricht an!

Einkaufen

■ Die beste Möglichkeit bietet sich im **Phuket Central Festival,** ein großes, modernes Shopping-Center ca. 2½ km westlich der Innenstadt, an der Straße nach Patong, gelegen. Hier buhlen zahlreiche Geschäfte und Restaurants um die Gunst der Kunden. Die Restaurants bieten japanische, italienische und thailändische Küche, dazu gibt's Eisdielen, Cafés, Bäckereien und einen Food Court. Im Untergeschoss befindet sich der bestbestückte **Supermarkt** in Phuket City. Im Obergeschoss gibt es ein modernes, komfortables **Kino** mit englischsprachigen Filmen. Alle Songthaews, die von Phuket City in Richtung Patong oder umgekehrt fahren, passieren das Center. Fahrtkosten ab Phuket City 20 Baht. Eine Fahrt per Motorradtaxi ab dem Markt kostet überteuerte 60 Baht.

■ Wer nicht ganz so weit aus der Stadt fahren will, findet in der Innenstadt, etwas südlich des Metropole Hotels, das **Ocean Shopping Center** und den **Robinson Department Store.** Diese sind nicht so allumfassend wie das Central Festival, bieten je-

doch eine große Auswahl an Kleidung, Nahrungsmitteln etc. Der Supermarkt im Erdgeschoss des Robinson führt ein recht gutes Sortiment.

Reisebüro

■ Ausgezeichnete Erfahrungen haben die Autoren mit **Emotion Travel** gemacht (104 Rasada Rd., gegenüber Pure Car Rent, Tel. 076-222320, Fax 076-222420, E-Mail: emotiontra vel@hotmail.com). Zuverlässige Buchungen und sehr freundlicher Service! Gebucht werden können alle erdenklichen Touren in der Umgebung, Flug-, Bus- oder Boots-tickets etc.

Wichtige Adressen

■ Das Gebäude der **TAT** ist der Umgebung passend im chinesischen Stil erbaut und auffallend rosa gestrichen. Links davor befindet sich weithin sichtbar ein Denkmal bestehend aus einem chinesischen Drachen inmitten eines Springbrunnens. In der TAT werden großzügig Tourismusbroschüren ausgehändigt, bei sehr speziellen Fragen ist das Personal – oft Studenten oder Volontäre – aber meist überfordert. Geöffnet tgl. 8.30–16.00 Uhr, Tel. 076-212213, 076-211036, 076-217138, Fax 076-213582, tatphu ket@tat.or.th.

■ Das Büro der **Tourist Police** befindet sich nordwestlich der Innenstadt in 100/31–32 Chalermprakiat R9 Rd., Tel. 076-355015 bzw. die landesweite Nummer der Tourist Police **1155.**

■ **Immigration:** Am Südende der Phuket Road, geöffnet Mo–Fr von 8.30–16.30 Uhr. Ein weiteres Immigration Office befindet sich an der Strandstraße am Patong Beach, nahe dem La Salsa Restaurant. In Letzterem sind Visumverlängerungen leichter einzuholen, in Phuket City stellen sich die Beamten oft quer.

■ **Krankenhäuser:** Das wahrscheinlich am besten ausgestattete Krankenhaus ist das *Phuket*

International Hospital, By-Pass Rd., Tel. 076-249400, www.phuketinternationalhospital.com, aber auch das teuerste. Eine Zahnabteilung ist vorhanden. Preiswerter, aber zuverlässig ist das von der Provinzverwaltung unterhaltene *Phuket Provincial Administration Organization Hospital* (PPAO Hospital), 28/36–37 Sri Sena Rd. (nahe Ko Siray), Phuket City, Tel. 076-358888. Weitere Krankenhäuser: *Phuket Adventist Hospital* (Mission Hospital), 4/1 Thepkassatri Rd., Tel. 076-237220-9; *Wachira Hospital,* Yaowarat Rd., Tel. 076-211114; 8.30–16.00 Uhr, Notdienst 24 Std.; *Bangkok Phuket Hospital,* 2/1 Hongyok Rd., Tel. 076-254412-9. Das Bangkok Hospital hat sich wegen stark überhöhter Rechnungen und unprofessioneller Behandlung bei Ausländern einen zweifelhaften Ruf zugezogen.

■ **Post:** An der Montri Road ist die Hauptpost zu finden. Geöffnet 8.30–12.00 und 13.00–16.30 Uhr an Wochentagen, ansonsten 9.00–13.00 Uhr. Um die Ecke an der Phang-Nga Rd. ist das Amt für **Ferngespräche,** geöffnet 8.00–24.00 Uhr. Weiteres Postamt: Rasada Branch, Bangkok Rd.

■ **Banken** gibt es zahlreiche in der Rasada Road, in der Regel geöffnet Mo–Fr 8.00–16.00 Uhr. Die besten Kurse bietet oft die *Islamic Bank of Thailand* in der Yaowarat Rd. In der Innenstadt existieren noch einige **Wechselstuben,** die auch über die über die offiziellen Bankzeiten hinaus geöffnet haben.

■ **Airport:** Tel. 076-311194.

Mietfahrzeuge

■ Entlang der Rasada Road finden sich **Motorradverleiher;** pro Tag 150–200 Baht.

■ Ebenfalls dort und an einigen Stränden (bes. Patong) kann man **Jeeps mieten,** für 1000–1400 Baht täglich. Ein zuverlässiges Unternehmen ist Pure Car Rent in der Rasada Road in Phuket City gegenüber dem Thavorn Hotel). Perfekte Organisation und Fahrzeuge im allerbesten Zustand! Bei Voranmeldung kann man sich auch vom Flughafen oder Busbahnhof abholen lassen. Tel. 076-211002, purecar@phuketdir.com.

Fluggesellschaften

■ **Air Asia,** Phuket International Airport, Tel. (Bangkok) 02-5159999;

■ **Air Berlin,** Phuket International Airport, Tel. (Bangkok) 02-2369776, thailand@airberlin.com;

■ **Bangkok Airways,** Phuket International Airport, Tel. 076-205401-2, www.bangkokair.com;

■ **Dragonair,** 37/52 Montri Rd., Tel. 076-215734, 076-217300-1;

■ **Malaysia Airlines,** 1/8–9 Tungka Rd., Tel. 076-213749;

■ **Nok Air,** Phuket International Airport, Tel. 076-351465;

■ **Thai Airways,** 78 Ranong Rd., Tel. 076-36 0444, www.thaiairwaysphuket.com;

■ **Silk Air & Singapore Airlines,** 183/103 Phang-Nga Rd., Tel. 076-213891, 076-213895.

Konsulate

■ **Deutsches Honorargeneralkonsulat,** 100/425 Chalermprakiat Rd. (Bypass Rd.), Tel. 076-610407, Fax 076-610408, Phuket@kh-diplo.de, www.deutscheskonsulatphuket.com. Der Konsul, Herr *Dirk Naumann,* leistet beste Arbeit und hat schon so manchem Deutschen geholfen.

■ **Österreichisches Honorarkonsulat,** 2 Virathongyok Rd., 2 Moo 4, Vichit, Tel. 076-248334-6, Fax 076-248337, h.wanida.@gmail.com, Di, Do, Fr 9.00–12.00 Uhr. Keine Passbefugnis!

Transportmittel auf Phuket

■ Wer mit dem Bus aus anderen Provinzen außerhalb von Phuket ankommt, läuft im neuen Busbahnhof in Phuket City ein, gelegen an der Thep-kassatri Rd., ca. 3 km nördlich der Innenstadt. Die alte Busstation an der Phang-Nga Rd. direkt in der Innenstadt wird nur noch für Busse innerhalb von Phuket genutzt. Das Problem am neuen Busbahnhof ist die Weiterfahrt in die Innenstadt von Phuket City oder zu den Stränden, da die Tuk-Tuk-Fahrer – wie immer in Phuket – völlig überzogene Preise verlangen. Kostenpunkt nach Phuket City ca. 200 Baht. Vom Markt in Phuket City an der Ranong Rd. könnte man dann gleich weiter zu einem der Strände, wobei die preiswerten Songthaews zur Verfügung stehen. Eine preiswerte Möglichkeit, vom neuen Busbahnhof in die Innenstadt zu gelangen, besteht mit einem der Songthaews, die aus nördlicher Richtung kommend für ein paar Baht nach Phuket City fahren – also Songthaews aus Thalang, Kamala, Surin, Ao Por u. a. Man müsste sie an der Straße vor dem Busbahnhof anhalten. Ob der Zeitaufwand die Geldersparnis lohnt, ist allerdings eher fraglich.

Alle Songthaews zu den Stränden oder anderen Zielen auf Phuket haben ihren Ausgangspunkt am **alten Busbahnhof an der Phang-Nga Road** gegenüber dem Phuket Royal City Hotel. Von dort fahren sie zum Markt an der Ranong Road, und dort halten sie erst einmal eine halbe Stunde. Am Busbahnhof einzusteigen macht somit bestenfalls Sinn für Leute, die im Phuket Royal City wohnen. Ansonsten ist für die meisten Reisenden der Markt an der Ranong Rd. der Einsteigepunkt zu den Stränden.

Am Markt an der Ranong Road parken etliche vierrädrige rote **Tuk-Tuks**, die zu Fahrten innerhalb der Stadt oder darüber hinaus angeheuert werden können. Die Preise sind Phuket-typisch hoch, eisernes Handeln ist angesagt. Bei längeren Strecken muss mit mindestens 20 Baht/km gerechnet werden, bei Kurzstrecken von 2–3 km mit noch etwas mehr.

■ Innerhalb von Phuket City fahren einige von der Stadt betriebene lila-farbene **Songthaews** (10 Baht), es gibt jedoch nur drei Routen, und diese führen in nervendem Zickzackkurs durch die Stadt, sodass Fahrten endlos lange dauern. Beinahe eignen sie sich als billiges Mittel zur Stadtrundfahrt. Einer der Songthaews fährt vom Markt an der Ranong Rd. zum Central Festival Shopping Centre und Big C-Verbraucherzentrum; die Wartezeiten, bis man ein Songthaew bekommt, können jedoch erheblich sein.

■ Phuket City ist einer der ganz wenigen Orte in Thailand mit **Taxameter-Taxis.** Leider weigern sich die Fahrer, das Taxameter zu benutzen, diesen „Service" kann man also getrost vergessen.

Insgesamt ist das **Vorwärtskommen auf der Insel** mit den nur spärlich vorhandenen öffentlichen Verkehrsmitteln als auch mit den massiv überteuerten privaten Verkehrsmitteln **das größte Problem,** dem Touristen auf Phuket begegnen. Man redet in Phuket von einer „Mafia", die das lukrative Geschäft kontrolliert und den Ausbau eines adäquaten öffentlichen Transportsystems verhindert – notfalls mit Gewalt. Nirgends in Thailand sind die Preise für Tuk-Tuks, Taxis etc. höher als auf Phuket. Die Nutznießer der Situation – die Tuk-Tuk-Fahrer und ihre Hintermänner – haben Beziehungen zu höchsten Stellen auf der Insel, bzw. sitzen die Hintermänner selber in leitenden Funktionen, sei es bei der Provinzverwaltung oder der Polizei. Wer irgend kann, tut gut daran, sich ein Motorrad oder Auto zu mieten. Mehr zu dem leidigen Thema im Kapitel zu Patong.

Strände an der Ostküste

Ao Chalong

Phukets schönste Strände befinden sich ausnahmslos an der Westseite der Insel. Von den an der Ostseite gelegenen ist der in der Bucht von Chalong befindliche Strand der beste. Er ist ganz nett, wenn auch nicht gerade als spek-

7

✈ *Flughafen*

Phuket City

1 4021

2

Chao Fa (West) Road

Chao Fa (East) Road 4021

3

4

5 *Pier*

✉

6

Chalong-Bucht

4028 Patak Road

West Road

4024

🛁 *Karon Beach*

Saiyuan Road

7

★ *Kata View Point*

4233

🛁 *Rawai Beach*

■ **Übernachtung**
1 Phuket International
  Youth Hostel
2 Shanti Lodge
5 Father Bungalow
7 Golden Tulip
  Mangosteen Resort
  & Ayurveda Spa

■ **Essen und Trinken**
3 Kan Eang 2
  Restaurant
4 Jimmy's Lighthouse
6 Kan Eang@Pier

takulär zu bezeichnen, ein tropisches Idyll ist dieser Teil von Phuket nicht. Im Allgemeinen ist es sehr ruhig, eine Tatsache, die viele Expats angezogen hat. Der belebteste Teil der Bucht ist der Hafen, vor dem zahllose Segeljachten ankern. In den umliegenden Restaurants und Bars hört man abends feinstes Seemannsgarn, präsentiert von einer internationalen Garde segelnder Weltenbummler.

Die Unterkünfte befinden sich fast ausschließlich im südlichen Teil der Bucht, also südlich des Kreisverkehrs von Ao („Bucht") Chalong. Dieser Abschnitt nennt sich Mittrapab Beach und ist einigermaßen gut zum Schwimmen geeignet.

■ **Father Bungalow*** (Tel. 076-281282), an der Zufahrtsstraße zwischen Kreisverkehr und Ufer. Bungalows mit Bad und A.C.

■ Das **Phuket International Youth Hostel ** – ** liegt abseits des Strands, nahe Wat Chalong und ca. 1½ km von Chalong entfernt (Chao Fah Rd., Tel. 076-281325, Fax 02-3916854, www.phukethostel.com). Einfache aber ordentliche Zimmer mit A.C., dazu gibt es Betten im Dorm für 195 Baht.

■ **Shanti Lodge****–***** (Tel. 076-280233, www.shantilodge.com) bietet sehr gemütliche Zimmer, dazu Swimmingpool und Massage. Sehr empfehlenswert, allerdings liegt das Haus ca. 1½ km vom Chalong Circle entfernt an der Chao Fah West Road Richtung Phuket City.

■ Die wohl beste Wohnmöglichkeit in der Gegend ist das **Golden Tulip Mangosteen Resort & Ayurveda Spa**LLL (99/4 Mu 7, Soi Mangosteen, Tel. 076-289399, Fax 076-289 389, www.mangosteen-phuket.com). Die Anlage befindet sich auf einem Hügel im Binnenland von Chalong/Rawai, und dort oben weht allzeit eine erfrischende Brise. Die Unterkunft besteht aus 58–92 qm großen, geschmackvoll eingerichteten Villen mit A.C., TV, Kühlschrank, CD-Player und eigenen Jacuzzi, und diese sind von einer malerischen Gartenanlage umgeben. Dazu kommt ein Swimmingpool, der einmal nicht langweilig rechteckig ist, sondern sich in eigenwilliger Form durch die Anlage windet. Gleich daneben befindet sich das ayurvedische Spa des Hauses, in dem altindische Kräutermassagen und -behandlungen verabreicht werden. Die einzig negativen Aspekte sind die etwas überhöhten Preise im Restaurant sowie die Entfernung zum Strand. Von der Straße Phuket City – Rawai zweigt im Bereich Chalong eine Straße in Richtung Mangosteen ab, an der Abzweigung steht ein Hinweisschild. Preise ab ca. 6000 Baht, bei Internetbietern ab ca. 4000 Baht.

Gefahr: Schwimmen im Monsun

Jedes Jahr ertrinken auf Phuket beim Schwimmen während des Monsuns mehr als ein Dutzend Touristen. Die meisten Fälle ereignen sich in Nai Harn, Patong und Karon, aber auch anderswo kann das Meer in der Regenzeit extrem tückisch sein. Bei gefährlicher See werden an den Stränden zur Warnung **rote Fahnen** aufgestellt. Diese sind unbedingt zu beachten. Rettungsschwimmer gibt es bisher nicht, ein Manko, das seit Langem von Touristen beklagt wird.

Essen

■ **Kan Eang@Pier,** 44/1 Viset Rd., Moo 5, Chalong, Tel. 076 381212, www.kaneang-pier.com, geöffnet: 10.00-22.00 Uhr. Dieses Seafood-Restaurant ist ein guter Grund, Chalong zu besuchen. Das große, modern aufgemachte Restaurant befindet sich direkt an der Südseite des Piers von Ao Chalong, mit freiem Blick auf die Bucht. Unter den vielen Rennern des Lokals sind *Ho-Mok*, eine würzige Fischpaste, die in Bananenblättern serviert wird, sowie *Hua-Plii*, ein Salat aus Bananenblüten und Garnelen. Dazu gibt es zahllose weitere Fisch-, Garnelen- und Muschelgerichte, ebenso Hühnergerichte. Ein exotischer Nachtisch ist das Eiscreme aus Kokosnuss und Wasserkastanie.

■ Empfehlenswert ist auch das Seafood-Restaurant **Kan Eang 2,** nördlich des Piers gelegen.

Beide o. g. Restaurants gelten bei vielen Einwohnern von Phuket als die besten der Insel, und es wird gesagt, dass „man nicht in Phuket war, wenn man nicht hier gegessen hat". Die Preise sind für die hohe Qualität noch als moderat zu bezeichnen.

■ Ein weiteres beliebtes Restaurant und ein Treff der in Ao Chalong ankernden Segler ist **Jimmy's Lighthouse,** mit sehr guter westlicher/amerikanischer und thailändischer Küche; ca. 600 Bath für 2 Personen.

7

Rawai

Der Rawai Beach war einer der ersten Strände, die auf Phuket touristisch ausgebaut wurden. Der Strand ist recht schmal und wird von an Fichten erinnernden Kasuarbäumen gesäumt. Dies ist heute einer der weniger besuchten Strände und etwas für Leute, die keinen Rummel wollen. Allerdings ist der Strand verschlickt und nicht zum Schwimmen geeignet. Ein tropischer Badetraum ist dies beileibe nicht. Im Binnenland ist es hier ausnahmsweise etwas malerischer, als am Strand selber. An der Ostseite befindet sich ein Dorf der „Seezigeuner" oder Chao Le. Dessen Bewohner sind an Kamera schwingende Touristen gewöhnt und weit weniger scheu als die von Ko Siray.

■ **Salaloy Bungalows*****–**** (Tel. 076-3812 97), hinter dem Salaloy Restaurant, akzeptable Bungalows mit A.C.

■ **Porn Mae Bungalows**** (Tel. 076-381300), Zimmer mit Bad.

■ **Rawai Garden Resort******–LLL (Tel. 01-536 2704, www.rawai-garden.com), unter deutscher Leitung, ruhig und von viel Grün umgeben, Bungalows mit Bad, dazu ein Swimmingpool. Ab ca. 1100 Baht in der Nebensaison. Empfehlenswert.

■ **Siam Phuket Resort******–***** (Tel. 076-381346-7, Fax 076-381647), Zimmer mit A.C. und TV in einer älteren, etwas abgetakelten Anlage.

■ Im Landesinneren von Chalong/Rawai liegt das vom Schweizer *Beat Schwager* geleitete **Baan Santika*******–LLL (51/3 Soi Sammakhea, Sai Yuan Rd., Tel./Fax 076-289768, www.villasantika-phuket. com). Sehr saubere und komfortable Bungalows (A.C., TV, Kühlschrank) inmitten einer sehr schön gestalteten Gartenanlage mit viel Grün, einem Swimmingpool und Jacuzzi. Sehr empfehlenswert. Ab 1500 Baht in der Nebensaison, ansonsten ab ca.

1900 Baht. Preiswertere Monatsmiete ist möglich. Die Anlage ist in dem Gassen-Wirrwarr von Rawai nicht leicht zu finden, von Phuket City aus kommend nehme man dieselbe Abzweigung von der Hauptstraße, die zum Mangosteen Resort (siehe Ao Chalong) führt. Im Zweifelsfall rufe man an.

Im **Hinterland von Rawai und Nai Harn** haben sich wegen der relativen Ruhe zahlreiche Expats angesiedelt. Dies führte zu einer dichten Konzentration von westlichen Restaurants. Der absolute Hit: das italienische Restaurant **Mario e Meghi** am Ostende des Strandes. Das Ambiente ist simpel, das Essen jedoch hervorragend und für den gebotenen Standard preiswert. Die Pizzen und Pasta-Gerichte sind großartig.

Strände an der Südwestküste

Laem Promthep

Westlich vom Rawai Beach führt die Uferstraße nach ca. 3 km nach Laem Promthep, der Landzunge, die den südlichsten Zipfel Phukets bildet. Einen Badestrand gibt es hier nicht, dafür versammeln sich hier jeden Spätnachmittag Hunderte von Touristen, um die legendären Sonnenuntergänge von Promthep zu erleben. Oft sind sie wirklich sehenswert, doch dafür gibt es keine Garantie. Auch tagsüber treffen hier die Tourbusse fast im Minutentakt ein, zahlreiche Souvenirstände buhlen um Kunden, und das ganze Ambiente ist sehr touristisch.

Von einer Art Terrasse an einem Felsrand erhält man ungehinderten Ausblick auf das Kap. Manche Besucher steigen sogar zum Kap hinab, der Ausblick ist dort allerdings nicht besser. Gleich an der Terrasse ist auch ein prächtiger Schrein für den Hindu-Gott Brahma errichtet. Wie am bekannten Erawan-Schrein in Bangkok so werden auch diesem Brahma Elefantenfiguren in allen erdenklichen Größen geopfert. Ein paar Schritte weiter östlich findet sich ein kleiner Leuchtturm, der bestiegen werden kann.

Nai Harn

Dieses ist sicher einer der schönsten Strände von Phuket, eine relativ ruhige, von Felsen eingefasste Bucht, mit weißem Sand und klarem Wasser. Es

herrscht allerdings eine tückische Strömung, und es gilt, nicht zu weit hinaus zu schwimmen.

An der Nordseite der Bucht ist der Royal Phuket Yacht Club in die Felsen gebaut, eine opulente Anlage, die sich trotz aller Mächtigkeit doch relativ bescheiden und architektonisch geschickt im Hintergrund hält.

Aufgrund seiner Ruhe und einiger preiswerter Unterkünfte ist der Strand sehr beliebt bei Travellern.

■ Eine der schönsten Wohnmöglichkeiten in dieser Gegend sind wohl die **Nai Ya Beach Bungalows***–**** (Tel. 076-238179), die in parkähnlicher Umgebung an einen Hang gebaut sind. Die sehr ruhigen, wohnlichen Bungalows mit Bad sind in der Saison oft voll belegt, und Vorbuchungen

Nai Harn Beach, Rawai Beach

0 ⸻ 800 m   © Reise Know-How 2013

THAI098

Phuket City

Wat Sawang Arom

Sumpf-gebiet

Nai-Harn-Strand

Mum-Nok-Bucht

Andaman-See

Ko Man

Aussichtspunkt

Laem Promthep

Rawai-Strand

Ra-Wai-Bucht

Phuket-See

■ Übernachtung
1   Baan Krating Resort
2   The Royal Phuket Yacht Club
2a   Sabana Resort
3   Nai Harn Beach Resort
4   L & L
5   Nai Ya Beach Bungalows
6   Rawai Garden Resort
7   Siam Phuket Resort
8   Porn Mae Bungalows
9   Salaloy Bungalows
11   Baan Santika
13   Evason Phuket Resort and Spa

■ Essen und Trinken
10   Mario e Meghi
12   Royal Bavarian Beerhouse

könnten notwendig sein. Angeschlossen ist ein gutes Restaurant.

■ 1 km vom Hauptstrand in Nai Harn entfernt, am Nordwestende der Bucht, befindet sich das **Baan Krating Resort****–LLL** (Tel. 076-288264, 076-288341, www.baankrating.com), eine sehr ruhig gelegene, von viel Grün umgebene, neu renovierte Bungalow-Anlage. Alle Bungalows mit Bad und A.C., die teureren haben zudem Mini-Bar und TV. Vor den Unterkünften breitet sich ein kleiner Privatstrand aus. Eine sehr ruhige Wohnmöglichkeit. Ab 1700 Baht in der Nebensaison.

■ Das **Sabana Resort**LLL (14/53 Mu 1, T. Rawai, Nai Harn Beach, Tel. 076-289333, Fax 076-289322) liegt direkt am Strand. Bungalows und kleine Villen, alle mit A.C. und TV.

■ Das **Nai Harn Beach Resort***–**** befindet sich ca. 1 km vom Strand entfernt, rechts an der Straße von Rawai nach Nai Harn (14/29 Moo 1, Nai Harn Beach, Tel. 076-381810, Fax 076-214687). Die großzügigen Bungalows haben A.C.

■ Eine der luxuriösesten Unterkünfte im südwestlichen Bereich von Phuket ist der an einem Hang gebaute **Royal Phuket Yacht Club**LLL (23/3 Viset Road, Tel. 076-634048-0, 02-6532201, Fax 076-634047-9, 02-6532208-9, www.theroyalphuket yachtclub.com). Das von einem der bekanntesten Architekten Thailands entworfene Hotel fügt sich trotz aller Opulenz recht unauffällig in die Landschaft ein. Die Zimmer (alle A.C.) sind 75 m² groß und haben alle eine geräumige Terrasse, von der aus man die See überblickt. TV, eine Mini-Bar sowie ein mit Marmor ausgelegtes Bad gehören zur Grundausstattung. Die Preise beginnen in der Nebensaison bei ca. 2500 Baht für Zimmer mit Ausblick auf den Hügel (nicht auf das Meer), mit Meerblick ab ca. 7000 Baht. Das Hotel bietet drei Restaurants mit unterschiedlicher Küche und unterschiedlichem Flair. Das *Quarter Deck* ist ein Open-Air-Restaurant mit asiatischer Cuisine, das *Regatta* ist auf italienische Küche spezialisiert, und das *Promenade* bietet eine Vielzahl unterschiedlichster Speisen sowie Snacks und Drinks aus der Mittelmeerregion. À propos Drinks: Viele der Gäste sind trinkfeste Russen, und es kann gelegentlich laut werden.

237ph rk

Nai Harn Noi

An Nai Harn in Richtung Laem Promthep schließt sich der kleine Schwester-
strand Nai Harn Noi an. Von der daran
gelegenen, erhöhten Uferstraße hat man
einen herrlichen Blick auf die Bucht von
Nai Harn, direkt auf den Yacht Club an
der gegenüber liegenden Seite der Bucht
von Nai Harn. Der Strand ist sehr schön,
mit klarem Wasser und recht ruhig.
Manchmal findet sich dort aber Unrat,
Flaschen, Scherben etc.

■ Die **Nai Ya Beach Bungalows****–*******
(99 Mu 6, Soi Ya Nui) liegen etwas erhöht an einem
Hang, bieten eine ausgezeichneten Ausblick, und
sind von tropischer Gartenlandschaft umgeben. Es
sind rustikale Bungalows ohne A.C. oder heißes
Wasser ab ca. 1000 Baht und ein guter Ort für einen
ruhigen Urlaub. Ein eigenes Fahrzeug ist wegen der
abgeschiedenen Lage ratsam. Das Haus ist beliebt,
Vorbuchungen sind sinnvoll. Tel. 076-288817 in der
Hauptsaison, ansonsten. Tel. 076-288813. Von Mai
bis Oktober sind die Bungalows geschlossen.

Nui Beach

An der Straße von Nai Harn nach Kata
zweigt links ein ausgeschilderter kleiner
Weg ab; dieser führt zum winzigen Nui
Beach (ca. 2 km von der Abzweigung;
„nui" ist südthailändischer Dialekt und
steht für „klein"). Der Strand ist sehr ruhig und gut zum Baden geeignet. Ein ra-
biater Unternehmer hat das Stück Land
vor dem Strand aufgekauft und lässt nur
Leute durch, wenn sie seine teuren Lie-
gestühle (250 Baht, Kinder 125 Baht)

Piraterie am Strand: die Jet-Ski-Erpressungen

In den letzten Jahren ist es zunehmend zu **Betrug an Touristen** gekommen, die Jet-Skis gemietet hatten. Bei Rückgabe der Geräte wurde
vom Vermieter behauptet, die Mieter hätten einen **Schaden an den Geräten** verursacht, und
sie wurden – oft auf sehr rabiate Art – zu **Schadensersatzzahlungen** von bis zu mehreren
Tausend Euro genötigt. Bei den Schäden handelt
es sich zumeist bei schon länger bestehenden
Makeln (Kratzer, Dellen o. Ä.), die mit einem
wasserlöslichen Kitt überdeckt werden. Der Mieter bemerkt den Schaden nicht. Erst wenn sich
der Kitt im Wasser abgelöst hat, kommt er zum
Vorschein und bietet dann einen perfekten Vorwand zur Erpressung. Vom Gesetz her müssen
die Jet-Ski-Betreiber zwar gegen Schäden versichert sein, unter dem Vorwand des Einnahme-
ausfalls während der Reparaturzeit aber treiben
die Jet-Ski-Ganoven aber dann dennoch die Gelder ein. Ohnehin haben Gesetze in Thailand nur
eine untergeordnete Bedeutung. Beschwerden
bei der Polizei führen zu nichts, da die Ordnungshüter mit den Betreibern gemeinsame Sache machen. Meist wird es sogar noch teurer,
wenn man die Polizei einschaltet, denn auch die
Ordnungshüter wollen mitverdienen. **Wir raten
also dringend vom Mieten von Jet-Skis ab!**
Zu dem Thema gibt es auf YouTube einige interessante Videos zu sehen.

◁ Nai Harn Beach

mieten. Umgehen kann man das Problem theoretisch durch die Anreise per Boot, z. B. ab dem nahen Karon, aber auch dann macht der unangenehme Mensch Probleme. Ansonsten ist dies ein ausgezeichneter Strand zum Schwimmen und Schnorcheln.

Kata Noi

Nette kleine Bucht und Teil des Kata Beach (*noi* = klein, *yai* = groß). Im Vergleich zum „großen Bruder" ist dieser Teil noch sehr ruhig. Die abgeschiedene Lage schafft aber auch Probleme, denn die örtlichen Tuk-Tuk-Fahrer verlangen Wucherpreise.

■ Das **Kata Noi Club****–******* (3/25 Patak Rd., Tel. 076-2840 25, Fax 076-33194, www.katanoi club.com) ist mit Zimmerpreisen ab ca. 800 Baht (für Zimmer ohne A.C. aber TV) die preisgünstigste Unterkunft an diesem Strand. Ordentliche Zimmer mit Bad, die teureren haben A.C. Kostenloses Wi-Fi, dazu Motorradverleih.

■ Das **Kata Thani Phuket Beach Resort**ᴸᴸᴸ ist größtenteils mit Pauschalurlaubern belegt, die den Strand zum Windsurfen nutzen oder im hauseigenen Swimmingpool fachmännischen Tauchunterricht erhalten. Von der Terrasse lässt sich – Longdrink in der Hand – das Strandtreiben leger beobachten. Die mit allem Komfort ausgestatteten Zimmer haben ebenfalls zum großen Teil Strandblick. Kostenloses Wi-Fi in der Lobby und im Business-Center. Walk-In-Preise ab ca. 6000 Baht. Anfragen oder Buchungen unter Tel. 076-330124, 076-284096-100, 02-2675213-4, Fax 076-330127, 02-2359529, www.katathani.com.

■ **Mom Tri's Villa Royale**ᴸᴸᴸ (Tel. 076-333568-9, www.villaroyalephuket.com) am Nordende von Kata Noi (ein Ableger des Boathouse in Kata Yai) ist mit viel Naturmaterialien hergestellt und bietet ur-

gemütliche Zimmer und Suiten ab ca. 15.000 Baht, in der Nebensaison ab ca. 9500 Baht. Einige Suiten haben eigenen Pool. Sehr empfehlenswert, falls das nötige Kleingeld vorhanden ist.

Kata Yai

Der Hauptstrand von Kata ist zwar einer der schönsten Phukets, auch wenn sich im Hinterland das Phuket-typische Bild ergibt, mit zahlreichen Geschäften (darunter die üblichen Schneidereien und ihre nervenden Türsteher), Bars, und wenig ansehnlicher Architektur oder Landschaftspflege. Gut zwei Drittel des Strandes von Kata Yai werden vom Club Méditerrané eingenommen bzw. flankiert, der Strand kann jedoch von jedermann besucht werden.

Es bieten sich hier relativ viele **Unterkünfte in der unteren und mittleren Preislage,** sodass dieser Strand gut für Leute mit begrenztem Budget geeignet ist. Für Familien ist dies eine gute Alternative zum schlüpfrigen Patong.

■ Das **Cool Breeze Bungalow***–******* (Tel. 076-330484, Fax 076-330173), am Südende von Kata Yai auf einem Hügel gelegen und von viel Grün umgeben, bietet mit seinen einfachsten Zimmern ab ca. 500 Baht in der Nebensaison, 1000 Baht in der Hauptsaison, eine der preiswertesten Unterkunftsmöglichkeiten. Die teuersten Zimmer haben A.C. und TV. Die Zimmer sind etwas renovierungsbedürftig, für den Preis aber einigermaßen ok. Die Lage ist einiges wert.

■ Das **Dome Resort****–**ᴸᴸ (Tel. 076-3300270, www.domeresortphuket.com) befindet sich auf der Höhe des Club Méditerranée im binnenländischen Teil von Kata; ordentliche Bungalows mit A.C. und TV, dazu Swimmingpool. Motorradverleih, kostenloses Wi-Fi im Restaurantbereich.

7

■ **Kata On Sea Bungalows******–***** (Tel. 076-330594), am Hügel oberhalb der Taina Rd., bietet einfache, aber sehr saubere Bungalows ab 800 Baht.

■ Ganz hervorragend ist das von der Straße etwas zurückversetzte **Serene Resort*******–ᴸᴸᴸ (9/11 Patak Rd., Tel. 076-330150, Fax 076-330564, www.sereneresort.com). Die Zimmer (A.C., TV, Mini-Bar) sind bequem, haben allen Komfort und bieten Ausblick auf die Bucht von Kata. Kostenloses LAN und W-LAN, dazu ein Swimmingpool.

■ Preisgünstig und sehr beliebt sind die **Little Mermaid Bungalows & Guest House** ****–*****, einige hundert Meter weiter östlich des Friendship, in Richtung der Straße nach Phuket City gelegen (94/23–25 Taina Rd., Tel. 076-330730, Fax 076-330733, www.littlemermaidphuket.net). Zimmer (mit Bad und A.C.) in der Nebensaison ab 800 Baht, ansonsten ab 1500 Baht.

■ Das **Orchidacea*******–ᴸᴸᴸ befindet sich am Südende von Kata auf einem Hügel und überblickt die Straßenabzweigung, die von Kata/Kata Noi nach Nai Harn führt. Einige der Zimmer (A.C., TV) haben Blick aufs Meer. Ab günstigen 1400 Baht in der Nebensaison. Adresse: 2/12 Moo 2, Patak Rd., Tel. 076-284083, 076-284146, 076-330181, Fax 076-330794, www.orchidacearesort.com.

■ Am anderen, dem Nordende der Bucht, auf einem Felsvorsprung, steht das **Peach Hill Hotel & Resort******–ᴸᴸᴸ, eine gute Wahl (113/16–18 Patak Rd., Tel. 076-371600, Fax 076-330895, www.peach-hill.com). Die Lage ist ruhig; es gibt Zimmer und Bungalows in verschiedenen Preisstufen mit A.C. und Satelliten-TV. Ein Swimmingpool ist vorhanden. In der Nebensaison ab ca. 1600 Baht.

■ Nicht leicht erschwinglich ist bei Preisen ab ca. 12.000 Baht (in der Nebensaison ab 6000 Baht) das **Mom Tri's Boathouse**ᴸᴸᴸ (2/2 Patak Rd., Tel. 076-330015-7, Fax 076-330561, www.boathousephuket.com). Dieses relativ kleine „Boutique-Hotel" (36 Zimmer) bietet den ultimativen Wohnkomfort, inklusive freien Blick auf das Meer. Auch wenn man sich das Wohnen hier nicht leisten kann, so sei ein

Besuch im **Boathouse Wine & Grill Restaurant** des Hauses empfohlen. Das mehrfach preisgekrönte Restaurant ist bekannt für seine exquisiten thailändischen Speisen, darunter auch Seafood, und außerdem bietet es die umfangreichste Weinkarte Phukets, möglicherweise gar ganz Thailands: Es stehen 460 Weine aus aller Welt zur Auswahl. Samstags um 20.30 Uhr spielt eine Jazz-Band, und Mittwochabends gibt's Samba. Ein Essen für zwei Personen dürfte ohne Wein ab 3000–4000 Baht kosten. Geöffnet 7.00–22.30 Uhr; von 17.30–19.30 Uhr ist Happy Hour, dann gibt's Bier und Cocktails zum halben Preis.

■ Das **Fantasy Hill Bungalow*****–ᴸᴸᴸ (112/1 Patak Rd., Tel. 076-330106, fantasyhill@hotmail.com) befindet sich auf einem Hügel im Zentrum von Kata, umgeben von viel Grün. Die Lage könnte nicht besser sein, einige Bungalows sind relativ einfach ausgestattet, dafür aber blitzsauber, und insgesamt ist dies eine großartige Low-Budget-Unterkunft. Wi-Fi gegen geringe Gebühr. Ab ca. 400 Baht in der Nebensaison für Zimmer mit Ventilator, mit A.C. ab ca. 700 Baht, In der Hauptsaisons wird's etwa 30 % teurer.

■ Das **3rd Street Corner Café******–***** (Tel. 076-330788, www.3rdstreetcafe.com) ist ein kleines Restaurant, dem auch Gästezimmer angeschlossen sind (A.C., TV). Die Zimmer sind sauber und ansprechend eingerichtet. 700–1500 Baht in der Nebensaison, je nach Zimmergröße, ansonsten etwa das Dreifache. Kostenloses Wi-Fi.

Essen

■ **Swiss Restaurant & Bakery** im Bougainvilla House Resort, 117/1 Patak Rd., bereitet Schweizer Spezialitäten wie Fondues und Raclette, dazu gibt es Thai-Speisen und Backwaren.

■ Ein ähnliches Programm hat **Helvetia Bakery & Restaurant** an der Taina Road.

■ Das **Gung Café** hat hohe Preise. Das Ambiente ist etwas legerer als im Boathouse, das Seafood aber fast ebenso gut. Eine gut bestückte Weinbar ist angeschlossen.

Patongs mobile Mafia: die Tuk-Tuk-Fahrer

Patongs Tuk-Tuk-Fahrer haben sich einen sehr schlechten Ruf zugezogen und sind sogar ein Grund, warum manche Touristen Phuket meiden. Die Tuk-Tuk-Fahrer fordern unverschämte Überpreise (z. B. 200 Baht für eine Fahrt von 1 km innerhalb von Patong) und geben sich oft sehr aggressiv. Die Fahrer haben sich untereinander abgesprochen, und es ist unmöglich, einen realistischen Fahrpreis auszuhandeln. Die Preise der Tuk-Tuk liegen ca. 3–5 mal so hoch wie die der Taxameter-Taxis in Bangkok. Einige Fahrgäste haben ihre Fäuste kennengelernt, weil sie sich über die hohen Preise beschwert hatten. Nicht wenige der Fahrer sind bewaffnet, und in Phuket spricht man von einer „Tuk-Tuk-Mafia". Wer kann, sollte die Fahrzeuge meiden. Es ist besser zu laufen oder sich ein Mietfahrzeug – Motorrad oder Auto – zuzulegen. Das Problem hat sich in den letzten Jahren so akut zugespitzt, die Beschwerden von Touristen haben sich dermaßen gehäuft, dass sich einige Botschafter und Konsuln bei der Verwaltung von Phuket vorstellig geworden sind – bisher vergebens. Es besteht wenig Hoffnung, dass sich die Situation ändern wird. Thailand ist ein „Dritte-Welt-Land" – auch wenn es auf den ersten Blick nicht immer so aussehen mag – und Korruption und Vetternwirtschaft erreichen Ausmaße, die sich ein Westeuropäer in der Regel nicht vorstellen kann. Zwar gibt es seit 2013 eine „offizielle", von der Provinzverwaltung abgesegnete Preisliste für Fahrten auf Phuket, diese basiert jedoch auf den Forderungen der Tuk-Tuk-Fahrer und legitimiert nun die Abzocke. Beispiele: Patong – Karon 400 Baht, Patong – Kamala 400 Baht, Patong – Phuket City 500 Baht, Patong – Laem Phromthep 700 Baht, Patong – Flughafen 1000 Baht.

■ **Blue Fin Tavern** im Kata Center wartet mit amerikanischen, mexikanischen und einheimischen Speisen auf, dazu gibt es jede Menge Cocktails. Moderate Preislage.

■ Das **Capannina** in dem kleinen Restaurant- und Geschäftscenter im Süden von Kata Yai macht die besten Pizzen und Pastagerichte am Ort, vielleicht sogar die besten auf der ganzen Insel. Das Essen ist großartig, und in der Hauptsaison muss man oft anstehen, ehe man einen Tisch bekommt. Aber Achtung, gelegentlich flattern überhöhte Rechnungen auf den Tisch. Nachrechnen! Das Personal, teilweise etwas grantig und unprofessionell, ist der einzige Schwachpunkt hier. Ansonsten ist dies eines der besten italienischen Restaurants auf Phuket. Angeschlossen ist auch ein Hotel, das **Capannina Inn** ****–ʟʟʟ (www.phuket-campannina-inn.com). Die preiswertesten Zimmer sind nicht so toll (die Fenster liegen zum Flur hinaus), es lohnt sich, in die höheren Kategorien zu investieren. Der Preis versteht sich inkl. einem italienischen Frühstück. Swimmingpool auf dem Dach.

Karon

Die Beliebtheit dieses ca. 3 km langen Strandes beruht sicher auf seiner Weite und seinen Schwimmmöglichkeiten – das Hinterland sieht ein wenig kahl aus, ein tropischer Traumstrand ist dies nicht. Dafür ist er aber auch nie voll, bei der Länge des Strandes verlieren sich die Leute, ohne sich gegenseitig auf dem Badetuch herumtreten zu müssen. Im Karon Center, dem gesellschaftlichen Mittelpunkt des Ortes, warten Rock-Clubs, Bars und Restaurants auf Besucher.

Ein Nachteil von Karon ist die lange, fast gerade verlaufende Uferstraße, die viele Leute, vor allem Motorradfahrer, zur Raserei veranlasst. Vorsicht beim Überqueren!

Karon Beach, Kata Beach

0 ▬▬▬ 400 m © REISE KNOW-HOW 2013

THAI099

Patong

Karon Beach

▲ Tempel

Andaman-
See

Dino Park ●

Laem Sai

Ko Pu

Kata Yai Beach

Phuket City

Kata Noi
Beach

Nai Harn

■ Übernachtung

1 Lume & Yai Bungalow
2 Karon Inn
4 Central Waterfront Suite
6 Ramada Phuket Southsea
7 Karon Seaview Bungalows
8 Bougainvilla Terrace House
9 Thavorn Palm Beach Resort
10 Phuket Orchid Resort & Spa
12 J & J Inn, Robin House,
  Jor Guest House
13 Smile House
14 Karon Silver Resort
15 Happy Inn Guest House
16 Marina Phuket
18 Mom Tri's Boathouse Hotel
19 Peach Hill Hotel & Resort
21 Fantasy Hill Bungalow
22 Kata On Sea Bungalows
24 Bougainvilla Terrace House
25 3rd Street Corner Café
26 Club Mediterranée
27 Dome Resort
28 Capannina Inn
29 Little Mermaid Bungalows
  & Guest House
30 Serene Resort
31 Flamingo Resort,
  Cool Breeze Bungalow
32 Mom Tri's Villa Royale
34 Orchidacea
35 Kata Thani Phuket
  Beach Resort
36 Kata Noi Club Bungalow

■ Essen und Trinken

2 Karon Café Inn & Restaurant
3 Las Mageritas & Grill
4 Jao Nang Restaurant,
  Al Dente
5 Buffalo Steak House Karon
9 The Old Siam Restaurant
20 Kata Center/Blue Fin Tavern
23 Helvetia Bakery and
  Restaurant
24 Swiss Restaurant
25 3rd Street Corner Café
28 Capaninna Restaurant
32 Mom Tri's
  Boathouse Restaurant
33 Gung Café

■ Einkaufen

8 Swiss Bakery
11 Karon Center

Fast alle Unterkünfte liegen im binnenländischen Teil, und um zum Strand zu gelangen, muss man die Straße passieren. In der Regenzeit kann das Schwimmen hier lebensgefährlich sein, man beachte die roten, am Strand aufgestellten Fahnen, die Gefahr signalisieren. Südlich des Marina Phuket (s. u.) befindet sich der **Dino Park,** ein 18-Loch-Minigolfpark und ein sehr ungewöhnlicher dazu. Der Golfkurs zieht sich durch eine dschungelartige Landschaft mit künstlichem Wasserfall und einem künstlichen, Rauch speienden Vulkan. Das Gelände wird zudem von zahlreichen Dinosaurier-Figuren „bevölkert", und vor allem Kinder haben ihren Spaß daran. Vorhanden ist auch ein Restaurant, *Dino Kitchen.* Geboten werden unter anderem „Dino-Burger", dazu spezielle Kinder-Menus. Geöffnet tägl. 10.00–24.00 Uhr, Eintritt völlig akzeptable 240 Baht für Erwachsene, Kinder von 4 bis 12 Jahren 180 Baht (jüngere kostenlos). Adresse: 119 Patak Rd., Karon, Tel. 076-330625, www.dinopark.com.

◼ Im Norden Karons, auf einen Hügel gebaut, findet sich **Lume & Yai Bungalow******–***** (7/3 Moo 1, Patak Rd., Tel. 076-396382, Fax 076-966096), mit kleinen einfachen und etwas abgewohnten Hütten (Ventilator) samt Terrasse, dafür für Karon hat sehr preiswert.

◼ Recht gut sind die im Zentrum von Karon fast nebeneinander gelegenen, preiswerten Unterkünfte **Robin House*****–**** (128/12 Soi Bangla, Tel. 076-396734) und **Jor Guest House******* (Tel. 076-396546), mit sehr einfachen Zimmern ab 300 Baht. Die beiden Häuser befinden sich am Nordende von Soi Bangla, der kleinen Verbindungsstraße zwischen der Strandstraße und der Straße, die nach Phuket führt (die Straße, an der auch das Karon Inn liegt).

◼ Demselben Besitzer wie das Jor Guest House gehört das etwas komfortablere, nur aus neun Zimmern (A.C.) bestehende **J&J Inn******–***** (102/12 Moo 3, Karon, Tel. 076-396935, 076-286335).

◼ Nahebei findet sich das **Karon Silver Resort******–***** (127/9 Moo 3, Soi Bangla, Tel. 076-396185, Fax 076-396187, karonsilver@hotmail.com). Die Lage ist ausgesprochen ruhig, die Zimmer (Bad) bei Preisen ab ca. 500 Baht recht empfehlenswert. Die teureren Zimmer sind mit A.C. ausgestattet.

◼ Am südliche Ende von Soi Bangla liegt das einfache und preiswerte **Happy Inn Guest House*******, das neun Zimmer bietet (127 Moo 3, Soi Bangla, Tel. 076-396260).

◼ **Smile House******–****** (24 Mu 3, Luang Pho Chuan Rd., Tel. 089-8740928) hat große Zimmer mit A.C., TV, Mini-Bar und kostenlosem Wi-Fi, ab 600 Baht in der Nebensaison. Die A.C.-Zimmer haben auch Ventilator, und wer kein A.C. braucht, gibt einfach die Fernbedienung dafür ab und zahlt etwas weniger.

◼ Eine hervorragende Unterkunft ist das **Ramada Phuket Southsea**ᴸᴸᴸ (204 Karon Rd., Tel. 076-370888, Fax 076-37 0899, ramadaphuketsouthsea.com) mit luxuriös ausgestatteten Zimmern (A.C., TV etc.), Restaurants und einem Swimmingpool. Preise ab 3100 Baht in der Nebensaison, ansonsten etwa das Doppelte.

◼ Das **Marina Phuket**ᴸᴸᴸ (47 Karon Rd., Tel. 076-330625, 076-330517, 076-330493-7, Fax 076-330516, www.marinaphuket.com) befindet sich auf einer Anhöhe am Südende der Bucht von Karon, quasi im Grenzgebiet von Karon und Kata Yai. Von einigen der komfortablen Bungalows hat man einen wunderbaren Ausblick auf die Bucht, und die Anlage ist von einer malerischen Grünanlage umgeben. Zwei Swimmingpools sind vorhanden. Hinzu kommen zwei ausgezeichnete Restaurants (On The Rock und Sala Thai), das Seafood, sonstige thailändische und auch westliche Speisen serviert, und aufgrund all dieser Vorzüge ist das Marina Cottage eine der beliebtesten Unterkünfte auf Phuket. Kein Wunder, dass die Preise (220–690 US$, in den Monaten April bis Oktober die Hälfte) in den letzten Jahren ständig gestiegen sind. Dennoch gibt es für Leute, die es sich leisten können, wohl nichts Besseres. Die Lage der Bungalows entscheidet über den Preis – die teuersten Bungalows (alle haben Bad, A.C., Kühlschrank, teilweise TV und Computer mit Internetanschluss) stehen direkt auf der Klippe, und darunter breitet sich der gesamte Karon Beach aus. Sie haben einen Balkon, von dem sich der Ausblick bestens genießen lässt. Dem Hotel angeschlossen ist der **Dino Park** (s. o.).

■ Das **Phuket Orchid Resort & Spa**LLL (34 Luang Po Chuan Rd., Tel. 076-396519-23, 02-9394062, Fax 076-396526, 02-9394065, www.katagroup.com/phuketorchid) liegt auf halbem Weg zwischen Kata und Karon und hat mehr als 500 Zimmer um einen schönen Pool, der von riesigen kitschigen Khmer Gottkönigsstatuen überragt wird.

Essen

■ Das **Buffalo Steak House** in der Plaza gegenüber dem Central Waterfront hat wohl die besten Steaks am Ort.

■ Ausgezeichnete traditionelle „königliche" Thai-Küche im **Jao Nang** gegenüber dem Central Waterfront, zu gehobeneren Preisen.

■ Teure, aber ausgezeichnete thailändische Küche im **Old Siam** des Thavorn Beach Hotels. Mi & Sa von 20.00–21.00 Uhr gibt's Buffets mit klassischem Tanz; sehr gut das Ganze, aber zu 700 Baht nicht gerade billig.

■ Sehr gute italienische Küche in gehobener Preislage kredenzt **Al Dente** vor dem Central Waterfront Suite. Ca. 800–1000 Baht/2 Pers.

■ Einige gute und originelle Restaurants befinden sich östlich des Kreisverkehrs in Nord-Karon, westlich des Islandia Travelodge Resort. **Las Mageritas & Grill** zaubert ein Sammelsurium internationaler Gerichte, darunter mexikanische und kalifornische, mediterrane und thailändische.

■ Das nahe gelegen **Karon Café Inn & Restaurant** ist ein skandinavisches Steakhaus, es gibt aber auch gute Pizzen, Salate, Sandwiches, Frühstücke etc.

Patong

Phukets **Hauptstrand** ist eine Strandstadt mit zahllosen Hotels, Restaurants, Bars, Discos und einer unüberschaubaren Anzahl von Sonnenschirmen. Die Entwicklung, die der Ort in den letzten Jahren durchlebt hat, ist in der Tat erstaunlich, vom verschlafenen Fischerdorf zum touristischen „Geheimtipp" und schließlich zum etwas **überkandidelten Ferienghetto,** wo sich die Sonnenhungrigen aalen, als gäbe es kein Ozonloch.

Patong ist aber auch so etwas wie das Pattaya von Phuket, mit einigen Tausend Bar-Girls, einigen Hundert *gathoeys* und auch jeder Menge „sauberer" Unterhaltungsmöglichkeiten – also ein Ort für den vor Tatendrang platzenden Junggesellen genauso wie für die urlaubende Familie.

☑ T-Shirt für Pessimisten

536th at

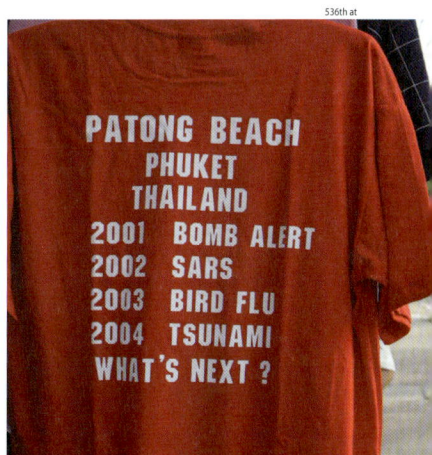

Patong

Übernachtung

1 Diamond Cliff Resort & Spa
2 Nerntong Resort
3 Seven Seas Hotel
4 Orchid Hotel Kalim Bay
5 Malibu Island Club Resort
6 Novotel Coralia
8 Phuket Graceland Resort
9 Swiss Palm Beach
10 Shamrock Park Inn
11 P.S. 2 Bungalow
12 Club Andaman Beach Resort
13 Ibis Patong Hotel
14 Chanathip Guest House
15 Azurro Village
16 999 Peter's G.H., Home Away from Home G.H.
17 Paradise Complex
18 Neptuna Hotel
22 Safari Beach Hotel
23a Patong Inn Hotel
31 K-Hotel
32 P.S. Hotel
35 Expat Hotel
36 Andaman Hill Hotel
41 2000 Mansion
42 Horizon Beach Resort Hotel
43 Paradise Hotel
44 Holiday Inn
45 Patong Merlin Hotel
46 Burasari Resort
47 Hyton Leelavadee
48 Duangjitt Resort

Essen und Trinken

7 Baan Rim Pa
19 Grillhütte
20 Sala Bua Restaurant
21 Savoey Restaurant
27 Le Croissant Restaurant
30 No. 6 Restaurant
31 Patong Biergarten
35 Hotel und Bar
37 Buffalo Steak House
38 Zum Schlawiener Restaurant
42 Baluchi Restaurant
44 Sam's Steak & Grill, Terrazzo, Charm Thai
46 Floyd's Brasserie
49 Hard Rock Café

Nachtleben

25 Scruffy Murphy's
26 New Tiger Disco
28 Seduction Disco
29 Rock Hard A-Go-Go
33 Tai Pan
39 Banana Disco
40 Molly Malone's
49 Hard Rock Café
50 Simon Cabaret

Einkaufen

23 Zeitungen/Magazine (z.T. deutsch)
24 Bookazine
27 Le Croissant Bakery
34 Jungceylon Shopping Center

Polizei
Surin, Kamala
Flughafen, Kathu (Bungee-Springen) Phuket City
Thaweewong Road
Moslemischer Friedhof
Skihütte (Swiss Chalet)
Polizei
Bar-Uthit Road
Immigration
Sawatdirak Road
Schule
Patong-Bucht
Soi Bangla
Soi Kebsub
Prachanukrock Road
Karon, Kata

© REISE KNOW-HOW 2013
THAI100
0 — 200 m

Der Süden

Der **Strand** an sich ist ausgesprochen schön, mit weißem Sand ausgestattet und gelegen in einer weit ausholenden, sanften Bucht. Leider ist er fast komplett mit Liegestühlen und Sonnenschirmen vollgestellt (Benutzung zusammen 200 Baht), und im Wasser haben abschnittsweise lärmende **Water Scooter** oder **Jetskis** das Sagen. Vom Mieten dieser Vehikel soll hiermit abgeraten werden: Sehr häufig kommt es zu Betrugsfällen; die Mieter werden nach Rückgabe des Fahrzeugs genötigt, für „Schäden" aufzukommen, die sie angeblich verursacht haben (siehe dazu auch Info-Kasten, S. 615).

Bungee-Springen aus 50 m Höhe kann man bei *Jungle Bungy Jump* in Kathu, 5 km östlich von Patong (www.phuketbungy.com). Ab 2100 Baht. Tägl. 9.00–18.00 Uhr.

Unterkunft

Patongs Unterkünfte sind relativ teuer, das gilt besonders für solche, die in Strandnähe liegen. In Umgebung der Rat-Uthit Road, gut 200 m vom Strand entfernt, wird's gleich etwas preiswerter. Je nach Saison können die Preise stark variieren; am teuersten ist die Zeit um Weihnachten und Neujahr, in der Regenzeit ist es am billigsten.

■ Einige der preiswertesten Unterkünfte im teuren Patong befinden sich im **Paradise Complex,** der zwar gut fünf Minuten Fußweg vom Strand entfernt ist, aber das muss man bei den Preisen in Kauf nehmen. Abgesehen davon ist die Gegend um den Paradise Complex Patongs Schwulenzentrum.

Es finden sich hier: **888 Inn****** (70/23 Soi 6, Paradise Complex, Tel./Fax 076-341306), Zimmer mit A.C.; **Home Away From Home***–***** (141/16 Soi Paradise Complex, Tel./Fax 076-344838, 076-344474, homeawaypatong@yahoo.com).

■ Das **Chanathip Guest House***–***** befindet sich nahe der Kreuzung Sawatdirak Rd./Rat-Uthit Rd. und hat ordentliche und sehr preiswerte Zimmer mit und ohne A.C. 53/7 Rat-Uthit Rd., Tel. 076-294087, Fax 076-294088.

■ Bei 500 Baht beginnt das **Shamrock Park Inn***–***** (31 Rat-Uthit Rd., Tel. 076-3409 90-1, Fax 076-344314), Zimmer mit A.C. und TV. Sehr gut für den Preis.

■ **P.S. 2 Bungalow***–****** am Nordende der Rat-Uthit Road (21 Moo 1 Rat-Uthit Rd., Tel. 076-342207-8, Fax 076-290034, www.ps2bungalow.com) hat Zimmer ab 500 Baht in der Nebensaison (ansonsten je nach Monat ab 700–1000 Baht), die teureren mit A.C., dazu alle Zimmer mit Safe und kostenlosem Wi-Fi. Das Haus liegt ein wenig ab vom Schuss, dafür sind die Preise niedrig.

■ Nicht mit obigen zu verwechseln ist das **P.S. Hotel*****–ᴸᴸᴸ** (157 Rat-Uthit Rd., Tel. 076-341096, 076-340184, Fax 076-341097, www.pshotel.com), gelegen an der Rat-Uthit Road nahe der Einmündung Soi Bangla, mitten im Zentrum des Nachtlebens. Sehr komfortable Zimmer mit A.C., TV und Kühlschrank. Ab 1600 Baht in der Nebensaison, ansonsten ab 2000 Baht.

■ Das **K-Hotel****–ᴸᴸᴸ** (82/47 Rat-Uthit Rd., Tel. 076-340832-3, Fax 076-340124, www.khotel.com) steht unter österreichischem Management. Diesem ist der Tropische Biergarten angeschlossen, eines der besseren österreichisch/deutschen Restaurants am Ort. Die Zimmer (A.C.) im Hotel sind sauber und ordentlich, für den Preis sehr gut.

■ Recht ordentlich ist das an derselben Straße gelegene **Neptuna Hotel****–****** (72/27 Rat-Uthit Rd., Tel. 076-340824-6, Fax 076-3406 27, www.phuket-neptuna.com). Die Bungalows (Bad) gruppieren sich um einen netten kleinen Garten, und dies ist sicher eine der angenehmsten Wohnmöglichkeiten im zentraleren Patong. Ab 900 Baht. Kostenloses Wi-Fi.

7

■ Nur wenige Meter weiter in die Gasse hinein steht die gediegene Anlage des **Swiss Palm Beach**^{LLL} (73/71 Rat-Uthit Rd., Tel. 076-342099, Fax 076-342098, www.swisspalmbeach.com). Es ist ein „Aparthotel", eine Mischung aus Apartment und Hotel. In dem mondänen Komplex mit Pool stehen 36 Apartments (90 m2) zur Verfügung, die jeweils ein Wohnzimmer, zwei Schlafzimmer (A.C.), Bad, Küche, Bar und Essecke umfassen. In der Hauptsaison ab 3100 Baht, Nebensaison ab 1900 Bath. Empfehlenswert.

■ Ein sehr gutes Mittelklasse-Hotel im zentralen Bereich ist das **Ibis Patong Hotel**********^{LLL} (100 Chalermprakiat Rd., Tel. Bangkok 02-6592888, Fax 02-6592889, www.ibishotel. com). Helle, funktionell eingerichtete Zimmer – man könnte auch sagen „IKEA-Look" – mit A.C., TV, Wi-Fi-Internet ab ca. 1200 Baht.

■ Schöner wohnen ist im **Burasari Resort**^{LLL} im Südbereich Patongs angesagt (31/1 Ruamjai Rd.,

Tel. 076-292929, Fax 076-294 451, www.burasari. com), Geschmackvolle, romantische eingerichtete Luxuszimmer und das alles umgeben von tropischer Gartenlandschaft. Einige der Zimmer liegen direkt am Swimmingpool. Fluktuierende Zimmerpreise, je nach Jahreszeit ca. 2700–6600 Baht. 2013 wurde ein Großteil der Zimmer renoviert, die Arbeiten sollten Ende 2013 abgeschlossen sein. Eine lohnenswerte Unterkunft!

■ Eine der großzügigsten Bungalow-Anlagen Patongs ist das **Duangjitt Resort**^{LLL} (18 Prachanukroh Rd., Tel. 076-340778-9, Fax 076-340288, www.duangjittresort-spa.com), gelegen am recht ruhigen Südende des Ortes. Die Bungalows (A.C., TV, Safe kostenloses Wi-Fi) liegen über die weite, von der Straße zurückversetzte Anlage verstreut, mit Swimmingpool. Eine sehr ruhige und wohnenswerte Unterkunft in dieser hektischen Strandstadt. Ab ca. 2500 Baht in der Nebensaison.

■ Das Image einer Herberge für wild-wüste Rock'n'Roller gibt sich das im Schatten des Paradise Complex gelegene **Expat Hotel********–******* (89/15 Bangla Rd., Tel. 076-342143, 076-344023,

Fax 076-340300, expat@loxinfo.co.th). In der Hausbar wird zu harter Musik zünftig gezecht, und wer will, kann seinen Kater anschließend in einem kleinen Swimmingpool auskurieren. Zimmer mit Bad, TV, Kühlschrank und A.C., dazu Motorradverleih und kostenloses Wi-Fi. Ein Leser berichtete über sehr unfreundlichen Service.

■ Ebenfalls hautnah am Nachtleben, jedoch eine Stufe teurer ist das **Safari Beach Hotel******–ᴸᴸᴸ. Komfortable Zimmer (A.C., TV, Mini-Bar etc.), Swimmingpool vorhanden. Anfragen und Buchungen unter 83/12 Thaweewong Rd., Tel. 076-341171-4, Fax 076-340231.

■ Das **2000 Mansion******–***** liegt in Soi Kebsub nahe Einmündung Rat-Uthit Road (211 Soi Kebsub, Tel. 076-294032, Fax 076-345027, manison2000@phuketdir.com). Gute Zimmer mit A.C., TV und Kühlschrank.

■ Das **Patong Inn Hotel******–ᴸᴸᴸ (128 Thaweewong Rd., Tel. 076-340587, Fax 076-340126, www.patong-inn.com) bietet komfortable Räume in direkter Nähe zum Nightlife-Zentrum. Swimmingpool, Zimmer mit A.C., TV, Mini-Bar etc. Ab 1200 Baht in der Nebensaison.

Am Kalim Beach

Patong geht an seinem Nordende unmerklich in den Kalim Beach über, und wer hier wohnt, ist noch nah dran am Geschehen von Patong.

■ Das sehr gute **Nerntong Resort******–***** befindet sich etwas abseits der Uferstraße in einem stillen Seitenweg (2 Soi Prabaramee, Tel. 076-340571-2, Fax 076-340999, pff@loxinfo.co.th). Die Bungalows (Bad, teilweise A.C.) werden von satter tropischer Vegetation umwuchert, es gibt einen Pool, einen Jacuzzi und eine Kräutersauna.

■ Am selben Weg findet sich das empfehlenswerte **Malibu Island Club Resort*******–ᴸᴸᴸ (6 Soi Prabaramee, Tel. 076-342321, 076-290036, Fax 076-344266, malibuphuket@loxinfo.co.th), ebenfalls mit einem Pool.

■ Die preiswerteste Unterkunft in Kalim ist das **Seven Seas Hotel** ****–***** (3 Soi Prabaramee,

Tel./Fax 076-342193, www.phuketsevenseas.com), mit Zimmern ab 1000 Baht in der Nebensaison (ansonsten je nach Monat ab 1200–2100 Baht), mit kostenlosem Wi-Fi-Internet in der Lobby, A.C. und TV.

■ An Luxusunterkünften bieten sich hier das **Novotel Coralia**ᴸᴸᴸ (282 Parabaramee Rd., Tel. 076-342777, Fax 076-411145) und das **Diamond Cliff Resort & Spa**ᴸᴸᴸ (284 Parabaramee Rd., Tel. 076-340501-6, 02-2464515, Fax 076-340507, 02-2460368, rsvndc@phuket.kfc.co.th). Beide befinden sich am Südende von Kalim bzw. am Nordrand von Patong.

Unterhaltung

■ Proppevoll ist zumeist die **Banana Disco** an der Thaweewong Rd. (Tel. 076-3405412). Diese fungiert aber in nicht unerheblichem Maße als „Kontakthof", ein Großteil der weiblichen Gäste sind „freelancers", zumeist aus Thailands Nordostregion, auf Freiersuche. Die Musik ist Disco oder Techno. Geöffnet täglich 19.30–2.00 Uhr, Eintritt 300 Baht, dafür gibt es 1 Drink.

■ Ähnliche Partnersuche findet im **Tai Pan** statt, an der Rat-Uthit Road, schräg gegenüber der Einmündung Soi Bangla. Im Tai-Pan spielen ganz gute Bands, oder es gibt Musikkonserven. Das Lokal bleibt oft bis 3.00 Uhr morgens auf, also über die offizielle Sperrstunde hinaus.

■ **Molly Malone's** in der Thaweewong Road ist ein Irischer Pub, mit irischer Live-Musik und Guinness. Geöffnet tgl. 10.00–2.00 Uhr.

■ Ein weiterer Irischer Pub ist **Scruffy Murphy's** an der Westseite von Soi Bangla. Abends gibt's ebenfalls Live-Musik. Geöffnet tgl. 11.00–2.00 Uhr.

■ In und um Soi Bangla finden sich zahllose **Bier-Bars** (Bar Beer), die mit Hostessen be„mannt" sind, die zumeist auch zu Aktivitäten nach Barschluss angeheuert werden können. Mancher trinkt aber nur ein Bier (oder ein Dutzend mehr). Der Lärm, den die nahe aneinander gelegenen Bars veranstalten, ist oft ohrenbetäubend, und ohne Alkohol im Blut wird ihn nicht jedermann ertragen. Auch unter den Gästen geht es oft laut und grölend zu – zahlreiche der Besucher australische „bogans" (so etwas wie australische „Prolls"), die sich durch enorme Zechfreudigkeit und gelegentlich auch durch Rauflust auszeichnen. Die australische Fluggesellschaft JetStar, die viele dieser Gäste einfliegt, hat sich folglich die scherzhafte Bezeichnung „Bogan Express" eingehandelt. Zu den „Aussies" gesellen sich zahlreiche Russen, die in immer größeren Scharen in Phuket einfliegen.

■ **Rock Hard A-Go-Go** in Soi Bangla/Ecke Rat-Uthit Rd. ist eine typische Go-Go-Bar, es geht aber nicht ganz so wild zu wie in Patong, und nicht wenige der Gäste sind weiblichen Geschlechts (zumeist mit Ehemann oder Freund). Geöffnet tgl. 17.00–2.00 Uhr. Der Name des Etablissements ist möglicherweise der bekannten Hard-Rock-Café-Kette angelehnt, die seit 2009 eine Zweigstelle in Patong betreibt (weitere in Bangkok und Pattaya).

Die Bar hat eine recht interessante Website (www.rockhardphuket.com), auf der Nachrichten aus Phuket auf recht spaßige oder respektlose Weise präsentiert werden.

■ Im **Hard Rock Café** spielen abends ab ca. 22.00 Uhr erstaunlich gute Live-Bands Cover-Versionen aktueller oder älterer Rock-Songs, eher aber Pop-Rock als Hard-Rock. Die Bands stammen oft aus den Philippinen, manchmal aus Thailand, und gelegentlich reisen westliche Musiker an. Zur Musik werden Riesenportionen recht guten amerikanischen Essens und teure (bzw. überteuerte) Drinks serviert (ca. 300 Baht pro Drink). Verkauft werden auch Souvenirs wie T-Shirts u. a. In der Regel findet sich abends auch eine große Anzahl weiblicher „Freelancer" zwecks Kundenfang ein. Tagsüber geht es recht gesittet zu, und auch Familien dürften sich nicht fehl am Platze fühlen. Es gibt sogar eine Kinder-Speisekarte. Das Hard Rock Café liegt in der 48/1 Ruamjai Rd./Ecke Rat-Uthit Rd. Tel. 076-366381, www.hardrock.com/phuket. Geöffnet 11–2 Uhr.

■ Einen Anstrich von Gediegenheit gibt sich die **Seduction Discotheque** in Soi Bangla, Ecke Rat-Uthit Rd. (www.seductiondiscotheque. com), mit ansprechendem Ambiente und guter Musik. Hier dürften sich auch weibliche Gäste nicht fehl am Platze fühlen.

■ Die **New Tiger Disco** ist ein riesiger Unterhaltungs-Komplex in Soi Bangla, der hier kaum zu übersehen ist. 2012 brannte das Gebäude nieder, wobei auch Todesopfer zu beklagen waren. 2013 eröffnete es neu und soll nun in jeder Beziehung „sicher" sein. Von außen sieht der Bau etwas nach Disneyland aus, mit einer Außenverkleidung, die Felsen nachahmt, und bunt angestrahlten Tigern aus Zement. Innen bieten sich 5000 Quadratmeter voller Unterhaltungsmöglichkeiten – von 60 Barkiosken mit teilweise schlüpfrigen Namen („Blowjob Bar"), das Ganze umschallt von lauter Techno-Musik. Bis zu ruhigeren Bereichen, so z. B. Pool-Raum oder ein Restaurant. Geöffnet 18.00–3.00 Uhr.

■ **Simon Cabaret** ist ein Transvestitenkabarett und wer derartiges in Bangkok oder Pattaya verpasst haben sollte, erhält in Patong eine neue Chance (8 Sirirach Rd., im Süden von Patong Richtung Karon, Tel. 076-342011-5, Fax 076-340437, www.phuket-simoncabaret.com). Transvestiten und Transsexuelle mimen in bizarrer Kleidung und grell geschminkt zu Musik aus der Konserve. Show-Time 19.30 und 21.30 Uhr, Eintritt je nach Sitz 800/700 Baht, Kinder 600/500 Baht. Nach der Show posieren die Darsteller(innen?) für ein paar Bahtscheine vor dem Auditorium für Fotos. Wer zu wenig zahlt, wird den unglaublichen schmollend-giftigen Zorn erleben können, den Thailands *gathoeys* so oft an den Tag legen.

Essen

Patong bietet zahllose sehr gute Thai- und Seafood-Restaurants, dazu jede Menge italienische und deutsche Speisestätten sowie einige französische, indische, koreanische und japanische. Die Auswahl ist magensprengend, man bräuchte ein Jahr, um sich durch alle Restaurants durchzuessen. Außerdem ist viel Kleingeld mitzubringen, denn die Preise sind durchweg sehr hoch. Wer preiswert essen will, kann sich an den überall anzutreffenden Straßenständen schadlos halten. Allerdings sind auch diese, verglichen mit dem Rest des Landes, noch relativ teuer.

■ Hervorragende indische Gerichte bietet das **Baluchi** (Tel. 076-292526-30) im Erdgeschoss des *Horizon Beach Hotel* in 64/39 Soi Kebsab. Einige thailändische und westliche Speisen stehen ebenfalls auf dem Programm. Ca. 800–1000 Baht/2 Pers.

■ Wer Steaks liebt, kommt im **Buffalo Steak House** auf seine Kosten (Soi Patong Resort, südlich von Soi Bangla abzweigend). Das Fleisch stammt aus Neuseeland. Ab ca. 800–1000 Baht/2 Pers.

■ Wenn es thailändisches Seafood sein soll, so gibt es kaum Besseres als das **Savoey** an der Thaweewong Road (etwas nördlich der Einmündung von Soi Bangla). *Savoey* bedeutet übersetzt etwa „königlich speisen", und das ist hier beileibe nicht übertrieben. Alle Gerichte sind von höchster Qualität. Ein komplettes Essen für zwei Personen dürfte ca. 600–1000 Baht kosten.

■ Das **Sala Bua** (Tel. 076-340138) an der Thaweewong Road, etwa gegenüber des *Savoey* und wenige Meter südlich der Kreuzung Thaweewong Rd./Soi Bangla, bietet eigenwillige schmackhafte Kreationen, in denen westliche und östliche Einflüsse zu lukullischen Meisterwerken kombiniert werden. Der Chefkoch gewann 2001 einen internationalen Kochwettbewerb. Gehobene Preislage.

■ **The Royal Kitchen** im 25. Stock des Royal Paradise Complex ist ein hervorragendes chinesisches Restaurant, das zudem noch mit großartigem Ausblick belohnt. Etwas gehobenere Preislage.

■ **Le Croissant** im Bangla Square (Soi Bangla) bietet große Auswahl an frischen Backwaren.

■ Falls es deutsche, schweizerische oder österreichische Hausmannskost sein soll, so helfen die folgenden Restaurants aus der Klemme: **Grillhütte,**

83/54 Thaweewong Rd.; **Patong Biergarten,** im K-Hotel, 82/47 Rat-Uthit Rd.; **Number 6** (links neben K-Hotel); **Skihütte** (Swiss Chalet), Patong Condotel, 9.Stock (schweizerisch); **Zum Schlawiener,** Soi Permpong 3 (österreichisch).

■ **Baan Rim Pa** am Ufer in Kalim (223 Prabaramee Rd.) ist nichts für Sparsame, das Essen ist jedoch hochklassig, Thai sowohl als westlich, mit viel Meeresfrüchten. Von den Tischen an Meerseite ergeben sich hervorragende Ausblicke auf die Bucht, und dazu klimpert dezent ein Pianospieler. Reservierung ist ratsam. Tel. 076-340789, www.baanrimpa.com. Ab ca. 3000 Baht/2 Pers. Geöffnet tgl. 12.00–23.00 Uhr.

Einkaufen

Entlang der Strandstraße reiht sich ein Geschäft an das andere, die meisten bieten Billigwaren oder gar Tand, Hochwertiges ist nicht dabei. Es gibt jede Menge Raub-CDs oder DVDs (60 bzw. 100 Baht), Souvenirs und billige Strand- oder Urlaubsbekleidung. Die aggressiv um Kunden werbenden Schlepper vor den Läden werden schnell zur Qual. Am unangenehmsten sind die Werber vor den zahlreichen Schneiderläden, die Passanten auf die plumpste Art ansprechen oder ihnen in gespielter Freundlichkeit das Händeschütteln aufdrängen. Die Schlepper werden aufgrund ihres Aussehens meist für Inder gehalten, sind in Wirklichkeit aber Burmesen nepalesischer Herkunft. In der britischen Kolonialzeit wurden zahlreiche nepalesische Soldaten in Burma angesiedelt. Die Söhne und Enkel der stolzen Gurkhas sind heute nervende Textilwerber und manische Händeschüttler. Am Besten völlig ignorieren und sie nicht einmal mit einem „Nein, danke" würdigen. Wer sich auf sie einlässt, wird sie nicht los.

■ Die gediegenste und stressfreiste Shopping-Möglichkeit bietet sich im **Jungceylon Shopping Center** (www.jungceylon.com) an der Rat-Uthit Road, gegenüber Einmündung Soi Bangla. Hier finden sich zahlreiche Geschäfte mit hochwertiger

7

Kleidung, Elektronikwaren, Kameras, Sportzubehör und -kleidung, Souvenirs, dazu ein preiswerter Supermarkt, zahlreiche Restaurants von *Burger King* bis *Fuji* (jap.) und sogar eine deutsche Kneipe mit guter deutscher Kost und Weihenstephaner Bier (Tel. 076-600074, www.deutsche-kneipe.com); dazu ein hochmodernes Kino u. v. m. Das Areal ist riesig, man kann einen ganzen Tag im Jungceylon verbringen und viel Geld ausgeben. Abgesehen von seinem umfangreichen Angebot ist das Jungceylon auch architektonisch sehr gelungen: Die Wandelgänge zwischen den einzelnen Blocks wurden dem alten sino-portugiesischem Stil nachempfunden, den man heute noch in Phuket City findet.

Strände an der nördlichen Westküste

Kamala

Ein ruhiger Strand nördlich von Patong, nicht der beste zum Schwimmen, aber mit sattgrünem Hinterland, das zu Wanderungen einlädt. Hierhin ziehen sich viele Langzeit-Touristen zurück, exzessiven Bartrubel wie in Patong gibt es nicht. Das im Hinterland gelegene Dorf Kamala wird hauptsächlich von Moslems bewohnt, und diese scheinen zu den fanatischsten Moslems auf Phuket zu gehören (eigentlich eine Seltenheit auf der Insel). Manche zeigen sich feindselig gegenüber Westlern, die sich dort angesiedelt haben. Am Strand bekommt man davon aber nichts mit.

Im **Vergnügungspark Phuket Fantasea** (www.phuket-fantasea.com) werden Shows geboten, die von Laser-Projektionen, Feuerwerken und sonstigen Spezialeffekten begleitet werden. Die Eintrittspreise sind nicht niedrig (Erwachsene 1900 Baht inkl. Dinner; für Kinder 1700 Baht, ohne Dinner jeweils 1500 Baht); es lässt sich darüber debattieren, ob Kamala mit der Errichtung eines so gigantomanischen Vergnügungsparks ein Dienst erwiesen wurde. Für Familien, die gelangweilte Kinder dabei haben, ist dies aber vielleicht die Rettung. Geöffnet tgl. 17.30–23.30 Uhr, Show-Time 21.00 Uhr. Dinner: 18.00–20.30 Uhr.

Kamala war einer der Orte auf Phuket, die vom **Tsunami** am heftigsten getroffen wurden. Davon ist heute aber nichts mehr zu spüren.

Unterkunft

■ **Benjamin Resort****–ᴸᴸᴸ (83 Thanon Rim Had, Tel. 076-385146-7 www.phuketdir.com/benjamin resort) hat vielleicht das beste Angebot in Kamala, Zimmer mit A.C., TV und Kühlschrank ab 300 Baht in der Nebensaison, 500 Baht in der Hauptsaison. Die Lage direkt am Meer ist ein weiteres Plus.

■ **Kamala Dreams******* (74/1 Thanon Rim Had, Tel. 076-279131, www.kamaladreams-phuket. com) ist ein kleines, gemütliches Hotel mitten im touristischen Zentrum von Kamala, mit freundlichen, sauberen Zimmern inkl. A.C., TV, Kitchenette und Balkon. Dazu Swimmingpool. Exzellent geeignet für Langzeitaufenthalte.

■ **Malinee House******–***** (75/4 Thanon Rim Had, Tel. 081-6917879, www.malineehouse.com) ist ein charmantes G.H. inmitten des touristischen Zentrums von Kamala, mit gemütlichen Zimmern (A.C., TV, Kühlschrank) zu 800 Baht in der Nebensaison, ansonsten 1000 Baht. Sehr empfehlenswert.

■ Das **Phuket Kamala Beach Hotel & Resort** *****–ᴸᴸᴸ in unmittelbarer Strandnähe wurde vom Tsunami schwer beschädigt, ist aber schon lange wieder auf den Beinen (74/8 Mu, 3, Tel. 076-2795804, Fax 076-279579, www.kamalabeach. com). Das Resort bietet luxuriöse Zimmer (A.C.). Restaurant und Swimmingpool. Ab ca. 2700 Baht in der Nebensaison, ansonsten fast das Doppelte.

256ph rk

⬛ Wunderbar von dschungelähnlicher Vegetation umgeben, aber relativ weit weg vom Strand liegt das **Phuket Nirvana Resort**ᴸᴸᴸ**,** eine tolle Lage! (10/15 Moo 6, Tel. 087-279214-5, Fax 076-271218, www.phuketnirvanaresort.com). Neben riesigen Zimmern (A.C., Bad, TV, Kühlschrank etc.) gibt es einige preiswertere Bungalows. Im Haus befinden sich ein Restaurant sowie eine Kräutersauna und ein Massage-Raum. Kostenloses Wi-Fi, dazu kostenloser Zubringedienst zum Strand Ab ca. 2600 Baht in der Nebensaison.

⬛ Eine sehr schöne Anlage ist das **Aquamarine Resort & Villa**ᴸᴸᴸ (17/38 Moo 6, Tel. 076-310600, Fax 076-310630, www.aquamarineresort.com), das am Südende der Bucht an einen steilen Felshang gebaut wurde. Vom Pool hat man einen ausgezeichneten Blick auf den Strand. Großartige Lage, aber bei Preisen ab ca. 4000 (Nebensaison) bzw. 7000

Baht (Hauptsaison) nicht für den kleinen Geldbeutel gedacht. In der Nebensaison gibt es über die Homepage allerdings oft sehr günstigere Last-Minute-Preise. Das dem Hotel angeschlossene Leelawadee Restaurant bietet Seafood und Thaigerichte.

Essen

⬛ Hochklassige, innovative thailändische und chinesische Gourmet-Kost gibt es im **Silk Restaurant & Bar** (15 Moo 6, Kamala Beach, Kathu, www. silkphuket.com) im *Andara Resort & Villas.*

Laem Sing

Eine wundervolle kleine Bucht zwischen Kamala und Surin, zu der ein von der Uferstraße abzweigender, abschüssiger Fußweg führt (die Abzweigung erkennt man an den dort geparkten Motorrädern und Autos). Der Strand ist beliebt bei Tagesausflüglern, Unterkünfte gibt es nicht. Beim Abstellen von Fahrzeugen oben an der Straße, von der der Pfad

⌃ Nach dem Tsunami wurden neue Palmen am Kamala Beach gepflanzt

Bang Tao Beach

Bootspier

Pan Sea Beach

Surin Beach

Laem Mai Phai

Laem Singh Beach

Phuket Fantasea ★

Andaman-See

Polizei ●

Kamala Beach

Kamala

Patong

■ Übernachtung
1 Dusit Laguna
2 Angsana Laguna Phuket
3 Allamanda Laguna
4 Banyan Tree Phuket
6 Blue Garden Resort
7 Amanpuri Resort
8 The Surin Phuket
10 Surin Sweet Hotel
11 Twinpalms Phuket
13 Manathai Resort
14 Surin Bay Inn
16 Surin Sunset Inn
17 Pen Villa
19 Baan Malinee
Bed & Breakfast
20 Grace Resort
22 The Club, Kamala
Beach Hotel & Resort
23 Baan Malinee
Bed & Breakfast
24 Kamala Dreams
27 Benjamin Resort
29 Kamala Beach Estate
30 Andara Resort & Villas
31 Aquamarine Resort & Villa

■ Essen und Trinken
5 Tatonka Restaurant
9 Carmen Restaurant
12 Restaurants
15 Nok Seafood
21 Kamala Beer Garden
25 Kamala Seafood,
Vegas Restaurant
& Sports Bar
28 Rockfish Restaurant
30 Silk Restaurant

■ Sonstiges
18 The Palace of Art
26 Karuna Meditation Center

○ Bang Tao-Moschee
★ Heroines' Monument

zum Strand führt, wird von dubiosen Personen eine „Parkgebühr" abkassiert.

Surin

Der sehr attraktive, weiße Strand von Surin wird von einem ehemaligen Neun-Loch-Golfplatz – heute nur noch als etwas verwilderter Rasenplatz zu erkennen – und einigen Open-Air-Restaurants flankiert, aber ansonsten hat man hier immer noch seine Ruhe. Dies ist einer der besten Strände auf der Insel, auch wenn sich mittlerweile scharenweise Besucher einfinden und Reihen von Sonnenschirmen den Strand flankieren.

Unterkunft

■ Ca. 100 m hinter dem Strand steht das **Surin Sweet Hotel****** (107/5–6 Mu 3, Choerng Thale, Tel. 076-270863-4, Fax 076-270 863, www.face

book.com/SurinSweetHotel). Gute, wenn auch nicht mehr ganz neue und frische Wohnmöglichkeit mit Swimmingpool für Leute, die es gerne ruhig haben. Geräumige, zumeist saubere Zimmer mit A.C. und TV ab 900 Baht. Bei Monatsaufenthalten wird es erheblich billiger.

■ Ca. 300 m inland vom Strand, etwas abseits der Straße nach Bang Tao, steht die großartige **Pen Villa****–ᴸᴸᴸ** (91 Sri Sunthorn Rd., Tel. 076-621652, 080-6912115 (Deutsch), www.penvilla. dk). Dies war ursprünglich ein Privathaus, das sich ein Deutscher hierhin gebaut und später zu einem Hotel umfunktioniert hatte. 2009 hat es eine dänische Familie übernommen. Die Zimmer (A.C., TV) sind urgemütlich, mit viel duftendem Edelholz ausgestattet und dazu blitzsauber. Eine tolle Wohnmöglichkeit! Ein kleiner Swimmingpool mit Garten drum herum sowie eine riesengroße Familien-Suite sind vorhanden. Mahlzeiten sind im Haus erhältlich. Ab 1400 Baht in der Nebensaison, in der Hauptsaion kann es je nach Monat gestaffelt fast doppelt so teuer werden.

■ Das **Twinpalms Phuket**ᴸᴸᴸ (105/46 Moo 3, Surin Beach Road, Phuket 83110, Tel. 076-316500, Fax 076-316599, www.twinpalms-phuket.com) ist ein 5-Sterne Boutique Hotel vom Feinsten. Mit Spa, Bibliothek, Weinstube, Wi-Fi, Pool und schwerer marmor- und bronzeträchtiger Ästhetik.

■ Empfehlenswert ist das an der Srisoonthorn Rd., etwa 10 Minuten Fußweg vom Strand entfernte **Surin Sunset Inn****–ᴸᴸᴸ** (Tel. 076-324264). Zimmer (A.C., TV) ab 1000 bzw. 1200 Baht in der Hauptsaison. Die Zimmer haben Balkon, und von den oberen Stockwerken hat man einen guter Blick auf den Strand und die oft dramatisch-schönen Sonnenuntergänge. Dazu gibt es große Familienräume. Insgesamt sehr empfehlenswert.

Pan Sea Bay

Eine exklusive kleine Bucht zwischen Surin und Bang Tao, mit einem maleri-

schen Strand, eingefasst von Felsen. Zu diesem Strand, einem der besten und isoliert gelegensten der Insel, gelangt man nur per Boot oder indem man durch einen der beiden unten genannten Resorts hindurchwandert. Es lohnt sich. Wer hier zu wohnen gedenkt, sollte jedoch zunächst erst einmal den Kontostand überprüfen.

■ **The Surin Phuket**ᴸᴸᴸ (zuvor „The Chedi") bietet sehr komfortable, an einen Hang gebaute Bungalows, die die Bucht überblicken. A.C., TV, Mini-Bar etc. in allen Wohneinheiten. Swimmingpool und Restaurants vorhanden. Anfragen oder Buchungen unter *The Chedi,* 118 Mu 3, Tambon Choerng Talay, Thalang, Pan Sea Beach, Phuket 83110, Tel. 076-621580-82, Fax 076-621590, www.thesuriniphuket.com. Preise ab ca. 6000 Baht in der Nebensaison, ansonsten etwa das Doppelte.

■ Das **Amanpuri Resort**ᴸᴸᴸ ist eine der allerbesten Wohnmöglichkeiten auf Phuket und besteht aus 40 luxuriös eingerichteten Wohneinheiten (A.C., TV, Mini-Bar, etc.), die in typischer Thai-Holzbauweise errichtet sind. Swimmingpool und Restaurants sind vorhanden. Kostenpunkt allerdings ca. 1100–10.500 US$ in der Nebensaison. 1200–12.000 US$ in der Hauptsaison. Das können sich Leute wie *Mick Jagger, David Bowie, Pete Doherty & Kate Moss* oder die *Scorpions* leisten, die alle schon mal da waren. Buchungen unter Tel. 076-324333, Fax 076-324100, www.amanresorts.com/amanpuri.

Bang Tao

Bang Tao ist ein freundliches Moslem-Dorf, dessen Zentrum von einer ansehnlichen Moschee eingenommen wird, der größten von Phuket. Der Strand liegt jedoch gut 2 km davon entfernt. Er hat recht weißen Sand, bietet gute Schwimmmöglichkeiten und genug

Auslauf für notorische Wanderer. Die weitausholende Bucht ist ca. 3 km lang und sehr pittoresk, leider befinden sich hier fast ausnahmslos hochpreisige Unterkünfte.

■ Eine relativ preiswerte und sehr empfehlenswerte Unterkunft ist das kleine **Blue Garden Resort*******–LLL am Südende von Bang Tao (82/31 Mu 3, Choerng Talay, Bang Tao, Tel. 080-7804696, Fax 086-4765608, www. bluegarden-phuket.com). Die Zimmer (A.C., TV, kostenloses Wi-Fi) gruppieren sich um einen Swimmingpool, angeschlossen sind Bar und Restaurant. Ab 1500 Baht in der Nebensaison.

■ Die älteste der Luxusherbergen von Bang Tao ist das mittlerweile mehrmals renovierte **Dusit Laguna**LLL (390 Sri Sunthorn Rd., Tel. 076-324324, 02-6363600, Fax 076-324174, 02-6363570, www.dusit.com). Das Haus verfügt über einen Privatstrand, einen Swimmingpool, Tennisplatz, mehrere Restaurants etc. Das Hotel ist fest in der Hand von Pauschaltouristen, sehr häufig aus Italien. Am Zugang zum Hotel befindet sich das ausgezeichnete italienische *Toto Restaurant*.

■ Architektonisch sehr gelungen ist die Luxusanlage des **Angsana Laguna Phuket**LLL (vormals Sheraton Grande Laguna Beach Resort, 16 Moo 4, Sri Sunthorn Rd., Tel. 076-358555, www.angsana.com), die um eine künstlich angelegte Lagune herum platziert ist und einen der schönsten Strandabschnitte in Beschlag nimmt. Die Zimmer sind frisch renoviert, bieten jedweden Komfort, sind teilweise aber etwas klein. In der Nebensaison Angebote ab ca. 4300 Baht, ansonsten etwa das Doppelte.

■ Nahebei finden sich noch die sündhaft teuren **Allamanda Laguna Phuket**LLL (Tel. 076-362700, Fax 076-324360, www.allamanda.com) und das **Banyan Tree Phuket**LLL (Tel. 076-324374, Fax 076-324375, www.banyantree.com). Letzterem ist ein Golfplatz angeschlossen (Laguna Phuket Golf Club), oder besser gesagt, es ist ein Golfclub, der auch Unterkunftsmöglichkeiten bietet.

■ **Baan Malinee Bed & Breakfast*******–LLL befindet sich im Bereich der Ortschaft Cherng Talay bei Bang Tao, ca. 2 km vom Strand von Bang Tao entfernt (54 Moo 4, Soi Bangji Nopthakaew, Tel. 087-8934636, www.bedandbreakfast.com/thailand-phuket-baanmalineebedandbreakfastphuket.html). Das Haus bietet einen kostenlosen Zubringerdienst zum Strand. Damit nicht genug, die um einen Pool angelegten Zimmer (A.C., TV) sind wunderbar eingerichtet, mit Kunstwerken und Handwerksartikeln als Dekoration, und trotz aller Modernität somit auch urgemütlich. Weitere Pluspunkte sind die idyllische Lage als auch das großartige Essen des Hauses. Das Frühstück ist – wie bei B & B üblich – im Preis inbegriffen. Sehr empfehlenswert.

Essen

■ Einen besonderen Namen hat sich in den letzten Jahren das von einem Deutschen geleitete **Tatonka Restaurant** gemacht, gelegen an der Zufahrt zum Dusit Laguna Hotel, ca. 1 km davor. Gäste des Hotels werden kostenlos abgeholt. Tel. 076-324349. Geöffnet Do–Di, 19.00–24.00 Uhr. Das Restaurant serviert „Globetrotter Cuisine", eine exzentrische Mischung verschiedener Stile, die die diversen Orte auf der Welt reflektiert, an denen der Besitzer und Chefkoch gearbeitet hat. Das Spektrum geht von Thai, über Japanisch bis Mexikanisch und Hawaiianisch. Der Weg hierhin lohnt. Gehobene Preislage, ab ca. 2000 Baht/2 Pers.

Nai Thon

Ein absolut ruhiger, von Kasuarinen gesäumter Strand, gelegen in einer sehr abgeschiedenen Ecke im Nordwesten Phukets, je nach Lage ca. 6–7 km vom Flugplatz entfernt. Der Gegensatz zum Trubel von Patong könnte nicht größer sein, auch wenn der „Fortschritt" langsam aber sicher Fuß fasst. Schon gibt es einige russische Restaurants, die dem

Der Süden

„Russen-Trend" auf Phuket Rechnung tragen. Da nur sehr wenige Songthaews vom Markt in Phuket City nach Nai Thon fahren (35 Baht), am besten ein Songthaew chartern (ca. 500 Baht für die einfache Fahrt). Wer hier absteigt und kein eigenes Fahrzeug hat, sieht sich dem Phuket-typischen Problem der motorisierten Fortbewegung ausgesetzt: Die Taxi- und Tuk-Tuk-Fahrer am Ort schlagen guten Profit aus der abgeschiedenen Lage und verlangen Wucherpreise.

Ca. 2½ km südlich von Nai Thon befindet sich ein winziger, aber sehr idyllischer Strand, genannt **Banana Rock Beach.** Dieser ist nicht leicht zu finden. Um hinzugelangen, muss man unter einem Drahtzaun an der Straße durchkriechen und die steile Uferböschung hinunterlaufen. Das Grundstück zwischen Straße und Strand befindet sich in Privatbesitz. Alternativ kann man per Boot zu diesem Strand gelangen. Unterkunft gibt es hier nicht, dafür aber eine kleine Brutzelhütte samt Softdrink-Verkauf.

Unterkunft

■ Das **Nai Thon Beach Resort******_LLL (Mu 4, Tambon Sako, Tel. 076-205379-80, Fax 076-205381, www.phuketnaithonresort.com) besteht aus 14 Bungalows (Bad, teilweise A.C.), die direkt an der am Strand vorbeiführenden Straße gelegen sind, von viel Grün umgeben. Ab 700 Baht in der Nebensaison, ansonsten ab 1000 Baht.

■ Etwas weiter nördlich liegt das **Phuket Naithon Resort*******_LLL (Tel. 076-205233, 076-205030, 076-205214, Fax 076-205214, 076-213233, naithon@phuket.cir.com). Zimmer mit A.C. in verschiedenen Preisstufen.

■ Die **Naithon Beach Villa*******_LLL wird von dem Deutschen *Helmut Meyer* und seiner thailändischen Frau geleitet (Tel. 076-205407, Fax 076-205326, www.naithon.com). Es gibt verschieden große, sehr geräumige und gut ausgestattete Apartments und Zimmer, z. T. mit eigener Kochgelegenheit. Das Badewasser wird durch Solarzellen aufgeheizt. Preise in der Nebensaison je nach Zimmer 1500–2500 Baht, sonst ca. 50 % mehr. Alle Zimmer mit TV, A.C. und kostenlosem Wi-Fi.

■ Das **Naithonburi Resort*******_LLL ist eine architektonisch recht gelungene Anlage (Tel. 076-318700, Fax 076-318777, www.naithon buri.com). Komfortable Zimmer mit A.C., Satelliten-TV, Kühlschrank, dazu Swimmingpool. In der Off-Season werden oft Ermäßigungen gewährt, sodass die Zimmer ab ca. 1600 Baht kosten. Ansonsten ab 2500 Baht. Sehr empfehlenswert.

■ Das **Pullmann Phuket Arcadia**LLL (Tel. 076-303299, Fax 076-303270, www.pullmanphuket arcadia.com), am Nordende der Bucht gelegen, ist Nai Thons luxuriösester Neuzugang (2013), eine großartige, verschwenderisch ausgestattete Anlage, die durchaus ihren hohen Preis wert ist. Neben den superkomfortabel ausgestatteten „Normal"-Zimmern (neben allen üblichen technischen Einrichtungen gibt es sogar iPod-Docks) werden Villen mit eigenen Pools angeboten. Kostenloses Wi-Fi. Ab ca. 6000 Baht in der Nebensaison.

■ Ende 2004, kurz vor dem Tsunami, wurde das **Trisara**LLL (60/1 Moo 6, Srisoonthorn Rd., Choerng Thale, Tel. 076-310100, Fax 076-310 300, www.tri sara.com) eröffnet, gelegen an der Straße zwischen Bang Tao und Nai Thon. Das Trisara ist einer von Phukets neueren Luxuszugängen und schickt sich an, dem Amanpuri Konkurrenz zu machen. Und das kann es durchaus: Das Trisara hat fantastisch stilvoll eingerichtete Villen, dazu Badezimmer, die so groß sind wie ein normales Wohnzimmer – und beinahe ebenso wohnlich – und der besondere Clou sind die „Infinite View"-Swimmingpools vor jeder Villa. Die Pools sind so angelegt, dass man, wenn man davor sitzt, erst mal nur das Blau des Pools sieht, und dann dahinter gleich das Blau des Meeres und des Himmels; das Resort liegt etwas vom Strand erhöht, sodass man den Strand von der Villa aus nicht sieht,

7

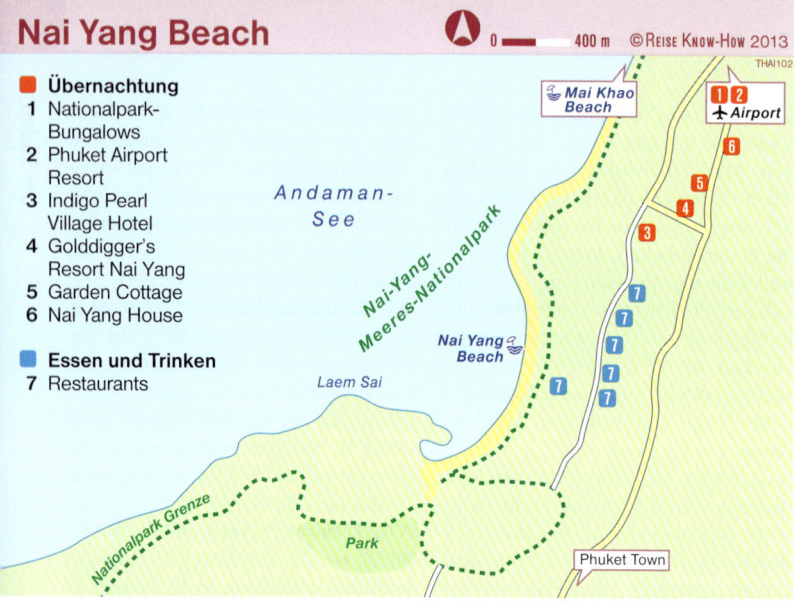

0 ——— 400 m © REISE KNOW-HOW 2013

THAI102

Übernachtung
1 Nationalpark-
  Bungalows
2 Phuket Airport
  Resort
3 Indigo Pearl
  Village Hotel
4 Golddigger's
  Resort Nai Yang
5 Garden Cottage
6 Nai Yang House

Essen und Trinken
7 Restaurants

Andaman-
See

Nai-Yang-
Meeres-Nationalpark

Mai Khao
Beach

Airport

Nai Yang
Beach

Laem Sai

Nationalpark Grenze

Park

Phuket Town

---

eben nur den Pool, das Meer und den Himmel – unendlicher Blaublick also. Die erhöhte Lage des Trisara ließ es auch beim Tsunami mit nur sehr geringen Schäden davon kommen. Zimmerpreise ab ca. 1000 US$, in der Off-Season ab ca. 800 US$.

Nai Yang

Der Strand von Nai Yang ist Teil des Nai Yang Marine National Park, an dem von November bis Februar die vom Aussterben bedrohten **Meeresschildkröten** Eier ablegen (wie am benachbarten Strand von Mai Khao auch). Das Gelände ist mit zahllosen Kasuarina-Fichten übersät, die ihm ein recht tropen-untypisches Aussehen verleihen – Kokospalmen gibt es kaum. Der Strand ist aber sehr ansehnlich und bietet gute Schwimmmöglichkeiten, auch für Kinder. Insgesamt ist dies ein guter Strand für Familien. In den angrenzenden Hotels finden sich hauptsächlich Pauschaltouristen ein,

und es geht sehr gemächlich und ruhig zu. Nahe der Parkverwaltung existiert ein Visitor Center, in dem die Besucher des Parks mit Informationsmaterial ausgestattet werden. Der Eintritt zum Park kostet 200 Baht.

Wer vom Flughafen zu diesem Strand will, kommt bequem und preiswert mit dem **Airport-Bus** hierhin (25 Baht, siehe auch „Anreise Phuket"). Auch von Phuket City kann man mit dem Airport Bus anreisen. Abfahrt am alten Busbahnhof an der Phang-Nga Rd. Nai Yang (Indigo Pearl Hotel) ist der letzte Halt, bevor der Bus den Flughafen erreicht.

■ Das **Indigo Pearl Village**, renoviert und verbessert, bietet ausgezeichneten Komfort – vom Swimmingpool bis zum Tennisplatz und Spa, und vor allem grandiose Zimmer und Villen, die praktisch modern und gleichzeitig romantisch-anheimelnd eingerichtet sind. Preise ab ca. 5000 Baht bei Internetbuchungen. Die beste Unterkunft an diesem Strand, sehr zu empfehlen (Tel. 076-327006, 076-327 015,

02-5612919, Fax 076-327338-9, 02-260 1027, www.indigo-pearl.com).

■ Der **Nationalpark** bietet auch einige Wohnmöglichkeiten. Bungalows kosten zwischen 400 und 1000 Baht. Außerdem werden Zelte für 100–200 Baht/Tag zur Verfügung gestellt. Mit dem eigenen Zelt kostet die Übernachtung nur 20 Baht. Anfragen unter Tel. 076-328226, 076-3327152, oder in Bangkok beim Royal Forest Department, Tel. 02-5612919, sirinath_np@yahoo.com.

■ Eine schöne, gepflegte Bungalow-Anlage mit Swimmingpool ist das schweizerisch-australisch geführte **Golddigger's Resort******–ᴸᴸᴸ (74/12 Surin Rd., Tel. 076-328424, Fax 076-205458, www.golddigger-resort.com), das sich allerdings etwas vom Strand zurückversetzt befindet. Zur Verfügung stehen saubere und wohnliche Bungalows (Bad, TV, Kühlschrank, Safe und Wi-Fi). Ein kleines Restaurant ist angeschlossen, sodass man sich den wenige Minuten beanspruchenden Weg zu den Strandrestaurants sparen kann. Motorräder und Jeeps werden vermietet. Zimmer in der Nebensaison ab 1000 Baht, ansonsten ab 1200 Baht.

■ Das schweizerisch-thailändisch geführte **Garden Cottage******–***** liegt ebenfalls vom Strand zurückversetzt (53/1 Moo 1, Tel. 076-327293, Fax 076-327292, www.garden-cottage.org); die sehr sauberen und wohnlichen Bungalows (teilweise A.C., Safe, Kühlschrank, Terrasse) sind von einer gepflegten kleinen Gartenanlage umgeben. Ab 1200 Baht. Mit Internet-Cafe.

■ Das **Airport Resort*******–ᴸᴸᴸ (Tel. 076-327697, Fax 076-327698, www.phuketairportresort.com) bietet komfortable Zimmer (TV, A.C., Kühlschrank, Wi-Fi), und ein Pool ist vorhanden. Gelegen an der Südostseite des Nationalparks, nur ein paar hundert Meter vom Flughafen entfernt. Ab 1400 Bath.

Mai Khao

Ein ca. 10 km langer Strand, den man schon beim Anflug aus dem Fenster erspäht – der Flughafen befindet sich gleich daneben, nur durch ein paar Kasuarinen getrennt. Der Strand ist sehr attraktiv und aufgrund seiner großen Ausdehnung auch unendlich ruhig. Ohne eigenes Fahrzeug ist man aber ziemlich isoliert.

Wie in Nai Yang finden sich hier **Meeresschildkröten** zur Eiablage ein, mittlerweile sind es jedoch nur noch ca. 100 pro Jahr, Tendenz sinkend. Zum thailändischen Neujahrsfest, dem Songkran (13. April), werden hier jeweils etwa 2000 Jungtiere ausgesetzt, die im Marine Biological Research Center aufgezogen wurden.

2010 wurde der **Splash Jungle Water Park** eröffnet, ein Wasser-Vergnügungspark, der für seine relativ hohen Eintrittspreise allerdings nicht allzu viel zu bieten hat (www.splashjunglewaterpark.com), Eintritt 1295 Baht, Kinder 650 Baht (das Management hat die einst überhöht angesetzten Preise klugerweise auf ein halbwegs vertretbares Maß reduziert).

■ Die **Mai Mhao Beach Bungalows******–***** bestehen aus 5 kleinen Hütten in idyllischer Lage direkt am Strand zu 1000 Baht mit Ventilator, 1500–2000 Baht mit A.C., mit angeschlossenem Restaurant. Kostenloses Wi-Fi. In der Regenzeit geschlossen (Tel. 081-8951233, www.maikhaobeach.wordpress.com, bmaikhao_beach@hotmail.com).

■ **The Phuket Campground****–***** (Tel. 081-3701579, www.phuketcampground.com), etwas hinter dem Strand im binnenländischen Teil gelegen, vermietet Zelte zu 300 Baht/Pers. bzw. 500 Baht/2 Pers. Bodenmatten, Kissen, Decken und eine Taschenlampe sind inbegriffen. Dazu gibt es saubere, geräumige Bungalows ab 1500 Baht. Das Auffinden der Anlage ist nicht einfach, zur Ortung siehe Karte auf der Homepage.

■ Das Non-Plus-Ultra eines Hotels ist das **J.W. Marriott Resort and Spa**ᴸᴸᴸ in Mai Khao (*J.W. Marriott*, 231 Moo 3, Mai Khao, Phuket 83110, Tel. 076-338000, Fax 076-348348, www.jwmarriott phuket.com). Die Anlage ist ein architektonisches Meisterwerk, an jedes kleinste Detail ist gedacht. Abends kann man an einem malerisch beleuchteten, riesigen Lotusteich sitzen, und die Auffahrt zum Hotel wird dramatisch durch Fackeln auf den Begrenzungsmauern beleuchtet. Die Zimmer sind hervorragend eingerichtet, die Badezimmer sind riesengroß, und von der Badewanne aus lässt sich aufs Meer und den angrenzenden Palmengarten blicken. Zimmer mit A.C., Kühlschrank, Mini-Bar, TV und DVD-Player. Zwei Swimmingpools stehen zur Verfügung, eine Sauna, Fitness-Club, Tennisplatz, dazu 4 Restaurants, eine Delikatessen-Bar und mehrere Geschäfte. Vor der Anlage breitet sich ein kilometerlanger Strand aus, weit und breit ist bisher kein anderes Gebäude zu sehen. Dem Hotel selber gehören 600 m Strandfront. In den Monaten Mai bis September fallen die Preise für die Standardzimmer gelegentlich auf 4000–5000 Baht. In der Hauptsaison kosten die Zimmer ab 10.000 Baht Ab Flughafen benötigt man ca. 15 Min. bis zum Hotel.

■ Etwa südlicher befindet sich das **Sala Phuket Resort & Spa**ᴸᴸᴸ (Tel. 076-338888, Fax 076-338889, www.salaresorts.com/phuket), eine kühl-nüchterne Anlage, die eine zenhafte Schlichtheit präsentiert. Gleichzeitig sieht sie aber auch kalt und funktionell aus, es ist eine sehr merkwürdige, gewagte Konstruktion. Klare, glatte Linien und kalter Marmor und Beton dominieren das Bild, darüber hinaus Farben wie grau und weiß, sicher nicht Jedermanns Sache, zumal sie auch sehr, sehr teuer bezahlt werden muss. Die Unterkunft hier besteht aus kleinen Villen mit eigenem Swimmingpool, eigentlich luxuriös, aber irgendwie sieht's wenig einladend aus. Kostenpunkt in der Hauptsaison ab ca. 15.000 Baht, ansonsten ab ca. 6000 Baht. Entweder man liebt es oder man hasst es.

Anreise nach Phuket

■ **A.C.-Busse ab Bangkok** kosten 560/720 Baht (für die 2. und 1. Klasse). Noch bequemer sind auf der langen Strecke die V.I.P.-Busse (Fahrpreis: 1120 Baht).

■ Des Weiteren fahren **Normal- und A.C.-Busse** unter anderem von Hat Yai (Fahrzeit je nach Bus ca. 6–8 Std.), Surat Thani (ca. 6 Std.), Ranong (ca. 5 Std.) und Phang-Nga (ca. 2½ Std.) und Krabi (ca. 4 Std.).

■ In den Reisebüros auf Ko Samui lassen sich **kombinierte Schiffs- und Busfahrten (A.C.)** nach Phuket buchen; Die Preise beginnen bei etwa 600 Baht.

■ **Von Bangkok** aus fliegt die **Thai Airways** (www.thaiair.com) pro Tag je nach Saison bis zu 13–14 Mal nach Phuket. Der Preis für die Economy Class liegt offiziell bei 4060 Baht, für Business Class bei 6060 Baht. Nach Sondertarifen fragen, oft bekommt man Economy-Tickets zu 2400–2900 Baht. Flugzeit 1 Std. 10 Min. Flüge ab Suvarnabhumi Airport. In der Hauptsaison (Nov.–Feb.) sind bei Thai Airways oft alle Flüge in der Economy Class voll und eine rechtzeitige Buchung ist ratsam. Gelegentlich sind auch alle Plätze in der Business Class belegt.

■ Weitere Flüge **ab Bangkok mit Nok Air** (www.nokair.com), **Bangkok Airways** (www.bangkokair.com) und **Thai Air Asia** (www.airasia.com), ca. 2200–3000 Baht einfach, je nach Flugdatum. Buchungen übers Internet.

■ Thai Airways fliegt auch direkt **ab Chiang Mai** ein.

■ **Flüge ab Ko Samui** mit Bangkok Airways ab ca. 2500 Baht. 2 Flüge tgl., Flugzeit 50 Min.

■ Zahlreiche Chartergesellschaften fliegen direkt aus Europa oder anderen Teilen der Welt nach Phuket. Des Weiteren Linienflüge u. a. ab Frankfurt (Thai Airways), Düsseldorf (Air Berlin, Hongkong (Thai Airways, Dragonair), Singapur (Silk Air), Sydney (Jetstar), Taipei (China Airlines) und Tokyo (Thai Airways).

Ankunft im Flughafen von Phuket

■ Bei der **Ankunft am Flughafen** lassen sich an zwei Schaltern kurz vor dem Ausgang **Limousinen** zur Weiterfahrt buchen. Fahrten nach Phuket City kosten 500 Baht, nach Patong 650 Baht usw. Die Fahrt muss am Schalter im Voraus bezahlt werden. Von den beiden Schaltern ist der **links gelegene** derjenige, den man wählen sollte – die Fahrer des rechts gelegenen Schalters „verschleppen" oft ihre Fahrgäste zu Tourunternehmen, wo versucht wird, ihnen Touren oder Hotels aufzuschwatzen. Das ist erstens Zeitverschwendung, zweitens arten die „Angebote" manchmal beinah in Nötigung aus. Zudem gibt es an den Schaltern Mini-Busse nach Phuket City zu buchen (150 Baht/Pers., weitere Mini-Busse nach Patong. Preishinweise am Schalter. Auch in diesem Falle buche man nur am Schalter links.

Im Herbst 2013 soll ein **regulärer Bus-Service** vom Flughafen zu allen wichtigen Stränden in Betrieb genommen werden. Ob daraus etwas wird, bleibt abzuwarten. Bisher hat sich Phukets Tuk-Tuk-Mafia mit allen Mitteln – auch Gewalt – dagegen gewehrt, dass ihnen preisgünstigere Verkehrsmittel Konkurrenz machen.

Etwa 100 m vor dem Ausgang des Flughafens parken **Taxis** mit Taxameter. Diese sind aber zwecklos, da sie nicht mit Taxameter fahren, und man muss den Preis aushandeln. Billiger als die o. g. Limousinen wird das nicht.

■ Vom Flughafen fährt auch ein **Airport-Bus** zu 90 Baht bis in die Innenstadt von Phuket City (www.airportbusphuket.com). Endhaltestelle ist der alte Busbahnhof in der Phang-Nga Rd. Der erste Stopp vom Flughafen aus ist das Indigo Pearl Hotel am Nai Yang Beach (25 Baht). Ansonsten werden keine Strände angefahren, die Fahrtstrecke verläuft zumeist über die zentral durch Phuket verlaufende Thepakassatri Rd. Bezüglich des Streckenverlaufs siehe die o. g. Website. Abfahrt vom Flughafen 6, 9.30, 10.30, 13.00, 14.30, 16.00, 18.30 und 20.00

Uhr; Fahrzeit bis Phuket City langwierige 1 Std. und 20 Minuten.

Achtung! Auf keinen Fall sollte man mit den Taxis fahren, deren Fahrer am Ausgang des Flughafens lauthals ihre Dienste anbieten. Dies sind Fahrer unlizensierter Taxis, auf Thai genannt „Geister-Taxis". Der Name ist nicht fehl am Platze, denn unlautere Machenschaften gehören mit zum Handwerk. Man sollte nur die Taxis des o. g. links gelegenen Schalter wählen, bzw. den Airport-Bus oder die für 2013 angekündigten Busse zu den Stränden (falls sie denn bestehen werden). Wer sich von seinem gebuchten Hotel abholen lassen kann, sollte diesen Service auf jeden Fall in Anspruch nehmen.

Weiterreise von Phuket

■ **Busse** fahren u. a. nach Hat Yai, Ko Samui (Bus-/Schiffskombination, ca. 400–500 Baht), Krabi, Nakhon Si Thammarat, Ranong, Surat Thani und Trang. Alle Busfahrten in Provinzen außerhalb von Phuket – also alle o. g. Ziele – haben ihren Ausgangspunkt in der neuen Busstation an der Thepkassatri Rd., ca. 3 km nördlich der Innenstadt von Phuket City (schräg gegenüber dem Verbrauchermarkt „Super-Cheap"). Der alte Busbahnhof an der Phang-Nga Rd. in der Innenstadt wird nur noch zu Zielen innerhalb von Phuket genutzt.

■ Songthaews, Tuk-Tuks oder private Taxis ab Phuket City **zum Flughafen** kosten ca. 500 Baht. Handeln! Von den Stränden ergeben sich meist höhere Preise: Ab Kata/Karon 1000 Baht, ab Patong 800 Baht, ab Ao Chalong 650 Baht, ab Surin 600 Baht. Um vom Limousinendienst im Flughafen Gebrauch zu machen, rufe man Tel. 076-351347-9. Man wird überall auf der Insel abgeholt. Preise wie bei der Fahrt vom Flughafen. Wenn man bei der Limousinen-Fahrt vom Flughafen einen guten Fahrer erwischt hat, sollte man sich gleich seine persönliche Telefonnummer geben lassen, um sich von ihm zur Rückfahrt abholen zu lassen. Ein guter und ehrlicher Fahrer ist in Phuket Gold wert!

Der Süden

7

Nachbarinseln von Phuket

Die Provinz Phuket, die flächenmäßig kleinste Thailands, umfasst außer Phuket noch **39 weitere Inseln,** von denen viele lohnenswerte Reiseziele darstellen. Dazu kommen noch einige andere Inseln, die zwar offiziell der Provinz Phang-Nga angehören, aber dennoch hauptsächlich von Phuket aus angefahren werden. Einige Inseln sind stark kommerzialisiert – mit Angeboten von Water-Scooter fahren und Paragliding – andere hingegen sind noch absolut ruhig und naturbelassen.

Ko Nakha Yai

Diese Insel an der Nordostseite Phukets besitzt an seiner Ostseite einen der schönsten Strände der Umgebung, den Hat Thap Po, dazu ist sie palmenüberwachsen und absolut ruhig. Tagsüber finden sich einige Tagesausflügler am Strand ein, gegen 17.00 Uhr aber wird es fast unwirklich still. Sehr empfehlenswert für einen Tagesausflug ebenso, wie längere Aufenthalte. Auf der Insel befindet sich ein kleines, von Moslems bewohntes Dorf.

■ **Unterkunft: Tenta Nakara*******–ᴸᴸᴸ (Tel. 02-5124649, 081-3986515, www.tentanakara.com) ist eine eigenartige Anlage: Die Unterkünfte sind so etwas wie Großraumzelte, die zu Bungalows ausgebaut wurden. Innen sind sie komfortabel genug, das Resort verzichtet aber bewusst auf Strom (außer im Restaurant), und so kann es brütend heiß werden. Dafür gibt es abends Laternenromantik. In der Nebensaison ab 1400 Baht.

An der Südostseite des Strandes befindet sich das sündhaft luxuriöse **Naka Island**ᴸᴸᴸ (Tel. 076-371400, www.nakaislandphuket.com), mit Preisen in der Off-Season ab ca. 12.000 Baht, ansonsten erheblich teurer.

■ **Anreise:** Mit einem Songthaew vom Markt in Phuket City zum Pier in Ao Por (30 Baht); dort warten Boote zur Überfahrt. Kosten retour ca. 800–1000 Baht, Fahrzeit ca. 20 Min. bis zum Hat Thap Po.

Ko Nakha Noi

Dies ist die etwas weiter südlich gelegene kleine Schwesterinsel von Ko Nakha Yai, die für ihre **Perlenfarm** bekannt ist und dementsprechend auch oft Pearl Island genannt wird. Das Unternehmen präsentiert jeden Morgen eine „Perlen-Show", in der über das Entstehen einer Perle doziert wird. Gebucht werden können diese recht lebendig gehaltenen Vorträge bei allen Reisebüros in Phuket. Wenn man die Insel auslässt, hat man aber auch nicht viel verpasst.

Ko Maphrao Yai

Die „Kokosnuss-Insel" befindet sich direkt in Sichtweite vor dem Pier von Laem Hin. Da sie sehr leicht zu erreichen ist, eignet sie sich gut für einen Tagesausflug von Phuket City aus, vielleicht auch für länger. Touristen sind hier bisher noch eine absolute Rarität. Ko Maphrao ist dicht mit Kokoshainen und Gummiplantagen bepflanzt. Das einzige Dorf der Insel, bewohnt von moslemischen Fischern, liegt am Pier an der Nordseite von Ko Maphrao. Von hier aus führt ein Trampelpfad zwischen Kokospalmen hindurch in nordöstliche Richtung zum

345ph rk

Laem (Kap) Na Muang, an dem sich ein schöner weißer Strand erstreckt (ungefähr 1 km vom Pier entfernt). Ein anderer Pfad führt vom Pier durch Gummiplantagen in südlicher Richtung zum **Hat Yao** („Langer Strand"); Entfernung ca. 1½ km. Der Strand ist absolut einsam, allerdings auch sehr schmal. Bei Flut bleibt von dem Strand lediglich ein etwa 2 m breiter Streifen übrig.

Nahe der Insel befindet sich die **Phuket Pearl Industry Co. Pearl Farm,** eine Perlenfarm, die besucht werden kann. Man kontaktiere das Geschäft des Unternehmens in 58/2 Mu 1 Thepkassatri Rd., Sapam, Tel. 076-238002, 37773-0/-1, Fax 238337. Hier wird auch jede Art von Perlenschmuck veräußert. Das Geschäft befindet sich an der Westseite der Thepkassatri Road, ca. 1 km nördlich der Abzweigung nach Laem Hin.

🔴 **Unterkunft:** Das kleine **Koh Maphrao Resort***** (Tel. 081-9836030, 089-4741877) hat nur 7 einfache Zimmer mit Bad für 600 Baht.

Maphrao Camp Belvedere ist eine komfortable Bungalow-Anlage unter Schweizer Management. Die Bungalows werden auf Langzeit vermietet. Siehe www.maphrao.com.

Darüber hinaus kann man in **„Homestays"** übernachten, d. h., Bewohner nehmen Reisende bei sich zu Hause auf. Keine schlechte Gelegenheit, etwas vom Inselleben abseits der Touristenströme zu erleben. Informationen hierzu erhält man bei der TAT in Phuket City.

🔴 **Anreise:** Um zur Insel zu gelangen, nehme man eines der „Langschwanzboote" *(ruea haang yao),* die regelmäßig vom Pier in Laem Hin nach Ko Maphrao fahren. Abfahrt, sobald sich ein paar Passagiere eingefunden haben. Preis 20 Baht/Pers. Fahrzeit für die 800 m Entfernung ca. 10–15 Min. Ko Maphrao tritt auf einigen Karten als Ko Maphrao Yai („Große Kokosnussinsel") auf, um sie von einer kleinen Nachbarinsel, Ko Maphrao Noi, zu unterscheiden. Letztere ist aber so winzig, dass sie nicht sonderlich erwähnenswert ist, und wer Ko Maphrao sagt, meint somit automatisch die größere der beiden Inseln.

Ko Siray

Direkt an der Ostseite von Phuket City findet sich die Insel Siray (sprich: *siré*), die nur durch einen schmalen Kanal von Phuket getrennt ist. Über eine aufgeschüttete Straße gelangt man so fast unmerklich von der einen Insel zur anderen. Ko Siray beherbergt an seiner Ostseite eine Siedlung der **Chao 'le** oder „Meereszigeuner", die hier noch ein bescheidenes Auskommen als Fischer finden. Die hier ansässigen Chao 'le – etwa 1200 Personen – gehören zum Zweig der *Urak Lawoi,* und viele von ihnen sprechen ihre eigene Sprache, und manche – die älteren von ihnen – nur unvollkommenes Thai. Ko Siray hat nur einen äußerst bescheidenen Strand, der auch kaum zum Schwimmen geeignet ist. Dafür bieten sich Wanderungen durch die hügelige Umgebung an, oder ein Besuch in **Wat Siray.** Dieser eigentlich schlichte, an einen Felsen gebaute Tempelkomplex beherbergt einen liegenden Buddha *(phra non)* aus dem Jahre 1963, der, hoch auf einem Felsen, der aufgehenden Sonne entgegenblickt. Von den Hauptgebäuden des Tempels führen Stufen und ein steiler Weg nach oben zum ca. 10 m langen Buddha. Die auf ihrer rechten Seite liegende Figur stellt den Erleuchteten in dem Moment dar, in dem er ins Nirwana eingeht. Um die Figur ist eine Art Terrasse errichtet, mit einem kleinen Gebetsschrein und einigen weiteren Buddha-Figuren. Von der Ostseite der Terrasse erhält man am späten Nachmittag einen herrlichen Ausblick auf die dann in warmes, goldenes Licht getauchte Stadt.

■ **Unterkunft:** Die Insel ist eigentlich nicht das tropische Paradies, das Touristen von Phuket erwarten; und so ist verwunderlich, dass 2010 ein Nobelhotel hierhin gebaut wurde, das **Westin Siray Bay Resort**ᴸᴸᴸ (Tel. 076-335600, www.starwoodhotels.com/westin/index.html). Wer sich hier einbucht, findet zwar eine architektonisch schöne Anlage samt eigenem kleinen Strand vor, das gesamte Umfeld aber ist alles andere als idyllisch. Ko Siray sieht über weite Strecken sehr unaufgeräumt auf. Zudem ist die Lage völlig einsam und abgeschieden, und wer in die Stadt will, muss die sehr teuren Taxis von Ko Siray oder den Zubringerdienst des Hotels in Anspruch nehmen. Preiswerter: **Siray Green Resort******–*****, komfortable Bungalows mit A.C. und TV, dazu Swimmingpool (Tel. 076-252701).

■ **Anreise:** Vom Markt in der Ranong Road fahren nur wenige Songthaews am Tag nach Ko Siray. Fahrtkosten 20 Baht.

Ko Taphao Yai

Ko Taphao Yai liegt ca. einen halben Kilometer von der Küste entfernt in der **Makham-Bucht.** Die Insel hat keinen nennenswerten Strand und ist auch ansonsten keine Augenweide. Die Lage nahe dem Hafen und seinen großen Öltanks verbessert den Anblick auch nicht. Für Tierfreunde, besonders Vogelbeobachter, ist Ko Thapao Yai jedoch von besonderem Interesse: Auf der Insel leben über 200 **Nashornvögel** (engl.: *hornbills*) der Gattung *Anthracoceros albirostris* (Orient-Hornvogel). Dies ist die größte

Population von Nashornvögeln in Südthailand. 1987 war ihre Zahl auf weniger als ein halbes Dutzend zurückgegangen, nur durch sorgsames Hegen der Ökologie auf der Insel konnte der Trend umgekehrt werden. Nashornvögel ernähren sich vor allem von Früchten, Beeren und Samen, während der Nistzeit aber auch von Schnecken, Mäusen, kleinen Vögeln, Baumfröschen und Echsen. Sie benötigen eine perfekt intakte Umwelt, um zu überleben und sich fortpflanzen zu können. Nirgends in Thailand sind die Vögel leichter zu beobachten als hier. Einige von ihnen leben auch auf der kleineren Nachbarinsel **Ko Taphao Noi**. Die nächstgelegene Möglichkeit, diese Vögel zu sehen, ist der **Khao Sok National Park** in der Provinz Surat Thani.

Einige Reiseunternehmen haben **Kajak-Touren** um die Thapao-Inseln in ihrem Programm; diese werden als Halbtages- und Ganztagestouren angeboten. Die Touren werden oft als „Hornbill Tours" offeriert, ohne direkt den Namen der Inseln zu nennen. Eine Tagestour kostet ca. 1800 bis 2000 Baht, eine Mahlzeit ist dabei inklusive. Einer der Anbieter ist *Asian Trails*, Tel. 076-26187-8/-9, Fax 076-261852, www.asiantrails.net. Die Mitnahme eines Fernglases ist zu empfehlen.

■ **Anreise:** Per Songthaew ab Phuket City nach Ao Makham (25 Baht). Die Songthaews fahren ab dem Morgenmarkt in der Ranong Rd. Gecharterte Tuk-Tuks ab Phuket City kosten einfach ca. 300 Baht, für Hin- und Rückfahrt plus einer Wartezeit 700–800 Baht. Bei den Tuk-Tuks muss zäh gehandelt werden. Vom Pier in Ao Makham lassen sich Boote nach Ko Tapao Yai chartern; Kostenpunkt ca. 600 Baht für Hin- und Rückfahrt und einstündigem Aufenthalt. Die Überfahrt dauert ca. 10 Min.

Ko Mai Thon

Diese traumhafte Insel liegt weit außerhalb der Bucht von Chalong und bietet absolute Ruhe.

■ **Unterkunft:** Die einzige Unterkunft auf der Insel, *Honey Moon Phuket,* kostet in der Nebensaison ab 6500 Baht, ansonsten ab ca. 11.000 Baht pro Übernachtung. Das Resort wird großenteils von japanischen Pauschaltouristen angesteuert. Bei Buchung von Package-Touren senkt sich der Preis erheblich. Tel. 076-21495-4 bis -8, 085-8352222 (Handy), www.honeymoonislandphuket.com.

■ **Anreise:** Die Anfahrt zur Insel wird bei Buchung von obigem Resort organisiert. Wer nur einmal vorbeischauen möchte, chartere ein Boot in Ao Chalong oder Rawai. Mit Kosten von mindestens 3000 Baht für Hin- und Rückfahrt ist zu rechnen.

Ko Lone

Empfehlenswert ist ein Abstecher auf die vorgelagerte Insel Lone *(Lon/Lohn)*, ein dschungelbewachsenes Eiland, das – abgesehen von Booten – noch ohne jegliches motorisierte Transportmittel auskommt. Ko Lone lädt zu ausgedehnten **Wanderungen** über die mit satter Vegetation und Gummiplantagen bedeckten Hügel ein. Sie erreichen eine Höhe von 263 m. Die freundliche Bevölkerung besteht fast nur aus Moslems, die neben dem Gummianbau vom Fischfang leben. Dies ist der richtige Platz für Zivilisationsflüchtige, die hier absolute Ruhe und unverdorbene Natur vorfinden. Aber wer weiß, wie lange das noch so sein wird – Parasailing wird bereits angeboten ...

■ Überteuerte **Unterkunft** im **Baan Mai Cottages & Restaurant**LLL (Tel. 076-223095, Fax 076-

223096, baanmai@voila.fr) und im **Cruiser Island Resort**^{LLL} (Tel. 076-383210, Fax 076-383211). Vom Standard her dürften beide Unterkünfte eigentlich nur halb so teuer sein. Angekündigt hat sich zudem das **Taj Exotica Resort & Spa,** ein Ableger der indischen Taj-Kette. Hier sollen unter anderem indische Hochzeitsgesellschaften absteigen und feiern.

■ **Anreise** Hin- und Rückfahrt ab dem Pier in Chalong samt einem ein- bis zweistündigen Aufenthalt kosten ca. 800–1000 Baht.

Ko Bon

Eine wunderschöne, dem Strand von Rawai vorgelagerte Insel, mit einem herrlichen Badestrand. Die Gewässer um die Insel eignen sich sehr gut zum Tauchen, man begegnet möglicherweise einigen Manta-Rochen.

■ Zur **Anreise** chartere man ein Boot am Pier von Rawai; ca. 800–1000 Baht für Hin- und Rückfahrt.

Ko Hae

Ko Hae oder Coral Island, gelegen vor der Küste von Rawai, besitzt einen pulverfeinen, weißen Strand und hervorragende Schnorchel- und Bademöglichkeiten, mit herrlich klarem Wasser. Leider ist der Insel aber der große Kommerz-Überfall nicht erspart geblieben, wie hätte es auch anders sein können. So düsen mittlerweile Water-Scooter über das Wasser, und die Strandverkäufer verlangen krasse Höchstpreise.

■ Die einzige **Unterkunft** ist das **Coral Island Resort*******_{–LLL}; Tel. 076-281060, Fax 076-382957, www.coralislandresort.com; stilvolle, aber nicht allzu luxuriöse Zimmer mit A.C., TV und Kühl-

schrank ab 2200 Baht inkl. Frühstück, Swimmingpool. Bei Buchung wird man gegen Entgelt in Rawai abgeholt (700 Baht pro Person bei Einzelabholung). Ansonsten kosten gecharterte Boote ab Rawai ca. 500 Baht einfach, 800–1000 Baht retour.

Ko Kaeo Phitsadan Noi

Auch diese Insel ist per Charter-Boot ab Rawai zu erreichen, Kostenpunkt hin und zurück (keine Übernachtungsmöglichkeit) ca. 600–800 Baht. Sie ist von Kokosplantagen bedeckt und weist einen kleinen Tempel auf, der auch der Grund ist, warum hier keine Hotels gebaut werden dürfen (Restaurant allerdings vorhanden). Das Wasser ist absolut klar, und so bieten sich hier ausgedehnte Bade- und Schnorchelexkursionen an.

Ko Raya Yai

Ein Eiland wie aus dem Reiseprospekt, mit herrlich-weißen Stränden und einem palmenbedeckten Hinterland. Der Sand ist pulverfein, das Wasser blau, alles perfekt. Die Attraktivität der Insel zieht mittlerweile aber auch sehr viele Touristen an. Dennoch: ein Traum von einer Insel!

In den Gewässern nahe Ko Raya Yai wurde 2006 in einer Tiefe von 15 m eine Art **Unterwasserpark** angelegt. Dieser besteht aus zwei Yak-Figuren (Schutzdämonen), zwei Elefantenfiguren, einer Riesenauster und einer Art Pavillon und Zierbögen. Diese sollen irgendwann von Korallen bewachsen sein und dann den Tauchern einen unvergesslichen Anblick bieten. Das Projekt hat 14 Mio. Baht gekostet.

Unterkunft

■**Ban Raya*******–LLL (Tel. 076-354682, www. banraya.com). 2 min. Fußweg zum Strand. Schnorchel- und Tauchmöglichkeit.

■**The Racha**LLL (Tel. 076-355455, Fax 076-355240, www.theracha.com), eine der besten und schönstgelegenen Unterkünfte in Südthailand, grandiose, mediterran wirkende Villen mit Terrasse, in den höheren Preislagen mit eigenem Jacuzzi und „Infinite View"-Swimmingpool – d. h. wenn man über das Blau des Pools sieht, erblickt man das Blau des Meeres oder des Himmels. Preise in der Hauptsaison ab ca. 14.000 Baht, in der Nebensaison ab ca. 11.000 Baht. Villen bis zu 75.000 Baht.

■**Raya Father Resort******–***** (Tel. 081-89344 30, Fax 076-283110), kleine, enge Bungalows mit Bad zu überteuerten 1000–1800 Baht, aber da auf dieser Insel jede Unterkunft überteuert ist, ist man hier noch einigermaßen gut bedient.

Anreise

■Gecharterte **Longtail-Boote** ab Rawai kosten ca. 3000–4000 Baht, Fahrzeit bis zu 1½ Std., **Speedboote** ab Rawai zu mindestens 7000 Baht, und das lohnt wohl nur, wenn man mit Mehreren reist, Fahrzeit 30–40 Min. In der Regenzeit wird der Bootsverkehr oft eingestellt.

Similan Islands

Zu Phang-Nga gehören die Similan Islands, etwa 100 km nordwestlich von Phuket gelegen. Dieser aus neun Inseln bestehende Archipel – der Name stammt vom malaysischen *sembilan* für „neun" – wurde 1984 zum Meeresnationalpark erklärt und zieht seit Jahren Taucher aus aller Welt an. Die Unterwasser-Szenerie dürfte in Thailand kaum zu übertreffen sein, aber auch wer nur baden oder schnorcheln möchte, wird begeistert

sein. Die Korallen der Similan Islands sind nach dem Tsunami noch weitgehend intakt.

■Die **Übernachtung** ist offiziell nur auf Ko Miang gestattet, auch Insel Nr. 4 genannt (jede der Inseln hat einen Namen und eine Nummer). Die einfachen Bungalows kosten je nach Größe 600–2000 Baht, für 400 Baht gibt es Zeltunterkünfte (Zwei-Personen-Zelte).

■Jedes Reisebüro auf Phuket bietet ein- oder mehrtägige **Touren** zu den Similans an, die Transport, Unterkunft, Verpflegung und nach Wunsch auch Tauchkurse beinhalten; Kostenpunkt ab ca. 2500 Baht/Tag, mit Tauchkurs mehr. Fahrtdauer ca. 4 Std. werden auch Tagestouren zu ca. 2500 Baht angeboten, die insgesamt etwa 10. Std, dauern.

■Des Weiteren **Touren ab der Küste von Phang-Nga**, vom Pier in Thap Lamu aus: Kostenpunkt für eine 3-Tagestour (2 Übernachtungen) ca. 7500 Baht alles inklusive. Empfehlenswert sind die Touren des Poseidon Bungalows nahe Thap Lamu (1/6 Khao Lak, Laem Kaen, Tel. 076-443258, 087-8959204, www.similantour.com).

■Der **Eintritt** zum Meeresnationalpark kostet 400 Baht, die Hälfte für Kinder bis 12 Jahren.

■Die Similan Islands sind nur von **Mitte November bis Mitte Mai** erreichbar.

Surin Islands

Gut 50 km nördlich der Similan Islands befinden sich die relativ wenig besuchten Surin Islands, die 1981 zum **Nationalpark** erklärt wurden. Der Archipel gruppiert sich um die zwei Hauptinseln, Ko Surin Nuea und Ko Surin Tai und bietet ausgezeichnete Tauch- und Schnorchelgründe. Auf der Nord-Insel ist das Hauptquartier des Nationalparks eingerichtet, mit dazugehörigen Bungalows mit Preisen von 400 bis 2000 Baht;

Zeltmöglichkeit auf der Süd-Insel zu 300 und 450 Baht.

Zahlreiche **Moken Seenomaden** leben seit Hunderten von Jahren auf Ko Surin Tai. Die Moken haben aufgrund einer alten Legende die bevorstehende Katastrophe am 26. Dezember 2004 kurz bevor die Welle einschlug, erkannt und retteten sich und viele Touristen vor den Fluten. Die Korallen haben durch den Tsunami etwas gelitten und die Fischbestände haben in den letzten Jahren abgenommen – Haie werden auf den Surinriffen zum Beispiel kaum mehr gesichtet. Dies mag an den Hunderten von Booten liegen, die knapp außerhalb der Parks fischen. Zudem wurde schon 2005 bekannt, dass lokale Regierungsangestellte vom Festland ohne Erlaubnis im Park fischen. Dennoch ist das Tauchen auf Surin noch immer eindrucksvoll.

■ **Fahrten zu der Inselgruppe** werden von den meisten Reisebüros in Phuket angeboten, oder – preiswerter – von den Tauchunternehmen in Khao Lak (s. u.). Gelegentlich werden kombinierte Similan/Surin-Touren geboten.

Die kürzeste Entfernung zu den Inseln ergibt sich ab dem Pier Phae Pla Chumphon in Ban Hin Lad, 7 km nördlich von Khuraburi, wo sich ein Büro der Parkverwaltung (Tel. 076-491378, Fax 076-491583,

⌂ Touristen fahren vor Ko Surin mit einem Langschwanzboot zum Schnorcheln

surin_islandnp@yahoo.com) befindet. Von hier fahren Boote für 1500 Baht retour; Fahrzeit 4 Std. Buchungen der Boote wie auch der Bungalows im Büro des Nationalparks am Pier von Phae Chumphon. Speedboote (ab ca. 5000 Baht retour) können privat angemietet werden und schaffen die Strecke in einer Stunde. Die Surin Inseln sind sehr nahe der Grenze zu Myanmar. In der Regenzeit von Mai bis Oktober werden die Inseln nicht angefahren.

■ Der Nationalpark betreibt eine **Kantine** auf der Hauptinsel, die einzige Essmöglichkeit im Park. Der **Eintritt** zum Meeresnationalpark kostet 400 Baht, Kinder bis 12 Jahren 200 Baht.

Tauchgänge zu Richelieu Rock und den Riffen um Surin werden vom Nationalpark auch angeboten, sind aber bei 3000 Baht für zwei Flaschen zu teuer.

■ Unterkunft in **Bungalows***** der Parkverwaltung,** zu buchen unter Tel. 02-5620760. Bei Vorbuchung muss binnen 2 Tagen nach der Buchung bezahlt werden. Es kann zwei Monate im Voraus vorgebucht werden.

Kanufahrten

Touren in Schlauchbooten und Kajaks zu ungewöhnlichen Zielen in den Gewässern um Phuket bietet das empfehlenswerte Unternehmen **John Gray's Sea Canoe,** www.johngray-seacanoe.com, das heute vielerlei Imitatoren mit ähnliche Namen aufweist.

Bei den Paddeltouren werden vor allem sogenannte *hong* oder „Zimmer" besucht, von kleinen Felseninseln eingeschlossene Meereslagunen, die mit größeren Booten nicht erreichbar sind. Die Anfahrt mit leisem Paddelboot erlaubt auch das Beobachten von zahlreichen Wasservögeln. Die meisten Touren führen von Phuket aus in die zerklüftete Inselwelt in der Bucht von Phang-Nga.

Eine Zweigstelle von Sea Canoe befindet sich am Strand von Ao Nang bei Krabi.

Strände nördlich von Phuket

Der Süden

Nachdem sich Phuket in den letzten Jahren zu Thailands meistbesuchtem Reiseziel nach Bangkok entwickelt hat, schwappte ein vermehrter Besucherstrom auf die nördlich davon gelegenen Strände über, auf der Suche nach der Abgeschiedenheit und Ruhe, die man auf Phuket vermisste. Die in der **Provinz Phang-Nga** gelegenen Strände sind eben erst ihrer Geheimtipp-Phase entwachsen, die touristische Entwicklung aber schreitet voran.

Verlässt man Phuket über die Sarasin-Brücke, erreicht man nach etwa 25 km den kleinen Ort **Thai Muang,** der seine Existenz hauptsächlich der zuvor in der Umgebung angelegten Zinnminen verdankt. Einige noch erhaltene alte chinesische Wohnhäuser deuten darauf hin, welche Bevölkerungsgruppe sich hier ursprünglich niedergelassen hatte. Bei vielen Thais ist Thai Muang als ein Ort bekannt, in dem bis in die jüngste Vergangenheit hochgefährliche Krokodile in den Tümpeln lauerten. Viele kennen die Geschichte eines jungen Mädchens aus Thai Muang, das sich vor gut 30 Jahren aus Liebeskummer den Krokodilen zum Fraß vorgeworfen haben soll. Krokodile gibt es hier mittlerweile nicht mehr.

Etwa 2 km westlich der Stadt erstreckt sich der **Thai Muang Beach;** vom Highway, der durch die Stadt führt, zweigt eine Straße dorthin ab. Der Strand hat sehr weißen Sand, ist absolut ruhig und ausgezeichnet zum Sonnenbaden geeignet – nicht allerdings zum

7

Schwimmen. Das Wasser fällt unmittelbar nach dem Ufer tief ab (die Anwohner sagen, in einer Art *ang* oder „Bekken"), und es gibt gefährliche Strudel. Schwimmen ist lebensgefährlich, und das eine oder andere unscheinbare Schild weist darauf hin. Der Strand ist jedoch so malerisch, dass er sich durchaus für einen Tagesausflug (oder mehr) von Phuket aus lohnt. Unterkunft findet sich in den *Thai Muang Beach Chalets*****–***** (Tel. 076-571512-5, Fax 076-571517), die sich auf dem Gelände eines an den Strand angrenzenden Golf-Clubs befinden. Die Lage ist absolut ruhig, und mancher, der hier für einen Kurzaufenthalt einkehrte, blieb viel länger als geplant. Die Bungalows haben Bad, A.C. und Satelliten-TV; ein Swimmingpool ist vorhanden. Gäste können den Golfplatz (18 Löcher) zum halben Preis benutzen. Für die nahe Zukunft ist an dieser Stelle ein touristisches Großprojekt geplant, es wird sich hier also einiges ändern.

Ca. 20 km nördlich von Thai Muang zweigt von der Straße, Highway Nr. 4, links eine Seitenstraße ab, die nach 4½ km nach **Thap Lamu** führt. Vom Pier fahren Boote in 4–5 Stunden schneller und preiswerter als von Phuket **zu den Similan Islands.**

Weitere 5 km nördlich findet sich an der Westseite des Highway der Zugang zum **Khao Lak National Park,** ein dichtbewaldetes Areal mit einem attraktiven Strand. Von hier aus nordwärts erstrecken sich ca. **30 weitere Strandkilometer** mit zahlreichen Bungalow-Kolonien.

Khao Lak und Bang Sak

Khao Lak und das benachbarte **Bang Niang** waren einst idyllische Strände, die in den 90er Jahren des letzten Jahrhunderts zu einer touristischen, ruhigeren und von Bars und Discos freigehaltenen Alternative zu Phuket wurden – bis am 26.12.2004 der **Tsunami** zuschlug. Khao Lak und Bang Niang waren (mit Ko Phi Phi Don) **die in Thailand am heftigsten betroffenen Gebiete.** Nach dem Tsunami sah es auf einer Strecke von 3–4 km so aus, als wären die Strände bombardiert worden; es herrschte beinahe komplette Verwüstung. Über 4000 Menschen kamen ums Leben.

Die Flutwellen in Khao Lak sollen etwa 12 m hoch gewesen sein, und das Wasser drang bis zu 1½ km ins Binnenland vor, über die Hauptstraße Richtung Ranong und Phuket hinweg. Die ungeheure Kraft der Wassermassen wurde durch ein etwa 10 m langes **Patrouillenboot der thailändischen Marine** deutlich: Das stählerne Schiff wurde mehr als einen Kilometer ins Land geschleudert. Bei der ungeheuren Kraft der Flutwelle lässt sich erahnen, was mit den Menschen geschah, die ihr im Weg waren.

Das Patrouillenboot war abkommandiert, über den (bis zu der Zeit) einzigen Enkel des thailändischen Königs zu wachen, der am Morgen des Tsunami auf dem Meer Jet-Ski fuhr. Der Enkel, der zwanzig Jahre alte *Poom Jensen,* war mit seiner Mutter, Prinzessin *Ubolratana,* in Khao Lak im Urlaub und wohnte im Resort La Flora. Die Leiche des aus der Ehe der Prinzessin mit einem Amerikaner hervorgegangenen jungen Mannes wurde einige Tage nach dem Tsunami gefunden; seine Mutter befand sich zur Zeit

Der Süden

der Katastrophe in sicherer Entfernung vom Meer und überlebte.

Das Patrouillenboot liegt noch heute da, wo es der Tsunami hinschleuderte und soll dort auch als eine Art Denkmal verbleiben. Reisenden dient es als gute Orientierungshilfe. Nebenan ist ein kleines, nicht besonders interessantes **Tsunami-Museum** eingerichtet (tägl. 9.00–18.30 Uhr, Eintritt auf Spendenbasis). Die wahre Tragweite der Katastrophe offenbart sich, wenn man mit Überlebenden spricht. Viele Leute in Khao Lak haben furchtbare Geschichten zu erzählen, und die innere Heilung wird viel länger dauern als der äußere Wiederaufbau des Ortes.

Hundertprozentig wiederhergestellt ist Khao Lak bis heute nicht. Ein paar Baulücken bestehen noch. Es ist sicher nicht die grandioseste Strandgegend in Südthailand. Die Strände sind idyllisch, der Sand einigermaßen weiß, aber sie gehören nicht zu den spektakulärsten im Lande. Was viele Leute dennoch anzieht, ist die **relative Ruhe** im Gegensatz zu Orten wie Phuket oder Ko Samui: Die Provinzregierung von Phang-Nga bemüht sich, Khao Lak von allzu touristischen Auswüchsen fern zu halten, und so sind Sonnenschirme am Strand und Water-Scooter (Jet-Skis) verboten. Auch eine Bar-Szene wie auf Phuket fehlt, und so verbringen hier zahlreiche – vor allem skandinavische – **Familien** ihren Urlaub.

Die Gegend, die unter Touristen meist unter dem Namen Khao Lak zusammengefasst wird, besteht eigentlich aus einer Reihe von Stränden: Khao Lak Beach selber befindet sich an dessen südlichen Ende, angrenzend an den Khao Lak National Park. Von der leicht erhöh-ten Lage des Nationalparks ergibt sich ein guter Ausblick auf Khao Lak und die angrenzenden Strände. Nördlich von Khao Lak folgen die Strände von **Nang Thong, Bang Niang, Khuk-Kak,** dann das Kap **Laem Pakarang** und weiter nördlich der Strand von **Bang Sak.** Insgesamt ist der Bereich ca. 20 km lang, Khao Lak und Nang Thong sind die belebtesten Strände, mit zahlreichen Hotels, Geschäften und sonstigen touristischen Einrichtungen; weiter nördlich geht es geruhsamer zu. **Laem Pakarang,** 12 km nördlich von Khao Lak, ist weitgehend dem Hochpreis-Tourismus vorbehalten. Bang Sak ist ein sehr ruhiger Strand, der allerdings mehr von Kasuarin-Fichten gesäumt ist als von den bei westlichen Reisenden so beliebten Kokospalmen.

Eine richtiggehende Stadt gibt es hier entlang dem Highway Nr. 4, der parallel zu den Stränden verläuft, nicht. Die einzige größere Ortschaft ist **Takua Pa** am Nordende des Bereiches, eine Distrikthauptstadt und ein kleiner Verkehrsknotenpunkt.

Unterkunft

Die **touristische Saison** in Khao Lak ist kurz – etwa von November bis März – und die Unterkünfte versuchen in der kurzen Zeit so gut zu verdienen wie möglich. In der Regenzeit lassen sich nur wenige Touristen blicken, denn anders als auf Phuket mit seinen Bars gibt es im tosenden Regen hier nicht viel zu tun. Zum Ausgleich werden die Unterkünfte oft erheblich billiger, vor allem die Luxusherbergen. Die Zeiten von Khao Lak als Billigreiseziel sind weitgehend vorbei, die meisten Unterkünfte befinden sich preislich mindestens im soliden Mittelfeld.

7

■**Poseidon Bungalows & Similan Tour** ****–***** (Tel. 076-443258, www.similantour.com), äußerst ruhige Lage inmitten von Gummiplantagen an einem sandigen, felsdurchsetzten Strandabschnitt in Khao Lak. Es werden Schnorcheltouren und Trips zu den Similan Island angeboten. Geräumige Bungalows mit Balkon, einige mit Meerblick.

■**Krathom Khao Lak Resort******–***** (Tel. 076-485149, www.krathom-khaolak.com), ordentliche Bungalows mit Bad, teilweise aus Holz, etwas vom Strand entfernt. Mit Pool und Billardraum. Ab 900 Baht.

■**Phu Khao Lak Resort*****–******** (Tel. 076-485141, www.phukhaolak.com), große, in einem malerischen Palmenhain angelegte Bungalows, ca. 300 m inland vom Strand, in ruhiger Lage. Sehr empfehlenswert. Mit Pool und Wi-Fi in einigen Bereichen, dazu einem außergewöhnlich guten Restaurant. Bungalows in den höheren Preislagen mit A.C.

■**Jai Bungalow***** (Tel. 076-485390, jai_bungalow@hotmail.com), ab 400 Baht für kleine Bungalows mit Mini-Veranda, hinter *Jai Restaurant* an der Hauptstraße in Bang Niang.

■**Tiffy's Café*** (Tel. 084-0514138, www.tiffyscafekhaolak.com), gutes deutsches Restaurant, nicht sonderlich günstig an der Hauptstraße gelegen (neben Sea Dragon Dive Center), aber die Betten im Schlafsaal hinter dem Restaurant sind preislich kaum zu unterbieten (180 Baht), dazu gibt es kleine Zimmer ab 250 Baht.

■**La Flora Resort & Spa**ᴸᴸᴸ (Tel. 076-428000, www.lafloraresort.com), architektonisch gelungene Luxusanlage, mit hippem, asiatisch-inspiriertem Einschlag. Luxuszimmer und Villen, teilweise mit eigenem Jacuzzi, ab ca. 5000 Baht in der Nebensaison; in der Hauptsaison können sich die Preise gut verdoppeln, je nach Monat. Wer das Geld hat, sollte zugreifen. Mit Swimmingpool, Spa. Fitness-Raum, Tennisplatz, Wi-Fi-Internet u. a.

■**Ladda Resort******–ᴸᴸᴸ (Tel. 076-486294) am Bang Niang Beach, moderne, saubere Zimmer und Bungalows, die sich um einen Garten mit Swimmingpool gruppieren, die gesamte Anlage ist wiederum ist von sattem Grün umgeben. Sehr nett. Mit A.C. und Kühlschrank.

■**Mukdara Beach Villa & Spa Resort**ᴸᴸᴸ (Tel. 076-429999, www.mukdarabeach.com), wohnliche Zimmer und Villen direkt am Meer in gepflegter Anlage. Einige Villen haben eigenen Jacuzzi.

■Nur wenige Wochen vor dem Tsunami war **Le Meridien Khao Lak & Spa Resort**ᴸᴸᴸ (Tel. 076-427500, Fax 076-427504, www.lemeridiankhaolak.com) eröffnet worden, das sich dem Namen zum Trotz in Bang Sak befindet, ca. 10 km nördlich von Khao Lak. Der Strandabschnitt heißt Kuk-Kak. Im Resort kamen etwa 30 Menschen ums Leben. Die Anlage ist toll und sehr großzügig angelegt, man hat viel Platz und Auslauf, der davor gelegene Strand ist ebenfalls sehr schön, die Standard-Zimmer sind allerdings nicht so großartig, wie man bei den hohen offiziellen Preisen ab ca. 10.000 Baht in der Hauptsaison annehmen sollte. In der Nebensaison beginnen die Preise bei ca. 5000 Baht, kein schlechtes Angebot.

■Nördlich an das Meridien anschließend liegt das sehr nette **Similana Resort*******–ᴸᴸᴸ (Tel. 089-4595219, www.kaolak.com/similana). Die wunderschönen, in traditioneller Holzbauweise errichteten Bungalows (Bad, A.C.) stehen auf Pfählen und sind von satter tropischer Vegetation umgeben – oder besser gesagt, sie wirken, als wären sie völlig natürlich in die Umgebung hineingewachsen. Absolute Ruhe und Idylle! Gleich hinter der Anlage befindet sich ein schöner Strand, ein Pool ist ebenfalls vorhanden. Zusätzlich gibt es eine Art Reihenbungalow („Duplex").

■**Sarojin Resort**ᴸᴸᴸ (Tel. 076-427900-4, www.sarojin.com), großartige Luxusanlage am Pakweep Beach zwischen Laem Pakarang und Bang Sak; eine der besten Unterkünfte Südthailands. Zimmer und Privatvillen mit allen Schikanen ab 7000 Baht in der Nebensaison, ansonsten muss man etwa das Dreifache bezahlen. Wer sich das Resort nicht leisten

7

kann/will, sollte zumindest im *Ficus* einkehren, einem fabelhaften Restaurant, gelegen an einem Lotusteich und unter einem altehrwürdigen Feigenbaum.

■ **Hanseatic School for Life (HSfL)** ist ein von einem Deutschen gegründetes Hilfsprojekt, das Kindern zugute kommen soll, die im Tsunami Eltern verloren oder anderweitig zu Schaden gekommen sind (Tel. 085-4730873615, www.hsfl.net/hanseatic-school-for-life.html). Das Projekt hat sich quasi zu einer Art Hilfsdorf entwickelt, inklusive Kindergarten und Schule. Angeschlossen sind komfortable Bungalow-Unterkünfte, und die Gäste können Thailand von einer Seite kennenlernen, die nichts mit normalem Tourismus zu tun hat. Informationen unter www.charity-travel-thailand.de. BSfL befindet sich nahe dem Dorf Ban Thung Maphrao, östlich des Highway Nr. 4. Von Khao Lak kommend, fahre man bis Ban Tai Fa am Highway und biege dort links in Richtung Ban Thung Maphrao ab. Entfernung ab Khao Lak ca. 20 km.

Essen

■ Das von einem Deutschen geleitete **Stempfer Café** bietet ausgezeichneten Kuchen, allerlei weitere Backwaren, Salate, frischen Kaffee und eine Reihe verschiedener westlicher Frühstück-Sets.

■ Ebenfalls einem Deutschen gehört das gute und preiswerte **Joe's Steak House,** ca. 150 m südöstlich des Ladda Resort.

■ Auf gleicher Höhe, aber weiter westlich direkt am Strand liegt das empfehlenswerte **Chong Fah Restaurant** (nördlich des Chong Fah Resort), mit Thai-Küche und Seafood.

■ **Dive Inn** (Soi Bang La-On, Nang Thong) ist ein Favorit bei vielen Khao Lak-Besuchern. Tolle, originelle, südthailändische Gerichte.

■ Ebenfalls sehr leckere Thai-Cuisine gibt es im altbewährten **Khao Lak Seafood,** etwas weiter nördlich in Bang Niang. Hier kann man auch Fahrräder ausleihen.

Anreise

■ Alle **Busse,** die auf der Strecke Takua Pa – Phuket, Ranong – Phuket oder Surat Thani – Phuket verkehren, passieren Khao Lak und Bang Sak, bzw. den gesamten o g. Strandbereich. Ab dem neuen Busbahnhof in Phuket (Thepkassatri Rd., am Nordrand der Innenstadt) fahren Busse für 80 Baht bis Khao Lak und dann weiter nach Takua Pa; Fahrzeit ca. 2 Std., bis Khao Lak. Busse in Richtung Chumphon passieren ebenfalls Khao Lak.

■ **Flughafen-Limousinen** ab dem Flughafen in Phuket, ca. 80 km entfernt, kosten ca. 2000 Baht bis Khao Lak (Fahrzeit knapp 1½ Std.), in die weiter nördlich gelegenen Bereiche je nach Entfernung ein paar hundert Baht mehr.

■ **Taxis** ab Phuket City (115 km) kosten ca. 2000–2500 Baht für die einfache Fahrt. Die Fahrer am Markt in Phuket City offerieren eher einen fairen Fahrpreis. als die Fahrer an den Stränden.

■ Entlang dem Highway Nr. 4 fahren zahlreiche **Songthaews,** mit denen man von einem Strandabschnitt zum anderen gelangen kann. Fahrpreis je nach Entfernung 20–25 Baht.

■ Zahlreiche Unterkünfte bieten **Motorrad-Verleih. Autovermietung** bei Tourunternehmen oder *Budget Car Rent* in Khao Lak (Tel. 076-443454, www.budget.co.th). Autos ab ca. 1500 Baht/Tag.

Tauchen

Khao Lak ist in Sachen Tauchen eine preiswerte Alternative zu Phuket; *Sea Dragon* war das erste Tauchunternehmen am Ort, inzwischen gibt es einige weitere.

■ Das deutsch-geleitete **Manta Point Dive Center** (Khuk Khak Beach, Tel. 076-485624, www.mantapoint.com) bietet PADI-Kurse und längere Tauch-Trips zu den Similan und Surin Islands an.

■ **IQ Dive** (Tel. 076-485614, www.iq-dive.com); unter deutsch-skandinavischer Leitung mit hauptsächlich deutscher Pauschal-Klientel; längere Tauch-Trips auf mehreren Booten.

7

■ **Sea Dragon Diving Centre** (Tel. 076-4854 20, www.seadragondivecenter.com); preiswert und oft gelobt. Alle PADI-Kurse und preiswerte Probe-Tauchgänge werden angeboten.

Ausflug von Khao Lak

Etwa 7 km landeinwärts von Khao Lak befindet sich der **Chong Fah-Wasser-fall.** Der Weg dorthin (mit Jeep oder Motorrad gut passierbar) führt durch wunderschöne, dichte Waldlandschaft. Am Wasserfall (Eintritt ca. 200 Baht) wurde eine Art Picknickplatz mit rustikalen Holztischen und -bänken eingerichtet.

Phi Phi Islands

เกาะพีพี

Die Phi Phi Islands, die aus den Inseln **Phi Phi Don** und **Phi Phi Le** bestehen, haben eine enorme touristische Entwicklung durchgemacht. In den 1980er und 1990er Jahren waren sie so etwas wie der ultimative Geheimtipp, ein Paradies, das nur wenigen Eingeweihten bekannt war. Doch die herrlichen weißen Strände und das glasklare, türkisfarbene Wasser ließen sich nicht lange vor der Welt verbergen.

Die Abertausenden von Urlaubern, die die Inseln besuchten, waren aber auch eine Art Heimsuchung, und unter der Last der Besucher drohte die Ökologie zugrunde zu gehen; Rufe wurden laut, die Inseln für einige Jahre für den Tourismus zu sperren, um der Natur eine Erholung zu ermöglichen.

Daraus wurde jedoch nichts – am 26.12.2004 brach der **Tsunami** mit verheerender Wirkung über die Inseln herein. Die meisten Unterkünfte auf Phi Phi Don wurden zerstört, über 700 Menschen kamen ums Leben. Inoffiziell liegt die Zahl bei ca. 2000, denn zahlreiche Personen galten auch Monate nach der Katastrophe noch als „vermisst". Nach Khao Lak war Phi Phi Don das Gebiet mit den meisten Todesopfern in Thailand.

Wie in Khao Lak ist auch hier von der Zerstörung nichts mehr zu bemerken. Leider wurden und werden dabei dieselben Fehler gemacht wie vor dem Tsunami: Bauregulierungen scheint es nicht zu gehen, die Bauten verunstalten allzu oft die Landschaft. Man hätte einen behutsameren und ökologisch vertretbareren Neubeginn versuchen können, aber solche Überlegungen werden in Thailand meist vom Reiz des schnellen Geldes verdrängt. Zudem ist der Lärm aus den vielen kleinen Bars beträchtlich, und wer Ruhe und Idylle sucht wird nicht immer fündig. **Ko Phi Phi Don** war – vor langer Zeit – einmal eine wahre Paradiesinsel, heute machen aus den Fugen geratene Bauaktivitäten und ausufernde Partyatmosphäre den Paradies-Suchenden einen Strich durch die Rechnung. Wer auf einen beschaulichen Urlaub aus ist, sollte die Insel vielleicht erst testweise in einem Tagesausflug von Phuket aus besuchen.

Die unbewohnte Schwester-Insel **Phi Phi Le** bietet mit ihrer **Maya Bay** ein ehemals sehr beliebtes Ausflugsziel; die von Felsen flankierte Bucht mit ihrem seichten, glasklaren Wasser und weißen dem Sand, ist immer noch ein Bild wie aus der Hochglanzbroschüre.

Phi Phi Don

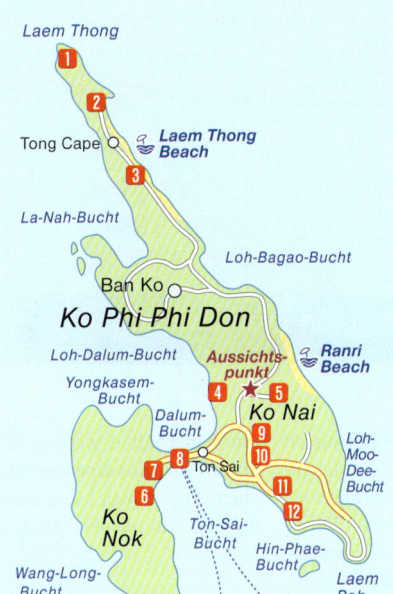

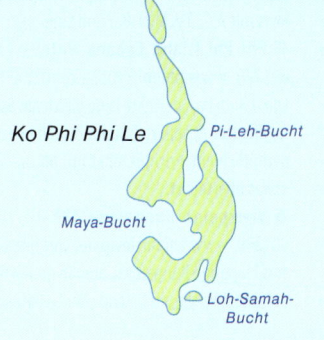

■ Übernachtung
1 Zeovola Resort
2 Phi Phi Natural Resort
3 Holiday Inn Resort
4 Viewpoint Bungalows
5 Tropical Garden
   Bungalows
6 Phi Phi Nice
   Beach Resort
7 Phi Phi Island
   Cabana Hotel
8 Phi Phi Hotel
9 Gypsy Village
10 Phi Phi
   Andaman Legacy
11 Phi Phi Villa Resort
12 Bay View Resort

Tsunami Guidelines

- Move to higher ground immediately.
- A tsunami may be coming within minutes.
- Go on foot.
- if there is no high ground, move inland away from the coastline.
- Stay away from the coast.
- Later waves are often higher than the first.
- Waves may continue to arrive for hours.
- Listen to your radio for the "all clear" signal.

ข้อปฏิบัติเมื่อเกิดคลื่นยักษ์สึนามิ

Das Dorf **Ton Sai** auf Phi Phi Don ist der zentrale Anlaufpunkt, ein leicht chaotischer, unansehnlicher kleiner Ort mit Geschäften, Restaurants, Dive-Shops, Bankautomaten und Geldwechselmöglichkeiten. Die Ton Sai Bay westlich des Dorfes ist hingegen schon Hängematten-Revier, eine Ruhezone zum Abhängen.

Loh Dalum Bay, über einen kurzen Fußweg durch einen schmalen Landstreifen zu erreichen, ist noch malerischer: eine seichte Bucht mit schneeweißem Pulversand und azurblauem Wasser. Hier zieht es die meisten Traveller hin.

Die **Laem Thong Bay** hoch im Norden wurde vom Tsunami verschont. Hier gibt es einen sehr schönen Strandabschnitt, an dem sich vor allem Hochpreisunterkünfte angesiedelt haben.

Phi Phis Postkartenschönheit zeigt sich am Besten von oben, vom **Aussichtspunkt (Viewpoint) östlich der Ao Dalum Bay:** Von hier sieht man deutlich die markante geografische Charakteristik der Insel, die wie zwei Inseln wirkt, die mit einem dünnen Heftstreifen zu-

sammengehalten werden. Rundherum breiten sich Kokospalmen aus, und von oben vergisst man leicht die Missstände dieses geschundenen Paradieses.

Unterkunft

In Ton Sai und Loh Dalum

■ **Phi Phi (PP) Nice Beach Resort*******_LLL (Tel. 081-8945164), dramatische Lage unter einer Felswand an einem zauberhaften Strandabschnitt am Westende der Ton Sai Bay. Gemütliche Bungalows mit A.C., TV, Mini-Bar und Safe.

■ **Phi Phi Island Cabana Hotel**LLL (Tel. 075-601170, www.phiphi-cabana.com), am Rand der Loh Dalum Bay, perfekte Lage gleich am Strand und fabelhafter Ausblick. Zimmer mit allen Schikanen, gemütlich eingerichtet, aber mit ab ca. 6000 Baht etwas überteuert.

■ **Viewpoint Bungalows******_LLL (Tel, 075-601200, www.phiphiviewpoint.com), teilweise etwas klapprige Bungalows, aber in großartiger Lage auf einem Felsen am Ostende der Lo Dalum Bay. Nur

⌃ Verhaltenshinweise für den Fall eines erneuten Tsunamis

Der Süden

in der höheren Preislage mit A.C., die preiswertesten Bungalows (ab 1200 Baht in der Nebensaison) haben Ventilator.

■ Empfehlenswert für den Preis ist das **Mountain View Resort****–***** (Tel. 075-622610-3, Fax 075-622613, www.krabimountainviewresort.com). Es gibt einfache, ältere Bungalows und neuere, komfortablere (alle mit Bad), ab 800 Baht ohne A.C., ab 1200 Baht mit A.C.

■ **Tropical Garden Bungalows****–***** (Tel. 081-9681436, www.thailandphiphitravel.com), etwas östlich inland der Loh Dalum Bay gelegen, umgeben von wunderbarer dichter Vegetation, dazu ein Swimmingpool. Einfache Zimmer und Bungalows. Bei Preisen ab 800 Baht in der Off-Season kann man nicht meckern. Das tropische Umfeld alleine hat seinen Wert.

■ **Phi Phi Hotel****–LLL** (Tel. 075-620599), große Hotelanlage in Ton Sai, mit Zimmern in unterschiedlicher Ausstattung und Preislage. Guter Blick von den oberen Stockwerken.

Am Laem Hin Beach in der Ton Sai Bay

■ **Bay View Resort*****–LLL** (Tel. 075-601127, www.phiphibayview.com), große Villen, wunderbar auf einem Felsen am Ostende von Ostende von Laem Hin gelegen. Toller Ausblick. Swimmingpool. Ab 2300 Baht in der Nebensaison.

■ **Phi Phi Villa Resort*****–LLL** (Tel. 075-601 100, www.phiphivillaresort.com), komfortable Zimmer und Villen, mit gepflegtem Garten und Swimmingpool.

■ **Phi Phi Andaman Legacy*****–LLL** (Tel. 075-601106-8, www.phiphiandamanlegacy.com), größere Anlage, einige Zimmer und Bungalows direkt am Strand.

■ **Gypsy Village***–**** (Tel. 075-6010445, www.krabidir.com/ppgypsyvillage), kleine und mäßig wohnliche Bungalows in einer etwas steril aussehenden Bungalowsiedlung ohne A.C., aber mit Ventilator und relativ preiswert. In der Nebensaison ab 500 Baht, ansonsten 900 Baht und insgesamt empfehlenswert.

In der Laem Thong Bay

■ **Holiday Inn Resort**LLL, Tel. 075-627397, www.phiphi.holidayinn.com

■ **Phi Phi Natural Resort****–LLL**, Tel. 075-81 9030, www.phiphinatural.com.

■ **Zeovola**LLL, Tel. 075-627000, www.zeavola.com.

Freizeitaktivitäten

Die winzigen Inseln und Korallenriffs um Phi Phi bieten **gute Tauch- und Schorchelgründe.** Hervorragende Schnorchelmöglichkeiten bieten sich bei der unbewohnten, wunderschönen Insel Ko Mai Pai (Bamboo Island) nordöstlich von Phi Phi Don und der nahe gelegenen Ko Yung (Mosquito Island).

Die Gewässer um Ko Phi Phi sind der Lebensraum von Haien, Barrakudas, Moränen, Rochen und zahlreichen anderen Fischarten. Taucher werden hier mit den **besten Tauchmöglichkeiten** der Region belohnt. Die Sichtweite beträgt ca. 25–30 m. Auf Ko Phi Phi Don bieten ca. zwei Dutzend Tauchläden ihre Dienste an, die meisten in Ton Sai. Zu den besten gehört *Viking Divers* (Tel. 081-7193375, www.vikingdiversthailand.com).

Anreise

■ Das ganze Jahr hindurch fahren **Boote ab Krabi und Phuket** nach Ko Phi Phi. Ab Krabi um 10.00 und 15.00 Uhr, Fahrpreis 450–750 Baht, Fahrzeit 2 Std. Ab dem Hafen in Phuket City um 8.30 und 14.30 Uhr, Fahrpreis je nach Gesellschaft und Boot zwischen 450 und 600 Baht; Fahrzeit 2½ Std. Überfahrten per Speedboot kosten 1000 Baht, Fahrzeit 45 Min. Zuverlässige Buchungen bei *Emotion Travel,* 104 Rasada Rd., Phuket City, Tel. 076-222320.

■ In der trockenen Jahreszeit von November bis Mai fahren **Boote ab Ao Nang bei Krabi** (über Railay West Beach); 400 Baht, Fahrzeit 2½ Std.

■ **Ab Ko Lanta Yai** fahren Boote von November bis Mai zu 450 Baht, Fahrzeit 1½ Std. Bei der Ankunft auf Phi Phi wird eine sogenannte „Eintrittsgebühr" von 20 Baht erhoben, die angeblich dazu dienen soll, das Pier instand zu halten – eine etwas zweifelhafte Maßnahme, die den Verdacht einer willkommenen Zusatzeinkunft aufkommen lässt.

■ **Bei Ankunft der Boote auf Ko Phi Phi** stehen Hotelangestellte bereit, um Gäste für ihre Unterkunft zu gewinnen. Wer schon gebucht hat, wird abgeholt und das Gepäck wird per Handkarren zum Zielort befördert. Unterkünfte können auch in einem Buchungsbüro am Ankunftspier gebucht werden. In der Hochsaison (Dez.–Jan.) empfiehlt sich eine Vorbuchung der Unterkunft. Dabei sind die Reisebüros in Krabi oder Phuket gerne behilflich.

■ Von Ton Sai lassen sich **Longtail-Boote** zu den Stränden anmieten. Ansonsten wird die Insel nur von ein paar Trampel- und Motorradpfaden und einer einzigen Straße durchzogen. Diese führt von Ton Sai nach Osten zum Long Beach.

Phang-Nga

พังงา

Die Gegend um Phang-Nga, die kleine Hauptstadt des gleichnamigen Distriktes, ist eine der markantesten Thailands. Zu allen Seiten erheben sich schroffe, bizarre Kreidefelsen, die zum Teil dicht bewachsen sind. Sie sind das untrügliche Erkennungszeichen dieser Gegend.

Die Stadt selber – ein lang gestrecktes urbanes Gebilde entlang der Phetkasem Road – hat Reisenden nicht allzu viel zu bieten. Sie ist zumeist nur der Ausgangspunkt von Bootstouren durch die Phang-Nga Bay.

Drei Kilometer westlich der Stadt befindet sich der **Somdet Phrasi Nakharin Park,** benannt nach der Mutter König *Bhumipols,* und der um einige sehenswerte Kalksteinhöhlen angelegt ist. Eine der Höhlen wird von der Statue eines *russi* oder „Weisen" bewacht, die von der örtlichen Bevölkerung besonders verehrt wird. Die Höhle wird nach der Figur auch **Russi-Höhle** genannt. Ab dem Markt in Phang-Nga fahren Songthaews für 10 Baht.

Vier Kilometer östlich von Phang-Nga weist ein Hinweisschild an der Straße zum **Sra Nang Manora Forest Park** (das Schild besagt in falscher Transkription Sar statt Sra), der von der Abzweigung noch weitere 4 km entfernt liegt. Dieser urwüchsige, dichte Wald beherbergt einen hübschen Wasserfall, der nahe dem Parkeingang in ein kleines Becken mündet. Hier darf gebadet werden! Zur Anfahrt hierhin empfiehlt sich ein Mietfahrzeug, ansonsten nimmt man ein Songthaew ab Phang-Nga (ca. 10 Baht) und geht die restlichen Kilometer ab der Abzweigung zu Fuß.

Etwa 13 km westlich der Stadt entfernt befindet sich die **Khuha-Sawan-Höhle,** die zahlreiche Buddhafiguren beherbergt. Diese Figuren zeigen stehende, sitzende als auch liegende Buddhas, und da auch diese Höhle ein Pilgerziel der Umgebung ist, hat sich hier eine ganze Reihe von Getränke- und Essständen niedergelassen. Ab dem Markt in Phang-Nga fahren Songthaews für 20 Baht bis zu einer Kreuzung in Nähe der Höhle, von wo es noch 1 km zu Fuß ist.

Unterkunft

■ Links neben dem kleinen Markt liegt das freundliche **Rattanapong Hotel**–***** (111 Phetkasem

Der Süden

Rd., Tel. 076-411247) mit ordentlichen Zimmern (Bad) in verschiedenen Kategorien. Im Erdgeschoss gibt es morgens auch einen Restaurantbetrieb mit einfachen, preiswerten Gerichten.

■ **Muang Thong Hotel**–***** (128 Phetkasem Rd., Tel. 076-412132) bietet saubere Zimmer, z. T. sehr preiswert (ab 250 Baht), dazu teurere mit A.C. und TV, dazu kostenloses Wi-Fi und Motorradverleih. Eine gute Wahl.

■ Sehr beliebt bei Budget-Reisenden ist das **Thawisuk Hotel**–***** (77–79 Phetkasem Rd., Tel. 076-412100), das preiswerteste von Phang-Nga (ab 180 Baht). Ein allzu hoher Standard sollte bei den Zimmern (Bad) aber dafür nicht erwartet werden.

■ Das **Lak Muang 1**–***** (1/2 Phetkasem Rd., Tel. 076-412125) am Ostrand der Stadt hat einfache Zimmer (Bad).

■ Besser ist das am Westrand gelegene, neuere **Lak Muang 2***–****** (540 Phetkasem Rd., Tel. 076-411500). Die Zimmer sind sauber; A.C., teurere Zimmer mit TV und Kühlschrank. Ab 550 Baht.

■ Kurz vor dem Bootspier von Phang-Nga stehen links die **Phang-Nga National Park Bungalows***–****** (Tha Dan Rd., Tel. 076-412188). Diese sind sehr geräumig. Bad ist jeweils vorhanden, aber kein Ventilator.

■ Wenige Meter weiter, etwas rechts des Piers, überblickt das komfortable **Phang-Nga Bay Resort****–******* (20 Tha Dan Rd., Tel. 076-411067-70) die schmale Wasserstraße, die hinaus in die Phang-Nga-Bucht führt. Die idyllische Lage hat aber ihren Preis. Standardzimmer, Deluxe-Räume sowie Suiten haben A.C. und TV.

■ Das **Phang-Nga Valley Resort***–******* (5/5 Phetkasem Rd., Tel. 076-412201, 076-411393) befindet sich ca. 4 km westlich der Innenstadt, etwas zurückversetzt von der Straße nach Phuket, und ca. 1 km westlich des Somdet Phrasi Nakharin Parks. An der Abzweigung von der Hauptstraße weist ein Schild den Weg. Das Resort ist die beste Unterkunft im näheren Stadtbereich. Es stehen 13 komfortable, unterschiedlich große Bungalows zur Verfügung (Bad, A.C.). Ein Restaurant ist vorhanden.

Essen

■ Laut vielen Einheimischen ist das **Duang Restaurant** in 122 Phetkasem Rd. (neben Bangkok Bank) das beste Thai-Restaurant der Stadt. Die Spezialität ist Seafood, mäßige Preise, ab 50 Baht pro Gericht. Geöffnet tägl. 10.00–22.30 Uhr.

■ Auf dem Markt neben dem Rattanapong Hotel verkaufen einige Stände südthailändische und chinesische Gerichte ab ca. 30 Baht.

Anreise

■ **Busse** auf der Strecke Phuket–Krabi oder umgekehrt passieren Phang-Nga, ebenso Busse auf der Strecke von Takua-Pa nach Krabi. Busse ebenfalls ab Surat Thani, Trang, Hat Yai u. a. Busse ab der neuen Busstation in Phuket City zu 80 Baht, Fahrzeit ca. 1½ Std.

Weiterreise

■ **Songthaews** vom Markt in Phang-Nga zum Bootspier Tha Dan kosten 25 Baht; Abfahrt direkt vorm Markt in der Phetkasem Road. Songthaews innerhalb der Stadt 10 Baht.

■ Die **Busse** nach Phuket und Krabi fahren ab der Phetkasem Road in Höhe des Rattanapong Hotels ab.

Inseln vor Phang-Nga

Die Hauptattraktion von Phang-Nga ist sicherlich die **Bootsfahrt durch die vorgelagerte Inselwelt** mit zahllosen bizarren Felsen, die überall schroff aus dem Wasser ragen. Zu dieser Bootsfahrt nehme man zunächst ein Songthaew vom Markt in Phang-Nga zum Pier Tha Dan. Dort lassen sich Boote anmieten. Eine

7

Halbtagesfahrt sollte 500 Baht/Pers. kosten, die Bootsleute beginnen den Handel möglicherweise aber mit eklatant höheren Summen. Wer Probleme bei den Preisverhandlungen hat, kann die direkt am Pier gelegene Unterabteilung der TAT um Vermittlung bitten. Als zuverlässig gilt *Sayan Tour* (Tel. 076-430348, www.sayantour.com). Halbtagestouren zu 500 Baht, Ganztagestouren zu 800 Baht. Egal für welchen Anbieter man sich entscheidet, die Touren ähneln sich und beinhalten alle wichtigen Sehenswürdigkeiten in der Bucht. Manche Touren schließen eine Übernachtung auf Ko Pannyi (s. u.) mit ein.

Die Bootsfahrten führen zunächst durch einen schmalen Kanal, den Klong Khao Thalu. Danach erreicht man **Ko Pannyi,** eine winzige, von Moslems bewohnte Insel. Hier kann man einen Stopp einlegen und durch einen Irrgarten von dicht aneinander gedrängten, auf Stelzen ins Wasser gebauten Holzhäusern schlendern. Die Insel ist aber mittlerweile voll auf Tourismus eingestellt und zahlreiche Textilgeschäfte lauern auf Kunden. Die dortigen Seafood-Restaurants sind überteuert.

Die Fahrt führt weiter zum **Khao Khian,** dem „Malberg", einem mit prähistorischen Malereien versehenen Felsen. Die Malereien sind ca. 3000–4000 Jahre alt und zeigen Menschen und Tiere.

Zu guter Letzt besichtigt man **Khao Phingan,** besser bekannt als „James Bond Island". Hier wurden Teile des James Bond-Films „The Man with the Golden Gun" gedreht, und seither sonnt sich die Insel in diesem Ruhm. Der Insel vorgelagert ist der wohl markanteste Fels Thailands, der „Nagelberg", **Khao Tapu.**

Er sieht aus wie ein Nagel, den irgendwer mit überdimensionalem Hammer in den Meeresboden gerammt hat.

Khao Phingan und Khao Tapu werden tagtäglich von Hunderten von Touristen besucht, und Dutzende von Souvenir- und Getränkehändlern auf Khao Phingan sorgen für ein extrem kommerziell geprägtes Flair. Die Insel wurde durch Sandaufschüttung sogar vergrößert, um noch mehr Verkaufsständen und Touristen Platz bieten zu können! Wer auf der Suche nach Ruhe und Einsamkeit ist, ist hier fehl am Platze.

Ko Yao Noi
เกาะยาวน้อย

Die Insel Ko Yao Noi in der Bucht von Phang-Nga ist eine der wenigen relativ „unentdeckten" Ecken in dieser Region. Ko Yao Noi, „Die kleine lange Insel", ist dicht mit Gummiplantagen bepflanzt, es finden sich noch Wälder und Palmenhaine, und die Insel bietet ausgezeichnete Wander- oder Radelmöglichkeiten. Außerdem gibt es einige sehr schöne Strände; besonders der Küstenstreifen von Ban Pa Sai im Südosten bis nach Ban Sai Thao, circa 5 km weiter nördlich, ist äußerst malerisch. Auf Ko Yao Noi ist noch die **absolute Ruhe** zu Hause, und wer von den überlaufenen Strandorten genug hat, findet hier die perfekte Alternative. Im Hauptdorf, Ban Yai, befinden sich ein paar Bankautomaten (einer neben einem 7-Eleven-Laden).

▷ Auf Ko Yao Noi

Ko Yao Noi hat **9000 Einwohner,** die weitaus meisten davon sind Moslems.

Strände und Unterkünfte

Der wohl schönste Strand auf der Insel ist der **Hat Klong Jaak** oder „Long Beach", 7 km vom Hauptdorf der Insel entfernt. Hier stehen die Bungalows (Bad) des **Long Beach Holiday Resort** ****–LLL (Tel. 076-597216), vor denen sich der schönste Strand der Insel ausbreitet. Der Strand ist weiß, fast unwirklich ruhig, bei Flut aber leider nur sehr schmal. Vor dem Ufer ragen bizarre Felsinseln aus dem Meer. Im Long Beach Resort lässt sich möglicherweise auch ein Motorrad oder Wagen mieten. Aufgrund der großen Entfernungen auf der Insel ist ein Fahrzeug viel wert. Ansonsten gibt es nur Motorrad-Taxis.

Etwa 1 km weiter südlich von Hat Klong Jaak erstreckt sich der Strand Hat Pa Sai. Hier steht das **Sabai Corner******– ***** (Tel. 076-597497, www.sabaicor nerbungalows.com), das von einer seit Jahren auf der Insel lebenden Italienerin und ihrem Thai-Mann geleitet wird. Es gibt 10 Bungalows, teilweise groß genug für Familien. Bungalows in der Off-Season ab 1000 Baht. Es werden Fahrräder ausgeliehen, und die Besitzer organisieren Touren zu einigen vorgelagerten Inseln, die zum Teil sehr schöne Strände haben.

Etwas weiter im Inland vom Sabai Corner liegt das **Lom Lae Resort*******– LLL (Tel. 076-597486, www.lomlae.com), mit sehr komfortablen Holzbungalows. In der Regenzeit (von Mai bis Okt.) geschlossen.

Das **Ko Yao Island Resort**LLL, etwas nördlich des Sabai Corner gelegen (Tel. 076-597474-5, Fax 076-597477, www. koyao.com) hat fünfzehn 50–82 qm große Bungalows. Bei Internetbuchung über die Website kosten sie in der Off-

Ko Yao Noi, Ko Yao Yai

0 —— 2 km © REISE KNOW-HOW 2013

THAI096

Ko Lao Ba Tang

Ko Ku Du Yai

Ko Roi
Laem Lo Bi
Pho-Noi-Bucht

Ko Boi Noi

Yaep-Bucht
1 Muang-Bucht
An Pao Laem Nok Da
Phru Bon **Ko Yao Noi**

Nam- Khuan Klong Lo-Hat-Bucht
Chut- ▲ 223 Lo Ba Kao
Bucht Thung Yai Bang Chak
Ko Boi Laem Nam Chut Sai Thao
Nam Chut
Ban Klang Plai Na **2** Laem Lo Mun
Ko Bo Yai Ban Klang **3**
Hat-Noi-Bucht Ban Thung 210 ▲ Khuan Baeng
Thai Khai Ban Yai **4**
Laem Klong ☙ **Hat Klong Jaak**
Yang Nai Khlong Laem Sai
Pet Nam-Bucht Tha Manok Rim Pa Sai
Thale
Pier
Khlong Hia Laem Kho
Pik-Bucht Chong
Lat-Bucht **Pier Tha Chong**
Ti Kut Chong Laat
Khlong Hai
Ti Kut-Bucht
Nai Lat **5** Ao Son
Ya Mi Khuan ☙ **Hat Ao Son**
Ya Mi Khao Khlong Bon
Ya Mi-Bucht 236 ▲ Chong **6**
347 ▲ Lat
Khlong Sup Hin Gong
7

Lopo Lopo Noi
Noi-Bucht **Ko Yao Yai**

_P h u k e t -_
_S e e_ Ko Nui Lo Po Yai
Laem Yai
☙ **Hat Lo Pared** **8**
Lo Pared Lo Ba Kao
9
Tha Chao Ngai Tha Phru
Na Yao Phru Chaet
341 ▲ Khuan To Thing
Khiam Ngam **10** Phru Nai
Pier Lo Jaak **11** Ban Thung
Lo Pa La Nam Tok **Lo Pa Lai Ok**
Thap Tai **12** Khlong Din Niaw
☙ **Hat Ao Muang** Ao Ma Muang
Pak Khlong
Ao Sai Laem Hua-Laan
Ko Khai Nok
Ao Luuk
Phluu
Ko Khai Nui

Bang Rong, Phuket

Phuket City

■ Übernachtung

1 The Paradise Ko Yao
2 Tha Khao Bung.
3 Ko Yao Island Resort
4 Long Beach Holiday Resort, Lom Lae Resort, Sabai Corner
5 Tewson Bungalows
6 Esmeralda View Resort
7 Koh Yao Yai Village
8 Yao Yai Resort
9 Heimat Gardens G.H.
10 Halawee Bungalows
11 Long Island Family Resort
12 Elixir Resort

Season von Mai-September ab 4000 Baht, ansonsten 7500–21.000 Baht. Die Lage des Resort ist äußerst malerisch, die Saison-Preise scheinen jedoch überzogen. Angeschlossen ist ein Restaurant, eine Bar und ein Business-Center mit Internetanschluss.

The Paradise Ko YaoLLL (Tel. 076-58 4450, www.theparadise.biz) ist ein superstilvolles „Designer-Resort" mit 46 Villen mit jedem Komfort (A.C., Satelliten-TV, Kühlschrank, Mini-Bar). Einige der Villen haben einen eigenen Swimmingpool. Vorhanden sind auch ein Jacuzzi und ein Restaurant mit Thai- und Mittelmeer-Cuisine. Preise in der Off-Season ab 6200 Baht, in der Hauptsaison, je nach Monat, bis mehr als das Doppelte.

Nahe Tha Khao, dem Pier (= *tha*), von dem die Boote nach Krabi ablegen (im Bereich der Ortschaft Ban Sai Thao), stehen die sehr guten **Tha Khao Bungalows****–***** (Tel. 081-6767726, Tel./Fax 076-597564). Die Bungalows (Bad) sind auf Stelzen gebaut und haben eine Art Terrasse, von der sich ein wunderbarer Ausblick auf das Meer und die daraus herausragenden Felsen ergibt. Allerdings ist der vorgelagerte Strand leider nicht zum Schwimmen geeignet. Neben den regulären Bungalows gibt es eine Art Doppel-Bungalow, der aus mehreren Zimmern besteht und bis zu sechs Personen Platz bietet. Preisnachlässe bei längeren Aufenthalten.

Fahrradtouren

Einige Tourunternehmen in Phuket bieten **Fahrrad-Touren** auf Ko Yao Noi an, wobei auch für die Anreise ab Phuket gesorgt wird.

■ **Bike Tours Thailand,** Tel./Fax 076-263575, 081-7976540, www.biketoursthailand.com.
■ **Siam Safari,** Phuket, Tel. 076-280116, www.siamsafari.com.
■ **Thai Cycle,** Tel. 076-240952, www.thaicycle.com.

Anreise

■ Ab dem Pier von Laem Sak in Ao Luk (sprich Aao Lück) bei Krabi fahren um 11.30 **Boote** für 150 Baht nach Ko Yao Noi. Anfahrt nach Ao Luk per Bus ab Krabi oder Phang-Nga. Gecharterte Boote ab Laem Sak oder auch ab dem Pier in Phang-Nga kosten ca. 2500 Baht für die einfache Fahrt. Mehrere Boote fahren zudem ab dem Pier in Bang Rong im Nordosten von Phuket (Fahrt nach Bang Rong mit Songthaew ab Phuket City). Zwischen 7.30 und 17.40 Uhr über ein Dutzend Abfahrten von Langschwanzbooten als auch Speedbooten. Kostenpunkt Langschwanzboot 150 Baht bzw. 200 Baht für Speedboote. Fahrzeit je nach Seegang ca. 1–1½ Std. bei Langschwanzbooten; Speedboote schaffen die Strecke in 30 Min. Weitere Boote fahren ab Phang-Nga (Tha Dan).

Bei allen größeren Booten kann man auch **Motorräder mitnehmen,** was bei den spärlichen Verkehrsmitteln auf Ko Yao Noi sicher keine schlechte Idee ist. Der Mitnahmepreis ist in der Regel genau so hoch wie der Fahrtpreis für eine Person.

■ Vom Pier beim **Tha Len Beach** fährt einen **Fähre** nach Koh Yao Noi und Koh Yao Yai (13.00 Uhr, 50 Baht). Tha Len liegt zwischen Krabi und Ao Luk, ca. 30 km nordwestlich von Krabi. Ohne eigenes Fahrzeug hinzukommen ist nicht einfach, man muss versuchen, in Krabi ein Songthaew zu bekommen.

■ Ko Yao Noi hat mehrere **Piers:** Die Boote aus Phuket legen meist am Tha Manok im Süden der Insel an, von wo es ein relativ kurzer Weg zum Hat Klong Jaak als auch nach Ban Yai ist. Die Boote aus Ao Luk kommen am Tha Khao im Nordosten der Insel an, in Sichtweite der Tha Khao Bungalows.

7

An allen Piers finden sich **Motorrad-Taxis** und **Tuk-Tuks** für die Weiterfahrt. Die Tuk-Tuks fahren zu einem „Festpreis", der auf einer Liste in den Fahrzeugen ausgehängt ist.

Weiterreise

■ Von Ko Yao Noi gelangt man leicht zur größeren **Nachbarinsel Ko Yao Yai** (s. u.). Von Tha Manok auf Ko Yao Noi zum Norden von Ko Yao Yai (Pier Chong Laat) ist es nur eine kurze Überfahrt, die Inseln liegen hier in Sichtweite. Zahlreiche Boote fahren tägl. zwischen den beiden Piers hin und her (Preis 10 Baht).

Zum Hauptpier von Ko Yao Yai, Tha Lo Jaak, an der Südwestseite der Insel gelegen, ist es eine längere Überfahrt. Außerdem fahren hierhin keine Linienboote, sondern man muss sich ein Boot chartern; Preis ca. 1500 Baht für die einfache Fahrt.

■ Die normalen **Linienboote** von Ko Yao Noi zurück nach Bang Rong auf Phuket oder nach Laem Sak fahren alle morgens ab. Bei der Rückfahrt per Charterboot nach Bang Rong ist darauf zu achten, dass man möglichst bei Flut dort eintrifft. Bei Ebbe sinkt der Wasserpegel in der Nähe des Piers stark ab, und die Boote müssen einige hundert Meter davor im Schlick anhalten. Die restliche Strecke muss man dann durchwaten. Mit großem Gepäck ist das kein Vergnügen.

Ko Yao Yai

เกาะยาวใหญ่

Ko Yao Yai ist vielleicht **letzte halbwegs „unberührte" größere Insel** in Südthailand. Wenn noch eine Insel den Titel „Geheimtipp" verdient hat, dann wohl diese. Die hauptsächlich moslemische Bevölkerung von Ko Yao Yai (Bevölkerung insgesamt 6000) möchte nicht vom Tourismus überflutet werden und hält die touristische Entwicklung so weit wie möglich in gesunden Grenzen. Was aber nicht bedeutet, dass die Insel von religiösen Eiferern bevölkert ist, im Gegenteil – die Einwohner sind extrem herzlich und gastfreundlich.

Die Insel ist beinahe lückenlos mit Gummi- und Kokosplantagen sowie sonstiger Vegetation bedeckt, ist etwa dreimal so groß wie die Nachbarinsel Ko Yao Noi und bietet einige sehenswerte Strände, vor allen an ihrer Westseite. Der schönste Strand ist der einsame **Ao Muang Beach** (Hat Ao Muang), ca. 3 km südlich des Piers in der Ao (Bucht) Lo Jaak, der aufgrund steinigen Untergrunds allerdings nicht so gut zum Schwimmen geeignet ist.

Am Südende der Insel liegt **Laem Hua-Laan**, das „Glatzen-Kap", sogenannt wegen seiner mangelnden Vegetation. Angrenzend befindet sich die kleine **Ao Sai** mit einem recht schönen Strand sowie die **Ao Luuk Phlu,** in der sich zahlreiche Affen tummeln.

Etwa 7 km nördlich von Tha Lo Jaak erstreckt sich der **Lo Pared Beach** (Hat Lo Pared); dieser ist besser zum Schwimmen geeignet als der Ao Muang Beach, aber nicht ganz so malerisch. Nördlich

▷ Mit der Fähre nach Ko Yao Yai

7

Der Süden

schließt sich **Ao Lopo** an, die größte Bucht der Insel; an dessen Südseite liegt die winzige **Ko Nui**, eine Insel, auf der einige Fischerfamilien leben.

Einige Strände finden sich noch an der Nord- und Nordostseite der Insel. Die besten davon sind der **Hua Hat Chong Laat** im Norden (östlich des Piers von Chong Laat und gegenüber Ko Yao Noi gelegen) und der Strand in der **Ao Son** im Nordosten. Ao Son ist eine weite Bucht, in dessen Umgebung einige buddhistische Thais und Thai-Chinesen wohnen. Weiter südlich, an der Ostseite der Insel, erstreckt sich eine weitere, jedoch nur wenig ansehnliche Bucht, **Ao Hin Gong.** Hier befindet sich ein Pier, der der günstigste Ankunftspunkt für gecharterte Boote aus Richtung Krabi wäre.

Neben zahlreichen Buchten und Stränden bietet Ko Yao Yai jedoch vor allem eine Aura völliger Weltabgeschiedenheit – der ideale Platz für Aussteiger und Entdecker! Derzeit gibt es hier noch keine Geldwechselmöglichkeit und keinen Bankautomaten.

Unterkunft/Essen

■ Etwa 250 m nördlich von Tha Lo Jaak, dem Pier, wo die Schiffe aus Phuket anlegen, steht das **Long Island Family Resort***** (Tel. 081-9792273). Die Lage ist sehr gut, die Bungalows mit Bad sind schlicht, aber annehmbar. Freundlicher und hilfreicher Besitzer.

■ Etwa 1 km nördlich des Piers finden sich auf einer Anhöhe mit Meerblick die **Halawee Bungalows*****–ᴸᴸᴸ (Tel. 087-8811238). Zimmer ab 500 Baht, dazu gibt es kleine Holzhäuser mit bis zu zwei Schlafzimmern. Angeschlossen ist ein Restaurant. Ein Angestellter des Hauses steht meist am Pier, wenn die Boote aus Phuket eintreffen.

■ Ein sehr schönen Strandabschnitt am Lo Pared Beach hat sich das **Yao Yai Resort******– ***** reserviert (Tel. 076-480514). Die Bungalows sind aber für die „Qualität" überteuert, und das Restaurant lässt viele Wünsche unerfüllt.

● Besser ist das **Heimat Gardens Restaurant & Guest House****–*******, das sich an der Zufahrtsstraße vor obigem Resort befindet, also etwas inland vom Strand (Tel. 085-79474 28, www.heimatgardens.com). Die Besitzerin spricht etwas Deutsch, kredenzt in ihrem Restaurant sehr gutes und preiswertes Essen. Dazu gibt es ab 800 Baht saubere Zimmer zu mieten (A.C., TV, DVD-Player, Kühlschrank). Der Preis beinhaltet auch Frühstück und Transport ab/zum Pier.

● Im Nordosten der Insel, am Strand in Ao Som, stehen die komfortablen, vor einiger Zeit renovierten **Tewson Bungalows ***–******* (mit Bad, A.C., TV); Tel. 081-9567046. Restaurant angeschlossen. Tolle, abgeschiedene Lage! Dafür ist der vorgelagerte Strand kaum zum Schwimmen geeignet, und auch das Restaurant ist nicht der Hit. Der nächstgelegene Pier ist Tha Chong Laat im Norden der Insel. Hierhin fahren direkte Boote ab Bang Rong auf Phuket (siehe „Anfahrt").

● Sehr zu empfehlen ist das ebenfalls im Nordosten der Insel gelegene **Koh Yao Yai Village****–LLL,** das sich wunderbar in die dichte Vegetation und Hügellandschaft einpasst (Tel. 076-3637-00/-89, www.kohyaoyaivillage.com). Die Bungalows sind sehr komfortabel und unter Verwendung von Naturmaterialien eingerichtet, und der „Infinite View"-Swimmingpool lässt darüber hinwegsehen, dass der Strand hier nicht allzu viel hergibt. Das Haus bietet einen Shuttle-Verkehr zu anderen Stränden auf der Insel. Für Naturfreunde, die Ruhe wünschen, ist dies eine großartige Unterkunft. Bungalows in der Nebensaison ab 1700 Baht, in der Hauptsaison ab 5600 Baht. Das nächstgelegene Pier ist Chong Laat, Boote ab Phuket fahren vom Pier in Bang Rong.

● Ca. 2 km südlich des Tewson steht die Bungalow-Anlage des **Esmeralda View Resort****–******* (Tel. 087-2728832, yadamon_pond@hotmail.com). Das Personal ist extrem freundlich, und die meisten Traveller fühlen sich hier gleich sehr wohl. Die Bungalows stehen weit genug auseinander, sodass man etwas Privatsphäre hat, und sind hübsch und rustikal rein aus Holz gebaut. Sehr empfehlenswert. Bungalows mit Ventilator 800 Baht, mit A.C. und Kühlschrank 1200 Baht. Auch hier sind die Ausblicke aufs Meer großartig, der Strand aber nichts für Schwimmer. Kajaks werden kostenlos ausgeliehen, dazu gibt es einen Motorradverleih (250 Baht/ Tag).

● Ko Yao Yais älteste Luxusunterkunft ist das **Elixir Resort & SpaLLL** an der Bucht Ao Bo Thale im Südwesten der Insel. Vom Bootspier liegt das Hotel ca. 2 km in südliche Richtung. Das kleine, intime Resort hat komfortable Zimmer A.C., TV, Kühlschrank, ein gutes (etwas überteuertes) Restaurant und einen Swimmingpool. Es besteht erst seit einigen Jahren, doch es machen sich schon Verschleißerscheinungen bemerkbar. Die offiziellen Preise beginnen bei 6000 Baht, mehr als 3000 Baht sind die Zimmer aber nicht wert. Oft bekommt man Reduktionen. Die Lage des Resorts ist schön, der davorgelegene Strand ist einer der besten der Insel.

● Einige **einfache Restaurants** finden sich in der Umgebung von Tha Lo Jaak als auch im Hauptdorf im Zentrum der Insel, Baan Phru Nai. Hier wird morgens auch ein Markt abgehalten, mit vielen kleinen Essensständen. Dazu agieren einige fliegende Händler mit Handkarren, die *roti,* indisch-malaysische Fladenbrote, bereiten.

Verkehrsmittel

● Bei der Ankunft der Boote an Tha Lo Jaak oder Tha Chong Laat stehen **Motorrad-Taxis** parat. Einige Fahrer sind auch bereit, ihre Motorräder an Touristen tageweise auszuleihen, falls sich das für sie rentiert. Nebenbei findet sich an Tha Lo Jaak der eine oder andere alte **Pick-up-Truck** zur Weiterfahrt nach der Ankunft. Wer die Insel in einem Tagesausflug (siehe „Anreise /Rückreise") erkunden will, zahlt für einen Pick-up-Truck ca. 500–600 Baht. Energisch handeln!

● Die ideale Lösung ist, **Motorräder oder Fahrräder von Phuket aus mitzubringen.** Siehe dazu unten, „Anreise/Rückreise".

Anreise/Rückreise

■ Ab dem **Pier Tien Sin,** am Ostrand von Phuket City und vor Ko Siray gelegen, fahren um 10.00 Uhr (außer Fr) und 14.00 Uhr reguläre Boote zum Tha („Pier") Lo Jaak auf Ko Yao Yai. Tha Lo Jaak befindet sich an der Südwestseite der Insel. Kostenpunkt 120 Baht, Fahrzeit je nach eingesetztem Bootstyp 1 bis 1½ Std. Die Boote fahren zurück nach Phuket um 8.00 und 15.00 Uhr (Fr ca. 14.30 Uhr).

Nimmt man das Boot nach Ko Yao Yai um 10.00 Uhr, kann man die Insel gut in einem Tagesausflug besuchen; bis zur Rückfahrt um 15.00 Uhr bleiben einem 3½ Std. (Fr 3 Std.) Die Mitnahme eines Motorrads auf den Booten kostet 120 Baht.

■ Ab dem **Pier von Bang Rong** im Nordosten von Phuket fahren Schiffe nach Tha Chong Laat im Norden von Kao Yao Yai und nach einem kurzen Stopp geht's weiter nach Ko Yao Noi. Abfahrt 12.30 und 17.00 Uhr; 150 Baht. Von Tha Chong Laat zurück nach Phuket geht's um 7.00 und 14.30 Uhr.

Krabi
กระบี่

Krabi (30.000 Einw.) ist eine angenehm verschlafene, kleine Provinzhauptstadt, 867 km von Bangkok entfernt, die im letzten Jahrzehnt einen kontinuierlich wachsenden Strom von Touristen kommen sah. Der Ort ist der Transitpunkt für einige sehr attraktive Strände, die immer noch zu den schönsten des Landes zählen. Derzeit besuchen jährlich ca. 2 Mio. ausländische Touristen die Provinz Krabi. Viele davon fahren allerdings direkt vom Flughafen oder der Bushaltestelle zu einem der nahe gelegenen Strände und lassen die Stadt weitgehend außer Acht.

In Krabi-Stadt gibt es nicht viel zu tun, wenn man einmal von Spaziergängen entlang des Krabi-Flusses zum idyllischen **Tara-Park**, am Südende des Ortes gelegen, absieht. Die Innenstadt ist so klein, dass man sie in einer halben Stunde umrunden kann. Ansonsten bietet der **Morgenmarkt** interessante Szenerien, auffällig ist die Präsenz zahlreicher moslemischer Marktfrauen. Krabi hat einen hohen Bevölkerungsanteil von Moslems, eine Tatsache, die auch eine Anzahl moslemischer Restaurants hat entstehen lassen.

Etwa 8 km außerhalb der Stadt befindet sich das bekannte **Höhlenkloster Wat Tham Suea** oder der „Tigerhöhlentempel", der von einem Mönch namens *Achaarn Jamnien Silasettho* gegründet wurde. Der Wat, einer der wichtigsten Meditationstempel des Landes, erhielt seinen Namen von einer Felsformation, deren Form einer Tigerkralle ähnelt – so lautet zumindest die eine Version. Eine andere – und gern erzählte – Version spricht von einem Tiger, der hier mit *Achaarn Jamnien* zusammen in einer Höhle gelebt haben soll. Den Tiger gibt es heute nicht mehr, aber der *Achaarn* (Lehrmeister) ist noch wohlauf, aber nur selten in seiner Stammhöhle anzutreffen. Meist besucht er seine Anhänger irgendwo in Thailand oder auch im Ausland. Im Tempel leben dafür heute etwa 250 Mönche und Nonnen. In Abwesenheit des Meisters ist das Gelände um den Tempel ein wenig verkitscht worden, so wurde z. B. eine Statue der chinesischen Göttin Kuan Yin errichtet, die eigentlich gar nichts mit der Meditationslehre *Jamniens* zu tun hat. Dafür erfreut sie chinesische Besucher und öffnet möglicherweise so manchen Spendenbeutel.

Krabi

0 ──────── 200 m © REISE KNOW-HOW 2013

THAI104

- ⬛ **Übernachtung**
  1 Maritime Park & Spa Resort
  2 Krabi Royal Hotel
  3 Greenery Hotel
  5 Vieng Thong Hotel
  6 Chan Phen G.H.
  8 City Hotel
  11 Hello KR Mansion
  13 Guest House
  14 Swallow G.H.
  18 Hotel
  19 Chao Fah Valley Bungalows

  20 Thammachart G. H.
  23 Grand Tower Hotel
  24 Chan Cha Lay
  25 Cha Guest House

- 🟦 **Essen und Trinken**
  6 Chan Phen Restaurant
  7 Hong Ming Vegetarian Restaurant
  15 May & Mark Restaurant und Baan Thai Issara
  16 Hassana Restaurant
  17 Popeye's Bar
  18 Café Europa Rest.

  20 Restaurant
  21 Pizzeria Firenze

- 🟩 **Einkaufen/Sonstiges**
  4 Night Bazaar
  9 The Books
  10 Vogue Shopping Center
  12 Kino
  13 Phi Phi Tour
  22 Night Market

- 🟧 **Nachtleben**
  17 Good Day Night Club

Von Krabi aus fahren Songthaews für 20 Baht nach Wat Tham Suea. Falls man keines erwischt, das genau bis zur Höhle fährt, nehme man eines der vielen Songthaews, die zur Krabi Junction fahren (auf Thai Talaat Gau – „Alter Markt"), Kostenpunkt 10 Baht, und dort ein Motorrad-Taxi für die Weiterfahrt (ca. 20–30 Baht). An der Zufahrtsstraße zum Tempel befindet sich eine passable Unterkunft, *Tiger House* ** (80/2 Tham Suea Rd., Tel. 075-631635); die teureren Zimmer haben A.C.

Die bestpublizierte Sehenswürdigkeit Krabis ist der **Muschelfriedhof Susaan Hoy.** Hier, 17 km südlich der Stadt, haben sich Muschelfossilien, die auf ein Alter von 75 Mio. Jahren datiert werden, zu riesigen Platten formiert. Nach offiziellen Angaben gibt es auf der Welt nur noch zwei vergleichbare „Muschelfriedhöfe", und zwar in Japan und den USA. Dennoch ist das ganze optisch nicht gerade sensationell, und manchen Besucher erinnern die Muschelformationen eher an weggeworfene Betonplatten.

Der Süden

Von Krabi fahren Songthaews für 30 Baht zum Susaan Hoy.

Interessanter als der Muschel-Friedhof sind wahrscheinlich **Touren auf dem Krabi-Fluss,** die vom Chan Phen Restaurant & Guest House organisiert werden. Bei den halbtägigen Touren werden die Mangrovenwälder entlang des Flusses besucht, in der eine Vielzahl von Wasservögeln und andere Tiere zu Hause sind. Derartige Touren können auch mit den Bootsfahrern am Pier von Krabi vereinbart werden; Kostenpunkt je nach Teilnehmerzahl ca. 200 Baht/Pers. Handeln!

Information

■ In der Utarakij (Uttarakit) Road unterhält die **TAT** ein kleines Büro. Es gibt jede Menge Informationsmaterial, allerdings wirkt das Personal – wie in vielen TAT-Büros – gelegentlich etwas hilflos. Angeschlossen ist die **Tourist Police** (Tel. 075-637308). Das TAT-Büro befindet sich zwei oder dreihundert Meter nördlich der Innenstadt, an der Flussseite der Straße, Tel. 075-622163, Fax 075-622164, tatkra bi@tat.or.th.

■ In der Stadt blenden zahlreiche **Tourunternehmen** mit dem Schild „Tourist Information", die hier gegebenen Informationen sind jedoch nicht ganz selbstlos.

■ Das **Immigration Office** für Visumsverlängerungen befindet sich am Südende der Uttarakij Rd., Tel. 075-611097. Geöffnet Mo–Fr 8.30–16.30 Uhr, außer an Feiertagen.

Unterkunft

■ Sehr nette und saubere Bungalows (Bad) hat das **Chao Fah Valley****–*** (50, Chao Fah Rd., Tel. 075-612499). Das besonders positive ist, dass man hier zwar fast noch mitten in der Stadt ist, die Unterkunft (mit eigenem Bad, teilweise A.C., W-LAN) aber eher ländlich wirkt, mit viel Grün drum herum. Bei Preisen ab 300 Baht ganz ausgezeichnet.

■ Das **Grand Tower Hotel****–*** (9 Chao Fah Rd., 075-622322-3, 075-621456, Fax 075-611741, www.krabi-grandtower.com) an der Ecke Uttarakij Rd./ Chao Fah Rd. hat akzeptable Zimmer mit Bad. Eine Renovierung wäre angebracht, aber bei Preisen ab 300 Baht eine Alternative, falls die obigen Bungalows voll sein sollten.

■ Wenige Meter weiter die Uttarakij Road entlang findet sich das einfache, aber sehr preiswerte **Cha Guest House***–*** (45 Uttarakij Rd., Tel. 075-621125, Tel./Fax 075-621125, chaguesthouse@hot mail.com). Die preiswerteren Zimmer haben Gemeinschaftsbad. Sie sind zudem wenig komfortabel, zum Teil sehr winzig, kosten aber auch nur ab 120 Baht. Teurere Zimmer mit A.C.

■ Das **Chan Cha Lay****–**** (55 Uttarakij Rd., Tel. 075-620952, 075-612114, www.chanchalay. com) ist ein sehr sauberes, modernes kleines Guest House mit Restaurant und Internet-Café, ideal für Budget-Reisende. Zimmer ohne Bad ab 200 Baht in der Nebensaison, mit A.C. bis zu 700 Baht. Die Badezimmer haben nur kaltes Wasser. Schön sind die „Open-Air-Duschen" in einigen Zimmern. Sehr empfehlenswert.

■ Das **Swallow Guest House**** (31 Soi 4 Mahart Rd., Tel. 075-612464) ist ein winziges Guest House mit nur 6 Zimmern, alle ohne eigenes Bad. Die Zimmer sind einfach, aber sehr sauber, und preiswerter geht es am Ort kaum.

■ **Hello KR Mansion***–**** (52/1 Cha Fa Rd., Tel. 075-612761, chaina_ans@hotmail.com) hat auf seinen fünf Etagen ein umfangreiches Angebot an Zimmern: einfache Zimmer ohne eigenes Bad bis hin zum komfortablen A.C.-Raum. Mit Dach-Bar, Internet und Wi-Fi in der Lobby.

■ Das **City Hotel*****–ᴸᴸᴸ (15/2–3 Sukhon Rd., Tel. 075-621280-1, Fax 075-611282, www.citykrabi. com), mit z. T. nicht sehr großen, aber sauberen Zimmern, ist das beste und größte Hotel in der In-

7

nenstadt (124 Zimmer). Alle Zimmer mit Bad, in der höheren Preislage mit A.C. und TV, guter und freundlicher Service. Das Haus besteht aus einem neuen und einem alten Flügel und die Qualität der Zimmer ist unterschiedlich, also Zimmer vorher ansehen. Preis im alten Flügel in der Nebensaison ab 450 Baht ohne A.C., im neuen ab 700 Baht für Zimmer mit A.C. und TV. In der Saison ab 550/950 Baht.

■ Zimmer unterschiedlicher Qualität hat das **Vieng Thong Hotel***–****** (155 Uttarakij Road; Tel. 075-620020-3, Fax 075-612525, vieng-thong2001@hotmail.com). Zimmer mit Bad, teurere mit A.C. ab 500 Baht. Generell zeigen sich starke Abnutzungserscheinungen, also Zimmer vorher ansehen.

■ Das **Greenery Hotel***–****** (167/2 Maharat Rd., Tel. 075-623648-50, www.krabidir.com/the greeneryhotel) hat 30 große Zimmer und bietet TV, Minibar, einen Coffee Shop und eine Reiseagentur im Haus. Zimmer ohne A.C. 600 Baht, mit A.C. ab 800 Baht. Empfehlenswert.

■ Krabis Luxusherberge ist das etwa 2 km nördlich der Innenstadt an der Thung Fah Road gelegene **Maritime Park & Spa Resort**ᴸᴸᴸ (Tel. 075-620028-

46, Fax 075-612992, www.maritimeparkandspa. com). Es ist von einer fantastischen Gartenanlage umgeben und überblickt den Krabi-Fluss und die daran gelegenen Felsformationen. Zimmer mit allem Komfort (A.C., TV, Kühlschrank), Deluxe-Zimmer und Deluxe-Suiten. 1999 wohnte *Leonardo Di-Caprio* in dem Hotel und wurde zu den Dreharbeiten zu „The Beach" täglich nach Ko Phi Phi Le hinübergeschippert. Preise für Zimmer mit allem Komfort in der Hauptsaison ab ca. 3000 Baht, in der Nebensaison ca. 1700–2300 Baht. Empfehlenswert.

■ Schräg gegenüber der Zufahrt zum Maritime Park & Spa Resort liegt das **Krabi Royal Hotel****–******* (403 Uttarakit Rd., Tel. 075-622998, Fax 075-612992, www.krabirailay.com/hotel/krabiroyal). Die Zimmer haben A.C., TV und Kühlschrank und sind sehr sauber und komfortabel; die zur Straße hinaus gelegenen Zimmer sind aber wohl zu laut. Die Zimmer sind teuer, wahrscheinlich kann man den Preis aber herunterhandeln.

⌂ Ernte auf einer Ölpalmenplantage

Essen

● Eine sehr umfangreiche Speisekarte hat das **May & Mark Restaurant** schräg gegenüber dem Thai Hotel. Es gibt westliches Frühstück (Toast, Müsli, Porridge u. a.), zahlreiche westliche, mexikanische und Thai-Speisen, wie auch eine Reihe von vegetarischen Gerichten. Hier werden auch Bus- und Bootstickets angeboten.

● Gleich rechts daneben liegt das **Baan Thai Issara,** das sehr gute Backwaren, darunter auch Vollkornbrot anbietet.

● Seit vielen Jahren ein beliebter Traveller-Treff ist das **Chan Phen Restaurant & Guest House** (Tel. 075-612661) in der 145 Uttarakij Road, was zum großen Teil an der Besitzerin, Mrs. *Lee Hongyot,* liegt. Sie kredenzt gutes Essen und hat jede Menge Informationen zu Krabi parat.

● Das **Restaurant des Thammachart Guest House** (*thammachart* = „Natur") serviert thailändische vegetarische Gerichte.

● Sehr gute Pizzen, Crêpes, Spaghetti und andere italienische Gerichte serviert die von einem Italiener geleitete **Pizzeria Firenze** gegenüber dem Thammachart Guest House. Die Preise sind etwas gehoben, mit Pizzen ab 110 Baht, Crêpes ab 65 Baht; eine Tasse Beuteltee kostet 25 Baht.

● Das **Café Europa** (1/9 Soi Ruamjit, 81000 Krabi, Tel. 089-5910584, www.krabidir.com/cafeeuropa) bietet preiswerte Gerichte aus Skandinavien und Besitzer *Henrick* und seine Frau *Thip* sind eine Goldgrube an Informationen über die Region. Das Café vermietet auch ein paar schöne, saubere und sehr europäisch einrichtete Zimmer ab 350 Baht. Direkt gegenüber ist ein Biergarten.

● Im **Kwan Café** (Tel. 075-611706) in der 30 Kongka Rd. gibt's gesundes Essen in spartanisch moderner Atmosphäre – Tofu-Burger und guter Kaffee.

● Gute Currys mit malaysischem Einschlag macht das moslemische **Hassana Restaurant** (nur in Thai und Arabisch ausgeschildert), das sich in der Isara Road befindet. Morgens gibt es Roti, Teigfladen, die mit einer Fleisch-Soße serviert werden.

● Im **Hong Ming Vegetarian Restaurant** gibt es preiswerte veg. Currys, manchmal sehr scharf. Geöffnet 9.00–17.00 Uhr, So geschl.

● Am **Morgenmarkt** etwas westlich der Maharat Road gibt es Snacks wie den berühmten *khao niu* oder „sticky rice" oder *khanom taan,* eine Köstlichkeit aus Grieß und dem Saft von Palmherzen, der für die Süße sowie für die gelbe Färbung sorgt.

● Ein **Nachtmarkt** findet sich jeden Abend gegen 18.00 Uhr in der Uferstraße am Pier ein. Zahlreiche Straßenstände bieten ein umfangreiches Programm, vom gerösteten Huhn *(gai yaang)* bis zum getrockneten Tintenfisch *(plaa mük)* und zu zahlreichen Süßspeisen.

● Wer nicht anders kann, findet auf der Maharat Road im recht bescheidenen Vogue Shopping Center einen KFC und **Swensen's Ice Cream.**

Unterhaltung

● **Popeye's Bar,** direkt neben dem Café Europa, hat bis spät in die Nacht geöffnet. Laute Rockmusik, Pool und Bier stehen auf dem Programm.

● Neben dieser kleinen Bar liegt der viel größere **Good Day?** Nachtclub, in dem am Wochenende vor vollem Haus Cover-Rockbands ihr Bestes geben. Das einheimische Publikum ist laut und jung.

Ortsverkehr

● **Songthaews** nach Ao Nang und zum Noppharat Thara Beach fahren alle paar Minuten ab der Patana Road, nahe der Einmündung in die Utarakij Road. Songthaews nach Ao Luek fahren von einem Haltepunkt schräg gegenüber, nahe der Kreuzung Patana Rd./Preuksa Uthit Rd. ab. Songthaews zum Muschelfriedhof ab der Maharat Road.

● **Langschwanzboote** nach Ao Nang und Tham Phra Nang ankern an der Nordseite des Chao-Fah-Piers an der Kongka Rd.; hier lassen sich auch Boote zu anderen Fahrten anheuern.

7

■ **Motorräder und Autos** (Jeeps ab ca. 1000 Baht pro Tag) gibt's bei *Thaimit Rental,* Utarakij Road, Tel. 075-632054. In der Nebensaison lässt sich gut handeln.

Anreise

■ A.C.-Busse 1.Kl. (V.I.P.) **ab Bangkoks Southern Bus Terminal** fahren um 19.00 und 19.30 Uhr, Kostenpunkt ca. 920 Baht. A.C.-Busse 2. Kl. um 18.30 und 20 Uhr, Kostenpunkt knapp 600 Baht. Die Reisebüros in der Khao San Road bieten oft günstige Angebote, inklusive den Transfer von der Straße zum Busbahnhof in Bangkok.

Bus-und-Bootstransfer **ab Ko Samui** 350–600 Baht (Preis je nachdem, welche Busart eingesetzt wird, dazu weitere direkte Busse ab Surat Thani, Hat Yai u. a.).

■ 2006 wurde Krabis neues Flughafengebäude in Betrieb genommen. Flüge mit **Nok Air** (www. nokair.com) ab dem Don Mueang Airport in Bangkok kosten ab ca. 2500 Baht einfach; Flugzeit 1. Std. 10 Min. Weitere Flüge täglich mit der Budget-Airline **Air Asia** (www.airasia.com), die etwa zum gleichen Preis ab dem Suvarnabhumi Airport fliegt. Ein wenig teurer sind meist die Flüge ab Bangkok-Suvarnabhumi mit **Bangkok Airways.**

Direkte Auslandsflüge **ab Kuala Lumpur** (Air Asia), siehe www.airasia.com.

Zur **Weiterfahrt vom Flughafen** stehen Limousinen bereit, zu buchen an einem Schalter im Flughafen (Tel. 075-692073). Fahrten nach Krabi-Stadt kosten (überteuerte) 600 Baht, zum Strand von Ao Nang 1000 Baht. Busse nach Krabi-Stadt und Ao Nang kosten 150 Baht/Pers. Wer nur wenig Gepäck hat, kann vor dem Flughafen ein Motorrad-Taxi ausfindig machen und kommt damit weitaus billiger davon. Eine Fahrt in die Stadt sollte nicht mehr als 100 Baht kosten.

■ **Mietwagen** gibt es bei den Firmen *Avis* (www.avisthailand.com) und *Budget* (www.budget.co.th), die im Flughafen Büros betreiben.

Weiterreise

■ Die **Busse** fahren alle von Krabi Junction ab, wo sie ihre festen Halteplätze haben.

Busse mit A.C. fahren täglich wechselnd vom Bus-Stand in der Stadt oder dem Vieng Thong Hotel ab.

Fahrten mit dem **Songthaew** zur Krabi Junction kosten 20 Baht, innerhalb von Krabi dagegen nur 10 Baht.

■ Von der Krabi Junction besteht ebenfalls die Möglichkeit, mit **Gemeinschaftstaxis** nach Hat Yai und Trang zu fahren.

■ **Songthaews** zu den Stränden in der Umgebung fahren ab dem Markt, drehen dann aber erst noch ein paar Runden, ehe sie endgültig abfahren. Am besten an der Uttarakij Road anhalten und zusteigen.

■ **Taxis** von Krabi nach Ao Nang kosten ca. 500 Baht.

■ **Mountain Bikes** werden verliehen im *Pak-up Hostel* (87 Uttarakij Rd., Tel. 075611955), Kostenpunkt 150 Baht/Tag.

Strände um Krabi

Klong Muang Beach

Ein ruhiger Strand, 22 km westlich von Krabi mit vegetationsreichem Hinterland. Dieser Strand zählt nicht zu den allerschönsten der Umgebung, nicht zuletzt weil eine gigantische Zementfabrik inmitten mehrerer teurer Resorts die Landschaft völlig verunstaltet. Dessen ungeachtet wird hier weiter emsig gebaut. Die Abgeschiedenheit des Ortes zieht dennoch viele Leute an, die der überlaufeneren Strände überdrüssig geworden sind.

Der Süden

Unterkunft

■ Sehr beliebt bei Travellern ist das **Pine Bungalow***–******* (Tel. 075-644332, Fax 075-623 085, www.krabidir.com/pinebungalow), auch wenn der Strand hier nur mittelmäßig ist. Die Bungalows kosten ab 500 Baht und sind in eine schöne Gartenanlage eingebettet. Angeschlossen ist ein recht gutes Restaurant, dazu Motorradverleih. Empfehlenswert.

■ Das von zwei Deutschen geführte **Klong Muang Inn****–******* (Tel. 089-9719938, www.klong-muang-inn.de), bietet saubere Zimmer je nach Saison ab ca. 850/1050 Baht (inkl. Frühstück) und dazu deutsches Essen. Eine Thai Speisekarte gibt es auch. Sehr empfehlenswert.

Ansonsten stehen am Klong Muang Beach eine ganze Reihe **eingezäunter, isolierter Resorts.** Wer hier Urlaub macht, kann wirklich Frieden und Abgeschiedenheit erwarten. Die Preise sind zum Teil jedoch gesalzen.

■ Das **Andaman Holiday Resort**^LLL (Tel. 075-644321, Fax 075-644320, www.lantalanta.com/Andaman_Holiday_Resort) ist wohl eher für Pauschaltouristen konzipiert, der daran gelegene Strandabschnitt ist aber wohl der beste von Klong Muang. Komfortable, in einer schönen Gartenanlage gelegene Zimmer und Bungalows, Swimmingpool vorhanden. Ab ca. 5000 Baht.

■ Das **Nakamanda Resort und Spa**^LLL (Tel. 075-628200, Fax 075-644389, www.nakamanda.com) ist wohl derzeit das teuerste Resort in Krabi. Große und größere Villen in einem tropischen Garten, ein

☐ Typisches Longtail-Boot

fotolia©AlexF76

Swimmingpool direkt am Meer, ein umfangreiches Spa und absolute Ruhe kosten in der Nebensaison ab ca. 6000–19.000 Baht, in der Hauptsaison bis zum Dreifachen. Das Design dieses Resorts nennt sich „Modern classic oriental" – Marmor, Sandstein, Harthölzer, Seide und Baumwolle sind integrale Elemente einer wunderschönen, exklusiven Ästhetik. Ein Restaurant ist ebenfalls angeschlossen. Sehr empfehlenswert.

■ Gleich nebenan befindet sich das **Sheraton Krabi Beach Resort**LLL (155 Moo 2, Nong Thale, Tel. 075-628000, 02-6209889, www.star woodho tels.com/sheraton), das nicht ganz so exklusiv und sehr viel größer ist. Das Resort bietet jeden erdenklichen Wassersport – Windsurfing, Kanus, Segeln und Tauchen (Das Sheraton hat ein eigenes Dive-Center). Yoga-Kurse und Sightseeing werden ebenfalls angeboten. Wi-Fi im Zimmer ist kostenpflichtig (500 Baht/Tag).

■ Ein weiteres teures Resort in der Gegend ist das **Phulay Bay**LLL (111 Moo 3, Nong Thale, Tel. 075-628111, Fax 075-628100, www.ritzcarlton.com). Der Strand ist nicht schlecht und der Blick auf die vorgelagerten Inseln ist spektakulär. Zimmer ab ca. 17.000 Baht, dazu teurere Villen mit eigenem Jacuzzi.

■ Wenn man direkt durch das Zementwerk bis ans Ende von Klong Muang weiterfährt, endet die Straße im **Tup Kaek Sunset Resort & Spa** *****–LLL (109 Moo 3, Nong Thale, Tel. 075-628600-99, Fax 075-628666, www.tupkaeksunset.com) einer wunderschönen, sehr ruhig gelegenen Bungalowanlage inmitten eines dichten Kasuarinenwaldes. Die Preise sind nach Jahreszeit und Bungalowausstattung gestaffelt. Bungalows, für die in der Regenzeit ab 2200 Baht verlangt wird, kosten um Weihnachten und Neujahr stolze 4900 Baht; Die Preise für Villen mit Jacuzzi liegen dann sogar bei ca. 17.000 Baht. Die Bungalows sind zwar etwas klein, aber der Strandblick ist sehr schön, und verglichen mit den Preisen der Nachbarn hat das Tap Kaek durchaus etwas zu bieten. Angeboten werden auch Kanutrips.

Anreise

Öffentliche Verkehrsmittel hierher gibt es nicht. Bei der Buchung einer der oben genannten Unterkünfte übernimmt das betreffende Unternehmen den Transport.

Noppharat Thara Beach

Dieser „Sternenstrand der neun Juwelen" – so lautet der Name auf Deutsch – befindet sich je nach eingeschlagener Route 17 bzw. 19 km von Krabi entfernt (letzteres beim Weg über Ao Nang). Er ist Teil des **Phi Phi National Marine Park,** ein beliebter Platz für Muschelsammler als auch für einheimische Picknick-Gesellschaften. Der Strand bietet sauberen, weißen Sand und klares Wasser, das Umfeld lässt aber ein wenig die tropische Szenerie vermissen, somit ist er nicht so attraktiv wie sein Nachbarstrand. Obwohl der Tsunami diesen Strand kaum beschädigt hat, sieht ein Teil der Hinterlandschaft wie eine permanente Baustelle aus.

Unterkunft

■ Aufgrund des Nationalpark-Status sind die Baumöglichkeiten theoretisch begrenzt, es gibt nur wenige Unterkunftsmöglichkeiten. **The Cashew Nut*****–**** (Tel. 075-637560) mit kleinen, aber ausreichenden Bungalows mit Ventilator zu 500 Baht, mit A.C. zu 1000 Baht.

■ *Nui,* der mit seiner kanadischen Frau auf Ko Yao Noi einst eine beliebte Bungalowunterkunft betrieb, hat sich an diesem Strand eine neue Bleibe geschaffen, die **Laughing Gecko Bungalows** **–**** (Tel. 081-2705028, www.laughinggeckobun galows.com). Die aus Holz gebauten Bungalows

☐ Strandkarte S. 672, 674, Übersicht S. 582

sind schlicht, aber das nette Besitzerpaar macht dies allemal wett. Zudem ist es eine der preiswertesten Unterkünfte in der Gegend (urige Bungalows mit Bad und Veranda zu 500 Baht, Bett im Schlafsaal 180 Baht). Für Reisende mit geringem Budget ist dies die günstigste und freundlichste Unterkunft. Abends wird oft zusammen gekocht oder Musik gemacht. Die Besitzer zahlen Schleppern keine Kommission, und so wird oft behauptet, das Haus gäbe es nicht mehr. Im Zweifelsfall anrufen.

Unterhaltung

■ Die **Luna Bar** am östlichen Ende des Strandes zieht bis in die frühen Stunden Gäste an.
■ Die **Bad Habit Bar** ist etwas ruhiger und liegt vom Strand über die Strandstraße zurückversetzt ca. Strandmitte.

Anreise

■ **Songthaews** ab Krabi für 20 Baht/Person.

Ao Nang (Ao Phra Nang)

17 km von Krabi entfernt ist dies wohl der schönste Strand, den man, ohne auf Boote umsteigen zu müssen, von Krabi aus anfahren kann. Der Sand ist weiß, das Wasser klar, und an seiner Südseite wird er von schroffen, imposanten Felsen flankiert. Nicht umsonst hat sich der Tourismus hier von Jahr zu Jahr vervielfacht, und mit der einstigen Ruhe ist es heute vorbei. Auch das Preisniveau ist merklich gestiegen. Inzwischen gibt es gar einen *McDonald's* und *Starbucks,* von den zahlreichen Schneiderläden, vor denen aggressive burmesisch-nepalesische Schlepper werben (ganz wie in Phuket),

ganz zu schweigen. Einige Leser haben sich erschreckt darüber geäußert, wie negativ sich der Ort in Richtung Kommerz entwickelt hat.

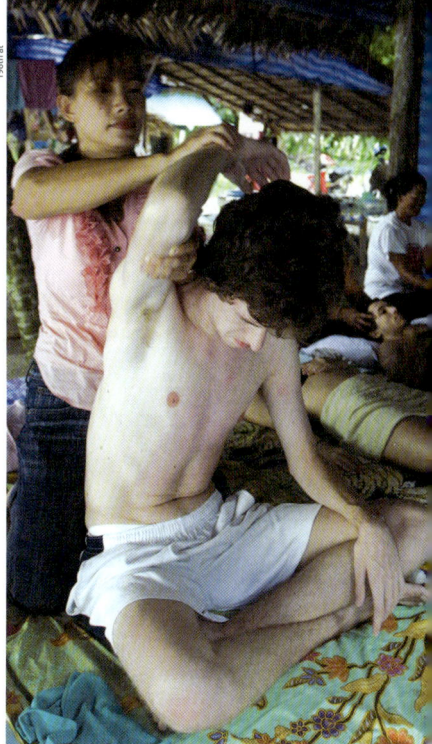

⌂ Touristen genießen eine Thai-Massage am Ao Nang Beach

7

0 — 400 m © REISE KNOW-HOW 2013

THAI105

Nopparat Thara National Park

Polizei ●

● Polizei

Nopparat Thara Beach

Ao Phai Bay

Boote nach Krabi

Songthaews n. Railay

Ao Phai Plong

■ **Übernachtung**
1 Nakamanda
2 Alis Spa & Hotel
3 Beach Laguna Resort
4 Ao Nang Terrace
5 Royal Nakara
6 Beach Terrace Hotel
7 Krabi Resort

8 Ao Nang Princeville Resort
10 Ao Nang Villa
11 Phra Nang Inn
12 J. Mansion & J. G.H.
13 Bungalows des Peace Laguna Resort

14 Verandah Hotel
15 Krabi Heritage Hotel
16 The Cliff Resort

■ **Essen und Trinken**
9 Last Fisherman Bar

Wer etwas Ruhe sucht, findet sie am **Strand von Ao Phai Plong** zwischen Ao Nang und dem Railey Beach. Dazu gehe man am südöstlichen Strandende von Ao Nang zum „Last Café" (Drinks und Imbiss), von wo ein hölzerner Steg weiter in Richtung Südosten über einen Felsen führt. Man könnte auch ein Boot dorthin chartern. Ansonsten kommt man nur in den Genuss dieses quasi „privaten" Strandes, wenn man im dortigen *Centara Grand Beach Resort*LLL einkehrt (Tel. 075-637 7789, www.centara hotelsresorts.com/krabi_hotels.asp). Die Gäste des Hotels werden per Speedboot von Ao Nang herantransportiert. Dies ist die beste und schönst gelegene Unterkunft im Bereich Ao Nang, und wer sie sich leisten kann, sollte zugreifen.

Gegenüber dem *Krabi Resort* in Ao Nang befindet sich eine Außenstelle der Tourist Police, Tel. 075-637208.

Unterkunft

Wie überall, wo plötzlich die Touristenzahlen rapide steigen, werden auch die Unterkünfte teurer, aber auch komfortabler, oft sogar verschwenderisch luxuriös.

■ Eine der originellsten Unterkünfte ist das **Phra Nang Inn*******_LLL (P.O. Box 25, Krabi, Tel. 075-637130 www.phrananginn.com/phrananginn/in dex.html). Das Haus ist so geschickt mit Holz verkleidet, dass man es auf den ersten Blick für eine etwas groß ausgefallene Waldhütte halten könnte. Es

⊳ Je mehr, desto besser: südthailändische Großfamilie auf Strandexkursion

fügt sich nahtlos in die palmenreiche Umgebung ein, und zahlreiche Zierpflanzen runden das Bild ab. Die Zimmer haben A.C., TV, Mini-Bar; Frühstück für zwei Personen inklusive; Swimmingpool. Bei Internetanbietern Preise ab ca. 3000 Baht in der Hauptsaison. In der Nebensaison ab ca. 1500 Baht. Empfehlenswert.

■ Wunderschön sind die Bungalows des **Peace Laguna Resort*******–ᴸᴸᴸ (Tel. 075-637344-6, Fax 075-637347, www.peacelagunaresort.com), die vor einer schroffen Felswand angelegt sind. Vor den Bungalows befindet sich ein idyllischer kleiner Teich, dazu gibt es einen Swimmingpool und Wi-Fi. Sehr gut! Preise offiziell ab ca. 2200 Baht, es lohnt, nach günstigen Internetangeboten zu suchen.

■ Einige hundert Meter vom Strand entfernt, an der Straße nach Krabi, steht das **Ao Nang Palm Hill******–***** (Tel. 075-637207). Sehr gemütliche und saubere Bungalows mit A.C., TV und Kühlschrank.

■ Sehr gepflegte Zimmer mit Balkon bietet das **Beach Terrace Hotel*******–ᴸᴸᴸ, Buchungen unter Tel. 075-637180-3, Fax 075-637184, www.krabi beachterrace.com, Frühstück ist im Preis enthalten. In der Nebensaison ab 2300 Baht. Große Penthouses ab 8000 Baht.

■ Das **Ao Nang Villa**ᴸᴸᴸ (Tel./Fax 075-637270-4, www.aonangvilla.com) hat eine Vielzahl superkomfortabler, luxuriös ausgestatteter Bungalows in verschiedenen (hohen) Preisklassen. Bei Buchungen über Internetagenturen ab ca. 3000 Baht, dennoch sehr lohnenswert.

■ **J. Mansion & J. Guest House******–***** ((Tel. 075-695128, www.jmansionaonang.com), ist ein kleines, sehr beliebtes Hotel im Zentrum von Ao Nang, mit großen, sauberen Zimmern, mit TV, teilweise mit A.C., dazu Wi-Fi. Preise in der Off-Season 600/800 Baht (Ventilator/A.C.), in der Hauptsaison gestaffelt bis zu 1500/1700 Baht. Sehr empfehlenswert. Im angeschlossenen Guest House kann

254ph rk

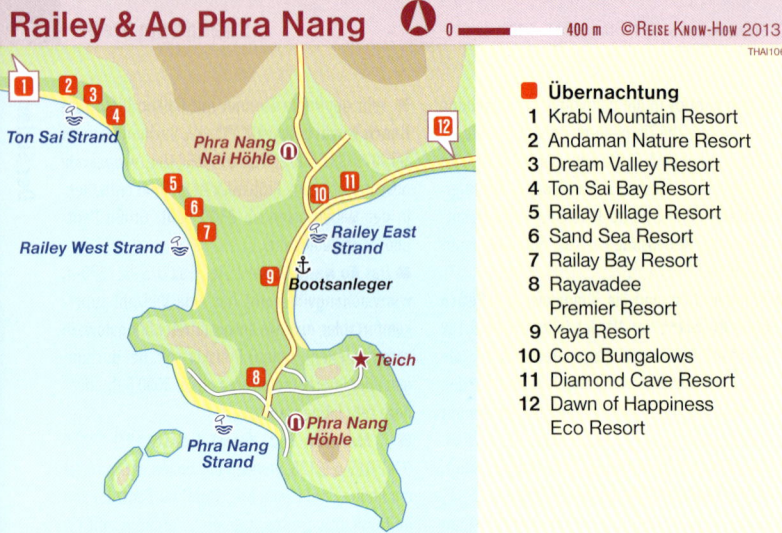

Ton Sai Strand

Phra Nang Nai Höhle

Railey West Strand

Railey East Strand

Bootsanleger

★ **Teich**

Phra Nang Höhle

Phra Nang Strand

■ **Übernachtung**
1 Krabi Mountain Resort
2 Andaman Nature Resort
3 Dream Valley Resort
4 Ton Sai Bay Resort
5 Railay Village Resort
6 Sand Sea Resort
7 Railay Bay Resort
8 Rayavadee
   Premier Resort
9 Yaya Resort
10 Coco Bungalows
11 Diamond Cave Resort
12 Dawn of Happiness
   Eco Resort

man sich auch monatlich einmieten: ab 7000 Baht/ Monat für Zimmer ohne A.C., bzw. ab 8000 Baht/ Monat mit A.C.

Anreise

■ **Songthaews ab Krabi** für 50 Baht/Person, ab 18 Uhr 60 Baht.

Inseln vor Ao Nang

Ko Poda

Schon von Ao Nang aus sichtbar ist die **wunderbare Kokos-Insel** Ko Poda, ca. 20 Bootsminuten entfernt. Sie ist an ihren flachen Stellen mit Kokospalmen übersät, besteht ansonsten aus einem Felsmassiv und besitzt einen traumhaften weißen Strand. Eine wahre kleine Trauminsel, dazu beste Bade- und Schnorchelmöglichkeiten!

■ Als Unterkunft stehen die Bungalows des **Poda Island Resort** ****–***** zur Verfügung (Tel. 075-637030-5, www.podaislandresort.com). Bungalows mit Ventilator. Mit Restaurant.

■ **Anfahrt** ab Ao Nang in gecharterten Booten, ab ca. 500 Baht, retour 700–800 Baht inklusive einem längeren Badeaufenthalt. Um 10.00 Uhr fahren Pendler-Boote zu 200 Baht/ Pers. ab Ao Nang; Rückfahrt ca. 16.30 Uhr.

Ko Hua Khwan

Ko Hua Khwan oder auch **„Chicken Island"** verdankt ihren Namen einer Felsformation, die an einen Hühnerkopf erinnert. Sie ist unbewohnt und aufgrund des herrlichen, blendend-weißen Strandes ein beliebtes Ziel für Badeausflüge.

■ **Anreise:** Der Bootscharter ab Ao Nang kostet ca. 800–1000 Baht, darin ist dann auch eine mehrstündige Badepause enthalten. Pendler-Boote ab Ao Nang zu 250 Baht/Pers.

Der Süden

Tham Phra Nang Beach

Dieser wahrscheinlich schönste Strand in der Umgebung von Krabi erhielt seinen Namen von einer Höhle *(tham)*, in der einst eine himmlische Prinzessin *(nang)* gebadet haben soll. Darin soll sie auch ihrem irdischen Geliebten ein Kind geboren haben, weswegen die örtlichen Fischer dort Holzphalli opfern, um ihren Segen zu erhalten.

Aber Legende beiseite – der mit abertausenden Kokospalmen gesäumte, feine weiße Sandstrand von Tham Phra Nang ist wohl der attraktivste der Umgebung und hat demzufolge in den letzten Jahren eine ungeheure Popularität erlebt. Seinen besonderen Charakter verdankt er den Felswänden, die sich an seinem Ostende auftürmen, und die die Sonnenbadenden aus der Entfernung betrachtet zu Winzlingen zu degradieren scheinen – eine massive Wand aus Stein, die von Alpinisten gelegentlich zum Abseil-Training genutzt wird!

Leider ist dieser fantastische Strand auch **touristischen Großunternehmen** nicht verborgen geblieben, und so wurde das Luxushotel *Rayavadee Premier Resort* (www.rayavadee.com) in Betrieb genommen. Das führte jedoch gleich zur Kontroverse: Das Resort soll zum Teil Land in Beschlag genommen haben, das unter Naturschutz steht. Seltsamerweise waren im Grundamt sämtliche Papiere, die die Eigentümerrechte hätten klären können, spurlos verschwunden. Abgesehen davon fügen sich die Bungalows recht dezent in die tropische Umgebung ein. Kostenpunkt ab ca. 25.000 Baht in der Nebensaison. Wer um Weihnachten eintrifft und die beste Villa anmieten will, zahlt ca. 200.000 Baht.

Weniger attraktiv als der Tham Phra Nang Beach sind die an der West- und Ostseite des Landzipfels gelegenen Strände **Railey (Ray Ley) West** und **Railey (Ray Ley) East.** Hier sind die Bademöglichkeiten nicht so gut wie in Tham Phra Nang, das Wasser ist etwas trübe. Dafür breiten sich zwischen den Stränden Kokoshaine aus, die Südsee-Flair verbreiten.

Banken oder Geldautomaten gibt es hier nicht, in den meisten Resorts lässt sich jedoch Bargeld wechseln, wenn auch zu ungünstigen Kursen.

Unterkunft

■ Zwischen den beiden Railey-Stränden reihen sich mehrere Bungalowanlagen aneinander. Auch hier sind die Unterkünfte merklich smarter und teurer geworden. Man merkt es auch am Namen, denn was sich früher „Hut" oder „Bungalow" nannte, wurde oft in „Resort" umgetauft. Die am Railey West gelegenen Unterkünfte sind im Prinzip empfehlenswerter, da dort der Strand schöner ist, aber finanzielle Aspekte kommen sicher mit ins Spiel – egal wo man hier wohnt, die Entfernungen sind klein und man kommt leicht zu einem guten Strandabschnitt.

In Railey West

■ **Sand Sea Resort**LLL (Tel. 075-8194 64, Fax 075-819426-7, www.krabisandsea.com). Ein Luxusresort mit Zimmern ab ca. 2700 Baht in der Nebensaison.

■ **Railay Village Resort**LLL (Tel./Fax 075-81 9412, www.railayvillagekrabi.com). Opulentes Luxusresort mit allen Schikanen, Bungalows im günstigsten Fall in der Off-Season ab ca. 4500 Baht.

■ **Railay Bay Resort**LLL (Tel. 075-622998-9, www.railaybayresort.com). Luxusresort, Zimmer in der Off-Season ab 3300 Baht.

7

Weitere Unterkünfte finden sich in der wunderschönen **Ton Sai-Bucht** nördlich von Railey West. Der Strand ist allerdings etwas steinig und nicht sehr gut zum Schwimmen geeignet. Dafür darf hier in Felsen geklettert werden, und viele Leute kommen einfach zum Abhängen. Es gibt jede Menge kleine Beach-Bars und oft herrscht Party-Stimmung am Strand und in den Unterkünften, unterstützt vom Qualm merkwürdiger grüner Blätter. Dies scheint der letzte Rückzugsort der Low-Budget-Traveller in Krabi zu sein, wenn auch hier schon teure Unterkünfte Einzug gehalten haben. Einen Bankautomaten gibt es auch schon.

Der Strand ist durch einen Felszipfel von Railey West getrennt; bei Ebbe kann man aber zwischen beiden Stränden hin- und herlaufen. Der Nachteil hier ist, dass bei Ebbe Boote weit draußen halten müssen, und man muss durch das Wasser waten. In der Regenzeit ist man oft vom Rest des Festlands abgeschnitten.

Ao Ton Sai ist **nicht ans Stromnetz angeschlossen,** der Strom kommt aus dem Generator, meist aber nicht 24 Std. lang. Dies ist zu bedenken, wenn man ein Bungalow mit Klimaanlage in den einfacheren Unterkünften nimmt: Tagsüber wird der Generator meist nicht angestellt.

■ **Andaman Nature Resort****–**** (Tel. 081-9796050, www.andamannatureresort.com) ist eine empfehlenswerte Option im höheren Low-Budget- bis mittleren Bereich. Einfache, aber solide und saubere Holzbungalows mit Bad, dazu ein beliebtes Restaurant und Bar. Das Resort liegt ein Stück vom Strand zurückversetzt am Fuße der Klippen. Bungalows in der Off-Season zu 300 Baht oder sogar darunter; in der Hauptsaison 800 Baht. Guter Gegenwert.

■ **Dream Valley Resort******–***** (Tel. 075-660727, Fax 075-63775, www.dreamvalleyresortkrabi.com), rustikale Bungalows, 1200 Bath für Bungalows ohne A.C., 1.900 Bath mit A.C. Einige Minuten Fußweg vom Strand entfernt.

■ **Ton Sai Bay Resort*******–LLL (Tel. 075-622584, www.tonsaibayresortkrabi.com), bescheidene Luxusanlage mit Bungalows (A.C., TV, Kühlschrank, Safe) ab 1100 Baht in der Nebensaison, ansonsten ab 1900 Bath inkl. Frühstück. 24 Std. Strom.

■ **Tiew Kao,** primitive Bambushütten, ca. 300 m im Inland, nordöstlich des Dream Valley Resort, am Pfad nach Railay East, kein eigenes Bad, aber eine der besten Billig-Optionen.

Dazu gibt es einige weitere sehr einfache, preiswerte Bungalowanlagen, diese haben jedoch kein Telefon bzw. nehmen keine Buchungen an. Die Preise liegen bei ca. 100/150 Baht, dafür gibt es allerdings nur primitive Hütten ohne Strom und ohne eigenes Bad.

Der Strand von **Railey East,** und weiter östlich dem von **Hat Nam Mao,** ist ziemlich verschlickt. Hier stehen etwas preiswertere Unterkünfte als in Railey West zur Auswahl:

■ **Coco Bungalows***–LLL (Tel. 075-612730, www.krabirailay.com/hotel/coco), das zwar komfortable und teure Bungalows bietet, aber auch noch fünf primitive Hütten zu 150 Baht betreibt, beinahe als wäre es eine Hommage an die guten alten (spottbilligen) Travellerzeiten. Die Hütten haben sogar Bad und in der Regenzeit fällt der Preis auf 100 Baht oder weniger. A.C.-Bungalows kosten in der Nebensaison ab 1200 Baht.

■ **Yaya Resort******–LLL (Tel. 02-6730966, 02-2119654, Fax 02-2119656, www.yaya-resort.com), rustikale Bungalows, überteuert und nicht gut in Schuss. Es gibt auch geräumige Familienbungalows mit A.C., TV und DVD-Player. Dennoch eher die letzte Wahl an Ort.

■ **Dawn of Happiness Eco Resort*****–***** (Tel. 075-695157, 081-0911168) an einem relativ malerischen Strandabschnitt in Ao Nam Mao, mit nicht sonderlich komfortablen, aber akzeptablen Holzbungalows, hergestellt aus Materialien der Umgebung und umrahmt von satter tropischer Vegetation. Passend dazu gibt es Hängematten, die man sich zwischen die Bäume spannen kann. In der Nähe des Muschelfriedhofs *Susaan Hoy* gelegen. Zwischen Krabi und Ao Phra Nang, ein bisschen im

7

Der Süden

Niemandsland, und für Leute, die Ruhe wollen genau das Richtige. Geboten werden Thai-Massage und Kochkurse.

Anreise

◼ Ab Ao Nang fahren **Boote** für 80 Baht/Person in 15 Minuten nach Railey West, nach Tham Phra Nang in ca. 20 Minuten. Gecharterte Boote kosten ca. 500 Baht für die einfache Fahrt. Von Railey West ist es eine kurze Bootsfahrt zur Bucht von Ton Sai, Preis ca. 60–70 Baht/Pers. Boote zwischen Railey und Tham Phra Nang kosten ca. 80 Baht/Person. Boote vom Pier in Krabi-Stadt nach Tham Phra Nang zu 150 Baht/Pers., Abfahrt; wenn mindestens 8 Passagiere vorhanden sind. Im Monsun (Mai–Sept.) muss der Bootsverkehr teilweise eingestellt werden.

Umgebung von Krabi

Than-Bokkharani-Nationalpark

Dieser kleine Nationalpark befindet sich 45 km nördlich von Krabi (oder 40 km südlich von Phang-Nga) nahe der Distrikt-Hauptstadt **Ao Luk,** die von einer großen Straßenkreuzung, der Ao Luk Junction, markiert wird. Das waldreiche Gelände des Parks ist mit Felsformationen durchsetzt, die ihrerseits zahlreiche attraktive Grotten aufweisen. Aus einer entspringt ein Bach, der sich in mehrere Zweige aufteilt, die in einem Netzwerk von erfrischenden Wasserbecken münden. Hier darf auch gebadet werden! Das Gelände eignet sich aber genauso für

Spaziergänge unter den hohen, dicht an dicht stehenden Baumriesen. Der Park ist ganz nett, für sich alleine aber vielleicht nicht die Anfahrt von Krabi aus wert. Wer mit eigenem Fahrzeug auf der Strecke Phang-Nga–Krabi unterwegs ist, kann gut einen Abstecher dorthin machen. Der Eintritt kostet 200 Baht, Kinder bis 12 Jahre 100 Baht.

◼ Direkt am Parkeingang gibt es **A.C. Bungalows***–******, auch stundenweise zu mieten.
◼ Zur **Anfahrt** eignet sich jedweder Bus, der auf der Strecke Krabi – Phang-Nga, Trang – Phuket, Hat Yai – Phuket etc. verkehrt. Alle diese Busse fahren entlang des Highway Nr. 4 und passieren die Ao Luk Junction. Dort aussteigen und an der Kreuzung die Straße Nr. 4039 in südwestliche Richtung gehen, wo nach knapp 1½ km der Park liegt. Ab der Kreuzung fahren Songthaews (10 Baht).

Tham-Khao-Phra-Höhle

Etwa 100 m weiter südwestlich von Than Bokkharani zweigt eine holprige Straße in nördlicher Richtung von Straße Nr. 4039 ab, die nach ca. 500 m zur **Tham Khao Phra** führt, der „Höhle im Mönchsberg". Diese durchzieht einen steilen, hohen, rundgeformten Felsen und birgt einige Buddha-Figuren. Die umgebende, dichte Vegetation macht dieses Fleckchen zu einer erholsamen Idylle, zumindest solange die dort lebenden Mönche die laut plärrende Lautsprecheranlage ausgeschaltet lassen. Von der Höhle führt ein ausgeschilderter Weg nach über 1 km zu einer weiteren, aber weniger interessanten Höhle, der **Tham Khao Rang.**

7

0 ▬▬ 5 km © REISE KNOW-HOW 2013

ThaiF14c

Ko Lanta Yai

เกาะลันตาใหญ่

Parallel zum wachsenden Tourismus in Phuket und den Phi Phi Islands begann vor etwa zwei Jahrzehnten die zaghafte Entwicklung von Ko Lanta Yai als „alternatives" Reiseziel. Die Insel bietet einige sehr nette und vor allem lange Strände sowie satte Vegetation im hügeligen Hinterland. Die Strände können nicht unbedingt mit vielen der bekannteren in der Region um Krabi und Phuket mithalten. Was viele Reisende aber hier festhält, ist die relative Ruhe, die Abwesenheit (bisher noch) von Discos, Hochhaus-Hotels und smarten Supermärkten. Ob es aber so bleiben wird, ist fraglich. Der Anschluss Ko Lantas ans Stromnetz vor einigen Jahren war ein Sprung ins moderne Zeitalter, und in seinem Windschatten folgte ein Bau-Boom. Dieser hält bis heute unvermindert an, und die preiswerten Unterkünfte machen immer mehr teuren Anlagen Platz. Ko Lanta Yai ist immer noch eine gute Insel zum Entspannen, Tauchen, Schnorcheln oder Kayak-Fahren – die Frage ist nur, wie lange noch, bevor auch sie mit touristischen Einrichtungen überladen ist. Die Insel scheint denselben Weg zu beschreiten wie zuvor Phuket, Ko Samui, Krabi und Ko Chang. Schade.

Ko Lantas einzige „Stadt" ist das aus zwei Straßen bestehende **Ban Saladan,** wo auch die Boote aus Phi Phi oder Krabi anlegen. Hier finden sich auch eine Bank, Bankautomaten und einige Geschäfte. Die Bevölkerung der Insel besteht hauptsächlich aus Moslems, dazu gesellen sich ein paar „Seezigeuner" oder *chao le*.

Der beste Strand ist der 2 km von Ban Saladan entfernte **Klong Dao Beach;** nach Süden wird die Küste felsiger, bietet aber dennoch vielerorts kleine Idyllen. Zu empfehlen sind Touren zu einigen der kleinen vorgelagerten Inseln wie Ko Rok Nok, Ko Ngai und Ko Muk, zu denen Langschwanzboote gechartert werden können. Das Unternehmen *Canoe Tours* (Tel. 081-2284213) bietet Kanufahrten durch die Mangrovenhaine an der Ostküste. Elefanten-Treks, die auf der Insel angeboten werden, kosten etwa 500 Baht pro halber Stunde.

Unterkunft

Eine Reihe von Bungalow-Anlagen befindet sich an der Westseite von Ko Lanta Yai, die nur durch eine sehr schmale Wasserstraße von ihrer kleineren Schwesterninsel Ko Lanta Noi getrennt ist. Die Hauptsaison ist November bis April, und während dieser Zeit sind die Preise auch am höchsten.

In der Regenzeit – also von Juni bis Sept. – fallen die Preise oft dramatisch, nicht selten um 50–60 %. Häufig kann gehandelt werden.

An Laem Khaw Khwang

Dies ist die nordwestlichste Landzunge der Insel, nach ihrem Aussehen „Hirschhals-Kap" genannt. Die „Hauptstadt" Ban Saladan liegt 2 km weiter östlich.

■**Khaw Khwang Bungalows***–ᴸᴸᴸ** (Tel. 075-668260-1, www.lanta-kawkwangresort.com), zahlreiche Bungalows unterschiedlicher Ausstattung, recht gut, z. T. mit A.C. Sehr gute Strandlage. Die einfachsten Bungalows ab 450 Baht (Nebensaison).

Am Klong Dao Beach

Der sanft geschwungene Strand von Klong Dao ist zwar voll mit Unterkünften belegt, dafür aber sehr breit, und es bieten sich sehr gute Schwimmmöglichkeiten. Die Unterkunftspreise liegen meist im mittleren bis leicht gehobenen Bereich.

■ **Nobel House*****–ᴸᴸᴸ** (Tel. 075-684096, www.noblehouselanta.com), ganz im Norden des Strandes, unter Schweizer Management, gute Bungalows mit A.C. und Kühlschrank, dazu einige Hotelzimmer weiter vom Strand zurückversetzt, in netter, von Grün umgebener Anlage, sehr gutes Essen und Swimmingpool. Angeschlossen ist ein Büro von *Lanta Divers* (www.lantadiver.com). Im Preis ist das Frühstück inbegriffen, WI-Fi ist kostenlos.

7

Ban Saladan
Laem Khaw Khwang
Hat Klong Dao
Hat Phra Ae
Ban Klong Khor
Hat Klong Nin
● *Polizei*
○ *Ban Hua Laem*
Hat Klong Hin
Ao Kantiang
Ao Klong Jaak
● *Nationalpark-Hauptquartier*

▣ Essen und Trinken
3 Hans Restaurant

▣ Wassersport
1 Ko Lanta Diving Centre
6 Lanta Paddle Sports

▣ Übernachtung
2 Khaw Kwang Resort
3 Nobel House,
   Sun, Fun & Sea
   Bungalows Dive Resort,
   Hans Bungalows
4 Diamond Sand Palace
5 Southern Lanta Resort
7 Lanta Sea House,
   Lanta Villa Resort
8 Sayang Beach Resort
9 Nakara Long Beach Resort
10 Papillon Resort
11 Freedom Estate
12 Lanta Marina Resort
13 Relax Bay Resort
14 Where Else?
15 Lanta Palace
16 Sunset Bungalows
17 Lanta Miami Bungalows
18 The Narima
19 Dream Team Bungalow
20 Kantiang Bay View Resort
21 Pimalalai Resort & Spa
22 Anda Lanta Resort

■ **Hans Restaurant & Bungalows****–*** (Tel. 075-684152, www.krabidir.com/hansrestaurant), im nördlichen Drittel des Strandes gelegen, geleitetet von einem Deutschen und seiner Thai-Frau; die Anlage war zunächst nur ein Restaurant, dem wurden später 14 Bungalows hinzugefügt. Einige sind aus Stein, andere aus Bambus, für den niedrigen Preis ab 300 Baht in der Nebensaison (Hauptsaison ab 350 Baht) insgesamt sehr gut. Motorradverleih und Internet. Preiswerter geht es an diesem Strand kaum.

■ **Sun, Fun & Sea Bungalows Dive Resort** ***–***** (Tel. 075-684025, Fax 075-68 4026, www.krabidir.com/sunfunseabung), unter schweizerisch-thailändischem Management, gut ausgestattete Bungalows in netter Gartenlage, in der Off-Season ab günstigen 500 Baht. Mit eigener Tauchbasis, Reisebüro, Bar. Ein Restaurant ist angeschlossen. Thai-Massage wird angeboten, Internet vorhanden.

■ **Diamond Sand Palace*******–ᴸᴸᴸ (Tel. 075-684135, www.diamondsandlanta.com), recht gute Bungalows, die meisten mit A.C. Sehr unterschiedliche Preise je nach Jahreszeit. Ab 1500 Baht.

■ **Lanta Villa Resort******–*****, einige hundert Meter weiter südlich (Tel. 075-684129, www.lantavillaresort.com), sehr gute, solide Bungalows, z. T. mit A.C. und Kühlschrank, in gartenähnlicher Umgebung, Swimmingpool.

■ **Lanta Sea House*******–ᴸᴸᴸ (Tel. 075-6840 73, Fax 075-684074, www.lantaseahouseresort.com), gute Anlage mit komfortablen Bungalows, einige aus Holz, z. T. A.C. In der Off-Season fallen die Preise auf die Hälfte. Pool.

■ **Southern Lanta Resort*******–ᴸᴸᴸ (Tel. 076-684174-7, Fax 075-684174, www.southernlanta.com), 100 sehr gute Bungalows mit A.C., ein gutes Restaurant, Swimmingpool, Jacuzzi und umgeben von satter Gartenlandschaft. Frühstück im Preis inbegriffen. Empfehlenswert.

Der Süden

Phra-Ae Beach

An seinem Südende geht der Klong Dao Beach in den Phra-Ae Beach über, beinahe ebenso schön wie obiger. Die Unterkünfte sind meist relativ teuer.

■ **Sayang Beach Resort*****–ᴸᴸᴸ (Tel. 075-6841 56, www.sayangbeachlanta.com), sehr schöne, luxuriöse Bungalows zu diversen (hohen) Preisen, ab ca. 2500 Baht.

■ **Nakara Long Beach Resort******–ᴸᴸᴸ (Tel. 075-684198, Fax 075-684673, www.lantalongbeach.com), große, gepflegte Anlage mit 141 Bungalows; die Saison-Preise sind vielleicht etwas überzogen; besser in der Off-Season (ab 1900 Baht). Kostenloses Wi-Fi, Pool.

■ **Papillon Resort*****–ᴸᴸᴸ (Tel. 075-684429, www.papillon-kohlanta.com), für den Preis ab 500 Baht in der Nebensaison, sehr akzeptable Bungalows mit Bad, teilweise A.C. und Minibar. Skandinavisches Management. Jeep- und Motorradverleih.

■ **Freedom Estate******–***** (Tel. 075-6842 52, 089-8663036, Tel./Fax 075-684252, www.lanta-servicedapartments.com), auf einem kleinen Hügel 300 m landeinwärts gelegen, mit Balkon und gutem Ausblick aufs Meer; ordentliche, solide Bungalows, teilweise mit A.C. Wi-Fi-Internet. Thailändisch-Schweizerisches Management. Preise in der Off-Season ab 950 Baht, ansonsten ab 1550 Baht.

■ **Lanta Marina Resort*****–***** (Tel. 075-684 168, www.lantamarina.com), einfache Bambushütten etwas landeinwärts gelegen, eine beliebte Low-Budget-Unterkunft. Die Preise liegen in der Off-Season bei 500/800 Baht, ansonsten bis zu 1000/2000 Baht.

■ **Relax Bay Resort******–ᴸᴸᴸ (Tel. 075-6841 94-5, Fax 076-684194, www.relaxbay.com), diverse Bungalows, gemütlich und urig, mit A.C., relativ preiswert in der Nebensaison.

■ **Where Else?*****–***** (Tel. 081-5364 870, www.lanta-where-else.com), urige Low-Budget-Hütten aus Kokosnussholz und Bambus, simpel aber wohnlich, sogar mit Hängematten in den Hütten; in der Off-Season ab 500 Baht. Angeschlossen ist eine

Bar, und dementsprechend herrscht oft Party-Atmosphäre.

Hat Klong Nin und weiter südlich

Etwa 5 km südlich vom zentralen Bereich von Phra-Ae gelegen, erstreckt sich der Strand von Klong Nin, der sich bestens zum Schwimmen eignet. Hier finden sich einige relative preiswerte Unterkünfte, aber auch sündhaft teure.

■ **Sunset Bungalows******–***** (Tel. 075-662 611, www.thesunsetbungalows.com), gute Bungalows zu vernünftigem Preis in der Nebensaison (ab 600 Baht). und dann guter Gegenwert. In der Hauptsaison 2–2½ mal so teuer.

■ **Lanta Miami Bungalows******–ᴸᴸᴸ (Tel. 075-697081, www.lantamiami.com), Bungalows aus Holz und Zement, aber gar nicht schlecht, teilweise mit A.C. Motorrad- und Autoverleih. In der Off-Season ab 900 Baht.

■ **The Narima******–ᴸᴸᴸ (Tel. 075-662668, www.narima-lanta.com), gemütliche Holzbungalows mit Balkon, teilweise mit A.C., sehr nettes Besitzerpaar und angenehmes Ambiente. Preise in der Off-Season ab 1200 Baht. Swimmingpool und Jacuzzi. Insgesamt sehr empfehlenswert.

■ **Kantiang Bay View Resort*****–ᴸᴸᴸ (Tel. 081-7875192, www.kantiangbay.net), in der Ao Kantiang, ca. 3 km südöstlich von Klong Nin, Zementbungalows und Stelzenbungalows, z. T. mit A.C. Ab 400 Baht für einfache Bambus-Hütten in der Nebensaison, ansonsten ab 500 Baht.

■ **Lanta Palace******–ᴸᴸᴸ (Tel. 075-662571-4, www.lantapalace.com), schöne Anlage mit komfortablen Bungalows und Hotelzimmern, dazu Swimmingpool. In der Nebensaison ab 900 Baht, ansonsten ab 1700 Baht.

■ **Pimalai Resort & Spa**ᴸᴸᴸ (Tel. 075-607999, Fax 075-607998, www.pimalai.com) supertolle, weit auslaufende Anlage mit luxuriösen Bungalows und Häusern und 900 m Strand vor der Tür. Mit Swimmingpool, Fitness-Club, Spa und Tauchladen. Bei

7

Buchung Abholung per Boot. Preise: je nach Zimmer- oder Villentyp ca. 7000–50.000 Bath in der Off-Season, und bis zu 16.000–100.000 Baht in Spitzensaison um Weihnachten. Die teuersten Unterkünfte sind 3-Zimmer-Bungalows. Bei Aufenthalten von mehr als drei Tagen werden die Preise etwas gesenkt. Frühstück jeweils inbegriffen. Paare auf Hochzeitsreise erhalten eine Flasche Champagner, einen Hochzeitskuchen und einige andere kleine Aufmerksamkeiten – Voraussetzung ist, dass sie mindestens vier Tage bleiben.

■ **Anda Lanta Resort*****–ᴸᴸᴸ** (Tel. 075-607 555, Fax 075-607599, www.andalanta.com), kurz vor dem Südwestzipfel der Insel gelegen und aufgrund der auf- und absteigenden Straße etwas schwer zu erreichen. Saubere und komfortable Bungalows mit A.C., die preiswertesten ca. 5000 Baht, die teuersten für ca. 10.000 Baht, ca. 40 % Ermäßigung in der Off-Season. Mit Swimmingpool und Jacuzzi.

Tauch- und Kajak-Unternehmen

■ **Freedom Adventures,** Tel. 084-9109132, www.freedom-adventures.net; Schnorchel- und Camping-Trips, teilweise mit Übernachtung auf Ko Kradan oder Ko Rok.

■ **Ko Lanta Diving Centre,** Tel. 075-668065, www.kolantadivingcentre.com; Tauchuntenehmen unter deutscher Leitung, 3000 Baht für zwei Tauchgänge, dazu Tauchkurse u. a.

■ **Lanta Paddle Sports,** Tel. 075-668096, www.lantapaddlesports.com; Vermietung von Paddelbooten, Windsufing, Kayaken und Paddel-Touren oder Paddel-Kurse.

Anreise

■ **Boote ab Krabis** neuem Pier an der Tha Ruea Road (3 km außerhalb der Stadt) fahren mindestens zweimal tägl., Kostenpunkt 450 Baht, Fahrzeit ca.

2½ Std. Dazu gibt es kombinierte Bus-und-Fähre-Angebote über Ban Hua Hin bei Ko Lanta Noi. Außerdem direkte Boote ab den Phi Phi Islands, Kostenpunkt ca. 400 Baht, Fahrzeit 1½ Std; schnellere Speed-Boote zu 600 Baht.

Vom Rasada-Pier **in Phuket City** fahren Boote zu ca. 800 Baht nach Ko Lanta (mit Stopp in Ko Phi Phi). Fahrzeit ca. 4 Std. Speed-Boote 1500 Baht. Reiseagenturen in Phuket bieten kombinierte Bus- und Bootsfahrten nach Ko Lanta zu etwa 1000 Baht. Fahrzeit insgesamt 4–5 Std. Kombinierte Bus-/Bootsfahrten gibt es auch ab Trang bei dortigen Reiseunternehmen zu buchen; Preis ca. 500 Baht, Fahrzeit insgesamt 2–3 Std.

Alle Boote fahren nur außerhalb der Regenzeit, in den Monaten Oktober bis April. Bei Ankunft der Boote finden sich Schlepper ein!

■ Ab Ban Hua Hin auf dem Festland an der Route 4206 legen **Fähren** nach Ban Saladan ab, bzw. nach Ban Klong Mak auf der Schwesterinsel Ko Lanta Noi; von dort sind es ca. 7 km bis zu einer weiteren Fähre, die Ko Lanta Noi und Ko Lanta Yai verbindet. Abfahrt von 7–22 Uhr alle 20 Min., Kostenpunkt 20 Baht pro Person oder 120 Baht pro Auto.

Weiterreise

■ Von Ban Saladan fahren **Motorradtaxis** zu allen Zielen auf der Insel; Kostenpunkt 50–150 Baht.

▷ Wat Mahathat in Nakhon Si Thammarat

Nakhon Si Thammarat

นครศรีธรรมราช

Nakhon Si Thammarat ist nach Hat Yai die **größte Stadt des Südens** und historisch gesehen die wichtigste. Auf dem Gebiet der heutigen Stadt soll schon zur Srivijaya-Periode eine Siedlung gestanden haben, die als eine Art buddhistisches Zentrum galt. Der Ort ist extrem in die Länge gezogen, und ein eigenes Fahrzeug ist viel wert.

Die Einwohner von Nakhon Si Thammarat sind die Nachkommen von **indischen Händlern,** die sich am Anfang unserer Zeitrechnung mit der lokalen Bevölkerung vermischten.

Die Sehenswürdigkeiten – es gibt viele alte Tempel und gut erhaltene Gebäude aus dem frühen 20. Jahrhundert – liegen oft weit auseinander. In der Nähe der Stadt befinden sich einige Strände.

Die **Stadtmauer** misst 2230 x 460 m Seitenlänge und ist noch in Überresten erhalten. Die Mauer war schon zu den Zeiten König *Naresuans* und König *Narais* erneuert worden.

Wat Mahathat ist der wichtigste Wat der Stadt und soll im Jahre 757 während der Srivijaya-Periode von König *Si Thamma Sokarat* erbaut worden sein. Hier steht Thailands zweithöchste Stupa, die von zahlreichen kleineren Chedis umgeben ist. Auf dem Tempelgelände stehen über 100 Buddha-Figuren. Die Kunstschätze des Tempels werden in einem **Museum** ausgestellt, das von 9.00 bis 17.00 Uhr geöffnet ist. Das Hauptausstellungsstück ist die Buddha-Figur

Phra Buddha Singh, die aus Sri Lanka stammen soll.

An der Ratchadamnoen Road im Stadtzentrum befindet sich ein kleinerer Nachbau der **Giant Swing** (Brahmanen-Tempel, Sao Ching-Chaa) in Bangkok, an der früher das „Swinging Festival" zu Ehren des Hindu-Gottes Shiva stattfand (siehe Bangkok). Bis vor kurzem lebten noch ein paar Brahmanen-Priester in der Stadt, sie sind jedoch mittlerweile nach Bangkok abgewandert und halten den Brahmanen-Tempel dort instand.

Das **National Museum** an der Thanon Ratchadamnoen am Südrand der Stadt stellt auf mehreren Etagen eine große Sammlung historischer Objekte aus der Umgebung, aber auch aus ande-

Der Süden

156th at

Nakhon Si Thammarat

0 — 400 m   © Reise Know-How 2013

THAI108

✈ Flughafen

Ⓜ City Museum
♦ Wat Sritavi
Bus zum
Sabua Beach Ⓗ
1
2
Taxis nach ✕
Surat Thani Ⓢ
Ⓢ
Ⓢ
3
Bahnhof
Th. Neramit
Thanon Pak Nakhorn
4
Thanon Yomarat
Thanon
Thanon Chamroenwithi
Wat
Buranaram **6**
8
Ⓗ
Luang **9**
Muang
7
5
Muang Thai Tours Ⓗ **10**
(Bangkok-Bus)
♦ Wat
Saotong-Tong
Thanon Kachart
Bus zum Si Chon Beach, Ⓗ
One Stop Tourist Kiosk
♦ Wat Suan Pa Neung
11
Ⓒ kleine
Moschee **12**
♦ Wat
Ⓑ Busbahnhof Mahae Yong
Thanon Karom
Ⓢ Ⓒ große ✉
Moschee
ⓘ

Klong Na Muang

★ Zoo und Aquarium

Klong Ta Wang
Wat
Sema Muang
★ Ho Phra Narai
★
Ho Phra
Issuan
Thanon Ratchdamnoen

Pattanakarn-Khukwang Rd. (Highway 4012)

Ho Phra
Buddha Singh ★
Glockenturm ★
13

Alte Stadtmauer

♦
Wat
Suan Pan

Klong Ta Di
Wat Phra
Nakhon
♦ Wat Sa Riang
♦ Wat Phra Dami
♦ Wat Mahathat
♦ Wat Phra
Boromathat
♦ Wat Na Phralarn

14
Ⓜ Nationalmuseum

🟥 Übernachtung

2 Thaksin Hotel
4 Nakorn Garden Inn
6 Grand Park Hotel
8 Thai Hotel
10 Bua Luang Hotel
11 Thai Lee Hotel
12 Grand Nakara Hotel
14 Twin Lotus Hotel

🟦 Essen und Trinken

1 D.D. Coffee House
3 Nachtmarkt
4 A&A Restaurant
5 Kopi Restaurant
9 The Yellow
  Curry House
7 Rest. Krua Nakhorn,
  Rock 99
13 Vegetarisches
  Restaurant

🟩 Einkaufen/Sonstiges

2 Thai Airways
5 Robinson
  Department Store

ren Landesteilen aus. Darunter sind prähistorische Funde als auch Handwerksartikel und zahlreiche hinduistische Götterfiguren. Geöffnet Mi–So 9.00–12.00 und 13.00–16.00 Uhr, Eintritt (für Ausländer) 30 Baht.

Das relativ neue **City Museum** im Talad Park im Norden der Stadt ist ebenfalls einen Besuch wert. Das Hauptgebäude bietet einen exzellenten Überblick der Geschichte der Region und Stadt. Multimedia-Installationen, kurze Dokumentarfilme, Bild und Text-Tafeln, auch auf Englisch beschriftet, dokumentieren das Leben in Südthailand von prähistorischen Zeiten bis in die Gegenwart. Dazu Beschreibungen der Architektur (Tempel, Moscheen, Stadtmauer und traditionelle Wandmalereien) und eine Einführung in die Religionen der Region.

In einem zweiten Gebäude werden Szenen aus der Geschichte Nakhorn Si Thammarats lebensgroß dargestellt – moslemische und chinesische Händler beim Feilschen über Produkte aus der Region oder Importgüter, die seit Jahrhunderten in Nakhorn Si Thammarat gebräuchlich sind. Auch an den katastrophalen Sturm, der 1962 das Talumphuk-Kap verwüstete und über 100 Opfer forderte, wird erinnert. Geöffnet 9.00–17.00 Uhr. Montags geschlossen. Eintritt frei.

Das Dorf **Tha Ruea,** 10 km südlich von Nakhon Si Thammarat, ist für seine Bastarbeiten aus dem Holz des Lipau-Baumes bekannt. In einigen Werkstätten wird das Material zu Armreifen, Hüten, Handtaschen u. Ä. verarbeitet, die am Ende des Arbeitsganges mit einer schützenden Schicht aus Lack überzogen werden. Die Werkstätten dienen gleichzeitig auch als Ausstellungsräume, und es darf gekauft werden. Um nach Tha Ruea zu gelangen, nehme man ein Songthaew bis zur Kreuzung am Talaat (Markt) Hua Thanon, von dort fahren dann Songthaews nach Tha Ruea.

Eine weitere Spezialität der Stadt sind gehämmerte **Silberarbeiten** *(Niello).* Einige Silbergeschäfte befinden sich gleich hinter dem Büro der TAT.

Nakhon Si Thammarat und Phattalung sind Zentren des traditionellen thailändischen **Schattenspiels,** *nang talung.* Die Aufführungen sind heute sehr selten geworden, dennoch gibt es noch einige Werkstätten, in denen die **Schattenspielfiguren** hergestellt werden. Das

△ Stadtsäule von Nakhon Si Thammarat

7

Der verhüllte Chedi — Feste in Nakhon Si Thammarat

Zweimal im Jahr, zu den Festtagen **Makha Buja** und **Visakha Buja,** findet ein einzigartiges Fest am Wat Mahathat (Wat Phra Mahathat Vora Vihara) statt. Tausende von Gläubigen wickeln lange **orange-farbene Stoffstreifen** um den Chedi des Tempels. Freunde und Familienmitglieder tun sich zusammen und kaufen einige hundert Meter Stoff. Alle Stoffstücke werden aneinandergenäht und um den unteren Teil des Hauptchedis, Phra Pathom Chedi, gewunden. Zu den Feierlichkeiten tragen die Teilnehmer weiße oder orangefarbene Kleidung und bringen Blumen und Räucherstäbchen mit. Der um den Chedi gewundene Stoff misst oft einige Tausend Meter.

Der genaue **Ursprung der „Wickelzeremonie"** *(phrapheni hae phaa kheun that)* ist unklar, der **Legende** nach wurde sie um das Jahr 1230 zum ersten Male begangen. In der Nähe des Küstenortes Pak Phanang hatten ein paar Fischer ein langes Stück Stoff gefunden, das traditionelle buddhistische Aufschriften trug. Die Bewohner des Ortes entschlossen sich, das Stück Stoff den Herrschern von Nakhon Si Thammarat zu schenken, die gerade Vorbereitungen trafen, den Phra Pathom Chedi feierlich einzuweihen. Die Herrscher Nakhon Si Thammarats waren zu jener Zeit *Phra Chao Si Thammasokraja, Phra Chao Chantraphanu* und *Phra Chao Pongsasura.*

Der Stoff mit den Aufschriften wurde dann gründlichst gereinigt, und zur Überraschung aller blieb die Schrift bestens zu erkennen. Man machte sich nun auf die Suche nach dem ursprünglichen Besitzer des Stückes. Nach geraumer Zeit kam heraus, dass es einer Gruppe von 100 buddhistischen Mönchen gehört hatte, die von einem Ort namens Hong Saowadi nach Sri Lanka segeln wollten. Dort sollte der Stoff um die Füße einer geheiligten Buddha-Statue gewickelt werden. Das Schiff der Mönche geriet in einen Sturm, und bis auf zehn kamen alle ums Leben. Diese Zehn erklärten sich nun bereit, das Stück Stoff stellvertretend um den **Chedi von Wat Mahathat** zu winden, und aus diesem Ereignis entstand die bis heute eingehaltene Tradition.

Unter Rama 2. wurde das Fest auf den Tag der Visakha Buja gelegt, und auf die Wickelzeremonie folgte das bekannte Umlaufen des Tempels, bei dem die Gläubigen Kerzen in den Händen halten (Thai: *wien tien;* etwa: „Das Umkreisen mit den Kerzen").

Rama 4. legte später den Festtag Makha Buja auf den 15. Tag des 3. Mondmonats, und auch an diesem Tag sollte die Wickelzeremonie begangen werden.

Wie bei vielen religiösen Feierlichkeiten in Thailand kommt aber auch hier der Spaß nicht zu kurz. Am Tempel werden klassische **Tanzdarbietungen** *(lakhon)* gezeigt oder *nang talung,* das traditionelle thailändische **Puppenspiel.** Oft reichen die Veranstaltungen bis in den frühen Morgen.

Der Süden

Grundmaterial ist getrocknetes Rindsleder, das in die gewünschten Formen geschnitten wird; Bambusstöcke werden angebracht, mit denen die Gliedmaßen der Puppen bewegt werden können. Je nachdem mit wie vielen Details die Schattenspielfigur ausgestattet ist, kann die Arbeit daran einige Stunden oder aber auch Monate in Anspruch nehmen. Die Thematik der Schattenspiele ist oft religiöser oder moralisch erbaulicher Natur; häufig werden Szenen aus dem Hindu-Epos „Ramayana" dargestellt. Nebenbei geht es manchmal auch ziemlich lustig zu. Die Aufführungen werden traditionellerweise von einem kleinen Orchester mit Blasinstrumenten, Trommeln und Gongs dramatisch untermalt.

Gekauft werden können die Figuren bei *Khun Suchart Subsin*. Dieser, geboren 1938 im nahem Tha Sala, gilt als Meister seines Fachs und hat mehrere nationale Auszeichnungen erhalten. Er begann sein Werk als Jugendlicher, und im Jahre 1985 wurden seine Anstrengungen durch den König gewürdigt, der ihn zu einer Präsentation in den Palast berief. Khun Suchart hat es sich zur Aufgabe gemacht, die Tradition des Schattenspiels am Leben zu erhalten, und in einem kleinen Museum hegt er eine Sammlung von Schattenspielfiguren aus mehreren Ländern, die ältesten davon sind 200 Jahre alt.

In seinem Anwesen namens Ban Nang Talung (**„Schattenspielhaus"**) werden auch Darbietungen geboten (110/18 Si Thammasok Rd., Soi 3, Tel. 075-346394). Es befindet sich im Süden der Stadt, ca. 1½ km nordöstlich von Wat Boromathat oder ca. 2½ km nördlich des Twin Lotus Hotels. Die Fahranweisung „Ban Nang Talung" versteht je-

der Songthaew- oder Motorradtaxifahrer. Täglich geöffnet.

Insgesamt ist das multi-kulturelle Nakhon Si Thammarat sehr angenehm – es gibt viel zu tun und zu sehen, die Leute sind sehr freundlich, die Hotels sind generell preiswert und auch das Essen ist gut.

Information

Am Sanam Na Muang („Stadtvorplatz") an der Ratchadamnoen Road befindet sich in einem wunderschönen Haus aus dem frühen 20. Jahrhundert ein sehr hilfreiches Büro der **TAT** (Tel. 075-346515-6, Fax 075-346517). Es gibt viel Prospektmaterial, Hotellisten u. Ä.

Zudem bietet auch die Stadtverwaltung einen **One Stop Tourist Information Point,** der allerdings außer ein paar Broschüren nichts zu bieten hat.

Leisure Tours (921/10 Thachang Road, Tel. 075-356829) ist der einzige örtliche Reiseveranstalter, der **Stadttouren** organisiert.

Unterkunft

In der Innenstadt in unmittelbarer Nähe des Bahnhofs befinden sich zahlreiche gute und preiswerte Hotels. Nakhon Si Thammarat hat für seine Größe ein ausgesprochenes Überangebot an Hotels, was sich günstig auf die Preise auswirkt.

■ Das **Thai Lee Hotel***–** (1130 Ratchadamnoen Rd., Tel. 075-356948) liegt günstig in der Innenstadt (südl. der Siam Commercial Bank und des Bovorn Bazar) und hat schlichte aber saubere Zimmer mit Bad und ist vielleicht die günstigste Low-Budget-Option. Aufgrund des Straßenlärms nehme man ein Zimmer an der Rückseite.

7

■ **Thai Hotel********–******* (1375-5 Ratchadamnoen Rd., Tel. 075-341509, 075-356505, www.thaihotel-nakorn.com); saubere, anonyme Zimmer, teilweise mit A.C. außerdem Wi-Fi, TV und Kühlschrank, mit Disco im Haus.

■ Ähnlich ist das **Bua Luang Hotel*****–****** (1487/19 Soi Luang Muang, Chamroenwithi Rd., Tel. 075-341570); Zimmer mit Bad, z. T. mit A.C. und TV.

■ Das **Thaksin Hotel******–******** (1584/23 Si Prat Rd., Tel. 075-342790-4, Fax 075-342794, www.thaksinhotel.com) ist sicherlich das beste Hotel in der Innenstadt. Zimmer mit A.C., TV.

■ Das **Nakorn Garden Inn********* (1/4 Pak Nakhon Rd., Tel. 075-313333) ist für den Preis von 445 Baht irre gut. Das imposante holzverkleidete Hauptgebäude steht tatsächlich in einem kleinen Garten und hat saubere, gemütliche, mit rotem Backstein verkleidete Zimmer mit A.C. und Wireless Internet-Zugang, Kühlschrank und TV.

■ Relativ neu ist das **Grand Park Hotel*******–******** (1204/79 Pak Nakhon Rd., Tel. 075-317673, www.grandparknakhon.com); es hat komfortable und moderne Zimmer mit A.C., TV und Kühlschrank und geräumige, teurere Suiten.

■ Relativ neu ist das **Grand Nakara Hotel********* (30/295–296 Pattanakarn-Kukwang Rd., Tel. 075-319557), das neben einem großen überdachten Nachtmarkt liegt und saubere, einfache Zimmer mit A.C. bietet.

■ Das luxuriöseste Hotel ist das am Südstrand der Stadt (Richtung Pak Phanang) gelegene **Twin Lotus Hotel********–LLL** (97/7 Pattanakarn-Kukwang Rd., Tel. 075-323777, www.twinlotushotel.net). Dieses bietet seine Zimmer zu stark herabgesetzten Preisen an und dürfte damit auch für Reisende mit mittelstarkem Budget sehr attraktiv sein. In den Preisen ist ein Frühstücks-Buffet enthalten. Die Zimmer haben A.C., TV Kühlschrank und sind sehr komfortabel, und besonders die Standard-Zimmer (1500 Baht) sind für ihre Ausstattung sehr günstig. Vorhanden sind zwei Restaurants, ein Coffee-Shop, ein Ice-Cream-Parlour und eine Disco, und es gibt einen Swimmingpool.

Essen

Es gibt jede Menge Thai- und chinesische Restaurants in der Stadt.

■ Das **D.D. Café & Coffee House,** zwei Häuser neben der Thai Airways, macht „American Breakfast", wonach mancher ja vielleicht lechzt. A.C. arbeitet auf vollen Touren. Der Laden hat ein urgemütliches Ambiente und schon ab morgens früh sitzen hier die Lokalmatadoren, diskutieren die politische Lage und trinken natürlich frischen Kaffee – und manch einer auch ein kühles Bier.

■ Am Bovorn Bazar an der Thanon Ratchdamnoen (etwas südlich von Wat Buranaram, neben der Siam Commercial Bank) befindet sich das **Khrua Nakhorn,** ein großes Open-Air-Restaurant mit sehr guter südthailändischer Küche. Morgens gibt es Frühstück mit Ei und Toast.

■ Vor dem Robinson Department Store befindet sich das **Kopi,** das vielleicht beste chinesische Restaurant der Stadt.

■ Das gemütliche **Wang Inn Krua Restaurant** befindet sich in einem Holzhaus neben dem Nakhon Garden Inn an der Pak Nakhon Road und serviert gute Thai Gerichte.

■ Das **A&A Restaurant,** ebenfalls neben dem Nakorn Garden Inn, serviert gute internationale und Thai Gerichte in rustikaler Atmosphäre und ist sehr populär. Die Kuchenauswahl und das Eis sind auch sehr gut.

■ Im Vieng Fa Hotel macht man delikate Nudelgerichte, und der **Nachtmarkt** an der Thanon Chamrernwithee, nahe den Hotels Siam, Vieng Fa und Muang Thong, bietet ein absolutes Allround-Angebot.

■ Auf der Ratchdamnoen Road, ungefähr 100 Meter nördlich des Glockenturms, befindet sich ein kleines **vegetarisches Restaurant,** das eine Reihe guter vorgekochter Gerichte bietet. Das Restaurant ist von 7.00 bis 18.00 Uhr geöffnet. Sonntags geschlossen.

■ Das **Rock 99,** Bar und Grill Thai and European Food ist von 16.00 bis 24.00 geöffnet. Im Bovorn

Bazaar gelegen. Das Lokal ist die Anlaufstelle für die in der Stadt lebenden Ausländer und bietet dreimal die Woche abends Live Musik. Dazu Pizzas, Burger und Sandwiches.

Anreise

■ **Busse** ab Bangkok (780 km) fahren zu A.C. 2. Kl. 454 Baht, A.C. 1. Kl. 583 Baht und V.I.P. 907 Baht. Außerdem direkte Busverbindungen u. a. ab Hat Yai (Fahrzeit 3–4 Std.), Krabi (4 Std.), Phuket (6 Std.), Surat Thani (2 Std. 30 Min.), Takua Pa, Songkhla und Trang.
■ **Züge** ab Bangkok fahren um 17.35 (Ankunft 9.05) und 19.30 (Ankunft 10.35 Uhr). Sieben weitere Züge halten in Thung Song, 40 km südwestlich von N.S.T. Von dort fahren Busse und Sammeltaxis weiter nach N.S.T.
■ **Flüge** ab Bangkoks Don Mueang Airport mit Nok Air (Tel. 1318, www.nokair.com) 2-mal tgl., Preis ca. 1600 Baht, Flugzeit 1 Std. 10 Min.
■ Auch **Air Asia** (www.airasia.com) fliegen einmal täglich ab Bangkok nach Nakhon Si Thammarat. Kostenpunkt 1400 Baht.

Weiterreise

■ **Busse** zu den meisten Zielen fahren ab dem Busbahnhof in der Thanon Phaniart, ca. 1½ km südwestlich des Bahnhofs.
■ **Kleinbusse** fahren von der Yommorat Road ab, in der Nähe des Nakorn Hotel.
■ **Gemeinschaftstaxis** zu verschiedenen Zielorten fahren ab einem Haltepunkt an der Thanon Yommarat, ca. 1 km südlich des Bahnhofs.
■ Das Büro der **Thai Airways,** die momentan nicht nach Nakhon Si Thammarat fliegt, befindet sich auf der 1612 Thanon Ratchadamnoen, Tel. 075-342491. Das Büro verkauft jedoch Tickets der Nok Air (www.nokair.com), die derzeit von hier nach Bangkok fliegen.

■ Zum Verkehr innerhalb der lang gestreckten Stadt eignen sich die **Songthaews,** die für 10 Baht/Pers. über die Thanon Ratchadamnoen und einige Seitenstraßen pendeln. **Motorradtaxis** nehmen ca. 30 Baht für eine Strecke von 2 km, 15–20 Baht für jeden Kilometer mehr.

Strände in der Umgebung

Sabua Beach

20 Kilometer östlich der Stadt befindet sich der hübsche, aber nicht gut zum Schwimmen geeignete Sabua Beach, ein beliebtes Wochenendziel der Thais. Der Strand ist von Palmen und Kasuarbäumen gesäumt und mit vielen auf die Bedürfnisse von einheimischen Touristen zugeschnittenen Unterkünften versehen.

■ Als **Unterkunft** stehen zahlreiche Bungalows zur Verfügung, die alle einen Stunden- und auch einen Tagespreis angeben, z. B.: *Manun Bungalows**–**** (Tel. 075-521330), *Thasala Love Inn**–*** (Tel. 075-521348), *Hat Sang Thong Bungalow**–*** (Tel. 075-521326), alle haben Zimmer mit und ohne A.C.
■ **Anreise:** Ab einem Haltepunkt in der Ratchadamnoen Road fahren Songthaews für 50 Baht zum Sabua Beach. Achtung, dieser wird gelegentlich auch *hat sawanniwet* oder *Sawanniwet Beach* genannt.

Si Chon Beach

Etwas weiter entfernt ist der schönere Si Chon Beach, ein Sandstrand umgeben von Hügeln.

■ **Unterkunft:** *Sunthon Bungalows*** (Tel. 075-536094), *Prasarnsook Villa Resort***** (Tel. 075-536299, www.prasarnsookresort.com), *Hin Ngam*

Bungalows** (Tel. 075-536204). An Wochenenden, wenn der Strand von thailändischen Kurzurlaubern überlaufen ist, werden die Preise erhöht.

■ **Anreise:** Es fahren Sammeltaxis ab der Yommarat Road in Nakhon Si Thammrat (40 Baht), dazu einige Songthaews ab der Rernwithi Rd. (40 Baht).

Ban Thung Sai & Ao Tong Yang

Nördlich an den Si Chon Beach schließt sich der lange, aber sehr schmale Strand von Ban Thung Sai an. Noch weiter nördlich liegt das Tong-Yang-Schutzgebiet, das nach der Bucht *(Ao)* Tong Yang benannt ist. In der kleinen Bucht befindet sich ein unglaublich schöner, von zahllosen Palmen und dichtbewachsenen Hügeln gesäumter Strand. Dahinter plätschert ein Fluss. Ein absolutes Idyll!

■ **Unterkunft:** Reguläre Unterkünfte gibt es nicht. Etwa 2 km weiter landeinwärts von Ao Tong Yang befindet sich ein Büro der Parkverwaltung *(suun*

Der Süden

Hat Nai Plao

Der schönste für den Tourismus schon erschlossene Strand ist der Hat Nai Plao, nahe der Hafenstadt **Khanom** gelegen, der vor allem bei einheimischen Touristen sehr beliebt ist. Ausländer sind eine absolute Rarität. Die Entfernung ab Nakhon Si Thammarat beträgt ca. 100 km, ab Surat Thani ca. 60 km.

Der Strand erstreckt sich in einer seicht geschwungenen Bucht, die von zum Teil dichter Vegetation umrahmt ist. In der nahe gelegenen Höhle Tham Wang Thong finden sich zahlreiche eigenartige braune und schwarze Steine, denen nachgesagt wird, dass sie demjenigen, der sie wegnimmt, Unglück bringen. Die Höhle ist zumeist verschlossen, der örtliche Dorfvorsteher *(phuu yai baan)* öffnet sie auf Anfrage.

■ **Unterkunft:** *Nai Plao Bay Resort*****–***** (Tel. 075-529422-4), und das *G.B. Resort****–**** (Tel. 075-529253).

Neu und sehr viel exklusiver ist das *Racha Kiri Resort & Spa*ᴸᴸᴸ (Tel. 075-300245, 02-8611861, www.rachakiri.com), das luxuriöse Bungalows mit privaten Veranden in balinesischem Baustil bietet. Ein Restaurant, eine Bar, ein Spa und ein Pool sind angeschlossen.

■ **Anreise:** Mit Songthaews oder Minibussen ab Nakhon Si Thammarat, Surat Thani, Donsak und Khanom. Donsak und Khanom können per Boot von Ko Samui aus erreicht werden.

159th at

anurak), die Camping und auch Bungalow-Unterbringung*** ermöglichen kann (Tel. 075-529474).

■ **Anreise:** Mit Motorrad-Taxis ab Si Chon oder mit eigenem Fahrzeug. Ao Tong Yang ist ein Juwel von einer Bucht, und es ist eigentlich gut, dass sie so abgeschieden ist.

Khanom Beach

Nördlich an Nai Plao schließt sich der Strand von Khanom an, in dessen Nähe sich eines der Piers (ca. 10 km) zu Fahrten nach Ko Samui befindet. Trotz der

⌂ Sonnenuntergang in Südthailand

geografischen Nähe zu Surat Thani gehört der Bereich noch in die Provinz Nakhon Si Thammarat.

Der Strand von Khanom ist idyllisch, gut zum Schwimmen geeignet und fast menschenleer. Wer nach dem Besuch von Ko Samui über Khanom zurück zum Festland fährt, wird hier mit ungewohnter Ruhe überrascht.

Im Inland von Khanom warten einige **Kalksteinhöhlen** auf Erkundung. Die vielleicht beeindruckendste davon, die Tham Khao Wang Thong, wurde erst 1942 entdeckt, als das umliegende Gebiet gerodet wurde. Durch einen teilweise nur mannsbreiten Eingang führt eine behelfsmäßige Leiter in die geräumige Höhle.

■ Die ordentlichen Bungalows, Apartments und kleinen Villen des **Khanom Hill Resort** ᴸᴸᴸ (Tel. 075-563101, 075-529403, www.khanom.info) stehen etwas erhöht am Strand und sind mit A.C. und Balkon ausgestattet. Zimmer ab 2800 Baht, inklusive Frühstück. Die größten und teuersten Bungalows können bis zu 4 Pers. aufnehmen. Fahrräder werden kostenlos verliehen, die Miete von Motorrädern kostet 200 Baht/Tag. Mit Swimmingpool. Es wird Deutsch gesprochen.

■ Das **Khanom Golden Beach Hotel*******‑ᴸᴸᴸ (Tel. 075-529225, www.khanomgoldenbeach.com) ist wohl die beste Unterkunft am Ort, mit 97 komfortablen A.C.-Zimmern samt TV, Kühlschrank etc. Das Hotel ist zumeist unterbelegt, und man kann sicher den offiziellen Preis um einiges herunterhandeln.

■ Das **Supa Royal Beach Hotel*******‑ᴸᴸᴸ (Tel. 075-300300-4, www.suparroyal.com) bietet Bungalows sowie Zimmer und Suiten in einem Riesenbau direkt am Strand, allesamt mit A.C., ab 1500 Baht. Ein Swimmingpool und Restaurant, sowie eine Karaoke-Bar sind angeschlossen.

■ Weitere **Unterkünfte:** *Thipmontree Resort* *** (Tel. 075-528146) und *Alongkot Resort* ****‑***** (Tel. 075-529119).

■ **Anreise:** Per Songthaew oder Motorrad-Taxi ab Khanom; Motorrad-Taxis kosten 60 Baht.

■ **Weiterreise:** Nach Khanom fahren Sammeltaxis für 80 Baht ab dem Sammeltaxi-Haltepunkt an der Thanon Yommarat in Nakhon Si Thammarat. Zahlreiche Resorts in Khanom vermieten Motorräder (200–250 Baht/Tag).

055ts rk

Khao-Luang-Nationalpark

อุทยานแห่งชาติเขาหลวง

Dieser Nationalpark befindet sich in der Provinz Nakhon Si Thammarat, deren dichte Wälder in den 1970er und 1980er Jahren kommunistischen Rebellen als Rückzugsgebiete und Unterschlupf dienten.

Der Park ist 571 km² groß und besitzt im Khao Luang („Haupt-Berg") den mit 1835 m höchsten Berg Südthailands. Die Niederungen des Gebietes sind mit Regenwald bewachsen. Es gibt wunderschöne Wälder zu durchstreifen, dazu locken einige sehr beeindruckende **Wasserfälle,** vor allem der Karom- und der Krung-Chin-Wasserfall. Diese sind beliebte Ausflugsziele der Bewohner der Umgebung.

Khao Luang weist eine außerordentliche **Tiervielfalt** auf. Es gibt 90 Säugetier- und 31 Reptilienarten. Tiger, Leoparden und Elefanten sind ebenso vertreten wie Gaur-Hirsche, Mungos und diverse Schlangenarten. Dazu kommen mindestens 200 Vogelarten, darunter viele Gebirgsvögel.

Ausländische Touristen zahlen 200 Baht **Parkgebühr.**

Unterkunft

Die Parkverwaltung stellt im Park **Bungalows***–**** (Tel. 075-391240) zur Verfügung, darüber hinaus bestehen Camping-Möglichkeiten zu 20 Baht/Person, die Zelte sind allerdings selbst mitzubringen.

Anreise

Der Park befindet sich ca. 30 km westlich von Nakhon Si Thammarat. Von dort fahren Songthaews über Lansaka zum Dorf Khiriwong am Fuß des Khao Luang (ca. 60 Baht).

Banthat-Gebirge (Thuek Khao Banthat)

เทือกเขาบรรทัด

Das Banthat-Gebirge erstreckt sich in Nord-Süd-Richtung im Grenzgebiet zwischen den Provinzen Phatthalung und Trang und erreicht in seiner südlichsten Ausdehnung die Provinz Satun. Das Gebirge ist eines der **landschaftlich reizvollsten Gebiete Südthailands** und bietet abenteuerlustigen Trekkern ein weites Betätigungsfeld. Der Thai-Name *Thuek Khao Banthat* bedeutet „Lineal-Gebirge", eine Anspielung auf die auffallende Geradlinigkeit des Gebirges.

Das Gebirge besitzt mehrere Gipfel über tausend Meter, der höchste ist 1322 m hoch, und der gesamte Gebirgszug ist mit dichtem Wald bedeckt. In einigen Bereichen leben noch die **Sakai,** die „Ureinwohner" oder „Negritos" der Malaiischen Halbinsel. Ihre Herkunft ist umstritten, wahrscheinlich gehören sie der austro-asiatischen Völkerfamilie an. Die Thais nennen sie umgangssprachlich *gnor,* „Rambutans" – eine scherzhaf-

◁ Am Fuße des Banthat-Gebirges

Der Süden

7

te Anspielung auf die krausen Haare der Sakai, die die Thais an die Stachel der Rambutan-Frucht erinnern.

Die Sakai, von denen einige auch in den Wäldern Malaysias leben, sind traditionell Jäger und Sammler; einen Teil ihrer Ausbeute tauschen sie bei Thais gegen Reis ein. Sie siedeln in den höheren Gebirgsregionen Südthailands (wie auch Malaysias), in Gebieten, in denen sie sich mit ausreichend Wildbret und Wurzelgemüse versorgen können. Die Sakai sind Nomaden und leben in Gruppen von 10–30 Personen. Alle paar Tage geben sie ihren Unterschlupf auf und ziehen weiter. Die in Südthailand lebenden Sakai sprechen je nach Siedelgebiet unterschiedliche Sprachen: Die Sakai im Banthat-Gebirge sprechen Tean-an; die anderen Sakai sprechen Ted-da und Yahai (in der Provinz Narathiwat) sowie Kan-siu (in der Provinz Yala).

Die Region am Fuße des Banthat-Gebirges ist am besten per eigenem Fahrzeug von Phattalung oder Trang aus zu erkunden. Über den Gebirgsrücken selber führen keine Straßen. Sehr malerische Szenerien eröffnen sich entlang der **Routen** 4122 und 4125, die vom Highway Trang – Phattalung in südliche Richtung abzweigen und etwa parallel zum Bergzug verlaufen.

Etwas östlich der Abzweigung der Route 4125 findet sich der Zugang zum Khao Chong National Park mit dem **Khao-Chong-Wasserfall.** Im Park besteht Unterkunftsmöglichkeit, man frage am Parkhauptquartier danach. Abseits der Route 4125 finden sich einige weitere, von großartiger Landschaft umgebene Wasserfälle, so der **Sai-Rung-Wasserfall,** und der von besonders dichter Vegetation umgebene **Phrai-Sawan-Was-**

serfall. *Phrai Sawan* bedeutet recht zutreffend „Himmlischer Wald".

Weiter südlich, 10 km östlich der Ortschaft Ban Palian Nai, findet sich der eindrucksvolle, 320 m hohe **Ton-Tae-Wasserfall.** Von hier bieten sich einige Treks an: Der lohnenswerteste, aber wohl auch anstrengendste führt in ca. 9 Std. zum **Khao Chet Yot,** dem „Berg der sieben Gipfel". Im Büro der Forest Conservation Unit am Fuße des Ton-Tae-Wasserfalls kann man sich einen Führer vermitteln lassen; oder man frage nach *Khun Chen,* der in den 1970er Jahren als kommunistischer Untergrundkämpfer in den Dschungeln der Umgebung gelebt hat und nun auch Führungen anbietet.

Der Banthat-Gebirgszug war ähnlich wie die dschungelbewachsenen Berge in den Provinzen Surat Thani und Nakhon Si Thammarat in den 1970er Jahren der **Zufluchtsort kommunistisch-orientierter Studenten,** die sich nach der blutigen Niederschlagung der Studentendemonstrationen von 1973 mit Waffengewalt gegen den thailändischen Staat wandten. In den Dschungeln ernährten sie sich zum Teil von dem, was die Natur ihnen bot, und viele wurden zu Experten in Naturheilkunde. Dorfbewohner, die ihnen Nahrung zukommen ließen oder allein in dem Verdacht standen, sie zu unterstützen, wurden von der Polizei verfolgt und nicht selten schlichtweg exekutiert. Die Untergrundkämpfer wurden später amnestiert, und die schmerzvolle Periode in Thailands jüngerer Geschichte ist heute fast vergessen.

Ein anderer Trek führt durch fantastische Landschaft nach ca. 14 km in ein Gebiet, das von Sakai bewohnt ist. Der Aufenthaltsort der Sakai wechselt beständig, die in der Gegend arbeitenden

Der Süden

Gummizapfer wissen aber meist, wo sie gerade anzutreffen sind. Bei dem Trek passiert man den Zusammenstrom zweier Flüsse, an dem sich ein strahlend weißer Strand ausbreitet sowie das eine oder andere von der Außenwelt fast abgeschnittene Dorf. Eines davon, **Ban Tra,** wurde angeblich nach dem Niedergang des Srivijaya-Reiches (siehe auch Ortsbeschreibung Chaiya) vor über eintausend Jahren gegründet.

Etwas weiter südlich des Ton-Tae-Wasserfalls findet sich der **Ton-Tok-Wasserfall.** Auf dem Weg dorthin, über eine sehr schlechte, unasphaltierte Landstraße, erhält man auch einen guten Fernblick auf den Ton-Tae-Wasserfall.

Anreise

■ Am günstigsten **mit eigenem Fahrzeug.**
■ Ansonsten nehme man ein **Songthaew** von Trang zur kleinen Ortschaft Ban Palian Nai. Hier finden sich einige kleine Restaurants und Geschäfte. Von der Kreuzung in Ban Palian Nai gelangt man mit **Motorrad-Taxis** zum Ton-Tae-Wasserfall (10 km; ca. 150 Baht).

Trang

ตรัง

Trang ist eine recht geschäftige Stadt (60.000 Einwohner) mit einem bisweilen recht chaotischen Verkehr, deren Entwicklung mit der vergleichbarer thailändischer Städte nicht Schritt gehalten hat: Im Gegensatz zu der rapiden Modernisierung, der sich die meisten anderen Städte dieser Größenordnung unter-

zogen haben, wirkt Trang zum Teil etwas verschroben, mit zahlreichen alten, teilweise gar sinister aussehenden Bauten – und das trotz des seit Langem währenden Wohlstands der Stadt.

Dieser ist in erster Linie dem **Kautschuk** zu verdanken, der in der Umgebung angebaut wird. Die Gummibäume wurden zuerst von einem Gouverneur Trangs, *Phraya Rasdanuprasit Mahissara Phaki,* aus Malaysia eingeführt. Der Aufstieg der Stadt begann, und 1 km außerhalb (heute am Highway nach Phattalung) errichtete man dem vorausschauenden Herrscher dann ein Denkmal.

Trang ist in keiner Weise eine Stadt, die zum Verweilen einlädt, dient jedoch als Transitort zu den vorgelagerten Inseln oder zu weiterführenden Zielen wie Ko Tarutao, Ko Lipe oder Ko Bulon Lae.

Aufgrund des hohen chinesischen Bevölkerungsanteils findet in der Stadt, genau wie in Phuket, ein **Vegetarian Festival** statt, bei dem sich die Trance-taumelnden Teilnehmer mit allerlei Gerät durchstechen.

Information

■ Ein **Büro der TAT** befindet sich in der Ruemrom Road neben dem Trang Hotel. Tel. 075-215767, Fax 075-215768, tattrang@tat.or.th. Das Büro ist zuständig für die Provinzen Trang und Satun und es gibt hier viele kostenlose Broschüren.
■ Das Büro der **Tourist Police** befindet sich im Bahnhof, Tel. 1155.

Unterkunft

■ Das **Koh Teng Hotel****–*** (Thanon Phra Ram 6, Tel. 075-218148) hat Zimmer mit Bad ab 180

7

Trang

0 ▬▬▬ 200 m © REISE KNOW-HOW 2013

THAI110

⬛ Übernachtung
4 Thumrin Hotel
5 Si Trang Hotel
8 Koh Teng Hotel
9 Wattana Park Hotel
10 Trang Hotel
11 Queen's Hotel
13 Clarion M.P. Resort
14 Trang Plaza Hotel
15 Thumrin Thana Hotel

⬛ Essen und Trinken
1 Nachtmarkt
3 Wunderbar (Restaurant/Bar)
6 Vegetarische Restaurants
12 Vegetarische Restaurants

⬛ Einkaufen
2 Diamond Department Store
7 Richy Bakery

Baht, die teureren auch mit A.C. Angeschlossen ist ein recht gutes Restaurant.

⬛ Das **Si Trang Hotel***** (Tel. 075-218944) nordöstlich des Bahnhofs an der Thanon Sathani („Bahnhofsstraße") ist eine der preiswertesten Optionen in der Stadt (am untersten Ende dieser Preiskategorie). Die Zimmer sind jedoch ziemlich finster und kosten alle denselben Preis, egal ob sie eigenes Bad haben oder nicht.

⬛ Das **Wattana Park Hotel****–ᴸᴸᴸ** (Tel. 075-216216, Fax 075-217217, www.wattanapark hotel.com) ist ein modernes Business-Hotel mit komfortablen Zimmern mit A.C., TV, Kühlschrank. Zentrale Lage schräg gegenüber dem Uhrturm. Bei Internetpreisen ab ca. 1000 Baht eine sehr gute Option. Ansonsten ab ca. 1200 Baht, auch das ist noch ein guter Preis. inkl. Frühstücksbuffet.

⬛ Recht gute Zimmer (Bad) in diversen Preislagen bietet das **Queen's Hotel**–*****; ab ca. 550 Baht Zimmer mit A.C., TV und Kühlschrank.

⬛ Das **Thumrin Hotel****–ᴸᴸᴸ** (Tel. 075-211011-14, Fax 075-218057, www.thumrin.com) bietet A.C.-Räume. Wegen der vorbeiführenden Straßen empfehlen sich die Zimmer in den oberen Etagen, aber auch da ist man vor dem Lärm nicht sicher.

⬛ Ein Ableger des Thumrin Hotels ist das mit fünf Sternen ausgezeichnete **Thumrin Thana Hotel*****–ᴸᴸᴸ** im nördlichen Stadtbereich an der Straße nach Huai Yot und Krabi (69/8 Trang Thana Rd., Tel. 075-211211, 075-223223, Fax 075-223288-90, www.thumrin-thana.com). Vorhanden sind mehrere Restaurants, ein Coffee-Shop, ein Business Center sowie Schönheits-Salon, Health Club, Sauna, Dampfbad und Jacuzzi. Für die derzeitigen Preise ist das Hotel sehr gut.

⬛ Saubere und bequeme Zimmer (Bad) ab ca. 600 Baht und eine Suite hat das **Trang Hotel***–****** nahe dem Uhrturm (134/2-5 Thanon Wisetkun, Tel. 075-218944).

⬛ Ca. 2 km außerhalb der Innenstadt, an der Straße nach Phattalung, steht das ebenfalls mit fünf Sternen ausgezeichnete **Clarion M. P. Resort Hotel****–ᴸᴸᴸ** (184 Trang-Phattalung Rd., Tel. 075-214230-45, Fax 075-211177). Es ist in Form eines Ozeandampfers angelegt, was zwar vielleicht nicht jedermanns Sinn für Ästhetik gerecht werden mag, originell ist es zumindest. Das Hotel hat allerdings bessere Tage gesehen und eine gründliche Renovierung wäre vonnöten. Zimmer (A.C., TV, Kühlschrank etc.) ab 1000 Baht. Im Preis ist ein Frühstück enthalten. Angeschlossen sind ein Swimmingpool, eine Sauna, Health Club, Snooker-Raum, Golfplatz, eine Karaoke-Bar, ein Mini-Kino sowie zwei Restaurants und ein Coffee-Shop.

■ Ein paar hundert Meter weiter in Richtung Innenstadt vom Clarion M. P. Resort aus steht das große **Trang Plaza Hotel******–ᴸᴸᴸ (132 Trang-Phattalung Rd., Tel. 075-226902-10, Fax 075-226901). Moderne, saubere Zimmer ab ca. 1500 Baht inkl. Frühstück. Dies scheint zurzeit eine bessere Wahl als das Clarion M. P. Resort.

Essen

Preiswerte Thai- und chinesische Restaurants finden sich an jeder Ecke, etwas Besonderes ist jedoch nicht dabei. Es gibt einige moslemische Restaurants, so neben dem Diamond Department Store und zwei in der Thanon Kantang, ca. 100 m rechts vom Thumrin Hotel.

☑ Fischerboote bei Trang

■ Eine gute Anlaufstelle ist das **Wunderbar** am Bahnhof in der Sathani Rd./Ecke Phraram 6. Rd., Tel. 075-214563, wunderbar@asia.com. Serviert wird gute thailändische und westliche Küche, und es werden alle erdenklichen Touren in der Umgebung organisiert. Zum Lesen liegen deutsche Magazine und Bücher aus, geöffnet tägl. 11.00–23.30 Uhr.

■ Ein gehobenes Thai-Restaurant befindet sich im Erdgeschoss des **Thumrin Hotel.** Mit Live-Musik.

■ In der Thanon Ratchadamnoen, neben der Bangkok City Bank, wartet die **Richy Bakery** mit gebackenen Delikatessen auf, Kuchen und Brotwaren aller Art. Ein Restaurant ist angeschlossen.

■ In der Stadt gibt es **drei vegetarische Restaurants.** Diese sind i. d. R. nur 7.00–14.00 Uhr geöffnet; die Gerichte kosten ab ca. 15 Baht. Eines der Restaurants befindet sich an der Phattalung Rd. gegenüber dem Rathaus oder *Sala Klang;* dieses wird von den Mitgliedern einer taiwanesischen buddhistischen Sekte betrieben. Sehr freundlicher Service. Ein weiteres, etwas größeres vegetarisches Restaurant liegt an der Choerm Panya Road. Hier wird auch eine breite Palette gesunder Nahrungsmittel, Kräutertees und Naturkosmetika verkauft. Ein drittes, kleineres Restaurant befindet sich in

057ts rk

20/8 Thanon Tha Klang (die Straße, die nach Pak Meng führt), gegenüber dem *Talaat* (Markt) Tha Klang.

Verkehrsmittel

■ Songthaews innerhalb von Trang kosten normalerweise 10 Baht, bei Fahrten zu etwas entfernteren Zielen bis zu 20 Baht.

■ Einen Motorradverleih gibt es bei einem Motorradhändler gegenüber dem Koh Teng Hotel (44a Rama 6 Rd.); Preise um 200 Baht/Tag.

Anreise

■ Von Bangkok (830 km) fahren diverse **Busse** nach Trang, darunter V.I.P.-Busse (ca. 1100 Baht), A.C.-Busse 1. Kl. (ca. 800 Baht) und 2. Kl. (ca. 700 Baht). Gerade bei derartigen Langstrecken wirken sich die vorangegangenen (und eventuell noch anstehenden) Preissteigerungen besonders stark aus. Die V.I.P.-Busse schaffen die Strecke in 11–12 Std und haben nur 24 Passagiere. Weitere Busverbindungen u. a. ab Hat Yai, Ko Lanta, Krabi, Phuket und Satun.

■ Ab der Hualamphong Station in Bangkok fahren täglich lediglich **zwei Züge;** Abfahrt 17.05 (Ankunft 7.35) und 18.20 Uhr (Ankunft 10.11). Der letztgenannte Zug fährt weiter bis Kantang (Ankunft 10.50 Uhr). Wer aus Richtung Nakhon Si Thammarat kommt findet Zusteigemöglichkeit im Zugknotenpunkt Thung Song (Thung Song Junction; 40 km von N.S.T., Fahrt mit Bus oder Sammeltaxi); Abfahrt dort um 5.57 und 8.24 Uhr. Fahrpreise ab Bangkok in der 3./2./1. Kl. 175–195 Baht (je nach Zug)/371–791 Baht (Sitz oder Schlafkoje)/1280 Baht.

■ **Flüge** ab dem Don Mueang Airport in Bangkok mit der Budget-Airline Nok Air für ca. 2600 Baht einfach (www.nokair.com). Tgl. 1 Flug, Flugzeit 1 Std. 25 Min.

Weiterreise

■ **Busse** nach Surat Thani, Nakhon Si Thammarat, Hat Yai u. a. ab dem Busbahnhof in der Thanon Phattalung im Osten der Stadt. Busse nach Pak Peng und Hat Chao Mai ab der Thanon Tha Klang an der Nordwestseite des Bahnhofs. Bus- und Boottransfer nach Ko Lanta mit *KK Travel,* Thanon Satthani, Tel. 075-211198, www.kktravelandtour.com, gelegen nördlich schräg gegenüber dem Bahnhof. Busse nach Pak Bara werden betrieben von *Andaman Tour,* Thanon Satthani (ein paar Schritte südlich von KK Travel), Tel. 075-215235.

■ Von der Thanon Ratsada im Südosten der Stadt fahren **Sammeltaxis** nach Satun und Pak Bara.

Strände um Trang

34 km westlich von Trang erstreckt sich der zum Teil verschlickte **Pak Meng Beach,** der ein beliebtes Ausflugsziel der lokalen Bevölkerung darstellt. Westlichen Touristen hat er nicht allzu viel zu bieten. Wer „Glück" hat, kann dafür vielleicht von einer Straßenhändlerin gebratene **Ameiseneier** *(khai mot tort)* erstehen, eine weithin geschätzte Delikatesse.

Unterkunft

■ **Lay Trang Resort****–ᴸᴸᴸ** (Tel. 075-274027-8, www.laytrang.com), etwas nördlich des Piers gelegen, mit wohnlichen Ziegel- und Zement-Bungalows (Bad, A.C., TV) ab 1200 Baht, dazu einem gutem Seafood-Restaurant, Fahrradverleih und Wassersport- und Tourangeboten.

Anfahrt

■ **Busse** ab Thanon Tha Klang (s. o.) in Trang.

Der Süden

Nationalpark Hat Chao Mai

Sieben Kilometer südlich von Pak Meng, oder 45 km von Trang entfernt, erstreckt sich der 5 km lange Hat Chao Mai, ein Strand, der von Kasuarin-Fichten flankiert wird. Die gesamte Küstenlänge des Parks beträgt 20 km. Der Hat Chao Mai National Park umfasst auch große Areale **Mangroven- und Regenwald,** zudem gehören die Inseln Ko Muk, Ko Kradan, Ko Chao Mai, Ko Meng, Ko Waen, Ko Chueak und Ko Pling zu ihm.

Das Parkhauptquartier befindet sich am Hat Changlang, einem recht schönen Strand, der von **Kalksteinfelsen** überragt wird. Diese werden von einigen Höhlen durchzogen.

Vor der Küste werden gelegentlich die seltenen **Dugongs** oder Seekühe gesichtet. Diese Säugetiere können bis zu 300 kg schwer werden und leben in kleinen Gruppen oder Familien. Obwohl sie unter Naturschutz stehen, werden sie wegen ihres Fleisches gejagt, und Umweltverschmutzung, die Schiffsschrauben der zahlreichen Boote sowie eine geringe Reproduktionsrate tun ihr Übriges, sodass die Dugongs mittlerweile vom Aussterben bedroht sind. Gelegentlich treiben tote Dugongs an die Küste der Provinz Trang. Heute umfasst ihre Gesamtzahl vielleicht noch einige wenige Dutzend.

Einen Besuch wert ist die **Höhle Tham Chao Mai** in Süden des Nationalparks, die per Boot erreicht werden kann. Die aus drei Stufen bestehende Höhle beherbergt Stalagmiten, Stalaktiten und Fossilien. Boote ab dem Dorf Ban Chao Mai Hat Yao kosten ca. 600 Baht retour. Der **Eintritt** in den Nationalpark beträgt 200 Baht.

Unterkunft

■ Die **Parkverwaltung** am Hat Changlang stellt **Bungalows***–****** zur Verfügung. Campingmöglichkeit. Buchungen unter Tel. 075-210099 oder in Bangkok unter Tel. 02-5790529, 02-5794842.

■ Luxuriöse Unterkunft am Hat Changlang im **Anantara Si Kao** (Tel. 075-205888, www.anantara.com), der besten Adresse in der gesamten Provinz Trang. Mit komfortablen Villen, einem großen Pool und zahlreichen Wassersportangeboten. Ab ca. 4000 Baht, eine Ausgabe, die lohnt.

■ **Haad Yao Nature Resort****–******* in Ban Chao Mai Hat Yao (Tel. 075-8857815 203012, www.natureresortsgroup.com), Teil einer Bungalow-Kette, die sich dem umweltschonenden Tourismus verschrieben hat, bietet recht gute Bungalows mit Bad, A.C., DVD-Player, Veranda und Meerblick (ab 1200 Baht). Angeschlossen ist ein Restaurant mit Spezialität „Seafood", dazu Vermietung von Kayak- und Schnorchelausrüstung sowie Fahrrädern. Kostenloses Wi-Fi.

Anfahrt

■ Per **Bus** ab der Thanon Tha Klang nahe dem Bahnhof in Trang zu 70 Baht.

Inseln vor Trang

Trang bietet sich als Ausgangspunkt für einige Inselausflüge an, so nach Ko Hai, Ko Muk, Ko Kradan, Ko Rok und Ko Libong.

Ko Ngai

Ko Ngai (oder **Ko Hai**) bietet einen sehr schönen, langen Strand mit guten

7

Schnorchelmöglichkeiten. Ansonsten ist hier absolute Ruhe angesagt. Es gibt einige Unterkünfte (meist hohe Preislage).

■ **Coco Cottage**LLL (Tel. 087-8986522, www.cococottage.com), komfortable Anlage mit großen, gemütlichen Bungalows direkt am Strand, in den höheren Preislagen mit zusätzlicher Veranda. Kostenloses Wi-Fi.

■ **Koh Ngai Villa*****–**** (Tel. 075-210496, 075-225837, www.kohngaivillathai.com), ansprechende Bambus-Bungalows ohne A.C. ab ca. 500 Baht in der Nebensaison, ansonsten ab ca. 850 Baht, bzw. Stein-Bungalows mit A.C. zu ca. 1000/1800 Baht.

■ Das **Koh Hai Fantasy Resort & Spa*******–LLL (Tel. 075-211045, 075-216339, Fax 075-210317, www.kohhai.com) hat einen fantastisch-schönen Strandabschnitt vor der Haustür. Die Bungalows (A.C. nur von 16.00–10.00 Uhr, Kühlschrank. Mini-Bar) sind etwas merkwürdig bunt, sicher nicht jedermanns Sache. Die Preise beginnen bei den preiswertesten Bungalows und in der günstigsten (Neben-)Saison bei 1900 Baht und gehen bei den teureren Bungalows bis zu 10.000 Baht in der Hauptsaison.

■ **Anfahrt** per gechartertem Boot ab Pak Meng oder Ban Chao Mai Hat Yao zu ca. 800 Baht. Ca. 2000 Baht für einen Tagestrip hin und zurück. Ab Pak Meng fährt ein Boot um 12.00 Uhr zum Fantasy Resort; Preis 450 Baht, Fahrzeit 1 Std.

Ko Kradan

Ko Kradan hat ebenfalls sehr attraktive Strände und zahlreiche Korallenriffe, dazu unglaublich klares Wasser, sodass man an vielen Stellen bis auf den Meeresboden blicken kann.

■ **Kalume Kradan Village******–LLL (Tel. 089-6503283, www.kalumekradan.com), einfache Stel-

zenbungalows direkt am Strand, dazu größere Bungalows, bis zu Familien-Bungalows. Kostenloses Wi-Fi. Italienisches Management und gutes italienisches Essen im angeschlossenen Restaurant samt Bar.

■ **Paradise Lost****–**** (Tel. 089-5872409), vielleicht die einzige auf Backpacker ausgerichtete Unterkunft, in der Mitte der Insel gelegen, mit preiswertem Schlafsaal und einfachen Holzbungalows zu 700 Baht, gutes westliches und thailändisches Essen, Vermietung von Kayaks und Schnorchelausrüstung. Kontakt auch über 075-215972 (*Sea Breeze Restaurant* vor dem Bahnhof in Trang).

■ **Ko Kradan Island Resort*******–LLL (Tel. 088-8213732, www.kohkradanislandresort.com) im Norden der Insel gelegen, Bungalows in der Nebensaison zu 400–1000 Baht, ansonsten 700–1500 Baht.

Ko Muk

Ko Muk weist eine Art Wassertunnel auf, die **Emerald Cave** (auf Thai *Tham Morakot* oder *Tham Naam)*, die bei Ebbe bis in eine Tiefe von 80 m befahren werden kann. Nach den 80 Metern muss geschwommen werden – ein paar Meter weit durch absolute Dunkelheit – und dann erreicht man einen von den Felsen eingeschlossenen, wunderschönen Strand mit pulverfeinem Sand. Derartige Felseinschlüsse nennen sich *hong* oder „Zimmer". Bootsfahrten hierhin werden unter anderem vom *Ko Mook Nature Beach Resort* organisiert (200 Baht/Pers.), weitere organisierte Fahrten werden in Pak Meng oder auf Ko Lanta offeriert. Man kann aber auch per gemietetem Kayak selber gleich bis zu dem eingeschlossenen Strand paddeln, zumindest bei Ebbe. Der Eingang der Höhle ist durch Bojen markiert.

Der Süden

Die Höhle ist rechtzeitig vor Einsetzen der Flut zu verlassen. Da die Insel Teil des Nationalparks von Hat Chao Mai ist, kostet der Zugang offiziell 200 Baht – allerdings lassen sich nicht immer Parkwächter sehen.

● **Had Farang Bungalows***** (Tel. 087-884 4785), charmante, einfache Holzbungalows, teilweise ohne eigenes Bad, ca. 2 Min. Fußweg vom Strand entfernt, umgeben von viel Grün, aber eventuell auch kleinem Getier.

● **Ko Mook Rubber Tree Bungalows****–******* (Tel. 084-8537996, www.mookrubbertree. com), eine smarte Anlage umgeben von einer Gummiplantage, und auch das Mobiliar ist z. T. aus dem Holz der Gummibäume gefertigt. Ab 900 Baht.

● **Ko Mook Nature Beach Resort**ᴸᴸᴸ (Tel. 081-8946936, www.natureresortsgroup.com) gehört derselben Kette wie das Haad Yao Nature Resort (s. o.), mit großzügig ausgestatteten Bungalows, kostenlosem Wi-Fi, Kayak- und Fahrradverleih und Bootstouren.

● **Anfahrt** von Trang per Kleinbus zum Pier Tuan Tung Ngu (60 Baht); von hier fahren Boote für 60 Baht/Pers. nach Ko Muk. Fahrzeit je nach Seegang 35–45 Min. Einfacher per gechartertem Boot ab Pak Meng oder Tuan Thung Ngu zu ca. 1000 Baht. Reisebüros in Trang organisieren die gesamte Anfahrt zu ca. 350 Baht.

Ko Libong

Ko Libong ist die größte Insel vor der Küste von Trang und besitzt einige Fischerdörfer. Boote ab Kantang und Chao Mai. Die Gewässer um Ko Libong sind das Habitat der vom Aussterben bedrohten **Dugongs** (Seekühe), die hier in großen Mengen ihre bevorzugte Nahrung vorfinden, das Seegras. Die Insel selber beherbergt zahlreiche Tierarten, darunter viele Zugvögel. Ein Teil der Insel ist Naturschutzgebiet (landeinwärts von Laem Chu Hoy im Osten der Insel).

● **Ko Libong Nature Beach Resort***–****** (Tel. 081-8946936, www.nature resortsgroup.com). Vermietet werden Bungalows ab 1200 Bath ohne A.C. Hier werden auch Schnorchel-, Kajak- und Boots-Touren um Ko Libong organisiert. Kostenloses Wi-Fi.

● **Libong Beach Resort****–**ᴸᴸᴸ (Tel. 075-225205, www.libongbeachresort.com). Bungalows ab 700 Baht (Nebensaison 300 Baht), für diesen Preis aber ohne Meerblick. Bungalows mit Meerblick ab 1000 Baht (Nebensaison 500 Baht).

● Die **Anfahrt** erfolgt mit Booten ab Ban Chao Mai Hat Yao für 50 Baht pro Person; Bootscharter ab hier oder Pak Meng kostet etwa zwischen 1000 und 1200 Baht.

Ko Rok Nork

Ko Rok Nork ist wohl die schönste der in der Umgebung liegenden Inseln. Sie hat einen wunderschönen, in einer kleinen Bucht gelegenen Strand sowie gute Tauch- und Schnorchelmöglichkeiten. Bungalows auf Ko Lanta bieten für ca. 1500 Baht Tagestouren nach Ko Rok Nork an. Wegen des hohen Seegangs ist die Insel über weite Strecken des Jahres unerreichbar (im Jan./Feb. am besten).

Ko Sukorn

Ko Sukorn oder **Ko Mu**, die „Schweins-Insel", ist ihrem Namen zum Trotz hauptsächlich von Moslems bewohnt (2800 Einwohner), bei denen Schweine nicht sehr hoch im Kurs stehen (*sukorn*

7

ist formelles Thai für „Schwein", *mu* das umgangssprachliche Wort dafür).

Auf der Insel erheben sich zwei Hügel auf eine Höhe von 150 m, und an der Ostseite erstreckt sich ein mäßiger, brauner Strand mit Wohnmöglichkeit. Derzeit soll es nur vier Autos auf der Insel geben, und der Ortsverkehr findet i.d.R. per Pedes oder Motorradtaxi statt.

■ Die **Sukorn Beach Bungalows****–******* (Tel. 075-207707, www.sukorn-island-trang. com) sind in eine Kokosplantage hineingebaut. Buchungsbüro neben der *Wunderbar* in Trang. 20 solide Bungalows mit Bad und teilweise A.C., ab 1000 Baht, in der Nebensaison ab 800 Baht. Bei Buchung wird der Transfer zum Resort übernommen. Kajaks können kostenlos genutzt werden. Fahrräder kosten 150 Baht/Halbtag (5 Std.). Motorräder 250 Baht (halbautomatisch) bzw. 350 Baht (automatisch). Wi-Fi-Internet.

■ **Sukorn Cabana****–ᴸᴸᴸ** (Tel. 089-7242326, www.sukorncabana.com) komfortable Bungalows in netter Gartenlandschaft, in der Nebensaison ab 800 Baht ohne A.C. Wi-Fi-Internet.

■ Zur **Anfahrt** mit öffentlichen Verkehrsmitteln nehme man einen Bus von Trang nach Yan Ta Khao, von dort weiter einen Bus zum Pier Tha Sae. Von dort fahren Langschwanzboote nach Ko Sukorn. Einfacher geht es jedoch mit dem Unternehmen *Island Hopping Tour* in Trang (28/2 Thanon Satthanee, direkt gegenüber dem Bahnhof, Tel. 075-211457), das den Bus- und-Boots-Transfer organisiert. Abfahrt in Trang um 11.00 Uhr, Kosten pro Person 250 Baht.

Ko Petra

Ko Petra wird zum Abbau von **Schwalbennestern** genutzt, und Besucher sind hier nicht gerne gesehen. (Zwischen den Konzessionsinhabern zum Schwalben-

nesterabbau und Nestdieben hat es in Thailand schon so manche blutige Auseinandersetzungen gegeben.)

Weitere Sehenswürdigkeiten in der Umgebung von Trang

Tham Thale (Sea Cave)

Die Tham Thale befindet sich ca. 40 km nördlich von Trang oder ca. 10 km westlich von Huay Yot, an der Straße nach Krabi (105 km). Diese „See-Höhle" durchzieht ein rundlicher Felsen, der von einem Fluss umgeben ist. Das Flusswasser dringt auch in die Höhle ein, die somit **nur per Boot besucht werden kann.** Boote fahren zu 30 Baht pro Person oder für 200 Baht, falls man das gesamte Boot chartert. Während der Fahrt besteht die Möglichkeit, an manchen Stellen auszusteigen, um einige Bereiche der Höhle in Eigenregie zu erkunden.

In der Höhle, die zum Teil beleuchtet ist, finden sich mehrere „Zimmer", von deren Decke eindrucksvolle **Stalaktiten** herabhängen. In einigen Abschnitten ist die Decke sehr niedrig, und beim Bootfahren muss man gelegentlich den Kopf einziehen, um nicht von einem Stalaktiten erwischt zu werden. Bei sehr hohem Wasserstand, beispielsweise in der Regenzeit, können keine Fahrten stattfinden.

Die für viele Besucher imposanteste oder beängstigendste Teilstrecke ist ein über hundert Meter langer schmaler und niedriger **Tunnel** – schmal wie eine Röhre –, durch die sich die Boote mit aller Vorsicht durchbugsieren müssen. Die

Der Süden

Decke ist an dieser Stelle so niedrig, dass man sich flach auf den Boden des Bootes legen muss, und zu den Seiten des Bootes bleibt auch kaum Platz zum Manövrieren. Dazu ist es stockdunkel, und da hilft auch die Taschenlampe des Bootslenkers nur wenig. Leute mit latenter Platzangst werden nach dieser Fahrt möglicherweise nie wieder eine Höhle besuchen wollen. Andere werden ihre helle Freude haben. Viele der thailändischen Besucher wirken in den dunkleren Bereichen der Höhle völlig verängstigt, was aber weniger an Platzangst liegt als an der weit verbreiteten Furcht vor „Geistern".

Wie bei allen Höhlenbesuchen sollte man festes Schuhwerk und eine Taschenlampe mitbringen sowie Kleidung, die schmutzig werden kann.

Thale Song Hong

Etwa 2 km westlich von der Tham Thale zweigt die Route 4236 in nördlicher Richtung vom Highway Trang – Krabi ab (im Bereich der Ortschaft Ban Sa). Die Straße führt nach 15 km zum Thale Song Hong, dem „See mit zwei Zimmern", einem malerisch von Hügeln und Wäldern umgebenen **Zwillings-See,** der durch eine Landbarriere zweigeteilt ist. Bei hohem Wasserstand wird die Barriere unsichtbar, und das Gewässer erscheint als ein einziger See. In der Regenzeit, bei starkem Regen und düsteren Wolken ergibt sich jedoch oft ein fast gespenstisches Bild.

Der Besuch des Sees lässt sich (mit eigenem Fahrzeug) gut mit der Besichtigung der Sea Cave (s. o.) kombinieren. Am See gibt es eine **Camping-Möglichkeit,** dazu **Unterkünfte,** die von der für das Gebiet zuständigen Parkverwaltung betrieben werden. Es gibt keine festen Übernachtungspreise, es wird aber um eine angemessene Spende gebeten.

Roi Chan-Phan Wang Wildlife Sanctuary

Im Bereich von Wangwiset am Highway Trang – Krabi, ca. 65 km von Trang (oder ca. 70 km von Krabi), zweigt eine Straße in Richtung Ao Tong ab. Dieser folge man 15 km, bis sich links eine unasphaltierte Landstraße auftut. An dieser ergibt sich nach 8 km eine weitere Abzweigung, an der man links einbiege. Nach 5 km erreicht man das Hauptquartier des Roi Chan-Phan Wang Wildlife Resort. Es besteht auch eine (nicht gerade leicht zu findende) Straßenverbindung von o. g. Thale Song Hong.

Roi Chan – Phan Wang bedeutet „Einhundert Stufen und eintausend Wasserbecken"; der Name bezieht sich auf die zahlreichen kleinen Wasserfälle, die sich in dem Gebiet ergießen. Das bergige Gelände schließt den **Khao Nor Chu-Chi** ein, den mit 1762 m zweithöchsten Berg Südthailands (der höchste ist der Khao Luang in der Provinz Nakhon Si Thammarat).

Außerdem finden sich hier etliche **Gummi- und Kaffeeplantagen,** die hier trotz des Schutzstatus', das dem Gebiet zugesprochen wurde, geduldet werden.

Das Schutzgebiet ist die Heimat zahlreicher **Vogelarten,** darunter dem *taeoraeo,* einer Vogelspezies, die nur in diesem Gebiet anzutreffen ist. Aufgrund dieser finden sich hier häufig Ornithologen aus aller Welt ein.

7

Satun

 สตูล

Satun (25.000 Einw.) ist die kleine und beschauliche Hauptstadt der gleichnamigen Provinz, der südlichsten Thailands. Das allgemeine Straßenbild wirkt schon fast malaysisch.

So ist auch Satuns zentrale Moschee, **Masjid Manbang** (oder Bambang) das hervorstechendste Merkmal, und am Ufer des schmalen Flusses durch den Ort sieht man moslemische Fischer, die ihre Netze flicken. Auch nicht zu übersehen ist eine starke chinesische Minderheit, chinesische Geschäftsleute dominieren Handel und Gastronomie.

Einen Blick wert ist das **National Museum** (Soi 5, Thanon Satun Thani). Das Museum ist der umgebaute zweistöckige „Gastpalast", *Kuden Mansion* genannt, den ein örtlicher Prinz Ende des 19. Jhs. für König *Chulalongkorn* gebaut hatte;

leider ließ sich der Monarch dann niemals blicken. In den dreißiger Jahren des letzten Jahrhunderts durfte das Gebäude wenigstens einen Innenminister beherbergen. Wie in jener Zeit üblich, wurde der Palast in europäischem Stil erbaut, bzw. in einem Stil, den der Architekt – eingeschifft aus Penang – für europäisch hielt. Im 2. Weltkrieg machten die Japaner das Gebäude zu einer Kommandozentrale. Später waren hier Teile der Stadtverwaltung untergebracht. Heute untersteht es dem *Department of Fine Arts*. Im Museum ausgestellt sind Objekte oder Schautafeln, die im Zusammenhang mit der muslimischen Kultur des Südens sowie der Sakai, stehen; u. a. wird man über die malaiische Kampfsportart *sila* und muslimische Hochzeitsrituale informiert.

 Geöffnet Mi–So 9.00–16.00 Uhr, Eintritt 30 Baht.

Khao Phaya Wang am Klong Mambang in der Khuha Prawase Road ist ein Kalksteinfelsen, der von einer Höhle durchzogen wird. Darin finden sich Stalaktiten und Stalagmiten. Um den Felsen wurde ein öffentlicher Park angelegt, und wie immer an solchen Orten finden sich zahlreiche Essensverkäufer ein.

Unterkunft

■ Das **Rian Thong Hotel****–*** (Thanon Samunta Pradit, Tel. 074-711036) befindet sich nahe dem Pier, von dem die Boote nach Kuala Perlis in

◁ Figur eines ausgezehrten Buddha in Satun

Satun

0 ▭▭▭ 200 m   © REISE KNOW-HOW 2013

THAI111

■ Übernachtung
3 Pinnacle Satun
   Wangmai Hotel
7 On's G.H.
10 Rian Thong Hotel
12 Amm G.H.

■ Essen und Trinken
2 Nice Pub Restaurant
4 Smile Fast
   Food Restaurant
5 Crystal House
   Restaurant
6 Suhana
   Restaurant
9 "The Bakers"
   Restaurant

■ Einkaufen/Sonstiges
1 Thai Airways Office
8 D.K. Books
11 D.K. Books

Map labels: A.C.-Bus-Tickets · Minibusse nach Hat Yai · National Museum · Polizei · Khao Phaya Wang · Soi 5 · Nachtmarkt · Thanon Roengrit Jaroen · Gemeinschaftstaxis · Thanon Satun Thani · Busse nach Hat Yai u. Trang · Immigration Office · Moschee (Masjid Manbang) · Taxis nach Hat Yai · Thanon Bureevanith · Bangkok Bank · Taxis nach Pak Bara · Siam Commercial Bank · Songthaews nach Wang Prachan · Taxis nach Hat Yai · Thanon Samunta Pradit · Taxis nach Trang · Chinesischer Tempel · Thai Farmers Bank · Markt · Krung Thai Bank · Thammalang-Pier · Wat Chanathip

---

Malaysia ablegen. Das Personal ist sehr freundlich. Zimmer mit Bad ab 200 Bath.

■ Das **Pinnacle Satun Wangmai Hotel*** – ****** (Thanon Satun Thani, Tel. 074-711607-8, www.pinnaclehotels.com) bietet ausschließlich A.C.-Räume; diese sind recht komfortabel und bei Preisen ab 700 Baht lohnenswert. Buchungen am besten über die Homepage des Hauses. An Wochenenden erhöhen sich die Preise leicht.

■ **On's Guest House***** (48, Thanon Bureewanit, Tel. 74-274133, onmacrh13@hotmail.com), ca. 1 km nördlich der Innenstadt, ist dem ausgezeichneten, charmanten kleinen Restaurant *On's*

(The Living Room) angeschlossen. Serviert werden sowohl westliche Gerichte als auch südthailändische Seafood-Spezialitäten. In dem einfachen Holzhaus stehen vier kleine, saubere Zimmer ohne eig. Bad zur Verfügung. Preiswerter für die Qualität geht es in Satun kaum. Ab 350 Bath.

Essen

■ Die A.C.-Restaurants **The Bakers, Crystal House und Smile Fast Food** servieren westliche Speisen wie Spaghetti Bolognese, „American Breakfast" und sehr gutes Eis. Thai- und chinesische Gerichte stehen ebenfalls auf der Speisekarte.

■ Das **Suhana Restaurant** in der Thanon Bureevanith kredenzt hervorragende südthailändische Curries – aber Vorsicht, gnadenlos scharf!

■ Gegenüber dem Krankenhaus, ca. 1 km vom Zentrum entfernt, köchelt ein kleiner **Essensmarkt;** es gibt preiswerte südthailändische und moslemische Küche, z. B. *roti.*

Anreise

■ Ab Bangkok Southern Bus Terminal fahren verschiedene **Busse** nach Satun. Aufgrund der Entfernung (975 km) ist ein möglichst komfortabler Bus vorzuziehen. V.I.P.-Busse fahren für ca. 1300 Baht (Fahrzeit 13 Std.), A.C.-Busse 1. Kl. ca. 1000 Baht, A.C. 2. Kl. ca. 800 Baht; letztere benötigen 14 Std. oder mehr. Weitere A.C.-Busverbindungen ab Krabi, Phuket, Trang und Hat Yai.

■ Wer den **Zug** bevorzugt, gelangt von Bangkok (Zusteigemöglichkeiten in Hua Hin, Chumphon, Surat Thani, Phattalung, Hat Yai) zum malaysischen Grenzort Padang Besar, ca. 60 km von Satun entfernt. Beim Aussteigen in Hat Yai (125 km) erübrigen sich die Grenzkontrollen.

■ Ab einigen Orten gelangt man per **Sammeltaxi** nach Satun. So ab Hat Yai, La-Ngu und Pak Bara. Kleinbusse ab Hat Yai kosten 120 Baht.

■ Die **nächsten Flughäfen** befinden sich in Hat Yai und Trang.

Weiterreise

■ Eine interessante Weiterreisemöglichkeit nach Malaysia gibt es per **Boot.** Ab dem Thammalang-Pier, 7 km südlich von Satun, fahren Boote nach Ko Lipe (in der Hochsaison) und Kuala Perlis und Pulau Langkawi (Malaysia). Songthaews fahren für 40 Baht zum Pier (ab dem 7-Eleven-Laden in Thanon Sulakanukil), Motorradtaxis zu 80–100 Baht.

Boote nach Kuala Perlis fahren unregelmäßig, Abfahrt, wenn mindestens 10 Passagiere an Bord sind. Preis pro Kopf 150 Baht. Fahrzeit 45 Min.

Boote nach Pulau Langkawi fahren meist 4-mal täglich, Preis 300 Baht, Fahrzeit 1½ Std.

Um 9.00 Uhr fährt ein **Boot nach Ko Tarutao** (250 Baht) und **Ko Adang** (500 Baht).

Pak Bara
ปากบะระ

Pak Bara, 65 km nordwestlich von Satun, ist ein **kleiner Fischerort,** ansonsten aber nur interessant als Transitpunkt auf dem Weg zum Tarutao-Nationalpark.

Am Pier befindet sich ein Büro des Tarutao-Nationalparks, und die Angestellten können – sollten die regulären Boote schon abgefahren sein – beim Chartern eines privaten Bootes helfen.

Unterkunft

Unterkünfte gibt es an der Zufahrtstraße zum Pier.
■ **Grand Villa*** (Tel. 074-783499), gute, sehr saubere und moderne Zimmer mit A.C. und TV.
■ **Best House Resort***–**** (Tel. 074-783058, 081-1896906, Fax 074-783417), auf der rechten Seite ca. 100 m vor dem Pier, sehr gute Zimmer mit A.C. und TV.
■ **Pak Bara Guest House*–*** (Tel. 074-783097), einfache Zimmer und Bungalows, für den Niedrigpreis mehr als adäquat.

Anreise

■ **Ab Satun** fahren Busse in Richtung Trang; man steige in La-Ngu aus (40 Baht, Fahrtzeit 30 Min.),

von wo Songthaews die restlichen 10 km bis Pak Bara weiterfahren (25 Baht).

■ **Busse in Gegenrichtung** Trang – Satun passieren ebenfalls La-Ngu. Ebenso Busse aus Phuket und Krabi.

■ **Ab Hat Yai** fahren tagsüber (7–16 Uhr) stündlich Busse nach Pak Bara (Preis 80 Baht, Fahrzeit 2 ½ Std.) Schneller sind die privaten Kleinbusse zu 150 Baht, aber auch halsbrecherischer. Abfahrt an der Niphat-Uthit 1 Rd./Ecke Thamnoonwithi Rd.

Weiterreise

Um den Pier von Pak Bara herum finden sich einige Bootsleute, die sich zu Fahrten zu den Inseln der Umgebung anheuern lassen. Sie verfügen meist über die etwas langsamen *rüa haang yao* oder **„Langschwanz-Boote".** Handeln!

⌂ Moschee in La Ngu bei Pak Bara

Tarutao-Nationalpark

อุทยานแห่งชาติะรุตา

Thailands erster **Meeres-Nationalpark** (seit 1974) umfasst ein Areal von 1490 km2 mit 51 Inseln, gelegen vor der Küste der Provinz Satun. Die Inseln sind ebenso paradiesisch wie ihre Geschichte abenteuerlich: Jahrhunderte lang hatten sie „Seezigeunern" und Piraten als Unterschlupf gedient, bis sie in den 1940er Jahren zum Standort eines Gefangenenlagers für politische Straftäter wurde.

Als dann Thailand während des zweiten Weltkrieges keinen Proviant mehr auf die Insel schicken konnte, wurden sowohl Insassen als auch Gefängniswächter zu Piraten. Erst britische Truppen machten der Piraterie auf Tarutao 1946 ein Ende.

7

Ko Tarutao

0   4 km

© Reise Know-How 2013   PhukF14a

Läem Tanyong Mara

Binyong-Kliff ★

Salanganen-Höhle

KO TAKIANG

209

Nationalpark-Hauptquartier

Krokodil-Höhle

Chak-Bucht

Molae-Bucht

KO TARUTAO

Son-Bucht

703 ▲

Gefängnis-ruinen

▲ 756

▲ 708

Talo-Wao-Bucht

Makham-Bucht

Talo-Udang-Bucht

Salanganen-Höhle

KO LEH DON (RANG NOK)

MYANMAR   LAOS   VIETNAM

Bangkok

KAMBODSCHA

Golf von Thailand

VIETNAM

MALAYSIA

vergraben. Etwa 2 Monate später schlüpfen die Tiere aus, von denen aber nur etwa 1–2 pro „Nest" überleben; die Mehrzahl wird die Beute von Raubvögeln. Um dem Aussterben der Gattungen entgegenzuwirken, werden in Teichen nahe dem Parkhauptquartier Jungtiere aufgezogen, die im Meer ausgesetzt werden, wenn sie zum Überleben in Freiheit stark genug sind.

Daneben sind die Inseln die Heimat von Fliegenden Lemuren, Loris, Wildkatzen, Ottern, Waranen, Kobras, Pythons und anderen **Schlangen.** Es gibt über 100 Arten von **Vögeln,** einige davon sind jedoch Zugvögel und somit nur Gäste auf Zeit.

Am Südwestende von Ko Tarutao befindet sich **Ko Rang Nok** („Vogelnest-Insel"), in deren Kalksteinhöhlen die Schwalben der Art *Callocalia escolenta* ihre Nester bauen. Diese bilden die Grundlage der Schwalbennestersuppe, der Abbau der Nester ist hier allerdings verboten. Am Höhleneingang befindet sich aber noch ein Schrein, an dem die Nestsammler früher Kuh- oder Büffelschädel opferten, um die Höhlengeister zu beschwichtigen.

Ko Tarutao ist die Hauptinsel des Archipels und misst in ihrer größten Ausdehnung 26,5 mal 11 km. An der Pante Bay befindet sich das Parkhauptquartier. Dort steht eine Gepäckaufbewahrung zur Verfügung (20 Baht/ Stück, max. 2 Wochen). Nebenan findet sich ein Visitor Centre mit einem **Museum zu Geschichte und Meeresflora und -fauna** des Parks.

Unterkunft gibt es hier und an einem weiteren Strand sowie auf Ko Adang, wo auch einige Seenomaden leben. Es ist möglich an den Stränden Ko Tarutaos zu

Heute ist die Inselgruppe ein Platz für Leute, die **unverdorbene Natur** genießen wollen; es bieten sich hervorragende Tauch- und Schnorchelgründe, in denen angeblich ein Viertel aller auf der Welt vorhandenen Fischspezies zu finden sind. Drei Hauptinseln haben Unterkunftsmöglichkeiten – Ko Tarutao, Ko Adang und Ko Lipe.

Die Inseln sind auch der Brutplatz dreier **Schildkröten-Arten,** der Grünen Seeschildkröte, der Hawksbill- und der Ridley-Schildkröte. Deren Eiablage-Saison sind die Monate Oktober bis Januar, in denen die Muttertiere jeweils ca. 50–150 Eier in tiefen Gruben im Sand

Die düstere Vergangenheit von Tarutao

Jahrhundertelang hatten die Tarutao-Inseln den Meeresnomaden Chao Le und auch Piraten als Unterschlupf gedient, bis das Correction Department (Amt für Strafvollzug) sie 1937 zum Standort eines Gefangenenlagers für politische Straftäter erkor. An **politischen Gefangenen** herrschte zu jener Zeit dank einiger fehlgeschlagener Putsche kein Mangel. Nebenbei wurden dort auch „normale" Straftäter festgehalten, die – anders als die oft aus der Oberschicht stammenden politischen Häftlinge – zu Zwangsarbeiten herangezogen wurden.

Die Inseln waren in mehrfacher Hinsicht ein idealer Gefängnisstandort, waren doch Fluchtversuche durch die **im Wasser lauernden Haie** von vornherein zum Scheitern verurteilt. Die Brutalität der Bewacher tat ein Übriges, dem Namen Tarutao einen furchteinflößenden Beiklang zu geben. Zu alldem kam noch eine grassierende **Malaria** sowie eine während der Regenzeit nur unregelmäßige Versorgung mit Nahrung und Medikamenten, da der Bootsverkehr oft eingestellt werden musste.

Als sich mit Ausbruch des 2. Weltkrieges die Versorgungslage noch mehr verschlechterte, verbündeten sich die Bewacher mit den Gefangenen und bildeten **Piratenbanden,** die passierende Handelsschiffe plünderten. Eine 300 Mann starke Freiwilligeneinheit der Royal British Navy beendete die Freibeuteraktivitäten im Jahre 1946.

1947 war Tarutaos Zeit als das Alcatraz Thailands zu Ende, das Correction Department hielt jedoch noch bis 1972 am Besitz des Archipels fest.

1974 wurde es zum **Nationalpark** erklärt, was aber auch die **Umsiedlung** von einigen tausend Bewohnern zur Folge hatte. Diese lieferten sich mit den Parkwächtern häufig Feuergefechte, nach denen zahlreiche Tote zu beklagen waren. Das rigorose Vorgehen der Wächter, denen ein militärisches Training angediehen worden war, unterdrückte schließlich die Revolte.

Aus der wilden alten Zeit Tarutaos sind heute noch einige **Ruinen der Festungsanlagen** zu sehen.

campen, allerdings muss man dann seine eigene Verpflegung mitbringen.

Der Park ist von Mai bis Oktober geschlossen. Ko Lipe ist in dieser Zeit bei gutem Wetter von Pak Bara dennoch zu erreichen. Es wird eine Nationalparkgebühr von 400 Baht erhoben. Geldwechselmöglichkeiten oder medizinische Versorgung gibt es hier nicht.

Unterkunft/Essen/Einkaufen

- Sowohl auf Ko Tarutao als auch auf Ko Adang stehen **Bungalows und Longhouses** für 3 bis 36 Personen***–LLL zur Verfügung. Auch Camping ist möglich und **Zelte** können vom Park angemietet werden (150 Baht pro Zweimannzelt, dazu 50 Baht/Pers. für Bettzeug). Sowohl auf Ko Tarutao als auch auf Ko Adang gibt es eine Kantine der Parkverwaltung. Meist ist natürlich Seafood angesagt. Reservierungen: Tel. 074-729002-3.

■ Im Park **Co-op Store** kann man sich mit Proviant für Ausflüge eindecken. Es gibt Reis, Dosenfisch und Kekse, dazu Hygieneartikel, Taschenlampen, Batterien etc.

Kayak-Touren

■ Sehr empfehlenswert sind die mehrtägigen Kayak-Touren – mit oder ohne Führung –, die von dem auf Phuket beheimateten *John Gray's Sea Canoe* organisiert werden (Tel. 076-2545007-7, www.johngray-seacanoe.com).

Anreise

■ **Reguläre Boote ab Pak Bara** fahren um 10.30 und 15.00 Uhr nach Ko Tarutao; Kostenpunkt 250 Baht einfach, 400 Baht retour. Fahrzeit 1 Std. 45 Min. Die Boote legen in der Pante Bay (Ao Phante) an, 22 km von Pak Bara entfernt und fahren dann weiter nach Ko Adang und Ko Lipe.

■ Dazu fahren **Speedboote** mehrerer Gesellschaften nach Ko Tarutao, dann ebenfalls weiter nach Ko Adang. Preis einfach 350 Baht bis Ko Tarutao, 600 Baht retour.

■ Ab dem Thammalang-Pier in **Satun** fahren Boote für 250 Baht **nach Ko Tarutao** (450 Baht retour);

die Boote fahren dann weiter **nach Ko Adang oder Ko Lipe** zu insgesamt 500 Baht (900 Baht retour). Ko Lipe ist nur einen Katzensprung per Longtail-Boat (50–80 Baht) von Ko Adang entfernt.

Ko Lipe

Die Insel Ko Lipe gehört zwar auch zum Nationalpark, aber im Gegensatz zu der unberührten Natur der Nachbarinseln, hat sich dieses winzige Atoll in den vergangenen Jahren rasant zu einer sehr beliebte Urlauberinsel entwickelt – mit zahlreichen kleinen Unterkünften und einer lebhaften Strandbar-Szene. Über Weihnachten/Neujahr ist die Insel gerammelt voll. Dennoch ist die Atmosphäre hier sehr viel beschaulicher als beispielsweise auf Ko Phangan. Ko Lipe scheint **derzeit das Paradies für Rucksackreisende** zu sein, aber man kann mutmaßen, dass die Beliebtheit auch viel negative Entwicklung mit sich bringen wird. Durch die Insel führt die sogenannte Walking Street, eine asphaltierte Straße, die beiderseits von touristischen Unternehmen gesäumt ist. Bankautomaten oder Banken gibt es auf der Insel nicht, und so ist genügend Bargeld vom Festland mitzubringen.

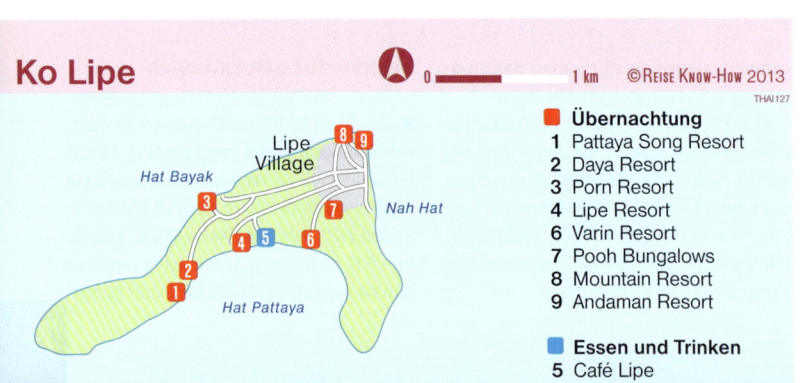

Ko Lipe

0 ▬▬▬ 1 km © REISE KNOW-HOW 2013

THAI127

Lipe Village

Hat Bayak

Nah Hat

Hat Pattaya

■ **Übernachtung**
1 Pattaya Song Resort
2 Daya Resort
3 Porn Resort
4 Lipe Resort
6 Varin Resort
7 Pooh Bungalows
8 Mountain Resort
9 Andaman Resort

■ **Essen und Trinken**
5 Café Lipe

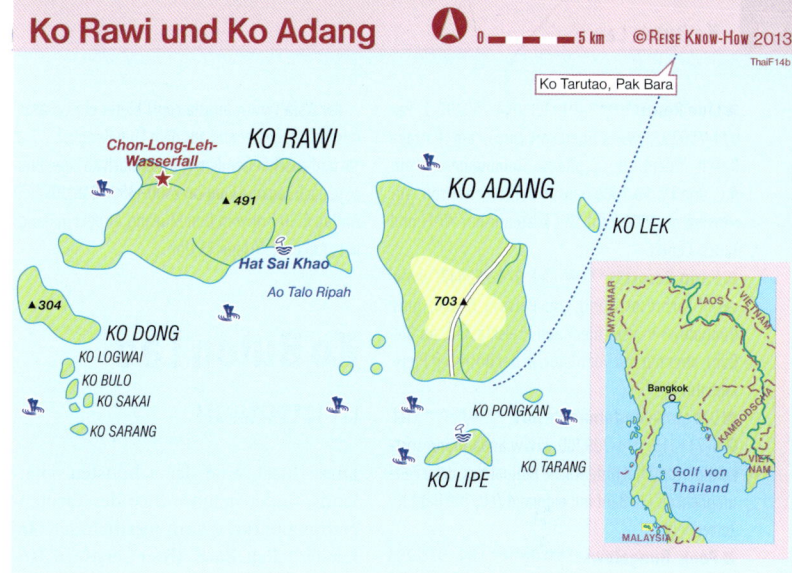

Auf Ko Lipe lebten bis in die jüngere Vergangenheit etwa 700 Seenomaden. Diese werden jedoch zunehmend von geldgierigen Investoren vom Festland vertrieben.

All das mag Touristen kaum stören, denn Ko Lipe ist wunderschön, die Korallenriffe um die Insel sind in recht gutem Zustand und die Insel offeriert jedes Jahr mehr Unterkünfte, nicht zuletzt, weil der wichtigste Strand, **Hat Pattaya** oder **Pattaya Beach,** mit seinem strahlend weißen Sand immer noch ein traumhaftes Bild abgibt.

Die Preise der Unterkünfte können zwischen Haupt- und Nebensaison stark variieren. In der Regenzeit sind die meisten Unterkünfte geschlossen und so empfiehlt sich zuvor ein Telefonanruf. In der Zeit um Weihnachten/Neujahr sind die Unterkünfte oft gerammelt voll; auch zu dieser Zeit sollte man vorher anrufen oder lange im Voraus buchen.

■**Porn Resort***** (Tel. 087-3944972, 084-691 8743), einfache Holzbungalows in wunderschöner Hügellage am Sunset Beach und sehr beliebt. Für 100 Baht kann man sein eigenes Zelt aufschlagen.
■**Mountain Resort*******–ᴸᴸᴸ (Tel. 074-728 131, www.mountainresortkohlipe.com), an der Nordspitze der Insel gelegen, gute Holzbungalows und teure Luxusbungalows mit TV, A.C. und Veranda mit tollem Ausblick.
■**Pattaya Song Resort******–***** (086-9600418, www.pattayasongresort..com), ganz am Westende von Pattaya Beach gelegen, mit Holz- und Steinbungalows, die sich vom Strand ins Binnenland und bis auf eine Anhöhe verteilen. Preise ab ca. 1000 Baht, inkl. Frühstück. Mit Kayak-Verleih.
■**Daya Resort*****–**** (Tel. 074-728030, 089-6562397), am Pattaya Beach, gute Bungalows, verteilt über einen Garten. Wi-Fi und Kayak-Verleih.

■ **Lipe Resort*******_ᴸᴸᴸ (Tel. 074-750291-2, Fax 074-750292, www.liperesort.com), am Pattaya Beach, ordentliche, gepflegte Steinbungalows mit A.C. und TV. Ab 1600 Baht in der Nebensaison, ansonsten ab 3500 Baht. Mit kostenlosem Wi-Fi und Tauch-Center.

■ **Varin Resort******_ᴸᴸᴸ (Tel. 074-750447, www.varinbeachresort.com), am Pattaya Beach, gute Bungalows in verschiedenen Preisklassen, ab 800 Baht, aber nur mit Ventilator; in der höchsten Preislage mit TV.

■ Das große **Andaman Resort******_***** (Tel. 074-711313, 074-729200, www.anda manresort-kohlipe.com) hat ordentliche Bungalows, dazu Zeltmöglichkeit (20 Baht mit eigenem Zelt, 100 Baht für Zeltverleih).

■ **Pooh Bungalows******_***** (Tel. 074-750 345, Fax 074-750344, www.poohlipe.com), nette, kleine Bungalow-Anlage abseits des Strands inmitten der Insel, sehr empfehlenswert, Zimmer mit A.C, TV und Wi-Fi zu 1800 Baht in der Hauptsaison.

■ **Café Lipe*****_***** (Tel. 074-728036, 086-9699472, www.cafe-lipe.com), thailändisch-schweizerisches Café, das seinen Strom aus Solarzellen bezieht. Neben leckerem Essen, von Vollkornbrot bis Müsli und südthailändischen Curries, werden auch ein paar Zimmer angeboten.

■ **Anreise:** Ab dem Thammalang-Pier bei Satun fahren tägl. Boote von *Andaman Express,* Abfahrt derzeit 12.30 Uhr, Fahrpreis 600 Baht. Von Pak Bara legen Speedboote mehrerer Gesellschaften ab, so von *Adang Sea Tours, Bundays, Forra Speedboats* u. a. In der Saison gibt es tägl. 5–6 Abfahrten, Preis 650 Baht bzw. 1200 Baht retour. Ab Langkawi in Malaysia fahren Boote von *Tigerline Ferries* zu umgerechnet ca. 1200 Baht. Die Gesellschaft unterhält auch eine Verbindung per Speedboot ab dem Hat Yao-Pier bei Trang, Kostenpunkt 750 Baht.

Ko Lipe hat keinen Pier und so halten die Boote kurz vor der Küste, wo sie von Seenomaden mit ihren Booten empfangen werden. Der Transfer an jeden beliebigen Ort an der Küste kostet 50 Baht/Pers.

Air Asia (www.airasia.com) bietet ein Gesamtreisepaket, bestehend aus dem Flug Bangkok – Hat Yai und anschließendem Transfer nach Ko Lipe. Preise je nach Tag und Flug ca. 2500–3500 Baht. Derzeit Abflug 6.30 Uhr vom Don Mueang Airport in Bangkok, Ankunft Ko Lipe 13 Uhr.

Ko Bulon Lae

เกาะบูโลนเวย์

Diese Insel, eine der schönsten Thailands, findet sich nördlich des Tarutao-Nationalparks, 22 km westlich der Hafenstadt Pak Bara. Ihrer relativen Isoliertheit am Südrand Thailands ist es zu verdanken, dass sie bisher noch fast völlig „naturbelassen" geblieben und der große Tourismus an ihr vorübergezogen ist. Wer einen ruhigen Aufenthalt auf einer wahren Paradies-Insel sucht, ist hier am Ziel. Außer Schwimmen, Schorcheln und Faulenzen gibt es allerdings nicht viel zu tun. Einige Traveller berichteten von Sandflöhen, die ihnen das Stranddasein etwas ungemütlich machten; in der Trockenzeit kann es zudem zu Wasserknappheit kommen.

Ko Bulon Lae ist die größte der aus vier Inseln bestehenden Bulon-Inselgruppe, dennoch ist sie klein genug, um sie in ein oder zwei Stunden zu durchwandern. An ihrer Ost- und Nordostseite erstreckt sich ein mehrere hundert Meter langer, absolut malerischer, weißer Strand. Dahinter wuchert dichte Vegetation, die nur von Trampelpfaden durchkreuzt wird. Fahrzeuge gibt es nicht, nicht einmal Straßen.

Die **Pangka Bay** an der Nordseite, bestehend aus Ao Panka Noi („Kleine Panka-Bucht") und Ao Panka Yai („Große Panka-Bucht"), ist sehr verschlickt und eine Enttäuschung auf diesem so herrlichen Eiland. Hier finden sich ein paar Häuser der Chao Le. Insgesamt leben kaum 100 Menschen auf der Insel. Um Ko Bulon Lae herum befinden sich **Korallenriffe,** und es bieten sich gute Tauch- und Schnorchelmöglichkeiten.

Unterkunft/Essen

■ Die beste Bungalow-Anlage auf der Insel ist das **Pansand Resort****–***** (Tel. 081-6933667, Fax 075-211010, www.pansand-resort.com), das sich zudem am schönsten Strandabschnitt befindet. Es gibt Bungalows in diversen Komfortstufen. Die teureren haben ein eigenes Bad. Angeschlossen ist ein Restaurant mit thailändischer, chinesischer und westlicher Küche und vor allem Seafood. Schnorchel-, Camping-, und Angelausflüge werden auf Wunsch organisiert.

■ Wenige Minuten Fußweg weiter nördlich liegt das **Bulone Resort***–**** (Tel. 081-8979084, www.bulone-rsort.net), und der ihm vorgelagerte Strand ist fast genauso schön wie der am Pansand Resort. Einfache aber gepflegte kleine Stelzen-Bungalows, je nach Saison ab 700/800 Baht. Mit Wi-Fi und angeschlossenem kleinen Laden.

■ Das **Bulon View Point Resort***–**** (Tel./Fax 074-728005-6) hat gute Bungalows mit Bad ab 800 Baht, umgeben von sattgrüner Vegetation. Es werden Bootstouren angeboten.

Anreise/Rückreise

■ Ab der Hafenstadt Pak Bara fahren um 13.30 Uhr **Boote** für 450 Baht/Pers. nach Ko Bulon Lae 700 Baht retour. Fahrzeit ca. 1 Std. Abfahrt derzeit 12.30 Uhr. Wie auf Ko Lipe können große Boote nicht direkt am Ufer anlegen, und die Passagiere werden

von kleineren Booten in Empfang genomm (50 Baht/Pers.).

■ Ansonsten lassen sich bei den Bootsleuten im Hafen **Langschwanz-Boote** *(rüa haang yao)* ab ca. 2500 Baht für die einfache Fahrt anheuern. Fahrzeit je nach Boot und Wellengang 1–1½ Std. Die Bootsleute neigen meist zu Wucherpreisen, also handeln! Man wende sich nicht an einen der Mittelsleute, die sich am Pier herumtreiben und eine Kommission einstreichen wollen, sondern verhandle direkt mit einem Bootslenker.

Thale-Ban-Nationalpark

อุฮยานแหชาติะเลบ้น

Der 102 km² große Park befindet sich in der Provinz Satun, 37 km von Satun und etwa 90 km von Hat Yai entfernt. Das 1980 zum Nationalpark erklärte Gebiet ist mit **dichtem Regenwald** bewachsen und gibt einen guten Eindruck davon, wie wohl einmal fast der ganze Süden Thailands ausgesehen haben mag, bevor Anfang des vergangenen Jahrhunderts die Kautschukproduzenten ihre Schneise schlugen. Das Gelände ist hügelig und steigt mit dem **Khao Chin** als höchstem Punkt bis zu 720 m auf. Der Berg kann bestiegen werden.

Es gibt mehrere ansehnliche **Wasserfälle** im Park, so den Huay-Chingrit-Wasserfall, der in einem 3 km langen Fußmarsch vom Parkhauptquartier erreicht werden kann, oder den neunstufigen Yaroi-Wasserfall (5 km), zu dem man bequem per Auto gelangt. Die fünfte Stufe des Wasserfalles gilt als die schönste.

Außerdem sind einige **Höhlen** zu besuchen, unter anderem die Ton Din Cave und die Pu Yu Tunnel Cave. Vom Parkhauptquartier aus, das in einem von Kalksteinfelsen umgebenen Tal liegt, kann man auf diese Felsen aufsteigen. Von dort hat man einen guten Ausblick auf einen 32 ha großen Binnensee.

Das Gebiet soll in der Vergangenheit zahlreiche Elefanten, Tiger, Tapire, Loris, Zibetkatzen, Makaken, Stachelschweine und andere Dschungelbewohner beherbergt haben. Wie viele davon heute noch übrig sind, ist unklar. Bewiesen ist die Existenz von mindestens 210 Vogelarten, darunter auch der seltene **Nashornvogel.** Eintritt zum Park 200 Baht.

Unterkunft

■ Nahe dem Parkhauptquartier stehen einige **Bungalows** und **Longhouses***–*******, die jeweils 6–20 Personen aufnehmen können. Das Aufstellen eines Zeltes kostet 40 Baht. Angeschlossen ist ein Restaurant mit preiswerter thailändischer Küche. Buchungen unter Tel. 083-5331710, Fax 074-722730, reserve@dnp.go.th.

Anreise

■ Von einem Halteplatz gegenüber dem Rain Tong Hotel in Satun fahren **Songthaews** für 40 Baht nach Wang Prachan. Von dort fahren unregelmäßige Songthaews die letzten paar Kilometer zum Park. Gelegentlich fahren sogar die Songthaews aus Satun direkt bis zum Park.

■ **Selbstfahrer** ab Satun fahren über Highway 406 in Richtung Hat Yai. Nach 19 km erreicht man die Kreuzung mit Straße 4184. Dort in Richtung Wang Prachan abbiegen und weiter zum Park fahren (20 km).

Hat Yai

หาดใหญ่

Hat Yai (200.000 Einwohner), ca. 1000 km südlich von Bangkok und nur 64 km vor der Grenze zu Malaysia gelegen, ist das **Verkehrs- und Handelszentrum Südthailands.** Für viele Thais ist es ein Einkaufsparadies, da durch die nahe Grenze große Mengen geschmuggelter Waren ihren Weg in die Geschäfte der Stadt finden. Für viele Malaysier ihrerseits ist Hat Yai ein beliebter Zielort für einen Tagesausflug, da sie in den Hotels und Massage-Salons das finden, was ihnen im heimatlichen Malaysia in weniger großem Ausmaße geboten wird.

Die Stadt hat in den letzten Jahrzehnten eine enorme Modernisierung erlebt, an jeder Ecke schossen Shopping Center, Hotels und sonstige Neubauten aus dem Boden, die Hat Yai fast in eine Art **Mini-Bangkok** verwandelten. Für Traveller ist der Ort dennoch nicht sonderlich interessant, es sei denn, man ist auf Shopping aus.

Hat Yai ist in erster Linie eine Zwischenstation, ein Platz, das nächste Ticket zu kaufen. Wer nur eine Nacht bleiben will, sollte vielleicht besser im 26 km entfernten Songkhla übernachten, wo die Hotels ruhiger sind und die Stadt angenehmer und erholsamer.

Kauflustige sollten den **Santisuk-Market** zwischen den Straßen Niphat Uthit 1 und 2 nicht auslassen, in dessen überdachten, gassenähnlichen Arkaden besonders preisgünstige Elektronik-Artikel angeboten werden, dazu Uhren Kleidung u.v.m. Viele der Shopper sind Malaysier.

Hat Yai

0 ▬▬▬ 200 m © REISE KNOW-HOW 2013

THAI 153

Moschee

Sangartd Road

Petchkasem Road

Suphasarnransan Road

★ Bullfighting, Universität, Songkhla

⊕ Mission Hospital, ✈ Flughafen, Phuket

Duangchan Road

Niphat Uthit 1 Road

Nasaranee Road

Prachathipat Road

Prachapak Road

Thamnoonvithi Road

She Uthit Road

Niphat Uthit 3 Road

Niphat Uthit 2 Road

Sanehanusorn Road

Kimpradit Road

Bahnhof

✕ Taxi nach Narathiwat

Manasruede Road

Chinesischer Tempel

Klong Toey

Preedarom Road

★ Zoo

✕ Taxi nach Yala

✕ Taxi nach Pattani

Chinesischer Tempel

Padang Besar

Sungai Golok

Tourist Police ●

ⓑ Busbahnhof

Sripoovanart Road

◼ Übernachtung

2 J.B. Hotel
4 Rukthai Hotel
5 Royal Hotel
7 Prince Hotel
12 Savoy Hotel
17 Louise Guest House
19 Cathay Guest House
20 King's Hotel
23 Pacific Hotel
24 BP Grand Tower
26 Sakura Hotel
28 Kosit Hotel
30 Lee Gardens Plaza Hotel
31 Florida Hotel

◼ Essen und Trinken

6 Vegetarisches Restaurant
8 Vegetarisches Restaurant
9 Vegetarisches Restaurant
13 Restaurant Khrua Islam

16 Muslim-O-Cha Restaurant
21 Osman Restaurant
25 Vegetarisches Restaurant
27 Mae Tip Restaurant

◼ Nachtleben

1 Paragon Disco
10 Post Laserdisc

◼ Einkaufen/Sonstiges

3 Kim Yong Market
11 Santisuk Market
14 D.K. Books
15 Robinson Department Store
18 Kim Yong Market
22 Thai Airways
29 Malaysian Airlines (MAS)

Da Hat Yai sich nahe den von moslemischen Freischärlern umkämpften Provinzen Yala, Narathiwat und Pattani befindet, ist es auch hier zu vereinzelten Terror-Akten gekommen. 2012 wurden bei einem Bombenanschlag auf das Lee Gardens Plaza Hotel fünf Menschen getötet und 300 verletzt. Generell kann die Stadt als relativ „sicher" eingestuft werden, man verpasst aber auch nichts, wenn man sie auslässt bzw. nur aus Umsteigestation nutzt.

Wichtige Adressen

■ Das **Tourist Office** befindet sich in 1/1 Soi 2 Niphat Uthit 3 (Tel. 074-243747, 074-238518, 074-231055). Das Büro ist eins der am besten ausgestatteten des Landes und bietet jede Menge kostenloses Informationsmaterial an.

■ Die **Tourist Police** hat ihr Büro in der Sripoovanart Road, schräg gegenüber dem Florida Hotel. Tel. 074-246733.

■ In Niphat-U-Thit 1 und 2 befinden sich zahlreiche **Banken** und **Wechselschalter,** wovon letztere zum Teil bis 20.00 Uhr geöffnet sind. Sind die Schalter schon geschlossen, so besteht noch die Möglichkeit, in einem der großen Hotels im gleichen Straßenblock zu wechseln, was aber ungünstige Kurse verspricht.

Unterkunft

Hat Yai verfügt über ein Riesenangebot an sehr guten Mittel- und Oberklassehotels, eine Folge des malaysischen „Short-Time"-Tourismus. Da in der jüngeren Vergangenheit die malaysischen Touristenzahlen aus Furcht vor Terroranschlägen jedoch rückläufig waren, herrscht ein Hotelüberangebot, und nicht selten werden die offiziellen Preise gesenkt, und man bekommt ein hervorragendes Zimmer zum relativen Niedrigpreis. Nicht ganz so günstig sieht es in der Guest-House-Szene aus, allzu viel Auswahl besteht hier nicht. Die meisten Unterkünfte drängen sich dicht an dicht in den drei Parallelstraßen Niphat Uthit 1, 2 und 3, wo sich allzeit ein Zimmer finden lässt.

◁ Künstliche Mönche im Wat Hat Yai

▷ Kleider auf dem Markt von Hat Yai

065ts rk

■ Hat Yais alter Traveller-Favorit, das **Cathay Guest House****–**** (23/1 Niphat Uthit 2, Tel. 074-354104), fungiert gelegentlich auch als Bordell – es gab Zeiten, da wurden männlichen Travellern per Bildkatalog willige Damen zur Auswahl vorgelegt. Die Zimmer (Bad, A.C.) im Haus sind mehr oder weniger heruntergekommen und genügen nur untersten Ansprüchen – das Hotel scheint das Ende seines Daseins erreicht zu haben. Dafür sind die Zimmer bei Preisen ab 200 Baht auch superbillig und die Lage ist zentral. Die zur Straße hinaus gelegenen Zimmer aber sind extrem laut und sollten gemieden werden.

■ **Lee Gardens Plaza Hotel*******–LLL (29 Prachatipat Rd., Tel. 074-261111, Fax 074-353555) ist ein modernes, 33-stöckiges Hotel der unteren Luxusklasse und Teil eines Shopping-Centers (Plaza). Das Hotel überragt das Shopping-Center und von den oberen Stockwerken hat man einen guten Ausblick auf die Stadt. Die Zimmer sind nicht gerade grandios und könnten eine Überholung gebrauchen, aber gut genug, wenn man sie zum Internet-Sonderpreis bekommt; mit A.C., TV und Kühlschrank. Bei Internetanbietern ab ca. 1000/1200 Baht. Eingeschlossen ist ein Frühstücks-Buffet.

■ Das **Louise Guest House****–*** (21–23 Thamnoonvithi Rd., Tel. 074-220966) liegt in Bahnhofsnähe. Die Zimmer haben A.C.

■ Ein preisgünstiges Hotels ist das **Pacific Hotel*****–**** (149/1 Niphat Uthit 2 Rd., Tel. 074-244062), mit nicht allzu großen, aber sehr sauberen Zimmern (Bad) in diversen Preislagen. Die teureren haben A.C. Für die zentrale Lage ist das Haus sehr ruhig, in dieser Preislage in Hat Yai eine Seltenheit.

■ Eine der besten Unterkunftsmöglichkeiten ist sicher das **Florida Hotel*****–***** (8 Srippovanart Rd., Tel. 234554-9, Fax 074-234553, www.floridahatyai.com), ein Mittelklassehotel, das fast Oberklassestandard bietet. Die feine Lobby sollte nicht abschrecken, es ist nicht so teuer, wie man annehmen könnte. Komfortable Zimmer (A.C., TV, Mini-Bar), oft gibt es Preisnachlässe. Ab 550 Baht fantastischer Gegenwert!

■ Hat Yais Luxusunterkünfte sind das **J.B.-Hotel*******–LLL an der 99 Jutee-Anusorn Rd., nahe der Straße in Richtung Songkhla (Tel. 074-234300-18, Fax 074-234328, www.jbhotelhatyai.com) sowie das **BP Grand Tower** *****–LLL (74 Sanehanusorn Road (Tel. 074-239051-60, Fax 074-239747).

Einige weitere preiswerte Moslem-Restaurants sind in der Seitenstraße, die sich nördlich des Kosit Hotel zwischen Niphat Uthit 1 und Niphat Uthit 2 erstreckt. Sehr beliebt für seine *roti* ist das kleine **Khrua Islam,** schräg gegenüber dem Eingang zum Bahnhof. Der hier schaffende Roti-Bäcker – ein ehemaliger Bodybuilder und Thai-Boxer – übt sein Gewerbe schon seit über 50 Jahren aus.

Das **Mae Tip** in der Niphat Uthit 3 Road (ca. 100 m nördlich der TAT) ist Hat Yais beliebtestes Niedrigpreis-Restaurant für Seafood und südthailändische Currys.

Vegetarier haben in Hat Yai eine besonders reichhaltige Auswahl an **vegetarischen Restaurants:** Ein von der Santi-Asoke-Sekte geleitetes Restaurant findet sich 50 m südlich des Eingangs zum *J.B. Hotel;* die anderen liegen in der Thanon Saeng Chang (neben Wat Rassami), in der Thanon Pracharom (schräg gegenüber vom *Royal Hotel*), an der Thamnoonwithi Road (gegenüber *Prince Hotel*), an der Niphat Uthit 3 Road (gegenüber dem *Central Hotel*) und in Soi 6 der San Sri Road (etwas südlich von Wat Paknam).

Essen

Viele Restaurants befinden sich an den drei Niphat-U-Thit-Roads, ein kleiner **Nachtmarkt** liegt am Savoy Hotel. Ein weiterer Nachtmarkt, riesig groß, befindet sich westlich des Uhrturms an der Phetkasem Road. Hier bieten Dutzende von Straßenständen ein preiswertes Allround-Angebot.

Preiswert ist das **Muslim-O-Cha,** ein Moslem-Restaurant gegenüber dem King's Hotel, ebenso das **Osman** in Niphat Uthit 2. Morgens gibt's *Dal* und *roti* für nur drei Baht.

Unterhaltung

Im noblen *J.B. Hotel* (99 Jutee-Anusorn Road) befindet sich eine **Disco.** Die Drinks kosten ab ca. 200 Baht.

Am Nordweststrand der Stadt, an der Rajuthit Rd., dröhnt die **Paragon Disco** bis tief in die Nacht. Zu lauter Techno-Musik tanzen und singen leicht bekleidete Mädchen, fast so als wäre es in einer Go-Go-Bar. In thailändischen Discos ist dies aber ein normales Feature.

Post Laserdisc gegenüber dem Hollywood Hotel ist ein gemütliches Video-Parlour und zeigt englischsprachige Filme. Dazu gibt es Bier und Snacks. Geöffnet ist dieser Laden meist von 9.00 bis 2.00 Uhr.

Im **Washington Café** neben dem King's Hotel spielt bis 1.00 Uhr eine Band.

Snack-Produktion in Hat Yai

Der Süden

Anreise

■ **Busse** ab Bangkok (1014 km) benötigen je nach Bustyp 14–16 Std., es empfiehlt sich somit ein möglichst bequemer und schneller Bus, wenn es denn überhaupt ein Bus sein muss. A.C.-Busse 2. Kl. ca. 700 Baht, A.C. 1. Kl. ca. 800 Baht (14–15 Std.), V.I.P.-Busse ca. 1200 Baht (14 Std.). Zahlreiche weitere Busverbindungen, darunter ab Hua Hin, Krabi, Ko Samui (Bus/Boot-Kombinationen ca. 400 Baht), Pak Bara, Pattani, Phang-Nga, Phuket, Songkhla, Satun, Sungai Golok, Surat Thani, Trang und Yala.

■ **Züge** ab Bangkok fahren um (in Klammern Ankunftszeit) 13.00 (5.36), 14.45 (5.54), 15.10 (7.18) und 15.35 Uhr (8.50). Preis in der 3. Kl. 249 Baht, mit A.C. 319 Baht, in der 2. Kl. 445 Baht, mit A.C. 555 Baht, im Sleeper 2. Kl. mit A.C. und Schlafkoje oben/unten 735/825 Baht, und in der 1. Kl. 1374 Baht.

■ **Flüge** mit Thai Airways ab Bangkoks Suvarnabhumi Airport offiziell zu 6260 Baht. Man frage nach Sondertarifen; Preise oft um die 3300 Baht. Flüge von Bangkok mit den Billigfliegern Air Asia oder Nok Air vom Don Mueang Airport in Bangkok ab ca. 1600 Baht.

Weiterreise

■ Außer zu den o. g. inländischen Orten bestehen **Busverbindungen nach Malaysia und Singapur.** Die Busse fahren ab dem Busterminal, ca. 2 km südöstlich der Innenstadt gelegen. Von/nach Padang Besar, Penang, Kuala Lumpur und Singapur. Einige der Busse, deren Tickets über eines der vielen Reisebüros in den Niphat Uthit-Straßen gebucht werden, fahren direkt vor den Büros ab, oder man wird per Minibus zum Busbahnhof gefahren, wo's dann weitergeht.

■ **Nach Songkhla** (26 km) fahren alle 15 Min. Busse ab der Phetkasem Rd. direkt an einem Markt gelegen (30 Baht; Fahrzeit 45 Min.). Von derselben Stelle fahren auch Songthaews nach Songkhla (20

Baht). Sammeltaxis von diesem Punkt kosten 50 Baht/Pers., Fahrzeit ca. 40 Min.

■ **Sammeltaxis** fahren ab diversen Haltepunkten: Nach Surat Thani und Padang Besar ab der Duang Chan Rd.; nach Songkhla ab dem Bahnhof sowie dem Uhrturm, nach Yala und Narathiwat ab der Niphat Uthit 1 Rd.; nach Nakhon Si Thammarat, Phattalung, Sungai Golok und Trang ab der Suphasarn Rangsan Rd.; nach Pattani ab einem Haltepunkt nahe der Sang Thon School, nach Satun ab der Rattakhan Rd.

■ Sammeltaxis **zum malaysischen Grenzort Padang Besar** kosten 120 Baht/Pers. oder 600 Baht für das gesamte Taxi. Viele Traveller machen hier von der Möglichkeit Gebrauch aus Thailand aus- und dann wieder einzureisen, um einen neuen 30-Tage-Stepel in den Pass gedrückt zu bekommen. Die Grenze ist von 6.00–24.00 Uhr malaysischer Zeit geöffnet, d. h. 5.00–23.00 Uhr Thai-Zeit.

■ **Züge** nach Butterworth in Malaysia (dort Fähr- und Brückenverbindung nach Penang) fahren um 6.00 Uhr, Ankunft 11.55 Uhr.

■ Das **Büro der Thai Airways** befindet sich in der 182 Niphat Uthit 1 Rd., Tel. 074-233433). Vom Büro fahren Kleinbusse für 60 Baht/ Pers. zum Flughafen (15 km). Taxis nehmen ca. 250–300 Baht dorthin. Zubringerbusse von Thai Airways zu 100 Baht, Limousinen zu 300 Baht.

■ Das **Herumkommen in der Stadt** ist durch die vielen Songthaews gewährleistet, die die Straßen auf- und abfahren. Kostenpunkt innerhalb der Innenstadt 20 Baht/Pers.

Umgebung von Hat Yai

Ton-Nga-Chang-Wasserfall

Etwa 27 km westlich von Hat Yai ergießt sich der Ton-Nga-Chang-Wasserfall über sieben Etagen in die Tiefe, umgeben von dichtem Wald. An der untersten Stufe

7

finden sich selbst an Wochentagen, besonders nachmittags, zahlreiche einheimische Touristen zum Picknick ein. Wer es gerne etwas ruhiger hat, sollte auf die oberen Stufen ausweichen, was jedoch einen schweißtreibenden Fußmarsch einschließt: Bis zur obersten Stufe des Wasserfalls sind 1500 m Wegstrecke über teilweise recht steiles Terrain zurückzulegen. Eine Mühe, die ob der herrlichen Natur aber lohnt.

Vorsicht allerdings vor Wanderungen abseits der ausgetretenen Pfade: 1995 verließ ein Tourist aus Singapur seine Tour-Gruppe, um das Gelände allein zu erkunden. Er verlief sich und irrte acht Tage umher, bevor ihn eine Rettungsmannschaft fand.

Der Name des Wasserfalls bedeutet „Elefanten-Stoßzahn-Wasserfall", da er sich in zwei Ströme teilt, die an die zwei Stoßzähne eines Elefanten erinnern.

■ Zur **Anfahrt** miete man am besten ein Taxi oder Songthaew ab Hat Yai, Kostenpunkt ca. 500 Baht für Hin- und Rückfahrt samt Aufenthalt. Busse fahren ab dem Plaza Shopping Mall in Hat Yai, lange Wartezeiten sind aber eventuell in Kauf zu nehmen.

Songkhla

สงขลา

Über die Geschichte Songkhlas ist nicht viel bekannt, aber soviel, dass der Ort jahrhundertelang eine wichtige Hafenstadt und ein Piratennest war, bis das aufstrebende Hat Yai Songkhla in den Schatten stellte. Die Bevölkerung der Stadt (90.000 Einwohner) ist eine bunte Mixtur aus Thais, Chinesen und mosle-

mischen Malaien, und diese Mischung wird auch in der Architektur deutlich.

Der **Strand** ist lang und schmal und von Kasuarbäumen gesäumt. Thais, die Picknick machen, sind dort viel eher anzutreffen als badende, westliche Touristen.

Vor der Küste, vor dem Kap Simila, liegen die beiden Inseln **Ko Meo** und **Ko Nu,** die „Katz-und-Maus-Inseln". In der Tat ähnelt die Form der Inseln diesen beiden Tieren, und die Katze scheint auf die Maus zu lauern.

Am **Kap Simila** räkelt sich eine Imitation der Meerjungfrau von Kopenhagen. An dem dahinter befindlichen noblen Simila Hotel werden an einer Bude (Simila Service Center) Paddelboote und Motor-Katamarane verliehen. Paddel- oder Glasbodenboote kosten 40 Baht die Stunde, Motorboote 100 Baht.

Drei Kilometer südlich davon – immer am Strand langgehen – liegt das **Kap Kao Seng** mit einem moslemischen Dorf und wunderschön bemalten Fischerbooten. Letztere werden aber leider immer seltener.

In Songkhla selbst befindet sich ein **Nationalmuseum** (zwischen Rongmuang und Jana Road) mit Ausstellungsstücken aus allen Kunst-Epochen. Das über 100 Jahre alte Haus, in dem sich das Museum befindet, ist im sino-portugiesischen Stil erbaut (mehr sino als portugiesisch), und hat früher der wohlhabenden Familie *Na Songkhla* gehört, die eine bedeutende Rolle in der Geschichte der Stadt gespielt hat. Das Museum ist geöffnet Mi–So 8.30–12.00 und 13.00–16.00 Uhr. Eintritt 30 Baht.

Wat Matchimawat, der wichtigste Wat der Stadt (an der Saiburi Road gelegen), beherbergt einen recht alten Marmor-Buddha und ebenfalls ein kleines Museum.

Warnung: Der Konflikt in den südöstlichen Provinzen Thailands, zwischen der Regierung und islamistischen Rebellen, schwappt ab und zu auch nach Songkhla über, und einige Botschaften raten ihren Angehörigen, die Stadt nicht zu besuchen, bis sich die **bürgerkriegsähnlichen Zustände** in Südthailand geklärt haben.

Unterkunft

■ Direkt neben dem Museum findet sich das gemütliche und einfache **Songkhla G.H.****–*** (Rongmuang Rd., Tel. 074-321377), das kleine und komfortable Zimmer bietet.

■ Das **Sooksomboom 2 Hotel****–*** (14 Saiburi Rd., Tel. 074-323808-9) besteht aus einem alten Flügel rechts und einem sehr neuen links daneben. Die Zimmer im alten Flügel (Bad) sind nicht überwältigend komfortabel aber sauber. Im neuen Flügel sind die Zimmer (A.C.) wohnlicher, dafür aber teurer; in der höheren Preislage mit TV.

■ Direkt rechts neben dem Sooksomboon 2 liegt das **Queen Hotel***** (20 Saiburi Rd., Tel. 074-311138) mit diversen Zimmern in unterschiedlicher Ausstattung.

■ Die teureren Zimmer des **Lake Inn*****–**** (301–303 Nakhonnok Rd., Tel. 074-321044, lakeinn@hotmail.com) bieten gute Ausblicke über den Binnensee, die man von einem Balkon aus genießen kann; dazu gibt es etwas preiswertere Zimmer ohne Seeblick. Alle Zimmer haben Bad, A.C., TV und Mini-Bar.

■ Das erste Boutique Hotel in Songkhla wird wohl das **Singora Hotel******–***** (38 Saingam Rd., Tel. 074-314555, www.singorahotel.com) sein. Alles ist in weiß gehalten, Zimmer mit A.C., TV und W-LAN Zugang, und Frühstück ist im Preise inbegriffen. Ein SPA und eine Bäckerei sind angeschlossen.

■ Das **Viva Hotel******–***** (574/2 Nakhonnok Rd., Tel. 074-321033) ist nicht schlecht und hat saubere einfache Zimmer mit A.C. Allerdings ist auch eine Karaoke-Bar im Haus und die Lage ist nicht sonderlich zentral. Wer kein eigenes Transportmittel hat, ist weitab vom innerstädtischen Geschehen.

■ Das gediegenste Hotel am Ort ist das neunstöckige **Pavilion Hotel******–ᴸᴸᴸ (17 Platha Rd., Tel. 074-441850, www.pavilionhotels.com), das für seinen Standard zudem recht preiswert ist. Die Zimmer sind komfortabel und haben Bad, A.C., Kühlschrank und Satelliten-TV.

■ Das gleiche Unternehmen leitet auch das **Rajamangala Pavilion Beach Resort******–ᴸᴸᴸ (1 Rajdamnoennok Rd., Tel. 074-487222, www.pavilionhotels.com) ein paar Minuten außerhalb der Stadt. Songkhlas erstes Boutique-Hotel, nahe Chalathat Beach, wird oft für Konferenzen genutzt. Alle Zimmer haben Blick aufs Meer, A.C., Mini-Bar und TV. Dem Resort ist ein Pool angeschlossen.

Essen

■ Entlang der Vichianchon Road befindet sich ein reger **Nachtmarkt,** der zum Teil bis zwei Uhr morgens geöffnet ist. Vorsicht: Der hier ausgeschenkte Mekong ist z. T. gezinkt. Kopf- und Magenschmerzen sind garantiert.

■ An der Westseite der auf die Vichianchon Road zulaufenden Petchkiri Road befinden sich tagsüber viele **Straßenstände,** die an Ort und Stelle köstliche kleine Kuchen backen, ebenso zwei Cafés mit Tee, Kaffee, und Kuchen im Angebot.

■ Im Meer von Songkhla sind einige Ölplattformen bei der Förderarbeit, und aufgrund der zahlreichen westlichen Angestellten haben sich **in der Umgebung der Srisuda Road** einige auf Westler ausgerichtete Restaurants und auch Bars angesiedelt.

■ Im **63 Ban Ka Fae** in einem attraktiven Garten in der Srisuda Rd.(geöffnet 17.30–24.00 Uhr) gibt es frischen Kaffee, Fruchtsäfte, Sandwiches und thailändische Gerichte.

Songkhla

0   400 m   © Reise Know-How 2013

THAI114

Golf von Thailand

Kao Seng

Leam Rip · Talay Luang Road

Road

Golfplatz

Ratchadamnoen

Chinesisches Konsulat

Wat Chai Mongkhon

Platha Rd.

Bahnhof

Hat Yai, Pattani

Taxis nach Nakhon Si Thammarat

Taxis nach Narathiwat

Khao Noi

Ram Withi Road

Ausschnitt

Wat Matchimawat

Chaiham Rd.

Samila Beach

Songkhla-See

Lasami Road

Wat Lamsai

Polizei

Ko Yo

---

0   200 m

Srisuda Road

Platha Road

Busse & Taxis nach Hat Yai

Nasan Road

Ram Withi Road

Taxis nach Sungai Golok

Khao Noi

Wat Chaeng

Wat Donrak

Songkhlaburi Road

Nang Ngam Road

Chaiham Road

Busse nach Hat Yai

Markt

Wat Siam

Busstation

Museum

Rongmuang Road

Polizei

Fähre nach Ko Yo

Songkhla-See

Übernachtung

1   Rajamangala Pavilion Beach Resort
2   Viva Hotel
3   Lake Inn
4   Singora Hotel
7   Pavilion Hotel
9   Sooksomboom 2 Hotel
10   Queen Hotel
11   Songkhla G.H.

Essen und Trinken

3a   Davina's Old Town Garden
6   63 Ban Ka Fae
8   Mr. Steak

13   Raan Tae Hieng Iew Restaurant

Einkaufen/ Sonstiges

5   Hot Bread Shop
12   Shopping Centre

Der Süden

- Das **Mr. Steak** an der Ecke Srisuda und Platha Rd. hat, wie der Name andeutet, Rind-, Schwein- und Hühnchen-Steaks auf der Speisekarte.
- Der **Hot Bread Shop,** ebenfalls auf der Srisuda Road, hat Brot und Kuchen sowie Sandwiches, Fish & Chips im englischen Stil.
- **Raan Tae Hieng Iew Restaurant** in der 85 Nang Ngarm Road ist weithin für seine Meeresfrüchte bekannt. Geöffnet 11.00–14.00 und 17.00–20.00 Uhr.
- Das Familiengeschäft **Davina's Old Town Garden** (geöffnet 17.00–21.00 Uhr) in der Nang Ngam Road bietet frischen Kaffee, europäische Speisen und Eis in gemütlicher Atmosphäre.

Anreise

- Die Strecke **ab Bangkok** ist 1004 km lang und die Fahrzeit beträgt ca. 12 Std. Mehrere A.C.-Busse der 1. Kl. und 2. Kl. fahren am Spätnachmittag und Abend (563/724 Baht). V.I.P.-Busse fahren um 12.50, 16.45 und 18.00 Uhr und kosten 1126 Baht. Weiterhin direkte Busse u. a. ab Nakhon Si Thammarat und Surat Thani.
- Zahlreiche Verbindungen per Bus, Songthaew und Sammeltaxi **ab Hat Yai** (26 km). Siehe dort unter „Weiterreise".
- Der nächste **Bahnhof** befindet sich in Hat Yai. Songkhlas Bahnhof ist seit geraumer Zeit nicht in Betrieb.

Weiterreise

- Die **Busse und Taxen** nach Hat Yai fahren von der Ramwithi Road in Höhe des Bahnhofs ab. Die ersten ein oder zwei Kilometer rollen die Busse sehr langsam, sodass noch Passagiere zusteigen können.
- **Songthaews** stoppen ebenfalls dort oder können an der Straße nach Hat Yai angehalten werden.
- Die **Busse** können ebenfalls an der Endstelle in der Saiburi Road, nördlich des Sooksomboon 2 bestiegen werden. Songthaews innerhalb von Songkhla kosten 10–40 Baht.

Umgebung von Songkhla

Ko Yo

In dem westlich von Songkhla gelegenen **Binnensee** *(Thale Sap)* liegt die Insel Ko Yo (14 qkm), die für die dort gewebten **Baumwollstoffe** bekannt ist. Die Stoffe heißen demzufolge *phaa ko yo* oder „Stoffe von Ko Yo". Ein Großteil der Bevölkerung ist moslemisch.

Am Nordzipfel der Insel findet sich das interessante **Thaksin Southern Folklore Museum** (das Museum hat nichts mit dem ehemaligen wegen Korruption verurteilten Premierminister *Thaksin Shinawatra* zu tun), das aus einer Ansammlung von typischen Thai-Pavillons besteht. Ausgestellt werden südthailändische Handwerksartikel und Gebrauchsgegenstände, so Töpferwaren, Schmuck, Textilien, Schattenspielfiguren, Flechtwaren, Waffen, Werkzeuge, und sogar das eine oder andere Boot. Geöffnet tägl. 8.30–17.00 Uhr, Eintritt 60 Baht. Ein Aussichtsturm neben dem Museum bietet einen Rundumblick über die Insel.

Dem Museum sind auch fünf attraktive Steinbungalows***–**** (Tel. 074-331184) angeschlossen. Diese sollen der Form nach traditionellen südthailändischen Tonbrennöfen nachempfunden sein. Heiß muss es dennoch nicht werden – alle Bungalows haben A.C., und von der Terrasse vor den Gebäuden hat man einen unglaublichen Blick über die Bucht nördlich von Ko Yo. Merkwür-

Terror in Yala, Pattani und Narathiwat

In den letzten Jahren sind die Terroraktivitäten moslemischer Separatisten in den Provinzen Yala, Pattani und Narathiwat stark angestiegen. Derzeit kommt es fast täglich zu Bombenattentaten oder Morden an buddhistischen Mitbürgern, Lehrern oder Soldaten. Es ist ein Terror-Szenario, das vor den Augen der Weltöffentlichkeit fast unbemerkt vonstattengeht. Seit Beginn des 21. Jahrhunderts sind über 6000 Menschen dem Terror zum Opfer gefallen.

Vor Besuchen der drei Provinzen ist nach wie vor abzuraten.

digerweise können diese Bungalows nur Mo–Fr angemietet werden. Dem Museum ist auch ein Restaurant angeschlossen.

■ Eine weitere Unterkunft auf der Insel ist das **Mak Resort**** (Tel. 084-0673936), das sich oberhalb der Uferstraße, aber unterhalb des Museums in einem kleinen Fischerdorf befindet. Betonbungalows mit Garage und ein schöner Blick über die Bucht. An der Uferstraße finden sich eine ganze Reihe Restaurants, die Seafood servieren.

■ **Anfahrt:** Ko Yo ist über eine **Brücke** mit Songkhla verbunden; die Brücke ist insgesamt 2,6 km lang und verbindet Songkhla, Singha Nakhon und Ko Yo. **Songthaews** nach Ko Yo (10 km) fahren ab einem Haltepunkt an der Platha Road, Kostenpunkt 20 Baht. Das Museum befindet sich etwa 2 km hinter dem Markt von Ko Yo; die Songthaews fahren bis dorthin weiter.

■ Wer **von Hat Yai** kommt, braucht nicht bis Songkhla durchfahren, sondern nehme einen der Busse/Songthaews/Taxis/Minibusse, die von Hat Yai nach Songkhla fahren und steige vor Songkhla an *„si yek bokosor"* („Kreuzung an der Bushaltestelle") aus (25 Baht). Von hier Busse nach Ko Yo (20 Baht).

Sungai Golok
สุไหงโกลก

Sungai Golok („sich windender Fluss"), 70 km südlich von Narathiwat, hat nichts Aufregendes zu bieten, ist jedoch der **Grenzübergang nach Malaysia** für Reisende nach Kota Bahru und an die sich anschließende malaysische Ostküste. Für malaysische Touristen ist es jedoch so etwas wie das Hat Yai des kleinen Mannes – das an sich ja schon das Bangkok des kleinen Mannes ist –, in dem sich ein überaus reger horizontaler Grenzverkehr abspielt. Hier, im tiefsten, moslemischen Süden, ist die provinzielle Sünde zu Haus, und die moslemischen Fundamentalisten freut dies nur wenig. Nebenbei ist Sungai Golok auch eine Art Einkaufszentrum, in dem Thais aus Malaysia eingeschmuggelte Waren billig erstehen, die Malaysier sich dafür mit thailändischen Konsumartikeln eindecken.

Im Zuge der Unruhen in der hiesigen Provinz Narathiwat sowie in den benachbarten Provinzen Pattani und Yala, ist es in den letzten Jahren in Sungai Golok zu einigen **Bombenanschlägen** gekommen. Bei diesen wurden auch Touristen aus Malaysia und Singapur verletzt. Die Bomben explodierten zum Teil in Nacht-Clubs. Aufgrund der sehr angespannten Lage in der Region hat das

Der Süden

thailändische Militär eine unübersehbare Präsenz in Sungai Golok. **Der Aufenthalt im gesamten Bereich der drei Provinzen Yala, Pattani und Narathiwat ist nicht ratsam,** und so muss jede/r selber entscheiden, ob er/sie den Grenzgang hier unternehmen will.

Information

Die **TAT** betreibt eine Zweigstelle am Grenzposten, die täglich von 8.30 bis 17.00 Uhr geöffnet ist. Tel. 073-612126.

Unterkunft

Aufgrund des regen „Durchgangsverkehrs" – malaysische Tagestouristen auf der Suche nach der Horizontalen – kann es in manchen Hotels recht unruhig zugehen.
■ **Grand Garden Hotel***–****** (Soi 3, Prachtiwat Road., Tel. 073-613501-4, Fax 073-613500, gg_hotel@hotmail.com), guter Gegenwert für den Preis, alle Zimmer mit A.C. und TV und sehr komfortabel.
■ Das **Genting Hotel***** (250 Asia 18 Rd., Tel. 073-613231-40) ist für den Preis nicht schlecht. Saubere Zimmer, Swimmingpool, Restaurant und Internet-Service.

Essen

■ Die malaysischen Touristen laben sich in Golok, wie es oft kurz genannt wird, gerne an Seafood, das hier billiger ist als in Malaysia. Eines der besten Restaurants hierfür ist das **Seesom Restaurant** in der Nähe des Nachtmarktes an der Charoenkret Road, das allerdings auch eine große Auswahl anderer thailändischer Speisen sowie eine Speisekarte auf Englisch bietet.

■ Ein lebendiger **Nachtmarkt** entwickelt sich ab ca. 18.00 Uhr gegenüber dem Thara Regent Hotel in Soi Puthorn.

Anreise

■ **Busse** ab Bangkok kosten in den verschiedenen Busklassen 706/880/1369 Baht; die Fahrzeit beträgt 15–17 Std. Weitere Busse u. a. ab Hat Yai, Krabi und Phuket.
■ Eine bessere Option ab Bangkok sind aufgrund der langen Fahrzeit die **Züge** mit ihren Schlafwagen, auch wenn die Züge noch erheblich länger brauchen als die Busse. Abfahrt (in Klammern Ankunftszeit) um 13.00 (10.45) und 15.10 Uhr (11.25). Der zweite Zug ist somit etwas schneller. Die bequeme 1. Kl. kostet 1530 Baht. Beide Züge enden in Sungai Golok.

Weiter-/Rückreise

■ Neben **Bussen** nach Hat Yai, Krabi, Phuket u. a. fahren **Sammeltaxis;** Zielorte sind u. a. Hat Yai nach (400 Baht) Abfahrt an der Thetpathom Rd., nahe Einmündung Charoenkhet Road.
■ Zurück per **Zug** nach Bangkok geht's um 11.30 (8.10) und 14.20 Uhr (9.40).

Weiterreise nach Malaysia

Vom Bahnhof wie auch der Busstation fahren **Motorrad-Taxis** für 30 Baht/Pers. zur malaysischen Grenze (geöffnet 5.00–21.00 Uhr) Nach dem Abstempeln des Passes durch thailändische Grenzbeamte ist es ein kurzer Fußweg zum malaysischen Grenzposten. Wenige Meter weiter stehen Sammeltaxis zur Weiterfahrt nach Kota Bahru bereit; Busse fahren auch dorthin, doch müssen u. U. Wartezeiten einkalkuliert werden. (Siehe auch Kapitel „Praktische Reisetipps, Weiterreise in die Nachbarländer".)

7

8 Vor der Reise

‹ Wat Yod Kaew Sriwichai in Mukdahan

Information

Thailändisches Fremdenverkehrsamt

■ **in Deutschland** (auch zuständig für Österreich): Bethmannstr. 58, 60311 Frankfurt, Tel. 069-1381390, Fax 069-13813950, info@thailandtourismus.de

■ **in der Schweiz:** Zähringerstr. 16, 3012 Bern, Tel. 031-3003088, Fax 031-3003077, info@tourismthailand.ch

■ **www.thailandtourismus.de**
■ **www.tourismthailand.ch**

Tourist Authority of Thailand

In Thailand und anderen südostasiatischen Staaten geben die Büros der **TAT** *(Tourist Authority of Thailand)* Auskunft. Auch im Internet unter www.tourismthailand.org:

Head Office

■ 1600 New Petchaburi Road, Makkasan, Ratchathewi, Bangkok 10400, Tel. 02-2505500, Fax 02-2505511, center@tat.or.th

■ **TAT,** 4 Ratchadamnoen Nok Avenue, Bangkok 10100, Tel. 02-2829773, Fax 02-2829775

In Zentralthailand

■ **TAT,** Saeng Chutto Road, Amphoe Muang, **Kanchanaburi** 71000, Tel. 034-511200, 034-512500, Fax 034-511200

■ **TAT,** 241/1 Chaihat Road, **South Pattaya** 20260, Tel. 038-428750, 038-427667, Fax 038-429113

■ **TAT,** 153/4 Sukhumvit Road, **Rayong** 21000, Tel. 038-655420-1, Fax 038-655422, tatry@ji-net.com

■ **TAT,** Ropwat Phrathat Road, **Lopburi** 15000, Tel. 036-422768-9, Fax 036-424089, tatlobri@tat.or.th

■ **TAT,** 209/7–8 Surasi Trade Center, Boromtrailokanat Rd., Amphoe Muang, **Phitsanulok** 65000, Tel. 055-252743, Fax 055-231063, tatphlok@tat.or.th

■ **TAT,** 108/22 Moo 4, **Ayutthaya** 13000, Tel. 035-246076-7, Fax 035-246078, tatyutya@tat.or.th

Im Norden

■ **TAT,** 105/1 Chiang Mai-Lamphun Road, Amphoe Muang, **Chiang Mai** 50000, Tel. 053-248604, 053-248607, Fax 053-248605, tatcnx@samart.co.th

■ **TAT,** 448/16 Singhaklai Road, Amphoe Muang, **Chiang Rai** 57000, Tel. 053-717433, Fax 053-717434, tatcei@loxinfo.co.th

■ **TAT,** 193 Taksin Rd., **Tak** 63000, Tel. 055-514341-3, Fax 055-514344, tattak@tat.or.th

Im Nordosten

■ **TAT,** 264/1 Khaun Thani Road, Amphoe Muang, **Ubon Ratchathani** 34000, Tel. 045-243770-1, Fax 045-243771, tatubon@ubon.a-net.net.th

■ **TAT,** 15/5 Prachasamosorn Road, Amphoe Muang, **Khon Kaen** 40000, Tel. 043-244498-9, Fax 043-244497, tatkhkn@tat.or.th

■ **TAT,** 2102–2104 Mittraphap Road, Tambon Nai Muang, Amphoe Muang, **Nakhon Ratchasima (Khorat)** 30000, Tel. 044-213666, 044-213030, Fax 044-213667, tatsima@tat.or.th

■ **TAT,** 184/1 Sunthornvichit Road, Tambon Nai Muang, Amphur Muang, **Nakhon Phanom** 48000, Tel. 042-513490-1, Fax 042-513492, tat.ne@npu.msu.ac.th

■ **TAT,** 100 Moo 1 Trat-Laem Ngob Rd., Tambon Laem-Ngob, **Trat** 23120, Tel. 039-597259-60, Fax 039-597255, tattrat@tat.or.th

Informationen aus dem Internet

Im Folgenden eine Auswahl nützlicher Adressen zu Thailand (weitere im Anhang):

■ **Bangkok World**
www.bangkokworld.com
Link-Seite, vorwiegend zu Bangkok und Umgebung, mit Hotel-Guide.

■ **The Bangkok Post**
www.bangkokpost.com/index.html
Thailands größte englischsprachige Tageszeitung online.

■ **The Nation**
www.nationmultimedia.com
Nr. 2 unter den englischsprachigen Tageszeitungen, heute nur wenig objektiv und teilweise amateurhaft geschrieben.

■ **Phuket Gazette**
www.phuketgazette.com
Das Online-Magazin der Lokalzeitung Phuket Gazette, ein Partner der Nation-Group.

■ **Phuketwan.com**
www.phuketwan.com
Nachrichten aus Phuket

■ **Khao San Road**
www.khaosanroad.com
Aktuelle Übersicht der Rucksacktouristenstraße in Bangkok – Hotels, Nachtleben, Reisetipps. Wird von Westlern betrieben.

■ **Pattayamail.com**
www.pattayamail.com
Nachrichten aus der dekadentesten Stadt Thailands: Unglaubliches, Bizarres, Kriminelles – eben Pattaya.

■ **Thaivisa.com**
www.thaivisa.com
Aktuelle Übersicht der Visasituation für Thailand. Wird von Westlern betrieben.

■ **Domestic Flight Schedule**
http://asiatravel.com/flight.html
Aktuelle Übersicht über Inlandsflüge von Bangkok Airways und Thai Airways.

■ **Nationalmuseum von Chiang Saen**
www.thailine.com/thailand/nordthai/chrai/attrak/att-saen/sae-mus.htm
Infoseite über das Nationalmuseum von Chiang Saen in deutscher Sprache

■ **Hilltribe.org**
www.hilltribe.org
Übersicht über die Bergstämme Thailands

■ **TAT,** 16/5 Mukmontri Rd., Amphur Muang, **Udon Thani** 41000, Tel. 042-325406-7, Fax 042-325408, tatudon@esan.inet.co.th

Im Süden

■ **TAT,** 73–75 Phuket Road, Amphoe Muang, **Phuket** 83000, Tel. 076-212213, 076-211036, 076-217138, Fax 076-213582, tatphuket@tat.or.th. Es gibt auch einen Informationsschalter im Flughafen: Tel. 076-311110.

■ **TAT,** 1/1 Soi 2 Niphat Uthit 3 Road, Amphoe Hatyai, **Songkhla** 90110, Tel. 074-243747, 074-238518, 074-231055, Fax 074-245986, tathatyai@hatyai.inet.co.th

■ **TAT,** 5 Talat Mai Road, Amphoe Muang, **Surat Thani** 84000, Tel. 077-288818-9, Fax 077-282828, tatsurat@samart.co.th

■ **TAT,** 500/51 Phetkasem Road, Amphur Cha-Am, **Phetchaburi** 76120, Tel. 032-471005, 032-471 006, Fax 032-471502, tatphet@tat.or.th

■ **TAT,** Sanam Na Muang, Ratchadamnoen Road, Amphoe Muang, **Nakhon Si Thammarat** 80000,

Tel. 075-346515-6, Fax 075-346517, tatnakoni@nrt.cscoms.com

In Nachbarländern

■ **TAT,** c/o Royal Thai Embassy, 370 Orchard Road, **Singapore** 238870, Tel. 2357901, Fax 7335653, E-Mail: tatsin@mbox5.singnet.com.sg oder tatsin@tat.or.th, www.tourismthailand.org.sg und www.wisatathailand.com

■ **TAT,** Menara Lion, Suite 22.01, 22. Stock, 165 Jalan Ampang, 50450 Kuala Lumpur, **Malaysia,** Tel. 21623480, Fax 21623486, E-Mail: sawatdi@po.jaring.my oder tatkul@tat.or.th

■ Weitere Vertretungen findet man unter **www.tourismthailand.org,** Rubrik „About TAT", Stichwort „Local & Overseas Offices".

Ein- und Ausreise-bestimmungen

(Stand Sommer 2013)

Visum

Bürger der Bundesrepublik, der Schweiz, Österreichs, der Niederlande sowie zahlreicher anderer Länder erhalten bei Einreise per Flugzeug eine Aufenthaltsgenehmigung von 30 Tagen. Bei der Einreise über Land oder Wasser wird nur eine Aufenthaltsgenehmigung für 15 Tage gewährt. Achtung!

Hinweis: Da sich die **Einreisebedingungen kurzfristig ändern können,** raten wir, sich kurz vor Abreise beim Auswärtigen Amt (www.auswaertiges-amt.de, bzw. www.bmeia. gv.at oder www.dfae.admin. ch) oder der jeweiligen Botschaft zu informieren.

Der 30-Tage-Einreisestempel wird offiziell nur noch 3-mal hintereinander ausgegeben. Danach muss der Reisende entweder ein Visum von einer thailändischen Botschaft oder einem Konsulat einholen, oder aber 90 Tage warten, bis wieder ein 30-Tage-Einreisestempel erteilt werden kann. Diese Regelung scheint jedoch nicht konsequent umgesetzt zu werden. Sicherheitshalber sollte man sich für längere Aufenthalte aber bei einer der folgenden Stellen ein Visum ausstellen lassen:

■ **Deutschland:** Lepsiusstr. 64–66, 12163 Berlin, Tel. 030-794810, Fax 79481511, www.thaiembassy.de
■ **Österreich:** Cottagegasse 48, 1180 Wien, Tel. 01-4783335, Fax 4782907
■ **Schweiz:** Kirchstr. 56, 3097 Liebefeld, Tel. 031-97030-30, -31, -32, -33, -34, Fax 9703 035

Weitere diplomatische Vertretungen, **aktuelle Reisehinweise** und Hinweise zur allgemeinen **Sicherheitslage** erfährt man bei:

■ **Deutschland:** www.auswaertiges-amt.de (Reise & Sicherheit), Tel. 03018-17-2000, Fax 03018-17-51000
■ **Österreich:** www.bmeia.gv.at (Bürgerservice), Tel. 05-01150-4411, Fax 05-01159-0 (05 muss immer vorgewählt werden)
■ **Schweiz:** www.dfae.admin.ch/eda/de (Vertretungen), Tel. 031-3238484

Die Visa gibt es in den folgenden Kategorien: 60-Tage-Touristen-Visum und 90-Tage-Non-Immigrant-Visum (für Geschäftsreisen). Jedes Visum mit **einer Einreise** ist **ab Ausstellungstag 90 Tage** gültig.

Das **60-Tage-Touristen-Visum** kann auch als **double-entry-** oder **triple-entry-Visum** ausgestellt werden, d. h. die Visa berechtigen dann zum zwei- bzw. dreimaligen Aufenthalt von jeweils 60 Tagen. Beide Visa sind 180 Tage gültig. In der thailändischen Botschaft in Singapur werden jedoch nur Touristenvisa für *eine* Einreise ausgestellt; das Gleiche gilt oft auch in Penang.

Das **90-Tage-Non-Immigrant-Visum** kann als **single-** und als **multiple-entry Visum** erworben werden. Das *multiple-entry* Visum ist 365 Tage gültig.

Zur **Visaerteilung** ist ein **Reisepass** vorzulegen, der am Tag der Ankunft in Thailand noch mindestens 6 Monate gültig sein muss. Des Weiteren ein ausgefülltes Antragsformular und ein Passfoto. **Kinderausweise** werden in Thailand nicht anerkannt. Zur Erteilung eines **Non-Immigrant-Visums** sind außerdem Bestätigungsschreiben des Arbeitgebers und/oder einer thailändischen Firma vorzulegen, die den Reisezweck angeben.

Die obigen Unterlagen, samt Postüberweisungsquittung oder Scheck in Höhe der Visumsgebühr und ausreichend frankiertem Rückumschlag, können auch per Post der Auslandsvertretung zugeschickt werden. Die Bearbeitung dauert je nach Saison 3–15 Tage.

Visumsverlängerungen

Die 30-Tage-Aufenthaltsberechtigung und alle Visa lassen sich derzeit um maximal 7 Tage verlängern. Wie bei allen Versuchen, sein Visum verlängern zu lassen, sollte sich der Antragsteller um ein gepflegtes Äußeres und höflich-zurückhaltende Manieren bemühen. Gummischlappen, Shorts und Kaugummi werden auf die Beamten keinen sehr positiven Eindruck machen.

Jede Verlängerung kostet 1900 Baht. Benötigt werden: ein Passbild und Fotokopien der relevanten Seiten im Pass, d. h. die Seiten mit den Personalangaben, dem Visum und dem Einreisestempel.

Im Prinzip können Visa in jeder Provinzhauptstadt verlängert werden, dennoch sind Bangkok und Chiang Mai am empfehlenswertesten, da dort Verlängerungen wie am Fließband ausgestellt werden.

Der Antrag auf Visumsverlängerung sollte sicherheitshalber 2 oder 3 Tage vor Ablauf des Visums gestellt werden.

Visa-Gebühren

60 Tage-Touristen-Visum:
25 €/50 €/75 €
(Einreise einfach/zweifach/dreifach)

90 Tage-Non-Immigrant-Visum:
50 €/120 €
(Einreise einfach/mehrfach, 1 Jahr gültig)

„**Overstay**": Wer ohne gültiges Visum erwischt wird, muss mit empfindlichen Gefängnisstrafen rechnen. Wer aber am Flughafen zur Ausreise auftaucht, und das Visum ist bereits abgelaufen, wird lediglich mit einer Geldstrafe von 500 Baht je Tag nach Ablaufen des Visums bestraft. Überzieht man lediglich einen Tag, wird üblicherweise keine Strafgebühr erhoben.

Es sei hiermit dennoch vom Überziehen des Visums abgeraten! Einige Leute mussten schon wegen einem Tag unerlaubten Aufenthalts ins Gefängnis.

Langzeitaufenthalt

Zu längeren Thailand-Aufenthalten zwecks Studium oder Arbeit sind **spezielle Visa** oder Genehmigungen nötig, die theoretisch bei allen **Immigration Offices** im Lande eingeholt werden können (am einfachsten in Bangkok, Chiang Mai und Phuket). Die Visagebühren sind relativ hoch (einige tausend Baht), und dazu ist oft ein Hindernislauf durch die Bürokratie nötig, ehe man das Visum in Händen hält. Gelegentlich vergehen Monate. Die Studien- oder Arbeitsvisa gelten in der Regel für 1 Jahr.

Wer in Thailand ein Einkommen bezieht, kann vom Doppelbesteuerungs-Abkommen Gebrauch machen, das zwischen Deutschland und Thailand besteht.

Geschäftsreisende, Journalisten, Fotografen, Forscher o. Ä., die kein Einkommen in Thailand beziehen, aber einer professionellen Tätigkeit nachgehen, können sich bei einer thailändischen Auslandsvertretung ein für drei Monate gültiges **Non-Immigrant Visum** ausstellen lassen. Diese Visa gibt es in der Kategorie „B" *(Business)* für Geschäftsleute und Kategorie „Ex" *(Expert)* für die meisten anderen Berufssparten. Das Visum lässt sich auf Wunsch auch als **Multiple Entry Visum** (2 mal 3 Monate), d. h. nach den ersten drei Monaten braucht man nur kurz auszureisen (z. B. in ein Nachbarland) und kann sofort wieder einreisen, wobei man einen neuen Drei-Monats-Stempel erhält. Dieses Visum bleibt 365 Tage gültig.

Ausdrücklich gewarnt werden muss vor Reiseunternehmen, die „Visaverlängerungen" oder dubiose Visadienste anbieten. Diese Unternehmen schicken nach Ablauf des Visums den Reisepass per Kurier über die nächstgelegene Grenze, korrupte Beamte stempeln den Pass ab und der Reisende hat so wieder einen 30-Tage-Stempel im Pass ohne selbst das Land verlassen zu haben. Dies klingt zu gut um wahr zu sein, ist es auch.

Zahlreiche Reisende, die sich auf derartige Dienste eingelassen haben, wurden 2003 verhaftet, ins Gefängnis gesteckt, gegen Kautionen von ca. 300.000 Baht vorläufig freigelassen, und/oder – das ist noch der günstigste Fall – abgeschoben und permanent des Landes verwiesen. In manchen Fällen waren die Einreisestempel auch einfach gefälscht, und die Reisenden fielen bei der Ausreise im Flughafen auf.

Das große Problem mit derartigen Reisebüros ist, dass sie offen für ihre Dienste werben, damit völlig legitim wirken, und die thailändische Polizei scheint dies in keinster Weise zu stören. Wehe aber dann, wenn ... Der Dumme ist der Tourist, der sich auf derartige Unternehmen einlässt.

Wer **ohne Arbeitsgenehmigung** in Thailand Geld verdient, kann mit Gefängnis bestraft werden.

Re-Entry Permit

Wer aus irgendeinem Grund plötzlich das Land verlassen muss, verliert normalerweise sein Visum. Durch Ausstellung eines Re-Entry Permits bleibt das Visum jedoch noch für die Zeit der verbleibenden Tage gültig. Beispiel: Wer am 1. August mit einem 60-tägigen Touristenvisum einreist und umständehalber am 10. August ausreist, verliert normalerweise die verbleibenden 49 Tage des Visums (der erste Gültigkeitstag des Visums wird als voller Tag angerechnet).

Mit dem Re-Entry Permit erhält man bei neuerlicher Einreise diese 49 Tage jedoch „zurück". Beantragt werden können die Permits bei den Immigrationsbüros und in den Immigrationsstellen in den internationalen Flughäfen. Mitzubringen sind zwei Passfotos und 1000 Baht (für 1 Re-Entry; mehrere oder unbegrenzte Re-Entries kosten 3800 Baht, aber diese sind nur für Leute mit Langzeitvisa, z. B. Arbeitsvisa, relevant).

Wer allerdings schon 30 oder mehr Tage des 60-Tage-Visums „abgewohnt" hat, profitiert nicht von dem Permit, denn bei neuerlicher Einreise gibt es ohnehin eine (kostenlose) 30-tägige Aufenthaltsgenehmigung, und damit kommt man dann auf insgesamt mehr als 60 Tage Aufenthalt.

Devisenbestimmungen

Devisen in bar oder Schecks dürfen in unbegrenzter Höhe in jeglicher Währung eingeführt werden.

Ausländische Devisen können unbegrenzt wieder ausgeführt werden, thailändische nur bis zu 50.000 Baht.

Baht können jederzeit im Flughafen oder in allen Banken mit Wechselservice in ausländische Währungen zurückgetauscht werden.

Einfuhrbeschränkungen

Erlaubt sind bei der Einreise nach Thailand 1 Liter Spirituosen pro Person sowie 200 Zigaretten und Parfüm in Mengen „zum persönlichen Gebrauch". Kontrollen sind sehr selten, und eventuelle leichte Überschreitungen werden generös gehandhabt.

Kameras/Filme/Notebooks

Offiziell darf man nur jeweils eine Foto- oder Videokamera einführen, ebenso nur 5 Fotofilme und 3 Videofilme. In der Praxis wird das Einhalten dieser Bestimmung so gut wie nie überprüft. Wer nicht genügend Filme oder Memory Cards dabei hat, kann sie relativ preisgünstig in Bangkok kaufen. (Siehe Kapitel „Ausrüstung".) Auch mit einem oder zwei Notebooks im Gepäck hat man keine Probleme.

Ausfuhrbeschränkungen

Die Ausfuhr von **Antiquitäten** und **Buddha-statuen** oder Einzelteilen davon ist strengstens untersagt. Lediglich Buddhafiguren von Amulettgröße, die also am Körper getragen werden, dürfen außer Landes gebracht werden. Damit soll verhindert werden, dass Buddhafiguren im Ausland als Briefbeschwerer oder Hutständer missbraucht werden. Diese Regel wird beim Export von neuen Buddhafiguren allerdings an Flugplätzen generell nicht durchgesetzt.

Sondergenehmigungen erteilt das Department of Fine Arts. Zur Beantragung müssen die betreffenden Objekte von vorne fotografiert werden (nicht mehr als 5 Objekte pro Foto). Davon sind zwei postkartengroße Abzüge zu machen, die dann zusammen mit Fotokopien der relevanten Seiten des Reisepasses – sowie einer Echtheitsbestätigung des Passes seitens der Heimatbotschaft – bei einer der folgenden Stellen vorzulegen sind (die Bearbeitungszeit beträgt ca. 8 Tage):

- **Department of Fine Arts,** Na-Pharathat Road, Bangkok, Tel. 02-2217811
- **The Chiang Mai National Museum,** Chiang Mai, Tel. 053-221308
- **The Songkhla National Museum,** Songkhla, Tel. 074-311728

Rückreise nach Europa

Bei der Rückreise gibt es auch auf europäischer Seite Freigrenzen, Verbote und Einschränkungen. Folgende **Freimengen** darf man zollfrei in die EU und die Schweiz einführen:

- **Tabakwaren** (für Personen ab 17 Jahren): 200 Zigaretten oder 100 Zigarillos oder 50 Zigarren oder 250 g Tabak oder eine anteilige Zusammenstellung dieser Waren
- **Alkohol** (für Personen ab 17 Jahren) **in die EU:** 1 l Spirituosen (über 22 Vol.-%) oder 2 l Spirituosen (unter 22 Vol.-%) oder eine anteilige Zusammenstellung dieser Waren, und 4 l nicht-schäumende Weine, und 16 l Bier; **in die Schweiz:** 2 l bis 15 Vol.-% und 1 l über 15 Vol.-%
- **Andere Waren** (in die EU): 10 Liter Kraftstoff im Benzinkanister; für See- und Flugreisende bis zu einem Warenwert von insgesamt 430 €, alle Reisende unter 15 Jahren 175 € (bzw. 150 € in Österreich); (in die Schweiz): neuangeschaffte Waren für den Privatgebrauch bis zu einem Gesamtwert von 300 SFr. Bei Nahrungsmitteln gibt es innerhalb dieser Wertfreigrenze auch Mengenbeschränkungen.

Wird die Wertfreigrenze überschritten, sind **Einfuhrabgaben** auf den Gesamtwert der Ware zu zahlen und nicht nur auf den die Freigrenze übersteigenden Anteil. Die Berechnung erfolgt entweder pauschal oder nach dem Tarif jeder einzelnen Ware zuzüglich sonstiger Steuern.

Vor der Reise

8

Einfuhrbeschränkungen bestehen u. a. für Tiere, Pflanzen, Arzneimittel, Betäubungsmittel, Feuerwerkskörper, Lebensmittel, Raubkopien, verfassungswidrige Schriften, Pornografie, Waffen und Munition; in Österreich auch für Rohgold und in der Schweiz auch für CB-Funkgeräte.

Nähere Informationen

■ **Deutschland:** www.zoll.de oder unter Tel. 0351-44834510
■ **Österreich:** www.bmf.gv.at oder unter Tel. 01-51433564053
■ **Schweiz:** www.ezv.admin.ch oder unter Tel. 061-2871111

Handy

Das eigene Mobiltelefon lässt sich in Thailand meist problemlos nutzen, denn die meisten Gesellschaften haben Roamingverträge mit den thailändischen Gesellschaften AIS (GSM 900 MHz, www. ais.co.th), Truemove (GSM 1800 MHz, www.truemove. com) oder DTAC (GSM 1800 MHz, www.dtac.co.th). Wegen hoher Gebühren sollte man bei seinem Anbieter nachfragen oder auf dessen Website nachschauen, welcher der Roamingpartner günstig ist und diesen per **manueller Netzauswahl** voreinstellen.

Nicht zu vergessen sind die **passiven Kosten,** wenn man von zu Hause angerufen wird (Mailbox abstellen!). Der Empfang von **SMS** ist in der Regel kostenfrei. Besonders gewarnt seien Nutzer von **Smartphones,** denn die Nutzung des Datapacks im Ausland ist mit hor-

renden Kosten verbunden. Eine einzige E-Mail per Smartphone schlägt in einem nicht EU-Land leicht mit 60 € zu Buche. Rechnungen mit vierstelligen Summen nach 14 Tagen Urlaub und 20 Mbyte pro Tag sind da keine Ausnahme! Empfehlenswert und preiswert ist das Nutzen von **Skype** zum Telefonieren z. B. in Internet-Cafés mit DSL.

Siehe auch Kapitel „Post und Telefon" in „Praktische Tipps A–Z".

Hin- und Rückflug

Luftweg

Für die Anreise nach Thailand per Flugzeug bietet sich als Ziel in erster Linie Bangkok an, an zweiter Stelle Phuket, das von einigen europäischen Airlines direkt angeflogen wird. **Nonstop- und Direktverbindungen** aus dem deutschsprachigen Raum **nach Bangkok** bestehen von Frankfurt mit *Condor, Lufthansa* und *Thai Airways,* von München mit *Thai Airways,* von Zürich mit *Swiss* und *Thai Airways* sowie von Wien mit *Austrian Airlines* und *EVA Airways.*

Daneben gibt es **unzählige Umsteigeverbindungen** über europäische, nahöstliche und fernöstliche Großstädte nach Bangkok, die zwar billiger sein können als Direktflüge, bei denen man

▷ Flugplatz in Chiang Mai

8

aber auch eine längere Flugdauer einkalkulieren muss. Besonders beliebt und preiswert sind Flüge mit *Emirates*, bei denen in Dubai umgestiegen werden muss. *Air Berlin* hat ihre Direktflüge nach Thailand 2012 eingestellt, und heute muss man zuerst mit ihrer Partner-Airline *Etihad* nach Abu Dhabi fliegen und dort umsteigen.

Die **Dauer eines Nonstopfluges** von Deutschland, der Schweiz und Österreich nach Bangkok liegt bei etwa 11–11½ Stunden, mit Zwischenlandung oder Umsteigen bei mindestens zwei bis vier Stunden mehr. Die Preise liegen generell ab ca. 700 € für Hin- und Rückflug, besser aber, man rechnet mit ca. 1000 €.

Buchung

Für die Tickets der Linienfluggesellschaften kann man bei folgendem zuverlässigen Reisebüro meistens günstigere Preise als bei vielen anderen finden:

■ **Jet-Travel,** In der Flent 7, 53773 Hennef, Tel. 02242/868606, Fax 868607, www.jet-travel.de. Buchungsanfragen oder Onlinebuchungen auf der Website unter der Auswahl „Flüge".

Last-Minute

Wer sich erst spät für eine Reise nach Thailand entscheidet, kann Ausschau nach Last-Minute-Flügen halten, die von einigen Airlines mit deutlicher Ermäßigung **ab etwa 14 Tage vor Abflug** angeboten werden, wenn noch Plätze zu füllen sind. Diese Last-Minute-Flüge lassen sich nur bei Spezialisten buchen:

■ **L'Tur,** www.ltur.com, Tel. 00800 21212100 (gebührenfrei für Anrufer aus Europa); 165 Niederlassungen europaweit.

016th at

Mini „Flug-Know-How"

Check-in

Nicht vergessen: Ohne einen gültigen **Reisepass** (auch für Kinder!) kommt man nicht an Bord eines Flugzeuges.

Bei den meisten internationalen Flügen muss man **zwei bis drei Stunden vor Abflug** am Schalter der Fluggesellschaft eingecheckt haben. Je nach Fluggesellschaft kann man das in der Regel ab 23 Stunden vor dem Flug vorab zuhause im Internet erledigen und muss am Flughafen nur noch die ausgedruckte Bordkarte mit Barcode nach unten auf den Scanner legen und sein Gepäck am Schalter abgeben. Reist man nur mit Handgepäck, kann man je nach Fluggesellschaft nach einer kurzen Prüfung gleich durch die Schranke in den Boardingraum.

Das Gepäck

Beim Packen des **Handgepäcks** sollte man darauf achten, dass man Getränke oder vergleichbare Substanzen (Gel, Parfüm, Shampoo, Creme, Zahnpasta, Suppe, Käse, Lotion, Rasierschaum, Aerosole etc.) nur in geringen Mengen bis zu jeweils 100 ml mit ins Flugzeug nehmen darf. Diese Substanzen muss man separat in einem durchsichtigen Plastikbeutel (z. B. Gefrierbeutel) transportieren, den man beim Durchleuchten in eine der bereitstehenden Schalen auf das Fließband legen sollte. Auch das Notebook oder Smartphone muss in eine solche Schale gelegt werden. Hat man einen Gürtel mit einer Schnalle aus Metall, empfiehlt es sich, diesen auszuziehen und ebenfalls in die Schale zu legen, da sonst in der Regel der Metalldetektor anschlägt und man vom Flughafenpersonal abgetastet werden muss.

Aus Sicherheitsgründen dürfen Nagelfeilen, Messer und Scheren aller Art, also auch Taschenmesser, **nicht im Handgepäck** untergebracht werden. Diese sollte man unbedingt daheim lassen oder im aufzugebenden Gepäck verstauen, sonst werden diese Gegenstände bei der Sicherheitskontrolle weggeworfen. Darüber hinaus gilt, dass leicht entzündliche Gase in Sprühdosen (Schuhspray, Campinggas, Feuerzeugfüllung), Benzinfeuerzeuge und Feuerwerkskörper etc. nicht im Koffer oder dem Handgepäck transportiert werden dürfen.

Von einem Verschließen des Gepäcks mittels eines Vorhängeschlosses wird abgeraten, da das Gepäck von dem Flughafenpersonal bei Auffälligkeiten beim Durchleuchten durchsucht werden können muss.

■ **Lastminute,** www.lastminute.de, (D-)Tel. 01805 777257 (0,14 €/Min.).
■ **5 vor Flug,** www.5vorflug.de, (D-)Tel. 01805 105105 (0,14 €/Min.), (A-)Tel. 0820 203 085 (0,145 €/Min.).
■ **Restplatzbörse,** www.restplatzboerse.at, (D-)Tel. (0991) 29679653, (A-)Tel. (01) 580850.

Inlandsflüge

Von ihren diversen Stadtbüros unterhält Thai Airways einen **Pendel-Service** (Bus oder Van) **zum Flughafen.** Die Fahrt kostet etwa 100–200 Baht/ Person.

Ein neuer Budget-Ableger von Thai Airways ist **THAI Smile** (www.thaismileair.com), der bisher Bangkok, Chiang Mai, Phuket, Krabi, Surat Thani, Ubon Ratchathani und Udon Rathathani anfliegt, dazu auch einige Zielorte außerhalb von Thailand. Die Flugpreise liegen aber meist nur geringfügig unter denen von Thai Airways.

Ein rein inländischer Zweig der Thai Airways ist die Budget-Gesellschaft **Nok**

Vor der Reise

Air (www.nokair.com). Man kann die Flüge im Internet buchen und entweder per Kreditkarte zahlen, oder aber durch Bareinzahlung in jedem beliebigen 7-Eleven-Laden (siehe dazu die Anweisungen auf der Website der Airline). Nok Air ist in der Regel pünktlich, das Personal fleißig und sehr freundlich, und die Preise liegen etwa um 40–50 % unter denen von Thai Airways.

Anreise von Asien

■ **Von Hongkong:** Täglich etwa 20 Flugverbindungen nach Bangkok, die meisten davon mit Thai Airways und Cathay Pacific. Preise ab ca. 150 € einfach. Flugzeit 2½ Std. Direkte Flüge gibt es auch nach Phuket. THAI Smile, der relativ neue Ableger der Thai Airways, fliegt vom benachbarten Macao in Bangkok ein.

■ **Von Indien:** Zahlreiche Flüge, besonders ab Delhi, Mumbai und Kolkata (Kalkutta), mit Thai Airways, Jet Airways, Air Asia, Bangkok Airways (Mumbai), Cathay Pacific (Mumbai) und IndiGo (Delhi und Mumbai). Am günstigsten sind Flüge ab Kolkata mit Air Asia und Jet Airways, Preise ab ca. 100 € one-way. Thai Airways fliegt auch ab Bodh Gaya und Varanasi, aber relativ teuer und nur in den Monaten Oktober–März. Thai Airways fliegt zudem ein aus Bangalore, Chennai, Delhi, Hyderabad und Mumbai. THAI Smile fliegt von Ahmedabad nach Bangkok, sowie von Delhi und Mumbai nach Phuket.

Ab Chennai gibt es auch Verbindungen mit MAS (Umsteigen in Kuala Lumpur oder Penang), Air Asia (Umsteigen in KL), Singapore Airlines (Umsteigen in Singapur), ab Chennai und Trivandrum mit Srilankan Airlines (Umsteigen in Colombo). Zahlreiche weitere Verbindungen ab Indien mit Singapore Airlines und Silk Air (umsteigen jeweils in Singapur).

■ **Von Indonesien:** Ab Jakarta gehen täglich mehrere Direktflüge mit Thai Airways und der indonesischen Garuda, Flugzeit ca. 2½ Std., dazu weitere Verbindungen mit Singapore Airlines (Umsteigen in Singapur), Qantas (Umsteigen in Singapur) und Cathay Pacific (Umsteigen in Hongkong).

Ab Denpasar auf Bali gibt es Direktflüge mit Thai Airways und mit Garuda; Flugzeit ca. 4 Std., dazu weitere Anreisemöglichkeiten mit Umsteigen, z. B. mit Singapore Airlines, Silk Air und Cathay Pacific.

■ **Von Kambodscha:** Von Phnom Penh nach Bangkok fliegen Bangkok Airways und Thai Airways (beide je zweimal tägl.), Flugzeit gut 1 Std., Kostenpunkt ca. 100–120 €. Sehr viel günstiger ist der Flug mit Air Asia (ab ca. 70 €).

■ **Von Laos:** Flüge mit Lao Aviation und Thai Airways von Vientiane nach Bangkok, Flugzeit knapp 1 Std. Lao Aviation fliegt auch nach Chiang Mai. Die Anreise über Land ist ebenfalls möglich; es besteht eine Brückenverbindung über den Grenzfluss Mekong zum thailändischen Nong Khai.

■ **Von Malaysia:** Thai Airways, Air Asia und MAS fliegen ab Kuala Lumpur (KL) und Penang nach Bangkok (ab ca. 100 €; Flugzeit 1½ Std.) sowie von Penang nach Phuket. Flüge von Kuala Lumpur nach Bangkok auch mit THAI Smile. Preiswerte Flüge von Air Asia gibt es auch von Penang (ab 60 €) und Kota Kinabalu (ab 80 €).

Dazu bestehen zahlreiche Busverbindungen, vor allem von Kuala Lumpur und Penang. Ab Penang fahren auch Sammeltaxis.

Singapur, Malaysia und Thailand sind auch per Schiene verbunden; Züge ab Singapur, Kuala Lumpur und Butterworth (bei Penang). Bei Fahrten ab Singapur Umsteigen in KL und Butterworth, ab KL nur in Butterworth.

■ **Von Myanmar (Burma):** Flüge mit Myanmar Airlines und Thai Airways von Yangon (Rangoon) nach Bangkok und Chiang Mai sowie mit Bangkok Airways nach Bangkok. Deutlich preiswerter ist Air Asia mit Flügen ab 70 €. Nach Chiang Mai gehen auch Flüge ab Mandalay mit Air Mandalay. THAI Smile fliegt von Mandalay nach Bangkok.

8

■**Von Nepal:** Flug ab Kathmandu mit Thai Airways einfach für ca. 200–250 €. Zudem Verbindung mit der extrem unzuverlässigen Nepal Airlines. Flugzeit ca. 3 Std.

■**Von Singapur:** Täglich ca. 20 Verbindungen nach Bangkok, die meisten davon mit Singapore Airlines und Thai Airways. Besonders preiswerte Verbindungen mit den Budget-Gesellschaften Tiger Airways und Air Asia. Flugzeit 2 Std.; Preise ab ca. 80 €einfach.

Die Silk Air, eine Tochtergesellschaft der Singapore Airways, fliegt von Singapur nach Chiang Mai und Phuket. Bangkok Airways fliegt direkt nach Ko Samui. Mit dem Billigflieger Tiger Airways ab ca. 100 €.

Möglich ist auch die Anreise per Bus. Luxusbusse fahren ab dem Golden Mile Complex in Singapore (Beach Road) nach Hat Yai und Bangkok. Kostenpunkt nach Bangkok ca. 60 € Fahrzeit allerdings mindestens 24 Std.

Bei Zugfahrten (ab der Keppel Station) muss man in Kuala Lumpur und Butterworth (Malaysia) umsteigen. Eine Ausnahme besteht beim sündhaft teuren, hochluxuriösen Orient Express – Kostenpunkt ab 1000 € einfach! Der Zug fährt die Strecke von insgesamt 1.943 km mit durchschnittlich weniger als 50 km/h, um die Passagiere so ihr Geld ein wenig genießen zu lassen. Fahrzeit 41 Std., Buchungen unter Tel. Singapur 0065-62272068 oder Fax 62514862; Bangkok Tel. 00662-2514862; Deutschland Tel. 0211-162106-7; Schweiz Tel. 022-3664-2222.

■**Von Sri Lanka:** Flüge mit Srilankan Airlines, Cathay und Thai Airways von Colombo nach Bangkok zu ca. 150 €. Flugzeit ca. 3½ Std. Oder zu etwas mehr mit der Singapore Airlines, wobei man aber in Singapur umsteigen muss.

■**Von Vietnam:** Flüge mit Thai Airways, Air Asia und Vietnam Airlines von Hanoi und Ho Chi Minh City, ab ca. 70 € one-way.

■**Weitere Anreisemöglichkeiten** per Direktflug bestehen u. a. ab Pakistan, Brunei, den Philippinen, China, Japan und Südkorea.

Rückerstattung der Mehrwertsteuer

Touristen können sich bei größeren Einkäufen die auf die Waren aufgeschlagene Mehrwertsteuer (oder VAT = *Value Added Tax)* rückerstatten lassen. Die Mehrwertsteuer beträgt 7 %. Voraussetzung ist, dass die Waren einen Wert von mindestens 5000 Baht haben (und mindestens 2000 Baht pro Artikel) und dass sie in einem speziell ausgezeichneten Geschäft oder Kaufhaus (s. Ausschilderung „VAT Refund for Tourists") gekauft wurden. Beim Kauf kann man nach Formularen verlangen, die dann ausgefüllt an einem Schalter im Flughafen – **rechts neben Eingang 4** und nahe dem Schaltern von Thai Airways – vorzulegen sind. Die Rückerstattung erfolgt dann aber an einem anderen Schalter in der Abflughalle hinter der Passkontrolle (s. Schalter „Tax Refund"). Eine Bearbeitungsgebühr von 100 Bath wir einbehalten. Die erstandenen Waren sind im Handgepäck mitzuführen, da sie vorgezeigt werden müssen.

Preise und Kosten

Wer ein Land zum ersten Mal bereist, hat natürlich keine Ahnung, wie viel er für was zu zahlen hat. Möglicherweise hat man das Gefühl, ein Supergeschäft gemacht zu haben, aber der Händler lacht sich ins Fäustchen, weil er nämlich den dicken Reibach gemacht hat.

Auf asiatischen Märkten ist Handeln obligatorisch, und in Thailand sollte man versuchen, ein Drittel des zuerst genannten Preises herunterzuhandeln.

Preisliste

Eine kleine Preisliste von Waren und Dienstleistungen, die ein Gefühl für das Preisniveau vermitteln soll:

- **Aspirin:** pro Tabl. 1–2 Baht
- **Breitbandantibiotikum:** 7–15 Baht (Doxycyclin, 100 mg; Firmen mit einem „großen" Namen sind im Allgemeinen teurer)
- **Heftpflaster:** Streifen 2 Baht
- **Seife:** ab ca. 10 Baht (im Dreier- oder Viererpack noch billiger)
- **Haarschnitt:** meist 50–500 Baht, Herren (die modischeren Friseure in Bangkok kassieren oft weit über 1000 Baht)
- **Zahnbürste:** ab 25 Baht
- **Mekhong-Whisky:** 80–90 Baht (0,3 Liter)
- **Milch:** 14–16 Baht (pasteurisiert; ¼-Literpackung)
- **Tasse Tee:** ca. 15–30 Baht (in Nobelrestaurants oder bei Starbucks natürlich noch teurer! Starbucks: ca. 70–120 Baht)
- **Coca Cola:** 12–15 Baht (¼-Literdose)

- **Zuckerrohrsaft:** 20 Baht (¼-Literflasche am Straßenstand)
- **Apfel:** Stück 15–20 Baht (Vorsicht! Lokale Ware übermäßig gespritzt)
- **Bündel Bananen:** 10–30 Baht (Bananen werden ungern einzeln verkauft)
- **Portion Obst:** 10–20 Baht (ca. 200–250 g, kann Ananas, Papaya, Guave oder sonst was sein, am Straßenrand alles der gleiche Preis)
- **Rambutans:** pro Pfund 8–40 Baht (je nach Gegend und Saison)
- **Portion Khao Phat:** 30–50 Baht (gebratener Reis mit Gemüse, im preiswerten Normalrestaurant oder am Straßenstand)
- **Filterzigaretten:** 70–90 Baht (einheimische Marken)
- **CDs:** Originale (westliche Musik) 300–400 Baht, Raubkopien 60–100 Baht
- **DVDs:** Kopien ca. 80–120 Baht.
- **Batterien:** 50–70 Baht Typ AA 1,5 Volt, alkaline, 4 Stck.
- **Gummisandalen:** Paar ca, 30–50 Baht (die billigeren Sorten sind schnell dahin!)
- **Paar Shorts:** ca. 100–200 Baht (am besten am Straßenstand!)

Thai-Kenntnisse sind dabei von unschätzbarem Wert, weil die auf einen erfahrenen Reisenden schließen lassen, den man nicht leicht übervorteilen kann – auch, wenn dieser Reisende nichts versteht außer den Zahlen!

Spartipps

- Es gibt in Thailand in 15 Städten Jugendherbergen, die dem internationalen Jugendherbergsverband (www.hihostels.com) angeschlossen sind. Dort kann man im Übrigen unabhängig von seinem Alter absteigen! Hat man einen **internationalen Jugendherbergsausweis** aus dem Heimatland schläft man auch bei diesen Jugendherbergen zum günstigeren Tarif, sonst muss man eine Tagesmitgliedschaft erwerben. Hat man noch keine Jahresmitgliedschaft bei den Jugendherbergsverbänden daheim, kostet diese 12,50–21 Euro in Deutschland (www.jugendherberge.de), 10–25 Euro in Österreich (www.oejhv.or.at) und 22–44 SFr in der Schweiz (www.youthostel.ch).
- Bei bestimmten Unterkünften, Veranstaltungsorten, Museen, Tourveranstaltern, Sportstätten etc. kann man Rabatt bekommen, wenn man einen **internationalen Studentenausweis** (ISIC) besitzt (www.isic.de, Stichpunkt „Benefits"). Dies gilt mit Einschränkungen auch für den Lehrerausweis (ITIC)

oder Schülerausweis (IYTC). Den Ausweis muss man allerdings schon zu Hause bei STA Travel oder beim Studentenwerk o. Ä. erworben haben (12 € (D), 10 € (A), 20 SFr (CH)). Man muss dazu Immatrikulationsbescheinigung/Schülerausweis, Personalausweis und Passbild vorlegen.

Gesundheits-vorsorge

Man sollte nicht befürchten, in Thailand krank werden zu „müssen", nur weil es in Asien liegt. Die hygienischen Verhältnisse sind weitaus besser als in den meisten anderen asiatischen Ländern. Selbst die Straßen Bangkoks, einst gefürchtet, sind mittlerweile relativ sauber.

Durchaus möglich ist eine **normale Erkältung,** denn die Wechsel von heißen Tagen und eventuell sehr kühlen Nächten oder von der glühenden Straße ins klimatisierte Restaurant können einem schwer zusetzen.

Ebenso ist **Verstopfung** häufig, da die Thais dazu neigen, allzu kühle Getränke zu servieren, was den Darm regelrecht einfrieren lässt. Dazu kommt der Genuss von zu viel weißem Reis, und die Verstopfung ist perfekt. Mit Papayas lässt sie sich aber leicht kurieren.

Die **hygienischen Verhältnisse** in Bangkok sind in der Regel besser als die auf dem Lande. Selbst Bangkoks Trinkwasser ist recht sauber. Leuten, die Länder wie Indien oder Nepal gesund überstanden haben, wird das Wasser nichts anhaben können. Reiseneulinge sollten es sicherheitshalber dennoch meiden.

Im Folgenden einiges Wissenswertes über Impfvorschriften und Krankheitsrisiken in Thailand:

Impfvorschriften

Vorgeschrieben sind Impfungen nur, wenn man aus einem Gelbfiebergebiet einreist (Ausnahme Kinder unter 1 Jahr).

Tropeninstitute **empfehlen** Impfungen gegen Hepatitis-A, Polio, Diphterie und Typhus; in zweiter Linie auch gegen Hepatitis-B, Japanische Encephalitis und Tollwut. Die Risiken bezüglich dieser Krankheiten sind jedoch in Thailand relativ gering, viel geringer als z. B. in Indien oder Nepal.

Krankheiten und Risiken

Malaria

Als **malariafrei** gelten Bangkok, die südlich angrenzenden Provinzen, Ko Samui, Phuket, Hat Yai, Songhkla, Chiang Mai sowie die höheren Lagen im Gebirge.

Ein **geringes Risiko** besteht im nordwestlichen Grenzgebiet zu Myanmar, vor allem in den Provinzen Tak und Mae Hong Son, im westlichen Grenzgebiet in der Provinz Ranong sowie im Süden in der Provinz Yala. Außerdem weniger ausgeprägt im westlichen Grenzgebiet zu Myanmar mit den Provinzen Chumphon, Prachuab Khiri Khan, Kanchanaburi und Petchaburi, im Süden mit den Provinzen Narathiwat und Songkhla, im südöstlichen Grenzgebiet zu Kambodscha mit den Provinzen Trat und Chantaburi sowie auf einigen Inseln, z. B. Ko Chang bei Ranong.

Malaria kommt vor (mehr in der Regenzeit, weniger in der Trockenzeit) in den Waldgebieten des mittleren Westens sowie der nördlichen und östlichen Landesteile; auf einigen Inseln, z. B. Ko Chang und Ko Mak vor Trat im Südosten und den Similan-Inseln vor Surat Thani im Südwesten.

Die in Thailand gemeldeten Malaria-Erreger sind etwa zu 60 % Pl. falciparum, ansonsten Pl. vivax.

In wenig gefährdeten Gebieten empfiehlt sich vorbeugend die **Expositions-Prophylaxe** – d. h. man sollte versuchen, sich nicht von Moskitos stechen zu lassen. Hilfreich sind Mittel wie Autan oder das in Thailand erhältliche *Jaico*, ein pflanzliches Produkt, das in einer Art Deo-Roller auf die Haut aufgetragen wird. Hilfreich sind auch Moskitospiralen (mosquito coils; auf Thai *yaa-gan-yung*), die bei Abbrennen einen Geruch erzeugen, der Moskitos angriffsunfähig macht. Die Spiralen enthalten jedoch auch für Menschen schädliche Stoffe und sollten nur in belüfteten Räumen benutzt werden. Zusätzlich ist es ratsam, die Haut großflächig mit Kleidung abzudecken.

Fährt man in Gebiete mit erhöhtem Risiko, sollte man sich im Vorfeld der Reise von seinem Hausarzt bezüglich der zurzeit empfohlenen **Chemoprophylaxe** beraten lassen.

Dengue-Fieber

In den letzten Jahren kam es während der Regenzeit (Mai bis Oktober) zu einem starken Anstieg von Fällen des Dengue-Fiebers. Dabei handelt es sich um eine grippeähnliche Viruserkrankung, die durch meist tagaktive Stechmücken über-

> Aktuelle Reise-Gesundheitsinformationen findet man unter **www.crm.de**

tragen wird. Die meisten Erkrankungen wurden aus den Provinzen Chanthaburi, Yala, Trat, Satun und Narathiwat gemeldet. Man sollte sich vor tag- und nachtaktiven Überträgermücken schützen!

Chikungunya

Seit einigen Jahren werden aus dem Süden Thailands inklusive der Ferieninsel Phuket vermehrt Chikungunya-Fälle gemeldet. Diese Viruserkrankung, die sich durch hohes Fieber mit Schüttelfrost, Abgeschlagenheit, und vor allem sehr starke Gelenk- und Muskelschmerzen bemerkbar macht, wird durch tagaktive Stechmücken übertragen.

Tollwut

Tollwutfälle sind in Thailand relativ häufig. Jedwede Bisswunde durch Warmblüter (Hunde, Katzen, Affen, Fledermäuse etc.) sollte als potenzieller Tollwut-Fall betrachtet, die Wunde mit Wasser und Seife gereinigt und ein Arzt umgehend aufgesucht werden. Risikoreisende sollten prophylaktisch geimpft sein.

Magen- und Darmerkrankungen

Aufgrund der fremden, stark gewürzten Speisen, wie auch durch eventuelle Krankheitskeime sind solche Beschwerden relativ häufig. Eine Prophylaxe ist nicht

8

möglich. Im Falle von lang anhaltenden oder blutigen Durchfällen ist ein Arzt aufzusuchen. Bei leichten Verstimmungen leistet ein in Thailand erhältliches Kräuterpulver namens *Haa Chedi* („Fünf Chedis") ausgezeichnete Dienste (billig in Apotheken zu bekommen).

AIDS

Aufgrund der relativ hohen Zahlen von HIV-Infizierten in Thailand (ca. 1,5 % der Bevölkerung) ist Geschlechtsverkehr ohne Kondom gefährlich (s. „Prostitution"). In Thailand erhältliche Kondome sind oft zu klein für Europäer und damit reißgefährdet. Ausnahmen sind die für größere Maße geschnittenen Marken Durex Comfort und BodyGuard. Sexuelle Kontakte mit unbekannten Partnern sind stark risikobelastet.

Außerdem relativ verbreitet

Darminfektionen, Geschlechtskrankheiten (siehe Kapitel „Tourismus, Prostitution"), Hepatitis-A, Polio, Typhus.

Gesundheits-Information

Aktuelle Telefoninformationen (Tonband) gibt das **Tropeninstitut Heidelberg** unter Tel. 06221-565633.

Buchtipp

■ Praxis: **„Selbstdiagnose und Behandlung unterwegs"**, REISE KNOW-HOW Verlag, Bielefeld.

Vorsicht, Umweltgifte!

An Thailands Straßenständen lässt sich wunderbar preiswert und lecker essen – aber nicht unbedingt gesund. Gefährlich sind dabei weniger eventuell vorhandene Krankheitskeime, als Umweltgifte. Essen, das offen an den Straßen ausliegt, wird stark mit **Schwermetallen,** die von Fahrzeugabgasen herrühren, belastet. Das gilt in allererster Linie für Bangkok, aber ansonsten auch für alle übrigen verkehrsreichen Orte. Die mit dem Essen aufgenommenen Schwermetalle werden vom Körper nicht ausgeschieden; sie sammeln sich an und können nach 15, 20 oder mehr Jahren schwere Schäden an Nervensystem und Organen hervorrufen.

Alle **offen ausliegenden Speisen** sollten folglich gemieden wereden – auch, wenn man auf diese Weise auf manch exotischen Essgenuss verzichten muss. An Straßenständen sollte man nur dann etwas essen, wenn die Speisen in abgedeckten Gefäßen aufbewahrt werden oder natürlich da, wo keine Verkehrsabgase sind.

Auch nicht gerade gesund ist der **Geschmacksverstärker** MSG (Monosodiumglutamat), der unter anderem unter dem Namen Ajinomoto auf dem Markt ist. Viele Restaurants und Essensstände bedienen sich dieses weißen Pulvers, das allergische Reaktionen – bis hin zur Ohnmacht – hervorrufen kann. Bei den kleinen Restaurants und Ständen, wo die Mahlzeit vor den Augen des Kunden bereitet wird, sollte man die Anweisung *may say em-es-dji* geben – ohne MSG, bitte!

Versicherungen

Für alle abgeschlossenen Versicherungen sollte man die **Notfallnummern** notieren und mit der **Policenummer** gut aufheben! Bei Eintreten eines Notfalles sollte die Versicherungsgesellschaft sofort telefonisch verständigt werden!

Der Abschluss einer **Jahresversicherung** ist in der Regel kostengünstiger als mehrere Einzelversicherungen. Günstiger ist auch die **Versicherung als Familie** statt als Einzelpersonen. Hier sollte man nur die Definition von „Familie" genau prüfen.

Reisekrankenversicherung

Die Kosten für eine ärztliche Behandlung in Thailand werden von den gesetzlichen Krankenversicherungen in Deutschland und Österreich nicht übernommen, daher ist der Abschluss einer privaten **Auslandskrankenversicherung unverzichtbar.**

Bei Abschluss der Versicherung – die mit bis zu einem Jahr Gültigkeit angeboten werden – sollte auf einige Punkte geachtet werden. Zunächst sollte ein **Vollschutz ohne Summenbeschränkung** bestehen, d. h. im Falle einer schweren Krankheit oder eines Unfalls sollte auch der **Rücktransport** übernommen werden. Diese Zusatzversicherung bietet sich auch über einen **Automobilclub** an, insbesondere wenn man bereits Mitglied ist. Diese Versicherung bietet den Vorteil billiger Rückholleistungen (Helikopter, Flugzeug) in extremen Notfällen.

Wichtig ist auch, dass im Krankheitsfall der **Versicherungsschutz über die vorher festgelegte Zeit hinaus** automatisch verlängert wird, wenn die Rückreise nicht möglich ist.

Schweizer sollten bei ihrer Krankenversicherungsgesellschaft nachfragen, ob die Auslandsdeckung auch für Thailand inbegriffen ist. Sofern man keine Auslandsdeckung hat, kann man sich kostenlos bei Soliswiss (Gutenbergstr. 6, 3011 Bern, Tel. 031-3810 494, info@soliswiss.ch, www.soliswiss.ch) über mögliche Krankenversicherer informieren.

Zur **Erstattung der Kosten** benötigt man ausführliche **Quittungen** (mit Datum, Namen, Bericht über Art und Umfang der Behandlung, Kosten der Behandlung und Medikamente).

Ob es sich lohnt, weitere Versicherungen abzuschließen wie eine Reiserücktrittsversicherung, Reisegepäckversicherung, Reisehaftpflichtversicherung oder Reiseunfallversicherung, ist individuell abzuklären. Gerade diese Versicherungen enthalten viele **Ausschlussklauseln,** sodass sie nicht immer Sinn machen.

Die **Reiserücktrittsversicherung** für 35–80 € lohnt sich nur für teure Reisen und für den Fall, dass man vor der Abreise einen schweren Unfall hat, schwer erkrankt, schwanger wird, gekündigt wird oder nach Arbeitslosigkeit einen neuen Arbeitsplatz bekommt, die Wohnung abgebrannt ist u. Ä. Nicht gelten hingegen: Terroranschlag, Streik, Naturkatastrophe etc.

Die **Reisegepäckversicherung** lohnt sich seltener, da z. B. bei Flugreisen verlorenes Gepäck oft nur nach Kilopreis und auch sonst nur der Zeitwert nach Vorlage der Rechnung ersetzt wird. Wurde eine Wertsache nicht im Safe aufbewahrt, gibt es bei Diebstahl auch keinen Ersatz. Kameraausrüstung und Laptop dürfen beim Flug nicht als Gepäck aufgegeben worden sein. Gepäck im unbeaufsichtigt abgestellten Fahrzeug ist ebenfalls nicht versichert. Die Liste der Ausschlussgründe ist endlos ... Überdies deckt häufig die Hausratsversicherung schon Einbruch, Raub und Beschädigung von Eigentum auch im Ausland. Für den Fall, dass etwas passiert ist, muss der Versicherung als Schadensnachweis ein Polizeiprotokoll vorgelegt werden.

Hat man eine **Unfallversicherung,** sollte man prüfen, ob diese im Falle plötzlicher Arbeitsunfähigkeit aufgrund eines Unfalls im Urlaub zahlt. Auch durch manche (Gold-)**Kreditkarten** oder eine **Automobilclubmitgliedschaft** ist man für bestimmte Fälle schon versichert. Die Versicherung über die Kreditkarte gilt jedoch meist nur für den Karteninhaber!

Ausrüstung

Wer gerade angekommen ist und durch die Kaufhäuser schlendert, wird sich wohl ärgern, dass er/sie soviel Gepäck mitgenommen hat. Das meiste gibt es hier preiswerter und in ähnlich guter Qualität wie daheim. Das gilt besonders für leichte Baumwollbekleidung wie T-Shirts, Hemden, Hosen etc. Leute mit Übergrößen (d. h. in Thailand über Schuhgröße 44 oder über einem Hüftumfang von 36) sollten allerdings genügend Kleidungsstücke von zu Hause mitbringen. Aber selbst maßgeschneiderte Sachen sind noch absolut erschwinglich.

Obacht: Viele der Schneider – die Mehrheit davon Sikhs oder Inder im Allgemeinen – jubeln dem unwissenden Kunden gerne Polyester statt der gewünschten Baumwolle unter!

Unbedingt ins Reisegepäck gehört mindestens ein Satz „ordentliche Kleidung" – für den Fall, dass man auf ein Amt gehen muss, bei einer Thai-Familie eingeladen ist oder für andere etwas formellere Anlässe. Die Thais legen äußersten Wert auf standesgemäße und saubere Kleidung, und wäre ich boshaft, so würde ich behaupten, dass selbst der ärmste Thai noch gepflegter aussieht als der durchschnittliche Traveller! Absolut unpassend ist es, außerhalb der Touristenzentren, fern von Strand und Düne, in Shorts und Gummisandalen entlang zu schlurfen! Die Thais lassen sich zwar nichts anmerken, aber eigentlich empfinden sie ein solches Verhalten als unhöflich. Die Thais selber sind wiederum viel zu höflich, um sich darüber offen zu beklagen.

Lediglich hinter vorgehaltener Hand hört man Beschwerden über das unansehnliche Äußere vieler Westler. Völlig unpassend ist es auch, in Shorts einen Tempel zu besuchen. Frauen sollten unbedingt einen BH tragen!

Alle **Medikamente** gibt es in Thailand (problemlos) zu kaufen, und sie sind außerdem sehr billig. Häufig erscheinen aber Präparate unter einem anderen Namen als bei uns. Leute, die auf gewisse Medikamente angewiesen sind, sollten daher die chemischen Inhaltsstoffe dieser Medikamente kennen, um die unter Umständen dem Apotheker nennen zu können. Einfacher ist es natürlich, eine leere Packung mit dem entsprechenden Aufdruck von zu Hause mitzubringen!

Hygieneartikel des täglichen Gebrauchs sind in der Regel billiger als bei uns oder höchstens gleich teuer. Wer auf sein exquisites französisches Parfüm aber nicht verzichten möchte, wird mehr zahlen müssen als daheim.

Rasierschaum ist einer der wenigen Artikel, die teurer sind als in Deutschland. Der Grund? Nicht jeder Thai muss sich rasieren!

Vorhängeschlösser sind sehr wichtig, da die meisten Hütten auf Ko Samui z. B. kein eingebautes Schloss haben. Ebenso werden oft **Taschenlampen** benötigt, denn abends kann es fernab der Hüttensiedlung stockdunkel sein, und in der Hütte selber fällt oft genug der Strom aus. Beides lässt sich billig in Bangkoks Chinatown einkaufen.

Moskitonetze werden vielerorts von ambulanten Händlern verkauft. Benötigt werden sie allerdings bestenfalls, wenn man in billigen Strand-Hütten oder Bungalows übernachtet.

Was sollte nun eigentlich doch noch **von zu Hause** mitgebracht werden? Nicht viel. **Tampons** sind manchmal schwer erhältlich, und **Sonnenöl** ist etwas teurer. Für die (relativ) kühlen Winterabende – vor allem im Norden – sollten **Jacke** und **Pullover** griffbereit sein, ebenso für die teilweise grausig kalten Nachtfahrten in einem A.C.-Bus. Ansonsten: So wenig mitbringen wie möglich!

Karten

Empfehlenswert ist die detailgenaue, GPS-taugliche Thailandkarte des world mapping project (Maßstab 1:1,2 Mio.), erschienen im REISE KNOW-HOW Verlag.

In allen **Buchhandlungen** Thailands, die auch englischsprachige Bücher führen, gibt es umfangreiches Kartenmaterial. Die besten Läden sind die in Bangkok und Chiang Mai. Buchketten wie Asia Books, D.K. Books und Kinokuniya führen ein großes Programm an Thailand-Karten, Detail-Karten und Stadtplänen (in der Regel Bangkok, Chiang Mai und Phuket). Der am besten ausgestattete Buchladen ist Kinokuniya im 3. Stock des Siam Paragon Shopping Center in Bangkok.

Besonders gute **Detailkarten** bietet Periplus Editions. Derzeit erhältlich sind „Bangkok & Zentralthailand", „Phuket & Südthailand", „Ko Samui & Südthailand", „Chiang Mai & Nordthailand", Kostenpunkt jeweils ca. 200 Baht.

Ebenfalls sehr gut sind die Karten von Berndtson & Berndtson (Fürstenfeldbrück), besonders für Selbstfahrer; der Verlag bietet etwa dieselben Regionalkarten wie obiger.

Bei den zahlreichen **Stadtplänen von Bangkok** ist zu beachten, dass die Nummern der Buslinien eingezeichnet sind. Das erspart oft die Taxikosten. Außerdem sollten die Stadtteile und die größeren Straßen auch auf Thai eingetragen sein. Das erleichtert die Kommunikation mit den Taxifahrern oder Busschaffnerinnen enorm. Da die Buslinien sich häufig ändern, sollte man darauf achten, ein möglichst neues Exemplar zu bekommen. Für Selbstfahrer führen die oben genannten Ketten auch Straßenkarten.

9 Praktische Reisetipps A–Z

◁ Die thailändische Version des Crêpes

Behinderte unterwegs

Wie die meisten Länder Asiens ist Thailand nicht gerade behindertenfreundlich; kaum ein Gebäude und schon gar kein Verkehrsmittel ist bewusst so eingerichtet, dass Rollstuhlfahrer erleichterten Zugang finden. Das liegt zum einen daran, dass in Thailand Behinderte kaum am öffentlichen Leben teilnehmen und so im Bewusstsein der Bevölkerung fast gar nicht existieren. Eine gute Portion Verdrängung dürfte ebenfalls mit im Spiel sein.

Ausländische Rollstuhlfahrer werden viel Verwunderung oder gar **Unverständnis** dafür ernten, dass sie überhaupt reisen. Andererseits ruft der Anblick eines Behinderten in vielen Thais auch Mitgefühl hervor – eine der Haupttugenden im Buddhismus –, und es werden sich oft helfende Hände anbieten.

Einkaufen

Aufgrund der günstigen Wechselkurse und der allgemein guten Qualität der Waren ist Thailand das Paradebeispiel eines Einkaufslandes. Bangkok ist, wie nicht anders zu erwarten, der beste Ort zum Shoppen, gefolgt – mit weitem Abstand – von Chiang Mai, Phuket und Hat Yai. Im Gegensatz zu den Märkten und kleineren Geschäften wird in den Department Stores nicht gefeilscht; häufig gibt es aus irgendeinem Grund automatisch einen Discount von 10 % oder mehr auf die betreffende Ware. Anstatt zu handeln sollte man in den Kaufhäusern diskret anfragen, ob gerade irgendein Discount gegeben wird!

Thai-Kaufhäuser haben meist viel Personal, und bei jedem Prüfversuch einer Ware werden sogleich ein bis drei Verkäufer/innen herbeigeeilt kommen, den Kunden zu bedienen. Der Übereifer hat mehrerlei Gründe: Langeweile, Neugier auf den Fremden und die Gelegenheit etwas zu verdienen, denn die Kaufhaus-Angestellten bekommen häufig eine prozentuale Umsatzbeteiligung.

Textilien

Die in Thailand verkaufte Kleidung ist von sehr guter Qualität, modisch auf dem neuesten Stand und zudem billig. Gute Baumwollhosen gibt es schon ab 200 Baht (Bangkok), Hemden ab 100 Baht und T-Shirts ab 50. Ebenso lassen sich Stoffe kaufen, aus denen man sich dann das gewünschte Kleidungsstück nähen (lassen) kann. Ein Herrenanzug bester Qualität kostet bei den besseren Schneidern Bangkoks 2000 Baht – Material und Arbeitslohn inklusive! Viele **Schneider** bieten einen 24-Stunden-Service, es ist aber immer besser, ihnen etwas mehr Zeit zu lassen. Jeder hat ja schon mal von der schnellen oder heißen Nadel gehört, mit der gelegentlich genäht wird!

Die meisten Schneiderläden finden sich in Sukhumvit, Pattunam und der Khao San Road in Bangkok, in Pattaya sowie am Patong Beach in Phuket und auf Ko Samui. Die Läden gehören fast ausnahmslos Indern, die Schneider aber sind Thais oder Burmesen. Geschneidert wird zumeist nicht im Laden selber, son-

024th at

dern in kleinen Workshops, und oft teilen sich mehrere Läden einen Workshop (vor allem in Bangkok), sodass die Qualität eigentlich immer gleich ist, egal, wo man kauft. Bei den niedrigen Preisen sollten keine Wunder erwartet werden; mit Anzügen aus Europa können die meisten Thai-Produkte nicht mithalten.

Empfehlenswert ist die bekannte **Thai-Seide.** Diese wird im Nordosten hergestellt, ist aber problemlos in Bangkok erhältlich.

Edelsteine und Schmuck

Thailand ist einer der größten Edelsteinexporteure der Welt, der Export dieser Waren bringt jährlich etwa 1 Mrd. € ein. Am begehrtesten sind thailändische **Rubine** und **Saphire.** Es lohnt sich also durchaus, in den Geschäften auf die Schmuck- oder Edelsteinsuche zu gehen.

 Lisu-Frau verkauft Souvenirs in Pai

Kaufen sollte man nur bei bekannten Juwelieren und genügend eigene Sachkenntnis haben, um die Ware beurteilen zu können. Ohne dem sind die Käufe oft ein Glücksspiel. Die besseren Geschäfte sind natürlich etwas teurer, dafür ist die Wahrscheinlichkeit, dass man nicht betrogen wurde, höher. Am lohnenswertesten sind Rubine, Saphire und Jade. **Gold** ist etwas billiger als bei uns, aber bei größeren Mengen dürfte der deutsche Zoll Schwierigkeiten bereiten.

Vorsicht: Viele Kaufhäuser bieten billigen, aber ziemlich gut aussehenden Schmuck an; die Steine sind auch echt, aber nach ein paar Tagen blättert die oberste Goldschicht ab, und darunter liegt dann bloß noch Silber!

Viele Schmuckläden bieten dem Käufer einen kostenlosen Rückfahr-Service per Taxi zum Hotel. Der Fahrpreis wird über den höheren Verkaufspreis wieder hereingeholt. Absolut zu warnen ist vor Läden, zu denen Touristen von Tuk-Tuk- oder Taxifahrern gebracht werden. Hier wird man mit Sicherheit übervor-

9

teilt, wenn nicht gar nach Strich und Faden ausgenommen. Mehr dazu im Kapitel „Sicherheit".

Antiquitäten

Echte Antiquitäten dürfen nur mit **Sondergenehmigung** ausgeführt werden! (Siehe „Ausfuhrbestimmungen" im Kapitel „Ein- und Ausreisebestimmungen"). Das Riverside Plaza neben dem Orchid Sheraton Hotel in Bangkok gilt als Thailands Zentrum für Antiquitäten, nach Meinung von Kennern sind jedoch sehr viele der dortigen Waren auf alt getrimmte „Antiquitäten". Wie bei den Edelsteinen sollte auch hier eine gewisse Sachkenntnis vorhanden sein.

Zahlreiche Antiquitätenläden befinden sich in Phuket City.

Handarbeiten

Thailands Bergvölker stellen eine Vielzahl von traditionellen Waren her wie Schmuck, Kleidung, Umhängetaschen, Figuren etc. Der beste Ort zum Kaufen ist zweifellos der **Nachtmarkt von Chiang Mai** – erstens wegen der Auswahl, und zweitens sind die Preise logischerweise niedriger als in den kunsthandwerklichen Läden der Hauptstadt. Opiumpfeifen oder Opiumgewichte (zum Auswiegen) werden ebenfalls angeboten.

Lackarbeiten

Holzschälchen oder -schachteln werden mit verschiedenen Schichten Lack überzogen – ein **altes burmesisches Verfahren,** das hübsche Geschenke oder Souvenirs entstehen lässt. Städte an der burmesischen Grenze wie Mae Hong Son oder Mae Sot haben oft die besten Preise, Bangkok die beste Auswahl.

Celadon

Celadon-Töpferwaren sind eine Spezialität Thailands, die wahrscheinlich aus China stammt und im 13. Jahrhundert in Nordthailand Einzug hielt. Die Waren sind mit einer hellen jadegrünen oder dunkelbraunen Glasur überzogen. Diese wird lediglich aus verschiedenen reinen Holzaschen hergestellt. Charakteristisch für die Celadon-Glasur ist der hell poliert erscheinende Glanz der Oberfläche.

Celadon findet Anwendung bei der Herstellung von Geschirr, Lampen, Vasen und Dekorationsstücken.

Spezialisiert auf Celadon-Produkte ist das Celadon House, 278 Silom Road, Bangkok.

Computer

Da in Thailand keine Importzölle auf Computer erhoben werden, sind PCs, Laptops, etc. oft preiswerter als in Deutschland, häufig sogar billiger als in Singapur. Der **Nachteil** ist, dass die Tastaturen in englischer Sprache sind (manchmal Englisch und Thai); deutsche Tastaturen gibt es nicht. Durch ein Programm wie Word für Windows lässt sich der Computer jedoch so konfigurieren, dass auch Umlaute, etc. geschrieben werden können. Zu beachten ist, dass die mitgelieferten Stecker oft

9

nicht europäischer Norm entsprechen und deshalb ein Adapter notwendig ist.

Alles unter einem Dach in Sachen Computer findet sich im Panthip Plaza, Petchaburi Rd., nahe der Einmündung Rajdamri, in Bangkok.

Zuverlässige **Computer-Reparaturen** gibt es bei Global Solutions im 3. Stock.

Handys

Thailand ist im Handyrausch, und die Geräte, die sich mittlerweile bei etwa 90 % der Bevölkerung finden – noch viel mehr in Bangkok – sind in den letzten Jahren erheblich billiger geworden. Oft sind sie preiswerter als in Europa. Ein sehr guter Ort zum Kauf von Handys ist das Mah Boonkrong Center (MBK) in der Phya Thai Rd. in Bangkok. Hier finden sich hunderte von Ständen mit Handys. Die Preise unterscheiden sich erheblich, je nachdem, ob es sich um eingeschmuggelte Ware handelt (die Thais nennen sie *khong nork,* „Ware von Draußen") oder um offizielle Ware (*khong suun,* „Ware aus dem Verteilungszentrum der Firma"). In letzterem Falle hat man im Vergleich zum europäischen Markt kaum einen Preisvorteil. Handeln ist auf jeden Fall angesagt. Aufgepasst bei Handys die zu billig erscheinen, oder die nicht mehr ganz neu aussehen: Gelegentlich werden nur wenig benutzte Handys als neu verkauft.

Kameras

Kameras, sowohl digitale als auch herkömmliche, sind ebenfalls in der Regel preiswerter als in Deutschland. Auch

hier sind die billigeren Produkte oft solche, die am Zöllner vorbei (bzw. gegen Zahlung eines kleinen Obolus') ins Land gekommen sind. Die günstigsten Geschäfte finden sich im Panthip Plaza an der Petchburi Road in Bangkok (beispielsweise die dortigen Filialen von „Camera & Lens"). An zweiter Stelle, aber bei Weitem nicht so preiswert, steht das Mah Boonkrong Center (MBK) in Bangkok; sehr gut und zuverlässig ist hier das Geschäft Foto File, mit Filialen im Erdgeschoss und im 3. Stock.

Imitate

Thailand ist ein Fälscherparadies. Obwohl aus dem Ausland deswegen häufig Druck gemacht wird, dem Zinkergewerbe den Garaus zu machen, und trotz der ein oder anderen Razzia, geht die Fälscherei immer noch fröhlich weiter. Imitiert werden vor allem Markenuhren, Lederwaren, Kleidungsstücke, CDs, VCDs, DVDs und gerne auch Computersoftware. Nach den gelegentlichen Razzien werden die Besitzer der Geschäfte gegen ein Schmiergeld an die Polizei zumeist wieder frei gelassen. Selbst ihre Ware können sie dann wieder zurückkaufen.

Einige Häfen der Piraterie: Mah Boonkrong Center (MBK), Bangkok (CDs, VCDs, DVDs, Computerprogramme, Uhren, Kleidung, Lederwaren), Patpong-Markt und Silom Rd., Bangkok (Uhren, Lederwaren, CDs, etc.), Pattunam, Bangkok (Designer-Kleidung), Panthip Plaza, Bangkok (Computerprogramme, CDs, VCDs, DVDs).

Elektrizität

Die Netz-Spannung ist wie bei uns **230 Volt** Wechselstrom. Die gebräuchlichen Steckdosen sind Zweipolsteckdosen, in einigen besseren Hotels findet man aber auch dreipolige Sicherheitssteckdosen vor. Falls man einen Zweipolstecker in diese einführen will, sind sie normalerweise blockiert und unbenutzbar.

Wer ein elektrisches Gerät wie z. B. ein Laptop benutzen möchte, sollte sicherheitshalber ein Verlängerungskabel mitbringen; in manchen Hotelzimmern sind die Steckdosen hinter einem Kühlschrank oder sonstwo versteckt, und mit dem normalen Anschlusskabel kommt man eventuell nicht hin.

Die Stromversorgung in Thailand ist im Allgemeinen sehr gut, Stromausfälle sind äußerst selten. Keinen Strom gibt es allerdings auf einigen weniger entwickelten kleinen Inseln, und manche Bungalow-Kolonie behilft sich dann mit einem eigenen Generator. Die Mitnahme einer Taschenlampe kann aber trotzdem nie schaden.

▷ Fischrestaurant in der Charoen Krung Road

Essen und Trinken

Was essen?

Die Basis einer Thai-Mahlzeit ist **Reis** *(khao).* Dieser kann auf herkömmliche Weise gekocht oder gebraten, oder aber als Reismehl zu Nudeln *(kuay tio)* verarbeitet sein. Eine Spezialität des Nordostens ist der „klebrige Reis" *(khao niu;* engl. *sticky rice),* Klumpen von glutenhaltigem gekochtem Reis, der entweder mit frischen Mangos bzw. Durian oder mit einer süßen Paste gegessen wird. Es gibt auch eine blau-rote Variante, die heißt dann khao niu däng – „klebriger roter Reis". Dieser Reis lässt sich auch in einem Bambusrohr kochen *(khao laam),* was als Spezialität von Nakhon Pathom gilt. In vegetarischen Thai-Restaurants, derer es allerdings relativ wenige gibt, wird Vollkornreis gereicht (khao däng oder khao dam). Gebratener Reis mit Gemüse *(khao phat)* ist das Standardgericht vieler Traveller, da es überall erhältlich und äußerst billig ist, besonders an den Straßenständen.

Zudem gibt es eine **Vielzahl von Gemüsearten,** und diese werden nur leicht angekocht, niemals zerkocht. Meistens wird eine kleine Schale mit rohem Gemüse zum Essen gereicht, z. B. grüne Bohnen, Salatblätter und Gurkenstücke.

Alle Thai-Gerichte werden durch eine Menge Kräuter, Blätter und **Gewürze** verfeinert, sodass eine Vielzahl von Aromen den Gaumen kitzelt. Übliche Würzhilfen sind: Ingwer, schwarzer Pfeffer, roter Chili, Tamarinde, Zitronengras, Koriander, Shrimp-Paste und eine scharfe Fischsauce. Zu jeder Mahlzeit wird zudem ein ganzes Arsenal an Extrage-würzen auf den Tisch gestellt. Dabei fehlt aber oft Salz, das durch die scharfe und salzige Fischsauce *(naam plaa)* ersetzt wird. Thai-Speisen, man sei gewarnt, können extrem scharf sein! Einige Gerichte werden durch die Zugabe von Kokosmilch etwas abgemildert.

Eine thailändische **Suppenspezialität** ist die *tom yam,* ein sauerscharfes Kunstwerk, das den Schweiß auf die Stirn treibt. Aber köstlich!

Zu alldem essen die Thais **Fleisch und Fisch** – und was für Mengen! Es gibt Huhn, Schwein, Ente, Rind, geröstete Heuschrecken (20 Baht/Tüte), jede Art von Meeresgetier, Frösche, und Thailands Soldaten lieben einen Cocktail, den sie aus Kobrablut und Whisky zusammenmixen. (Den kann man morgens gegen 6.00 Uhr am Soi Sarasin, nördlich des Lumpini-Parks kosten.)

Der **Whisky** ist thailändischen Ursprungs und unter dem Namen Mekhong inzwischen weithin bekannt. Dieses beliebte Getränk hat einen Alkoholgehalt von 20 % und ist – im Gegensatz zu seinem schottischen Namensvetter – selten älter als 10 Tage. Als Rohmaterial dienen glutenhaltiger Reis, Melasse, Hefe und ein Schimmelpilz vom Typ *Ryzophus.* Viele Geschichten ranken sich um den Mekhong, beispielsweise, dass er gegen Malaria immun mache etc. Die meisten davon sind offensichtlicher Humbug. Wahr ist, dass oft Mekhong-Imitate auf den Markt kommen, die üble Vergiftungserscheinungen hervorrufen können. Außer Mekhong gibt es noch eine Reihe billigerer Thai-Whiskys, die nicht unbedingt empfohlen werden können.

Alkoholische Getränke sind überall frei erhältlich, wenn auch nicht immer so billig. Die bekanntesten **Biermarken** sind *Singha, Singha Gold, Chang* und *Kloster.* Der Preis einer kleinen Flasche (1/3 Liter) in den Bars Bangkoks liegt derzeit bei etwa 80–100 Baht, in einigen Nobel-Etablissements sogar bei 200 Bath oder mehr. In den besser bestückten Wa-

019ba tv

Obst in Thailand

◾ **Ananas** *(sapparot):*

Saison: das ganze Jahr. Die thailändische Version dieser Frucht ist besonders köstlich, da perfekt ausgewogen süß-sauer.

◾ **Banane** *(gluey):*

Thailand bietet über 100 verschiedene Sorten Bananen, und fast so vielfältig sind die Zubereitungsmöglichkeiten: Sie werden an Straßenständen geröstet oder gebacken, mit *sticky rice* vermengt oder in dünnen Scheiben gebraten. Saison: das ganze Jahr hindurch.

◾ **Custard Apple** *(noina):*

Saison: Juli–September. Die Schale ist dick und hellgrün und wie mit pyramidenförmigen Wülsten behaftet. Das Fleisch ist weiß und schmeckt leicht feigenartig.

◾ **Durian** *(thurian):*

Saison: April–Juni. Riesenfrucht mit stacheliger harter grün-gelb-brauner Schale. Der Geruch ist unbeschreiblich und der Geschmack nicht jedermanns Sache. Wird auch als Füllung kleiner, runder Kuchen verwendet.

◾ **Guave** *(falang):*

Saison: das ganze Jahr. Grüne leicht raue Schale und weißes Fruchtfleisch. Dazu Kerne, die sich gerne in Zahnhöhlen ansiedeln und nicht mehr raus wollen. Der Thai-Name dieser Frucht, *falang,* bedeutet auch „Ausländer". Ein Hinweis, dass diese Frucht nicht immer in Thailand heimisch war.

◾ **Jackfruit** *(ka-nun):*

Saison: das ganze Jahr. Optisch der Durian ähnlich, auch ihr Geschmack ist umstritten. In der Frucht befinden sich kleine Fächer mit gelbem Fruchtfleisch.

◾ **Longan** *(lamyai):*

Saison: Juli–Oktober. Kleine runde Frucht mit hellbrauner Schale, die beim Aufbrechen sehr klebt. Das Fruchtfleisch ist klar/weiß und herrlich sauer-süß. Beim Verzehr geraten die Kerne leider oft zwischen die Zähne und geben einen unangenehm bitteren Geschmack ab.

◾ **Lychee** *(linchi):*

Die thailändische Lychee ist durch Züchtung in den letzten Jahren erheblich gewachsen, und ebenso wurde sie durch die Manipulatoren von Mutter Natur um einige Grade süßer gemacht.

227ph rk

Vor einem Jahrzehnt nämlich hatten die Thais die Frucht als zu sauer befunden, und dementsprechend schlecht ließ sie sich verkaufen. Saison: April–Mai.

■ **Mango** (ma-muang):

Saison: März–Mai. Wird am Anfang der Erntesaison in unreifer Form verzehrt, später erst die vollgelben, saftigen Mangos. Werden dann oft mit Klebreis (khao niu) zusammen gegessen.

■ **Mangostine** (mangkhut):

Saison: April–September. Die Schale ist blaurot und färbt beim Aufbrechen enorm schnell ab. Das Fruchtfleisch ist weißlich und mild süß.

■ **Papaya** (malakor):

Saison: das ganze Jahr. Kürbisartige Frucht mit orangefarbigem Fleisch. Der wirkungsvollste Feind jedweder Verstopfung! Am besten schmeckt sie in Fruchtsalaten. Werden von jedem Obsthändler angeboten und sind wie die Ananas eine Art Standardfrucht.

■ **Pomelo** (som-o):

Saison: das ganze Jahr. Ähnelt vom Aussehen der Grapefruit, ist aber weniger bitter, dafür etwas trocken.

■ **Rambutan** (ngork):

Saison: Juli–September. Rot-grüne runde Frucht mit einer Art langem Stachelpelz (weich!). Die Schale ist recht dick, das Fruchtfleisch klar/weiß und sehr süß. Erinnert etwas an die Lychee.

■ **Rose Apple** (chomphu):

Saison: April–Juli. Hellrosa oder grüne Frucht, innen weiß und hat etwa die Konsistenz eines Apfels. Schmeckt auch ein bisschen so. Wird von Straßenhändlern oft eisgekühlt verkauft.

renhäusern gibt es importiertes Dosenbier, zumeist europäische oder japanische Marken.

Importierte Alkoholika sind aufgrund hoher Steuern sehr teuer. So kostet Wein z. B. drei- bis viermal so viel wie in Europa. Alle größeren Kaufhäuser haben Spirituosenteilungen mit Wein (vor allem Weine aus Frankreich, Kalifornien und Australien), Whisky und anderen importierten Alkoholika, dazu einheimische Erzeugnisse.

Auf der mehr oder weniger gesunden Seite des **Getränkeangebots** gibt es Milch (pasteurisiert und relativ teuer), Sojamilch, Kaffee (Marke Instant), Tee (außer in indischen Restaurants immer Beuteltee der Marke Lipton), Soda, Trinkwasser (versch. Marken: *Naam Thip, Polaris* u. a.), Cola, Fanta, Milchshakes. In vielen Restaurants wird kostenfrei ein dünner, chinesischer Eistee (tscha yen) ausgeschenkt.

Wie essen?

Die Thais essen mit Löffel und Gabel, wobei mit der Gabel das Essen auf den Löffel geschoben wird. Nudeln werden mit **Stäbchen** gegessen. Kellner/innen sollten sehr dezent herbeigerufen werden, am besten durch eine leichte Ziehbewegung der Hand. Lautes Rufen, Schnalzen oder Pfeifen gilt als unhöflich!

Wo essen?

Neben einer Vielzahl von preiswerten Restaurants gibt es die **Straßenstände,** an denen man für ein paar Baht essen kann. Diese haben allerdings keine Spei-

Kleine kulinarische Sprachhilfe

Gerichte

kaeng phet gai	scharfes Hühnercurry
kaeng som	Fisch- und Gemüsecurry
kaeng nüa	Beef-Curry
kaeng phanaeng	mildes Hühner- oder Beef-Curry
khao phat	gebratener Reis mit Gemüse
khao phat muu	gebratener Reis mit Schweinefleisch
khao phat gai	gebratener Reis mit Huhn
kuay tio naam	Reissuppe mit Gemüse und Fleisch
phat thai	Reisnudeln, mit Gemüse gebraten
phat siyu	gebratene dünne Nudeln mit Sojasauce
bami naam	Weizennudeln in Brühe mit Gemüse u. Fleisch
plaa prior waan	süß-saurer Fisch
kung tort	gebratene Garnelen
plaa phao	gegrillter Fisch
puu nüng	gedämpfte Krabben
por pia	Frühlingsrolle
pet yang	geröstete Ente
gai yang	geröstetes Huhn
som tam	Papaya-Salat
gai phat khing	gebratenes Huhn mit Ingwer
naam yaa	Nudeln mit Fisch-Curry
gai sap tua ngork	Huhn mit Sojasprossen
khai tom	gekochtes Ei
khai dao	Spiegelei
khai jior	Omelette

Getränke

naam plao	einfaches Wasser
naam soda	Soda-Wasser
naam Chaa	Tee
gafää	Kaffee
tschaa dam	schwarzer Tee
gafää dam	schwarzer Kaffee
tschaa djin	chinesischer Tee
tschaa yen	Eistee
naam däng	Limonade
naam som	Orangenlimonade
naam maphrao	Kokoswasser
nomm	Milch
bia	Bier

sekarte, und man sollte sich die verschiedenen Speisen einfach zeigen lassen und dann auf die gewünschte deuten. Unbedingt vor dem Essen nach dem Preis fragen!

In den einfachen **Restaurants** ist die Speisekarte meist nur in Thai, aber auch hier kann man zeigen, was man will. Die Speisekarten in den besseren (und teureren!) Restaurants sind normalerweise zweisprachig, oder irgendwer vom Personal spricht Englisch.

Die Thais sind notorische Esser, und dementsprechend wird es in keinem Ort schwer fallen, ein Restaurant oder einen Essensstand zu finden. Man behauptet, dass die Thais immer entweder gerade essen oder daran denken, was sie als nächstes essen werden!

Nicht ganz einfach ist die **Klassifizierung** bei Restaurants und Essensständen. So kann man in mancher Brutzelhütte für 40–60 Baht köstlich dinieren, in manchen Feinschmecker-Restaurants dagegen zahlt man 2000 Baht für ein Gourmet-Essen und fühlt sich übers Ohr gehauen, weil's nicht schmeckt. Die sicherste Methode, gute von schlechten Restaurants zu unterscheiden, ist, auf das Urteil der Einheimischen zu hören. Gute und auch preiswerte Essensmöglichkeiten sprechen sich schnell herum, und die Lokale werden dann von Scharen von Thais aufgesucht. Die wirklichen „Geheimtipps" sind dabei äußerlich oft unscheinbar. In Touristengegenden wie der Khao San Road oder Phuket und Ko Samui gibt es sehr viele schlechte oder mittelprächtige Restaurants, weil die Betreiber genug Laufkundschaft haben und gar keine Stammgäste benötigen. Der Service kann in diesen Gegenden sehr unprofessionell sein. Da wo Thais oder Expats essen, ist man in der Regel besser bedient.

Vegetarisch

Die meisten Thais sind hoffnungslose Fleischliebhaber, doch essen sie gelegentlich (besonders an buddhistischen Feiertagen) gerne vegetarisch. Vegetarische Restaurants dürften auch für viele Fleisch essende Traveller interessant sein, da dort oft exzellentes Essen für nur wenig Geld serviert wird. Ein Standardgericht aus Reis und einem Gemüsecurry kostet ca. 20–30 Baht. Viele dieser Restaurants sind in einer „vegetarischen Gesellschaft" zusammengeschlossen, deren Förderer Bangkoks ehemaliger Bürgermeister *Chamlong Srimuang* ist – selbst ein lupenreiner Vegetarier. Die meisten dieser Restaurants schließen allerdings schon am frühen Nachmittag, da sie zum größten Teil nur von

Angestellten in der Mittagspause besucht werden. In Bangkok und Chiang Mai gibt es jedoch einige „hochklassige" und etwas teurere vegetarische Restaurants.

Vegetarier, die ein entsprechendes Restaurant suchen, sollten sich den Ausdruck *mangsawirat* (in Bangkok Aussprache: *mangsawilat*) merken, was „vegetarisch" bedeutet. Ein *raan ahaan mangsawirat* ist ein vegetarisches Restaurant.

Viele Thai-Chinesen essen aus religiösen Gründen *ahaan jää*, d. h. vegetarische Kost, die ohne Verwendung von Knoblauch und Zwiebeln zubereitet wird. Dementsprechende Restaurants nennen sich *raan-ahaan jää*. Die vegetarischen Restaurants sind besonders gut besucht an den sogenannten *wan phra* oder „Mönchstagen", an denen viele Thais vegetarisch essen, um sich „spirituellen Verdienst" zuzulegen. Die *wan phra* werden durch den Mondkalender bestimmt; sie fallen auf den ersten und achten Tag des abnehmenden und zunehmenden Mondes.

Fotografieren

Die meisten Reisenden fotografieren heute mit Digitalkameras. Die thailändischen Fotogeschäfte haben sich darauf eingestellt, und digitale Fotos können von der Kamera oder dem Chip auf CD gebrannt werden (ca. 100 Baht pro CD), oder aber zu Prints ausgedruckt werden (ca. 8 Baht für ein Standardformat).

Zu guter Letzt noch ein paar wichtige **Vokabeln:** *Khoo thai ruup?* heißt „Darf ich fotografieren?" „Bitte recht freundlich!" heißt auf Thai *yim noy!*, wörtlich „Lächle mal ein bisschen!" Englischsprechern wird die folgende Aufforderung bekannt vorkommen: *act noy!* oder *action noy!*, zu Deutsch: „Bitte 'n bisschen Äkschen!"

Rund ums Geld

Die thailändische Währungseinheit ist der **Baht,** der sich in 100 Satang unterteilt. Mitte 2013 galten die folgenden **Wechselkurse:**

Für Traveller-Schecks gelten etwas höhere Kurse als für Bargeld. Bei baren Dollars erzielen große Scheine etwas mehr als kleine.

Es gibt Münzen zu 25 und 50 Satang, 1, 2, 5 und 10 Baht, Banknoten zu 10 (heute ganz selten), 20, 50, 100, 500 und 1000 Baht.

Die **25- und 50-Satang-Münzen** sind klein, goldfarben und heutzutage fast wertlos. Außer in öffentlichen Bussen in Bangkok oder im Kaufhaus werden sie kaum noch angenommen. Selbst Busschaffner oder Verkäufer werden nicht selten richtig sauer, wenn man ihnen das Kleinzeugs in die Hand drückt!

Die **1-Baht-Münzen** sind silbern und etwas kleiner als ein 5-Cent-Stück. Die 2-Baht-Münzen sehen den 1-Baht-Münzen zum Verwechseln ähnlich, sie sind nur unwesentlich größer. Manche Geschäftsinhaber malen ihnen mit blauem Marker eine „2" auf. Die **5-Baht-Münzen** sind silbern und haben etwa die Größe eines 20-Cent-Stücks. Die **Fünfer** können unterschiedliche Dicke haben, je nachdem, ob es sich um eine alte oder neuere Ausgabe der Münze handelt. Die **10-Baht-Münzen** sind silbern und haben einen goldenen Kern, ganz ähnlich der 2-Euro-Münze, die auch exakt die gleiche Größe hat. Eine Zeit lang benutzten gewitzte Leute 10-Baht-Münzen in europäischen Automaten, bis die Auto-

matenhersteller darauf aufmerksam wurden und die Geräte umstellten und „Baht-sicher" machten. Die 2-Baht-Münze ist bisher sehr selten, sie ist silbern und etwas größer als die 1-Baht-Münze.

Banknoten gibt es – wie bereits erwähnt – zu 10 Baht (braun), 20 Baht (grün), 50 Baht (blau), 100 Baht (rot), 500 Baht (violett) und 1000 Baht (beigebraun). Verwechslungen sind bei den Geldscheinen nicht zu befürchten, da der Wert in deutlichen, uns vertrauten Zahlen aufgedruckt ist.

Die **Banken** sind Mo-Fr von 8.30 bis 15.30 Uhr geöffnet, nicht aber an öffentlichen Feiertagen. In Gebieten mit hoher Touristenkonzentration (Khao San Road, Siam Square, Patpong, Sukhumvit u. a.) gibt es zahlreiche Wechselschalter, die weit länger geöffnet haben, bis 20.00 oder auch 22.00 Uhr. Die Kurse sind im Allgemeinen die gleichen, die man auch bei den normalen Banken erhält.

Beim Einlösen eines **Traveller-Schecks** ist der Reisepass vorzulegen und dann die Unterschrift auf dem Scheck zu leisten. Gelegentlich muss auf der Rückseite nochmal unterschrieben werden, das hat aber nichts zu bedeuten, ist nur eine kleine Sicherheitsmaßnahme. Je Scheck wird eine Wechselgebühr von 30 Baht erhoben, dazu kommen noch einmal 3 Baht pro getätigten Wechsel. Wenn ich also 2 Schecks einlöse, werden mir 2 mal 10 Baht (für die Schecks) und weitere 3 Baht (für das Wechseln) abgezogen, insgesamt also 26 Baht. Verschiedene Banken erheben u. U. geringfügig abweichende Gebühren.

Bangkoks Banken arbeiten extrem effizient, und ein Wechsel dürfte nicht mehr als ein paar Minuten in Anspruch nehmen, wenn überhaupt. Beim Wechseln von **Bargeld** ist kein Reisepass notwendig, es

1 €	= 42 Baht	100 Baht	= 2,33 €
1 CHF	= 34 Baht	100 Baht	= 2,88 CHF
1 US$	= 31 Baht	100 Baht	= 3,12 US$

Stand: August 2013

wird nur ein kleines Formular ausgefüllt, und das war's dann auch schon. Die üblichen Weltwährungen (Euro, US-Dollar, Pfund, Yen, Schweizer Franken, Austr. Dollar, Singapur-Dollar etc.) werden überall angenommen. Wird man mit einer Währung bei den kleineren Banken abgewiesen, so sollte man es bei der Bangkok Bank, 333 Silom Road, versuchen. Dort (2. Stock) werden auch „unübliche" Währungen akzeptiert. Hier kann man auch Währungen anderer asiatischer Länder einkaufen, z. B. malaysische Ringgit (auch Malaysische Dollars genannt) oder indonesische Rupien. Andere Banken oder Bankschalter verkaufen diese Währungen in der Regel nicht.

Maestro- und Kreditkarten

In vielen besseren Hotels, Restaurants und Geschäften kann mit Kreditkarten bezahlt werden. Dabei ist vorher abzuklären, ob dabei ein Aufschlag auf den Preis erhoben wird. In einigen Geschäften wird bei Zahlung mit Kreditkarte eine Gebühr von 5 % aufgeschlagen. Reisebüros schlagen zumeist 2,5–3 % auf. Thailand ist ein Zentrum des **Kreditkartenbe**trugs**, und man sollte die Karte nur bei seriös wirkenden Unternehmen einsetzen.

Ob **Kosten für die Barabhebung** anfallen und wie hoch diese sind, ist abhängig von der kartenaustellenden Bank und von der Bank, bei der die Abhebung erfolgt. Man sollte sich daher vor der Reise bei seiner Hausbank informieren, mit welcher thailändischen Bank sie zusammenarbeiten. Im ungüns-tigsten Fall wird pro Abhebung eine Gebühr von bis zu 1 % des Abhebungsbetrags per Maestro-Karte oder gar 5,5 % des Abhebungsbetrags per Kreditkarte berechnet. **Bitte beachten:** Bankkarten mit dem neuen V PAY-Logo funktionieren nicht außerhalb Europas.

Achtung! Bei Barabhebungen **mit nicht-thailändischen Bankkarten** wird pro Abhebung eine **Gebühr von 150 Baht** eingezogen. Diese Gebühr gilt unabhängig von allen Gebühren, die die Heimatbank u. U. erhebt. Es ist also sinnvoll, immer möglichst große Summe abzuheben. In der Regel spucken die Automaten bis zu 20.000 Baht pro Abhebung aus, die Automaten mancher Banken jedoch nur bis zu 10.000 Baht.

Die 150-Baht-Gebühr wird von den Automaten **aller thailändischen Banken** eingezogen. Die einzige Möglichkeit, die Gebühr zu umgehen, sind die **Automaten von „Aeon"**, einer Finanzgesell-

---

Zahlen, die auf Münzen und Gelscheinen vorkommen

๑	1	๒	2	๕	5
๑๐	10	๒๐	20	๕๐	50
๑๐๐	100	๒๕	25	๕๐๐	500
๑๐๐๐	1000				

Welche Schecks oder Währungen mitbringen?

Deutsche tun gut daran, €-**Reiseschecks** mitzuführen, da es unsinnig ist, die Euros erst in Dollars umwechseln zu lassen, um dann Dollar-Schecks wiederum in Baht einzutauschen. €-Reiseschecks von namhaften Banken (also American Express, Bank of America, Deutsche Bank etc.) werden überall in Bangkok angenommen. Schweizer können **Schecks in Schweizer Franken** mitbringen, in diesem Falle gehen € oder Dollars natürlich auch. Neuerdings gibt es auch die Möglichkeit der PTT-Postcheques (bis zu 300 SFr pro Scheck), die man sich in Schweizer Postämtern ausstellen lassen kann. Diese werden von einigen Postämtern in Thailand gegen Landeswährung eingetauscht. Einzelheiten sollten bei den schweizerischen Stellen erfragt werden. Für Österreicher empfiehlt es sich ebenfalls, €-Reiseschecks statt Dollar-Schecks mitzuführen. **In Euro ausgestellte Reisescecks** lassen sich bei praktisch allen Banken oder Wechselschaltern einwechseln.

Ein paar Scheine **Bargeld** sollten zusätzlich zu den Schecks mitgebracht werden. Damit kann zur Not mal ein Taxi o. Ä. bezahlt werden. Außerdem muss man so am Schluss der Reise nicht womöglich einen großen Scheck einlösen, um noch den letzten Kauf zu tätigen.

Kontoeröffnung bei einer thailändischen Bank

Wer längere Zeit in Bangkok bzw. Thailand bleiben will, kann auch ein **Bankkonto** eröffnen. Die empfehlenswerteste Bank ist wahrscheinlich die Bangkok Bank, die einen sehr effizienten Kundendienst bietet und auch das dichteste Netz an Filialen im Lande besitzt.

Sparkonten können theoretisch bei jeder Filiale der Bangkok Bank (oder anderen Bank) beantragt werden. Die Eröffnung eines Kontos geht sehr schnell, und Zinsen gibt es obendrein. Seit dem Jahr 2000 ist die Eröffnung eines Kontos für Ausländer offiziell an die Vorlage einer Arbeitserlaubnis gebunden. Die Handhabung bzw. Befolgung der Regel scheint jedoch von der Filiale oder dem jeweiligen Bankpersonal abzuhängen – unterschiedliche Leute haben unterschiedliche Erfahrungen gemacht. Man sollte es einfach mal probieren. Wenn eine Bankfiliale absagt, nicht aufgeben, sondern einfach bei einer anderen versuchen! (Nach Erfahrung des Autors verlangen einige Banken bei Geldtransfers ins Ausland ebenfalls die Vorlage der Arbeitsgenehmigung oder aber einen Beleg, dass das zu transferierende Geld im Ausland verdient wurde).

Bei der Kontoerteilung sollte gleich eine **ATM-Karte** mitbeantragt werden (ATM = *Automated Teller Machine*). Die normalen ATM-Karten kosten 30 Baht. Mit diesen Karten kann man täglich bis zu

schaft. Man sollte nach diesen Ausschau halten, sie sind jedoch rar. Die auf der Website von „Aeon" angegebenen Automaten existieren zum Teil nicht mehr bzw. neue sind dazugekommen (www.aeon.co.th/en). In Bangkok finden sich Aeon-ATMs z. B. in den Shoppingcentern MBK Centre, Siam Paragon, Terminal 21, und Big C, Filiale Rajdamri Road.

Für das **bargeldlose Zahlen per Kreditkarte** werden etwa 1–2 % für den Auslandseinsatz berechnet.

Vorsicht! Jedes Jahr kommt es in Thailand tausendfach zu Kreditkartenbetrug. Die Daten der Kreditkarte werden elektronisch gespeichert, und dann werden Kopien angefertigt. Es empfiehlt sich, Kreditkarten nur in seriös wirkenden Unternehmen zu verwenden. Besser ist es, sich mit der Karte Bargeld vom Geldautomaten oder von der Bank holen. Das kann viel Ärger ersparen.

20.000 Baht abheben (2 mal 10.000). Für 250 Baht gibt es die „Premier"-ATM-Karten, die sofort ausgestellt werden, mit diesen lassen sich täglich bis zu 40.000 Baht abheben (2 mal 20.000; 20.000 ist die höchste Summe, die mit einem Mal abgehoben werden kann). Für 300 Baht gibt es die „Be First"-Karten, mit denen man täglich bis zu 150.000 Baht abheben kann. Diese Karten sind mit Visa Electron verbunden, d. h. man kann mit ihnen auch wie mit einer Kreditkarte bezahlen. Folglich ist auf diese Karte ebenso gut aufzupassen wie auf eine Kreditkarte. Kredit gibt es mit den Karten allerdings nicht. Die meisten Geldautomaten sind 24 Std. in Betrieb.

Mit den „Premier"- und „Be-First"-Karten lässt sich auch im Ausland Geld aus Automaten holen (z. B. Singapur, Malaysia und auch Europa). Man schaue nach der Ausschilderung „Plus" an den Automaten. Dabei wird pro Automatenbenutzung eine Gebühr von 75 Baht eingezogen; der berechnete Wechselkurs liegt u. U. etwas schlechter als der offizielle. An den meisten **Geldautomaten** kann auch mit Visa-, Master- oder American-Express-Karte abgehoben werden; man achte diesbezüglich auf die Ausschilderung am Automaten.

Kontoeröffnung bei einer ausländischen Bank

Statt bei einer thailändischen Bank kann ein Konto auch bei einer ausländischen Bank eröffnet werden, z. B. bei der Standard Chartered Bank, der Bank of America, der Bank of Asia (Anteile der holländischen AMLO), der Deutschen Bank u. a. Diese Banken arbeiten i.d.R. effizienter als thailändische. Dennoch gibt es einige Nachteile, die ihnen aus Regeln erwachsen, welche zum Teil von den thailändischen Staatsbanken auferlegt wurden, um die ausländischen Banken weniger konkurrenzfähig zu machen: So lässt sich mit den zum Konto ausgegebenen ATM-Karten z. B. kein Geld im Ausland abheben, sondern nur in Thailand selbst. Zudem finden sich weniger ATM-Automaten, die die Geldkarten akzeptieren. Einige Banken fordern ein Mindestguthaben (z. B. 50.000 bei der Standard Chartered Bank); fällt der Kontostand darunter, so zahlt man eine Strafgebühr. Außerdem sind die ohnehin schon geringen Zinsen in Thailand noch etwas niedriger als bei den einheimischen Banken. Ein Vorteil: Man kann auch Konten in ausländischen Währungen führen, z. B. in € oder US$.

Geld überweisen

Ist einem das Geld ausgegangen, kann man sich problemlos welches schicken lassen. Alle Geldüberweisungen von Europa aus sollten aber grundsätzlich per Telex oder besser sogar SWIFT abgewickelt werden (ca. 30 €). So sollte es dann nicht länger als 2 Tage dauern, wohingegen Normalüberweisungen Wochen dauern können. Weiterhin möglich sind Überweisungen über eine Filiale von Western Union. Für den Transfer muss man die Person, die das Geld schicken soll, vorab benachrichtigen. Diese muss

⌂ Wechselstube in Bangkok

Baht, Tical und Muschelgeld

Mindestens ab der Mitte des 14. Jh. war im alten Siam die Währungseinheit **Tical** (sprich „Tickel") in Gebrauch. Der Tical war ursprünglich ein Silberstück von 15 g Gewicht, das zu verschiedenen Zeiten in unterschiedlichen Formen auftrat. Manche Stücke hatten die Form einer Gewehrpatrone, andere sahen aus wie kleine Stangen, manche wie schmale, längliche Rhomben, und andere wiederum waren mehr oder weniger rund.

Der Tical war unterteilt in **4 Salüng** oder „Viertel", ein Salüng wiederum bestand aus **2 Füang;** beides waren Silbermünzen. Dazu waren kleinere Münzen aus Kupfer in Umlauf, so der Song-Pai (1/16 Tical), der Pai (1/32 Tical), der At (1/64 Tical) und der Solot (1/132 Tical). Diese Stückelung in Achter- oder Sechzehner-Einheiten lässt sich bis in die prähistorische Indus-Kultur zurückverfolgen und wurde später von Indien und dem ihm verwandten Kulturkreis übernommen (8 und 16 waren mystische Zahlen in Indien). Ortsweise wurden auch **Kauri-Muscheln** als Währung gehandelt, wobei 1200 Muscheln den Wert von 1 Füang hatten.

Neben dem Tical war lange Zeit auch die **britisch-indische Rupie** in Umlauf; in Nordthailand (ab der Höhe von Tak) war sie bis in die 90er Jahre des 19. Jh. hinein sogar fast ausschließliches Zahlungsmittel. Reisende in den Norden mussten ihre Tical in Rupien umwechseln, wollten sie nicht plötzlich mittellos dastehen. Fälscherwerkstätten in der Nähe von Chiang Mai brachten korbweise falsche Rupien in Umlauf, und die Markthändler der Region pflegten jede Münze zum Test „klingen" zu lassen.

Anfang des 20. Jh. versuchte die siamesische Regierung, den Gebrauch von Rupien zu unterbinden; gleichzeitig führte sie **Papiergeld** ein. Letzteres wurde zunächst mit Misstrauen betrachtet, und für einen 10-Tical-Schein wurden anfänglich nur 9 Tical Silber (135 g) ausbezahlt.

Was die damaligen **Wechselkurse** angeht, so gab es um das Jahr 1615 für ein Britisches Pfund 8 Tical, gegen Ende des 19. Jh. jedoch schon 20 Tical. Der Wert des Tical war ursprünglich an den Preis von Silber gebunden, der zu jener Zeit beständig sank. 1902 wurde ein auf **Gold basierendes Währungssystem** eingeführt. Ende der dreißiger Jahre verdienten Arbeiter in Bangkok etwa 2 Tical pro Tag.

Das Wort *Tical* stammt vom arabischen *thaqal*, das mit dem hebräischen *shekel* und der in Bangladesch benutzten Währung *Taka* (wörtl. „Münze" oder „Geld") verwandt ist. Der Hindi-Begriff *tikali* bedeutet „kleines, rundes Stück Metall".

In den vierziger Jahren wurde der Tical durch den **Baht** ersetzt. Dieser ist ebenfalls vom Ursprung her eine Gewichtseinheit (15 g); noch heute werden Silber und Gold in Baht gewogen. Das Wort *Baht* stammt vom Hindi-Begriff *baat*, was einfach „Gewicht" oder „Gewichtseinheit" bedeutet.

Seltsamerweise gebrauchen einige ältere, in Thailand ansässige Inder bei Preisangaben noch immer den Begriff „Tical". Den meisten Thais ist dieser heute völlig unbekannt.

■ In Bangkok befindet sich ein **Münz-Museum,** das wochentags von Gruppen (mindestens 10 Personen) nach Voranmeldung besucht werden kann. Adresse: 273 Samsen Road (neben Bank of Thailand und der neuen Rama 8. Bridge), Tel. 02-2835286.

dann bei einer Western Union Vertretung (in Deutschland u. a. bei der Postbank) ein entsprechendes Formular ausfüllen und den Code der Transaktion telefonisch oder anderweitig übermitteln. Mit dem Code und dem Reisepass geht man zu einer beliebigen Vertretung von Western Union in Thailand (siehe Telefonbuch oder unter www.westernuni on.com), wo das Geld nach Ausfüllen eines Formulars binnen Minuten ausgezahlt wird.

Maße und Gewichte

Die in Thailand gebräuchlichen Maße und Gewichte folgen dem metrischen System, also Kilometer, Kilogramm, Liter etc. Ausnahmen bestehen bei **Flächenangaben,** zu denen oft alte thailändische Maße zu Hilfe genommen werden. Grundstücke oder andere große Areale werden meist in **rai** gemessen (1.600 m²), die Wohnfläche von Häusern oder andere kleinere Flächen in **Trang-Wah.** Ein *Trang-Wah* oder „Quadrat-Wah" entspricht 4 m². Der *Wah* ist ein altes Längenmaß und entspricht vier „Ellen" (der Arm von den Fingerspitzen bis zum Ellenbogen), d. h. 2 m.

Gold wird in **Baht** gewogen, was aber nicht mit der Währungseinheit zu verwechseln ist. 1 *Baht* sind 15 g. Der in den Fenstern der Juwelierläden angegebene Goldpreis bezieht sich immer auf 1 *Baht*. Der *Baht* ist in 4 *Salüng* unterteilt. Da *Salüng* somit so etwas wie „ein Viertel" bedeutet, wird oft auch die thailändische 25-Satang-Münze *Salüng* genannt.

„Kilometer" auf Thai ist schlicht **Kilomet.** 1 Kilomet besteht aus 1000 **Met.** Thais haben in der Regel nur ungefähre Vorstellungen von Entfernungen, und wer Passanten nach der Entfernung zum Hotel So-und-So fragt, wird oft durch völlig falsche Angaben verwirrt.

Früher gaben die Thais (wie auch andere Völker Asiens) Entfernungen und Zeitspannen dadurch an, wie viele Betelnüsse man zwischenzeitlich kauen könnte. Auf die Frage, wie weit es denn beispielsweise nach Lamphun sei, bekam man also vielleicht Antworten wie „Das schaffst du in sieben Betelnüssen" ...

Medizinische Versorgung

Thailands **Ärzte** sind relativ gut ausgebildet, dennoch gibt es darunter auch zahlreiche schwarze Schafe. Einige Ärzte betreiben das sogenannte *liang khai*, das „Hegen des Fiebers" – sie halten den Patienten möglichst lange krank, um ordentlich an ihm zu verdienen. Wenn die Behandlung nach einer angemessenen Zeit nicht angeschlagen hat, sollte man den Arzt wechseln.

Gelegentlich werden des Profits wegen sogar Operationen anberaumt, die eigentlich überflüssig sind. Man sollte immer die Meinung eines zweiten, wenn nicht gar dritten Arztes einholen, möglichst in einem anderen Krankenhaus!

Private thailändische **Krankenhäuser** können sehr teuer sein (Tagessätze von bis zu 5000 Baht), in staatlichen kommt man mit sehr niedrigen Summen davon. Ein Leser der „Bangkok Post" berichtete, dass ihm nach der Behandlung in einem privaten Hospital beschieden wurde, dass „Malaysier doppelt so viel zu zahlen haben wie Thais, Westler das Dreifache".

Das thailändische Gesundheitsministerium plant, demnächst eine Standardisierung der Preise in privaten Krankenhäusern einzuführen, was die Kosten verringern dürfte. Ob diese auch die Übervorteilung von Ausländern unterbinden kann, ist fraglich. Vor der Behandlung sollte man sich auf jeden Fall nach den zu erwartenden Kosten erkundigen.

Im Notfall seien folgende Adressen **in Bangkok** empfohlen:

■ **Dr. Praka Wongphaet,** Samrong Hospital, Tel. 02-3610070
■ **Dr. Watanayakorn** (Chirurg), Police Hospital *(Roong-Phayabaan-Thamruat),* Rama 1 Road, Tel. 02-2528111-20
■ **Dr. Ingbun Thien** (Zahnarzt, spricht deutsch), Bamrungrad International Medical Center, Soi Nana Nuea, Sukhumvit Road, Soi 3, Tel. 02-6672300

Apotheken

Thailands Apotheken sind mit fast allem bestückt, was in Europa an Medikamenten vorrätig ist. Eine **Rezeptpflicht** gibt es theoretisch, in der Praxis aber werden alle Medikamente ohne Nachfrage verkauft – zu Preisen, die weit unter westlichem Niveau liegen. Die meisten Apotheken werden von Thai-Chinesen betrieben, die in der Regel nur wenig oder gar kein Englisch sprechen. Für Reisende sehr empfehlenswert sind die pharmazeutischen Abteilungen in den Filialen der britischen Kette **Boots,** derer es ca. 100 im Lande gibt. Die dort arbeitenden Angestellten haben Universitätsabschluss in Pharmazeutik und sprechen zumeist sehr gut Englisch. Bei kleinen Problemen erspart der Gang hierhin eventuell den Arzt.

In Bangkok gibt es Filialen in der Khao San Road, im Mah Boonkrong Centre, Siam Centre, Siam Paragon, Siam Square, in der Silom Road, Sukhumvit und an vielen anderen Orten.

Thailands bestgehende Apotheke ist die „Chakraphet Pharmacy" an der Chakraphet Road im Stadtteil Pahurat in Bangkok (gegenüber „India Emporium"). Die Preise sind sehr niedrig, und der Andrang ist so groß, dass man erst eine Wartenummer ziehen muss, ehe man bedient wird.

Notfälle

Verlust von „Plastikkarten"

Bei Verlust oder Diebstahl der der Kredit- oder Maestro-(EC-)Karten sollte man diese umgehend sperren lassen. Für deutsche Maestro- und Kreditkarten gibt es die einheitliche Sperrnummer 0049 116116 und im Ausland zusätzlich 0049 30 405040 50. Für österreicherische und schweizerische Karten gelten:

■ **Bankomat-/Maestrokarte,** (A-)Tel. 0043 1 2048800; (CH-)Tel. 0041-44 2712230, UBS: 0041-800 888 601, Credit Suisse: 0041-800 800488.
■ **MasterCard,** internationale Tel. 001-636 7227 111 (R-Gespräch).
■ **VISA,** internationale Tel. 001-410 581 9994.
■ **American Express,** (A-)Tel. 0049-69 9797 2000; (CH-)Tel. 0041-44 6596333.
■ **Diners Club,** (A-)Tel. 0043-1 501350; (CH-)Tel. 0041-58 7508080.

Verlust von Reiseschecks

Nur wenn man den Kaufbeleg mit den Seriennummern der Reiseschecks sowie den Polizeibericht vorlegen kann, wird der Geldbetrag von einer größeren Bank vor Ort binnen 24 Stunden zurückerstattet. Also muss der Verlust oder Diebstahl umgehend bei der örtlichen Polizei und auch bei American Express bzw. Travelex/Thomas Cook gemeldet werden. Die Rufnummer für ihr Reiseland steht auf der Notrufkarte, die Sie mit den Reiseschecks bekommen haben.

Ausweisverlust/dringender Notfall

Wird der Reisepass oder Personalausweis im Ausland gestohlen, muss man diesen bei der örtlichen Polizei melden. Darüber hinaus sollte man sich an die nächste diplomatische Auslandsvertretung seines Landes wenden, damit man einen Ersatz-Reiseausweis zur Rückkehr ausgestellt bekommt (ohne kommt man nicht an Bord eines Flugzeuges!).

Auch in **dringenden Notfällen,** z. B. medizinischer/rechtlicher Art, Vermisstensuche, bei Todesfällen, Häftlingsbetreuung o. Ä. sind die Auslandsvertretungen bemüht, vermittelnd zu helfen. **Die Vertretungen schließen oft schon gegen Mittag für den Kundenverkehr.**

Deutschland

■ **Botschaft in Bangkok:** 9 South Sathorn Rd., Tel. 02-2879000, Notfallnummer außerhalb der Geschäftszeit 081-8456224, www.bangkok.diplo. de. Mo–Fr 8.30–11.30 Uhr.

■ **Honorarkonsulat in Chiang Mai:** 199/163 Moo 3, Ban Nai Fun 2, Kan Klong Chonpatan Rd., Tambon Mae Hia, Amphoe Muang, Tel. 053-838735

■ **Honorarkonsulat in Pattaya:** 504/526 Moo 10, Soi 17, 2nd Road, Pattaya City, 20150 Chonburi, Tel. 038-713613

■ **Honorarkonsulat in Phuket:** 100/425 Moo 3, Chalermprakiat R. 9 Road, Rassada, Tel. 076-610407

Österreich

■ **Botschaft in Bangkok:** 14 Soi Nantha, Attakarnprasit Soi 1, South Sathorn Road, Tel. 02-1056700, www.aussenministerium.at/bangkok. Mo–Fr 9.00–12.00 Uhr.

■ **Honorarkonsulat in Pattaya:** 504/526 Moo 10, Soi 17, 2nd Road, Pattaya City, Chonburi, Tel. 038-713613

■ **Honorarkonsulat in Phuket:** 2 Moo 4, Wirathongyok Road, Wichit, Muang, Tel. 076-248334-6

Schweiz

■ **Botschaft in Bangkok:** 35 North Wireless Road., Skytrain-Station Chitlom, Tel. 02-6746900, www.eda.admin.ch/bangkok. Mo–Fr 9.00–11.30 Uhr.

Post und Telefon

Die thailändische Post ist im Allgemeinen recht zuverlässig, zumindest was **Briefe und Postkarten** angeht: Was abgeschickt wurde, kommt meist auch an.

Etwas schlechter sieht es bei **Päckchen oder Paketen** aus. Deren Inhalt scheint einige Postler zu interessieren, und es kommt zunehmend zu Klagen über verloren gegangene Sendungen oder solche, bei denen etwas herausgenommen wurde. Das gilt sowohl für ein- als auch ausgehende Sendungen. Wichtige Sendungen sollten deshalb unbedingt per Einschreiben geschickt werden (auf Thai *long tabiyen*).

Wer noch sicherer gehen will, ist gut mit einem der zahlreichen **Kurierdienste** beraten, die auch eine kürzere Zustellungszeit versprechen. Die folgenden Kurierdienste in Bangkok holen die Sendung auf Abruf vom Hotel (oder sonstiger Adresse des Kunden) ohne Aufpreis ab:

- **Airborne,** Tel. 02-3921383
- **City-Link Express,** Tel. 02-5415303-7
- **CSS Couriers,** Tel. 02-2873278-9
- **Dragon Courier International,** Tel. 02-6569019-21
- **DHL Worldwide Express,** Tel. 02-6588000
- **DPE Worldwide,** Tel. 02-2374751-6
- **Emery Worldwide,** Tel. 02-2357613-4
- **Excellent Courier,** Tel. 02-9397469
- **Federal Express,** Tel. 02-3673222
- **GDM Company,** Tel. 02-2853512
- **OCS,** Tel. 02-2559950-4
- **Skynet Worldwide Express,** Tel. 02-6364939
- **Speedy,** Tel. 02-2542536
- **TNT Express Worldwide,** Tel. 02-2495702-6
- **United Parcel Service,** Tel. 02-7123000
- **Worldpak Express,** Tel. 02-2583896

Die Kosten für die Courier Services sind allerdings recht hoch: Eine Dokumentensendung von bis zu 500 g kostet ca. 1200 Baht; Warensendungen sind etwas billiger.

In einigen Städten gibt es Niederlassungen des privaten Unternehmens **Mail Boxes Etc.** (MBE), das alle möglichen postalischen Dienste anbietet: das Versenden von Paketen, Briefe, Faxe oder E-Mail-Service. Filialen finden sich bisher in Bangkok (Tani Rd., Banglamphoo), Phuket (Phuket Rd.) und Chiang Mai (Chan Klan Rd. nahe Night Bazar und Thanon Inthawarorot).

Doch zurück zur Post: Es ist nicht nötig, Postkarten oder Briefe vor den Augen abstempeln zu lassen, wie in einigen anderen asiatischen Ländern, wo die Marken abgelöst und wiederverkauft werden. Einige Marken kleben jedoch schlecht, und Vielschreiber sollten sich Klebstoff zulegen.

Ein Brief von Bangkok nach Westeuropa ist selten länger als eine Woche unterwegs, umgekehrt sind's oft nur 4 Tage. Bei Post aus der oder in die Provinz sind 1–3 Tage dazuzurechnen.

Post kann man sich auch postlagernd schicken lassen, am besten zum G.P.O. (*General Post Office*) in Bangkok. Den Briefen ist ein deutliches **poste restante** aufzumalen, und wer die Briefe abholt, sollte die Beamten bitten, sowohl unter dem Vor- als auch dem Nachnamen nachzusehen, da die Briefe oft falsch einsortiert werden. Abholgebühr 1 Baht.

American Express unterhält einen Postlagerservice, allerdings muss der Abholer American Express Traveller-Schecks haben oder Besitzer einer Scheckkarte selbiger Firma sein.

Pakete

Pakete lassen sich per Luftpost schicken (erstes Kilo 950 Baht, danach jedes weitere Kilo 175 Baht) oder – preiswerter – auf dem Seeweg.

Je schwerer die Pakete also, desto niedriger der Kilopreis. Das Limit liegt allerdings bei 20 Kilo.

Sea-Mail-Pakete können mehr als drei Monate unterwegs sein, Beteuerungen der Beamten, die Pakete kämen in vier Wochen an, sind unter der Rubrik „Legende" einzuordnen.

9

Reisetipps A–Z

In allen Postämtern gibt es Fertigpakete zu kaufen, inklusive Schnürband und Klebestreifen. Diese sind allerdings etwas knapp bemessen. Ein mittelgroßes kostet 12 Baht.

In Thailand **eingehende Pakete** werden gelegentlich vom Zoll kontrolliert und müssen am der Empfängeradresse nächstgelegenen Postamt abgeholt und verzollt werden. Postsendungen bis zu einem Wert von 1000 Baht sind zollfrei.

Telefonieren

Orts- und Inlandsgespräche

Gespräche innerhalb Thailands können von **grünen Telefonkarten-Automaten** geführt werden (Telefonzellen mit grünem Dach, siehe Aufschrift „Cardphone"). Die Telefonkarten für Orts- und Inlandsgespräche sind nicht dieselben wie die für Auslandsgespräche (s. u.). Inlands-Telefonkarten heißen auf Thai *bhat thorasap nay pathet*. Die allmählich aussterbenden Münzautomaten sind in Telefonzellen mit blauem Dach untergebracht und nehmen 1- und 5-Baht-Münzen an. Ein Ortsgespräch von einer Minute kostet 3 Baht. Die günstigsten Tarife für Ferngespräche gibt es in der Zeit von 21.00 bis 6.00 Uhr.

Auslandsgespräche

Von **gelben Telefonkarten-Automaten** (Zelle mit gelbem Dach) können Gespräche ins Ausland geführt werden. Die dazu benutzten Telefonkarten sind andere als die bei Inlandsgesprächen; auf Thai nennen sie sich *bhat thorasap tang pathet*. Es gibt sie zwar überall zu kaufen, leider funktionieren sie aber nicht in jeder Telefonzelle.

Auslandsgespräche können auch von besseren Hotels, Postämtern und den sich stetig vermehrenden, privaten Telecommunication Offices geführt werden. Mit die **preiswertesten Möglichkeiten** bieten einige Büros in der Khao San Road in Bangkok, bei denen die Telefonverbindungen über das Internet hergestellt werden. Hier kostet eine Minute Auslandsgespräch (egal welches Land) **nur 20–25 Baht.**

Portogebühren

Innerhalb Thailands

Postkarte	3 Baht
Aerogramm	3 Baht

Nach Europa

Postkarte (je nach Größe)	12–15 Baht
Brief (bis 10 Gramm)	17 Baht
Brief (10-20 Gramm)	24 Baht
Aerogramm	15 Baht

Sea-Mail-Preise für Pakete

1 kg	850 Baht
3 kg	1090 Baht
5 kg	1330 Baht
10 kg	1930 Baht
15 kg	2530 Baht
20 kg	3130 Baht

9

Vorwahlnummern

Achtung! Auch bei Ortsgesprächen muss die Ortskennziffer mitgewählt werden.

Deutschland	0149
Österreich	0143
Schweiz	0141
Thailand von Deutschland	0066

Ayutthaya	035
Bangkok	02
Buriram	044
Cha-Am	032
Chantaburi	039
Chayaphum	045
Chiang Khan	042
Chiang Mai	053
Chiang Rai	053
Chonburi	038
Chumphon	077
Hat Yai	074
Hua Hin	032
Kamphaeng Phet	055
Kanchanaburi	034
Khon Khaen	043
Khorat	044
Ko Samui	077
Krabi	075
Lampang	054
Lamphun	053
Loei	042
Lopburi	036
Mae Hong Son	053
Mae Sot	055
Mukdahan	042

Nakhon Phanom	042
Nakhon Pathom	034
Nakhon Sawan	056
Nakhon Si Thammarat	075
Narathiwat	073
Nong Khai	042
Nonthaburi	02
Pattani	073
Pattaya	038
Petchaburi	032
Phang-Nga	076
Phatthalung	074
Phayao	054
Phitsanulok	055
Phuket	076
Phrae	054
Prachuap Khiri Khan	032
Ratchaburi	032
Ranong	077
Rayong	038
Roi-Et	043
Saraburi	036
Satun	074
Si Saket	045
Sukhothai	055
Suphanburi	035
Songkhla	074
Surat Thani	077
Surin	045
Tak	055
Trat	039
Ubon Ratchathani	045
Udon Thani	042
Uttaradit	055
Yala	073
Yasothon	045

Wer ein **Mobiltelefon** hat, kann sich in 7-Eleven-Läden eine *international calling card* zulegen, mit der teilweise noch geringere Gebühren möglich sind. Bei diesen muss vor der Nummer des anzurufenden Teilnehmers eine auf der Karte angegebene Code-Nummer eingegeben werden.

Gewählt werden muss bei Auslandsgesprächen 001, dann die Landeskennziffer ohne Nullen (also 49 für Deutschland), dann die Ortskennzahl ohne die voranstehende Null, dann die Nummer des Teilnehmers.

Handy-**Anschlüsse** haben die Vorwahlnummern 081, 083, 084, 085, 086, 087, 088 oder 089.

Falls das eigene Mobiltelefon **SIMlock-frei** ist (keine Sperrung anderer Provider vorhanden ist) und man viele Telefonate innerhalb Thailands führen möchte, kann man eine örtliche **Prepaid-SIM-Karte** erstehen. Es stehen drei derartige Systeme zur Verfügung, One-2-Call (AIS), D-TAC und True. Bei diesen hat man keine Monatszahlungen zu leisten, die Telefongespräche werden stattdessen von der vorbezahlten, mit einer bestimmten Summe aufgeladenen SIM-Karte abgebucht. Ist der Wert abtelefoniert, kann man sein Telefonguthaben wieder aufstocken. Letzteres erfolgt mit Hilfe einer Aufladekarte *(bhat thörm),* auf der eine Code-Nummer angegeben ist, die ins Telefon eingegeben werden muss. Das funktioniert also ähnlich wie bei europäischen Systemen. Aber Achtung, wenn man kein Dualband- oder Triband-Handy hat, kann man nur eine SIM einlegen, die mit derselben MHz-Zahl arbeitet wie ihr Handy (GSM 900 oder 1800, siehe auch Kapitel „Handy" unter „Vor der Reise").

Sim-Karten kosten ca. 200–300 Baht. Das Handy kann dann mit Telefonkarten, die es in jedem 7-Eleven zu kaufen gibt, je nach Bedarf aufgeladen werden.

Funklöcher gibt es aufgrund geografischer Gegebenheiten in einigen Bergregionen und auf einigen kleinen Inseln; keine Verbindung gibt es z. B. etwa 20 km außerhalb von Chiang Mai und am Mai Khao Beach auf Phuket.

Ortsgespräche kosten bei den Prepaid-Anbietern ca. 1–3 Baht/Min., Auslandsgespräche ca. 15–20 Baht/Min. Der Telefonmarkt ist im stetigen Wandel, und man erkundige sich nach den neuesten Angeboten und Tarifen.

Sowohl SIM-Karten als auch Handys sind im Mah Boonkrong Center in Bangkok und in zahllosen anderen Handy-Läden erhältlich. Zum Kauf der Karte ist die Vorlage des Reisepasses notwendig. Bei eventuellem Verlust des Handys und der Karte kann man bei Vorlage des Passes seine alte Nummer wiederbekommen (allerdings nur in der Zentrale der betreffenden Telefongesellschaft, nicht im Handy-Laden).

Faxe lassen sich von zahlreichen privat betriebenen Communication Centers aus schicken, die sich in den meisten Touristengegenden finden. Das Faxen einer DIN A4-Seite nach Deutschland kostet ca. 30–50 Baht. Von Postämtern aus ist es meist teurer und oft auch sehr zeitraubend.

E-Mail

Die **Internet-Vernetzung** Thailands geht rapide voran; Internet-Cafés finden sich heute auch in kleineren Orten, vor allem aber in Bangkok und in Orten mit vielen Touristen. 1 Stunde Internet kostet durchschnittlich 20–40 Baht. In der Khao San Rd. in Bangkok kassieren die meisten Internetläden 1 Baht/Min. In Sukhumvit oder am Siam Square in Bangkok wird z. T. das Dreifache verlangt.

Wi-Fi

In besseren Hotels, einigen Restaurants und Cafés gibt es kostenlose Wi-Fi-Verbindungen. Wer einen Laptop dabei hat, sollte einfach mal testen, ob man ein Signal empfangen kann. In einigen Cafés wie z. B. Starbucks kostet 1 Stunde Surfen allerdings teure 150 Baht. In einigen Shopping-Centern (z. B. Siam Paragon und CentralWorld in Bangkok) gibt es Wi-Fi-Service, der jedoch nur von Abonnenten eines Service-Anbieters wie z. B. *True* genutzt werden kann. Im gesamten Siam Square in Bangkok ist ein True-Signal zu empfangen. Zwecks zeitweisen Abonnements wende man sich an die True-Filiale im 3. Stock des Siam Paragon.

Reiserouten

Die meisten Thailand-Besucher erreichen das Land auf dem Luftweg und landen in Bangkok. Weniger Leute reisen auf dem Landweg von Malaysia aus ein oder kommen per Direktflug nach Phuket, Hat Yai, Surat Thani oder Chiang Mai, die internationale Flugverbindungen unterhalten.

Von Bangkok aus bieten sich **zwei touristische Hauptrouten** an:

Die Nordroute, die über Ayutthaya, Sukhothai (bzw. den Verkehrsknotenpunkt Phitsanulok) nach Chiang Mai

und Chiang Rai im hohen Norden führt. Chiang Mai ist die wichtigste Drehscheibe des Nordens, von wo aus man leicht in Orte wie Mae Hong Son, Lampang, Phrae, Phayao u. a. gelangt; Chiang Rai ist ein kleinerer Verkehrsknotenpunkt, mit guten Verbindungen in die Gegend des „Goldenen Dreiecks", dem Dreiländereck von Thailand, Myanmar (Burma) und Laos.

Die Südroute führt von Bangkok über Petchaburi, Cha-Am, Hua Hin, Chumphon nach Surat Thani (und der Insel Ko Samui); von dort aus geht es entweder weiter in den tiefen Süden, nach Hat Yai und Songkhla, oder westwärts nach Phuket, Phang-Nga, Krabi und den Phi Phi Islands.

Eine **touristische Nebenroute** ist die Strecke in den relativ touristenarmen **Nordosten;** sie führt von Bangkok nach Khorat, Khon Khaen, Udon Thani und zu den Orten am Mekong, dem Grenzfluss zu Laos.

Eine andere Nebenroute, die allerdings in den letzten Jahren immer populärer geworden ist, führt der **Ostküste** entlang zur Insel Ko Samet und dann über Chantaburi und Trat zu Thailands zweitgrößter Insel, Ko Chang.

Welche Route gewählt wird, hängt natürlich vom persönlichen Interesse, aber auch von der **Jahreszeit** und dem **Klima** ab. In der kühlen Jahreszeit (November–Februar) mag es manchem im Norden zu untropisch kühl sein, in der heißen Jahreszeit dagegen (März–April) bietet die Region willkommene Zuflucht vor der Sommerhitze. Wenn man beide Gebiete bereisen will, und das Klima spielt keine Rolle, empfiehlt sich vielleicht zuerst der Norden und danach der Süden mit seinen Stränden: Oft zeigt sich, dass man länger am Strand bleibt als geplant, und ein Teil des geplanten Programms fällt unweigerlich aus.

Bangkok

Bangkok hat unendlich viel zu bieten, seien es Sehenswürdigkeiten, Speise- und Einkaufsmöglichkeiten etc. Leider hat der grauenhafte Verkehr dazu geführt, dass viele Besucher es nicht länger als zwei oder drei Tage in der Stadt aushalten. Wessen Aufenthalt einen Sonntag beinhaltet, hat Glück, denn das ist bei weitem der verkehrsärmste Tag, und man kann schnell überall hin gelangen. Der Samstag ist auch noch erträglich. Ansonsten ist viel Gelassenheit mitzubringen, wenn man die Verkehrsstaus ohne psychischen Schaden überstehen will. Wer seinen Aufenthalt so knapp wie möglich halten möchte, sollte zumindest **Wat Phra Kaeo** besuchen, die herausragendste Sehenswürdigkeit der Stadt. Diese riesige Tempelanlage ist so etwas wie Thailands spirituelles Zentrum und eines der architektonischen Weltwunder. Nirgends drückt sich der den Thais angeborene Sinn für Ästhetik besser aus als hier.

Von Bangkok bieten sich **zahlreiche Ausflüge** in die Umgebung an, die sich dann ganz plötzlich ländlich-idyllisch präsentiert. Orte wie Kanchanaburi, Pathum Thani, Nakhon Pathom, Ratchaburi, Damnoen Saduak, Pattaya u. a. sind gut in einem Tagesausflug aus zu besuchen und bieten einen guten Kon-

◁ Restaurant mit kostenlosem Wireless-Internetzugang am Kamala Beach, Phuket

trapunkt zu dem Beton- und Blechmoloch Bangkok (Einzelheiten s. u.).

Wer absolut **nicht in Bangkok übernachten** will, kann vom internationalen Flughafen Suvarnabhumi gleich per Pendlerbus zum Don Mueang Airport fahren – von dort gehen alle paar Minuten Flüge zu Orten innerhalb Thailands ab. Tickets sind oft noch kurz vor dem Abflug erhältlich. Zu Engpässen kann es aber bei beliebten Zielen wie Phuket, Surat Thani, Ko Samui und Chiang Mai kommen, besonders in der Hauptsaison.

Tagestouren von Bangkok

Als Tagesausflugsziele von Bangkok bieten sich insbesondere an: Das ruhige **Pathum Thani** mit seinem kleinen Vogelschutzgebiet; **Nakhon Pathom** mit dem Phra Pathom Chedi, dem höchsten buddhistischen Bauwerk der Welt; **Kanchanaburi** mit der berühmt-berüchtigten „Brücke am Kwai", die vielleicht nur für Hobby-Historiker interessant ist, aber die Umgebung bietet viel landschaftlich Reizvolles wie z. B. den Erawan-Wasserfall. In Kanchanaburi bieten sich zahlreiche idyllische Unterkünfte am Mae Klong-Fluss zum Übernachten an.

Ayutthaya kann ebenfalls in einer Tagestour von Bangkok besichtigt werden, aber auch hier wählen die meisten Reisenden einen Aufenthalt von ein, zwei oder mehr Tagen. Die alte Hauptstadt Ayutthaya bietet zahlreiche Ruinen, die von ihrer Glanzzeit übrig geblieben sind; diese liegen weit verstreut, und bei einem Tagesausflug muss man sich auf das Wichtigste beschränken.

Bang Pa-In, 13 km südlich von Ayutthaya, bietet mehrere Paläste in verschiedenen architektonischen Stilen, die bei einer Tour nach Ayutthaya gleich mit besucht werden können (falls man morgens ganz früh aufsteht, sonst wird die Zeit knapp).

Ko Kret ist eine idyllische kleine Insel im Chao-Phraya-Fluss, ca. 30 km nördlich von Bangkok, und ein Zentrum der Töpferei. Unterkünfte gibt es nicht, die Insel ist aber ein lohnendes Tagesziel von Bangkok aus – entspannend ruhig und ländlich.

Lopburi, nordöstlich von Bangkok, war einst eine „Nebenhauptstadt" zu Ayutthaya und bietet ebenfalls viele historische Bauten.

Östlich von Bangkok lässt sich **Pattaya** besuchen, der berühmt-berüchtigte Badeort am Golf von Siam – vielleicht nur, um einmal da gewesen zu sein. Es gibt noch einige recht gute Strandabschnitte dort, ansonsten leidet Pattaya an Landschaftsverschandelung, mangelnder Müllbeseitigung, verschmutztem Meerwasser und Kriminalität. Dazu gibt es noch immer jede Menge käuflichen Sex. Ein Gros der Touristen sind Sex-Touristen, oder/ und Pauschal-Touristen aus China und Russland. Der Ort ist ein Paradebeispiel für völlig aus dem Lot geratenen Tourismus und nur bedingt zu empfehlen. Pattaya versucht seit längerem vergebens, sein lädiertes Image aufzupolieren und sich als solides „Familien-Reiseziel" zu präsentieren.

Der Norden

Nicht verpassen sollte man das historische **Sukhothai,** Thailands erste Hauptstadt. Diese befindet sich zwar offiziell in Zentralthailand, liegt aber auf dem Weg von Bangkok in den Norden. Wer nicht beide Ruinenstädte Thailands, Ayutthaya und Sukhothai, besuchen möchte, sollte sich auf das eindrucksvollere Sukhothai beschränken. Das weitläufige Gelände von Alt-Sukhothai, mit unzähligen Ruinen, die von parkähnlicher Landschaft umgeben sind, ist der Traum eines jeden Fotografen.

Die nächstgrößere Station in Richtung Norden ist **Chiang Mai,** das wichtigste Handels- und Kommunikationszentrum des Nordens und die zweitgrößte Stadt des Landes. Chiang Mai ist bekannt für sein entspanntes nordthailändisches Ambiente (auch wenn der Verkehr sich in den letzten Jahren vervielfacht hat), dazu gibt es viele Tempel zu besuchen, viel einzukaufen (besonders Waren der Bergvölker), und es bieten sich zahlreiche Ausflüge in die Umgebung an.

Als Tagestouren sind zu erwägen: Der obligatorische Trip nach Doi Suthep, ein 16 km von Chiang Mai entfernter Berg, mit einem interessanten Tempel darauf und einer guten Aussicht auf Chiang Mai. Neun Kilometer östlich von Chiang Mai liegt **Bor Sang,** das „Dorf der Schirmmacher", in dem die berühmten kunterbunten Thai-Schirme entstehen. Ein Fest für Fotografen! Einige Kilometer weiter östlich findet sich das Dorf **San Kamphaeng,** in dem Seiden- und Baumwollprodukte hergestellt und verkauft werden. Eine knappe Busstunde südlich von Chiang Mai liegt **Lamphun** mit Wat Phra That Haripunjai, einem der bedeutendsten Tempel des Nordens.

Der bedeutsamste Ort westlich von Chiang Mai ist **Mae Hong Son,** der zwar per Thai Airways erreicht werden kann, dennoch von einem Hauch Abgeschiedenheit umgeben ist. Der Ort ist verschlafen, idyllisch und ruhig (früher war er das „Sibirien Thailands", in das ungeliebte Beamte strafversetzt wurden), und die Umgebung bietet viele Trekking-Möglichkeiten.

Auf dem Weg nach Mae Hong Son liegt das kleine Städtchen **Pai,** das bis vor einigen Jahren eine Rucksacktouristenhochburg war, aber inzwischen auch von jungen betuchten Thais frequentiert wird. Gute Restaurants, ein großer Nachtmarkt, ein paar Kneipen mit Livemusik, und die umliegenden Berge bieten gutes Trekking, während man auch großartige Wildwasserfahrten auf dem Pai-Fluss unternehmen kann. Und wer es etwas abgelegener mag, sollte in **Soppong,** einem Bergdorf zwischen Pai und Mae Hong Son haltmachen, wo sich die spektakulärsten Höhlen Thailand befinden.

Nördlich von Chiang Mai findet sich **Chiang Rai,** das sich heute etwa in dem Stadium befindet, in dem Chiang Mai vor zwanzig Jahren war: Es wird zunehmend großstädtischer. Der Ort selber ist von mäßigem Interesse, er ist jedoch der Ausgangspunkt für lohnenswerte Ziele in der Umgebung: **Mae Salong,** ein hochgelegenes chinesisches Bergdorf, in dem Tee angebaut wird, **Mae Sai** an der burmesischen Grenze (die hier sogar passiert werden kann), **Sop Ruak,** das „Goldene Dreieck" (oft fälschlicherweise als Opiumanbauzentrum verrufen), das beschauliche **Chiang Kong** am Ufer des Mekong, und **Thaton,** das in einer abenteuerlichen Flussfahrt über den Mae Kok erreicht werden kann. Ganz abgelegen ist das überfreundliche **Nan,** ein bis jetzt kaum vom Tourismus entdecktes Städtchen, nicht weit von der laotischen Grenze, wo sich Fahrrad-,

Motorrad- und Trekkingtouren in die umliegende Berglandschaft anbieten.

Der Süden

Die erste größere Station in Richtung Süden ist **Petchaburi,** das einige interessante Tempel, einen Höhlentempel sowie einen alten Königspalast vorzuweisen hat. Doch nur wenige Touristen übernachten hier, was zum Teil an den wenig attraktiven Unterkünften liegt.

Der erste akzeptable Strand entlang der Südroute findet sich in **Cha-Am,** das aber hauptsächlich von einheimischen Touristen besucht wird. In den letzten Jahren ist der Strand zunehmend verschmutzt worden.

Zahlreiche Westler finden sich im südlich davon gelegenen **Hua Hin** ein, das von allem etwas bietet: einen akzeptablen Strand, ein wenig Nachtleben und auch unverfälschtes thailändisches Kleinstadtleben (vor allem auf dem beliebten Nachtmarkt). Wer allerdings wirklich schönen Strand sucht, ist besser auf Ko Phangan, Ko Samui oder Phuket aufgehoben (s. u.).

Der nächste wichtige Ort in Richtung Süden ist **Prachuap Khiri Khan,** das nur von wenigen Reisenden aufgesucht wird. Die nahe der Stadt gelegene Bucht Ao Noi (mit Unterkunftsmöglichkeiten) ist jedoch einen Besuch wert, und die weiter gelegenen Strände bei Thap Sakae, Ban Krud und Bang Saphan sind zum Teil sogar ausgezeichnet. Ban Krud ist noch ein echter Strand-Geheimtipp.

Chumphon, im Süden anschließend, bietet in seiner Nähe einige schöne und sehr ruhige Strände. Der Ort kann auch als Sprungbrett zum Insel Ko Tao die-

nen, die von vielen Leuten bevorzugt wird, denen Ko Samui und Ko Phangan zu überlaufen sind.

Das gleiche gilt für die kleinen Inseln **Ko Phayam** und **Ko Chang** (letztere nicht zu verwechseln mit der gleichnamigen Insel in der Provinz Trat) bei **Ranong.** Hier zieht es viele Traveller hin. Massentourismus und Luxusunterkünfte gibt es noch nicht.

Surat Thani ist für viele der Dreh- und Angelpunkt, um nach Ko Samui zu gelangen – in der Stadt selber gibt es nichts, was man unbedingt gesehen haben müsste. Über **Ko Samui** viel zu sagen, ist wahrscheinlich nicht nötig, seit ihrer touristischen Anfangsphase in den 1960er Jahren ist die Insel wohl weithin bekannt geworden. Trotz eines anhaltenden Tourismus-Booms, einhergehend mit dem Bau von zahllosen Hotels, hat sich die Insel ihren Charme bewahrt. Wem es an den überlaufeneren Stränden zu „touristisch" zugeht, findet abgelegenere und ruhige Strände.

Die nördlich von Ko Samui gelegene Insel **Ko Phangan** ist wohl noch idyllischer; allerdings hat sich an den Hauptstränden ein verspätetes Hippietum breitgemacht, mit drogengeschwängerten Vollmond-Partys als Höhepunkt. Die Polizei geht mittlerweile gegen das Geschehen vor, allerdings etwas halbherzig, um es sich bei den „Touristen" nicht zu verscherzen.

Ko Tao, eine kleine Insel nördlich von Ko Phangan, ist das Tauchzentrum Thailands. Hier werden mittlererweile mehr als 60.000 Taucher im Jahr ausgebildet, und obwohl die wunderschönen Korallenriffe unter dem Ansturm der meist jungen Reisenden leiden, gibt es noch immer viel zu sehen, nicht zuletzt Wal-

haie am Chumphon Pinnacle und Southwest Pinnacle. Unterkünfte auf Ko Tao haben sich in den letzten Jahren von einfachen Bambushütten zu großen Resorts entwickelt, und man braucht kein Prophet zu sein, um eine ähnlicheEntwicklung wie in Ko Samui voraussagen zu können. Bis jetzt ist Ko Tao allerdings noch weitgehend eine ruhige Inselidylle.

Von Surat Thani bieten sich zwei verschiedene Routen an: die eine führt weiter südlich nach **Hat Yai** und **Songkhla** und dann in die Moslem-dominierten Orte **Pattani, Yala** und **Narathiwat.** Hat Yai ist das kommerzielle Zentrum, aufgrund seiner zahlreichen Sex-Etablissements aber auch eine Art Bangkok des tiefen Südens. Songkhla hat viel Kleinstadt-Atmosphäre und einen langen, ruhigen Strand, der aber nicht gut zum Schwimmen geeignet ist. Die anderen drei Orte, schon nahe der malaysischen Grenze gelegen, haben einen sehr großen moslemischen Bevölkerungsanteil, und leider auch ein Terrorismus-

Problem: Einige Gruppierungen kämpfen für einen separaten moslemischen Staat, und es gibt beinahe täglich Anschläge auf thailändische Soldaten, Polizisten, nicht-moslemische Mitbürger, aber auch auf Schulen, Züge, Restaurants o. Ä. Bisher sind ca. 6000 Menschen in den Unruhen umgekommen. **Die Provinzen Yala, Pattani und Narathiwat sollten deshalb derzeit gemieden werden.** In mehreren Orten des tiefen Südens bestehen Grenzübergänge nach Malaysia.

Die zweite Südschiene führt über den dicht bewaldeten **Khao Sok National Park** (u. a. mit Baumhaus-Unterkünften) nach Krabi und Phang-Nga nach Phuket.

Krabi bietet in seiner Umgebung einige sehr schöne Strände, allen voran der Tham Phra Nang Beach. Von Krabi aus

⌃ Schulkinder in Ayutthaya

lassen sich auch viele Inseln besuchen, darunter die einst viel besungenen **Phi Phi Islands.** Die beiden Inseln (eine davon ist unbewohnt) waren vor 10 Jahren noch gleichbedeutend mit paradiesischer Idylle – dann kam die große Touristenflut und im Jahre 2004 der Tsunami. Heute ist Ko Phi Phi Don dabei, sich von der Katastrophe zu erholen. Die Touristen kommen mittlerweile wieder.

Der Ort **Phang-Nga,** zwischen Krabi und Phuket, ist Ausgangspunkt zu lohnenswerten Bootsfahrten durch die zerklüftete Inselwelt der Bucht von Phang-Nga.

Phuket schließlich, mit 539 qkm Thailands größte Insel (durch eine Brücke mit dem Festland verbunden), ist heute nach Bangkok das zweitbeliebteste Reiseziel des Landes, mit zahlreichen direkten Flugverbindungen von Europa oder Asien. Zwar wird Phuket oft als sehr teuer angesehen, das ist jedoch nur teilweise zutreffend. Es gibt noch immer genug preiswerte Unterkünfte, und aufgrund der zahlreichen Hotelneubauten in den letzten Jahren gehen die Preise teilweise eher herunter als hinauf (vor allem in Patong und Phuket City). Oft kann sogar um den Preis gehandelt werden, besonders in der Off-Season. Ebenso unzutreffend ist das Klischee, dass Phuket touristisch völlig überlaufen ist. Abseits der Hauptstrände gibt es noch genügend Strände, die sind nur sehr wenig besucht sind (siehe Kamala, Surin, Bang Tao, Nai Thon etc.), aber auch nicht weniger attraktiv. Von Phuket aus sind auch zahlreiche Ausflüge zu kleineren Inseln möglich, wovon viele auch Unterkünfte aufweisen. Besonders zu empfehlen ist **Ko Raya Yai,** ein wahres Traum-Eiland, das aber zunehmend

Touristen verzeichnet. Zwei ausgezeichnete Alternativen für Traveller mit Entdeckergeist sind die beinahe weltvergessenen **Ko Yao Noi** und **Ko Yao Yai;** beide Inseln sind am besten von Phuket aus zu erreichen.

Am Festland nördlich von Phuket – zur Provinz Phang-Nga gehörig – finden sich die Strände von **Khao Lak** und **Bang Sak,** die eine gute Alternative zum touristisch übersättigten Phuket darstellen. Khao Lak ist allerdings das Gebiet, das am stärksten vom Tsunami betroffen war und steckt immer noch in der Wiederaufbauphase (Details siehe Ortsbeschreibung).

Der Nordosten

Issaan, wie die Thais den Nordosten ihres Landes nennen, ist Thailands touristisches Stiefkind und wird es auch wohl noch lange bleiben: die Landschaft ist karg, die Bevölkerung dementsprechend arm, die touristische Infrastruktur ist relativ schwach, und es gibt nur wenige Sehenswürdigkeiten. Dafür bieten die vielen kleinen Orte des Issaan, besonders am Ufer des Mekong, unverfälschte Atmosphäre.

Die großen Städte der Region – **Khorat, Khon Kaen, Udon Thani** und **Ubon Ratchathani** – warten mit nur wenig Interessantem auf, die Sehenswürdigkeiten befinden sich außerhalb.

Das winzige **Phimai** z. B. (nahe Khorat) ist der Standort einer imposanten Khmer-Tempelanlage aus dem 12. Jh., die möglicherweise als Vorlage für den berühmten Angkor Wat in Kambodscha diente. Der **Khao Yai National Park** (ebenfalls nahe Khorat) ist eines der letzten großen Regenwaldgebiete Thailands. Von Khorat oder Surin aus zu erreichen ist der **Prasat Khao Phanom Rung,** ein großartiger hinduistischer Tempelkomplex, der zwischen dem 10. und 13. Jh. entstanden ist.

Ein besonderer Leckerbissen ist der Khmer-Tempelkomplex **Khao Phra Viharn,** der hoch auf einem schroffen Felsen auf kambodschanischem Hoheitsgebiet steht. Der überwältigende Tempel (10.–12. Jh.) befindet sich unmittelbar hinter der Grenze und kann von Si Saket aus ohne große Formalitäten besucht werden. Allerdings war der Tempel in den letzten Jahren mehrmals Anlass zu politischen und militärischen Streitereien zwischen Thailand und Kambodscha, und es gilt vor einem Besuch zu checken, ob die Grenze offen ist.

Zu den interessantesten Orten entlang des Mekong, dem Grenzfluss zu Laos, gehören **Chiang Khan, Pak Chom, Nong Khai** (mit Brückenverbindung nach Laos), **Nakhon Phanom, That Phanom** und **Mukdahan.**

Die Ostküste

Wem die Strände des Südens zu überlaufen sind, dem bietet die Ostküste eine gute Alternative. Über **Chonburi, Si Ratcha, Pattaya** und **Rayong** erreicht man den winzigen Küstenort **Ban Phe,** von dem Fähren nach **Ko Samet** übersetzen. Die Insel ist Teil eines Nationalparks und hat die schönsten Strände in der weiteren Umgebung von Bangkok (ca. sechs Fahrstunden entfernt). Allerdings sind Wochenenden oder Feiertage zu meiden, da dann Tausende von Thais anreisen, zum Teil mit riesigen Ghetto-

blastern oder anderen Lärminstrumenten, und die Ruhe ist dahin. Außerdem steigen die Übernachtungspreise stark an.

Weiter im Osten, über **Chantaburi** und **Trat** zu erreichen, liegt Thailands zweitgrößte Insel, **Ko Chang** (492 km²), ebenfalls Teil eines Nationalparks. Die Insel hat wunderbare Strände, ist zu 70 % mit Wald bedeckt und befindet sich derzeit touristisch gesehen in rapider Entwicklung. Es wird viel gebaut. Dennoch hinkt es Phuket und Ko Samui in dieser Beziehung noch um etwa 1–2 Dekaden hinterher. Leider ist Ko Chang aber auch Malariagebiet und entsprechende Prophylaxe ist dringend anzuraten.

Sicherheit

Ob man's wahrhaben will oder nicht: Die thailändische **Kriminalitätsrate** ist in den letzten Jahren als Folge der zunehmenden „Vermaterialisierung" der Gesellschaft stark gestiegen. Diese Entwicklung ausschließlich dem westlichen Einfluss zuzuschreiben, wäre aber vollkommen falsch, denn es gibt genügend Sprengstoff in der thailändischen Psyche selbst: den Hang zum verschwenderischen Wohlleben oder das hitzige Temperament unter dem so stoisch scheinenden Äußeren. Um in die weiteren tiefenpsychologischen Gründe einzudringen, ist hier wohl nicht der rechte Ort. Bei der Jugendkriminalität spielt die Sucht nach „yaa-baa" (Amphetamine) eine große Rolle.

Von den zahlreichen **Kapitalverbrechen** (über 10.000 Morde pro Jahr) bekommt der Tourist in den meisten Fällen gar nichts mit, in den englischsprachigen Tageszeitungen wird nur in Ausnahmefällen davon berichtet. In den thailändischen Zeitungen hingegen bietet sich ein völlig anderes Bild: Gewalttaten beherrschen oftmals das Tagesgeschehen. Glücklicherweise werden Ausländer nur selten von solchen Straftaten betroffen, zumeist handelt es sich um „thai-interne" Racheakte o. Ä.

Eigentumsdelikte wären da schon eher möglich, aber mit ein wenig Umsicht kann man auch dieses Risiko stark verringern. Grundsätzlich sollte man sich nicht alleine in abgelegenen Gebieten herumtreiben, und auch nächtliche Spaziergänge in den Städten sind nicht mehr so sicher, wie sie einmal waren. Denken Sie daran, dass Sie mit Ihrer Reisekasse – auch wenn Sie sie selber eher für spärlich halten – ein lohnenswertes Opfer darstellen!

Unter den Thais sind einige **Gebiete** als überdurchschnittlich kriminell bekannt: Die Provinzen (changwat) Surat Thani, Nakhon Si Thammarat, Phattalung, Trang, Petchaburi, Chonburi und Ayutthaya. Bangkok ist – verglichen mit ähnlich großen Metropolen des Westens – wahrscheinlich als sehr sicher zu bezeichnen. Für Touristen stellt in erster Linie Pattaya ein Gefahrenmoment dar – Raub und Diebstahl sind relativ häufig, und jedes Jahr kommen zahlreiche Besucher auf zweifelhafte Weise um. Viele stürzen aus Hotel- oder Apartmentzimmern, und ob die Ursache dabei Selbstmord, Alkoholrausch oder ein Verbrechen ist, wird selten zufriedenstellend aufgeklärt.

Hier noch einige generelle Punkte, die beachtet werden sollten:

Unterwegs mit öffentlichen Verkehrsmitteln

Gelegentlich werden die **Züge und Busse** von Ganoven unsicher gemacht, die Touristen zu einem Drink oder Imbiss einladen, von dem letztere erst nach Stunden wieder das Bewusstsein erlangen. Die Aufmerksamkeiten wurden durch ein wohldosiertes Schlafmittel verfeinert! Dass die Reisenden dann bis aufs Hemd ausgeplündert sind, versteht sich von selbst. Überfälle dieser Art werden besonders im Süden des Landes registriert. Mittlerweile macht die Polizei vor Abfahrt der A.C.-Busse Videoaufnahmen, um einen eventuell schon im Bus sitzenden Banditen gleich auf Film zu haben oder um potenzielle Täter von vornherein abzuschrecken.

Vorsicht bei Fremden, die einem partout einen Imbiss aufschwatzen wollen!

Reisebüros

Wiederholt ist es in den letzten Jahren zu Fällen gekommen, in denen Reisebüros ihre Kunden um deren **Anzahlungen** prellten. Manch Reisebüro-Leiter kassierte die Anzahlungen von Dutzenden von Travellern ab, machte am nächsten Tag seinen Laden dicht und tauchte bei einem Vetter auf dem Lande unter. Derlei scheint sich besonders bei Reisebüros in der Khao San Road in Bangkok zu häufen. Die Klagen bei der Polizei füh-

▷ An der Skytrain-Station Siam Place

ren in der Regel zu nichts, das Geld ist weg.

Um derlei zu vermeiden, sollte man nur sehr geringe Anzahlungen leisten. 500 Baht sollten ausreichen. Verständlicherweise will sich das Reisebüro versichern, dass der Kunde das bestellte Ticket tatsächlich kauft. Falls das Reisebüro sich jedoch auf eine kleine Anzahlung nicht einlässt, zum nächsten gehen! In Bangkok bietet sich als Alternative zur Khao San Road das indische Viertel Pahurat an, das eine Vielzahl von kleinen und sehr preiswerten Reisebüros aufweist. Diese verlangen im Allgemeinen keine Anzahlung. (Sehr zuverlässig: Zoom Travel in der Gasse links neben dem ATM Department Store, Tel. 02-2248046, 02-2227772 und Tania Travel in der Gasse gegenüber dem India Emporium, Tel. 02-2238202, 081-8054673.)

Mit die besten Preise bietet auch das sehr professionell geführte, sehr empfehlenswerte T.V.airbookings (allerdings aufgrund des guten Zuspruchs oft lange Wartezeiten im Büro). Dieses liefert die Tickets auch im Hotel an; Bezahlung beim Eintreffen des Tickets. T.V. Air hat zwei größere Zweigstellen in Bangkok:

■ 759 Silom Rd. (nahe Soi 15), Tel. 02-23351606, 02-23695139 oder 02-63504259, Fax 02-2338611, 02-6350433.

■ 3rd Floor, Emporium Shopping Centre, 622 Sukhumvit Soi 24, Tel. 02-664850010, Fax 02-6648511, tvair@loxinfo.co.th.

Eine kleinere Filiale befindet sich im Central Chitlom Shopping Center. Hier werden nur internationale Flugtickets verkauft, keine Tickets für Inlandflüge.

Geöffnet jeweils Mo–Fr 10.30–19.00 Uhr und Sa 10.00–19.00 Uhr. In den Büros liegen Listen mit

günstigen Sonderangeboten aus. Die Filiale im Emporium ist meist voll mit Kunden. Am besten kommt man kurz vor Büroschluss zwischen 18.00 und 19.00 Uhr.

Angebote

In vielen Touristengegenden treiben Gauner ihr Unwesen, die naiven Reisenden scheinbar verlockende Angebote machen: Da soll etwa ein **Werbefilm** für Coca Cola gedreht werden, und man sucht noch einen westlichen Hauptdarsteller, oder der Tourist soll in einer **Pokerrunde** mitmachen, für die man ihn erst einmal mit 10.000 Dollar ausstattet. Bei all diesen dubiosen Angeboten entwickelt sich im Normalfall ein so ausgeklügelter Plot, dass der Tourist am Ende mit seinem Geld draufzahlt! Anbietern von schnellem Reichtum sei eine gesunde Portion Skepsis entgegenzubringen, denn auch in Thailand verschenkt niemand etwas!

In unserem Beispiel könnte man ohne weiteres die Promotion-Abteilung von Coca Cola anrufen, um herauszufinden, ob wirklich ein Darsteller gesucht wird. Und ohnehin: Firmen dieser Größenordnung schicken bestimmt keine Agenten in Bangkoks Khao San Road, um einen Touristen für Werbeaufnahmen zu gewinnen!

Im zweiten Beispiel ist es noch offensichtlicher, dass etwas faul sein muss: Glücksspiel ist in Thailand streng verboten, und der Reisende, der in einer Pokerrunde mitmischt, macht sich strafbar und ist somit mögliches Opfer von Erpressungen.

Von den beiden oben angeführten Möglichkeiten, reingelegt zu werden, be-

stehen natürlich zahlreiche Varianten, die ausgeklügelt werden, wenn die alten Tricks bekannt sind.

Viele der Ganoven – wenn nicht gar fast alle – sind Filipinos, was Leute mit Sprach- und Reise-Erfahrung am Akzent heraushören können. Meist wird man mit dummen Sprüchen angesprochen. „Mann, wo hast Du denn das tolle Hemd gekauft?" oder Ähnliches. Sie treiben sich überall herum, wo viele Touristen sind, auffallend viele am Mah Boonkrong Shopping Center.

Edelsteinkauf

In den touristischen Gegenden von Bangkok – vor allem Banglamphoo, Siam Square und Silom Road – als auch in Chiang Mai lauern etliche Betrüger, die sich als Repräsentanten eines Edelsteingeschäftes ausgeben. Diese versuchen, wie gediegene Geschäftsmänner zu wirken, mit dickem Goldschmuck am Hals und möglichst noch einem portablen Telefon in der Hand, und locken Touristen mit **angeblichen Superangeboten** in Edelsteinläden. Meist wird vorgegeben, dass „es gerade heute besonders günstige Preise gibt", etwa weil zufällig ein „Edelstein-Promotion-Tag der thailändischen Regierung" stattfindet oder ähnlich haarsträubender Blödsinn. Passenderweise steht gleich ein Tuk-Tuk bereit, die Touristen in den Laden zu bringen (abgekartetes Spiel mit dem Tuk-Tuk-Fahrer!).

Die Steine, die in den angepriesenen Läden geboten werden, sind in den meisten Fällen zwar echt, jedoch von schlechtester Qualität und extrem überteuert. Beteuerungen, dass die Steine in Europa einen vielfachen Wiederverkaufswert erzielen können, sind schlichtweg gelogen, meist bringen sie nicht einmal den Kaufpreis wieder ein. Nachträgliche Rückerstattungen, wie sie oft versprochen werden, sind unmöglich und wenn, dann nur zu einem Bruchteil der bezahlten Summe. Beschwerden bei der Polizei sind oft sinnlos, da sich diese Geschäfte die Polizei durch Zahlungen gefügig machen.

Der **Thai Gem Scam** (Thai Edelstein-Betrug) ist ziemlich bekannt und dennoch fallen ahnungslose Touristen doch immer wieder darauf herein. Es hat sich eine Interessengruppe von Geschädigten gebildet, die versucht a) ihr Geld wiederzubekommen, worauf die Chancen allerdings nicht besonders gut stehen und deshalb b) zumindest andere Leute zu warnen. Die „Thai Gem Scam Group" unterhält eine Webseite (www.bangkokscams.com), dort sind interessante Erfahrungsberichte von Geschädigten nachzulesen und so mancher mag sich da nicht mehr ganz so alleine fühlen.

Echtheitstests von Edelsteinen beim International Gemmological Institute (IGI), BGI Building, 9 Soi Charoen Krung 36, New Road, Bangkok 10500, Tel. 02-6306726, Fax 02-6306728, E-Mail: Thailand@igiworldwide.com, www.igi-usa.com.

Faustregel: Nie in ein Geschäft gehen, wenn man dazu von jemanden animiert wird!

Nepper und Schlepper

Besonders der Sanam Luang in Bangkok ist Tummelplatz vieler Schlepper, die sich als arme Studenten ausgeben und den Touristen „umsonst" **zu einer Dar**bietung klassischen Thai-Tanzes führen** wollen. Am Ende zahlt der Tourist jedoch meistens eine dicke Rechnung. Für sich selber, für den angeblichen Studenten und noch ein paar Extras.

Um ein Lokal ausfindig zu machen, in dem klassische Tänze aufgeführt werden, braucht man keinen „Führer"; Angebote dieser Art sollten grundsätzlich abgelehnt werden.

Neuerdings sieht man sehr viele **Afrikaner** in den größeren Shopping-Centers in Bangkok (z. B. Mah Boonkrong, CentralWorld Plaza); manche von ihnen sprechen Touristen an, um sie anschließend in dubiose Geschäfte zu verwickeln oder anderswie an deren Geld zu kommen. Die meisten dieser zweifelhaften Mitmenschen kommen scheinbar aus Nigeria, einige geben vor, aus Sierra Leone zu stammen und durch den dortigen Krieg heimatlos geworden zu sein o. Ä.

Das Beste ist, die Anmache dieser Herren („Hey, man, how are you today?") mit Stillschweigen zu quittieren.

Tuk-Tuk-Fahrer

Viele Tuk-Tuk-Fahrer, besonders solche, die sich in der Nähe der Khao San Road in Bangkok herumtreiben, behaupten oft, dass die eine oder andere Sehenswürdigkeit „heute geschlossen" sei. Dafür bieten sie dem Touristen eine **spottbillige Fahrt in irgendein Geschäft** an, das gerade einen „besonders günstigen, einmaligen Sonderverkauf" o. Ä. anbietet. Das ganze ist natürlich ein Schwindel, die Sehenswürdigkeit ist mit aller Wahrscheinlichkeit doch geöffnet, der Tuk-Tuk-Fahrer aber bekommt vom Besitzer des betreffenden Geschäftes gleich einen Tankgutschein über 200 Baht, egal ob der Tourist dort etwas kauft oder nicht. Es liegt auf der Hand, dass man in derlei Läden besonders unsanft zum Kauf gedrängt wird.

Diebstahl

Nicht nur von (einer Minderheit von) Einheimischen werden Diebstähle begangen, sondern auch **von Travellern.** Die Khao San Road ist da ein trauriges Beispiel. Außerdem gibt es reichlich Touristen, die glauben, ihre Hotelrechnung nicht begleichen zu müssen.

Wertsachen sollte man (gegen Quittung!) im Hotelsafe lassen, das ist am sichersten. Leider hat es besonders in Chiang Mai auch dabei eine Menge Unregelmäßigkeiten gegeben. Also besonders hier: jedes einzelne Stück in der Quittung aufführen lassen (Ticket, Pass, die Schecks mit Seriennummer etc.). Kreditkarten sollte man nur hinterlassen, wenn unbedingt nötig, da gelegentlich Kreditkarten von Hotelangestellten zu Käufen benutzt wurden, was der Kartenbesitzer erst nach der Heimkehr bemerkte.

In Bangkok gilt erhöhte Aufmerksamkeit auf Märkten, in Kaufhäusern und Bussen. Hier ist es in den letzten Jahren zu einem Anstieg von **Taschendiebstählen** gekommen (Die Diebe sind nicht selten illegale Einwanderer aus Kambodscha.). Zur Vorbeugung sollten Geldbörse und Papiere so sicher wie möglich verstaut sein: in Brustbeutel und Geldgürtel, solange man diese nicht sieht oder als solche erkennt. Andernfalls kann man die Wertsachen gut getarnt in eine Umhängetasche stecken. Sich ein gut getarntes Versteck auszudenken und

auch zu benutzen ist allemal besser, als nach einem Verlust Botschaft, Bank und Airline abklappern zu müssen.

Zu Taschendiebstählen kommt es gelegentlich auch **in Discos** in Bangkok. Den Autoren sind Fälle aus dem Hard Rock Café, Gulliver's (Khao San Rd.) und der Angel Disco (Nana Hotel) bekannt. Das heißt aber nicht, dass diese unbedingt gefährdeter sind als andere. Die Diebe (in den allermeisten Fällen sind es **Diebinnen!**) machen die Runde in verschiedenen Discos oder Bars.

Überfälle

Überfälle auf Touristen sind relativ selten, aber nicht unbekannt. Wanderungen oder Trekking-Touren durch **abgelegene Gebiete** sollten keinesfalls allein, am besten nur in größeren Gruppen, unternommen werden. Bei unbekannten Gebieten, die normalerweise nicht von Trekking-Gruppen besucht werden, sollte man sich zuvor nach der Sicherheit dort erkundigen. Bei Auskünften seitens der Einheimischen sind dabei einige Abstriche zu machen, da Thais Probleme vor Ausländern gerne herunterspielen.

Von nächtlichen Spaziergängen an Stränden ist unbedingt abzuraten. Auf Phuket ist es **nachts** zu einigen Überfällen auf Motorrad fahrende Ausländer gekommen, vor allem in Rawai und auf der Strecke Patong – Karon. Als Motorradfahrer sollte man abgelegene Teile der Insel nachts meiden.

In der Vergangenheit wurden einige dreiste **Überfälle auf öffentliche Busse** in Bangkok verübt – am helllichten Tage, und in einem Falle sogar direkt an einer Polizeiwache. Derlei ist extrem selten, wer dennoch vorsichtshalber keine Wertsachen mit sich führen möchte, sollte sie im Hotelsafe lassen, falls vorhanden; Geld ist am sichersten auf einem problemlos einzurichtenden Bankkonto aufgehoben.

Bei einem Überfall gilt es, auf keinen Fall den Helden spielen zu wollen. Die meisten Banditen haben **Schusswaffen** und machen auch skrupellos Gebrauch davon. Schusswaffen, mehr illegale als legale, gibt es in Thailand zuhauf: Statistisch gesehen besitzt jeder männliche Thai über 16 Jahre eine.

Allein reisende Frauen

Generell gesagt, ist Thailand für allein reisende Frauen **eines der sichersten Länder Asiens.** Belästigungen auf offener Straße sind weitaus seltener als etwa in Indien, Indonesien und wohl auch Malaysia. Was aber nicht heißt, dass derlei nicht vorkäme. Einige Frauen berichten von dümmlicher Anmache oder, sehr selten, Grapschereien.

Die meisten Frauen haben aber keinerlei Probleme, und das mag sie zu der Ansicht führen, dass Thailand absolut sicher sei. Doch dieses Gefühl von Sicherheit ist gefährlich, wenn es zum Nachlassen der Aufmerksamkeit führt. Einige **Sicherheitsregeln** sollten immer beachtet werden.

Ganz allgemein ist von allzu großer Vertrauensseligkeit abzuraten; nicht jedes freundliche Gesicht hat lautere Motive. Zimmertüren sollten nachts gut verschlossen werden. Es empfiehlt sich auch, abends und nachts einsame Gegenden zu meiden und gänzlich menschenleere Gebiete völlig auszulassen,

egal zu welcher Tageszeit. Allein oder zu zweit reisende Frauen, die sich auf eine Trekkingtour durch abgelegene Bergregionen begeben, fordern Angriffe heraus. Insgesamt scheinen Städte sicherer zu sein als ländliche Gebiete, mit Ausnahme vielleicht von Chiang Mai, aus dem besonders viele Belästigungen gemeldet werden.

In den letzten Jahren ist es zu einigen **brutalen Überfällen** auf Frauen gekommen, bis hin zu Mord. In den meisten Fällen hatten sich die Frauen nachts an einem Strand aufgehalten. In einigen Fällen wurde ihnen in einer Bar oder von einem flüchtigen Bekannten ein Betäubungsmittel verabreicht. Strände sind kein nächtlicher Aufenthaltsort – auch nicht für Männer – und „frau" sollte nicht jeder flüchtigen Bekanntschaft gleich allzu sehr trauen. Touristenorte ziehen oft dubiose Charaktere an. Die Thais, die man an Orten wie Pattaya, Patong oder in der Khao San Road trifft sind nicht unbedingt die typischen Vertreter der biederen und ehrlichen thailändischen Mittelklasse. Dessen sollte sich „frau" ebenso wie „mann" bewusst sein.

Bei Straftaten ist am besten die **Tourist Police** einzuschalten, die im Großen und Ganzen etwas zuverlässiger arbeitet als die normale Polizei.

Polizei und Korruption

Die Polizei ist – jeder Thai weiß es aus eigener Erfahrung – in hohem Maße korrupt, und viele **Straftaten** werden von den wackeren Ordnungshütern selber begangen. Völlig unkorrupte Polizisten sind die absolute Ausnahme, manche

Thais würden sogar behaupten, es gäbe überhaupt keine. **Die Polizei verdient mit** beim Rauschgifthandel, bei Prostitution, Erpressung und Menschenhandel.

Polizisten, deren Missetaten publik werden, werden in den seltensten Fällen bestraft, sondern lediglich versetzt. Diese unangebrachte Milde ist ein Ergebnis des thailändischen **Systems der „Patronage"**, in dem Vorgesetzte ihre Untergebenen stets in allen Taten und Untaten decken; dafür erwarten sie ihrerseits unbedingte Ergebenheit.

Ernsthafte **Anstrengungen, die Korruption einzudämmen,** sind trotz vieler Versprechungen der jeweiligen Regierungen und einer neuen Verfassung, die gerade die Korruption bekämpfen sollte, bisher noch nicht unternommen worden. Thailand rühmt sich zwar, das „Land der Freien" zu sein (*thai* = „frei"), in der Praxis aber ist der Durchschnitts-Thai allzu oft der Willkür erpresserischer Polizisten oder sonstiger Beamter ausgeliefert. Tatsächlich „frei" ist nur der, der Geld oder politischen Einfluss hat und der dadurch so gut wie unantastbar ist.

Touristen sind in der Regel nicht von dem Problem betroffen, mit wenigen Ausnahmen: Seit in Bangkok eine **„Reinlichkeits-Kampagne"** ausgerufen wurde, macht die Polizei gelegentlich Jagd auf Touristen, die Zigarettenkippen oder Papierschnipsel auf die Straße werfen. Dafür werden überhöhte 2000 Baht abkassiert; Thais zahlen für dasselbe Vergehen nicht mehr als 100 Baht. Der Verdacht liegt natürlich nahe, dass die Strafgelder in den privaten Taschen der Polizisten landen.

Auf Ko Samui und Ko Phangan stellt die Polizei gerne **Motorrad fahrenden Touristen** nach, um sie entweder wegen fehlenden Schutzhelmes (es besteht Helmpflicht) oder aufgrund irgendeines anderen echten oder imaginären Vergehens über Gebühr zu bestrafen.

Ansonsten werden Ausländer im Allgemeinen nicht behelligt. Falls doch, sollte man sich erstens **nicht einschüchtern lassen** und keine unberechtigten „Strafgelder" zahlen, und zweitens möglichst unverständliches oder sehr schnelles **Englisch sprechen** (oder Deutsch!). Nur sehr wenige Polizisten haben englische Grundkenntnisse, und bei Sprachproblemen verlieren sie „ihr Gesicht" und ziehen sich zurück. Etwaige Beschwerden gegen Polizisten können bei der als zuverlässig geltenden **Tourist Police** vorgebracht werden. Wie die Polizei sind auch fast alle anderen staatlichen Stellen von Korruption durchsetzt. Die meisten Thais sind der Korruption mittlerweile völlig überdrüssig geworden, aber kaum jemand glaubt, dass sie in absehbarer Zukunft eingedämmt werden kann. Die Korruption ist ein Teil thailändischen Lebensstils geworden. Gemäß *Transparency International,* einer in Berlin ansässigen Gesellschaft, die jährlich Statistiken über Korruption in zahlreichen Ländern der Welt veröffentlicht, nimmt Thailand Jahr für Jahr einen der unteren Ränge in der „Ehrlichkeitsskala" ein. Ansätze, die Korruption einzudämmen, sind kaum zu erkennen.

Drogen

Thailand hat sehr harte Drogengesetze. Dem Dealer und Konsumenten drohen hohe Strafen, auch die **Todesstrafe** wird ausgesprochen. Bei Ausländern wird diese in der Regel in eine lebenslängliche Haftstrafe umgewandelt, doch das sollte kein Trost sein.

Weiter verbreitet als jede andere Droge sind **Amphetamine** (*yaa-maa* = „Pferdemedizin"), die in fast allen Gesellschaftsschichten eingenommen werden. Besonders beliebt sind sie bei Schülern, Arbeitern und – allen voran – Bus- und Lastwagenfahrern. Die aufputschende Wirkung hält die Fahrer lange wach. Nicht zufällig werden die Tabletten oft an Tankstellen (illegal) angeboten. Nicht minder traurig ist die Tatsache, dass mittlerweile viele Mahouts ihre Arbeitselefanten mit Amphetaminen füttern, damit auch sie länger arbeiten können. Dass die Tiere nach einigen Jahren physisch ruiniert sind, liegt auf der Hand.

Die Amphetamine werden großenteils aus Myanmar eingeschmuggelt, wo sie in Labors nahe der Grenze hergestellt werden. Die Kuriere stammen meist aus dem einst kopfjagenden Volk der Wa.

Die thailändischen Behörden schätzen, dass derzeit bis zu 600 Mio. Amphetamin-Pillen pro Jahr von Myanmar aus in Thailand eingeschmuggelt werden – das sind durchschnittlich zehn „Speed"-Tabletten für jeden Thai. Nach Schätzungen der Behörden sind 5 % aller Thais regelmäßige **Konsumenten** der Droge, d. h. etwa 3 Mio. Menschen.

Bei Menschen (und wohl auch bei Elefanten) kann der Dauergebrauch von Amphetaminen Wahnzustände auslösen, und nicht umsonst sind die thailändischen Zeitungen voll mit Berichten von Irrsinnstaten, die unter Einfluss der Drogen begangen wurden. Aus diesem Grunde wird die Droge landläufig oft yaa-baa genannt, „verrückte Medizin".

Im Februar 2003 begann die thailändische Regierung mit einem zunächst auf drei Monate anberaumten **„Krieg den Drogen".** Den Provinzgouverneuren wurde auferlegt, das Rauschgiftproblem innerhalb der Frist um 25 % zu verringern – oder sie liefen Gefahr ihren Job zu verlieren.

Was dabei herauskam, war ein **Blutbad:** Allein im Februar 2003 wurden 1140 Personen erschossen, nach Anga-

> Straßenschild in Pathong:
Achtung! Betrunkene überqueren die Straße

ben der Polizei zumeist Drogenhändler, die aus eigenen Reihen getötet worden seien, vorgeblich um nicht aussagen zu können. In Wirklichkeit aber schien die Polizei Todesschwadronen gebildet zu haben, um standrechtliche Erschießungen vorzunehmen und so ihre von der Regierung auferlegte Fangquote zu erfüllen.

In dem Kugelhagel starben nicht wenige, die rein gar nichts mit Drogen zu tun hatten, darunter ein 9-jähriger Junge. Manch braver Bürger fand seinen Namen auf der „schwarzen Liste" der Drogenhändler oder -konsumenten, war aber in Wirklichkeit völlig unbescholten und offenbar aus rein persönlichen Gründen von irgendjemandem auf die Liste gesetzt worden – de facto fast ein Todesurteil.

Die Erschießungen riefen tiefe Besorgnis sowohl bei der **UN-Kommission für Menschenrechte** als auch bei Amnesty International hervor. Deren Einwände wurden jedoch vom damaligen Premierminister Thaksin – einem Mann, der durch Kritik oft rasant aus der Fassung gerät – brüsk zurückgewiesen. „Die UN ist nicht mein Vater!" wetterte er auf Fragen von Journalisten und gab damit den Anschein, Thailand kümmere sich nicht um Menschenrechte oder faire Gerichtsverhandlungen.

Um der Kritik aus Presse und Teilen der Öffentlichkeit entgegenzuwirken, veröffentlichte das Innenministerium nach dem 1.3.2003 keine Zahlen mehr über die Todesopfer des blutigen „War on Drugs". Interessanterweise war bis zu diesem Zeitpunkt noch keiner der großen Hintermänner gefasst worden. Die sollten angeblich später drankommen. Unter dem Strich kann man den angeb-

lichen Drogenkrieg als ein eklatantes Menschenrechtsverbrechen bezeichnen – eines, das von der Weltöffentlichkeit weitgehend ignoriert wurde. Insgesamt wird die Zahl der Toten auf mindestens 2500 geschätzt.

Die Anti-Drogen-Kampagne hatte zur Folge, dass der Preis der Amphetamin-Tabletten von 100 auf 300 bis 400 Baht schnellte, und in manchen stark betroffenen Gebieten kam es vermehrt zu Raub, Diebstählen und Kurzschlusshandlungen von Süchtigen auf Entzug. Der Amphetaminkonsum ist heute etwas aus dem Zentrum der Aufmerksamkeit verdrängt. Es gibt jedoch Anzeichen dafür, dass die Lage heute nicht viel anders ist, als vor Thaksins mörderischen Aktionen.

Ebenfalls nicht ganz ungefährlich, wenn auch viel seltener als *yaa baa,* sind die **„magic mushrooms",** psychedelische Pilze. Besonders in den Hütten von Ko Phangan verspeisten manche Traveller gern ein Omelett mit besagten Pilzen. Sie wachsen auf den Inseln im Golf von Thailand in und auf Büffelmist, und deshalb ist der lokale Name *het ki khwai* – „Büffel-Scheiß-Pilze". Die Bezeichnung wird oft zu *het khwai* abgekürzt: „Büffel-

▷ Ein Verkehrspolizist bei der Arbeit

pilze". Zuerst wuchsen die Pilze nur wild, doch nachdem eine große Zahl von Travellern die Nachfrage in psychedelische Höhen schießen ließ, begannen Inselbewohner, die Pilze auf kleinen Farmen zu züchten. Die Pilzfarmer verdienen etwa 800–1000 Baht pro Kilo *het khwai*.

Nachdem es in vielen Fällen bei Travellern zu Überdosen und Vergiftungserscheinungen gekommen war, sah sich die in Surat Thani gelegene Vertretung der Tourist Authority of Thailand veranlasst, vor den Pilzen zu warnen.

Zahlreiche wohlhabende junge Thais nehmen **Ecstasy,** auf Thai *yaa-e* genannt, die „E-Droge". In Clubs auf der Sukhumvit Road in Bangkok kam es in den letzten Jahren immer wieder zu Drogenrazzien. Gäste mussten Urinproben abgeben, und wer keinen Pass dabei hatte, verbrachte die Nacht auf der Wache und hatte 400 Baht zu zahlen. Mit Drogen erwischt wurde allerdings kaum jemand. Besonders die populäre Q-Bar scheint betroffen. In der Khao San Road Gegend führt die Polizei Drogenkontrollen auch auf der Straße durch. Auf Ko Phangan, Ko Tao und in Pai werden Touristen ebenfalls regelmäßig auf der Straße durchsucht. Wer auch nur mit einem kleinsten Krümel Marihuana erwischt wird, hat hohe „Strafen" zu zahlen. Oft kommt der Tourist gar nicht auf die Wache, sondern wird mit seiner Kreditkarte zum nächsten Geldautomaten geschleppt.

Als Hintermänner des thailändischen Drogengeschäftes werden oft „einflussreiche Persönlichkeiten" vermutet. Unter diesem schwammigen Sammelbegriff verbergen sich gut situierte Geschäftsleute, Gangster, Politiker und die auf lokaler Ebene sehr mächtigen Dorfvorsteher.

163th at

Sport und Erholung

Die Sportmöglichkeiten in Thailand sind relativ begrenzt, einmal abgesehen von den Fünfsterne-Hotels, die **Schwimm-, Tennis-** oder **Badminton-Gelegenheiten** bieten. Manche Fünf-Sterne-Hotels haben Health Clubs oder Saunas, die gegen Gebühr auch Nichtbewohnern des Hauses zugänglich sind.

Parks zum Joggen sind besonders in Bangkok eine Rarität (am günstigsten wären noch der Lumpini-Park oder der Queen Sirikit Park im Norden der Innenstadt), aufgrund der hohen Luftverschmutzung in der Stadt dürfte der Nutzen sportlicher Aktivität allerdings ohnehin fraglich sein. In den kleineren Orten findet man Jogging-Möglichkeiten entlang ländlicher Straßen.

Gute **Schwimmmöglichkeiten** ergeben sich auf Inseln wie Ko Samet, Ko Chang, Ko Tao, Ko Phangan, Ko Samui, Phuket sowie auf zahlreichen kleineren Inseln und an vielen Stränden des Festlandes. Sehr gut zum **Tauchen** geeignet sind die Similan Islands, Surin Islands, Phuket und die umliegenden Inseln, Ko Tao und die Küste um Chumphon (siehe eigenes Kapitel im Anschluss).

Zwar ist besonders der Norden Thailands bekannt für seine **Trekkingmöglichkeiten,** getrekkt werden kann aber auch im Süden. Sehr gut dafür geeignet ist das Banthat-Gebirge zwischen Trang und Phattalung, in dem sogar noch einige Ureinwohner des malaiischen Regenwaldes leben, die Sakai. Es gibt hier einige Gipfel zu besteigen. Auf Ko Phangan kann der Khao Ra erklettert werden, ein von dichter Vegetation umgebener Berg. Gute Trekking-Möglichkeiten bieten sich auch im Khao Sok National Park, einem der am leichtesten zugänglichen Nationalparks. Auf Phuket bietet sich der Phra Thaew National Park zu Wanderungen an.

Die Gewässer um Phuket bieten auch gute **Paddelmöglichkeiten.** Das Unternehmen Sea Canoe auf Phuket ist bekannt für seine ökologisch behutsamen **Paddeltouren** mit Schlauchbooten oder Kajaks durch die Inselwelt um Phuket und Phang-Nga. Inzwischen hat Sea Canoe viele Nachahmer gefunden, und die bizarren kleinen Felsinseln in der Bucht von Phang-Nga werden mittlerweile von so vielen Touristen aufgesucht, dass die Ökologie schon wieder gefährdet wird. (1998 forderten lokale Banditen, die ein Stück am Geldkuchen mitzuverdienen gedachten, „Schutzgelder" von den Bootsunternehmern. Sea Canoe weigerte sich zu zahlen, woraufhin einer seiner Manager niedergeschossen wurde. Die meisten anderen zahlten und zahlen noch immer.)

Phuket besitzt mehrere **Jachthäfen** und ist somit Treffpunkt von Seglern aus aller Welt. Mit etwas Glück kann man hier auf einer Jacht anheuern; man frage in den Restaurants und Bars nahe dem Pier von Ao Chalong nach. Ao Chalong ist der älteste und größte Jachthafen auf Phuket.

Zahlreiche **Golfplätze** zieren das Land. Phuket ist ein Zentrum für Golf, es gibt mehrere Golfplätze von internationalem Standard, allerdings auch sehr teuer. Viele weitere Golfplätze befinden sich in und um Bangkok, Pattaya, Cha-Am und Hua Hin. In der Umgebung der beiden letztgenannten werden einige relativ preiswerte, aber erstklassige Golfkurse angeboten. Besonders günstig: In der Regenzeit fallen die Green Fees und Übernachtungspreise auf etwa die Hälfte des normalen Niveaus. Auch auf Ko Samui befindet sich inzwischen ein recht guter Golfkurs. Die **Green Fees** (die Benutzungsgebühren) liegen etwa bei 1500–5000 Baht pro Tag. Die Mitgliedschaft in einem renommierten Golfclub kann Millionen von Baht kosten. Einige Unternehmen bieten Golf-Packages an, z. B. „Golf Tours Thailand" (www.golftours-thailand.com).

An den Stränden von Pattaya, Cha-Am und Patong (Phuket) gibt es ein breites Angebot an Freizeit-Möglichkeiten wie **Wasserski, Parasailing,** Water-Scooter-Fahren und **Bungee-Springen.** Die lauten und oft rücksichtslos gesteuerten **Water-Scooter** (kleine Motorboote) sind leider alles andere als der Erholung zuträglich. Zudem arbeiten viele der Anbieter unseriös: Nach Rückgabe des Jet-Skis durch den Touristen behaupten die Unternehmer, der Tourist habe einen Schaden am Gerät verursacht und dieser wird zu hohen Schadensersatzzahlungen genötigt. Aufgrund zahlreicher derartiger Fälle möchten wir vom Mieten der Jet-Skis eher abraten.

Die Felsen am Strand von Ao Phra Nang bei Krabi ziehen einige **Bergsteiger** und **Freeclimber** an. So kann man dann einen Strandurlaub mit der Kletterei verbinden. **Wandermöglichkeiten** ergeben sich praktisch überall im ländlichen Thailand.

Tauchen

Thailand besitzt **wunderschöne Tauchgründe,** die z. T. zu den besten der Welt gezählt werden. Sie bieten sowohl für Neulinge im Tauchsport als auch erfahrene Taucher herrliche Erlebnisse unter Wasser. Es gibt ideale Gebiete für Anfänger mit geringen Tauchtiefen, aber auch Stellen, die nur für erfahrene Taucher geeignet sind. Einige sehr schöne Saumriffe reichen bis in 30 m Tiefe. Zudem gibt es vorzügliche Tauchreviere an Steilwänden, Unterwassercanyons, Cavernen und Höhlen. Manche Tauchplätze ähneln skurrilen Mondlandschaften. Im Golf von Thailand liegen einige schöne Wracks am Meeresgrund. Die Meeresfauna lässt in ihrer Vielfalt nichts zu wünschen übrig. Von farbigen Nacktschnecken bis zu gigantischen Walhaien gibt es (fast) alles zu sehen.

Die **Tauch-Infrastruktur** Thailands ist hervorragend ausgebaut, sodass in den allermeisten Gebieten mehrere Tauchschulen ihren Service anbieten. Alle haben englisch- oder deutschsprachige Guides. In **Ko Tao,** einer kleinen Insel im Golf von Thailand, lassen sich jährlich um die 60.000 meist junge Touristen zu Tauchern ausbilden, nicht zuletzt weil dort das Tauchen extrem preiswert ist. Die besten Tauchgegenden befinden sich allerdings an der Westküste Thailands. Vor allem *Livaboards* fahren von Phuket aus zu spektakulären Riffen – Hin Daeng, Hin Muang, Richelieu Rock sowie den Similan- und Surin-Inseln. All diese Tauchgegenden sind auch von Khao Lak und z. T. auch von Ko Lanta, Ko Phi Phi und Krabi aus zu erreichen. An der Ostküste gibt es neben Ko Tao auch eine Reihe Tauchunternehmen in Ko Samui und Ko Phangan, aber die von dort angesteuerten Riffe sind nicht so beeindruckend. Schließlich lässt es sich auch von Pattaya und Ko Chang aus tauchen, ideal für diejenigen, die dort sowieso auf Urlaub sind.

Neben Tagestouren bieten einige Veranstalter auch mehrtägige Törns an, deren Ziel insbesondere die Inseln in der Andaman-See sind. **Tagestouren** kosten je nach Ziel und Saison ungefähr 1000– 2000 Baht. **Mehrtagestouren** werden je nach Ort und Dauer zwischen 3000 und 37.000 Baht angeboten.

Tauchkurse und Schnuppertauchgänge kann man überall buchen. Anfängerkurse mit Theorie und Praxis (Poolübungen und mindestens vier Freiwassertauchgänge) kosten etwa 8000– 12.000 Baht. Die meisten Tauchschulen bilden nach den Richtlinien des Tauchsportverbandes PADI aus. Manche Tauchlehrer können auch Prüfungen nach den Richtlinien anderer Verbände (SSI, NAUI, Verband Deutscher Sporttaucher) abnehmen.

Vor der Anmeldung zum Tauchen oder Kurs sollte man sich mit den Tauchguides unterhalten sowie einen Blick auf die Ausrüstung und das Tauchboot werfen. In dieser Hinsicht kann man ansonsten böse Überraschungen erleben. Hierbei trennt sich die Spreu vom Weizen unter den Tauchläden. Neben einwandfreier Ausrüstung sollten sich Ersatzteile für Tauchgeräte, Erste-Hilfe-Sets, Funk, ggf. ein Beiboot an Bord befinden. Kleine Pannen und Defekte sind natürlich nie auszuschließen; wichtig ist jedoch, wie verantwortungsbewusst Tauchschulen damit umgehen.

Tauchausrüstung

■ **Tauchermaske** aus bruchfestem, thermisch entspanntem *(tempered)* Glas. Sie sollte ein möglichst kleines Volumen haben, damit sie leichter ausgeblasen werden kann, falls einmal Wasser eindringt. Außerdem wird das Gesichtsfeld mit abnehmendem Maskenvolumen größer. Die Maske muss dicht sitzen und die Nase mit einschließen. Zum Test der Dichtigkeit die Maske auf das Gesicht drücken und einatmen. Bleibt die Maske am Gesicht haften, dringt keine Luft ein, und der Sitz ist perfekt.

■ **Schnorchel** dürfen nicht länger als 35 cm und dicker als 2,3 cm sein. Das Mundstück sollte einen Dichtrand und Beißnoppen aufweisen.

■ Es gibt **Schwimmflossen** mit umschlossenem Fersenteil und **Tauchflossen** mit Fersenband, für die Füßlinge benötigt werden. Im warmen Wasser genügen Schwimmflossen. Anfänger sollte keine sehr harten Flossen nehmen, weil bei fehlender Tauchtechnik und -erfahrung oft die Gelenke überstrapaziert werden und Krämpfe auftreten können.

■ **Tauchanzüge** bestehen aus geschäumtem Neopren. Bei den Wassertemperaturen in Thailand reichen 3–4 mm Dicke aus. Man kann auch ohne Anzug mit T-Shirt oder einem *Stinger-suit* als Schutz vor Nesseltieren im Wasser tauchen. Bei mehreren Tauchgängen am Tag über einige Tage hinweg kann es aber dennoch mit der Zeit kühl werden. Dann empfiehlt sich ein Anzug oder zumindest ein Nierenschutz.

■ Der **Lungenautomat** bzw. **Atemregler** reduziert den Flaschendruck auf Umgebungsdruck. Deshalb kann in jeder Tiefe mit dem gleichen Atemwiderstand wie an der Oberfläche eingeatmet werden. Am Flaschenventil sitzt die 1. Stufe, die den Flaschendruck auf etwa 10 bar über dem Umgebungsdruck reduziert. Die 2. Stufe des Atemreglers im Mundstück reguliert den Atemdruck auf die Umgebung ein. Sicherheitshalber sollte an der 1. Stufe ein zweites Mundstück (Oktopus) angeschlossen sein. Damit kann der Tauchpartner atmen, falls er im Notfall Luft benötigt. Der Atemreg-

9

ler muss leichtgängig arbeiten, und bei geöffneter Flasche darf das Mundstück nicht selbsttätig Luft abblasen. Wer einen DIN-Lungenautomaten mit nach Thailand nimmt, sollte einen **Bügeladapter für INT-Anschlüsse** mitnehmen, damit der Automat an die in Thailand üblichen Flaschenventile passt. Adapter sind auf den Tauchbasen rar gesät.

■ Das **Finimeter** misst den Restdruck in der Flasche und zeigt somit den verbleibenden Luftvorrat an. Es wird auch an der 1. Stufe angeschlossen. Der Schlauch steht unter Hochdruck (200 bar) und darf deshalb keine Risse aufweisen.

■ **Tarierwesten** (BCD-Jackets) sind aus Sicherheitsgründen erforderlich. Durch Einblasen bzw. Auslassen von Luft reguliert man den Auf- und Abtrieb unter Wasser. So kann man ohne Kraftaufwand auf einer Tiefenstufe schweben (erfahrene Taucher tarieren viel mit der Lunge). An der Oberfläche dienen sie als Schwimmhilfe und Rettungsweste. Die Westen müssen unbedingt dicht sein.

■ Der Tauchanzug und die Tarierweste verursachen unter Wasser Auftrieb. Um diesen auszugleichen, benötigt man **Bleigewichte**, die an einem Gürtel getragen werden. Mit der Tiefe werden Anzug und Weste (und die Lunge) zusammengedrückt, und deren Auftrieb verringert sich. Überbleite Taucher müssen ab einer bestimmten Tiefe gegen Abtrieb ankämpfen. Deshalb Blei sparsam verwenden!

■ In einer Konsole am Finimeter befinden sich oft **Kompass** und **Tiefenmesser**. Sie können auch am Arm getragen werden. Der Tiefenmesser soll gut lesbar und in größeren Tiefen möglichst exakt sein. Ideal ist ein Schleppzeiger, der die größte erreichte Tiefe festhält. Unabdingbar ist auch eine **Taucheruhr**. Sie sollte mindestens bis auf 100 m wasserdicht sein und einen rastenden Stellring mit einer deutlichen Nullmarke aufweisen. Tiefenmesser und Uhr sollten ebenso wie **Dekompressions-Tabellen** (sie zeigen die Verweildauer – Nullzeit – in einer bestimmten Tiefe an, ohne dass man Auftauchstopps beim Aufstieg einhalten muss) mitgeführt werden, auch wenn man mit einem **Tauchcomputer** taucht, der diese Funktionen vereinigt.

■ Die **Tauchflasche** enthält Pressluft unter 200 bar, ist also quasi eine Bombe. Deshalb müssen die Flaschen regelmäßig geprüft werden (Stahlflaschen 2 Jahre, Aluminium 6 Jahre, siehe TÜV). In Thailand gibt es Prüfzentren; es sollte sich ein Stempel auf der Flasche befinden. Rostige Flaschen und Ventile sind nicht gerade empfehlenswert.

■ Das **Tauchmesser ist ein Werkzeug** und hilft, wenn sich der Taucher in einem Netz verheddert.

Druckkammern

■ **Royal Thai Navy, Division of Underwater & Aviation Medicine** (Department of Medicine), Thaksin Rd., Thonburi, Bangkok 10600, Tel. 02-4601105

■ **Apakorn Kiatiwong Hospital,** Division of Internal Medicine (Sections of Underwater & Aviation Medicine), Sattahip Naval Base, Sattahip-Chonburi, Tel. 038-436164

■ **Ko Samui** am nordöstlichen Ende des Big Buddha Beach, Tel. 077-427427, Notrufnummer: 081-0819555, www.sssnetwork.com

■ **Phuket** am Patong Beach, Tel. 076-209347, Notrufnummer: 081-0819000, www.sssnetwork.com

Tauchregeln

Für den Tauchneuling ist eine solide, sicherheitsbewusste Ausbildung und entsprechendes eigenständiges Tauchen im Anschluss an einen Kurs wichtig. Tauchen ist ein wundervolles Erlebnis, insbesondere in klaren, tropischen Gewässern. Doch es gilt, einige elementare Regeln und Voraussetzungen zu beachten, um sich und seinen Tauchpartner nicht in Gefahr zu bringen:

■ **Keine Angst** vorm Tauchen (nicht nur aus Solidarität mit dem Partner einen Kurs machen).

■ Normale **körperliche Fitness** sollte vorhanden sein! Vor der Reise sollte eine Tauchtauglichkeits-Untersuchung vom Sportarzt durchgeführt werden.

■ In der **Theorieausbildung** müssen grundlegende Kenntnisse aus Gerätekunde, Tauchphysik, Tauchmedizin und Erste-Hilfe-Maßnahmen vermittelt werden.

■ Die **Tauchausrüstung** ist vor jedem Tauchgang zu **überprüfen** (Funktion, Risse, Rost, Dichtungs-/O-Ringe, Dichtigkeit der Weste, etc.) und in gutem Zustand zu halten (z. B. nicht an Bord herumwerfen). Nach dem Tauchen sollte alles mit Süßwasser gespült werden.

■ Unbedingt **Tauchplatzbesprechung, Tauchplanung** und **Partnercheck** vor dem Einstieg vornehmen!

■ **Keine Selbstüberschätzung,** d. h. niemals allein tauchen, nie tiefer als 40 m, nie bei Unwettern, sehr starkem Wellengang oder Strömung tauchen und nicht die Nacht vor dem Tauchtag durchzechen (Restalkohol und Übelkeit können fatale Folgen haben – auf bedröhnte Tauchpartner sollte man im eigenen Interesse verzichten)!

■ Bei **starker Strömung** stets gegen diese schwimmen.

■ Beim Tauchen stets auf den **Partner,** die **Tauchtiefe** und den abschließenden **Sicherheitsstop** achten!

■ Tauchgang so planen und durchführen, dass sich bei der **Rückkehr** an Bord noch **50 bar Luft** in der Flasche befinden und keine Dekompressionsstopps erforderlich sind **(Nullzeittauchgänge)!**

■ Spätestens **24 Stunden** vor dem **Rückflug** nicht mehr tauchen!

Bei Beachtung dieser Regeln kann nicht viel passieren, und Tauchen wird zu einem Genuss unter Wasser. Schwerelos im Wasser zu schweben und dabei eine fremde Welt zu genießen, zählt sicher zu den größten Vergnügen im Thailandurlaub. Um auch die Korallen und Fische beim Tauchen nicht mehr als nötig zu stören, sind zudem folgende Regeln zu beachten:

■ Taucher und Schnorchler sollten niemals auf Korallen treten oder sie abbrechen.

■ Taucher sollten darauf achten, keinen Sand auf dem Meeresboden aufzuwirbeln.

■ Meerestiere sollten niemals angefasst werden.

■ Fische sollten nicht gefüttert werden.

■ Alle Besucher sollten niemals Müll ins Meer werfen.

■ Meerestiere, ob tot oder lebendig – und das gilt auch für Muscheln – sollten im Wasser gelassen werden.

■ Es gibt keinen Grund mit Harpune zu tauchen.

■ Haifischflossensuppe sollte vermieden werden. Die immer größere Verbreitung dieses chinesischen Gerichtes hat in den letzten Jahren mehr als 90 % aller Haie das Leben gekostet.

■ Wer von einem Boot taucht, sollte darauf achten, dass die Crew den Anker nicht auf Korallen wirft.

■ Touristen sollten davon absehen, Muscheln und andere Meeresprodukte als Souvenirs zu erstehen.

Unterkunft

Thailand ist ein touristisch sehr gut erschlossenes Land und bietet somit eine Vielzahl von verschiedenen Übernachtungsmöglichkeiten. Deren Qualität und Hygiene-Standard ist zumeist höher als in anderen asiatischen Ländern.

Auf den Inseln gibt es noch immer (einige wenige) **Hütten für 100 oder 150 Baht** und für denselben Preis lässt sich sogar in Bangkok noch ein Zimmer auftreiben. Am anderen Ende der Skala stehen Luxusherbergen wie das Oriental in Bangkok oder das Amanpuri in Phuket, in denen eine Übernachtung bis zu 150.000 Baht kosten kann.

Eigentumswohnung gefällig?

Mit Thailands zunehmender Beliebtheit als Urlaubsland erhöhte sich in den letzten Jahren auch sprunghaft die Zahl derer, die sich dort dauerhaft niederzulassen gedachten, möglichst in einer eigenen Wohnung. Seit dem *Condominium Act* von 1991 ist Ausländern der Erwerb von Eigentumswohnungen gestattet, wogegen der **Kauf von Grundstücken** (und somit Eigenheimen) nach wie vor **nicht erlaubt** ist (was durch thailändische Strohmänner bzw. -frauen jedoch oft umgangen wird).

Vorbedingung für den Erwerb einer Eigentumswohnung ist die **Aufenthaltsberechtigung** des Käufers in Thailand. Wird diese widerrufen, verfällt auch das Eigentumsrecht an der Wohnung, die somit zu veräußern ist. Bei Personen, die sich aus beruflichen Gründen in Thailand aufgehalten haben und nun woanders arbeiten, verfällt ebenfalls das Besitzrecht, und die Wohnung (bzw. das Büro) muss innerhalb eines Jahres verkauft werden.

Insgesamt darf die Beteiligungsrate von Ausländern an Wohn- oder Bürogebäuden nicht mehr als 40 % betragen; bei Überschreiten dieser Quote verliert der überschreitende Käufer sein Eigentumsrecht und hat das Objekt ebenfalls innerhalb von Jahresfrist zu veräußern. Außerdem ist der Käufer – anders als z. B. in Deutschland – rein juristisch nur der Besitzer seiner eigenen Wohnung und nicht auch gleichzeitig Mitbesitzer der Gesamtanlage.

Soweit die groben Richtlinien, die aber eines sicher nicht ersetzen: einen versierten **Rechtsanwalt** aus Thailand, der die mit einem derartigen Kauf verbundenen Risiken mindern kann.

Zu guter Letzt ist ausreichend Kapital mitzubringen, vor allem bei Käufen in der Innenstadt von Bangkok, wo selbst kleine Eigentumswohnungen leicht mehrere Millionen Bath kosten können. Am teuersten sind die Objekte im Bereich der Sukhumvit und Silom Road.

Die **Zimmer bis 150 Baht** haben zumeist kein eigenes Bad, dafür steht dann ein common bath zur Verfügung. Zimmer mit eigenem Bad (attached bath) kosten in der Regel ab 200 Baht. Zahlreiche Guest Houses bieten auch ein **Dorm** (Schlafsaal, von engl. dormitory); die darin befindlichen Betten kosten ca. 100 Baht pro Übernachtung.

Die Zimmer in der Preislage von **300–600 Baht** sind zumeist schon recht ordentlich; sie haben ihr eigenes Bad (eventuell nur mit kaltem Wasser), einen Deckenventilator *(fan)* und – da, wo es notwendig ist – möglicherweise auch ein Moskitonetz *(mosquito net)*.

Die Zimmer in der Preislage von **500–1000 Baht** sind durchaus komfortabel, haben zumeist eine Klimaanlage (A.C.) und Telefon, dazu wahrscheinlich Kühlschrank und Fernseher. Der Fernseher lohnt für den Normalverbraucher nur, wenn darauf auch ausländische Satellitenkanäle zu sehen sind; eine zunehmende Zahl von Hotels in dieser Preisklasse rüstet sich damit aus.

Bei **1000–1200 Baht** beginnt die Mittelklasse, bei **2000–3000 Baht** die Oberklasse, deren Hotels oft mit großartigen Gartenanlagen umgeben sind. Darin befindet sich immer ein Swimmingpool, weiterhin eventuell ein Tennis- oder

Preiskategorien

Für die Kennzeichnung des Preisniveaus der einzelnen Unterkünfte wird die folgende Einteilung verwendet, die sich aber ausschließlich auf die Preisgruppe und nicht auf den Service bzw. die Qualität bezieht.

Klassifizierung der Unterkünfte

*	bis 150 Baht
**	150–300 Baht
***	300–600 Baht
****	600–1200 Baht
*****	1200–2400 Baht
LLL	Luxusklasse, über 2400 Baht

Badmintonplatz u. Ä. Die Zimmer entsprechen internationalem Standard, sie haben A.C., Telefon (z. T. mit Nebenanschluss in der Toilette!), eventuell ein hauseigenes Videoprogramm, Satelliten-TV, Mini-Bar etc. In vielen Luxushotels kosten die Zimmer **ab 3000–4000 Baht** aufwärts, und nach oben ist fast keine Grenze gesetzt. Die teuersten Zimmer im Lande kosten um die **150.000 Baht.**

In den Luxusunterkünften werden auf den annoncierten Preis meist 10 % Bedienungsgebühr *(service charge)* und 7 % Steuern aufgeschlagen. Einige Hotels nennen auf Anfrage gleich den Endpreis (dann handelt es sich oft um eine merkwürdig „krumme" Summe).

Ein **Sterne-System,** wie es anderswo im Hotelgewerbe üblich ist, gibt es in Thailand nicht generell, nur die Luxushotels lassen es sich oft nicht nehmen, sich als Fünf-Sterne-Hotels zu bezeichnen. In Zukunft wird das Sterne-System möglicherweise weiter Fuß fassen.

Der Zimmerpreis versteht sich meist **für 2 Personen,** sodass ein Einzelner genau so viel zahlen muss wie ein Paar. In vielen Touristengegenden wurde aber mittlerweile unser System vom Einzel- und Doppelzimmer eingeführt. Der Doppelzimmerpreis liegt dann ca. 80 % höher als der Einzelzimmerpreis.

In der Provinz sind Hotels häufig gleichzeitig **Bordelle** oder **Stundenhotels.** Der so entstehende Durchgangsverkehr kann den Reisenden erheblich stören. In ganz kleinen Orten besteht aber oft keine Alternative zu diesen Hotels, die oft an ihren Schildern zu erkennen sind: meistens rot leuchtende Neonschilder mit Thai-Schrift und einem Pfeil, der den Weg in die versteckte Gasse weist. Manche der Hotels haben eine Zahl im Namen, also „Hotel 27" o. Ä.

Auf Ko Samet, Ko Tao, Ko Lanta, Ko Chang und einigen anderen kleineren Inseln sind die Unterkünfte oft einfache **Hütten** ohne eigenes Bad und mit Generator-Strom. Wichtig sind ein Moskitonetz und der Ventilator. Die meisten der Hüttenkolonien besitzen ihr eigenes Restaurant, das möglicherweise mit einem Videogerät ausgestattet ist. Wer das Unglück hat, genau zwischen zwei solcher Kolonien zu wohnen, dürfte wohl schwer um seinen Schlaf ringen müssen!

In den Nationalparks gibt es zumeist nur **teure Bungalows** zu mieten, die durchaus 1000 Baht oder mehr kosten können. Dafür ist die Zahl der Zimmerbewohner nicht begrenzt, oft beherbergen sie ganze kleine Reisegruppen oder thailändische Großfamilien. Einzelreisende kommen besser mit den **Zelten** weg, die oft zu mieten sind.

Männliche Reisende können in der Provinz auch häufig – normalerweise

Hotel-Vokabular

Bett/Bettlaken	*thii-norn/ phaa-thii-norn*
Decke	*phaa-horm (ph = p-h, nicht f)*
Elekrizität	*fay-faa*
Fernsehgerät	*thorathat*
Frühstück	*ahaan-tschao*
Handtuch	*phaa-tschet-tua*
Klimaanlage	*äi-sii* (engl. A.C.)
Kopfkissen	*mon*
Kühlschrank	*tho-yen*
Licht	*fay*
Moskitonetz	*mung*
Parkplatz	*thii-gep-rot*
Preis/Preisnachlass	*rakha/rakha-lot*
Rechnung	*bill*
Restaurant	*raan-ahaan*
sauber machen	*tham sa-ad*
Seife	*saabuu*
Schlüssel	*kundjä*
Sonderpreis	*rakha phiset*
Swimmingpool	*sra-wainaam*
Tennisplatz	*sanaam-tennit*
Toilette/Badezimmer	*hong-naam*
Toilettenpapier	*kradaat-hong-naam*
Ventilator	*phatlom*
Wächter	*yaam*
(warmes/kaltes) Wasser	*naam (ron/yen)*
Zimmer	*hong*
Zimmer frei?	*mii hong, mai?*

kostenlos – in **Klöstern** unterkommen. Dort ist allerdings ein besonders dezentes Verhalten angeraten und ein Interesse am Buddhismus sollte vorhanden sein. Alkoholgenuss ist untersagt.

Verhaltensregeln

Thais sind Ausländern gegenüber in der Regel sehr tolerant und werden Fehler, die der Reisende unwissentlich begeht, gerne übersehen. „*Mai pen rai!*" heißt die vielgehörte Floskel, „Das macht doch nichts!"

Ein mildes Lächeln auf den Lippen gehört zum Alltags-Habitus der Thais, was ihrem Land den etwas überstrapazierten Namen **„Land des Lächelns"** (in Landessprache *Siam Yiim*, „Lächelndes Siam") eingetragen hat. Man sollte sich aber im Klaren darüber sein, dass das Lächeln oft nur eine rituelle Funktion hat, z. B. um das Gegenüber zu besänftigen, Konflikte zu vermeiden oder um zufrieden und ausgeglichen zu wirken. Wenn Thais lächeln, so muss das also noch lange nicht heißen, dass sie auch nette und wohlmeinende Menschen sind. Die Thais selber wissen das nur allzu gut, und sie sagen von manchem ihrer Mitbürger *„Phak waan, gond priau"*, zu Deutsch „Der Mund ist süß, der Hintern aber sauer!"

Bis in die jüngere Vergangenheit war der Umgang der Thais miteinander (und mit Ausländern) von der sprichwörtlichen thailändischen Freundlichkeit und Gelassenheit geprägt. Der Ruf der „sanftmütigen" Thais verbreitete sich über die ganze Welt. Heute haben diese Eigenschaften etwas nachgelassen, der Umgangston ist kühler geworden. Thailand befindet sich zurzeit in einem Rausch nach Geld und Gut, die Gesellschaft hat sich sehr „vermaterialisiert". Der plötzliche Sprung von der Agrar- zur Beinahe-Industriegesellschaft ist dem Land – zumindest was die ethisch-moralischen Werte anbelangt –

9

nicht gut bekommen. Der neue Gott heißt Mammon, und es gibt nicht viele andere Götter neben ihm. Möglicherweise leitet die ernste Wirtschaftskrise des Landes (siehe Kapitel „Wirtschaft") in Teilen der Bevölkerung ein Umdenken ein.

Das alles soll natürlich nicht heißen, dass es heute keine freundlichen, selbstlosen Menschen mehr gibt – man trifft sie noch reichlich, besonders abseits der Touristenzentren –, nur sollte man keine überhöhten Erwartungen hegen. Das Image Thailands muss etwas umgezeichnet werden.

Größere **Konflikte oder Auseinandersetzungen** sind dennoch nicht zu befürchten. Die Thais sind Fremden gegenüber sehr zurückhaltend (wie untereinander auch), was auf manche Reisende, z. B. solche, die gerade aus Indien kommen, vielleicht sogar sehr angenehm wirkt. **Belästigungen** sind extrem **rar.** Allein schon die Verständigungsprobleme (nur wenige Thais sprechen Englisch) lassen die meisten eine distanzierte Haltung Ausländern gegenüber einnehmen.

Nach Thai-Auffassung ist das Nichtbeherrschen von Englisch oder das Nichtkommunizierenkönnen ein „Gesichtsverlust", und den vermeidet man am besten, indem man sich von den Fremden fernhält. Hinzu kommt, dass der thailändische Normen-Kodex das Ansprechen von Fremden kaum gutheißt. Wer andere anquasselt, wirkt möglicherweise *yung* (nervig), vielleicht sogar *süak* (aufdringlich wie die Pest). Das Verhältnis zu Ausländern könnte insgesamt vielleicht als „desinteressierte Toleranz" bezeichnet werden: Niemand stört die Fremden, und sie können sich auch einiges herausnehmen, man unternimmt aber auch keine großen Anstrengungen, ernsthaft mit ihnen in Kontakt zu kommen.

So tolerant die Thais den *falang* (Westlern) gegenüber zumeist sind – untereinander haben sie sich an eine **Vielzahl von sozialen Regeln** zu halten, die oft wie ein zu eng geschnürtes Korsett wirken. Die Diskrepanz zwischen dem, was man oft tun *muss* (z. B. lächeln und freundlich sein), und dem, was man tun *möchte* (z. B. sein Gegenüber in der Luft zerreißen), führt zu starkem psychischen Druck. Dieser macht sich oft in Affekthandlungen Luft, und wer die thailändischen Tageszeitungen studiert, wird zahllose Beispiele dafür finden.

Um nicht allzu sehr anzuecken, sollte man sich in jedem Fall der wichtigsten Spielregeln bewusst sein.

Respekt gegenüber religiösen Empfindungen

Jede Religion ist durch das Gesetz geschützt, und der König ist der Schutzherr eines jeden Glaubens. Eine Handlung, die eine Religion beleidigt, kann mit Gefängnisstrafe geahndet werden. Darunter fällt z. B. auch das **Besteigen einer Buddha-Statue** oder das mutwillige Stören einer religiösen Versammlung. Ein Tourist, der auf einem Buddha sitzend für Fotos posierte, kam dafür ein paar Monate ins Gefängnis, ebenso die Person, die die Fotos machte! Als in Thailand bekannt wurde, dass ein dänisches Magazin Bilder gedruckt hatte, auf denen ein Thaimädchen leicht bekleidet auf einem Buddha gesessen hatte, waren viele Thais empört.

9

Einer Buddhafigur oder anderen Bildern von Göttern oder verehrten Mönchen ist Respekt zu zollen; die mutwillige **Verunglimpfung des Buddha** ist eines der übelsten Vergehen, dessen man sich schuldig machen kann. Das thailändische Kulturministerium achtet darauf, dass mit Buddha-Figuren ordentlich umgegangen wird. So wurde jüngst ein Buddha in einem Restaurant auf Phuket konfisziert – der ausländische Besitzer hatte die Figur als eine Art Springbrunnen benutzt, aus ihrem Kopf floss fröhlich eine Fontäne und erfreute die Besucher.

Wer eine Buddhafigur in seinem Zimmer aufstellt, sollte darauf achten, dass die Statue hoch steht; möglichst über Kopfhöhe.

Mönche

Mönche genießen trotz sich häufender Skandale ein hohes Ansehen in Thailand, und einer alten Tradition zufolge sollte jeder Junge oder Mann mindestens 3 Monate seines Lebens in einem Kloster verbracht haben. Dort erlernt er die Meditation und studiert die in Pali verfassten heiligen Schriften. Das wird heute nicht mehr ganz so genau eingehalten, dennoch gibt es zu jeder Zeit etwa 300.000 Männer im Mönchsstand.

Frauen dürfen Mönche nicht berühren oder ihnen keine Gegenstände oder Essen direkt übergeben. Die Frau muss den Gegenstand erst einem Mann überreichen, der ihn dann dem Mönch weitergibt. Oder aber der Mönch breitet ein Stück seiner safran-farbenen Robe aus, worein die Frau den Gegenstand legt.

In öffentlichen Bussen sitzen Mönche meist in der letzten Reihe (zum halben Preis oder kostenlos), und man muss von dort aufstehen, falls Mönche einsteigen.

Sitzen Mönche (z. B. am Tisch im Restaurant), so gehen die Thais an ihnen vorbei, indem die sich etwas bücken, sich also kleiner machen. Das bezeugt Respekt. Diese Regel kann von Ausländern außer Acht gelassen werden.

Das Königshaus – keine Beleidigungen!

Die königliche Familie, insbesondere König Bhumipol (Thai-Aussprache: Phumipon), wird von allen Thais verehrt und geliebt. Die Portraits von König und

042ba at

> Von seinem Volk geliebt: König Bhumipol

König Bhumipol Adulyadej

Das Bildnis des Königs ziert jeden Geldschein auf der Vorderseite, und in unzähligen Haushalten Thailands hängt ein Portrait von ihm. Die Thais sprechen nur in tiefer Ehrfurcht von ihm, und in Zeiten politischer Krisen wirkt er als einender Faktor, der das Land zusammenhält. Gemeint ist Seine Majestät *König Bhumipol Adulyadej*, Rama 9, geboren am 5. Dezember 1928 in Cambridge, Massachusetts, USA.

Im Jahre 1946 hat er den Thron bestiegen, nachdem sein älterer Bruder König *Ananda* erschossen in seinem Bett aufgefunden worden war. Seitdem herrscht *König Bhumipol* über die Thais und hat es wie kaum ein Monarch vor ihm verstanden, die Herzen seines Volkes zu gewinnen. Als der König am 5. Dezember 1987 seinen 60. Geburtstag feierte, strömten Hunderttausende Thais aus allen Landesteilen nach Bangkok, um an den Feierlichkeiten teilhaben zu können. Seit dem 2. Juli 1988 ist *König Bhumipol* der Monarch mit der längsten Amtszeit in Thailand. 2006 feierte das Land das 60-jährige Thronjubiläum des Königs und den königlichen „Weltrekord". Zu den grandiosen Feierlichkeiten in Bangkok reisten Monarchen und Staatsoberhäupter aus aller Welt an.

Früher hatte man Thailands Herrscher als „Herren des Lebens" bezeichnet, und man führte ihre Herkunft direkt auf die Götter zurück. Der Thai von heute ist zumeist nüchterner und kann die Verehrung, die der derzeitige König genießt, handfest begründen:

Schließlich bemüht sich der König seit Anbeginn seiner Regierungszeit unermüdlich um seine Untertanen, er bereist die entlegensten Gebiete, um sich über die Probleme vor Ort zu ori-

entieren, überwacht höchstpersönlich das Vorankommen von Projekten, und auf dem Gelände seines Wohnsitzes, des Chitlada-Palastes, unterhält er eine Experimentierfarm, auf der landwirtschaftliche Forschung betrieben wird. Zudem ist der König ein Mann vieler Talente, u. a. ein begnadeter Musiker, der in seiner Freizeit mit Vorliebe ein heißes Jazz-Saxophon bläst. Wenn ein bekannter Jazzmusiker einfliegt, lässt es sich der König nicht nehmen, mit ihm zu „jammen". So zuletzt geschehen 2002, als er den Saxophonisten *James Moody* in seinen Palast in Hua Hin einlud. Und die königliche Hymne, die in Kinos vor der Vorstellung gespielt wird, ist eine Eigenkomposition des Königs.

Bei seinen Bestrebungen, die Probleme Thailands zu lösen, wird der König von seiner Familie unterstützt, und wo immer *Königin Sirikit, Kronprinz Maha Vijiralongkorn* oder die Prinzessinnen *Maha Chakri Sirindhorn* und *Chulabhorn* im Lande erscheinen, wird ihnen die tiefe Zuneigung und Hingabe ihrer Untertanen zuteil. Die königliche Familie ist ein unerschütterlicher Faktor in einem Land, das politisch gesehen häufig Erdrutsche erlebt hat.

Möglicherweise geht mit *Bhumipol Adulyadej* das alles zu Ende: Einer alten Weissagung zufolge ist er, Rama der 9., der letzte Herrscher der Chakri-Dynastie.

Der König ist heute gesundheitlich schwer angeschlagen. Wie es nach seinem Ableben mit der Thronfolge weiter gehen wird, ist zurzeit eine der wichtigsten Fragen in Thailand. Sein Sohn, der Kronprinz – so er denn König wird – wird es schwer haben, sich dieselbe Zuneigung zu verschaffen, die seinem Vater zuteil wurde.

Königin zieren die meisten Wohnhäuser und Geschäfte. **Majestätsbeleidigung** ist ein schweres Vergehen, das mit Gefängnis bestraft wird.

Der Reisende sollte es so halten wie die Thais: Am besten das **Thema Königshaus** gänzlich **meiden,** denn eine unbedachte oder missverstandene Bemerkung kann eine Menge Ärger einbringen. Das bekam auch ein Tourist zu spüren, der in einem Streit mit einem Restaurantbesitzer, bei dem es um die zu zahlende Summe ging, wutentbrannt einen Geldschein zerknüllte und dann darauf herumtrampelte. Da auf dem Geldschein der König abgebildet war, machten sich alle Gäste über den Frevler her.

Im Umgang mit Thais

Berührungen

Absolut zu unterlassen ist es, Menschen an den **Kopf** zu fassen! Der Kopf ist nach thailändischer Auffassung der Sitz der Seele und somit der höchste Teil des Körpers. Das Berühren des Kopfes ist eine schwere Beleidigung! In früheren Zeiten sollen sich selbst die Henker bei ihren zu richtenden Opfern für das Berühren des Kopfes im vorab entschuldigt haben.

Kopf-Berührungen zwischen Personen, die ein inniges Verhältnis zueinander haben, wie Mutter und Kind oder Ehepartner, sind hingegen erlaubt.

Männliche Reisende sollten sich davor hüten, fremde oder nur flüchtig bekannte Frauen zu berühren! **Zwischengeschlechtliche Berührungen** deuten auf ein intimes Verhältnis hin und können die Frau so in eine peinliche Situation bringen.

Begrüßungen

Das Händeschütteln ist unter Thais nicht üblich.

Die traditionelle Art des Grußes ist der **Wai.** Dazu werden die Handflächen wie zum Gebet aneinandergelegt. Wie hoch die Handflächen gehalten werden, ist abhängig von der Person, die gegrüßt wird. Von Ausländern wird nicht erwartet, dass sie den Wai beherrschen, im Gegenteil, es wirkt zumeist sogar lächerlich, wenn Ausländer versuchen, sich durch den Wai wie Thais zu benehmen. Am schlimmsten ist, wenn Ausländer eindeutig niedriger gestellte Personen „waien", also das Zimmermädchen, die Friseuse oder den Motorradtaxifahrer. Dies ist zutiefst peinlich, und der oder die „Gewaite" wird es als unangenehm empfinden. Allerdings lassen sie sich dies nicht anmerken, um den „Waier" nicht zu verletzen. Für Ausländer ist es ratsam, den Wai ganz zu unterlassen, denn meist geht er schief, und der Ausländer passt eh nicht ins thailändische „Kastensystem". Hier dennoch eine kurze Erläuterung wie er unter Thais abläuft:

- **Niedriggestellte** werden gegrüßt, indem sich beim Wai die Daumen etwa in Brusthöhe befinden.
- **Bei Gleichgestellten** haben sich die Daumen etwa in Kinnhöhe zu befinden.
- **Höhergestellte** werden durch Wai mit den Daumen in Höhe der Unterlippe gegrüßt.
- **Mönche** mit den Daumen zwischen den Augenbrauen grüßen.

Der Wai wird im Allgemeinen durch ein leichtes Senken des Kopfes unterstützt: Je angesehener die Person, desto tiefer wird der Kopf gesenkt.

Wais von eindeutig niedriger Gestellten (z. B. Bettler) sollten nicht durch einen Wai erwidert werden, sondern lediglich durch ein kurzes Lächeln oder Nicken. Wird eine eindeutig niedrigere Person durch einen respektvollen Wai gegrüßt, gleicht dies einer Verhöhnung!

Lärm und Aggression

Beobachtet man Thais beispielsweise in einem Restaurant, so fällt auf, dass sie sich meist sehr leise unterhalten. Lärm wird nur von angetrunkenen Rowdies verursacht. Lautstarkes Auftreten in der Öffentlichkeit gilt als unhöflich. Wer durch ein Lokal brüllt, bringt Thais zum Erschaudern, denn Lärm ist ihnen gleichbedeutend mit Aggression.

Wer in einer Konfliktsituation herumschreit, macht sich lächerlich und bekommt erst recht nicht das, was er will. Die beste Methode ist: Dezent und leise bleiben, lächeln und ruhig und vernünftig reden! Höflichkeit erreicht mehr als laute Worte.

Das Prinzip des *jai yen,* des „kühlen Herzens", das sich durch nichts aus der Ruhe bringen lässt, ist äußerst wichtig für den täglichen Umgang miteinander. Jemand, der einen Wutanfall bekommt, verliert sein Gesicht und wird gleich deutlich weniger Respekt zu spüren bekommen.

Im seltsamen Gegensatz zu dem leisen Umgang miteinander steht der oft unglaubliche **öffentliche Lärm.** Manchmal scheint es, als wollten die Thais ihre Umwelt so kakophonisch wie möglich gestalten. In Department Stores dudelt aus allem möglichen Geschäften, aus allen erdenklichen Richtungen, diverse, laute Popmusik, manchmal werden gar ganze Stadtteile mit lauter Musik beschallt (siehe die horrend effizienten High-Tech-Lautsprecher in Siam Square, Bangkok), und selbst auf einigen Skytrain-Stationen in Bangkok läuft gnadenlos laute Werbung und Musik. Die Geschäfte der Supermarkt-Kette Tops spielen laute Thai-Popmusik und zudem sind in einigen Supermärkten Mini-Fernseher angebracht, die für irgendein ausgestelltes Produkt werben, bzw. in den allgemeinen Lärm hinein quäken und für noch mehr Unruhe sorgen.

Motorräder und Busse knattern ohne jeglichen Lärmschutz mit ohrenbetäubender Lautstärke durch die Straßen, und nicht weniger laut und nervend sind die „Langschwanzboote", mit denen man über Bangkoks Klongs oder zu Stränden gefahren wird. In kleineren Orten kutschieren Lautsprecherwagen durch die Straßen, die mit Trommelfell schädigendem Lärm für das lokale Kino werben. Untersuchungen in Bangkok haben ergeben, dass ein großer Teil der Bevölkerung an Hörschäden leidet – verwunderlich ist es nicht.

Wie kann man nun diesen **Gegensatz** zwischen dem leisen Umgang miteinander und dem gnadenlosen öffentlichen Lärm erklären? Vielleicht wollen die Thais einfach kompensieren, den inneren Druck mit Bombenkaracho herauslassen; immer nur buckeln und stille sein macht auch keinen Spaß. Erstaunlicherweise scheint den Thais selber der Lärm gar nichts auszumachen, zumindest nicht sichtbar. Auf meine Frage an eine Tops-Kassiererin, warum die Musik im Laden denn so laut sein müsse (genau über der Kasse war einer der vielen Lautsprecher des Geschäfts angebracht) sagte sie, das sei doch gut, dann schlafe sie wenigstens nicht ein! Ein Westler wüde bei einer 12-Stunden-Schicht im Laden sicher den Verstand verlieren.

Schmeicheleien

Thais sind ein sehr positiv eingestelltes Volk, und es gilt als unfein, sich allzu negativ zu äußern. Das drückt sich auch im Sprachgebrauch aus: Selten wird ein Thai sagen, dass etwas „schlecht" sei, eher umgeht er den Affront und sagt „nicht gut".

In Gesprächen mit Ausländern werden die Thais immer wieder das angeblich gute Aussehen oder deren tolle Thai-Kenntnisse bewundern. Dieses gut gemeinte Lobpreisen gehört zum Thai way of life. Darauf sollte man sich nicht allzu viel einbilden.

Füße

Die Füße sind der unterste Teil des Körpers und damit – als Gegenstück zum Kopf sozusagen – unrein. Beim Sitzen sollte man einem Thai nie die **Fußsohlen** entgegenstrecken, das wäre eine Beleidigung. Absolut verwerflich ist es, die Fußsohlen etwa einem Tempel oder einer **Buddha-Figur entgegenzuhalten.** Niemals sollte man mit dem Fuß auf einen Menschen zeigen, selbst das Zeigen mit dem Finger gilt als unhöflich. Besser ist es, kurz mit dem Kinn in Richtung der betreffenden Person zu nicken.

Am Boden liegendes Essen oder eine schlafende Person dürfen nicht überstiegen werden! Beim Betreten traditionell ausgerichteter Thai-Haushalte sind die Schuhe vor der Tür **auszuziehen,** ebenso beim Betreten des Innenraums eines Tempels!

Kleidung

Wer andere vergleichbare „Dritte-Welt"-Länder bereist hat, wird möglicherweise überrascht sein, welch großen Wert die Thais auf **gepflegte Kleidung** legen. Ordentliche Kleidung ist sehr wichtig, um in der Gesellschaft sein Gesicht zu wahren, und wer sich nicht anständig kleidet, gilt entweder als „arm" (was um Himmels Willen niemand möchte) oder gar als asozial (was nur ein paar wenige „Rebellen" möchten). Zudem gilt schludrige Kleidung in den Augen der ästhetisch geprägten Thais als „hässlich". Sie wird nur am Strand als statthaft angesehen.

Westliche Touristen, die in der **typischen Traveller-Kleidung** auftreten (kurze Hose, verwaschenes T-Shirt, Gummisandalen etc.), werden dementsprechend häufig belächelt, und niemand möchte eigentlich etwas mit ihnen zu tun haben. In Thai-Augen gelten sie als „arme" und oft „schmutzige" Ausländer. Diese werden *falang kii-nok* genannt, zu Deutsch „Vogelkot-Guave" oder „Vogelkot-Westler"! *Falang* bedeutet sowohl „Westler" als auch „Guave", und eine *falang kii-nok* ist eine Art Zwergen-Guave, deren Größe die Thais an ein Stück „Vogelkot" erinnert. Im übertragenen Sinne steht der Begriff somit etwa für einen „armen westlichen Schlucker". Und mit denen möchte man nicht zusammen gesehen werden!

Wer von Thais Respekt verlangt, hat sich „anständig" zu kleiden – Hose bzw.

9

Rock sollten lang, ordentlich und sauber sein, das Hemd sauber und gebügelt, und als Schuhe sollte man keine Schlappen, Sandalen oder Flip-Flops tragen. Dieser **Kleider-Kodex** gilt in erhöhtem Maße auf Ämtern oder zu **offiziellen Anlässen,** bei denen eine schludrige Kleidung gar als bewusste Missachtung ausgelegt werden könnte.

Betteln

Bettler sieht man in Thailand kaum häufiger als in Mitteleuropa. Die wenigen, die es gibt, betteln meist völlig unaggressiv, still am Straßenrand sitzend und den Kopf gesenkt. Diese Demutshaltung ist bei den Thais am Erfolg versprechendsten.

Die meisten Bettler finden sich verständlicherweise im relativ wohlhabenden **Bangkok,** das auf Landbewohner die größte Sogwirkung ausübt. Viele der Bettler stammen aus den Nachbarländern Myanmar oder Kambodscha und werden von Gangs eingeschleust, die den Großteil der Einnahmen für sich behalten. Chiang Mai hat ebenfalls eine Anzahl Bettler, viele davon sind Mitglieder der Bergvölker. Einige davon verirren sich auch gelegentlich nach Bangkok.

Etwas merkwürdig wirkt es, wenn sich sonntags morgens thailändische Bettler um den Sikh-Tempel im Stadtteil Pahurat scharen, um von den wohlhabenden Sikhs einen Obolus zu erbetteln. Die Sikhs, von denen die meisten zur Zeit der indischen Unabhängigkeit 1947 aus Indien eingewandert sind, sind heute um ein Vielfaches wohlhabender als die meisten Thais.

Verkehrsmittel

Eisenbahn

Vom Flugzeug einmal abgesehen, ist die Bahn wohl das bequemste Mittel, innerhalb Thailands zu reisen. Bei Nachtfahrten stehen exzellente Sleeper zur Verfügung: Zwei gegenüberliegende Sitze werden von einem Bahnangestellten ausgezogen, darauf kommt ein sauberes Bettlaken, Kopfkissen und Decken werden verteilt und ein Vorhang wird vor das neu entstandene Schlafabteil gehängt. Darüber wird eine zweite Schlafkoje heruntergeklappt, die upper berth, die einem weiteren Fahrgast zur Schlafstelle bereitet wird. Fertig sind die Betten!

Der Nachteil der Bahn ist, dass sie bedeutend langsamer ist als die A.C.-Busse und dazu teurer. Die Strecke Bangkok – Chiang Mai schafft ein Bus in 10 Stunden, die Bahn braucht dafür 13 Stunden (mit lower berth, der unteren Schlafkoje und in der 2. Kl. je nach Zugart ab 581 Baht). Auf die Grundpreise werden Aufschläge für die verschiedenen Züge und auch für die Schlafkojen erhoben.

Auf der positiven Seite sind die Züge sicherer als die Busse, deren Fahrer gelegentlich unter Einfluss von Alkohol oder Aufputschmitteln stehen.

Bangkok ist der **Verkehrsknotenpunkt** des Landes. So haben alle Eisenbahnlinien und wichtigen Fernstraßen hier Ausgangspunkt bzw. Ende.

Die **Northern Line** der staatlichen Eisenbahnbetriebe führt von Bangkok nach Nong Khai an der Grenze zu Laos, die **Eastern Line** nach Ubon Rachathani, 65 km vor der kambodschanischen Grenze und die **Southern Line** bis Malaysia. Es gibt noch einige Nebenlinien, am wichtigsten die Strecke Bangkok – Kanchanaburi.

Der früher recht umständliche **Fahrkartenkauf** ist mittlerweile sehr vereinfacht worden: In den meisten wichtigen Orten wird die Buchung per Computer bewerkstelligt. Im Reservierungsbüro des Hauptbahnhofs von Bangkok, der Hualamphong Station, braucht man nur noch eine Nummer zu ziehen, und wenig später wird man aufgerufen. Dank des Computers lassen sich heute auch problemlos **Rückfahrkarten** buchen, außer in einigen sehr kleinen und unbedeutenden Bahnhöfen. In Bangkok können die Karten auch in Reisebüros gekauft werden, in der Regel ohne Aufpreis.

Zu den thailändischen Feiertagen kann es zu Engpässen kommen, da jeder die Gelegenheit zu Verwandtenbesuchen nutzt. Die Züge sind dann oft ein oder zwei Wochen im Voraus ausgebucht. Tickets können 90 Tage im Voraus gekauft werden. Zu Tagesausflügen, an Wochenenden und zu Feiertagen treten oft **Sondertarife** in Kraft, man erkundige sich diesbezüglich am Ticket-Schalter. Außerdem ist ein **Rail Pass** erhältlich, mit dem man 20 Tage lang für 1100 Baht (2. oder 3. Klasse) das Land bereisen kann (**Blue Pass**). Zu dieser Summe kommen allerdings die diversen Zuschläge. Für 2000 Baht bekommt man einen Pass, bei dem alle Zuschläge schon inbegriffen sind (**Red Pass**). Kinder bis 12 Jahre zahlen jeweils die Hälfte. **Informationen** in Bangkok unter Tel. 02-2237010, 02-2237020 und 02-2250300, Anschluss (auf Thai: *thor*) 5100 bis 2.

Zuschläge: *Rapid Train* 40 Baht, *Express Train* 60 Baht, *Special Express Train* und *Air-Conditioned Coach* in der 2. und 3. Kl. 70 Baht.

Die **Schlafkojen** kosten: in den *Special Express Trains* (2. Kl. mit A.C.) 260 Baht für die obere, 320 Baht für die untere Schlafkoje; in den *Special Express Trains* ohne A.C. 130/200 Baht; in den *Rapid Trains* (2. Kl. mit A.C.) 250/320 Baht; in den *Rapid Trains* ohne A.C. 100/150 Baht; in der 1.Kl. mit A.C. 520 Baht (in einer Doppelkabine).

Die **untere Koje** ist in mehrfacher Weise bequemer als die obere: Erstens ist sie besser gepolstert und zweitens kann man sie im Unterschied zur oberen fast komplett verdunkeln. Außerdem sind bei nächtlichen Toilettengängen keine großen Klettertouren erforderlich.

Weitere **Informationen** zu Fahrplänen und Buchungssituation bei den Zügen findet man auf der Website der thailändischen Eisenbahngesellschaft, www.railway.co.th.

Busse

Staatliche: Fast jedes Nest in Thailand ist durch die Busse der staatlichen Transportgesellschaft *(Borisat Khon Song)* mit der Außenwelt verbunden. Die meisten dieser Busse haben keine Klimaanlage *(rot thammada),* einige haben A.C. (*rot thua* oder *rot är*). Letztere sind selbstverständlich bequemer und haben dazu eine Hostess an Bord, die freie Kaltgetränke serviert. Die Non-A.C.-Busse sind extrem billig, verschwinden aber auf den Langstrecken mehr und mehr und werden durch A.C.-Busse ersetzt. Als Verbindungsmittel zwischen kleinen, länd-

047ba at

lichen Orten werden sie noch häufig eingesetzt.

Private: Zahlreiche private Busgesellschaften betreiben einen Transport-Service zwischen den wichtigsten Städten. Die Tickets für die Busse der Privatgesellschaften gibt es in deren Büros zu kaufen, die oft direkt am Busbahnhof liegen. Die Busse haben A.C. und eine Hostess, die Snacks und Drinks verteilt, und längere Fahrten werden durch einen Imbiss in einer Raststätte unterbrochen. Das Essen ist im Fahrpreis enthalten!

Leider wird die Klimaanlage oft auf so kalt gestellt, dass einem bei Nachtfahrten das Blut in den Adern gefriert. Da nützen auch die verteilten Decken nichts! Wer sich auf eine längere Nachtfahrt begibt, sollte sicherheitshalber Jacke und Socken bereithaben! Außerdem wird man in den Bussen oft mit lautstarker Musik beschallt, oder es laufen ebenso laute Videofilme. Dieser „Service" ist oft nur mit Ohrstöpseln zu ertragen!

Gelegentlich bestehen erhebliche Preisunterschiede für ein und dieselbe Strecke zwischen den privaten A.C.-Bussen und den staatlichen. Preise vergleichen! Eine Fahrt von 100 km kostet im Normalbus ohne A.C. gut 1 €, bei längeren Strecken sinkt der Kilometerpreis noch. Die A.C.-Busse unterscheiden sich häufig in solche erster Klasse (bequemere Sitze) und solche zweiter Klasse, was auch einen kleinen Preisunterschied beinhaltet. Generell sind die Fahrtkosten in A.C.-Bussen ca. 30–90 % höher als in Normalbussen.

Einige private Unternehmen betreiben sogenannte **V.I.P.-Busse,** besonders auf längeren Strecken. Diese Busse sind noch etwas komfortabler als die A.C.-Busse mit mehr Beinfreiheit, besseren Sitzen und oft auch mit Bordtoilette. Die V.I.P-Busse sind noch einmal bis zu 50 % teurer als die A.C.-Busse erster Klasse;

⌃ Der Bus von Bangkok nach Nonthaburi

anders gesagt, sind die V.I.P.-Busse zumeist dreimal so teuer wie die Normalbusse. Als Steigerung gibt es noch die von einigen Privatunternehmen betriebenen „Super-V.I.P.-Busse", die nochmal etwas teurer sind; diese Busse finden sich jedoch auf nur sehr wenigen Strecken. Die Preise sind dann etwa halb so hoch wie die eines Fluges einer Budget-Airline.

Songthaews

Songthaews (sprich etwa: *soongthäos*) sind **kleine Pick-Up-Trucks,** auf deren Ladefläche sich zwei Sitzreihen befinden. Songthaew bedeutet soviel wie „zwei Reihen". Die Songthaews sind überdacht und bieten gut 10 Leuten Platz, werden aber häufig darüber hinaus vollgestopft. In vielen Provinzstädten kurven Songthaews permanent durch die Straßen, ohne einer festgelegten Route zu folgen. Wer mitgenommen werden will, hält den Wagen an und nennt dem Fahrer seinen Zielort. Liegt dieser etwa in der Richtung, die die anderen Fahrgäste eingeschlagen haben, kann man mitfahren.

Der übliche Fahrpreis innerhalb einer Ortschaft liegt zwischen 8 und 20 Baht (je nach Stadt verschieden), und für die in der betreffenden Stadt übliche Summe kann jeder beliebige Zielort angefahren werden.

Samlors und Tuk-Tuks

Motorisierte Samlors und Tuk-Tuks sind dasselbe: **Dreirädrige Minitaxis,** in Indien und anderswo auch unter dem Namen *Motor-Riksha* bekannt. Samlor bedeutet soviel wie „Dreirad" und *tuk-tuk* ist das Geräusch, das sie verursachen. Ganz nebenbei erzeugen sie noch eine Menge Abgase, von denen der Fahrgast die meisten selber zu schlucken scheint.

Nachts neigen viele der Fahrer dazu, wie die Besinnungslosen zu rasen, und wer sich nicht gut festhält, wird unter Umständen sogar aus dem Fahrzeug katapultiert.

Wie beim Taxi muss auch hier der **Fahrpreis** vorher ausgehandelt werden, Englisch-Kenntnisse der Fahrer sind aber leider so gut wie nicht existent.

In Bangkok lohnt das Tuk-Tuk-Fahren überhaupt nicht, denn die Taxis sind dort preiswerter als Tuk-Tuks. Viele Thais wundern sich, warum die Touristen immer Tuk-Tuk und nicht Taxi fahren.

041th at

▷ Tuk-Tuk in Bangkok

Als Samlor werden auch die dreirädrigen **Fahrrad-Rikshas** bezeichnet, die in vielen Provinzstädten zu finden sind. In Zentral-Bangkok fahren diese Samlors nicht, aber in einigen Randbezirken der Metropole (z. B. in Nonthaburi). Auch hier gilt es zu handeln, und der übliche Minimalpreis liegt bei 20 Baht (für eine Strecke bis 1 km).

Taxis

Außer im Großraum Bangkok, in Chiang Mai, auf Phuket und Ko Samui gibt es keine Taxis mit **Fahrpreisanzeige,** bei allen anderen Wagen muss somit der Fahrpreis im Voraus verhandelt werden. Selbst auf Ko Samui weigern die Fahrer sich oft, das Taxameter einzuschalten. Die Taxiflotte auf Phuket und in Chiang Mai ist bisher sehr klein, und die Taxis müssen telefonisch bestellt werden.

In Touristenorten finden sich ansonsten andere mietbare Wagen, häufig stehen sie bei besseren Hotels. Um den Preis muss oft hart gefeilscht werden. Eine Strecke von 10 km sollte je nach Verkehrslage ca. 120–150 Baht kosten. Leider fordern die Fahrer häufig Wucherpreise. Taxis in Bangkok fahren nach Taxameter.

Siehe auch „Taxis" im Kapitel über Bangkok.

Motorrad-Taxis

Besonders in Bangkok nimmt die Zahl der Motorrad-Taxis rapide zu, da diese die Staus am besten durchfahren können. In der Provinz sind sie seltener. Motorrad-Taxis stehen an speziellen Halteplätzen, meist nahe Einkaufszentren oder in belebten Einkaufs- oder Wohngebieten, und an Straßenecken, die Fahrer sind an ihren roten oder orange-farbenen Jacken mit einer Nummer auf dem Rücken zu erkennen. Die Fahrpreise sind auszuhandeln und liegen fast so hoch wie die der Tuk-Tuks.

Rad fahren

Die ländlichen Gebiete Thailands eignen sich bestens zum Rad fahren, und in vielen touristisch gut besuchten Orten gibt es Fahrräder oder Mountainbikes zu mieten. Rad fahrende Thais allerdings sind eine absolute Rarität, was in dem in der thailändischen Gesellschaft stark ausgeprägten Statusbewusstsein begründet liegt: Wer Fahrrad fährt, gilt als arm, denn man fährt ja nur Rad, weil das Geld nicht für ein Moped reicht.

ขับขี่ปลอดภัย ร่วมกันใส่ใจ
เมาไม่ขับ คาดเข็มขัดนิรภัย เปิดไฟหน้ารถ
สวมหมวกกันน็อค พกใบขับขี่
เทศบาลตำบลกะรน

Drive Safety and Considerately
-No Drunk Driving...
-Wear Seatbelts in Cars...
-Carry License at All Time...
- Motorcycles : Use Helmets...
Headlights, and Brains at All Times
Best Wishes, Karon Municipality.

Der thailändische Straßenverkehr ist, verglichen mit dem in Mitteleuropa, chaotisch und unberechenbar. Radfahrer tun gut daran, sich möglichst **ganz links am Straßenrand** zu halten (Linksverkehr!). Andererseits berichtete eine Leserin, die mit dem Rad ganz Thailand bereiste, das ihr der Straßenverkehr weniger aggressiv erschien als der in Deutschland (Unfallstatistiken zeichnen allerdings ein gänzlich anderes Bild).

In Bangkok ist aufgrund des überwältigenden Verkehrs vom Rad fahren abzuraten. Radfahrer gelten als Hindernis, und mit großer Rücksicht ist nicht zu rechnen.

Entsprechend dem Status von Radfahrern gibt es in Thailand so gut wie **keine Radwege.** Die Stadtverwaltung von Bangkok hat im Bereich der Touristenattraktion Wat Phra Kaew mit dem Ausbau einiger Radwege begonnen.

△ Motorradfahrer:
bitte Helm und Verstand benutzen ...

◁ Motorrad-Taxi in der Provinz Chaiyaphum

Mietfahrzeuge

Motorräder, Fahrräder und **Pkw** sind in allen Orten mit größerer Touristendichte auszuleihen.

Problematisch ist, dass beim Anmieten von Motorrädern meist der **Reisepass als Pfand** einbehalten wird. Eine unangenehme Situation, zumal es schon zu Erpressungen gekommen ist, in denen der Ausleiher genötigt wurde, größere „Schadens"-Summen zu berappen, ehe er seinen Pass wiedersah. Außerdem steht dieser Usus im Gegensatz zur thailändischen Gesetzgebung, die Ausländern vorschreibt, allzeit ihren Ausweis mit sich zu tragen (was in der Praxis aber so gut wie nie kontrolliert wird). Man sollte darauf bestehen, nur eine Fotokopie des Passes und eventuell eine Geldsumme als Pfand zu hinterlegen (gegen Quittung!). Außerdem sollte das Leihfahrzeug gründlich auf Schäden überprüft werden, und auf die eventuellen Mängel sollte dann schon im Vertrag hingewiesen werden. Weiterhin sollte die **Fahrzeugmiete unbedingt eine Vollversicherung** mit einschließen, das muss deutlich auf dem Mietvertrag vermerkt sein. Vorsicht vor allem bei Unternehmen, die gar keinen Vertrag vorlegen!

Zum Mieten von Motorrädern und Autos/Jeeps ist ein **internationaler Führerschein** nötig. Beim Mieten von Motorrädern verlangt allerdings nicht jeder Vermieter auch danach.

Die **Preise** für Mietmotorräder sind von Ort zu Ort sehr unterschiedlich, sie liegen bei 100–500 Baht/Tag. Kleine Jeeps wie den *Suzuki Caribien* gibt es schon für 800–1000 Baht, größere Personenwagen etwa ab 1200 Baht. Die großen Verleihfirmen haben meist die höchsten Preise, dafür sind sie oft auch am zuverlässigsten. Ein weiterer Vorteil ist, dass man den Wagen beispielsweise in Bangkok leihen, und dann bei irgendeiner anderen Filiale der Firma in Thailand abgeben kann.

Fahrräder werden meist von Guest Houses verliehen und kosten zwischen 50 und 100 Bath pro Tag.

Tanken

1 Liter Superbenzin kostet in Bangkok derzeit ca. 32 Baht, in der Provinz u. U. ein wenig mehr. Aufgrund der in den letzten Jahren stetig in die Höhe geschossenen Benzinpreise steigen viele Autofahrer auf Gas (LPG oder NGV) um. Alle Taxis werden mit Gas betrieben. Gas kostet etwa halb so viel wie Benzin. Einige wichtige Vokabeln beim Tanken: Die Anweisung *them* heißt soviel wie „volltanken"; *check naman* (Betonung auf der letzten Silbe) bedeutet „Öl nachsehen"; *check naam* heißt „Wasser nachsehen".

Die wichtigsten Highways

- **Highway Nr. 1** Bangkok – Chiang Mai
- **Highway Nr. 2** Bangkok – Nong Khai
(Der von den Amerikanern im Vietnam-Krieg erbaute „Friendship Highway")
- **Highway Nr. 3** Bangkok – Trat
- **Highway Nr. 4** Bangkok – Malaysia

Verkehrsregeln

Es gibt Leute, die behaupten, es gäbe keine Verkehrsregeln in Thailand. So ganz falsch ist das nicht. Verkehrssünden werden meist mit einem diskret an den Polizisten überreichten 100-Baht-Schein aus der Welt geschafft. Die wenigsten Thais besitzen einen regulär erlangten Führerschein, denn dieser lässt sich für paar Hundert Baht auch kaufen.

Zu berücksichtigen ist besonders der **Linksverkehr!** Ansonsten gelten die international bekannten Verkehrsschilder bzw. leichte Varianten.

Zebrastreifen haben in Thailand keine sonderliche Bedeutung. Die weißen Streifen sind mehr Straßendekoration als ein Hinweis auf eine sichere Möglichkeit die Straße zu überqueren. Sie bedeuten lediglich, dass man an dieser Stelle das Recht hat, eine Straßenüberquerung zu *versuchen*. Nur wenige Autofahrer halten an, und so ist bei der Benutzung von Zebrastreifen große Umsicht geboten.

Unfälle

Vorsicht, Irrwitz auf Rädern! Thailands Verkehrsteilnehmer haben, euphemistisch gesprochen, einen sehr individuellen **Fahrstil,** und man sollte zu jeder Zeit auf alles vorbereitet sein. Jeder fährt so, wie es ihm gerade einfällt. Das gilt vor allem für die Lastwagenfahrer, die sich durch den Verkehr pflügen, als steuerten sie ein Schlachtschiff. Der Fahrstil ist extrem aggressiv, wer ihnen nicht rechtzeitig ausweicht, hat das Nachsehen. Ein Großteil der Verkehrstoten geht auf das Konto dieser Wahnsinnskapitäne. Am gefürchtetsten sind die ganz schweren Laster, die sogenannten Sip-Lor oder „Zehnrädrigen". Die Grundregel im thailändischen Verkehr lautet, knapp formuliert: Je größer das Fahrzeug, umso mehr Rechte hat es. Da erübrigt sich auch eine Erläuterung, wie es um die Fußgänger bestellt ist.

Nach offiziellen Angaben sterben täglich im Durchschnitt 50 Personen im Straßenverkehr, das sind über 18.000 pro Jahr.

So gut wie alle Unfallmeldungen enden mit dem Satz *„The driver fled the scene"* – „Der Fahrer beging Fahrerflucht." Dies ist in Thailand leider die Regel, nicht die Ausnahme. Der Grund für die zahllosen Fahrerfluchten liegt einerseits an mangelndem Verantwortungsbewusstsein, andererseits aber auch daran, dass auch ein unschuldiger Fahrer aufgrund der korrupten Justizorgane nicht damit rechnen kann, auch ordnungsgemäß freigesprochen zu werden.

Inlandsflüge

Die thailändische Fluggesellschaft **Thai Airways (TG)** unterhält ein dichtes Inlandsflugnetz, ist im Vergleich zu den Budget-Airlines aber relativ teuer (www. thaiair.com). Ein Flug Bangkok – Phuket in der Economy Class kostete Mitte 2013 offiziell um 4000 Baht. Es gibt aber immer Sonderangebote, d. h. Tickets mit bestimmten Restriktionen (z. B. keine Terminänderung möglich), die billiger zu bekommen sind (ca. 2700–3000 Bath).

Bei den meisten Flügen lassen sich auch Plätze in der Business Class buchen. Die Sitze sind hier sehr komfortabel und der Service auffallend zuvorkommender und großzügiger. Die Tickets kosten in der Regel 1000–1200 Baht mehr als in der Economy Class (für eine einfache Strecke).

Thai Airways ist zumeist recht pünktlich, und Buchungen werden zuverlässig behandelt. Unter Tel. 02-2800060 kann man 24 Std. Buchungen oder Umbuchungen vornehmen.

Von ihren diversen Stadtbüros unterhält Thai Airways einen **Pendel-Service** (Bus oder Van) zum Flughafen. Die Fahrt kostet etwa 100–200 Baht/ Person.

Außer Thai Airways existieren einige **Low-Budget-Airlines,** die eine preiswerte Alternative sein können. Eine der besten ist **Nok Air** (www.nokair.com), ein Ableger der Thai Airways. Man kann die Flüge im Internet buchen und entweder per Kreditkarte zahlen, oder aber durch Bareinzahlung in jedem beliebigen 7-Eleven-Laden (siehe dazu die Anweisungen auf der Website der Airline). Nok Air ist in der Regel pünktlich, das Personal fleißig und sehr freundlich, und die Preise liegen etwa um 40–50 % unter denen von Thai Airways. Wie bei europäischen Billigfliegern müssen Getränke und Snacks allerdings extra bezahlt werden. Die Preise sind jedoch niedrig.

Verkehrswege

0 — 200 km © REISE KNOW-HOW 2013

ThaiF15

VIETNAM

LAOS

MYANMAR (BURMA)

KAMBODSCHA

VIETNAM

Mae Hon Song
Pai
Chiang Rai
Chiang Mai
Lamphun
Nan
Lampang
Phrae
Uttardit
Loei
Vientiane
Nong Khai
Nakhon Phanom
Mae Sot
Tak
Sukhothai
Phitsanulok
Phichit
Udon Thani
Sakhon Nakhon
Khon Kaen
Roi-Et
Ubon Ratchathani
Nakhon Sawan
Surin
Ayutthaya
Nakhon Ratchasima
Buriram
Kanchanaburi
Bangkok
Ratchaburi
Chonburi
Samut Songkhram
U-Tapao
Petchaburi
Rayong
Hua Hin
Chanthaburi
Trat
Prachuap Khiri Khan
Phnom Penh
Chumphon

Golf von Thailand

Ko Samui
Surat Thani
Nakhon Si Thammarat
Thung Song
Phuket
Krabi
Phatthalung
Trang
Songkhla
Hat Yai
Pattani
Narathiwai
Kota Baru

Bahn
Flug

Des Weiteren gibt es die preiswerten **Thai Air Asia** (www.airasia.com), **One-Two-Go** (www.fly12go.com), von denen erstere die empfehlenswertere ist.

Im Gegensatz zu o. g. ist **Bangkok Airways** (www.bangkokair.com) eine (meist) relative teure „Boutique-Airline" (so nennt sie sich zumindest selber), dafür wird aber auch guter Standard geboten. Gelegentlich bietet auch Bangkok Airways sehr günstige Preise. So gab es 2012 die billigsten Tickets auf der Strecke Bangkok – Phuket für ca. 3000 Baht, also etwa 25 % billiger als bei Thai Airways. Nachteile bei den Billigfliegern (vor allem Nok Air und Air Asia) sind relativ häufige Verspätungen und gelegentlich sogar Streichungen von Flügen. Man wird zwar von der Gesellschaft auf einen anderen Flug umgebucht, aber die Planung gerät dabei durcheinander.

Alle Flüge innerhalb Thailands sind **Nichtraucherflüge.**

Die Flüge von Air Asia, Nok Air, One-Two-Go und Orient Thai Airlines starten am alten Don Mueang Airport im Norden der Stadt, alle anderen am Suvarnabhumi Airport. Im Oktober 2012 wurde der **Don Mueang Airport** auch wieder für internationale Flüge geöffnet, womit Bangkok nun zwei internationale Flughäfen besitzt. Bisher tritt aber derzeit nur die Air Asia für internationale Flüge in Don Mueang an.

Kan Air ist eine neue kleine Airline mit Sitz in Chiang Mai, die einige Orte in Zentral- und Nordthailand anfliegt.

Boote und Fähren

Thais haben eine innige Beziehung zum Wasser, und als es noch keine Straßen gab, dienten die **Klongs** (Flüsse, Kanäle) des Landes als Verkehrswege. Noch heute paddeln Gemüse- oder Obsthändlerinnen in einigen Gebieten über die Klongs und bieten auf ihren *sampan* (kleine Boote) Waren feil. Auch der Tourist wird bei der Reise oft von Booten oder Schiffen Gebrauch machen müssen.

Von zahllosen kleinen oder größeren Piers auf dem Festland fahren Boote zu vorgelagerten Inseln, oder verbinden die Inseln untereinander. Oft stehen fahrplanmäßig fahrende **Linienboote** zur Verfügung, nicht selten aber ist es notwendig, sich selbst ein **Boot** zu **chartern.** Handeln ist dabei oberstes Gebot. Gecharterte Boote sind teuer, da man Hin- und Rückweg bezahlen muss, weil der Fahrer am Zielort nur selten jemanden finden wird, der ihn für die Rückfahrt anheuert. Als Faustregel kann gelten, dass eine Fahrt zu einer 1–1½ Std. entfernten Insel ca. 1000 Baht kostet, wobei die Rückfahrt für den Bootslenker inbegriffen ist. Macht man eine Ausflugsfahrt mit häufigen Stopps und fährt auch zum Ausgangspunkt wieder zurück, dann kostet eine Stunde ca. 250–300 Baht.

Die zu charternden Boote sind zumeist *rüa haang yao* oder „Langschwanzboote", schmale, lange Boote mit mehreren schmalen Sitzreihen (Holzbretter) und einem ohrenbetäubend lauten Dieselmotor (in der Regel ein umgemodelter Lkw-Motor). Viele der Boote haben ein Dach oder zumindest einen Sonnenschirm; falls nicht, sollte Sonnencreme und eventuell ein Sonnenhut zur Hand sein. Schon eine einstündige Fahrt auf dem Meer, bei der die frische Brise über die wahre Temperatur hinwegtäuscht, kann einen gefährlichen Sonnenbrand zur Folge haben.

Die linienmäßig fahrenden Schiffe können ebenfalls „Langschwanzboote" sein oder aber größere Passagierschiffe. Nach Ko Samui, Ko Phangan und Ko Tao fahren unter anderem die modernen **Expressboote** *(rüa duan)* von *Songserm Co.* Komfortable Schiffe gibt es auch auf der Strecke von Phuket nach Ko Phi Phi. Auf einigen Strecken werden Passagiere auf Frachtschiffen mitgenommen.

Zum **Überqueren von Flüssen** stehen vielerorts **Fähren** *(rüa kham faak)* zur Verfügung.

In einem Aspekt ähneln sich fast alle Schiffe: Der **Sicherheits-Standard** scheint nicht sonderlich hoch. Bei fast keinem Schiff sind Schwimmwesten oder Schwimmreifen an Bord, mit Ausnahme der größeren Schiffe auf der Strecke Ko Samui – Ko Phangan – Ko Tao und Phuket – Ko Phi Phi. Dennoch ist auch bei diesen fraglich, ob im Notfall ausreichend Schwimmwesten vorhanden wären. Im Gegensatz zu Ländern wie Indonesien und den Philippinen aber sind Schiffsunglücke in Thailand sehr selten.

Weiterreise in die Nachbarländer

Es gilt zu beachten, dass Besucher, die derzeit ohne Visum nach Thailand über Land einreisen, nur 15 Tage Aufenthaltsgenehmigung bekommen, egal ob sie aus Burma, Laos, Kambodscha oder Malaysia einreisen.

Über den Suvarnabhumi Airport, Bangkok

Der Suvarnabhumi Airport, eröffnet 2006 und gut 30 km östlich von Bangkok gelegen, ist z. Zt. der einzige internationale Flughafen in Bangkok. Alle internationalen Flüge aus Bangkok, außer der von Air Asia (s.o.), gehen von hier ab.

Das Hauptgebäude des Suvarnabhumi Airports ist über 400 m lang, und man sollte sich zuvor erkunden, nahe welchem Gate die Check-In-Schalter der gebuchten Airline liegen. Zwar befinden sich vor den Gates Anzeigetafeln mit den Airlines, die dort abfertigen, diese sind jedoch leicht zu übersehen. Wenn man am falschen Ende des Flughafens zu suchen beginnt, kann es bei der Größe des Gebäudes einige wertvolle Zeit kosten. Infos zu den Gates sowie zu den Flugplänen, finden sich im **Thailand Airline Timetable,** einem kleinen Büchlein, das monatlich neu erscheint und im Buchhandel in Thailand erhältlich ist.

Nach dem Einchecken muss die **Passkontrolle** zu passiert werden, die immer wieder für Unmut sorgt: Es geht zu langsam. Die Passkontrollen bei der

▷ Bangkoks neuer internationaler Flughafen Suvarnabhumi Airport

Ausreise können bis zu 30 oder 40 Minuten dauern, und man sollte nicht zu knapp vor Abflug erscheinen. Die Fluggesellschaften empfehlen drei Stunden vor Abflug einzuchecken. Nach eigenen Erfahrungen reichen 2–2½ Std. Besonders lange Schlangen an der Passkontrolle bilden sich vor thailändischen Feiertagen und morgens vor Abflug der Geschäftsreisenden.

Hinter der Passkontrolle kann man erst mal ein Kunstwerk bewundern: In der Flughafenhalle steht eine Riesenplastik, die eine fantastische Szene mit kämpfenden Dämonen, wackeren Helden und einem kunterbunten Drachen zeigt. Das Kunstwerk ist eine optische Überraschung in der ansonsten sehr kühl und funktionell wirkenden Halle und ein beliebtes Fotoobjekt.

Danach geht es nicht ganz so fröhlich weiter, denn einige Mankos im Flughafen ärgern viele Passagiere. Die Ausschilderung ist schlecht und es fehlen Sitzplätze und Toiletten. Man stelle sich auch auf einen langen Marsch ein, die Entfernungen im Flughafen sind gewaltig. Nicht selten ist man von der Passkontrolle bis zum Abflug-Gate 20 Minuten unterwegs. Wie an jedem Flughafen gibt es entlang der Strecke zahlreiche Duty-Free- oder andere Geschäfte, dazu Restaurants, alles zumeist in der höheren Preisklasse. Selbst der zollfreie Einkauf lohnt nicht.

Es gibt auch einige Cyber-Cafés, und die **Wi-Fi**-Entwicklung schreitet voran. Es stehen einige kostenlose Computer zur Verfügung, und Reisende mit Laptop können sich am Informationsschalter kostenlos Log-In-Daten geben lassen.

Thailändisches Restgeld kann an Bankschaltern in andere Währungen umgetauscht werden.

Die **Flughafengebühr für internationale Flüge** beträgt 700 Baht, ist jedoch schon in Flugpreis inbegriffen.

Über den Don Mueang Airport, Bangkok

Der alte **Don Mueang Airport,** der seit der Eröffnung des Suvarnabhumi Airports nur noch für die Inlandsflüge zuständig war, ist seit 2012 auch **wieder ein internationaler Flughafen.** Bisher wird er aber nur von Air Asia für ihre Auslandsflüge genutzt, alle anderen internationalen Flüge gehen noch von Suvarnabhumi Airport aus.

Über andere internationale Flughäfen

Ins Ausland fliegen kann man auch über die Flughäfen von **Phuket, Chiang Mai, Krabi, Hat Yai und Ko Samui.** Die internationalen Terminals befinden sich im selben Gebäude wie die Terminals für die Inlandsflüge.

Die **Flughafengebühr** beträgt auch hier für nationale Flüge 100 Baht, für internationale Flüge 700 Baht. Für Bangkok Airways, der die Flughäfen, die sie in Thailand anfliegt, gehören, gelten spezielle Sonderregelungen. Die Flughafengebühren können in diesem Falle von Flughafen zu Flughafen variieren.

Nach Laos

An einigen **Grenzübergängen** kann man inzwischen ein **4-wöchiges Visum** für Laos bekommen (1200 Baht für Deutsche, 1400 Baht für Schweizer und Österreicher), das sich allerdings nicht verlängern lässt. Wer sich eventuellen Stress an den kleineren Grenzübergängen sparen will, sollte sich ein Visum bei der laotischen Botschaft in Bangkok (siehe „Bangkok, Adressen"), beim laotischen Konsulat in Khon Kaen oder bei der laotischen Botschaft im Heimatland besorgen.

Über Chiang Khong

Seit einigen Jahren kann man über **Chiang Khong,** durch **Houei Sai** (auch: Huay Xai) auf der anderen Mekong-Seite nach Laos einreisen.

Von Chiang Khong setzen Fähren für 30 Baht/Pers. über nach Huoei Sai. Von dort fahren täglich **Frachtschiffe,** die auch Passagiere aufnehmen, nach Luang Phabang in Laos, Kostenpunkt 300 Baht; Fahrzeit 2 Tage, samt einem Halt in Pak Baeng, Provinz Udomsai; einfache Unterkunft ist dort vorhanden. Von Luang Phabang fahren weitere Boote in Richtung Vientiane, aber nicht jeden Tag. Alles Notwendige wie Essen, Getränke, eventuell eine Decke etc., ist von den Passagieren selber mitzubringen. Außerdem kann es zu unvorhergesehenen Stopps kommen, für die man am besten gut gewappnet ist. Nach Anbruch der Dunkelheit können die Boote oft nicht durch die gelegentlich auftretenden starken Strömungen navigieren, besonders bei Fahrten stromaufwärts. Dann muss angelegt werden.

Für die Strecke **Houei Sai – Luang Phabang** können auch die typischen laotischen „Langschwanz-Boote" angeheuert werden. Die Fahrt kostet 600 Baht/Pers., bei einer Mindestanzahl von fünf Passagieren.

Über Nong Khai

Seit der Fertigstellung der **Thai-Friendship Bridge** über den Grenzfluss Mekong ist nur noch die **Einreise per Bus** möglich. Die Fährboote, die früher hin- und hergependelt sind, haben ihren Dienst eingestellt. Die Busse fahren regelmäßig bis zur laotischen Hauptstadt Vientiane (etwa 25 km). Einreisende bekommen hier nur eine Aufenthaltserlaubnis für 15 Tage in Thailand.

Andere Grenzübergänge

Es gibt zudem Grenzübergänge bei Tai Li, Nakhon Phanom, Mukdahan, Bung Kan und Chong Mek, wo ebenfalls vierwöchige Visa zu bekommen sind. Zuvor muss man sich bei der thailändischen Emigration einen Ausreisestempel geben lassen. Ein weiterer Übergang ist bei Ban

Huey Kon. Hier bekommt man kein Visum und der Grenzübertritt ist nicht immer möglich.

Nach Myanmar (Burma)

Über Mae Sai

Mae Sai im hohen Norden ist zurzeit der beste Landzugang zu Myanmar. Der kleine Ort **Tachilek,** auf der anderen Seite des Mae-Sai-Flusses gelegen, kann problemlos während eines **Tagesausflugs** besucht werden. Dazu brauchen die Pässe nicht mehr – wie zuvor üblich – auf der thailändischen Seite der Grenze abgegeben werden. Viele ausländische Langzeitbewohner von Chiang Mai nutzen diesen Grenzübergang, um nach Ablauf des Visums dort auszureisen und eine halbe Stunde später neu in Thailand einzureisen. Die Grenze ist Mo–Fr 6.00–20.00 Uhr geöffnet, Sa–So 8.00–21.00 Uhr. Hat man kein reguläres Visum, muss man den Reisepass am Grenzposten abgeben. Gegen eine Gebühr von

Akha-Frau mit Kind an der Grenze zwischen Thailand und Myanmar in Mae Sai

5 US$ bekommt man den Pass bei der Ausreise aus Tachilek wieder zurück.

Rechts von der Brücke in Tachilek liegt ein **großer Markt,** der allerlei billige Artikel aus China verkauft, darunter auch eine gigantische Auswahl raubkopierter CDs und DVDs.

Um ein paar Devisen mehr zu verdienen, haben die burmesischen Behörden auch die **Straße von Tachilek nach Kengtung** (163 km), der Hauptstadt des Eastern Shan State, für Touristen geöffnet. Das ist allerdings nicht billig. Die Besucher müssen in Dollar bezahlen und dürfen nur regierungseigene, teure Unterkünfte und von der Regierung gestellte Transportmittel benutzen. Maximale Aufenthaltsdauer 14 Tage.

Kengtung ist ein unberührter Ort, in dem die Zeit stehen geblieben zu sein scheint. Man sieht goldene Buddhas, beeindruckende Pagoden und lachende Frauen mit bunten Turbanen.

Weitere Grenzübergänge

Es gibt drei weitere Grenzübergänge nach Myanmar: **Mae Sot – Myawaddy,** der **Three Pagodas Pass** und der **Victoria Point** westlich von Ranong (per Boot zu erreichen).

Bei Mae Sot wurde 1997 die **Thai-Burmese Friendship Bridge** eröffnet, über die ein reger Grenz- und Handelsverkehr fließt. Auf burmesischer Seite liegt die Stadt Myawaddy. Ausländer dürfen die Grenze nur für einen Tagestrip überqueren. Übernachtungen oder Weiterreisen in Myanmar sind ausdrücklich nicht erlaubt. Ein neues 30-tägiges Visum für Thailand bekommt man hier nicht.

Der Grenzübergang am Three Pagodas Pass bei **Sankhlaburi** darf nur zu Tagestouren in den benachbarten burmesischen Ort Phayathon passiert werden; der Grenzübertritt ist Westlern zurzeit erlaubt, was sich aber schnell wieder ändern kann. Auch hier werden keine neuen 30-tägigen Visa für Thailand ausgestellt.

Von **Ranong** aus können westliche Touristen per Boot auf die in burmesischen Gewässern befindliche „Casino-Insel" **Thatay Kyun** und zum Ort **Kawthaung** fahren. Für eine Gebühr von 5 US$ erhält man hier einen 24 Stunden gültigen Einreisestempel für Myanmar, sodass man auf dem Rückweg ein neues **15-tägiges Visum für Thailand** bekommt. Wer von hier für länger nach Myanmar einreisen will, muss sich schon vorher an der myanmarischen Botschaft in Bangkok um ein Visum bemühen. Von Kawthaung besteht häufig eine Flugverbindung nach Yangon (Rangoon), ansonsten gibt es Schiffsverbindungen dorthin. Überland ist der Weg über Kawthaung hinaus „aus Sicherheitsgründen" nicht erlaubt.

■ **Weitere Informationen** enthält der Reiseführer **Myanmar, Birma, Burma,** der im REISE KNOW-How Verlag erschienen ist.

Nach Kambodscha

Zur Einreise nach Kambodscha benötigt man ein **Visum,** das an allen offiziellen Grenzübergängen – auch am Flughafen – erhältlich ist. Lediglich für den Besuch des großartigen Khmer-Tempelkomplexes Khao Phra Viharn (10.–12. Jh.) braucht man **kein Visum.** Von der kambodschanischen Seite aus ist der Tempel kaum zugänglich; eine Straße dorthin ist derzeit in miserablem Zustand und nur in der Trockenzeit passierbar. Seit der Zugang zum Tempel von Si Saket auf thailändischer Seite allerdings aufgrund politischer Rangeleien zwischen Thailand und Kambodscha vorübergehend geschlossen ist, ist dies die derzeit einzige Möglichkeit den großartigen Tempel zu besuchen. Wer von Thailand aus anreisen will, sollte sich vorher informieren, ob sich die Lage geändert hat.

Ansonsten sollte man sich klar darüber sein, dass die **illegale Einreise über den Landweg nach Kambodscha noch immer gefährlich** sein kann. Zwar liegen die Roten Khmer nicht mehr mit der Regierung im Zwist, es gibt jedoch Banditentum in der Region. Selbst Raubüberfälle durch Polizisten oder Regierungssoldaten, die schlecht oder gar nicht bezahlt werden, sind nicht unbekannt.

Zudem ist die Grenzregion Thailand – Kambodscha auf der kambodschanischen Seite noch immer **vermint.** Auf jeden Fall sollte man also an einem der mehreren offiziellen Grenzposten einreisen und sich nicht auf abenteuerlicher Tempelsuche durch den Wald schlagen.

An offiziellen Grenzübergängen gibt es – bis auf gelegentliche Versuche der kambodschanischen Grenzbeamten ein paar extra Dollar aus Touristen zu quetschen – keine Probleme. Ein beliebter Trick ist es derzeit nach einem **Gelbfieberzeugnis** zu fragen. Falls der Tourist keins bei sich hat, soll er zahlen. Das ist Unsinn und man sollte sich schlichtweg weigern.

Auch die Visumsgebühr scheint an den Landübergängen recht flexibel. Offiziell kostet ein **einmonatiges Tourist Visum 20 US$.** In Poipet (Aranyaphratet) und Ko Kong (Hat Lek) werden mindestens 1000 Baht verlangt. Eine Instanz bei der man sich beschweren könnte, gibt es in Kambodscha nicht. Nichtsdestotrotz überqueren täglich hunderte Touristen die Grenzen von Thailand nach Kambodscha ohne große Probleme.

Es ist inzwischen ohne weiteres möglich **von Bangkok an einem Tag** über Land nach Siem Reap und zu den Tempeln Angkors zu reisen. Das dauert je nach Transportmittel und Zustand der Straße in Kambodscha 6–10 Stunden. Auf der Khao San Road in Bangkok lassen sich Tickets für den gesamten Weg kaufen. Allerdings kommen diese Mini-Busse so spät in Siem Reap an, dass sich die meisten Passagiere gezwungen sehen, in der Unterkunft, die die Tourcompany anfährt, zu bleiben. Kostenpunkt 400–800 Baht.

Es folgen Grenzübergänge, an denen derzeit ein Visum bezogen werden kann.

Über Hat Lek

Von Trat fahren Songthaews und Sammeltaxis zum Marktflecken (und Schmuggelparadies) Hat Lek an der thailändischen Ostküste (Preis ca. 100 Baht/Pers.); Fahrzeit 45 Min. Vom Grenzposten in Hat Lek (geöffnet tägl. 7.00–17.00 Uhr) fahren Songthaews zu 100 Baht/Pers. oder kambodschanische *motos* zu 50 Baht/Pers. zum kambodschanischen Fischerort Ko Kong. Etwa 500 m in kambodschanisches Gebiet hinein findet sich rechts an der Straße ein Spielcasino. Von Ko Kong fahren dann Expressboote für 20 US$ nach Ko Kompong Som (Si-hanoukville). Diese Boote sind aller-dings, seit die Straße geteert ist, nicht immer in Betrieb und zudem nicht in allzu gutem Zustand.

Es ist inzwischen auch möglich über die Nationalstraßen 48 und 4 von Ko Kong nach Phnom Penh zu gelangen. Die Fahrt per Bus auf einer neuen Straße dauert etwa 6 Stunden.

Über Baan Phakkad

Die nächstgelegene thailändische Stadt ist **Chanthaburi.** Von hier fahren Mini-Busse in 1–2 Stunden zur Grenze.

Von Baan Phakkad führt eine Straße nach Pailin, dem kambodschanischen **Edelsteinzentrum** und ehemalige Hoch-burg der Roten Khmer. Es ist eine Stadt nach klassischem Wild-West-Vorbild, mit allerlei illegalen Aktivitäten und re-gem Schmuggel über die Grenze nach Thailand, wovon der Besucher allerdings kaum etwas merken wird. Von Pailin kommt man weiter nach Battambang (Taxi 25 US$, 3–10 Stunden), die Straße ist in der Regenzeit allerdings ein wahrer Albtraum. Auf der kambodschanischen Seite befindet sich ein Casino. Die Gren-ze ist tägl. von 7.00 bis 17.00 Uhr ge-öffnet.

Über Ban Laem

Ban Laem ist ein weiterer kleiner Grenz-posten unweit von Baan Phakkad, an dem es kambodschanische Visa gibt. Von hier ist Battambang relativ leicht zu erreichen (geöffnet täglich von 7.00 bis 17.00 Uhr).

Über Aranyaprathet

Von Aranyaprathet in der Provinz Sa Kaew führt die Eisenbahnstrecke weiter nach Osten zur kambodschanischen Grenze (5 Baht; 30 Min.). Als Alternati-ve bieten sich Songthaews von Aranya-prathet aus an (40 Baht).

Visa sind derzeit für 20 US$, bzw. je nach Gemütszustand des Grenzbeamten für um die 1000 Baht zu haben; Öff-nungszeiten der Grenze tägl. von 7.00 bis 17.00 Uhr. Zwischen den thailändischen und kambodschanischen Grenzposten liegt ein surreales anmutendes Nie-mandsland, eine kleine Casinoland-schaft mit Restaurants und großen Park-plätzen. Buffets können hier sehr preis-wert sein.

Hinter der Grenze, die zu Fuß (oder mit dem eigenen Fahrzeug) überschrit-ten wird, finden sich Pick-Up-Trucks, die einen nach Poipet bringen (6 km). Von dort fahren Busse nach Phnom Penh und Battambang, Minibusse star-ten von hier nach Angkor Wat und Siem Reap. Am besten ist es allerdings, direkt am Verkehrskreisel hinter dem kam-bodschanischen Grenzposten ein Taxi anzumieten. Für etwa 30 US$ kommt man so nach Siem Reap. Es ist ratsam, den Fahrer erst nach der Ankunft zu be-zahlen.

Über Chong Jom

Auch an diesem kleinen Grenzübergang, von den Kambodschanern **O'Smach** ge-nannt, lassen sich Visa für Kambodscha einholen (geöffnet tägl. 7.00–17.00 Uhr).

Unweit der kambodschanischen Seite befindet sich der **Khmer-Tempelkom-**

plex **Banteay Chhmar,** der aus dem 11. Jahrhundert stammt.

War die Gegend einst ein Tummelplatz der Roten Khmer, so wurde sie bis vor einigen Jahren noch von kriminellen Elementen der kambodschanischen 7. Division unsicher gemacht, die wahrscheinlich auch für den groß angelegten Raub an historischen Kunstschätzen verantwortlich waren. 1999 stöberte die thailändische Polizei Hunderte von Skulpturen aus Banteay Chhmar in Prachinburi auf, von denen einige mit Kettensägen entfernt worden waren.

Vor einigen Jahren beobachteten die Autoren, wie bei Ausgrabungen Relikte aus der Vor-Angkorzeit in einem Dorf entdeckt wurden und binnen ein paar Wochen von amerikanischen und thailändischen Händlern, die den Dorfbewohnern einen Dollar pro Tag für das Graben zahlten, geplündert wurden.

Die Gegend ist inzwischen bis auf herumliegende Minen recht sicher. Nachts sollte man in keine der Grenzregionen auf der kambodschanischen Seite reisen.

Über Chong Sa Ngam

Nachdem der berüchtigte „Schlächter" der Roten Khmer, *Ta Mok,* im Jahre 1999 in Anlong Veng verhaftet wurde, wurde es in dieser letzten Khmer Rouge Hochburg immer friedlicher. Von Chong Sa Ngam (Grenze tägl. geöffnet 7.00–17.00 Uhr) in der Provinz Surin führt eine Straße nach Anlong Veng, das Städtchen, in dem sich der letzte harte Kern von Ta-Mok-Anhängern nach dessen Verhaftung ergab. Hier ist heute das Grab *Pol Pots* zu besichtigen und es gibt auch einige sehr einfache Guest Houses. Nach

Siem Reap sind es dann nochmal 140 km auf teilweise sehr schlechten Sandpisten.

■ **Weitere Informationen** enthält der Reiseführer **Kambodscha,** der im REISE KNOW-HOW Verlag erschienen ist.

Nach Malaysia

Die Grenze ist von 6.00–24.00 Uhr malaysischer Zeit geöffnet, d. h. 5.00–23.00 Uhr Thai-Zeit. Die Grenze zwischen Sadao und Pedang Besar ist mittlerweile 24 Std. geöffnet.

Über Thungmo – Pedang Besar

Von **Hat Yai** fahren Busse für 15 Baht nach Thungmo (60 km), einem winzigen Grenzposten. Auf der anderen Seite der Grenze liegt das malaysische Pedang Besar. Die Fahrt dauert ca. 1 Std. Gemeinschaftstaxis ab Hat Yai kosten 50 Baht, und wer nur kurz einreisen will, um sofort wieder nach Thailand zurückzukehren, könnte sich in Hat Yai auch ein Songthaew dafür chartern. Das kostet ca. 400 Baht für Hin- und Rückfahrt.

Nachdem man sich den Ausreisestempel geholt hat, muss man ca. 1 km weiter die Straße geradeaus, bevor man zur malaysischen **Passkontrolle** gelangt. Zwischen dem thailändischen und malaysischen Grenzposten verkehren auch Motorräder (Kostenpunkt liegt bei 10–20 Baht). Bezahlt werden kann auch in malaysischer Währung, d. h. mit 1–2 malaysischen Ringgit. (Derzeit gibt es für einen Ringgit ca. 10 Baht.)

Pedang Besar kann man auch **per Zug** von Thailand aus erreichen. Ab der

9

Hualamphong Station/Bangkok fährt um 14.45 Uhr der Express Nr. 35 ab, der am nächsten Tag um 11.55 Uhr in Butterworth einläuft. **Fahrtkosten** mit Rapid Train und Schlafwagen in der 2. Kl. mit A.C. 1120 Baht (Schlafkoje oben) bzw. 1210 Baht (Schlafkoje unten).

Zusteigemöglichkeiten bestehen auch bei Nakhon Pathom, Ratchaburi, Petchaburi, Hua Hin, Prachuap Khiri Khan, Chumphon, Surat Thani, Thung Song, Phattalung und Hat Yai. Nach den Grenzkontrollen in Pedang Besar fährt der Zug weiter bis **Butterworth,** von wo man per Fähre nach Penang gelangt.

Über Sadao

Hier befindet sich ein Grenzposten, der von den Bussen passiert wird, die **von Hat Yai nach Penang** fahren. Zwischen dem thailändischen und dem malaysischen Grenzposten liegt wieder ein guter Kilometer. Das macht aber nichts aus, da man wahrscheinlich eh mit Bus oder Taxi weiterreist.

Über Betong

Dieses ist der **südlichste Ausreisepunkt** nach Malaysia. Ab Hat Yai fahren Busse für 99 Baht, Sammeltaxis für 150 Baht, ab Yala Busse für 45 Baht.

Über Sungai Golok

Von der **Bahnstation** in Sungai Golok sind es noch 1–1½ km bis zur Grenze. Auch hier fahren wieder Motorräder für 40 Baht.

Busse weiter nach **Kota Bahru** kosten 2 Ringgit, Sammeltaxis 3,80 Ringgit. Gegenüber der Bushaltestelle liegen einige Geschäfte, die Thai-Geld wechseln. In den Grenzgebieten kann man aber problemlos beide Währungen benutzen.

In Sungai Golok ist es in den letzten Jahren zu einigen Anschlägen gekommen und Besuchern ist derzeit **abzuraten über diese Grenze auszureisen.**

Über Satun

Von der kleinen Hafenstadt Satun an der Westküste im tiefen Süden fahren Boote nach **Kuala Perlis** in Malaysia (Abfahrt mehrmals tgl., Fahrzeit 50 Min.) und **Pulao Langkawi** (Abfahrt ca. 4–5 mal tgl., Fahrzeit 1 Std.). Satun ist von Hat Yai und Trang aus per Bus zu erreichen. Von Hat Yai fahren auch Sammeltaxis.

■ **Weitere Informationen** enthält der Reiseführer **Malaysia mit Singapur und Brunei,** der im Reise Know-How Verlag erschienen ist.

Zeit und Kalender

Zeitverschiebung

Zur mitteleuropäischen Sommerzeit ist Thailand Mitteleuropa um **5 Std. voraus,** zur Winterzeit um 6 Stunden; d. h. wenn es 12.00 Uhr mittags in Deutschland ist, ist es in Thailand 17.00 bzw. 18.00 Uhr.

In den letzten Jahren hat es gelegentlich Überlegungen gegeben, die thailändische Zeit um eine Stunde vorzustellen, um sie der von Malaysia und Singapur anzugleichen und somit auch näher an die fernöstlichen Zeitzonen heranzurücken. Diese Angleichung könnte für die asiatischen Geschäftsverbindungen von Vorteil sein, da kein bzw. weniger Zeitverlust aufgrund unterschiedlicher Bürozeiten auftreten würde. Nach Europa würde sich der Abstand allerdings vergrößern. In der nächsten Zeit ist wohl nicht mit einer Änderung zu rechnen.

Der Thai-Kalender

Gemäß dem traditionellen Thai-Kalender (*pa-thi-tin*) werden die Jahre von Buddhas Todesjahr an gezählt (dem vermuteten, nicht dem historischen). In den meisten Fällen wird heute aber schon der westliche Kalender benutzt.

Im Gegensatz zur Jahreszählung decken sich die **Monate des Thai-Kalenders** mit den westlichen. Bei den Namen fällt auf, dass Monate, die 30 Tage haben, auf -*yon* enden und solche, die 31 Tage haben, auf -*kom*. Der Ausnahme-Monat Februar endet auf -*phan*.

Zeitangaben und Uhrzeit

Zur Zeiteinteilung benutzen die Thais die Begriffe *wii-nathii* (Sekunde), *nathii* (Minute) und *chuamong* (Stunde); *nalika* ist „Stunde" in Uhrzeitangaben, im Sinne von „3 Uhr" etc.

Neben den auch bei uns gebräuchlichen Zeitangaben (z. B. „3 Uhr 15") benutzen die Thais das folgende System: „erste Stunde nach Mittag" (*baai-nüng*) = 13.00 Uhr, „zweite Stunde des Abends und ein halb" (*song thuum khrüng*) = 20.30 Uhr etc.

Das Wort **nalika** hat eine interessante Herkunft: Zur **Zeitmessung** im alten Indien wurden *ghatika* benutzt, flache Schalen, in die ein kleines Loch gebohrt war und die auf eine Wasseroberfläche gesetzt wurden. Durch das einströmende Wasser sank die Schale. Die Zeit, die bis dahin verstrich, wurde zur Maßeinheit *nalika*. Ein *nalika* war damals 24 Minuten lang. Die Thais übernahmen zwar das Wort *nalika,* nicht aber dessen ursprünglichen Zeitwert. *Nalika* heißt heute auch „Uhr" im Sinne von Armbanduhr oder Wecker.

Monate

Januar	*Mokhara-kom*
Februar	*Khumpha-phan*
März	*Mina-kom*
April	*Mesa-yon*
Mai	*Prütsa-pha-kom*
Juni	*Mithuna-yon*
Juli	*Karakada-kom*
August	*Singha-kom*
September	*Kanya-yon*
Oktober	*Thula-kom*
November	*Pritsajika-yon*
Dezember	*Thanwa-kom*

Wochentage

Die thailändischen Wochentage sind den Planeten gewidmet:

Montag	*Wan-Chan*, „Mond-Tag"
Dienstag	*Wan-Ankaan*, „Mars-Tag"
Mittwoch	*Wan-Phut*, „Merkur-Tag"
Donnerstag	*Wan-Pharühat*, „Jupiter-Tag"
Freitag	*Wan-Suk*, „Venus-Tag"
Samstag	*Wan-Saao*, „Saturn-Tag"
Sonntag	*Wan-Athit*, „Sonnen-Tag"

10 Land und Natur

Elefant in der Provinz Kanchanaburi

Geografie

Thailand liegt etwa zwischen dem 6. und 21. Breitengrad der nördlichen Hemisphäre und bedeckt eine **Fläche** von 514.000 km², was ungefähr der Größe Frankreichs entspricht. In der größten nordsüdlichen Ausdehnung beträgt die Distanz zwischen den Landesgrenzen 1650 km, von Westen nach Osten 800 km. An seiner schmalsten Stelle, dem Isthmus von Kra, ist Thailand jedoch kaum 15 km breit.

Bangkok, die Hauptstadt des Landes und sowohl Handels- als auch Verkehrszentrum, liegt etwa auf derselben geografischen Breite wie Madras, Khartoum, die Karibikinsel Martinique und Manila. Im Westen und Norden grenzt Thailand an Burma, im Nordosten an Laos, im Osten an Kampuchea, und im Süden teilt es eine schmale Grenze mit Malaysia. Entsprechend seiner großen Ausdehnung haben die diversen Landesteile innerhalb Thailands in weitem Maße ihre kulturelle Identität bewahrt. So hat ein Mitglied der hoch im Norden lebenden Bergstämme kaum etwas gemein mit dem moslemischen Thai, der ganz im Süden des Landes lebt. Ein Bauer, der in der kargen Nordost-Provinz Issaan sein Auskommen hat, ahnt nur wenig vom Leben seines Landsmannes, der in Bangkoks Silom Road die Tasten eines Computers bedient.

Thailand lässt sich in vier topographisch unterschiedliche Zonen unterteilen: Das fruchtbare **Zentral-Thailand,** das vom Chao Phraya-Fluss und dessen Nebenflüssen durchzogen wird, der bergige und waldreiche **Norden** mit Doi Inthanon, der mit 2565 m höchste Berg

des Landes, das trockene, von Menschenhand kahlgeschlagene **Nordost-Plateau** Issaan sowie den schmalen **Südzipfel,** der sowohl tropischen Regenwald aufweist als auch sonnenverwöhnte, palmengesäumte Strände.

Kaum 15 % der Landesfläche sind heute mit **Wald** bedeckt, im Jahre 1961 waren es noch 53 %, 1950 gar 58 %. Den größten Waldanteil hat der bergige Norden, wo noch 50 % der Fläche mit Wald bewachsen sind; im Nordosten, dem waldärmsten Gebiet, sind es gerade noch 14 %.

Das unbedachte Abholzen lebenswichtigen Waldes blieb nicht ohne ökologische Folgen: So mancher Monsun wird zur Dürre oder Flutkatastrophe. Fruchtbarer Boden wird – da es keine Baumwurzeln gibt, ihn zu halten – hinweggespült (Bodenerosion) und schließlich in die Flussmündungen getragen, wo er Verschlickungen verursacht und die Schifffahrt behindert.

Die thailändische Regierung hat es zum längerfristigen Ziel erklärt, wieder 40 % der Landesfläche unter einen ökologisch wichtigen Mantel von Wald zu bekommen. Zur Wiederaufforstung werden Baumarten gesucht, die erstens besonders schnell wachsen und zweitens noch ein Einkommen abwerfen. Als vielversprechend in diesen Punkten hat sich der **Eukalyptus**-Baum erwiesen, der rapide wächst und widerstandsfähig ist. Die Aufforstung mit Eukalyptus hat aber auch zahlreiche Kritiker, da der Baum den Boden schnell auslaugt, und die Regierung zuviel des Guten tut und die Gefahr von Monokulturen nicht erkennt.

Weiterhin wird mit Gummi- und Cashewbäumen, Pinien, *krathin yak (Leucaena leucocephala)* und *krathin na-*

Land und Natur

rong (Acacia auriculiformis) aufgeforstet. Insgesamt ist Thailand aber ein sehr fruchtbares Land. Es ist der größte Reis- wie auch Gummi-Exporteur der Welt, und weitere Exportprodukte sind Mais, Gummi, Früchte, Tapioca-Produkte und Fisch. Thailands Fischerei-Flotte ist die elftgrößte der Welt.

Ein wesentlicher Teil des thailändischen Lebens spielt sich auf dem **Wasser** ab, das Land wird von einer Vielzahl von Flüssen durchzogen, die überquert werden wollen, als Transportwege dienen oder gar schwimmenden Häusern Platz bieten. Die Thais hegen schon immer ei-ne sentimentale Liebe für ihre Flüsse, und nicht umsonst heißt Fluss auf Thai *mae nam,* wörtlich „Mutter des Wassers" (*mae* sprich *mä*).

Thailand wird von seinen Einwohnern *prathet thai* oder *müang thai* genannt – was beides unserem „Thailand" gleichkommt. *Thai* wiederum bedeutet „frei", was zu dem reichlich überstrapazierten Klischee vom **„Land der Freien"** geführt hat.

Tatsächlich ist Thailand im Gegensatz zu all seinen Nachbarn niemals von einer fremden Macht kolonialisiert worden. Und nicht zuletzt daraus erklärt

Einige geografische Begriffe

Auf Landkarten wird der Reisende immer wieder auf bestimmte Begriffe stoßen, die nicht etwa nur ein Name sind, sondern auch etwas bedeuten. Beispiel *Ko Samui* = Insel Samui oder *Chiang Mai* = neue Stadt.

amphoe	Distrikt (*oe* sprich ö)	*nakhon*	Stadt
ao	Bucht	*nam*	Wasser
ban	Haus, Dorf	*nam tok*	Wasserfall
bang	Siedlung a.e. Fluss	*nong*	Sumpf
bo	Quelle	*paknam*	Flussmündung
buri	Stadt	*phu, phu khao*	Berg
changwat	Provinz	*phanon*	Hügel
chiang	Stadt	*sanam*	großer Platz
doi	Berg (im Nord-Dialekt)	*sapan*	Brücke
hat	Strand	*soi*	Gasse
keng	Stromschnellen	*sra*	Teich
khao	Berg, Hügel	*suan*	Park
king-amphoe	Unter-Distrikt	*talat*	Markt
klong	Kanal	*tha*	Pier
ko	Insel	*tha rüa/ruea*	Hafen
kuen	Damm	*thale*	See
laem	Kap (*ae* sprich *ä*)	*thale sap*	Binnensee, Lagune
mae, mae nam	Fluss (*ae* sprich *ä*)	*thanon*	Straße
müang/mueang	Stadt	*tham*	Höhle

10

sich wohl, warum die Thais Fremden gegenüber so freundlich und unvoreingenommen sind.

Pflanzen- und Tierwelt

Thailands regional verschiedene Klimazonen sowie die unterschiedlichen Bodenbeschaffenheiten sorgen für eine enorm artenreiche **Flora,** wie sie nicht jedes tropische Land aufzuweisen hat.

Das Landschaftsspektrum reicht von tropischen Regenwäldern im immerwarmen, regenverwöhnten Süden bis zu den europäisch anmutenden Wäldern des temperierten Nordens, wo das Quecksilber nicht selten in Gefrierpunktnähe fällt.

Neuere Satellitenaufnahmen beziffern den Waldanteil an der Gesamtfläche des Landes auf karge 15 % – eine erschreckende Zahl, bedenkt man, dass zur Zeit des 2. Weltkrieges noch 85 % der Fläche bewaldet war. Der **Baumbestand** der Wälder umfasst Akazien, Bambus, Redwood, Sandel- und Teakholzbäume, wovon letztere wertvolle Exportartikel sind.

Ebenso ist Thailand mit einer unglaublichen Vielfalt von **Obstbäumen** gesegnet – so wollen allein über 100 Sorten Bananen gekostet werden, von der großen *gluey hom,* der „duftenden Banane" bis hin zu *gluey khai,* der winzigen, süß schmeckenden „Eierbanane". Dazu kommen die beliebten Mangos, Mangostinen, Ananas, Papayas, Lichees, Pomelos, Orangen, Lamyai, Rambutans und Durians. Klingen schon viele dieser Namen für uns bekannt und appetitanregend, so sind andere Früchte wie die kleinen gelben Langsart oder die zuckersüßen braunen, etwa kartoffelgroßen Lamut hierzulande gänzlich unbekannt. Im Norden Thailands gedeihen sogar Erdbeeren, von den Thais Strawberry genannt, wenn auch in typisch thailändischer Aussprache.

Tausende von **Blumen** verschönen Wald und Wiese, darunter allein 1000 Arten von Orchideen. Diese Vielfalt hat dazu beigetragen, die Thais zu schönheitsliebenden Ästheten zu machen, die die schmückende Farbenpracht der Blumen zu jeder Gelegenheit nutzen. Außerdem sind thailändische Blumen – vor allem die Orchideen – ein wichtiger Exportartikel. Die Orchidee ist so etwas wie die thailändische Nationalblume, die

◁ Blüte einer Bananenpflanze

als Opfergabe an Tempeln abgelegt wird, oder deren Blütenform zur Vorlage kunstvoller Verzierungen dient (s. das Logo der Thai Airways International!).

Der Rückgang der Wälder hat zu einschneidender Dezimierung der **Tierwelt** geführt. Acht Spezies sind bereits ausgestorben oder „so gut wie", sechzehn weitere gehören zu den **gefährdeten Arten.** Die Sumatra- oder Java-Rhinozerosse waren schon vor einem halben Jahrhundert fast verschwunden, und der Glaube vieler Chinesen, das Nashornpulver habe potenzfördernde Eigenschaften, gaben der Spezies den Rest. Der noch in geringen Zahlen vorhandene *Kouprey*, eine wilde Ochsenart, ist das seltenste große Säugetier der Erde. Noch immer vorhanden sind Elefanten, Tiger, Leoparden und Wasserbüffel.

In freier Wildbahn existieren noch ca. 1000–1500 Elefanten. Einige weitere Elefanten – ehemalige Arbeitselefanten – dienen heute als Reittiere bei Touristenausflügen, oder ihre Hüter treiben sie durch Bangkok, wo sie dann Bananen zur Fütterung der Tiere an Touristen verkaufen. So mancher Elefant ist im Chaosverkehr von Bangkok angefahren worden oder – durch den Lärm und Stress irritiert – Amok gelaufen. Elefanten gehören nicht nach Bangkok, und jeder Tourist, der Bananen an sie verfüttert, macht sich an ihrem Schicksal mitschuldig.

Sowohl Elefanten als auch Tiger sind begehrte Zielscheiben für Wilderer, die einen guten Absatzmarkt für Elfenbein, Tigerfelle und Tigerknochen vorfinden. Tigerknochen sind Bestandteil der traditionellen chinesischen Medizin, und so landen sie bei Chinesen in Malaysia, Singapur oder Hongkong, die hohe Preise dafür zahlen. Derzeit gibt es nach Angaben des Royal Forestry Department nur noch etwa **150 Tiger.**

In den Bäumen und Palmen tummeln sich verschiedene **Affenarten,** meist Gibbons und Makaken.

Seltener geworden sind **Schlangen,** deren Lebensraum entwaldet oder zuasphaltiert wurde. Alte Dorfbewohner erzählen noch, dass sie früher täglich Schlangen beobachten konnten, heute seien sie nur noch gelegentlich zu sehen. Dennoch existieren noch über 100 Schlangenarten, wovon 16 giftig und 6 tödlich sind. Die lebensgefährlichen Spezies sind die Kobra, die bis zu 6 m lange Königskobra, die Green Pit Viper, die Malaiische Viper, die Russel's Viper und die Banded Krait.

880 **Vogelarten,** 10 % aller Vogelarten der Welt, nisten in den Bäumen, und gelegentlich verirrt sich sogar ein Geier aus der freien Wildbahn ins zubetonierte Bangkok.

Tausende von **Insektenarten** vervollständigen das Bild, und Ameisen aller Größenordnungen, Moskitos und Kakerlaken „bereichern" jedes Heim. Als natürlicher Insektenvertilger fungieren die scheuen Geckos, die mit Vorliebe nachts auf die Jagd gehen.

Manche Insekten müssen allerdings auch als Nahrung für den homo sapiens ihr Leben lassen: So verkaufen viele Straßenstände geröstete Heuschrecken *(dagkatháän tort)* oder Wasserkäfer *(määngdaa tort).* Die Tüte zu 20 Baht.

500 verschiedene **Schmetterlingsarten** umflattern die Vegetation, und viele davon enden in Schaukästen, als aufgespießte Touristensouvenirs an den Straßenständen Bangkoks oder Chiang Mais.

Thailands „weiße" Elefanten

Elefanten sind überall in Asien hoch verehrte Tiere. Bewundert werden ihre Sanftmut, ihre Ausdauer und vor allem ihre Intelligenz. Im Englischen gibt es den Ausdruck *elephant's memory* – ein Tribut an das unglaubliche Gedächtnis, das Elefanten an den Tag legen können. So gibt es zahlreiche Geschichten von Elefanten, die durch irgendwelche Umstände von ihrem *mahout* (Elefantentreiber) getrennt wurden und ihn noch Jahrzehnte später wiedererkannten. Die Hindus erhoben das gutwillige Tier gar zum Gott und verehren ihn noch heute unter dem Namen *Ganesha* oder *Ganapati*. Der Elefantengott wird immer dann angebetet, wenn man zu irgendeinem Unterfangen viel Glück benötigt. Gar nicht so weit entfernt ist auch der alte thailändische Brauch, schwangere Frauen unter einem Elefantenbauch durchkriechen zu lassen, um ihnen eine problemlose Geburt zu garantieren.

Einen ganz besonderen Status hatten im alten Siam die „weißen" Elefanten. Eigentlich waren es eher rosa-farbene oder rosa-graue Tiere, mit weißen Haarbüscheln an Kopf und Schwanz sowie roten Augen, deren Iris gelb und rotgerändert zu sein hatten. Die Thais bezeichneten solche Elefanten als *chaang phueak,* wörtlich „Albino-Elefanten".

Die Albino-Elefanten, selten, wie Albinos nun einmal sind, wurden als Glücksbringer für das Land betrachtet. Wurde in irgendeinem Dschungel ein solcher *chaang phueak* gesichtet, setzte man alles daran, ihn einzufangen und dem König zum Geschenk zu machen. Der Besitz möglichst vieler „weißer" Elefanten sollte dem Reich einen glücklichen Fortbestand verheißen. Als besonders glücklich galt das Auffinden eines solchen Tieres zu Anbeginn der Herrschaft eines neuen Königs – ein göttliches Zeichen, dass der König wahrhaft gesegnet sei. Nicht verwunderlich also, wenn Könige bei Raubzügen in fremden Territorien großen Wert auf die Besitznahme von neuen *chaang phueak* legten. So bemächtigte sich im 11. Jahrhundert der burmesische Heerführer *Anawrahta* bei einem Überfall auf Thaton 32 solcher Elefanten. Bis 1917 zeigte die Flagge Siams einen weißen Elefanten auf rotem Grund, und so musste das Tier auch symbolisch als Glücksbringer herhalten.

Die große Verehrung der weißen Elefanten beruht auf einer Legende, die sich um Buddhas Geburt rankt:

In einem Traum sah *Königin Maya,* die zukünftige Mutter Buddhas, wie sie von vier Königen samt ihrem Bett in die Höhe gehoben und zum Himalaya getragen wurde. Die vier Frauen der Könige badeten sie, um so jegliche menschlichen Unreinheiten von ihr zu waschen, schmückten sie mit Blumen und rieben kostbare Öle in ihre Haut. Dann bereiteten sie ihr ein himmlisches Bett, das mit dem Kopf nach Osten zeigte. Als die Königin schlief, erschien ihr die Figur eines weißen Elefanten, der eine Lotusblume im Rüssel hielt. Unter lautem Trompeten näherte sich der Elefant, der nichts anderes war als der zukünftige Buddha, dem Bett seiner Mutter. Er umschritt das Bett dreimal, gab der rechten Körperseite *Königin Mayas* einen leichten Hieb und verschwand in ihrem Bauch. Als die Königin von ihrem Traum erzählte, sahen diese darin ein glückliches Omen. Die Königin würde einen Buddha zur Welt bringen, einen Erleuchteten, der die Menschheit vom Schleier des Unwissens befreien würde.

Aufgrund dieser Legende, die in der Pali-Schrift *nidana-katha* zitiert worden war, wurden „weiße" Elefanten mit dem Buddha gleichgesetzt. Die Könige von Ayutthaya strebten demzufolge nach dem Besitz von möglichst vielen solcher Repräsentanten des Erleuchteten. Die Pflege der Dickhäuter war äußerst aufwändig – so hatte jedes Tier vier Diener, die ihm kühle Luft zufächelten und die Fliegen vertrieben. Sonnenschirme schützten sie vor der Glut des Tages, und das Futter wurde ihnen auf goldenen Tellern serviert. Die Körper der Elefanten wurden in prächtige „Kleider" gehüllt, die Stoßzähne mit Goldringen verziert, und auf dem Kopf trugen sie kostbare Kronen.

Bei Prozessionen gingen den Elefanten Musikanten voraus, die die Ankunft seiner Durchlaucht durch fröhliche Lieder und Fanfaren verkündeten.

Wurde ein Elefant krank, so wurde er vom Hofpriester mit geheiligtem Wasser besprizt und mit kostbaren Ölen gepflegt. Man betete nach Leibeskräften für seine Gesundheit, denn mit dem Leben des Elefanten stand auch das Schicksal des gesamten Reiches auf dem Spiel. Starb der Elefant, so mussten die Diener des Tieres damit rechnen, vom verzweifelten König hingerichtet zu werden. so geschehen im Jahre 1633, als ein weißer Elefant dahingeschieden war, und *König Prasat Thong* von Ayutthaya die Exekution der Diener befahl. Im Jahre 1862 war ein Elefant am Hofe König *Mongkuts* verstorben, doch niemand wagte es, dem König die schlechte Nachricht zu überbringen. Als der König schließlich vom Ableben des Tieres erfuhr, brach er hysterisch schluchzend zusammen.

War ein Elefant verstorben, so wurden ihm Hirn und Herz entnommen, und beides wurde in einer ehrenvollen Zeremonie verbrannt. Der übrige Körper wurde in weißes Leinen gehüllt und unter Wehklagen zum Fluss getragen und ins Wasser geworfen.

Wie weit das hohe Ansehen der geheiligten Jumbos reichte, bekam auch Königin *Victoria von England* zu spüren – wenn auch auf etwas uncharmante Weise. Als sich der siamesische Botschafter in England für einen Hofempfang

bedanken und der Königin ein paar Komplimente machen wollte, griff er zu folgenden Worten: „Man kann über einen bestimmten Aspekt der erlauchten Königin von England nur allerhöchst verblüfft sein. Zunächst stammt sie aus einer gottgesegneten Erbfolge von Krieger-Königen und Beherrschern der Welt. Und dazu sind ihre Augen, ihr Teint und vor allem ihre körperliche Erscheinung gleich einem prächtigen weißen Elefanten".

Über die Reaktion der Königin auf das Kompliment ist nichts bekannt.

Auch heute noch gelten die Tiere als nationale Glücksbringer, und auf dem Gelände des Königpalastes wird gut ein Dutzend weißer Elefanten gehalten.

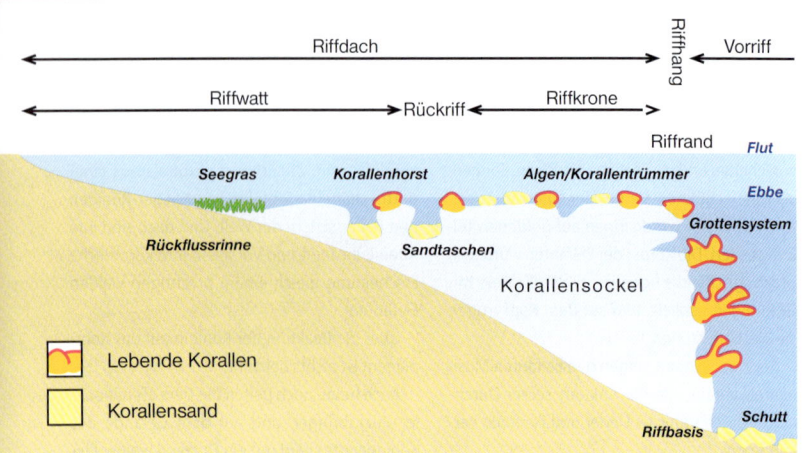

Korallenriffe

Felsengrund in klarem, lichtdurchflutetem Wasser erlaubt die Ansiedlung von riffbildenden **Steinkorallen**. Sie bilden das Grundgerüst eines Riffes. Korallenriffe sind typische Flachwasser-Gemeinschaften der Tropen. Sie kommen nur dort vor, wo die Wassertemperatur niemals unter 20 °C absinkt. Korallenriffe gehören zu den artenreichsten und produktivsten Ökosystemen der Erde.

Seeleute und Naturfreunde bezeichnen gerne alle festsitzenden, krustenförmig oder verzweigt wachsenden Lebewesen als „Korallen". Es kann sich hierbei um Steinkorallen, Kalkalgen, Moostierchen etc. handeln. Für Zoologen sind „Korallen" Vertreter der Nesseltiere.

Die **Nesseltiere** umfassen vier Tierklassen: Polypentiere (*Hydrozoa*), Quallen (*Scyphozoa*), Blumentiere (*Anthozoa*) und Würfelquallen (*Cubozoa*). Mit Ausnahme der Feuerkorallen, die zu den Polypentieren gehören, zählen Korallen zu den Blumentieren. Riffbildende Korallen sind festsitzende Formen mit einem festen, zusammenhängenden Kalkskelett, das nach Absterben des Tieres über einen langen Zeitraum erhalten bleibt.

Riffe in Thailand

Typisch ausgebildete Saumriffe mit breitem Riffdach sind in Thailand selten. Meistens sind sie sehr kurz. Das gilt insbesondere für den Golf von Thailand, der grundsätzlich schlechtere Bedingungen für die Riffentstehung als die Andaman-See bietet. In Thailand gibt es an der Festlandsküste und an den großen Inseln (Ko Chang, Ko Tarutao, Ko Lanta) keine Riffe. Sie existieren durchweg nur an kleinen, vom Festland entfernten Inseln. Korallenwuchs beginnt an vorgelagerten Inseln der **Ostküste** bei Chonburi und an der **Südostküste** ab Petchaburi.

Korallenformationen im Golf von Thailand werden in folgende Typen unterteilt: **Korallen-Gemeinschaften** sind dichte Korallenbestände, ohne dass sich ein Riff gebildet hat. In diesen Gemeinschaften sind vor allem Gelbe Poren-, Erdbeer- und Favites-Korallen vertreten. Korallengemeinschaften findet man in **sandigen Gebieten** mit wenigen Felsflächen und in Regionen, die häufig von starken Stürmen betroffen sind.

Bei **Korallen-Gemeinschaften in Entwicklung zum Saumriff** sind Riffdach, Riffkante und Riffhang ausgebildet, die einzelnen Riffabschnitte aber nicht klar voneinander getrennt. Das Riff erstreckt sich maximal 100 m seewärts. Am Riffhang sieht man bereits viele verschiedene Wuchsformen. Viele Riffe im zentralen Golf von Thailand befinden sich in diesem Stadium.

In einem **jungen Saumriff** schufen frühere Korallengenerationen bereits einen Kalksockel. Das Riff ist bis zu 500 m breit und deutlich in unterschiedliche Abschnitte gegliedert. Auf dem Riffdach findet man Ansammlungen von toten und lebenden Korallen, zwischen denen Seegräser wachsen. An der Riffkante wachsen große, massive Korallen, und der steile Riffhang ist mit vielen Arten bedeckt. Der Riffhang reicht im Golf von Thailand selten tiefer als 10 m hinab. Es existieren junge Saumriffe um **Chumphon, Ko Tao** sowie an einigen Inseln um **Ko Chang.**

Die **schönsten Saumriffe** Thailands liegen in der Andaman-See. Häufig findet man dichte Bestände mit Geweihkorallen, die klares Wasser lieben. Der Riffhang reicht bis auf 30 m herab. Wundervolle Saumriffe befinden sich bei den nördlichen Inseln in der Andaman-See:

Ko Surin, Ko Bon und **Ko Tachai** (Provinz Phang-Nga) sowie um **Ko Rok** und **Ko Hai** (Krabi).

Lebensraum Riff

Thailands Korallenriffe gehören zum Indopazifik, der größten zusammenhängenden Riffregion der Erde. Die riesige Ausdehnung ermöglichte die Entstehung einer **immensen Artenfülle.** Außerdem überlebte im äquatorialen Indopazifik während der vergangenen Eiszeiten ein Artenreservoir, das nach dem Ende der Eiszeiten neue Riffe entstehen ließ. Während der Eiszeiten starben die meisten damals existierenden Riffe ab, als sich der Meeresspiegel um 120 m senkte.

Beim Schnorcheln und Tauchen in Thailands Riffen begegnet man einer schillernden Vielfalt an Formen und Farben. Fast alle Stämme des Tierreiches sind im Korallenriff vertreten. **Schwämme,** wie die gewaltigen **Neptunkelche,** gehören zu den ursprünglichsten, mehrzelligen Tieren. Ihr Körper besteht aus einem Zellverband ohne innere Organe und Nervengewebe. Sie leiten Wasser durch ein Kanalsystem im Körperinnern, wo kleine Nahrungspartikel herausgefiltert werden.

Lederkorallen (Sarcophyton, Sinularia, Lemnalia) und **Krustenanemonen** wie Seematten, überziehen große Flächen. **Felsaktinien** schmiegen sich zwischen Korallenblöcken und Sandtaschen. Buntgefärbte **Stachelige Prachtkorallen** bilden fantastisch anmutende Korallengärten. Biegsame **Hornkorallen** (Gorgonien, Peitschenkorallen) wiegen sich in der Strömung. Fächergorgonien

Land und Natur

10

wachsen stets senkrecht zur Hauptströmungsrichtung, um Nahrung aus dem vorbeifließenden Wasser zu fangen.

Nationalparks

Thailand besitzt 63 Nationalparks und 32 Naturschutzgebiete, es bietet sich also ein weites Feld für Naturfreunde. Über 11 % der Landesfläche stehen unter **Naturschutz,** das ist beachtlich. Leider sehen sich die Park Rangers des Forestry Department und der National Parks Division ständig mit Wilderei, illegaler Abholzung und Besiedlung der Gebiete konfrontiert. Etwa 50 Ranger sind in den vergangenen 25 Jahren von Wilderern oder sogenannten „einflussreichen Persönlichkeiten" erschossen worden, da sie handfesten Geschäftsinteressen im Wege standen. Nicht alle Forstbeamte sterben allerdings diesen Heldentod, es gibt auch einige schwarze Schafe darunter, die mit den Dunkelmännern zusammenarbeiten.

Aufgrund kurzsichtigen Profitdenkens sind Thailands Wälder heute einer solchen Beanspruchung ausgesetzt, dass ihre Zukunft düster aussieht. 1990 beging *Sueb Nakhasathien,* der Leiter des Naturschutzgebietes Huai Kha Khaeng, Selbstmord, da er an der Aussichtslosigkeit des Kampfes gegen die Wilderermafia verzweifelt war. Er war zuvor mehrfach in Feuergefechte mit Wilderern verwickelt gewesen. Vier seiner Kollegen waren dabei umgekommen.

Information und Reservierungen

■**Royal Forestry Department,** Phaholyothin Road, Bang Khen, Bangkok 10900, Tel. 02-5790529, 02-5794842.

■**National Park Division of the Royal Forestry Department,** Phaholyothin Road, Bang Khen, Bangkok 10900, Tel. 02-5970529, 02-5794842.

■Der **Eintritt** zu den Nationalparks beträgt für Ausländer 200 bzw. bei den bedeutenderen Nationalparks 400 Baht. Kinder bis 12 Jahren zahlen die Hälfte. Thais kommen mit einem Bruchteil dieser Preise davon und diese Preisdiskriminierung hat für Unmut seitens ausländischer Besucher geführt. Auch thailändische Tourunternehmer protestierten dagegen. 2012 wurde darüber diskutiert, ob für Ausländer grundsätzlich 500 Baht/Pers. Eintritt einzuziehen seien. Hotels und Restaurants um die Parks protestierten; vor Drucklegung war noch keine endgültige Entscheidung gefallen.

■Eine ausgezeichnete Informationsquelle ist auch das Buch „National Parks of Thailand" von *Denis Gray*, *Collin Piprell* und *Mark Graham*; erschienen bei Communications Resources (Thailand) Ltd., Bang-

Schnorcheln und Tauchen

Zum Schnorcheln eignen sich am besten Korallengründe im Flachwasser (bis max. 5 m). Dann kann die Lebenswelt im Riff leicht von der Oberfläche aus beobachtet werden. Gute Schnorchelgründe gibt es an vielen Stellen, z. B. Ko Kradat, Ko Wai (Trat), Ko Tao (Surat Thani), Ko Phi Phi, Ko Hai, Ko Poda (Krabi), Ko Surin (Ranong) und Ko Rawi (Satun).

Flaschentauchern bieten sich im Golf von Thailand die besten Möglichkeiten um Ko Tao und in der Andaman-See von Phuket aus, dem Tauchsportzentrum Thailands (siehe auch „Praktische Reisetipps: Tauchen").

kok. Erhältlich ist es in Buchläden in Bangkok und Chiang Mai.

Die wichtigsten Nationalparks

Im Folgenden nur eine stichwortartige Übersicht zu den bedeutendsten Nationalparks. Etliche werden im Verlaufe des Buches ausführlich beschrieben. (Abkürzungen: **T** = viele Tiere, **N** = schöne Natur, **W** = gut zum Wandern, **S** = Schwimmen, Tauchen.)

Ang Thong Islands (S)

■ **Provinz:** Surat Thani
■ **Anreise:** Mit dem Schiff ab Ban Nathon/ Ko Samui. (Entfernung: ab BKK 990 km, ab Ko Samui 25 km.)
■ **Unterkünfte:** 9 Bungalows für 2–8 Personen zu 500–1400 Baht sowie Dorm. Eintritt 200 Bath.

Ao Phang-Nga (N, W)

■ **Provinz:** Phang-Nga.
■ **Anreise:** Mit Booten ab dem Tha Dan-Pier in Phang-Nga. (Entfernung ab BKK: 710 km.)
■ **Unterkünfte:** 14 Bungalows für 2 Personen zu 1000 Baht. Eintritt 200 Bath.

Doi Inthanon (N, W)

■ **Provinz:** Chiang Mai.
■ **Anreise:** entlang der Straße Chiang Mai-Hot, nach 58 km links abbiegen und 9 km weiter geradeaus. (Entfernung: ab BKK 767 km, ab Chiang Mai 67 km.)

■ **Unterkünfte:** 28 Zimmer und Bungalows für 3–23 Personen zu 1000–6500 Baht oder Zelte zu 100 Baht pro Person/Übernachtung. Eintritt 200 Bath.

Doi Khuntan (N, T, W)

■ **Provinz:** Lamphun und Lampang.
■ **Anreise:** ab dem Bahnhof Khuntan an der Strecke Bangkok-Lamphun, dann 7 km Fußweg. (Entfernung ab BKK: 683 km.)
■ **Unterkünfte:** 14 Bungalows für 2–9 Personen zu 1500–2700 Baht. Eintritt 100 Bath.

Erawan Nationalpark (N)

■ **Provinz:** Kanchanaburi.
■ **Anreise:** ab Kanchanaburi über Highway Nr. 3199, in nördliche Richtung fahren. Nach 56 km rechts abbiegen und 4 km weiterfahren. (Entfernung ab BKK: 190 km.)
■ **Unterkünfte:** 19 Bungalows für 2–8 Personen zu 800–2400 Baht oder Zeltunterkünfte zu 100 Baht pro Person/Übernachtung. Eintritt 200 Bath.

Kaeng Krachan (N)

■ **Provinz:** Petchaburi.
■ **Anreise:** über Highway Nr. 4 ab Bangkok, dann bei Kilometer 186 rechts abbiegen und 40 km weiterfahren. (Entfernung ab BKK: 220 km.)
■ **Unterkünfte:** 29 Zimmer und Bungalows für 3–10 Personen zu 1200–2700 Baht. Eintritt 200 Bath.

Khao Chamao/Khao Wong (N, W)

■ **Provinzen:** Rayong, Chantaburi.
■ **Anreise:** Highway Nr. 3 (Sukhimvit Road), dann 7 km nach Klaeng links abbiegen und 17 km weiterfahren. (Entfernung ab BKK: 295 km.)

Land und Natur

10

■ **Unterkünfte:** 23 Bungalows für 2–7 Personen zu 600–1200 Baht, Zeltunterkünfte zu 100 Baht pro Person/Übernachtung sowie Dorms zu 3000 Baht (30 Personen). Eintritt 200 Bath.

Khao Kitchagut (N)

■ **Provinz:** Chantaburi.
■ **Anreise:** über Highway Nr. 3 (Sukhumvit Road) bis hinter Chantaburi bei Kilometer 324. Links abbiegen und nach 21 km rechts abbiegen und 2 km weiterfahren. (Entfernung ab BKK: 350 km.)
■ **Unterkünfte:** 10 Bungalows für 2–8 Personen zu 600–2400 Baht oder Zeltunterkünfte zu 100 Baht pro Person/Übernachtung. Eintritt 200 Bath.

Khao Luang (N, W)

■ **Provinz:** Nakhon Si Thammarat.
■ **Anreise:** ab Nakhon Si Thammarat 30 km in Richtung Lansaka fahren. Entfernung ab BKK: 1230 km.
■ **Unterkünfte:** 16 Bungalows für 2–20 Personen zu 600–2000 Baht oder Zeltunterkünfte zu 100 Baht pro Person/Übernachtung. Eintritt 200 Bath.

Khao Sam Roi Yot (N, W)

■ **Provinz:** Prachuap Khiri Khan.
■ **Anreise:** von Highway Nr. 4 (Petchakasem Road) bei Kilometer 286 vor Prachuap links abbiegen und 4 km weiterfahren. (Entfernung ab BKK: 320 km.)

■ **Unterkünfte:** 16 Bungalows für 5–9 Personen zu 1200–2200 Baht oder Zeltunterkünfte zu 100 Baht pro Person/Übernachtung. Eintritt 200 Bath.

Khao Sam Lan (N)

■ **Provinz:** Saraburi.
■ **Anreise:** über Highway Nr. 1 (Paholyothin Road), bei km 102 rechts abbiegen und 9 km weiterfahren. (Entfernung ab BKK: 113 km.)
■ **Unterkünfte:** Bungalows für 4 Personen zu 600 Bath. Dorms oder Zelte zu 100 Baht p./Pers./Übernachtung. Eintritt 100 Bath.

Khao Yai (N)

■ **Provinzen**: Nakhon Nayok, Nakhon Ratchasima, Prachinburi, Saraburi.
■ **Anreise:** Über Highway Nr. 2 (Mitthraparb), bei Km 170 in die Thanarat Road abbiegen, 40 km weiter bis Khao Yai fahren. Oder: Über Highway Nr. 3 (via Nakhon Nayok und Prachinburi), dann links in Highway Nr. 3077 abbiegen und 45 km weiter bis zum Park fahren. (Entfernung ab BKK: 205 km.)
■ **Unterkünfte:** es gibt Bungalows der Parkverwaltung mit Platz für je 2–8 Pers. zu 800–3600 Baht. Buchungen bei der Forstverwaltung unter 02-5614292. Außerdem gibt's einen Schlafsaal, Betten zu je 100 Baht. Eintritt 400 Bath.

Lan Sang (N, W)

■ **Provinz:** Tak.
■ **Anreise:** über Highway Nr. 1 (Asia Road) ab Nakhon Sawan, 7 km vor Tak links in Highway Nr. 105 abbiegen und nach 12 km wiederum links einbiegen; dann 3 km weiter geradeaus fahren. (Entfernung ab BKK: 430 km.)

▷ Kokospalmenhain

10

■ **Unterkünfte:** 9 Bungalows für 2–10 Personen zu 400–2000 Baht oder Zeltunterkünfte zu 100 Baht pro Person/Übernachtung. Eintritt 200 Bath.

Nam-Nao (N, T, W)

■ **Provinz:** Petchabun und Chaiyaphum.
■ **Anreise:** ab Petchabun 50 km in Richtung Lom Sak. (Entfernung ab BKK: 439 km.)
■ **Unterkünfte:** Bungalows für 4–6 Personen zu 1000–2000 Baht, Schlafsaal ab 100 Baht pro Person pro Nacht oder Zeltunterkünfte zu 100-200 Baht pro Person/Übernachtung. Eintritt 200 Baht.

Phu Kradung (N)

■ **Provinz:** Loei.
■ **Anreise:** mit Bus ab Loei. (Entfernung: ab Loei 74 km, ab BKK 444 km.)
■ **Unterkünfte:** 40 Zimmer und Bungalows für 4–10 Personen zu 900–3600 Baht, Zeltunterkünfte für 200 Baht. Eintritt 400 Baht.

329ph rk

Phu Phan (N)

● **Provinz:** Kalasin und Sakhon Nakhon.
● **Anreise:** bei Khon Khaen über Highway Nr. 209 nach Kalasin, dann über Highway Nr. 213 zum Park. (Entfernung ab BKK: 570 km.)
● **Unterkünfte:** 7 Bungalows für 4 Personen zu 500–600 Baht oder Zeltunterkünfte zu 100–200 Baht pro Person/Übernachtung. Eintritt 100 Baht.

Phu Rua (N)

● **Provinz:** Loei.
● **Anreise:** ab Petchabun über Highway Nr. 203 in Richtung Phu Rua; nach 48 km links zum Nationalpark abbiegen. (Entfernung ab BKK: 610 km.)
● **Unterkünfte:** 12 Bungalows für 4–6 Personen zu 2000–3000 Baht oder Zeltunterkünfte ab 100 Baht pro Person. Eintritt 200 Baht.

Ramkamhaeng Historical National Park (N)

● **Provinz:** Sukhothai.
● **Anreise:** ab Sukhothai die Ausfallstraße nach Westen nehmen, ca. 6 km. (Entfernung ab BKK: 360 km.)
● **Unterkünfte:** 5 Bungalows zu 1200–1800 Baht, Zeltunterkünfte 100 Baht pro Person/Übernachtung. G.H. am Ostrand des Parks. Eintritt 100 Baht.

Sai Yok (N)

● **Provinz:** Kanchanaburi.
● **Anreise:** ab Kanchanaburi über Highway Nr. 323 in nördlicher Richtung und 85 km weiterfahren. (Entfernung ab BKK: 210 km.)
● **Unterkünfte:** 10 Bungalows zu 800–2100 Baht oder Zeltunterkünfte zu 100 Baht pro Person/Übernachtung. Eintritt 200 Baht.

Tarutao National Park (N, T)

● **Provinz:** Satun.
● **Anreise:** mit Booten ab dem Pak Bara Pier in Satun. (Entfernung: ab Satun 25 km, ab BKK 1300 km.)
● **Unterkünfte:** 38 Zimmer und Bungalows für 4–10 Personen zu 600–5000 Baht. Eintritt 200 Baht.

Tat Ton (N)

● **Provinz:** Chaiyaphum.
● **Anreise:** über Highway Nr. 2051, bis 21 km außerhalb von Chaiyaphum. (Entfernung ab BKK: 350 km.)
● **Unterkünfte:** 11 Bungalows für 4–20 Personen zu 600–3500 Baht. Eintritt 200 Baht.

Thale Ban (N, T, W)

● **Provinz:** Satun.
● **Anreise:** an der Strecke Hat Yai-Satun 78 km nach Hat Yai links abbiegen und 12 km weiterfahren. (Entfernung ab BKK: 1310 km.)
● **Unterkünfte:** Bungalows der Parkverwaltung 600–2200 Baht. Zelten kostet 40 Baht. Eintritt 200 Baht.

Tham Than Lot (Rattanakosin National Park) (N, W)

● **Provinz:** Kanchanaburi.
● **Anreise:** über Highway Nr. 3199 ab Kanchanaburi, nach 16 km links in Highway Nr. 3086 abbiegen und 80 km weiterfahren. (Entfernung: ab BKK 225 km, ab Kanchanaburi 97 km.)
● **Unterkünfte:** 12 Bungalows für 4–6 Personen zu 1200–1800 Baht oder Zeltunterkünfte ab 100 Baht pro Person/Übernachtung. Eintritt 200 Baht.

Thung Salaeng Luang (N)

- **Provinz:** Phitsanulok und Petchabun.
- **Anreise:** über Phitsanulok; in östlicher Richtung über die Straße Phitsanulok-Lomsak fahren bis 80 km östlich von Phitsanulok. (Entfernung ab BKK: 610 km.)
- **Unterkünfte:** Einige Zimmer, Dorms u. Bungalows zu 1200–5000 Baht oder Zeltunterkünfte ab 100 Baht pro Person/Übernachtung. Eintritt 400 Baht.

Klima

Thailands Klima lässt sich in **drei Jahreszeiten** unterteilen: Die trockene (nicht überall!) und relativ kühle Zeit von November bis Februar, die heiße Zeit bis Mai und den **Monsun** von Juni bis Oktober. Im August kommt es dabei in Phuket zu den stärksten Regengüssen, im September in Bangkok. Im November und Dezember regnet es noch an der Südost-Küste, und dabei kann es recht zugig und kühl werden. Um Ko Samui kann es zu dieser Zeit so stürmen, dass der Fährverkehr eingestellt werden muss.

Bangkok gilt offiziell als die **heißeste Metropole der Welt,** mit Tagestemperaturen von selten unter 32 oder 33 °C. Selbst im Dezember und Januar sinkt das Quecksilber bei Nacht kaum unter 21 °C. Nächtliche Temperaturen von nur 15° C sind die absolute Ausnahme. Im April klettert das Thermometer in Bangkok normalerweise auf **39–42 °C,** was vielleicht gar nicht so schlimm klingt, aber die unglaubliche **Feuchtigkeit** trägt das Ihrige dazu bei. Wer dann in einem voll besetzten Stadtbus stehend fahren muss und von einem Stau in den nächsten gerät, der versteht, was Buddha mit seiner Lehre vom Leid gemeint hatte! Bangkoks klimatisierte Kaufhäuser erfreuen sich in der heißen Jahreszeit besonderer Beliebtheit.

In Chiang Mai kommt es zu dieser Zeit zu Höchsttemperaturen von bis zu 43 °C, meistens ist es jedoch einige Grad kühler. Die Luft ist dort allemal besser als in Bangkok. Uttaradit in Zentralthailand ist mit bis zu 45,5 °C die heißeste Stadt des Landes. Wer im **Winter** die Nordregionen aufsucht, sollte warme Kleidung dabeihaben. Nachts wurden in Chiang Mai schon 4 Grad registriert, die durchschnittliche Winternacht ist etwa 12 Grad kühl. Temperaturen von knapp über dem Gefrierpunkt sind in Mae Hong Son oder Loei nichts Außergewöhnliches. Im Dezember 1989 wurde in Fang der gegenwärtige thailändische Kälterekord von 1,5 °C aufgestellt.

Zu jeder Jahreszeit bietet sich aber eine Wetteralternative: In der heißen Jahreszeit kann man in die Berge flüchten, dem Monsun kann man (kennt man seinen Gang) ausweichen.

THAI001

Klima im Norden

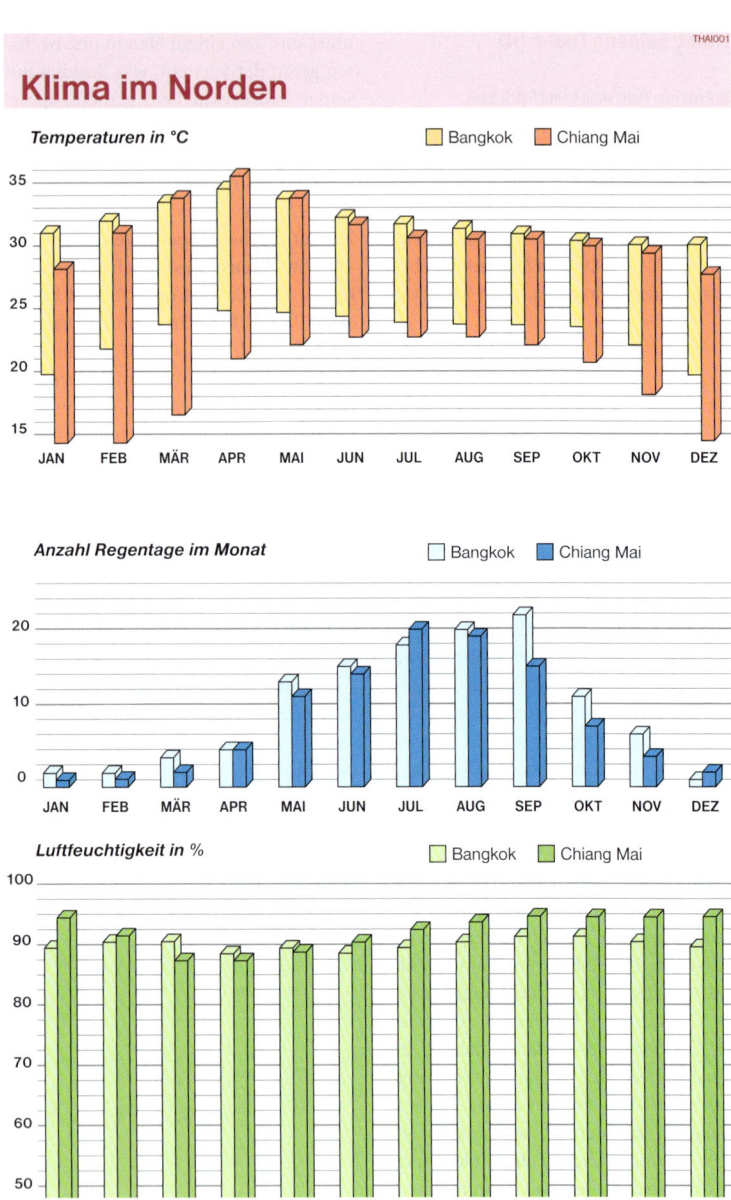

Temperaturen in °C ☐ Bangkok ☐ Chiang Mai

Anzahl Regentage im Monat ☐ Bangkok ☐ Chiang Mai

Luftfeuchtigkeit in % ☐ Bangkok ☐ Chiang Mai

10

Land und Natur

Klima im Süden

THAI001

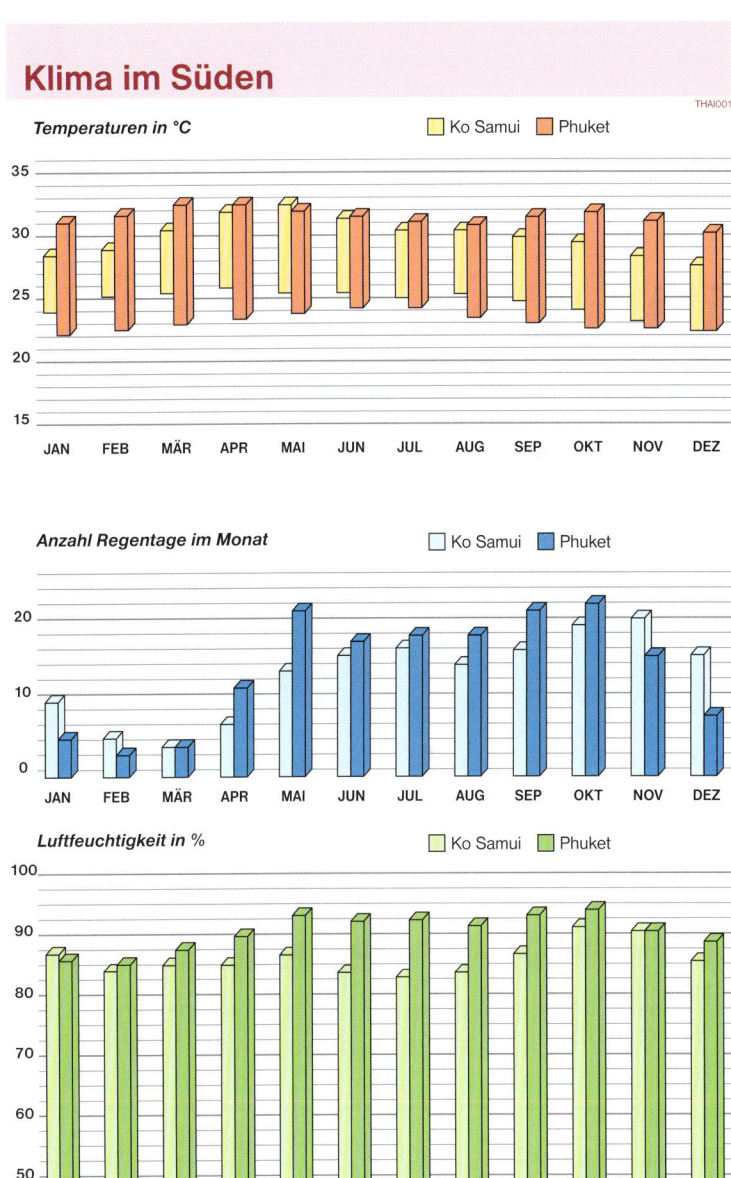

Temperaturen in °C ☐ Ko Samui ☐ Phuket

Anzahl Regentage im Monat ☐ Ko Samui ☐ Phuket

Luftfeuchtigkeit in % ☐ Ko Samui ☐ Phuket

10

11 Kultur und Gesellschaft

◁ Prozession der königlichen Barken in Bangkok

Geschichte

Die frühe Geschichte der Thais ist bis heute umstritten. Als Ayutthaya **1767** von den Burmesen zerstört wurde, verschwanden auch alle wichtigen Dokumente, die eventuell Aufschluss über die Anfänge der Besiedlung des Landes hätten geben können. Neuere Ausgrabungen deuten zumindest daraufhin, dass schon etwa vor 7000 Jahren eine weit entwickelte Kultur auf dem Gebiet des heutigen Nordost-Thailands bestanden haben muss. Die Ausgrabungen bei Ban Chiang (nahe Udon Thani) brachten eine Vielzahl von Töpfereiwaren und Bronzeobjekten zum Vorschein.

In **prähistorischer Zeit** war Thailand wahrscheinlich von einer Bevölkerung australischer, melanesischer und indonesischer Herkunft besiedelt. Diese lebte, so wird vermutet, in einer matriarchalischen Gesellschaft und betrieb Ahnenkult.

Im **5. und 6. Jahrhundert n. Chr.** lebten die Mon in dieser Region. Über die Mon ist nur wenig bekannt, soviel aber, dass sie von Indien stark beeinflusst waren. Viele indische Ideen bezüglich Technik, Religion und Literatur wurden von den Mon übernommen.

Im 7. Jahrhundert erwähnten chinesische Quellen ein buddhistisches Königreich namens *Dvaravati* (= „Ort der Pforten"), das sich im unteren Chao Phraya-Tal befand. Wahrscheinlich war Dvaravati die lose Zusammenfassung einiger Stadtstaaten und erstreckte sich von Zentralthailand bis ins heutige Kampuchea. Das Zentrum war vermutlich *Nakhon Pathom* (= „die erste Stadt"). Die Dvaravati-Periode endete im 11. oder 12. Jahrhundert und hinterließ einen großen Schatz an Kunstwerken.

Vom Jahre 802 an hatten die Khmer das Land mit steigender Intensität bedroht, und Anfang des 13. Jahrhunderts war der größte Teil des heutigen Nordost-Thailand unter ihre Herrschaft geraten.

Die Thais stammten ursprünglich aus Südchina, wo sie im Bereich der heutigen Provinz Yünnan im **7. Jahrhundert** das Königreich Nanchao gegründet hatten. Als die Chinesen sie mehr und mehr zu bedrängen begannen, wanderten sie südwärts und spalteten sich – so lautet die erste Version – in drei Gruppen: Die erste ging nach Osten ins heutige Laos, die zweite in die Chao Phraya-Ebene, wo sie das Thai-Königreich begründete, die dritte in die Shan-Staaten Burmas, die heute von den Thai Yai („große Thai") bewohnt werden.

Mongkut, König von Siam

Die zweite Version besagt, dass sich die Thai auf ihrer Wanderung südwärts mit den Mon, Khmer und Burmesen vermischten.

Als Nanchao im Jahre **1253** von den Mongolen eingenommen worden war, beschleunigte sich der Wanderungsprozess. Einige Thais verdingten sich als Söldner bei den Khmer, die die Thais *syam* nannten, „die Dunklen" (Sanskrit: *shyama* = der Dunkle). Daraus wurde später der Name Siam für das thailändische Königreich.

Im **13. und 14. Jahrhundert** hatten sich einige der von den Thai beherrschten Gebiete zusammengeschlossen, und Thai-Prinzen nahmen den Mon Haripunjai (Lamphun) ab und den Khmer Sukhothai (= „der Anbeginn des Glücks").

Im Jahre **1238** erklärte das Königreich Sukhothai seine Unabhängigkeit. Noch heute wird der Sukhothai-Periode von vielen Thais mit Wehmut gedacht, als der Beginn der nationalen Identität und einer Zeit, in der jedermann satt zu essen hatte und glücklich war.

Unter dem zweiten König von Sukhothai, *Ramkamhaeng,* erstreckte sich das Reich von Nakhon Si Thammarat im Süden bis Vientiane und Luang Prabang in Laos und Pega in Südburma. *Ramkamhaeng* schuf die heute bekannte Thai-Schrift und verankerte den von Sri Lanka herübergekommenen Theravada-Buddhismus in der Gesellschaft.

Auf Sukhothai folgte Ayutthaya. **Mitte des 14. Jahrhunderts** waren die Könige von Ayutthaya immer mächtiger geworden. Im Jahre 1376 annektierten sie Sukhothai, und 1431 eroberten sie Angkor in Kambodscha. Ayutthaya wuchs zu einer der größten und wohlhabendsten Städte Asiens heran, und Europäer, die

es besuchten, waren vom Glanz der Stadt überwältigt.

Im Jahre **1511** wurde eine portugiesische Botschaft eingerichtet, um den wachsenden Handelsbeziehungen Rechnung zu tragen. Es folgten die Holländer (1605), Engländer (1612). Dänen (1621) und die Franzosen (1662).

Im **18. Jahrhundert** wurde das Königreich von den Burmesen angegriffen, die zunächst die südlichen Städte des Reiches einnahmen. **1766** standen sie vor den Toren Ayutthayas, das sich jedoch heftig widersetzte. Nach einem Jahr des erbitterten Kampfes fiel Ayutthaya (1767), und die Burmesen zerstörten alles, dessen sie habhaft werden konnten. Tempel, religiöse Kunstwerke und wichtige Dokumente wurden ein Opfer der tobenden burmesischen Armee. Ist Sukhothai der Ursprung einer nationalen Identität der Thais, so ist die Verwüstung Ayutthayas ein dunkles Trauma in der nationalen Psyche.

Lange konnten die Burmesen sich nicht behaupten, und im Jahre **1769** krönte sich ein Thai-General *(Phya Taksin),* zum König. Er erkor Thonburi, auf der anderen Flussseite von Bangkok gelegen und mittlerweile ein Stadtteil der Metropole, zur neuen Hauptstadt. Thonburi, so hatte *Taksin* gehofft, sollte ein neues Ayutthaya werden, doch es kam ganz anders.

Taksin wurde wahnsinnig, und als seine Minister die Exzentrizitäten des Königs nicht mehr ertragen konnten, ließen sie ihn hinrichten. Ein anderer General kam an die Macht, *Chao Phya,* und **1782** wurde er zum König gekrönt. Ihm wurde der Titel Rama 1. verliehen, und so wurde eine Dynastie begründet, die bis heute fortbesteht. (Der heutige König *Bhumi-*

pol ist Rama 9.) Die Dynastie heißt – ihrem Begründer zufolge – Chakri-Dynastie. Aus strategischen Gründen wurde die Hauptstadt nun auf die andere Flussseite verlegt, und Bangkoks Werdegang von einem unbedeutenden Dorf zu einer Weltstadt hatte begonnen.

Unter den nun folgenden Königen sollte zunächst König *Mongkut* (Rama 4.) hervortreten. *Mongkut* war ein Gelehrter, der vor seiner Thronbesteigung 27 Jahre als Mönch gelebt hatte. Er führte ein europäisch ausgerichtetes Schulsystem ein und unterzeichnete Handelsabkommen mit den europäischen Mächten. Auf religiösem Sektor führte er eine Reihe von Reformen durch. Sein größter Verdienst ist wohl der, dass er den geschickten Balance-Akt zwischen den damaligen Großmächten begann, der es erlaubte, allseits gute Beziehungen zu pflegen, das Land aber vor einer Kolonialisierung schützte.

Mongkuts Sohn *Chulalongkorn* (Rama 5.) setzte den Reform- und Balancekurs fort und erneuerte vor allem das Verwaltungswesen. Mongkut und Chulalongkorn werden als die Väter des modernen Thailand betrachtet.

Im **Ersten Weltkrieg** kämpfte Thailand auf der Seite der Alliierten.

In den **1920er Jahren** breitete sich unter den Intellektuellen, besonders jenen, die in Europa studiert hatten, Missmut gegen den zu jener Zeit herrschenden König *Prajadhipok* (Rama 7.) aus. Prajadhipok zeigte kein Interesse an Reformen, sein Hofstaat war erzkonservativ. **1932** kam es deshalb zu einem Staatsstreich, nach dem die Monarchie nie wieder dieselbe sein sollte: Die absolute Monarchie wurde abgeschafft, und musste dem britischen Modell der kon-

stitutionellen Monarchie weichen, das bis heute besteht.

Im Jahre **1939** wurde Siam offiziell umbenannt – in das uns heute bekannte Thailand. Die offizielle Thai-Bezeichnung ist *prathet thai*.

Im **2. Weltkrieg** wurde Thailand von den Japanern besetzt, und unter deren Druck erklärte das Land den USA und Großbritannien den Krieg. Der damalige thailändische Botschafter in den USA aber weigerte sich, die Kriegserklärung weiterzuleiten.

Die **Nachkriegszeit** entwickelte sich zu einer instabilen politischen Phase, in der immer wieder die Militärs das Sagen hatten. **1973** sah blutige Demonstrationen an Bangkoks Thammasat-Universität, die am Ende die zwei wichtigsten Militärs aus dem Land vertrieben.

Bis **1976** herrschte darauf eine gewählte konstitutionelle Regierung. Als aber einer der zuvor vertriebenen Militärs als Mönch wieder ins Land zurückkehrte, kam es abermals zu blutigen Demonstrationen. Die Folge: Eine ultrarechte Regierung ergriff die Macht, und die Intellektuellen wandten sich desillusioniert von der Politik ab. Einige wenige gingen in den Untergrund und schlossen sich kommunistischen Guerillagruppen an.

Von **1980 bis zum Juli 1988** war *Prem Tinsulonand* Premierminister. In dieser Zeit war Thailand politisch relativ stabil, und der Premier, ein Mann des Militärs, handelte sich den Ruf ein, alle innenpolitischen Hürden elegant zu umgehen. Nach den Wahlen vom Juli 1988 entschloss sich *Prem,* nicht mehr für das höchste Staatsamt zu kandidieren, und zog sich aus dem aktiven politischen Leben zurück.

An seine Stelle trat *Chatichai Choonhavan* (sprich *Tschatschai*), zu dessen Amtszeit Thailand ein ungeahntes Wirtschaftswachstum verzeichnen konnte.

Am **23.2.1991** übernahm in einem unblutigen Putsch wieder einmal das Militär die Regierung, das *Chatichais* Kabinett Korruption unerhörten Ausmaßes vorwarf. Das Militär setzte einen Interimspräsidenten ein, *Anand Panyarachun,* und versprach Neuwahlen innerhalb eines Jahres.

März 1992: Nach den Wahlen vom 22. des Monats wird nach längerem politischen Tauziehen *Suchinda Kraprayoon,* zuvor das Oberhaupt der thailändischen Armee, Premierminister. Da er kein gewähltes Parlamentsmitglied ist – nach der Konstitution können auch Personen in dieses Amt berufen werden, die nicht dem Parlament angehören – regt sich heftiger Widerstand gegen seine Ernennung.

Mai 1992: Eine Demonstrationswelle fegt über Thailand – besonders Bangkok – hinweg, die den Rücktritt *Suchindas* fordert. Die Demonstranten verlangen zudem eine Änderung der Konstitution, nach der in Zukunft nur noch Parlamentsmitglieder Premierminister werden können. Die Proteste erreichen ihren Höhepunkt am 17.–20. des Monats, als die Armee mit brutaler Gewalt gegen die Demonstranten vorgeht. Nach einem mehrtägigen Blutbad sind nach offiziellen Angaben 50 Opfer zu beklagen, die wahren Zahlen liegen aber wahrscheinlich weit höher. Nach dem Ereignis gelten 50 Personen als „vermisst". *Suchinda,* der als „Schlächter von Bangkok" in die thailändische Geschichte eingeht, tritt nach Intervention des Königs zurück – eher nolens als volens. Der vormalige

Premier *Anand Panyarachun* wird zum Interimspräsidenten ernannt, der die von den Demonstranten geforderte Verfassungsänderung herbeiführt und Neuwahlen vorbereitet.

Sept. 1992: Am 22.9. finden Wahlen statt, nach denen eine Fünfparteien-Koalition die Regierungsgeschäfte übernimmt. Die dem Militär zugeneigten Parteien sind die großen Verlierer der Wahl. Premierminister wird *Chuan Leekpai* (Democrat Party).

1993: Die Regierung erklärt der Kinderprostitution – nach eigener Verlautbarung – den „Krieg". Zuhälter und Kunden von Prostituierten unter 15 Jahren werden mit erheblichen Gefängnis- und Geldstrafen bedroht. Aber: Weitreichende Korruption bei der Polizei und sonstigen Behörden erschwert oder verhindert die Einhaltung des neuen Gesetzes. Das lauthals angekündigte Gesetz lässt leider auch vergessen, dass jegliche Prostitution in Thailand illegal ist und demnach verfolgt werden müsste. Das ist, abgesehen von einigen Vorzeigerazzien, in der letzten Zeit jedoch nur selten der Fall.

1995: Nach den Wahlen wird *Banharn Silpa-Archa* von der Chart Thai Party Premierminister; er hatte sich in der vorangegangenen Wahlkampagne den scherzhaften Titel „Mr. ATM" (nach den Bankautomaten) errungen. *Banharn* soll sich großzügig Stimmen erkauft haben – eine Praxis, die in Thailand aber nichts Neues ist. Das von *Banharn* erstellte Kabinett erfährt sogleich Kritik, dem Premierminister wird Cliquenwirtschaft vorgeworfen. Auch ansonsten zeichnet er sich nicht sehr positiv aus. Nachdem der wenig geschliffene und in weiten Teilen der Bevölkerung als intel-

11

lektueller Zwerg angesehene *Banharn* einen Magistertitel von der Ramkamhaeng-Universität verliehen bekommt, regt sich der Verdacht, dass die Magisterarbeit ein Plagiat ist. Schlimmer noch: Hervorgerufen durch Missmanagement, Korruption, einen starken Rückgang der Exporte und ein großes Außenhandelsdefizit wird Thailand von einer schweren wirtschaftlichen Krise erschüttert.

1996–97: Weniger als ein Jahr nach seiner Wahl wird das ungeliebte Staatsoberhaupt gestürzt, und nach Neuwahlen Ende 1996 wird *Chavalit Yongchaiyudh* von der New Aspiration Party neuer Premierminister. *Chavalit*, ein ehemaliger Militär und Machtpolitiker, der seit langem auf diesen Posten brennt, gilt vielen Thais als Inbild der Korruption. Auch die Regierung *Chavalit* erweist sich schnell als überfordert, und die Äußerungen und Handlungen des Kabinetts scheinen oft einem Satiremagazin entnommen: Nur einen Tag, nachdem *Chavalit* das Volk auffordert, „den Gürtel enger zu schnallen" und nur noch Thai-Waren zu kaufen, legt er sich einen neuen Mercedes zu – Kostenpunkt 8 Mio. Baht. Der stellvertretende Innenminister, der als großmäulig bekannte *Chalerm Yubamrung,* prahlt in einem Interview, er habe „60 Hemden von Versace, keines billiger als 10.000 Baht". Seine Schuhe, so der redselige *Chalerm* weiter, kämen alle handgemacht aus Italien.

Den meisten Thais bleibt das Lachen freilich im Halse stecken, denn die Wirtschaft geht Mitte 1997 vollends auf Crash-Kurs. Tausende Firmen machen bankrott, die Regierung rät arbeitslosen Industriearbeitern, wieder „zurück in die Landwirtschaft" oder auf Arbeitssuche ins Ausland zu gehen.

Um den thailändischen Baht abzuwerten, wird die Währung, deren Wert zuvor an ein vom Dollar dominiertes Währungspaket gekoppelt war, „gefloatet", d. h. dem Wechselkurs wird freier Lauf gelassen, er wird von nun an vom Devisenmarkt bestimmt. Der Baht sinkt im Verhältnis zu den wichtigsten ausländischen Währungen sogleich um ca. 20 %. Die Regierung erhofft sich durch den billigeren Baht vermehrt Investitionen aus dem Ausland. Der Sofort-Effekt der Maßnahme aber ist bitter: Für viele Firmen mit Auslandsschulden bedeutet der niedrigere Baht eine effektive Mehrverschuldung und damit häufig auch den Ruin. Weiterhin werden Importwaren und Benzin teurer, was die Inflation schürt. Thailand versucht, den drohenden Staatsbankrott durch einen massiven Kredit des *International Monetary Fund* (IMF) abzuwenden (siehe auch „Wirtschaft").

Im November 1997 bleibt dem ungeliebten *Chavalit* nur der Rücktritt. Neuer Premierminister wird der als grundehrlich angesehene *Chuan Leekpai* von der *Democrat Party,* der nun zum zweiten Male diesen Posten übernimmt. *Chuan* steht vor der immensen Aufgabe, die immer noch tiefer sinkende Wirtschaft wieder auf Genesungskurs zu bringen.

1998: Der Baht fällt Anfang des Jahres auf seinen bisher tiefsten Kurs (1 US$ = 56 Baht), danach erholt er sich wieder etwas. Dennoch gehen Dutzende von Finanzinstituten bankrott und die Arbeitslosenzahl steigt rapide. Im Herbst '98 sieht es so aus, als würde es mindestens fünf Jahre dauern, bis Thailand wieder den Wohlstand erreicht, den es Anfang der neunziger Jahre einmal hatte.

Kultur und Gesellschaft

1999–2000: Thailands Wirtschaft bleibt trotz aller gegenteiligen Behauptungen der Regierung auf Depressions-Niveau und ausländische Investitionen lassen auf sich warten. In der Bevölkerung regt sich zunehmend Unmut über die allgegenwärtige Korruption, ohne deren Ausmerzung das Land nicht den Anschluss an wohlhabendere Länder schaffen kann. Ende 2000 stehen Neuwahlen an. Als Favorit für das Amt des Premierministers gilt der Business-Tycoon **Thaksin Shinawatra** mit der von ihm gegründeten Thai-Rak-Thai-Partei. Der Name bedeutet „Thais lieben Thais" (!). *Thaksin,* ein Mann aus einfachsten Verhältnissen, heute aber vielfacher Dollar-Milliardär, verdankt sein Vermögen vor allem seinen Telekommunikations-Unternehmen; seine Firma *Shin Corps* besitzt unter anderem Telekommunikations-Satelliten. *Thaksin* verscherzt sich jedoch viele Sympathien dadurch, dass er anscheinend Parlamentsabgeordnete anderer Parteien mit größeren Geldsummen zu Gunsten seiner eigenen Partei abwirbt.

Anfang 2001: Nach Wahlen im Januar wird mit überwältigender Mehrheit *Thaksin Shinawatra* von der *Thai Rak Thai Party* Premierminister. Gegen *Thaksin,* der einen Teil seines Riesenvermögens auf die Namen seiner Hausangestellte überschrieben hat, ist jedoch in ein konstitutionelles Verfahren wegen Finanzverheimlichung im Gange, und ihm droht die Amtsenthebung. Niemand war sonderlich überrascht, als er freigesprochen wurde.

2002 bis 2004: *Thaksins* „Thai Rak Thai"-Partei verfügt über eine unanfechtbare Mehrheit im Parlament und er beginnt das Land nach seinen Plänen zu „sanieren". Viele vollmundig angekündigten Pläne, so die Idee, jedem der 70.000 Dörfer des Landes ein Darlehen von 1 Mio. Baht zu gewähren, um damit Wirtschaftsprojekte zu initiieren, erweisen sich als schlecht durchdacht oder leere Wahlpropaganda. Kritik an der Regierung wird vermehrt unterdrückt, *Thaksin* versucht die Presse zu knebeln und scheint diktatorische Züge zu entwickeln. Eine Bangkoker Universität veröffentlicht eine Umfrage, die besagt, dass der Popularitätsgrad *Thaksins* sinkt und erhält sogleich Besuch von der Polizei. Anfang 2003 erklärt die Regierung dem ausufernden **Drogenproblem** den Krieg (siehe auch „Drogen"). Daraufhin werden bis Oktober 2003 über 4000 Drogenverdächtige auf mysteriöse Weise erschossen. Die Kritik an der Regierung mehrt sich.

Anfang 2005: Die **Neuwahlen** gewinnt *Thaksins* TRT-Partei erwartungsgemäß mit großer Mehrheit. Mit seinem großspuriger Führungsstil und seinen zum Teil etwas undurchsichtigen Machenschaften, macht sich der Premierminister allerdings täglich neue Feinde.

Anfang 2006: Es kommt zum **Eklat:** *Thaksin* drückt ein neues Gesetz durch, das ausländischen Investoren ermöglicht 49 % an thailändischen Telekommunikationsgesellschaften zu besitzen; zuvor war dies auf 25 % beschränkt gewesen. Schon wenige Tage nach Verkündigung des Gesetzes, wird *Thaksins* Absicht klar: Er verkauft seine Firma *Shin Corps* an ein Unternehmen aus Singapur, zum stolzen Preis von 73 Milliarden Baht, etwa 1,5 Milliarden Euro. Das Gesetz hatte er zu seinem eigenen Gunsten geschaffen. Es kommt zu **Massendemonstrationen** gegen *Thaksin,* und als Forderungen lauter werden, seine Finanzgeschäfte zu durchleuchten, rettet sich der Premierminister, indem er das Parlament auflöst und Neuwahlen für den April anberaumt. Es beginnt die wohl turbulenteste Phase seit den Demonstrationen gegen General *Suchinda* im Jahr 1992: Die Demonstrationen gegen *Thaksin* werden massiver, es scheint nur noch ein kleiner Schritt bis Gewalt offen ausbricht. *Thaksin* verstrickt sich in weiteren zweifelhaften Aktionen, und er verliert viel von seinem Rückhalt in der Bevölkerung. Die **Neuwahlen im April 2006** finden statt, werden jedoch ein paar Monate später vom Verfassungsgericht für ungültig erklärt.

Die im Land steigende Spannung mündet am 19.9.2006 in einem **Militärputsch.** Die Armee unter General *Sonthi Boonyaratglin* übernimmt die Regierung. Viele Menschen in Bangkok sind froh, endlich den despotischen und korrupten *Thaksin* los zu sein, die meisten Landbewohner hingegen, die in *Thaksin* einen Erretter sahen, sind von der Entwicklung tief enttäuscht. Eine neue Regierung unter Premierminister *Surayud Chulanont,* einem ehemaligen Militär, wird einberufen und es werden alsbaldige Neuwahlen versprochen, die dem Regime *Thaksins* ein für alle mal ein Ende bereiten sollen. *Thaksins* TRT-Partei wird aufgelöst, und *Thaksin* und vielen seiner Parteigenossen wird aufgrund illegitimer Machenschaften 5 Jahre lang jedwede politische Aktivität untersagt.

In der Folgezeit liegt Thailand in einer Art politischem Koma, fast scheint es, als gäbe es gar keine Regierung im Lande. Im Dezember kommt es zu **Neuwahlen,** aus denen **Samak Sundaravej,** ein rechtsgerichteter, politischer Veteran als Premierminister hervorgeht. *Samak* ist Oberhaupt der PPP (People Power Party), einer neu gegründeten Partei von Thaksin-Loyalisten. *Samak,* ein Mann mit ungehobeltem Mundwerk, gilt weithin als Marionette *Thaksins.* Nach dem Coup waren zahlreiche Konten *Thaksins* eingefroren worden, und so liegt ihm sehr daran, Einfluss auf die politische Landschaft zu nehmen. Es stehen Korruptionsverfahren gegen ihn an. Die Verbindungen von *Samak* zu *Thaksin* sind den Thaksin-Gegnern ein Dorn im Auge, und 2008 kommt es zu Demonstrationen gegen *Samak* und die PPP.

Mai–Dezember 2008: Der ehemalige Premierminister *Thaksin* wurde in einem Korruptionsverfahren vor ein Gericht zitiert, zog es jedoch vor, sich ins Exil nach London abzusetzen. Von dort aus beteuerte er vehement seine Unschuld.

Die Gegner des neuen Premiers *Samaks* formierten sich zu einer losen, außerparlamentarischen Allianz, der PAD (People's Alliance for Democracy). Tausende von Demonstranten nisten sich – alle in Gelb, der Farbe des Königshauses gekleidet – über drei Monate an der Makkawan-Brücke am Rajdamnoen Nork ein und fordern den Rücktritt *Samaks,* der lediglich als eine Marionette *Thaksins* betrachtet wurde. Am 26. August stürmten Tausende von PAD-Anhängern Government House, den Sitz des Premierministers. Sie besetzten und befestigten ein Areal von fast einem Quadratkilometer um das Gebäude, und ein halbherziger Versuch der Polizei, das Gelände von Demonstranten zu räumen, schlug fehl.

Samak musste schließlich per Gerichtsbeschluss zurücktreten, da er neben seiner Arbeit als Premierminister auch in einer Fernsehsendung gegen Entgelt als Koch aufgetreten war. Die Eskapaden der PAD kulminierten Ende November/Anf. Dezember in einer acht Tage andauernden Besetzung des Suvarnabhumi Airport. Der Flugverkehr lag zwei Wochen lahm und der Schaden für Thailands Wirtschaft, Tourismus und sein Image war immens. Der neue Premierminister *Somchai Thongsawat,* ein Schwager *Thakins,* unternahm nichts und flüchtete zur eigenen Sicherheit in die nordthailändische Provinz.

Ende 2008 bis Mitte 2010: Durch Strippenzieherei hinter den Kulissen wurde *Abhisit Vejjajiva* von der Democrat Party auf den Premierposten gehievt. *Abhisit,* in Oxford geboren und an der dortigen Universität ausgebildet, war fähig und vielversprechend, sein Team von Ministern aber ein dumpfer Politikerhaufen der alten Schule. Anfang 2010 formieren sich die **„Rothemden",** die Anhänger des ehemaligen Premierministers *Thaksin,* um die Regierung zu stürzen. Wie zuvor die „Gelbhemden" belagerten sie zunächst den Rajdamnoen in Bangkok, wo bei einem Versuch der Armee die Straße frei zu bekommen etwa zwanzig Menschen starben – Soldaten und Demonstranten. Die „Rothemden" zogen daraufhin in das kommerzielle Zentrum der Stadt am CentralWorld Department Store um. Zigtausende rotgekleidete Demonstranten – einige mit

Bomben und Schusswaffen bewaffnet – blockierten dort die Innenstadt. Zahlreiche Shopping-Center und Hotels in der Belagerungszone mussten schließen, Tausende von Menschen wurden arbeitslos.

Im **Mai 2010** eskalierte die Situation bei einem Versuch des Militärs, die Demonstranten aus der Innenstadt zu vertreiben. Insgesamt kamen etwa 80 Menschen ums Leben, und am Ende brannten frustrierte „Rothemden" das CentralWorld Department Store nieder, Thailands größtes Shopping-Center. Zuvor hatte einer ihrer Anführer angedroht, ganz Bangkok im Feuer untergehen zu lassen, wenn die Regierung *Abhisits* nicht zurücktrete. Bangkok wirkte einige Tage **wie im Bürgerkrieg.** Die Militanz der „Rothemden" erschreckte viele Bürger der Stadt, und allmählich wurde klar, dass es sich um eine Bewegung han-

> Proteste der Opposition auf dem Regierungsgelände im September 2008

Zerstörung, Tod und Geisterplage – der Tsunami in Thailand

Als am Morgen des 26. Dezember 2004 die Nachricht von massiven Flutwellen in Süd- und Südostasien die Runde machte, ahnte zunächst noch niemand, welch schreckliche Katastrophe sie verursacht hatten. Etwa eine Stunde nach dem **Seebeben westlich der Küste der indonesischen Provinz Aceh auf Sumatra** erreichten die Flutwellen Thailand und richteten große Verwüstung an. Ich persönlich erhielt zunächst einen aufgeregten Anruf aus Patong, der von „starken Überschwemmungen" und „vielen Toten" sprach. „Überschwemmungen" können doch im Dezember gar nicht sein, dachte ich mir, zwar regnet's da vielleicht manchmal, so jahreszeitlich gänzlich untypisch, aber Überschwemmungen und Tote …? Ein Anruf bei einer Bekannten in Phuket Town brachte keine weiteren Informationen. In Phuket Town, 17 km von der Westküste entfernt, wusste man von nichts.

Erst langsam sickerten mehr Nachrichten durch, und es wurde klar, dass das Seebeben ungeheure Flutwellen verursacht hatte, die vor allem Indonesien, Indien und Sri Lanka in Mitleidenschaft gezogen hatten, aber auch Thailand war nicht ungeschoren davon gekommen. Der Strand von Kamala war verwüstet, am Strand von Patong waren die Gebäude an der Strandstraße zerstört, und Khao Lak und Ko Phi Phi waren eine Trümmerwüste. Es dauerte Tage bis man ein genaues Ausmaß über den materiellen Schaden hatte, und gar Monate, bis eine relativ exakte Zahl der Todesopfer vorlag. Insgesamt waren **knapp 5400 Tote** zu beklagen, etwa 2000 Menschen galten als „vermisst". Etwa die Hälfte der Opfer waren Touristen, darunter vor allem Skandinavier, von denen sich zum Zeitpunkt der Ka-

tastrophe viele Tausende in Khao Lak aufgehalten hatten, dem Ort, der die meisten Todesopfer zu verzeichnen hatte. Über speziell eingerichtete Websites suchten viele Menschen nach ihren vermissten Familienmitgliedern, sehr oft leider vergebens.

Wat Yanyao in Takua Pa bei Khao Lak wurde während der Bergungsarbeiten zur Einsatzzentrale und zur Leichensammelstelle. Nach Aussagen von freiwilligen Helfern, die gleich nach der Katastrophe an Ort und Stelle eintrafen, stapelten sich gleich zu Beginn schon zweitausend Leichen im Tempel, und ein unsäglicher Leichengeruch hing über dem Tempel und über dem gesamten Strand von Khao Lak. Erst drei Tage nach der Katastrophe trafen die ersten Regierungsvertreter ein, die sogleich jedmögliche Hilfe ankündigten. Die Versprechungen wurden nur teilweise eingehalten: Zwar wurden vom Tsunami betroffene Touristen mit oft rührender Hilfsbereitschaft versorgt und kostenlos nach Bangkok und weiter in ihre Heimatländer geflogen; in vielen betroffenen Orten wartet die örtliche Bevölkerung jedoch noch bis heute auf die versprochene Hilfe. Einige leben zu diesem Zeitpunkt noch in Behelfsunterkünften und viele der für die Tsunami-Opfer versprochenen Gelder scheinen im Sand versickert zu sein. Außerdem machten sich Mafia-Figuren daran, heimatlos gewordenen Dorfbewohnern mit gefälschten Besitzurkunden oder blanker Gewaltandrohung deren Grund und Boden streitig zu machen. Die allermeisten ausländischen Tsunami-Geschädigten waren aber einhellig der Meinung, dass die Hilfe, die sie vor allem von der normalen Bevölkerung erhielten, über alles zu erwartende Maß hinausging und viele versprachen, wiederzukommen, um so der geschädigten Region unter die Arme zu greifen.

Gleich nach den Flutwellen hatte Thailands Premierminister *Thaksin Shinawatra* in typisch großspuriger Manier angekündigt, dass **Thailand keine finanzielle Hilfe von anderen Staaten akzeptieren werde,** da „Thailand selber genug Geld" habe. Eine Geste, die auf viel Unverständnis stieß, denn sollte in einer solchen Situation nicht jedwede

Hilfe mehr als willkommen sein? Kritiker des Premiers vermuteten bald, dass diese Haltung weniger auf fehlplaziertem Nationalstolz beruhte, sondern vielmehr auf ganz unpatriotischer Raffgier: Ausländische Geberländer hätten mit Sicherheit auf eine exakte Abrechnung der gespendeten Gelder gepocht; bei den Geldern, die die thailändische Regierung jedoch selber für den Wiederaufbau veranschlagte, würde – wie so oft – keinerlei Transparenz gefordert sein; also konnte sich so manch hochgestellte Persönlichkeit klammheimlich bereichern.

Die **Wiederaufbauarbeiten gingen allgemein sehr zügig voran.** In Khao Lak waren schon zwei Wochen nach der Katastrophe weite Areale einplaniert, die Trümmer vieler Unterkünfte beseitigt. Am Patong Beach auf Phuket wurde mittlerweile ein **Tsunami-Warnsystem** eingerichtet, das im Mai 2005 in Anwesenheit des Premierministers „erfolgreich getestet" wurde. Nachdem in den Tagen und Wochen nach dem Tsunami zahlreiche Thais die **„Geister"** der in den Wellen Verstorbenen gesichtet hatten, wurden auf Anordnung des Premierministers mehrfach Exorzismusriten am Strand von Patong zelebriert, die die Geister ein für alle mal verbannen sollten. Zu diesem Zweck wurde unter anderen ein Trupp buddhistischer Mönche aus Japan eingeflogen – ein nicht ganz billiges Unterfangen. Der Exorzismus war vor allem darauf angelegt, die von den Geistergeschichten verängstigten asiatischen Touristen zurückzuholen, vor allem die Chinesen, Koreaner und Taiwanesen, unter denen der Geisterglaube sehr verbreitet ist. Aber auch viele Thais blieben den betroffenen Gebieten fern, denn die Geistergeschichten, die durch die lokale Presse und das Fernsehen gingen, waren nun doch zu beängstigend. So grassierte beispielsweise das Gerücht von einem ganzen Flugzeug voll von Geistern: Ein Flugzeug war gechartert worden, Tsunami-geschädigte Touristen nach Bangkok auszufliegen; nachdem jedermann an Bord gegangen war, hob das Flugzeug planmäßig ab, und plötzlich bemerkten die Hostessen, dass das Flugzeug völlig leer war – die an Bord gegangenen „Passagiere"

waren Geister gewesen, die plötzlich wieder unsichtbar waren. Geschichten wie diese wurden von sehr vielen Thais völlig ernst genommen. Bemerkenswerterweise waren die meisten gesichteten Geister die von verstorbenen Westlern, die scheinbar furchteinflößender sind, als die, einheimischer Geister.

Der Tsunami bewies aber auch, dass ein **sechster Sinn** durchaus retten kann. So berichteten zahllose Hundehalter, dass ihre Hunde Minuten bevor die Wellen zuschlugen ganz aufgeregt waren und vom Meer wegliefen. Ein Hundebesitzer am Surin Beach auf Phuket, mit dem ich sprach, folgte seinem aufgeregt kläffenden Hund eine Anhöhe hinauf, und eine Minute später krachte unter ihm die Welle ein und zerstörte sein kleines hölzernes Strandrestaurant. Besitzer und Hund sahen aus sicherer Höhe zu. Ein Hundebesitzer in Phuket Town sagte, dass sein Hund sich schon einen Tag vor dem Tsunami unter dem Tisch verkroch und erst nach der Katastrophe wieder darunter hervorkam. An einigen Stränden rissen sich Elefanten kurz vor dem Tsunami von ihren Eisenketten los und rannten in schierer Panik vom Strand in Richtung Binnenland. Auf einem dieser Reitelefanten saß gerade ein kleiner britischer Junge, der so möglicherweise dem Elefanten sein Leben verdankt. Die Eltern des Jungen verpflichteten sich, dem Elefanten und seinem Halter lebenslang ein monatliches Zubrot zukommen zu lassen.

Als Folge des Tsunami erlitt die Tourismusindustrie in der Tsunami-betroffenen Region einen Schaden in Milliarden-Baht-Höhe; viele Angestellte von touristischen Unternehmen wurden arbeitslos. Heute scheint die Katastrophe zumindest was den Tourismus angeht mehr oder weniger vergessen. Phuket verzeichnet heute höhere Besucherzahlen als jemals zuvor, und in Khao Lak und auf Ko Phi Phi geht die Entwicklung rapide in Richtung Normalität. Von den Opfern des Tsunami wird heute nur noch selten gesprochen.

delte, die Thailand nicht zum Besseren ändern, sondern das gesamte Staatsgefüge aus den Angeln heben wollte. Der ehemalige Premierminister *Thaksin,* mittlerweile im Exil in Montenegro lebend, wurde als Financier der gesamten Aktion ausgemacht; er wurde zum Terroristen erklärt.

Bei den Wahlen von 2011 gewann die von Thaksin gesteuerte **Phuea Thai-Partei** die Mehrheit, und Thaksins Schwester *Yingluck* – ohne jegliche politische Erfahrung – wurde Premierministerin. Das Kabinett bestand aus getreuen *Thaksin*-Anhängern, die sich ebenfalls eher durch Inkompetenz auszeichneten. Es war ein offenes Geheimnis, dass die Regierung de facto durch den immer noch im Exil lebenden *Thaksin* gesteuert wurde – eine paradoxe Situation, denn mittlerweile bestanden gegen *Thaksin* Haftbefehle in mehreren Straffällen.

Das Jahr **2011** brachte zudem verheerende Überschwemmungen, weite Teile Zentralthailands wurden überflutet und es kam zu Versorgungsengpässen und Nahrungsmittelknappheit.

Das Jahr **2012** war von Stabilität und Ruhe geprägt. Die Phuea Thai-Partei blieb fest im Sattel, auch wenn sich ihre Wahlversprechen, Wohlstand für Thailand zu schaffen, erwartungsgemäß als hohle Phrasen entpuppten. Stattdessen häuften sich die Korruptionsskandale

⌂ Lotus oder Kanone – Thailand wird sich in naher Zukunft noch öfter entscheiden müssen, welchen Weg es geht

▷ Die thailändische Flagge

Kultur und Gesellschaft

und die Inflation, vor allem die Preise für Nahrungsmittel stiegen rapide.

Die thailändische Flagge

Bis zum Jahre 1917 war die thailändische Flagge blutrot mit einem weißen Elefanten darauf. Der weiße Elefant galt traditionell als Glücksbringer für das Königreich, und selbst ein Gesetz aus dem Jahre 1921 besagt, dass, immer wenn ein weißer Elefant aufgefunden wurde, er sofort dem König übergeben werden müsse.

Die Elefantenflaggen waren aber leider unsorgsam hergestellt, und der Elefant war deshalb nicht immer als solcher zu erkennen: Viele Ausländer hielten das königliche Tier glatt für ein Schwein.

Daraufhin beschloss König Vajiravudh, Rama 6., ein neues Staatssymbol schaffen zu lassen, das zudem „moderner" aussehen sollte. Mit Blick auf die Flaggen anderer Länder entschied sich Vajiravudh für eine Staats-Flagge mit verschiedenfarbigen Streifen.

Die heutige thailändische Fahne besteht aus fünf horizontalen Streifen, von denen der mittlere etwas breiter ist als die anderen. Die beiden äußeren Streifen symbolisieren die Nation, die weiter innen befindlichen zwei weißen Streifen stehen für die Religion, und der breite blaue Mittelstreifen symbolisiert den König. Diese drei Elemente gelten als Grundpfeiler des Staates.

Alle Regierungsgebäude ziert dazu eine Abbildung des **Kruth,** des mystischen Garuda-Vogels aus dem Hindu-Epos Ramayana (in Thailand Ramakien genannt). Der Kruth ist auch auf allen Geldscheinen zu sehen.

Die Bevölkerung

Im Jahre 2012 hatte Thailand ca. 67 Mio. Einwohner, der jährliche Zuwachs beträgt etwa 1 %. Hatte die Zuwachsrate in den 1960er Jahren noch besorgniserregende 3 Prozent pro Jahr betragen, so liegt sie heute gut unter dem asiatischen Durchschnitt (ca. 1,2 % pro Jahr).

Thailand betreibt ein konsequentes Familienplanungs-Programm, und der Erfolg auf diesem Sektor ist nicht zuletzt einem gewissen Herrn Meechaii Veeravaidya zu verdanken (ee sprich i). Besagter Herr Veeravaidya war einmal Beauftragter für Familienplanung und ist heute Regierungssprecher. In seiner Funktion als Familienplaner sorgte er dafür, dass jedermann in Thailand wusste, was ein Kondom ist, und was damit zu tun wäre: In Schulen wurden z. B. Kondom-Aufblas-Wettbewerbe abgehalten, um den Schulkindern zu zeigen, dass es sich um einen ganz „normalen" Gegenstand handelt, mit dem man eine Menge Spaß haben kann.

Auf diese Weise wurde ein tabuisiertes Gummiprodukt zu einer alltäglichen,

185ph rk

lustigen Angelegenheit. Knallig-bunte Kondome wurden produziert und jederman(n) konnte sich nun seine Lieblingsfarben aussuchen oder die Farben der Saison. Doch der gute Mr. Veeravaidya hätte damit rechnen müssen: Aufgrund seiner Kondom-Kampagnen bekam das Gummi nun einen neuen Namen verpasst: Im Thai-Slang heißt Kondom seit einigen Jahren meechai – genau wie Mr. Veeravaidya!

Wie überall in der „Dritten Welt" geht Armut und die daraus resultierende fehlende Schulbildung mit Kinderreichtum zusammen. Aus diesem Grund beträgt die Größe einer durchschnittlichen Familie des armen Nordostens über 6,5 Familienmitglieder, während der Landesdurchschnitt bei etwa **5,5 Personen pro Haushalt** liegt. Die durchschnittliche Lebenserwartung der Thais liegt bei ca. 74 Jahren.

Fast jeder 6. Thai wohnt in Bangkok (9–12 Mio. Einw.), das eine **Bevölkerungsdichte** von etwa 5000 Menschen pro Quadratkilometer aufweist. Die Gesamtbevölkerungsdichte von Thailand liegt dagegen bei nur etwa 105 Personen pro km², gleichauf mit Österreich (105 Einwohner/km². Zum Vergleich: Deutschland 231/km²; Schweiz 184/km²).

Bangkok ist mit Abstand die größte Stadt des Landes, gefolgt von Nonthaburi mit ca. 405.000 Einwohnern und Samut Prakan mit 393.000 Einwohnern.

Etwa 82 % der **Bevölkerung** sind „echte" Thai, der Rest eine bunte Völkervielfalt von Chinesen, Burmesen, Malayen, Mon, Khmer, Laoten und Indern. Über die Generationen haben sich viele dieser Völker vermischt – besonders Thais und Chinesen – und einen kleinen ethnischen Schmelztiegel geschaffen.

In Thailand leben ca. fünf Millionen **Chinesen** die – ihrer relativ geringen Zahl zum Trotz – einen enormen Einfluss auf Handel und Wirtschaft ausüben. Die Chinesen sind völlig in die thailändische Gesellschaft integriert, durch Heiraten mit Thais haben sich die beiden Nationalitäten stark vermischt. Nur in der sehr reichen chinesischen Oberschicht wird oft darauf geachtet in den eigenen Kreisen zu heiraten.

Eine weitere größere Minderheit bilden die **Bergvölker** des Nordens, deren Bevölkerungszahl über 500.000 beträgt. Sie sprechen unterschiedliche Sprachen und pflegen ihre eigenen Traditionen. Die wichtigsten Bergvölker sind die Akha, die Meo oder Hmong, die Lawa, die Yao, Lahu und Lisu sowie die Karen. Die Angehörigen dieser Bevölkerungsgruppen gehören zu den ärmsten Einwohnern des Landes und leben häufig – notgedrungen – ausschließlich vom Opiumanbau.

Die im Lande lebenden ca. 100.000 **Inder** unterteilen sich etwa zur Hälfte in Hindus aus dem Punjab und aus Uttar Pradesh, zur anderen Hälfte in Sikhs. Erstere verdingen sich meist mehr schlecht als recht als Textilhändler oder Geldverleiher. Letztere sind durchweg wohlhabende Geschäftsleute, meist im Textil- und Immobiliengewerbe.

Zu all diesen legalen Bewohnern des Landes gesellt sich eine nicht unerhebliche Dunkelziffer von illegalen Einwanderern, zumeist Myanmaresen (Burmesen), die zu Fuß die thailändisch/burmesische Grenze überqueren, um ein besseres Leben zu beginnen. Schätzungen sprechen von 1–2 Mio. **Myanmaresen,** die sich illegal im Land aufhalten und dort arbeiten – zumeist in schlecht bezahlten Sparten, vor denen viele Thais zurückschrecken (Fischerei, Arbeit in Kautschuk- oder anderen Plantagen, Fabrikarbeit). Als im Jahr 2000 die thailändischen Behörden strikt gegen illega-

Opium

Jahrzehnte lang bauten die Bergvölker des thailändischen Nordens Opium an. Zunächst war es nur als Naturheilmittel geschätzt, und Babys bekommen noch heute geringe Dosen von Opium zur Beruhigung verabreicht.

Gemäß der Studie eines Rehabilitations-Centers bei Chiang Mai, dem Northern Drug Dependance Treatment Center, war der Gebrauch von Opium als Hausmedizin lange die Hauptursache für die **große Anzahl von Süchtigen** unter den Bergvölkern. Insgesamt waren in den 1990er Jahren über 50.000 Bewohner opiumabhängig. Die meisten Süchtigen fanden sich unter den Karen, gefolgt von den Lahu, Meo, Akha, Yao und Lisu. Konservative Schätzungen gingen von mindestens 300.000 Süchtigen (einschl. Heroinsüchtigen) in ganz Thailand aus.

Im 19. Jahrhundert wurde das Opium Tauschprodukt, und mittlerweile ist es die Haupteinkommensquelle vieler Dörfer.

Opium wird ab einer Höhe von 1000 m angebaut, und wie seit Jahrhunderten üblich, werden die Felder durch **Brandrodung** urbar gemacht. Damit entziehen sich die Bergbewohner ihre eigene Lebensgrundlage, denn der Boden ist nach ein paar Jahren ausgelaugt. So verlässt man dann das alte Dorf, baut irgendwo ein neues auf, und weitere Waldgebiete fallen der Rodung zum Opfer.

Die thailändische Regierung hat sich in den letzten Jahrzehnten bemüht, den Bergvölkern den Anbau von Ersatzprodukten wie Reis, Tomaten, Bohnen oder Kohl schmackhaft zumachen. Man hat aus früheren Fehlern gelernt, denn die Drogenvernichtungsaktionen, bei denen Soldaten aus Hubschraubern Pflanzengift versprühten, konnten zwar die Opiumernte zerstören, boten aber keine alternative Lebensgrundlage. Zudem werden Dealer hart bestraft; wer mit großen Mengen erwischt wird, erhält die Todesstrafe.

Gemäß den Studien des Northern Drug Dependance Treatment Center (NDTC) ist die Zuwachsrate von Süchtigen mittlerweile rückläufig und Reisende, die auf Treks im Norden Thailands Besuche zu Opiumhütten erwarten, werden enttäuscht sein. Das Opium ist in Thailand rar geworden, auch wenn es weiterhin im benachbarten Myanmar, vor allem im Shan State, angebaut wird. Viele jüngere Leute, besonders aus den höheren Schichten, greifen heute lieber zu Marihuana oder Ecstasy, und zahllose Arbeiter, Lkw-Fahrer und Studenten halten sich mit Amphetaminen wach.

Heroin wird in Thailand kaum noch hergestellt. In Bangkok soll es inzwischen weniger als 4000 Abhängige geben. Derzeit gilt Thailand allerdings als wichtigstes Transitland für in Myanmar und Laos hergestelltes Heroin, das die thailändischen Mengen bei Weitem übertrifft.

Auch die Amphetamine, die heute die mit Abstand in Thailand meist genommene Droge sind, werden weitgehend in den Nachbarländern hergestellt und von dort nach Thailand geschmuggelt. Im relativ wohlhabenden Thailand ist mehr zu verdienen.

Die Labors für die leicht herzustellenden Amphetamine befinden sich zumeist auf myanmarischem Territorium, gleich hinter der thailändischen Grenze, von wo die Ware mit Hilfe korrupter Beamter und einem Netzwerk von Kurieren über ganz Thailand verteilt wird.

le ausländische Arbeitnehmer vorgingen, mussten zahlreiche Betriebe eingestellt werden, da sich keine Thais bereit fanden, die die Myanmaresen ersetzen konnten. Viele der Zuwanderer aus Myanmar sind ethnisch Nepalesen: Zur britischen Kolonialzeit auf dem indischen Subkontinent wurden zahlreiche nepalesische Soldaten im damaligen Burma angesiedelt. Ihre Nachfahren verdingen sich heute – legal oder illegal – oft als Werber vor Schneiderläden in Touristenorten.

Die meisten der Myanmaresen sind zwar **ökonomische Flüchtlinge,** manche aber auch politische. Unter den in Thailand ansässigen Burmesen finden sich viele politisch aktive Studenten.

Die Grenzgänger werden von **Karen-Rebellen,** die gegen die burmesische Junta kämpfen, zu Preisen um 1000 Baht nach Thailand hineingelotst. Rückkehrer zahlen noch mehr, da die Rebellen sie gegen Wegelagerer schützen müssen, die ihnen ansonsten ihr gesamtes in Thailand verdientes Vermögen abnehmen würden.

Thailand hat aber auch mit eigenen Rebellen zu kämpfen. In den **drei südlichen, sehr kleinen Provinzen** Yala, Pattani und Narathiwat kämpfen moslemische Rebellen für eine Loslösung von Thailand. Pattani war einst ein unabhängiges Sultanat, und manche Eiferer wünschen die alten Zeiten zurück. Fast täglich kommt es in den drei Provinzen zu Gewalttaten und für Touristen sind sie heute praktisch tabu.

Aufgrund der kunterbunten Völkermischung sind **„Mentalitätsunterschiede"** innerhalb des Landes selbstverständlich. Die Südler werden allgemein als etwas rauer, trotziger eingestuft, was

sich auch schon in der Sprache bemerkbar macht. Die Nordler dagegen gelten als das Abbild der Sanftmut. Die Chinesen sind als gewiefte Geschäftsleute bekannt, die um jeden Cent schachern, während die „echten" Thais eigentlich nichts anderes wollen als *sanuk,* ihren Spaß. Wie so viele Stereotype treffen sie bei weitem nicht auf alle Bewohner des Landes zu – ein Körnchen Wahrheit ist jedoch oft daran.

Bergvölker

Der Norden Thailands wird von einigen Bergvölkern bewohnt, deren Bevölkerung auf derzeit über eine Million geschätzt wird. Gelegentlich tauchen Mitglieder dieser Völker auch in der Hauptstadt auf und wirken dort weit fremder als der Tourist aus dem fernen Europa oder Amerika. Die Volksgruppen unterscheiden sich in Herkunft, Sprache und Traditionen voneinander und bieten Ethnologen ein interessantes Beschäftigungsfeld. Die Stammesangehörigen kreuzen häufig die Grenzen Thailand/Laos oder Thailand/Myanmar, da für sie nur Volkszugehörigkeiten von Belang sind, nicht aber Nationalitäten und Staatsgrenzen. Allerdings ist es für diese Staatenlosen in Thailand sehr schwer, außerhalb ihrer Dorfgemeinschaften Arbeit zu finden, und Diskriminierung, sowohl auf offizieller Ebene als auch von normalen Thais sowie in den Medien, ist allgegenwärtig. Die meisten Angehörigen der Bergvölker Thailands leben daher im wirtschaftlichen und sozialen Abseits. Einige der Minderheiten lebten bis vor einigen Jahren unter anderem vom **Opiumanbau,** und der Genuss von

11

Opium gehört zur angestammten Tradition. Der persönliche Konsum von Opium ist für sie nicht strafbar, wohl aber der Handel. Die thailändische Regierung hat den Opiumkonsum seit den späten 1990er Jahren allerdings fast völlig unterbunden, und auch Travellern werden auf Treks in Nordthailand in der Regel keine Drogen mehr angeboten.

Neben dem Drogenproblem leiden heute viele Bergdörfer unter einer Art „Entvölkerung" durch **AIDS:** Die Bergvölker sind im Durchschnitt schlimmer von der Epidemie betroffen als die übrige Bevölkerung, und in manchen Dörfern sind nur noch die Alten und einige Waisen übrig. Weiterhin wird die Kultur der Bergvölker durch christliche Missionare bedroht, und besonders die Akha leiden aufgrund von Massenbekehrungen unter extremem Kulturverlust.

An der Mae Rim Road in Chiang Mai, ca. 1 km nördlich des Superhighways, befindet sich ein kleines Museum, das sich mit den Bergvölkern befasst. Das **Tribal Research Center** ist Montag bis Freitag 8.00–12.00 und 13.00–16.00 Uhr geöffnet. Die angeschlossene Bibliothek ist von 9.00 bis 16.00 Uhr geöffnet. Interessante Infos zum Thema auch unter **www.hilltribe.org.**

Hier eine Übersicht über die wichtigsten Volksgruppen:

Akha (Thai: äkhor)

Die Akha (in Thailand ca. 70.000) stammen aus der chinesischen Provinz Yuennan, von wo aus sie in die burmesischen Shan-Gebiete wanderten. Anfang dieses Jahrhunderts ließen sie sich auch in Thailand nieder. Die meisten Akha-Dörfer umfassen lediglich 10–40 Hütten und sind zumeist höher gelegen, als die Dörfer der anderen Bergvölker. Die Akha gelten als das rückständigste und ärmste unter ihnen und werden von den anderen Bergbewohnern als eine Art Untermenschen betrachtet.

Die Akha bauen Baumwolle an und betreiben Viehzucht. Mit Katapulten, Pfeil und Bogen, Fallen oder Gewehren jagen sie Waldtiere. Ansonsten leben sie hauptsächlich von Reis, Mais, Chillies und ein bisschen Gemüse. Bekannt ist die Liebe der Akhas für Hundefleisch, und die zu verspeisenden Hunde werden möglichst schnell mit einem kräftigen Keulenschlag ins Jenseits befördert, da die Akha glauben, dass ein langsames Sterben des Hundes den Fleischgeschmack beeinträchtigt.

Die Akhas sind Animisten, im Gegensatz zu den anderen Hilltribes befinden sich ihre Geisterschreine aber immer außerhalb des Hauses.

Die Akha-Frauen tragen schwarze Blusen und etwa knielange Röcke. Häufig schmücken sie sich mit Perlenketten oder Silberreifen. Die Art des Silberreifens gibt Auskunft über den finanziellen Status der Trägerin. Auf ihren Köpfen tragen die Frauen hohe Kappen, die mit Silberschmuck behangen sind.

Die Männer tragen schwarze Hosen und (z. T.) bestickte schwarze Jacken. Einige tragen auch Armreifen.

Hmong (Thai: meo)

Die Meo (in Thailand ca. 200.000) unterteilen sich in drei Gruppen: Schwarze oder Blaue, Weiße und Gestreifte Meo; sie werden von vielen Ethnologen als

11

Kultur und Gesellschaft

Bergvölker

0 ▬▬▬ 100 km © REISE KNOW-HOW 2013

Thai003

Die Volksstämme und ihre Verbreitung in den Provinzen

A	Akha
B	Htin
C	Karen
D	Khamu
E	Lahu
F	Lisu
G	Lua
H	Meo
I	Yao

MYANMAR (BURMA)

ADEFGHI
Chiang Rai

Mae Hong Son

H I
Phayao

B D H
Nan

LAOS

C G
Chiang Mai

E F

C H
Tak

H
Phitsanulok

H
Loei

T H A I L A N D

C
Suphan Buri

Kanchanaburi

C
Ratchaburi

Bangkok

KAMBODSCHA

C
Phetchaburi

C
Prachuap Khiri Khan

MYANMAR (BURMA)

11

Verwandte der Yao angesehen. Die Meo leben in Höhen von 1000 bis 1300 m, bauen Gemüse und Opium an und betreiben Viehzucht.

Die Meo-Männer sind als rechte Chauvinisten bekannt, und während sich ihre Frauen und Kinder auf den Feldern oder bei der Jagd abplagen, saugen sie mit Vorliebe an ihren Opiumpfeifen.

Die Meo leben zum großen Teil vom Opiumanbau, und eine Familie kann durch das Opium über 10.000 Baht verdienen – ein kleines Vermögen in den armen Bergregionen.

Das Pflanzen und Ziehen der jungen Opiumpflanzen findet zwischen den Monaten August und November statt, im Dezember stehen die Pflanzen in voller Blüte, und von Januar bis März wird geerntet. Die thailändische Regierung, als auch *König Bhumipol* bemühen sich, die Meo vom Opiumanbau abzubringen und verstärkt zur Viehzucht oder zum Anbau von legalen Früchten zu bewegen.

Die Kleidung der Meo ist vorherrschend schwarz, und die Frauen sind zumeist an ihrem Haarknoten zu erkennen. Die Männer tragen eine kleine runde Kappe auf dem Kopf.

Lisu (Thai: lisor)

Die Lisu (in Thailand ca. 55.000) stammen von Quellgebieten des Salwin-Flusses in Tibet, von wo aus sie in die chinesische Provinz Yuennan wanderten, und erst Anfang des letzten Jahrhunderts erreichten sie Thailand. Sie leben auf Berggipfeln, die möglichst von Bergketten umgeben sind, um sich vor Feinden zu schützen.

Die Lisu leben von Ackerbau und Viehzucht, und in ihren Essgewohnheiten sind sie noch immer ihrer chinesischen Heimat verhaftet. So essen sie z. B. mit Stäbchen und – im Unterschied zu den Thais – sehr mild.

Die Lisu sind Animisten, die den Geistern regelmäßig Opfer darbringen. Besonders die Frauen schmücken sich mit magischen Amuletten, die vor Unglück bewahren sollen. Verstirbt ein Lisu, so hält man drei Jahre lang Opferrituale für den Toten ab. Danach – davon geht man aus – ist die Seele wiedergeboren.

Die Kleidung der Lisu ist auffallend bunt. Die Frauen tragen knielange Blusen und einen Turban, die Männer tragen einen Ohrring.

Lahu (Thai: musö)

Die Lahu (in Thailand ca. 160.000) stammen aus der chinesischen Provinz Yuennan, und Anfang des 20. Jh. tauchten sie in Thailand auf. Die Lahu unterteilen sich in vier Zweige: Lahu Nyi, Lahu Na, Lahu Shi und Lahu Shele.

Die Lahu leben von Viehzucht und Gemüseanbau. Dazu kommt z. T. die Kultivierung von Opium. Wie die meisten Hilltribes sind die Lahu Animisten, und jedes Dorf beherbergt einen hochangesehenen Magier, der als Mittler zwischen den Geistern und den Menschen gilt. Er verteilt glückbringende Amulette oder gibt Anweisungen für fruchtbringende Opferriten.

An der Kleidung können sich die Lahu voneinander unterscheiden, je nachdem, welchem der vier Zweige sie angehören. Zumeist ist die Kleidung aber schwarz, die Blusen der Frauen sind mit roten, weißen oder blauen Streifen verziert.

Lawa (Thai: lua)

Die Lawa stammen wahrscheinlich aus dem nördlichen Thailand (heute leben hier ca. 17.000) und werden eher als ethnische Minderheit betrachtet, denn als Bergvolk.

Die Frauen tragen Arm- und Beinstutzen, um bei der Feldarbeit vor Verwundungen geschützt zu sein. Die verheirateten Frauen tragen einen dunkelblauen Rock, die Mädchen einen weißen. Viele Lawa-Frauen sind begeisterte Pfeifenraucherinnen. Die Männer tragen weite Hosen und Hemden. Die meisten Lawas leben südlich und westlich von Chiang Mai.

Karen (Thai: yang/kariang)

Die Karen bilden das größte Bergvolk der Region: Über 2 Millionen leben in Burma und Thailand, 500.000 davon in Thailand. Die Karen auf der burmesischen Seite der Grenze kämpfen seit 40 Jahren für einen eigenen, von Burma unabhängigen Staat, genannt *Karenni*. Weite Gebiete nahe der burmesisch-thailändischen Grenze sind unter ihrer Kontrolle.

Die Karen sind tibeto-burmesischer Abstammung, und die in Thailand lebenden Karen unterteilen sich in vier Zweige: die Sako, die Pwo, die Bhwe und die Thaungthu.

Die Karen leben zumeist in Bergtälern, oft in der Nähe von Wäldern oder an Flüssen.

In den religiösen Praktiken unterscheiden sich die Karen oft voneinander: So betreiben viele Karen Ahnenkult, andere sind Christen (meistens Baptisten oder Katholiken), andere wieder sind strenge Buddhisten.

Viele Karen verfügen über eine gute Schulbildung, insbesondere die Christen. Ihre Lebensgrundlage ist der Anbau von Reis, Gemüse und die Viehzucht. Die Männer tragen kurze weite Hosen und ärmellose Jacken, die Frauen eine Jacke und einen Sarong. Unverheiratete Mädchen tragen ein weißes Gewand und weißen Kopfschmuck.

Yao

Die Yao stammen aus den zentralchinesischen Provinzen Tzetchuan und Kieng-Tsi, wurden von feindlichen Volksgruppen von dort vertrieben und wanderten südwärts. Auf dem Wege aus Burma und Laos erreichten sie Thailand um 1910, und in den nächsten 40 Jahren strömten weitere Yao in Thailand ein.

Die Yao (in Thailand ca. 60.000) leben in einer Höhe von 1000–1300 m von Ackerbau und Viehzucht. Sie sind Animisten, und Personen mit Kenntnissen in Zauberei erfreuen sich besonderer Achtung. Die Yao unterscheiden zwischen zwei Arten von Magiern: Solchen, die die Rituale zur Besänftigung des „Großen Geistes" beherrschen, und solchen, die sich den „kleineren" Geistern widmen.

Die Yao leben hauptsächlich vom Reis, dazu gibt es Kartoffeln, Kürbis, Wurzelgemüse, Schweinefleisch und einen guten selbst gebrannten Tropfen aus Reis, Mais, Weizen oder Hirse. Bei reli-

11

giösen Zeremonien werden dazu Hühner verspeist, eine Tradition, die man aus China übernommen hat.

Yao-Frauen tragen meist schwarze Hosen und bunt bestickte Blusen, um deren Halsende sich eine Art rote Krempe befindet. Auf dem Kopf tragen sie eine Art Turban. Yao-Männer tragen schwarze Hosen und Jacken.

Religion

Etwa 95 % der Thais sind **Theravada-Buddhisten,** der Rest Moslems, Christen, Hindus und Sikhs.

Buddha wurde um das Jahr 500 v. Chr. als *Siddharta Gautama* im heutigen Nordindien geboren (der Ehrentitel Buddha – „der Erleuchtete" – wurde ihm erst später verliehen). *Siddharta* war in einer fürstlichen Familie zur Welt gekommen und genoss in seinem Palast, abgeschirmt von dem Elend der Welt, das Leben in Freuden und Luxus. Früh wurde er verheiratet, und eines Tages entschloss er sich aus Neugier, hinaus in die Welt außerhalb seines Palastes zu gehen. Das Bild, das sich ihm bot, erschreckte ihn zutiefst: Wohin er blickte sah er Krankheit, Alter und Tod. *Siddharta* entschloss sich, einen Weg zu suchen, der die Menschheit aus der ewigen Kette des Leidens führen könnte. Heimlich verließ er seine Frau und seinen gerade erst geborenen Sohn und verbrachte lange Jahre als wandernder Asket. Bei einer Meditation unter einem Baum wurde ihm schließlich die Erleuchtung zuteil, Buddha entdeckte die vier **edlen Wahrheiten** (siehe dazu auch Kasten rechts)

Das Endziel des Buddhismus ist das **Nirvana** (Pali: *nibbana*), das Auslöschen aller Wurzeln des Leidens, was der Beendigung allen körperhaften Lebens gleichkommt.

Der Buddhist glaubt an die **Wiedergeburt,** d. h. alle Wesen müssen sich so lange in verschiedenen Körpern inkarnieren, bis sie das Nirvana erreicht haben. Das Schicksal, das die Wesen in ihrer nächsten Geburt zu durchleben haben, wird bestimmt durch die Taten, die sie in diesem Leben begehen. Gute Taten fördern ein gutes Schicksal, schlechte ein böses und unglückliches. In diesem Prinzip des **Karma,** der Lehre von Ursache und Wirkung, liegt die thailändische Tradition von **tham buun** (= gute Taten tun und damit Pluspunkte für sein nächstes Leben gewinnen.)

Das sichtbarste Beispiel von *tham buun* ist die frühmorgendliche Speisung von Mönchen, die mit einem Bettelgefäß durch die Straßen ziehen. Die Gläubigen füllen die Gefäße der Mönche mit Speisen, ohne diesen morgendlichen Rundgang der Mönche als Betteltour zu betrachten. Im Gegenteil: Man ist den Mönchen dankbar, dass sie den Gläubigen die Möglichkeit geben, Verdienste zu erwerben.

In den ersten 500 Jahren nach Buddhas Erleuchtung verbreitete sich die neue Lehre in ganz Indien. Im 3. Jahrhundert v. Chr. erreichte diese frühe Form des Buddhismus, das „kleine Fahrzeug", **Hinayana,** (in Thailand *Theravada*) Sri Lanka und dann Teile Süd- und Südostasiens.

In Indien bildete sich eine neue Form des Buddhismus heran, das „große Fahrzeug", **Mahayana,** die weniger Wert auf das Nirvana als auf liebendes Mitgefühl mit allen Kreaturen legte. Das Idealbild dieser Lehre war der *Boddhisattva,* ein vollkommenes Wesen, das die himmlische Ruhe des Nirvana aufgab, um anderen zu helfen, die Erlösung zu erlangen.

Die „vier edlen Wahrheiten"

1. **Dukkha** – alles Leben ist Leiden
2. **Samudaya** – alles Leiden wird durch Begierden hervorgerufen
3. **Nirodha** – das Leiden kann durch die Zerstörung der Begierden beendet werden
4. **Magga** – die Begierden können durch Begehen des „edlen achtfachen Pfades" zerstört werden, somit auch das Leiden

Der „achtfache Pfad"

1. Die **richtige Erkenntnis,** d. h. das Erkennen der Grundprobleme aller Existenz
2. **Rechtes Denken,** d. h. Denken, ohne zu verletzen, edle Gedanken zu hegen
3. **Rechte Rede,** d. h. Rede, ohne zu verletzen oder die Unwahrheit oder aus eigennützigen Motiven zu sprechen
4. **Rechte Taten,** d. h. nicht zu töten, stehlen etc.
5. **Rechter Lebenserwerb,** d. h. Lebenserwerb, der nicht auf Kosten anderer geht
6. **Rechte Bestrebung,** d. h. mit eigener Kraft die eigenen unheilvollen Gedankenströme überwinden
7. **Rechte Aufmerksamkeit,** d. h. durch Meditation und Kontemplation die Selbsterkenntnis erlangen
8. **Rechte Konzentration,** d. h. Konzentrationskraft, durch die man einen Gedanken verfolgen kann, ohne abzuschweifen.

Erst um das 1. Jahrhundert n. Chr. waren die Doktrinen und Mönchsregeln des Buddha schriftlich niedergelegt, und ebenso die Predigten, die zuvor nur mündlich weitergegeben worden waren.

Der Mahayana-Buddhismus verbreitete sich zwischenzeitlich über China, Zentralasien, Japan, Vietnam, Kambodscha und andere Teile Ostasiens.

Thailand kam schon im 3. Jahrhundert v. Chr. unter den Einfluss des Buddhismus, noch bevor sich dieser Glaube in seine zwei Hauptströmungen gespalten hatte. Der indische Herrscher Ashoka hatte zwei Missionare in das „Land aus Gold" entsandt, womit wahrscheinlich das Mon-Königreich Dvaravati gemeint war, dessen Zentrum bei Nakhon Pathom lag (55 km westlich von Bangkok).

Im 13. Jahrhundert, zur Zeit des ersten unabhängigen Thai-Reiches mit der Hauptstadt Sukothai, knüpften buddhistische Mönche aus dem Süden des Landes Kontakte nach Sri Lanka. Auf diese Weise kamen sie unter den Einfluss des Hinayana-Buddhismus, dessen heilige Schriften in Pali verfasst waren.

König *Ramkamhaeng* (1279–1298) von Sukothai berief die Mönche in die Hauptstadt und förderte schließlich die Verbreitung des Hinayana. Durch diese königliche Patronage und die daraus resultierenden engen Beziehungen zu Sri Lanka fasste der Hinayana-Buddhismus (Theravada) Fuß in Thailand.

Auf Sukothai folgte das Königreich von Ayutthaya, und dessen Herrscher erbauten zahllose Tempel und Klöster und förderten den Glauben uneingeschränkt weiter.

Bei der Zerstörung Ayutthayas im Jahre 1767 durch die Burmesen wurden

11

Wie wohl überall, sind auch die religiösen Institutionen Thailands recht begütert. Es wird geschätzt, dass jeder Wat in Bangkok mindestens 200 Millionen Baht auf seinem Bankkonto hat. Zu den „wohlhabenderen" Tempeln gehören Wat Mahathat mit 550 Millionen, Wat Phra Buddha Chinaraj mit 700 Millionen, und Wat Thammakai hat 800 Millionen Baht auf der hohen Kante. Insgesamt dürfte sich der gesamte Geldbesitz aller Wats des Landes auf Billionenhöhe belaufen. Zehn Milliarden Baht alleine lassen die Wats verleihen und verdienen so an den Zinsen.

Buddhistische Meditation

■ **Sorn-Thawee Meditation Centre,** Bangkla, Provinz Chachoengsao (ca. 17 km nördlich von der Provinzhauptstadt Chachoengsao);

■ **Sunnataram Forest Monastery,** Provinz Kanchanaburi (180 km Richtung Sankhlaburi, an der Straße Kanchanaburi – Sankhlaburi; www.sunnataram.org);

■ **Suan Mokkh Bangkok,** Suan Rot-Fay (Railway Park), Chatuchak, Bangkok (2010 eröffneter Ableger des Wat Suan Mokkh, s. u.);

■ **Wat Benchamabopit,** Si Ayutthaya Road, Bangkok;

■ **Wat Boworniwet,** Phra Sumen Road, Banglamphoo, Bangkok;

■ **Wat Cholaprathan Rangsarit,** Pakkret, Nonthaburi;

■ **Wat Kow Tahm,** Ko Phangan, Surat Thani;

■ **Wat Mahathat,** Sanam Luang, Bangkok;

■ **Wat Paknam,** Thoet Thai Road, Phasi Charoen, Thonburi, Bangkok;

■ **Wat Phleng Vipassana,** Soi Ying Amnuay, Charan Sanitwong Rd., Thonburi, Bangkok;

■ **Wat Phra Dhammakaya (Thammakai),** Phaholyothin Road, Rangsit, Bangkok, www.dhamma

viele der heiligen Schriften und Dokumente vernichtet, und der Buddhismus erlitt einen Rückschlag.

Erst König *Mongkut,* (Rama 4., 1851–1868) verhalf dem Glauben zu neuer Blüte. Vor seiner Thronbesteigung war *Mongkut* 27 Jahre lang Mönch gewesen und hatte sich in dieser Zeit zu einem hervorragenden buddhistischen Gelehrten herangebildet. Zum Zwecke der Wiedererneuerung der religiösen Praxis gründete er einen neuen, strengeren Mönchsorden, Thammayut. Dieser besteht bis heute neben dem traditionellen Orden Mahanikai fort.

△ Gebet am Erawan-Schrein in Bangkok

Kultur und Gesellschaft

kaya.net; beeindruckende, wenn nicht gar protzige Tempelanlage einer umstrittenen buddhistischen Gemeinschaft teilweise mit starkem Kultcharakter;

■ **Wat Suan Mokh,** Chaiya, Surat Thani, www.suanmokkh.org;

■ **World Fellowship of Buddhists,** 33 Sukhumvit Road (zwischen Soi 1 und 3), Tel. 02-6611284-7.

Buddhistische Homepages

■ www.dhammathai.org
■ www.buddhanet.net
■ www.suanmokkh.org
■ www.accesstoinsight.org

Die thailändischen Mönche

In den Bussen sitzen sie immer bescheiden in der letzten Sitzreihe, und im Stadtbild fallen sie durch ihre leuchtend orangenen Roben und die kahlgeschorenen Schädel auf – Thailands 300.000 Mönche *(Phra)*. Jeder männliche (buddhistische) Thai sollte einer alten Regel entsprechend mindestens 3 Monate seines Lebens als Mönch verbringen. Daran hält sich heute nicht jeder junge Thai, andere bleiben dafür aber mehrere Jahre im Mönchsstand und einige ihr ganzes Leben.

Tempel-Terminologie

Bot: Gebäude im Tempel, in dem religiöse Zeremonien durchgeführt werden. Es besitzt einen Altar und ringsherum Grundsteine

Chedi: glockenförmiger Turm, in dem häufig die Reliquien des Buddha oder einer anderen verehrten Person aufbewahrt werden

Chofa: an den Giebeln von Tempeldächern angebrachtes Ornament, das gelegentlich wie eine Flamme aussieht. Symbolisiert den Garuda

Garuda: mystischer Vogel, halb Mensch, halb Tier, auf dem Gott Vishnu reitet

Mondop: quadratischer Bau mit gewölbtem Dach, der häufig über einer geheiligten Reliquie errichtet wird, z. B. über einem Fußabdruck des Buddha

Phra: Bezeichnung für den Buddha, Statuen Buddhas oder auch Mönche

Prang: länglicher Turm, hauptsächlich bei Khmer-Bauwerken. Die Spitze ist gewöhnlich abgerundet

Prasat: turmartiger Bau aus der Khmer-Architektur. Das Wort wird oft benutzt, um einen gesamten Tempelkomplex zu bezeichnen

Sema: an einem Bot platzierter Grundstein. Unterscheidet so den Bot vom Viharn

That: Reliquien-Turm aus der Architektur Nordost-Thailands mit quadratischem Sockel

Viharn: Tempelgebäude, in dem geheiligte Objekte aufbewahrt werden. Hier werden weniger wichtige Zeremonien abgehalten

Wat: buddhistischer Tempel

11

Die Mönche wohnen in den Unterkünften, die ihnen Thailands 30.000 **Wats** zur Verfügung stellen. Diese Unterkünfte machen von außen einen recht bequemen Eindruck, doch entbehrungsreich ist das Mönchsleben. Ein Mönch muss sich an **227 buddhistische Vorschriften** halten. Vor Sonnenaufgang stehen die Mönche auf und meditieren, danach – immer noch früh morgens – geht man auf die Almosen-Tour. Mit ihren **Bettelgefäßen** *(baat)* sammeln sie die Speisen, die die Mitbürger ihnen geben. Dabei soll der Mönch keine Präferenzen entwickeln. Alles, was der Mönch von den Gläubigen zur Speise erhält, hat er klaglos zu verzehren – doch spätestens bis 11.00 Uhr morgens, denn danach darf nicht mehr gegessen werden.

Der Rest des Tages wird mit Meditation, dem Lesen der heiligen Schriften und dem Studieren verbracht. Viele Mönche lernen Englisch und sprechen gerne Reisende an, um ihr Englisch zu üben.

Will ein Mönch sein Mönchsleben aufgeben, so kann er dies jederzeit tun, eine „Bestrafung" gibt es nicht.

Neben den „klassischen" Mönchen gibt es aber auch Rebellen. So etwa die Anhänger der **Santi-Asoke-Sekte,** die viel „unnützes Beiwerk" wie Riten etc. außer Acht lassen und sich auf den Kern des Buddhismus zurückbesinnen wollen. Die Mönche der Sekte (zurzeit sind es nur 93) sind Mönche auf Lebenszeit, rasieren sich nicht wie die anderen Mönche die Augenbrauen und sind strikte Vegetarier – alles Gründe, warum *Santi Asoke* vom Sangha, dem Obersten Buddhistischen Rat, im Jahre 1990 für „abweichlerisch" erklärt wurde. Seither dürfen die Mönche bei Androhung von Gefängnisstrafen nicht mehr die üblichen orangenen Roben tragen, sondern kleiden sich in Weiß. Die Sekte, zu deren zahlreichen Laienanhängern auch *Chamlong Srimuang* zählt, der charismatische Gründer der Palang Dharma Par-

ty (PDP) und langjährige Gouverneur von Bangkok, ist jedoch weiterhin sehr aktiv. Unter anderem betreibt sie organische Landwirtschaft (in ihrem Zentrum bei Nakhon Pathom) und besitzt zahlreiche vegetarische Restaurants, die rein auf kostendeckender Basis fungieren.

Doch nicht alles, was sich heilig gibt, ist es auch. **Skandale** um Mönche, die vom rechten Pfad abgekommen sind, scheinen sich zu mehren. In mancher Mönchsunterkunft fand die Polizei Schusswaffen oder Pornos, und einige Mönche wurden unehrenhaft „entrobt", da ihnen sexuelle Eskapaden nachgewiesen wurden. Von jüngeren Mönchen wird manchmal gemunkelt, dass einige nachts heimlich die Disco besuchen – in „Zivil" und mit einer flotten Mütze auf dem verräterischen Kahlkopf.

In früheren Zeiten wurden Mönche, die aus dem Mönchsstand enthoben worden waren, durch eine Tätowierung im Gesicht gebrandmarkt.

Die Nonnen

Einen weit **geringeren Status** als die Mönche genießen die buddhistischen Nonnen *(Mae Chi)*. Sie scheren sich ebenfalls die Köpfe, hüllen sich aber in weiße Gewänder. Eigentlich können Frauen offiziell gar nicht ordiniert werden, da die thailändische Auslegung des Buddhismus dies nicht vorsieht; die

◁ Mönche in Ayutthaya

▷ Mönch am Laptop im Wat Suthat

Achtung falsche Mönche!

In vielen Touristengegenden treiben falsche Mönche ihr Unwesen. Es handelt sich um „Normalbürger", die in Mönchskutte um Geld betteln. Echte Mönche dürfen kein Geld, sondern nur Nahrung, Mönchskleidung und Medikamente als Almosen annehmen. Die falschen Mönche machen sich nach dem Thai-Gesetz strafbar, da sie die Religion in Verruf bringen. Einige der „Mönche" stammen aus China und tragen die typische Kleidung chinesischer Mönche. Unter keinen Umständen Geld geben!

11

Aberglauben

Auf den ersten Blick mögen uns die Thais „verwestlicht" vorkommen – die allgemein getragene westliche Kleidung, die modernen Verkehrsmittel und die beeindruckende Skyline von Bangkok geben jedoch ein falsches Bild ab. In seinem Inneren ist der Thai Asiat, er denkt und fühlt asiatisch. Zu dieser Denkweise gehört sowohl der Glaube als auch der Aberglaube. Oft vermischt sich beides zu einem undefinierbaren Etwas.

Um ein wenig Einblick in die Denkweise der Thais zu geben, seien hier einige weit verbreitete Vorstellungen der Thais dargelegt. Ob Glaube oder Aberglaube – wer vermag das zu sagen?

Unterschreibe nie ein Dokument mit einem **roten Stift!** Das kann den Tod bedeuten. (Da bei thailändischen Bestattungsunternehmen der Name mit roter Farbe an den Sarg geschrieben wird, ist diese Vorstellung verständlich!)

Lasse dir nie **die Haare an einem Mittwoch schneiden,** das bringt Unglück! (Der Ursprung dieses Glaubens ist mir nicht bekannt. Viele Friseurläden in der Provinz bleiben am Mittwoch geschlossen.)

Man soll **keinen Frangipani-Baum** an seinem Hause **pflanzen!** (Grund: Das Thai-Wort für Frangipani ist *lantom,* und das klingt *ratom* allzu ähnlich. *Ratom* bedeutet „gebrochenes Herz".)

Kleine Kinder sollten als *na-gliet* („hässlich") bezeichnet werden! (Würde ein Baby als besonders hübsch bezeichnet, würden die Geister darauf aufmerksam werden und es peinigen!)

Das **Hindurchkriechen unter einer Wäscheleine** bringt Unglück! (Da der Kopf der höchste Körperteil ist, sollte dieser sich nicht unter Wäsche befinden, die eventuell an „unreinen" Körperpartien getragen wird.)

Ein **Mädchen,** das beim Gehen zu **ungraziös trampelt,** beleidigt dadurch *Thorani,* die Mutter der Erde. (Mit diesem Argument bekommen Thai-Mütter ihre Töchter dazu, sich einen eleganten Gang zuzulegen.)

Tritt nie auf die **Schwelle des Hauses,** sondern immer darüber hinweg! (Das Treten auf die Schwelle verstört die Geister, die im Hause wohnen!)

Schwangere Frauen sollten unter dem **Bauch eines Elefanten** hindurchkriechen, das bringt Glück! Bis vor Kurzem sah man zu diesem Zweck sogar noch in Bangkok Elefanten. 1995 verbannte die Stadtverwaltung die Tiere jedoch, um das dortige Verkehrschaos nicht noch zu vergrößern – Strafe 500 Baht. Als darauf die Elefantenfreunde protestierten, beschloss die Stadtverwaltung, die Verordnung zwar „beizubehalten, sie aber nicht anzuwenden". Rätselhaftes Thailand!? 1998 jedenfalls wurde verkündet, die Verordnung trete nun „unwiderruflich" in Kraft ...

Betritt eine **schwangere Frau** als erste Kundin des Tages ein **Geschäft,** so wird das ein ertragreicher Tag für den Geschäftsmann. (Ein fruchtbarer Bauch gilt verständlicherweise als gutes Omen für einen ertragreichen Geschäftstag!)

Ist ein **Kind erkrankt,** so sollte es rituell von einer Buddha-Statue, einer Götterfigur oder einem verehrten Mönch „adoptiert" werden! Die bösen Geister, die die Krankheit verursacht haben, werden sich daraufhin zurückziehen. Die Eltern dürfen ihr Kind aber nicht mehr schlagen, sonst kommen die Geister zurück.

Ereignet sich eine **Sonnenfinsternis,** sollte jedermann mit Kochtöpfen und Schüsseln möglichst laut Radau schlagen! Viele Dorfbewohner glauben, dass der Dämon *Rahu* die Sonne verschlucken will, und dass der Lärm ihn verjagt. Erstaunlicherweise lässt er nach dem Getrommel ja tatsächlich von der Sonne ab ...

Nonnen sind somit genau genommen nur Nonnen von eigenen Gnaden, **ohne Sanktionierung** durch den Sangha.

Sporadisch wird von Frauenverbänden gegen die Diskriminierung protestiert, ändern wird sich an der Regelung dennoch nichts. Die Benachteiligung setzt sich auch innerhalb der Tempelmauern fort. Meist werden die Nonnen – häufig **Witwen ohne jeglichen Lebensunterhalt** – zu Putzfrauen und Bediensteten degradiert. Ihre Unterkünfte sind viel unkomfortabler als die der Mönche. Im Gegensatz zu letzteren studieren sie nicht die religiösen Schriften; spirituellen Verdienst erhalten sie dem Glauben gemäß schon durch ihre Dienste im Tempel. Da das Almosengeben an Nonnen weniger „Heil" verspricht als an Mönche, kommen sie auch hier schlechter davon als ihre männlichen Kollegen. Kein Wunder, wenn viele Nonnen einen äußerst bedauernswerten Eindruck machen und oft westliche Tempelbesucher um Geld anbetteln – oft sogar auf sehr fordernde Weise.

Geisterhäuschen

Beim **Bau eines Hauses** in Thailand müssen Dinge beachtet werden, die dem Westmenschen gänzlich fremd erscheinen. Wird ein Thai-Haus errichtet, so muss der Bauherr die vom Grundstück vertriebenen Geister dadurch besänftigen, in dem er ihnen eine neue Bleibe verschafft. Ein spirituelles Umsiedelverfahren sozusagen.

Dazu werden die kleinen Geisterhäuschen geschaffen, Vogelhaus-ähnliche Gebilde, ohne die fast kein Thai-Haus komplett ist. Doch das Errichten selbst eines Geisterhauses ist gar nicht so einfach, müssen dabei doch zahlreiche Regeln beachtet werden.

Zunächst einmal sollte das Geisterdomizil östlich, nordöstlich oder südlich des Wohnhauses liegen, dessen Schatten niemals auf das Geisterhäuschen fallen darf. Der Zeitpunkt der Errichtung des Häuschens ist astrologisch berechnet, und die „Einweihungszeremonie" sollte auf jeden Fall vor 11.00 Uhr morgens beendet sein, damit die Geister noch in Ruhe zu Mittag essen können. (Da die Thais selber permanent ans Essen denken, gestehen sie gerechterweise auch ihren Geistern ausgedehnte Mahlzeiten zu!)

Während der Einweihungszeremonie werden den Geistern **Opfer** dargebracht, z. B. Reis mit einem in Bananenblättern gewickelten harten Eiern, Kokosnüsse, Bananen, Fleisch, Tee und sogar ganze Schweinsköpfe. Hat man diese Gaben den Geistern gebracht, kann man hoffen, dass sie sich in ihrem neuen Domizil wohlfühlen und die Hausbesitzer nicht aus Rache ob der Vertreibung von ihrem Platz schikanieren. Im Gegenteil, anständige Hausgeister sorgen sogar für das Wohl des Haushaltes und beschützen ihn vor Unglück.

Doch wie sehen die Geisterhäuschen nun eigentlich aus? Schwer zu sagen, denn da gibt es viele Varianten (wie es Arten von Geistern gibt). Manche Geisterhäuser, beispielsweise von großen Hotels oder sogar Banken, weisen oft die **Größe eines kleinen Wohnhauses** auf und sehen aus wie verkleinerte Nachbildungen von buddhistischen Tempeln – und das obwohl Buddha selber mit Geistern nicht viel im Sinne hatte.

Das wohl bekannteste Geisterhaus Thailands ist der **Erawan-Schrein** in

Bangkok, an der Kreuzung Rajdamri und Ploenchit Road gelegen. Der Schrein ist nichts anderes als das übergroß ausgefallene Geisterhäuschen des vormals daran gelegenen Erawan Hotels, das 1988 abgerissen wurde.

Weit weniger prächtig fallen zumeist die Geisterhäuser normaler Wohnhäuser aus. Meist sind es auf einem Pfahl stehende kleine Tempelnachbildungen von

der Größe der schon erwähnten Vogelhäuschen. Ausgefüllt werden sie mit Opfergaben und mit magischen Figuren. Vor den Häuschen brennen oft ein paar Räucherstäbchen.

Am unteren Ende der Geisterhausarchitektur stehen die zu Geisterdomizilen umfunktionierten **Blechbüchsen oder -kanister,** die ebenfalls auf einen Pfahl gestellt und mit Opfergaben versehen werden – spirituelle Slumsiedlungen sozusagen. Aber auch diese Geister wollen beachtet sein, und die Häuschen müssen immer mindestens in Augenhöhe der Menschen angebracht sein, eine niedrigere Bauweise könnte die Geister erzürnen.

Glauben denn nun wirklich alle Thais an die Macht der Geister? Gibt es niemanden, der der Geisterwelt mit aufgeklärtem, rationalem Blick in die Augen

⌃ Ein Geisterhäuschen gehört zu fast jedem Gebäude und soll die Geister besänftigen, die durch den Bau des Hauses vertrieben wurden

▷ Songkran: laut, nass, fröhlich

sieht? Nun, wenn selbst die großen Banken und Hotels den Geistern ihre Huldigung darbringen, wie könnte sich der normale Hausherr da versagen? Aber nicht alle Thais glauben wirklich an die Geister, die sie beschwören.

Doch man kann ja nie wissen, sicher ist halt sicher ...

Viele der Feiertage richten sich nach dem **Mondkalender** und liegen somit von Jahr zu Jahr auf einem anderen Datum, andere sind unbeweglich. Für den Reisenden ist wichtig: Die Banken sind an diesen Tagen geschlossen.

Fällt ein Feiertag auf einen Samstag oder Sonntag, so ist der erste Wochentag danach normalerweise arbeitsfrei!

Feste und Feiertage

Januar

Thai-Feiertage sind oft übermütige Angelegenheiten, bei denen die Thais ihren Sinn für Humor und Spaß so richtig entfalten können. Selbst religiöse Feiertage fallen weit weniger ernst aus als bei uns.

Der 1. Januar ist als **Neujahrstag** offizieller Feiertag. Die Feiern fallen aber weniger lärmend aus als bei uns, da dies halt der westliche Neujahrstag ist, das Thai-Neujahr *(Songkran)* aber am 13. April beginnt. Trotzdem rufen viele Thais den Reisenden ein herzliches „*sawatdi pimai!*" zu: frohes neues Jahr!

062ba tv

Februar

Am Vollmondtag wird **Makha Puja** gefeiert, ein buddhistischer Feiertag, der an den Tag erinnert, an dem sich 1250 Jünger versammelt hatten, um Buddhas Rede zu hören. Abends werden Kerzen Prozessionen um die Tempel geführt.

Der Februar ist auch der Beginn der **Drachenflug-Saison,** die bis in den April oder Mai dauert. Drachenflugwettbewerbe werden abgehalten, und auf dem Sanam Luang in Bangkok versammeln sich oft Tausende von Menschen, um den Zweikampf von Riesendrachen zu beobachten.

März

Im März findet in Nakhon Chaisi im Wat Bang Phra, nicht weit von Bangkok entfernt, ein bizarres Fest statt. Thailands Kleinganoven und Mafiosi lassen sich von den Mönchen des Wats magische **Schutzsprüche auf die Haut tätowieren.** Schutzsprüche werden in der Khmer Schrift mit langen Stahlnadeln in die Haut geklopft. Gottheiten und Tiermotive sind auch beliebt. Einige der Tätowierten fallen in eine ziemlich wilde Trance, in der sie die Eigenschaften der Schutztiere annehmen. Das Fest findet am Morgen des zweiten Samstags des Monats statt und Besucher sind willkommen. Auch sonst wird in diesem Wat täglich tätowiert.

April

Am 6. wird der **Chakri Day** begangen, der an die Gründung der bis heute fort-

dauernden Chakri-Dynastie *(König Bhumipol)* erinnert.

Der 13. April ist **Songkran,** der Beginn des neuen Jahres im Thai-Kalender. Zu dieser Gelegenheit ist es Tradition, dass sich die Thais mit gefärbtem Wasser und bunten Farbpulvern bespritzen. Dabei haben sie wohl mehr *sanuk* (Spaß), als an irgendeinem anderen Feiertag. Ausländer sind nicht selten beliebte Zielscheiben für die gut gemeinten Spritzattacken aus Farbbeuteln und Wasserpistolen.

Leider wird das Fest Jahr für Jahr rowdyhafter, und wer den Tag, bzw. die Tage (s. u.), unbehelligt überstehen möchte, sollte in dieser Zeit weitgehend im Hotelzimmer bleiben. Bis zu 700 Verkehrstote gibt es während der drei Feiertage. In Chiang Mai wird besonders ausgiebig gefeiert, sogar etwa eine Woche lang! Bangkok hingegen ist relativ verkehrsfrei und ruhig, da viele Thais zu ihren Familien in die Provinzen fahren. Wer nicht völlig durchnässt werden will, sollte auf alle Fälle der Khao San Road fern bleiben, die sich in eine „Wasserkriegszone" verwandelt. Neuerdings dauert das Fest in der Khao San Road drei Tage (12.–14.) und in diesen herrscht absolutes Chaos. Viele in Thailand lebende Expats fliehen zu Songkran ins Ausland; andere decken sich mit ausreichend Nahrung, Lesematerial und DVDs ein und verlassen 3 oder 4 Tage nicht das Haus.

Das Songkran-Fest ähnelt in seinen Ritualen dem indischen Frühlingsfest Holi, von dem es möglicherweise auch herrührt. Das Wort Songkran stammt von *sankranti* (Sanskrit) und bedeutet „Überwechseln in ein anderes Tierkreiszeichen".

11

Mai

An einem Tag der von Brahmanen- Priestern, die für alle königlichen Zeremonien zuständig sind, bestimmt wird, feiert man den Beginn der Pflanz-Saison. Bei der **„Zeremonie des Pflügens"** (Thai: *räk nakwan*) werden geheiligte Ochsen zu einer rituellen Pflügezeremonie herangeholt und geheiligte Körner gepflanzt. Die Brahmanen geben dazu Prophezeiungen ob der zu erwartenden Ernte ab.

Der 1. Mai ist der uns bekannte **Tag der Arbeit,** der 5. Mai der **Tag der Krönung** *(coronation day),* zur Erinnerung an die Krönung des gegenwärtigen Königs.

Visakha Puja, der auf den Vollmondtag fällt, ist der wichtigste Feiertag der Buddhisten, an dem Buddhas Geburt, Erleuchtung und Todestag gefeiert werden. Abends finden an den Tempeln Kerzenprozessionen statt.

Das **Raketen-Fest,** das in einigen Städten im Nordosten stattfindet, ist beeindruckend. Gigantische Raketen werden in den Himmel geschossen, um die Regenzeit einzuläuten und der Alkohol fließt in Strömen.

Juli

Am Vollmondtag wird **Asanha Puja** gefeiert, der Jahrestag, an dem Buddha seine erste Predigt vor seinen ersten fünf Schülern gehalten hat. Dieser Tag ist gleichzeitig der Beginn der buddhistischen Fastenperiode *(khao phansa)* und somit auch der Beginn einer dreimonatigen Meditationszeit für die Mönche.

August

Am 12. August wird der **Geburtstag der Königin Sirikit** gefeiert, der auch als „Muttertag" *(wan mä)* gilt. Viele Gebäude sind mit Lichterketten und Portraits der Königin geschmückt.

Oktober

In diesem Monat wird **Ok Phansa** gefeiert, die Erinnerung an Buddhas Rückkehr aus dem Himmel, nachdem er dort eine Fastenperiode lang gepredigt hatte. Ok Phansa markiert das Ende der Fastenperiode und den Beginn von Krathin, der traditionellen Zeit, in der Mönche von den Gläubigen neue Roben oder andere Geschenke bekommen.

Der 23. Oktober ist der **Chulalongkorn Day,** der Todestag des Königs *Chulalongkorn* (Rama 5.).

In der Vollmondnacht wird *Mae Khongkha* gehuldigt, der Göttin der Flüsse und des Wassers. **Loy Krathong** ist das wohl malerischste aller Thai-Feste: Die Thais versammeln sich an Flüssen, Seen und Teichen und lassen kleine lotusförmige Gestecke aus Blumen und Blättern schwimmen. Auf diesen Gestecken *(krathong)* befinden sich eine Kerze, Weihrauch und eine Münze – Opfergaben für die Göttin. Am schönsten ist dieser Feiertag in Chiang Mai und in Sukhothai, wo eine bezaubernde Umgebung für ein unvergessliches Erlebnis sorgt.

Dezember

Am 5. Dezember wird der **Geburtstag von König Bhumipol Adulyadej** (Rama

9.) begangen. Der Tag gilt auch als „Vatertag". Straßen und Häuser sind mit Lichtern, Flaggen und dem Portrait des Königs geschmückt.

Der 10. Dezember ist der **Tag der Konstitution,** ein allgemeiner Feiertag, ebenso wie der **31. Dezember,** der letzte Tag des Jahres.

Kunst und Kultur

Tanz

Es wird angenommen, dass der Thai-Tanz eigentlich aus der Puppenspielerei entstand.

Im 16. und 17. Jahrhundert wurden große Büffelfelle zu Figuren aus dem Ramakien (das Hindu-Epos Ramayana) zurechtgeschnitten. Diese Figuren wurden vor einer von Fackeln beleuchteten Leinwand von Puppenspielern geführt. In der Hitze des Spieles konnten die Spieler nicht umhin, sich mit den Emotionen der gespielten Szenen hin- und herzubewegen ... Schließlich tanzten die Puppenspieler mit den ansonsten unbeweglichen Puppen und brachten so die auszudrückenden Emotionen klarer hervor. Aus diesem Tanz entwickelte sich schließlich eine eigene Kunstform.

Die populärste Form des Tanz-Dramas ist der **Khon,** in dem Tänzer in bizarren Masken Episoden aus dem Ramakien darstellen. Lediglich die Figuren Rama, Sita und Phra Lak treten ohne Masken auf, doch werden deren Gesichtszüge so unbeweglich gehalten, dass sie wie Masken wirken. Durch die maskierten bzw. ausdruckslosen Gesichter

wird die Aufmerksamkeit der Zuschauer auf die Tanzbewegungen konzentriert. Der Tanz fordert den Darstellern ein enormes Maß an Körperbeherrschung ab, und trotz der tänzerischen Schwierigkeiten schaffen sie es, ein Bild von Anmut und Grazie zu vermitteln.

Noch anmutiger anzuschauen ist die Tanzform des **Lakhon,** von dem zwei Versionen existieren: lakhon nay („innerer Lakhon"), der ursprünglich nur innerhalb des Palastes aufgeführt wurde und *lakhon nork* („äußerer Lakhon"), der außerhalb des Palastes nur von Männern getanzt wurde.

Lakhon nay ist heute die populärere Form: Die Tänzerinnen sind in die farbenprächtigsten und fantasievollsten Kostüme gekleidet und bewegen sich fast gleitend und langsam einher. Dabei wird durch scheinbar unbedeutende und geringfügige Bewegungen die Handlung ausgedrückt.

Eine sehr derbe Form des *Lakhon* ist der **Likay** (sprich *likeh*), in dem oft nicht stubenreine Possen oder Szenen dargestellt werden. Dabei kann auch schon manches Mal auf das Publikum eingegangen und improvisiert werden. Der *Likay* ist eine Art dörfliche Version des Lakhon, und das Publikum ist entsprechend informell. Während der Vorstellungen, die die ganze Nacht dauern können, herrscht im Auditorium ein stetiges Kommen und Gehen.

In vielen Wats werden gelegentlich **chinesische Theaterdarbietungen** geboten, hauptsächlich in der Hauptstadt Bangkok, das eine große chinesische Bevölkerung aufweist. Die Darsteller sind in die buntesten und zum Teil absurdesten Kostüme gekleidet, die zum Vortrag kommenden Tanzdarbietungen sind dabei aber recht rudimentär und optisch nicht so attraktiv. Wie alle chinesischen Darbietungen, geht es recht laut zu, und das begleitende Orchester bemüht sich nach Leibeskräften, alle Geister aus der Hörweite zu vertreiben.

Musik

Wie bei der Durian-Frucht, so muss man sich auch hieran erst gewöhnen: Beim ersten Hinhören ist die **klassische Thai-Musik** weder „verständlich" noch leicht verdaulich. Dem Uneingeweihten scheint die klassische Musik ein absurdes Neben-, Mit- und Gegeneinander der verschiedenen Melodiekaskaden, die die beteiligten Instrumente spielen. Thai-Musik wird in einer pentatonischen (also aus 5 Tönen bestehenden Tonleiter) gespielt, und das macht sie für westliche Ohren (die auf eine Tonleiter aus 8 Tönen ausgerichtet sind) zunächst sehr disharmonisch. Wie an die Durian gewöhnt man sich bei längerem Genuss aber auch hieran.

Das klassische **Phipat-Orchester** besteht aus Oboen-ähnlichen Blasinstrumenten *(phi nai)*, die von verschiedenen Rhythmusinstrumenten begleitet werden. Der Rhythmus wird von der *ching* vorgegeben, einer kleinen Art Schelle, die ihrerseits von mit Fingern geschlagenen Trommeln unterstützt wird. Die Melodie wird von zwei Arten *ranad* gespielt, einer Art Xylophon aus Bambusholz. Dazu kommen schließlich zwei Sätze Gongs *(gong wong),* die gestimmt sind und mit denen man so Melodien spielen kann.

Des Weiteren spielt die traditionelle ländliche Musik Thailands eine wichtige

Rolle. Vor allem der Musik-Stil **Mor Lam,** der aus Laos und Nordostthailand stammt, hat das ganze Land mit modernen Versionen alter Songs erobert. Dazu kann man gut tanzen.

Preng Phua Chiwit (Song for Life) sind Protestsongs à la *Bob Dylan,* die seit der Studentenbewegung in den 1970er Jahren sehr populär sind. *Ad Carabao,* der bekannteste Protestsänger, ist mittlerweile vom Revoluzzer zum schwerreichen Vertreiber des Aufputschdrinks *Carabao Daeng* geworden.

Soontree Wechanon, die bekannteste Folksängerin Nordthailands betreibt seit

⌃ Nordthailands bekannteste Folksängerin Soontree Wechanon

Thai-Boxen

... oder *muey/muay thai* ist so etwas wie der thailändische Nationalsport – eine Form des Boxens, die auf den ersten Blick grob und gewalttätig wirkt. Doch wie so häufig täuscht der erste Blick, und hinter dem Anschein von zügelloser Brachialgewalt verbirgt sich eine in hohem Maße reglementierte Sportart, die außerdem noch Unterhaltungswert besitzt.

Wie Judo, Karate oder Kung Fu war auch *muey thai* anfangs ein System der Selbstverteidigung, das von Kriegern angewendet wurde. Im Laufe der Zeit wurden die Bewegungsabläufe von den Lehrmeistern immer mehr ritualisiert und systematisiert, was die Boxkunst verfeinerte. Ein Nebeneffekt dessen war aber auch, dass die Bewegungsabläufe nun von den Lehrern an die Schüler unverändert weitergegeben werden konnten, und die Kampfart so in ihrer Form über die Generationen erhalten blieb.

Ein Thai-Boxkampf ist in erster Linie ein Männerereignis. Die Stimmung ist erregt bis chaotisch, Wetten werden abgeschlossen, und am heißesten geht es auf den Plätzen der 2. und 3. Klasse zu. Auf den Plätzen der 1. Klasse versammelt sich die verhaltenere Geldaristokratie.

Vor dem eigentlichen Kampf – eine Thai-Boxveranstaltung besteht zumeist aus fünf oder mehr verschiedenen Kämpfen – nimmt ein Orchester mit klassischen Thai-Instrumenten neben dem Ring Platz. Dann betreten die zwei ersten Boxer den Ring, gefolgt von ihren Trainern und Assistenten. Wie die Boxer der westlichen Schule des Sportes tragen sie Boxshorts und zunächst einen Umhang, der zum Kampf abgelegt wird. Um den Kopf tragen Thai-Boxer ein Stirnband, das ihnen von den jeweiligen Lehrmeistern verliehen wurde und als Glücksbringer fungieren soll. Doch auf einen einzigen Talisman will sich der Thai-Boxer nicht verlassen, und so trägt er um seinen Oberarm ein weißes oder buntes Band, in das ein Amulett eingenäht ist. So ausgestattet kann dann nichts mehr schiefgehen und das Vorspiel zum Kampf kann beginnen. Doch Moment mal, haben die Boxer da nicht ihre Schuhe vergessen? Nein, ein Thai-Boxer kämpft mit blanken Füßen, an seinen Fäusten jedoch drohen 3,5 bis 4,5 kg schwere Boxhandschuhe.

Vor dem Kampfbeginn spielt sich ein festgelegtes Ritual ab: Das Orchester beginnt eine langsame, gleichförmige Kadenz zu spielen, während sich die Boxer niederknien und dreimal vor ihren Lehrmeistern verbeugen. Auf diesen wai khru oder „Gruß an den Meister" folgt eine Art ritualisierter Tanz, der *ram muey*. Dieser Tanz ist äußerst kompliziert zu erlernen, und die perfekte Ausführung dessen lässt ein bewunderndes Raunen durch die Zuschauerreihen gehen. Nebenbei soll der Tanz noch ein paar unglückverheißende Geister vertreiben und dem Gegner das Fürchten ob der eigenen Geschicklichkeit lehren.

Während des Kampfes, der fünf 3-Minuten-Runden dauert, wird mit allem gekämpft, womit sich schlagen lässt: Da wird mit den Füßen zugetreten oder mit dem Ellenbogen ein Seitenhieb verpasst; da wird mit den Fäusten gehämmert oder mit dem Knie gekickt. Mit allem darf geschlagen werden, mit Ausnahme des Kopfes, denn der ist auch einem Thai-Boxer dafür zu schade. Den ganzen Kampf hindurch begleitet das Orchester das Geschehen im Ring mit improvisiertem Getöse – je nach der Intensität im Ring, mal zaghaft, dann wieder wie ein entfesselter Orkan. Die Geräuschkulisse des Orchesters vermischt sich wieder um mit den Anfeuerungsrufen des erhitzten Publikums, das „seinen" Favoriten gewinnen sehen will.

Zuschauen

Die besten Orte, um sich selber unter ein Thai-Boxpublikum zu mischen, sind das Lumpini-Stadion an Rama 4, etwas östlich des Lumpini-Parks oder das Rajdamnoen-Stadion an der Rajdamnoen Nok Avenue, nahe der TAT in Bangkok.

Im **Lumpini Stadium** wird Di und Fr 18.30–23.00 Uhr sowie Sa 16.30–20.00 Uhr und 20.30–24.00 Uhr geboxt. Die Tickets sind nicht billig, sie kosten je nach Sitzplatz und Leistungsklasse der teilnehmenden Boxer 500–2000 Baht; Tel. 02-2475385.

Die Veranstaltungen im **Rajdamnoen Stadium** finden So, Mo, Mi und Do 18.30–22.00 Uhr statt (Tel. 02-2801684).

Kostenlose Schaukämpfe gibt es in der trockenen Jahreszeit (Nov.–April) oft auf dem Vorplatz des **Tokyu Department Store/MBK** an der Rama 1. Rd. Zuletzt fanden die Kämpfe mittwochs 18.30–21.00 Uhr statt. Unter den Fightern sind oft Ausländer, darunter auch Frauen.

Ernsthafte Interessenten könnten auch im **Muay Thai Institute** vorbeischauen, das sich in einem Vorort von Bangkok befindet (336/932 Prahonyothin 118 Vipravadee Road Prachatipat Thayaburee Prathumthanee Rangsit; Tel. 02-9920096-9, Fax 02-9920095, Mo–Sa 8.00–18.00 Uhr).

Weitere Informationen zum Sport findet man unter **www.wmcmuaythai.org.**

Jahren das Huan Soontree Restaurant in Chiang Mai, in dem die Sängerin allabendlich auftritt.

Schließlich hören die Thais auch gerne schnulzige Schlager, sogenannte **Luk Thung** oder **Luk Grung.**

Literatur

Die Thais pflegten von je her die Tradition der mündlichen Überlieferung, und das erwies sich von Vorteil, als im Jahre 1767 Ayutthaya zerstört wurde und dabei das gesamte Schriftgut verloren ging. Dazu kommt, dass sich tropische Insekten mit Vorliebe auf Palmblatt-Papier stürzen, eher aus handfestem Überlebensinstinkt als aus literarischem Interesse.

Das Kernstück thailändischer Literatur ist die **Ramakien,** die sich von Indien aus (dort heißt sie Ramayana) über ganz Südostasien einschließlich Indonesien verbreitete.

Die Ramakien ist die Geschichte um den Gott-König Rama und dessen schöne und treue Ehefrau *Sita.* Diese wird von dem Dämonenkönig *Tosakan* auf der Insel Longka (Sri Lanka) gefangen gehalten. *Tosakan* drängt *Sita, Rama* zu verlassen und stattdessen ihn zu ehelichen. Auf seiner Suche nach *Sita* wird *Rama* von seinem Bruder *Phra Lak* unterstützt, und gemeinsam widerfährt ihnen so manches Abenteuer. *Rama* gewinnt schließlich die Unterstützung des Affengottes *Hanuman,* der ein hervorragender, wenn auch gelegentlich neckischer Krieger ist. *Hanuman* und seine Armee von Affen bauen schließlich eine Brücke nach Longka, bekämpften das Monster *Tosakan,* der wie alle Bösewich-

11

te am Ende sterben muss, und befreien *Sita.*

Ist die Ramakien eigentlich indischen Ursprungs, so ist das klassische Werk **Khun Chang, Khun Phaen** ganz Thai. Darin geht es in einer Liebes-Dreiecksgeschichte um eine schöne junge Frau und ihre zwei Geliebten. Der eine ist ein kahlköpfiger Witwer, der andere ein gut aussehender, allerdings armer Bursche.

Dieses Stück, das so eine Art klassischer Schmachtfetzen ist, stammt aus der Ayutthaya-Periode und gibt einen guten Einblick in die zeitgenössischen Sitten und Moralvorstellungen dieser geschichtlichen Epoche.

Das Werk **Phra Aphaimani,** im 18. Jahrhundert von dem Dichter *Sunthorn Phu* geschrieben, ist die Geschichte eines aufmüpfigen Prinzen, der nichts mit dem Studium der Regierungskunst im Sinn hat, sondern sich voll und ganz dem Flötenspiele hingegeben hat. Der König und Vater des Prinzen ist verständlicherweise erbost über das Verhalten seines Nachfolgers, und der Sohn sucht das Weite. Nach einer Reihe von Abenteuern kehrt er schließlich an den Königshof zurück und wird am Ende – anders als der Königssohn Buddha – doch zum König gekrönt.

Die **moderne thailändische Literatur** macht vor allem soziale Themen zum Mittelpunkt, so wie die Armut auf dem Lande oder die Probleme von Landflüchtigen, die in der Stadt ein besseres Auskommen suchen, dafür aber Entfremdung und Einsamkeit finden. 2005 erschien in New York die Kurzgeschichtensammlung „Sightseeing“. Der erst 25 Jahre alte Autor, *Rattawut Lapcharoensap,* hat ein außergewöhnliches literari-

sches Werk über Thailand vorgelegt, das sehr zu empfehlen ist (s. Anhang „Literaturtipps“).

In den Buchläden Thailands gibt es eine schier endlose Auswahl an **billigen Thrillern und Bargirl-Romanen,** die in Bangkoks Rotlichtbezirk spielen. Sie sind alle schlecht geschrieben und werden nur solche Leser befriedigen, die ihr Leben sowieso in diesem Milieu verbringen. Einzig zu empfehlen in diesem Genre ist „Der Jadereiter“ von *John Burdett,* der zwar auch einem Polizisten durch das Rotlicht-Milieu folgt, es aber dennoch schafft dem Leser thailändische Gegebenheiten spannend darzustellen ohne die üblichen Klischees zu bedienen. Einige Folgen sind in den letzten Jahren von *Burdett* erschienen, die allerdings alle nicht an das Orginal heranreichen. Ähnlich sind die Kriminalromane von *Christopher G. Moore,* von denen einige auch auf Deutsch erhältlich sind.

Architektur

Thailands eigenständige Architektur konzentriert sich in erster Linie auf religiöse Bauwerke und hat so **Wats** geschaffen, die selbst dem wenig kunstkundigen Touristen ein ehrfürchtiges Staunen abzuringen in der Lage sind (siehe z. B. Wat Phra Kaeo, Wat Po oder Wat Arun in Bangkok). Die Thais haben Architekturelemente aus Indien, Kambodscha und China übernommen, und seltsamerweise verschmelzen diese Einzelteile zu einem ganz neuen, eigenen Stil. (Nicht weniger beeindruckend sind Thailands Paläste, bzw. deren Ruinen.)

Jeder Teil an einem Wat hat eine symbolische Bedeutung. So sind die Sockel

Malerei

Die inneren Wände eines *bot* oder *viharn* (siehe „Tempel-Terminologie") sind traditionellerweise mit filigranen Gemälden geschmückt. Diese erfüllten bis in die jüngste Vergangenheit einen didaktischen Zweck: Da die Mönche oft Männer von gehobener Bildung und großem Wissen waren, diente der Wat auch als ein Ort des Lernens für die einfacheren Bevölkerungsschichten. Die mit religiösen Motiven bemalten Wände dienten so als Schautafeln und sagten manchem simplen Dorfbewohner mehr als tausend Worte.

Das Hauptthema der **Tempelgemälde** ist das Leben des Buddha sowie der Werdegang der Seelen auf ihrer Suche nach Erlösung von den Wiedergeburten.

Die hintere Wand der Tempel zeigt üblicherweise *maravijaya,* oder den „Sieg über Mara". Mara symbolisiert die dunklen Kräfte, die den Buddha während seiner Meditation vom Erreichen des Nirvana abhalten wollten. Buddha zu Hilfe kommt *Mae Torani,* die Göttin der Erde, die sich ihr langes Haar auswindet, aus dem eine Flut von Wasser fließt, das Buddhas Feinde schließlich vertreibt (siehe den Torani-Brunnen an der Nordostseite des Sanam Luang in Bangkok).

Tätowierung

Thailand hat eine große religiöse Tätowierungskultur. Die sogenannten **Sak Yant** – *Sak* bedeutet Tätowierung, *Yant* kommt von Yantra (Sanskrit), das wiederum von den Worten *Yam* (Kontrolle und Zurückhaltung) und *Tra* (Freiheit und Befreiung) kommt – sind weit ver-

von Säulen z. B. wie Wasserlilien oder Lotusblüten geformt – ein Symbol für die Reinheit der Gedanken des Buddha. Besonders die Lotusblüte wird oft zu religiöser Symbolik herangezogen (so wie auch in Indien), da sich ihre Wurzeln im Schlamm und Schmutz des Teiches befinden, ihre Blüte aber faszinierend schön ist. Die flammenförmigen Gebilde an den Giebeln der Tempeldächer, die chofa, symbolisieren den Garuda, den mystischen Halb-Vogel, Halb-Menschen, auf dem Gott Vishnu reitet.

Alle anderen Elemente am Wat begründen sich ebenfalls auf Legenden und Mythen.

Chedi des Wat Tham Pha Plong in Chiang Dao

11

Die Sprache

breitet und werden sowohl von Mönchen in Klöstern als auch von sogeannten *ajans,* was soviel wie „Lehrer" bedeutet, mit langen Stahlnadeln in die Haut von Gläubigen geritzt. Heilige Tätowierungen gibt es in Südostasien schon seit Jahrhunderten. Die Motive kommen aus dem Hinduismus, dem Buddhismus und dem Animismus und dienen u. a. zum Schutz, zum besseren Geldverdienen, zum Finden eines Partners oder Jobs. Mit den Motiven werden auch Mantras in *Pali* und *Khom,* einem alten Khmer-Alphabet tätowiert, um die magische Kraft der *Sak Yant* zu konsolidieren. Einmal im Jahr, im Februar oder März, treffen sich mehr als 10.000 Anhänger dieses Kultes im Tempel **Wat Bang Phra** bei Nakhon Chaisi, eine Stunde westlich von Bangkok, um einem dort lebenden Mönch, der den Tätowierkult populär gemacht hat, Respekt zu zeigen. Ein englischsprachiges Buch zum Thema, *Sacred Skin,* gibt es von *Tom Vater,* dem Co-Autoren dieses Reiseführers. Mehr Infos unter www.sacredskinthailand.com.

Die offizielle Landessprache Thailands ist **Thai** *(phasa thai),* das der sino-tibetischen Sprachenfamilie zuzuordnen ist. Ein erheblicher Wortschatz stammt zudem aus dem Sanskrit, dessen Ableger **Pali** auch heute noch die heilige Sprache der Buddhisten ist. Alle wichtigen religiösen Schriften der Buddhisten sind in Pali verfasst, und diese Sprache gehört somit zum Pflichtfach eines jeden thailändischen Mönches. Der Sanskriteinfluss macht sich vor allem bei den Familiennamen bemerkbar, als auch bei den offiziellen Bezeichnungen für Ämter oder Würdenträger.

Da das Deutsche ebenfalls mit dem Sanskrit verwandt ist – beide Sprachen gehören der indo-germanischen Sprachgruppe an – kommt es tatsächlich zu einigen Sprachgemeinsamkeiten zwischen Thai und Deutsch! Wer weiß, wie Thai klingt, wird nicht wenig erstaunt darüber sein!

Der Laie wird allerdings Schwierigkeiten haben, diese Gemeinsamkeiten in einem Gespräch mit einem Thai herauszuhören.

Was das Thai für europäische Zungen und Ohren so schwierig macht, sind die darin vorkommenden **fünf verschiedenen Tonhöhen** oder Tonfälle. Ein Wort kann praktisch 5 verschiedene Bedeutungen haben, je nachdem in welchem Tonfall es gesprochen wird. Die Tonfälle können sein: Steigend, fallend, steigend und dann abfallend, abfallend und dann steigend oder gleichbleibend. Klingt konfus? Für jemanden, der länger im Lande bleiben will, sind elementare Thai-

Beispiele für Sprachgemeinsamkeiten

Deutsch	Sanskrit	Thai
Zahn	danta	fan
Gans	hansa	hongse
Saal	sala	sala
Mensch	manushya	manut
Minister	mantrin	montri
Nase	nasika	nasik
Wissenschaft	vidhya	wittayasaat
Weste	vastra	pastraporn
	(formell für „Kleidung")	

11

Kenntnisse fast ein Muss: Nur wenige Leute außerhalb der Touristen-Ghettos sprechen Englisch, selbst in Bangkok kann es Probleme geben. (Bei der Untersuchung einer Universität kam heraus, welcher Berufszweig in Thailand das beste Englisch sprach: Es waren die Bar-Girls!)

Die besseren Buchläden in Bangkok bieten eine Vielzahl von Wörter- oder Lehrbüchern in Englisch für Thai an, doch lassen viele die tonalen Zeichen einfach weg. Ohne diese tonalen Zeichen sind die Bücher jedoch wertlos, da die betreffende Vokabel unmöglich richtig ausgesprochen werden kann!

Die in den verschiedenen Landesteilen gesprochenen **Dialekte** können sehr unterschiedlich sein – fast wie eng verwandte, fremde Sprachen – und wer in Bangkok-Thai kommuniziert, muss noch lange nicht das Issaan-Thai (phaasa issaan) verstehen.

Bei den **Bergvölkern** wird die Kommunikation wohl im Allgemeinen noch schwieriger, da diese ihre jeweils eigenen Sprachen sprechen. Einige der Stämme haben Muttersprachen, die der Mon-Khmer-Sprachfamilie angehören, so die Mon, Palaung und Wa. An der Grenze zu Malaysia ist Yawi, ein Dialekt des Malaiischen, weit verbreitet, Thai ist jedoch die Amtssprache und wird auch von Nicht-Moslems gesprochen.

Die **Thai-Schrift** wird seit dem 13. Jahrhundert benutzt und wurde von König *Ramkamhaeng* aus der Devnagari-Schrift entwickelt, in der Sanskrit geschrieben wurde. Da es schwierig ist, Thai-Begriffe in unser Schriftsystem zu transkribieren, kommt es immer wieder zu den verschiedensten Schreibweisen für ein und dieselbe Thai-Vokabel. Die-

Das Thai – eine Sprache mit „Kastensystem"

Das Thai ist eine Sprache mit einem sehr differenzierten Wortschatz, und je nach dem beabsichtigten **Höflichkeitsgrad** hat man oft die Wahl zwischen mehreren Begriffen für ein und dieselbe Sache. Im Umgang mit dem **König** wird sogar eine eigene, stark Sanskrit-lastige Sprache gesprochen, das **Rajasap** (von Sanskrit *raja-shabda*: „königliche Worte"). Da kaum ein Thai vom Rajasap mehr als ein paar Worte beherrscht, hat der Großteil der Bevölkerung Hemmungen, mit dem König zu parlieren. Bei seinen Dorfbesuchen bemüht man sich, so höflich und „hochgestochen" wie möglich mit dem Monarchen zu sprechen. Die unvermeidlichen verbalen Fehltritte werden als Mangel an Bildung ausgelegt, nicht als böse Absicht.

Aber auch in der Alltagssprache gibt es viele Feinheiten zu beachten. So existieren für die **persönliche Anrede** mehrere Möglichkeiten:

müng = du (sehr grob und pöbelhaft)
thö = du (etwas derbe, aber oft unter guten Freunden oder Verwandten üblich)
khun = Sie (formell und höflich; die geläufigste Anredeform, mit der man nie allzu falsch liegen kann)
than = Euer Hochwürden (bei Mönchen und anderen sehr hochgestellten Personen; Thai Airways spricht bei den Borddurchsagen so die Fluggäste an)

ses ist zu beachten, wenn sich gelegentlich Orts- oder Eigennamen in diesem Reiseführer nicht exakt mit den korrespondierenden Worten in anderen Büchern decken.

Thai-Schulen

Hier eine Auswahl von **Sprachschulen** mit gutem Ruf. Das Angebot reicht von sehr preiswert (z. B. *A.U.A.* 60 Std. Unterricht zu 3900 Baht) bis zu teuer und exklusiv (20 Std. Privatunterricht bei Berlitz Sukhumvit zu 12.500 Baht). Das billigste ist natürlich nicht immer das beste, die Kurse von A.U.A. werden jedoch häufig gelobt. Im Times Square Building in Sukhumvit befinden sich mehrere Schulen.

■ **A.U.A.,** 179 Rajdamri Rd., Bangkok 10330, Tel. 02-2528170-3, Fax 02-2554632, www.auathailand.org
■ **A.U.A.,** 73 Ratchadamnoen Rd., Chiang Mai 50200, Tel. 053-278407, Fax 053-211973, www.auathailand.org
■ **Berlitz Language Center,** 2nd Floor, Times Square Bldg. 246, Sukhumvit (zwischen Soi 14 und 16), Bangkok 10110, Tel. 02-2556070, Fax 02-2556075, www.berlitz.co.th
■ **Berlitz Language Center,** 2nd Floor, United Center Bldg. 323, Silom Rd., Bangkok 10500, Tel. 02-2311222, www.berlitz.co.th
■ **Inlingua,** 8th Floor, Central Chidlom Tower, 22 Ploenchit Rd., Bangkok 10330, Tel. 02-2540955-8, Fax 02-2540959, www.inlinguathailand.com
■ **Kingswood Language Centre,** 25/18-9 Sukhumvit Soi 55, Bangkok 10110, Tel. 02-3912197, Fax 02-3922683
■ **Nisa Language School,** 32/14-16 Yenakart Rd., Sathorn, Bangkok 10120, Tel. 02-6713359-60, Fax 02-6713361, www.nisathailanguageschool.com
■ **Pro Language,** 10th Floor, Times Square Bldg., 246 Sukhumvit (zwischen Soi 14 und 16), Bangok 10110, Tel. 02-2500072, Fax 02-2500129, www.prolanguage.co.th
■ **Unity Thai Language School,** 15th Floor, Times Square Bldg. 246 Sukhumvit, Bangkok 10110 (zwischen Soi 12 und 14), Tel. 02-6531538

■ **Union Language School,** CCT (Christian Church of Thailand) Bldg., 109 Surawong Rd., Bangkok 10500, Tel./Fax 02-2334482

Literaturtipp

Dem Reisenden sei hiermit das im gleichen Verlag erschienene **„Thai – Wort für Wort"** (Kauderwelsch-Band 19) empfohlen, das die Sprache leicht erlernen lässt. Auf dem begleitenden **Aussprache-Trainer** werden die wichtigsten Thai-Redewendungen und Wörter aus dem Buch systematisch zum Üben vorgesprochen und wiederholt. Wer die Sprache schon zu Hause am Computer lernen möchte, kann mit dem **Kauderwelsch digital** das komplette Buch auf den Bildschirm bringen und sich per Mausklick jedes Wort vorsprechen lassen.

Medien

Presse

Zwei **englischsprachige Morgenzeitungen** erscheinen in Thailand, die *Bangkok Post* (30 Baht) und *The Nation* (30 Baht).

Derzeit scheint die *Bangkok Post* die ausgewogenere Berichterstattung zu bieten. *The Nation* wirkt oft wie ein Sprachrohr der traditionellen Elite des Landes und ist oft in holprigem Englisch verfasst. *Bangkok 101* ist ein ordentliches englischsprachiges Stadtmagazin, ähnlich dem *Time Out*, und erscheint monatlich (100 Baht).

Eine internationale Ausgabe der *International Herald Tribune* (nachmittags) wird zumeist nur in größeren Buchläden verkauft.

Alle guten Buchhandlungen führen auch die Asien-Ausgaben von Time und Newsweek. Beide erscheinen dienstags und kosten 180 Baht.

Wer **Nachrichten aus Deutschland** sucht, dem bieten einige Zeitungshändler Abhilfe, die deutsche Magazine und Zeitungen führen. Zahlreiche befinden sich am Patong Beach in Phuket, in Pattaya, einige auf Ko Samui und in Bangkok (z. B. Villa Supermarket, Sukhumvit Soi 5, D.K. Books, Suriwong Rd., Ecke Patpong, Teck Heng Bookshop, Charoen Krung Rd., nahe Einmündung Silom Rd., mehrere Läden in der Khao San Rd.). *Spiegel* und *Focus* kosten ca. 400 Baht, weiterhin gibt es *Bild* und sogar das eine oder andere Fußballmagazin (z. B. am Patong Beach oder in Pattaya). Die Zeitschriften sind oft schon einen Tag nach dem deutschen Erscheinungstermin erhältlich.

Über die Internetseite www.thepaperboy.com finden sich die Webseiten zahlreicher deutschsprachiger Zeitungen.

Radio

Insgesamt senden in Thailand an die 450 FM- und AM-Stationen, knapp 100 davon in Bangkok. Die Programme sind für westliche Besucher allerdings nicht sehr interessant; die gesendete Musik ist zumeist seichter Pop, Thai oder Englisch. Englischsprachige Nachrichtenprogramme werden oft leider in derart schlechtem Englisch präsentiert, dass das Zuhören zur Qual wird.

Wer einen Kurzwellenempfänger hat, kann die Programme der BBC, Voice of America oder Radio Australia überall im Lande klar empfangen.

Internet-Radio

Über das Webportal www.publicradiofan.com können zahlreiche **deutsche Radiostationen** gehört werden.

Fernsehen

... dürfte in Thailand nur mäßig interessant sein, weil die Programme meist auf Thai gesendet werden, auch ist das Niveau nicht immer das anspruchsvollste. Seichte Unterhaltungsprogramme, Quiz-Shows und Seifenopern beherrschen den Bildschirm. Es gibt **7 Stationen:** Channel 3 (privat), Channel 5 (in Militärbesitz), Channel 7 (in Militärbesitz; Sendezeit wird aber auch an privat vermietet), Channel 9 (staatlich), Channel 11 (in Besitz des Erziehungsministeriums) und den privaten Sender TITV. Gut und bissig ist der Sender Nation TV, der derselben Mediengruppe angehört wie die Zeitung The Nation; die Programme sind jedoch fast ausschließlich auf Thai.

Viele Haushalte in Thailand sind heute verkabelt oder haben eine Satellitenschüssel auf dem Dach. Wer in den besseren Hotels wohnt, kann wahrscheinlich ebenfalls eine Reihe von Satelliten- oder Kabelkanälen empfangen. Dazu gehören **Star TV** (mehrere Kanäle), die Musiksender **MTV** und **Channel [V], BBC-TV, IBC, CNN, Fox-News** u. a. Aufgrund ihrer schockierend unfähigen und einseitigen Berichterstattung während der Bangkok-Unruhen im April und Mai 2010 haben CNN und BBC weitgehend ihren guten Ruf in Thailand verloren. Viele Expats bevorzugen heute den Nachrichtensender **Al-Jazeerah,** dessen Korrespondenten über das Hin-

11

058th at

tergrundwissen verfügen, das die o. g. so bitterlich vermissen lassen.

Zu empfangen ist auch das Programm der Deutschen Welle, **DW-TV,** das abwechselnd in Deutsch und Englisch gesendet wird. Die Programme sind auch übers Internet zu empfangen. Viele Hotels bieten zusätzlich hauseigene Videoprogramme.

Kino

Kinos, die thailändische oder drittklassige Hongkong-Filme zeigen, gibt es in jeder Provinzstadt, in Bangkok zeigt eine Reihe von Kinos dazu ausländische Filme, in Englisch mit Thai-Untertiteln. Zu jeder beliebigen Zeit, kann man in Bang-

kok ein gutes halbes Dutzend (meistens) amerikanische Filme sehen. Leider wird das Programm nicht sehr häufig geändert, die meisten Filme laufen gleich wochenlang, da jeder Film mit einer hohen Importsteuer belastet ist.

Bei einheimischen Produktionen handelt es sich meist um herzzerreißende Liebesdramen, Komödien, Horrorfilme oder um derbe Haudrauf-Filme im Kung-Fu-Stil. In den letzten Jahren hat die Filmindustrie in Thailand allerdings einen großen Aufschwung erlebt. Auch ernsthaftere Filme, die internationale Preise gewinnen, werden gelegentlich produziert. Besonders zu empfehlen sind die Filme von *Pen-Ek Ratanaruang,* vor allem „Last Life in the Universe" und „69" sowie der Thriller „Bangkok Dangerous" von *Danny Pang,* der in Hollywood mit *Nicolas Cage* erneut gedreht werden soll. 2010 wurde dem thailän-

△ Straßenkino in Bangkok

dischen Regisseur *Apichatpong Weerasethakul* für seinen Film „Uncle Boonmee Who Can Recall His Past Lives" in Cannes die Palme d'or verliehen.

Die englischsprachigen Tageszeitungen Bangkok Post und The Nation drucken täglich das **Kinoprogramm** mit ausländischen Filmen. Der **Eintrittspreis** liegt in Bangkok üblicherweise bei 100–140 Baht. Die besseren Kinos verfügen über **Superdeluxe-Vorführräume** („Gold Class" oder „Emperor Class") mit nur 50 oder 60 Sitzen. Hier kann man es sich in wunderbar gepolsterten Sesseln bequem machen, die einen First-Class-Vielflieger vor Neid erblassen lassen würden. Auf Wunsch kann man sich von Personal in weißen Handschuhen Getränke oder Snacks servieren lassen. Die Ticketpreise in dieser Luxusklasse liegen üblicherweise bei 500 Baht, bei einigen Kinos etwas außerhalb des Stadtkerns von Bangkok auch darunter. Die Luxusklasse gibt es unter anderem in Kinos im Discovery Center (Rama 1 Rd.), Siam Paragon Shopping Center (Rama 1 Rd.), CentralWord Plaza (Rajdamri Rd.), Big C Shopping Center (Rajdamri Rd.) und Emporium Shopping Center (Sukhumvit, Ecke Soi 24).

Etwas ärgerlich ist, dass viele Filme aufgrund eines Pornografiegesetzes aus dem 19. Jh. (!) zensiert werden. Intime Körperteile, auch weibliche Busen, werden durch Weichzeichnung unkenntlich gemacht, und erotische Szenen werden meist völlig herausgeschnitten. Leider gilt dasselbe nicht für Gewaltszenen.

Vor der Filmvorführung wird die **königliche Hymne** gespielt, zu der jeder Besucher aufzustehen hat. Ein Thai, der das 2009 nicht tat, wurde wegen Majestätsbeleidigung angeklagt.

Das **Bangkok International Film Festival** findet im Februar statt und konzentriert sich weniger auf westliche Unterhaltungsfilme, sondern mehr auf neue Produktionen aus der Region. Dennoch sind der Westen und besonders Hollywood gut vertreten. Im Jahre 2004 hatte der deutsche Regisseur *Werner Herzog* eine Retrospektive. 2005 waren *Michael Douglas, Oliver Stone* und *Jeremy Irons* zu Gast in Bangkok (www.bangkok-film.org).

Wirtschaft

Thailand ist an erster Stelle ein Agrarland, und erst an zweiter Stelle steht die Produktion von Industriegütern. Dieses verdeutlichen die folgenden Zahlen: Etwa 60 % der arbeitenden Bevölkerung sind in der Landwirtschaft beschäftigt, nur 11 % dagegen in der Industrie.

Als wichtigste **Agrargüter** exportiert Thailand (in der Reihenfolge ihrer Bedeutung) Fisch- und Krabbenprodukte, Reis, Tapioca-Produkte, Gummi, Zucker und Mais.

Die zehn einträglichsten **Industrieprodukte** sind Textilien, Autos, Microchips, Stoffe, Computer, Schmuck und Edelsteine, integrierte Schaltungen, Schuhe, Plastikprodukte und Möbel- bzw. Möbelteile.

In den 1980er Jahren erlebte Thailand ein enormes **Wirtschaftswachstum,** was nicht zuletzt auf massiven Investitionen aus westlichen Ländern und Japan beruhte, aber auch auf dem Tourismus, der der größte einzelne Devisenbringer ist. Über viele Jahre verzeichnete die Wirt-

11

schaft jährliche Zuwachsraten von 7, 8 oder gar über 10 Prozent.

Das durchschnittliche **Monatseinkommen** stieg auf fast **200 US$ pro Kopf,** und Thailand galt als einer der dynamischen „asiatischen Tiger", eine der aufstrebenden Industrienationen des Kontinents.

1996, während der Amtszeit von Premierminister *Banharn Silapa-Archa,* setzte jedoch ein rapider **Abstieg** ein, hervorgerufen durch einen schwachen Export, Überschuldung, finanzielles Missmanagement und, nicht zuletzt, durch die allgegenwärtige Korruption. Häufig wurden von den Politikern solche Maßnahmen ergriffen, durch die sie sich zwar selber die Taschen füllen konnten, die dem Lande aber nur schadeten. Premierminister *Banharn* z. B. verlegte noch schnell ein paar Sitzungen vor seine Amtsaufgabe 1996, die eigentlich für die Zeit nach seinem Rücktritt geplant waren und die somit eigentlich sein Nachfolger hätte führen müssen; bei diesen Sitzungen waren über 100 Entscheidungen zu treffen. Der bauernschlaue *Banharn* sicherte sich so die Möglichkeit, selbst von diesen Entscheidungen zu profitieren, anstatt den Gewinn seinem Nachfolger zu überlassen.

Thailands Außenhandelsdefizit stieg rasant, ebenso die **Verschuldung.** Unter der Regierung von *Chavalit Yongchaiyudh,* Premierminister von Dezember 1996 bis November 1997, verschlimmerte sich die Lage weiter, und die Regierung sah sich gezwungen, die **Koppelung des Baht an den US-Dollar aufzuheben** („floating"). Zuvor hatte die thailändische Zentralbank vergebens versucht, den Baht durch Dollar-Verkäufe zu stützen. Im Verlauf der von vornher-

ein zum Scheitern verurteilten Aktion verlor die Zentralbank 25 Mrd. Dollar, was den Großteil der thailändischen Reserven ausmachte. Die Restreserven betrugen noch ca. 15 Mrd. US$; denen standen aber Auslandsschulden von über 90 Mrd. US$ gegenüber (staatliche sowie private). Die meisten der Gelder waren in „unproduktive" Projekte gesteckt worden, vor allem riesige Appartement-Gebäude und Hotels. Viele von ihnen stehen nun leer.

Nach der Abkopplung vom US-Dollar sank der Baht im Verhältnis zu allen wichtigen Weltwährungen sogleich stark ab. Der stete **Verfall der thailändischen Währung,** wie auch der immer schwächer werdende Arbeitsmarkt – Tausende von Unternehmen gingen bankrott – zwangen den widerborstigen *Chavalit* im November 1997 schließlich zum Rücktritt.

Thailand hatte sich mittlerweile einen **Kredit vom International Monetary Fund** (IMF) von 17, 2 Mrd. US$ gesichert, der dem Land zunächst aus dem Ärgsten heraushelfen sollte. Der Kredit war aber, wie immer wenn der IMF einen Kredit erteilt, an strikte wirtschaftliche Auflagen gebunden.

Die Tatsache, dass eine von Ausländern geführte Organisation nun **das Sagen über Thailands Finanzpolitik** haben sollte, traf das auf seine Freiheit so stolze Land sehr tief. Es blieb ihm aber keine andere Wahl, Thailand stand in vielen Momenten direkt vor einem Staatsbankrott. Bald darauf konnten die Thais sich damit trösten, dass der IMF auch Südkorea und Indonesien, die beide ebenfalls tief in einer Wirtschaftskrise steckten, mit Krediten unter die Arme greifen musste.

Viele andere Länder Südostasiens befanden sich in einer ähnlich misslichen Lage. Bis zum Januar '98 hatte die thailändische Währung in einem halben Jahr die Hälfte ihres Wertes verloren. Darüber freuen konnten sich nur die Touristen, die nun weit mehr Baht für ihre ausländischen Devisen bekamen als jemals zuvor. In der Folgezeit **erholte sich der Baht** allmählich wieder, und heute scheint er vielen Fachleuten eher überbewertet zu sein. Z. B. im Vergleich zum Euro und US-Dollar verzeichnete der Baht 2009/10 erstaunlichen Zuwachs, was dem Tourismus und dem Export nicht gerade förderlich war.

Für 2012 sagte die thailändische Regierung ein **Wirtschaftswachstum** von 5,5 voraus. Aufgrund seiner politisch sehr unstabilen Lage sowie dem relativ hohen Baht ist Thailand heute als Investitionsland hinter vielen anderen Ländern in der Region zurückgefallen.

Thailands touristischer Erfolgskurs begann in vollem Maße im Jahre 1987, das zum „Visit Thailand Year" erklärt worden war. In diesem Jahre feierte der thailändische König seinen 60. Geburtstag, ein wichtiger Meilenstein in thailändischen Augen (5 mal 12 „Lebenszyklen"), und man nahm die dazu veranstalteten Feierlichkeiten zum Anlass, in verstärktem Maße Touristen ins Land zu locken.

Auch danach stiegen die Touristenzahlen beständig. 2002 besuchten um die 11 Millionen Touristen das Land. 2003 mussten allerdings wegen SARS und dem Krieg gegen den Terror große Einbußen hingenommen werden. Ende 2004 schlug dann der **Tsunami** in Südasien zu und verschreckte viele potentielle Besucher.

Tourismus

Seit Mitte der 1970er Jahre konnte Thailand stets steigende Touristenzahlen erreichen, bis der Tourismus in den 1980er Jahren schließlich der größte Devisenbringer des Landes wurde.

166th.at

> Tsunami und politische Unruhen haben die Tourismusbranche gebeutelt

Prostitution

2008 besuchten noch **etwa 14,5 Mio.** Touristen das Land. Etwa 400.000 davon kamen aus Deutschland, 120.000 aus der Schweiz und 50.000 aus Österreich.

Danach ging es aufgrund Thailands politischer Querelen etwas bergab, heute aber visiert die Tourismusbehörde T.A.T. – voll optimistisch – Zahlen um die 20 Millionen an. Die Angaben widersprechen sich häufig, und generell gelten die Statistiken und Prognosen der T.A.T. als wenig glaubhaft. Nach Vorausberechnungen standen 2012 die Chinesen mit 2,5 Millionen an erster Stelle der Besucherstatistik. Die Zahl der deutschen Touristen sollte sich 2012 auf ca. 700.000 belaufen. Der Anteil des Fremdenverkehrs am Bruttosozialprodukt wird auf etwa 6 % beziffert.

Eng verknüpft mit dem Tourismus ist die hinlänglich bekannte Prostitution in Thailand, so scheint es zumindest auf den ersten Blick. Bangkoks Massage-Parlours, Go-Go-Bars und Coffee Shops haben mittlerweile traurigen Weltruhm erlangt, und die Prostitution ist ein wichtiger Wirtschaftszweig. Es gab Schätzungen, nach denen bis zu 14 % des thailändischen Bruttosozialprodukts in der Prostitution erwirtschaftet wurde.

Die ersten Bordelle der Stadt hatten sich Anfang des 19. Jh. entlang der Sampeng Lane in Chinatown etabliert. Die damaligen Prostituierten stammten alle

058ba at

aus der chinesischen Provinz Kanton, erst später kamen thailändische Frauen dazu. Allen Prostituierten wurde der chinesische Vorname „Kim" gegeben, und auch die thailändischen (damals „siamesischen") Frauen mussten sich so nennen, wenn sie sich denn auf diese Art und Weise ihr Brot verdienten. Die Prostituierten hießen also alle Kim Lung, Kim Hiang, Kim Kie etc. Da Sampeng das Zentrum der Prostitution war, wurde der Ausdruck „Frau aus Sampeng" gleichbedeutend mit „Prostituierte".

Sampeng war das geeignete Pflaster für lockere Damen, denn in der Umgebung hatten sich viele Immigranten, vor allem aus China, angesiedelt und lebten nun fernab von Frau und Familie. Langsam wurden Polygamie und das „Sammeln" von Konkubinen zu einer Art Statussymbol. Zur gleichen Zeit wurde der thailändische Adel „durchsichtiger", und es wurde bekannt, in welchem verzwickten Netz von Frauen, Nebenfrauen und Konkubinen dessen männliche Mitglieder zu leben pflegten. Diese Tradition von Hauptfrauen und Nebenfrauen existiert noch heute. Im Thai gibt es sowohl eine Vokabel für das rechtlich angetraute Weib, mia-luang, als auch für die „Nebenfrau", mia-noy (wörtlich Hauptfrau bzw. kleine Frau).

Allmählich wurde das „Recht" auf mehrere Frauen zu einer legitimen, sozial akzeptierten Angelegenheit, und Prostituierte fanden einen festen Platz in der Gesellschaft.

Als in den 1960er Jahren der Vietnam-Krieg wütete, entspannten sich die amerikanischen G.I.'s gerne bei den vielen tausend service girls, die sie in Thailand vorfanden. Als die Kunde vom offensichtlichen Reichtum der fremden

Soldaten weitere Mädchen in die Nähe der Militärbasen lockte, war der zweite Bordell-Boom hereingebrochen. Es wird geschätzt, dass die amerikanischen Soldaten Ende der 1960er etwa 400 Mio. Baht pro Jahr ausgaben, etwa genauso viel wie 250.000 Thais durchschnittlich pro Jahr verdienten!

Auf die Soldaten folgten schließlich die **Touristen.** Waren es in den 1970er Jahren stets doppelt so viel männliche wie weibliche Touristen, die Thailand besuchten, so herrscht heute beinah ein Gleichverhältnis.

Gemäß verschiedenen Schätzungen gibt es in Thailand einige Hunderttausend bis gar zwei Millionen Prostituierte. Eine „Studie" der thailändischen Regierung im Jahre 1997 nannte eine lächerliche Zahl von etwas über 70.000 – ein schlechter Scherz in den Augen von Landeskennern. Alleine in Bangkok dürften es schon weit mehr sein. Untersuchungen von nichtstaatlichen Hilfsorganisationen gehen von über 800.000 minderjährigen Prostituierten aus, von den volljährigen ganz zu schweigen. Auch dieses scheint jedoch etwas am Ziel vorbeizuschießen. Realistisch betrachtet dürfte die Zahl bei **bis zu 500.000** liegen.

Doch was sind die Gründe für die verblüffend hohen Zahlen? Zunächst natürlich das Geld. **Arbeitsplätze** für Mädchen sind besonders auf dem Lande rar. Die wenigen, die es gibt, bringen kaum etwas ein. Selbst in Bangkok verdient eine Kaufhaus-Angestellte kaum über 8000 oder 9000 Baht im Monat, auf dem Lande verdient ein Mädchen oft nur 3000 Baht. Häufig müssen die Mädchen noch ihre Familien unterstützen und für die Ausbildung ihrer jüngeren Geschwister sorgen, was in Thailand als

11

selbstverständlich gilt. Das Geld reicht vorne und hinten nicht, wie verlockend (besser: zwingend) ist es da, in einem „Massage-Salon" 50.000 Baht oder mehr zu verdienen? Einige Mädchen in den gehobeneren Massage-Salons in Bangkok fahren nach der Arbeit mit ihrem Mercedes nach Hause.

Das Verhalten vieler thailändischer Männer ist mit eine Hauptursache für die vielen Prostituierten. Auf dem Lande wird oft im Alter von 18 oder 19 geheiratet, ein Jahr später ist das erste Kind da, und noch 2 oder 3 Jahre später setzt sich der Vater ab – auf Nimmerwiedersehen. Den jungen Müttern fällt somit die Erziehung der Kinder anheim, Geld muss verdient werden, und möglicherweise müssen noch die eigenen Eltern unterstützt werden. Eine Alimentenpflicht gibt es in Thailand nicht.

Viele Eltern, besonders in den untersten Schichten des Nordens und Nordostens, sehen sich gezwungen, ihre Tochter an einen **Zuhälter** zu verkaufen. Der Durchschnittspreis beträgt 20.000–30.000 Baht. Jungfrauen können einen besonders hohen Preis erzielen, denn viele Männer – oft Chinesen – versprechen sich von dem Geschlechtsakt mit einer Jungfrau eine Revitalisierung. Die Mehrzahl der Prostituierten stammt aus dem Norden und Nordosten, die wenigsten aus dem relativ wohlhabenden Süden. Manche Mädchen werden unter Versprechungen auf eine Arbeit als Kellnerin oder in der Fabrik in die Stadt gelockt und enden dann im Bordell.

Die große Zahl von Prostituierten weist aber auch darauf hin, dass es nicht immer einfach ist, bzw. war, bei einem „normalen" Mädchen zum Zuge zu kommen. Die **Thai-Gesellschaft** ist traditionellerweise streng und voreheliche Beziehungen sind in „besseren" Familien unerwünscht bis verboten. Es gibt auch heute noch Liebespaare, die sich noch nie körperlich nahe gekommen sind. In den größeren Städten findet nun aber in der jungen Generation eine Art sexuelle Revolution statt, und in manchen Kreisen geht es extrem locker zu. Nicht selten sind Alkohol und Drogen mit im Spiel.

Viele Taxifahrer können von 13-jährigen Liebespaaren berichten, die sich in Stundenhotels kutschieren lassen. Manche tragen noch ihre schwarz-weiße Schuluniform. Offiziell ist der Geschlechtsakt **mit Minderjährigen (d. h. unter 18 Jahren) verboten** und wird mit Gefängnis bestraft. Unter Thais bleibt die Aktion in den allermeisten Fällen ungeahndet, an Ausländern wird aber gerne ein Exempel statuiert.

Der lokalen **Sexindustrie** scheint das neu gefundene Sexualbewusstsein unter Jugendlichen bislang keine Einbußen zu bescheren. Die Kunden in den gehobeneren Massage-Salons sind meist gut situierte Thai-Männer und so manche Geschäftsbesprechung endet mit einer kleinen Intim-Party im Freudenhaus. Mit einer Prostituierten die Sukhumvit Road auf- und abspazieren, so wie viele Westtouristen es tun, würde keinem Thai-Mann im Traum einfallen. Diskretion ist alles.

Die Prostituierten, die auf Ausländer abzielen, sind meist entweder Bargirls in den einschlägigen Bars in Bangkok, Pattaya oder Phuket, oder aber sogenannte „freelancer". Die **„freelancer"** sind im Grunde gewiefte Geschäftsfrauen, die ihr einziges Gut und Können so teuer wie möglich verkaufen. Sie werden nicht von Zuhältern kontrolliert; im Hintergrund lauert schlimmstenfalls der Boy-friend, der von den Mädchen meist frei-willig mitversorgt wird. „Freelancer" fin-den sich in zahlreichen Discos oder Clubs, landauf, landab. Nicht wenige von ihnen geben sich als normale Frauen aus, die zufällig mal auf ein Bier ausge-gangen sind; andere machen aus ihren kommerziellen Absichten keinen Hehl.

Einen „Beute-Neid" hegen Thai-Män-ner gegenüber den westlichen Sextouris-ten nicht: Die Prostituierten, die mit Westlern umherziehen, gelten als die un-terste Schicht ihres Gewerbes – statt Neid empfinden Thai-Männer in der Regel nur Unverständnis.

Geschlechtskrankheiten

Im Zeitalter von AIDS haben die Ge-schlechtskrankheiten fast schon ihren Schrecken verloren, sind aber dennoch sehr präsent. Geschlechtsverkehr ohne Kondom ist Russisches Roulette.

AIDS

AIDS ist immer noch ein ernsthaftes Problem in Thailand, auch wenn die Krankheit in den letzten Jahren aus den Zeitungsschlagzeilen verschwunden ist: Etwa **1,5 % der thailändischen Bevöl-kerung ist HIV-infiziert.** Unter Pros-tituierten kann diese Rate um ein Vielfa-ches höher liegen. Phuket hat derzeit die höchste Pro-Kopf-Rate an HIV, was ei-nerseits an der kleinen Bevölkerungs-zahl der Insel-Provinz liegt, andererseits an der großen Präsenz von Bargirls. 2008 war auf der Website der Zeitung „Phuket Gazette" eine Meldung über ei-nen kostenlosen Bluttest in Patong auf Phuket zu lesen: Eine mobile Klinik wurde in der Bangla Road, eine berüch-tigte Barstraße, aufgestellt und jeder-mann/frau konnte sich testen lassen. Ge-mäß der „Phuket Gazette" waren über 80 % der ca. 150 Blutproben HIV-posi-tiv. Erstaunlicherweise verschwand die Nachricht innerhalb von ein oder zwei Stunden von der Website, und niemand hörte wieder etwas davon – ein merkwürdiger Fall, der zu denken gibt.

Aufgrund des leichten Zugangs zu **an-tiviralen Medikamenten** ist das große Sterben durch AIDS in Thailand heute vorbei. Vor einigen Jahrzehnten noch war AIDS die größte einzelne Todesur-sache, und jeder Dorfbewohner kannte persönlich Menschen in seiner Umge-bung, die an AIDS dahinsiechten oder schon daran gestorben waren. Heute hört man nur selten davon, dennoch ist die Ansteckungsgefahr statistisch gese-hen weit höher als in Mitteleuropa.

12 Anhang

Glossar

Acharn/Ajarn   Hochstehender Mönch; Lehrmeister; Professor

Ao   Bucht

Amphoe   Distrikt

Amphoe Muang   Distrikthauptstadt

Baat   Das Almosengefäß der Mönche

Baht   Die thailändische Währungseinheit; 1 Baht entspricht 100 Satang (s. d.)

Ban/Baan   Haus; Dorf

Bhikku   Pali (s. d.) für Mönch; wörtl. „Bettelnder"

Bin-Ta-Baat   Der morgendliche Almosengang der Mönche

Bot   Ubosot; Hauptgebäude des buddhistischen Tempels, in dem auch die Mönchsordinationen stattfinden

Bot Kris   Kirche

Buat/Buat Phra   Mönchsweihe

Buddha   Wörtl. „Der Erleuchtete"; Ehrentitel für *Gautama Siddharta,* der um 543 v. Chr. geboren wurde und auf dessen Lehren der Buddhismus beruht.

Chaihat   Strand

Chao Le   Die ethnische Gruppe der „Meereszigeuner"; wörtl. „Meeresmenschen"; das *Le* ist Süd-Thai für „Meer".

Chao Phraya   Thailands wichtigster Fluss (365 km lang), der südlich von Bangkok in den Golf von Thailand mündet

Chang Phueak   Als heilig geltender „weißer" Elefant; Albino-Elefant

Changwat   Provinz

Chedi   Stupa oder Pagode; Bauwerk an buddhistischem Tempel, in dem Reliquien untergebracht sind

Dek Wat   Tempeljunge, nicht ordinierter Helfer

Dhamma   Pali (s. d.) für „religiöses Gesetz" oder „Religion"; von Sanskrit *dharma*

Doi Inthanon   Der mit 2565 m höchste Berg Thailands

Farang/Falang   Westlicher Ausländer; ursprüngliche Bedeutung eigentlich „Franzose"

Gathoey   betrügerischer Transvestit oder Transsexueller

Hat   Strand

Issan/Isan   Die nordöstliche Region Thailands, die kulturell eng mit Laos verwandt ist

Jam Phansa   Die dreimonatige Fastenperiode der Mönche, in der sie die morgendlichen Almosengänge unterlassen und stattdessen im Wat von den Gläubigen mit Nahrung versorgt werden

Jataka   Buddhistische Geschichte zur religiösen Erbauung, in dem von Buddhas (s. d.) vorangegangenem Leben erzählt wird

Kam   Von Sanskrit *karma,* „das Getane"; die Philosophie des Karma besagt, dass jedes Wesen in diesem Leben die Früchte aus den Taten in den vorangegangenen Leben erfährt; Gutes wird mit Gutem vergolten, Schlechtes mit Schlechtem

Kamnan	Dorfvorsteher
Khaek	Wörtl. „Gast"; Bezeichnung für Inder aber auch die thailändischen Moslems
Khao Phat	Gebratener Reis; thailändisches Standardgericht
Khanom	Oberbegriff für „Süßigkeiten"
Khon	Getanztes Theaterstück
Khrueang-Rang	Amulett
Kinnari	vogelähnliches, weibliches Fabelwesen
Klong	Kanal, Wasserstraße
Klik	Glücksbringer in Form eines Phallus
Krung Thep	Wörtl. „Stadt der Engel", der thailändische Name für Bangkok
Kruth	Der Garuda, ein adlerähnliches Fabelwesen und Reittier des Gottes Vishnu
Kuan Yin	Chinesische Göttin der Gnade
Kuti	Mönchsunterkunft
Laem	Kap, Landzunge
Lak Muang	„Stadtpfeiler", der das Zentrum eines Ortes markiert und an dem den Stadtgeistern geopfert wird
Lakhon	Tanzdrama
Lanna	Nordthailändisches Königreich, das seine Blüte im 15. Jh. erlebte
Likay	Volkstümliche Theaterform
Ling Kang	Schweinsaffe; wird in der Provinz Surat Thani zum Pflücken von Kokosnüssen abgerichtet
Luang Pho	Ein verehrter (meist älterer) Mönch
Lumbini	Der Geburtsort Buddhas (s. d.) im heutigen Nepal; in Thailand in der Form „Lumpini" geschrieben
Mae Chi	Buddhistische Nonne
Mae Nam	Fluss; wörtl. „Mutter des Wassers"
Mae Phosop	Dem Reis, der heiligen Speise der Thais, innewohnende Schutzgöttin
Mae Tabtim	Chinesische Göttin, der zum Teil in masochistisch anmutenden Trance-Festen gehuldigt wird
Mae Thorani	Die „Mutter der Erde", die aus ihrem Schopf Wasser fließen ließ, um die Dämonen zu vertreiben, die Buddha (s. d.) bei der Meditation störten
Maya Thewi	Die Mutter Buddhas (s. d.)
Mondop	Kleines quadratisches Gebäude an Tempeln; von Sanskrit *mandapa*
Mor Hom	Das traditionelle blaue Hemd der Farmer
Mudmee/ Mat-Mi	Seidengewebe aus dem Nordosten Thailands
Muang Thai	Thailand
Muay Thai	Thai-Boxen
Naga	Schlangengeist
Nakhon	Stadt; von Sanskrit *nagara*
Nam Phrik/ Naam Phrik	Chili-Sauce, Beigabe zum Essen
Nam Pla/ Naam Pla	Fisch-Sauce, Beigabe zum Essen
Nam Tok/ Naam Tok	Wasserfall
Nang Thalung	Schattenspiel mit Figuren aus Leder
Ngaan	Arbeit; aber auch: Fest
Ngaan Sop	Totenfeier, Kremation
Ngaan Wat	Tempelfest, Jahrmarkt
Ngop	Traditioneller Hut der kambodschanischen Reisbauern, auch im Osten Thailands verbreitet

Niphaan	Das Nirwana, die Erlösung aus dem Kreislauf der Wiedergeburten
Pak Klang	Zentralthailand
Pak Nuea	Nordthailand
Pak Tai	Südthailand
Pali	Tote, vom Sanskrit abgeleitete Sprache, in der die heiligen Schriften des Buddhismus verfasst sind. Das Thai weist starke Pali-Einflüsse auf.
Paknam/ Pak Nam/ Pak Naam	Flussmündung
Pha-Nung	Traditionelles Wickelgewand, sowohl von Frauen wie Männern getragen
Pasin	Wickelgewand aus dem Nordosten, getragen von Frauen
Phiphat	Traditionelles Thai-Musikorchester
Phra	Mönch; auch Ehrentitel, der dem Namen der Mönche vorangestellt wird
Phra Chao	Der allumfassende Gott
Phra Phum	Erdgeist
Phra Saksit	Mönch mit übernatürlichen, spirituellen Kräften
Phukhao	Hügel, Berg
Prang	Turm an Tempeln, übernommen aus der Architektur der Khmer
Prasat	Kleineres Tempelgebäude mit kreuzförmigem Grundriss und schmalem Turm darauf
Prathet Thai	Thailand
Rai	Flächeneinheit; 1 Rai = 1600 m²
Ramakien	Die thailändische Version des Hindu-Epos Ramayana
Ruea Hang Yao	„Langschwanz-Boot"
Ruea Duan	Express-Boot
Russi	Weiser, Einsiedler; von Sanskrit *rishi*
Rot Air	Bus mit Klimaanlage
Rot Thammada	Wörtl. „Normalbus"; ohne Klimaanlage
Roti	Flaches rundes Fladenbrot indischen Ursprungs, Bestandteil der Moslem-Küche
Sala	Unterstand, Ruheplatz, Pavillon
Sala Klang	Verwaltungsgebäude, Rathaus
Sala Mangsawirat/ Mangsawilat	Vegetarisches Restaurant
Samathi	Meditation
Samlor	Wörtl. „Dreirad"; Tuk-Tuk (s. d.), aber auch Fahrrad-Riksha
Sanjao	Chinesischer Tempel
Satang	Die kleinste thailändische Währungseinheit
Sak	Tätowierung, vornehmlich zu dem Zweck, Unglück vom Träger abzuwenden
Saksit	Spirituelle, übernatürliche Kräfte; von Sanskrit *shakti*
Samun-Pray	Kräutermedizin
Sema	Grenzsteine, die um ein Bot (s. d.) angelegt sind und sie so vom *Viharn* (s. d.) unterscheiden; von Sanskrit/Pali *sima*, „Grenze"
Siam	Der alte Name Thailands, bis 1939 in Gebrauch
Silor	Wörtl. „Vierräder", ein anderes Wort für Songthaew (s. d.)
Som-Tam	Scharfer Salat aus unreifen Papayas

Anhang

Songthaew	Wörtl. „Zwei Reihen"; umgebauter Pick-Up-Truck, der als Nahverkehrsmittel dient
Surau	Moschee
Susaan	Friedhof
Takrao/Takraw	Thailändische Sportart, bei der die Teilnehmer sich einen leichten Rattan-Ball zukicken
Talat/Talaat	Markt
Talat Nam/ Talaat Naam	„Schwimmender Markt", auf dem die Waren von Booten aus auf einem Klong (s. d.) feilgeboten werden
Talapat	Der traditionelle Fächer der Mönche
Tambon	Nächst kleinerer Verwaltungsbezirk unter dem Amphoe (s. d.)
Tha Ruea	Pier, Hafen
Thale	Meer
Thale Sap	Binnensee
Tham	Höhle, Grotte
Tham Bun	Die Philosophie des Gute-Taten-Verrichtens, um dadurch als besseres Wesen wiedergeboren zu werden
Thanon	Straße
Thanon Duan	Expressway, Schnellstraße
Thep	Engel oder himmlisches Wesen
Thevada	Eine Art Engel; von Sanskrit *deva*, „Gott"
Tom Yam	Eine scharfe Suppe
Tripitaka	Wörtl. „Die drei Körbe"; eine Sammlung buddhistischer Unterweisungsschriften und Kommentare
Trok	Gasse

Tuk-Tuk	Auch Samlor (s. d.), eine Art Mini-Taxi auf drei Rädern
Ubosot	Siehe Bot
Viharn	Tempelgebäude, in dem Buddha-Figuren aufbewahrt werden, und das zu Gebetszeremonien dient
Vipassana	Buddhistische Meditationstechnik des „Einblicks" in gedankliche und körperliche Vorgänge
Wai	Der traditionelle thailändische Gruß, bei dem die Hände vor der Brust aneinandergelegt werden
Wai Phra	Wörtl. das „Verehren" oder „Grüßen" von Mönchen oder Göttern; beten
Wan Phra	Wörtl. „Mönchstag"; mehrmals monatlich begangener, durch den Mondkalender bestimmter Gebetstag
Wat	Eine buddhistische Tempelanlage; von Pali (s. d.) *vaddhu*
Wien Tien	Wörtl. „Umkreisen mit Kerzen"; an bestimmten religiösen Festtagen begangenes Zeremoniell, bei dem die Gläubigen die Tempel mit brennenden Kerzen umrunden
Yaa Boraan	Kräutermedizin, Naturheilkunde; wörtl. „alte Medizin"
Yaa-Maa	Amphetamine, Aufputschmittel; wörtl. „Pferde-Medizin"
Yak	Furchterregende Statue, die als Tempelwächter dient; von Sanskrit *yaksha*
Yam	Eine Art Salat

12

Literaturtipps

■ *Australian-New Zealand Women's Group:* **Bangkok Guide;** ein Leitfaden für Leute, die länger in Bangkok bleiben wollen, mit allen wichtigen Adressen und vielen Tipps. Das Buch enthält auch „Nancy Chandler's Map of Bangkok", eine originelle Bangkok-Karte, in der alle Sehenswürdigkeiten, Märkte etc. eingezeichnet sind. Die Karte gibt es auch unabhängig vom Buch zu kaufen.

■ *Blume, Brigitte:* **Myanmar (Birma, Burma);** Reise Know-How Verlag, Reisehandbuch für den Abstecher nach Burma. Detailliert, praktisch, für Individualreisende.

■ *Burdett, John:* **Der Jadereiter;** auf Deutsch erschienen im Piper Verlag. Exzellenter Thriller über die Unterwelt und die Polizei in Bangkok. Das FBI ist natürlich auch mit dabei. **Bangkok Tattoo** und **Der Buddhistische Mönch,** zwei Folgeromane, sind ebenfalls im Piper Verlag erschienen.

■ *Chaturabhand, Preecha:* **People of the Hills;** Editions Duang Kamol (D.K. Books). Eine Darstellung der wichtigsten Bergvölker Thailands, ihrer Gebräuche und Lebensgrundlagen. Gut lesbar.

■ *Clarac, Achille:* **Guide to Thailand;** Oxford University Press, Kuala Lumpur. Mehr ein Kultur- als ein Reiseführer und sehr interessant für Leute, die sich mit der Geschichte und Architektur der Wats beschäftigen.

■ *Devivere, Beate:* **Das letzte Paradies;** Fischer Verlag, Frankfurt/Main, Taschenbuch. Engagiertes Buch, das sich mit der Problematik der Regenwaldzerstörung und deren Folgen auseinandersetzt.

■ *Dittmar, Johanna:* **Thailand und Burma;** Kunst-Reiseführer, DuMont-Verlag. Tempelanlagen und Königsstädte zwischen Mekong und Indischem Ozean. Die ideale Ergänzung für alle diejenigen, die mehr über Architektur, Kunst und Kultur Thailands wissen wollen.

■ *George, Uwe:* **Regenwald;** GEO-Buch, 2000. Umfangreicher Bildband über den tropischen Regenwald. Viele sehr gute Fotos.

■ *Hanewald, Roland:* **Das Tropenbuch;** Jens Peters Verlag, Berlin, Taschenbuch. Gute Tipps vom Leben und Überleben in tropischen und subtropischen Gebieten.

■ *Hargreave, Oliver:* **Exploring Chiang Mai: City & Mountains;** WW Norton & Co. Ausgezeichneter Führer durch die Provinz Chiang Mai, mit schönen Fotos.

■ *Hoskin, John:* **Bangkok;** Times Editions. Nett geschrieben und mit vielen schönen Fotos.

■ *Jumsai Manich:* **A Popular History of Thailand;** Chalermnit, Bangkok. Eine gut lesbare Einführung in die thailändische Geschichte.

■ *Krack, Rainer:* **CityTrip Bangkok.** Dieser kompakte Stadtführer präsentiert Thailands Hauptstadt mit all ihren extremen Gegensätzen. Reise Know-How Verlag, Bielefeld.

■ *Krack, Rainer:* **CityGuide Bangkok.** Bangkok und Umgebung mit diesem umfangreichen CityGuide erleben. Reise Know-How Verlag, Bielefeld.

■ *Krack, Rainer:* **Insel Phuket.** Die Perle der Andamanensee wird sie oft genannt, die beliebte Ferieninsel an der Westküste von Thailand, die größte der vielen Trauminseln des Landes. Reise Know-How Verlag, Bielefeld.

■ *Krack, Rainer:* **InselTrip Phuket.** Dieser kompakte Reiseführer führt zu den weltbekannten Stränden Phukets, erklärt ihre Besonderheiten und gibt aktuelle Empfehlungen zu Unterkünften, Restaurants, Verkehrsmitteln und Ausflugsmöglichkeiten. Reise Know-How Verlag, Bielefeld.

■ *Krack, Rainer:* **KulturSchock Thailand.** Reise Know-How Verlag, Bielefeld. Fundiertes Hintergrundwissen, praxisnah auf die Situation des Reisenden ausgerichtet.

■ *Lapcharoensap, Rattawut:* **Sightseeing;** Kiepenheuer & Witsch. Sehr empfehlenswerte literarische Sammlung von sieben Kurzgeschichten eines jungen Thai Schriftstellers, der zeitweise im Westen aufgewachsen ist. Die Erzählungen beschreiben ein Thailand, das dem Touristen weitgehend verborgen bleibt.

■ *Lötschert, W./Beese, G.:* **Pflanzen der Tropen;** BLV Verlag, München 1984. Sehr gute Bestimmungshilfe für häufig vorkommende Pflanzen, die zudem den Nutzwert der Pflanzen mitbeschreibt.

■ *Lutterjohann, Martin:* **Thai – Wort für Wort;** Kauderwelsch Bd. 19, REISE KNOW-HOW Verlag, Bielefeld. Ein auf die Bedürfnisse des Reisenden zugeschnittener Sprachführer, der bei der Verständigung mit Thais unschätzbare Dienste leistet. Begleitendes Tonmaterial erhältlich.

■ *Lutterjohann, Martin:* **Kauderwelsch plus Thai – Wort für Wort.** Der bewährte Kauderwelsch-Sprachführer, ergänzt durch ein umfangreiches Wörterbuch, vom REISE KNOW-HOW Verlag, Bielefeld.

■ *Mulder, Niels:* **Inside Thai Society: Religion, Everyday Life, Change;** Silkworm Books, 2001. Das Buch ist eine der besten Interpretationen der Thais und ihrer Sicht der Dinge.

■ *Nostitz, Nick:* **Red Vs. Yellow Vol. 1 – Thailand's crisis of identity;** White Lotus Press, Bangkok, 2009. Kein Journalist war so nah und ausdauernd bei den chaotischen, teils gewaltsamen politischen Ereignissen von 2008/09 mit dabei wie der deutsche Fotojournalist *Nick Nostitz.* Der in Bangkok lebende Fotograf hat die Geschehnisse in dramatischen Bildern festgehalten, und sein Text ist ein fesselndes Dokument einer Zeit der Umwälzungen in Thailand – ob immer ganz unparteiisch, sei dahingestellt. Dass ein Jahr darauf noch schlimmere Ereignisse bevorstanden, war vorauszuahnen, und so ist dies klugerweise erst Teil Eins. *Nostitz* war auch 2010 mit seiner Kamera inmitten des Geschehens und Teil Zwei wird folgen.

■ *Seidenfaden, Erik:* **1928 Guide to Bangkok;** Oxford University Press, Singapur: Die Neuauflage eines über 80 Jahre alten Reiseführers durch Bangkok, mit alten Fotos und Karten. Den Beschreibungen nach muss Bangkok eine beschauliche kleine Hauptstadt gewesen sein.

■ *Smithies, Michael:* **Old Bangkok;** Oxford University Press, Singapur. Ein guter Überblick über die Vergangenheit von Bangkoks Sehenswürdigkeiten und wichtigen Persönlichkeiten.

■ *Syamananda, Rong:* **A History of Thailand;** Thai Watana Panich, Bangkok. Das Buch bietet einen sehr guten Einblick in Thailands Geschichte, ohne zu akademisch zu werden.

■ *Vater, Tom:* **InselTrip Ko Samui, Ko Phangan und Ko Tao.** Drei tropische Inselparadiese im Golf von Thailand, die unterschiedlicher nicht sein könnten und daher für jeden auch noch so verwöhnten Strandliebhaber etwas zu bieten haben. REISE KNOW-HOW Verlag, Bielefeld.

■ *Warren, William:* **A Guide to Phuket,** Asia Books. Beschreibung einer der schönsten Inseln Asiens mit wunderbaren Fotos.

■ *Waugh, Alec:* **Bangkok – Story of a City;** Orientations Ltd. Bangkoks Vergangenheit aus der Sicht eines Schriftstellers und Bangkok-Liebhabers. Ein wenig Fiktion ist subtil untergemischt, aber das macht das Buch umso lesbarer.

■ *Werner, David:* **Wo es keinen Arzt gibt. Medizinisches Gesundheitshandbuch zur Hilfe und Selbsthilfe auf Reisen.** REISE KNOW-HOW Verlag, Bielefeld.

■ *Wilgus, Nick:* **Die Father Ananda Mysteries;** Father Ananda ist ein buddhistischer Mönch, der in einem Kloster in Bangkok lebt und in seinem letzten Leben als Kriminalkommissar in Mordsachen gearbeitet hat. Kommt es in einem Tempel Thailands zu einem Todesfall, so wird Father Ananda zur Untersuchung gerufen. Der Amerikaner Nick Wilgus hat bislang drei Father Ananda Krimis geschrieben, ein vierter Band soll 2013 noch erscheinen. Alle Bände sind auf Englisch bei Crime Wave Press (www.crimewavepress.com) erschienen.

Lautschrift

Hier sind diejenigen Lautschriftzeichen aufgeführt, deren Aussprache abweichend vom Deutschen ist bzw. sein kann.

gk	Laut zwischen „g" und „k" bzw. nicht behauchtes „k"
kh	behauchtes „k" wie im Deutschen, z. B. „k" wie „**K**opf"
ng	nasaliertes „ng" wie in „sie sa**ng**", ein „g" ist nicht zu hören; auch am Wortanfang als ein Laut gesprochen
dj	etwa wie „dsch" in „**Dsch**ungel"
s	stimmloses „s" wie in „Ga**s**t"
ch	stimmloses „sch" wie in „**Sch**ule" oder „tsch" wie in „Ma**tsch**"
y	wie „j" in „**J**äger"
dt	zwischen „d" und „t" bzw. nicht behauchtes „t"
th	behauchtes „t" wie im Deutschen, „t" wie „**T**ag"
bp	zwischen „b" und „p" bzw. nicht behauchtes „p"
ph	behauchtes „p" wie im Deutschen, „p" wie „**P**ost"
r	Zungen-r (gerollt), niemals ein Kehlkopf-r; Thai sprechen es manchmal wie ein „l" aus
w	Halblaut zwischen „u" und „w" wie das englische „w" in „**w**ater" (Wasser)
ɵ	kurz und offen wie in „**o**ft",
ɵɵ	lang und offen wie in „**O**rt"

Abkürzungen (Wort für Wort)

m/w	männlich/weiblich
P	Partikel (Funktionswörter ohne eigene Bedeutung)
HPm/w	Höflichkeitspartikel der Männer/Frauen
AP/FP	Aufforderungspartikel/Fragepartikel
KW	Kategoriewort
ZUK.	Zukunft
VERG.	Vergangenheit

Ziffern | **Töne**

0	súun
1	nüng
2	se·ong
3	sáam
4	sji
5	hàa
6	hok
7	djet
8	bpäät
9	gkàao

Der **mittlere Ton** wird neutral in der stimmlichen Mittellage gesprochen. Ein Wort in der Umschrift ohne Tonzeichen wird also immer im mittleren Ton gesprochen (s.u.).

Der **tiefe Ton** wird am unteren Ende der natürlichen Stimmlage gleichmäßig tief gesprochen. In der Umschrift wird der Selbstlaut unterstrichen.

Der **fallende Tòn** ist ein zunächst etwas ansteigender, dann scharf abfallender Ton. Er wird durch einen sich von links nach rechts neigenden Strich gekennzeichnet.

Der **hohe Tōn** wird am oberen Ende der natürlichen Stimmlage gleichmäßig hoch gesprochen. In der Umschrift wird der hohe Ton durch einen geraden Strich über dem Selbstlaut der betreffenden Silbe gekennzeichnet.

Der **steigende Tón** verhält sich dem fallenden Ton entgegengesetzt: er fällt zunächst etwas und steigt dann von unten steil nach oben an. In der Lautschrift wird er durch einen von links unten nach rechts oben führenden Strich verdeutlicht.

Die folgende Grafik stellt die „Melodieführung" der Töne am Beispiel der Silbe **ka** dar:

—   _   ∖   ‾   ∕

ka	**ka**	**kà**	**kā**	**ká**
mittel	tief	fallend	hoch	steigend

12

Die wichtigsten Fragewörter

ที่ไหน	thîi-nái	wo?
ไหน	nái	wohin?
ทำไม	thammai	warum?
อย่างไร	yaangrai	wie?
ใคร	khrai	wer?
เท่าไร	thàorai	wie viel?
เมื่อไร	mûarai	wann?
วันที่เท่าไร	wan thîi thàorai	an welchem Tag?
นานเท่าไร	naan thàorai	wie lange?

Die wichtigsten Richtungsangaben

ขวามือ	khwáa müü	rechts
ซ้ายมือ	sāai müü	links
ตรงไป	dtrong bpai	geradeaus
ตรงข้าม	dtrong-khàam	gegenüber
ตรงนี้	dtrong-nìi	genau hier
ข้างๆ	khàang-khàang	neben
ข้างหน้า	khàang-nàa	vorne, vor
ข้างหลัง	khàang-láng	hinten, hinter
ที่นี่	thîi-nìi	hier
ที่นั่น	thîi-nàn	dort
สี่แยก	sìi-yâāk	Kreuzung

12

พูดไทยไม่ได้

Ich kann kein **phùut thai mài dàai**
Thai sprechen. *sprechen Thai nicht können*

เดี๋ยวช้าๆหน่อยสิ

Moment, etwas **díao chā-chāa nǿi sị**
langsamer bitte. *Moment langsam-langsam etwas AP*

อะไรนะ ไม่เข้าใจ

Wie bitte? Ich habe **arai nā, mài khào-djai**
nicht verstanden. *was bitte, nicht hineinbewegen-Herz*

เข้าใจแลว

Ich habe verstanden. **khào-djai lǎǎo**
hineinbewegen-Herz schon

กรุณาพูดใหม่ครับ/ค่ะ

Bitte wiederholen **gkarūnaa phùut mại khrāp/khà'**
Sie es. *bitte sprechen neu HPm/w*

เข้าใจไหม

Verstehen Sie? **khào-djai māi**
hineinbewegen-Herz FP

นี่ ภาษาไทยเรียกว่าอย่างไร

Wie heißt das **nìi phaasáa thai rìiak wàa yạangrai**
auf Thai? *dies Sprache Thai rufen sagen wie*

แปลให้ได้ไหมครับ/ค่ะ

Können Sie (mir) **bplää (hài) dài māi khrāp/khā'**
übersetzen? *übersetzen (für) können FP HPm/w*

อยากเรียนภาษาไทย

Ich möchte gerne **yạak riian phaasáa thai**
Thai lernen. *möchten lernen Sprache Thai*

...ภาษาอังกฤษแปลว่าอะไรครับ/คะ

Was bedeutet „...“ **„...“ phaasáa angkrịt bplää wàa arai**
auf Englisch? **khrāp/khā'**
Sprache englisch übersetzen dass was HPm/w

ช่วยเขียนคำนี้ให้หน่อย

Bitte schreiben Sie mir **chùai khíian kham nǐi hài nǿi**
dieses Wort auf. *helfen schreiben Wort dies geben etwas*

12

Die wichtigsten Fragen & Sätze

Die Liste ist z. B. mit der Kartenlegende auf der ersten Seite zu gebrauchen: Frage und gewünschter Zielort werden einfach kombiniert, indem man daraufzeigt.

mii ... māi khrāp/khā'	มี...ไหมครับ/คะ
Gibt es ...?	
háa ... khrāp/khà'	หา...ครับ/คะ
Ich suche ...	
sɯ́ɯ ... dài thîi-nái khrāp/khā'	ซื้อ...ได้ที่ไหนครับ/คะ
Wo kann man ... kaufen?	
khɵ·ɵ ... khrāp/khà'	ขอ...ครับ/คะ
Ich möchte bitte ... haben.	
ao ... khrāp/khà'	เอา...ครับ/คะ
Ich nehme ...	
nìi arai khrāp/khā'	นี่อะไรครับ/คะ
Was ist das?	
nìi thàorai khrāp/khā'	นี่เท่าไหร่ครับ/คะ
Wie viel kostet das?	
... yuu thîi-nái khrāp/khā'	อยู่ที่ไหนครับ/คะ
Wo ist ...?	
yàak-dja' bpai ...	อยากจะไป...
Ich möchte nach ... gehen/fahren.	
bpai ... thàorai	ไป...เท่าไหร่
Wie viel kostet die Fahrt nach ...?	
bpai ... yangngai	ไป...ยังไง
Wie komme ich zu/nach ...?	
chùai phaa phóm/chǎn	ช่วยพาผม/ฉัน
bpai ... dài māi	ไป...ได้ไหม
Bringen Sie mich(m/w) bitte nach ...	
chùai phóm/chǎn nɵɵi dài	ช่วยผม/ฉันหน่อย
māi khrāp/khā'	ได้ไหมครับ/คะ
Können Sie mir(m/w) bitte helfen?	

Die wichtigsten Floskeln & Redewendungen

chài Ja, stimmt.	ใช่
mài chài Nein, stimmt nicht.	ไม่ใช่
mii Ja, es gibt.	มี
mài mii Nein, gibt es nicht.	ไม่มี
chöön „bitte": Angebot	เชิ
bproot / gkarūnaa auffordern	โปรด/กรุณา
kho·o um etw. bitten	ขอ
chùai um Hilfe bitten	ช่วย
khoop-khun khrāp/khà' Danke.	ขอบคุณครับ/ค่ะ
mài bpen rai Macht nichts!/Keine Ursache!	ไม่เป็นไร
sawat-dii khrāp/khà' Guten Tag!/Auf Wiedersehen!	สวัสดีครับ/ค่ะ
sabaai-dii lŏŏ Geht's gut? (unter Freunden)	สบายดีเหรอ
bpen yangngai bàang Wie geht es Ihnen?	เป็นยังไงบ้าง
sabaai-dii khrāp/khà' Danke, mir geht es gut.	สบายดีครับ/ค่ะ
bpai la nā Ich gehe jetzt!, Tschüss!	ไปละนะ
phóm/di-chān chǔü ... Ich(m/w) heiße ...	ผม/ดิฉันชื่อ...
gkin-khàao dùai-gkan māi (Einladung zum Essen)	กินข้าวด้วยกันไหม
kho·o-thòot khrāp/khà' Entschuldigung!	ขอโทษครับ/ค่ะ
chòok dii nā khrāp/khā' Viel Glück!, Alles Gute!	โชคดีนะครับ/คะ

12

Interessante Websites

www.2bangkok.com
Dieses Webportal bietet Übersetzungen ins Englische von Artikeln aus den Thai Medien.

www.accesstoinsight.org
Informationen zum in Thailand praktizierten Theravada-Buddhismus.

www.asiadivesite.com/thailand-dive-sites
Information zu den angesagtesten Tauchgebieten Thailands.

www.aroonthaew.com
Webseite der thailändischen Fotografin und Reise Know-How-Autorin *Aroon Thaewchatturat.*

www.auswaertiges-amt.de
Die Website des Auswärtigen Amtes, mit Länder- und Gesundheitsinformationen, konsularischen Adressen etc.

http://bangkok.coconuts.co
Nachrichten, Gerüchte und allerlei Neues aus dem Land des Lächelns.

www.cia.gov/cia/publications/factbook
Informationen und Daten zu allen Ländern der Welt, zusammengestellt vom CIA.

www.chiangmai-mail.com
Nachrichten aus Chiang Mai.

www.chiangmainews.com
Ebenfalls Nachrichten aus der Metropole des Nordens, dazu viele Tipps und Adressen.

www.crimewavepress.com
Verleger von Krimis, die in Asien spielen, auch in Thailand.

www.der-farang.com
Nachrichten aus Pattaya und Thailand im Allgemeinen, Tipps, Features auf Deutsch.

www.dhammathai.org
Informationen zum Buddhismus, speziell der thailändischen Variante, dazu Chat-Room.

www.gophuket.com
Hotelbuchungen auf Phuket.

www.hoteleasy.com und
www.hotelsguidethailand.com
Landesweite Hotelbuchungen

www.khaosanroad.com
Die „offizielle Website" der Backpackerstraße Khao San Road in Bangkok, mit hilfreichen Tipps zu Unterkünften, Restaurants, Shopping etc.

www.notthenation.com
Fiktive Nachrichten aus Thailand, eine regelmäßig aktualisierte Satire der lokalen Politik und Medien.

www.oanda.com/convert/classic
Die aktuellen weltweiten Wechselkurse

www.pattayamail.com
Nachrichten aus Pattaya und Umgebung.

www.phuket.com
Hotelbuchungen auf Phuket

www.phuket-discovery.com
Hotel- und Tourbuchungen, Infos

www.phuket-hotels.com
Hotelbuchungen auf Phuket.

www.phuket-phuket.com
Informationen zu Phuket, Hotelbuchungen

www.richardbarrow.com
Die Website eines Bangkokbeobachters, Bloggers, Journalisten.

www.rockhardphuket.com
Die Website einer Go-Go-Bar auf Phuket, u. a. mit Nachrichten aus Phuket, frech und ohne Blatt vor dem Mund präsentiert.

www.sacredskinthailand.com
Die Seite zum ersten englischsprachigen Buch über *Sak Yant,* Thailands heilige Tätowierungen, von REISE KNOW-HOW-Autor *Tom Vater* und Fotografin *Aroon Thaewchatturat.*

www.sawadee.com
Landesweite Information, Hotelbuchungen

www.seacanoe.net
Ökologisch ausgerichtete Kajak- und Bootstouren, das erste Unternehmen dieser Art in Thailand.

www.siam-society.org
Die Website der Siam Society, die sich dem Erhalt thailändischer Kultur widmet, mit interessanten Vorträgen und interessanten Tour-Angeboten.

www.stickmanbangkok.com
Informationen und Reflektionen eines in Bangkok ansässigen westlichen Expats; auch viel zum „schmuddeligen" Nachtleben und den Beziehungen zwischen Westlern und Thais.

www.talesofasia.com
Erlebnisberichte und Neuigkeiten aus Thailand, S.O.-Asien und darüber hinaus.

www.thaigov.go.th
Die offizielle Website der thailändischen Regierung, Pressemitteilungen und Veranstaltungskalender.

www.thailand.com
Web-Portal mit allgemeinen Informationen, Wetterbericht, Hotelbuchungen u. v. m.

www.thailand-community.de
Nachrichten und Wissenswertes aus/über Thailand, dazu Forum, zur Abwechslung mal auf Deutsch.

www.thailandtourismus.de
Die Website des thailändischen Fremdenverkehrsamts in Frankfurt, mit zahlreichen allgemeinen Landesinformationen.

www.thailife.de
Nachrichten um die thailändische Gemeinde in Deutschland, Adressen von thailändischen Tempeln, allgemeine Hinweise u. v. m.

www.thaivisa.com
Alles um Thai-Visas, Arbeitserlaubnis etc.

www.tomvater.com
Die Website des REISE KNOW-HOW-Autors.

www.tourist.police.go.th
Die Website der thailändischen Tourist Police, mit Adressen der Zweigstellen, dazu Verhaltens- und Sicherheitshinweise.

http://weather.yahoo.com
Detaillierte Wettervoraussagen zu zahlreichen Orten Thailands.

www.yellowpages.co.th
Thailands Gelbe Seiten online.

Weitere spannende Websites stehen auch im Kapitel „Information – Informationen aus dem Internet".

12

Ortsverzeichnis Deutsch – Thai

Aranyaprathet	อรัญประเทศ
Ayutthaya	อยุธยา
Ban Chiang	บ้านเชียง
Ban Krud	บ้านกรูด
Ban Phe	บ้านเพ
Ban Pong	บ้านโพ่
Bangkok	กรุงเทพฯ
Bang Pa-In	บางปะอิน
Bang Saphan	บางสะพาน
Ban Tha Kam	บ้านทาคำ
Banthat-Gebirge	เทือกเขาบรรทัด
Bor Sang	บ่อสร้าง
Cha-Am	ชะอำ
Chaiya	ไชยา
Chantaburi	จันทบุรี
Chiang Dao	เชียงดาว
Chiang Khan	เชียงคาน
Chiang Khong	เชียงกอง
Chiang Mai	เชียงใหม่
Chiang Rai	เชียงราย
Chiang Saen	เชียงแสน
Chumphon	ชุมพร
Damnoen Saduak	ดำเนินสะดวก
Doi-Inthanon-Nationalpark	อุทยานดอยอินทนน
Doi-Khuntan-Nationalpark	อุทยานดอยขุนตาล
Fang	ฝาง
Hat Yai	หาดใหญ่
Hua Hin	หัวหิน
Hot	ฮอด
Huai-Nam-Dang-Nationalpark	อุทยานแห่งชาติห้วยน้ำคัง
Kaeng-Krachan-Nationalpark	อุทยานแห่งชาติแก่งกระจาน
Kamphaeng Phet	กำแพงเพรช
Kanchanaburi	กาญจนบุรี
Khao-Chamao-Khao-Wong-Nationalpark	อุทยานเขาชะเมาเขาวง
Khao-Luang-Nationalpark	อุทยานแห่งชาติขาหลวง
Khao-Sok-Nationalpark	เขาสก
Khao-Wong-Nationalpark	อุทยานแห่งชาติขาวั้
Khao-Yai-Nationalpark	อุทยานแห่งชาติขาใหญ่
Khon Kaen	ขอนแก่น

Khorat	โคราช
Khun-Chae-Nationalpark	อุทยานแห่งชาติขุนแจ
Khun Yuam	ขุนยวม
Khuraburi	คุระบุรี
Ko Bulon Lae	เกาะบูโลนเวย
Ko Chang	เกาะช้าง
Ko Lanta Yai	เกาะลันตาใหญ่
Ko Phangan	เกาะพะงัน
Ko Phi Phi	เกาะพีพี
Ko Phra Thong	เกาะพระทอง
Ko Samet	เกาะเสม็ด
Ko Samui	เกาะสมุย
Ko Tao	เกาะเต่า
Ko Thalu	เกาะทะลุ
Ko Yao Noi	เกาะยาวน้อย
Ko Yao Yai	เกาะยาวใหญ่
Krabi	กระบี่
Kraburi	กระบุรี
Laem Mae Phim	แหลมแม่พิม
Laem Ngop	แหลมงอบ
Lampang	ลำปาง
Loei	เลย
Lopburi	ลพบุรี
Mae Chan	แม่จัน
Mae Hong Son	แม่ฮ่องสอน
Mae Sa	แม่สา
Mae Sariang	แม่สะเรียง
Mae Sai	แม่สาย
Mae Sot	แม่สอด
Mae Taeng	แม่แตง
Mae Wang	แม่วาง
Muang Buran	เมืองโบราณ
Mukdahan	มุกดาหาร
Nakhon Pathom	นครปฐม
Nakhon Phanom	นครพนม
Nakhon Ratchasima	นครราชสีมา
Nakhon Sawan	นครสวรรค์
Nakhon Si Thammarat	นครศรีธรรมราช
Nam Nao Nationalpark	อุทยานแห่งชาติน้ำหนาว
Nam-Tok-Mae-Surin-Nationalpark	อุทยานน้ำตกแม่สุรินทร์
Nan	น่าน

12

Narathiwat	นราธิวาส
Nong Khai	หนองคาย
Nonthaburi	นนทบุรี
Pai	ปาย
Pak Bara	ปากบะระ
Pak Phanang	ปากพนัง
Pathum Thani	ปทุมธานี
Pattani	ปัตตานี
Pattaya	พัทยา
Petchaburi	เพรชบุรี
Phang-Nga	พังงา
Phattalung	พัทลุง
Phayao	พะเยา
Phimai	พิมาย
Phi Phi Islands	เกาะพีพี
Phitsanulok	พิษณุโลก
Phrae	แพร่
Phu-Hin-Rong-Kla-Nationalpark	อุทยานภูหินร่องกล้า
Phu Kradung	ภูกระดึง
Phuket	ภูเก็ต
Phuket Town	เมืองภูเก็ต
Prachuap Khiri Khan	ประจวบคีรีขันธ์
Prasat Khao Phanom Rung	ปราสาทเขาพนมรุ้ง
Ranong	ระยอง
Ratchaburi	ราชบุรี
Rayong	ระยอง
Roi-Et	ร้อยเอ็ด
Sakhon Nakhon	สกลนคร
Samoeng	สะเมิง
Samut Prakarn	สมุทรปราการ
Samut Songkhram	สมุทรสงคราม
Sangkhlaburi	สังคลาบุรี
San Kamphaeng	สันกำแพง
Satun	สตูล
Si Ratcha	ศรีราชา
Si Saket	ศรสระเกษ
Si Satchanalai	ศรีสัชนาลัย
Songkhla	สงขลา
Sop Ruak	สบรกษ์
Sukhothai	สุขทัย
Sungai Golok	สุไหงโกลก

Surat Thani	สุราษฎร์ธานี
Surin	สุรินทร์
Tak	ตาก
Tambon Thep Sadet	ตำบลเทพเสด็
Tarutao-Nationalpark	อุทยานแห่งชาติะตะรุตา
Thale-Ban-Nationalpark	อุทยานแห่งชาติะทะเลบาน
That Phanom	พระธาตุพนม
Thaton	บ้านท่าตอน
Trang	ตรัง
Trat	ตราด
Ubon Ratchathani (Ubon Thani)	อุลราชธานี
Yala	ยะลา

HILFE!

Dieser Reiseführer ist gespickt mit unzähligen Adressen, Preisen, Tipps und Infos. Nur vor Ort kann überprüft werden, was noch stimmt, was sich verändert hat, ob Preise gestiegen oder gefallen sind, ob ein Hotel, ein Restaurant immer noch empfehlenswert ist oder nicht mehr, ob ein Ziel noch oder jetzt erreichbar ist, ob es eine lohnende Alternative gibt usw.

Unsere Autoren sind zwar stetig unterwegs und versuchen, alle zwei Jahre eine komplette Aktualisierung zu erstellen, aber auf die Mithilfe von Reisenden können sie nicht verzichten.

Darum: Schreiben Sie uns, was sich geändert hat, was besser sein könnte, was gestrichen bzw. ergänzt werden soll. Nur so bleibt dieses Buch immer aktuell und zuverlässig. Wenn sich die Infos direkt auf das Buch beziehen, würde die Seitenangabe uns die Arbeit sehr erleichtern. Gut verwertbare Informationen belohnt der Verlag mit einem Sprechführer Ihrer Wahl aus der über 220 Bände umfassenden Reihe „Kauderwelsch". Bitte schreiben Sie an:

REISE KNOW-HOW Verlag, Peter Rump GmbH | Postfach 140666 | D-33626 Bielefeld oder per E-Mail an: info@reise-know-how.de

Danke!

Register

12

Die Autoren

Rainer Krack, geb. 1952, lebt seit 1987 als freier Journalist und Reiseschriftsteller in Bangkok, von wo aus er ständig Süd- und Südostasien bereist. Zu seinem Spezialgebiet gehört der indische Subkontinent, auf dem er bisher etwa zehn Jahre verbracht hat. Mindestens vier Jahre war er in Singapur zu Gast, das für ihn ein perfekter Gegenpol zu den etwas weniger geordneten Ländern wie Indien und Nepal darstellt. Rainer Krack hat über 20 Bücher geschrieben, Texte zu mehreren Dokumentarfilmen verfasst, und bei indischen Filmproduktionen als Co-Textautor mitgewirkt. Zahlreiche seiner Artikel sind in Publikationen wie *Geo, Bangkok Post, The Nation* und *South China Morning Post* erschienen. Rainer Krack spricht Hindi, Bengali, Thai sowie diverse Dialekte oder Sonderformen derselben – Mumbai-Gangster-Hindi ebenso wie das in Südthailand verbreitete Süd-Thai. Dazu kommt passables „Singlish", das in Singapur übliche, stark von Lokalsprachen beeinflusste Englisch. Im REISE KNOW-HOW Verlag sind von Rainer Krack zahlreiche Sprach-, Kultur- und Reiseführer erschienen.

Tom Vater, der die Hälfte des Jahres in Thailand verbringt, reiste 1993 erstmals nach Asien, zunächst, um als Musikwissenschaftler im Auftrag der British Library die Musik der Minderheiten Südasiens aufzuzeichnen. Seitdem sind seine Artikel zu den Themen Tourismus, Umwelt, Politik, Kultur und Minderheiten in Südasien weltweit erschienen. Er ist der Bangkok-Experte für den *Daily Telegraph,* und er schreibt gelegentlich Dokumentarfilm-Drehbücher für das deutsche Fernsehen. Er hat für den REISE KNOW-HOW Verlag den KulturSchock „Thailands Bergstämme und Seenomaden", den CityTrip „Angkor und Siem Reap" sowie den Insel Trip „Ko Samui, Ko Panghan und Ko Tao" geschrieben. Seit 2006 ist er Co-Autor der Bände „Thailand" und „Thailands Süden". 2011 ist *Sacred Skin* (www.sacredskinthailand.com), sein Buch über Thailands heilige Tätowierungen, auf Englisch erschienen. Tom Vater ist außerdem der Mitinhaber von *Crime Wave Press* (www.crimewavepress.com), einem Verlag, der in Asien basierende Krimis herausgibt. Weitere Informationen unter www.tomvater.com.

INDONESIEN

Andaman-see

THAILAND

PHUKET

LANGKAWI

KO TARUTAO

HAT YAI

MALAYSIA

Golf von Thailand

DAO PHU QUỐC

Takua Pa
Phuket City
Phang-Nga
Krabi
Trang
Thung Song
Kantang
Thale Luang
Phatthalung
Nakhon Si Thammarat
Satun
Kanger
Alor Setar
Sadao
Songkhla
Yala
Pattani
Narathiwat
Betong
Sungai Golok
Tak Bai
Kota Bahru
Chaiya
Surat Thani
Ranong
Chumphon
KO PHANGAN
KO TAO
KO SAMUI
Krabury
Sihanoukville
Kapo
Long Xuyen
Ca Mau
Rach Gia

Preiskategorien
Für die Kennzeichnung des Preisniveaus der einzelnen Unterkünfte wird die folgende Einteilung verwendet, die sich aber ausschließlich auf die Preisgruppe und nicht auf den Service bzw. die Qualität bezieht.

Klassifizierung der Unterkünfte
* bis 150 Baht
** 150–300 Baht
*** 300–600 Baht
**** 600–1.200 Baht
***** 1.200–2.400 Baht
ᴸᴸᴸ Luxusklasse, über 2.400 Baht

99 Ortsbeschreibung auf Seite 99

Legende zu den Karten im Innenteil
Tourist-Information
Krankenhaus, Klinik
Museum
Sehenswürdigkeit
Tempel, Wat
Moschee
Kirche
Post
Öffentliches Telefon
Bank
Tauchen
Strand
Busbahnhof
Haltestelle für Busse oder Songthaews
Taxi- oder Tuk-Tuk-Stand
Tankstelle
Internetcafé
Höhle

Übernachtung
Essen und Trinken
Einkaufen/Sonstiges
Nachtleben
Wassersport

0 m   200   500   1000   2000